기독교문서선교회(Christian Literature Center: 약칭 CLC)는 1941년 영국 콜체스터에서 켄 아담스에 의해 시작되었으며 국제 본부는 미국 필라델피아에 있습니다.
국제 CLC는 59개 나라에서 180개의 본부를 두고, 약 650여 명의 선교사들이 이동 도서차량 40대를 이용하여 문서 보급에 힘쓰고 있으며 이메일 주문을 통해 130여 국으로 책을 공급하고 있습니다. 한국 CLC는 청교도적 복음주의 신학과 신앙 서적을 출판하는 문서선교기관으로서, 한 영혼이라도 구원되길 소망하면서 주님이 오시는 그날까지 최선을 다할 것입니다.

추천사

신득일 박사
고신대학교 구약학 교수

　드라마의 기본요소와 진행과정을 따라서 구성된 이 방대한 책은 단순한 고대 근동학이 아니고 직접 또는 간접적으로 구약의 배경이 되는 지리, 민족, 관습, 문헌, 문화, 종교, 언어, 고고학 등을 세밀하게 다룬 종합 안내서이다. 이 학술적인 가이드는 구약성경과 독자 간의 다양한 간격을 좁혀서 독자가 구약본문을 보다 명확하게 이해할 수 있도록 도와줄 것이다.
　이 책은 각 분야별로 해당분야를 전공한 학자들이 쓴 글을 수집한 것으로서 그 전문성이 돋보인다. 이 책의 기고자들은 성경의 지리와 기후, 산업에 대해서는 과학적으로, 역사와 본문에 대해서는 철저하게 고고학과 문헌학적으로 고증하려는 태도를 견지한다. 집필자들은 각 분야에서 최신 학문적 이론과 주장을 소개하고 새로운 평가를 내놓는다. 아이러니하게도 고고학의 자료는 오래된 것에 더 많은 가치를 부여하지만 고고학 연구는 최신 연구결과에 더 많은 가치를 부여한다. 이 점이 이 책의 장점이다.
　이 책은 구약의 배경에 대한 포괄적인 정보를 제공할 뿐만 아니라 구약과 관련된 고대 근동학에 관심을 가진 자들을 위한 친절한 길잡이 역할을 한다. 즉 고대 근동학문의 근원과 대상, 방법론과 적용까지 제시하고 있다. 이 설명과정에서 제시된 많은 도상학적 유물의 실례는 독자의 이해에 큰 도움이 된다. 또 이 방법론이 반영된 이스라엘 역사에 대한 설명은 구약의 기록을 넘어서 하스몬 왕국까지 망라한다. 더 나아가 후반부에 소개된 고대 근동의 유물에 대한 해석과 구약의 다양한 주제와 본문을 이 관점에서 설명한 내용은 독자들에게 새로운 통찰력을 제공할 것이다.
　마치 구약과 관련된 고대 근동학의 단권 백과사전과도 같은 이 책은 그 내용의 수용 여부와 관계없이 구약성경을 제대로 연구하려는 신학도가 반드시 알아야 할 유익한 내용으로 가득 차 있다. 구약 연구자는 이 책에 기록된 내용을 두고두고 곱씹으면서 그 진가를 활용할 수 있다면 큰 도움을 받을 것으로 믿으며 이 책을 이 분야의 소중한 연구서로서 강력히 추천하는 바이다.

정연호 박사
이스라엘 University of the Holy Land 부총장

    성경은 누구나 읽을 수 있다. 그러나 누구도 이해하기엔 쉽지 않다. 구약성경은 특히 그러하다. 구약성경이 시간, 공간, 언어, 사회, 문화, 종교 등 태어난 배경적 측면에서 오늘의 독자와 너무 멀리 떨어져 있기 때문이다. 누구나 읽을 수 있으나 제대로 이해하기엔 쉽지 않은 책. 구약성경의 이런 문제를 해결해 주기 위해 『고대 근동 문화와 구약의 배경』이 나왔다. 이 책은 원제 *Behind the Scenes of the Old Testament: Cultural, Social, and Historical Contexts* 에서 말하고 있듯이 구약성경의 배경을 문화적, 사회적, 역사적 맥락에서 다루고 있다.

    이 책은 역사 지리학, 역사학, 고고학, 고대 근동 문학과 금석학(Epigraphy) 및 도상학(Iconography) 분야의 전문학자들을 동원하여 구약성경의 지리적 역사적 문학적 배경을 드러내고, 이스라엘 역사와 그 역사에 영향을 미친 고대 근동의 사건 등을 조명함으로써 구약성경의 역사적 배경에 대한 심층적 이해를 추구한다. 또한 고대 근동의 배경에서 이스라엘의 종교와 사회적 배경(가정생활과 산업)의 이해를 돕고 있다.

    그간 구약성경의 배경에 관한 많은 책들이 출간되었다. 그러나 한 권의 책에 이처럼 구약성경의 배경을 다각적으로 조명하고 집약한 책은 없었다. 3명의 편집진이 무려 65명의 학자들을 동원하여 방대한 양의 책을 치밀하게 구성했다. 이 책은 구약성경의 배경을 전반적으로 다루고 있다는 점에서는 개론서이지만 각 장에 초청된 학자들의 글에는 관련 주제의 전문성이 응축되어 있다. 구약성경의 배경적 이해를 돕는 최고의 안내서로 추천코자 한다.

하경택 박사
장로회신학대학교 구약학 교수

구약성경을 안내하는 책은 많다. 하지만 이처럼 입체적이며 실체적으로 이해하게 하는 안내서는 많지 않다. 이 책은 구약성경을 '드라마'의 관점에서 보게 한다. 드라마를 이해하기 위해서는 그냥 드라마를 보기만 해서는 안 된다. 그 드라마가 상연되는 무대와 무대 장치들을 알아야 하며, 그 무대 위에서 상연되는 드라마의 주제와 메시지를 파악할 수 있어야 한다. 이 책은 독자들에게 구약성경이라는 드라마를 잘 이해하기 위해서 필요한 것들을 충실하게 제공하고 있다.

제1부에서는 드라마의 기본요소에 해당하는 내용을 다루는데, 구약성경 드라마의 무대로서 역사 지리학, 세트와 소품으로서 고고학, 자료들로서 여러 가지 고대 근동의 문헌들과 다양한 도상학적 증거들이 제시된다.

제2부에서는 드라마의 줄거리에 해당하는 이스라엘 역사가 다루어진다. 이 부분은 '막'과 '장'으로 나누어지는데, '막'은 이스라엘 역사를 연대기적으로 요약하고 있으며, '장'은 성경에는 직접적인 언급이 없으나 이스라엘 역사에 중대한 영향을 끼쳤던 주요 사건들을 소개하고 있다.

제3부에서는 드라마의 주제가 다루어진다. 고대 이스라엘과 그 주변세계의 종교, 사회, 경제, 정치 등의 영역에서 존재했던 다양한 기관과 제도들에 대해서 매우 유익한 정보들을 제공한다.

이 책은 구약성경에 대한 '증강현실'(augmented reality)을 보여주고 있는 듯하다. 각 분야의 전문가들이 동원되어 구약성경 시대의 현실을 복원해 놓고 독자들을 초대한다. 구약성경 시대의 한복판으로 초대된 독자들은 구약성경을 오감을 통해서 생생하게 체험하게 된다. 구약성경의 사건들이 낯설지 않게 되고, 구약성경의 인물들이 친근한 이웃들로 인식된다. 이 책은 구약성경을 '살아 있는' 책으로 만든다.

고대 근동 시리즈는 홍수 이후의 수메르 문명에서부터 페르시아가 멸망하는 기원전 331년까지를 주로 다루며, 기원전 27년 아우구스투스에 의해 로마제국이 시작되고 로마의 통치 아래 이스라엘 땅에서 예수님이 탄생한 내용까지 포함한다.

고대 근동 문화와 구약의 배경

구약의 숨겨진 이야기

Behind the Scenes of the Old Testament
Edited by Jonathan S. Greer, John W. Hilber, and John H. Walton
Translated by Eunho Kim, Taekjoo Woo

Copyright © 2018 by Jonathan S. Greer, John W. Hilber, and John H. Walton
Originally published in English under the title
Behind the Scenes of the Old Testament
by Baker Academic, a division of Baker Publishing Group,
Grand Rapids, Michigan, 49516, U.S.A.
All rights reserved.

Translated and printed by permission of Baker Publishing Group.
Korean Edition Copyright © 2020 by Christian Literature Center, Seoul, Korea.

Cover Art
Top register: Painted lion hunt scene from Til Barsip(Fort Shalmaneser) dating to the reign of Tiglath-Pileser III(r. 745–727 BCE).
Bottom register: Monleon y Torres, Rafael(1835–1900). Watercolor. Navy Museum, Madrid. The painting is apparently based on Phoenician vessels depicted in an Assyrian wall relief from the southern palace of Sennacherib(r. 704–681 BCE).

고대 근동 문화와 구약의 배경

2020년 10월 30일 초판 발행
2022년 4월 30일 초판 2쇄발행

편 집 자 | 조나단 S. 그리어, 존 W. 힐버, 존 H. 월튼
옮 긴 이 | 김은호, 우택주

편　　집 | 구부회, 정희연, 정재원
디 자 인 | 김현진
펴 낸 곳 | (사)기독교문서선교회
등　　록 | 제16-25호(1980.1.18.)
주　　소 | 서울특별시 서초구 방배로 68
전　　화 | 02-586-8761~3(본사) 031-942-8761(영업부)
팩　　스 | 02-523-0131(본사) 031-942-8763(영업부)
이 메 일 | clckor@gmail.com
홈페이지 | www.clcbook.com
송금계좌 | 기업은행 073-000308-04-020 (사)기독교문서선교회

ISBN 978-89-341-2200-5(94230)
ISBN 978-89-341-1768-1(세트)

이 도서의 국립중앙도서관 출판예정도서목록(CIP)은 서지정보유통지원시스템 홈페이지(http://seoji.nl.go.kr)와 국가자료공동목록시스템(http://www.nl.go.kr/kolisnet)에서 이용하실 수 있습니다. (CIP제어번호: CIP2020037015)

이 한국어판 저작권은 Baker Publishing Group과 독점 계약한 (사)기독교문서선교회가 소유합니다.
신저작권법에 의하여 한국 내에서 보호를 받는 저작물이므로 무단 전재와 무단 복제를 금합니다.

고대 근동 시리즈 ❸

BEHIND THE SCENES OF THE OLD TESTAMENT CULTURAL, SOCIAL AND HISTORICAL CONTE

고대 근동 문화와 구약의 배경

구약의 숨겨진 이야기

조나단 S. 그리어, 존 W. 힐버, 존 H. 월튼 편집
김은호, 우택주 옮김

CLC

목차

추천사   1

    신 득 일 박사 | 고신대학교 구약학 교수
    정 연 호 박사 | 이스라엘 University of the Holy Land 부총장
    하 경 택 박사 | 장로회신학대학교 구약학 교수

삽화 목록   13
편집자 및 기고자 명단   17
약어표   21
편집자 서문   24
역자 서문   29

제1부 드라마의 기본 요소   32

섹션 1 무대: 역사 지리학   33

    제1장   역사 지리학 개요 | 폴 H. 라이트(Paul H. Wright)   34
    제2장   레반트의 지역과 경로 | 칼 G. 라스무센(Karl G. Rasmussen)   46
    제3장   레반트의 기후와 환경 | 엘리자베스 아르놀드(Elizabeth Arnold)   61
    제4장   이스라엘 영토의 동식물 |
              다니엘 푹스(Daniel Fuks) & 님로드 마롬(Nimrod Marom)   72

섹션 2 세트와 소품: 고고학   86

    제5장   성서 고고학 개요 | 세이무어 기틴(Seymour Gitin)   87
    제6장   후기 청동기 시대 고고학 | 조 우지엘(Joe Uziel)   98
    제7장   철기 1시대의 고고학 | 아렌 M. 마이어(Aren M. Maeir)   109
    제8장   철기 2시대의 고고학 | 아미하이 마잘(Amihai Mazar)   121

제9장　신바벨론과 페르시아 시대 고고학 |
　　　　　콘스탄스 E. 가인(Constance E. Gane)　　　　　　　　　　133
　제10장　헬라 시대 고고학 | 조단 라이언(Jordan Ryan)　　　　　146

섹션 3 고대 문헌들　　　　　　　　　　　　　　　　　　　　　161

　제11장　고대 근동 문학 개요 | 아담 E. 미글리오(Adam E. Miglio)　　162
　제12장　메소포타미아 문학 | 다니엘 C. 듀엘(Daniel C. Deuel)　　　172
　제13장　이집트 문학 | 닐리 슈파크(Nili Shupak)　　　　　　　　183
　제14장　히타이트 문학 | 엘리스 무통(Alice Mouton)　　　　　　198
　제15장　우가리트 문학 | 윌리엄 D. 바커(William D. Barker)　　　211
　제16장　북서 셈어 비문 | 마아가렛 E. 코헨(Margarret E. Cohen)　　220
　제17장　히브리어 비문 | 주디스 M. 해들리(Judith M. Hadley)　　235
　제18장　초기 유대교 문학 | 라이언 E. 스톡스(Ryan E. Stokes)　　247

섹션 4 골격: 고대 근동 도해　　　　　　　　　　　　　　　　　258

　제19장　고대 근동 도해 서론 | 아이작 코넬리우스(Izak Cornelius)　259
　제20장　이집트 도해법 | 로라 라이트(Laura Wright)　　　　　　272
　제21장　메소포타미아와 아나톨리아 지역의 도해 | 다니엘 보디(Daniel Bodi)　282
　제22장　가나안/이스라엘의 도해 | 브렌트 A. 스트론(Brent A. Strawn)　295

제2부 드라마의 막과 장　　　　　　　　　　　　　　　　　　313

섹션 5 막: 광범위한 역사적 맥락에 대한 통합적인 접근법들　　314

　제23장　선조의 시대 | 리차드 S. 히스(Richard S. Hess)　　　　　315
　제24장　이집트 체류와 출애굽 | 데이비드 A. 포크(David A. Falk)　328
　제25장　정착 시기 | 페카 피트케넨(Pekka Pitkänen)　　　　　　339

제26장 통일 왕국 | 스티븐 M. 오르티즈(Steven M. Ortiz)   350

제27장 분열 왕국 - 이스라엘 | 옌스 브룬 코포에드(Jens Bruun Kofoed)   363

제28장 분열 왕국: 유다 | 에릭 L. 웰치(Eric L. Welch)   374

제29장 유배와 유배 공동체 | 데일더 N. 풀턴(Deirdre N. Fulton)   385

제30장 서부 아케메니드 페르시아 제국과 페르시아 시대의 예후드 |
       케넷 A. 리스타우(Kenneth A. Ristau)   395

제31장 마카비 혁명과 하스몬 왕국 | 조엘 윌리츠(Joel Willitts)   408

섹션 6 장: 사건에 기초한 역사적 상황에 대한 통합적 접근   419

제32장 아케나텐과 아마르나 시대 | 마크 D. 얀젠(Mark D. Janzen)   420

제33장 후기 청동기 시대의 붕괴와 해양 민족의 이주 |
       그레고리 D. 맘포드(Gregory D. Mumford)   432

제34장 세송크의 레반트 정복과 성경 역사 | 이갈 레빈(Yigal Levin)   450

제35장 카르카르 전투와 앗수르의 염원 | 마크 샤발라스(Mark Chavalas)   460

제36장 메사 비문 그리고 모압과 에돔과 맺은 관계 |
       후안 마누엘 테베스(Juan Manuel Tebes)   471

제37장 텔 단 비문과 이스라엘의 요람과 유다의 아하시야의 죽음 |
       로슨 영거 주니어(K. Lawson Younger Jr.)   481

제38장 산혜립의 유다 침공과 신앗수르 제국의 확장 |
       카일 H. 카이머(Kyle H. Keimer)   490

제39장 8세기 레반트 지진과 자연재해 | 라이언 N. 로버츠(Ryan N. Roberts)   500

제40장 갈그미스 전투와 7세기/6세기 지역 정치 |
       사라 L. 호프만(Sara L. Hoffman)   511

제41장 알렉산더 대제와 헬레니즘 | D. 브렌트 샌디(D. Brent Sandy)   523

제3부 드라마의 주제 537

섹션 7 하나님: 이스라엘 종교의 주제들에 대한 통합적 접근 538

제42장 고대의 인지 환경과 대처방식 | 존 H. 월튼(John H. Walton) 539

제43장 고대 이스라엘의 유일신 신앙 | 매튜 J. 린치(Matthew J. Lynch) 551

제44장 성전 | 존 H. 월튼(John H. Walton) 567

제45장 고대 근동의 제사장 | 제랄드 A. 클링바일(Gerald A. Clingbeil) 576

제46장 고대 근동의 예배, 제사, 축제 | 로이 E. 게인(Roy E. Gane) 586

제47장 고대 근동의 예언, 점술, 마술 | 존 W. 힐버(John W. Hilber) 597

제48장 고대 이스라엘의 가족 종교 | 앤드루 R. 데이비스(Andrew R. Davies) 609

제49장 철기 시대 레반트의 죽음과 매장 |
크리스토퍼 B. 헤이스(Christopher B. Hays) 618

섹션 8 가족: 가족 관계에 대한 통합적 접근 629

제50장 철기 시대 레반트의 지파와 유목민 |
토마스 D. 페터(Thomas D. Petter) 630

제51장 고대 이스라엘의 여성 | 캐롤 마이어스(Carol Meyers) 638

제52장 성경 세계의 가족, 자녀, 상속 | 빅터 H. 매튜스(Victor H. Matthews) 649

섹션 9 유지: 경제적 상황에 대한 통합적 접근 657

제53장 성지의 계절, 작물, 물 | 오뎃 보로우스키(Oded Borowski) 658

제54장 후기 청동기 시대와 철기 시대 레반트의 교역
조수아 T. 월튼(Joshua T. Walton) 666

제55장 성경 시대의 노예 | 리차드 아버벡(Richard Averbeck) 676

제56장 고대 이스라엘의 지역 경제 | 피터 알트만(Peter Altman) 689

제57장 성경 세계의 야금술 |
　　　　브래디 리스(Brady Liss), 토마스 E. 레비(Thomas E. Levy)　　　　699
제58장 고대의 일상 생활에 사용한 기술 | 글로리아 런던(Gloria London)　711
제59장 철기 시대 이스라엘의 음식 준비 |
　　　　신티아 쉐이퍼엘리엇(Cynthia ShaferElliot)　　　　　　　　　725
제60장 성경 세계의 잔치 | 잔링 푸(Janling Fu)　　　　　　　　　　　736
제61장 성경 세계의 음악과 춤 | 애니 코벳(Annie Caubet)　　　　　　742

섹션 10 통치: 사회 조직에 대한 통합적 접근　　　　　　　　　　　749

제62장 고대 이스라엘의 왕권과 국가 | 닐리 S. 폭스(Nili S. Fox)　　　750
제63장 철기 시대 레반트 사회의 성층(成層) |
　　　　아브라함 파우스트(Avraham Faust)　　　　　　　　　　　　762
제64장 고대 이스라엘의 법과 법체계 | 데이비드 W. 베이커(David W. Baker)　775
제65장 고대 이스라엘의 지혜 전통 | 폴 오버랜드(Paul Overland)　　　786
제66장 성경 세계의 전쟁 | 마크 슈와르츠(Mark Schwartz)　　　　　　798

참고문헌　　　　　　　　　　　　　　　　　　　　　　　　　　811

삽화 목록

2.1	고대 근동의 주요 무역로	48
2.2	남부 레반트 지도	49
2.3	레반트의 남부 지역	54
4.1	남부 레반트의 식물 지리 지역과 연간 강수량을 mm 단위로 보여주는 수량선	74
4.2	유다 산기슭의 유출 원이 되는 암석 노출 지	75
4.3	네게브 고산지대의 유출 농장	77
5.1	예루살렘에서 플린더스 페트리(Flinders Petrie) 경과 페트리(Petrie) 부인	88
5.2	텔 베이트 미르심 발굴단	90
5.3	트랜스요르단을 조사하고 있는 넬슨 글루에크(Nelson Glueck)	91
5.4	이갈 야딘(Yigael Yadin)	92
5.5	요하난 아하로니(Yohanan Aharoni)	92
5.6	에그론 왕실 돌비	93
5.7	텔 단 비문	95
10.1	좌에서 우로 터스커니(도리스 양식을 간소화한 변형양식), 도리스, 이오니아, 코린트, 복합(이오니아와 코린트의 혼합) 양식을 포함한 고대 기둥머리 양식	147
10.2	요르단 이라크 알-아미르의 요새 겸 궁전	149
10.3	예루살렘 기드론 계곡의 돌을 깎아 만든 대형무덤	150
10.4	인장이 박힌 로도스식 항아리 손잡이	152
10.5	막달라에서 발견된 미크바	153
10.6	알렉산더 얀네우스의 청동 프루타(prutah, 화폐 단위)	154
10.7	고고학자들이 아크라 요새의 유적을 발견했을 수도 있는 기바티(Givati) 주차장 발굴 현장	155
10.8	골란고원의 감라에 있는 회당. 계단식 좌석과 기둥이 보인다.	157
10.9	갈릴리의 막달라에 있는 거리	158
10.10	신약 시대 여리고에 있는 회당의 잔해	159

14.1 아나톨리아 지도 200
16.1 "나무" 도표의 예 221
16.2 방언의 연속성을 나타내는 도표의 예 222
19.1 적을 죽이는 거인으로 나타난 파라오 261
19.2 라기스(Lachish) 성의 포위 263
19.3 엣텔/베트사이다 비석(the Et-Tel/Bethsaida Stela) 복제품 265
19.4 원통형 인장과 현대적 압인(impression) 266
19.5 풍뎅이 형태의 인장과 현대적 압인: 수호신이 측면에 있는
 오시리스(Osiris) 266
19.6 유다 기둥 상 267
19.7 예홋 동전(Yehud coin) 267
21.1 날개 달린 복합 창조물 282
21.2 독수리의 돌비 285
21.3 사르곤의 전승 비석 286
21.4 우룩 지역 이쉬타르 여신 신전의 외부 289
21.5 마리 지역의 왕 즉위에 관한 그림 290
21.6 B.C. 18세기경 마리 지역에서 발견한 흐르는 물단지를 지닌 여신상 292
21.7 라가스의 구데아 왕의 조각상(약 B.C. 2200년경) 292
21.8 구 바벨론의 원통형 인장에서 나온 인장 양식 293
21.9 사자, 인간 그리고 독수리의 얼굴을 한 날개 달린 생명체에게서
 호위를 받는 신의 모습을 그린 히타이트 민족의 원통형 인장 294
22.1 청동 황소상 299
22.2 유대인의 기둥형 인형상 301
22.3 큰 항아리 A(Pithos A); 305
22.4 큰 항아리 A(Pithos A) 그림을 투영한 모습 306
22.5 큰 항아리 B 위의 투영 307
22.6 큰 항아리 A의 세밀 부분(Pithos A) 309
22.7 라임스톤 스카라보이드 인장(Limestone scaraboid) 310
22.8 뼈로 만든 스카라보이드 311

22.9	풍뎅이	312
22.10	풍뎅이	312
33.1	라메스 3세의 메디넷 하부로부터 포로로 잡힌 해양 민족 그림	437
33.2	지중해 동부의 파괴당하거나, 침략당하거나, 버려진 거주지 지도	440
33.3	람세스 3세 부조(浮彫) 메디넷 하부 입구로부터, 동부 삼각주 어귀에서 파괴된 해양 민족의 함대	443
34.1	카르낙 신전 정문의 세송크 정복 목록	451
34.2	1925년 시카고 탐험대가 발견한 세송크 1세의 카르투시가 있는 이집트 승전비 일부	453
34.3	세송크 1세의 레반트 원정 경로	454
36.1	파리 루브르 박물관의 메사 비문	472
43.1	여호와가 최고의 신이라는 범주를 나타내는 성경 스펙트럼	554
57.1	키르밧 엔 나하스의 항공촬영 사진	707
57.2	파이난의 와디 칼리드에 있는 수직 갱도	708
58.1	전통적인 토기장이가 뜰에서 일하면서 공정단계가 다른 몇 개의 솥을 작업하고 있다.	712
58.2	사람들은 끝이 굽어 있는 나무막대로 점토를 때린다.	713
58.3	키프러스의 전통 토기장이인 엘레니는 공중에서 고리 모양 점토를 돌려 토기에 붙인다.	715
58.4	공동으로 사용하는 코르노스 토기 회사의 가마의 화구 밖	716
58.5	영구적인 지붕을 가진 전통 가마는 연소실에 토기들을 쌓기 전에 비워둔다.	716
58.6	협동 가마에 쌓여 있는 오븐, 항아리, 요리 그릇, 꽃병들	716
58.7	토기를 쌓은 뒤 키프러스의 전통 토기장이 안툴라는 공장에서 만든 벽돌로 임시 문을 만든다.	718
58.8	요르단의 탈 알 우마이리를 발굴한 결과에 기초하여 재구성한 13세기 후반의 2층집	721
59.1	탄누르(tannur)에서 빵을 굽고 있는 이라크 여인	729
59.2	이스라엘 텔 하이파의 고고학적 실험, 탄누르를 만들어 유교병 굽기	729

59.3 9세기 전통적인 스타일의 조리 냄비 731
63.1 텔 엘 파라(Tell el-Far'a)(북)의 평면도. 767
63.2 텔 엘 파라(북)/디르사의 불평등을 보여주는 그래프 768
63.3 브엘세바 II의 불평등을 보여주는 그래프 768
63.4 키르벳 제메인(Khirbet Jemein) 마을의 평면도. 771
63.5 키르벳 제메인(Khirbet Jemein) 마을의 불평등 그래프 771
63.6 베이트 아리예(Beit Aryeh)의 불평등 그래프 772

편집자 및 기고자 명단

편집자

Jonathan S. Greer (PhD, The Pennsylvania State University), Associate Professor of Old Testament, Grand Rapids Theological Seminary, Grand Rapids, Michigan

John W. Hilber (PhD, University of Cambridge), Professor of Old Testament, Grand Rapids Theological Seminary, Grand Rapids, Michigan

John H. Walton (PhD, Hebrew Union College), Professor of Old Testament, Wheaton College and Graduate School, Wheaton, Illinois

기고자

Peter Altmann (PhD, Princeton Theological Seminary), Research Associate and Instructor in Old Testament, University of Zurich, Zurich, Switzerland

Elizabeth Arnold (PhD, University of Calgary), Associate Professor of Archaeology, Grand Valley State University, Grand Rapids, Michigan

Richard E. Averbeck (PhD, Dropsie College), Professor of Old Testament and Semitic Languages, Trinity Evangelical Divinity School, Deerfield, Illinois

David W. Baker (PhD, University of London), Professor of Old Testament and Semitic Languages, Ashland Theological Seminary, Ashland, Ohio

William D. Barker (PhD, University of Cambridge), Professor of Biblical Studies and Director of the Center for Faith and Inquiry, Gordon College, Wenham, Massachusetts

Daniel Bodi (PhD, Union Theological Seminary), Professor of History of Religions of Antiquity, University of Paris–Sorbonne, Paris, France

Oded Borowski (PhD, University of Michigan), Professor of Biblical Archaeology and Hebrew, Emory University, Atlanta, Georgia

Annie F. Caubet (PhD, University of Paris–Sorbonne), Louvre Museum, Department of Oriental Antiquities, Paris, France

Mark W. Chavalas (PhD, University of California–Los Angeles), Professor of History, University of Wisconsin–La Crosse, La Crosse, Wisconsin

Margaret E. Cohen (PhD, The Pennsylvania State University), Associate Fellow, W.F. Albright Institute of Archaeological Research, Jerusalem, Israel

Izak Cornelius (DLitt, Stellenbosch University), Professor, Department of Ancient

Studies, Stellenbosch University, Stellenbosch, South Africa

Andrew R. Davis (PhD, Johns Hopkins University), Associate Professor of Old Testament, Boston College, Chestnut Hill, Massachusetts

David C. Deuel (PhD, University of Liverpool), Academic Dean Emeritus, The Master's Academy International and Senior Research Fellow for the Christian Institute on Disability, Los Angeles, California

David A. Falk (PhD, University of Liverpool), Sessional Instructor, Department of Classical, Near Eastern, and Religious Studies, University of British Columbia, Vancouver, British Columbia

Avraham Faust (PhD, Bar-Ilan University), Professor of Archaeology, Bar-Ilan University, Tel Aviv, Israel

Nili S. Fox (PhD, University of Pennsylvania), Professor of Bible, Hebrew Union College, Cincinnati, Ohio

Janling Fu (PhD candidate, Harvard University), Harvard University, Cambridge, Massachusetts

Daniel Fuks (PhD candidate, Bar-Ilan University), Bar-Ilan University, Tel Aviv, Israel

Deirdre N. Fulton (PhD, The Pennsylvania State University), Assistant Professor of Religion, Baylor University, Waco, Texas

Constance E. Gane (PhD, University of California–Berkeley), Associate Professor of Archaeology and Old Testament, Andrews University, Berrien Springs, Michigan

Roy E. Gane (PhD, University of California–Berkeley), Professor of Hebrew Bible and Ancient Near Eastern Languages, Andrews University, Berrien Springs, Michigan

Seymour Gitin (PhD, Hebrew Union College), Dorot Director and Professor of Archaeology Emeritus, W.F. Albright Institute of Archaeological Research, Jerusalem, Israel

Judith M. Hadley (PhD, University of Cambridge), Associate Professor of Religious Studies, Villanova University, Villanova, Pennsylvania

Christopher B. Hays (PhD, Emory University), D. Wilson Moore Associate Professor of Ancient Near Eastern Studies, Fuller Theological Seminary, Irvine, California

Richard S. Hess (PhD, Hebrew Union College), Distinguished Professor of Old Testament, Denver Seminary, Denver, Colorado

Sara L. Hoffman (PhD, The Pennsylvania State University), Lecturer for the Applied Liberal Arts Division, University of Michigan, Ann Arbor, Michigan

Mark D. Janzen (PhD, University of Memphis), Assistant Professor of History and Archaeology, Southwestern Baptist Theological Seminary, Fort Worth, Texas

Kyle H. Keimer (PhD, University of California–Los Angeles), Lecturer in the Archaeology and History of Ancient Israel, Macquarie University, Sydney, Australia

Gerald A. Klingbeil (DLitt, University of Stellenbosch), Research Professor of Old Testament and Ancient Near Eastern Studies, Andrews University, Berrien Springs, Michigan

Jens Bruun Kofoed (PhD, University of Aarhus), Professor of Old Testament, Copenhagen Lutheran School of Theology, Copenhagen, Denmark

Yigal Levin (PhD, Bar-Ilan University), Associate Professor of Jewish History, Bar-Ilan University, Ramat Gan, Israel

Thomas E. Levy (PhD, University of Sheffield), Distinguished Professor of Anthropology and Norma Kershaw Chair in the Archaeology of Ancient Israel and Neighboring Lands, University of California–San Diego, La Jolla, California

Brady Liss (PhD candidate, University of California–San Diego), University of California–San Diego, La Jolla, California

Gloria London (PhD, University of Arizona)

Matthew J. Lynch (PhD, Emory University), Academic Dean and Lecturer in Old Testament, Westminster Theological Centre, Cheltenham, United Kingdom

Aren M. Maeir (PhD, Hebrew University), Professor of Archaeology, Bar-Ilan University, Ramat-Gan, Israel

Nimrod Marom (PhD, University of Haifa), Research Fellow, Institute of Archaeology, University of Haifa, Haifa, Israel

Victor H. Matthews (PhD, Brandeis University), Dean and Professor of Religious Studies, Missouri State University, Springfield, Missouri

Amihai Mazar (PhD, Hebrew University), Eleazer Sukenik Chair of Archaeology Emeritus, Hebrew University of Jerusalem, Jerusalem, Israel

Carol Meyers (PhD, Brandeis University), Mary Grace Wilson Professor Emerita of Religion, Duke University, Durham, North Carolina

Adam E. Miglio (PhD, University of Chicago), Associate Professor of Archaeology, Wheaton College, Wheaton, Illinois

Alice Mouton (PhD, Ecole Pratique des Hautes Etudes, Sorbonne, and Leiden University), Research Professor, The French National Center for Scientific Research, Paris, France

Gregory D. Mumford (PhD, University of Toronto), Associate Professor of Anthropology, University of Alabama at Birmingham, Birmingham, Alabama

Steven M. Ortiz (PhD, University of Arizona), Professor of Archaeology and Biblical Backgrounds, Southwestern Baptist Theological Seminary, Fort Worth, Texas

Paul Overland (PhD, Brandeis University), Professor of Old Testament and Semitic Languages, Ashland Theological Seminary, Ashland, Ohio

Thomas D. Petter (PhD, University of Toronto), Associate Professor of Old Testament, Gordon-Conwell Theological Seminary, Boston, Massachusetts

Pekka Pitkänen (PhD, University of Gloucestershire), Senior Lecturer in Liberal and Performing Arts, University of Gloucestershire, Gloucester, United Kingdom

Carl G. Rasmussen (PhD, Dropsie University), Professor Emeritus, Bethel University, St. Paul, Minnesota

Kenneth A. Ristau (PhD, The Pennsylvania State University), Instructor, Department of Classics, MacEwan University, Edmonton, Alberta

Ryan N. Roberts (PhD, University of California–Los Angeles), Associate Professor of Old Testament, Cornerstone University, Grand Rapids, Michigan

Jordan Ryan (PhD, McMaster University), Assistant Professor of New Testament, University of Dubuque, Dubuque, Iowa

D. Brent Sandy (PhD, Duke University), Adjunct Professor of New Testament, Wheaton College, Wheaton, Illinois

Mark Schwartz (PhD, Northwestern University), Associate Professor of Archaeology, Grand Valley State University, Grand Rapids, Michigan

Cynthia Shafer-Elliott (PhD, University of Sheffield), Associate Professor of Hebrew Bible and Archaeology, William Jessup University, Rocklin, California

Nili Shupak (PhD, Hebrew University), Professor of Biblical Studies and Ancient Egypt, University of Haifa, Haifa, Israel

Ryan E. Stokes (PhD, Yale University), Associate Professor of Old Testament, Southwestern Baptist Theological Seminary, Fort Worth, Texas

Brent A. Strawn (PhD, Princeton Theological Seminary), Professor of Old Testament, Emory University, Atlanta, Georgia

Juan Manuel Tebes (PhD, University of Buenos Aires), IMHICIHU-CONICET, Pontifical Catholic University of Argentina, University of Buenos Aires, Argentina

Joe Uziel (PhD, Bar Ilan University), Israel Antiquities Authority, Jerusalem, Israel

Joshua T. Walton (PhD, Harvard University), Lecturer, Capital University, Columbus, Ohio

Eric L. Welch (PhD, The Pennsylvania State University), Senior Lecturer, Lewis Honors College, University of Kansas, Lawrence, Kansas

Joel Willitts (PhD, University of Cambridge), Professor of Biblical and Theological Studies, North Park University, Chicago, Illinois

Laura Wright (PhD, Johns Hopkins University), Visiting Assistant Professor of Religion, Luther College, Decorah, Iowa

Paul H. Wright (PhD, Hebrew Union College), President, Jerusalem University College, Jerusalem, Israel

K. Lawson Younger Jr. (PhD, University of Sheffield), Professor of Old Testament, Semitic Languages, and Ancient Near Eastern History, Trinity Evangelical Divinity School, Deerfield, Illinois

약어표

AASOR	Annual of the American Schools of Oriental Research		Reprint, Peabody, MA: Hendrickson, 2016.
AB	Anchor Bible	Bib	*Biblica*
ABD	*Anchor Bible Dictionary*. Edited by David Noel Freedman. 6 vols. New York: Doubleday, 1992.	BibOr	Biblica et Orientalia
		BJS	Brown Judaic Studies
		BJSUCSD	Biblical and Judaic Studies from the University of California, San Diego
ABS	Archaeology and Biblical Studies		
AIL	Ancient Israel and Its Literature	BO	*Bibliotheca Orientalis*
AJA	*American Journal of Archaeology*	BP	before the present
ÄL	*Ägypten und Levante / Egypt and the Levant*	BWANT	Beiträge zur Wissenschaft vom Alten und Neuen Testament
AMD	Ancient Magic and Divination	BZAW	Beihefte zur Zeitschrift für die alttestamentliche Wissenschaft
ANEM	Ancient Near East Monographs		
ANESSup	Ancient Near Eastern Studies Supplement Series	CAD	*The Assyrian Dictionary of the Oriental Institute of the University of Chicago*. Chicago: Oriental Institute of the University of Chicago, 1956–2006.
Ant.	Josephus, *Jewish Antiquities*		
AO	Der Alte Orient		
AOAT	Alter Orient und Altes Testament	CANE	*Civilizations of the Ancient Near East*. Edited by Jack M. Sasson et al. 4 vols. New York: Scribner, 1995.
AoF	*Altorientalische Forschungen*		
AOS	American Oriental Series		
APAAME	Aerial Photographic Archive of Archaeology in the Middle East. http://www.humanities.uwa.edu.au/research/cah/aerial-archaeology.	CBET	Contributions to Biblical Exegesis and Theology
		CBQ	*Catholic Biblical Quarterly*
Apion	Josephus, *Against Apion*	CBQMS	Catholic Biblical Quarterly Monograph Series
AUSS	*Andrews University Seminary Studies*	CE	Common Era (= AD)
BA	*Biblical Archaeologist*	CEB	Common English Bible
BAR	*Biblical Archaeology Review*	CHANE	Culture and History of the Ancient Near East
BASOR	*Bulletin of the American Schools of Oriental Research*		
		CIJ	*Corpus inscriptionum judaicarum*. Edited by Jean-Baptiste Frey. 2 vols. Rome: Pontifical Biblical Institute, 1936–52.
BBR	*Bulletin for Biblical Research*		
BBRSup	Bulletin for Biblical Research Supplements	COS	*The Context of Scripture*. Edited by W. W. Hallo and K. L. Younger Jr. 4 vols. Leiden: Brill, 1997–2016.
BCE	before the Common Era (= BC)		
BDB	Francis Brown, S. R. Driver, and Charles A. Briggs. *A Hebrew and English Lexicon of the Old Testament*.	CPJ	*Corpus papyrorum judaicarum*. Edited by Victor A. Tcherikover. 3 vols.

	Cambridge, MA: Harvard University Press, 1957–64.	JSOT	Journal for the Study of the Old Testament
CUSAS	Cornell University Studies in Assyriology and Sumerology	JSOTSup	Journal for the Study of the Old Testament Supplement Series
DCH	Dictionary of Classical Hebrew. Edited by David J. A. Clines. 9 vols. Sheffield: Phoenix Press, 1993–2014.	JSSEA	Journal of the Society for the Study of Egyptian Antiquities
DJD	Discoveries in the Judaean Desert	KAI	Kanaanäische und aramäische Inschriften. Edited by Herbert Donner and Wolfgang Röllig. 3 vols. 2nd ed. Wiesbaden: Harrassowitz, 1966–69.
DMOA	Documenta et Monumenta Orientis Antiqui		
EA	El-Amarna tablets	KJV	King James Version
EC	Early Christianity	KRI	Kenneth A. Kitchen, Ramesside Inscriptions: Historical and Biographical. 8 vols. Malden, MA: Blackwell, 1968–90.
ErIsr	Eretz-Israel		
ESV	English Standard Version		
FAT	Forschungen zum Alten Testament	KTU	Die keilalphabetischen Texte aus Ugarit. Edited by Manfried Dietrich, Oswald Loretz, and Joaquin Sanmartin- Münster: Ugarit-Verlag, 2013.
FRLANT	Forschungen zur Religion und Literatur des Alten und Neuen Testaments		
HALOT	Ludwig Koehler, Walter Baumgartner, and Johann J. Stamm. Hebrew and Aramaic Lexicon of the Old Testament. Translated and edited by Mervyn E. J. Richardson et al. 4 vols. Leiden: Brill, 1994–96.		
		kya	thousand years ago
		LAI	Library of Ancient Israel
		LHB/OTS	The Library of Hebrew Bible/Old Testament Studies
		Life	Josephus, Life of Josephus
HdO	Handbuch der Orientalistik	LNTS	The Library of New Testament Studies
HSM	Harvard Semitic Monographs	MC	Mesopotamian Civilizations
HSS	Harvard Semitic Studies	NEA	Near Eastern Archaeology
HUCA	Hebrew Union College Annual	NEAEHL	The New Encyclopedia of Archaeological Excavations in the Holy Land. Edited by Ephraim Stern, Ayelet Lewinson-Gilboa, and Joseph Aviram. 5 vols. Jerusalem: Israel Exploration Society, 1993, 2008.
IEJ	Israel Exploration Journal		
JANER	Journal of Ancient Near Eastern Religions		
JANES	Journal of the Ancient Near Eastern Society		
JAOS	Journal of the American Oriental Society	NEASB	Near Eastern Archaeological Society Bulletin
JARCE	Journal of the American Research Center in Egypt	NIV	New International Version
		NJPS	New Jewish Publication Society Version
JAS	Journal of Archaeological Science	NKJV	New King James Version
JBL	Journal of Biblical Literature	NRSV	New Revised Standard Version
JCS	Journal of Cuneiform Studies	OBO	Orbis Biblicus et Orientalis
JEA	Journal of Egyptian Archaeology	OBOSA	Orbis Biblicus et Orientalis, Series Archaeologica
JESHO	Journal of the Economic and Social History of the Orient		
		OEAE	The Oxford Encyclopedia of Ancient Egypt. Edited by F. L. Cross and E. A. Livingstone. 3rd ed. Oxford: Oxford University Press, 2001.
JISMOR	Journal of the Interdisciplinary Study of Monotheistic Religions		
JNES	Journal of Near Eastern Studies		
JNSL	Journal of Northwest Semitic Languages	OEANE	The Oxford Encyclopedia of Archaeology in the Near East. Edited by Eric M. Meyers. 5 vols. New York: Oxford University Press, 1997.
JPOS	Journal of the Palestine Oriental Society		
JPS	Jewish Publication Society Version		
JSJ	Journal for the Study of Judaism in the Persian, Hellenistic, and Roman Periods	OEBA	Oxford Encyclopedia of the Bible and Archaeology. Edited by Daniel Master et al. Oxford: Oxford University Press, 2013.
JSJSup	Journal for the Study of Judaism Supplement Series		

OIP	Oriental Institute Publications		A. Yardeni. 4 vols. Jerusalem: Hebrew University; Winona Lake, IN: Eisenbrauns, 1986–99.
OIS	Oriental Institute Seminars		
OLA	Orientalia Lovaniensia Analecta		
OTL	Old Testament Library	UBL	Ugaritisch-biblische Literatur
OtSt	Oudtestamentische Studiën	UCOP	University of Cambridge Oriental Publications
PÄ	Probleme der Ägyptologie		
Pap.	Papyrus	UF	*Ugarit-Forschungen*
PEQ	*Palestine Exploration Quarterly*	UMM	University Museum Monograph
RAI	*Rencontre assyriologique internationale*	VT	*Vetus Testamentum*
RB	*Revue biblique*	VTSup	Supplements to Vetus Testamentum
RBS	Resources for Biblical Study	*War*	Josephus, *The Jewish War*
RC	*Religion Compass*	WAW	Writings from the Ancient World
REG	*Revue des études grecques*	WD	Wadi Daliyeh I: The Wadi Daliyeh Seal Impressions. Edited by M. J. W. Leith. DJD 24. Oxford: Clarendon, 1997.
RGRW	Religions in the Graeco-Roman World		
RSV	Revised Standard Version		
SAA	State Archives of Assyria		
SAAB	*State Archives of Assyria Bulletin*	WDSP	Wadi Daliyeh II: The Samaria Papyri from Wadi Daliyeh. Edited by M. J. W. Leith. DJD 28/2. Oxford: Clarendon, 1997.
SAOC	Studies in Ancient Oriental Civilization		
SBL	Studies in Biblical Literature		
SHANE	Studies in the History (and Culture) of the Ancient Near East	YNER	Yale Near Eastern Researches
		ZAW	*Zeitschrift für die alttestamentliche Wissenschaft*
SJLA	Studies in Judaism in Late Antiquity		
SymS	Symposium Series	ZDPV	*Zeitschrift des deutschen Palästina-Vereins*
TA	*Tel Aviv*		
TAD	Textbook of Aramaic Documents from Ancient Egypt. By B. Porten and		

편집자 서문

조나단 S. 그리어, 존 W. 힐버, 존 H. 월튼 박사

구약 또는 히브리 성경은 고대 사람들에게 쓰인 책들을 모아 놓은 고대 문헌이다. 동시에 오늘날의 믿음의 공동체들에게는 하나님의 말씀으로 받아들여지고 있고, 현대 문명에까지 미치는 영향력 덕에 믿는 사람과 믿지 않는 사람들 양쪽으로부터 그 진가를 인정받고 있는 책이다. 비록 이 책이 우리에게 쓰이지는 않았지만, 수 세대를 걸쳐 믿음의 공동체들은 이것이 자신들을 위해 쓰인 책이라고 믿어왔다.

그런데도 한편에 놓인 고대 세계와 다른 한편에 놓인 현대 세계는 시간, 공간, 문화, 언어라는 아주 깊은 골로 갈라져 있고 이런 현실은 우리가 고대 저자들이 당시 청취자들에게 전달했던 내용의 이해를 제한하고 있다. 그러므로 성경의 메시지를 그 맥락 안에서 이해하고자 하는 사람들에게 지리학, 고고학, 문학, 도상학, 역사, 문화 같은 어느 정도의 고대 시대에 관한 이해력은 필수적인 시발점이다.

이러한 사실에도 불구하고 성경을 읽는 다수의 사람은 이러한 현실을 인지하지 못했거나, 인지한다고 하더라도 고대 시대에 관한 정보를 쉽게 접하지 못하고 있다. 실제로 기독교와 비기독교 기관들 속에 대부분의 성경 수업은 얼마 안 되는 고대 세계에 관한 자료 문헌을 바탕으로 하여 세부적으로 성경의 내용을 살피는 형태로 진행된다. 이러한 결과로 우리는 잠재 의식적으로 우리의 문화적 이해를 성경에 적용하고 동시에 고대 저자들의 뜻을 놓치고 있다.

이 책은 전반적으로 이러한 고대 세계로 들어가는 문을 제공하고, 특히 성경의 이면에 있는 세상의 역사적, 문화적, 사회적 맥락을 조명하려고 한다. 그리하여 이 책은 학생들에게 "배경 연구"와 "비교 연구"를 소개한다.

배경 연구는 고대 세계의 문학, 역사, 물질문화를 검토하여 당시 사람들의 행동, 생각, 문화, 가치, 그리고 세계관을 이해하고자 한다. 비교 연구는 두 개 이상의 문화를 나란히 놓고 비교하는데, 대체로 고대 이스라엘의 문화와 다른 고대 근동 문화 하나 이상을 비교한다.

이러한 비교 연구는 유사한 점과 다른 점을 관찰하는 기회가 되고, 독자들이 성경 속에 당시 문화가 얼마나 깊이 뿌리박혀 있는지를 파악하는 데 도움을 준다. 이 두 개의 훈련을 통틀어 "배경 인식 비평"이라 하는데, 당시 고대 청중들은 당연히 이해했지만, 현대 세상에서는 잊혀 버린 성경의 이면에 있는 문화적 측면을 다시 찾을 수 있도록 도와주는 것을 목표로 한다.

이 책은 문헌을 바탕으로 성경 내용을 살피는 전형적인 수업에서 사용을 목표로 제작되었고, 우리는 이 책이 전형적인 "구약 히브리 성경 개론" 수업을 좀 더 풍성히 하길 기대한다. 또한, 바라는 것은 이 책을 읽는 사람이 학생이든, 성직자이든, 일반인이든, 성경 혹은 고대 근동학의 어떤 다른 분야의 학자이든 그들이 레반트의 지리학, 고고학, 고대 근동의 문서와 도상학, 역사 그리고 선택된 종교적, 사회적, 경제적 주제들을 이해하는 데 도움이 되는 다양한 배경 자료들을 소개했으면 한다.

이 책의 간결함은 비교할 수 없는 넓은 폭의 관련 주제들을 포함함으로, 강사들이 자신들의 강의 목표에 적합한 부분만을 선택할 수 있게 하여, 모든 이에게 유용한 한 권짜리 참고서를 제공할 수 있었다.

우리는 북미, 이스라엘, 유럽, 호주, 남미, 아프리카에 있는 기독교와 비기독교 연구기관, 공립과 사립대학, 신학대학원 소속 관련 분야에서 일하는 전문가들을 모았다. 그리하여 비록 우리 편집자들은 개신교 기관에서 일하는 기독교 학자들이지만, 이 책의 기고자들은 구약성경에 관한 다양한 신학적 관점을 보여 주고 있다.

어떤 이들에게 이것을 유대교, 로마 가톨릭교, 개신교의 믿음의 공동체에서 말하는 성경으로 이해하지만, 이것을 성경으로 보지 않는 관점들도 있다. 문헌과 역사의 관계(심지어 "성경 역사"를 정의하는 방식)에서도 다양한 관점들은 존재하는데, 어떤 이들은 문서와 역사에 대한 우리의 이해 관계가 밀접하다고 보지만 다른 이들은 그 공간이 너무 벌어졌다고 본다.

그러므로 책을 신중히 읽다 보면 모든 기고자가 다른 기고자들과 혹은 편집자와 같은 관점을 갖지 않음에서 오는 다양한 의견들을 장마다 관찰할 수 있을 것이다.

우리는 각기 다른 배경 속에 다양한 독자들을 돕고 강사는 다양한 관점을 식별, 토론, 평가할 기회를 제공함으로 책의 교육적 가치를 향상하기를 소망하며 다양한 견해에서 오는 팽팽한 긴장감을 그대로 책에 담았다.

어쨌든 참여한 모든 기고자는 고대 세계의 이해력이 구약의 배경에 대한 우리의 이해를 밝힌다는 것에 동의하며 이를 위해 자기들의 전문성을 많은 이들과 나누는 것에 헌신하고 있다. 실제로 이들은 현재 다양한 관련 분야 관련 주제를 연구하는 최고의 학자들을 대표하며, 우리는 그들의 글들을 이 책에 포함하는 것을 영광스럽게 여기고 있다.

이 책의 구성은 고대 이스라엘의 역사를 "드라마"라는 관점에서 바라보는 것을 기반으로 하고 있으며, 고대 이스라엘 역사가들의 서술적 미술에 대한 향상된 인식과 구약의 다양한 장르가 더 큰 "이야기"의 틀에 포함되었다는 틀에서 비유를 끌어냈다. 모든 드라마가 그렇듯이 많은 일은 "무대 뒤"에서 진행되며, 우리는 "커튼을 걷어서" 드라마의 이해를 쉽게 하려는 목적으로 이 책을 정리했다.

제1부 "드라마의 요소"는 지역 및 연대기 조사와 함께 배경 연구에 사용되는 필수 방법론들을 소개하는 장들로 구성되어 있다. "드라마"라는 보다 큰 패러다임 안에 각 섹션들이 아래와 같이 분류된다.

섹션 1 무대: 역사 지리학을 소개하고 이 분야의 역사, 레반트의 지질 지역, 관련 토지, 기후, 동물군과 식물군의 정보를 제공한다.

섹션 2 세트와 소품: 이 섹션에서는 레반트의 고고학을 소개하고 지역의 물질적 생물학적 유적물들을 후기 청동기, 초기 철기, 후기 철기, 신바벨론, 페르시아, 그리스 시대 같은 표준적인 고고학 연대에 따라 설명한다.

섹션 3 고대 문헌들: 고대 근동 문학 비교 연구와 메소포타미아, 이집트, 히타이트, 우가리트, 그리스 문헌 또한 성경 외의 히브리어로 적힌 글들과 다른 북서 셈어 문헌을 소개한다.

섹션 4 틀: 고대 근동 도상학은 학술 분야의 소개와 이집트, 앗수르 및 가나안/이스라엘 도상 목록을 대하는 구체적 방법을 같이 별도 장에서 다루고 있다.

제2부 "드라마의 막과 장"은 이미 다룬 지리학, 고고학, 문학, 도상학 방법론을 이용해서 역사를 종합적으로 살펴본다. 이 대목은 "막"과 "장"으로 나누어져 있다. 이는 역사가 다양한 시간적 기준에 흐른다는 인식을 바탕으로 대략 나누어진 것이다.

섹션 5 막: 이 섹션은 좀 더 긴 기간을 다루며 수업 사용에 가장 적합하도록 성경 이야기의 관점으로 본 기존의 역사적 연대들 곧 족장 대 이집트 체류, 출애굽과 정착, 왕국 시대, 포로 시대, 페르시아 예후드, 하스몬 왕조에 따라 정리되어 있다.

섹션 6 장: 이 섹션의 각 장은 성경에서 전혀 언급되지 않거나 간접적으로밖에 언급되지 않은 단일 사건과 그 사건이 성경 세계에 미쳤던 영향을 개념적 혹은 역사적으로 다루고 있다. 아크나톤의 집권, 바다 민족의 이주, 세숑크의 군사작전, 카르카 전투, 모압전쟁, 예후의 난, 산헤립의 침략, B.C. 8세기 지진, 카르케미시 전투, 알렉산더 대왕의 정복 등이 이런 사건들에 포함된다. 이러한 단편적인 "막"들은 학생들에게 주요 사건들이 어떻게 역사를 바꾸었는지 입증하고 이스라엘 역사 속 내내 어떤 사회정치적 역학관계를 이루었는지 보여 준다.

제3부, "드라마의 주제"는 다시 한번 이전에 이미 다뤘던 폭넓은 지역과 시대의 지리학, 고고학, 문학, 도상학 내용을 토대로 역사적 재구성을 지나서 중요한 종교, 사회, 경제 기관 그리고 그들 간의 상호 작용들을 주제별로 논의한다. 이

대목은 네 개의 섹션으로 나뉘어 있다.

> **섹션 7 하나님**: 이 섹션은 이스라엘의 종교를 집중적으로 다루고 있으며 유일신교, 논증법, 성전, 사제직, 제물, "종족" 종교, 선지자 예언, 그리고 사망과 장례를 다루는 장들을 포함하고 있다.
> **섹션 8 가족**: 이 섹션은 부족, 여성, 자녀, 상속을 다루는 장들과 함께 가족을 중심적으로 다룬다.
> **섹션 9 생계**: 이 섹션은 작물, 무역, 노예, 지역 경제, 야금, 도예, 섬유를 포함한 기술, 요리, 잔치 그리고 음악과 무용을 다루는 장들과 함께 경제를 집중적으로 다룬다.
> **섹션 10 통치**: 이 섹션은 사회 조직을 다루며 왕권, 사회 계층, 법률 제도, 지혜 전승, 전쟁을 다루는 장들이 포함된다.

우리는 독자들이 이 책을 모든 구약의 학생들이 다가가기 쉬운, 범위와 영역이 포괄적인, 그리고 이해력을 향상하는 데 타당한 책으로 봐주기를 희망한다. 궁극적으로 우리는 이 책이 독자들이 히브리 성경의 메시지를 더 잘 찾을 수 있도록 히브리 성경을 그 세계 안에서 더욱더 잘 이해하는 준비를 시키는 중요한 역할을 할 것이라 믿는다.

역자 서문

김은호, 우택주 박사

　이 책의 영문 제목은 *Behind the Scenes of the Old Testament: Cultural, Social and Historical Context*이다. 직역하면 "문화적, 사회적, 역사적 상황에서 살펴본 구약성경의 배경"인데 『고대 근동 문화와 구약의 배경』이라는 제목으로 소개되고 있다. 하지만 우리 말 책 제목이 암시하듯이 이 책은 결코 단지 고대 근동 문화와 구약의 배경만을 다루고 있지 않다. 그런 내용도 담고 있지만 이 책의 강조점은 구약 세계의 문화적, 사회적, 역사적 배경지식을 직접 다룬다는 데 있다.
　구약성경을 공부하는 학생들이 종종 이런 질문을 한다.
　"구약 시대 사람들은 어떻게 살았습니까?"
　"구약 시대 여성의 지위는 어떠했습니까?"
　"이스라엘 사람들의 가족 구조와 가정에서 실시한 신앙 양태는 어떠했습니까?"
　"고대 이스라엘 사람들은 무엇을 어떻게 만들어 먹고 살았습니까?"
　"구약 시대를 좀 더 공부하려면 어떤 책을 보아야 합니까?"
　이에 답변하려면 영어로 된 전문 서적이나 연구 논문들을 소개해야 한다. 더구나 그런 질문들은 한두 권의 책으로 온전히 해결되지도 않는다. 답변들이 여기저기 흩어져 있기 때문이다. 그래서 이런 질문들에 답변해주는 마땅한 책을 찾기가 어려운 적이 많다. 이 책은 이런 경우에 적절한 답변으로 사용할 수 있는 책이라고 말하고 싶다.
　이런 이유로 지난 봄 학기에 신학과 학생들에게 이 책의 내용 가운데 몇 가지 항목(사회, 문화적 맥락 가운데 13개 항목)을 골라서 "구약의 숨겨진 이야기"라는 제목으로 동영상 강의를 한 적이 있다. 신입생들을 포함하여 다수의 학생이 이 책의 학습을 통해 구약성경 공부에 아주 큰 흥미를 느꼈고 앞으로 구약을 더욱 깊이 공부하고 싶다는 이야기를 들었다. 그래서 이 책이 구약성경을 공부하고 싶은 학생들에게 아주 필요하고 쓸모 있는 정보를 담고 있는 책이라는 사실을 실제로 확인할 수 있었다.

이 책은 68명의 학자들이 66권의 신구약 성경처럼 구약의 세계를 66개의 항목으로 나누어 집필했다. 기고자의 면면은 신학적으로 진보와 보수, 연령 별로 신예와 노장을 망라하여 해당 항목에 대하여 아주 역량 있고 뛰어난 학자들로 구성되어 있다.

내용을 간략히 살펴보면 다음과 같다.

(1) 역사적 지리
(2) 고고학(성서 고고학, 후기 청동기 시대, 철기 1시대와 철기 2시대, 바벨론과 페르시아 시대)
(3) 고대 근동 문헌(메소포타미아 문헌, 이집트 문헌, 히타이트 문헌, 우가리트 문헌, 북서 셈어 비문, 히브리 비문, 초창기 유대교 문헌)
(4) 구약 역사(족장 시대, 출애굽, 정착, 통일 왕국, 분열 왕국, 포로와 귀환, 아케메니드 왕조, 마카비 혁명)
(5) 구약의 역사적 사건들과 고고학적 증거들(아마르나 시대의 아케나텐, 해양민족, 이집트 왕 세송크의 침공, 카르카르 전투, 텔 단 비석, 산헤립의 침공, 8세기 지진, 갈그미스 전투, 알렉산더 대왕)
(6) 고대 근동의 도상학
(7) 유일신론
(8) 성전 예배
(9) 제사장
(10) 예언자
(11) 가족 종교
(12) 장례식
(13) 지파와 가족과 여성
(14) 계절, 교역, 노예, 야금술, 고대의 생활기술, 음식, 잔치, 음악
(15) 국가와 왕권, 위계 사회, 율법, 지혜, 전쟁

여기에 수록된 모든 항목이 다 그렇지만 특별히 고고학 자료들, 역사적 사건들을 둘러싼 논쟁, 고대 근동의 문헌 증거, 고대 이스라엘의 구체적인 사회상과 같은 주제를 공부하려면 적어도 수십 권 정도의 전문 연구서와 논문들을 일일이 들춰보아야 한다. 최근에 출간된 종합적인 성서사전도 이런 주제 연구에 유용하지만 거기서 다루는 내용은 너무 압축적이어서 개론적인 소개 정도로 그치는 경우가 많다. 하지만 이 책은 그런 궁금한 점들을 성서사전보다 더 전문적으로 다룬다는 차별성을 지닌다. 아울러 방대한 참고문헌 목록도 아주 최근까지 출간된 전문연구들을 싣고 있어서 아주 유용하다.

이와 같은 맥락에서 이 책은 20세기에 출판되어 우리나라에 이양구 교수에 의해 『구약 시대의 생활풍속』(대한기독교서회, 1983), 『구약 시대의 종교풍속』(나단, 1993), 『구약 시대의 사회풍속』(솔로몬, 1994) 등 세 권으로 나누어 소개된 저 유명한 롤랑 드보(Roland de Vaux)의 『고대 이스라엘』(Ancient Israel, New York, 1961)과 맞먹는 유용성과 학문적 가치를 지닌다는 평가를 받고 있다.

우리는 이 책이 구약을 공부하려는 학생들에게 아주 유용할 뿐만 아니라 구약을 가르치는 교수님들에게도 다른 여러 권의 전문 서적만큼이나 여러모로 쓸모가 있다고 말씀드린다. 특히 학부와 대학원에서 다양한 제목으로 강의를 개설하고 교과서로 사용하기에도 이상적인 교재이다. 성서사전은 아니지만 필요에 따라 원하는 항목을 선택적으로 학습할 수가 있어서 좋다. 아무튼 이 책의 학습을 통해 구약에 관심을 갖고 연구하려는 학생들이 더욱 많아지기를 기대해 본다.

제1-33장은 김은호 박사가, 제34-66장은 우택주 박사가 번역하였다. 마지막으로 이 책의 효용성을 간파하고 우리나라에 번역되어 소개하는 일을 선뜻 결정해주신 기독교문서선교회(CLC) 박영호 사장님께 깊은 감사의 말씀을 드린다.

제1부

드라마의 기본 요소

섹션 1 무대: 역사 지리학
섹션 2 세트와 소품: 고고학
섹션 3 고대 문헌들
섹션 4 틀: 고대 근동 도상학

섹션 1

무대: 역사 지리학

제1장 | **역사 지리학 개요** 폴 H. 라이트(Paul H. Wright)
제2장 | **레반트의 지역과 경로** 칼 G. 라스무센(Karl G. Rasmussen)
제3장 | **레반트의 기후와 환경** 엘리자베스 아르놀드(Elizabeth Arnold)
제4장 | **이스라엘 영토의 동식물** 다니엘 푹스(Daniel Fuks) & 님로드 마롬(Nimrod Marom)

제1장

역사 지리학 개요

폴 H. 라이트(Paul H. Wright)

1. 방법과 이유

"역사는 반복하진 않지만 돌고 돈다"[1]라는 말은 진실이다. 이 말이 진실인 이유는 고집스러운 인간의 집요함은 물론, 사건의 본질을 계속 자극하는 지리적 현실 때문일 것이다. 역사 지리학은 과거의 방법과 이유를 찾는 데 특별히 도움이 된다. 또한, 각 순간의 고유성을 인지하고, 특히 지역 배경 안에서 패턴을 발견한다. 역사 지리학의 기본 목적은 시간의 흐름 속에서 지형의 기능과 실제 사용법을 이해하는 것이다. 이러한 역동적인 지형을 확실히 인식하는 것은 교과서를 통해서만 알 수 있었던 사건에 대한 이해를 강화하고 넓히고 심화시킨다.

학문으로서 역사 지리학은 사건들이 일어났던 장소와 시간의 배경을 통해 사건들을 돌아보게 된다. 지리학이기에 사회와 물질적 과학 영역에 포함된다. 고대 삶의 환경을 문헌으로부터 재구성하는 것과 관련되므로 역사적이며 인문학에 포함된다. 이 과제는 선천적으로나 업무상으로나 물리학, 문헌학, 고고학, 문화 및 인류학 연구 분야를 중심으로 여러 학문에 걸쳐 진행된다.

역사 지리학은 학자의 관심사나 주어진 특정 과제에 따라 한 개 이상의 학문 분야에 하위 학문으로 소속되거나 모든 분야를 포함할 수 있는 포괄적인 학문에 속하게 된다. 이 과정에서 역사 지리학자는 사건이나 문헌과 관련한 다양한 질문을 한다. 이 폭넓은 인간과 땅의 관계에 관한 질문 범위에는 개별 사건(무엇이

---

[1] 이 격언은 그의 출판된 글에는 나타나지 않지만, 종종 Mark Twain의 것으로 여겨진다.

어디서 왜 일어났는지)뿐 아니라 주거 형태, 천연자원의 사용, 환경 적응 방법, 전략적 위치와 자연 경로의 네트워크, 정착, 개척이나 자연 지역을 이용했던 사회, 경제, 정치적 단일체들의 발전 같은 더 큰 현상에 관한 구체적인 질문들도 포함한다.

이러한 많은 요소에 관한 우리의 인식은 고고학에서 비롯된 것이다. 이 중에서도 대부분 많은 고고학자의 의도로 문헌(특히 성경)에서부터 독립적으로 나온 것이다. 어쨌든 주어진 역사가 문헌, 고고학, 모두에서 파생된 것인지와 상관없이, 유능한 역사 지리학자는 본질적이고 광범위한 정보 수집과 정보를 종합하는 것에도 숙련된 전문가일 뿐 아니라 다양한 분야에 능통한 사람이어야 한다.

성서 지리학자 데니스 발리(Denis Baly)는 구약을 공부하는 학생들에게 성경의 세계가 기초가 되어야 한다고 강조한다. 자신의 스승 퍼시 모드 록스비(Percy Maude Roxby)의 말인 "지질학은 지구표면 위에 있는 모든 것을 다루므로 과학계의 한 부분이 아닌 중심이다"를 자신의 독자들에게 전했다(Baly 2005, 11).

나는 지리학(더 구체적으로는 관련 하위분야인 역사 지리학)과 (더는 아니지만) 오랫동안 학문의 꽃으로 여겼던 신학과의 관계를 주제로 토론하고 싶지 않다. 그래도 락스비의 말은 필요한 조언이다. 종교와 문학적인 맥락에도 구약은 시간(역사)의 흐름 속에서 실존하는 곳(지리)에 살았던 사람들을 다룬 문헌이라는 것이다. 이는 우리가 본문의 의미를 이해할 때 영향을 주는 사실이며, 신학자를 포함한 현대 독자들에게 중요한 내용이 여기서 오는 것이다.

이 책은 역사 지리의 목표가 구약성경에 기록된 특정 사건들을 포함, 성경 세계 속 삶의 상황에 관한 역사적, 지리적 맥락을 보여주는 것이다. 역사 지리학은 특정 생활 방식이나 당시의 상황의 정보를 구약의 저자에게 제공했으며, 이러한 정보의 내용은 합당한 선까지 되찾아 분석할 수 있다고 가정한다. 탐사 지역은 넓고 균일하지 않다.

예를 들면, 성경 세계 속에서 우리는 목자와 농부, 산악 지역 주민과 평지 주민, 마른 땅(황야)에 거주한 사람과 바닷사람, 도시의 세련된 사람과 농촌의 농민, 특정 업무 전문가와 다방면에 능통한 사람, 그 외 많은 사람을 발견했고, 그 안에서 여러 민족적, 국가적 정체성을 발견했으며 각 사람이 자신의 속도와 시간의 가장 적합한 방식으로 다양한 종류의 땅을 개척했다는 것도 발견했다.

각 사람 또는 바다는 무서운 곳인가 유용한 곳인가?

변방에 있는 마을은 기회의 교차로인가, 아니면 위험이 도사리는 곳인가?

침략자를 상호 경제적 이익을 위해 활용할 수 있나?

우주는 도시(계 21:1-2)로, 또 천막(사 40:22)이 아니면 이집트 여신 누트 허리를 구부려서 만든 아치를 어떻게 이해하는 것이 좋을까?

'저희의 신은 산의 신'이고 우리의 신은 평지의 신(왕상 20:23) 등, 자신이 가장 잘 아는 지식의 시야와 일치하는 방식으로 자연(그리고 영적) 세계를 바라봤다. 그러므로 역사 지리학자는 자신의 더듬이를 사용해 사건의 패턴만 찾아내는 것이 아니라 지각과 사고의 패턴을 찾는데, 이 모든 것은 지형의 실체에 중요한 근거를 두고 있다.

역사 지리학은 한 유적에서 다른 유적, 한 지역에서 다른 지역, 한 사건에서 다른 사건, 한 학문에서 다른 학문 등 모든 것이 연결성에 관한 것이다. 이것은 학문의 힘이다. 더 나아가 학문의 핵심이 되는 사상으로 역사 지리학의 가치는 구약 세계를 형성한 사건들의 지리적 배경을 연구할 뿐 아니라 땅을 직접 체험하면서 오는 것이다. 여기서 우리는 다름 아닌 성경학자 히에로니무스(Jerome)가 했던 말을 기억하게 된다.

> 아테네를 본 사람들이 그리스의 역사를 더 잘 이해하듯, 트로이를 본 사람들이 시인 베르길리우스를 더 잘 이해하듯, 유다 땅을 직접 본 사람들이 성경을 더 분명히 이해할 것이다(*Preface to Chronicles*, cited in Freeman-Grenville, Chapman, and Taylor, 2003, 2-3).

특정 사건보다 문화적 풍토를 더 광범위하게 이야기했던 미국 지질학자이자 현장 작업 옹호자였던 칼 O. 사우어(Carl Ortwin Sauer)의 지령을 여기에 추가할 수 있을 것이다.

> 과거의 중요한 문화적 풍토를 재발견하려면 그 문화가 자리 잡았던 지형에 최고로 정통해야 한다. 역사 지리학자는 과거 거주자들의 필요와 능력의 관점에서 그들의 눈을 통해 땅을 볼 수 있는 능력이 필요하다고 말할 수 있다. 이것은 인류의 지리

학 중 가장 어려운 작업일 것이다(Sauer 1963b, 362).

그러므로 땅은 그저 사건들이 일어나는 배경이 아니라 발견과 생각의 활동영역, 즉 실험실이 된다. 사우어는 다음과 같이 말한다.

> 기관차는 느려야 하고 느릴수록 좋다. 종종 여유로운 좋은 위치에서 정차하거나 질문이 있을 때 멈춰 설 수 있어야 한다(Sauer 1963a, 400).

우리가 현장에서 일하는 고고학자를 대하듯 현장에서 역사 지질학자들을 대하고 오직 강의실에만 또는 의자 위에만 있는 사람들을 구분해 현장 활동을 가능한 모든 방법으로 장려해야 한다. 무대와 무대 배경을 개인적으로 접했을 때 사건을 이해하는 방식에 변화가 일어나기 때문이다.

2. 학문의 발전

과학적 학문으로서 역사 지리학은 1838년과 1852년, 오토만 제국 팔레스타인 탐방 중 에드워드 로빈슨(Edward Robinson)과 엘리 스미스(Eli Smith)가 아랍어 지명으로 보존된 성경 지명의 이름을 식별한 선구적 업적에서 유래했다(Robinson and Smith 1841; 1856a). 하지만 그 뿌리는 훨씬 더 오래됐다.

유대교와 기독교를 통틀어 성경 지리 최초의 문헌 자료들을 보면 성경 이야기의 일부였던 고대 이스라엘 영토의 지명을 식별하고 특징을 묘사하는 데 이미 관심이 있었다. 성경 속 법적 내용, 서술적 줄거리, 시적 표현들로 전제했을 때, 이 땅과 필연적인 연결은 자연스러운 것이다(출 12:25; 왕상 4:33; 마 6:26).

이 자료 가운데 가장 중요한 것은 유세비우스(Eusebius)의 『성서 지리 사전』(Onomasticon)이다. 그리스어로 작성됐고 4세기 것으로 밝혀진, 성경 지명들과 논평들을 포함한 주석이 달린 지명 목록이다. 가이사랴의 주교였던 유세비우스는 이 책을 편집하면서 유대교와 기독교 자료를 모두 사용했는데, 그중 일부는 땅의 종교적 특징에 초점을 맞추고 다른 일부는 땅 그 자체에 관심을 두고 있었다

(Notley and Safrai 2005, xi-xxxvii; Freeman-Grenville, Chapman, and Taylor 2003).

유세비우스의 『성서 지리 사전』은 A.D. 4세기 끝 무렵, 히에로니무스를 통해 라틴어로 번역되었다. 6세기 중반, 트랜스요르단 사해의 북서부에 있는 마다바의 모자이크 장인들은 교회 바닥에 성지의 종교적 지리를 그린 지도를 만들었다 (Avi-Yonah 1954; Piccirillo and Alliata 1999). 이 중 일부는 『성서 지리 사전』을 바탕으로 그린 것 같다.

추가로 『스트라보의 지리학』(*The Geography of Strabo*), A.D. 2세기 로마제국 바탕의 『포이팅거 지도』(*Tabula Peutingeriana*), 미쉬나와 탈무드를 포함한 랍비 문학 등 다양한 장르의 자료는 역사 지리학자들이 신약 시대와 그 후 시대에 성경 지형과 지명들이 어떻게 보존되었는지 재발견하는 데 도움을 주는 중요 자료로 아주 귀중하다.

아랍어로 쓰인 알렉산드리아의 대주교 유두고(Eutychius, A.D. 877-940)의 『유두고 연대기』(*The Annals of Eutychius*)와 내부인의 익숙함으로 지리적 논문을 써낸 에스토리 하 파르키(Estori-ha-Parhi, A.D. 14세기) 같은 유대인 학자들의 히브리어로 된 후세의 작품들도 여기에 추가될 수 있다(Rainey and Notley 2014, 13). 비잔틴 시대부터 오토만 시대까지 성지를 방문한 유대교, 기독교 순례자들의 수많은 기록은 비록 경건한 순례의 종교 지리적 부분을 강조하지만 도움이 될 수 있다(Wilkin 1992).

19세기에 들어 성지 탐험은 정치적, 경제적 이유로 오토만 제국의 땅에 관심을 보이기 시작한 서방 세력에 따라 새로운 국면을 맞이한다. 대부분 종교 유적을 보호하고 싶다고 주장했지만, 진정한 관심이었는지, 지역진출에 발판을 마련하기 위해서였는지 논쟁이 되고 있다(Silberman 1982).

이는 성경 비판 방법론, 전반적인 고대 근동 문헌에 관한 비교 연구 접근법, 지질학, 고고학, 인류학 같은 지구 및 인류 과학의 등장과 동시대에 일어났다. 그 뒤로 성경의 배경을 종교적인 전통의 포장이 아닌 있는 그대로 발견하고자 하는 시도와 성경 배경의 실사와 현대 문서의 내용을 드러내려는 노력이 있었다. 비록 처음으로 성경 지명의 위치를 찾지 않았지만, 로빈슨과 스미스는 다음 백년간 이 분야를 지배하게 될 지명 연구를 통한 유적 식별 방법을 확립했다(Rainey 1978).

역사 지리학은 당연히 기록된 역사와 더불어 기록된 지명을 전제로 하므로, 가능한 많은 지명을 식별하는 것에 자연스럽게 초점이 맞춰져 있다. 이런 가운데, 로빈슨의 가장 큰 기여는 그의 방법론이다. 그는 자신의 열람 가능한 주요 자료에서 발견된 모든 지리 정보를 원어로 수집함으로 시작했다(예를 들어 그 시대에 알려지기 시작한 고전 고대의 설형 문자, 상형 문자 및 서부 셈어[West Semitic] 알파벳 문자).

이것은 로빈슨에게 현실과 일치할지라도 기대할만한 문헌 바탕의 지리 정보 청사진을 준다. 현지에 도착한 로빈슨은 자신의 언어학과 문헌학을 심층적으로 사용해 올바로 추측한바, 즉 다수의 성경 지명이 실제로 아랍 지명을 통해 보전되었다는 생각(예를 들어 벧산이 베이산으로, 믹마스가 묵마스로, 여리고가 에르-라히아 (er-Rahia)로)을 바탕으로 자신이 문헌에서 수집한 정보들을 자신이 방문한 곳들과 비교했다. 로빈슨은 또한 성경을 포함한 고대 문헌들 속 지리학적 정보의 대부분이 그가 실제로 현지에서 본 것과 일치한다는 것을 발견했으며, 이 발견이 그의 개별 유적지 탐사를 이끌게 된다.

얼마 지나지 않아 고고학이 기록된 지명이 보존되었을 때는 유적지 식별을 확인하거나 더 자세히 하고, 또 지명이 보존되지 않았을 때는 유적의 정체를 제안하는 중요 도구가 되었다. 참고할 점은 로빈슨의 업적은 고고학의 등장 이전이라는 것이다. 어쨌든 문헌, 지리, 지명, 고고학의 연속은 그 후로 고대 유적지 식별을 위한 중요한 도구임을 입증했다.

로빈슨의 영향으로 많은 학자(그리고 유사학자[pseudo scholars])가 뒤를 이었다(Y. Ben-Ariech 1983). 가장 중요한 작업은 영국 왕립공병 중위 클로드 콘도르(Claude Conder)와 허레이쇼 키치너(Horatio Kitchener)의 주된 지도로 진행된 팔레스타인 탐험 재단의 서부 팔레스타인 조사(1871-1877)다. 이 탐사는 북쪽의 두로(Tyre)와 바니야스(Banias)에서 남쪽의 가사(Gaza)와 브엘세바(Beersheba)까지 요단강 서쪽으로 6,000제곱마일을 담은 최초의 체계적인 남부 레반트의 지도를 만들어낸다. 만개가 넘는 지명을 포함한 지리학적, 고고학적, 언어적, 문화적 정보가 수집되어 무려 3권의 두꺼운 책과 26개의 지도로 기록되었다(Conder and Kitchener 1881-83).

트랜스요르단 북부 지역에서 고틀립 슈마허(Gottlieb Schumacher)가 '독일 팔레스타인탐험협회'(Deutsche Verein Zur Erforschung Palästinas) 권한으로 길르앗(Gilead)과 모압(Moab)에서 팔레스타인 탐험 재단의 콘도르가 진행하고 탐사한 중요한 추가 정보를 제공했다. 그러나 19세기에 가장 영향력 있던 연구는 현장에 학문적 통찰과 성경에 대한 헌신을 접목한 학문적 견본인『성지 역사 지리』의 저자 조지 아담 스미스(George Adam Smith)의 업적일 것이다.

20세기에는 급격히 늘어난 고고학의 기여와 함께 같은 양의 지리적 탐사와 문헌 분석이 있었다. 고대 이스라엘 영토 분할의 역사와 특징을 다룬 알브레크트 알트(Albrecht Alt, 1925), 매년 현장을 방문하여 빠르게 드러나는 성경 세계의 모든 것을 수집하고 종합하는 막대한 노력을 계속한 윌리암 폭스웰 올브라이트(William Foxwell Albright), 예루살렘에 성경 연구원 (École Biblique)의 관심사를 자신의 글을 통해 보여 준 프랑스의 펠리스 마리 아벨(F. M. Able ,1933; 1938), 요단강 동쪽 지역을 탐험한 넬슨 글루에크(Nelson Glueck, 1970)의 업적은 주목할 만하다. 데니스 베리(Denis Baly)의『성경 지리』(the Geography of the Bible, 1974)는 지리학적, 성경적 정보를 세밀하게 종합한 책으로 여전히 탁월하다.

요하난 아하로니(Yohanan Aharoni, 1979), 미카엘 아비 요나(Michael Avi-Yonah, 1966), 가장 최근으로 앤슨 레이니(Anson Rainey and Notley 2014) 이들 모두 가장 먼저 언어학에 근거한 문헌 기반의 방법론을 강력히 주장했고, 이들의 통찰력 있고 포괄적인 연구는 오늘날 이스라엘 학문을 가장 잘 대변해 주고 있다.

20세기 후반에 들면서 고대 이스라엘 영토에서 식별될 수 있는 유적 대부분이 식별되었다. 여전히 지명의 역사를 추적해 올라가는 작업이 많이 남아 있지만, 역사 지리학의 방법론 내에서 중요했던 지명 연구의 역할은 줄어들기 시작했다.[2]

이 역사 지리학의 초기 과제 완성은 고고학적 정보의 기하급수적인 증가와 고대 이스라엘의 세계를 이해하기 위해 문헌, 특히 성경의 정보보다 고고학을 우

---

[2] 예를 들어 Elitzur는 성경에 나오는 지명 책(Onomasticon)에 언급된 60개의 장소 이름 역사에 관한 철저한 연구를 했다(Elitzur 2014).

선 순위화 하는 경향과 동시에 일어났다.

실제로 지난 수십 년간 좀 더 광범위한 접근으로 성서 고고학에서 성경이 사라지는 것과 같은 이유로 역사 지리학에서 역사도 사라지게 됐다(Dever 2001, 1-157; Rainey 2001b). 즉 성경이 역사적 자료의 출처로 탐탁히 여겨지지 않은 것처럼, 주요 역사 자료의 출처로 문헌보다 고고학을 선택하면서 역사 지리학도 포괄적인 인문 지리학에 길을 더 내주었다.

하지만 명심할 점은 고고학이 과거의 생활환경을 밝히는 데 매우 효과적이지만, 특정 사건(B.C. 701년 산헤립의 라기스 포위, A.D. 70년 티투스의 예루살렘 정복은 주목할 만한 예외다)을 조명하는 빈도는 훨씬 낮다. 사실 성경이나 다른 문헌으로 독립적인 조명을 할 수 없다는 것이다.

이런 이유로 비록 고고학적 지질학도 같은 문제(예를 들어 지역 인구에 의한 가용자원의 사용, 지역 또는 유적지 간의 인구 혹은 경제적 관계, 방어수단과 방어선 등)를 조사하지만, 고고학 지리는 역사 지리라고 할 수 없다. 그리고 이러한 과정에서 고고학의 결과는 결국 문헌을 품게 된다.

3. 방법론과 방향

역사 지리학을 사용하여 성경 세계를 더 잘 이해하려고 하는 학자들은 일반적으로 통시적 지리학(Diachronic Geography), 지역 지리학(Regional Geography), 문학 지리학(Literary Geography)의 방법론 중 하나를 선호한다.

1) 통시적 지리학

통시적 접근은 역사 지리를 사용하여 장기간의 사건의 흐름과 패턴을 이해한다. 여기서 시간이나 역사는 구성원리가 된다. 주로 사건 중심적으로 진행되며 광범위한 지역 안에 인구 이동과 정권 세력의 흥망에 중점을 둔다. 이것이 역사 지도책(예를 들어 the Carta Bible Atlas)의 접근 법이기도 하다.

통시적 방법은 연대기를 성립하고 개별 사건에 초점을 맞추는 데는 이점이 있지만, 지도상이나 지리상에서 개별 사건이 이리저리 분포되어 보이는 것이 각 사건이나 어느 사건의 연속이 다른 것들과 별개로 고립된 인상을 줄 수 있다는 점에서 정적인 경향이 있다.

2) 지역 지리학

역사 지리학에서 지리적 접근 방법은 지역이나 지역 그룹에 초점을 맞추고 시간의 흐름 속에서 그들의 특징을 정의하려 한다. 여기서는 지리가 구성원리다. 우리는 여기서 다시 한번 문헌에서 찾은 정식 기록을 주 기반으로 지역 정의 기준으로 삼은 알트를 언급해야 한다(Alt 1989, 137). 연관된 문헌적 자료는 대부분 행정 구조(행정 구역, 조세 지구, 정복된 영토 및 지역)를 반영하거나 인구와 민족 등을 반영하는 두 가지 유형이 있다.

첫째, 전자는 공식 정부 담당(예를 들어 수 13-19장에 나오는 도시와 국경 목록, 왕상 4:7-19에 기록된 솔로몬의 행정 구역, 전쟁기 3.51-56에 나온 1세기의 갈릴리, 베레아[Perea], 사마리아 및 유다 지역)을 어느 정도 전제로 한다.

둘째, 공식적인 경계선과 무관한 사회적 패턴(예를 들어 대상 1~8장의 계보)을 보여 준다. 공식 행정 경계선이 민족과 부족의 분포를 존중한 경향이 있다는 적절한 가정하에 두 유형 모두 일부 문헌이 있을 것이다. 기록된 자료가 실제 상황을 나타내는지, 이상화된 상황을 나타내는지에 대한 맥락의 구체적인 내용은 논쟁이 되고 있다(Rainey and Notley 2014, 174-85; Kaufmann 1953; Y. Ben-Arieh 1989).

지질학 접근 또한 시간이 가면서 경계의 역사적 발전이 아닌 지리의 현실 그 자체를 기반으로 바꿀 수 있다. 여기서 역사 지리학자들은 지질학, 지형, 기후, 토양 및 자연 자원과 같은 자연적 요인에 따라 지역을 정의한다. 오로지 실제 생활환경을 밝혀낸 후에야 인구, 주거 형태, 그리고 시간이 흐르며 일어난 사건들을 자연 지역의 맥락 안에서 조사한다.

주목할 만한 예로 응용데이터를 문헌으로부터 가져온 레이니의 쉐펠라와 네게브 지방 연구와 고고학으로부터 응용데이터를 가져와 철기 시대의 쉐펠라와

B.C. 10세기 야르콘 분지를 연구한 파우스트(Faust)가 있다(2007; 2013). 종종 자연 지역과 문화나 민족 지역이 상응할 때가 있는데, 이런 모든 경우에서 상응 관계는 밝혀져야 한다. 지리적 조건에 기반을 둔 접근은 일반적으로 행정 구역을 기반으로 한 접근보다 더 효과적이다. 이것이 지리적 조건과 훨씬 더 일관되기 때문이다

여기서 고고학 발굴, 지역 고고학 프로젝트 및 광범위한 설문 조사는 장기간에 걸쳐 포괄적이고 비교 가능한 데이터를 지속해서 제공한다는 점에서 특히 유용하다. 어떤 경우에서든, 역사적 지리에 대한 지역적 접근은 구약과 같은 문헌에 기록된 개별 사건을 재검토할 때 통시적 접근보다 더 전체적인 맥락을 보여줄 수 있다.

조지 애덤 스미스(George Adam Smith)에 의하면(1894; 2001) 고지대인지 해안인지 논쟁의 여지가 있는 유다의 쉐펠라를 예로 들 수 있다. 초기 철기 시대(사사와 이스라엘의 등장 시기)에 쉐펠라를 통한 침범은 문헌적으로, 고고학적으로 입증되었다.

쉐펠라를 통해 블레셋의 동쪽 확장을 어떻게 추적 가능할까?

그리고 가나안 토착민이나 고지대에서 이스라엘이 되고 있던 사람들에게는 어떤 영향을 미쳤을까?

또한, 쉐펠라를 대각선으로 관통한 르호보암의 서쪽 요새 노선(대하 11:5-10)과 유대와 이스라엘을 통과한 시삭의 행군 노선(왕상 14:24; 대하 12:1-12; Rainey and Notley 2014, 185-89)은 무슨 관계가 있을까?

아니면 히스기야 시대에 해안을 마주한 쉐펠라의 주요 도시는 라기스(왕하 18:13-14)였던 반면, 게셀이 쉐펠라와 솔로몬의 해안 그리고 파라오(아마 시아문) 사이의 중요한 거점(왕상 9:15-17)이 된 조건은 무엇일까?

좀 더 구체적인 연구를 위해 자연 지역을 하위 지역으로 더 세분화할 때 더 많은 질문이 있을 수 있다. 성경의 지리적 맥락을 처음으로 들여다보는 보편적인 구약 독자들에게는 보는 눈이 여러 옵션과 함께 살아난다.

우리 앞에 주어진 자료를 이해하려고 할 때 사건을 기반으로 어떤 상황에서 블레셋이, 또는 르호보암이 또는 히스기야가 무엇을 할 수 있었을까?

이런 질문은 실제로 존재했던, 선택의 근거가 되는 현실을 이해하도록 도우므로 그들이 실제로 무엇을 했는지 묻는 역사적 질문만큼 중요하다.

3) 문학 지리학

문학적 접근은 전통적으로 역사 지리학 일부는 아니지만, 문헌과 땅의 또 다른 교차점을 고려할 때 도움이 되는 표제를 제공한다. 다른 한편으로, 한 지역 내에서나 연결된 다른 지역 속에서 일어나는 모든 인간의 상호 작용 방식을 포함한 지역의 역동감을 이해한다는 것은 이야기를 읽는 독자가 이야기 속 등장인물(혹은 저자)의 의도, 동기, 행동을 깨달음으로써 줄거리가 역사에서 유래하는지 아닌지 이해하게 한다. 성경의 지리 자료는 현실적으로 너무 정확해서 다른 방법으로 기각될 수 없다.

예를 들어 성경에 나온 정복 역사는 고대 이스라엘의 역사가들에 의해 대부분 거부당했다. 더 부정하기 힘든 것은 고대 이스라엘 영토의 자연 경로, 전략적 요충지, 자원을 고려할 때, 여호수아의 행군과 가나안 왕들의 대응이 나온 이야기(수 6-11장)가 완벽히 이해된다는 것이다.

또한, 세월이 흘러도 변치 않는 왔다 갔다 하는 쉐펠라의 본질적 현주소를 세밀하게 묘사한 삼손의 이야기도 그렇다. 설명의 힘은 패턴과 개별 사건에서 비롯되며 연구의 중심은 역사든 문학이든 상관없다. 이 두 경우 모두 환원주의의 위험은 특수주의의 위험과 균형을 이뤄야 하며, 역사 지리에 대한 지질학적 접근은 이 두 가지에 모두 영향을 미친다.

문학 지리학의 진가를 인정함으로써 고대 문헌의 작가들이 풍부한 지리 언어를 사용하여 자신들이 말하려고 했던 메시지를 알리는 방법들을 이해하는 데 도움을 줄 것이다. 이것은 지리적 묘사가 줄거리를 채운 것뿐만 아니라, 이야기 자체 내에 개별 등장인물의 언어를 채우는, 성경에서 가장 중요한 부분이다. 만약 역사 지리학 연구가 사람들이 자신의 문헌 속에 미친 자신의 땅의 현실을 통해 자아 인식을 형성하는 방식으로 들여다보지 않는다면 그것은 부족한 연구가 될 것이다. 만약 여기에 사람들이 자신들의 영토에서 만난 신의 세계를 더한다면, 땅이 스스로 귀중하고 다양한 지질학을 바탕으로 한 신학적 이미지를 제공하게 된다.

이런 이유로 역사 지리학자들은 암석이 지질학의 대상이나 건축 자재뿐 아니라 신(시 18:1; 31:2; 71:3)이나 베드로(마 16:18) 형상으로도 연구될 수 있다는 현실과 상징에 밀접한 관계를 인지하고 있다. 역사적 지리의 역사적 부분은 사건 설명뿐 아니라 그 사건이 기억되고, 기록되고, 당 시대와 오늘날의 독자들과 연관 지어주는 과정들에 주의를 기울인다.

따라서 역사 지리학은 다면적 학문이다. 많은 하위분야의 전문가가 깊은 우물에서 돌아가면서 물을 끌어 올리고 종종 함께 마신다. 역사 지리는 성경을 이해하기 위한 새로운 길을 열고 그 외에는 제약을 준다. 독자들이 성경 세계의 실제 현실에 근거하여 어떤 해석이 가능한지 판단하는 데 도움이 된다. 또 다른 지리학적 이미지를 사용하기 위해 역사 지리학은 해석을 땅에 묻기도 하지만 해석들은 실제 사건들이 그들의 뿌리를 찾는 그 깊은 토양에서 샘솟는 것을 허용하기도 한다.

제2장

레반트의 지역과 경로

칼 G. 라스무센(Karl G. Rasmussen)

1. 메소포타미아 – 극동 레반트

메소포타미아(Mesopotamia)라는 단어는 이삭이 "아람 나하라임" 즉 "두 강 사이 아람인"으로 떠난 헬라어 성경(the Septuagint, LXX)의 창세기 24:10 번역에서 온 것이다. 이것은 유프라테스강 상류와 발릭 혹은 하부르강을 가리키는 말일 것이다. 오늘날에는 유프라테스와 티그리스강이 흐르는 비교적 평평한 지대를 가리킨다. 구약 속 드라마에서 이 지역은 아브라함과 사라의 출생지고, 북이스라엘과 남 유다 왕국이 추방당하고, 후에 유대인 귀환의 시발점이기도 하다.

이 지역은 서쪽으로 아나무스 산맥과 예벨 자위예(Jebel Zawiyeh), 북쪽으로 말라티야 산맥, 동쪽으로 자그로스산맥, 남쪽으로 거대한 시리아-아라비아 사막을 경계로 한다. 이 지역의 모든 생명체는 유프라테스와 티그리스강에 의존한다. 이 두 강의 제방을 따라 운하를 통해 특히 물을 히트와 사마라 남쪽의 들판으로 끌고 왔다(그림 2.1 참조).

지역 전체 연 강수량은 8인치 이상인데, 이를 통해 몇몇 곡식이 농작할 수 있고 양과 염소도 기를 수 있다. 특히 유프라테스 상류 갈그미스와 하란 근방이 이러한데, 이 지역은 아람 부족 조상의 고향이자 선조들의 뿌리가 있던 지역이다.

북 티그리스강을 따라 관개 농업보다 건식 농업이 더 일반적이었다. 이곳은 앗수르의 니느웨, 님루드, 앗수르 같은 대도시들이 번영했던 지역이기도 하다. 산에서 나온 바위를 건축에 사용할 수 있었지만, 집, 궁전, 성전, 성벽 증축에 가장 보편적인 건축 자재는 흙벽돌이었다.

티그리스와 유프라테스강 모두 "연락망"으로 사용이 되었다. 특히 유프라테스는 목재와 다른 물품을 북서쪽에서 남동쪽으로 옮기는 데 사용되었다. 목재는 물에 띄워 하류로 흘려보냈고 다른 물품은 부풀린 동물 가죽에 띄운 나무 짐배에 실어 내렸다. 물살과 맞바람 때문에 상류로 올라가는 것은 매우 어려운 일이었다. 그래서, 강줄기를 따르는 지상 경로들이 생겨났다. 이런 길 중 하나는 니느웨를 향해 북쪽으로 향했고, 그곳에서 북서로 향해 말라티야 산맥을 통과해 소아시아(Anatolia)로 갔다.

다른 경로는 우르를 출발해 유프라테스 물길을 따라 북서쪽으로 마리를 향한다. 그곳에서 북서쪽 하란과 갈그미스 지역으로 향하는 경로도 있다. 이 두 곳에서 소아시아를 향해 북서쪽으로, 지중해를 향해 서쪽으로 다메섹 그리고 결국 이스라엘과 이집트까지 남서쪽으로 계속 나아갈 수 있다. 낙타를 길들인 후, 마리와 타드몰의 사막의 오아시스를 연결하는 길이 생겨 다메섹까지 가는 여정을 줄이게 되었고 지중해까지 접근을 더 쉽게 했다.

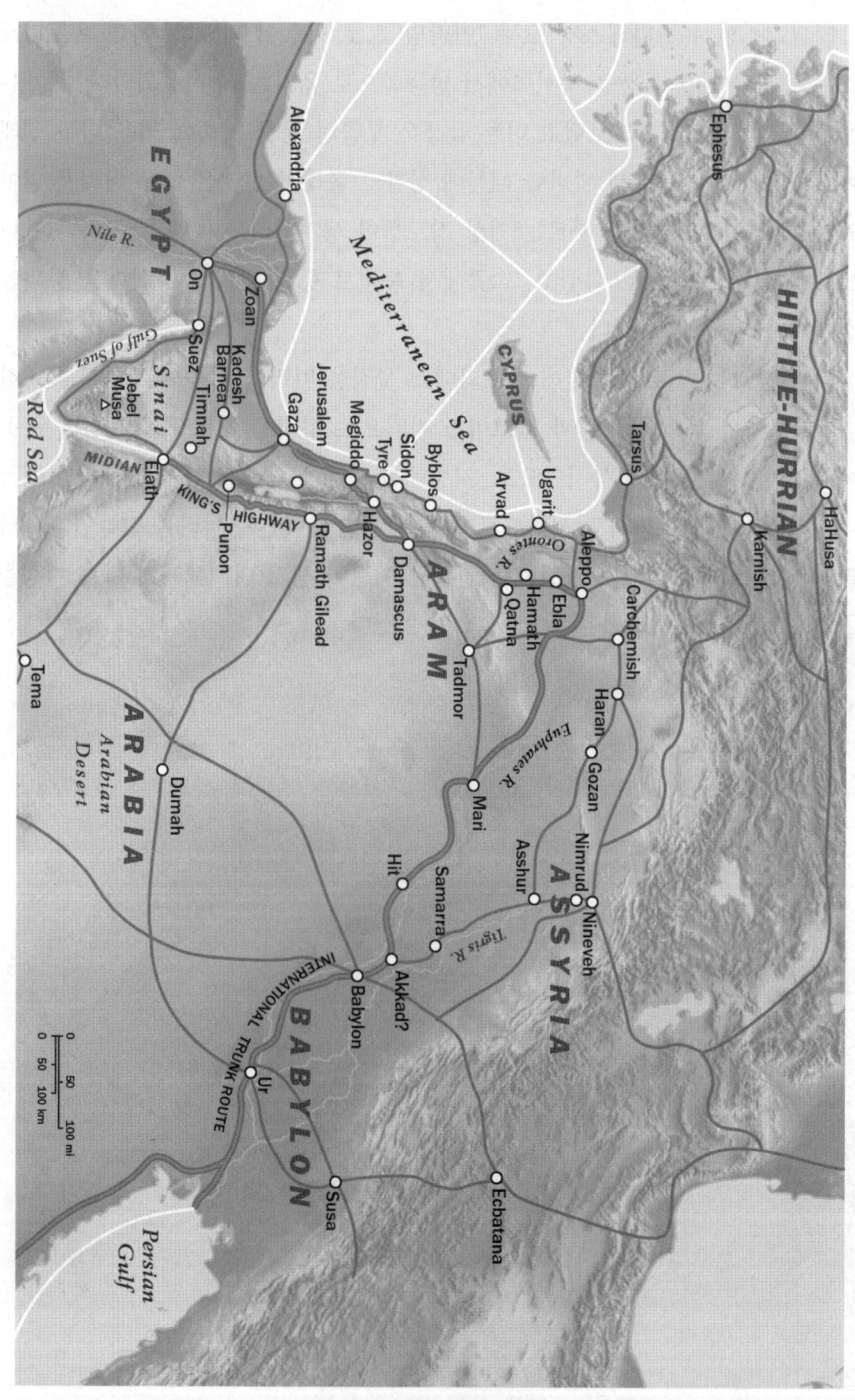

2.1 고대 근동의 주요 무역로

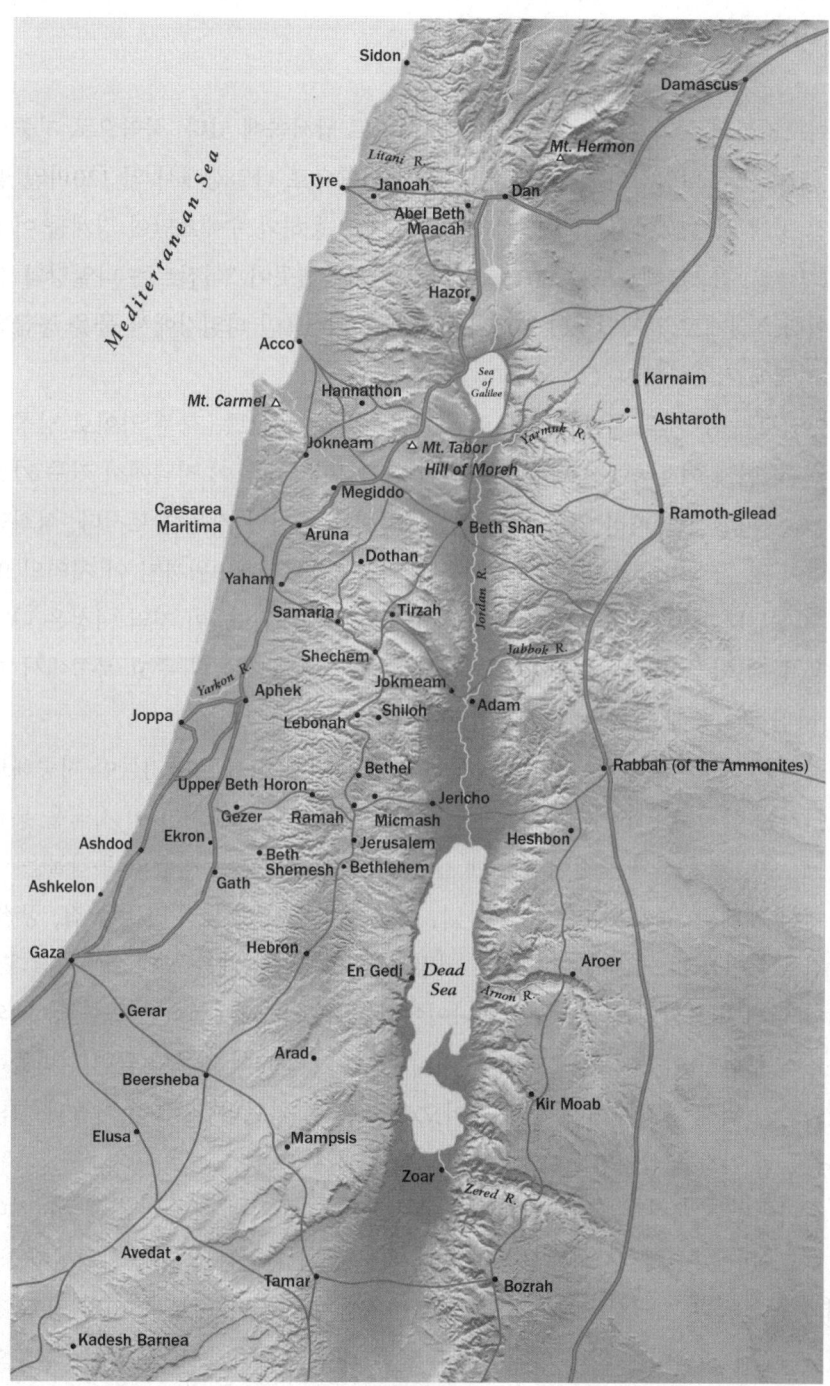

2.2 남부 레반트 지도

2. 이집트 – 남서 레반트

아프리카의 국가 이집트는 넓게 잡은 레반트 남서쪽에 있다. 북쪽으로 지중해가, 남쪽으로 나일강의 첫 번째 여울목이, 서쪽으로 나일강에서 약 120마일 떨어진 곳에 있는 오아시스들이, 서쪽으로 수에즈 운하와 수에즈만이 경계를 이룬다(그림 2.1 참조). 헤로도투스(Herodotus)가 이야기했듯이 "이집트는 나일강의 선물이다." 실제로 전체인구의 95%가 전체 토지의 5%인 나일강에서 물을 공급받는 지역에 거주한다.

이집트는 두 개의 주요 지역으로 나뉜다. 상부 이집트는 북부 카이로 남쪽에 있는 첫 번째 여울목에서 남쪽으로 퍼진 남쪽 부분이다. 이 지역에서 거주 가능한 곳은 나일강을 따라 양쪽으로 물을 공급받는 좁지만 비옥한 토지다. 석회암 절벽이 강 가장자리에 닿는 몇 지역을 제외하고 7월부터 9월까지 이 지역의 땅은 침수된다. 다른 작물과 마찬가지로 곡물들이 재배된다. 이 지역 여정은 나일강을 통해 이루어진다. 물살이 배와 짐배를 북쪽으로 실어다 주고 북쪽에서 오는 바람을 이용해 남쪽으로 가는 것도 가능하다.

북쪽의 하부 이집트는 카이로 북쪽에 있는 나일강 하류 강줄기들이 지중해로 들어가는 삼각지대를 가리킨다. 전통적으로 일곱 개의 강줄기가 이 지역을 통과했고, 수많은 운하와 물길이 토지에 물을 공급했다. 수많은 종류의 농작물을 이곳에서 재배할 수 있었고, 물고기, 닭, 축산물이 넘쳐났다. 주민들은 집, 궁전, 성전을 흙벽돌로 지었다. 이 지역의 여정은 소형 배나 짐배를 통해 이루어졌다.

이 땅의 비옥함 때문에, 동쪽 시나이에서 거주하는 베두인족은 종종 양 떼와 목초가 무성한 이곳에 오려고 했다. 가나안과 이스라엘에 가뭄이 들면 사람들은 살아남기 위해 삼각지대 동쪽에 들어오려고 했다. 아브라함, 특히 야곱과 그의 아들들의 여정을 살펴봐도 그렇다.

시나이반도 북부의 모래 지역은 군대가 이집트를 떠나 북쪽으로 행군하거나 앗수르, 바벨론, 페르시아에서 남쪽으로 행군할 때 건너는 육교를 형성했다. 군대나 상인들의 오아시스에서 다른 오아시스까지 여정은 대부분 10일 정도 걸렸다. 중앙 시나이는 와디 엘아리쉬로 인해 대부분 지중해로 흘러가는 불모의 바위 지역이다(민 34:5의 이집트 시내; Rainey and Notely 2006 283, 35). 아카바(엘라스

근방 요르단에 있는 오늘날의 도시)와 수에즈를 연 결하는 경로가 이 지역을 통과했다. 고대 시대에 미디안과 아라비아를 오가는 목자와 상인들은 이 경로를 사용했다.

높은 화강암 산봉우리들은 시나이 남부를 덮고 있다. 다른 위치를 제안하는 이들도 많지만, 전통에 따르면 이 지역 예벨 무사(Jebel Musa)에서 모세에게 계명이 주어졌다고 한다.

3. 레반트의 동지중해 지역

오늘날 "레반트"라는 단어는 북동쪽 모서리부터 남쪽의 가사까지 지중해의 동쪽 끝자락을 나타낼 때 종종 사용된다. 이 땅은 대체로 해안선에서 75~100마일 안쪽이다. 해안에서 동쪽으로 간다면 해안평지, 중앙산지, 요르단 계곡, 동부 산지를 따라 시리아 초원이나 사막으로 된 구역들을 만나게 된다(그림 2.3 참조).

4. 레반트의 남부 지역

구약에 나타난 대부분 사건은 오늘날 요르단과 이스라엘이 위치한 지역에서 일어났다. 이 지역은 서쪽으로 지중해가, 북쪽으로(남요르단의) 리타니강과 헤르몬산, 동쪽으로 시리아사막, 그리고 남쪽으로 브솔 시내로 경계해 있다. 이 지역에서는 위의 5개 구역이 기본적으로 북남으로 뻗어있다(그림 2.2와 2.3 참조).

5. 레반트의 남부 지역: 해안평지

이 지역의 해안평지는 남쪽 가사부터 북쪽의 로쉬 하니크라 리타니 지역까지 뻗는다(그림 2.2 참조). 이 구역은 4개로 나뉠 수 있다. 남부 지역은 남쪽 가사에서 북쪽의 야르콘강까지 뻗고 비교적 평평하다. 와디는 동쪽에 있는 산지에서 지중해로 흐르고 충적토량이 가득하다. 돌이 부족하므로 건축물 대부분이 흙벽돌로 지어졌다. 이 지방 전체의 연 강수량은 12인치 이상이다. 밀과 보리를 재배할 수 있다. 늦봄에 곡식 재배가 끝나면 양과 염소들을 동쪽의 겨울 목초지에서 데리고 와서 짚을 먹이고 토지에 비료를 준다. 샘, 우물, 물 저장소가 지역 실수를 공급한다.

모래가 많은 이 해변은 곶이 항구를 보호했던 북쪽 욥바를 제외하고 배가 안전히 정박할 수 있는 작은 만이나 섬이나 포구가 없다. 그러나 항해용 선박은 가사, 아스글론, 아스돗 앞바다에 닻을 내려 소형 배를 통해 물건을 싣거나 내릴 수 있었다.

블레셋인은 이 지역에 5개 도시인 가사, 아스글론, 아스돗, 가드, 에그론에 정착을 했다. 이 지역은 항상 외부의 영향에 노출되었다. 이집트에서 북동쪽으로 다메섹과 마리를 지나 다시 메소포타미아 우르로 가는 국제도로가 이 지역을 통과했다.[3]

이집트로 시작해 군대와 상인들은 시나이를 넘어 가사에 도착하게 된다. 가사는 준비 영역 역할을 했는데, 그곳에서 북-북동으로는 모래 언덕을 비껴가는 해안과 가깝지만, 해안 길이 아닌 아벡으로 가는 길이 있다. 북쪽에는 야르콘강이 거대한 장벽을 쳐서 아벡 동쪽으로 틀어 돌게 된다. 내륙으로 가는 국제도로는 그랄, 가드, 에그론 같은 도시들을 거쳐 아벡에 도착하게 된다. 지역 주민들은 이 지역을 지나가는 상인들에게 숙식과 안전을 공급했다. 반면, 막강한 힘의 군대는 이 지역을 지나가면서 죽음, 파괴, 질병, 압제를 가져다주었다.

바로 북쪽에는 갈멜산을 북쪽 경계로 한 샤론 평지가 있다. 여기엔 해안과 평행을 이룬 3개의 화석화된 사암 능선이 와디가 지중해로 떠내려가는 것을 방지하고 있다. 이것 때문에 샤론 평지는 소 떼 사육에만 유용한 늪지대다(대상 27:29). 험한 능선 때문에 평평한 해안 지대는 배를 정박하기에 쾌적하지 못했고, 신약 시대에 와서야 헤롯 대왕이 가이사랴 마리티마를 세우게 된다. 구약

---

3 이 길은 때때로 비아 마리스(*Via Maris*, 바다의 길)라고 잘못 불린다. 자세한 내용은 Rainey and Notely 2006, 250-51을 참조하라.

시대의 국제도로는 아펙을 시점으로 평지 동쪽 선을 따라 늪지를 피해 북으로 향했다.

북서로 돌출해 지중해로 뻗은 갈멜산은 해안 평야를 멈추게 한다. 이 1500피트 높이의 산 능선은 이스르엘 계곡으로 들어가는 3개의 백악으로 된 고개가 있다. 이중 가장 중요한 고개는 샤론 평지의 야함이라는 도시와 이스르엘 계곡에 므깃도를 연결하는 고개다. 갈멜산 북쪽에는 조그마한 평지가 로쉬 하니크라까지 이어진다. 이 평지 중간의 아코(신약 시대의 프톨레마이스)라는 남부 레반트의 가장 중요한 항구가 있었다.

6. 레반트의 남부 지역: 중앙산지

중앙산지는 높이가 4000피트에 가까운 상 갈릴리 리타니강 근처에서 시작한다(그림 2.2 참조). 이는 V-모양으로 풍화되어 건너거나 지나가기 힘든 석회암으로 구성되었다. 이런 절개된 지역적 상황 때문에 대부분 북에서 남으로 가는 사람들은 상부 갈릴리를 우회한다. 가장 흥미 있는 동서 간 경로는 다메섹의 오아시스와 항구도시 두로를 연결하는 도로다. 이것이 이사야 9:1에 언급된 "해변길"이었을 것이다(Rainey and Notely 2006, 250-51). 이 지역은 고도와 북쪽에 자리한 위치 때문에 많은 강수량을 보았고 땅은 비옥했다. 그러므로 이곳 주민들은 좋은 농작물을 재배할 수 있었다.

상부 갈릴리 남쪽에는 고도가 절반 정도밖에 되지 않는 하부 갈릴리가 있다. 여기는 계곡이 넓어 도로로 적합하다. 그래서 이 지역은 외부 영향에 더 열려 있었다. 이스라엘 부족에게서, 납달리, 스불론, 잇사갈이 갈릴리 땅을 받았다.

2.3 레반트의 남부 지역

갈릴리 남쪽에는 남부 레반트 지역에서 가장 중요한 동서 연결고리 이스르엘 계곡이 있다. 이는 화살 모양으로 생겼으며 북쪽으로 하부 갈릴리의 언덕이, 남서쪽으로 갈멜산이, 동쪽으로 타보르산과 모레의 언덕이 경계하고 있다. 물은 키손 강을 통해 서쪽과 북서쪽으로 흘렀다. "화살대"는 하롯 계곡의 벧산을 향해 남서쪽으로 뻗었다. 이 두 계곡 모두 풍부한 강수량을 받아 곡류 작물이 자랐다.

남동에서 북서를 잇는 중요 경로가 이 계곡들을 지나갔다. 이는 트랜스요르단 도로와(혹은 "왕의 대로") 지중해의 항구 아코를 이었다. 또한, 국제도로에서 갈라져 나온 중요 도로들도 므깃도에서 북동쪽 지중해로, 또한 남서쪽 벧산과 트랜스요르단으로, 이에 덧붙여 북-북서 방향 악고와 북쪽 페니키아 해안을 향해 이스르엘 계곡을 통과했다. 이러한 전략적 위치 때문에 투트모세 3세(B.C. 1457) 시절부터 알렌비 장군(B.C. 1917)에 이르기까지 이 계곡은 자주 전투 장소가 되곤 했다.

중앙산지는 이스르엘 계곡 남쪽으로 계속된다. 남쪽으로 이동해 만나는 첫 지역은 므낫세 산지다. 이곳에는 고원과 넓은 계곡이 있어 높은 중앙산맥 능선으로 가는 길을 제공한다. 서쪽의 샤론 평지부터 나할 세겜(Nahal Shechem)은 사마리아를 지나 이 지역의 자연적 중심인 세겜으로 향한다. 세겜에서 시작한 도로는 북동 방향 벧산으로 갔고, 이 길에서 남동쪽으로 빠지는 길은 와디 파라로 내려가 요단강까지 간다. 이는 오래된 길로써 선조들이 땅을 오고 갔던 길이었다. 세겜에서 남쪽의 실로, 벧엘, 라마, 예루살렘, 베들레헴, 헤브론, 브엘세바로 가는 도로가 있었다. 이 길은 유역 능선을 따라 놓였고 성경 이야기 속에서 중요한 역할을 한다.

남쪽으로 더 가면 V 모양으로 풍화된, 석회암 계곡으로 이루어진 에브라임 산지가 있다. 이 절개된 지역 상황은 동쪽이나 서쪽에서 진입하기 어렵게 한다. 실로에 있던 성막의 위치가 보여주듯 이렇게 막혀버린 지형은 이 지역주민들에게 자연적 보호막이 되었다.

에브라임 산지 남쪽은 농작물이 비옥한, 베냐민 고원에서 자라는 베냐민 지파의 구역이다. 이 고원 지역에서 여러 개의 도로가 만난다. 서쪽 해안평지에서 중요한 도로가 아얄론 계곡과 벧호론 능선을 통하고 동쪽을 향해 게셀을 통과해라마에 이른다. 라마에서 북쪽으로 돌아 라마로 여정을 할 수 있고, 동쪽으로 여리고까지 내려가거나 남쪽 예루살렘으로 향할 수 있다. 이 게셀 라마를 연결한 도로는 예루살렘으로 가는 가장 중요한 방법이었다.

베냐민 고원 남쪽에는 자연적 중심지가 헤브론이었던 유다 산지가 있다. 북에서 시작한 능선길은 헤브론을 향했고 이 길에서 파생된 길은 남쪽 아랏으로 향하거나 남서쪽 브엘세바로 향했다. 유다 산지는 단단한 석회암으로 이루어졌다. 비옥한 테라로사와 풍부한 강수량은 곡물, 올리브, 포도가 계단식 언덕 위에서 자라는 것을 보장했다. 동쪽에는 4000피트 하강이 20마일 넓이에 사해로 가는 유다 광야에 있다. 이 불모하고 바위로 가득한 광야는 도둑들이 자리했고 겨울 동안 양 떼를 먹이던 곳이었다.

유다 산지 서쪽으로는 히브리어로 쉐펠라라고 불리는 저지대의 완충지대가 있다. 구불구불한 언덕과 넓은 계곡들이 산지에 사는 사람들과 해안평지에서 사는 사람들 사이의 완충재 역할을 한다. 이곳은 블레셋, 앗수르, 바벨론과 유다 사이의 충돌이 일어났던 곳이다.

유다 산지 남쪽에는 네게브가 있는데 네게브(Negev)는 "남쪽" 혹은 "건조하다"라는 뜻으로, 이 지역을 정확히 표현하고 있다. 브엘세바 동서 양쪽으로 하나씩 있는 두 개의 분지는 와디 브엘세바를 통해 나할 베솔(Nahal Besol)이 흘러간다. 이 지역은 바람을 타고 날아온 뢰스라고 불리는 가는 흙으로 형성되었다. 이 지역 강수량은 10인치 이하다. 이 지역에 살던 사람들은 곡물을 재배하거나 가축을 키워보려 했다. 북쪽에 이스르엘 계곡같이 네게브는 아라비아 남부에서 지중해 항구 가사까지 고급물품을 나르는 상인들에게 동과 서를 잇는 통로 역할을 했다.

성경에 따른 네게브 남쪽에는 여러 능선과 막크테쉼(makhteshim)으로 불리는 달에서 볼 수 있을 만한 4개의 큰 구멍으로 형성된 네게브 고지대가 있다. 이 높고 바위 많고 건조한 지역은 성경에서 신 광야 혹은 바란 광야로 불린다.

7. 레반트의 남부 지역: 요르단 계곡

　중앙산맥 척추 동쪽에는 거대한 북남 방향의 함몰이 있는데 이것은 시리아-아프리카 대협곡의 일부다. 이 부분은 요단강 줄기의 시작인 북의 단에서 시작한다. 자연스럽게 요단강은 깊이 파인 화산유출 길을 따라 갈릴리 호수로 흘러가기 전, 오늘날 훌레 계곡이라 불리는 습한 호수를 통과한다(그림 2.2 참조). 이 습한 지형 때문에 국제도로는 늪지의 서쪽을 돌아 하솔로 올라갔고 계속 다메섹과 메소포타미아 방향으로 단까지 갔다.
　신약에서 자주 언급되는 갈릴리 호수는 구약에서 "긴네렛해"로 네 번만 언급되었다. 갈릴리 호수 수면은 해발 690피트 아래에 있고 기후는 여름에는 덥고 습하지만, 겨울에는 따뜻하다. 물고기가 많고 세 개의 자그마한 평지가 있어 농작할 수 있다.
　요단강은 남서 끝자락을 통해 갈릴리 호수를 빠져나와 성경 속 "아라바"로 흘러간다. 요단강은 남쪽으로 135마일을 구불구불 흐르고 700피트를 하강해 사해로 들어간다. 아라바 북부에서는 더 많은 강수량으로 농작할 수 있지만, 요단강이 사해로 흐르는 지점의 연 강수량은 4인치 이하로 내려간다. 봄이 되면 종종 녹는 눈과 북쪽에서 내리는 비 때문에 강이 불어 넘친다.
　사해 해수면의 높이는 역사 속에서 자주 바뀌었다. 오늘날은 대략 해발 1400피트 아래 있고 매년 3피트씩 더 내려가는 추세다. 사해는 구약에 23번 언급되며 "아라바해"나 "동해"로 불리기도 하고 주로 가나안/이스라엘 영토의 동쪽 경계선으로 쓰인다.
　요단 계곡은 계속 남쪽으로 홍해까지 110마일을 이어진다. 이 지역은 강수량이 매우 적은 불모지다. 가끔 북과 남을 연결하는 통로로 쓰이기도 했지만, 이 길에 물이 나오는 샘이 별로 없다. 그러나 북쪽의 푸논(Punon)과 남쪽의 팀나(Timnah) 같이 구리가 채굴됐던 곳도 있다.

8. 레반트의 남부 지역: 트랜스요르단 산맥

요르단 계곡 동쪽으로는 트랜스요르단 산맥이 있다(그림 2.3. 참조). 훌레 계곡 동쪽에는 구약에 언급된 바산이라는 지역이 있는데 화산이 자리하고 물이 풍부한 좋은 토양을 가졌다. 이 지역은 곡물과 단단한 나무숲, 살진 소 떼들로 유명하다. 그러나 겨울에는 진흙이 많아져 이 지역을 지나가기 어려웠다. 야르무크 강 남쪽으로 길리아드 산이 헤스본까지 뻗어있다. 이 지역은 V 모양으로 풍화된, 깊이 파인 계단식 석회암 계곡으로 형성되었고 올리브, 곡물, 포도들이 이곳에서 자란다. 얍복강은 길리아드를 두 개로 나눈다. 물길 옆에는 곡물이 자라고, 또한 옆에는 요단강까지 내려가는 길이 있다. 요단강 근처에 아담이라는 곳에서는 와디 파라를 따라 산지로 올라가 세겜까지 갈 수 있었다.

헤스본 남쪽에는 미쇼르, 즉 마다바 고원이 자리한다. 이 지역은 오랫동안 농업지대였고 동물 사육에 사용되었다. 고대 시대에는 아람족, 암몬족, 특히 모압족은 이 고원의 패권을 두고 이스라엘과 투쟁했다.

거대한 아르논 골짜기 남쪽으로 모압 땅의 중심부가 제레드 골짜기까지 뻗어 있다. 산꼭대기를 중심으로 강수량이 많아 농작물을 기를 수 있고 동물들을 키울 수도 있다.

제레드 골짜기 남쪽에는 거대한 사암과 화강암의 산들이 요르단 계곡 동쪽 경계선으로 있다. 이것은 옛 에돔의 중심부다. 이 산맥의 북쪽 산 정상들을 따라 곡물들이 자랄 수 있었다.

트랜스요르단 산맥에서 약 20마일 동쪽에는 시리아/아라비아 사막이 서서히 시작되고 400마일 동쪽의 유프라테스강에 이르기까지 이 사막이 이어진다.

이 요르단 계곡 동쪽에 지역에서 "왕의 대로"로 불리는 북과 남을 오가는 중요한 도로가 오늘날 예멘인 아라비아 남부에서 다메섹까지 계속 메소포타미아까지 향했다. 이 경로를 타는 상인들은 아프리카의 뿔, 예멘 등 많은 곳에서 유황, 몰약, 금을 운송했다. 이 길을 따라 많은 길이 서쪽으로 파생했다. 오늘날 마안(Maan) 근처부터 이집트까지 가는 길이 있었고, 고대 에돔의 수도 보스라에서 북서쪽 지중해에 있는 가사를 연결하는 중요한 길도 있었다. 길르앗 라못에서 매우 중요한 길이 파생되어 북서쪽으로 벧산, 하롯과 이스르엘 계곡, 하부 갈릴리를 지나 지중해 악고까지 향했다.

9. 레반트의 중부와 북부 지역

레반트의 중부 지역은 남쪽의 리타니강에서 북쪽의 나르 카비르(Nahr Kabir)까지 뻗어있다. 토지의 고저는 남서에서 북동으로 놓여 있다. 해안 "평지"는 좁으며 종종 산들이 바다까지 닿는다. 그러므로 해안을 따라 북쪽으로의 통행은 어려우며 곡물을 기를 땅도 많지 않다. 그러나 섬, 곶, 만이 있어 배들이 안전히 정박할 곳들이 있다. 시대를 거슬러 이 지역의 주요 경제 활동은 조선(漕船)이었는데 페니키아인들이 이것으로 유명했다.

내륙에는 이 지역에서 베카 계곡이라고 불리던 요르단 계곡을 중간으로 레바논 산맥과 안두로바논 능선이 있었다. 이 둘은 이 지역에서 가장 높은 산들이었고 일 년 중 절반이 눈에 덮여있었다. 추운 기후와 나무가 형성하는 그늘 때문에 이곳에서 곡물을 재배하기 어려웠다. 여기서 귀한 향나무가 자랐다. 이 나무들은 오래 가고 곧게 뻗어 배의 돛대와 널빤지, 기둥, 지붕 목재 궁전과 성전의 벽을 위한 목재를 제공했는데 유다의 건축물을 위해 확보되었다(대하 2:16).

리타니강은 잘 경작된 베카 계곡 지역에서 남동쪽으로 물을 흘러내렸다. 두 개의 산맥 때문에 이 지역의 동서 여정은 힘들었다. 베카 지역에서 남서에서 북동으로 가는 여행이 가능하긴 했지만, 베카 계곡 남쪽 끝의 산들은 험했기에 베카 지역으로 들어오고 나가는 교통은 제한되어 있었다. 베카 계곡 북쪽 지방에서는 오론테스강이 시작해 북으로 향했다. 안두로바논 능선 남쪽 끝부분 동쪽에는 오아시스 도시 다메섹이 위치했다. 다메섹이 서쪽으로 높은 산, 동쪽으로 시리아 사막, 남쪽으로 현무암 지대 속에 끼워져 있었다.

나르 카비르의 북쪽은 좁은 해안평지, 산맥, 요르단 계곡과 북으로 흐르는 오론테스강, 또 다른 북남 방향 산맥의 형태로 되어있다. 요르단 계곡 끝자락에서 오론테스강은 남서쪽으로 크게 방향을 틀고 지중해로 흘러 들어간다.

해안을 타거나 산맥을 통해 여행하는 것이 힘들어 국제도로는 안두로바논 능선 동쪽을 따라 북동쪽으로 메소포타미아의 중심도시들과 남서쪽으로 이집트와 연결되었다. 이 도로 위에 있던 오아시스 도시 다몰(Tadmor)에서 서쪽으로 파생된 길은 수물(Sumur)과 아르왓(Arvad) 같은 지중해의 항구들로 향했다. 타드몰에서 남서쪽으로 향한 다른 길은 남부 레반트와 이집트를 향하기 전 중요한 거점이었다.

10. 결론

앞서 언급된 설명들을 보면 이스라엘의 "남부 레반트"에 정착했을 때 이들이 이집트와 메소포타미아에 있던 고대 강대국들 "사이의 땅"에 살고 있었음을 보여 준다. 실제로 하나님은 이스라엘을 "믿음의 시험장소"에[4] 놓으셨고, 성경의 드라마 중 일부는 정치적 동맹과 편의를 찾거나 참으로 살아 계신 하나님을 신뢰하거나 이스라엘 민족이 자신들이 직면한 시험에 어떻게 반응했는가에 있다.[5]

---

4 이 용어에 대해서는 Monson with Lancaster 2009를 참조하라.
5 "지역 및 경로" 주제에 대한 자세한 정보는 참조 목록에 언급된 Rainey and Notely 2006 and 2014, Rasmussen 2010, Monson with Lancaster 2009, Dorsey 1989, Beitzel 2009, Baly 1974, and Aharoni 1979의 작품들을 참조하라.

제3장

레반트의 기후와 환경

엘리자베스 아르놀드(Elizabeth Arnold)

1. 소개

  인류와 그들의 환경 사이의 상호 작용은 인류 역사 속에서 끊임없이 사회와 문화를 만들어나갔고 오늘날에도 그렇게 되고 있다. 생물학, 지질학, 고고학 등 다양한 학문의 연구자들은 과거의 환경과 기후를 재구성하는 데 사용되는 다양한 자료를 수집한다.
  이런 재구성의 원동력은 여러 종류의 데이터가 합쳐졌을 때 증가하게 된다. 새로운 증거자료가 발견될 때마다 과거의 환경과 인류문화와 사회에 끼친 영향에 관한 토론이 종종 일어난다. 이번 장은 환경 재구성에 사용되는 몇 가지 중요 데이터 소스를 검토하고 후기 청동기 붕괴에 미치는 영향에 중점을 두어 구약의 바탕이 되는 레반트의 환경에 관한 개요를 제공한다.

2. 기후와 환경

  유라시아대륙과 사하라-아라비아 사막, 지중해 사이 레반트의 지리학적 위치는 지역 환경에 거대한 영향을 준다. 레반트는 유럽과 인접한 아프리카와 아시아 국가들의 기후 패턴에 영향을 받는다(Bar-Matthew 외 1999). 비는 대서양 북동에서 시작해 유럽과 지중해를 지나 레반트로 들어온다. 덧붙여, 날씨 패턴도 북동 아프리카를 지나 그 영향력을 레반트 지역까지 가지고 온다(Almogi-Labia 외

2009). 현대 중동은 아열대기후로, 덥고 건조한 긴 여름과 따뜻하고 습한 겨울이 특징이다. 이 두 계절의 두드러진 패턴은 성경에 잘 드러나 있다.

> 땅이 있는 한
> 뿌리는 때와 거두는 때
> 추위와 더위
> 여름과 겨울
> 낮과 밤이 그치지 아니할 것이다(창 8:22).

지중해, 홍해, 페르시아만, 흑해를 포함한 여러 개의 커다란 수역에 근접한 위치는 해안지역에서 더 온화한 기후의 적당한 영향을 준다. 덧붙여, 레반트 전역의 다양한 지형은 기후에 영향을 미치는데 평지와 계곡은 산지나 산맥보다 좀 더 덥고 건조한 기후를 경험하게 된다. 시나이반도와 네게브 사막은 더 덥고 건조한 기후를 보여 준다.

현재 레반트의 환경은 연 강수량에 따라 4개의 주요 부분으로 나눌 수 있다. 지중해 지역은 갈릴리를 포함한 연 강수량이 대략 700mm인 중 습성 지중해 지역과 유다와 사마리아 산지를 포함한 700mm와 350mm 사이의 연 강수량을 가진 건 지중해 지역으로 나눌 수 있다. 성경 시대에서 좀 더 습한 북쪽 지방에서 밀을 재배했고 남쪽으로 갈수록 적어지는 강수량에 줄어드는 농산물 생산량 때문에 남쪽 지방에서는 보리 재배를 중점으로 두었다. 갈릴리 지방과 사마리아 산지, 유다 산지는 비록 언덕들의 붕괴 위험이 있었지만, 농사를 짓기에 비옥한 지방이었다.

철기 시대에는 언덕을 계단식으로 바꾸면서 이런 문제점을 해결했고, 대부분 올리브와 포도 경작에 집중했다. 초원 지역은 350mm에서 150mm 사이의 강수량을 받았고 네게브나 유다 같은 사막 지역에는 150mm 이하의 강수량이 있었다(Hartman 외 2013; N. MacDonald 2008b). 남쪽의 더 건조한 지방은 정착한 농업인들보다 양치기들이나 유목민인 베두인들에게 더 선호 받았을 것이다(Issar and Zahar 2004; Marx 1970). 이러한 농업인들과 양치기들 간의 관계는 자주 성경에서 적대적으로 묘사된다(N. MacDonald 2008b).

비록 레반트의 기후가 성경 시대 이후에 많이 바뀌지 않았지만(King and Stager 2001; Har-El 2005), 위에 언급된 연간 강수량은 오해의 소지가 있다. 소량의 기후변화도 지역사회가 연간 받는 강수량에 엄청난 영향을 줄 수 있다(N. MacDonald 2008b). 샤론(Sharon)이 1965년에 조사한 지난 100년간 갈릴리 고원 지방의 연 강수량 변화를 보면 매년 강수량은 20에서 25%의 변화가 있었음을 알 수 있다.

사마리아와 유다 고원은 이보다 더한 35에서 40%의 변화를 보이고 네게브 사막에서는 수치가 40%를 넘어간다. 홉킨스(Hopkins(1985, 89)는 이것을 고대 농부의 관점으로 "10년 중 3년은 평균보다 16% 적은 강수량을, 한해나 두 해는 25% 더 적은 강수량"을 경험한다고 했다. 네게브 고원 같은 농업의 변두리 지역에서 이러한 사실은 엄청난 손상을 가할 수 있다(N. MacDonald 2008b).

비가 오는 시기도 강수량만큼 중요하다(King and Stager 2001; N. MacDonald 2008b).

> 여호와 우리의 하나님을 두려워하라
> 그분은 제때에 비를 주고
> 이른 비와 늦은 비를 철 따라 내리시며
> 곡식을 거두는 일정한 시기를
> 정해 주셨다(렘 5:24).

N. 맥도널드(N. MacDonald 2008b)는 비에 관한 잘못된 상식을 위의 말씀과 신명기 11장을 통해 조명한다. "이른 비"(early rain)와 "늦은 비"(later rain)란 말은 건조한 기간을 가운데 둔 겨울 우기로 이해할 수 있다. 그러나 "이른 비"는 우기의 시작을 알리고 우기 중간부까지 비의 양은 점점 늘어난 후 점점 줄어든다.

"이른 비"는 밭을 갈고 씨를 뿌리는 시간을 알리고 "늦은 비"는 4월까지 이어지는 이 겨울 우기를 뜻한다. 만약 비가 겨울 끝에 온다면 작물은 수확 전에 익을 시간이 없다. 비가 계절 초반에 온다면 작물 재배가 방해받을 수 있다. 역사 기록들은 이러한 일이 종종 일어났고 참담한 결과의 가능성을 보여 준다(N.

MacDonald 2008b, 56). 적은 강수량은 계절적이고 일관성 없는 레반트의 지표 수로 대체할 수 없었다(B. Weiss 1982).

게셀 발굴 중 발견된 석회암 판에 쓰인 B.C. 10세기 게셀 농업 판은 계절별 농업 활동으로 세분된 농업 연도와 관련한 자세한 정보를 제공한다.

(1) 두 달간 거두기(9-10월)
(2) 두 달간 심기(11-12월)
(3) 두 달간 늦은 씨 뿌리기(1-2월)
(4) (한) 달간 아마 풀 자르기(3월)
(5) (한) 달간 보리 수확(4월)
(6) (한) 달간 곡물 수확 및 측정(5월)
(7) 두 달간 가지치기(6-7월)
(8) (한) 달간 여름 과일(8월) (Googan 2009, 119)

비록 이 달력의 목적에 관한 논쟁이 존재하긴 하지만 이 달력은 계절별 농업적 순회를 보여 준다. 이는 가을에 올리브 수확으로 시작한다. 9월과 10월의 "이른 비"가 뒤를 이어 심기가 시작된다. 추수와 절기는 4월의 "늦은 비"를 따른다(King and Stager 2001).

3. 과거 환경의 재구성

과거의 기후와 환경을 재구성하기 위해 학자들은 주요 토지 분포와 화산 및 지진 지대, 지형뿐만 아니라 토양의 화학적 물리적 특성을 조사할 수 있다. 과학자들은 과거의 기후환경을 직접 관찰할 수 없으므로 대용물 자료라는 것을 대신 사용한다. 대용물은 과거 환경의 보존된 물리적 특성으로, 과학자들이 연구하고자 하는 것과 간접적으로 연관이 있다. 우리는 매머드의 뼈나 가문비나무에서 나온 꽃가루 같은 대용물 자료를 관찰하고 우리가 연구에 관심 있는 기후와 환경조건을 추론해낼 수 있다.

예를 들어 매머드 뼈가 있다는 것은 오늘날보다 더 서늘한 기후였을 수 있음을 보여 준다(Dincauze 2000). 얼음 덩어리, 심해의 침전물, 호수나 동굴의 퇴적물에서 찾아낸 미세한 식물, 동물의 잔해, 재나 먼지 같은 대용물 자료를 통해 과거 기후를 재구성할 수 있다. 고고학 발굴 현장에서 나온 식물이나 동물의 잔해는 이런 재구성을 돕는다. 청동기 시대 이후의 역사 자료도 과거 환경 재구성의 완성도를 높이는 환경조건에 관한 관찰 및 기록을 제공한다.

얼음 덩어리는 환경 재구성을 위한 대용물 자료의 주요 근원이다. 얼음은 높은 산악 지역과 수천 년에 걸쳐 양극 근처에서 축적됐다. 연구원들은 얼음을 뚫어 특이하고 먼지, 재, 거품, 주변 환경에 따라 인류가 만든 오염물질을 포함할 수 있는 덩어리를 수집한다. 기둥 같은 얼음 덩어리는 긴 기간의 환경조건들을 보여 준다.

내포물은 온도, 강수량, 대기 조성, 화산 활동, 심지어 바람 패턴 및 오염을 포함한 지역의 과거 기후를 해석하기 위해 분석될 수 있다. 예를 들어 그린란드 얼음 덩어리에는 그리스 로마 시대의 납과 은이 포함되었는데, 이는 제련을 통해 나온 대기 오염이 2천 년 전 북극까지 향했음을 나타낸다(Hong 외 1994). 비슷한 채광 작업이 긴 시간 동안 분지에 축적된 퇴적물을 조사하기 위해 바다와 호수에서 진행되고 있다.

스펠레오뎀(Speleothem)은 일반적으로 석순 및 종유석으로 알려진 지하 동굴의 광물 퇴적물이다. 이들은 지하수에서 형성되었고 기후에 관한 중요한 정보를 제공한다(Bar-Matthews and Ayalon, 2004). 이런 지하수는 대기 조성 및 강우 패턴과 같은 세계적 기후 요인의 영향을 받는다. 이는 광범위하고 부분적인 재구성을 가능하게 한다.

스펠레오뎀을 통해 과거 환경을 재구성하는 데 중요하게 쓰이는 기술은 주로 탄소와 산소동위원소를 관찰하는 동위원소 분석이다. 동위원소는 전자와 양성자가 같지만, 중성자 수가 다른 원소다(De Niro 1987). 이러한 차이점은 동일 원소가 화학적으로는 같지만 다른 속도로 반응함을 뜻한다. 예를 들어 탄소는 3개의 동위원소(^{12}C, ^{13}C, ^{14}C)가 있다. 처음 두 가지 동위원소는 안정적이지만, ^{14}C는 시간이 지나면서 방사능 분해되어 방사성 탄소 연대 측정의 기반이 된다. ^{12}C와 ^{13}C도 환경 재구성에 넓게 쓰였다.

육상식물은 CO2를 고정하는 방법의 격차에 따라 다양한 그룹으로 나뉜다. 이렇게 각기 다른 광합성 경로는 각기 다른 탄소동위원소 값으로 이어진다. C3 식물은 탄소동위원소 값이 −33(‰; 퍼밀; 천분율)에서 −22(‰) 사이며, C4 식물은 −16(‰)에서 −9(‰) 사이라 겹치지 않는다. C3 식물은 C4 식물보다 습한 곳에서 자라는 습관이 있어 스펠레오뎀의 탄소동위원소 값은 퇴적물 형성 당시의 주변의 식물 군집을 나타내주고 있고, 또한 C3 식물 군집(습한 환경)과 C4 식물 군집(건조 환경)을 구분할 수 있다(Van Der Merwe 1982).

스펠레오뎀의 산소동위원소는 강우뿐 아니라 온도까지 기록하고 있다. 레반트에서 가장 낮은 산소동위원소 값은 가장 춥고 습한 달에 나타나고(N. Roberts 외 2011) 가장 큰 값은 가장 여름에 나타난다(Dansgaard 1964). 스펠레오뎀의 산소동위원소 값은 퇴적물 형성 당시 온도와 퇴적물이 나온 물의 산소동위원소 값을 직접 반영한다. 바다의 침전물 속에서 미세 식물 잔해의 산소동위원소 값을 사용해 해수면의 온도를 계산할 수 있다.

더 나아가, 미세 식물과 동물 잔해는 얼음과 침전물 덩어리 속에서 발견 식별될 수 있다. 많은 동물과 식물은 온도, 수분 이용 등 특정한 조건 속에서만 살아남을 수 있어 환경 재구성에 도움이 된다(Reitz and Wing, 1999). 식물과 동물 잔해는 미확인 표본과 확인된 비교물질을 비교해 식별해낼 수 있다. 고생물학자와 고고학자는 이러한 식별을 전문으로 한다. 식물과 동물의 잔해는 또한 고고학 발굴 중에서 발견된다. 지리학적 신물의 분포(그리고 이러한 자원을 사용한 동물과 사람이 어디까지 뻗어 나갔는가)는 기후 조건과 연관이 있다.

과학자들은 더 낳은 정보를 위해 동물 뼈와 치아, 식물 원료와 땅 달팽이 껍질에서 나온 동위원소를 분석할 수 있다(Good friend 1990). 예를 들어 식물의 동위원소 값은 이것을 섭취한 동물의 가죽에 나타난다(De Niro and Epstein 1978; Vogel 1978). 결과적으로 뼈와 치아 동위원소 분석은 동물들이 살았던 환경조건의 정보를 제공한다(Balasse and Ambrose 2005).

꽃가루는 보통 스펠레오뎀, 고고학적 퇴적물, 호수 및 얼음 덩어리에서 찾아진다. 꽃가루는 식물에 의해 방출되고 기류와 합쳐져서 땅이나 물 위에 "꽃가루 비"로 떨어진다. 이 비는 이 비를 만든 식물을 나타낸다.

이런 기록을 시간에 따라 축적해두면 농작물, 초목, 땅을 덮었던 이 지역의 과거 식물군을 재구성할 수 있을 것이다. 꽃가루가 바람에 날려오고 바람의 상태가 바뀌기에 이 재구성은 과거 식물군의 완벽한 재연은 아니다. 풍매 식물은 다량의 꽃가루를 생산하는 반면, 동물을 통한 운반이나 물을 통해 꽃가루를 분산시키거나 자체 수분을 하는 식물은 토양에 흡수되어 고생물학자에게 발견될 수 있는 꽃가루를 적게 생성한다. 토양에 흡수된 꽃가루가 얼마나 잘 보존되었는지에 따라 재구성될 수 있는 식물군도 영향을 받게 된다. 토양화학은 꽃가루에 치명적일 수 있고(예를 들어 토양의 pH가 높으면 치명적이다), 곰팡이, 박테리아, 지렁이도 토양 속 꽃가루를 파괴할 수 있다(Pearsall 2000).

나무의 나이테 연구(연륜 연대학)는 종종 과거의 환경을 재구성하는 데 도움을 준다. 뚜렷한 계절이 있는 온대 지방에서 나무는 일반적으로 일 년에 한 번 나이테를 생성하여 그해의 기후 조건을 기록한다. 풍부한 물과 햇빛이 있던 좋은 해에 나이테는 비교적 넓을 것이고 그렇지 못한 조건에서 나이테는 좁아질 것이다(Dincauze 2000). 나무는 수 세기에서 수천 년간의 연간 기후기록을 담을 수 있다.

가능하다면, 역사적 기록이나 과거 환경에 관한 기록을 갖고 있을 수 있다. 날씨와 기후 조건 관찰은 행정기록, 항해 혹은 농업일지, 여행자의 일기나 다른 기록된 문서에서 찾을 수 있다. 이런 정보들은 신중히 가치를 평가해야 하지만 역사적 기록들은 과거 기후의 질적, 양적 정보들을 줄 수 있다.

환경 재구성을 위해 수집된 대용물 자료는 무기물이나 유기물일 수 있고 고려해야 할 다양한 측면의 정보를 제공한다. 환경(그리고 환경 속 변화)은 세계적인 규모로 연구할 수 있지만, 소규모 지역으로도 연구할 수 있다. 우리는 환경적 변화가 미치는 지리적 범위를 고려해야 한다.

예를 들어 가뭄이 남부의 건조한 지방이나 전체 지역에 그 영향을 미쳤는가? 덧붙여, 장기간(수 세기 이상) 환경은 변화나 안정을 보여 주고 단기간(한 세대 동안)에는 변동을 보여줄 수 있으므로 시간적 기준이 결정되어야 한다. 서로 다른 출처의 자료를 연결하고 시간이 지나면서 과거의 환경 모습을 더 정확히 보여주기 위해 대용물 자료 연대는 반드시 파악해야 한다.

표본의 나이는 얼마인가?

얼마의 기간을 나타내는가?

이러한 질문들에 대한 답변은 조사받을 자료에 따라 변한다. 예를 들어 퇴적물은 단 몇 년 동안 사용된 한 집을 나타내거나 수천 년이 넘게 축적된 것일 수 있다. 연대를 결정하는 데 다양한 기술이 사용되고 결과는 상대적이거나 절대적일 수 있다. 상대적인 열대 결정 방법은 자료에 관한 달력 날짜를 제공하기보다 가장 오래된 것부터 가장 최근 것까지 순서를 제공한다. 연관성은 유사한 화석 집합체를 포함하는 지층의 나이가 비슷하다는 가정에 근거할 수 있다. 고고학적 발굴지들도 도기나 석기 집합체의 유사성에 의해 연결될 수 있다.

절대적 연대 결정 방법은 절대적인 시간 단위로 표본의 나이를 제공한다. 고생물 환경 재구성에서 사용되는 가장 보편적인 절대적 연대 결정 기술은 방사성 탄소나 ^{14}C 측정법, 우라늄-토륨(U/Th), 열 발광(TL), 전자스핀 공명이다(ESR). 방사성 탄소 측정은 유기물질에만 유용하며 최대 5만 년까지 측정할 수 있다.

다른 연대 측정 방법은 무기물질 측정도 가능하고 정확한 측정 범위도 다양하다. 우라늄-토륨은 최고치 약 50만 년의 범위를 가졌고 스펠레오뎀 연대 측정에 자주 사용된다(Thomas and Kelly 2006; Schwarcz 1989). 대용물 자료의 정확한 연대 측정은 정확한 환경 재구성뿐 아니라 이런 환경의 영향을 고려할 때 중요하다. 자료가 심각한 가뭄을 나타낼 수 있지만, 우리가 이러한 상황이 언제, 또 얼마나 길게 있었는지 알 수 없다면 인류 사회와 문화에 끼친 환경의 영향도 우리는 알 수 없다.

4. 환경에 끼친 인류의 영향

정확성은 환경이 인류 사회에 끼친 영향만이 아닌 인류가 환경에 끼친 영향을 고려하도록 요구한다. 인류에 의해 생긴 환경의 변화는 산림 벌채와 이로 인한 토양침식, 농작물 재배와 축산과 방목이다. 이러한 인류 활동은 고고학자들과 다른 연구원들이 발견한 대용물 자료에 직접적인 영향을 주었다. 자연적 현상과 인류 활동에 의한 문화적 결과를 구분하는 작업이 필요하다. 바다와 스펠레오뎀에서 나온 동위원소 데이터는 인류 활동의 영향을 가장 적게 받았기에 가장 신뢰가 가는 대용물로 볼 수 있을 것이다(Bar-Matthews and Ayalon 2004).

5. 후기 청동기 붕괴의 환경 요인

주거 형태가 바뀌고 이집트, 아나톨리아, 에게해를 포함한 이 지역에 많은 도시 중심이 멸망하고 버려지면서 지중해 동쪽 지역에 분포한 문명들은 후기 청동기(대략 B.C. 1200년경)에 쇠퇴와 혼란을 경험한다. 지중해 동부 지역에 넓게 퍼졌던 이런 붕괴는 놀랍게도 2세기 만에 회복한다. 이 붕괴와 부흥기의 양상에 대해 여전히 논란이 있지만, 이 지역의 사건들은 서로 연결되어 있다고 대부분 받아들인다. 이 시기의 기후변화가 "후기 청동기 붕괴"로 불리는 이 기간의 주요 요인으로 제안되었다(Carpenter 1966; B. Weiss 1982).

다양한 대용물 데이터가 후기 청동기 붕괴와 잇따른 회복이 후기 청동기에서 철기로 넘어가는 사이에 있던 기후변화의 결과물이었다는 주장을 뒷받침한다. 이스라엘 소렉(Soreq) 동굴의 스펠레오뎀은 따뜻함에서 차가움, 습함에서 건조함, 적은 기후변화 속에서 장기간 지속한 환경 변화의 기록을 제공하며 특히 다양한 대용물 데이터의 중요한 출처다. 소렉 동굴의 스펠레오뎀 동위원소 자료는 지난 185,000년간 고기후학(古氣候學) 상황을 계속 기록해 왔다(Bar-Matthews and Ayalon 2004). 동굴은 대략 내륙으로 40km 들어온 해발 400m 유다 산지에 있었다. 동굴에서 나온 산소동위원소 자료는 후기 청동기에서 철기로 넘어가는 시기에(B.C. 약 1150) 적은 연 강수량만을 나타내는 것이 아니라 이전 시기보다 급격히 줄어든 강수량을 보여 준다. 위에서 언급했듯이,

이 심각한 강수량 변화는 영향이 엄청났을 것이다. 이런 건조한 시기를 뒷받침하는 추가 증거는 갈릴리 호수에서 나온 꽃가루에서 나온다. 이 데이터는 수목 꽃가루의 현저한 감소세를 보이며 B.C. 약 1250-1000년경, 지중해 산림 면적이 상당히 줄어듦과 청동기와 철기 시대에서 가장 건조한 시기가 있었음을 나타낸다. 약 40년마다 1개의 표본뿐 아니라 집중적인 방사성 탄소 연대 측정이 이루어진 덕에 이 갈릴리 호수 꽃가루 자료는 특히 유력한 대용물 데이터다(Laggut, Finkelstein, and Litt 2013). 꽃가루를 대용물로 사용해 이 중요한 시기에 이 지역의 환경을 재구성하고자 한 다른 연구들도 가뭄기를 나타낸다.

번하르트, 호튼, 스텐리(Bernhardt, Horton, Stanley 2012)는 나일 삼각지대에 집중하고 카니에프스키(Kaniewski)와 다른 이들은(2010) 북시리아에서 증거물을 제시하며 라구트(Laggut) 외 다른 이들은 사해 바다 유출물을 조사해 유다 고원의 환경을 재구성했다. 또한, 가뭄과 이에 따른 기근이 후기 청동기 시대 끝이었다는 역사적 기록이 히타이트왕국의 수도였던 하투샤, 북시리아의 우가리트, 유프라테스강의 에마르, 이스라엘의 아벡 등 고고학 발굴지에서 발견된 서판에 기록되어 있다.

후기 청동기 끝에 광범위하고 광대한 기후변화의 존재는 몇 가지 증거물에 기록되어 있다. 이러한 기후변화의 결과는 지중해 동쪽의 복합적 사회들의 몰락, 국제 경제 네트워크의 끝, 지역 농작 실패 및 기근(Kaniewski 외 2010), 경제적, 정치적 불안정, 도시의 파괴, 경제와 인구 쇠퇴를 포함한다(Laggut, Finkelstein, and Litt 2013). 덧붙여, 이주와 인구 이동이 증가했는데 가뭄이 발생했을 때 비생산적인 지역을 떠나 더 나은 농업 가능성을 찾는 사람의 이동이 더 많아지는 것은 예상치 못한 일이 아니다(Kaniewski 외 2013). 이러한 대인구 이동은 지중해와 레반트, 나일 삼각지대 전역에서 일어났고 해양 민족(the Sea people)과 연관이 있으며 광범위하고 파괴적인 것으로 여겨진다(Drake 2012).

철기 시대 시작에 습한 기후가 돌아오면서 회복과 재정착의 시대가 시작되었다. 새로운 정착지들은 경제 정치적으로 빈 곳을 채우고 히브리왕국 이스라엘과 유다 및 시리아의 아람과 트랜스요르단의 암몬과 모압 같은 성경에 나온 지방 국가를 포함한 성경 속 국가들을 일으키게 된다(Laggut, Finkelstein, and Litt 2013).

6. 결론

지역적 범위든 좀 더 광범위 적이든 환경을 재구성하려는 노력은 다양한 출처의 자료를 사용함으로 크게 강화된다. 과거의 환경 정황을 파악하기 위해 많은 증거가 필요하다. 연구원들은 이러한 재구성에서 좀 더 자세한 부분을 주제로 토론하지만 모두 환경이 인류 사회에 어느 정도 영향을 미치고 인간 사회도 환경에 영향을 미친다는 것에 동의한다.

제4장

이스라엘 영토의 동식물

다니엘 푹스(Daniel Fuks) & 님로드 마롬(Nimrod Marom)

1. 소개

이스라엘 영토에서 여기 이 지역은 요단 계곡에서 지중해까지 골란고원을 포함, 현재 불안정한 이스라엘의 국경을 정의로 한다.

다양한 동식물은 성경의 표현, 계명, 일상 생활의 묘사와 깊은 공감대를 이룬다. 이 짧은 글을 통해 우리는 고대 이스라엘의 동식물 군에 관한 기본적인 배경 지식을 고고학적 관점에서 제공하려 한다. 우리의 목표는 농업 산업의 발달과 변해가는 자연경관에 초점을 맞춰 인류와 이 지역의 동식물과 문화적, 경제적 관계를 다루는 토론의 장을 만드는 것이다. 우리는 간략한 인류-경관 상호작용의 역사를 보기 전에 오늘날 보이는 이스라엘의 몇몇 주요 동식물종에 집중해 자연경관을 간단히 설명한다.

2. 자연경관의 현재 모습

대륙이 만나는 교차로에서 이스라엘 영토의 특이한 지리는 다양한 동식물 군을 있게 하는 요소가 된다. 이스라엘은 3천 개에 달하는 식물 종과 3백만 개가 넘는 포유류, 파충류, 조류의 보금자리다. 이는 덥고 건조한 긴 여름과 따뜻하고 비가 많은 짧은 여름의 특성을 가진 지중해성 기후 지역인 것을 고려해 종 대 면적 비율이 매우 높다. 비교하자면, 지중해성 기우의 캘리포니아는 면적이 이스라엘의 10배 정도지만, 절반 이하의 식물 종과 비슷한 숫자의 포유류 종만 갖고 있다. 이스라엘의 동식물 종의 풍부함은 여러 개의 현상으로 생긴 서식지의 다양성에서 온다.

위도를 기준으로 급격한 강수량과 기온의 변화가 있는데, 북부의 평균 연 강수량은 1,200mm지만, 500km 이내 남부지방에서는 수치가 25mm 이하로 내려간다. 2,200mm의 헤르몬산 정상에서 사해 바다의 -420m의 급격한 고도 변화도 있다. 다양한 토지와 토양 또한 적도를 기준 지중해와 벌어지게 하는 거리이며, 돌출한 중앙산맥에서 오는 요단 계곡의 비도 있다. 덧붙여, 오랫동안 아시아와 아프리카의 교량 역할을 해온 이스라엘의 위치는 다양한 생물 지리학적 지역에서 오는 다양한 분류군들이 존재하게 한다.

일반적으로 동식물종 부유함은 북에서 남으로 갈수록 강수량과 함께 줄지만 다양한 지형과 지리에서 파생되는 여러 미세생명체로 증가한다. 여러 기후가 만나는 경계선에서 많은 종이 나타날 것이다(Zohary 1973; 1982b, 13-24; Danin 1992, 18-19; 1998, 24; Mendelssohn and Yom-Tov 1999).

4.1 남부 레반트의 식물 지리 지역과 연간 강수량을 mm 단위로 보여주는 수량선
(상: 지중해 연안, 중: 이라노-투 라니안 경사지 하: 사하라-아라비안 사막)

4.2 유다 산기슭의 유출 원이 되는 암석 노출 지: (a) 폭우 일주일 후에 나리 암석 노출 지를 지나가는 내부 유출수; (b) 인간이 만든 소규모 집수 계단식 토지; (c) 바위가 많은 경사면에 빗물 유출 수집을 극대화하기 위해 흙이 모인 곳에 올리브 나무가 심겨 있다. 유출 수집을 더 향상하기 위해 있는 계단식 토지와 집수 벽들이 보인다.

3. 식물군

지중해, 이란-우랄알타이(Turanian), 사하라-아라비아로 대표되는 주요 초목 지대 혹은 식물지리학적 영토 3개는 이 대륙들의 교차점에서 만나게 된다(그림 4.1 참조). 이스라엘에서 지중해성 초목 지대는 대부분 400-1200mm의 비가 내리는 지역이다. 이란-우랄알타이 초목 지대는 아나톨리아와 이란의 아시아 초원과 시리아와 고비 사막을 포함, 이스라엘 내에서 강수량이 100~300mm 되는 지역을 차지하고 있다.

사하라-아라비아 초목 지대는 사하라, 시나이, 아라비아로 연결되는 사막으로 이루어진 선과 연관있으며 100mm 이하의 강수량으로 생존을 유지한다. 또한, 전형적인 아열대 아프리카 초원의 수단 식물군 지역이 특히 100~500mm의 연 강수량의 강가를 중심으로 남부 요단 요르단 계곡에 분포해 있다. 비슷하게 도 유로-시베리아 종들이 습한 해안지역에서 발견될 수 있으며, 헤르몬산은 2백 여 개의 종에 아고산대 혹은 지중해 산지대(oro-Mediterranean)로 분류된 식물들의 보금자리다(Zohary 1982b, 31-34; Danin and Plitmann 1987, 48; Danin 1998, 25-26; Danin and Orshan 1999, 15).

전통적으로 정착민이 살았던 지역과 겹치는 지중해성 서식지는 이스라엘의 대부분 식물 종을 포함한다. 지난 세기까지만 해도 지중해성 숲과 산림이 유다, 사마리아, 갈멜, 갈릴리, 헤르몬산의 하부를 덮고 있었다. 토양의 종류와 토지를 따라 이러한 산림 대부분이 연지벌레 오크(kermes oak; Quercus coccifera), 다볼 참나무(tabor oak; Quercus ithaburensis), 아니면 카로브(carob; Caratonia siliqua)와 유향나무(lentisk; mastic; Pistacia lentiscus)로 넘쳐난다.

블레셋 평야, 요르단 계곡 일부, 벧산, 이스르엘, 엘라계곡은 대초원 같은 풀이 자생한다. 이런 풀은 또한 지중해성 기후 끝자락(강수량 300~400mm)의 유다 산기슭(쉐펠라)에 있는 덤불이 많은 관목지에서 발견할 수 있고, 이곳에서 이란-우랄알타이 식물 종들처럼 자란다(Danin 1998, 30-32). 이 평탄치 않은 지역 일부에서 가시 많은 오이풀(burnet,; Sarcopoterium spinosum)이 낮은 언덕에 있는 돌출된 나리(nari)[6] 사이에서 번성하고 자라고 있는데, 암반 위를 흐르는 빗물이 작은 흙이 뭉친 곳으로 흡수되어 발전한 미소 서식 환경(microenvironment)의 예를 보여주고 있다(그림 4.2c). 이러한 자연의 현상이 활용되어 사람들이 여러 가지 방법으로 모방하여 흐르는 빗물을 최대한 저장하여 테라스 시설(그림 4.2b) 또는 작은 토양에 나무를 심는(그림 4.2c) 것을 제공한다(Ackermann 2007, 88-95; 아래 참조).

위의 여러 서식지에서 전통적인 지역의 배양변종 전신들이 발견된다. 야생 올리브 나무(Olea europaea var. sylvestris)는 카로브와 유향나무(이들 또한 현지 품종으로 재배된 속[genera]이다)로 가득한 갈멜 산림에서 서식한다. 아몬드(Amygdalus communis)와 올리브는 옛 지중해성 숲과 산림을 덮고 있다. 비옥한 초승달의 주요 곡

6　"Nari는 보통 백악기에 형성되는 단단한 석회질 지각의 층을 가리키는 현지 단어다"(Ackermann 2007, 88n1).

물과 작물의 야생 조상들이 되는 엠머밀(emmer wheat; Triticum dicoccoides), 야생보리(Hordeum spontanum), 야생귀리(avena sterilis)는 골란 고원 케르메스 참나무 숲과 지중해성 초원 서식지에서 잘 자란다(Danin 1992, 22; 1998, 30-32).

유다와 네게브 사막 경계선을 따라 자라는 이란-우랄알타이 초원 식물들은 낮은 반관목으로 표시된다. 네게브 고원 일부에서, 일시적인 물길(와디)에 놓인 노출된 석회암은 대서양 피스타치오(atlantic pistachio; Mount Atlas mastic tree; Pistacia atlantica)와 조금 작은 규모로 현지 아몬드(Amygdalus ramonensis)와 갈매나무(Rhamnus disperma)의 보금자리다. 드러난 석재는 싹이 트기 위한 보호된 미소 서식 환경을 제공하고 일시적인 물길은 빗물을 보내주어 식물의 생명을 보존한다. 이러한 환경은 인간에 의해 모방하여 계단식 와디와 수집한 빗물을 수도관으로 보냄으로 사막에서 재배할 수 있게 되었다(그림 4.3 참조; Ackermann 2007; Danin 1998, 33-34; Evenari, Shanan, and Todmor 1982).

4.3 네게브 고산지대의 유출 농장. 경사면에 시설들은 흐르는 물을 증가시키고 와디 바닥으로 우회시켜 사방 댐으로 되어있는 계단식 토지가 물을 저장하도록 한다.

사하라-아라비아 식물은 남 네게브와 아라바 계곡과 유다 사막의 대부분에 걸친 남부 이스라엘에서 서식한다. 이 건조한 지역의 북 경계선 근방에는 반관목이 균일한 분포 패턴으로 흩어진 것을 자주 본다. 좀 더 남쪽에는 대부분 수단 태생(Sudanian) 관목과 아카시아(Acacia radiana, A. tortilis와 A. pachyceras), 현란한 겨우살이(Plicosepalus acadiae) 같은 나무들이 와디 안에서만 자란다. 와디 식물은 물길과 강바닥에 얼마나 많은 양의 물이 지나가는지에 따라 바뀐다. 대추야자(Phoenix dactylifera)는 요단 계곡의 오아시스에 서식하는 유일한 식물 중 하나다(Danin 1998, 34).

4. 동물군

포유류 33군 조류 63군을 지닌 이스라엘 영토의 동물은 식물만큼 엄청나다. 이는 유럽 전체에서 나온 포유류 28군과 조류 65군과 비슷한 수치다(Yom-Tov 2013, 79). 이런 다양성은 이 땅의 지질학적 역사, 다양한 기후적, 지형적, 토양적 상황과 인류 개입의 결과다. 여러 가지 지형적 장벽과 함께 급격한 생태학적인 변화 가운데에 있는 이용 가능한 많은 서식지는 식물만큼 동물에게도 살기 좋은 공간을 만들어준다.

연관된 동물군과 생태학적인 변화에 따른 특성 변위 사이의 변화를 통해 종종 이루어지는 다양성은 페일리아틱[7] 동물 지리학적 분류(Palearctic zoogeographical subkingdom) 끝자락에 자리한 이스라엘 영토의 위치와 아프리카 열대와 아시아(Afrotropical and Oriental subkingdoms)에 근접한 위치로 인해 증가한다. 중신세(약 6천 5백만 년 전) 이후 해수면의 변화는 동물들이 이동할 수 있는 길을 열어주었고 동양(예, 산 미치광이, porcupine, Hystrix indicus), 구 북부(예, 늑대, Canis lupus), 및 구 열대구(예, 마운틴 가젤, Gazella gazella) 분류군들을 대표하는 종들의 복잡한 혼합체가 형성되었다.

이스라엘 영토 내에서 가장 눈에 띠고 활용된 동물들은 대형 유류였다(Tsahar 외 2009). 트인 지형에서 살고 완신세의 수렵-채집인에게 가장 흔한 먹잇감이었던 마운틴 가젤, 넓은 산림 환경을 돌아다니는 다마사슴(Dama dama)과 붉은사슴(Cervus elaphus), 물이 많은 서식지를 선호하는 멧돼지(Sus scrota)와 소(Bos taurus) 및

---

7 유럽, 북아프리카의 일부, 그리고 아시아 대부분을 포함하는 생물 지리학적 영역을 지정하거나 지정하는(역주)

신석기 시대부터 20세기 중반까지 가장 흔한 축산 동물이었던 양(Ovis aries)과 염소(Capra hircus)가 이들에 포함된다.

5. 이스라엘 영토의 간략한 인류-경관 상호 작용의 역사

이스라엘의 현재 자연경관을 간단히 설명했으니, 지금부터 우리는 인류의 영향을 중점으로 경관의 변화들을 다룰 것이다. 변화하는 지형에 영향을 미치는 인간 활동과 비 인위적 환경 요인 사이의 상호 작용은 최근 고고학 연구의 주요 주제다(예를 들어 A. Rosen and S. Rosen 2001; Coombes and Barber 2005; A. Rosen 2007; Hunt, Gilbertson, and El-Rishi 2007; S. Rosen 2016). 특히 인간을 포함한 모든 생명체는 자신들이 서식하는 환경에 미치며, 이것은 농업과 목축산업의 발달 이후 더욱 그러하다(B. Smith 2007; 2011a; 2016; Zeder 2016과 참고문서 참조).

예를 들어 사냥을 통해 인류 공동체를 유지해야 할 필요성에서 발생한 경제적 이데올로기적 압력이 증가하면서 멸종을 포함한 생물의 다양성에 현저한 변화가 생겼다(Tsahar 외 2009). 물리적 환경과 자연환경은 특정한 제약을 하지만 이런 제약 속에서도 자원을 착취하여 증가시키거나 기후 불안정 완충하고자 하는 인류 활동이 자연경관을 변화시킨 것은 기정사실로 되었다.

사육과 재배, 인간 활동으로 이익을 얻는 동물(synanthropes)의 진화와 확산과 더불어 인간에 의한 새로운 도입과 멸종은 자연환경에 인류가 미치는 영향을 낱낱이 보여주는 예다. 신석기 시대의 농업이 시작되기 약 2천 년 전(23 kya)[8] 최초의 식물 재배로 보이는 활동이 갈릴리 호수 오할로 II 유적지에서 입증되었다(Weiss 외 2004; 2012 또한 Weiss, Kislev, and Hartmann 2008; Weiss 외 2008; Snir 외 2015 참조). 풀 종류 씨앗(야생 밀, 보리, 귀리 포함), 야생 콩류(완두콩과 렌틸콩 포함), 야생 과일과 견과류(무화과, 포도, 올리브, 아몬드, 피스타치오 등 포함)가 이에 포함되었다.

---

[8] 이 장에서 모든 연대는 근사치며, 현재 이전연도(BP)의 과거 천 년 주기(kya)를 측정하는 표기다(지질학적, 고생물학적, 고고학적 보고에서 자주 사용되는 날짜다. BP는 방사성 탄소 연대측정에서 사용하는 척도로 그 기원 연도를 1950년으로 제정했다. 그래서 일반 학자들은 인간의 시기를 약 15,000년 전, 또는 15ka(BC 약 13,000년에 해당함을 표기한다 - 역자).

이러한 최초 재배식물 외에도, 많은 양의 "최초 잡초"(proto-weeds)가 생물의 다양성에 미친 경작의 초기 결과들을 보여 준다(Snir, Nadel, and Weiss 2015).

후기에 세계적인 대량 멸종을 더욱 악화시켰다(Braje and Erlandson 2013). 더 따뜻하고 더 습했던 홀로세(Holocene)[9] 초기의 기후(약 14 kya 시작)는 지중해 지역에서 운송능력을 향상해 인류의 자원관리 단계 전환으로 이어졌다(예, Zeder 2011). 극 가장자리에 있던 순회 수렵-채집사회는 전반적으로 빙하기의 생활 방식을 고집했지만, 지중해 지역은 복합적 수렵-채집사회가 발달을 보게 된다.

유프라테스강에서 네게브까지 퍼져 있는 나투프문화 고고학 발굴지들(15.5-11.5 kya)은 대부분 연중 내내 사용한 정착지들이었는데 이는 생산율이 높은 완신세의 생태계 때문에 가능했다(Bar-Yosef 1998). 이는 한편으로 사냥감인 동물에 엄청난 압력이 되었고(Stiner, Munro, and Surovell 2000; Munro 2004) 다른 한편으로 동물에게 인류와 같이 살며 먹이를 찾을 새로운 기회를 제공했다. 생쥐, 참새와 어쩌면 늑대/개와 고양이도 이런 틈새를 이용하고자 인류 사회로 들어왔을 것이다(S. Davis and Valla 1978; Tchernov 1991; Weissbrod 외 2012). 과잉 사냥은 신석기 사회(11-7kya)가 충적토 서식지를 놔두고 경쟁하던 야생 소(Bos primigenius)와 멧돼지 같은 동물군을 길들이는 역할을 했을 것이다(Marom and Bar-Oz 2009; 2013).

나투프족의 정주화에 따른 인구증가와 동시에 자원 생산의 증가는 곡물 재배(곡물 저장을 포함한)에 중점을 두게 된다. 이것은 야생 소와 다마사슴같이 크지만, 번식이 느린 사냥감 동물의 고갈과 관련이 있으며 가젤이나 토끼 같은 더 작고 수적 회복이 빠른 동물의 소비를 증가시켰다. 유럽과 미국에서 역사적으로, 민족학적으로 알려진 천연 삼림을 방화하고 곡식 재배의 활발한 전파는 이 시기에 시작되었다.

산림을 목초로 전환하는 이러한 인류의 영구적 경관 개조는 방목으로 풀을 뜯어 먹는 양, 염소, 소 같은 최초로 사육된 유제류로 인해 심해졌다(B. Smith 2011b). 신석기 시대의 최초 재배식물은 무화과인데, 이는 적어도 11 kya 전에 요단 계곡 남부에서 도토리, 야생 곡식, 사냥한 음식 등의 섭취를 줄이고 보완하

---

[9] 지질의 마지막 시대 구분을 홀로세로 부른다. 약 1만 년 전부터 현재까지의 지질 시대를 말한다. 이를 충적세(沖積世) 또는 현세(現世)라고 한다. 플라이스토세 빙하가 물러나면서부터 시작된 시기로, 신생대 제4기의 2번째 시기다 - 역주.

기 위해 전파되기 시작했다(Kislev, Hartmann, and Bar-Yosef 2006a; 또한, Lev-Yadun 외 2006; Kislev, Hartmann and Bar-Yosef 2006b 참조). 아마 나푸트족의 사냥용 동물로 사용하려고 길들인 개들이 이보다 더 먼저 나타난다(S. Davis and Valla 1978; Skoglund 외 2015).

재배와 목축이 발전하면서 인간들도 식물이나 동물의 특성을 갖고 활용을 개선하거나 줄였다. 예를 들어 모본(mother plant) 종사 산포 장치 설치 씨앗을 보존하는 것인데, 수확의 전제 조건이었으며 고고학적으로 곡물 벼의 자국을 통해 확인할 수 있다. 또 다른 예는 커진 곡물의 크기다(Zohary, Hopf and Weiss 2012, 21-22). 재배는 이런 종류의 유전적 변화를 일으킬 수 있는 인류의 활동이라 알려졌다(B. Simpson and Ogorzaly 2001, 40; 또한 Harris 1989; 1996; Hancock 2006, 151-71 참조).

남서 아시아에서 최초이면서 경제적으로 가장 중요한 재배식물 종은 밀, 보리 같은 곡물 즉 렌틸콩, 완두콩, 병아리콩, 쓴 살갈퀴(bitter vetch) 같은 두류와 섬유 및 기름 출처로 아마가 있다(Zahary, Hopf, and Weiss 2012, 74-95, 103-6). 이런 초기 작물은 이 지역에서 체계적인 농업의 기초를 다졌다. 신석기 시대의 씨 뿌리기가 나오고 약 2천 년 전 재배를 시작하고 천년 후에 잡초(즉 농업 환경에 적응한 식물)의 최초 흔적이 이스라엘의 북쪽 해안 아틀리트-얌(Atlit-Yam)에서 다리가 6개 달린 해충 감염의 흔적과 함께 발견 됐다(Hartmann-Shenkman 외 2014; 그리고 Wilcox 2012도 참조). 올리브, 포도, 무화과, 석류, 대추와 아몬드를 포함한 주요 유실작물은 금석병용기에서 완전히 재배할 수 있게 된다(Zohary and Spiegel-Roy 1975; E. Weiss 2015).

식물 재배와 동물 사육은 생물의 다양성과 인류의 주거 형태를 급격히 바꾸어 놓았다. 석기 시대 후반 인간이 서식하는 장소의 동물 대부분은 양, 염소, 소와 돼지 네 가지 종이었다. 이러한 가축들은 점점 많은 토지를 인간이 관리하는 생태계로 바꾸어 놓았다. 소는 곡류, 콩류, 유실작물을 심을 계곡을 좀 더 광범위하게 경작함으로써 농업 생산율을 높이는 도구였다(Halstead 1995). 동시에 양과 염소는 인류의 주변 초원과 경사진 숲의 착취를 가속화했다. 이런 서식지에서 동물들이 풀을 뜯어 먹고 방목을 하는 것은 자연의 식물을 음식(고기, 지방, 우유)과 상품으로 전환했다(살아있는 동물, 털)(Payne 1973; Redding 1984).

마을로 가득 찬 환경에서 나머지 자원을 추출하는 능력은 초기 청동기에 도시 국가의 부상을 위한 전제 조건이었다. 이는 나머지 지향적인 콩과 곡물 경작과 더불어 본격적인 수목 재배를 포함했다. 공예 생산 및 종교 정치 전문분야에 종사하는 집단의 보조 필요성에 직면하여 마을들은 이제 농업 및 목축 생산의 일부를 사회 계층구조에서 더 높은 위치에 있는 서식지에 내어 주었다.

운송능력과 경제 효율성에 관한 환경적 결정요인은 이러한 문제와 연관된 인구증가와 결합하여 농업과 목축업의 지리적 분리를 초래한다. 시간이 흘러 유목민들이 문화적으로 갈라져 나와 뚜렷이 다른 농업 사회와 목축 사회가 레반트 전역 이상으로까지 발전하게 된다. 그러나 유목민은 20세기 초반까지의 인식처럼 도시나 농업 공동체와 일상적으로 충돌하지 않았다(Reifenber 1955; Borowski 1999). 실은 정반대였다. 이들은 같은 경제체제 일부분으로, 가축을 농산물과 공예품으로 바꾸기 위해 농업 사회로 넘기곤 했다(Rowton 1973; 1974; Cribb 1991; Khazanov 1994). 그러므로 도시 사회가 쇠퇴할 때면 유목민은 위에 언급된 자급자족 사회의 기본적 생산 방식으로 바꿔 의존하는 준용(準用, mutatis mutandis)의 경향이 있었다(Salzman 1980). 도시 중심지가 거점의 역할을 했던 무역 및 교류 네트워크는 먼저 당나귀로, 후에 낙타로 구성된 대상인들로 연결되었다. 이 동물들을 사육하는 것은 장거리 육로 무역을 확보하고 준비하는 것 외에도 목축-유목의 삶과 생계 일부분이 되었다.

넓고 광범위하게 본다면, 식물과 동물 자원 착취의 추세는 계속 늘어나는 개척의 연속으로 나타난다. 최초 재배와 사육은 석기 시대에 시작하여 금속 병용기까지 이어졌는데 초기 청동기에는 이미 재배 사육된 동식물이 "지중해 식생활"의 일부분으로 자리를 잡고 있었다.[10]

여기에는 역사상 지역 주민들이 이용했던 곡물, 콩, 과일 및 견과류 종들이 포함된다. 청동기 도시 국가들이 철기 시대 왕국들(예, 이스라엘과 블레셋)과 뒤를 따른 제국들(예, 페르시아와 앗수르)에 밀려나면서 동식물 착취는 발전한 다양성, 기술, 과학 및 노동 조직에 의해 늘어나게 된다. 동시에 농작물과 가축의 보급은 더 넓은 영토가 중앙당국에 의해 통합되고 여행, 무역 및 식물과 동물 종의 빠른

---

10 상대적으로 최근에 다루어진 "성경" 혹 "지중해" 식생활은, MacDonald 2008b 참조하라.

이동을 전하면서 더욱 광범위해졌다(예, Perry-Gal 외 2015).

6. 변화하는 역사적 배경 속 기후, 문화, 경제

지난 수십 년 동안 이스라엘에서는 농업과 목축업 확장이 물리적 환경의 제약을 받았던 몇 가지 주목할 만한 예가 발견됐다(Ackermann 2007에 요약). 골란과 상부 갈릴리 지방에서 올리브유와 포도주 틀의 분포는 지질학적 단층선을 따라 나타난다.

보편적으로 기름틀은 암석이 많은 지대에서 발견되었고, 올리브 나무는 흙이 운집한 곳에서 경작되었다(오늘날에도 그 흔적들이 남아있다. 그림 4.2c 참조). 마알롯(Ma'alot)의 환경에서는 거의 모든 포도주 틀은 석회암을 파서 지어졌고 근처에 백악층에서 나온 렌지나(rendzina) 토양에서 포도재배를 했다. 유다 산지에서는 계단식 재배는 단단한 백악이나 석회보다 연한 백악이나 이회토에서 두 배 정도 더 흔했다.

이들은 또한 남쪽을 바라보는 언덕보다 북쪽 산지에서 1.5배 정도 더 많이 분포되어 있었는데, 이는 북쪽에는 태양복사량이 적어 물의 이용 가능성이 크기 때문이다. 유다 산기슭, 네게브와 시나이반도에서 농업 유출수는 배수 분지로 제한되는데, 배수 분지의 특성은 흐르는 물의 집성과 생성에 유리하다. 이러한 특성은 낮은 수집-배수-면적 비율, 양호한 경사면, 침투성인 낮은 토양(암석과 황토 지면)이 포함된다.

그러나 환경과 기후가 미치는 영향은 언제나 확실하지 않다. 네게브 사막의 예를 들자면, 이미 언급된 유출 경작(이는 늦어도 철기 시대부터, 아니면 좀 더 일찍 사용되었던) 영향이 미치는 물리적 특성에도, 방식의 습득 정도는 정적이지 않았다(Evenari, Shanan, and Tadmore 1982; Bruins 2007; Bruins and van der Plicht 2014; 또한, Shahack-Gross 외 2104; Shahack-Gross and Finkelstein 참조). 네게브 반도의 역사 속에서 정착이 가장 활발했던 시기는 초기 청동기 2시대, 중기 청동기, 철기 2시대, 초기 비잔틴/이슬람 및 20세기 후반인데 각 시기는 증가한 강도를 보여주었다(S. Rosen 2009). 이들 중 어떤 시대들은 유리한 기후가 있었지만 다른 시대들은 그렇지 못해 강력한 문화적 요소가 있었음을 시사한다(S. Rosen 2016; 그리고 Hunt, Gilbertson, El-Rishi 2007 참조). 이는 농업환경을 만들고 향상시키기 위한 담수 기술과 비료에 대한 투자 증가를 포함한다(Evenari, Shanan, and Tadmore 1982; Tepper 2007).

기후와 문화관의 상호 작용에 관한 흥미로운 연구 대상은 후기 청동기에서 철기 시대(이스라엘과 이스라엘 원생의)의 블레셋 산지다. 이 지역에서 나온 다수의 새로운 발견은 블레셋/에게 지방의 "바다 민족"의 문화적 영향의 결과로 보인다.

이들은 유럽에서 돼지를 운반하여 양육했고(Meiri 외 2013)[11] 쿠민(Cuminum cyminum 일종의 향신료 - 역주), 무화과(sycomore; Ficus sycomorus),[12] 경작(수집이 아닌), 고수(Coriandrum sativum)와 월계수 잎(Laurus nobilis) 섭취, 토지사용의 변화를 보여주는 여러 새로운 잡초 혹은 유용한 식물 종의 발견을 포함한다(Frumin 외 2015; Mahler-Slasky and Kislev 2010; 또한, Yasur-Landau 2010 295-300 참조). 동시에 B.C. 1250년과 1100년 사이의 덥고 건조한 기간이 있었다는 강한 증거가 있는데(Langgut, Finkelstein, and Litt 2013), 이는 식물군과 동물군이 중습성에서 건조성으로 바뀐 가시적인 이동을 고고학적으로 설명하기 위해 재현했다(Olsvig-Whittaker 외 2015).

7. 결론

이스라엘 영토는 다양한 문화와 문명뿐 아니라 엄청난 양의 식물과 동물이 풍부하고 다양한 경관을 만들어내는 만남의 장소였다. 이들은 3개의 주요 식물군

---

11 돼지의 경우, 특히 환경 및 문화적 요소를 이해하는 데 겪는 어려움을 조명하고 있다. 돼지는 어쩌면 팔레스타인 정체성의 표시일 수 있지만(Finkelstein 1996b; J. Le-Tov 2010), 철기 시대에 돼지를 "민족적 표시"로 직접 사용하는 것은 정치, 경제 및 환경적 변수 때문에 복잡하다(Zeder 1998; Hesse 1990; Hesse and Wapnish 1998; Sapir-Hen 외 2013; Sapir-Hen, Meieri, and Finkelstein 2015).
12 여기서 "무화과"(Sycomore)는 성경에서 뽕나무(shimka) 혹은 학명 Ficus sycomorus를 말하며 Acer pseudoplatnus나 혹은 Platanus나 Ceratopetalum 군에 속한 다른 무화과종과 구분되어야 한다. 양귀비(papaver somniferum) 및 잔디 완두콩/적 완두(Lathyrus sativus/cicero), 잔디 완두(Lathyrus sativus)와 적 완두(Lathyrus cicero)는 고고학 표본으로는 분간이 힘들어서 불확실한 면이 있다.

과(지중해, 이란-우랄 알타이, 사하라-아라비아) 추가적 식물대(유럽-시베리아, 지중해 산악지대[oro-Mediterranean])와 수단에서 오는 식물을 포함한다. 비슷하게 다양한 동물군은 아시아(Oriental), 아프리카 열대(Afrotropical), 페일리아틱의 동물 지리학적 분류를 보여 준다. 부분적으로 종의 풍부함은 대륙들과 더불어 기후, 지형 및 토양적 다양성의 교차로인 이스라엘의 특별한 위치에 따른 결과다.

그러나 이스라엘의 경관이 지리적, 환경적 상황 때문에 이렇게 된 것만은 아니다. 수천 년간, 특히 농업과 목축업의 시작부터 인류는 그들 환경에 영향을 미쳤으며 또 이를 증가시켰다. 이 관찰은 근동 고고학에 따라 뒷받침되지만, 변화하는 풍경에 대해 인간과 비인간적 영향을 풀기 위해서 미래의 더 많은 고고학과 역사 연구가 필요하다. 중요한 주제로는 기후 불안정과 농업 목축업 증대 작용에 대한 역사적 한계와 문화적 생존 전략의 효능이 포함된다.

섹션 2

세트와 소품: 고고학

제5장 | **성서 고고학 개요** 세이무어 기틴(Seymour Gitin)
제6장 | **후기 청동기 시대 고고학** 조 우지엘(Joe Uziel)
제7장 | **철기 1시대의 고고학** 아렌 M. 마이어(Aren M. Maeir)
제8장 | **철기 2시대의 고고학** 아미하이 마잘(Amihai Mazar)
제9장 | **신바벨론과 페르시아 시대 고고학** 콘스탄스 E. 가인(Constance E. Gane)
제10장 | **헬라 시대 고고학** 조단 라이언(Jordan Ryan)

제5장

성서 고고학 개요

세이무어 기틴(Seymour Gitin)

성서 고고학의 시작은 1838년과 1852년 팔레스타인학의 창시자인 뉴욕 유니언신학교의 에드워드 로빈슨(Edward Robinson)가 성지의 성경 유적들을 탐험한 것과(Robinson and Smith 1856a) 이에 뒤따른 50년 동안의 영국 팔레스타인 탐험재단과 독일 오리엔탈협회 (Deutsche Orient-Gesellschaft)의 주요 탐사들로 거슬러 올라간다(King 1983, 7-10).[1]

또 하나의 중요한 동기는 영국 외교관이자 고고학자인 오스틴 헨리 레이어드 (Austen Henry Lazard)가 성경에서 알려진 이스라엘 왕의 이름을 기록한 신 앗수르 기념비들과 메소포타미아에서 발견된 것이다. 예를 들어 1864년 님루드에서 발견된 블랙 오벨리스크(Black Obelisk)는 B.C. 841년 살만에셀 3세가 이스라엘의 왕 예후에게 조공을 받는 모습을 보여 주고 있으며, 1845-47년 사이 니느웨에서 발견된 부조는(reliefs) 유대 왕 히스기야를 언급하며 B.C. 701년 신 앗수르 왕 산헤립이 라기스를 포위한 모습을 묘사한다(Layard 1849a; Hincks 1851).

팔레스타인 최초의 체계적 발굴은 1890년 텔 엘-헤시(Tell el-Hesi)에서 팔레스타인 탐험 재단의 후원 아래 플린더스 페트리(W.M. Flinders Petrie)를 통해 진행되었다(Petrie 1891)(그림 5.1 참조). 문명의 층이 위에 서로 싸여 올라가면서 생긴 인위적인 언덕인 텔에 시퀀스 데이팅 원칙(sequence dating)을 적용하며 그는 "도예는 고고학의 필수 알파벳이다"라는 원리에 기초해 팔레스타인의 대략적인 도자기 연대기(Ceramic Chronology)를 확립했다(Petrie 1904, 16). 페트리(Petrie)가 엘-헤

---

1 더 자세한 내용을 위해 제1부 제1장 "역사 지리학 개요"를 참조하라.

시를 성경의 라기스로 잘못 판단했지만, 이 발굴지에서 그의 업적은 성서 고고학이란 학문 발전의 첫걸음이었고 이는 성서학에서 절대적 도움이 된다.

5.1 예루살렘에서 플린더스 페트리(Flinders Petrie) 경과 페트리(Petrie) 부인

최초의 미국인 발굴은 사마리아의 성경 유적지에서 하버드대학교의 조지 앤드류 라이즈너(George A. Reisner)가 미국근동연구학회(the American School of Oriental Research; ASOR)의[2] 도움을 받아 1908년부터 1910년까지 진행되었다(Reisner 1924). 이는 발달한 발굴기술의 시작을 알렸는데, 라이즈는 영국 고고학자 캐트리 캐년(Kathleen Kenyon)이 수십 년 후에 사용한 파편 층 방식을 썼다. 하지만 올브라이트가 1920년 ASOR의 연구소장이 되고 새로운 성서학적 안건을 만들고 나서야 비로소 성서 고고학이라는 학문이 생기게 된다(D. Freedman 1989, 38; Gitin 1997, 62). 그는 성경 연구를 "고고학 발견으로 명백해질 수 있는 성서학문의 모든 과정 속의 체계적인 분석 또는 종합"이라 재정의했다(Albright 1969, 8-9).

그는 성경을 이해하려면 성경의 역사적 "삶의 정황"(Sitz im Leben) 즉 고고학 발굴과 문헌 비교의 전통에 따른 보다 광범위한 동양이나 고대 근동의 배경 속에서 성경을 봐야 한다고 주장했다(Machinist 1996, 392). 1922년 역사적인 예루살렘 회의에서 영국과 프랑스 고고학계의 존 갈스당(John Garstang), W. J. 피티안 아담스(W. J. Phythian-Adams) 및 루이스 위그 빈센트(L.H. Vincent)와 함께 올브라이트는 구석기 시대부터 헬레니즘 시대에 이르는 역사적, 고고학적 발전의 단계를 명기할 수 있는 용어의 분류 체계를 공식화했다(Palestine Exploration Fund 1923). 이를 바탕으로 1920년대와 30년대에 걸친 텔 베이트 미르심 발굴 중 올브라이트

---

2   922년에 바그다드의 학교가 예루살렘에 있던 학교에 추가되면서 이름을 미국근동연구학회(the American School of Oriental Research; ASOR)로 바꾸었다. 후에, 요단 암만의 ASOR과 키프로스 니코시아에 있는 미국고고학연구소(the American Archaeological Research Institute) 두 학교가 추가된다. 예루살렘의 학교 이름은 1970년에 'W.F.올브라이트 고고학 연구소'(Institute of Archaeological Research)로 바뀐다.

는 도기 원형학(ceramic typology)과 관련된 장소 대(對) 층(locus-to-stratum) 방식을 도입해 발굴 공법을 표준화했는데(Cross 1989, 28) 이는 연대기적으로 초기, 중기, 후기 청동기와 철기 시대의 주요 시대를 세분화했다(예를 들어 철기 1시대는 B.C. 1200년, 철기 2시대는 B.C. 900년에 시작하고, B.C. 철기 2I 시대는 B.C. 600-300년 사이라고 했다 [Albright 1932, 10]). 이는 성서 고고학이 학문으로 자리 잡는데 매우 중요한 진전을 나타내고 오늘날 고고학자들이 사용하는 연대기의 주요 개념과 정보의 바탕이 된다.

올브라이트는 서쪽 샘어(West Semitic) 비문학과 고문서 학이라는 지원 연구 분야를 개발하여 이 학문을 더욱 발전시켰다(J. Sasson 1993, 3). 올브라이트의 연구 결과는 고고학적 연구에 대한 체계적인 접근을 통해 혼돈에서 질서를 만든 것이었다. 비록 다른 나라의 학자들과 연구 단체들이 팔레스타인에서 성서 고고학에 도움이 되는 발굴을 했지만, 제2차 세계대전 발발 전까지 미국 학자들이 성서 고고학을 장악하게 되었다.

또한, 올브라이트가 고고학적 연구와 관련된 성서학 분야에 남긴 획기적인 기여도는 그를 성서 고고학의 아버지로 부르게 했다.

올브라이트와 다른 학자들을 고고학으로 이끈 요인은 메마르고 갑갑했던 벨하우젠(Wellhausen)의 비평학 학파가 모든 것을 소진했던 1920년대에 막다른 골목에 놓였던 성서학을 더욱 발전시켜야 한다는 확고한 신념이었다. 올브라이트는 20세기 초에 이미 성서학계를 장악하고 있던 그라프-벨하우젠 이론(Graf-Wellhausen Hypothesis)을 반대하지 않고 오히려 성경의 첫 6권이 4개의 문서로 지어졌다는 이론의 주요 쟁점들을 받아들였다.

그가 수용을 거부한 것은 이 문서들이 사건이 일어나고 몇 세기 후에 기록되었기에 역사적 가치가 없다는 결론이었다. 올브라이트에게 성경 문서는 실제 사건과 인물들의 확실한 증거였다. 벨하우젠 학파의 주장처럼 단지 문서를 작성한 사람들의 세계관의 반영물이 아니었는데(Machinist 1996, 395), 만약 후자가 사실이라면 고대 이스라엘의 역사와 종교에 관해 알 수 있는 것은 아무것도 없을 것이기 때문이다. 올브라이트는 또한 역사 비평학의 보편적인 매력과 객관적 진리는 종교적 믿음과 상충하지 않는다고 주장했다. 그에게 이것은 교파적 편견에서 벗어날 수 있는 지적 주장이었다(Long 1997, 88).

5.2 텔 베이트 미르심 발굴단, "1932년 팀"(Class of 1932). 뒷줄(좌-우): 윌리엄 개드(William Gad – 조사관), 카이러스 고든(Cyrus Gordon – 바그다드미국동방연구소), 헨리 드웨일러(Henry Detweiler – 설계자), 존 브라이트(John Bright – 유니온신학교), W. F. 스틴스프링(W. F. Stinespring – 예일대학교), 유진 리겟 목사(Eugene Liggett – 피츠버그-제니아신학교), 버논 브로일스 목사(Vernon Broyles – 유니온신학교), 에이지 슈미트(Aage Schmidt – 덴마크 실로 탐험대), 앞줄(좌-우): 제임스 켈소(James L. Kelso – 피츠버그-제니아신학교), W. F. 올브라이트(W. F. Albright – 존스홉킨스대학교), 멜빈 G. 카일(Melvin G. Kyle – 피츠버그-제니아신학교), 넬슨 글렉(Nelson Glueck – 미국동방연구소).

성서 고고학에 대한 대부분의 새로운 관심사는 올브라이트의 작업으로 생겨났고, "고고학의 황금시대"라고 불리는 집중적인 발굴의 시기로 이어진다. 두 차례의 세계 전쟁 가운데 바로 이 시기에 중요한 벧엘, 벧세메스, 벧산, 하솔, 여리고, 라기스 같은 여러 개의 성경 유적지가 다양한 국적을 가진 사람들에 의해 발굴되었다. 이렇게 진행된 발굴작업 중에 가장 중요한 작업은 곧 성서 고고학의 주요 유형 중 하나가 된 므깃도 발굴이다.[3]

1930년대부터 1970년대 그리고 후대까지 이어진 성서 고고학의 발전은 올브라이트의 제자들로 인해 진행되었는데 성서학과 성서 고고학으로 훈련받은 이들은 올브라이트의 "자녀" 혹은 "손주"로 여겨졌고(Van Beek 1989, 14; D. Freedman 1975 221-26) 그중 몇 명은 1932년 텔 베이트 미르심 발굴단 사진에서 볼 수 있다(그림 5.2 참조).

---

[3] 예를 들어 영국의 라기스와 사마라아 발굴 그리고 독일의 예루살렘 발굴과 므깃도 발굴이 있다.

5.3 트랜스요르단을 조사하고 있는 넬슨 글루에크(Nelson Glueck)

가장 명성 높은 올브라이트의 제자 중에 넬슨 글루에크(Nelson Glueck)와 에네스트 라이트(G. Ernest Wright)가 있다(D. Freedman 1989, 35).[4] 글루에크는 1932-33년, 1936-40년 그리고 1942-47년 ASOR 연구소장이었다.[5] 트랜스요르단 탐방 중 그는 천 개가 넘는 유적지를 식별했고 모압, 암몬, 에돔을 통합한 최초의 인구 통계학 자료를 배출했다(그림 5.3 참조).[6] 뒤를 이은 네게브 탐방 중 그는 금속 병용기부터 비잔틴 시대까지 유적 1500여 개를 찾았는데 이중 성경에서 언급된 다수도 포함되었다(Glueck 1959a; 1969). 글루에크(Glueck)는 성경에 접근하는 법이 "성경은 신학문서이므로 아무도 성경을 증명할 수 없다. 성경에 나오는 역사적

---

4 이집트 학자이자 그 시대의 중요한 근동학자였던 제임스 헨리 브리스테드(James Henry Breasted)가 이 발굴작업의 지휘자였다. 존 D. 록펠러 주니어(John D. Rockefeller Jr.)가 받은 지원은 1924년 룩소르에 시카고 하우스(이집트 오리엔탈 연구소의 활동 기지)였다. 1925년 메기도 발굴을 위한 자금을 올브라이트와 함께 작업한 1938년 예루살렘 로겔러박물관과 더불어 1930년대에 ASOR에 기부금을 마련했다.
5 프랭크 무어 크로스(Frank M. Cross), 데이비드 노엘 프리드만(David Noel Freedman) 및 존 브라이트(John Bright)도 언급할 필요가 있다.
6 그의 키르벳 엣-타누르(Khirbet et-Tannur) 발굴을 바탕으로 4권으로 된 이 탐방의 출판 서적(Glueck 1934a; 1935; 1939; 1951)은 그가 쓴 나바트인에 관한 책(Glueck 1965)과 같이 여전히 요단 고고학의 최고의 교과서로 여겨지고 있다.

출처 자료에 대한 고고학적 확증을 통해 종교적 가르침과 영적인 이해력을 검증하려고 하는 사람들은 결과적으로 믿음이 있는 자들이다"라고 믿는 올브라이트 학파의 유형이었다(G. Wright 1959, 106).

1930년대 말, 캐슬린 케년의 여리고 발굴과 그녀가 사용한 땅 일부를 파지 않은 채 남겨두고 파편을 관찰하는 방법(baulk debris method)의 영향을 받은 라이트는 2차 세계대전 이후 미국의 최초 중대 발굴조사였던 1950년에 세겜 발굴을 지휘한다(G. Wright 1965). 이는 그의 제자들에게 조기교육의 장이 되었고 이들은 여리고 발굴에 쓰인 방법을 접하게 된다. 이 방법은 1964년에 시작된 이스라엘 건국 이후 미국의 최초 발굴조사였던 게셀 발굴조사에도 도입되었다.

게셀 발굴은 지중해 동부 유역에서 일하는 미국 고고학자들과 다음 세대의 미국 발굴단과 지휘자 훈련의 전환점이 되었다(Shanks 1990, 27-29). 이들이 발굴한 유적지 중 텔 엘-헤시, 메리온(Merion), 셉포리스(Sepphoris), 예벨 카아키르(Jebel Qa'aqir), 키르벳 엘-콤(Khirbet el-Qom), 라하브-텔 할리프(Lahav-Tell Halif), 텔 미크네-에크론(Tel Miqne-Ekron) 및 아스글론이 있다. 이스라엘 영토 밖에 있는 유적지는 이집트 텔 엘-마스쿠타(Tell el-Maskhuta), 키르푸스에 이달리온(Idalion), 요단에 탈 히스반(Tall Hisban), 탈 알-우마이리(Tall al-'Umayri) 그리고 잘룰(Jalul)이 있다.

5.4 이갈 야딘(Yigael Yadin)

5.5 요하난 아하로니(Yohanan Aharoni)

이런 상태가 오늘날 미국 학자들까지 이어지고 있는데 게셀, 텔 케이산(Tell Keisan), 야파(Jaffa) 그리고 악고의 발굴조사 재개와 키르벳 수메일리(Khirbet Summeily)와 텔 레호브(Tel Rehov)에서 새롭게 시작된 발굴조사 같은 미국-이스라엘 합동 조사 활동의 예들이 이를 보여 준다.

올브라이트 학파와 그의 성서 고고학 접근법은 1950년대를 시작으로 하솔에 이갈 야딘(Yigael Yadin. 그림 5.4 참조), 예루살렘에서 나함 아비가드(Naham Avigad) 및 아랏와 브엘세바에서 요한단 아하로니(그림 5.5 참조) 같은 첫 세대의 이스라엘 고고학자들에 의해 채택된다. 이러한 시초부터 이스라엘 고고학계는 성서 고고학 분야를 발전시키고 여러 분야의 연구 분야로 개발하는데 막강한 영향력이 되었다.[7]

5.6 에그론 왕실 돌비

팔레스타인 고고학이든, 고대 이스라엘 고고학이든 20세기 4분기 동안 성서 고고학은 코펜하겐 수정주의 혹은 최소주의 학파가 제기한 고고학적 기록을 성경 시대의 역사를 쓰는 자료로 쓰는 것에 대한 타당성에 관한 도전과 이스라엘 핀켈스타인(Israel Finkelstein)이 주장한 저 연대기로 형성된 전통적인 연대기에 관

---

7 1948년부터 1988년까지 발굴된 주요 발굴지를 포함한 연구 역사에 대한 간략한 개요는 A. Mazar 1990a 10-20; 2015년까지 주요 발굴지는 Gitin 2015를 참조하라.

한 도전, 이 두 가지 도전을 접하면서 새로운 단계로 들어가게 된다.

19세기의 독일학계가 수백 년 전 사건에 대해, 즉 포로 귀환 시대 사건에 대해 쓰인 성경 문헌의 역사적 가치를 의심했다면, 더욱 최근의 코펜하겐 학파는 같은 내용의 질문을 훨씬 후인 헬라 시대에 쓰인 문헌이라고 주장했다(Thompson 1999, 105). 그리고 고고학이 에그론 왕실 돌비(the Ekron Royal Dedicatory Inscription, 그림 5.6 참조)와 텔 단 비문(Tel Dan Inscription, 그림 5.7 참조) 같은 문서를 제출하자 수정주의자들은 그 진위에 의문을 제기했다(Lemche apud Shanks 1997, 36-37, 43). 수정주의자들에게는 성경 속 역사적인 부분들은 저술됐을 당시의 사회적인 구성을 보여주는 것이지, 사건이 발생한 당시를 묘사한 것이 아니다. 결과적으로 이런 접근을 받아들인다는 것은 사실상 성경 시대의 역사는 기록될 수 없다는 것을 뜻한다.

수정주의자에게 도전한 많은 학자 중 로렌스 E. 스테이저(Lawrence E. Stager)는 성경이 헬라 시대의 유대인 작가에 의해 쓰였다면, 우리가 알다시피 헬라 시대에 블레셋 사람이 없었는데 어떻게 그가 블레셋에 대해 정확히 알 수 있었는지 질문한다(Stager 2006, 377).[8] 가장 일관되고 거침없이 수정주의자들을 반대하고, 가장 앞서서 그들에게 대응하는 사람은 데버(Dever)다. 이는 수정주의자들을 "가장 극단적이고 가장 노골적인 최고의 전략가로, 또한 당연히 가장 효율적인 선전가가 됨으로써 오늘날 역사 편찬의(historiographical) 위기를 유발한 성서학자 중 극소수"라고 표현했다(Dever 2001, 24). 데버의 말이다.

> 가장 큰 불만은 수정주의자들이 오늘날 많은 사람이 고대 이스라엘의 중요한 역사 자료로 보는 현대 고고학을 왜곡하거나 무시하는 경향이 있다는 것이다. 동시에 이들은 유일한 정보의 원천인 히브리 성경의 문헌들을 엄청난 의심을 품고 접근을 해서 히브리 성경의 이야기와 고대 이스라엘 대부분을 "소설"로 보게 된다

---

8 예를 들어 어떻게 헬라 시대의 저자가 팔레스타인 사람들이 에게해에서 왔다는 것과 그들의 신과 그들의 갑옷과 무엇보다 사무엘상 13:21에 나온 것처럼 그들이 이스라엘의 금속도구를 갈고 닦는 것을 위해 핌(성경의 무게 단위: *pim*)을 요구한 것을 알 수 있었을까? 헬라어나 라틴어 번역은 핌이 무엇인 줄 몰랐고 20세기에 와서야 고고학을 통해 핌이 철기 시대 후기인 B.C. 586 전에 사라진 2/3 셰켈 정도의 무게 단위라는 것을 알게 됐다(Stager 2006, 381-82).

… 이러므로 나는 그들을 허무주의자(nihilists)로 본다 … 그들은 히브리 성경 전체를 헬라 시대 유대교의 사회적 산물로 읽는다(Dever 2001, 296).

수정주의자들의 성서 고고학 공격은 학문의 중요성과 발전을 약화하지 못했다. 비록 자신을 스스로 성서 고고학자라고 부르는 대

5.7 텔 단 비문

다수가 이제는 올브라이트와 그의 제자들의 기본 원칙과 주요 결론들을 받아들이지 않지만, 그들은 아직도 성경 문헌의 역사성을 조사하고자 성경의 고대 근동 배경을 공부하는 올브라이트의 접근법은 받아들인다. 역사학자, 문헌학자, 고고학자를 포함한 이들 많은 학자는 또한 같은 목적을 위해 고고학적 자료와 성경 및 비성경적 문헌을 상호비교할 때 올브라이트를 따랐다. 이것이야말로 올브라이트의 접근방식의 내구성에 대한 진정한 가치이며, W.G. 데버(W.G. Dever)나 이스라엘의 핀켈스타인 같은 올브라이트를 가장 엄격히 비판하는 학자들도 이 접근방식을 사용해 자신의 성경 역사 해석을 뒷받침하고 있어 이러한 현상을 부각한다.

선조 시대 연대를 청동기 시대 중기로 매겼던 것(Dever 1977, 93-102)과 같이 올브라이트의 역사적 결론에 도전했던 데버는 선조 시대의 고대 근동 배경의 진가를 인식하게 되어 오늘날에는 이것을 사용해 당시 문화적 배경을 확립하려 한다(Dever 2002). 그가 비록 이스라엘 민족이 가나안 정복을 했다는 올브라이트의 주장을 거부하지만 그런데도, 그는 성경 역사의 중요한 쟁점들에 대해 올브라이트의 접근방식을 따른다(Dever 1999, 92-93, 96-97, 100-101). 그는 또한 연합왕국(the United Monarchy)과 번영기가 B.C. 10세기 솔로몬의 통치 아래 있었다는 전통적인 주장에 대한 핀켈스타인의 거부(Balter 2000, 32)에 관해 도전했다.

성경 역사를 규정하는 요점에 관한 논쟁에 깊이 관여하고 있는 핀켈스타인은 B.C. 12세기의 블레셋 정착(Finkelstein 1998b 140-41)과 솔로몬 시대의 연대(Finkelstein 1999, 36-38)에 관한 올브라이트의 패러다임은 거부하지만, 그는 새로운 이론을 만들기 위해 올브라이트의 접근방식을 사용한다. 핀켈스타인이 제한한 블레셋의 다섯 도시연맹의 저 연대는(lower date) 부분적으로 블레셋 정착지에 대한 다양한 연대와 관련된 근동 배경에서 비롯된다(Finkelstein 1999, 37).

전통적으로 B.C. 10세기와 솔로몬 시대로 배정됐던 지층에 대한 그의 저 연대는 그가 메기도 지층 VA/IVB의 도자기 같이 분류하는 이스르엘에서 도자기들의 유형학적 분석을 근거하고 있는데 이 모두를 성경에서 언급된 날짜(Na'aman 1997a, 122, 125, 127)에 따라 9세기로 배정했다(Finkelstein 1998a 170; 1999, 38-39; A. Mazar 2012, 6 n1)[9]. 핀켈스타인의 블레셋 정착과 솔로몬 시대, 이에 대한 연대는 대부분 고고학자가 수용하지 않고 있다. 데버와 마찬가지로 핀켈스타인도 성경 문헌 사용에 관심을 두게 되었으며, 현재 둘 다 그들의 학업을 "더 새로운"(new-new) 성서 고고학으로 부른다(Finkelstein and Silberman 2001; Dever 2002).

새로운 발굴 방식과 학제 간 연구의 개발, 체계적인 기술의 사용, 증가하는 인류학적 개념의 영향 그리고 그중 가장 중요한 고고학적 데이터베이스의 엄청난 성장은 우리가 성경 역사와 성서 고고학을 포함한 고고학과 고대 근동 역사에 접근하는 데 근본적인 변화를 주었다. 하지만 고고학 및 근동 문헌적 정보와의 상관관계를 바탕으로 성경 문헌의 역사성을 확립할 수 있다는 주장은 아직 남아있고, 성서 고고학이라는 학문의 구조와 도구를 만들어낸 올브라이트의 선구적인 업적의 기본적인 가치도 아직 존재한다. 비록 새로운 정보가 성서 고고학문의 기초를 이루는 물질적 문화에 관한 역사적 결론과 해석에 중요한 수정작업을 이루었지만, 층위학 정의, 도자기 유형 분류, 연대기의 시대화 등 올브라이트의 구조와 도구는 아직 꾸준히 유지되고 있다.

그렇다면 성서 고고학의 어떤 면이 현재 논쟁과 우리의 성경 시대 역사에 관한 이해에 이바지할 수 있을까?

수정주의자들의 주장과 반대로, 사마리아와 아랏 오스트라카(ostraca), 라기스 편지, 실로암 비문, 모아브 비석, 다량의 인감과 다양한 비문, 이집트와 신 앗수르 문서 등 대량의 성경 시대 문서들이 존재한다. 잘 정리된 고고학 자료와 함께

---

9 핀켈시타인의 블레셋 정착촌과 솔로몬 시대의 연대는 대부분 고고학자가 수용하지 않는다.

학제 간 연구에 적용된 광범위한 과학 기술 범위 내에서 문맥화 된 성서 고고학은 고대 이스라엘의 역사를 쓰는 데 있어 가치 있고 유용한 학문이다.[10]

---

10 성경 연구를 학제 간 연구 가치에 대한 평가는 Maeir 2015b 참조

제6장

후기 청동기 시대 고고학

조 우지엘(Joe Uziel)

후기 청동기는 중기 청동기 전성기의 가나안 도시문화(예를 들어 Dever 1987; Ilan 1995 참조)와 이에 뒤따른 철기 시대의 남부 레반트에 거주하게 될 새로운 민족들을 잇는 다리 역할을 하는 시기로 정의할 수 있다(7장 참조). 비록 많은 이가 중기 청동기 가나안 도시 사회들의 몰락이 힉소스의 추방과 새 왕조 군대의 가나안 정복과 관련이 없다고 주장했지만(Weinstein 1981; 1991; Hoffmeier 1989; 1990; 1991; Dever 1990a; Finkelstein 1992, 212; Na'aman 1994a) 역사적 관점으로 본다면 이 시대의 시작은 이집트의 새로운 왕조와 뒤엉켜 있다. 중기 청동기 도시들의 몰락이 이집트 침공의 결과인지 아닌지와 별개로, 후기 청동기는 남부 레반트 장악을 노렸던 이집트 집권과 자신들의 지역적 통치를 유지하며 넓혀 가려 했던 지역 도시 사회들 간의 상호 작용으로 보게 된다(Goren, Finkelstein, Na'aman 2004).

이것은 18대 왕조의 왕 아크나톤의 느슨해진 간섭, 지방 통치자 간의 난폭해진 관계, 동맹 그리고 무엇보다 영토를 지배하려는 욕구 등이 B.C. 14세기경 아마르나 서한(the Amarna Letters)에서 가장 뚜렷이 나타난다(Finkelstein 1996a). 어쨌거나 이집트의 남부 레반트 지방 간섭은 물질문화, 정착유형 및 이 시기에 대한 전체적인 이해에 커다란 양형을 준다. 대략, 이러한 간섭을 세 단계로 나누어 이해할 수 있다(Rainey 2006).

제1단계: 투트모세 3세 등의 이집트 군사작전에 기록된 군사 정복을 통한 초기 통제

제2단계: 아마르나 서신에서 나오듯 어느 정도 격변으로 이어졌던 원거리 통제

제3단계: 지역적으로 배치된 통치기구의 설립을 통한 권력의 재확립

고고학적으로, 후기 청동기는 앞선 중기 청동기와의 연결과 변화의 시기로 정의할 수 있다(Bunimovitz 1995). 한편에서는 현지 토기 양식 같은 물질문화의 다양한 면이 이전 시대와 직접 연결될 수 있다. 비록 규모는 작지만 많은 중기 청동기의 도심도 다시 세워졌다. 다른 편에서는 도심의 복합성과 지역 생산을 주목하여 볼 때 이 두 시기 사이의 너무 많은 다른 점이 존재한다.

결국, 후기 청동기는 청동기 말의 가나안이 해상무역에 초점을 맞추어 지중해 코이네(Koine, B.C. 4세기부터 A.D. 6세기까지 지중해의 통용되던 헬라어) 문화에 들어간 것으로 정의 내릴 수 있다. 이는 이스라엘 내(內) 발굴 중 발견된 미케네 문명과 가장 두드러지게는 키프로스 문명의 제품을 통해 가장 뚜렷이 느낄 수 있다. 이러한 문화적 관계는 중기 청동기에도 나타나지만, 후기 청동기에는 그들의 출현빈도가 더 높아진다. 이제부터 이 글은 앞선 시대를 고려해 이제 후기 청동기 시대의 문화와 주거 유형을 조사할 것이다.

1. 정착유형과 인구 통계

후기 청동기 시대에 관한 최초의 조사는 개발이 잘된 도시문화를 찾으려 했다. Z. 허작(Z. Herzog, 1997a 164)은 "번영한 도시문화의 존재는 당연하다"라고 말했다. 그러나 이런 관점은 이제 유효하지 않으며 수년간의 발굴과 조사 후 다른 이해력이 생겼다.

중기 청동기의 몰락 후 후기 청동기의 도시 사회 부활은 이전과 완전히 다른 형태를 따른다. 파괴된 많은 중기 청동기 2시대 정착지들은 후기 청동기에서 재정착되지 않았다. 정착은 해안평지, 유다 저지대, 이스르엘과 벧산 등 계속 집중되었다. 변두리 지역은 대부분 버려진 것으로 보인다(예, 브엘세바 계곡). 반대로, 항구들은(예, 텔 아부-하왐 [Tell Abu-Hawam], 텔 나미 [Tell Nami]) 매우 활동적인 연

해 무역 때문에 후기 청동기 시대에 번영했다. 이는 또한 내륙지방에서 회복하기 시작한 때로 보이는 후기 청동기 끝 무렵까지 농촌 정착지가 사라지는 것을 목격한다(A. Mazar 1990a 239-240). 내륙지방 정착지 감소는 50%가 넘는 것으로 보인다(Gonen 1984, 68).

비록 일부 중기 청동기 도시들이 계속 존재했지만, 대부분 상당히 위축된 것으로 보인다. 후기 청동기 건축의 가장 주목할 만한 특징 중 하나는 방어시설의 부족이다. 일부 학자는 이를 중기 청동기의 방어시설을 재사용한 현상이라고 부분적으로 설명했지만(A. Mazar 1990a 243), 다른 이들은 후기 청동기의 이집트 법이 이러한 건축을 금했다고 주장한다(Gonen 1984, 70). 이유가 무엇이든, 이는 방어시설이 대형 도시에만 있던 것이 아니라 소형 사회에도 존재했던 중기 청동기와 반대되는 현상이다(Burke 2008, 228-319; Uziel 2010).

이런 정착유형들에 관한 정보를 토대로 부니모비츠(Bunimovitz, 1994)는 중기 청동기와 후기 청동기의 가장 두드러진 다른 점은 인구수라고 했다. 오늘날 그 당시의 정확한 인구 통계는 상당히 어렵고 신뢰성이 떨어진다고 여기지만(Zorn 1994; Uziel and Maeir 2005), 정착지 수의 감소와 도시 사회 규모의 감소는 인구의 감소를 나타낸다.

2. 도기

중기 및 후기 청동기 사이의 연속성을 나타내는 가장 중요한 특성 중 하나는 지역 도예다. 다음 시대로 넘어가는 동안 모양은 거의 바뀌지 않았다(Bunimovitz 1995, 330). 각진 사발(Carinated bowl), 요리도구, 보관용 단지, 램프 및 다른 모양들은 중기 청동기에 시작되었지만, 후기 청동기 깊이까지 이어진다. 그러나 자세히 조사해보면, 이 두 도자기 무리 가운데 세 가지 주요 다른 점을 찾을 수 있다.

첫째, 수입의 증가다.

남부 레반트의 키프로스, 크레테 등에서 수입된 도자기가 중기 청동기 초반부터 있었지만, 수입량, 특히 키프로스에서 수입한 양은 후기 청동기의 수입량 근처에 오지도 못했고, 후기 청동기 1시대부터 시작(Epstein 1966)해 이 시기 동안 점차 늘어났다(Amiran 1969). 이는 사전에 존재하지 않았던 수입에 대한 사회적 태도와 더불어 무역을 중요시하는 새로운 경제 질서를 보여주기 때문에 매우 중요하다(Serpico 외 2013).

둘째, 이것만큼 중요한 것이 두 시대 도자기들의 차이점이다.

도자기들의 유형적 형태는 매우 비슷하지만, 제품 생산 방법에서 상당히 다르다. 조사를 통해 텔 베타쉬(*Tel Betash*)의 도자기는 패니츠 코헨(Panitz-Cohen, 2006, 274-313)이 중기 청동기와 후기 청동기에 사용된 점토의 종류를 포함한 생산과정(*chaîne opératoire*) 사이의 중요 차이점을 보여줬다.

패니츠-코헨(Panitz-Cohen 2006, 280)은 도자기의 유형적 형태보다 이런 생산과정의 차이점들이 더 무게감이 있다고 주장했다. 후기 청동기의 정확성과 품질이 떨어지는 면은 당시 사회경제적 상황을 반영한다. 용기 생산에 대한 비슷한 결과는 텔 에-사피에서 나온 도자기 연구에서 얻었다. 중기 청동기에는 점토의 준비 과정과 용기의 마무리 과정에 더 신경을 썼다. 이러한 용기들을 물레를 써서 만들었는지 물레로 마무리만 했는지 알기 어렵지만, 마무리가 잘 되어있어 점토 방식(coiling)으로 만들었을지라도 판단할 수 없다.

후기 청동기에는 원료와 체질 상태가 좋지 않았고, 점토도 완전히 매끄럽게 다듬지 않았으며, 용기의 마무리 작업도 엉성했고, 많은 그릇의 형태는 비대칭적이었다(Ben-Sholomo, Uziel and Maeir 2009). 용기 형태의 일정함은 같은 문화의 연속성을 보여 준다는 점에서 의심할 여지가 없지만, 용기들이 만들어진 방법을 통해 배울 점도 많다. 패니츠-코헨(2006, 291-93)은 이러한 차이점을 가리키면서 중앙관리가 줄어드는 경향을 암시한다고 했다. 이러한 지역적 후기 청동기 도예의 "엉성함"은 증가하는 품질 좋은 도자기 수입의 중요성을 보여 준다.

셋째, 도예의 중기 청동기와 후기 청동기 사이의 변화는 널리 퍼진 문양이다.
특정한 도자기 용품들을 제외하고(예를 들어 흰색 위에 흑색 제품; 빨간, 하얀, 파란 제품 [Maeir 2002]) 이전 시대의 도자기들을 보면 대부분 정교하게 만들었으나 물감으로 칠한 장식이 없었다. 이것은 아마 빠른 물레를 사용하기 위해 교정된 점토 배합 때문이었을 것이다(Franken and London 1995). 그러나 이후 시대에는 물감 문양이 흔해졌다. 이러한 문양은 보통 빨간색과 검은색(2색) 아니면 시대 끝에는 특히 더욱 빨간색(단색)이었다(Gadot, Uziel, and Yasur-Landau 2012). 그릇 안쪽이나 주전자 손잡이(특히 양뿔형 단지)에 자주 새겨진 문양은 트리글리프(triglyphs)와 메토프(metopes)로 나뉘며, 이들은 기하학적 도형, 식물과 동물 주제(motif)를 보여 준다. 이런 주제 중 가장 흔한 주제는 "야자나무와 아이벡스(Ibex)"이며 그릇에 자주 나타난다(게셀에서 흔히 발견되어 종종 게셀 그릇이라고 불림 [Gitin 1990]).

특별 용기는 또한 이 시대의 사회 및 종교적 성격을 보여 준다. 용기와 주로 그 중간에 들어가는 작은 용기로 만들어진 잔과 잔 받침(cup-and-saucer) 같은 유형의 용기가 이러하다. 이르면 19세기 말 남부 레반트 발굴 중 이것들이 발견되었다(Bliss and Macalister 1902, 접시 46:6-7). 비록 다른 시대에도 만들어졌지만, 이러한 용기 분포는 후기 청동기에 더 높아졌는데 이때는 매우 사소한 변형을 제외하고 형태가 거의 표준화되어 있었다. 겉 용기는 반구형이며 밖으로 접힌 테가 있었지만 받침은 없다. 안쪽 용기는 대부분 겉 용기보다 높고 밖으로 치솟았다. 일부는 두 용기를 연결하는 구멍이 있다. 또 하나의 변형은 겉의 용기의 테두리를 뾰족하게 세우는 것이다.

잔과 잔 받침 용기들이 초기 청동기부터 나타나지만, 남부 레반트에서 후기 청동기 2B나 후기 이집트의 영향으로 중요성을 얻게 되어 철기 1시대부터 점점 사라진 것으로 보인다. 이러한 용기의 주요 용도는 불빛과 향을 피우는 종교적이었던 것으로 보인다. 므깃도 같은 비종교적인 배경에서 나온 표본들은 이러한 종교적 활동이 특정 지역에만 국한되지 않았음을 나타낸다(Uziel and Gadot 2010).

3. 종교적 관례

의식과 종교 역시 이 두 시대 간의 연속성과 변화를 보여 준다. 예를 들어 특정 종교 유적들은 중기 청동기부터 후기 청동기까지 계속 있었다(예, 므깃도에 신전 [temple] 2048, 세겜 신전, 하솔 구역 A와 H에 신전들[A. Mazar 1992, 162-69 참조]). 그러나 중기 청동기와 다르게 후기 청동기는 일정하지 않은 다양한 형태의 신전 건축을 보인다. 하솔, 세겜 및 므깃도에 시리아식 신전이 계속 사용되었지만, 다른 형태의 신전들이 지어졌다(세겜 신전 설계, 라기스의 포세 신전[the Fosse Temple] 및 벧산 점유층 VI 와 비교 [A. Mazar 1992, 163]).

금속 작은 입상은 이 두 시대 간의 연속성과 변화를 보여주는 좋은 예다. 한편으로 특정 신들은 한 시대에서 다음 시대까지 계속 존재했지만, 또 다른 편에서는 새로운 신들이 나타났고 한 신전에서 여러 신을 섬기는 모습이 후기 청동기에 드러난다(Negbi 1976, 141). 이 두 시대의 초상화도 다르지만 비슷한 모습이 있다. 중기 청동기 주제들은 충성심을 묘사하지만, 후기 청동기 주제는 군사작전을 보여 준다 (Keel and Uehlinger 1998, 60). 또한, 시간이 지나면서 남자 신들의 숭배가 늘어나고 여자 신들 숭배는 줄어드는 전반적인 경향도 있다(Keel and Uehlinger 1998, 65, 88-97). 풍요의 여신 조각상 같은 특정한 부분은 그대로 남았다(Keel and Uehlinger 1998, 54).

가장 놀라운 차이점은 점토 작은 입상의 용도다. 중기 청동기 남부 레반트에서 이러한 작은 입상은 매우 드물었다. 그러나 후기 청동기에 들어서면서 아주 많아져 거의 모든 발굴지에 발견되며 이 연대로 측정되고 있다(M. Fowler 1985, 334; Keel and Uehlinger 1998, 54; Cornelius 2004a 62, 72). 현재 알려진 소수의 중기 청동기 표본은 나하리야(*Nahariya*, S. Zuckerman, 개인 전언)와 어쩌면 텔 하로르(*Tel Haror*)의 종교적 배경으로 왔으며 후기 청동기에서 흔한 것처럼 가정용은 아니었다.

후기 청동기 것들과 비슷한 점토 작은 입상은 초기 청동기의 메소포타미아에서 처음 나타난다(Pritchard 1943, 49; Fowler 1985, 343, Spycket 2004, 24). 이러한 작은 입상은 시리아로 퍼져나가서 중기 청동기에서 모습을 드러내고(Badre 1980; Marchetti and Nigro 1995, 22-24; Spycket 2000, 25) 후기 청동기까지 흔했다(Badre 1980; Maeir 2003b 202). 이런 유적들은 후기 청동기의 가나안에서 나타나며 시리아 작은 입상과 가장 비슷하고(Tadmor 1982, 157) 이집트와 메소포타미아 영향의 흔적들을 보였다(Pritchard 1943, 83; Keel and Uehlinger 1998, 84).

여성 도자기 상의 용도에 가장 적합한 설명은 종교적인 것으로 보인다. 특정한 여신이든 아니든, 작은 입상은 주인에게 어떤 종교적 가치가 있었다. 코넬니우스(Cornelius, 2004b)는 점토 작은 입상이 종교, 장례 및 가정적인 배경에서 모두 발견되기 때문에 이들이 발견된 배경은 용도를 이해하는 데 유용하지 않다고 주장했다. 그러나 이러한 다양한 배경이 바로 작은 입상의 용도를 가장 잘 나타내는 것일 수 있다. 삶의 모든 면에 나타난 조각상의 존재는 이러한 물건을 "대중 종교"라 할 수 있는 영역에서 사용했음을 나타낼 수 있다. 집안에 작은 종교의식 공간이나 개인의 종교적인 신앙의 상징으로 사용했을 것으로 예상한다.

이는 이런 물건들이 왜 중기 청동기 시대 남부 레반트에서는 사용되지 않았는지 질문함으로써 우리를 다시 한번 돌려보낸다. 본질적으로, 이런 물건들이 다신교의 형태를 보여주는 행동이었다면, 이러한 희소성은 종교적 균일성 때문이었을 것인데, 이는 중기 청동기 가나안에서는 여러 신이 숭배되었었기에 단일신적 의미는 아니다. 오히려 종교적 관습은 좀 더 통제되었던 것으로 보인다.

이 시대의 종교적 물품도 종교 유적지들로 좀 더 국한되어 있던 것으로 보인다. 신전 형태 또한 후기 청동기나 철기 시대보다 더욱 일정했다(A. Mazar 1992). 메이어(Maeir 2003a, 63-64)는 종교 체제에 분포와 흡사함은 의도적이었으며 신성한 환경을 통해 상위 집권을 조장하고자 통치 집권에 사용되었다고 주장했다. 상위 집권의 지배가 조장과 상관없이 종교 권력층이 종교의식의 형태를 지시했다. 후기 청동기에 이르러서 이러한 균일성은 사라진다. 이는 이집트의 패권 영역 내 지방 권력 약화와 새롭고 다양한 물질에 대한 노출과 요구로 인한 세계 시장 진출과 관련이 깊을 것이다.

4. 문서

중기와 후기 청동기 문서에 관한 학문적 연구는 주로 알파벳 문자의 등장, 발병, 혁신에 중점을 두어 왔으며 문자가 사용된 범위나 공동체에는 중점을 두지 않았다(Naveh 1982; Saas 1988; 2005; G. Hamilton 2006; 예외로 Millard 199a 참고). 가나안에서 후기 청동기로 측정되는 문서들은 아주 많다. 실제로 남부 레반트에서 발견된 아카드어 석판들의 절반 이상이 이 시대의 것이다. 이 뭉치에서 다수의 가나안에서 온 서신들을 포함한 아르마나 문서들을 추가할 수 있을 것이다(Goren, Finkelstein and Na'aman 2004).

에마르, 알랄라크, 우가리트를 포함한 시리아 유적지 발굴을 통해 다량의 문서 더미가 나왔고 이는 이 유적지 남쪽에 있는 대형 가나안 도시 사회들도 행정 기록을 포함하여 관료 체제가 있었을 것이라는 추정을 솔깃하게 한다. 그런데도 후기 청동기 문서 발견은 아직 드물며 문서들도 대부분 행정적 필요로 생긴 것으로 보인다. 이는 글을 문학적인 의도로 사용했던 시리아의 상황과 다르다(Schniedewind 2004, 40-41).

알파벳 문자는 이 시대에 최초로 나타난다(Sass 2005; Trigger 2004, 56; 또한 G. Hamilton 2006과 비교). 싸스(Sass, 2005, 153-54)는 이 시대가 끝날 무렵 알파벳 문자가 생겨났다고 주장하지만, 사실로 보이진 않는다. 확실히 이 시대로 측정되는 알파벳 문서는 드물고 단지 몇 개의 표본만 발견되었다. 싸스(Sass, 2005, 154)는 발견된 12개 정도의 문서가 파피루스에 쓰인 문자는 좀 더 폭넓게 사용되었음을 증명한다고 주장한다. 그러나 이 당시에는 아카드어가 훨씬 더 자주 사용되었고 또한 모든 공식 업무를 위한 용도로 쓰인 언어로 보인다.

이는 지금까지 비교적 많은 수의 서류가 발견된 설형 문자 문서와 대조적이다(Horowitz, Oshima, and Sanders 2006, table 1). 설형 문자의 경우는 아카드어가 이 지역 전체에서 국제적인 행정용 문자로 사용되었기 때문에 남부 레반트와 다르지 않았다(Gianto 1999, 123; S, Sanders 2004, 49). 이집트 역시 이 문자를 국제 통신에 사용했는데 아르마나 서신에서 알 수 있듯 가나안의 통치자들과 연락을 할 때도 사용했다. 후기 청동기에서 근동에 존재했던 국제적 경제 환경을 고려할 때 국제 통신을 위한 문자의 필요성은 쉽게 이해할 수 있다.

그러나 알파벳 문자가 설형 문자와 같이 존재한다는 것은 특이한 일이다.

아카드어가 국제 관계와 행정용으로 쓰였다면, 알파벳 문자는 언제 사용되었으며 누구에게 쓰였을까?

왜 우가리트, 에마르 및 알랄라크에서 발견된 것 같이 행정적인 목적 외에 다른 목적으로(예를 들어 종교나 신화) 쓰인 문서는 보이지 않을까?(Gianto 1999, 125-26)

알파벳 문자가 어떻게 누구에게 쓰였는가에 대한 질문에 관해 싸스(Sass) 주장(2005)을 따른다 해도 현존하는 알파벳 문서는 거의 없다는 것을 기억하는 것이 중요하다. 덧붙여, 이러한 문서 중 다수가 답장이 없는 편지이기 때문에 내용을 파악하지 못했고 문서를 분류하기도 어렵다. 그러므로 알파벳 문자가 공식적인 목적으로 쓰이지 않았다는 것이 확실하다(S. Sanders 2004, 33; 반대의견 G. Hamilton 2006, 293 참조). 밀라드(Millard, 1999a, 321)는 상형 문자와 알파벳 문자 모두 파피루스에 행정용으로 쓰였다고 주장하지만, 가능성은 적어 보인다. 이 당시 알파벳 문자는 굉장히 수수께끼 같았고 여러 종류로 이루어져 있었는데 글을 쓰는 방향도 확립되지 않았고, 발견된 문서에 나타난 글씨들도 격 있는 글자보다 낙서에 가깝다(S. Sanders 2004, 44; Goldwasser 2006a, 133).

후기 청동기의 공식적인 문어는 아카드어였고 상형 문자였을 가능성도 적게나마 있다(Millard 1999a, 319-21). 이와 더불어, 적은 수에 알파벳 문서가 발견되었다. 출처와 내용을 보아 이 문자는 사회 주변부 집단에 쓰였으며, 이는 다른 삶의 방식이 존재함을 시사한다. 이 시기에 여러 주변부 집단의 존재는 다른 문화적 부분과 역사적 정보를 통해 나타난다(Shai and Uziel 2010).

요약하자면, 후기 청동기 시대는 몇 가지 문자(설형 문자, 상형 문자, 알파벳 문자)가 나타난다. 비록 통치세력들이 글을 썼지만, 글의 사용 범위는 다른 사회보다 더욱 제한적이었다. 아카드 설형 문자는 국제적 연락망과 행정을 위해 사용되었고 알파벳 문자는 적은 사회 주변부 집단에 의해 사용되었다.

5. 논쟁

후기 청동기 남부 레반트는 여러 부분이 문화적, 사회적, 경제적으로 뒤엉켰다고 정의할 수 있다. 이런 면들은 특히 바로 전 시대인 중기 청동기와 비교했을 때 더 잘 드러나게 된다.

이 두 시대 간의 중대한 인구변화가 있다는 것은 의심할 여지가 없다. 이러한 변화는 이 지역에 대한 이집트의 태도 변화와 연관이 되어있다. 샤루헨의 패배와 투트모세 III가 므깃도에서 가나안 연합을 무찌름 같은 이집트의 군사작전으로 도래된 시대의 시작이 정착, 인구 및 경제의 재생을 전체적으로 가로막은 것도 의심할 여지가 없다. 이러한 상황 속에서 일부(특히 소수의 상위집권)가 번영했다는 것 또한 궁전 건축과 므깃도 상아조각 같은 부를 상징하는 물품에서 볼 수 있으므로 확실하다.

그러나 전체적으로 보았을 때 번영했던 중기 청동기 시대의 사회들은 이 시대 말에 멸망한 후에 부활하지 않는다. 작은 농촌 사회는 줄었고 도시 사회도 작아지고 방어시설 같은 요소도 없었다. 다량의 물질문화적인 요소들은 이전 중기 청동기의 물질문화적인 요소들의 연속이었지만, 이전의 우수성을 많이 잃어버렸다.

이집트에서 온 감독들이 방어시설 건설 때 걸어놓은 제약 말고도 기술개발에도 제약을 걸어놓았다는 주장이 있다. 중기 청동기 시대의 기술 발전은 가나안 문화권의 초석이었지만, 후기 청동기 시대에는 이집트인이 기술개발에 대한 제약을 걸었는데, 이는 아마 사회가 힘과 부를 얻지 못하게 하는 목적이었을 것이다(더 자세한 정보는 Uziel 2011b). 후기 청동기 사회의 부활은 일부 정착지가 급격히 성장하던 이 시대 끝에서야 일어난다. 이는 남부 레반트에 대한 이집트의 접근방식 변화의 결과일 수 있는데 이는 추가적인 이집트 지방 행정기구의 설립으로 나타난다.

비교적 부족한 지역 생산과 정착사회와 방어시설 감소에도 불구하고, 남부 레반트의 청동기 문화는 다원적이었다. 이는 삶의 다양한 부분에서 나타난다. 성전 건축은 일정함과 거리가 멀었다(A. Mazar 1992). 도자기는 지역 어디에서나 흔했고, 이는 이전 시대에서 연속된 것이었다. 이러한 도자기들 속에서도 대량 수입과 문양이 퍼지면서 온 다양성도 볼 수 있다. 언어 역시 설형 문자(Horowitz, Oshima, and Sanders 2006), 상형 문자(Millard 1999a) 및 알파벳의 등장(Sass 2005)으로 비록 알파벳 문자가 중기 청동기에 이미 나타났지만, 초창기 사용은 미미했고 후기 청동기 시대에 와서야 더 널리 보급되었음은 의심의 여지가 없다.

3개의 문자를 이 시기에 사용함으로써 다원성을 보여 준다. 인도-유럽어, 셈어나 후르리어 요소를 가진 이 시대의 통치자들의 이름도 다원성을 나타낸다. 비록 상위계층에게만 적용되지만, 아르나마 서신의 셈어가 아닌 개인 이름이 등장하는 것은 이 계층의 다양함을 나타낸다(Hess 1993a).

작은 입상은 이러한 다양성의 종교적인 면을 보여 준다. 성전들이 있었지만, 후기 청동기 사람들은 조각상을 통한 다른 그리고 더 값싼 방법의 종교의식이 가능했다. 이 시대의 장례 예식 또한 매우 다양했다(Gonen 1992a). 민족 간 차이를 통해서든 사회경제적 지위의 차이든(Bunimovitz 1995), 이것은 가나안 사회에서 다양한 집단이 있었음을 가리키고 있다.

이러한 문화적 다양성의 많은 부분이 주로 지중해를 따라 활기차게 흐르는 무역로를 통해 외국 문화에 노출되는 기능이었을 것이라는 점은 의심의 여지가 없다. 이러한 코이네 무역 문화는 또한 강력한 경제를 바탕으로 존재했던 사회의 붕괴를 초래하는 원인으로 이해됐다. 이러한 제국과 무역 망이 서서히 무너지면서 후기 청동기도 막을 내린다. 이는 이집트가 이 지역에서 철수할 뿐만 아니라 수입 도자기가 완전히 사라짐으로도 알 수 있다.

이후 철기 시대는 멸망하는 가나안 문화로 생긴 공간을 새로운 민족이 채우는 것을 보게 된다. 비록 일부는 이 지역 출신 민족으로, 나머지는 이 지역의 낯선 민족으로 채워지지만, 철기 시대의 시작이 주거 형태, 물질문화 및 통치체제의 변화를 목격한 것에는 의심의 여지가 없다(7장 참조).

제7장

철기 1시대의 고고학

아렌 M. 마이어(Aren M. Maeir)

1. 후기 청동기 시대 / 철기 시대 전환기

B.C. 13세기 중후반을 시작으로 전반적으로 동 지중해, 특히 레반트는 사회, 정치 및 경제구조에 중대한 변화들을 맞이한다(전반적인 정보는 Cline 2014 참조). 앞선 후기 청동기 시대(B.C. 1500-1200경) 동 지중해의 대부분 사회경제적 구조는 다양한 영향력의 지방 국가들과 추가로 다양한 특성을 가진 문화나 민족 집단이 함께 신 이집트 왕조, 히타이트 제국, 앗수르 왕국을 포함한 초강대국들의 모임으로 이루어져 있었다.

이런 모든 국가는 외교, 문화 및 경제를 잇는 네트워크 안에서 영향력을 행사했다. 후기 청동기 세계질서의 많은 요소는 13세기 후반부에서 시작해 12세기로 들어와서 점점 사라진다. 히타이트 제국이 멸망하고 이집트 제국은 가나안의 패권을 12세기 중후반에 와서 잃었으며, 미케네의 궁전 정치(the Mycenaean palace polities)도 몰락했고, 국제 무역량은 상당히 줄었으며, 가나안의 도시들은 버려지거나 파괴되었고 새로운 문화 및 민족적 집단들이 이 지역 전체에서 나타났다. 이는 흔히 말하는 바다 민족, 이스라엘인, 아람인 및 다양한 다른 민족을 포함한다.

그리고 후기 청동기에는 고대 근동 지역에서 다양한 문서 자료가 나왔지만, 12세기 초부터 11세기 말과 10세기 초까지 남부 레반트의 역사적 상황과 관련된 당시의 문헌 자료들은 거의 없다. 이 때문에 이 시기는 "암흑기"와 매우 흡사하며, 이 시기를 이끌었던 근본적인 구조와 이 기간의 일어난 사건들을 재구성하기 위해 학자들은 고고학적 유물에 의존할 수밖에 없다. 이 시기에 관해 이야기하는 것처럼 보이는 성경 문서도 대부분 후세대의 이해와 이 당시의 일부 기억에 바탕을 두기 때문에 역사 자료로써, 또 이스라엘의 형성과정을 다루는 서사로써 실제로 직접적인 정보를 주지 못한다.

2. 연대순 구조

전통적으로 철기 1시대(the Iron Age I)는 B.C. 1200년에서 1000년 사이로, 대략 이집트 19대 왕조가 끝나는 시기와 성경에 나오는, 일반적으로 받아들이는 연합왕국의 시작 시점 사이로 보고 있다. 하지만 이것은 정밀하지 못한 연대순 구조다.

우선, 후기 청동기에서 철기 시대로 넘어가는 전환기와 관련된 다양한 과정과 원리가 B.C. 1200년 이전부터 있었다. 이는 B.C. 1200년 이전에 파괴된(하솔 같은) 유적지와 이스라엘 민족이 B.C. 1200년 전에 있었다는 (메르넵타 비문 [the Merneptah Stele] 같은) 증거 및 B.C. 13세기에서 온 "바다 민족" 침공 현상 가능성을 암시하는 징조를 포함한다.

다른 한쪽에는, 후기 청동기 시대의 붕괴를 알리는 주요한 과정들이 B.C. 12세기 초와 중반, 심지어 후반까지 일어나지 않았다고 주장하는 사람이 많다. 예를 들어 보가즈쾨이(Boğazköy)나 우가리트 같은 주요 후기 청동기 유적지는 B.C. 1180년대 전까지 버려지거나 파괴되지 않았고, 비슷하게 모든(적어도 대부분) 바다 민족과 블레셋인에 대한 증거는 B.C. 12세기 1분기 어쩌면 2분기 전에는 없었으며 마지막으로 (므깃도 같은) 다수의 유적지에서 가나안 문명이 B.C. 11세기까지 지속했다.

철기 1시대의 끝에 관해, 철기 1시대의 물질문화가 B.C. 10세기까지 이어진다는 것은 대부분 수용하지만, 철기 1시대가 10세기 초반에 끝나는지(A. Mazar 2011) 아니면 중후반에 끝나는지에 관한(예, Finkelstein and Piasetzky 2011)[11] 문제는 남아 있다.

---

11 B. G. Wood가 키르벳 마카티르(Khirbet Maqatir)에서 발견한 것과 관련해 주장한 것처럼 (Wood, 2009), 이스라엘 민족의 출현과 다른 관련 있는 현상들을 앞당겨서 중기 청동기에서 후기 청동기로 넘어가는 시대의 사건으로 보는 경향은 받아들이기 어렵다. Maeir 2011, 100 참조하라.

3. 이스라엘인

이스라엘의 가나안 정복과 정착에 대한 성경의 생동감 있는 묘사와 성경 시대와 이후의 성경의 중요한 역할은 초기 철기 시대 레반트에 관한 연구의 관심사를 이스라엘 문화의 초창기에 관한 증거를 찾는 것으로 만들었다. 성경 문헌과 특히 여호수아의 많은 부분이 이스라엘 민족[12]의 가나안 땅 정복(군사적으로)으로 묘사되었다. 또한, 사사기에서는 더욱 점진적인 정착 과정이 암시되어 있다.

오랫동안 이스라엘 민족의 등장에 관한 연구는 다음과 같이 나뉘었다.

첫째, 올브라이트(1949b)와 야딘(1963)처럼 이스라엘의 정복에 관한 고고학적 증거를 찾을 수 있다고 믿었던 학자들

둘째, 알트(1925)나 아하로니(1957)처럼 가나안 밖으로부터 들어온 민족들로 인하여 점차 진행된 정착과정을 선호하는 학자들

셋째, 멘덴홀(Mendenhall, 1973)이나 고트발트(Gottwald, 1979)처럼 초기 이스라엘 민족의 등장은 원래 가나안 출신 사람들이 철기 시대 초기에 그들의 정체성을 변경하면서 일어난 내부적 현상이라고 주장한 학자들

근래 연구는 사실상 "정복 시각"을 부정했다.[13] 후기 청동기와 초기 철기 시대의 파괴를 보여주는 증거가(하솔 같은 [A. Ben-Tor 2016]) 소수의 유적지에서 나왔지만, 전체적으로(여리고, 아이, 아랏 같이) 성경 속 이스라엘 정복기에서 중요한 역할을 하는 이 시대의 유적지 대부분에서 성경에서 언급한 것과 같은 정복의 대형 파괴 흔적은 찾을 수 없다. 마찬가지로, 다수 중앙산지와 상 갈릴리 지역에는 초기 철기 시대 내내 점차적인 정착이 진행됐던 것으로 보이지만(유다 산지 같은), 다른 지역은 거의 정착되지 않았고 또한 대개 이러한 중앙산지에 새로운 정착지

---

12 연구 대부분에서 이스라엘 민족은 북이스라엘 왕국과 남 유다 왕국의 두 집단을 가리키는 말이다. 또한, 이 둘 사이의 공통점도 많지만, 철기 시대에 나타난 차이점을 포함하여 둘 사이의 뚜렷한 차이점도 고려해야 할 것이다 (Fleming 2012; Maeir 2013a).
13 최근 출판에도 정복설을 고수하려는 시도(Hawkins 2013; Provan, Long and Longman 2015)가 여전히 있지만, 그들이 설득력 있다고 생각하지 않는다. Maeir 2016을 참조하라.

의 물질문화와 기존 가나안 문화 간의 비슷한 점이 많다.

그래서 오늘날 대다수 학자는 초기 이스라엘 민족은(대부분 이미 중앙산지에 살던 농촌이나 유목인들) 가나안 지역 민족들로 구성되었다는 것에 동의하는데 이들 중에는 가나안 저지대 도시 모체에서 온 사람들과 (초기 철기 시대 사마리아 유적에 관한 제르탈[Zertal]의 주장처럼 [Zertal 2004]) 가나안 동쪽과 북동쪽에서 서서히 이 지역으로 넘어온 사람들이 있다. 다시 말하면, 위에서 언급한 세 가지 주요 학파의 주장, 즉 정복, 느리지만 꾸준한 침입 그리고 가나안 저지대 도시에서 이주한 것을 각각 뒷받침할 증거는 거의 없다. 오히려 이 세 가지 과정과 다른 과정들이 다양한 수준에서 발생한 것으로 보인다.

초기 철기 시대에 (어쩌면 B.C. 13세기 말부터) 중앙산지, 특히 남쪽의 예루살렘과 북쪽의 이스르엘 계곡 사이에 있는(대략 사마리아로 알려진) 지역에서 다수의 새로운 주거지가 생겨났다는 고고학적 증거가 많다. 사마리아 서쪽 산기슭에 잘 알려진 이즈벳 자르타(Izbet Zarta) 같은 요르단 계곡 위에 사마리아 동쪽 변두리의 언덕 그리고 갈릴리 북부에 사사(Sa'sa')와 하르 아디르(Har Adir) 같은 추가 주거지가 있다. 흥미로운 점은, 이러한 유적지 중 극소수에서만, 즉 예루살렘과 남쪽 방향 유다 지역에서 발견됐다는 것이다(훌륭한 예로는 길로와 텔 루메이다[Tel Rumeida]가 있다).[14]

이런 "정착"지는 대부분 작고 밀폐된 마을로써 단순히 주로 주거를 위한 건축양식과 (유명한 "목깃 항아리" 같은 저장용 용기 및 요리 용기를 포함한) 실용주의적인 도자기를 특징으로 한다. 이러한 "정착"지 대부분은 새로운 곳에 지어졌지만(하솔과 아이 같이), 일부 경우에는 이전 시대에 사용되었던 장소에도 지어졌다. 추가로, 실로(Finkelstein, Bunimovitz, and Lederman 1993), 에발산(이는 "여호수아의 제단" 위치가 아니라도 종교적이라 할 수 있음 [Zertal 1986-87; Hawkins 2012]) 및 이른바 황소 유적지 같은 종교적 유적이 나온 적은 수의 유적지가 있다. 에발산 유적지의 발굴자, 아담 제르탈(Adam Zertal)은 또한 "샌들 모양"의 사마리아 동부 지역 여러 장

---

14 다소 예전 것이긴 하지만 Finkelstein 1988, Finkelstein and Na'aman 1994 그리고 A. Mazar 1990a, 295-367은 여전히 초기 이스라엘 정착과 관련된 많은 문제와 유적지에 관한 개요와 논의들을 제공한다. (비록 여기서 제안한 내용과는 다르지만) 이스라엘 정착에 관한 최근 책은 Hawkins 2013이 있다.

소의 정체를 밝히기를 제안했다(Zertal and Ben-Yosef 2009). 그는 요단강 동쪽 지방에서 온 초기 이스라엘 정착민들의 거주지라고 믿었고 독특한 거주지의 형태는 영토의 점령을 나타내는 표시라고 믿었다. 대부분의 학자는 이러한 해석을 받아들이지 않고 있다(Maeir 2014).

이런 "정착지 유적"의 전체적인 특성이 후기 청동기 가나안의 문화적 "집합체"와 아주 다르나(Dever 2003; Faust 2007), 도자기의 많은 부분, 즉 도기 유형, 종교의식 대상, 생존 패턴과 같은 많은 측면이 가나안 전통을 연상시킨다. 이는 이러한 지역의 거주민들과 가나안 토착민 간의 연관성을 주장하는 가장 중요한 쟁점이다, 하지만 후기 청동기 가나안 문화의 연속성과 비슷한 점이 많다고 해도 중앙산지에 있는 "정착지 유적"들의 전체적인 면들을 보면 좀 더 뚜렷한 영토적 영역 안에서 새로운 문화적 정체성 형성을 암시한다.

이러한 철기 1시대의 이스라엘 정착지의 많은 요소가 철기 1시대와 3의 이스라엘과 유다 문화로 이어진다. 철기 2시대의 이스라엘과 유다에 매우 흔했던 방 4개의 집(the four-room house) 및 적어도 유다에서 사실이었지만 이스라엘에서는 굳이 사실이 아니었던 돼지를 먹지 않는 것 등이 여기에 포함된다(그러나 두 가지 측면에 모두 주의를 기울여야 하며 이스라엘/유다인의 확실한 신분식별을 위해 사용될 수 없음에 유의해야 한다; Faust 2007; 2012a; Maeir 1013c; Sapir-Hen 외 2013; Kletter 2014와 비교).

모든 걸 통틀어, 철기 시대의 중앙산지와 갈릴리 지역에서 일어난 과정들은 철기 1 기간의 새로운 정체성을 가진 무리가 생겼다는 것을 말해준다. 의심의 여지 없이 이러한 과정들은 매우 복잡했으며 이것이다 저것이다 같이 단조롭게 한 가지로 요약할 수 없다. 오히려 이 시대에 일어났던 토착 무리와 다른 지역 무리, 다양한 배경과 전통, 지역과 범 지역 간 복잡한 상호 작용을 관찰해야 한다. 이들 많은 사람이 철기 1시대가 끝나갈 무렵 실제로 성경적 자료와 비성서적 자료를 통해 알려진 이스라엘과 유다 부족 그리고 그 후에 왕국이 된 것으로 보인다. 그렇지만 모든 철기 1 정착지와 유다/이스라엘의 단순하고 일정한 관계를 가정해서는 안 된다(Nestor 2010). 실제 상황은 확실히 더 복잡했을 것이다.

또한, 특정 무리가 유동적이고 변동하는 정체성을 가지고 있을 수 있기에, 변화하는 정체성(meta-identity)도 인정해야 한다. 이들은 정치, 경제 및 사회적 상황에 따라 철기 1시대 이후에도 이스라엘과 유다 문화에서 자신들을 포함했다 제외했다 했을 수 있다. 이는 주요 문화들(예를 들어 블레셋, 가나안, 페니키아, 트랜스요르단 민족)과 맞닿아있던 지역의 민족들의 상황이었을 것이다. 그리고 이 중에는 내부적으로 이스라엘과 유다 사이의 신분을 바꾼 사람도 있을 것이다. 그런데도 철기 1시대에서 2시대로 넘어가는 전환기에(B.C. 10세기경) 위에 언급된 다양한 지역의 많은 민족은 더 큰 무리에게 통합되어 이스라엘 왕국과 유다 왕국의 바탕이 된다.

4. 블레셋인

후기 청동기에서 철기 시대로 넘어가는 시기에, 다른 곳에서 다른 사회정치적 특성을 띤 민족들의 이동이 중부 지중해 전체에 걸쳐있었음을 보여주는 증거가 많다. 히타이트와 우가리트 문서를 포함하여 주로 이집트 출처의 문서를 보면, 지중해 동부, 중부 및 북부의 다양한 기원의 사람들이 남부 레반트로 흘러들어 온 증거가 있다. 이 중에는 현대 연구에서 "바다 민족"이라 불리는 사람들이 있다(Killebrew and Lehmann 2013). 과거 연구에서는 바다 민족을 구체적인 기원과 정착한 지역에 따라 깔끔하게 나누는 것이 일반적이지만, 이제는 이들의 정의, 기원, 구성, 응집력 및 도착, 정착 그리고 변형의 과정이 매우 복잡했다는 것이 명확해졌다. 또한, 실제로 블레셋인을 제외한 다른 바다 민족의 고고학적 식별에 대한 이의가 제기되고 있다.[15]

현재 주제를 위해 우리는 바다 민족 중 하나이며(이집트 문헌에는 "펠레셋"[Peleset]이라 언급됨) 성경 자료와 고고학적 유물에 따르면 청동 1시대(그리고 청동 2-3시대)에서 가나안의 주요 문화 중 하나였던 블레셋에 집중하겠다(Yasur-Landau

---

[15] 터키 남부 아묵 계곡(the Amuq Valley; Janeway 2017)에서 "북부 블레셋인"을 찾자는 최근의 건의에 문제가 없는 것은 아니다. 이것이 후기 청동기 시대 변화와 관련된 현상이라는 것과 에게해 중심의 물질문화에 대한 충분한 증거가 있음은 분명하지만, 이것을 블레셋과 연관시키는 것은 문제가 있다. 첫째, 에게형 도자기는 블레셋 초기의 도자기보다 후기의 물품으로 보이며 둘째, "블레셋"이라는 민족 명칭과 현지 민족명 "팔라스타인/왈라스타인"과 연결하는 것에 이의가 제기되고 있다(younger 2016, 127-34).

2010; Maeir and Hitchcock 2017a; 2017b). 의심할 여지 없이 이스라엘/유다의 관계에서 블레셋 민족은 엄청난 영향력을 행사했던 적이 있다. 블레셋인들은 대략 북쪽에 야르콘강, 남쪽에 가사, 서쪽에 지중해 그리고 동쪽에 쉐펠라(유다 고원) 사이, 즉 오늘날 이스라엘의 남부 해안지방(성경 블레셋)에 살았다. 블레셋인이 점령했던 정확한 영토는 철기 시대 내내 변동한다.

비록 성경 문헌이 블레셋인과 이스라엘/유다인의 관계를 다윗과 솔로몬 시대 이전의 일로 다루지만, 실제로 철기 1시대의 블레셋에서 나온 고고학적 증거를 비교해보면, 성경에 묘사된 것은 후기 철기 시대의 블레셋의 실체를 나타내는 것으로 보인다.

반면, 초기 철기 시대 블레셋 문화에 대한 고고학적 자료는 광범위하다. 주요 블레셋 유적지에서 진행되고 있는 발굴을 바탕으로 한 현재 블레셋 연구는 그들이 누구고, 어디서 왔으며, 그들의 문화가 어떻게 생기고 변화하여 결국 후기 철기 시대에서 사라지게 되었는지에 대한 선명한 재구성을 할 수 있게 했다.

이전 연구는 블레셋인들을 주로 B.C. 12세기 초에 가나안으로 이주해, 남부 해안에 있던 가나안 도시들을 점령하고 파괴하고, 이러한 도시들의 특이한 외부 영향을 받은 문화와 같이 정착한 후, B.C. 11세기 말에 바벨론인들에게 멸망하기 전까지 수백 년이 넘는 기간의 지역 문화의 영향을 받았던 청동기 미케네 출신 그리스인들이라고 묘사했다.

이것에 반대하여 오늘날의 연구(Maeir and Hitchcock 2017a; 2017b)는 초기 철기 시대의 블레셋 문화가 다른 지역 문화 하나에서(예, 미케네 문화) 비롯된 것이 아니라 철기 1시대에서 블레셋 지방에 정착한 다른 지역에 기원을 둔 다양한 문화로(예, 그리스 본토, 크레테, 서부와 남부 아나톨리아, 키프로스) 구성되었다고 주장했다. 이러한 무리는 다양한 사회경제적 특징을 지녔고 해적 같은 특성이 있을 수 있다.

후기 청동기 시대에서 이 지역의 도시 파괴에 관한 증거는 거의 없지만, 있는 증거도 유적지들에 한정된 부분에서만 나오며, 아마 특별한 소수의 부위였을 것이다. 동시에 다른 지역 민족들이 이 지역에 계속 거주하던 가나안 민족 가운데 정착한 것으로 보인다. 합쳐서, 이들은 "초 문화" 내지 "뒤섞인" 문화를 만들었다. 이 복잡한 문화는 풍부하고 다양한 전통이 있었으며 높은 수준의 도자기 기술, 건축, 야금 및 다른 면들을 보였다. 이와 함께 초기 철기 시대 블레셋 문호와 주변 지역의 문화에는 큰 차이가 있다. 외부에서 온 많은 측면의(예, 도예, 도시 주의, 건축, 종교, 식단, 장례) 상당수는 이 지역의 문화적 측면들과 다르지만, 위에 말한 바와 같이 이들은 구체적으로 획일적인 한곳에서 온 것이 아니라 광범위하게 뻗은 뿌리에서 왔다.

블레셋 물질문화는 독특한 문양을 가진 화려한 도예 전통, 종교와 다른 용도에 쓰이는 물건, 특이한 식단(대부분 유적지에서 돼지와 개고기를 먹었고 새로운 식물 종도 섭취함), 요리방법의 차이(난로 및 특정 조리 용기 사용), 새로운 농업 전통, 특정 제사 관례 및 기타 여러 측면이 포함된다.

아스돗, 아스글론, 에그론 및 가드(텔 에-사피[Tell es-Safi])의 고고학 발굴작업은 블레셋 문화의 중요한 유물을 드러냈고 블레셋 5개 방백 도시의 다섯 번째 도시인 가사는 아직 발굴되지 않고 있다. 다른 철기 1시대 블레셋의 유적지도 알려져 있으며, 텔 카실레(Tel Qasile)와 나할 파티시(Nahal Patish) 유적지에는 풍부한 유적을 보유한 성전이 있어 중요하다.

초기 철기 시대에 블레셋인의 사회경제 및 정치적 구조는 고원의 정착지보다 더 발전된 것처럼 보인다. 블레셋의 문화는 도시 중심적이고, 비교적 복합적이었으나 이스라엘의 문화는 덜 계급적이고, 덜 복합적이며, 기술적으로 덜 발전돼있었다. 이 또한 성경 문서에 나타나는데, 블레셋인의 조직형태 및 그들의 군대와 사회의 복합성은 왕국 시대 이전과 초기에 이스라엘인들에게 위협이 되었다.

고고학적 유적들은 아마 블레셋인이 사회적으로, 경제적으로 그리고 또 군사적으로 철기 1시대 내내(그리고 어쩌면 철기 1A 시대까지) 가장 우세했다는 점을 보여 준다. 그렇지만 블레셋의 복합적인 관료 체제의 구조가 있었다는 주장을 뒷받침할 증거는 아직 없고, 에게해의 영감을 받은 문자가 있었다는 것 또한 아직 확인되지 않았다. 또한, 성경에 나오는 블레셋인들의 모습이 매우 전투적인 그들의 문화를 묘사하지만 실제로 블레셋의 무기 제조에 관한 증거는 거의 없다(Maeir 출판예정).

철기 1시대 후반부와 철기 시대 2시대로 넘어가는 전환기에서 블레셋 문화는 주위에 있는 문화들과 점점 닮아가지만, 그들의 특별한 정체성을 확인시켜 주는 특징을(실제로 철기 시대 끝까지) 유지한다. 블레셋과 이러한 이웃 문화 간의 활발한 양방향으로 오간 접촉과 영향에 대한 고고학적 증거는 알려지지 않고 있지만, 어쩌면 여러 수준의 이스라엘-블레셋 사이의 관계를 묘사한 삼손 이야기에 이런 것이 암시된 것일 수 있다.

5. 페니키아인

페니키아인은 대체로 후기 청동기 시대의 중부 및 북부 레반트, 즉 이스라엘의 갈멜산부터 레바논 해안을 따라 시리아 해안 남쪽 부분까지 이어지는 가나안 문명과 인구의 연속이다(전반적인 정보는 Markoe 2006 참조). 후기 청동기 시대와 철기 시대 사이의 전환기 격동은 이 지역에는 없었고, 또한 가나안의 다른 지역과 다르게, 특히 키프로스와 국제 무역은 철기 1시대 초반 잠깐을 제외하고 이 시대에도 계속 번창해갔다.

돌의 위치는 이런 모습을 잘 보여 준다. 돌(Dor)을 시킬 바다 민족(the Sikil Sea People)의 유적지로 봐야 한다고 종종 가정되었지만, 최근 발굴 활동은 이곳에서 후기 청동기 가나안 문명의 존속을 입증했고, 키프로스와 이집트까지 연결됐던 정황이 보인다(Waiman-Barak, Gilboa, and Goren 2014; Gilboa and Goren 2015). 이미 철기 1시대 후기의 페니키아인은 특히 레바논 해안에 있는 도시에서 복합적인 사회경제적인 구조를 지닌 조직 체제를 만들어 철기 2와 3시대에 멀리 퍼져나가는 무역 활동의 토대를 다졌다.

6. 가나안인

이스르엘 계곡 또는 일부의 주장처럼 블레셋인과 이스라엘인 사이의 쉐펠라 지역 같은 가나안 일부 지역에 몇몇 유적지는 철기 1시대 동안 존속했던 가나안 문화의 증거를 보여 준다. 북부의 므깃도(Sass and Finkelstein 2016)나 레호브(A. Mazar 2016) 같이, 어쩌면 남부의 벧세베스(Bunimovitz and Lederman 2011)나 아세카

(Kleiman, Gadot, and Lipschits 2016) 같은 유적지들은 가나안의 문화적 요소들을 대부분 철기 1시대 동안 유지하였으나, 결국 이런 유적지들도 주변의 사회경제적 체제들에 흡수됐고 가나안의 문화는 없어지게 된다(반대의견은 Maeir and Hitchcock 2016 참조). 이는 철기 1시대 내내 활발하고 국제적인 문화로 발전해나간 페니키아인들이나 특정 가나안 문명을 받아들이면서도 그보다 많은 특별한 문화적 요소들을 만들었던 블레셋인과 이스라엘인과 반대되는 일이다.

7. 아람인

북부 시리아의 아람인에 대한 초기 증거는 B.C. 11세기부터 앗수르 문서들에 기록되어 있다(Lipiński 2000; Younger 2016). 오늘날 북부 이스라엘과 남부 시리아인 북부 가나안 (킨로트와 하다르 같은 [Sergi, Oeming, and de Hulster 2016의 연구 참조]) 여러 유적지에서 나온 고고학 유물은 철기 2-3시대 동안(그술인 [the Geshurites] 같은) 다양한 아람인 무리로 밝혀질 무리가 이미 철기 1시대에 자리를 잡고 있었음을 보여 준다. 그렇지만 남부 시리아에는 비교 고고학 자료가 충분치 않아 이러한 유적지들의 특성과 이들의 문화를 평가하기 어렵다. 또한 이들이 가나안의 중요한 발전 단계에서 사회발전의 다양한 단계의 또 다른 이 지역의 민족들을 나타낼 수 있다는 가능성도 고려해야 한다

8. 트랜스요르단 민족

초기 철기 시대의 흔적을 트랜스요르단 전역에서 볼 수 있지만(Fischer and Bürge 2013; Gass 2009; Levy, Najjar, and Ben-Yosef 2014; B. W. Porter 2013; Routledge 2008; Tyson 2014; van der Steen 2004), 요단강 서쪽에 있는 지역과 상당히 달랐던 것으로 보인다. 초기 철기 시대에 요르단 계곡 동쪽에 있던 유적지들은 서쪽과 더 연관이 있어 보인다.

여기에 종교적인 건축물을 가진(펠라와 데이르 알라 등) 여러 유적지와 바다 민족과의 연관 가능성이 있는(싸이디예와 아부 카가즈 등) 일부 유적지가 포함된다. 중부 요르단에는 탈 알-우마이리(Tall al-'Umayri), 헤스반 및 라훈을 포함한 초기 철기 시대의 요새화된 도시들의 흔적이 있다. 에돔이라 불렸던 남부 요르단에는 유목민 집단이 살았던 증거들이(예, 파난 근처 무덤) 있는데 이들은 아마 그 당시 이집트 자료에서 언급한 샤슈(the Shasu) 유목민들이었을 것이다.

철기 1 동안(펠라, 데이르 알라, 우마이리 등) 소수의 도시가 파괴된 것으로 보이나, 대체로 다수의 새로운 도시가 생겼다. 흥미로운 것은 적지 않은 수의 중앙 요르단 유적지에서 "방 4개의 집" 형태의 건축물들이 발견됐는데 이는 학자들이 성경에 나온 것처럼 트랜스요르단의 이스라엘 지파들이(르우벤, 갓, 므낫세) 있었다는 주장을 뒷받침하는 다양한 증거 중 하나로 쓰이고 있다.

모두 정리하면, 트랜스요르단의 철기 1시대 유적은 철기 2-3시대 암몬, 모압, 에돔 같은 문화와 사회체제의 초기 형성단계를 보여 준다.

9. 요약

후기 청동기 시대의 전환점에서 시작되어 철기 2시대 초반까지 이어진 초기 철기 시대는 남부 레반트가 후기 청동기 이집트 제국주의 지배를 받던 지역에서 철기 2-3시대의 모자이크처럼 다양한 민족 국가가 모인 지역으로 바뀌는 200년이 넘는 긴 시간이었다. 이스라엘 지파의 등장과 체계화가 아마 이 시대의 가장 잘 알려진 주제겠지만, 많은 다른 민족도 이 시기 여러 복잡하고 역동적인 과정을 거치고 있었다.

이 시대는 문서 기록이 적었던 시기이고 성경 또한 이 시대에 일어났던 사건들에 대한 희미한 기억만 반영하기에, 우리가 그릴 수 있는 그림은 다소 제한적이다. 따라서 비록 정복, 정착 그리고 사사 시대가 이스라엘/유다의 성경 속 개국 과정에서 중요한 역할을 하지만 이런 문헌 속에 언급된 일들을 확증할만한 확실한 증거는 거의 없다. 그런데도 2백여 년 정도 되는 철기 1시대 동안 중앙산지에서는 농업과 부족적 요소가 있었는데, 이는 큰 그림으로 봤을 때 성경이 묘사한 지파 중심 사회정치 구조와 잘 들어맞는다.

이미 말한 것처럼, 초기 이스라엘과 다른 문화를 가진 민족들이 겪었던 과정을 일률적이고 간단하게 설명할 수 없으며 오히려 다면적이고 장기간의 과정으로 봐야 할 것이다. 또한, 고고학적 증거들을 문화나 다른 정체성에 따라(상당 부분이 후 시대를 통해 알려짐) 깔끔히 분류하면 편리하겠지만, 실제 상황은 훨씬 더 복잡했을 것이다. 그런데도 이러한 과정들은 철기 1-3시대의 잘 알려진 문화 및 정치적 조직의 형성 배경이 된다.

제8장

철기 2시대의 고고학

아미하이 마잘(Amihai Mazar)

1. 소개

철기 1시대는 대략 이스라엘과 유다 왕국 시대와 앗수르의 강성기와 바벨론의 정복기에 상응하는 고고학적 시대의 명칭이다. 이 시대는 철기 1시대가 끝나는 B.C. 1000-980년경에 시작한다.[16]

이 시대의 끝이라고 여겨지는 일반적인 연대는 바벨론의 유다 정복이 있던 B.C. 586년이지만, 이 연대는 특히 유다와 관련되어 있다. 일부 학자는 바벨론 시대(B.C. 530년까지)도 철기 시대에 포함한다. 다양한 철기 시대의 내분화가 제기되었다. 수용성이 가장 높은 것은 철기 2A 시대(B.C. 10세기부터 9세기까지), 철기 2B 시대(9세기 말부터 B.C. 732년과 701년 사이의 앗수르 침략) 그리고 철기 2C 시대(앗수르의 북이스라엘 침략부터 바벨론의 침략까지)다.

후기 청동기 시대   B.C. 1550-1200
철기 시대   B.C. 1200-586

---

[16] 기존의 연대는 B.C. 1000경이었다. 1996 이후 Finkelstein과 다른 이들의 저 연대기는 이 시대적 전환점이 B.C. 920-900년경에 있었다고 제시한다. 또한, 최근 방사성 탄소 연대 측정을 기반으로 한 연구들은 이러한 두 연대 사이, 즉 B.C. 10세기 초반에 전환점이 있었다고 주장한다. 그러므로 므깃도 VI의 파괴는(이 유적지의 철기 1시대의 끝임) B.C. 1000년경이고 철기 1시대와 철기 2시대 사이의 전환기 혹은 철기 2시대 초반으로 여겨지는 키르벳 케이야파(Khirbet Qeiyafa)는 B.C. 10세기 상반기로 보인다. 가장 최근 요약은 Finkelstein and Piasetzky 2011; 이전 연구에 대한 언급이 있는 마잘 A. Mazar 2011를 참조하라.

철기 1A (LB 3)a   B.C. 1200-1140/1130
철기 1B   B.C. 1140/1130-약 980b
철기 2A   B.C. 약 980-약 800
철기 2B   B.C. 약 800-732/701c
철기 2C   B.C. 732/701-586
바벨론 시대   B.C. 586-539
페르시아 시대   B.C. 539-332

(1) 이집트 20대 왕조의 가나안 통치는 어떤 이에게 철기 1A로, 다른 이에게는 후기 청동기 3시대로 불린다.
(2) 철기 1시대가 끝나는 시점은 B.C. 1000-950년 안의 범위에서 논의되고 있다.
(3) 철기 2B는 앗수르의 B.C. 732년과 722년 사이의 북이스라엘 침공과 산헤립의 B.C. 701년 유다 침공으로 끝난다.

4백 년 정도의 이 시간 동안 이 지역은 이스라엘, 유다, 암몬, 모압 그리고 에돔의 영토 국가들, 남쪽의 아람 부족 국가들 및 블레셋과 페니키아 도시 국가 등 여러 신생 정치세력으로 나뉘어 있었다. 각 국가는 자신들의 정체성과, 언어, 지도세력, 종교신앙, 문화적 적통 및 경제적 이해 관계가 있었다.

이것과 관련된 광범위한 고고학적 조사는 이 지역에서 일시적으로 발전한 물질문화의 많은 모습을 드러냈다(이 시대에 대한 일반적인 조사는 A. Mazar 1980, 368-555; Barkay 1992; Herr 1997; E. Stern 2001; M Steiner and Killbrew 2014, 677-840; 유적지와 특정 주제에 대한 자료는 E. Stern 1993a; 2008; Master 외 2013 참조). 주거 형태와 수도부터 소도시, 농장, 요새, 작은 마을까지 주거지 서열은 인구변화와 사회 구조 연구를 위한 자료다. 철기 시대 건축에 관한 연구는 궁전 설계, 신전 및 다른 종교적 장소, 도시 계획, 방어 시설, 주거 시설, 저장고, 마구간, 요새, 상수시설 그리고 건축 장식을 포함한다(Kempinski and Reich 1992, 191-301; Z. Herzog 1996a, 211-58). 도자기 연구는 상대적인 연대기를 측정하고 지역을 정의하는데 중요한 도구다(Gitin 2015, chs. 2.1-3.6, 4.1-4.4).

경제와 일상 생활의 양상은 야금학, 농업 기술(예, 계단식 농업, 관개 조직, 포도주 틀, 기름 틀 같은 생산 장치 및 벌집), 가내 생산(예, 섬유 생산) 및 수입 도자기, 보석 그리고 이집트 어포 같은 음식까지 포함한 국내와 국제 무역을 포함했다. 철기시대 미술과 도상학은 상아조각, 인장, 점토 작은 입상 및 도자기 장식과 벽화를 바탕으로 연구되고 있다. 종교 생활은 성전과 그 밖의 종교 장소, 종교 의식의 대상과 도상 및 성경과 성경 회의 문서 자료를 연구함으로써 재구성될 수 있다(Zevit 2001; Albertz and Schmitt 2012; 또한, 42-49장 참고). 장례 예식과 죽음에 관한 믿음, 대량의 무덤, 특히 유다에서 발굴된 무덤을 통해 배울 수 있다(Bloch-Smith 1992a; 1992b; 또한 Chap. 49 참조).

오스트라카 도자기나 벽에 쓰인 비문 및 돌에 새겨진 왕실 비문 등은 알파벳 문자의 발달과 사용되었던 이름, 역사, 종교 및 사회적 문제들을 연구하는 데 있어 매우 유용한 자료다. 이제 다뤄질 내용은 이 시대의 주요 지정학적 단위로 정리된 광범위하고 활발한 연구결과 일부를 간략하게 요약한 것이다.

2. 다윗과 솔로몬의 연합왕국 문제

성경 이야기와 내부 연대기에 따르면 B.C. 11세기 말, 중앙산지를 중심으로 살던 부족 국가 이스라엘은 왕국을 건설한다. 이 이야기에 따르면 베냐민 지파 출신의 초대 왕 사울은 이스라엘 영토 대부분을 통치했다. 다윗은 헤브론에서 새로운 왕조를 세운 후 B.C. 586년 함락 때까지 유다의 수도 역할을 했던 예루살렘으로 이주한다. 다윗은 이 영토의 대부분을 정복했고 시리아에 있는 하맛왕 도이(Toi, the King of Hamath in Syria)와 동맹을 맺었다고 한다.

다윗의 아들 솔로몬은 성전과 궁전을 예루살렘 성전이 있는 산 위에 지었고 더불어 다른 행정 및 군사적 중심지를 나라 곳곳에 세웠다고 한다. B.C. 10세기에 이스라엘과 유다를 포함, 트랜스요르단의 일부를 통치한 "연합왕국"의 역사성은 논쟁의 대상인데, 보수적인 관점은 성경 이야기를 그대로 받아들이지만, 비평적 견해는 이 이야기들이 역사적 사실의 알맹이만 남겨놓은 대하소설이라고 제안하고, 좀 더 급진적 사상은 성경의 묘사는 역사 기록으로 신뢰할 수 없다고 주장한다.

성경 외 유일한 자료는 "다윗의 집"(*bytdwd*)이라는 문구가 언급된 텔 단 비문이고 이는 다메섹 왕 하사엘에 의해 세워졌으며 현재 옛 기념비문의 조각들이 많이 남아 있다. 비록 다윗보다 거의 150년 후지만, 이름이 언급된 것만으로도 유다 왕국과 왕조의 시조로 이스라엘 이웃에게도 알려졌던 이 통치자의 역사적 현실을 나타낸다.

고고학은 이 문제를 해결하는 필수 자원이지만, 고고학자 사이에서도 정보 해석에 관해 심각한 의견 불일치가 존재한다. 논쟁은 다음과 같은 질문들을 고려한다.

예루살렘이 상당한 규모 국가의 수도가 될 수 있었나?
산지에 살던 인구수가 이러한 국가를 세울 만했나?
다윗과 솔로몬의 시대에 세워진 역사적인 건축물의 유적이 남아 있나?

이러한 질문들의 대답은 아직 합의되지 않고 있다. 다윗 시대에 예루살렘의 넓이는 5헥타르(12.5에이커)가 넘지 않았지만, 성전이 있는 산을 더하면 넓이가 12헥타르(30에이커)일 수 있었다. 서쪽에 "경사면의 벽"(stepped stone structure)과 "대형 건물"은 거대한 중요 건축물로 구성되어 있으며, 이는 B.C. 10세기 남부 레반트에서 가장 큰 건축물일 수 있다(A. Mazar 2010). 하솔, 므깃도 그리고 게셀의 성문과 공공 건축물은 열왕기상 9:15-17에 언급된 것처럼 솔로몬에 의해 지어진 것으로 확인되었다. 쉐펠라 지역에 요새화된 키르벳 케이야파도 발굴자에 의해 다윗이 블레셋에 맞서기 위해 건설한 요새 도시로 확인되었다.

이러한 쟁점들은 고고학자들 사이에서 심한 논쟁을 일으켰다. 연합왕국을 역사적 사실로 믿는 사람들이(이 저자를 포함) 있지만, 그 범위는 의문의 여지가 있다. 다른 이들은(특히 이스라엘[Israel] 핀켈스타인) 위에 언급된 건축 구조물들이 B.C. 10세기 이후 건물들이고 최초의 이스라엘 왕국은 북이스라엘이라 주장하며 연합왕국의 역사성을 통째로 거부한다. 이런 쟁점들은 해결되지 않은 채 남아 있다(26장 참조).[17]

---

17 이 주제에 관한 문헌이 많이 발표되었다. 보수적인 견해는 A. Mazar 1990a 368~402의 요약을 보라. 이 견해의 해체는 Finkelstein 1996a; Finkelstein and Silberman 2001을 참고하라. 핀켈스타인과 마자르 토론은 2007, 99-140에서 발표되었다. Khirbet Qeiyafa 토론에 대해 이전 문헌이

3. 북이스라엘 왕국

　북이스라엘 왕국은 B.C. 10세기 말부터 B.C. 732/733년에 앗수르 제국에게 멸망하기까지 대략 2백 년간 남부 레반트에서 가장 크고 부유한 국가였다. 이 왕국은 사마리아와 갈릴리의 산악지대와 또한 이스르엘, 요르단 계곡의 중상부 및 해안평지 부근의 비옥한 땅을 누렸다. 무역로는 한쪽으로는 페니키아와 키르포스를, 다른 쪽으로는 트랜스요르단과 시리아를 이었으며 때때로 트랜스요르단의 길르앗과 북부 모압을 지배하기도 했다.

　B.C. 9세기 중반에는 유다보다 세력이 더 우세했다(Finkelstein 2013). 북 왕국은 페니키아 도시 국가 두르와 시돈과 긴밀한 정치 및 경제적 관계를 유지하지만 때때로 왕국 일부를 점령했던 아람 다메섹과 대치해 있었다. 이 나라의 역사는 대부분 열왕기상하의 성경 이야기를 통해 알려졌지만 몇몇 앗수르 왕실 비문과 이 지역 비문을 통해서도 알 수 있다. B.C. 9세기 출처의 두 개의 왕실 비문은 매우 중요하다.

　메사의 돌비는 아르논강 이북의 영토를 이스라엘 오므리 왕조의 멍에에서 해방한 것을 기념한다. 또한, 텔 단 비문은(위에 언급됨) 하사엘로 추정되는 아람 왕과 이스라엘 왕과 다윗 가문 왕 사이의 전쟁을 기념한다(37장 참조). 앗수르 왕실 비문은 아합을 B.C. 853년 살만에셀 3세와 싸우기 위해 동맹을 맺은 왕 중 하나로 언급하고 있고 이스라엘의 왕 예후가 같은 앗수르 왕에게 항복하는 것을 보여 준다.

　오므리 시대의 이스라엘 수도는 사마리아 산악에 있는 사마리아였고 두 번째 궁전은 이스르엘에 있었다. 두 궁전 발굴을 통해 마름돌 쌓기, 소위 프로토 아이올리스 양식(proto-Aeolic)의 돌로 된 기둥머리를 포함하여 왕실 건축들을 둘러싼 요새화된 보호장치들이 드러났다. 북부에서 발굴된 주요 도시는(단, 하솔, 벧산, 레호브, 므깃도, 욕네암, 돌 및 미스바[텔 엔-나스베]) 왕국이 번영하던 도시 생활의 증거를 제공한다. 성문이 있는 거대한 방어시설이 이러한 도시를 4개나 6개로 나누어 보호했다. 하솔, 므깃도, 이블레암에는 지하수도 시설이 있었다. 지방 궁

포함된 Garfinkel, Kreimerman 및 Zilberg 2016을 참조하라.

전과 요새는 종종 프로토 아이올리스 양식의 기둥머리로 장식되어 있었다. 왕실 마구간과 저장고는 두 줄의 단일 기둥으로 이뤄진 직사각형 구조로 지어졌다.

텔 단에서 발견된 성전은 성경에서 여로보암이 지었다는 성전일 수 있다. 이러한 주요 도시 외에 소규모 도시, 마을, 농촌, 요새들이 나라 대부분을 밀집된 정착지로 만들었다. 종교적 물품, 점토 작은 입상, 돌로 만든 인장, 페니키아, 키프로스 및 그리스에서 수입한 도자기 등 풍부한 유적이 번창하는 지역 문화와 가나안, 페니키아 및 이집트 전통에 영향을 받은 종교적 신앙의 증거다.

사마리아에서 발견된 다수의 페니키아 형식의 상아조각은 이스라엘의 왕조와 페니키아 도시 두로와 시돈 간의 밀접한 관계를 보여 준다. 글이 적힌 인장, 사마리아 오스크라카와 더불어 동부 시나이의 쿤틸렛 아주룻(Kuntillet Ajrud, 비록 거리가 멀지만 북 왕국 출신 사람들에 의해 운영되었을 것임) 비문들은 서기관 교육과 행정의 증거다. 북이스라엘은 주로 B.C. 9세기 아합왕과 8세기 여로보암 2세 때 번영했으나 내부적 갈등이 나라를 약화했으며 앗수르의 침공은 이를 종식 시킨다. 인구 대부분이 살해당하거나 포로로 끌려가거나 도망쳤으며 대부분 도시와 서식지는 버려졌다.

4. 유다

남유다 왕국은 북쪽의 형제국가보다 덜 쾌적한 환경에 있었다. 유다 산지는 자연 자원이 부족했고 동쪽과 남쪽이 사막으로 막혀있었다. 가장 정착하기 좋았던 쉐펠라 고원은 블레셋 도시 가사와 에그론 방향의 경계선을 형성했다. 학자들은 B.C. 10세기와 9세기에 유다가 과연 독립국이었는지 아니면 작고 힘이 없는 이스라엘의 속국으로 B.C. 8세기, 특히 이스라엘의 멸망 후 실질적인 국가로 성장했는지 토론을 한다.

이 질문에 대한 대답은 예루살렘과 수도 밖 유적지에 특정한 건물들의 연대기 측정에 의존하고 있는데 이런 연대기측정은 아직 논란이 많은 상태다. 본 저자는 다윗의 성과 "오벨" 능선의 고고학적 증거와 라기스에서 나온 새로운 발견 및 텔 단 비문이 유다를 독립국으로 언급하는 것은 유다의 독립국 설을 뒷받침한다고 생각한다.

유다의 중심 수도에는 B.C. 10세기 초 4헥타르의 작은 마을에서, B.C. 8세기와 7세기에는 70헥타르의 남부 레반트에서 가장 큰 도시로 커진 예루살렘이 있었다. 성전이 있는 산 오벨 지역에서 발견된 대형 탑("워렌 탑"), 중문 구조(inner gate structure), 성벽 및 무기고를 포함한 중요한 건축물은 철기 2A에 세워졌을 가능성이 크지만, B.C. 10세기 말이나 9세기에 지어졌을 수 있다(A. Mazar 2015). 이는 아마 성전과 왕궁이 서 있는 성전이 있는 산으로 계속 이어지는 예루살렘 왕실 울타리의 남쪽 끝자락이었을 것이다.

B.C. 8세기 동안 예루살렘은 대형 방어시설이 발견된 서쪽 언덕(오늘날 시온산, 유다 구역 및 아르메니아구역)으로 확장해갔다. 물을 기혼 샘에서 요새화된 도시로 끌어온 독특한 수로인 실로암 굴은 아마 B.C. 8세기 말 히스기야 왕이 앗수르에 대한 반란 준비의 하나로 만들었을 것이다. 701년 산헤립의 예루살렘 포위로 막을 내린 이 반란 동안 라기스를 포함한 쉐펠라와 북부 네게브의 많은 도시는 황폐해졌다.

앗수르인은 예루살렘 정복에 실패했고 도시는 계속 번창해 나갔다. 북이스라엘이 더 존재하지 않게 된 같은 세기에 예루살렘은 많은 성경 구절에 나타나 있듯 뛰어난 수도가 된다. 도시는 영적 창의성이 번창하는 곳이 되었고 이사야, 예레미야 등 예언자들의 본거지가 되었으며, 유대교의 단일신주의가 발달하고 성경의 많은 부분의 초기판이 쓰인 배경이 되었다. 이 시기의 예루살렘 면적은 수도와 나머지 국가 사이의 특이한 비율을 보여주는데, 가장 큰 도시(라기스) 면적은 8헥타르였고 나머지는 3헥타르였다. 예루살렘에 역사적인 건물이나 공공건물 유적은 거의 남아 있지 않았는데, 이미 언급한 것같이 성전이 있는 산 남부 구조물과 다윗성 상부의 주저앉은 층에서 발견된 돌로 만들어진 프로토 아이올리스 양식의 기둥머리로 꾸며진 마름돌 쌓기식의 궁전이 그렇다.

B.C. 7세기 왕궁이 예루살렘 남쪽 라맛 라헬에서 발견되었다. 궁전의 설계, 건축 방식(마름돌 쌓기), 건축 장식(프로토 아이올리스 양식 기둥머리)은 이미 폐허가 되어버린 사마리아 궁전에서 영감을 얻었다. 이 궁전의 돌로 된 창문 난간은 창문 안에 여자를 비추는 페니키아 상아가 있다. 예루살렘 주변에는 농장, 계단식 농장 및 농업용 구조물에 흩어져 있어 번창하는 이 대도시의 주변에서 번영하는

농업 환경을 보여주는 증거다. 예루살렘을 제외한 유다의 도시들은 B.C. 701년 산헤립의 공격으로 파괴됐으며 이는 유다를 황폐화한다(38장 참조).

전쟁 이후 쉐펠라 대부분이 유다에서 떨어져 버려졌지만, 북부 네게브와 유다 사막 지역은(예, 아로에르, 텔 이라, 브엘세바[현대도시] 및 엔게디) 보다 넓은 앗수르 제국주의 활동의 틀에서 아라비아, 트랜스요르단, 지중해 연안과의 국제 무역 체제 안에서 성장하고 역할을 감당했다. 아랏, 호르밧 우자(Hurvat Uza), 엔 하제바(En Hazevah) 같은 요새는 왕국의 중앙행정과 잘 정돈된 군사체제를 보여 준다.

유다 왕실 행정부는 항아리 손잡이의 도장을 찍는데 사용됐던 왕실 인장 시스템에서 추론할 수 있다. 이들 중 lmlk("왕의 것")라는 문구 뒤의 네 개 도시 이름 중 하나와 함께 새겨져 있다. 이런 항아리들은 확실히 B.C. 8세기 히스기야 시대에 생산되고 인장이 찍혔으며 8세기 내내 계속 생산되다가 장미 모양 표지가 있는 새로운 형태의 인장으로 대체될 때까지 사용되었을 것이다. 유다의 다른 인장과 인장 모양들은 관리의 이름을 담고 있고, 그중 소수는 구약성경에 나오는 왕과 관리들의 이름도 포함하고 있다.

유다 지방의 집중적인 고고학적 조사는 주거지 서열과 사회 구조, 민중 종교, 무역 관계, 농업, 장례 관습 및 다양한 정보를 드러냈다. 그중 흥미로운 것은(나무 둥치?) 기둥 같은 몸통을 가진 여성의 모습 수백 개의 점토로 된 작은 입상이다. 이러한 작은 입상은 가정에서 풍요의 여신에게 행하던 종교적 의식과 관련됐을 것이지만 이들이 특정 여신을(아스테르테? 아세라?) 나타내는지 아니면 풍요를 위한 부적 같은 기능을 했는지는 논쟁이 되고 있다. B.C. 8세기와 7세기에 비문은 글을 읽고 쓸 줄 아는 능력이 유다 내에 널리 퍼져 있었음을 알 수 있다.

문서 대부분은 아마 파피루스와 양가죽 같은 상해서 없어지는 물질로 만들어졌지만, 라기스, 아랏 및 다른 유적지에서 발견된 오스트라카(글이 새겨진 도자기 조각)는 이러한 능력에 대한 증거다. 이것은 남 유다의 마지막 수십 년과 관련한 중요한 자료다. 소수의 보존된 정교한 보석 세공 비문 중 히스기야의 굴을 파는 것을 묘사한 유명한 실로암 비문이 있다.

5. 블레셋

블레셋의 도시 국가인 가사, 아스글론, 아스돗, 가스와 에그론은(9장 참조) 철기 1시대에도 계속 번영했으나 문화변용이라는 점진적인 과정을 거치면서 에게해부터 유지해온 특성들을 잃었고 주민들도 가나안 현지인들과 섞였을 것이다(Maeir 2013a). 하지만 이 도시들은 자신들의 주권과 자신들의 독립국으로서의 자기 인식을 보여 준 지역적 형태의 문화를 유지하여 번영했다. 가장 중요한 블레셋 도시 중 하나인 가스(텔 에-사피)는 B.C. 9세기 후반에 심각하게 파괴되었는데 이것은 성경에 기록된 아람 다메섹의 왕 하사엘의 정복과 일치한다(왕하 12:17).

아스돗은 앗수르 왕 사르곤 2세에게 멸망하기 전까지 B.C. 9세기와 8세기 내내 살아남았지만 에그론과 아스글론은 B.C. 605-604년에 느부갓네살에 의해 심하게 파괴되기 전까지 B.C. 7세기 내내 산업과 상업의 중심지로 번영했다. 독특한 7세기 에그론 성전에서 발견된 비문은 5대에 걸친 지방 왕들을 언급하는데 그중 앗수르 비문에서도 언급된 파디(Padi)와 성경에서 다윗 시대에 가스의 왕으로 알려진 인도-유럽 이름 아기스(Achish)가 있다.

6. 트랜스요르단 국가

암몬, 모압과 에돔, 트랜스요르단의 국가 3개 중 첫 번째는 덜 알려졌다(Herr and Najjar 2008). B.C. 7세기 이전 유적은 많이 없지만, 수도였던 라마트 암몬(Rabbath Ammon; 오늘날 암몬) 유적지 발굴작업을 통해 철기 시대 내내 사람들이 거주했던 것으로 드러났다. 암몬에서 나온 7세기의 유적은 수도 부근의 원형 요새, 다수의 비문과 인장 그리고 남녀 형상의 이례적인 석상 등이 있다. 마다바 평지의 헤스본(탈 히스반), 탈 알-우마이리 및 탈 잘룰 유적지 발굴 활동은 암몬과 모압 사이의 국경 지역에 있는 철기 1시대의 물질문화 발전에 대한 최고의 고고학적 증거를 제공한다.

모압인 국가의 최초 증거는 B.C. 11세기로 보이는 아르논강(와디 무집)을 따라 요새화된 정착지들이다. B.C. 9세기 초반에 모압 왕 메가가 아르논강 북부를 정복할 때는 이 지역이 이스라엘의 지배 아래 있었는데, 메가는 디본을 세워 모압의 수도로 만들었고 디본에서 발견된 그의 기념비는 남부 레반트에서 나온 가장 긴 철기 시대 비문이다. 디본 서쪽에 아타롯이란 마을에서 이스라엘 지배 당시 지어지고 메사 시대에 재건되었을지 모르는 성전이 나왔고, 키르밧 알-무다이나 알-타마드(Khirbat al-Mudayna ath-Thamad: 어쩌면 성경의 야하스)라는 마을에서는 철기 1시대의 도시 계획, 방어시설, 지역 사당의 증거들이 나왔다.

에돔에서 초기 철기 시대 유적들은 대량의 에돔 산지 서쪽 기슭에 있는 파난의 B.C. 11세기 말부터 9세기까지 운용되던 구리 광산과 제련단지다(57장 참조). 주된 제련장소는 키르밧 덴-나하스(Khirbat en-Nahas)였는데 여기에 있던 요새는 중앙행정의 존재 혹은 부족 국가의 핵심이었다는 증거를 보여 주고 있다. 에돔의 고지는 파난에 구리 광산이 대부분 버려진 후인 B.C. 8세기나 7세기가 돼서야 정착이 된다. 수도 부쉐이라(성경에서는 보스라)의 궁전들은 앗수르 궁전 건축에 영감을 받았다. B.C. 7세기의 많은 유적지는 아마 방어수단으로서 외딴 지역의 비탈진 암벽에 세워졌다. 앗수르와 바벨론 제국 무역의 틀 안에서 에돔은 남부 아라비아와 지중해 해안 사이에서 중요한 역할을 했다.

홍해 해안에 위치하여 한때 에시온 게벨(Etzyon Geber)로 추정되던 텔 엘-켈레이파(Tell el-Kheleifah)는 아마 B.C. 8세기와 7세기 동안 아라비아로 가는 국제 무역로를 위하고 또 지키는 에돔의 최남단 요새였을 것이다. 브엘세바 계곡의 에돔인의 존재는 아마 이런 무역과 관련 있었을 것이고 그들은 페르시아와 헬라 시대에 남부 유다의 대규모 에돔 정착에 선구 주자가 된다.

무역로를 따라(아라바 계곡의 엔 하제바 요새 밖과 북부 네게브의 후르밧 키트미트[Hurvat Qitmit]) 지어진 두 개의 사당은 낙타 상인들을 위했을 것이다. 화려하게 장식된 종교 물품들이 이 사당에서 발견되었는데 이는 아마 에돔인이나 유목민 사이에서 성장한 특별한 행태를 보여주는 것 같다.

7. 앗수르, 이집트, 바벨론의 강세

B.C. 9세기 중반부터 7세기 3분기까지 앗수르 제국은 남부 레반트를 포함한 중동 전역에 영향을 끼쳤다(이 시대의 자세한 조사는 E. Stern 2001, 3-300 참조). 시리아의 첫 군사적 충돌은 살만에셀 3세 때 일어났다(B.C. 853년 카르카르 전투[the Battle of Qarqar]; 35장 참조). B.C. 732년과 701년 사이의 북이스라엘, 블레셋 도시국가들 및 유다 모두 앗수르의 침략을 당했다. 결과는 (B.C. 732년과 722년 두 단계를 걸친) 북이스라엘의 완전한 멸망, 인구 대부분의 망명 및 외부에서 들어온 새로운 인구였다.

대다수 도시 및 거주지는 전쟁 이후에도 버려진 상태로 방치됐다. 블레셋 도시 국가 아스돗, 아스글론, 가사와 에그론은 B.C. 714-712년 사이에 항복했다. 아스글론, 가사 그리고 에그론은 속국으로 계속 살아남아 B.C. 7세기에는 경제적 번영을 누리면서 이집트로 가는 길을 확보하여 앗수르의 경제적 이익을 위해 종사했다. 예루살렘은 B.C. 701년 히스기야 왕의 반란을 뒤따른 산헤립의 유다 침공의 재난에서 살아남았다. 그러나 산헤립은 라기스와 다른 유다 도시들을 정복했는데 이는 고고학, 성경 자료, 앗수르 문서 및 유명한 산헤립의 니느웨 궁전에서 발견된 라기스 부조에 기록되어 있다. 라기스에서는 오늘날 알려진 앗수르의 유일한 참호가 발견되었다(66장 참조). 이 사건 이후로 쉐펠라 대부분은 블레셋 도시 에그론에 굴복한다.

앗수르의 강세는 수많은 고고학적 유적을 통해 표현된다. 특별히 메기도의 궁전을 포함한 여러 궁전은 앗수르 궁전 형태를 따라 설계되었는데 이들은 앗수르의 행정 구역 중심이었다. 네게브 북서부와 남부 해안을 따라 세워진 앗수르 요새들과 교역소, 이집트로 가는 도로와 관계가 있었는데 이집트는 앗수르 확장의 마지막 목표였다. 앗수르 "왕궁 용품," 인장, 점토판 행정 문서 같은 앗수르의 유적들은 앗수르 제국이 이 지역에서 후퇴한 B.C. 640년과 630년 사이까지 이 지역에 있던 앗수르 강세의 증거가 된다.

앗수르의 집권에 이어 이집트의 해안평지 개입이 있었고 이후에는 바벨론의 남부 레반트 침공으로 이어진다(E. Stern 2001, 303-50). 바벨론은 유다와 블레셋 도시들을 유지하는 것에 관심이 없었다. B.C. 605년 느부갓네살은 에그론과 아스글론을 황폐화시키고 B.C. 597년 예루살렘을 공격하여 유다의 왕과 귀족들을 유배시키고 B.C. 586년에는 예루살렘과 유다의 대부분을 멸망시켜서 상류층을 메소포타미아로 망명시킨다. 이런 모든 도시와 마을의 고고학적 발굴작업은 잔인한 파괴와 뒤를 따른 거주민의 공백을 드러냈다.

이 지역이 페르시아 제국에 흡수되기 전까지(B.C. 538년) 계속됐던 바벨론의 점령 동안 비록 북부 해안평지와 예루살렘 북쪽의 소규모 지역 그리고 트랜스요르단에서 거주가 이어졌던 것으로 보이지만 대부분 지역은 황폐한 상태로 남아 있었다.

위에 언급된 것처럼, 본 개관의 제한된 틀은 경제, 기술, 종교, 전쟁, 장례 풍습 같은 이 책의 다른 부분에서 논의될 철기 시대의 고고학적 연구에서 필수적인 주제들을 다루지 않았다.

제9장

신바벨론과 페르시아 시대 고고학

콘스탄스 E. 가인(Constance E. Gane)

1. 개요

신바벨론과 페르시아 시대에 대한 레반트의 고고학은 앗수르의 강세에 멸망한 철기 시대 지방 국가들의 유적들을 드러냈다. 최근 연구는 신바벨론이 이 지역을 지배하면서 지역 인구는 비교적 번영을 누렸다고 제의한다. 그러나 느부갓네살에 의한 바벨론 제국의 레반트로의 난폭한 확장으로 인해 이 지역의 대부분은 셀레우코스 왕조의 헬라 시대까지 완전히 회복되지 못하는, 붕괴 후 사회로 급락했다(Faust 2012c, 147).

고대 근동은 B.C. 586년부터 539년까지 신바벨론의 통치 아래 있었고 B.C. 539년부터 332년까지 페르시아의 지배가 뒤를 이었다. 그러나 예후드(유다)의 바벨론 세력은 이르면 B.C. 604년까지 거슬러 올라갈 수 있다(E. Stern 2001, 309). 소수의 지역을 제외하면 팔레스타인의 거의 모든 곳이 B.C. 6세기 바벨론 침공에 의한 대규모 파괴지층을 보여 준다(E. Stern 2001, 307; Faust 2012c, 31; B.W. Porter 2016, 400-401).[18]

부분적으론 아케메네스 시대(the Achaemenid period)까지 이어졌던 거주민의 공백을 나타내는 "폐기 지층"(abandonment layer)으로 알 수 있듯이 전쟁으로 파괴되

---

[18] 이 시기로 거슬러 올라가는 파괴지층은 아스글론, 에그론, 예루살렘 및 라기스에서 발견되었다. Benjamin Porter는 "레반트 북부 지역에 있는 파괴지층을 쉽게 파악하고 있지 못한데, 이는 이 지역이 7세기 말 앗수르를 대체하기 위한 이집트의 정치적 영향력이 존재했던 남부 레반트보다 바벨론 지배로 더 쉽게 이행된 징후일 가능성이 있다"라고 주장했다.

지 않은 곳들은 버려진 것으로 보인다.[19] 행정 중심부들과 관련된 농촌의 파괴는 사회 해체의 결과를 낳았다(P. Ray 2014, 40). 도시와 농촌에 남아 있던 거주민들은 누추해진 정착지에서 결국엔 잃어버릴 철기 시대의 전통을 이어가며 근근이 살아갔다(P. Ray 2014, 42).

비록 중요한 장소들의 해체는 B.C. 586년 이후에 시작됐지만, 바벨론은 베냐민 지파의 영토에 주요 장소들(예, 벧엘, 기브온, 텔 엘-풀/기브아[Tell el-Ful/Gibeah] 및 텔 엔-나스베)을 팔레스타인의 남은 지역을 파괴한 것처럼 파괴하지 않았으며 이 지역은 바벨론의 강세기 동안 어느 정도 번영을 누린다. 그러나 베냐민 지파 영토에 있던 것을 포함한 외딴 농촌은 바벨론의 파괴를 피하지 못했다. 페르시아 시대가 시작할 무렵, 도시와 농촌 지역 모두 방관 상태에 있었다(Faust 2012c, 2008-29; Lipschits 2006, 24). 이 지역은 아케메네스 제국의 커지는 세력 아래서 점차 회복하기 시작한다(B.W. Porter 2016, 401).[20]

서부 사마리아에 있는 농촌들은 파괴당하지 않고 B.C. 8세기 설립부터 페르시아 시대까지 계속 사용되었다. 이스라엘 전통의 방 4개 집이 없는 것은 거주자들이 앗수르 정복 당시 다른 지역에서 강제로 이주당한 이스라엘인이 아니었다는 주장이 제기됐다(Faust 2006a, 494, 499-501).

주위의 격동적인 정치적 상황에도 암몬은 B.C. 7세기부터 5세기까지 전성기를 맞이한다(Younker 2014, 764). 종속국가들의 반란 후 느부갓네살 2세가 암몬과 모압을 군사적으로 대항한 후에도(예후드[유다] 총독 그달리아의 암살을 포함), 암몬 정착지는 신바벨론, 페르시아, 헬라 시대를 통해 회복하고 번창했다(Younker 2014, 765). 그러나 인근 모압은 한동안 회복되지 않았는데 모압 지역은 신바벨론과 페르시아 시대의 고고학적 유적이 없다(M. Steiner 2014, 779).

---

19 페르시아 시대는 또한 아케메네스 시대라고 할 수 있다. 아케메네스는 파샤 왕가의 시조라고 생각하고 있다.
20 유대인의 포로 생활에 대한 성경 외 문서 증거로 뮤라슈 보존 기록(the Murashu Archives)이 있는데 이는 니푸르에 성공한 유대인 상인 가족의 스탠다드 바벨론어(the Standard Babylonian)로 쓰인 판과 이집트 엘레판티네(Elephantine)섬에 있던 유대인 마을에서 나온 아람어로 쓰인 문서들을 포함하고 있다(Moore and Kelle 2011, 345-46). 뮤라슈 보존 기록에 관해서는 Pearce 2006, 399-411을 참조하라.

부족 왕국 에돔도 바벨론의 지배를 받게 된다. 고고학적 증거는 다수의 유적지가 바벨론과 페르시아 시대 내내 사용되었음을 제시한다(Bienkowski 2014, 792; B. W. Porter 2016, 401). 에돔은 더 강력한 바벨론과 페르시아 제국에 흡수되었고 이후에는 독립적 부족 왕국으로의 신분을 되찾지 못한 것으로 보인다. 부세이라(Busayra) 근처에 아마 신바벨론의 나보니도스(Nabonidus)로 보이는 왕의 부조는 바벨론의 이 지역 통치를 증명한다(Bienkowski 2014, 792).

2. 건축

사회와 문화의 존속성은 개인 건물의 건축과 가족의 단위를 묘사하기 위해 사용되는 용어에서 나타난다. 방 4개의 집은 철기 시대 초기에 드러나서 철기 1 시대에는 건축양식의 가장 중요한 특징이 되지만, 바벨론 망명 이후 B.C. 6세기 내내 점차 사라진다(Faust 2012c, 100-101). 이런 건축양식의 변화는 이 지역 전체에서 일어났지만, 특히 예후드에서 눈에 띄며 이는 큰 문화적 단절을 암시하고 있다(Faust 2012c, 102, 104, 105). 그러나 존(Zorn, 2014a, 829)은 텔 엔-나스베(성경 미스바)는 예외라고 주장하는데 이곳에서 발견된 방 4개의 집의 연대를 B.C. 6세기로 "안전하게 측정"할 수 있고, 물질적 유적들은 바벨론의 행정이 있었음을 시사하고 있다.

예후드의 페르시아 시대의 건물들은 완전히 다른 "열린 마당 집"(the open-court house) 설계를 보여 준다(E. Stern 2001, 468). 이 설계는 민간 및 공공 영역에서 모두 사용되었으며 중앙의 개방된 안마당을 다수의 방으로 완전히 또는 부분적으로 둘러싸는 구성으로 되어있다(E. Stern 2001, 468). 이런 건축양식은 라기스의 "총독관저"(Residency)에서 나타났듯이 앗수르 행정 공공건물의 형태 변형을 보여 준다(Lehmann 2014, 845).

철기 시대와 페르시아 시대의 건축설계 대조는 이 두 시대에서 사용되던 용어에서도 유사하게 대조된다. 철기 시대 동안 친족을 나타내는 말은 bet 'ab(문자 그대로 "아버지의 집")였고 상당히 작았던 확대가족을 가리킨다(González-Ruibal and Ruiz-Gálvez 2016, 397). 페르시아 시대에 사용되었던 친지를 가리키는 용어

bet 'abot(문자 그대로 "아버지들의 집")는 좀 더 포괄적인 인구를 뜻했다(Faust 2012c, 106).

예후드에 조직적인 서식지가 부족했던 것과 달리, 암몬인들의 내륙지역에서 발견된 바벨론 시대의 건축 유적들은 농업으로 지탱되는 확고히 확립된 경제를 입증한다. 농업 단지는 "방어벽, 수조, 포도주 틀, 분쇄기(cupholes), 계단식 농지, 소형 농지, 탑 및 식량 생산과 관련된 다른 요소"들을 포함했다(Younker 2014, 764-65). 최근 트랜스요르단의 고고학은 페르시아 시대로 측정되는 상당한 점유층도 드러내었다. 잘룰에서 발굴된 주거단지와 행정단지를 포함한 생동감 있는 암몬 정착지는 이런 표본의 하나이다(C. Gane, Younker, and Ray 2010, 223).

3. 경제와 행정

벤쟈민 포터(Benjamin Porter)는 "고대 제국이 종종 주변 지역에 변화를 일으킬 경제적 효과를 가져왔으며, 지역 자급자족 경제를 교란하고, 옛 지역 상업 루트를 재조정하거나 새로운 상업 루트를 활성화하고, 제국 핵심의 소비를 위한 새로운 수준의 원재료 및 완제품 생산을 요구했다"라고 간단명료하게 정리했다(B. W. Porter 2016, 399). 이러한 현상은 신 앗수르 시대의 레반트 번성, 신바벨론 시대에 파괴된 유적지 및 페르시아 시대에 일어난 황폐에서 재건으로의 전환에서 볼 수 있다. 인구가 감소한 지역에 인구증가를 위한 앞선 신 앗수르의 제국 정책인 집단 추방과 교환 추방(cross-deportation)과 달리 바벨론은 정복 인구 추방 후 정복한 지역에 다른 지역 인구들을 이주시키지 않았다. 추가로, 이들은 바벨론 외에는 적절한 지방 행정을 수립하지 않았다(Vanderhooft 2003, 247).

신 앗수르 제국의 멸망 이후 바벨론 제국 행정부를 통한 연속성이 있었는지에 대한 고고학적 증거는 거의 없다. 므깃도에 있던 앗수르 행정부는 B.C. 7세기 신바벨론 제국 시대에 파괴되어 폐허로 남겨졌고, 그 후 페르시아 제국이 그 잔해 위에 요새를 건설했다. 앗수르의 요새는[21] 페르시아에 의해 복구될 때까지 파

---

[21] 카브리(Kabri), 아옐렛 하샤하르(Ayyelet HaShahar), 하솔, 레이숀 레지온(Reishon Leziyon) 등에

괴 혹은 버려졌고 아니면 페르시아 제국이 재사용할 때까지 파괴되지 않고 버려져 있었다(Faust 2012c. 197-200).

예레미야서 40:5-6에 따르면 느부갓네살은 그달리아를 이 지역의 새로운 행정중심지인 미스바의 예후드 총독으로 임명한다. 이것은 유다에 바벨론의 세력이 존재했다는 주장의 몇 안 되는 예 중 하나다. 텔 엔-나스베에 관한 고고학적 재검토를 통해 존(Zorn)은 바벨론-페르시아 시대 지층으로 측정되는 행정 시설 및 고위 공무원의 사택의 중요한 건축 유적을 발견하는데, 이는 미스바가 행정 중심지였다는 주장을 뒷받침한다(Zorn 2003, 444; 2014a, 829). 추가로, 3개의 관에서 나온 조각들, 고대 히브리어 문자로 쓰인 메소포타미아 식 이름이 적힌 오스트라카, 설형 문자 비문이[22] 새겨진 청동관 등 유적 물품들은 메소포타미아의 영향을 보여 주고 있다.[23]

4. 인장, 비문, 문서

아람어는 신바벨론과 아케메네스 시대의 주요 언어였다(Schniedewind 2013, 79; Kuhrt 1995, 395, 650, 699; 2007, 827; Polak 2006, 592).[24] B.C. 586년 이후로 고대 히브리어로 된 비문은 적은 편이지만, 베냐민 지파의 땅에서 바벨론 시대로 측정되는 많은 인감과 고(古) 문학적 유물들이 발견되었다(E. Stern 2001, 35; Faust 2012c, 230).[25]

서 발굴된 것 같은 요새.
22 비문의 번역문은 Vanderhooft and Horowitz 2002를 참조하라.
23 예후드 내 정착과 인구에 관련해 B.C. 6세기와 5세기 유물을 포함한 텔 엔-나스베 및 일부 레반트 유적지에 대한 해석은 상반된 주장을 포함하여 굉장히 다양하다는 언급이 필요하다(Moore and Kelle 2011, 370-83 참조).
24 사회 언어적 관점과 언어가 성경 본문의 역사를 이해하는데 어떻게 이바지하는지는 Polak 2006, 589-628를 참조하라.
25 기브온에서 나온 B.C. 6세기 항아리 손잡이(Ahituv 2008, 216-20), 텔 엔-나스베(미스마)의 바벨론 시대 인감(Zorn 2003, 437; Stern 2001, 335; Avigad 1972, 7) 및 넓은 지리적 범위에서 발견된 페르시아 시대의 예후 인장(E. Stern 2001, 545-49)이 있다.

페르시아 시대 말기에는 특히 공문서용 인장을 포함한 다양한 인장들과 비문이 아닌 도상을 포함한 봉납(sealings)들이 행정, 무역, 상업에 관여한 상류계층의 등장을 증언하고 있다. 이런 도상들은 지역, 페르시아, 헬라 또는 혼합된 스타일을 반영한다. 파피루스로 된 문서의 진실성을 증명했던 다수의 공문서용 인장(170개 이상)은 래프(P.L. Lapp)에 의해 사마리아 근처에 있는 와디 에드-달리예 동굴(Wadi ed-Daliyeh cave)에서 발견되었는데 이런 인장 중에는 "사마리아의 총독 산발랏"이라는 이름도 포함되어 있다(느 2:10과 비교, E. Stern 2001, 540). B.C. 6세기 "셀로미트, 총독 엘나탄의 하녀"라고 새겨진 스캐럽 인장(scaraboid seal)이 "예루살렘 근방"에서 발견되었고 인장의 허가가 필요한 거래와 연관된, 영향력 있는 여성의 것이 틀림없다(Avigad 1976a, 11-13, 그림 14 참조).

바벨론 시대로 측정되는 75개의 암몬 인감 및 인장이 트랜스요르단 유적지 우마이리에서 발견되었고 이 가운데 "바알야사(Ba'al-yahsa)의 종 밀콤우르(Milkom'ur)의 것"이라는 문구를 새긴 것도 있다(Zorn 2014a, 832; Younker 2014, 765). 이는 예레미야 40:14에서 예레미야가 그달리아 암살 음모에 연루되었다고 했던 암몬 왕 바알리스와 동일인물일 것이다(Herr and Clark 2014, 126; Younker 2014, 765).

5. 조공

포로 기간 국가에 바쳐진 세금이나 조공물은 일반적으로 농산물과 육체노동, 은 형태로 되어 있었다(Chadwick 2015, 77). 종종 이런 조공을 통해 확보되는 수입 자재는 목재, 돌, 생산물, 기타 물자 등 천연자원이 부족한 바벨론을 지탱하기 위해 필요했다(Barstad 2003, 9). 느부갓네살의 비문은 귀금속, 보석, "모든 나라의 생산물, 사람이 사는 모든 지역의 상품"과 함께 "많은 조공물"이 모여 에사길과 에지다에 보관되었다는 것을 나타낸다(Fried 2003, 40). 따라서 자원은 제국 전역의 모든 곳에서 끌어와 바벨론에서 중앙화되었다(Barstad 2003, 9).

페르시아 시대에 이두매(Idumea)로부터 징수된 세금은 곡식, 기름, 포도주, 가축 등에 따라 오스트라카에 자세히 나와 있다(Lemaire 2007, 56). 아카메네스 제국의 조직은 황실 자원에 대한 복잡한 과세 및 관리 시스템의 지원을 받았다. 황실, 지방, 도시, 개인 자원은 다르게 처리되었다. 지방세는 무역, 가축 수, 토지 등 지역별 상품과 전문성에 따라 부가되었다(Kurht 2007, 669).

"강 너머"(beyond the river)로 알려진 페르시아의 관할구(Rainey and Notley 2006, 278)인 레벤트를 포함한 모든 지역에서 특히 은(Lemaire 2007, 58-60)을 포함한 귀금속은 중요한 조공물이었다. 시간이 지나면서 화폐가 현물 교환을 대신했다. 느헤미야는 세금을 내기 위해 예후드 땅과 포도원을 저당 잡은 것을 기록하고 있다(느 5:4-5).[26] 그는 또한 매년 세겔의 삼 분의 일을 사찰 세로 제정했다고 말한다(느 10:32).

6. 동전

B.C. 7세기 리디아에서 처음 발행된 동전(Lehmann 2014, 848)은 신바벨론 시대 레반트에서 가끔 사용되었다. 그러나 페르시아 시대 말기(특히 B.C. 5세기 말과 4세기 초)가 되어서야 레반트에서 작은 은과 청동 동전이 대량 생산되기 시작했다(E. Stern 2001, 555).[27]

블레셋 도시 아스돗, 아스겔론, 가사는 페르시아 시대의 "팔레스타인 최초의 토착 동전"을 만든다. 이들은 아케메네스 군대의 전략적인 도시들로, 무역과 거래를 쉽게 하려고 만들었고, 지역주민들에게 일정량의 경제적 자치권을 부여했다(Tal 2005, 91). 때때로 "블레셋-아라비아 은화"라고 불리는 이 동전 중 일부는 가사, 에스겔론 또는 안테도온(Antheodon) 등의 도시를 나타내는 비문이 있다(Lehmann 2014, 848-49). 동전은 처음에 아테네 스타일을 모방했지만, 나중에 발행된 것들은 지역 고유의 도상을 포함하는 것을 특징으로 했다(Altmann 2016, 144).

---

26 예후드 지방 총독 느헤미야는 페르시아의 대표로서 '총독의 양식과 은 40 세겔'을 요구할 수 있다. 그러나 그는 그렇게 하지 않았다(느 5:14-18).
27 예후드에서 발견된 최초 화폐인 작은 아테네식 은 동전의 연대는 B.C. 6세기다. 이 동전은 카테프 힌놈(Katef Hinnom)에서 발견됐으며 신바벨론 시대에 사용됐을 수 있다(C. Carter 2016, 230)

예후드에서 동전은 공문서용 인장에서 볼 수 있는 것 같은 도상적 주제를 지니고 있는데, 지명 예후드를 보통 고대 히브리어가 아닌 아람어로 쓴 것도 이것에 포함된다(Lehmann 2014, 849). 이와 같은 17개의 동전이 주변 지역을 포함한 예루살렘과 벧술(Beth Zur) 같은 옛 예후드 땅에서 발견되었다. 이러한 동전들은 황실, 관할구역 그리고 지방(예후드와 사마리아 동전 포함) 발행에서 오는 3가지 유형으로 나눌 수 있다(C. Carter 2016, 230). 사마리아인들도 B.C. 8세기 중반에 동전을 발행했지만, 그리스의 침공 이후 생산이 중단되었을 가능성이 크다(Lehmann 2014, 849).

성경에 처음 언급된 동전은 금(darkemon)으로 페르시아의 (표준금화) 다릭으로 보이며(E. Stern 2001, 558), 에즈라와 느헤미야가 신전 재건을 위해 모금했다(스 2:68-69; 느 7:70-71).[28]

7. 무역과 상업

페르시아 시대 동안 무역과 상업은 점차 개선되었지만, 그리스 국가 도시들이 경제적 안전의 주요 요소가 되기 전까지 예후드 담당 지역의 재정적 안정은 페르시아 제국에 의존하고 있었다(Berquist 1995, 109, 115). 페르시아인들은 팔레스타인 해안을 따라 이집트로 가는 무역로를 만들었고 이는 또한 동쪽과 북쪽으로 아라비아 무역로와 연결되는 파생된 길이 있어 남부 아라비아, 동부 아프리카 및 인도에서 고급 품목을 가져 왔다(Tal 2005, 72, 74). 인더스강, 인도양, 페르시아만, 유프라테스와 티그리스강을 통과하는 도로 외에도 추가로 사용되었다. 이러한 무역량의 증가는 레반트 해안에 정착이 집중되었는지를 설명해 준다.

향신료는 미용 및 종교의식에도 모두 사용되었는데 페르시아 제국 전역으로 운반되는 주요 고급 품목 중 일부였다. 향신료도 조공으로 바쳐졌고, 2.7톤이

---

28 B.C. 4세기 예후드 관할구역에 사용되던 동전의 무게 기준은 다양한 분수 단위의 사용으로 인해 여전히 미해결 상태로 남아 있다. 이 당시 예후드의 동전은 8개의 그룹으로 분류된다. 루트(Root)는 I과 II 그룹이 페르시아의 세겔을 따른다고 제안했다(Root 2005, 133).

나 되는 유향은 매년 다리우스 1세에게 바쳐졌다(Ben-Yehoshua, Borowitz, and Hanus 2012, 12).

비록 예후드는 주로 농산물(곡물, 와인, 무화과와 포도)과 가축(Grabbe, 2004, 204)의 생산에 의존하는 농업사회로 유지되었지만, 페르시아 시대 무덤과 점유 층에서 나온 유물들은 특히 페르시아, 페니키아, 이집트, 그리스에서 온 다양한 종류의 고급 품목을 나타내어 무역은 재활성화되었지만 부족했던 지역 생산력을 보여 준다(E. Stern 2001, 523). 중요한 유물들의 범주로는 펠니키아, 페리스아, 그리스 동전((E. Stern 2001, 566), 녹색 도자기(C. Carter 2001, 523), 그리스, 페니키아 및 아케메네스 가구[29] 그리고 종종 앗수르, 바벨론, 페르시아, 이집트의 디자인을 포함한 페르시아 스타일의 금속그릇, 주전자 및 다른 주방 도구 같은 가정용 기구들이 있다(Noonan 2001, 528). 귀걸이, 반지, 팔찌, 발찌와 같은 아케메네드 장신구도 페르시아 시대의 무덤과 점유 층에서 발견되었다.[30]

고고학적 증거는 팔레스타인이 신바벨론 시대와 아마 페르시아 시대에도 페니키아와 교역 관계를 맺고 있었다는 것을 보여 준다. 식품 같은 측정된 물품을 운송하는데 사용된 페니키아 원통형 항아리는 상아조각과 함께 북부 팔레스타인 전역에서 발견되었다(Noonan 2011, 288-89). 후기 철기 시대와 초기 페르시아 시대의 팔레스타인 도자기 그릇, 냄비, 항아리와 주전자 또한 이집트에서 발견되었는데 이는 레반트 거주자들의 무역 또는 이주의 증거가 된다(Maeir 2002, 240-41).

이러한 무역 패턴 외에도 도자기는 연대 측정을 위한 가장 믿을 수 있는 정보를 제공한다. 트랜스요르단에서는 우마이리 및 잘룰에서 다른 유물들과 발견된 아테네식 용기가 고고학자들의 페르시아 유적의 연대를 안전하게 측정할 수 있게 하여 히스만, 우마이리, 자와, 잘룰, 드레이자트(Dreijat) 같은 유적지의 정착 연대를 확립했다(Younker 2014, 767).

---

29 여기에는 그리스에서 영감을 받은 페니키아 식 긴 의자와 걸상(텔 엘-파라[Tell el-Far'a] 남쪽 무덤), 아케메네드 식 왕좌(사마리아와 아틀리트 항구['Atlit Harbor] 근처의 난파선) 및 페니키아 스타일 청동 나뭇가지 모양의 촛대(사마리아와 세겜을 포함한 다수의 페르시아 시대 유적지)를 포함한다(Noonan 2011, 289; E, Stern 2001, 524-25).
30 이런 장신구는 일반적으로 앗수르, 우르라투 및 우리스탄에서 온 다양한 성분들로 동물의 형상을 나타내고 있다(E. Stern 2001, 529-30).

8. 군대

신바벨론과 페르시아 시대 레판트에는 지방 상비군이 없었다. 느헤미야가 언급한 "사마리아 군대"(hel shomeron)는 실제 외국 군대거나 군사력을 지닌 막강한 개인을 가리키는 것일 수도 있다. B.C. 6세기 말과 5세기 초에 지중해 연안 텔 미칼(Tell Michal [Makmish])에 있던 요새와 군사 기지는 페르시아의 이익을 위한 것이었을지도 모른다(Grabbe 2004, 38). 페르시아 지역이었던 이두매아(Idumaea; 남부 팔레스타인에 위치)에 에돔 병사를 포함한 군대의 존재는 아랏 요새에서 나온 아스트라콘에 언급되어 있다(E. Stern 2001, 531; Betlyon 2005, 17).

화살촉은 확실하게 연대가 측정된 페르시아 무기의 대부분이다(E. Stern 2001, 531). 페르시아 청동 말 재갈(게셀 출처)과 그리스 용병의 투구(돌, 아스돗 및 아스글론 근처 수중에서 발견됨)는 더 중요한 유물에 속한다(E. Stern 2001, 532-33). 현지에서 생산된 철 화살촉, 단검 및 검들도 레반트 유적지에서 발견되었다(E. Stern 2001, 534).

9. 종교

1) 종교 센터

몇몇 종교 센터가 현존하는 다양한 증거와 함께 알려져 있다. 북쪽의 단에 있는 종교 센터는 포로기부터 로마 시대까지 사용되었다(Biran 1994, 214, 218). 벧엘에 있던 건축물도 이전의 종교 용도로 새워진 것의 연속성일 수 있으며 바벨론-페르시아 시대의 것으로 보인다(E. Stern 2001, 347). 예루살렘 성전과 비슷한 복합단지가 그리심산(Mount Gerizim)에서 발견되었지만, 솔로몬의 성전에 관해 확인된 건축 유적은 발견되지 않았다(Lehmann 2014, 884).

그러나 B.C. 8세기부터 6세기까지 연대 측정이 되는 작은 우물들이 최근 성전이 있는 산에서 발견되었다. 이들은 성전이 있는 산에서 발굴된 1차 성전 시대로 거슬러 올라갈 수 있는 최초의 유물이며 올리브 씨와 동물 뼈는 물론, 그릇,

항아리, 저장 항아리 등의 연대 측정을 위한 도자기(diagnostic ceramic) 파편도 포함된다.[31]

에돔의 도시 부세이라에서 발견된 신전은 바벨론과 페르시아 시대에 걸쳐 사용된 것일 수 있다. 엔 하세바에 있는 요새에서는 사당과 조각상들이 발견되었다. 후르밧 키트미트의 한 사당에서도 종교적 조각상들이 발견되었다(Zorn 2014a, 834).

건축적 관점에서 보면, 철기 3시대/페르시아 시대에 건설된 레반트의 예배당은 "긴 방 설계"(a long-room plan)를 모방하고 있는데, 그것은 이미 철기 시대에 걸쳐 사용된 것이다. 페니키아 예배당은 그리스 건축 요소를 활용했다(Lehmann 2014, 844).

2) 종교 유품들과 조각상들

바벨론이 도시와 농촌을 파괴한 후 레반트의 남겨진 사람들의 종교 생활의 극적인 단절을 볼 수 있다. 이전 철기 시대 레반트는 다양한 산당(high places), 신사, 제단, 신성한 돌(matsebot) 그리고 특히 여성 조각상을[32] 포함한 조각상으로 가득 찼지만, 포로 시대와 포로 후기 시대에는 예후드와 사마리아 중심에 다신교가[33] 없어진 것으로 보인다(Faust 2012c, 109-10; E. Stern 2001, 347; Dever 2005, 299).

갈릴리, 이두매, 블레셋 및 해안평지의 비블로스(Byblos)와 더불어 나바테아의 페트라를 포함한 유대인 지역이 아닌 지역에서 조각상들이 계속 생산되었고 신성한 돌이 계속 세워졌다(Faust 2012c, 109). "기마병 조각상"(horse and rider figurines)을 포함한 암몬의 남성과 여성 도자기 조각상은 신바벨론과 페르시아 시대의 히

---

31 이 발견은 히브리대학교에서 열린 예루살렘과 그 지역의 새로운 고고학 연구인 2016년 연례회(the 2016 annual conference of New Studies in the Archaeology of Jerusalem and Its Region)에서 발표되었다. 이는 이슬람 관계자와 이스라엘의 고고학자들 사이에서 수년에 걸쳐 협력한 결과다. J. Greene (2016) 및 Ben Zion (2016)의 보고서와 Baruch, Reich and Sandhaus (2016)의 프레젠테이션을 참조하라.

32 철기 시대의 적토 작은 입상(terra cotta figurine)에 관한 논의는 Meyers 2017, 116-33를 참조하라.

33 이는 de Hulster 2014, 16-24에서 논쟁되었다. 또한, Darby 2014, 250n 200을 참조하라.

스반, 우마이리, 잘룰을 포함한 아몬인 유적지에서 흔히 발견되고 있다(Younker 2014, 765-66).

10. 이외 문화풍습

1) 진화하는 달력

B.C. 2천 년대와 1천 년대의 레반트의 우가리트, 페니키아, 가나안의 달력은 이름이나 단으로 달을 지정했는데, 그중 일부는 후르리의 영향을 반영한다(M. Cohen 2015, 359). 반면, 고대 이스라엘의 포로기 달력은 "첫 달" 같이 서수를 사용하여 월을 표현했다(M. Cohen 2015, 371). 바벨론은 B.C. 1740년경[34] 표준 메소포타미아 달력을 채택했다.

이 달력은 B.C. 1400년경에 서부 메소포타미아로 퍼지기 시작하여 B.C. 1100년에는 앗수르에서 이용되고 있었고 후에 나바테아인과 팔미라인까지 퍼지게 된다. 바벨론에 포로로 끌려간 유대인들 또한 이 표준 메소포타미아 달력을 채택하고 B.C. 6세기 포로 생활에서 돌아왔을 때도 계속 사용했다(M. Cohen 2015, 383-84).

2) 장례 풍습

포로기 시대 예후드의 벤치 형태 무덤(Yehudean bench tombs)은 신바벨론과 아케메네스 시대에 제작이 중단되었다(P. Ray 2014, 41). 일반인의 장례식은 드물었지만, 나머지 상류계층은 철기 시대의 전통적인 장례 풍습을 이어갔으며 이는 예루살렘의 케테프 힌놈의 무덤들에서 발견되었다(Zorn 2014a, 829). 매장용 동굴,

---

[34] 표준 바벨론 달력은 함무라비(B.C. 1792-1750년경)나 그의 아들 삼수-일루나(Samsu-iluna; B.C. 1750-1712)가 군사작전을 통해 국제 상권을 통일하고 확장하고자 개발했을 수 있다(M. Cohen 2015, 386). 이 달력은 우리의 3~4월에 해당하는 니산누(nisannu 표준 바벨론어)와 나신(nsyn 히브리)으로 시작한다.

구덩이, 석관(cist) 및 수갱식 분묘는 일반화되었고(Tal 2005, 87) 독무덤 매장(jar burial)이나 돌무덤 매장(tumuli)은 가끔 사용되었다(Tal 2003, 293).

동굴 무덤은 긴 역사가 있고 1차와 2차 매장에 모두 사용되었다. 1차 매장에[35] 사용했던 구덩이 분묘(pit graves)는 땅을 파서 시체를 수평으로 눕히게 했다. 해안 평지, 이스르엘 계곡 및 요르단 계곡에서 주로 발견된 페르시아 스타일의 석관 무덤은 1차와 2차 매장에 모두 사용되었다. 수혈 분묘와 비슷하지만, 줄이 새겨 있을 뿐만 아니라 석판으로 덮여있었고 종종 정교한 매장물들을 포함하고 있었다(Tal 2003, 289).

일부 무덤에는 동서 방향으로 놓인 점토, 드물게는 나무 관이 들어 있다(Tal 2003, 290; E. Stern 2001, 471-72). 텔 엔-나스베 2에서는 도자기 관이 발견되었는데 이는 바벨론 출신 점령인들과 연관 있을 수 있다(Zorn 2-14a, 829). 페니키아와 그리스 영향을 보여주는 수갱식 분묘(E. Stern 2001, 474)는 바위를 깎아 만든 동굴을 수직 통로(수갱)를 통해 들어가게 만들어져 있다. 이런 무덤은 한 개나 두 개의 방이 있었고 주로 해안평지나 쉐펠라 지역에서 발견된다(Tal 2003, 290).[36]

가사와 샤베이 시온(Shavei Zion)에 있는 이런 유형의 무덤 두 개는 돌로 사람 형상을 한 관이 있다(E. Stern 2001, 474). 팔레스타인은 서쪽의 (페니키아와 그리스) 수갱 식 무덤과 동쪽의 (페르시아) 석관이 같은 시기에 같은 지역 문화 속에서 발견되기에 독특하다(Betlyon 2005, 45).

덜 흔한 돌무덤은 1차 매장에 사용되었으며 구덩이나 석관 무덤 위를 많은 돌로 덮어 무더기를 만드는 것이다(Tal 2003, 290). 독무덤은 2차 매장에 사용되었으며(혹은 갓난아기의 1차 매장에 사용) 부패가 일어난 후 고인의 뼈를 보관했다(Tal 2003, 289).

성벽 바깥이나 정착지 외곽에 있는 매장지는 고대인들이 죽은 사람을 무언가 더럽히는 것으로 간주했다는 것을 보여 준다. 시체의 머리를 동쪽으로 향하게 하고 얼굴을 위로 향하게 하는 위치선정은 적어도 어떤 이들은 죽음을 "영원한 잠"으로 여겼을지 모른다는 것을 암시한다(Tal 2005, 88).

---

35 1차 매장은 시체 전체가 묻히는 것이다. 2차 매장은 유골을 1차 안식처에서 다른 장소로 옮기는 것이었다. 신바벨론과 페르시아 시대에는 1차 매장이 선호되었다(Tal 2005, 87).
36 해안에 아틀리트와 갈릴리의 고셰림(Gosherim)을 예로 들 수 있다(Tal 2003, 291n8).

제10장

헬라 시대 고고학

조단 라이언(Jordan Ryan)

1. 개요

 팔레스타인 지역과 함께 페르시아의 구역 예후드(유대[Judea])는 B.C. 332/331년경 알렉산더 대왕의 지배 안으로 들어온다. 페르시아에서 마케도니아 통치로의 변환은 "기띰 출신의 마케도니아 사람으로 필립의 아들인 알렉산더는 페르시아와 메대의 왕 다리우스를 쳐부수고 그 왕권을 차지하여"(마카베오상 1:1)라고 기록한 마카베오상의 저자를 통해 기억되고 있다.
 B.C. 323년 알렉산더가 죽자 그의 제국은 그의 장군에게 분할되었다. 이 장군 중 프톨레마이오스와 셀레우코스 두 사람은 가장 많은 영토를 받았고 B.C. 1세기에 열리는 로마 시대까지 버텨낸 왕국들을 건국한다. 유대를 포함한 팔레스타인 지역은 프톨레마이오스 제국이 위치한 이집트와 셀레우시코스 왕조의 지배를 받는 시리아 사이의 항구와 항구도시를 두고 있는 전략적 위치였다.
 결과적으로 팔레스타인은 충돌이 많은 지역으로 프톨레마이오스 제국과 셀레우코스 제국 사이의 6번의 전쟁 동안 주요 분쟁의 현장이었다. 팔레스타인은 B.C. 198년 셀레우시코스 왕 안티오쿠스 3세에게 점령당할 때까지 프톨레마이오스 왕조의 지배를 받는다. 셀레우시코스의 통치는 마카베오 혁명(B.C. 167년)이 일어나기 전까지 이어지는데 이 혁명은 하스몬 일가라는 새로운 유대인 왕조의 통치를 받는 새로운 독립 유대인 왕국의 건국으로 이어진다.
 알렉산더와 그의 후계자들은 그리스의 문화와 교육, 언어 및 종교를 팔레스타인으로 가져 왔다. 이런 그리스 문화의 존재와 영향을 "헬레니즘"(Hellenism)이라고 한다. 이스라엘/팔레스타인을 연구하는 고고학자들은 "헬라 시대"(the Hellenistic Period)를 B.C. 332년 알렉산더가 이 지역을 정복한 이후인 B.C. 63년부터 로마 지배가 시작되는 시기까지를 가리키는 데 사용한다.

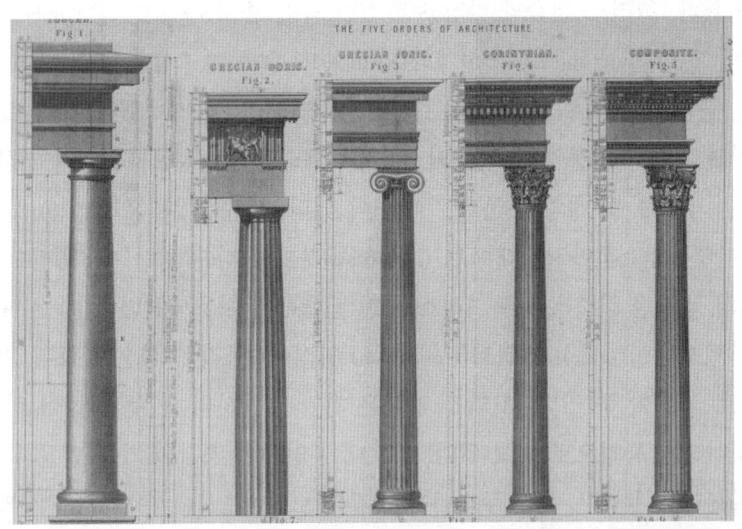

10.1 좌에서 우로 터스커니(도리스 양식을 간소화한 변형양식), 도리스, 이오니아, 코린트, 복합(이오니아와 코린트의 혼합) 양식을 포함한 고대 기둥머리 양식

헬라 시대에 관한 고고학은 팔레스타인의 헬라화를 보여 준다. 또한, 유대인의 정체성을 표지하기 위한 특정 풍습들도 등장한다. 헬레니즘과 유대인의 물질적 정체성의 등장은 로마 시대와 그 이후까지 지속하여 헬레니즘 시대의 발전이 팔레스타인의 유대교에 미치는 지속적인 영향을 보여주었다. 우리가 보게 될 것처럼, 이 두 개의 요소, 즉 한편으로는 헬레니즘과 다른 한편으로는 유대인의 정체성과 문화는 반드시 서로를 배제하지 않았다. 오히려 이 두 요소는 예상치 못한 흥미로운 방법으로 섞이고 결합하여 그리스와 셈족(Semitic) 관습과 전통을 독특하게 혼합하는 결과를 창출했다.

2. 초기 헬라 시대

헬라 시대의 고전적인 그리스의 건축이 팔레스타인으로 들어왔다. 이 고전 양식은 로마 시대와 비잔틴 시대까지 팔레스타인 건축에 계속 영향을 미치고 특색을 부여했다. 그리스 건축의 가장 보편적인 특징 중 하나는 상인방(trabeated) 혹은 "기둥 인방"(post and lintel) 설계다(Klein 2016, 113-17). "상면석"(stylobate)으로 불리는 수평 단 위에 수직 기둥은 수평 상인방(lintels)을 지탱했다. 그리스 신전의 기둥과 경사진 지붕 처자 사이의 공간을 "엔타플러쳐"(entablature)라고 한다.

엔타플러쳐는 두 개의 부분으로 나뉘어 있다. 윗부분은 "프리즈"(frieze)라고 하고, 아랫부분은 "아키트레이브"(architrave)라고 한다. "오더"(order)라고 불리는 3개의 독특한 건축양식은 그리스 고전 건축에서 사용되었다. 이것은 도리아(Doric), 이오니아(Ionic), 코린트(Corinthian) 양식이다. 각 양식은 사용된 기둥의 유형으로 식별할 수 있다. 도리스 양식은 가장 간단하며, 기둥 받침이 없고 둥근 기둥머리를 특징으로 하고 있다. 이오니아 양식은 조각된 기둥 받침과 "볼류트"(volute)라고 불리는 말린 두루마리와 같은 모양이 있는 기둥머리를 특징으로 하고 있다. 코린트 양식은 그 자체로써 개별 양식은 아니고, 아칸서느(acanthus) 잎과 두루마리로 더 화려하게 조각된 머리 기둥을 특징으로 한 이오니아 양식의 변형이다. 기둥으로 건물 주위를 둘러싸므로 나타나는 "페리스틸륨"(열주랑[列柱廊])이라는 마당 또한 이 시대의 보편적인 특징이다.

헬라와 셈족 풍 융합의 극단적인 예는 요새 겸 궁전 이라크 알-아미르(Iraq al-Amir)에서 찾을 수 있다(Lapp and Lapp 1993). 이라크 알-아미르는 여리고와 암만 사이 요르단 계곡인 오늘날 요르단에 있다. 이 유적지는 카스르 알-아브드(Qasr al-Abd)라는 요새를 포함하는데 이 이름은 "종의 요새"라는 뜻이다. 이 요새는 막강한 유대인 토비아드(Tobiad) 가문의 것이었다. 이는 외관에 "토비야"(Tobiah)라는 이름의 두 가지 비문으로 입증된다. 더욱이 이 이름은 아마 느헤미야 2:10에 있는 "종 되었던 암몬 사람" 도비야를 가리킬 것이다(Lapp and Lapp 1993, 646). 이는 아마 페르시아가 임명한 암몬의 총독이었을 것이고 그의 가족은 프톨레마이오스 가문에 의해 이 자리에 남겨진 것으로 보인다(Berlin 1997, 11).

요세푸스는 셀레우코스 4세 필로파토르(Seleucus IV Philopater; B.C. 187-175년경) 집권 당시 히르카누스(Hyrcanus)라는 이름의 한 토비아드 가문의 사람이 트랜스 요르단으로 철수하여 그곳에 "타이로스"(Tyros)라는 "강한 요새"를 건설했다고 언급한다(『유대 고대사』 12.230-33). 지금 카스르 알-아브드라고 부르는 이곳이 힐카누스가 지었던 요새 겸 궁전 타이로스일 가능성이 아주 크다.

카스르 알-아브드는 여전히 시리아와 팔레스타인의 중대한 건축물과 매우 닮았지만, 코린트 양식 기둥을 특징으로 하고 있어 헬라 문화 건축양식이 이 시대에 유행했음을 나타낸다. 이 건물은 또한 외관에 새겨진 수많은 고양잇과 동물(사자와 표범)의 조각모형과 더 불어 이와 비슷한 고양잇과 동물들이 있는 산 조각모형을 자랑한

10.2 요르단 이라크 알-아미르의 요새 겸 궁전

다. 이 건물은 유대인 지배계층의 일원이 지었는데 이렇게 조각된 모형은 흥미로우며 그리스 영향에 대한 많은 것을 설명해 주는데, 이는 이 궁전이 유대인 지배계층의 일원에 의해 지어졌고, 이 건물에 있는 유대교적인 예술은 대부분 우상표현을 하지 않으며 살아 있는 생물의 드러남을 회피하고 있기 때문이다.

헬라 문화가 지역 건축양식에 미치는 영향의 다른 예는 그 시대의 기념비적인 예루살렘의 무덤에서 찾아볼 수 있다. 헬라 시대 초기의 무덤과 1차 성전 시대의 바위를 깎아 만든 벤치 형태 무덤(bench tombs) 사이에는 몇 가지 연속성이 있는 점이 있지만, 상당한 차이점도 있다. 헬라 시대의 무덤은 외형장식을 특징으로 했지만 1차 성전 시대의 바위를 깎아 만든 무덤은 그렇지 않았다. 게다가 매장실은 이전에 구덩이와 벤치(pit-and bench) 구조보다 "로쿨리"(loculi)라고 불리는 공간(히브리어로 kokhim)을 특징으로 했다. 베네 헤지르(Bene Hezir)의 무덤은 (B.C. 2세기) 그리스형식의 외형장식을 사용한다. 바위를 깎아 만든 무덤으로 통과하는 현관을 갖추고 있으며, 도리스 양식의 두 기둥과 장식된 프리즈가 있다. 매장실 자체는 바위를 깎는 전형적인 유대인의 양식이고 로쿨리를 포함하고 있

다. 비슷하게 야손의 무덤(Jason's tomb)이라고 불리는 예루살렘에 또 하나의 무덤은 (B.C. 1세기 초) 피라미드 구조로 덮여있고 도리아 양식 기둥과 아키트레이브가 있는 현관을 특징으로 한다. 현관에는 두 개의 비문이 있는데 하나는 아람어로, 다른 하나는 그리스어로 되어있다.

이러한 무덤의 영감으로는 모데인(Modein)에 있는 하스몬가의 시몬(Hasmonean Simon)이 하스몬 가문을 위해 지은 기념비적 무덤인 것 같다(Merlin 2002, 143-44). 이 무덤의 고고학적 유적은 없지만, 마카베오상 13:27-30에 생생히 묘사되어 있다.

시몬은 자기 아버지와 형제들의 무덤 위에 앞뒤를 매끈하게 간 돌로 기념비를 높이 세워 먼 데서도 볼 수 있게 했다. 그리고 부모와 그의 형제 넷을 기념하는 피라미드 일곱 개를 만들어 쌍쌍이 마주 세워놓았다. 그리고는 그 주위에 큰 기둥들을 세우고 그 기둥 꼭대기에 영원한 기념물로 여러 가지 전리품을 장식하고 그 전리품 곁에는 배를 조각하여 붙여 놓았다. 그래서 바다를 항해하는 사람들은 모두 그것을 볼 수가 있었다. 모데인에 세운 이 묘소는 오늘날까지 남아 있다.

10.3 예루살렘 기드론 계곡의 돌을 깎아 만든 대형무덤

시몬의 영감은 결국 헬라 세계에서 온 것으로 보인다. 하스몬가의 무덤 묘사는 할리카르낫소스(Halicarnassus)에 있는 마우솔레움(Mausoleum)으로도 알려진 마우솔로스(Mausolus)의 무덤(B.C. 4세기)과 셀레우시코스 왕 안티오코스 2세의 매

장지였던 벨레비 마우솔리움(the Belevi Mausoleum; B.C. 3세기)과 일부 중요한 유사성을 지니고 있다(Berlin 2002, 144-45와 비교). 두 개의 무덤 모두 터키에 있다.

비록 오로지 건축물 일부분만 살아남았지만, 플리니우스는 이 할리카르낫소스의 무덤을 4마리 말이 끄는 전차의 대리석상 위에 얹은 채 콜로네이드로 둘러싸이고 피라미드로 덮였다고 묘사한다(박물지 36.30). 우리는 예루살렘의 기념비적인 무덤이 지역 유대인 전통과 헬라 건축 문화의 혼합으로 이해해야 한다고 결론을 내렸다.

헬라 문화는 또한 팔레스타인의 비유대인 거주자들에게도 영향을 미쳤다. 마레샤(Maresha)는 헬라 시대에 상당한 크기의 시돈인(페니키아인) 공동체가 있던 이두매의 도시다. "히포다미안 격자"(Hippodamian grid)라고 불리는 직교 격자 방식을 따라 전형적인 그리스방식으로 구성되어있다(Magness 2012, 76). 또한, 그리스 도시의 전형인 "아고라"(agora)라고 불리는 시장과 신전 단지 두 개의 공공시설을 갖추었다. 페니키아의 해안도시 텔 돌(Tell Dor)은 비슷한 헬라 문명의 특징을 보여주는 이 시대의 비유대인 도시의 표본이다(Stewart and Martin 2003 참조).

그리스 종교 또한 헬라 시대의 팔레스타인에 자취를 남긴다. 그리스 신 판(Pan)에 대한 숭배는 B.C. 3세기 초 북부 팔레스타인의 도시에서 확립되었으며 이 도시는 신의 이름을 따서 "파니아스"(Panias) 혹은 "바니아스"(Banias)라고 불리게 되었다(Berlin 1999, 27). 이 종교적 유적지는 나중에 확장되어 로마 시대에 가서는 "가이사랴 빌립보"(Caesarea Phillippi)로 재지명 되었다. 팔레스타인 내에서 그리스 종교와 문화의 영향력에 대한 또 다른 놀라운 예로 골란 지역 히포스(Hippos)에서 약 6피트에 달하는 헤라클레스의 실제 크기의 벽토 부호(stucco relief)가 발견되었다(Segal and Eisenberg 2011, 50).

3. 후기 헬라 시대

셀레우시코스 통치세력에 반대한 마카베오스의 반란은 B.C. 167년에 시작하여 B.C. 134년에 성공적으로 끝났고 이는 팔레스타인에 큰 변화를 가져왔다. 그 중 가장 중요한 것은 하스몬 왕조가 이끄는 유대 왕국의 수립이다. 이 시대에 우리는 하스몬 왕국 전체에 걸쳐 뚜렷한 유대인 정체성을 가진 물질문화가 넓게 퍼져 가는 것을 보게 된다.

마카베오서에 나오는 팽창주의는 반란 중 헤브론과 마레샤를 포함한 이두매 지역(마카베오상 5:1-8, 65-66), 갈릴리(5:9-23), 길르앗(5:24-44)을 포함한 트랜스요르단 및 아소도(Azotus)/아스돗(5:68)을 포함한 해안지방에서 있었던 군사작전을 통해 볼 수 있다. 이는 후에 하스몬 왕 요한 히르카누스 1세(John Hyrcanus I; B.C. 135-104년 집권), 아리스토불루스 (Aristobulus; B.C. 104-103년 집권) 및 알렉산더 얀네우스(Alexander Jannaeus; B.C. 103-76년 집권)에 의해 계속되었다. 알렉산더 얀네우스 집권에 찾아온 절정기에, 하스몬 왕국은 갈릴리, 사마리아, 이두메아 그리고 많은 해안지역을 아우르며, 성경에 나오는 다윗과 솔로몬의 통일 이스라엘 왕국의 영토에 필적할 정도로 성장했다.

B.C. 2세기 후반에 갈릴리가 이방인의 지배에서 하시몬의 지배로 극적 전환한 것은 고고학적 기록에서 볼 수 있다. 우선 갈릴리의 도자기 종류에 주목할 만한 변화가 있었고 이는 문화의 변화를 의미한다. 초기 헬라 시대에는 갈릴리의 이방인들이 생산하던 "갈릴리의 거친 그릇"(Galilean coarse ware)이라 불리는 유형의 도자기가 즐비했다(Aviam 2013, 6-7). 그러나 많은 유적지에서 갈릴리의 거친 그릇 사용은 B.C. 2세기 말 이후까지 이어지지 않았고 이것은 아마 하스몬 왕국의 확장과 연관되어 있을 것이다(Aviam 2013, 6).

게다가, 하스몬 왕국의 확장 이전의 갈릴리 도자기의 종류에는 에게해의 로도스(Rhodos)나 크니도스(Knidos) 같은 도시의 유래를 나타내는 양 손잡이가 달리고 포도주를 나를 때 쓰던 암포라(amphorae)와 "동 시질라타 A"(Eastern Sigillata A)라고 불리는 페니키아 도시들에서 온 붉은 법랑 액(red-slipped)을 사용한 식탁 용기 같은 대량의 수입 자기들이 이었다(Berlin 2005, 442-44). 그러나 B.C. 1세기 동안 새로운 유형의 지역 도자기가 구형을 대체하기 시작했다. 안드레아 베를린(Andrea Berlin)에 따르면, 이 새로운 지방 도자기가 다른 종류와 차별화된 점은 그 모양이 아니라 그 제작자, 즉 유대인 도예가 이었다(Berlin

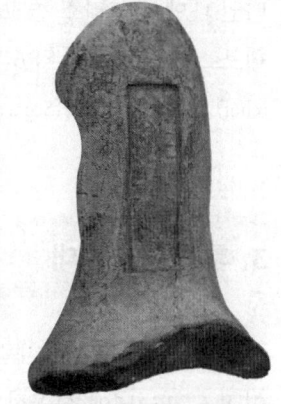

10.4 인장이 박힌 로도스식 항아리 손잡이

2005, 424).

이 무렵 미쯔페 야밈(Mizpe Yamim), 요데파트(Yodefat) 및 에스-슈하라(Esh-Shuhara) 같은 이방인 정착지를 유기나 파괴하는 일이 어느 정도 있었다(Aviam 2013, 6-10, 12). 이것은 유대문화의 특징을 보여주는 갈릴리의 새로운 정착지의 등장 시기와 일치한다(Liebner 2009, 319-29). 이러한 유대인 정착촌 중 하나는 막달라(Magdala)였는데(Bauckham and De Luca 2015, 95) 마레샤나 텔 돌에 있는 비유대인 도시들과 흡사하게 직교의 히포다미안 격자를 따라 그리스 양식으로 설계되었다. 경제는 어업에 의해 주도되었고, 하스몬 시대로 거슬러 올라가는 항구 부두를 갖고 있다. 막달라는 유대인 마을이면서도 하스몬 시대에 건설된 헬라 양식의 공중목욕탕도 있었다(Bauckham and De Luca 2015, 100).

10.5 막달라에서 발견된 미크바. 이 미크바는 지하수로 차 있다.

하스몬 시대에 나타나는 중요한 유대 민족 정체성의 표시물은 종교의식 목욕시설 미크바(Miqvah)였다. 히브리 성경은 의식적으로 더러운 것을 없애기 위해 목욕이나 씻는 것을 규정한다. 미크바는 일반적으로 정결을 회복하기 위한 의식에 사용되는 계단식 목욕탕이나 수조다. 감라(Gamla)에서 발견된 것 같은 대형 미크바는 공용으로 사용되었고 예루살렘 헤롯 구역(the Herodian Quarter)의 주거 환경에서 발견된 미크바 등은 개인용이었다.

갈릴리 유적지에서 발견된 미크바는 율법을 준수함에 따라 유대인의 종교-민족적 정체성을 드러냈다는 것을 나타낸다. 이를 보여주는 좋은 예로는 이방인들의 통치를 받던 케렌 나프탈리(Qeren Naftaly)의 요새인데, B.C. 2세기 후반에 미크바를 요새 토대에 만들었고, 이는 통치의 변화를 나타낸다(Aviam 2013, 10). 로마 초기에 들어서 팔레스타인의 미크바는 흔해졌다.

최초 유대 화폐는 헬라 시대 말에 나타난다. 요한 히르카누스 1세부터 하스몬 왕조는 청동 동전을 그리스 왕들이 하던 방식대로 만들었다. 이런 동전들은 동전을 발행한 통치자의 이름과 작위를 그리스어와 히브리어로 쓴 문구를 포함했다. 그러나 그리스 왕들의 동전과 다르게 하스몬 동전은 유대전통을 따라서 동물, 사람 그리고 신들을 동전에 묘사하지 않고 대신 닻, 화관 및 풍요 같은 상징물들을 새겼다. 유대인 대제사장의 칭호와 또한 아리스토불루스부터 "왕"(그리스어 basileus)이라는 칭호를 모두 주장한 왕조로써, 하스몬 왕가도 그리스 왕들이 했던 것처럼 그리스인과 유대인의 전통과 이상을 모두 결합했다.

여리고에 있는 그들의 궁전은 이것을 반영한다. 최초의 궁전은 요한 히르카누스 1세에 의해 지어졌고 알렉산더 얀네우스와 알렉산드라 살로메(Alexandra Salome)에 의해 보수 및 추가 공사가 진행되었다. 본래의 화려한 궁전 단지에는 다수의 별채가 있는 본관이 수영장과 함께 있었다.

알렉산더는 재건하고 요새화했다. 그의 아내, 알렉산드라 살로메는 알렉산더의 죽음 후에 두 개의 별장을 추가한다. 이 궁전 단지는 도리스 양식 기둥과 더불어 몇몇 알렉산드리아풍 코린트 양식 기둥머리를 포함한 헬라 건축양식을 지니고 있다(Peleg-Barkat 2013, 236). 수영장은 알렉산더 얀네우스의 시기부터 완벽한 도리스 양식 기둥과 조각된 프리즈 장식된 콜로네이드가 있었다. 도리스 양식의 선택과 예외적인 알렉산드리아풍 코린트 양식 기둥머리 그리고 궁전 벽을 장식한 프레스코화는 아마 알렉산드리아의 영향의 결과일 것이다(Peleg-Barkat 2013, 239).

이 궁전에 살던 유대인의 정체성은 미크바의 존재로 인해 강력히 나타나고 있다. 덧붙여, 발굴자 예후드 네젤(Ehud Netzer)은 그가 회당이라고 확인한 건물을 궁전 단지 외곽에서 발견했다. 일부는 이 건물이

10.6 알렉산더 얀네우스의 청동 프루타(prutah, 화폐 단위)

궁전 단지 안에 있는 것은 공공 사용의 금지를 뜻하기 때문에 이 건물의 식별에 의문을 제기했지만, 앤더스 룬순(Anders Runesson)은 궁전에서 일하던 사람들을 위한 반 공공의 "연합단체" 유형의 회당일 수 있다고(아래 참조) 설득력 있게 주장했다 (Runesson, Binder, and Olsson 2008, 42). 하스몬 궁전 단지는 이렇게 그리스와 유대의 요소를 모두 포함하여 후기 헬라 시대의 특징인 유대전통과 그리스 문화의 융합을 보여 주고 있다.

10.7 고고학자들이 아크라 요새의 유적을 발견했을 수도 있는
기바티(Givati) 주차장 발굴 현장

마카페오스 반란군과 그의 후예들과 관련된 또 다른 하나의 건물은 예루살렘에 세워진 셀레우코스 시대 요새 아크라(the Akra)다(마카베오상 1:35-38; 『유대 고대사』 12.252). 이 요새는 시몬 마카베오가 나머지 도시를 다 점령한 후 몇 년이 지나고서야 드디어 함락이 되었다(마카베오상 13:49-52). 안티오쿠스 4세의 집권 시기로 연대가 측정되는 거대한 벽과 탑과 경사진 제방이 있는 중요한 건축물이 예루살렘 다윗의 성이라고 알려진 지역에서 발견되었다. 발굴자들은 납총과 청동 화살촉 및 삼지창이 새겨진 투석기용 돌을 발견했는데, 삼지창은 안티오쿠스 4세의 의관 문장이었다. 이로 인해 이 건물이 마카베오상과 요세푸스가 언급한

아크라라는 주장이 제기되었다(이스라엘 문화재 관리국 2015).

그러나 이런 주장에는 어려움이 있다. 요세푸스는 아크라는 높은 곳에 지어졌고 "성전을 내려 본다"라고 말했다(『유대 고대사』 12.252). 아크라라고 주장하는 다윗의 성의 이 건물은 위치 때문에 건물의 높이는 400피트 이상이어야 했을 것인데(Ritmeyer 2015) 이것은 지나친 것이다. 이 발견은 헬라 시대 방어시설의 일부일 가능성이 크지만, 아크라라고 판단하는 것은 향후 출판물을 통해 결정되어야 할 것이다.

유대인의 정체성, 종교, 문화, 삶에 있어 헬라 시대에 가장 중요한 발전 중 하나는 회당 건물의 출현이다. "회당"(synagogue)이라는 단어는 유대인 집회와 그들이 모인 장소 모두를 가리킨다(Catto 2007, 199-201; Runesson 2001, 232). 기관으로서 회당의 기원은 페르시아 시대로 보는 것이 적절하지만(Runesson 2003), 팔레스타인 내에서의 뚜렷한 회당 건축양식의 출연은 후기 헬라 시대에서야 처음 나타난다.

이전 연구에서는, 두 종류의 뚜렷한 증거가 두 가지의 서로 충돌하는 "회당"의 정의로 이끌었다. 일부 학자들은 회당이 2차 성전 시대 말기에 발전했던 성문 집회(city-gate assemblies)에서 파생된 공공 기관이라고 주장했고, 다른 학자들은 회당은 조합이며 동호회와 비슷한 그레코로만의 단체(collegium)의 일종으로서 연합이라고 주장했다. 각 가설은 서로서로 다른 종류에 의해 강력한 지지를 얻었고, 이를 통해 앤더스 룬순은 처음으로 실제로 두 종류의 유대인 회당이 존재했다는 결론을 내렸는데, 성문 집회에서 발전된 지역 공식 집회였던 공적 회당(public synagogue)과 반 대중적(association) 유대인 협회인 연합회당(association synagogue)이 둘이었다(Runesson 2001).

공적 회당은 정치적 기관이었다. 이들은 마을 전체에 관한 결정을 내리는 지역 의회였다. 특정 유대인 부류에 속하는 연합회당이 팔레스타인에 존재했을 수도 있지만, 디아스포라의 회당은 보편적으로 회원자격이 유대인 민족성에 근거 한 연합회당이었다. 그러나 공적 회당은 정치적 기능 때문에 유대인의 통치 아래에 있는 지역에서만 있을 수 있었다. 연합회당과 공적 회당의 중요 기능은 유대교 성경을 같이 읽고 해석하는 것이었다.

디아스포라에 이르면 B.C. 3세기부터 이집트에서 연합회당 건물이 등장한 증거가 발견됐다(CIJ 2:1440; CPJ 1:129; 3:1532a). 연합회당은 그리스-로마의 연합 모임 장소 건축의 영향을 받았다. 벤치로 둘러싸인 회의장(아래 설명될 대중 회당 건축물과 유사함) 외에도, 식사를 같이하는 등 전형적인 연합 목적을 위한 트리클리니아(triclinia; 식당)와 같은 방이 추가로 포함됐다(P. Richardson 2003).

10.8 골란고원의 감라에 있는 회당. 계단식 좌석과 기둥이 보인다.

히브리 성경에서 성문은 재판이 열리고 법적 결정이 내려졌던 지역 공무 회의 장소였다(신 17:5; 21:19; 22:15, 24; 25:7; 삼하 15:2; 룻 4:1-12; 암 5:15; 슥 8:16). 그러나 대중 회당의 기원은 페르시아 시대에서 찾을 수 있는데 이때 성전 밖에서는 처음으로 수문(the Water Gate) 앞에서 성경을 대중적으로 낭독했다(느 8:1-8). 성경의 대중적 낭독과 성문 집회의 결합은 대중 회당의 기원이 된다. 대중 회당 건축물, 즉 대중 회당을 위해서 특별히 세워진 건물은 방어시설 건축이 발전한 헬라 시대에 모습을 드러냈다. 일반적으로 인접한 광장을 두고 있던 여러 개의 공간이 있던 성문(multi-chambered gate) 구조는 헬라 시대에 두 탑 사이를 통과하는 단순한 통로로 대체되었다(L. I. Levine 2005, 34-35).

헬라 시대와 로마 시대의 성문에는 인접한 광장이 없었다. 그 결과, 전통적으로 성문 근처에서 열렸던 회의는 결국 지역 유대인 집회와 성경낭독을 목적으로 특별히 건설된 건물로 옮겨갔다. 리 레빈(Lee Levine)은 마을 입구 옆에 있는 감라 회당 건물은 성문 집회를 기능을 대신한 초기 회당 전통을 반영할 수 있다고 제안했다(L. I. Levine 2005, 27-38).

이스라엘-팔레스타인에서 2차 성전이 파괴되기 전 지어진 것으로 확인된 8개의 회당이 발견되었다. 이들은 가버나움, 감라, 헤로디움, 여리고, 막달라, 마사다, 모딘(움 엘-움단[Umm el-Umdan]) 그리고 키르야트 세페르(Qiryat Sefer)다. 이중 여리고의 회당은 유일하게 연합회당이었을 것이다. 이러한 식별은 회당의 위치를 근거로 하고 있고 부엌과 연합회당 건물의 특징인 식당(트리클리나)을 포함한 회당의 복합적 구조에 의해 강력한 지지를 받고 있다(P. Richardson 2003, 96, 112).

나머지는 대중 회당이었을 것이다. 모딘과 여리고의 회당의 연대는 헬라 시대라고 어느 정도 확신을 하고 측정할 수 있다. 나머지는 좀 더 확실하게 로마 시대 초기로 볼 수 있다. 초기 회당일 수 있는 건물들이 최근 디압(Diab), 엣-타와니(Et-Tawani), 키르벳 마쥴리야(Khirbet Madjouliya), 케파르 시킨(Kefar Shikhin) 그리고 텔 레케스(Tel Rechesh)에서 발견되었다.

10.9 갈릴리의 막달라에 있는 거리. 왼쪽으로 회당 건물이 보인다.

초기 대중 회당 건물들은 일반적인 건축양식을 공유하고 있다. 이들은 주 회의장을 중심으로 사각형이며 3개 혹은 4개의 벽에 계단형 벤치가 들어서 있다. 창문이 있는 고창 층(clerestory) 벽을 지지하는 기둥은 1층에 위치한다. 회당 건물은 공동 토론을 위해 설계되었다. 사각형 좌석 배치는 특히 서로 마주 앉아서 하는 토론을 쉽게 했다. 율법의 해석이나 다른 지역 공무상의 문제에 대한 적극적인 토론과 논의는 초기 회당집회의 특징적 요소 중 하나였다(Binder 1999, 403; Mosser 2013, 550; Ryan 2017, 47).

율법에 대한 논의는 매우 중요했다. 헬라 시대에 이르러 우리는 토라가 우리가 "종교"라고 분류할 수 있는 범위를 벗어난 상황에도 적용되고 있는 것을 볼 수 있다(Watts 2013). 결혼 계약(마카베오상 1:8; 7:12-13), 전쟁계획(마카베오상 3:48), 안식일 성수(마카베오상 2:34-41) 및 사법제도에도 적용되었던 것을 볼 수 있다. 그러므로 이런 대중 회당에서 벌어지는 논의와 토론의 결과는 지역 유대인의 삶과 풍습에 직접적인 영향을 주었다.

대중 회당은 또한 부레(βουλή boulē)라고 불리는 지역 의회가 만나는 장소였다(Life 277-303). 보울(boulē)은 헬라 문명의 도시지방 정부 구조의 전형적인 특징이었다. 그렇기에 회당 건축은 지역 의회가 모이는 시정 건물인 헬라식 부레우트리

10.10 신약 시대 여리고에 있는 회당의 잔해

아(bouleutēria)의 모습과 유사점이 있다는 것은 놀랄 일이 아니다. 회당과 마찬가지로 부레우트리아 역시 계단식 벤치를 사각 형태로 배치했고 중간의 트인 공간이 있었다. 그러므로 초기 팔레스타인 유대교의 대표 기관 중 하나인 회당에도 헬레니즘적인 영향력이 있던 것처럼 보인다.

4. 결론

헬라 시대에는 팔레스타인에서 그리스 문화의 부상과 물질문화에서 뚜렷한 유대인 정체성의 등장을 본다. 우리가 증거를 검토하면서 보았듯이, 헬레니즘과 유대문화는 상호 배타적이지 않다. 마카베오스의 반란 이후에도 팔레스타인의 유대문화는 헬레니즘화되었다. 팔레스타인의 헬레니즘화와 초기 유대교 및 유대인의 정체성 형성의 등장은 로마 시대의 랍비들과 신약성경 작가들이 직면한 실용적이고 신학적인 문제들의 발판이 되었다.

섹션 3

고대 문헌들

제11장 | **고대 근동 문학 개요** 아담 E. 미글리오(Adam E. Miglio)
제12장 | **메소포타미아 문학** 다니엘 C. 듀엘(Daniel C. Deuel)
제13장 | **이집트 문학** 닐리 슈파크(Nili Shupak)
제14장 | **히타이트 문학** 엘리스 무통(Alice Mouton)
제15장 | **우가리트 문학** 윌리엄 D. 바커(William D. Barker)
제16장 | **북서 셈어 비문** 마아가렛 E. 코헨(Margarret E. Cohen)
제17장 | **히브리어 비문** 주디스 M. 해들리(Judith M. Hadley)
제18장 | **초기 유대교 문학** 라이언 E. 스톡스(Ryan E. Stokes)

제11장

고대 근동 문학 개요

아담 E. 미글리오(Adam E. Miglio)

1. 고대 근동 회복의 출처

A.D. 1세기가 지나면서 고대 근동 문명은 거의 완전히 잊혀갔다. 수천 년의 역사도 거의 잃어버리게 된다. 그리스와 로마의 고대 전통은 중세까지 유럽 전역의 수도원과 대학교에 보존되어 있었지만, 고대 근동에 기록되어 있던 인류 역사의 수천 년은 고전적 출처와 히브리 성경에 보존된 소수의 선택적 기억으로만 알려져 있었다.

하지만 이런 기억 대부분은 에드거 드가(Edgar Degas)가 세미라미스라(Semiramis)라는 이름의 가공의 바벨론 여왕을 그린 그림이나 유진 들라크루아(Eugène Delacroix)가 앗수르의 왕으로 추정되는 사르다나팔로스(Sardanapalus)를 묘사한 것에서 알 수 있듯이 그림자 같은 기억일 뿐이었다.

이러한 두 예술작품의 경우 모두 예술적 영감을 제공한 인물들은 헤로도투스, 니도의 트테시아스(Ctesias of Nidus) 및 여러 그리스 역사학자의 창작이거나 오보였다. 그러나 "성경의 땅과 사람들"에 대한 이러한 추적의 기억이 먼지투성이인 이라크의 우르, 바벨론, 니느웨의 유적이나 이집트의 역사적인 유적지를 방문하도록 여행자들을 자극하기에 충분했지만 이런 유적지의 이전 거주자들에 관해서는 실제로 알려진 바가 거의 없었다.

그러나 고대 근동의 회복은 18세기 후반과 19세기 초 유럽의 성경주의와 민족주의 충동의 혼합을 통해 크게 활기를 띠었다. 성경의 문서들을 순진하고 환원적인 것으로 이해하는 성경주의는 "성경 속의 땅"의 역사에 대한 대중의 관심을 불러일으켰다. 같은 시기, 민족주의의 북소리는 전 유럽으로 울려 퍼졌고 국가들은 고대 근동의 유물을 수집하기 위해 행진했다. 예를 들어 1778년 나폴레옹은 2천 명이 넘는 비군사 인력을 데리고 이집트에 도착하는데 이는 이집트의 지형과 역사를 기록하는 것뿐만 아니라 수천 개의 이집트 유물을 프랑스로 가져오는 것을 돕기 위함이었다. 그리고 고대 이라크에서는 영국, 프랑스, 이탈리아 그리고 독일 탐험가들이 보물을 발굴하고 포장하여 유럽으로 운송할 수 있기를 희망하며(텔[tells] 같은) 옛 폐허들을 파헤치려 했다.

18세기 말과 19세기 초의 고대 근동 탐험의 결과로, 수천 개의 문헌 자료가 학술 연구로 사용 가능해졌다. 고대 근동에 대한 유럽인의 인식 증가는 또한 19세기 중반까지 아카드 설형 문자와 이집트 상형 문자로 된 이 중요한 언어와 문자의 해독으로 이어졌다. 그러나 고대 근동의 회복은 20세기까지 계속 이어졌다. 예를 들어 1915년에 아나톨리아에 있는 보아즈칼레(Boğazkale) 유적지에서 설형 문자로 쓰인 지금까지 알려지지 않은 언어가 해독되었는데 히타이트의 언어였다.

히타이트인들의 언어와 전통의 발견은 특히 주목할 만한데, 히타이트는 히브리 성경에 짤막하게 언급된 것 외에는 알려지지 않았기 때문이다(고전자료에는 전혀 언급되지 않았다). 그리고 또한 보아즈칼레가 발굴된 지 얼마 되지 않아 오늘날 시리아 해안을 따라 위치한 라스 샤므라(Ras Shamra)의 유적에서 알파벳 설형 문자로 쓰인 석판이 발견되었다(1930). 현재까지 이 유적지에서는 우가리트어(Ugaritic)로 알려진 북서부 셈어(Northwest Semitic language)를 보존하는 약 2천 개의 알파벳 설형 문자 석판들이 발굴되었다. 우가리트어는 30개의 모양이 있는 설형 문자를 사용하여 쓰였으며 언어학적으로는 고전 히브리어와 유사하다. 마지막으로 새로운 언어와 문학의 발견 외에도 고고학적 발굴은 잘 알려진 초기 로마 시대의 사해문서와 이전 시대의 수백 개의 비문 등 다수의 문서 유물을 이스라엘 팔레스타인 영토에서 찾아내어 우리가 성경 세계를 이해하는 데 이바지하고 있다.

2. 고대 근동 문서 자료 개요

"대본"이라는 제목의 이 장에 포함된 많은 부분은 고대 근동, 즉 이집트와 이스라엘-팔레스타인, 아나톨리아와 시리아-메소포타미아에 이르는 지역에서 회수된 문서 자료에 중점을 두고 있다. 때때로 이런 장들은 "문학"이라고 불릴 수 있는 일종의 순수문학(belles letters) 같은 문화적 가치를 지닌 자료들을 다룬다. 다른 경우에 일반적인 자료가 다루어질 수 있고 이는 기록문서 또는 비문학적 문서로 표현될 수 있을 것이다. 이렇게 광범위하게 정의된 두 개의 범주가 결코 고대 근동 문명에서 나온 모든 문서 자료를 포함하지는 않지만 그런데도 이 범주들은 고대 근동의 엄청난 양의 문서를 이해하는 데 도움이 되는 유용한 공식(heuristics)을 제공한다.

3. 문학적 자료

고대 근동의 문학적 자료로는 서사시, 신화, 주문, 의식, 찬가, 기도문, 애가, 지혜를 가르치는 (또는 지혜) 문학, 재미있는 작품, 기념비적 혹은 전시용 비문 및 다른 종류들을 포함한다. 문학적 자료는 고대 근동 문명의 문화, 철학 및 종교적 사고에 대한 독특한 통찰력을 제공한다. 그러므로 비록 대부분의 고대 근동 문서 자료가 비문학적인 성격을 띠지만, 문학적 자료들이 가장 큰 관심을 받는 것은 놀라운 일이 아니다. 아카드어의 설형 문자와 이집트어의 상형 문자를 해독하는데 중심적인 역할을 한 것은 결국 왕실 비문이었다.

더욱이 새롭게 해독된 고대 근동의 언어들의 문학적 전통에 관한 관심은 고대 근동의 고고학 초기의 우연한 발견들로 인해 일부 늘어났다. 예를 들어 1872년 조지 아담스(George Smith)의 성서고고학회(the Society of Biblical Archaeology) 강의는 고대 근동의 문학적 자료의 우수함과 문학적 자료에 대한 흥미를 증가한 우연한 유물 회수 두 가지 예의 역할을 한다. 영국 앗수르 학자였던 스미스는 자신의 강의를 통해 윌리엄 글드스톤(William Gladstone) 총리를 포함한 저명한 청중 앞에서 자신의 연구를 발표했다. 그의 강의 내용은 후에 표준 바벨론판(the standard

Babylonian version) 길가메시 서사시(the Epic of Gilgamesh)의 11번째 석판이라고 알려졌다.

이 석판은 인류를 벌하기 위해 홍수를 일으키는 메소포타미아의 신들에 대한 흥미로운 이야기를 전하는 서술 시(narrative poetry)를 포함하고 있다. 주인공인 우트나피쉬팀(Uta-napishti)은 노아처럼 배를 만들어 신의 진노로부터 살아남으라는 지시를 받는다. 스미스는 오랫동안 잃어버렸던 고대 근동의 전통과 설형 문서와 히브리 성경(창 6-9장 참조) 간의 현저한 유사점들로 청중들을 사로잡았다. 실제로 엄청난 파장을 이르킨 스미스의 연구는 강력한 지지를 끌어내는데, 이는 구약성경의 전통을 더욱 밝혀줄 추가적인 문학작품을 찾기 위해 이라크 니느웨에서 영국 고고학적 조사를 재개하는 형태로 나타났다. 니느웨(쿠윤직[Kouyunjik])에서 진행된 영국 발굴 초기에 나온 우연한 발견은 고대 메소포타미아 문학 자료 중 가장 큰 단일 컬렉션을 구성하게 되었다.

4. 비문학적 자료

비문학적 자료라는 범주에는 서신, 법률 문서, 필기 연습, 행정 자료 등의 문서가 포함된다. 위에서 언급된 것처럼 비문학적인 자료는 문학적인 자료와 비교하여 봤을 때 고대 근동으로부터의 문헌 대부분을 차지한다. 예를 들어 우카리트어 문헌 중 알려진 문학적인 자료는 200개 미만이지만, 거의 1,800개의 비문학적인 자료가 도출되었다. 마찬가지로 위에 언급한 쿠윤직에서 회수된 방대한 "문학" 자료를 보아도 30,000개의 석판 중 소수만 문학적 자료라고 불릴 수 있다.[1]

비문학적 자료의 양과 그들이 담고 있는 정보는 모두 고대 근동의 문명을 이해하기 위해 매우 귀중한 것이다. 특히 비문학적 자료에 관한 연구는 종종 고대 근동의 삶과 사회에 관한 탁월한 관점을 보여 준다. 예를 들어 히브리 성경은 고

---

1 니네베에 있는 "도서관"의 고대 목록에 따르면 "2300개의 문서 중 10개의 석판만 '순수문학'(신화, 서사시 등)에 속하기에 걸맞은 장르를 차지하고 있었다"(Charpin 2011, 196).

대 이스라엘의 유월절(Pesach)과 속죄일 (Yom Kippor)을 포함한 의식 달력에 대한 자세한 설명을 제공한다.

그러나 B.C. 10세기경 페니키아어로 쓰인 소위 게셀 "달력"(Pardee 2013, 226-46)은 한 해의 계절에 대한 다른 관점을 제공한다. 필기 연습이었을 수 있는 게셀 "달력"은 특정 작물을 심고, 수확하고, 가공하는 가나안 땅의 농업 절기를 기록한다. 마찬가지로, 이집트 파이윰(Faiyum)으로 들어가는 길 근처에 있는 엘-라훈(el-Lahun)에서 발견된 수백 파피루스는 이 피라미드 마을의 농부, 금속 노동자들, 어부들 그리고 다른 사람들의 삶의 사회적 그리고 시민적 측면에 대한 우리의 이해를 돕는다.

특히 행정 문서는 이 지역 주민들의 근무환경과 도시 안의 가구 구성을 보여 준다. 이 유적지의 법률 문서는 상속문제 및 다양한 상업적인 거래 같은 사회적 관행을 추가로 드러낸다. 두 가지 사례만 언급한 이런 비문학적인 문서들은 우리를 고대 근동의 삶을 구조화한 일상의 경험과 실천과 연결하는 데 도움이 된다.

5. 고대 근동과 성경 자료의 통합적 독해로 가는 길

고대 근동 문명의 지적, 문화적 업적을 기록한 문학적 자료와 더 전통적인 삶의 현실을 기록하는 경향이 있는 비문학적 자료는 성경 문학과의 비교 연구를 위한 풍부한 자료집을 나타낸다. 동시에 성경과 고대 근동 자료를 통합하는 데 많은 어려움이 있다. 근동과 성경 문학의 관계에 관한 논의의 촉매 역할로 학문의 역사에서 잘 기억될 한순간은 프레드릭 델리츠 교수가 1902년 독일오리엔탈협회(the Deutsche Orient-Gesellschaft)에서 강의한 세 가지 강의 모음이다. 이 강연을 통해 델리츠는 바벨-성경 논쟁(독일어 Babel-Bibel-Streit; 영어 Babel and Bible Debate)을 유발한다.

부분적으로 이 논쟁을 촉발한 것은 메소포타미아의 문헌과 성경의 유사점이 이스라엘이 바벨론 사람들로부터 빌려온 결과라는 그의 도발적인 주장이었다. 이 생각 자체가 완전히 새로운 것은 아니지만, 델리츠는 더 나아가 이스라엘 문학, 특히 그 윤리적 사고는 지적으로 파생된 것이며 메소포타미아의 출처에서 발견되는 것보다 열등하다고 주장했다.

델리츠의 강연은 격렬한 비판을 담은 답변에서 더욱 뉘앙스를 풍기는 비평에서 진심 어린 긍정까지 다양한 반응을 불러일으켰다. 그러나 델리츠의 강연이 비교 연구에 관한 토론에서 이정표가 된 것은 그의 도발적인 주장뿐만 아니라 그가 성경과 고대 근동 문학의 관계에 관한 명확한 방법론적인 문제점들을 건드렸다는 사실이다(더 자세한 내용은 Larsen 1996 참고).

고대 근동과 성경의 관계를 설명하거나 이 두 자료를 어떻게 같이 읽을 것인가에 관한 토론은 오늘날까지 계속되고 있다. 델리츠의 강연을 통해 던져진 질문들에 대한 답변은 쉬운 것이 아니다. 그러므로 여기에 제시된 것은 이러한 어려운 점을 해결하기 위한 것이 아니라 오히려 일종의 서문(prolegomenon) 역할을 하기 위한 것이다. 즉 이제 다뤄질 내용은 고대 근동과 성경 자료를 통합하기 위한 출발점으로 사용될 예비 지침서다. 고대 근동과 성경 문서를 비교해서 읽는 것은 엄격하고 세심한 주의를 필요로 하지만 이 작업의 보상은 상당하다. 종종 성경 문서가 고대 근동 전통에 의해 영향을 받았다고 판단할 수 있다.

예를 들면, 이 사야 27:1은 우가리트의 바알 신화에 나온 내용과 매우 유사한 가나안 전통에 대한 인식이 있었음을 나타낸다. 그러나 다른 경우에는 고대 근동 자료가 성경의 본문을 더 능숙하게 해석하기 위한 환경을 제공하거나 그 반대의 경우도 있다는 더 보편적인 결론에 도달할 수 있다. 성경과 고대 근동 문명은 인접 지역과 같은 시기에 만들어졌다는 공통점을 공유하고 있다. 다시 말해 성경 문학이나 고대 근동의 문자적 전통은 상응하기 때문에 서로를 배경으로 비교함으로써 각각 뚜렷한 점이 더 선명하게 드러날 수 있다.

현실적인 목적을 위해 3개의 고려사항은 고대 근동과 성경 자료에 대한 통합적인 독해를 시도하는 데 도움이 될 것이다. 이러한 관찰은 결코 포괄적인 해석학적 원리로 의도된 것이 아니다. 제기된 문제들도 개별적인 문제가 아니라 실제로 이러한 고려사항들은 때때로 겹치게 된다. 그러나 이들은 고대 근동과 성경 자료를 서로에게 연관시키는 복잡한 작업의 길잡이가 되어주는 휴리스틱이다. 이러한 고려사항 중 첫 번째는 특히 고대 근동 자료와 관련이 있다. 두 번째는 성경 본문의 뚜렷한 특성에서 시작되고 마지막 고려사항은 고대 근동 및 성경 자료 모두와 관련이 있다.

첫째, 고대 근동 자료에 관한 연구는 우리가 자료의 인위성(artifactuality)이라고 부르는 것을 고려해야 한다. 다시 말하지만 고전 문헌의 대부분(예, 플라톤, 아리스토텔레스, 헤시오드, 호르메르)이 전통의 흐름을 통해 우리에게 내려오기는 했지만, 거의 모든 고대 근동의 문서는 이 지역의 유적 탐사를 통해 회수되었다.[2] 이상적으로 하면 고대 근동의 자료는 올바른 고고학적 발굴로 출토되었다. 고고학의 경우 문제의 핵심(sine qua non)은 맥락이다. 유물은 특정 지역, 도시, 건물, 방 등 특정 장소에서 발굴되며 특정 시간에서 온다.

문서 자료가 출토된 시간과 공간적 맥락은 이런 고대 자료의 이해를 형성하고 지도하는 데 도움을 준다. 예를 들어 일부 작품은 단 한 권의 현존하는 사본으로만 알려져 있고 고대 근동에서도 널리 분포되어 있지 않았다. 그 대표적인 예가 아카드어로 된 작품인 니푸르의 가난한 사람(the Poor Man of Nippur)이다. 이 이야기는 니푸르의 가난한 거주민에 관한 것으로, 그는 도시의 통치자로 불경심을 받고 있다 교묘히 복수한다. 그것은 술탄테페(Sultantepe)의 주변 부지에 나온 사본과 니느웨에서 발견된 작은 파편을 통해서만 알려졌다. 이 때문에 이 문학적 자료가 고대 근동 전역에 널리 알려졌다고 생각할 수는 없다.

더욱이 이 자료는 B.C. 7세기에만 나타나기 때문에, 고대 근동이나 성경 중 미리 저작된 문서 자료에 미친 영향력을 판단하기는 상당히 어렵다. 그에 비해 이른바 함무라비 법전은 수많은 예시로 나타나고 있다. 이 법률 조항들을 포함하고 있는 루브르박물관의 유명한 돌비 외에도 이 법들의 일부가 새겨진 점토판들이 메소포타미아에서 그리고 어쩌면 가나안에서도 회수되었다.

또한, 이 법전은 거의 천년이라는 기간 복사되고 재복사되었다. 마찬가지로 천년이 넘는 기간 동안 수많은 표본을 통해 열린 길가미스 서사시도 비슷한 상

---

[2] 많은 문서 자료는 고고학과 관련해 엄격하고 과학적인 기준들이 정해지기 이전에 발견되었고, 그 결과 이러한 자료들은 그들의 인공성과 관련하여 잘 이해되지 못했다. 마찬가지로, 이라크와 시리아에 관한 뉴스 머리기사에 가장 두드러지게 반영된 오늘날 중동 여러 곳에서 지속하고 있는 문화유산의 약탈은 고대 근동 문헌의 인위성과 관련하여 해석에 비슷한 어려움을 제기하고 있다.

황에 놓였는데 서사시는 메소포타미아부터 하티까지, 우가리트부터 므깃도에 이르기까지 입증되었다. 넓은 지리적 거리와 오랜 기간에 걸쳐 배포된 이런 자료들은 성경을 포함한 고대 근동의 다른 전통에 영향을 남겼으리라 예상한다.

공간 및 시간적 맥락 외에도 비문 유물은 외형적 특징을 중심으로 탐구할 수 있다. 고대 근동의 문서들은 다양한 매체 위에 쓰였으며 지질학적 구성, 모양 및 크기의 연구를 통한 분석을 할 수 있는 수많은 물리적 특징을 가지고 있다. 예를 들어 자료나 문서가 기록된 매체의 모양은 해석에 큰 영향을 줄 수 있다. 메소포타미아에서는 한 개의 구멍이 있는 특정 모양의 점토판 위에 문자를 적어 재난을 막거나 부적으로 사용되는 경우가 많았다.

따라서 전염병과 파괴의 신인 에라(Erra)와 이숨(Ishum)이 등장하는 신화 일부분은 전염병을 막기 위해 그러한 명판에 쓰일 수 있었다(Reiner 1960 참조). 또한, 금속 위에 새겨진 북서부 셈족 비문은 비슷한 기능을 위한 것이었을 것이다. 그러므로 예루살렘 무덤에서 발견된 아론의 축복(민 6:22-27)을 새긴 두 개의 은 두루마리는 히브리 성경의 일부 내용을 포함한 최초의 이 유물이 마법적으로 사용되었음을 나타낸다(Smoak 2016).

둘째, 성경과 고대 근동 자료를 통합하려 할 때 성경의 다양한 비평학적 조사 방식을 고려해야 한다. 히브리 성경은 주로 다양한 전통을 통한 전승의 산물이기 때문에, 성경 본문의 최종 형성과정(the final formation)은 전문인들 사이에서 중요한 논쟁거리가 되고 있다. 히브리 성경의 형성에 관한 연구는 본문 비평 분석에서부터 역사 비평 접근에 이르기까지 다양한 방법을 포함한다. 이런 다양한 형태의 비평은 성경 문학의 내용과 역사적 맥락을 다루는 데 도움이 될 수 있다. 고대 근동과 성경 자료를 통합하여 읽기 위한 모든 노력은 성경 본문의 최종양식을 있게 한 편집자와 전통 계승자들의 역할을 포함한 문서 전승 과정에 관한 문제들을 진지하게 고려해야 한다.

셋째, 고대 근동과 성경 자료 모두 본문성(textuality)과 관련하여 조사되어야 한다. "본문성"이라는 용어도 문제가 많지만, 이 장에서는 본문의 언어적 특성을 특징짓는 수없이 많아 보이는 요소들을 언급하기 위해 사용된다. 즉 고대 근동의 문서는 그들의 장르, 주제, 무수한 양식적 특징, 어휘, 문법, 어형론 또는 음운학까지 여러 수준에서 고려 될 수 있고 또한 이것들과 이외의 많은 특징 모두 개별적으로 텍스트성을 구성하는 데 도움이 된다. 그리고 고대 근동과 성경적 자료를 비교하고 대조하기 위해서는 그들의 텍스트성과 관련하여 철저히 조사해야 한다.

장르와 주제는 고대 근동과 성경 문서에 관한 논의에서 가장 일반적으로 다루어지는 텍스트성의 측면 중 하나다. 예를 들어 피라미드 문헌에서 나타나는 이야기나 샤바카 석(the Shabaka Stone)에 보존된 설명과 같은 기원에 관한 몇 가지 이야기가 고대 이집트로부터 알려졌다(다른 고대 근동 문명의 이야기는 말할 것도 없다). 이집트의 기원에 대한 설명은 주요 세부사항에서 서로 크게 다르지만, 이런 문서는 이집트와 성경 문헌 모두에서 나오는 "창조 신화"의 장르를 형성한 형식 및 주제적 요소에 대한 감각을 느끼는 데는 도움이 된다(예를 들어 창 1장).[3]

마찬가지로 현존하는 히타이트 조약과 앗수르의 충성 선서는 출애굽기-레위기와 신명기에 기술된 언약의 성경적 개념과 함께 주종관계(suzerain-vassal relations)를 형성한 규정을 명확히 하는 데 도움이 된다. 그리고 메소포타미아 작품 아트라-하시스(Atra-Hasis), 에타나(Etana) 및 아다파(Adapa)는 인간의 사망이라는 주제에 관한 관심을 나타내고 있는데 이 주제는 창세기 2-3장과 히브리 성경 다른 곳에서도 다루어졌다.

비문학적 문서 역시 텍스트성과 관련된 중요한 문제에 이바지한다. 예를 들어 고대 마리(텔 하리리[Tell Hariri])의 서신은 서술에도 사용되는 수사 전략(rhetorical strategies)을 엿볼 수 있게 해준다. 이 서신의 문서에 세심한 주의를 기울이면 이들을 보낸 사람들이 사용한 설득과 논쟁의 언어적 전술을 드러낸다. 마찬가지로 우가리트의 행정 자료도 북서 셈어에 관한 중요한 언어학 및 어휘적 자료를 제공한다. 그리고 히브리 비문의 증거는 고전과 성경 히브리어의 철자법을 더 잘 이해하기 위한 정보를 제공한다.

---

3 고대 근동과 히브리 성경에 나오는 기원에 관한 이야기들은 Walton 2009a를 참조하라.

6. 결론

결론적으로 고대 근동과 성경 자료를 통합적으로 읽는다는 것은 이러한 자료의 많은 특징에 대해 사려 깊은 주의를 요구한다. 동시에 이 학제 간 연구는 지적 보상을 약속한다. 성경과 고대 근동의 연구는 역사에 대한 중요한 관점을 제공하고, 지속적인 인문주의적 통찰력을 포함하며, 중요한 신학 전통을 보존하는 근원에 대한 새로운 창조적 해석을 촉진할 가능성을 가지고 있다.

제12장

메소포타미아 문학

다니엘 C. 듀엘(Daniel C. Deuel)

1. 개요

"메소포타미아 문학"이라는 용어는 티그리스와 유프라테스강 사이의 비옥한 초승달 지대(the Fertile Crescent) 북동쪽 끝 지역에서 출처 문서 유물을 말한다. 여기에는 예를 들어 외국 왕에게 보내는 외교 편지처럼 메소포타미아에서 유래했지만, 사신, 무역상, 행상인 또는 다른 여행 관리들이 다른 지역으로 운반한 문서를 포함한다. 메소포타미아 서기관들은 글을 능숙하게 작성하고 복잡한 문자 상용 체계를 다루는 법을 배웠다.

2. 문서 작성(Text-Building)

1) 문서 작성의 배경

왜 고대 근동 사람들은 문서를 생성하였을까?
메소포타미아인들은 거래기록, 목록의 기억, 지도, 역사 및 신화적인 기록, 문서를 전달하는 사람에게 행정 권한 임계, 사회의 모든 영역에서 의식, 절차 및 거래에 대한 서면 기록 유지를 포함한 다양한 이유로 문서를 작성했다. 고고학자들이 고대 기록보관소, 서류, 알 수 없는 발견지점에서 발견 한 많은 양과 종류의 서류로 판단할 때, 문서가 해결한 가장 큰 요구 중 하나는 행정관(administrator)이 대리인(agent)과 원거리에서 작업을 수행할 수 있도록 권한을 부여하는 것이었다는 것을 알 수 있다. 문서는 효과적인 대리 존재를 통해 원거리에서 행정적 요구에 대응하는 것을 가능하게 했다.

누가 문서를 썼으며 사용하였을까?

보편적으로 말하면 훈련된 서기관들이 문서를 작성했는데 이는 "고대 근동에서 글을 읽고 쓸 줄 아는 능력은 항상 제한되어 있었고 오직 서기관과 더불어 정부와 신전 관리 등 상류계층만이 읽고 쓸 수 있기" 때문이었다(Michalowsky 1995, 2279). 서기관들은 설형 문자뿐만 아니라 장르의 형식과 기능을 포함한 문학적 관습에 대해서도 교육을 받았다(Postgate 2013, 48). 학생들은 훈련 연습으로 글자를 썼고, 기량이 뛰어난 서기관은 지식인들의 필요를 충족시키기 위해 문서를 생성했다. 이 전문 지식 범위 내에서 문서의 품질은 서기관의 능력을 반영한다. 공유된 문서 특징은 서기관들, 그들의 훈련과 그들의 사회 배경 속에서 지속하는 상호 작용으로 이유를 찾을 수 있다(van der Toorn 2007, 1-3). 일반인구의 문맹률은 아직 이해하지 못했다(Rollston 2010, 94-95).

예를 들어 글을 모르는 전문 요리사가 기록된 레시피와 요리 절차를 활용할 때에는 글을 아는 사람이 읽어주는 것에 의존했을 것이다(Bottéro 1995b, 6). 이 외에 또 다른 공통점뿐만 아니라 변수를 염두에 두어, 저작권을 어떻게 이해해야 하는가?

저작권은 복잡한 문제다. 문서작업은 주로 국가가 후원한 것이었지만, 그렇다고 왕과 다른 정치 및 종교 관리들이 단순히 글을 쓴 서기관들에게 받아쓰게 한 것은 아니다(S. Sanders 2015a, 114). 놀랍게도 왕들은 사회의 다른 영역을 다룰 때 그들의 언어 수준을 변화시켰다(Liverani 2014b).

이것은 서기의 관례였을까, 아니면 언어 능력의 수준에 대한 왕이 스스로 한 실용적인 대응이었을까?

모두 해당할 수 있다. 더욱이 문서는 종종 논쟁이나 사과의 형태로 선전적 역할을 해왔다.

이러한 잠재적으로 미묘한 정치적 도구의 문학적 관습은 왕들의 작품이었을까, 아니면 더 문자적으로 정교한 그들의 서기관의 작품이었을까?

비록 편지와 같은 행정 문서는 복잡한 신분 관례를 사용했지만, 대부분 초기 신화는 우리가 발견한 것처럼 익명이었다. 그러나 메소포타미아 밖으로는 의식 및 축제를 기록한 히타이트의 문서가 저자의 이름을 지니고 있어 표면적으로 서기관 공동체의 일원들이 오늘날 현대 교수들의 도서관 예비 열람목록과 유사한 방식으로 문서들을 회수할 수 있도록 했다(Gordin 2015, 115).

고대 메소포타미아 문서에는 어떤 언어들이 사용되었나?

B.C. 2000년의 주요 메소포타미아 언어는 아카드어, 아모리어, 후르리어와 수메르어였다. 아랍어와 아람어는 B.C. 2000년 후에 사용되기 시작한다(Postgate 2007, 1). 본 연구에서 대상으로 하는 문서는 설형 문자 및 알파벳 문자로 되어있다. 놀랍지 않은 것은 가장 오랫동안 보관된 기록이 고대 근동에서 유래 한 것이지만 "놀랍게도 이 기록보관소의 목적, 기능 및 관리에 대해서는 거의 알지 못한다는 것이다"(Brosius 2003, 1). 예상대로 메소포타미아 토착어 이외의 언어로 된 문서도 메소포타미아 기록보관소에서 발견되지만, 대부분은 메소포타미아에서 유래되지 않았다.

문서들은 어떻게 무리로 묶이고 연구를(treatment) 위해 분류되는가?

문서를 연구하는 표준 방법은 고고학자가 미래의 사용을 위해 서류 또는 집합체로 체계적으로 정돈한 석판들을 출토하면서 시작된다. 일부는 버려진 그곳에서 발견된다. 그러고 나서 언어학자들은 이 원문을 번역하고 분류함으로써 연구를 한다.

사용 가능한 메소포타미아 문서의 전체는 여러 가지 방법으로 나눠질 수 있다. 먼저, 문서는 전시되거나 저장된 장소에 기초하여 이해될 수 있다. 기념비적 문서는 부호와 오벨리스크(obelisk) 또는 다른 매체를 통해 나타난다. 보관된 자료는 신전이나 궁전과 같은 공무용 유적지 또는 집이나 직장과 같은 개인 장소에서 수집한 것이다. 전형적으로 복합적인 문서인 정본 문서(Canonical texts)는 일반적으로 왕실 또는 종교적 기록보관소에서 발견되며, 일부 상황에서는 서기관 교육 과정으로 쓰였을 수 있다(van der Toorn 2007, 244, 47; Rochberg 1984, 127-44). 위에 언급된 것 같이 메소포타미아의 기록보관소는 메소포타미아 외부지역의 언어로 쓰이고 장르로 짜인 문서를 포함할 수 있다. 문서는 또한 성전, 궁전, 학교, 법원, 무역 또는 개인 공간과 같은 사용 위치에 따라 분류할 수 있다. 마지막으로 문서는 이념적, 군사적, 경제적 혹은 정치적 활동 범위를 포함한 광범위한 기능적 구조 안에서 설명될 수 있다(E. Morris 2013, 60). 에누마 엘리쉬(Enuma Elish, "그때 높은 곳") 같은 일부 문서는 문서에서 사용되는 단어, 특히 문서를 시작하는 단어를 기준으로 제목이 지정된다.
　왕의 평판은 문서의 목적에 큰 영향을 미쳤다. 통치는 관료 시스템에 의해 관리되었지만, 통제권을 행사할 책임은 왕에게 있었다. 결과적으로 운 또는 재앙에 대한 왕의 명성은 종종 그들이 만든 문서의 다른 관심사에 답도 했다. 왕의 집권은 백성을 돌보는 기준으로 평가되었다(Arnold 1994, 138-39; Millard 2012, 199). 각각의 새로운 서기관 세대는 왕들의 전체적인 성공이나 실패에 대한 인식을 바탕으로 왕들의 기억을 향상, 보존, 손상을 심지어 지웠다. 선전은 현재 혹은 이전 왕의 통치에 대한 관점을 수정하거나 만들 수 있다. 그러므로 분류에 대한 문제를 고려할 때, 우리는 문서는 종종 표면적인 내용 말고 다른 목적이 있었다는 것을 알아야 한다.

2) 문서 작성의 순서

　문서는 언제 작성되었으며 어디에서 왔는가?
　수메르어로 쓰인 최초 문서는 고대도시 우르크의 지층 IVB에서 출토되었고 B.C. 3150년경의 것이다. 가장 최근의 문서는 A.D. 100년 정도의 것이다. 수메르어가 르네상스 같은 부활기(B.C. 2100-2000년경)를 경험했고 이 때문에 대부분의 수메르 문학적 문서는 구 바벨론 시대(B.C. 2000-1600년경) 이후로 연대가 측정된다. 고아카드어(Old Akkadian; B.C. 2400-2000년경)와 이후의 바벨론 및 앗수르 방언으로 구성된 아카드어의 수명은 2,500년이었고(Black 2007, 6) 대량의 문서를 출판하는 전성기를 B.C. 2000대 말과 1000년대에 누린다. 행정 및 다른 유형의 문서들이 발견된 고고학적 유적을 근거하여 문서들의 연대 측정이 가능하지만 문학적 문서의 연대는 이렇게 쉽게 측정되지는 못한다(Michalowski 1995, 2279).
　고대 메소포타미아 인들이 작성하고 사용하였던 문서에 대해 아는 것은 무엇인가?
　우연한 발견(the accident of discovery)이 문서들을 찾고 연구하는 역할을 한다. 불행히도, 고대 근동의 텔(tells)에서 발견된 문서 중 극소수만이 고고학적으로 발굴, 연구 및 출판되었다. 추정치는 약 1%다. 연구 및 출판이 된 문서들은 많은 언어와 방언을 사용한 2,500년의 문학 생산을 재구성하기 위한 기초로 사용된다. 더욱이 유적지에서 문서는 보통 고르지 못하며 궁전 및 성전 기록보관소에 가장 집중되어 있다. 어느 정도 예상할 수 있듯 경제체제가 붕괴하고 적들이 착취하고 공격할 때 행정적 임무와 이와 관련된 문서는 기하급수적으로 늘어난다. 내부 반란이 있을 때 문서생산은 중단 된다(Millard 2005a, 302-5). 적들의 공격에 의한 파괴 외에, 문서들은 그들의 목적을 달성한 후에는 함부로 다루어지는 이유 등으로 종종 파괴되었다. 다수의 문서는 전달자에게 일종의 행정 권한인 인가를 부여했다.

문서는 어떻게 제작되나?

일반적으로 "문서 제작과 전승은 장르와 참가자에 의해 진행되었다"(S. Sanders 2015a, 119). 특정한 필요성에 따라 서기관이 만들어 갈 문서의 장르가 결정되었다. 메소포타미아의 문서 작성에 사용된 재료는 암석표면, 물품, 연한 점토, 납 판, 상아, 나무, 금속, 양피지나 가죽 및 일종의 종이가 포함된다. 쐐기 모양의 쐐기꼴 기호는 끝이 삼각형 모양인 갈대로 만들 철필(stylus)로 점토판에 쓰였다(Pearce 1995, 2266-67).

초기의 (B.C. 2500년경) 문서들을 보아도 짧은 작문들이 편찬되어 여러 판에 복사되었다(Visicato 1995, 3). 비록 내용을 기록하는 데는 장점이 있었지만, 다수의 계약 및 다른 법적 합의는 구두 전승과 기억으로 남았다. 이들 중 일부는 결국 문서로 기록되었다(Millard 1999b, 238). 제작이 완료되면, 이런 판들은 종종 방지 및 사생활 보호를 위해 점토 봉투에 싸였고, 제작자의 이름 등 중요한 세부사항들이 봉투에 적혀있었다.

서기관 문화는 사상과 관습을 나누었지만, 혁신 또한 허용했다. 길가메시 서사시는 수천 년에 걸쳐 진화했다. 12개의 판에 나뉘어 쓰였을 때는 현재 남아 있는 고대 근동 작품 중 가장 긴 작품 중 하나였다.[4]

길가메시 서사시 작품의 역사는 서기관들의 편집을 다수 보여 준다(Tigay 1982, 1-3). 이러한 편집 양식은 히브리 성경의 구성을 이해하는 데 사용되었지만(Tigay 1985), 결과에 반대하는 사람들이 있었다(Person and Rezetko 2016). 더불어, 비록 메

---

[4] Chrisotomo를 따라서 본 조사에서 "'문서'라는 단어는 개별 개체를 뜻하며, '작품'은 대략 표준화되고 인식 가능한 문학적 작품 같은 업적을 말한다"(Chrisotomo 2015, 122).

소포타미아가 아닌 다른 지역이지만, 최근 히타이트 문서에 관한 연구는 편집은 의식적인 수정의 결과가 아니라 잘못된 암기에서 비롯되었다고 제안한다(Marcuson and van den Hout 2015, 14).

개별적 서기 문화는 특유의 서기 관행을 썼을 뿐만 아니라 또 한 독특한 신학 사상을 받아들였다. 다른 한편으로, 공유된 서기관들의 지식은 왜 "우주에 대한 메소포타미아의 이해가 2500년 동안 놀라울 정도로 일정하게 유지되었는가"를 설명하는 데 도움이 될 수 있다(Horowitz 2011, xiii). 게다가 서기관들은 종종 야심 찬 통치자들의 정치적 안건을 선전했고 지배자들을 곤란하게 하거나 그들의 명성을 손상할 수 있는 반대세력을 검열하여 삭제했다. 간단히 말해서, 서기 문화는 공유된 내용과 관행을 유지를 보장하지 않았고 문서 작성과 전승뿐만 아니라 많은 요소가 문서의 내용을 형성했다.

서기 관습은 일정하지 않으며 작가에 대한 포괄적인 일반화를 허용하지 않는다. 서기관들이 문서 작성과 문서 복사를 다르게 보았는지 혹은 편집이 작성과 확연히 다를 것이라고 여겼는지는 확실하지 않다(S. Sanders 2015a, 114). 이는 문서의 구성 방식뿐만 아니라 복사, 전승, 집성(compilation) 및 편집 방식에도 적용된다(Crisistomo 2015, 122). 이는 또한 문서 수집 및 저장 방법에도 적용되었다.

저자가 원고를 쓰고 다음 세대의 서기관들이 이를 한 글자 한 글자씩 복사했다는 가정은 복잡한 과정을 지나치게 단순화한 것이다. 더욱이 "서기관들이 원본을 항상 성실하게 복사했을 것이라는 무언의 가정은 명백히 부정확하다"(Civil 2011, 229). 문서 작성은 시각적 복사, 암기 및 의식적 혁신과 같은 다양한 방법을 사용했다(S. Sanders 2015a, 114-15; Crisostomo 2015, 138).

문서 장르는 형태적으로 유동적이고 기능적인 면에서 적응력이 있다. 실제로 장르는 형태나 기능 면에서 상당한 변화를 겪을 수 있다. 장르 변환을 위한 변수로는 "문자가 만들어진 목적과 사용된 방식"이 있다(Damrosch 1987, 38-39). 문서는 원래 목적을 다 이룬 후에 제2의 인생을 경험할 수도 있다(Maidman 1979). 예를 들어 매각된 자산을 설명하는 서신은 거래 후 세대와 매우 유사한 토지 소유권의 증빙 서류로 사용될 수 있다. 또한, 행정 문서 하나가 다른 문서들의 작성을 촉발할 수 있다(Deuel 2002). 흥미롭게도 결혼이나 입양과 같은 소규모 계약을 다루는 문서들은 대규모 국제 조약과 놀라운 유사성을 지니고 있다. 둘 다 계약이다(Millard 1999b, 238).

이러한 요소들을 모두 고려할 때, 메소포타미아 문학에 대한 정의와 분류는 아직 진행형이다. 아직 산문(prose)과 시가(poetry)를 명확히 구분할 수 없다. 또한, 지혜 문헌 같은 문서의 전체적 체제와 범주가 계속 개선되고 있다(W. Lambert 1960, 1-2; Y. Cohen 2013, 8-9). 메소포타미아 문서 분류에 대한 통일된 주장은 잠정적으로 보류해야 한다.

서기관이 저술한 후에 문서들은 어디로 갔나?

왕들이 복잡한 행정 체계에 의존했기 때문에 서기관들은 왕실 밖에서 읽히고 많은 문서를 작성했다. 간단히 말하면, "왕은 자신의 영역에서 질서를 유지하기 위해 힘과 능력 있는 행정기관을 모두 사용했다."(Millard 1999b, 238). 문서는 이 두 가지 통치방법을 위해 존재했지만, 행정기관은 특히 엄청난 양의 문서가 필요했다. 왕권은 "실제로 상호의존의 관계 속에 좌지우지된다"(Pongratz-Leisten 2013, 286).

왕의 집권에 문서가 필요했던 이유는 왕권이 "고문단과 행정부의 정교한 체제"와 관계를 맺고 있었기 때문이다(Fleming 2004a, 237). 이것은 또한 왕들이 왕국의 다른 영역을 관리하기 위해 모든 종류의 대리인과 임무 수행에 의존했다는 것을 의미한다(Deuel 2015, 355-68). 일부 문서는 왕립 기록보관소에 행정 결정에 관한 기록으로 보관되었고 다른 문서는 전령을 통해 명령을 수행할 관직자들에게 전달되었다.

임무를 수행하는 대리인들은 다양한 방법으로 목적지에 문서를 전달했다. 주로 단거리를 직접 걸어서 운반한 사람들이 있었고 대상인, 배, 당나귀들은 다소 느리지만 긴 여정을 수행할 수 있었으며, 마차를 타던 전령은 가장 빠른 문서전달 수단 중 하나였을 것이다(Meier 1988, 82-89). 결국에는 말을 타는 전령들이 마차를 대신하여 주요 문서전달 수단으로 바뀌어 갔다. 페르시아 강세가 혹은 더 이른 시기에 왕들은 통신 체계를 해서 본질적으로 우편 제도와 같은 도로와 중계국 망을 건설하여 서신이 오가는 것을 가능하게 했다(Westermann 1928, 375-76). 통신 인프라를 구축한 왕들은 문서 배달체계를 활용하여 경제를 성장시키고 국경을 넓힐 수 있었다.

다양한 이유로 문서 관례는 바뀌었고 언어는 전파되게 된다. 항상 문서와 문서가 쓰인 언어는 학계, 외교, 상업 및 종교의 흐름뿐만 아니라 추방자 및 식민지를 점령하는 군인들로 퍼져간다. 이주하는 사람들 특히 변방에서 온 이민자들 또한 일반적으로 "국가의 역할이 확립되지 않았거나 불안정한" 지역(Bagg 2013, 122)에서 문서의 분산과 언어의 확장에 기여했다(S. Richardson 2010a, xxviii). 국경 지역은 불안정한 지역일뿐더러 언어가 변화하고 문서 혁신이 일어나는 장소였다(S. Richardson 2010b, 12-13). 사람, 그들의 언어, 그들의 문서 제작과 사용에 대한 변화는 끊임없이 새로운 사상과 관행을 만들어냈다. 당연히 장르와 문학관습도 이런 요소들과 함께 변했다.

3) 문서의 종류

왕의 손짓 하나로 다양한 문서와 이들 사용이 가능했다. 많은 행정 영역은 특정한 장르와 문서 기능들을 필요로 했고 이들의 상당수는 왕실 밖에서 사적인 용도나 가정뿐 아니라 성전에서도 사용되었다. 이제 언급될 문서의 이름, 범주와 설명은 따로 설명이 필요 없다. 이러한 자료도 형식과 내용 및 기능에 관련한 대략적인 판단에 근거한 것이다.

기록 보관용 문서. 행정관은 거래기록을 보존하기 위해 기록보관소에 의존하기 때문에 기록 보관용 문서는 가장 방대할 뿐 아니라 고대 행정관에게 아마 가장 중요한 기록일 것이다. 여기에는 행정목록과 재고, 영수증, 지출금, 계좌, 업무편지, 각서 및 개인적 편지가 포함된다. 잠재적으로 무한한 용도 중 서신은 왕실, 성문 및 왕이 있는 어느 곳에서 파송된 대리인들에게 권한을 부여했다. 각서는 행정적 결정, 실행돼야 할 추가 조치 등을 기록했고, 본래 목적을 달성한 후에는 부동산 취득 등에 대한 법적 증거로 남아 있었다.

왕실 문서. 건축물에 새겨진 비문은 공공건물 특히 신들의 지상 거주지이자 인간이 예배를 드리는 주요 장소였던 성전의 성결, 정화 및 봉헌과 같은 의식적 과정을 돕는 역할을 했다(Hundley 2013a, 69). 많은 문서는 덕망 있는 왕을 훌륭한 건축자로 묘사했으며 그렇게 함으로써 군주의 이름과 명성을 영속화했다. 건물을 처음 지을 때나 후에 수리 중에 쓰인 이러한 문서들은 일반적으로 그들이 다루고 있는 건물 안에 배치되었다(Hurowitz 1992, 27).

때때로는 성전 건축에 열심히 참여하는 왕을 묘사하는 그림이나 조각상이 같이 있었다. 이러한 조각상은 청동, 금, 은, 바위 또는 점토로 만들어졌으며, 원추형, 프리즘 또는 실린더 형태로 만들어졌고 구슬이나 다른 보석으로 장식되어 있었다. 집을 지키는 점토 조각상은 의식을 거행하던 예배 중 집안 건물 밑에 묻혔다. 왕실 연대기는 왕의 착취를 기록했다. 왕실 토지 보조금은 조약의 권위를 가지고 재산 소유권을 증명했을 뿐만 아니라 왕에게 선전적인 기회를 제공했다. 법령과 칙령은 법의 힘으로 공표하는 역할을 했다. 조약은 모든 수준의 관계에서 대규모 계약과 유사했다. 외교 서신은 일반적으로 표준 서신 형식을 따랐지만 특별한 인사말과 신분증명을 포함했고 고위 공무원이 전달할 것을 필수로 했다.

4) 연대기 및 관련 문서

왕들은 예를 들어 주요 건설 계획과 군사작전과 같은 그들의 강력한 행동을 기록했다. 이것들은 종종 상대적인 연대 측정 방법으로 사용되며 종종 왕실 기능도 있다. 날짜, 왕 및 이름 등의 목록은 연대기적 표식 역할을 한다. 연대기는 후세에 대한 왕의 명성을 확립하기 위한 자신을 찬양하는 용어로 왕의 우연한 모험을 보존했다. 이와 같은 종류의 가장 오래된 문서 중 하나인 와이드너 연대기(Weidner Chronicle)는 예측 가능한 체계 속에서 복 혹은 재난에 연관된 왕의 명성에 관심을 드러낸다(Arnold 1994, 138-42). 다른 역사적 문서들도 비슷한 목적이 있었다.

첫째, 추모 및 기념비적 비문. 현대적인 예배의 관념으로는 이상할 수 있지만, 신에게 봉헌된 조각상들은 신전에서 신을 숭배하는 예배자를 대표하는 역할을 했다. 봉헌 비문은 열정 신자들이 봉헌을 통해 바쳐진 기도문이었다. 장례 비문은 죽은 자를 대신하여 신에게 대리기도 비슷한 역할을 했다.

둘째, 예배의식 및 종교적 문서. 고대 근동 종교에서는 많은 종류의 문서가 임무를 수행했다. 이들 중 일부는 음악의 형태로 예배를 돕는 목적도 있었다. 메소포타미아 예배에서 사용된 악기는 비파(harp), 루트 및 수금(lyres) 같은 현악기와 플루트, 이중관(double pipe), 팬파이프(pan pipe) 등의 관악기, 드럼, 심벌즈 등의 타악기 그리고 다양한 뿔피리를 포함한다. 종교적인 노래, 찬가와 애가는 악기연주와 동반하여 예배시간의 가수(vocalists)들에게 불렸다. 종교적 문서에는 성전 의식과 기도문 또한 포함되어 있다.

셋째, 점술 문학. 메소포타미아인들은 과거에 대한 지식이 현재를 설명하고 미래에 대한 더 나은 준비를 가능하게 한다고 믿었다(Glassner 2004, xix). 전쟁에 나가는 것과 같은 특정한 행동을 취할 것인지 아닌지를 결정하는 것은 왕과 다른 관리들에게 중대한 사항이었다(W. Lambert 2007, vii). 중요한 문제를 놓고 신들과 상담해야 할 필요성 때문에 점술을 사용하는 절차와 방법이 만들어졌다.

이것들은 다양한 현상을 통해 신들의 뜻을 드러냈다. 미래를 알고 싶은 궁금증은 여러 가지 형태를 띠었다. 본질적으로 비정상적인 인간 의사소통인 예언은 예언자의 연설 또는 서신의 형태를 취했다. 왕은 동물의 내장을 검사하거나 태아 출생의 특징에 근거한 징조의 개요서(compendia)를 사용하여 신들을 조종함으로 군, 행정, 심지어 개인적인 모험에 좋은 결과를 얻고 나쁜 결과를 피할 수 있었다(Leichty 1970, 7-20). 의례, 신탁 질문, 그리고 보고서는 모두 질문을 하는 사람에게 귀중한 조언을 제공했다. 간이 펼쳐진 모양(liver models)은 동물의 내장을 해석하는 개요서의 역할을 했다.

넷째, 미래지식을 위한 메소포타미아 탐구는 또한 점성술과 천문학을 수반하기도 했다. 전문가들이 해석한 천문학적인 현상은 신들을 조종하고 좋은 미래 결과를 얻는 데 도움이 되었다. 징조 개요서(omen compendia)는 징조들이 목록화된 모음으로 사용되었다. 운 좋은 결과로 이어지는 결정을 내리기 위해 점성술 보고서, 천문 일기, 천문 판, 연감 등을 사용하여 신들의 메시지를 전했다. 신들의 힘을 빌리기 위해 사제들과 다른 관료들은 퇴마사의 지식을 사용하기도 했다. 그들은 악령을 퇴치하고 재난을 예방하는 의식(apotropaic and prophylactic rituals), 부적, 주문(spells and incantations)들을 통해 미래를 통제하려고 시도했다. 또한, 예언 및 진단적 징조, 의료적 방안 및 개요서와 달력과 관련한 징조(calendrical omens), 날짜로 보는 점(hemerologies) 및 연감학을 사용했다. 이 모든 기술은 운을 부르고 재난을 줄일 것을 약속했다.

다섯째, 업무를 지지하는 문서. 많은 문서가 행정 관료들과 다른 사람들이 그들의 업무를 수행하는 것을 도왔다. 측량 같은 계산을 해야 하는 작업에는 수학 문제 문서, 숫자 표, 지도와 설계가 있었다. 전문가들은 공예 관련 활동 지침서와 말 훈련(horse training) 문서를 작성했다. 때로 학교 문서라고도 불리는 교육용 문서는 표지목록, 어휘목록, 백과사전목록, 용어집, 문법표, 주석과 기타 학술서, 필기 연습 등을 포함한다. 이러한 문서들의 다수는 행정 체계 안에서 임무를 수행할 서기관을 훈련하는 것을 목표하는 교육과정을 구성했다.

여섯째, 순수 문학(belles lettres)은 신화, 서사시 및 서술시가 포함된다. 잘 알려진 문서는 서사시 길가메시와 창조 이야기 에누마 엘리쉬, 아트라-하시스 및 엔키와 닌마흐(Enki and Ninmah)가 있다. 이런 이야기들은 기원에 관한 관심을 충족시키려고만 존재한 것이 아니다. 이들은 마르둑(Marduk)이 어떻게 신들의 왕이 되었는지, 또 다양한 성전 공동체들이 그들의 위신을 얻게 되었는지 그리고 도시 국가 간의 서열이 어떻게 돼야 하는지 등의 신학적인 기능을 수행 했다(Clifford 1994, 200-202).

아트라-하시스는 인류가 우주가 돌아가는 것에 참여하는 것을 인간의 본성이자 기능으로 본다. 에리두 창세기(the Eridu Genesis)는 우주론을 다루는 문서의 모음집으로서 인류가 어떻게 문명화되었는지를 설명하고 사람과 동물의 창조와 더불어 도시, 예식 및 왕권의 기원을 묘사한다. 엘키와 닌마흐의 이야기는 두 신 사이의 분쟁으로 인해 사람들이 아프고 장애가 있고 노인이 된다고 설명한다.

다른 형태의 순수문학은 문학적 찬가와 헌신적인 시, 서정 및 교육적 시와 산문 및 지혜 문학 등이 있다. 길가메시 서사시의 주제 중 하나는 영생에 대한 인간의 욕망을 포함한 죽음과 불멸에 대한 인간의 관심사다. 민화뿐 아니라 속담과 우화를 포함한 민속 문학은 종종 공리주의적 목적을 가졌다. 예를 들어 니푸르의 가난한 사람은 관심 없는 관료주의를 맞닥뜨린 궁핍한 사람들의 곤경을 언급하면서 일종의 사회적 정의를 요구한다.[5]

---

5 본 연구의 제목, 분류 및 설명은 Andrew George(2007)의 연구에 빚을 지고 있다.

제13장

이집트 문학

닐리 슈파크(Nili Shupak)

1. 개요

히브리 성경과는 달리, 고대 이집트 문학에는 정경이나 정돈된 문헌집이 존재하지 않는다.[6] 일부 학자들은 공식 의학, 수학 및 마법 문서를 포함한 고고학 발굴에서 발견된 모든 문서를 이런 고대 이집트 문헌이란 범위 내에 포함한다.[7]

본 논의는 모든 이집트 문학 자료의 범위를 포괄하여, 문학적 형식, 내용, 스타일 및 용어를 기반으로 분류된 창의성의 척도를 반영하는 최소 길이의 일관성 있는 주제들을 모두 다룬다.[8]

---

6 Liat Keren이 번역 한 Shupak 2011(히브리어)의 약식 업데이트 버전은 Yad Ben-Zvi Press의 허가를 통해 사용되었다.
7 이집트 문학의 정의에 대한 다양한 접근방식은 Baines 2003을 참조하라.
8 문학적 형식만을 기반으로 하는 다른 분류는 Posener 1951; 1952와 Lichtheim 1973-80, 1: 3-12, 2: 5-8, 3: 3-10을 비교하여 참조하라. 이집트 문학집의 대부분 이후 사본으로만 남아 있으며, 많은 문서가 쓰인 연대에 대한 학문적 합의는 존재하지 않습니다. 여기서, 나는 수용된 견해와 공감한다. 문서와 번역문은 Caminos 1954; Gardiner 1937; COS; Kitchen 1968-90; 1999; Lichtheim 1973-80; Sandman 1938; W. Simpson 2003을 참조하라. 주석 및 일반적인 논의는 Assmann 1992; Brunner 1966; Burkard and Thissen 2003; 2008; Loprieno 1996; Parkinson 1991a; 1991b; 2002; Posener 19511952 ; Quack 2003; Quirke 2004를 참조하라. 달리 언급되지 않는 한, 이집트 문서 인용은 나의 번역을 사용한다.

2. 종교 문학

1) 장례 문서

이 종류의 문서는 고인이 자신에게 닥칠 수 있는 위험과 재난을 피함으로 사후세계로 옮겨 갈 수 있도록 하기 위한 것이었다. 가장 초기의 예로는 제5대 왕조 이후(B.C. 2300년경)부터 피라미드 벽에 새겨져 있는 피라미드 문서로, 왕이 사후세계에 안전하게 도착하고 죽었다가 살아 남으로 오시리스의(Osris) 운명을 같이 할 수 있게 했다(Faulkner 1969).

이집트 중왕국 시대에는 이러한 마법 주문이 일반 사람들에게 확장되어 관에 새겨져 관 문자(the Coffin Text)로 알려지게 된다(Faulkner 1977-78). B.C. 1550-1290년에 무덤에 묻힌 파피루스에 기록된 망자의 책은 왕족이 아닌 혈통의 사람들과 관련하여 초기의 전통을 유지했다(Faulkner 1985). 제18대 왕조 당시(B.C. 1550-1290) 사자의 서(the Book of the Dead)는 파피루스에 작성되어 무덤에 묻힘으로 이런 옛 전통을 유지했고 또한 왕족의 혈통이 아닌 사람들에게도 퍼져 나갔다(Faulkner 1985).

2) 신학적 문서

파라오 샤바카(Shabaka, B.C. 7세기, 제25대 왕조)의 (아마 이전 시대에서 되었을) 비문은 프타(Ptah) 신을 숭배하는 중요한 중심지인 멤피스의 신학을 보존하고 있다. 여기서 프타는 "마음의 생각과 입의 말"을 통해 세상을 창조한 후 휴식을 취한다. 이것과 멤피스 신학의 다른 부분은 창세기 1장의 "말씀에 의한 창조"와 밀접하게 일치한다. 다른 이집트 창조 전통과는 대조적으로, 이것은 신화적인 설명이 아니다.[9]

---

9 "신화"에 대해서는 아래를 참조하라.

3) 마법과 신탁 종말 문학

마법은 고대 이집트인의 생활 모든 영역을 지배했다. 보통 전문가 ḫry-ḥb(성경에서는 ḥarṭummîm[마술사]라고 알려짐)에 의해서 행하여진 마법 의식에는 다양한 종류의 주문이 함께 했다. 가장 잘 알려진 이집트의 마술책은 찬가와 선서가 있는 파피루스 세트, 질병과 재난을 막는 주문이 담긴 파피루스 Chester Beatty VII 및 길한 날과 흉한 날을 설명하는 파피루스 Sallier IV가 있다.

꿈은 신의 영역과 소통을 하는 수단이었는데 꿈을 통해 미래를 점찍고 예측하는 이집트의 흔한 풍습이었다. 두 가지 종류의 기록이 널리 퍼져 있었는데, 그것은 꿈에 관한 이야기(아래 참조)와 꿈의 모음과 그 해석이었다. 후자와 관련해 가장 두드러진 것은 파피루스 Chester Beatty III(B.C. 13세기 람세스 시대[the Ramesside Period]와 Carlsberg 파피루스 XIII과 XIV(A.D. 2세기)이다. 여기에는 수백 가지 꿈의 징조들과 그에 관한 해석들이 짧고 간결하게 작성되어 있다(Shupak 2006).

신들과 소통하는 또 하나의 수단은 신탁을 통하는 것이었다. 이것들은 헬라 로마 시대에 등장한 종말 문학을 특징으로 한다. 외국 정권의 멍에 아래서 집필된 민중문자 연대기(Demotic Chronicle)와 도공의 예언(Potter 's Prophecy)과 같은 저작물은 정치적 갈등을 보여 주고 이집트에 일어날 재앙과 이를 따르는 마지막 날의 구속을 예언한다(Blasius and Schipper 2002)[10].

4) 신화

신화들은 고대 이집트의 일상 생활에서 중심적인 역할을 했다. 창조신화는 이집트 문학에서 자주 인용되었으며 창조신화의 모든 다양한 버전은 세계는 선하고 선하지 않은 이 세상의 모든 요소를 구성한 원시물로부터 하나의 창조주 신에게 혹은 이집트 신 눈(nun)으로 인해 만들어진다. 그러므로 창조는 우선 어둠

---

10 이집트 중왕국 시대의 일부 지혜 문서는 예언(foretelling)이란 주제를 사용하지만, 예언(prophecy)은 아니다(아래 추측성 지혜 문학과 비교; 자세한 내용은 Shupak 1989-90 참조). 반대로, 제사장들은 신을 대신하여 왕실 예식 중에 왕에게 직접 이야기했지만, 이러한 신을 대신한 연설은 예측할 수 없었다(Hilber 2011 참조).

으로부터 빛, 비옥하지 못한 것과 비옥한 것, 광야에서 나일강 골짜기 등을 부르는 행위였다.

헬리오폴리스의 우주론은 창조주 신을 아툼(Atum)이라 주장하는데 아툼은 스스로 첫 번째 신 한 쌍을 낳았고(뱉었고[spat out]), 이 둘은 첫 에네아드(ennead: 아툼과 네 쌍의 신)로 끝이 날 때까지 많은 신을 만든다(Faulkner 1969, 198, 246[§ § 527 and 600]). 헤르모폴리스의 우주론은 원시물이 여덟 신의 거주지라고 주장한다. 오그도아드(Ogdoad)라고도 하는 이 여덟 신은 네 쌍으로 이루어졌으며 수컷은 개구리 머리를 암컷은 뱀의 머리를 가지고 있어 원시물의 부정적인 특징을 상징했다. 에스나(Esna) 신전에서 발견된 로마 시대의 창조론에는 전쟁의 여신 네이트(Neith)가 일곱 번의 "말씀 통한 창조"행위로 세상을 형성하고 이는 창세기 1장을 다시금 떠올리게 한다.[11]

인간보다 신을 중심으로 하는 이러한 창조신화와는 대조적으로, 람세스 시대의 왕릉에 새겨진 인류 몰살(the Destruction of Makind)은 인간의 운명을 다룬다. 반역하려는 인류의 의도에 대응하여, 고령의 신 레(Re)는 자신의 눈 즉 하토르(Hathor)의 소의 형상을 한 태양을 사용하여 인류를 몰살하기로 한다. 그러나 결국 자신의 결정을 뉘우치면서 나머지 인류를 구한다(에덴의 아담과 하와 이야기 및 홍수의 이야기와 비교: 창 3; 6:5-7; 7:23; 8:21-22).

이집트에서 가장 중요한 신화는 오시리스의 신화였다. 신화 전체는 현존하는 이집트의 문서 자료에서 볼 수는 없지만, 플루타르크(Plutarch; A.D. 1세기)는 신화 전체를 보존했다. 선신 오시리스와 그의 사악한 형제 세트(Seth)가 왕위를 놓고 겨룬다. 비록 오시리스는 세트에게 살해당하지만 충성스러운 아내이자 누이인 이시스(Isis)는 오시리스의 시체를 통해 임신하여 호루스(Horus)를 낳는데 호루스는 아버지의 투쟁을 이어가서 승리한다.

아스타르테와 불멸의 바다(Astarte and Insatiable Sea; 제18대 왕조 중반)는 신들과 탐욕스러운 바다 사이의 전투를 서술하는데 메소포타미아, 가나안, 소아시아의 신화와 친밀한 관계를 맺고 있다. 바다와의 이 어마어마한 전투는 성경에서도 암시된다(Shupak 2006-7).

---

11 창조신화와 관련해서는 Tobin 2001을 참조하라.

3. 역사 문서

1) 자서전

역사적 사건을 재구성하고 이집트인의 사상과 신앙에 관한 정보를 제공하는 자서전적 기록은 B.C. 3세기부터 A.D. 1세기까지 무덤의 벽과 묘비에 새겨졌다.[12]

이집트 고왕국 시대에는 주로 고인의 직업에 초점을 맞췄다. 신 왕조 시대에는 신과 인간 사이의 직접적인 관계를 강조하는 개인적 신앙 중심의 이데올로기 출현으로 자서전은 성공과 번영은 전적으로 신에 의존한다는 견해를 뒷받침했다. 이후, 묘비의 주요 주제는 죽음의 최종성과 삶 속에 즐거움을 찾는 목표였다(예를 들어 타임호텝의 비석[Taimhotep's inscription; Lichtheim 1973-80, 3:62-63]). 헬라 시대의 자서전에는 지혜 이데올로기가 두드러지는데, 그 좋은 예로는 헤르모폴리스에서 토트(Thoth) 신의 대제사장을 지냈던 페토시리스(Petosiris)의 묘비가 있다(예를 들어 시슈[Sishu]의 비문[Lichtheim 1973-80, 3:50]).

2) 왕실 비문

이집트 중왕국 시대부터 왕의 위업을 기념하는 비문들을 볼 수 있다(Lichtheim 1973-80, 1:115-18; 2:12-13, 29-35, 57-78; 3:66-84). 이런 "왕실 소설"(royal novels)은 군주의 지혜를 찬양하고, 그가 내린 결정들을 보고하는데 이들의 대부분은 건축(특히 신전), 군사 활동 및 원정 같은 역사적 중요성과 그의 업적에 대한 것이었다. 이 장르는 다음과 같은 일정한 패턴을 따른다. 왕은 장관들이 꿈이나 신탁을 통해 신의 승인을 받은 그의 계획을 받아들이도록 설득하고 실행한다. 현존하는 최초의 (중왕국 시대의) 예로는 세소스트리스 1세(Sesostris I)에 의한 헬리오폴리스의 아툼 신전 건설을 묘사하고 있다.

---

12 자서전은 Lichtheim 1988을 참조하라.

신 왕국 시대에는 한 신하의 자서전에 기록된 아호모세의 힉소스 왕조(the Hyksos) 퇴치(B.C. 1550년경)와 투트모세 3세(Thutmose III)의 아시아 군사 원정과 그의 적들을 므깃도에서 무찌른 것(B.C. 1450년경) 같이 전쟁과 군사 활동에 대한 보고가 유행했다. 이러한 왕실 보고서는 왕의 군사 원정에 동행한 서기관의 일기를 기초로 한 연호, 정복된 장소의 지명 목록 및 이러한 사건에 대한 시적 기록을 따르고 있다(예를 들어 누비아에 있는 투트모스 3세의 게벨 바르칼 돌비[Gebel Barkal stele]).

엘-아마르나(El-Amarna; B.C. 14세기) 시대의 비문은 신들과 왕의 밀접한 관계를 보여 준다. 예를 들어 카데시(Qadesh)에서 있었던 람세스 2세(Rameses II)의 전투에 관한 시적인 기록은 그의 승리가 아문(Amun)으로부터 받은 도움에 의한 것이라고 말한다.

메르넵타(Merneptah)의 통치 5년(B.C. 1208년) 룹 사람들(Lybians)과 그들의 동맹국 바다 민족에 대한 왕의 승리를 기념하려고 세워진 메르넵타 비석은 "이스라엘"을 언급하는 최초의 자료로 잘 알려져 있다. 이 비문 끝에 짧은 시는 이스라엘에 오랜 적인 히타이트, 후르리, 가나안 및 룹과 함께 이스라엘을 나열한다.

> 모든 왕은 엎드려 말한다.
> "샬롬"(평화) 있을지어다!"
> 아홉 활(the Nine Bow; 이집트의 적을 뜻하는 전통적인 명칭) 중
> 누구도 고개를 들지 않는다.
> 룹은 포획됐고, 하티는 평화를 누린다.
> 가나안은 모든 불운에 시달린다.
> 아스글론은 끌려갔고, 게셀은 붙잡혔다.
> 야노암(Yanoam)은 이제는 존재하지 않는다.
> 이스라엘은 씨 하나 없이 황폐해졌으며,
> 시리아는 이집트 때문에 과부가 되었다(Kitchen 1968-90, 4.19:2-8[원본]).

엘-아마르나(El-Amarna; B.C. 14세기) 시대의 비문은 신들과 왕의 밀접한 관계를 보여 준다. 예를 들어 카데시(Qadesh)에서 있었던 람세스 2세(Rameses II)의 전

투에 관한 시적인 기록은 그의 승리가 아문(Amun)으로부터 받은 도움에 의한 것이라고 말한다.

아문-레(Amun-Re)에게 충성을 표하는 람세스 3세의 비문은 역사적인 사건에 종교적인 색깔의 옷을 입히는 추세를 전형적으로 보여 주고 있으며 성경에 나와 있는 하나님의 손이 인류의 모든 활동을 조정한다는 주제를 상기시킨다. 사이스(Sais) 왕조의 테프나크스(Tefnacht)를 무찌른 것을 기념하는 피이 왕의 돌비(제25대 왕조 B.C. 750년경)는 특히 제3 중간기의 역사를 재구성하는 데 중요하다.

과장되거나 가상적인 이야기들은 종종 공식적인 역사 자료에 기록되지 않은 사건의 세부사항을 포함하고 있다. 시누헤 이야기(the Story of Sinuhe; 중왕국 시대)의 아메넴하트 1세(Amenemhat I)의 궁정에서 일하던 고위 관료가 왕을 암살한 후 비카(Biqa'a[베카; Bekka])계곡으로 피신하는 이야기를 전한다. 따라서 이 이야기는 B.C. 2천 년의 가나안을 조명하는데 시누헤가 거주지로 삼은 장소에 관한 설명은 신명기 8:7-8에 나오는 약속의 땅에 대한 묘사와 비슷하다.

> 무화과와 포도가 그곳에 있었고, 왕들은 엎드려 말한다.
> 물보다 포도주가 더 많았다.
> 땅의 꿀은 많았고, 기름은 풍부했다
> 땅의 나무에는 모든 종류의 과일이 있었으며,
> 보리와 에머밀도 그곳에 있었다(B1 81-84).

투트모세 3세의 총사령관이었던 타후티(Djehuty)는 자신의 자서전에서 사기적인 속임수를 통해 욥바를 함락한 것(B.C. 15세기)을 이야기한다. 람세스 11세의 재위 기간 아문의 배를 위한 목재를 구해오라고 비블로스로 보내진 아문의 제사장 웨나문(Wenamun)의 보고서는 B.C. 11세기의 아시아에서 이집트의 위태로운 상태를 반영하고 있다.

4. 민화와 전설

고대 이집트에서 민화도 인기가 많았다. '쿠푸 왕과 마술사'(King Cheops and the Magicians)라는 작품(힉소스 시대, B.C. 2천 년대 중반)에서 나오는 여러 마술사의 기적적인 이야기는 모세와 아론이 이집트 마술사들과 벌인 경합(출 7-8장)과 홍해 바다(the Reed Sea)를 가르는(출 14:21-31) 성경 속 이야기들의 영감이 되었을 수도 있다.

'난파된 선원'이라는 작품(the Shipwrecked Sailor, 중왕국 시대)은 특이한 섬의 해안으로 떠내려간 선원이 뱀신(a serpent god)과 마주치는 이야기를 다룬다. 시누헤 이야기처럼 이 이야기도 고향으로 돌아가 묻히려는 주인공의 바람이 특징이다.

'두 형제의 이야기'라는 작품(the Tale of Two Brothers, 제19대 왕조)은 요셉 이야기(보디발의 아내)를 포함하여 전 세계 문서 속에 나타나는 다른 이의 아내에게 유혹당하는 젊은 청년이라는 주제를 다룬다. '불운한 왕자'라는 작품(람세스 시대)은 인간의 운명을 주제로 다루며 자식이 없는 왕실 부부가 악어, 뱀 그리고 개에게 죽임을 당하는 저주를 받은 아들을 얻게 되는 내용을 이야기한다.

에티오피아의 왕자 타누타문의 '꿈'이란 작품(The Dream of the Ethiopian Prince Tanutamun, 제25대 왕조, B.C. 664-656년)은 타누타문이 이집트 전체를 통치할 것을 예언하고 있다. 세헬 비석(the Sehel Stele, 프톨레마이오스 시대)은 어떻게 조세르(Djoser, 제3대 왕조, B.C. 2700년경)가 임호텝(Imhotep)이라는 현자와 상의하여 7년의 가뭄을 그치게 하였는지 말해주고 있다(요셉 이야기에 나오는 바로의 꿈과 해몽과 비교: 창 41장).

다수의 프톨로레마이오스-로마 시대(B.C. 3-2세기)의 이야기들도 놀람과 기적적인 일들을 이야기해 준다. 이들은 독립적인 이야기보다는 특정한 인물을 중심으로 신화집을 형성하고 그리스 문학에서 빌려온 주제를 사용하는 데 있어서 이전 이야기들과는 다르다. 이 시기의 가장 잘 알려진 이야기는 람세스 2세의 아들이자 멤피스에 프타의 대제사장인 매우 강력한 마술사 세트네 캄와스(Setne Khamwas) 왕자에 관한 이야기다.

5. 우화와 풍자

이집트 신 왕조 시대부터 등장한 우화와 풍자라는 장르는 두 주인공의 갈등을 중심으로 진행되며, 머리와 배의 갈등(the Dispute between the Head and Stomach) 및 진실과 거짓(Truth and Falsehood) 같은 예가 있다. 인간처럼 행동하는 동물들의 형상으로 장식된 수백 개의 오스트라카와 다수의 파피루스는 람세스 시대에 가장 널리 퍼져 있었으며 구두로 전해 내려오던 우화들을 표현하고 있다. 이들 중에는 또한 문서(그리스어나 민중문자)로 남겨진 것들도 있다(Shupak 1999).

6. 시

이집트의 시는 표준 음보를 따랐고 악기연주와 함께했다. 상위 문학적 언어로 작성된 문체적 특징(반복, 병행[parallelisms], 재담[wordplay, 심상 등])은 성경에 나오는 시들과 비슷하다. 이는 또한 찬송 시(신이나 왕을 위한 찬가)와 연회와 오락을 위한 시(수금 연주자의 노래 및 사랑 노래)로 나뉜다.

신들을 위한 찬가는 중왕국 시대부터 등장하여 이집트 신 왕국 시대에 절정에 이른다. 신전 예배 및 축제 의식과 함께 이러한 시들은 저자를 알리는 짧은 소개로 시작한 후, 신을 묘사하고 그의 속성, 칭호 및 예배의 중심지를 열거한 다음 찬미함으로 마무리한다.[13]

신에게 바쳐진 찬가로 가장 유명한 시는 들과 사막을 관개하여 밀과 보리를 공급했던 나일강 홍수의 신 하피(Hapy)에게 바쳐진 것이었다. 메리카레를 위한 가르침(the Introduction to Merikare, B.C. 2천 년대)에 나오는 창조주 신 레에 바쳐진 시는 인간이 무대 중심에 서 있고 모든 것이 그들을 위해 생기고 있다는 것 때문에 이집트 창조 전통에서 예외적이라 할 수 있다(줄 131-38[Lichtheim 1973-80, 1:106]과 비교). 이는 또한 개념적으로 창세기 2장에 나오는 창조 이야기와 비슷하다.

---

13 찬가와 기도문은 Assmann 1975를 참조하라.

신 왕국 시대에 수많은 찬가는 지하 세계의 주인이자 죽었다가 살아난 오시르스를 위해 쓰였다. 이 시대에 아문의 위상이 높아지면서, 이집트 신들의 최고였던 레와 합쳐지게 된다. 아문-레를 위한 찬가는 무덤 벽에 새겨졌고 이들 중 일부는 아문레를 찬양하지만 다른 것은 개인적 소원을 말하고 있다. 이중 가장 잘 알려진 것은 아멘호테프 3세(Amenhotep III) 통치 기간의 두 쌍둥이 형제 수이트와 호트(Suit and Hot)의 묘비에 쓰인 것인데(Lichtheim 1973-80, 2:86-89), 이는 아마르나 시대의 교리를 이전 시대의 종교와 연결해 여기서 아멘-레에게 속하는 특성들이 나중에 아텐(Aten)과도 연관이 된다.

아텐 찬가(The Great Hymn to Aten)는 아멘호테프 4세에 의해 시작된 아텐 종교 아크나톤(Akhenaten, B.C. 1551-1334년)을 이해하는 데 있어 엄청난 중요성이 있다(Lichtheim 1973-80, 2:96-99). 비록 이전의 찬가들에서 나오는 전통적인 개념을 바탕으로 하지만 아텐 찬가는 아텐을 다른 신들의 도움이나 협조 없이 혼자 행동하고 모든 사람이 숭배하는 전 우주의 신으로 묘사한다. 새로운 종교의 유일한 스승으로 왕을 내세우는 것도 혁명적인데, 이전에 개인과 신 사이의 직접적인 관계가 이제는 왕실이 독점적으로 중재하게 되었다는 것은 "당신은 내 마음속에 있고 당신의 방식과 힘을 가르친 당신의 아들(왕을 가리킴)을 제외하고는 당신을 아는 사람은 없다"라는 문구에 나타나 있다(Sandman 1938, 95, 줄 16-17).

왕의 업적과 자질을 찬양하는 찬가는 가끔 이야기나 지혜 문서에서 나타난다. 예를 들어 시누헤 이야기는 세소스트리스 1세를 향한 찬가가 들어있는데, 이는 거의 틀림없이 왕실에서 만든 선전물이다. 다른 장르에 포함된 왕을 향한 찬가들과 함께 일부는 독립적으로 존재한다. 예를 들어 파이움에서 발견된 카훈 파피루스(the Kahun papyrus)는 누비아에서 승리한 세소스토리스 3세를 찬양하는 6개의 찬가가 포함되어 있다. 카르나크(Karnak)에 있는 아문 신전 비석에 새겨진 투트모세 3세의 유명한 승리를 기리는 시는 파라오가 적을 물리치는 데 도움을 준 신을 알려준다(Lichtheim 1973-80, 2:36-37).

연회 및 오락을 위한 노래에는 대부분이 신 왕국 시대로 연대 측정되는 이집트 사랑 노래가 포함된다. 젊은 연인들이 번갈아서 주고받는 말들은 에로틱하면서도 어떤 때는 순진하기도 하다. 유머 감각으로 가득 찬 이런 말들은 지금 현재

를 말하지만, 영원한 관계를 희망하고 있다.[14]

수금 연주자의 그림과 함께 묘비와 무덤 벽에 새겨져서 이러한 이름을 얻은 수금 연주자의 노래는 특히 신 왕국 시대에 인기가 있었다. 죽은 사람을 위한 예식 일부를 차지함으로써 이러한 노래들은 연회와 장례식에서 불렸고, 그들의 오늘을 즐기라는 메시지(carpe diem)는 인생은 일시적이고 사후세계는 없다는 믿음을 바탕으로 하고 있다. 이 장르의 가장 대표적인 예로는 인테프(Intef) 왕의 무덤에서 나온 노래가 있다(Lichtheim 1973-80, 1:196-97).

개인적인 경건 시는 신 왕국 시대부터 등장한 개인주의와 겸손의 정신을 보여주는 신에게 도움을 요청하는 관례적인 호소로써 개인적인 불만이나 회개를 담은 성경 속 시편의 시들과 거의 흡사하다. 예를 들어 아문레에게 드리는 라네브(Nebre)의 기도는 "고난을 받는 가난한 사람들의 외침에 응답하는" 자비롭고 자비로운 신에 대한 찬사를 담고 있다(Lichtheim 1973-80 2:105-7).

7. 지혜 문학

자서전과 마찬가지로 이집트의 지혜 문학은 고왕국 시대부터 시작해서 B.C. 1세기까지 이어진다. 성경과 일치하게도 가르침과 교육을 목적으로 한 교육적 지혜(didactic wisdom)와 철학적 도덕 문제를 다루는 추측성 지혜 이렇게 두 가지 주요 그룹으로 나뉜다(Brunner 1988; Vernus 2010; COS 1:61-68, 93-125; 3:321-26; Shupak 2016).

이집트어로 sb3yt(히브리어로는 musar)라고 알려진 교훈(Lebenslehre)은 첫 그룹의 일부다. 일반적으로 아들을 향한 아버지의 충고 형태를 취하면서, 그 고위관료들이 사용하는 일종의 교과서 역할을 했다. 집필자를 익명으로 두었던 고대 이집트에서 왕, 고문 혹은 서기관 등으로 이러한 문서의 저자가 누군지 나타내는 것은 독특하다.

---

14 이집트 사랑 노래와 아가서의 비슷한 점을 포괄적으로 다루는 개요는 M. Fox 1985를 참조하라.

가장 완벽한 상태로 현존하는 교훈은 여러 유형의 관계, 다양한 상황 속에서의 행동, 윤리 등 다양한 분야와 관련하여 그의 아들/계승자에게 조언해준 제5대 왕조의 고문 프타호텝의 교훈(the Instruction of Ptahhotep)이다.

중왕국 시대의 교훈서 대부분은 정치적인 어조가 배어있는데, 두 권은 왕이 하는 말이고, 다른 두 권은 군주를 찬양하는 것이다. 아마 헤라클레오폴리스가 (the house of Herakleopolis)의 케티 3세(Khety III)에 의해 쓰인(B.C. 2천 년대) 메리카레를 위한 가르침은 주로 파라오의 왕실 경험을 근거로 한 조언으로 구성되어 있다. 그러나 죽은 자의 심판과 그것이 신들에게 희생 제물을 바치는 것과 매장 준비의 중요성에 관한 언급은 종교적 어조를 잘 보여 준다. 특히 두 구절이 주목할 만하다.

첫째, "의로운 마음을 가진 자의 인격(혹은 빵)이 더 낫다(혹은 악인의 소보다 낫다)" (줄 129)는 이집트 문학에서는 예외적 부분인데 윤리가 예식보다 더 중요하다는 선지자들의 전형적인 믿음을 상기시킨다(사 1:11-17; 아 5:21-25; 미 6:6-8와 비교).

둘째, 인간을 위해 세상을 창조한 창조주 신 레에 바쳐진 찬가이고 이는 창세기 2장에서 인간 창조에 관한 이야기를 상기시키게 한다. 제12대 왕조의 창시자 아메넴하트 1세의 가르침 또한 자신의 아들을 위한 것이지만 자신을 죽이려고 했던 시도에 대한 쓰라림이 배어있다.

이 시기에 나온 충신의 가르침(the Instruction of the Loyalist) 및 아들을 향한 한 남자의 가르침(the Instruction of a Man to His Son) 등 일부 특별한 지침서는 백성들이 왕을 섬기고 그에게 복종하도록 장려한다. 이 둘 다 왕실의 선전물이다.

신 왕국 시대의 지침서는 올바른 행동에 관한 말들의 모음집 아니의 가르침 (the Instruction of Any)을 포함한다. 이 책의 결론은 지식을 얻을 가능성을 두고 벌어진 아니와 그의 아들 사이의 논쟁을 다루고 있는데, 재능이 부족한 사람은 결코 교육을 받을 수 없다고 주장한다. 아니는 모든 사람은 배움의 능력이 있고 학생들은 단지 동물처럼 훈련을 받기만 하면 된다고 했다(B22 17-23, 7; Shupak 2014, 260-62).

아메네모페의 가르침(the Instruction of Amenemope, 제21-22대 왕조, B.C. 1100-1000년)은 잠언서와 비슷한 것으로 잘 알려져 있다. 아니의 지침서와 마찬가지로, 이 또한 자기 아들에게 보내는 집필자의 충고다. 형식과 내용 모두 이전의 지침서들과 비슷하지만 30장으로 확실히 구분되어있고 각 장도 숫자가 매겨져 있다. 아메네모페는 개인적 경건에 젖어있는데 윤리적 어조로 된 표현과 신을 인간의 운명의 주권자로 드러내는 것에서 이런 면이 드러난다.

이후의 지침서에서는 람세스 시대의 언어가 민중 언어로 대체되고, 그 구조 또한 바뀐다. 오크세숀키의 가르침(The Instruction of Onchsheshonqy, B.C. 4-3세기)은 서술적 형태와 짧은 말들을 모은 두 부분으로 구성되어 있다. 아히카르의 이야기(the Story of Ahiqar)를 회상하게 하는 이야기는 오크세숀키가 왕을 살해하려고 했다는 사실이 아닌 음모에 연루되어 감옥에 갇히는 이야기를 전하는데 감옥에서 그는 아들에게 일상 생활에 관한 충고를 한다. 이 작품은 종교적인 어조에도 냉소적이고 실용적이다. 신들이 인간의 운명을 지배한다는 깊은 종교적 믿음과 인식은 파피루스 싱어(Papyrus Insinger)로 알려진 민중 언어로 된 가르침에도 나타난다.

이집트의 추측성 지혜 문서 대부분은 고왕국 시대의 멸망으로 시작된 이집트의 무정부 상태를 종식한 중왕국 시대에 완성되었다. 이러한 사건의 흔적은 시대적 변천과 이 세대를 향한 사회 윤리적 또한 종종 종교적 질책, 왕이자 구원자를 통한 미래의 구원에 관한 묘사를 포함한 여러 가지 공통된 주제로 입증된다. 이 모든 내용은 이집트 현자의 경고(the Admonitions of an Egyptian Sage, 혹은 이프웨르의 경고[the Admonitions of Ipuwer])를 구성하는 여섯 편의 시에서 다루어진다. 네페리티의 예언(the Prophecies of Neferti)은 같은 이름의 사제 마술사가 스네프루 왕에게 준 예언들로, 초반에 상세히 기술된 모든 잘못된 것을 바로잡아 줄 아메니(Ameni, 아메네마트 1세)라는 왕의 손을 통해 오는 구원의 묘사로 절정을 이룬다.

이러한 자료 중에서 가장 잘 알려진 것은 사람과 그의 영혼(바[ba]) 간의 대화(the Dialogue of a Man with His Soul [Ba])로, 욥과 밀접하게 일치하는 사람이 스스로 목숨을 끊으려고 하는 도중에 이를 말리려고 노력하는 그의 바와 투쟁을 하는 내용이다. 능변가 농부(the Eloquent Peasant)에서 주인공은 고등관리인 렌시(Rensi)에게 공평한 심판을 위한 아홉 개의 불만 사항을 토로한다. 당시 사회의 부패를 다루기 위해 이것은 상위 문학적 언어로 작성되었으며 일상 생활의 속담과 직유도 담고 있다(예를 들어 B1 줄 92-99, 247-50; Lichtheim 1973-80, 1:173, 179).

슬픔은 또한 헬리오폴리스의 한 사제가 집필한 "학헤페레-손드의 불만"(the Complaints of Khakheperre-Sonb)의 중요한 특징을 이루고 있다. 비록 학헤페레-손드는 전통적이고 반복적인 것보다 독창적이고 혁신적이기를 추구하지만("내가 만약 조상들이 말했던 과거의 격언이 아닌 반복에서 자유로운 이상한 금언들, 새로운 시험해 보지 않은 단어들을 알았다면," [사본 1-3]), 당시 상황에 대한 습관적인 이해력을 보여 주고 있다.

8. 교과서

중왕국 시대에서는 고대 이집트 교육 체제가 확장되기 시작하여, 교육기관들을 상류층의 아이들뿐만 아니라 중산층의 아이들에게도 문을 열어주었다. 이로 인하여 교과서에 대한 필요성이 높아졌으며 두 개의 작품이 이 목적을 위해 특별히 집필되었다. 케미트(kemit, the Complete)는 세계 최초의 교과서로써 상형 문자로 쓰였으며 다양한 문체의 표본을 제시했다. 서기관이였던 케티의 가르침(the Instruction of Khety)은 전통적인 행태의 아버지가 아들에게 하는 교훈을 담았다.

그러나 책의 오프닝은 이례적이다. 종사자의 풍자(the Satire of the Trades)로 알려진 상위 문학적 언어와 우아한 유머로 집필된 이 작품은 서기관들의 쉬운 작업 환경을 다른 이들의 힘든 작업 환경과 비교함으로써 서기관들의 직업을 높게 평가하고 찬양한다. 큰 인기를 끌었던 이 작품은 결국 벤 시라(Ben Sira)에게도 영향을 미친다(벤 시라 38:24-39:15).

람세스 시대의 학교 교과서는 교사가 학생들에게 쓴 서신과 서기관들 간의 서신, 학생들을 위한 훈계와 교훈 및 교육 연습으로 쓰인 다양한 자료들로 구성되었다(Gardiner 1937[본문]; Caminos 1954 [번역]). 이들 중 가장 잘 알려진 것은 호리(Hori)라는 서기관이 동료에게 쓴 서신이다(파피루스 Anastasi I). 자기 동료의 천박함을 알려주기 위해, 그는 람세스 시대의 전형적인 수사법인 재담, 심상, 경멸 그리고 반어 (irony)를 사용한다.

> 너는 (나에게) 많은 비밀을 갖고 왔다.
> 너는 나에게 드제데프호르(Djedefhor)의 지혜로운 말을 전해주었다.
> (하지만) 너는 그것이 좋은지 (선한지) 나쁜지 (악한지)는 알지 못하고
> 몇 장이 앞에 있고 뒤따르는지도 모른다(11,1-2, Fischer-Elfert 1983, 97).

지침서의 저자로 알려진 드제데프호르는 8명의 저명한 이집트 서기관 중 한 명에로 속하며 이 서기관들의 업적은 람세스 시대 학교의 "정경"을 형성했다. 세계적인 명성을 얻은 이들은 파피루스 Chester Beatty VII에 (동시대) 이름이 적혀 영원히 남게 되었다.

> 박식한 서기관들에 대해서 …
> 그들의 이름은 영원히 남는다 …
> 그들은 스스로 구리로 피라미드를 만들거나 철로 기념비를 만들지 않았고,
> 자식을 통해 상속자를 남길 수도 없었다 …
> 그들의 가르침이 그들의 피라미드이고,
> 그들의 갈대 필기도구가 그들의 자녀들이며,
> 석판의 표면이 그들의 아내다(이면[verso] 2, 5-9, Shupak 2001).

과거의 위대한 이집트 서기관들은 이렇게 명성을 얻고 인정을 받았으며, 그들의 영적 유산인 책, 두루마리, 지침서, 교훈 등에 힘입어 문화적 영웅이 되었다. 우리가 살펴봤듯이 이런 집필은 삶의 다양한 영역에 걸쳐 고대 이집트인들의 흥미와 사고방식을 광범위하게 보여 준다.

제14장

히타이트 문학

엘리스 무통(Alice Mouton)

히타이트 아나톨리아(Hittite Anatolia)는 B.C. 17세기에서 B.C. 12세기 말 사이에 번영한 강력한 왕국이었다(그림 14.1 참조). 우리는 수도 하투사(Hattuša)/보아즈칼레(Boğazkale)에서 발견된 3만여 개의 설형 문자 석판 파편 덕분에 이 왕국에 대하여 상당히 많이 알고 있다(그림 14.1 참조). 이러한 석판 대부분에는 히타이트 어가 적혀있지만, 아카드어, 수메르어, 루비어(Luwian), 하티어, 팔라어(Palaic) 및 후르리어 같은 다른 언어들도 존재한다. 우리가 스스로 해야 하는 질문은 "히타이트 문학은 무엇이며 이것은 과연 존재 하는가?"다. 이 질문에는 3가지 주요 견해가 있다.

첫째, 일부 학자는 쓰인 어떤 것도 기본적으로 문학이라고 믿는다(V. Haas 2006).
둘째, 어떤 학자는 서술이 포함된 문서(Beckman 2009) 혹은 복사된 문서(Van den Hout 2002)[15]는 어떤 것이든 문학으로 고려한다.
셋째, 또 다른 부류의 학자는 이것이 표현적 정교를 요구하는 신화적 작품, 기도문 또는 역사적 문서만을 포함하는 더 제한적인 정의를 선호한다(Güterbock

---

[15] 따라서 문학에는 점패 설명(divination treatises), 학문적 문서(예를 들어 어휘목록), 법률 및 외교문서 그리고 축제 및 의식문서가 포함된다. 히타이트 조약의 구조는 성경에 나오는 십계명이나 성결법의 구조와 비교되어 왔으나(Fensham 1963; Matthews and Benjamin 2006를 예로 참조) 히타이트 조약의 구조 자체도 더 이보다 더 이전의 구조에서 계승된 것일 수 있다(예를 들어 구 앗수르[the Old Assyrian] 조약[Venhof 2013] 참조). 후르리인들을 통해 히타이트 아나톨리아와 성경 세계 사이의 종교적 연결 가능성에 대해서는 Janowski, Koch and Wilhelm 1993; Schwemer 1995를 참조하라.

1978; Archi 1995).

따라서 히타이트 문학에 대한 바로 그 정의는 여전히 크게 논의되고 있으며, 그것에 대한 합의점은 아직 없다. 이것은 히타이트인 자신에게는 "문학"이라는 단어가 없었다는 사실만으로도 쉽게 설명할 수 있다. 히타이트인들이 고려한 범주에는 왕실 연호(히타이트어로 pešnatar, "남자다운 행위"), 기도(히타이트어 arkuwar, "간청"), 기원(히타이트어로 mugawar), 노래(히타이트어로 SÌR), 의식(히타이트어로 SIS-KUR), 종교 축제(히타이트어로 EZEN4) 등이다(Hutter 2011). "문학"을 순수문학의 동의어로 받아들인다면, 히타이트 문화적 맥락에서 직접적인 실용성이 없는 유일한 장르인 후르리의 노래(the Hurrian songs)라는 극히 구체적인 범주만이 명백한 "문학"이라고 불릴 수 있다. 그러나 아나톨리아의 신화적 구성뿐만 아니라 기도와 역사적 기록도 어느 정도 표현적인 정교함을 보여 준다. 따라서 그것들은 또한 이 개요에 포함될 것이다. 그러나 아나톨리아의 신화적 작품뿐만 아니라 기도와 역사적 기록들도 어느 정도 표현적인 정교함을 보여 주고 있으므로 이 개요에 포함될 것이다.

히타이트 아나톨리아에서 문학은 메소포타미아 문학에 대한 자신들의 지식뿐만 아니라 설형 문자 쓰기에 있어 자신들의 재능을 증명하고자 했던 서기관들에 의해 제작되었다. 메소포타미아 문학의 위신은 하티이트 서기관 교육에 깊이 뿌리 박고 있으므로 하티 영토에 오랫동안 남아 있었다.

일부 메소포타미아 문서 서적은 수도로 들여져 히타이트 서기관들이 복사하고 번역하는 표본의 역할을 감당했고(Klinger 2012), 다른 시리아-메소포타미아 문학 작품들은 히타이트 서기관들에게 말로 전달되었으며(Archi 2007), 히타이트 역사 기록학조차도 아카드어와 히타이트어 두 언어를 사용하는 석판으로 시작했다. 결국, 히타이트 서기관들은 자신들의 문학 형태를 발전시킬 수 있었고, 많은 히타이트 문학 문서들은 비아나톨리아와 아나톨리아의 특성의 미묘한 혼합을 보여 주고 있다(Singer 1995).

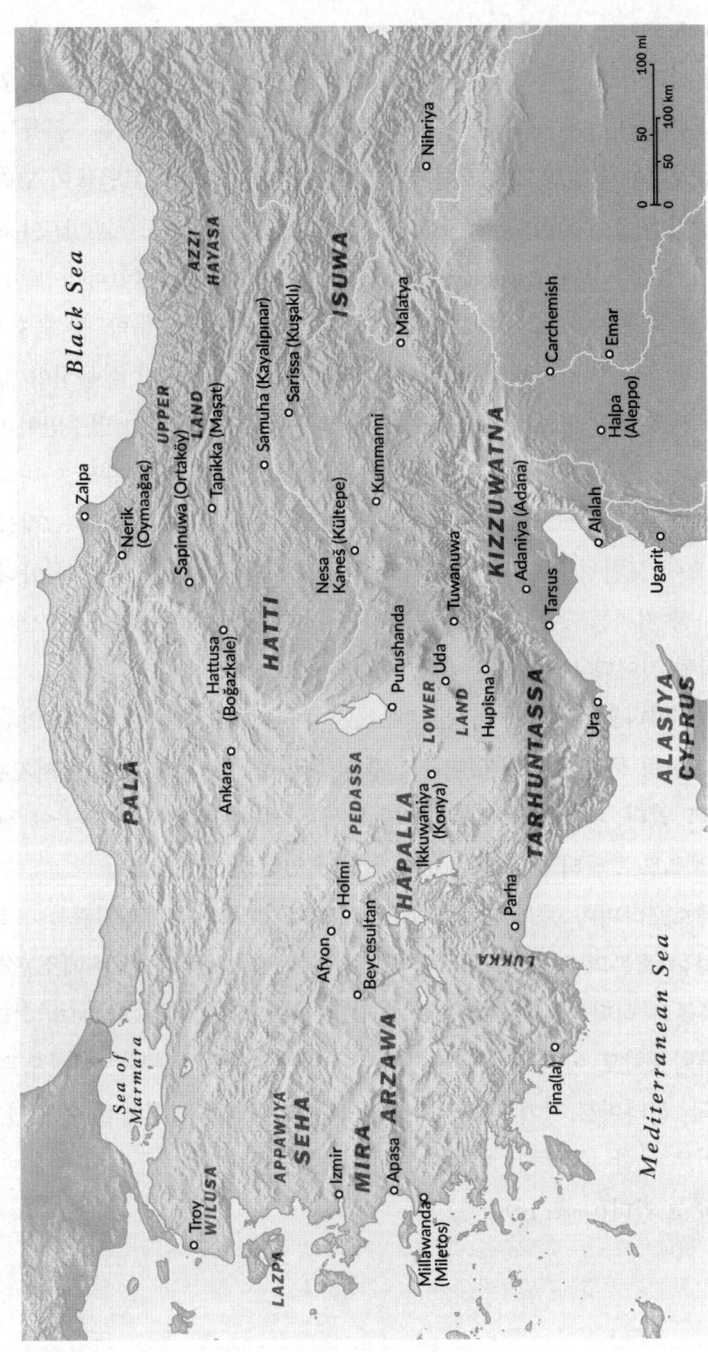

14.1 아나톨리아 지도

1. 역사 및 유사역사적 기록

"역사적" 기록에는 문학이라고 볼 수 있는 수사학적 및 문체적 모습들을 여러 개 포함하고 있다(de Roos 2001; Hoffner 2013; Andrew Knapp 2015). 이들은 객관적 사실을 제시하기보다 오히려 왕의 관점을 채택한다. 게다가 이러한 문서 중 일부는 역사적 사건과 전설을 결합했다. 예를 들어 일반적으로 이른바 잘파의 이야기(the Tale of Zalpa, Hoffner 1998, 81-82; Holland and Zorman 2007)는 신화적인 주제와 역사적인 사건이 교묘하게 결합하여 있다고 인식되고 있다. 이 이야기는 같은 어머니인 카네슈(Kaneš, 퀼테페 [Kültepe]의 고고학 유적지; 그림 14.1 참조)의 여왕에 의해 같은 해에 태어난 30명의 남자아이의 이야기를 다룬다.

이 부자연스러운 사건에 당황한 여왕은 갓난아기들을 상자에 담아 강물에 흘려보내 버릴 것을 결정한다. 이것은 구약(모세)뿐만 아니라 이미 메소포타미아 문학(아카드의 사르곤)에도 등장하는 고대 근동에서 매우 널리 퍼진 문학적 주제였다. 모세 및 사르곤과 마찬가지로, 이 히타이트 이야기에서 버려진 아이들은 죽지 않고 신들에게 보호되었고 심지어 그들에 의해 성장한다. 아이들은 아나톨리아 북부에 있는 잘파라는 도시에서 어린 시절을 보낸다(그림 14.1 참조).

아들들을 낳은 얼마 후, 같은 카네슈의 여왕은 30명의 여자아이를 낳는다. 이번에 그녀는 아이들을 키우고 스스로 양육하기로 한다. 30명의 형제는 어른이 된 후 그들의 어머니를 찾기로 한다. 그들은 타마르마라는 도시(the city of Tamarmara)를 통과하는데 그곳에서 누군가 카네슈의 여왕이 한 번에 여자아이 30명을 낳았다고 전한다.

그들은 바로 자신들과 너무 비슷한 이런 기이한 출산이 같은 어머니를 통해 일어났다는 것을 깨닫는다. 그들이 카네슈에 도착했을 때 그들의 어머니는 신들이 그들의 외모를 바꾸어 놓았기 때문에 그들을 알아보지 못한다. 여왕은 자기 딸들을 30명 형제에게 장가보낼 계획을 세우고 형제 중 몇 명은 이런 제안을 받아들이려 하지만 형제 중 막내가 서른 명의 소녀들은 그들의 자매임을 알아차리고 형제들에게 그들이 근친상간을 범할 것이라고 경고한다. 이 신화는 일반적으로 히타이트 왕조의 기원에 관한 이야기로 간주하고 있다. 소년들을 버리고 소녀들을 양육한다는 주제는 그리스 신화의 아마존족을 연상시키는데 이들이 아나톨리아 인으로 표현된 것이다.

하투실리 3세의 변론(the Apology of Hattušili III)은 하투실리의 쿠데타에 대한 자체 정당화를 다루고 있다. 그의 태생부터 시작되는 이 위대한 왕은 자신의 개인적인 여신인 샤무하(Šamuha) 도시의 샤우슈가(Šaušga)가 그를 하티의 왕좌를 다스릴 사람으로 선택하였는지 자세히 보여 준다. 예를 들어 한 구절에서는 "샤무하 도시(의) 여신 샤우슈가는 (내가) 아직 어린아이일 때 나의 아버지에게 나를 요구했고, 그래서 나의 아버지는 여신을 위해 나를 바쳤다.

내가 여신의 성의를 체험하기 시작하자, 여신 덕분에, (이것이) 나에게 점점 더 잘 돼 가고 있었다." 소년 시절에 하투실리의 건강은 매우 허약했다. 샤우슈가는 하투실리 아버지의 꿈을 통해 샤우슈가를 섬기는 대가로 아들의 장수를 약속하여 하투실리를 요구한다.

2. 신화와 전설적 이야기

하투샤(Hattuša)에 있는 사원이나 궁전에 있는 도서관에서 몇 가지 신화적인 문서들이 발견되었다. 히타이트 서기관은 하티 이야기뿐만 아니라 외국 작품들을 수집했다. 시리아, 메소포타미아, 후르리 신화들은 히타이트어로 번역되었다. 우리는 아카드어, 히타이트어 그리고 후르리어로 된 길가메스와 아카드어, 히타이트어로 된 아트라-하시스(Atra-Hasis)를 알고 있다. 히타어트어로 된 신화 문서 전은 두 가지 주요 그룹으로 나눌 수 있다.[16]

이러한 작품들은 하티인들의 문화 배경으로부터 온다. 이런 신화 대부분이나 모든 것은 의식의 맥락 속에서 기원으로 낭송되었다. 예를 들어 하늘에서 떨어진 달의 신의 신화는 "폭풍신이 무섭게 천둥을 치게 할 때" 올려지는 의식 도중에 낭송되었다.

일루얀카의 신화(The Myth of Illuyanka)는 이 그룹에 속한다. 이는 제국 시대(B.C. 13세기)로 거슬러 올라가는 여러 석판에 기록되어 있지만, 사용된 히타이트어는

---

16 아나톨리아 신화 Hoffner 1998, 9-39를 참조하라

이보다 더 오래된 것이다. 작품의 시작점은 적어도 이 신화의 첫 번째 형태는 네릭의 도시의 프룰리 대축제(the great festival of purulli of the city of Nerik) 기간 동안 낭송되었다고 말하고 있다. 이 종교 축제는 폭풍의 신을 기리기 위해 열렸다. 이 신화는 이중 단락으로 구분된 두 개의 이야기로 세분된다. 이 두 이야기는 아마 별개의 기원이 있을 것이지만 둘 다 일루칸야라고 불리는 괴상한 뱀과 같이 쓰였다. 피하지티(Pihaziti)라는 서기관이 한 석판 위에 이 둘을 편집하여 폭풍의 신 네릭의 선택받은 제사장 켈라(Kella)의 말을 알렸다.

서로 다른 기원은 두 이야기 사이에서 나타나는 차이를 설명한다. 예를 들어 첫 번째 이야기에서 일루얀카는 땅속 구덩이에 살고 두 번째에서는 바다에서 산다. 그러나 두 이야기는 신들은 오직 인간의 도움 덕분에 이 괴물 같은 뱀을 무찌를 수 있다는 공통적인 주제를 가지고 있다. 일루얀카의 신화는 하티의 폭풍신과 뱀 일루얀카의 전투를 그리고 있다. 이 전투를 통해 하늘이 지하 세계와 대립하고 있는 전투라는 것을 알 수 있을 것이다.

이 때문에 일부 학자들은 이 전투가 계절순환을 상징한다고 생각했으나 다른 가설들도 제시되었다. 이 뱀이 처음에는 폭풍신을 지배하에 두었고 폭풍신은 복수를 계획한다. 폭풍신을 돕기 위해 그의 딸이자 여신 이나라(Inara)는 일루얀카와 그의 자녀들을 초대할 잔치를 준비한다. 잔치가 진행되는 동안 뱀은 술에 취하게 되고 이 나라와 그녀의 인간 애인인 후파시야(Hūpašiya)는 뱀의 사지를 묶을 수 있게 된다. 그리고 폭풍신은 뱀을 쉽게 죽일 수 있게 되었다.

계속되는 첫 번째 이야기는 이라나 여신과 인간 후파시야에게 초점을 맞춘다. 일루칸야와 함께 싸운 후, 이나라는 그녀의 인간 애인을 그녀를 위해서만 간직하기를 바란다. 이나라는 후파시야가 아내와 자녀들과 접촉하는 것을 금한다. 여신과의 밀접한 관계는 후파시야를 나머지 인류에게 돌이킬 수 없을 정도로 분리된 특별한 존재로 만든다. 이렇게 후파시야는 히타이트 대왕의 전형을 나타낸다. 후파시야가 창문을 바라볼 권한이 없다는 것은 신들의 세계(그가 머물도록 강요된 여신들의 집)와 인간의 세계(창문을 통해 볼 수 있는 세계)의 엄격한 분리를 상징한다.

일루얀카와 관련한 두 번째 이야기는 폭풍신에 대한 일루얀카의 승리를 그린다. 이 전투 동안 폭풍신은 그의 심장과 눈을 잃는다. 혼자서 장기를 회복하기에는 너무 약해진 그는 자기의 아들 중 한 명에게 도움을 청하는데 마침 일루얀카의 딸과 결혼을 한 아들이었다. 폭풍신의 아들은 사위로써 일루얀카에게 다가가 아버지의 심장과 눈을 돌려줄 것을 묻는다. 결혼 지참금(dowry)과 신부값 등의 체제에 의해 사위에게 결속되어 있던 일루얀카는 폭풍신의 장기를 돌려주는 것에 동의한다. 심장과 눈을 되찾은 순간 폭풍신은 일루얀카와의 전투에 나선다. 이와 비슷한 주제는 고대 그리스의 신화 중 거대한 뱀 티폰(Typhon)으로 나타난다. 이야기의 이 시점에서 뜻하지 않은 사건이 생기는데 폭풍신의 친아들이 장인어른을 배반하기를 거부하면서 일루얀카의 편을 든 것이다. 폭풍신은 더 나가서 자기 아들을 죽이거나 적을 살려두는 비극적인 선택에 직면한다.

텔레피누의 신화(the Myth of Telepinu)는 이상한 일이 발생한 후 다양한 신이 사는 이야기들의 작품 그룹에 속한다. 사라지는 신의 정체는 태양신, 폭풍신, 수호신, 어머니 여신 혹은 폭풍신의 아들이자 농경의 신인 텔레피누로 바뀔 수 있다. 텔레피투의 신화는 세 가지 유형으로 알려져 있다. 셋 모두 이 농경신이 화가 난 후에 떠나는 것을 묘사한다. 그의 떠남으로써 집마다 안개가 들어왔다. 신은 땅의 번영과 함께 움직이기 때문에, 모든 생명체는 불임이 된다.

태양신이 주관하는 잔치에서 폭풍신은 아들의 부재를 알아차리고 그를 찾기 위한 수색을 감독한다. 태양신은 먼저 날카로운 눈빛이 전설적인 독수리를 보내지만, 독수리는 텔레피누를 찾을 수 없었다. 폭풍의 신은 직접 가서 그의 아들을 찾지만, 그도 역시 성공하지 못했다. 어머니 여신은 해결책을 내놓고 폭풍신의 조롱에도 텔레피누를 찾아 벌을 보낸다. 이 벌은 지치도록 텔레피누를 찾고 결국엔 그를 찾아낸다. 벌은 텔레피누의 손과 발을 쏘아서 그를 깨운다.

이 신화의 한 유형에서는, 이 작품은 유추적인 마술의 의식적 주문과 더불어 기원을 포함한다. 마술의 여신 캄루세파(Kamrušepa)가 의식 과정에 개입하여 텔레피누의 화를 달래려 한다. 마침내 텔레피누는 집으로 돌아가 땅의 보호를 재개하기로 동의한다. 텔레피누가 이 땅의 번영을 위한 모든 것을 옮기는데 사용한 사냥 가방은 이 작품 마지막에 묘사되어 있다. 이는 그리스 신화에 나오는 아이기스(the aegis)와 비교할 수 있다.[17]

---

17 후르리 신화 Hoffner 1998, 40-80 참조하라.

아나톨리아 신화와는 달린 후르리 신화는 어떤 문화적 또는 의식적인 용법이 없던 것으로 보인다. 후르리 작문들은 히타이트 서기관들의 훈련에 이바지한 문학적 문서로 간주하였을 가능성이 크다.

후르리의 신화는 우리에게 히타이트어 번역문을 통해 열려 있지만, 구두 전승의 흔적을 여전히 찾아볼 수 있다. 예를 들어 쿠마르비 신화 전기(the Cycle of Kumarbi)의 첫 번째 노래(등장의 노래[Song of Emergence]라고 불림) 시작 부분에서 몇 개의 문장이 반복되고 있으며, 이러한 반복은 이야기꾼이 이야기를 기억하도록 돕는 일종의 후렴을 상기시킨다. 이 모든 신화를 "노래"라고 부르는 것 자체도 의미가 있다. 더욱이 일부 학자들은 이러한 작품들에서 특정한 작시법(versification)이 존재한다는 것을 보여주었다.

쿠마르비 신화 전기는 고령의 지하 세계 신 쿠마르비와 후르리 폭풍신 테슈브(Tešub) 사이의 싸움을 중심으로 한 신화 이야기의 모음집이다. 테슈브는 스스로 왕좌를 차지하고 쿠마르비를 물리친다. 쿠마르비는 자신의 왕좌를 되찾을 몇 가지 계략을 만든다. 이 모든 이야기는 아마 후르리 시리아에서 유래한 것으로 후에 하티이트 아나톨리아에 의해 받아들여진다. 쿠르마비 신화 전기를 이루는 노래의 순서는 다음과 같다.

① **등장의 노래**(the Song of Emergence)
이 노래는 초기 신의 왕 시대와 더불어 신의 왕좌에 있던 쿠마르비를 대신한 테슈브에 관해 이야기하고 있다.

② **수호신의 노래**(the Song of the Tutelary God)
이 신은 힘으로 테슈브의 왕좌를 차지하지만, 자신도 퇴출당하면서 죽임을 당한다.

③ **은의 노래**(the Song of Silver)
은(silver)은 쿠마르비와 여인 사이의 아들로서 새로운 신들의 왕이 된다. 그는 우주 질서를 교란하여 나중에 퇴출당하였다.

④ **헤담무의 노래**(the Song of Hedammu)
헤담무는 거대한 바다뱀으로 쿠마르비와 바다신의 딸 사이에서 태어났다. 헤담무는 테슈부를 퇴출하기 위해 보내진다. 테슈부의 누이 샤우슈가는 헤담무를 유혹

하고 취하게 하여 테슈부가 헤담무를 죽을 수 있게 한다. 이런 작품의 형태는 일루얀카 신화와 비교할 수 있다.

⑤ 울리쿰미의 노래(the Song of Ullikummi)

이 이야기는 쿠르마비의 자손이지 바위인 끊임없이 성장하는 돌 괴물[18] 탄생을 묘사하고 있다. 이는 눈이 멀고 귀가 먹어서 헤담무와 달리 샤우슈가의 매력에 현혹되지 않는다. 지혜의 신 에아(Ea)는 그를 물리칠 길을 찾아낸다. 울리쿰미가 끝없이 자라기 때문에 하늘을 지탱하는 아틀라스 같은 신 우벨루리(Ubelluri)와 접촉을 한 덕분에 에아는 우벨루리에게서 울리쿰미를 잘라내어 그의 성장을 무력화시켰다. 테슈부는 이렇게 울리쿰미가 쇠약해진 후에 쉽게 물리칠 수 있었다.

쿠마르비 신화 전기의 첫 노래인 등장의 노래에서 이 문서는 하늘에서 다스린 초기 신의 왕들을 묘사하고 있다. 지하 세계의 신 알라루(Alalu)가 하늘의 첫 번째 왕이었다. 그의 술 맡은 관원(the cupbearer)은 그를 이어서 새로운 신의 왕이 될 하늘의 신 아누(Anu)였다. 아누의 술 맡은 관원은 지하 세계의 신 쿠마르비였는데 아누가 이전에 그의 주인(master) 알라루에게 도전했듯이 쿠마르비도 자신의 주인인 아누를 도전한다. 쿠르마비는 다음 왕이 된다. 이러한 신의 왕위 계승 속에서 지하 세계와 하늘의 신들과 교체하면서 왕좌에 오르는 것을 볼 수 있다.

쿠마르비와 아누의 싸움이 치열했다. 이 전투 중에 쿠마르비는 아누의 성기를 잘라 삼킨다. 그는 그가 생각하는 것만큼 승리하지는 못했는데 그는 아누의 자손을 잉태했다. 이 노래는 연이은 출산에 관해 이야기하고 있는데 이 모두는 고통스러웠다. 이렇게 새로 태어난 신 중에는 폭풍신 테슈브 및 그의 쌍둥이 형제이자 고문인 타슈미슈(Tašmišu)가 있었다.

결국, 쿠마르비는 아누를 불구로 만들면서 자신도 모르는 사이 자신의 파멸을 확정 짓는 데 테슈브가 그의 도전자가 되기 때문이다. 이 노래 속의 몇 가지 학문적 주제는 고대 그리스의 헤시오도드의 신통기(the Theogony of Hesiod)에 나타나는 것과 유사하다. 이러한 주제 중 하나인 테슈프의 탄생 방식이다. 그리스 여신 아테나가 길고 고통스러운 과정을 거쳐 제우스의 머리에서 빠져나오듯이, 테

---

[18] 단. 7~8장과 비교한 내용은 R. Gane 2008a를 참조하라.

슈브도 두개골이 잘린 쿠마르비의 머리에서 모습을 드러낸다. 쿠마르비가 느끼는 견딜 수 없는 고통은 그의 적 아누가 예언한 것인데, 아누는 "결국 당신은 타샤 산(the Tašša mountain)에 자신의 머리를 박살 낼 것이다!"라고 말했다. 아기 테슈브가 해골 밖으로 나오자 쿠마르비가 그를 집어삼키려 하지만 제삼자가 갓 태어난 테슈브를 돌로 대신하여 테슈브를 먹으려 하는 쿠마르비의 이를 상하게 한다. 이것은 또한 그의 아들 제우스 대신에 돌을 삼키는 그리스 신 크로노스를 연상시킨다.

케슈시의 노래(the Song of Kešši)는 또 하나의 후르리 신화다. 이는 히타이트어와 후리안어 버전으로 알려져 있다. 우리는 또한 이 작품에 속하는 아카드어로 된 석판의 파편에 대해 알고 있는데 이 파편은 이집트의 텔 엘-아마르나(아케나텐의 수도) 유적지에서 발견되었다. 이 이야기는 자신의 아내를 위해 신들을 등한시하여 신들에게 잘못을 범한 사냥꾼 케슈시의 불행에 대해 전하고 있다. 어떤 사냥감도 찾을 수 없게 된 케슈시는 병에 걸린 후에 신들의 분노를 표현하는 일곱 개의 상징적인 꿈을 꾼다. 히타이트 버전은 케슈시의 어머니가 일곱 개의 꿈을 해석하는 것으로 끝이 난다. 케슈시의 꿈에 관련한 일화의 여러 측면은 우리에게 메소포타미아의 문학작품 길가메시 서사시를 상기시킨다. 케슈시의 노래는 후르리인의 시로 메소포타미아의 문학적 주제가 혼합되어 있으며, 이를 히타이트어로 번역한 서기관들도 그들 나름의 손길을 더했을 것이다.

석방의 노래(the Song of Release)는 두 가지 언어(후르리어와 히타이트어)를 사용한 문서로 후르리인의 세계에서 온 여러 가지 신화적 이야기와 우화를 담고 있다(Neu 1996). 7개의 우화는 각각 이솝 우화처럼 교육적 메시지를 담고 있다. 이 우화 중 하나는 구리 세공인과 그를 저주하는 컵을 다루고 있는데 이 주제는 여러 가지 면에서 구약과 관계가 있을 수 있다(Chavalas 2011, 154).[19]

이런 우화 중 다른 하나는 다음과 같다.

> 그 이야기는 그만둬! 다른 이야기를 해줄 테니 (이) 메시지를 들어라! 나는 너에게 교훈적인 이야기를 해줄 것이다.

---

[19] 신 32장과 비교할 수 있는 또 하나의 우화는 Wikander 2013를 참조하라.

사슴. 그것이 물줄기 옆에 (있던) 풀을 방목하고 있었다. (그러나) 그는 또한 이쪽에 (있던) 풀을 탐내고 있었다. (그러나) 그는 (이 다른) 쪽의 잔디에 접근할 수 없었고, 이쪽에 올 수 없었다!

그것은 사슴이 아니다. (그것은) 사람이다. 그의 영주가 지역 총독을 만들었던 그 사람, 그들은 그를 지방의 총독으로 만들었다. (하지만) 그는 두 번째 지역을 탐내고 있었다. 신들은 그 사람에 대해 현명한 결정을 내렸다. 그는 그 지역에 접근할 수 없었고, 그는 (그) 두 번째 지역에 올 수 없었다.

석방의 노래는 아마 후르리어로 집필된 시적 작품으로 후에 히타이트어로 번역되었을 것이다. 하투샤의 서기관들이 후르리어로 된 본 작품의 시적 특성을 히타이트어 번역으로 가져오려고 했던 것 같다는 점에 유의해야 한다(Francia 2010).

3. 기도문과 찬가

1) 기도문

기도문은 보통 의식이나 종교 행사 일부다. 분노한 신의 정체는 거의 알 수 없었기 때문에 많은 기도는 중보자 역할을 하는 신, 즉 태양신들에게 전달되었다. 태양신들은 낮에는 하늘에 있지만, 밤은 땅에서 보내므로 하늘, 땅 및 지하 세계의 신들을 만날 수 있었기에 완벽한 중재자였다. 게다가, 태양신들은 하늘에서 모든 것을 볼 수 있었으므로 일반적으로 최고 판사의 직무를 행했다. 종교적 행사의 맥락(왕실에 대한 신들의 축복을 요구함) 또한 다른 행사 중에서도 기도는 어느 신에게나 올릴 수 있었는데 한 명 또는 여러 신의 분노를 진정시키거나 전쟁을 준비하기(신에게 보호 혹은 적을 향한 저주를 요청함) 위함이었다.

대부분 기도는 본질적으로 왕실을 위함이었는데 히타이트의 위대한 왕이 직접 올리거나 드물게는 가까운 친지에 올려지게 된다. 기록된 후에는 이런 기도문은 종종 서기관에 의해 정기적으로 소리 내어 읽혔다. 또한, 이런 기도문은 공공 의식의 맥락에서 위대한 왕에 의해 직접 낭독되었음을 나타내는 몇 가지 언급이 있다.

히타이트 문서는 3가지의 다른 용어로 기도문을 가리킨다.

(1) 명사 *arkuwar*

"간청"은 법적 의미를 지닌다. 이러한 기도문에서 탄원하는 사람은 피고인으로서 자신이 그럴만한 사정이 있으므로 용서를 받아야 한다는 것을 신들에게 이해시키려고 노력한다. 그는 자신의 판사인 신들의 견해를 받아들임으로 그들에게 감동을 주려 한다(시편도 비슷함 [P. Sanders 2007]).

(2) 용어 *mugawar* **혹은** *mukeššar*

"기원, 청원"은 텔레피누와 같이 사라져가는 신들에 대한 신화를 가리키는 단어다.

(3) 명사 *walliyatar*

"찬양"은 신들을 높이는 기도문으로 쓰였다.

이 세 가지 범주는 종종 하나의 범주로 같은 집필 속에 결합한다.

기도문 문서의 일부는 구 왕국 시대로(B.C. 17-16세기) 거슬러 올라가고, 다른 기도문은 B.C. 16세기나 15세기 혹은 제국 시대 말기(B.C. 14-13세기)로 연대가 추정된다.

2) 찬가

찬가는 종종 외국 작품을 번역한 것이다. 신들을 높이는 찬가의 몇 가지는 메소포타미아 찬가를 번역한 것이다. 일부는 시리아나 메소포타미아에서 직접 들어오기도 했다. 우리는 또한 메소포타미아 문학에서 히타이트 서기관들이 큰 관심을 두었던 3개 언어로 작성된 문서(수메르어, 아카드어, 히타이트어)에 대해서도 알고 있다.

태양신에 대한 메소포타미아의 찬가의 여러 히타이트로 번역문이 발견되었다. 이러한 내용 일부는 칸투즐리 왕자의 기도(the Prayer of Prince Kantuzzili)와 다음과 같은 구절에 포함되어 있다.

> 삶은 나를 위해 죽음과 묶여 있고 죽음은 나를 위해 삶과 묶여 있다. 인간은 영원히 살지 못하며 그의 날은 정해졌다. 인간이 영원히 산다면 인간의 골칫거리인 병이 있어도 그에게는 슬픔이 되지 않을 것이다.

이 구절은 수메르어로 쓰인 구 바벨론의 찬가를 직역(calque)한 것이다(C. Metcalf 2011, 174).

역사적 문학이든 유사역사적 문학이든, 신화이든, 기도문이든, 일부 히타이트 문학의 주제는 성경 문학에게도 그와 비슷한 주제들이 있는 것처럼 보인다. 창문을 들여다봄으로써 행해지고 있는 범죄를 목격하는 것(Christiansen 2007)뿐 아니라, 갓난아이를 아버지의 무릎 위에 올려놓아서 자식으로 공식 인정하는 것(Hoffner 1968, 201n27) 외 다른 주제들이 그러하다.

제15장

우가리트 문학

윌리엄 D. 바커(William D. Barker)

우가리트어(Ugaritic)는 고대도시 우가리트(Ugarit)의 이름을 딴 북서 셈어(Northwest Semitic Language)다. 자음 알파벳 문자를 사용하지만 다른 서 셈어 알파벳 문자들과는 다르게, 우가리트어는 점토판에 설형 문자로 표기되었다(Huehnergard 2012, 1). 우가리트어는 또한 고대 근동 전역에서 나타나는 설형 문자를 사용하는 다른 언어들과도 구별되는데, 이런 언어들은 대부분 수백 개의 부호를 사용하는 것과 비교해 우가리트어는 알파벳 문자로 30개의 부호만 사용한다.

우가리트어 원문이 계속 번역되고, 새로운 연구가 이루어지고, 우가리트어 문헌에 대한 새로운 논평이 나오면서, 우가리트어는 고대 근동 및 히브리 성경 양쪽 연구에 있어 계속 매우 중요한 언어 역할을 하고 있다. 우가리트어가 많은 분야 중에서도 특히 비교 연구 쪽으로 제공하는 풍부한 자료 때문에 성경 연구에 있어서 이 언어는 매우 중요하다. 비교 연구를 위한 우가리트 문학에 중요성의 대표적인 예로는 언어학, 사회경제적 맥락 및 종교적 문서가 있다.

1. 발견, 해독, 문서의 본질

1928년, 한 농부(Mahmoud Mella Az-Zir)는 오늘날 시리아의 해안 근처에서 밭을 갈고 있었다. 농부의 쟁기 끝이 밭에 있는 돌에 부딪혔고, 그는 이어서 밭에서 돌을 제거하려고 시도했다. 이렇게 그는 고대 무덤의 입구를 찾아냈다. 그는 무덤 안에서 많은 유물을 발견했고, 그는 그것을 고물상에게 팔기 시작했다(Craigie 1983, 7; M. S. Smith 2001b, 14). 이러한 유물에 대한 소식이 전해진 지 얼마 지나지 않아 1929년부터 1939년까지 이 지역은 프랑스의 저명한 고고학자 C. F. A. 쉐퍼

(C. F. A. Schaeffer)가 이끄는 팀의 감독 아래에 조사를 받고 고고학적 발굴에 착수하게 된다. 발굴지가 인근 텔 라스 샴라(Tell Ras Shamra)까지 부지를 확장하면서 설형 문자가 새겨진 점토판을 비롯한 여러 유물이 발견되었다(M. S. Smith 2001b, 14).

이후 발견된 점토판 중 일부에서는 "아카드어, 수메르어, 히타이트어, 상형 문자로 된 루비어(Hieroglyphic Luwian), 후르리어, 이집트어, 키프로-미노아어(Cypro-Minoan)"의 문자도 발견되었다(Huehnergard 2012, 2). 그러나 발견된 대부분 점토판에는 알 수 없는 설형 문자가 그려져 있었다. 1930년까지 H. 바우어(H. Bauer), E. 도롬(E. Dhorme) 및 C. 벌롤리드(C. Virolleaud) 세 명의 학자는 현재 우리가 우가리트어라고 알고 있는 설형 문자를 해독했다(C. Gordon 1965, 1).

그리고 1940년, 세계 최고의 셈어 문법학자들의 10년간의 연구 끝에 사이프러스 H. 고든(Cyrus H. Gordon) 교수는 역사적인 최초 우가리트어 문법책을 출판했다. 이것은 궁극적으로 우가라티어 언어 및 문학과 성경 연구 사이의 수십 년 동안 계속된 집중적인 비교 연구의 시발점이었다(M. S. Smith 2001b, 28-34). 또한, 우가리트에서 발견된 문헌은 현재 다음과 같이 구성된 다양한 유형 또는 장르로 인정되고 있다.

(1) 문학과 종교 문헌(예를 들어 신화, 서사기, 의식, 찬가, 의학 문서 및 주문)
(2) 일반서신과 왕실 서신
(3) 법률 및 판결 문서
(4) 경제 및 무역 문서
(5) 필기 연습
(6) 비문
(7) 미분류 및 파편으로 남은 문서

게다가 많은 문서는 출판되지 않은 채로 남아 있다. 이 모든 장르와 다른 요소들은 다양한 점토 표를 식별하고 참조하기 위해 채택된 번호 체계의 기초를 형성한다(KTU ix-x).

2. 성경과 우가리트 학문의 비교 연구

우가리트 언어와 학문 연구의 초기에는 성서학에서 우가리트어 사용을 극대화하는 경향이 있었다. 그 결과, 이러한 초기의 연구 중 일부는 너무 지나치게 열광적이었다는 비판과 함께 결국에는 "평행광"(parallelomania)으로 알려지게 되었다. 이런 증상은 아마 미첼 다후드(Mitchell Dahoo)와 그의 시편 연구(Dahood 1965-70)보다 더 확실한 예는 없을 것이다. 다후드(Dahood)는 특정 우가리트 문서와 시편 사이의 문법적으로 유사한 점들을 너무 많이 감지했는데 그의 방법론과 결론은 여전히 논란의 여지가 많다. 그 결과, 그는 학자들이 우가리트어를 성서학에 이용하려는 경향에 부정적인 영향을 미쳤을 가능성이 있다(M. S. Smith 2001b, 159-65).

동시에 다후드는 "추가 검토가 필요한 마소라 본문의 항목을 식별하는 재능이 있었고, 종종 다른 학자들이 더 현명한 평가를 하도록 자극했다"(M. S. Smith 2001b, 165). 이후 학계에서는 "병행광"에 빠지지 않으려는 확고한 조심함이 있었다. 불행히도 이는 타당한 병렬들을 축소화하고 잠재적으로 유효한 가설을 제시하거나 탐구하는 것을 자제하여 "유익한 상관관계"를 무시하는 결과를 낳았다(COS 3:xxxvii).

이러한 반동적인 학문의 연속은 "병렬 공포증"이라고 불린다(Ratner and Zuckerman 1986, 52; COS 3:xxxvii). 바라는 것은 이 두 가지 많은 접근방식이 결국 더 원칙적이고 방법론적 해석학으로 발전하는(이미 발전하고 있는) 것이다(예를 들어 COS 1:xxiii-xxviii; COS 3:xxxv-xlii 참조). 한편, 현재 우가리트 연구의 경향은 성경 연구에 대한 기여와 별도로 우가리트 문학 그 자체를 중요시하고 있다. 그러나 두 학문 모두 우가리트 연구 초기보다는 더 큰 방법론적 주의가 필요하다는 것이 우가리트어와 히브리어의 어휘, 문법, 문학의 다양한 공유된 특징들이 계속 가치를 지니고 가치 있는 학문을 생산하게 될 것이라고 인정하게 했다.

3. 우가리트 문학과 성경 비교 연구의 예

이미 언급한 것 같이, 우가리트어의 발견과 해독 이후, 성경 연구에 대한 헤아릴 수 없는 가치가 인정되었다. 이런 주요 예로는 문법, 시, 문헌학 및 종교 제의학의 비교 및 대조적인 연구를 들 수 있다. 일반적으로 이러한 각 연구는 우가리트 문서의 특정한 측면을 히브리 성경의 특정 구절이나 장과 연관시키기 위한 지속적인 노력을 포함한다. 우가리트와 성경 사이의 비교 연구의 가치를 잘 보여주는 이러한 예들이 상당히 많아서, 여기에 제시된 예들은 언어학, 사회경제 배경 및 종교적 문서 중에서 가장 중요한 것들을 선별한 것이다.

4. 밀접한 언어적 관련성

우가리트어와 성경의 히브리어가 모두 북서 셈어이기 때문에 우가리트어의 어휘, 의미 정의역, 구문 및 기본적인 문법 구조는 성경 히브리어와 상당한 공통점을 공유하고 있다. 이는 히브리 성경의 다수의 어려운 구절을 해석하는 데 도움이 되었다(Greenstein 2010). 한때 사이몬 파커(Simon Parker) 교수가 지적했듯이 "우가리트어는 고대 이스라엘의 언어와 문학의 형성단계를 그 어느 B.C. 2천 년대 언어나 문학보다 더 잘 보여 준다"(S. Parker 1989, 225). 두 언어 사이의 언어적 유사성이 학문에 미친 영향은 고유한 문법적 특징과 병행 단어 쌍(parallel word-pair)을 통해 더 구체적으로 증명될 수 있다.

문법적 성격과 특성에 관해서 저명한 셈어 전문가 존 휴너가드(John Huehnergard)는 다음과 같은 좋은 요약을 제공한다.

다른 많은 성경적 히브리어 특징 중에서 우가리트어로 해석에 도움이 된 것들로는 다음과 같은 것들이 있다.

- 전접어 소사 mem(the enclitic particle)은 아마 시편 29:6 등 히브리 성경 여러 구절에서 입증되고 있다.
- 단언성 후접어 소사 l- (the asseverative proclitic particle)은 예를 들어 시편 119:91에

- 전치사 bə- 및 lə-는 "부터"(from)로 번역해야 할 때가 있다.
- 북서 셈어 동사의 시제-양태-상 체제(the tense-mood-aspect system)의 상당 부분은 초기 히브리어에서도 시행되고 있었다.

우가리트어의 어휘는 우리가 히브리어 어휘를 이해하는데 많은 이바지를 했다. 예를 들어 새로 발견한 성경 히브리어의 어근 ḥrš과 명사 ḫārāš "공예가"(본래 셈어 어근은 √*ḥrš)를 "갈다, 새기다"(to plow, engrave)라는 뜻을 가진 어근 ḥrš(본래 셈어 어근은 √*ḥrθ)에서 분리한 것이다 … 우가리트어에 비추어 재해석된 성경 구절 중에는 … 시편 86:5에서 나오는 묘사가 있는데 이는 우가리트의 폭풍신 바알의 별칭 "구름 타는 자"(cloud-rider)와 … 비교됐다(Huehnergard 2012, 10-11).

이미 고인이 된 움베르토 카스토(Umberto Cassuto)가 관찰한 바와 같이, "히브리어나 우가리트어와 같은 언어군에 속하는 언어의 어휘는 자연스럽게 공통적인 단어가 많다"(U. Cassuto 1971,20). 이것도 사실이지만 "덜 흔해서 공통된 문학적 배경과 전통을 확립하는 데 더 중요한 것은 병렬 단어 매칭 현상이다"(W. Barker 2014, 177). W. G. E. 왓슨(W. G. E. Watson)은 병렬 단어 매칭을 정의하기 위한 적당한 기준을 제공하고, 중요한 우가리트적인 문학과의 연관성을 나타낸다. 병렬 단어 쌍은 다음과 같은 요건에 적합할 경우 인식할 수 있다.

① 각 단어는 같은 문법 클래스(동사, 명사 등)에 속해야 한다.
② 이 같은 단어들은 평행선으로 나타나야 한다.
③ 이런 단어 쌍들은 비교적 자주 발생해야 한다.

히브리 시인들이 상투적인 어쌍들을 사용했다는 사실은 오래전부터 알려져 있었지만, 우가리트 문학을 연구한 후에야 학자들은 비로소 이러한 어쌍들이 실제로 얼마 정도 사용되었는지를 알게 되었다 … 왜냐하면, 우가리트의 시 역시 온갖 병렬 단어 쌍들을 사용했기 때문이다. 그뿐만 아니라, 높은 비율의 우가리트의 어쌍은 히브리 어쌍과 같다 … 또한, 어쌍을 올바르게 인식하면 문서 변경 및 의미에 관한 영향을 미칠 수 있다(W. Watson 1984, 128-29, 141).

이와 같은 단어 매칭은 전도서 12:5-6과 시편 74:13과 같은 히브리 성경의 여러 구절의 공통적인 셈어 근원을 파악하는 데 중요한 역할을 해왔다(W. Watson 1984, 130-44). 병렬 단어 쌍의 역할은 또한 이사야 24-27장과 같은 문서의 배경과 우가리트의 바알 신화(the Baal Cycle)의 부분들을 이해하는 데 이바지했다. 놀랍게도 마지막에 언급된 히브리어 문서와 우가리트어 문서는 같은 서술 진행, 비슷한 주제 그리고 같은 신, 영혼 및/또는 괴물을 공유한다(W. Barker 2014, 51-170, 177-97, 208-12).

5. 맥락과 사회경제적 정보

우가리트어로 쓰인 수백 권의 문헌 중(1500권 이상), 많은 법률 및 경제문서를 통칭하여 "행정 문서"라고 부른다. 이 많은 계정과 기록은 후기 청동기 시대의 우가리트 사람들의 일상 생활을 통찰할 수 있게 해준다. 이런 문서에 기록된 상업적인 거래는 다양한 품질의 포도주와 올리브 기름, 그리고 축산 및 판매되는 가축의 유형 등 상품의 가격, 가축 및 서비스 같은 예를 보여 준다. 심지어 특정 상품과 가축의 평균 가격, 대략 언제 누구에게 팔렸는지까지 문서를 통해서 알 수 있다. 또한, 소수의 법률 서적과 약 100통의 서신도 있다(Huehnergard 2012, 5).

우가리트라는 도시는 고대 가나안 땅과 근접한 북쪽에 있었기 때문에, 이 문헌들은 우리에게 성경 연구에 대한 비교 자료가 된다. 또한, 우가리트가 정치적으로 자율적인 상업적 강국이었다는 증거가 특히 우가리트-이집트 관계와 관련하여 상당히 많다(예를 들어 Curtis 1985, 9-24; Giveon 1981, 55-58; Singer 1999, 627). 게다가 우가리트와 다양한 가나안 지방과의 관계에 대한 고고학적, 문서 증거도 상당하다(예를 들어 Owen 1981; Teissier 1990, 71; KAI 14, 2:23; KAI 26, 2:43; Keel and Uehlinger 1998, 177-282; Nocquet 2004, 289-330, 347-70; Köckert 2010). 휴너가드(Huehnergard)가 관찰한 바와 같다.

우가리트인들의 문화와 사회는 성경의 여호수아, 사사기, 사무엘에 묘사하는 것으로 알려진 후기 청동기 시대와 초기 철기 시대에 팔레스타인에 거주했던 가나안 사람들과 여러 면에서 비슷했다 … 우가리트의 서신과 행정서류는 이스라엘 왕국이 시작되기 바로 전 시기의 레반트의 대형 도시에서의 삶을 생생하게 묘사하고 있다(Huehnergard 2012, 10).

이러한 다양한 정보의 요점에 대한 해석의 영향을 이해하기 위한 그 어떤 노력이라도 신중하고 원칙적이어야 하지만 이러한 행정, 법률 및 서신중 많은 부분이 성경에 나오는 특정한 단어, 구(phrase) 및 구절에 대한 이해를 도울 수 있다는 충분한 증거가 있다. 이것은 우가리트어 문헌을 사례별로 신중하고 세심하게 다루는 오늘날의 많은 성경 주석들에 의해 가장 잘 입증된다.

6. 히브리 성경과 우가리트의 종교문학 문헌의 유사점

우가리트에서 발견된 가장 중요한 문헌 중 일부는 서사시(또는 신화적 서사)로 분류된다. 다른 우가리트의 종교 문헌은 신 목록, 주문, 의식 등을 포함한다. 이들 각각은 우가리트 종교에 대한 의미 있는 자료다. 여기서 신 목록, 주문 그리고 의식 문서에 대한 더 깊은 논의를 하는 것은 한계가 있으나 이것들이 가나안 신들에 대한 중요한 정보와 더불어 우가리트의 종교적 신념, 종교 관습 그리고 심지어 종교적 주제와 뒤섞인 "의료" 관행(예를 들어 술 취한 신 엘[El]에 대한 이야기에서 나오는 유명한 숙취 요리법)에 대한 중요한 정보를 제공한다고 말할 수 있다. 우가리트의 서사시에는 아크하트의 이야기(the Tale of Aqhat), 쿠르타왕의 전설(the Legend of King Kurt) 및 바알 신화(Ba'al Cycle)가 있다. 성서학에서 특히 중요한 것은 바알 신화다.

우가리트의 문헌은 바알 신화에 관한 기록을 제공한다. 이는 바알 숭배의 기초를 형성했는데 바알 종교는 우가리트 왕국부터 북이스라엘 남 유다 시대 내내 또한 후기 이집트 왕조 시대나 탈무드 시대에 다른 종교와 결합하기까지 이런저런 행태로 비옥한 초승달(the Fertile Crescent)의 서반부에서 유지됐다. 결과적으로 이러한 문헌들은 우가리트에서의 종교와 의식을 이해하고, 히브리 성경의 많은 문헌에 문화적, 종교적 배경을 제공하는 데 필수적이다. 이들 중 최고는 고대 이스라엘에 있는 바알 신이나 바알 신도에 대해 논하는 구절이다(예를 들어 사 6:25, 28, 30-31; 왕상 18장).

히브리 성경에는 또한 우가리트 문서에서 바알을 묘사하던 구절들을 창의적으로 바알 대신 Yhwh(야훼)를 찬양하는 구절로 바꾸거나(예를 들어 시 29:10, 104:3) Yhwh의 위대함을 높이면서 바알을 포함한 가나안 신들의 숭배를 비난하는 모습이 다수 보인다(예를 들어 사 24:21-23; 25:6-8; 26:13-19; 27). 성서학과 관련해 바알 신화와 바알과 관련한 우가리트 문학의 중요성을 다 말하기는 어렵다.

바알 신화에 등장하는 신들 외에도, 우가리트 문학 전반에 걸쳐 성경적 언급, 암시, 언어 유희 또는 각색에 등장하는 신들과 인물들이 상당히 많다. 그런 유사점의 가능성은 세밀히 조사되고 논의되어야 하며, 실제로 우가리트 연구와 성경 연구 모두에서 대다수 학자는 다양한 해석적 선택의 여지가 있음을 인정한다.

이 선택의 여지는 가능하지만, 논쟁의 여지가 높은 유사점부터(예를 들어 다니엘서와 겔 14:28) KTU 1.5 I 1-3이 이사야 27:1에서 등장하는 것 같은 개연성이 높은 문헌의 직접 인용에 이르기까지 다양하다. 게다가 가장 회의적인 학자들조차 우가리트 문학의 신들에 대한 명확한 다수의 성경적 언급이 있다는 것을 인정한다. 가장 자주 인용되는 몇몇 신, 괴물, 인물들은 확정적이든 가능성이 크든 그럴듯하든 또는 단순히 가능한 언급이든 히브리 성경의 몇 가지 일반적인 인용문들과 함께 아래에 열거되어 있다(Michael Williams 2012, 14-22).

- 엘('El) – 비교: 겔 28:2; 시 48:1-2; 창 14:18-22; 33:20
- 바알(Ba'al) – 예: 사 6장; 왕상 16-18; 왕하 10-11 및 여러 곳; 비교: 시 68:5; 사 26:13-19; 및 다양한 신의 이름을 딴 지명
- 모트(Mot) – 예: 사 25:6-8; 욥 18:12-13; 비교: 잠 27:20; 합. 2:5
- 아티라트/아세라(Athirat/Asherah) – 예: 신 7:5; 16:21; 왕상 15:13; 18:19; 왕하 21:7; 23:4, 7; 비교: 왕상 16; 18-19
- 리탄(Litan, "레비아단") – 예: 사 27:1; 시 74:13-15; 104:26; 욥 3:8; 26:13; 41; 비교: 창 3장; 계 12:3
- 라파우마(Rapa'ūma, "르바임") – 비교: 신 3:11; 사 14:9; 26:13-19
- 샾슈(Shapshu "샤파쉬") – 비교: 사 24:21-23

- 얌(Yamm) – 예: 시 74:13-14; 비교: 시 114:1-5; 왕상 7:23-26
- 아낫(Anat) – 예: 삿 3장; 느 10장; 수 19:21에 나오는 신의 이름을 딴 개인 이름과 지명; 비교: 삼상 31:8-10
- 단엘(Dan'el) – 비교: 겔 14:14, 20; 28:3

7. 결론

우가리트어와 문학은 히브리 성경을 연구하는 데 있어 매우 중요하다. 우가리트 석판과 문서와 성서학과의 관계에 대한 조사도 거의 백 년 동안 비교 연구 분야에서 상당한 비중을 차지하고 있다. "병행 열광증"과 "병행 혐오증" 사이의 긴장감은 비교 연구를 위한 원칙적인 해석을 찾는 현재의 추세를 부채질하는 촉매제로 작용한 것 같다. 언어적 유사성과 성경 히브리어가 가진 가나안 문학적 전통은 우가리트어가 히브리 성경의 몇 가지 어려운 단어와 구절에 대해 이해를 하는데 도왔다.

공통의 상투적인 구문, 단어 매칭 그리고 우가리트 문학과 히브리 성경 사이의 유의한 유사성의 증거(예를 들어 주제 및 서술 진행)는 언어적, 해석적 통찰력을 풍부하게 계속 제공하고 있다. 우가리트 서신과 행정 문서는 고대 가나안에서의 삶에 대한 중요한 통찰력을 제공한다. 여기에는 후기 청동기 시대와 초기 철기 시대의 가나안 북부에 관한 사회경제 자료의 광범위한 문서 자료가 포함된다. 무엇보다도 우가리트어의 서사시와 종교 문헌은 바알과 바알 숭배에 관한 가장 중요한 문서 정보다. 결론적으로, 우리는 "구약성경의 모든 학생이 우가리트어를 배우는 것이 좋을 것"이라고 말한 저명한 W. F. 올브라이트의 평가에 깊이 동의해야 한다.

제16장

북서 셈어 비문

마아가렛 E. 코헨(Margarret E. Cohen)

1. 북서 셈어는 무엇인가?

북서 셈어는 셈어 군에 속하며 고대 언어인 우가리트어, 페니키아어, 히브리어를 포함한다. 셈어 군 구성원 간의 관계의 이해를 돕기 위한 두 가지 주요 도표가 있다. 기본 "나무" 도표(족보[Stammbaum] 이론)에서는 선조급인 원시 셈어(proto-Semitic)로부터 가지들이 언어 발전역사에 따라 나뉘어 있다. 이 가계도 도표는 1970년대에 로버트 헤즈론(Robert Hetzron)이 권장했고, 최근 수십 년 동안 다양한 수정이 있었지만, 일반적으로 잘 받아들여지고 있다.

그러나 언어는 수직과 수평으로 발전한다(Geisler and List 2013). 비록 우리는 일종의 "가지" 혹은 "부모"를 지닌 일종의 셈어 나무를 이야기하지만 이러한 언어 간의 상호 작용을 기억하는 것이 중요하다. 두 번째 도표인 "물결"(wave) 또는 방언 지리(dialect geography) 도표는 아마 랜달 가르(W. Randall Garr)의 1985년 작품인 시리아-팔레스타인 방언 지리학, B.C. 1000-586년(Dialect Geography of Syria-Palestine, B.C. 1000-586년)에서 가장 잘 나타나 있을 것이다. 이 도표는 언어 간의 수평 관계를 인정하는데, 그 결과는 수직의 유전적 진화가 아닌 다양한 방언의 연속성이다.

지리적으로 셈어는 북(동)쪽의 메소포타미아에서, 남(서)쪽의 아라비아반도 및 에티오피아에 퍼져 있다. 북서 셈어는 레반트의 연안 지역에 속하며 B.C. 3천 년대부터 오늘날까지 걸친 기간에 존재했다. 하나 이상의 북서 셈어를 아는 학생은 많은 어족 즉 공통 근원을 가진 단어들이 존재함을 발견함으로써 이 언어군 내의 관계를 알아보기 시작할 것이다. 때때로 이런 어원이 같은 말도 특정 언어 안에서 그들의 역할이 진화함에 따라 서로 다른 의미가 있게 될 수도 있지만, 그들의 공통 어원은 보통 구별할 수 있다. 예를 들어 히브리어 바일(bayit)과 아카드어 비투(bitu), 페니키아어 벧(bet)은 모두 "집"을 뜻한다.

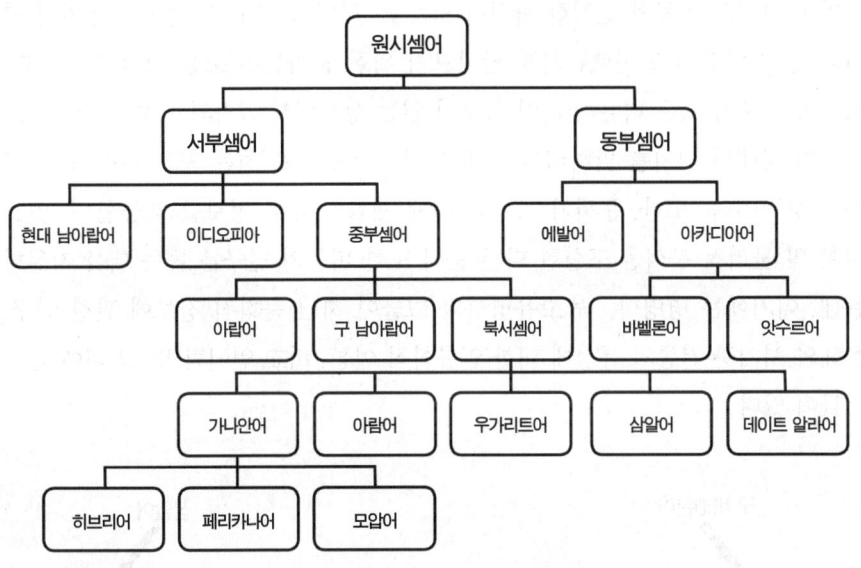

16.1 "나무" 도표의 예(Rubin 2006. 62를 바탕으로 함)

성경 문헌을 친숙한 현대 간행물의 형태로 다루는데 익숙한 자들에게는 비문의 용어와 이 같은 연구에 대한 몇 가지 요점이 유용할 수 있다. 북서 셈어의 문자 체제는 글자를 사용하여 음소(phonemes, 즉 음성언어의 최소 단위)를 나타내며, 따라서 알파벳 문자라 할 수 있다. 자소(字素, grapheme, 문자언어 최소 단위)는 모음이 아닌 자음으로 나타나기 때문에 엄밀히 따지자면 "압자드"(abjad)[20]라고 불린다. 북서 셈어의 문자는 페니키아인들이 표준화했다고 알려져 있으며 이 페니키아 알파벳은 다른 연관된 문자들의 알파벳 화의 기초가 된다. 북서 셈어 문자들

---

[20] 이에 해당하는 언어는 아랍 문자, 히브리 문자, 시리아 문자, 페니키아 문자 등이 있는데 자음만을 표기하는 '단일 자음 문자' 체계를 말한다. 하나의 자음에 모음이 암시되어 보통 하나의 음소를 가진다(역주).

은 모든 종류의 비문을 쓰는 데 사용되었으며 비문학은 잉크로 쓰이거나 점토, 돌, 또는 다른 재료로 새겨진 글자의 형태와 그들의 설치를 연구하는 학문이다. 비문 학자가 절개나 자국의 형태를 해독함으로 이들이 나타내는 글자를 알아볼 수 있고 따라서 고대의 비문의 글자와 단어들을 다른 학자들이 읽을 수 있게 제공한다.

비문 학자의 연구와 밀접한 관련이 있는 또 하나의 연구로, 언어의 글자가 역사와 함께 어떻게 발전했는가를 알아보기 위한 문자들은 고문 학자의 연구다. 고고학적 출처 같은 다른 연대적 정보가 없는 상황에서 글자의 진화를 알아보고 그들의 시대적 위치를 밝혀내어 연대 측정을 가능하게 하는 것은 이런 고문 학자의 능력이다. 또한, 문서가 쓰이는 실제 재료에 대한 정보를 제공할 수 있는 화학 및 물리적 분석을 포함한 다른 분석 또한 비문의 연구를 돕는 데를 지원하는데, 여기에는 명명학, 즉 고유명사와 그들이 지닌 문화적 정보에 관한 연구, 문해와 서기관 전통의 특성에 대한 인류학적 이론, 비교 언어학 및 그 외에 많은 것들이 있다.

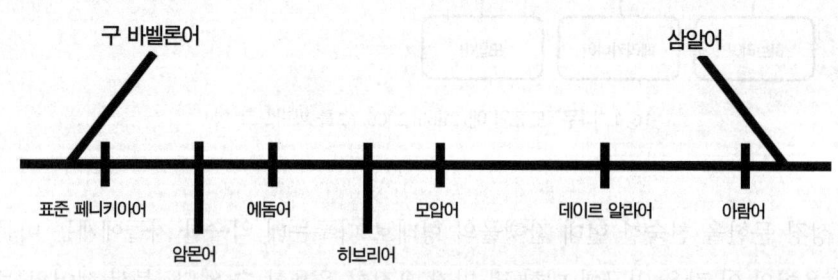

16.2 방언의 연속성을 나타내는 도표의 예 (Garr 2006. 62를 바탕으로 함)

지금까지 다양한 근동 민족들의 문학을 검토해봤고, 여기에는 서술적 산문, 시, 그리고 다른 문서들이 포함되었다. 우리가 북서 셈어 비문을 여러 개 가진 것은 행운이지만, 우리는 또한 비문이 지닌 정보를 다루는 것과 관련된 도전들을 인식해야 한다.

우리는 수십 개의 선으로 된 많은 비문 표본들을 가지고 있고 이런 표본으로부터 우리는 많은 문서 정보를 얻는다. 그러나 많은 비문은 매우 짧은 글이고 주변 문맥을 많이 알고 있거나 그렇지 못할 때가 있다. 때때로 비문은 단지 몇 글자에 불과하거나 다른 고고학적 기록에 따라 부분적으로 회복되었다. 때로 이러한 비문은 장례식이나 상업적인 거래 같은 알려진 유형이나 장르이며, 이러한 유형의 지식은 때때로 빠진 단어나 행의 그럴듯한 재구성을 가능하게 한다.

그러나 다른 대부분 경우는 빠진 행을 회복할 가망이 없다. 그리고 비록 우리가 가진 비문의 양은 항상 새로운 발견을 통해 성장하고 있지만, 우리는 북서 셈어 학자들이 양적으로나, 즉 알려진 비문에서 현존하는 총 단어와 형식의 수 및 질적으로, 즉 비문들이 다루고 있는 일상 생활에 대한 주제와 정보의 범위 두 가지 측면에서 한정된 정보를 갖고 일하고 있다는 것을 인정해야 한다. 우리는 여러 가지 면에서 한계가 있다.

구어(spoken language)에 대한 정보가 없고, 다른 계층, 성별 및 사회적 위치의 언어에 대한 정보가 없으며, 또한 비문을 쓴 서기관들이 어느 정도까지는 비서기관들, 즉 일반 사람들의 "일상" 언어를 표현했는지 알지 못한다. 북서 셈어로 작성된 많은 비문이 있고, 언어와 그 문화적 맥락에 대한 이해가 지난 200년 동안 상당히 발전했지만, 여전히 어떤 것들이 빠져 있는지 기억하는 것이 중요하다. 슬프게도 비문의 특성상 비문은 또한 사악한 활동에 노출되어 있고, 이 학문을 공부하는 학생들은 위조와 다른 고물 범죄로 인한 피해와 계속해서 싸워야 한다.

2. 북서 셈어 비문에 대한 조사

우리는 이미 설명한 주요 북서 셈어 언어로 된 비문에 대한 대표적인 예를 살펴보겠다. 우가리트어와 히브리어의 예는 이 책의 다른 부분에서 자세히 다루어지기 때문에 여기에 포함되지 않는다. 필요성에 의해 선택된 예는 많지 않지만, 이 한정된 예들조차도 북서 셈어의 지리적, 연대적 범위에 대한 증거를 제공할 뿐만 아니라 성서학자들에게 특별한 관심을 부르는 비문들을 조명 것이다.

먼저 페니키아, 모압 그리고 아람족의 자료에서 가나안의 표본들을 살펴본 후 마지막으로 터키 남동부 오늘날의 진지를리(Zincirli)에 있던 고대 삼알 왕국(the

Kingdom of Sam'al)과 트랜스요르단 자르카강(Zarqa, 얍복강) 유출구 근처의 유적지 데이르 알라(Deir Alla) 등의 언어로 쓰인 비문을 살펴본다. 우리는 가나안어와 아람어의 언어적 특성들이 많이 겹치는 것을 인정하면서도 이 언어들을 북서 셈어 나무의 뚜렷하게 다른 가지들로 취급한다.

1) 페니키아어

(1) 아히람(Ahiram)

아히람왕의 석관(the Ahiram Coffin)은 B.C. 10세기로 거슬러 올라가는 가장 오래된, 관련 있고 읽을 수 있는 페니키아 비문이 발견된 유물이다(Rollston 2016, 17). 비교적 짧은 두 줄의 비문은 이 석관이 아들 이토바알(Ithobaal)이 아히람을 위해 만들었고, 관을 상하게 하는 사람은 지위, 권력, 왕국을 잃음으로써 고통을 겪게 될 것이라고 말하고 있다. 이 비문은 다소 기본적이지만, 글자 모양에 대한 특정한 정보는 비문 학자에게 중요한 정보를 제공하고, 역사학자들에게는 죽은 사람 특히 죽은 왕족을 대하는 자세에 대한 통찰력을 제공한다.

> [이것은] 비블로스 왕 아히람의 아들 이토바알이 그의 아버지 아히람을 영원의 집에 안장할 때에 만들어 준 관이다[21](1줄).

우리는 적절한 장례식을 제공하는 책임이 있는 아들의 역할과 또한 다음 줄에 나오듯 죽은 자를 손대는 자들에게 어떤 일이 닥칠지도 모른다는 일종의 신념에 대해 알 수 있다.

---

21 비문의 모든 번역과 줄의 번호는 달리 명시되지 않은 한 Gibson 1971–82를 사용한다. 이 지침서는 비문마다 자세한 정보를 원문과 번역을 동시에 보고자 하는 영어권 고대 근동학 학생들에게 훌륭한 시발점이 된다. 다른 중요한 자원으로는 KAI가 있는데 이 식별번호는 여전히 많은 비문을 참조하는 표준 방법이다(예를 들어 아히람 왕의 석관은 KAI 1). 또한, Hoftijzer and Jongeling 1995; Ahituv 2008; COS 및 Southern California 대학의 서 셈어 연구 프로젝트가 있다(the West Semitic Research Project at the University of Southern California, http://wsrp.usc.edu/index.html).

자! 왕 중 하나, 총독 중 하나, 아니면 군대의 지휘관이 비블로스에게 덤벼 이 관을 연다면, 그의 통치권은 조각날 것이고 그의 왕좌가 뒤집힐 것이며 비블로스로부터 평화가 빠져나갈 것이다. 그리고 그의 비문 또한 지워질 것이다(2줄).

자신과 가문의 정치적 권력 상실에 대한 위협은 여기에서 엄청난 타격으로 선언되고 있다. 성서학을 공부하는 학생들은 자신의 판단력의 지팡이(htr mshpth)를 잃어버리는 것에 대한 강한 우려는 물론, 존재가 사라지는 위협의 위력을 익숙할 것이다. 여기에 있는 그의 비문을 지우는 것(ymh sprh)과 히브리 성경에 나오는 자신의 이름을 지우는 것을 비교해볼 수 있다(예를 들어 시 69:28의 ymmhw mspr).

(2) 아르슬란 타슈(Arslan Tash)

아르슬란 타슈에서 작은 석회암 명판이 나왔는데, 여기에는 다양한 그림과 아람과 페니키아 양식이 혼합된 아람어 문자 양식의 비문이 적혀 있다(Garr 1985, 220; Gibson 1971-82, 3:79-80). 이 비문은 악령에 대한 일종의 주문이며, 간청자의 집에서 야귀들이 떠나기를 간청하는 것으로, 연대는 B.C. 7세기로 보인다. 이 비문은 'lym("신들의 자녀들")과 shmym/'rts("천지") 같은 성경 본문과 상당히 유사한 많은 구절과 어휘적 짝을 포함하고 있으므로 일부 학자들의 관심을 끌었다. 또한, 아르슬란 타슈 비문은 히브리 성경에서 흔히 볼 수 있는 시적 2행(couplet) 스타일을 사용하는데, 여기서 두 구절은 리듬과 의미로 평행선을 이루며 짝을 이룬다.

내가 들어가는 집에 너희들은 들어갈 수 없고, 내가 걷는 뜰은 너희는 걷지 못한다(5-8줄).

아마 가장 자극적으로 일부 학자들은 이 비문에서 나오는 아수르(Assur)와 "우리" 사이의 관계적 의무를 성경의 언약 관계를 표현하는 언어와 같은 것으로 해석했다(Ramos 2015; Zevit 1977). 이것이 매력적인 유사점으로 보일지 모르지만, 주문에서 나오는 'lt이란 단어는 단순히 "언약"보다 더 다양한 의미를 포함하므로 주의가 필요하다(Brichto 1963, 22-71).

아수르와 우리는 영원한 약속을 맺었다. 그가 우리와 그리고 모든 신의 자녀들과 (이것을) 맺었다(9-11줄).

이 비문의 특정 부분에서는 성경과 유사한 점들을 발견할 수가 있다. 비문이 나오는 krt ln 'lt lm 'shr krt ln(9-10줄)은 성경에 나오는 "언약을 만들다"(cut a covenant)를 상기시킨다(예를 들어 창 15:18 krt… brt). 또한, 이 협정의 당사자들은 다음과 같은 유사성을 공유한다.

아르슬란 타슈 비문에는 아수르와 "우리"가, 성경 예시에서는 야훼와 "우리"가 있다(예를 들어 신 5:2). 신명기 30:19에 하늘과 땅이건 아니면 아르슬란 타슈에 나오는 "신들의 자녀들"이던 신성한 증인들이 세워진다. 그리고 마지막으로, 신명기 6:6-9에서 이러한 지시(즉 언약의 조건)를 자신의 문설주에 붙이도록 한 명령처럼, 여기 비문에서도 문기둥은 특별한 아마 부적 같은 힘이 있는 것으로 이해하고 있다. 아르슬란 타슈에 나오는 문설주(mzzt)는 어두운 밤 어떤 악령도 성공적으로 넘어가게 함을 나타낸다.

그것이 내 문에 도착했고 문설주에 빛을 비췄다. 태양이 떠올랐다!(22-26줄).

실제로 작은 구멍이 난 판이 문짝에 걸려 있었을 수도 있다.

아르슬란 타슈의 비문은 분명히 원치 않는 악마를 막기 위한 일종의 주문을 기록한 것이지만, 이를 통해 또한 비문의 주인이 신의 언약의 본질을 어떻게 이해했는지와 모든 종류의 위협으로부터 자신에게 충실한 사람들을 보호해야 하는 신들의 의무에 대한 풍부한 정보를 보존했다.

(3) 예하우밀크(Yehaumilk)

예하우밀크의 연대는 B.C. 5세기 중반으로 올라가며 이는 석회암 돌비에 새겨진 긴 비문으로 두 형상도 포함하고 있다(Gibson 1971, 8-23; 93-99). 이 비문은 페르시아 시대에 비블로스의 여신 신전의 변경상황을 다룬다. 예하우밀크의 새로 지은 건축물의 헌정은 고대 시대에 신이 통치자를 승인하고(예를 들어 "나 … 여신, 비블로스의 여주인이 비블로스의 통치자를 만들었다"[1-2줄]) 통치자는 건축물로 신에게 화답하는 밀접한 관계를 상기시킨다(이 비문에 실린 예는 "제단," "날개 달린 태양," "관문," "포르티코[portico]," "기둥," "기둥머리" 및 "천장"[46줄]). 이 비문에는 두 개의 성문이 설명되어 있는데, 하나는 여신을 위한 것이고 하나는 예하우밀크를 위한 것으로 왕실과 종교 구역이 함께한 신성한 대형 건축이었음을 알려준다.

> 나는 나의 여신, 비블로스의 주인을 위해 … 나의 문 반대편에 이 금문을 세웠다 …(3-5줄).

이러한 공간적 조합은 성경 본문과 철기 시대 레반트의 고고학적 기록에서 익숙하게 나타난다(S. Johnston 2004, 551).

2) 모압어

(1) 메사(Mesha)

메사 돌비는 이 책의 다른 곳(아래 36장 참조)에 더 자세히 나와 있지만, 현재 우리에게 이용 가능한 모압어의 탁월한 표본으로 잠시 언급되어야 한다. 이 돌비는 모압 왕이 이스라엘 자손을 상대로 거둔 성과에 대해 기록하고 있다. 이 비문의 문체는 이 고대 지방 전역의 성경 및 왕실 기록에 있는 왕들의 역사 이야기를 연상시킨다.

(2) 아타루즈(Ataruz)

요르단의 디반(Dhiban) 근처의 키르벳 아타루즈(Khirbet Ataruz)의 최근 발굴작업에서 7줄의 비문이 적혀진 돌로 된 받침대(pedestal)가 발견되었는데 발굴자와 비문 학자는 이를 B.C. 9세기 물품으로 본다. 비문 및 언어학의 초기 설명은 서술은 이 비문이 어쩌면 "국어"였을 모압어로 쓰여 있다는 것을 나타내고 있는데 이는 아타루즈 기둥이 메사 돌비에 나온 것처럼 메사가 이스라엘 왕으로부터 아타롯(Atarot, 키르벳 아타루즈)을 빼앗았다는 주장을 뒷받침할 수 있다는 것을 의미

한다.[22]

이 비문에 대한 초기 해석은 처음 세 줄에는 각각 다음과 같은 구조가 포함되어 있다는 것을 암시한다.

숫자 + mn("부터," from) + 어휘소 (lexeme)

숫자는 상형 문자(이집트 문자)로 되어있으며 큰 값이다. 그 기둥은 현장의 종교적 장소에서 발견되었기 때문에 그 숫자들은 여러 가지 제물의 양을 가리킨다고 생각하는 것이 타당해 보인다.

만약 아타루즈 비문이 메사 돌비의 정보를 확증하는 데 도움이 될 수 있다면, 우리는 이 사건에 관한 모압인들의 기록과 성경 열왕기하 3장의 기록 사이의 불일치한 점들을 어떻게든 조화시켜봐야 한다. 여기서 우리는 성경 원문과 고고학 기록을 통해 보여주는 고대 역사 기록에 접근했을 때 일어나는 복잡한 특성들의 예를 볼 수 있다.

3) 아람어

(1) 텔 페커리야(Tell Fekheriya)

1970년대에 발견된 이 비문은 옷을 입은 현무암 조각상에 아카드어와 아람어 2개 국어를 보존하고 있다. 실물 크기의 이 조각상은 B.C. 9세기 것이며, 하닷에 바쳐진 두 개의 비문이 튜닉 스커트의 앞면(아카드어)과 뒷면(아람어)에서 발견된다(Greenfield and Shaffer 1983; Gropp and Lewis 1985). 아카드어를 기초로 한 것으로 보이며 이미 존재했던 구잔(Guzan)의 비문을 바탕으로 했을 가능성이 있으며, 아람어로 된 비문은 일종의 보충물로 제공되는데, 아마 이 조각상을 시칸(Sikan)에 헌정하기 위한 작업으로 보인다(Gropp와 Lewis 1985, 56).

---

[22] 이 글을 쓰는 시점에서 이 비문에 관한 첫 출판이 임박해있다. 그러나 지금까지는 요르단의 고대 유물 학부(the Department of Antiquities)에 기본적으로 기술하거나 학회에서 발표되었을 뿐이다. 현재 최고의 정보는 비문 학자에 의해 이 웹사이트http://www.rollston epigraphy.com/?s=Ataruz. 에서 얻을 수 있다.

구잔과 시칸과 아르잔('Arzan)의 왕 하드-이티(Hard-yithi)의 왕의 조각상은 … 위해 … 그의 왕권의 번영 … 그리고 그의 수명이 길어진 것을 위해, 그리고 그의 입의 말이 신들과 나에게 보기 좋게 되기 위해, 그는 그 형상을 전보다 더 화려하게 만들었다. 시칸에 사는 하닷 앞에서, 하부르(Habur)의 영주는 그의 조각상을 만들었다(12-16줄, Gropp and Lewis 1985 번역).

이 비문의 복합적인 본질 및 역사적 의미와 같은 특성 외에도 dmwt와 tslm 두 용어의 두드러진 사용은 보편적으로 학계의 관심을 끈다. 물론 두 단어는 성경 본문에서 사용되는 것을 통해 알아볼 수 있다(예를 들어 창 1:26; 5:3). 예를 들어 텔 페커리야에서 이 두 용어는 줄 1, 12, 15, 16에서 볼 수 있듯이 상호 교환적으로 사용된다. 이 비문의 문맥과 사용 패턴을 보면 이 두 용어가 같은 의미가 있을 수 있다는 걸 알 수 있고, 이는 성경 텍스트에서 dmwt가 일종의 형이상학적이고(metaphysical) 역동적인 이미지를 나타내지만 tslm은 굳어있고 정적인 사본을 의미한다는 주장에 반대되는 증거일 수 있다(Gropp and Lewis 1985, 47).

(2) 자쿠르(Zakkur, 성경의 삭굴)

하맛(Hamath)의 왕 자쿠르가 세운 돌비에는 손상된 비호와 약 47줄 길이의 비문이 있다(Gibson 1971-82, 2:6-17). 이 돌비는 B.C. 8세기 초에서 중반에 세워졌으며, 그의 수도인 하드락(Hadrach)을 포위 공격한 소왕 연합군에 대한 자쿠르의 승리를 기록한다.

그때 아람 왕 하사엘의 아들 바하닷(Barhadad)은 나에게 반기를 들고 십여 명의 왕을 거느린 연합군을 조직했다. 이 모든 왕은 하드락을 포위했다(A.4-9줄).

B.C. 8세기 초에는 앗수르에 패배하고 앗수르를 점령함으로써 쇠퇴한 다메섹이 회복하려고 했다. 같은 기간 이스라엘의 여호아스(왕하 13:25)와 그의 뒤를 이은 여로보암 2세(왕하 14:25)에 대한 성경적 기록은 이때가 이스라엘이 이 지역의 영토를 획득한 시기였다고 주장한다. 이런 역사적 상황에도 자쿠르 비문은 잘 발달 된 문학적 이미지로 쓰여 있다.

특히 주목할 것은 "내 손을 바알사마임(Baalshamayim)에게"(A.11줄), "선견자의 손을 통해"(A.12줄), "내 손의 전통"(줄 B.15) 등 저자가 반복적으로 사용하는 손에 대한 모티브다. 저자는 "자쿠르의 이름"(줄 C.2)에 대한 끊임없는 우려로 끝을 맺는다. 이러한 문학적인 비유의 조합은 성경에 자주 등장하는 구절 *yd wshm*(예를 들어 사 56:5)을 연상시키는데 이 또한 기억과 추모에 대한 우려를 표현하고 있다.

> 내가 이 비석을 세우고 거기에 내 손의 전통을 적어서 누구든지 내 손의 전통을 더럽히는 사람은 하맛의 왕 자쿠르 … (B.14-17줄, 사역).

(3) 텔 단

이 비문도 이 책의 다른 곳(37장 참조)에서 집중적으로 논의되지만, 북서 셈어 비문 중에서 중요하므로 언급이 필요하다. 처음 발견된 텔 단 돌비의 조각은 바로 고대 이스라엘의 정치적 역사를 이해하는데 중요한 자료로 인식되었다. 아람어로 된 비문이었으며, 이차적으로 사용된 여러 조각의 미완성된 비석은 "다윗의 집"(*bytdwd*)이라는 구절이 성경 외에 언급된 것으로 유명하다. 비문에 수록된 추가 정보는 B.C. 9세기 후반에 하사엘에 의해 세워졌거나 그의 아들 바 하닷 2세가 세운 것으로 추측된다(Halpern 1994).

(4) 스피레(Sefire)

시리아의 스피레에는 3개의 B.C. 8세기 비문이 있다. 이 비문들은 고대 아르팟(Arpad)의 여러 소왕 사이의 조약을 상세히 기술하고 있다. 조약에는 협정, 조약의 조건, 위반에 관한 결과, 그리고 비준에 수반되는 조치에 관한 수많은 세부사항이 포함됐다는 점에서 이 조약들은 매우 중요하다. 이 조약들은 형식과 내용은 히타이트 및 앗수르 조약과 서약서 그리고 언약에 대한 동의를 다루는 성경의 내용과 많은 공통점을 나눈다. 여기에는 이 협약을 목격한 인간과 신들에 대한 긴 통계가 있다.

바르가야(Barga'yah)가 체결한 이 조약은 … 마르둑과 자르파니트(Zarpanit) 앞에서 … 샤마시(Shamash)와 누르(Nur)가 있는 곳에서, 신(Sin)이 있는 곳에서 … (I, 7-9줄).

게다가, 계속되는 저주는 조약을 위반하는 사람에 대한 처벌로 묘사된다. 이 언어는 야훼의 계명을 어긴 죄로 신명기 28장에 포함된 저주를 연상시킨다.

그(하닷)가 아르팟의 우[박]이 쏟아지게 하고, 칠 년 동안 그 메뚜기 떼가 삼켜 먹게 하고, 칠 년 동안 지렁이가 잡아먹게 하고, 칠 [년] 동안 어두운 그림자가 그 땅 위에 [올라오고], 새싹도 돋아나지 않게 하고, 녹색도 보이지 않게 하라 … (I, 25-28줄).

조약을 맺은 당사자들 사이의 힘의 불균형에 관한 한 논쟁이 있다.
그들은 동등함을 즐기는가?
누가 종신이었나?
정확한 관계와 상관없이 조약의 언어와 저주의 생생한 묘사가 돋보인다. 이러한 조약은 자신과 그의 아들 및 손자와 다른 후손들 간에 일어나는 행동들에 엄청나게 관여한다.

아니면 네 아들이나 네 자손이나 아무 아르밧 왕에게나 나에게나 내 아들, 내 손자, 내 자손에게나 안 좋게 말을 한다면 … (III, 1줄)

우리는 스피레 III에서 한 관계나 다른 관계에서 나오는 적대감의 거의 모든 순열을 볼 수 있으며, 각 세대가 다른 세대를 책임져야 한다는 표현은 성경 속 부정행위 처벌을 연상시킨다(창 34:73, 신 5:9).

4) 삼알 언어

(1) 파남무(Panammu)

터키 남동부에 있는 진지를리(Zinjirli)에서 나온 거대한 비문 세 개는 우리가 고대 삼알인들의 언어를 북서 셈어로 볼 수 있게 하는 증거를 제공한다(Garr 1985, 231). 진지를리의 거대한 하닷 조각상은 파남무에 의해 의뢰된 긴 비문을 포함하고 있는데, 그의 무덤 건축과 관련 있는 것으로 보인다. 이 비문은 B.C. 8세기 초기 것이다.

> 나는 하닷을 위해 이 조각상을 세운 Y'DY의 왕이자 QRL의 아들 파남무다 … 내가 손으로 움켜잡은 것은 무엇이던 … 경작한 것 … 그리고 내가 신들에게 요구한 것은 무엇이든 나에게 주곤 했다 … 나의 생애에 명령이 있었다 … 도시를 건설하고 마을을 세우고 이런 마을에 거주민들에게 나의 권위가 확장되었다(1-10줄).

이 자유와 일반적 풍요의 시기는 이스라엘의 여로보암과 유다의 웃시야가 오래도록 성공적인 통치를 누리던 때와 같다. 이 비문에서 파남무(Panammu)의 삶과 통치의 끝이 오고 있으며, 그의 후임자가 순조롭게 왕좌에 오를 것인지 그리고 어쩌면 가장 긴급하게 자신이 기억될 것인지에 대해 우려를 표한다. 줄 15-18에서 그는 만약 그의 아들이 왕좌에 오르고 하닷에게 올바른 제사를 지내고 파남무의 영혼을 기억하고 바르게 보살핀다면, 그 아들은 호의적으로 여겨달라고 하닷에게 간청한다.

> (그러나) 내 아들 중 누구라도 [Y'DY]의 왕으로 왕권을 잡고 왕좌에 앉아 힘을 유지하고 [이 하닷에게 제물을 바치고] 파남무의 이름을 기억하지 않는다면 … 하닷이 진노로 그를 괴롭게 할 것이다. 분노로 음식도 못 먹게 할 것이며, 밤에는 잠도 못 잘 것이며 공포가 그에게 있을 것이다(20-24줄).

(2) 쿠타무와(Kuttamuwa)

정교하게 만들어진 현무암 비석이 2008년 진지를리에서 문자와 도상과 함께 발견되었다(Struble and Herrmann 2009). B.C. 8세기 훕나에 기록된 이 비문은 쿠타무와(KTMW)라는 사람과 사후에 보살핌에 관한 비문이다. 이 돌비는 도상에 그려진 그릇 예물(vessel offerings)과 같은 그릇 예물들과 같이 발견되었다.

이 비문에 대한 많은 학문적 관심은 "영혼"이라는 용어의 사용과 이 문헌이 실체가 없는 영혼이 존재함을 믿음을 어떻게 설명하는지에 있다(R. Steiner 2015, 11-22).

> 내가 아직 살아 있을 동안 나를 위해 (이) 비석을 세울 것을 주문한 파나무와(Panamuwa)의 종 KTMW다. 나는 이것을 영원한 방에 놓고 (이) 방에서 잔치를 벌였다. 하닷 카르파탈리(Hadad Qarpatalli)를 위한 소, NGD/R ṢWD/RN을 위한 숫양, 샴슈(Šamš)를 위한 숫양, 포도원의 하닷을 위한 숫양, 쿠바바(Kubaba)를 위한 숫양과 나의 영혼(NBŠ)을 위한 숫양이 이 비석에 [있을 것이다](Pardee 2009 번역).

우리는 아버지와 다른 조상들을 돌보는 데 있어 아들과 후손들의 역할을 상기시키는 전형적인 모습과 함께, 제물을 바치는 데 필요한 종류의 음식을 묘사하는 것을 본다. 이러한 모든 모티브는 다른 지역 문구와 성경에서도 등장하는 비슷한 문제에 대한 비교 지점으로 사용된다.

> 그러므로 내 아들이나 (다른) 사람의 아들 중 누구라도 이 방을 차지한다면 그는 포도(원)의 최고 (열매)를 (증정)-예물(로) 매년 가져와야 한다. 그는 또한 나의 "영혼"에 근접한 곳(위의 규정을 따라)에서 도축해야 하며 잘린 다리를 나에게 배분해야 한다(Pardee 2009 번역).

5) 데이르 알라 언어

(1) 브올의 아들인 발람

1967년 오늘날 요르단의 데이르 알라 발굴장에서 비문이 하나 발견되었다. B.C. 8세기의 이 비문은 석고 표면에 잉크로 기록되었지만 석고 조각은 이미 떨어진 상태였다(Hoftijzer and van der Kooij 1976). 이 조각들을 모으고 결합하여 신명기 22-24장에 나오는 선지자로 널리 알려진 브올의 아들 발람에게 전해진 환영(divine vision)을 상세히 기록한 긴 비문이 드러나게 됐다.

이 비문이 처음 출판되었을 때 그리고 지금도 학계에서는 이 비문의 언어가 가나안어와 아람어의 혼합 형태라고 주장했으며 가장 주된 질문은 이것을 아람어의 특성이 섞인 가나안어로 볼 것인지 아니면 가나안어의 특성이 섞인 아람어로 볼 것인지에 대한 것이다. 더 나은 해석은 이 언어를 북서 셈어의 범주로 입증되지는 않았지만 그래도 고유 "가지"로 보는 것이다(Huehnergard 1989; Garr 1985; Rubin 2008).

이 비문에서 우리는 발람을 만나는데 그는 그에게 환영을 통해 전해지는 신성한 지식을 알고 있다.

> [발]람, 브올의 아들, 신들의 선견자였던 사람의 [말이]다. 봐라! 신들은 밤에 그에게 와서 그에게 이 말들을 따라 [말했다]. 그리고 그들은 [발]람, 브올의 아들에게 이렇게 말했다. "누군가 이 뒤에 [ ]을 만들게 해서 네가 들은 [것을] 보게 해라"(조합 I, 1-2 McCarter 1980 translation).

이 공포의 환영은 발람으로 하여금 울며 금식하게 하고 하늘의 의회를 통해 이루어질 재난을 다시금 기억하게 한다. 이 의회는 "샤디인"(the Shaddayin, 조합 I, 줄 6)이라고 나오는데 이는 히브리 성경에 나오는 신의 대명사 중 하나인 "엘 샤다이"(El Shaddai, 예를 들어 창 17:1; 35:11) 또는 그저 "샤다이"(예를 들어 욥 21:20; 사 13:6)를 회상시킨다.

발람 선언의 문체와 내용은 예언자를 거절함(조합 II, 줄 9)과 죽음의 황폐함(조합 I, 줄 6-14)과 같은 히브리 성경과 다른 관련된 문학을 공부하는 학생들에게 친숙할 많은 모티브를 포함하고 있다. 아마 재미있는 우연의 일치일 수도 있지만, 성경을 공부하는 학생들은 또한 신명기 27장에 나오는 법의 비문을 위해 석고로 덮인 돌을 사용한 것을 기억할 것이다.

제17장

히브리어 비문

주디스 M. 해들리(Judith M. Hadley)

1. 개요

꾸준히 늘어나고 있는 고대 히브리어 비문(B.C. 9-6세기 고전 히브리어로 쓰인 비문)의 양은 우리가 고대 이스라엘 종교와 히브리 성경을 이해하는데 중요한 자료다. 이러한 비문들을 통해 우리는 성경 문헌을 있게 한 종교적 사고와 문화적 환경에 대하여 알 수 있다. 그 비문은 그 수가 비교적 적다. 포로기 시대 이스라엘과 유다에서 나온 많은 양의 기록물은 이전 시대에 레반트 다른 지역에서 나온 기록물만큼 있지 않다.

히브리어 비문은 다양한 형태를 이루는데, 돌, 금속 또는 도자기에 새겨진 것, 불래(점토, bullae 아래를 참조) 또는 도자기에 새겨진 인장, 또는 가장 흔한 도자기 조각(오스트라카), 석고, 파피루스, 벽에 잉크로 작성한 것 등 여러 가지 형태가 있다. 비문의 내용 또한 무덤 비문, 편지, 기도, 시, 낙서, 서술 또는 비문학적 가중치, 영수증 또는 사람 또는 장소의 이름, 주로 도장과 도장 인장 등으로 다양하다(Hadley 2005, 366 참조).

2. 문맹(Literacy)

서기관 학교를 포함하여 철기 시대 이스라엘과 유다의 문맹과 관련한 비문 양의 중요성에 관한 의견은 상당히 다르다(Hess 2002; Rollston 2010, 127-35 and 참고문헌 참조). 일부 학자는 널리 퍼지고 높은 문맹력을 주장하는데 아마 이는 다양한 유적지에서 발견된 필기 연습(abecedaries) 때문일 것이다. 그러나 영수증이나 이름 정도를 쓰는 것을 제외하고는 서기관 글을 읽고 쓰는 것이 서기관 계층을 넘어서까지 퍼졌다는 증거가 없다(Whitt 1995, 2395).

오스트라카, 도예 그릇 또한 돌 위에 알파벳을 쓰는 필기 연습은 이스라엘과 유다의 여러 발굴지에서 발견되었으며 가장 이른 것은 아벡에서 2마일 떨어진 이즈벳 자르타(Izbet Zarta)에서 발견된 B.C. 11세기 유리 조각이다(G. Davies 1991, 35.001). 텔 자잇(Tell Zayit)에서는 발굴자들이 B.C. 10세기 것으로 보는 필기 연습 흔적이 발견되었으며(Tappy 외 2006), B.C. 9세기 것은 쿤틸렛 아즈룻(Kuntillet Ajrud)에서 (Dobbs-Allsof et al. 2005, 294), B.C. 9세기와 8세기 유물은 라기스에서 발견된 것(G. Davies 1991, 1.105)을 포함해 다른 추가 장소에서도 발견되었다.

비문의 장르와 수는 이스라엘과 유다가 이웃 같은 존재였다는 것과 그들의 문학적 활동도 모든 전통적 사회와 같이 독점적으로 국가를 위해 존재하지 않았으면 상인이 영수증을 작성하거나 자신의 이름을 쓰는 것 정도를 제외하고는 소수의 전문 계층에 국한되어 있었다는 견해에는 전혀 변화를 주지 않는다. 대부분 예는 오스트라카 또는 도자기나 불래에 찍힌 공식(왕실 포함) 인장이다(Millard 2005b, 1008-9). 예루살렘의 성지, 높은 곳, 신전 또는 (예루살렘) "성전"에 서기관이 제휴했다는 증거는 아직 없다.

비문학적 자료는 영토 전역에 퍼져 있지만, 그 수는 비교적 적은 편이다. 수도 도시였던 사마리아와 예루살렘은 이런 자료가 풍부했고, 텔 자잇이나 쿤틸렛 아지룻 같은 떨어진 지역도 글들을 갖고 있었다. 이런 자료의 상당량은 되찾을 수 없게 되었다. 파피루스의 흔적이 뒷면에 각인되어있는 늘어나는 불래의 양은 보존되지 않은 다른 문서들이 존재했다는 증거다.

퍼져가는 국가의 통제는 글에 의존하여 관료주의를 마을까지 가져 왔다. 글의 존재는 아마 예배의 중앙화를 가능하게 했고 종교 이념을 정상화하고 성경 같은 정경화 된 문학 생산을 가능하게 했다.

3. 위조 문제

사람들은 성경 시대의 무언가를 소유하기 위해 많은 돈을 쓰려고 한다. 그리고 그 물건이 비문이 있거나 특히 성경에 나오는 이름을 포함하여 가격은 기하급수적으로 증가한다. 따라서 최근에는 유물을 위조하는 것이 엄청나게 크고 수입성이 좋은 사업으로 발전했고 이제는 통제된 발굴작업과 확실한 고고학적 배경을 통해 나온 비문이 아닌 것을 다룰 때는 특히 주의를 기울여야 한다.

이것은 이스라엘과 유다의 비문에 특히 중요하다. 아래에 언급된 "여로보암의 종아 들으라"(Shema, servant of Jeroboam)라고 쓰여 있는 므깃도의 한 인장 외에는 현재 왕의 이름을 포함한 토출된 인장은 없다. 개인 소장품이나 고대 유물 시장을 통해 이런 것들이 나온 듯 했으나 그 이후로 많은 사례가 위조품으로 판명되었다(Rollston 2010, 137-40에서 위조품을 사용하는 기술과 동기를 참조).

4. 비문

히브리어로 된 비문을 소개하는 장에서 지금까지 발견된 모든 것을 다루거나 언급한다는 것은 불가능하다. 좀 더 자세한 목록은 데이비즈(G. Davies 1991)와 돕스 알소프(Dobbs-Allsopp 외 2005)를 참조할 수 있다. 여기서는 히브리 성경을 이해하는데 가장 중요한 비문들을 다룰 것이다.

1) 실로암 터널의 비문

고대도시 예루살렘 아래에는 바위를 파서 만든 굴이 기혼의 샘부터 실로암 못까지 뻗어있다. 20피트 정도를 들어간 곳에서 6줄 길이의 기념비적 비문이 발견되었는데 연대는 B.C. 8세기다. 이 터널은 종종 히스기야의 터널이라고 불리는데 이는 히스기야의 업적과 그가 "저수지와 수로를 만들어 물을 성안으로 끌어들인 일"을 이야기하는 열왕기하 20:20 때문이다(산헤립의 포위와 관련해 대하 32:4과 비교; Hadley 2012; V. Sassoon 1982). 그러나 이 비문은 공식적인 비문으로 보이지는 않으며 왕들의 이름과 임박한 침략에 대해 전혀 언급하지 않는다. 이는 단지 일꾼들의 생각을 반영하여 터널 완공이 얼마나 기쁜 것이었는지를 기록하고 있다. 이것은 고대 근동의 모든 기념비적 유적과는 다르다.

2) 케테프 힌놈Ketef Hinnom)의 은박 두루마리

1979년 가브리엘 바르카이Gabriel Barkey)는 예루살렘의 힌놈 계곡 옆 자락(케테프 힌놈)을 따라 있는 여러 개의 매장 굴을 발굴했다. 그가 발견한 많은 유물 중에는 두 개의 작은 은박 문서 또는 명판이 있었다. 문체와 명판이 발견된 위치를 고려해(둘 중 더 큰 것은 내가 현장에서 발견했다), 바케이(Barkay)는 이들이 B.C. 7세기 말이나 B.C. 6세기 초의 명판으로 보았다 (Barkay 외 2003, 170; 올바른 논의를 위해서는 Smoak 2016 참조). 더 큰 두루마리에는 이렇게 쓰여 있다(Smoak 2016, 19).

…] YHW … 위대한 … 지키는] 언약과 [자]비로우심을 [그를] 사랑하는 자들에게 [그의 계명을] 지키는 자들 … 영원한 […] [그] 축복 어느[덧] 보다 많고 악보다 많다. 구원이 그에게 있으므로 야훼가 우리의 회복자시[고] 반석. 야훼가 너를 [축]복하고 [그가] 널 보호하고. 야훼가 그의 얼굴을 네게 비추사 …

더 작은 두루마리는 이렇게 쓰여 있다(Smoak 2016, 31).

[PN (고유명사), xxxxd의아들/딸] h/hu 그가 전사이며 악을 물리치는 야훼에게 복 받기를 바라노라. 야훼께서 너를 축복하고, 너를 보호하기를 바라노라. 야훼께서 그의 얼굴을 네게 비추사 평[화]를 주기를 원하노라.

이 두 개의 두루마리의 문서는 민수기 6:24-26에 대한 엄청난 유사성을 보여준다. 다른 구절의 조각들도 성경 문헌과 비슷한 점이 많다. 더 큰 두루마리에서 바르카이와 다른 이들(2003, 170)은 "자기를 사랑하고 그 계명을 지키는 자에게는 약속대로"라는 구절을 복구했다(신 7:9). 또한, 다니엘서 9:4과 (다른 구절들과 공통점이 있는) 느헤미야 1:5, 9과 유사한 점들이 있다. 작은 두루마리는 "악을 쫓아내는"이라는 구절이 있는데 이는 스가랴 3:2과 비슷하다.

3) 키르벳 엘-콤the Khirbet el-Qom) 무덤의 비문

키르벳 엘-콤은 대략 예루살렘에서 남서 방향으로 35마일 떨어진 곳에 있다. 이 유적지에서 3개의 묘비문이 발견되었는데 구제 발굴이 윌리암 데버의 지휘 아래 이루어졌다(Dever 1970, 139). 가장 관심을 끄는 비문은 3번이다. 이 비문의 주요 부분은 깊게 파인 손의 모양 위에 새겨진 세 개의 줄로 이루어져 있다. 이것은 B.C. 8세기 유물이다(Dever 1970, 165). 비문은 다음과 같이 적혀 있다(Hadley 2000, 86).

(1) 부유한 우리야후(Uriyahu)가 적었다.
(2) 우리야후가 야훼에게 축복받길 원한다.
(3). 그(야훼)의 아세라에 의해 그의 원수로부터 그(야훼)가 그를 구해 주었기 때문이다.
(4) 오니야후(Oniyahu)에 의해
(5) 그의 아세라에 의해
(6) 그의 아[세]라에 의해

야훼와 아세라가 긍정적인 맥락에서 같이 나온다는 점은 유의해야 한다. 이것은 고대 이스라엘 종교를 연구할 때 매우 중요하다. 아세라는 고대 이스라엘인들이 섬기던 북서 셈족 신이었다. 아세라라는 단어는(복수와 소유격을 포함하여) 히브리 성경에 40번 등장하는데 대부분이 부정적인 맥락이다. 이들의 대다수는 나무로 만든 아세라 여신의 형상을 가리키는 것이며 드물게 여신을 가리킨다(Hadley 2000, 54-83).

이 맥락에서는 이 아세라가 여신을 가리키는지 여신의 목상을 가리키는지 확실치 않다. 이 단어는 대명접미사(pronominal suffix)와 붙어서 나타나기도 한다. 성경에서 대명접미사는 고유명사에 붙는 적이 없으므로 많은 학자는 이것은 여신의 목상을 언급한 것으로 믿는다(Hadley 2000, 99 및 거기에 언급된 참고문헌들 참조).

이것이 여신을 가리키던 그 목상을 가리키던 여기에는 우리가 성경에서 볼 수 있는 여신과 아세라 여신상에 대한 부정적인 이미지와는 반대가 되는 야훼와 그의 아세라 사이의 긍정적인 연계가 존재한다.

4) 쿨틸렛 아즈룻의 비문

쿨틸렛 아즈룻은 북부 시나이반도에 있었고 가데스 바네아(Kadesh barnea)에서 30마일 남쪽에 있으며 사막을 지나가는 여러 가지 경로가 만나는 지점 근처에 있다. 이 유적지는 제브 메셸(Ze'ev Meshel)의 지휘 아래 발굴되었으며 연대는 B.C. 9세기에서 B.C. 8세기 초반이다(Meshel, 1978b; 2012). 이 유적지는 사막 길의 쉼터였고 여기서 발견된 비문 중에는 페니키아어로 된 비문도 있어(Hadley 2000, 106-20) 이스라엘과 유다와 더 먼 지역 사람들이 이곳을 사용했음을 보여 준다.

이곳에서 발견된 비문들은 도자기나 벽토에 잉크로 쓰였다. 대부분 두 개의 대형 항아리(pithoi)에 쓰여 있으며 서로 겹치는 경우가 많다. 위에서 언급한 필기 연습을 제외하고, 가장 관심을 받는 비문은 두 개의 입상 베스(Bes) 형상 머리 위에 쓰인 비문 1번이다(그림에 관해서는 Keel and Uehlinger 1998, 210-25; Hadley 2000, 136-52 참조). 비문에는 이렇게 적혀 있다(Hadley 2000, 121).

> X가 말한다: 야할[렐엘] (Yahal[lel'el])과 요아사(Yoaʻsah)와 [Z에게] 말하라. 사마리아의 야훼와 그의 아세라로 인해 축복하겠소.

"사마리아의 야훼"에 대한 언급은 흥미로운 요점을 가지고 있다. 그것은 케르벳 벨 레이(Khirbet Beit Lei)의 무덤에 새겨진 비문과 유사할 수 있다. 이 글을 어떻게 읽을지는 아직도 논쟁의 대상이 되지만, 일부 학자들은 이것을 "예루살렘의 신"을 언급하는 것으로 본다(Dobbs-Allsop 외 2005, 128-30과 거기에 언급된 참고 문헌을 참조). 아즈룻 대형 항아리와 벽토에 새겨진 비문은 일반적으로 남쪽 지역을 나타내는 또 다른 지명인 "데만의 야훼"(Yahweh of Teman)가 언급하는데, 이는 하박국 3:3과 스가랴 9:14에도 언급된다. 아즈룻이 시나이반도에 있는 것과 성경에 나오는 야훼와 데만과의 연관성을 고려할 때 남쪽에 대한 언급을 예상할 수도 있다.

그래서 지금까지 남쪽 지역에서 발견된 "사마리아의 야훼"라는 언급은 흥미롭다. 이는 유다뿐 아니라 이스라엘에서 온 사람들이 이곳을 방문했다는 증거일 것이다. "~의 야훼"라는 언급을 여러 곳에서 찾은 것은 신명기 6:4의 "야훼 우리-하나님 야훼"에 대한 믿음의 근본적인 고백과 비교해 볼 때 흥미롭다. 그러나 이들 비문의 저자들은 다들 야훼라고 불리는 여러 신에 대한 믿음을 입증하기보다는 사마리아나 데만에서 숭배되는 야훼를 언급하기를 원했을 가능성이 더 크다(Emerton 1982, 12-13). 그 외 신들은 엘과 바알을 포함한 벽토에 언급되고 있다. 그러므로 다른 형태의 예배를 가진 다양한 사람들이 이곳에 그들의 흔적을 남겼다는 주장은 합리적이다.

키르벳 엘-콤 비문에서처럼, 아세라라는 단어는 대명접미사가 붙어있다. 이것은 아세라 여신의 목상을 가리킨 것으로 볼 수도 있지만, 이 비문에서 야훼와 아세라는 축복의 공동 대리인의 것으로 나타난다. 보통 신들만이 축복하므로 이것은 여신을 뜻하는 경우일 수가 있다. 그러나 "사마리아의 야훼"에 대한 언급은 키르벳 엘-콤 비문에는 없는, 즉 "그의(his) 아세라"가 대신 "이것의(its) 아세라" 혹은 사마리아의 아세라가 될 수도 있다는 흥미로운 가능성을 제기한다.

열왕기하 13:6은 "사마리아에 아세라 목상을 그냥 두었다"라고 말한다. 여호아하스 때 사마리아에 있는 아세라에 대한 언급은 현장의 연대기와 잘 일치할 것이다. 따라서 이 비문이 사마리아에 있는 야훼의 신전에 있는 아세라상을 가리키는 것일 가능성이 있으며, 아마 야훼와 함께 있는 아세라상을 신의 한 쌍으로 지칭할 가능성도 있다. 키르렛 엘-콤 비문은 당시 오직 유다만 남아 있었기 때문에 어느 곳에 야훼를 특정할 필요가 없었다.

5) 텔 아랏의 오스트라카

텔 아랏은 브엘사베아서 20마일 동북동 방향으로 떨어진 유대 네게브(입구)에 있다. 철기 시대의 성채는 비교적 크며 자체적인 신전이 있어서 국사적 전초기

지 및 지역 행정중심지의 역할에 더하여 종교적인 중심지였을 수도 있다(요한난 아하로니 Yohanan Aharoni 아래서 진행된 1960년대 발굴작업 중에 80개가 넘는 오스트라카가 발견되었다. 이중 대다수는 B.C. 8-6세기 사이의 것이며 B.C. 10세기까지 올라갈 가능성도 있다[Aharoni and Naveh 1981, 3]).

18개의 오스트라카가 B.C. 7세기 말에서 6세기 초로 보이는 파괴 지층에서 함께 발견되었다(Aharoni and Naveh 1981, 9). 이런 모든 오스트라카는 엘리아십이란 이름의 요새 관리인/지휘관에게 쓰인 편지였다. 이들 대부분은 식품의 분배를 허락하는 증명서류처럼 보인다. 또 하나의 비슷한 오스트라카 종류는 사마리아에서 온 식품에 대한 영수증이며 B.C. 8세기 것이다. 이것은 인장을 제외하면 북왕국의 유일한 주요 비문들이다(Dobbs-Allsopp 외 2005, 423-97).

아마 이 편지 중에서 가장 관심을 끄는 것은 부하가 엘리아십에게 쓴 편지로 특정 인물이 "야훼의 집(성전)에 머물고 있다"라고 말한다(G. Davies 1991, 8.018). "야훼의 집"에 대한 언급이 무엇을 의미하는지에 대한 많은 추측이 있었다. 아랏에는 야훼의 성전이 있었지만, 발굴가들은 이 오스트라콘(오스트라카의 단수)이 쓰이기 전에 성전은 이미 붕괴하였다고 믿고 있다. 그러므로 이 성전은 예루살렘에 있는 성전이어야 한다(Aharoni and Naveh 1981, 36-37). 성경은 예루살렘 성전이 안식처나 피난처가 될 수 있다고 언급한다(왕상 1:50-51; 2:28; 느 6:10). 이 성전이 아랏에 있든 예루살렘에 있든 아랏 오스트라콘 18은 야훼에게 헌납된 전 성전에 대한 유일한 성경 외의 언급이다. 소수의 다른 비문들이 이런 주장을 해봤지만, 이는 위조된 것으로 판명되었다(Ahituv 2008, 10).

6) 라기스의 오스트라카

라기스는 예루살렘에서 약 45마일 남서쪽으로 떨어진 쉐펠라 지역에 있다. 라기스에서 발견된 비문 자료 중에는 1935년에 발견된 18개의 오스트라카가 있다. 그들은 B.C. 587년 느부갓네살에 의한 화재로 파괴된 성문 방(gate room)에 있었다. 이중 적어도 10개는 편지이며 라기스 서신이라고 알려져 있다. 몇몇 편지는 좋은 소식이 있을 것이라는 희망을 담고 있다. 파괴된 도시의 잔해 속에서 편지가 발견되었기 때문에 이것은 특히 가슴 아픈 일이다.

가상 관심을 끌고 가장 성경과 밀접한 연관을 가진 편지는 라기스 서신 4다(G. Davies 1991, 1.004). 이 편지의 길이는 줄 13개이고 성경과 유사성을 보이는 4줄이 있다. 이 줄들은 다음과 같다.

 10. 알고 있으라 라기스 신호를 우리
 11. 보고 있다. 지시에 따라 내 주가
 12. 준 우리는 볼 수 없으므로
 13. 아세가를
(알고 있으라 우리는 아세가를 볼 수 없으므로 우리가 우리 주께서 주신 지시에 따라 라기스의 신호를 지켜보고 있다는 것을)

줄 10과 11은 봉화를 언급한다. 이들은 보통 사용하는 방식을 사용할 수 없을 때 사용했던 일종의 도시들 사이의 소통 수단이었다. 예레미야 6:1 봉화를 좀 더 포괄적인 의미로 언급을 하고 사사기 20:38; 40에서는 올라가는 연기가 있다. 또한, 줄 11-12이 파수꾼들이 따라야 할 부호를 언급하는 걸 봐서는 암호화된 메시지가 있었을 것이다.

줄 12와 13은 파수꾼들이 아세가를 볼 수 없다고 말한다. 아세가는 라기스 북쪽으로 10마일 정도 떨어져 있었으며 라기스에서 볼 수 없었다. 따라서 서신을 쓴 사람은 라기스와 아세가를 모두 볼 수 있는 언덕 지대의 한 지점에 있었을 것이다. 편지의 내용과 관련하여 이런 장소들이 유대의 통제 안에 있는 한 어떤 종류의 신호가 전송됐던 것으로 보인다. 파수꾼들이 아세가를 더 볼 수 없었기 때문에 아마 이미 파괴됐던 것으로 보인다. 유대 왕국 말기에서 라기스와 아세가에 대한 이 언급은 예레미야 34:7과 매우 유사하다.

위에서 언급된 케테프 힌놈의 두루마리가 발견되기 전까지만 해도 이 편지가 성경과 가장 긴밀한 유사성을 지닌 것이었다. 이런 근접한 면밀한 비교는 자주 일어나지 않는다. 그래서 나는 라기스 서신 4가 유대 왕국 마지막 날을 기록한 것으로 생각한다. 그것은 아마 성경 문헌과 관련된 해당 상황 이후 며칠 후에 기록되었을 것이다.

5. 인장

거의 모든 철기 시대의 인장들은 도장 같은 인장으로서, 젖은 점토를 아래로 눌러 날인을 남긴다. 그들은 일반적으로 둥근형이며 다소 작다(직경이 25센트 동전에 1/4 이하). 그들은 일반적으로 지역 석회암 또는 더 고운 돌로 만들었지만 때로는 준보석을 사용했다. 대부분 인장은 위에서 언급한 케테프 힌놈의 두루마리처럼 세로로 구멍을 뚫어 끈을 달아 몸에 맬 수 있었다. 인장은 다양한 목적으로 사용되었다. 그들은 용기와 그 안에 내용물에 대한 소유권을 표시하고, 내용물이 손상되지 않은 상태로 유지되도록 물품을 보내기 전에 용기를 밀봉하거나, 발송인을 표시하기 위해 문서를 봉인하고 수신자만 내용을 읽을 수 있도록 했다.

B.C. 8세기의 인장들에는 대부분 장식 혹은 그림들이 있었고 글은 아예 없거나 조금 있었다. B.C. 7세기와 6세기로 넘어가면서, 장식은 사라지고 글만 있는 인장이 독점한다. 대부분 인장은 접두사 라메드(lamed, "~에게 속하는") 후에 소유자의 이름이 붙은 다음 bn("~의 아들") 혹은 종종 bt("~의 딸")이 둘째 줄에 아버지의 이름과 같이 들어가고, 때로는 세 번째 줄에 다른 이름, 동물 유형 또는 직업도 표기한다(Hestrin 1983).

여러 층으로 된 발굴에서 이스라엘이나 유다 왕들의 인장이 발견된 경우는 없으며, 발표되었던 많은 왕실 도장들이 위조된 것으로 판명되었다. 그러나 최근 다윗의 성 발굴 현장에서 "유다 왕 아하스의 아들 히스기야에게 속하는"이라고 쓰인 불라(bulla)가 발견되었다는 여러 보도가 있었다.[23]

다른 예로는 여성에게 속하는 인장 몇 개를 들 수 있는데, 이것은 저명한 여성이 물건을 자기 것으로 표시하고 자신의 권한으로 말할 수 있었다는 것을 의미한다. 또한 "도시의 총독"과 "왕의 종"에게 속하는 인장도 있다. 1900년대 초 세심한 관리 속에서 진행된 므깃도 발굴작업 중 발견된 왕의 이름이 새겨진 유일한 "왕의 종" 도장은 B.C. 8세기 것이다. 그것은 "여로보암의 종 셰마에게 속한다"라고 쓰인 멋진 인장이다(G. Davies 1991 100.068). 비문의 두 줄 사이에는 으

---

23 2015년 공식 공문은 아래 주소에서 찾을 수 있다. http://newhuji.ac.il/en/article/28173

르렁거리는 사자의 놀라운 모습이 그려져 있다. 이 도장은 이스라엘 여로보암 2세의 궁중 관리에게 속했던 것으로 보인다.

종종 발견되는 것은 인장 자체가 아닌 인장이 남긴 인상이다. 도장 인상은 두 가지 기본 형태가 있는데, 문서나 그릇과 같은 물체를 밀봉하는 데 사용한 불래와 진흙이 가죽처럼 단단한 상태에서 그릇(대부분 손잡이)에 직접 만들어진 인상이다.

라틴어 Bulla의 복수형 Bullae '불래'는 인장이 찍혀있는 점토 덩어리를 말한다.

최근 몇 년 동안 시상과 개인 소장품에서 오는 불래의 수가 폭발적으로 증가했다. 수백 개의 불래는 입증되지 않았으며, 이들 중 다수는 위조된 것으로 판명되었다(Ahituv 2008, 10-11에는 이들 중 일부가 있음). 따라서 결론을 내리기 위해 입증되지 않은 자료를 사용하는 것은 현명하지 않다. 그 결과, 성경(예레미야의 서기관이라고 생각하던 네탄야후[Netanyahu] 아들 베렉야후[Berekyahu])에도 나오는 많은 이름이 우리의 토론에서 배제할 필요가 있다. 그런데도 몇몇 진짜들이 있는데 이 중에는 "집 위에 있는 게달랴(Gedaliah)에게 속한"이라고 쓰인(즉 왕실 청지기) 라기스에서 발견된 한 불라가 있다(G. Davies 1991, 100, 149). 성경에도 나오는 "왕의 아들"이라는 직함이 있는 사람들도 있다.

다윗성 유물 중 또 하나 중요한 것은 1982년 발견된 B.C. 7세기 혹은 6세기의 배경을 가진 것이다. 이 불래 중에는 "게말야후(Gemaryahu), 사반의 아들에게 속한"라는 이름이 있는 불래가 있다(Davies 1991, 100.82). 게말야후는 성경뿐만 아니라 성경 밖에서도 흔한 이름이었다(예를 들어 렘 36:10).

엘리앗 말자르(Eliat Bazar)에 의해 계속 진행된 다윗성 발굴작업은 예레미야서에 등장하는 이름들과 비슷한 이름들을 가진 B.C. 6세기 불래 두 개를 찾아냈다. 그중 하나는 "예후할(Yehuchal), 셀렘야후(Shelemyahu)의 아들, 샤비(Shavi)의 아들에게 속한다"라고 쓰인 것도 있다(E. Mazar 2009, 67; 예, 37:3와 비교). 다른 불라는 "게달야후(Gedalyahu), 파스홀(Pashhur)의 아들에게 속한다."라고 적고 있다(E. Mazar 2009, 68).

이 두 이름 모두 예레미야 38:1에 나타나는데 이들과 다른 두 명이 같이 모함하여 예레미야를 구덩이에 던져 넣는다. 이 불래들이 성경에 나온 이 두 사람의 것임을 증명할 방법은 당연히 없지만 그래도 예레미야서의 저자가 시드기야 시대에 사용되었던 이름들을 알고 사용했다는 것을 의미한다.

1) 항아리 손잡이에 인장 날인

항아리 손잡이에는 두 가지의 기본적인 형태의 인장 날인이 있다. 이들은 "개인적인 인장"과 왕실 인장으로 "라멜렉"(lammelek, 왕에게 속한다)인데 후자 대부분의 상단에 lmlk라고 쓰였기 때문이다. 이것은 분명히 왕실 인장이며, 우리가 현재 가지고 있는 가장 큰 규모의 인장 날인 그룹을 형성한다.

1800년대 이후로 2천 개가 넘는 lmlk가 박힌 항아리 손잡이가 유다 전역에서 발견되었다. 이들은 모두 B.C. 8세기 후반의 것으로, 더 구체적으로 말하면 히스기야의 통치 기간에 해당한다(Vaughn 1999). 놀랍게도, 이 모든 날인은 단지 22개의 인장으로 추적될 수 있다(Lemaire 1981). 이 모든 항아리는 아마 같은 장소에서 만들어졌고 히스기야 정부가 앗수르에 대한 반란을 위한 광범위한 준비의 하나로 다양한 군사용 격납고와 전초기지에 식량을 제공하기 위해 사용했을 것이다.

2) 새겨진 무게

고려 중인 비문의 마지막 범주는 새겨진 추이다. 우리는 발굴된 많은 추가 있으며, 다행히도 일부는 새겨져 있다(Kletter 1998; Dobbs-Allsopp 외 2005, 623-33). "세겔"이라고 새겨진 추에서 우리는 세겔의 무게가 얼마나 나가는지 대략적인 근사치를 갖게 되었다(약 11.4g [Ahituv 2008, 244]). 추의 무게 중 일부는 평균보다 무겁고 일부는 더 가벼워, 어떤 경우에는 잘못된 추에 대한 고고학적 증거를 제공하기도 한다(암 8:5 비교).

제18장

초기 유대교 문학

라이언 E. 스톡스(Ryan E. Stokes)

지난 수십 년 동안, 초기 유대교 문학은 구약 연구와 해석에 있어 점점 중요한 역할을 맡게 된다. 알렉산더 대왕과 기독교의 등장 사이의 시간은 가치 창출이 거의 없었다고 여겨져 기독교 학자들이 한때 일종의 유대 "암흑기"라고 부르기도 했지만, 현재는 활기찬 문학적, 신학적 생산성의 시기로 인식되고 있다. 이러한 인식은 1947년 사해 사본 발견으로 이 시기에 유대교에 대한 학자들의 인식에 일대 혁명을 일으켰다. 게다가 사해 사본으로 시대가 바뀌기 직전까지 수 세기 동안 알려진 유대교 문서에 대한 학자들의 새로운 관심이 초기 유대교 시기에 대해 새롭게 진가를 알아가는 데에 이바지했다.

이 시기 동안 구약성경의 여러 특정 부분의 집필(그래서 "구 신약 중간"[intertestamental]이라는 표현은 오점이 있음), 구약성경의 번역과 편집 그리고 구약성경을 창조적으로 해석하고 확장하는 많은 새로운 작품의 제작이 있었다는 것은 이제 명백한 사실이 됐다. 또한, 비록 후기 유대교와 기독교 전통에의 최종적인 모습과는 달랐지만, 시대 동안에는 "성경"과 "정경"의 매우 중요한 개념이 발전하기 시작했다.

초기 유대 문학은 구약성경의 구성, 구약성경의 맥락, 구약성경에 대한 초기 수용과 해석에 대해 많은 것을 알려주고 있다. 이러한 이유로 구약성경 연구에 있어서 이 문헌의 중요성을 더 강조하기도 어렵다. 본 장에서는 구약성경 해석에 대한 본 문헌의 관련성에 주목하여 초기 유대교의 다양한 모음과 종류의 문헌을 독자에게 소개한다.[24]

---

[24] 최근 수십 년 동안 초기 유대 문학에 관한 수많은 참고문헌이 출판되었다. Collins and Harlow

1. 초기 유대교 문헌 모음집

초기 유대교의 글들은 참 다양하다. 이들은 다양한 종교적 사고를 입증하고, 다양한 장르를 보여주며 또한 이러한 글들은 역사를 통해 다른 종교 공동체로부터 다른 방식으로 받아들여져 왔다. 전통적으로 이러한 글들은 후기 유대교와 기독교 전통에 의해 성경으로 간주하는 글들과 구별되는 역할을 하는 "외경"(apocrypha), "위경"(pseudepraphyha) 또는 "신구약 중간시대(intertestamental) 문학"으로 분류됐다. 그러나 이러한 분류에는 한 종교 집단에 "외경"인 작품이 다른 종교 집단에 "정경"일 수 있으므로 문제가 된다.

더 나아가서 우리가 고려하고 있는 시대의 "성경"과 "정경"에 대한 개념은 이러한 개념에 대하여 말할 수 있을까 할 정도로 현대적 개념과는 사뭇 다른 것으로 보인다. 어느 책이 신의 계시로서 자격을 갖췄는지에 대한 초기 유대인들 사이의 의견들뿐만 아니라, 이후의 유대인과 기독교 전통과도 다르다. 현대인들이 "정경"으로 간주할 만한 것에 근접한 성스러운 것이 있는 책의 열거는 A.D. 1세기 후반까지도 없었다.[25] 그런데도 학자들은 이러한 성경에 근거한 범주를, 비록 특정 글의 종류에 대해 말할 때 이상적이지는 않더라도, 편리한 방법으로 계속 활용하고 있다.

2010은 특정 주제나 일반적으로 초기 유대교 문헌에 대해 더 배우길 원하는 학생들에게 훌륭한 자료이다.

25 1세기 말경, 에스드라 2서 (4 Ezra) 14.44는 하나님이 계시한 94권의 책을 언급한다. 이 중 24권은 합당한 자와 부족한 자들 똑같이 모두를 위한 것이라고 했다. 에스드라 2서는 이 24권에 어떤 책이 포함되어 있는지 명시하지 않았지만, 아마 유대인의 전통에 따라 24권으로 구성된 구약성경/타나크에 상당 부분 일치할 것이다. 나머지 70권은 현명한 사람이 읽을 수 있도록 특별히 남겨둔다고 한다. 이 70권은 비록 에스드라 2서의 저자는 계시받은 것이라 여겼지만, 후세의 전통에서는 "외경"과 "위경"으로 분류되었다. 요세푸스는 2세기 초에 신에게 영감을 받은 22권의 책에 대하여 기록했다 (*Apion* 1.38).

2. 구약 외경

"외경" 또는 "구약 외경"은 개신교 구역에는 없지만, 로마 가톨릭교회의 구약에서는 찾을 수 있는 책들을 가리킨다.[26] 외경을 뜻하는 apocrypha라는 단어(단수형 apocryphon)는 원래 이러한 글의 "비밀" 또는 "숨겨진" 성격을 가리키는데, 성경의 (다른) 책들보다 보다 공개적이고 널리 인정되는 모습에 반대되는 모습이다. 그러나 시간이 흐르면서 "외경"이라는 명칭은 더욱 진보적인 정경 문서와 비교하여 거짓성 또는 부정확함을 암시하게 되었다. 당연하게도 "제2경전"(deuterocanonical)은 로마 가톨릭교회가 이러한 글을 부를 때 선호하는 용어다.

이 명칭은 이 책들의 성스러운 지위를 인정하지만, 또한 이 인식이 구약성경의 다른 책들보다 최근에 공식화되었다는 것을 인정한다. 외경은 다양한 문학의 종류로 이루어져 있다. 역사적 작품(마카베오상하), 지혜 서적(집회서와 지혜서), 민화(토빗기와 유딧기), 종말론적 비전(에스드라 2서), 시(시편 151편과 므낫세의 기도) 및 다니엘과 에스더의 성경적 서적 외에 다른 저술도 포함한다.[27]

3. 구약 위경

위경을 뜻하는 단어 pseudepigrapha(단수형 pseudepigraphon)는 엄격히 말하면 에녹이나 에스라 같은 먼 과거의 중요한 인물들이 저자라고 거짓으로 주장하는 것을 뜻한다. 허위 기자 이름 붙이기(pseudepigraphy)는 초기 유대교에서 비교적 흔한 관습이었던 것으로 보이고 학자들에 의해 다양한 방식으로 설명되었다. 자신이 글을 다른 사람이 썼다고 주장하는 한 가지 이유는 자신의 작품을 위해 그 인물에게 있는 존중과 권위를 주장하기 위함이었을 것이다.

---

[26] 대안적으로 "외경"은 유대교 성경(타낙)에는 포함되지 않지만 헬라 구약성경의 일부 사본에 등장하는 그런 책들을 지칭할 수도 있다. 예를 들어 솔로몬의 시편은 로마 가톨릭교회에서는 정경으로 받아들여지지 않지만, 헬라 구약성경 일부 사본에 나타난다는 점에서 "외경"에 속한다.

[27] 구약 외경은 신약성경과 관련되나 신약성경에는 포함되지 않는 여러 기독교적 글을 가리키는 (예를 들어 에비온 복음서 및 바울과 쎄클라 행전) 명칭인 신약 외경과 혼동해서는 안 된다.

예를 들어 죽지 않고 하늘로 승천한 것으로 여기는 에녹이 쓴 것으로 추정되었던 책은 많은 유대인으로부터 동시대의 사람이 썼다고 하는 책보다 회의적인 반응을 받았을 것이다. 허위 기자 이름 붙이기는 또한 작가들이 오래전에 명성 있는 사람들에 의해 언급된 예언의 형태로 현재의 사건들을 다룰 수 있게 했다.

그러나 글들을 모아놓은 것으로서 "구약 위경"은 하위 기자 이름 붙이기보다 광범위하게 정의된다. 위경은 공식적으로 위경이든 아니든 성경이나 구약 외경에 속하지 않는 거의 모든 책을 포함한다. 그 결과 구약 위경은 나타나는 장르와 신학과 관련해 다양한 문학 집단을 구성하지만, 그 연대와 출처에 대해서도 엄청나게 다양한 문서집단을 구성한다.[28]

다수의 구약 위경은 제2 성전 시대 때 유대인에 의해서 쓰였다(예를 들어 에녹 1서[1 Enoch], 희년서[Jubilees] 및 아리스테아스의 편지[Letter of Aristeas]). 다른 것들은 다수 후에 기독교인들에 의해 작성되었다(예를 들어 솔로몬의 언약[the Testament of Solomon], 이사야의 승천[the Ascension of Isaiah]). 그리고 다른 것들은 그들의 연대와 주로 기독교로 받아들여져야 하는지 유대교로 받아들여야 하는지에 관한 것은(예를 들어 열두 성조의 언약[the Testament of the Twelve Patriarch]) 좀 더 정확히 대답하기 어렵다. 확실히 구약 위경은 초기 유대교의 산물이고 우리가 궁금해하는 초기 유대 시대의 신앙에 대한 중요한 정보의 원천이다.

4. 사해 사본

사해 사본은 이 근래의 가장 위대한 사본 발견으로 칭송됐으며 그것은 당연해 보인다. "사해 사본"이라는 명칭은 사해 지역의 여러 곳에서 발견된 수많은 고대 사본을 지칭할 수 있다. 그러나 좀 더 일반적으로 이 명칭은 1947년과 1956년 사이의 쿰란 근처의 11개 동굴에서 발견된 900개의 가까운 원고들을 지칭한다. 이런 두루마리들(또한, 더 일반적으로 두루마리 조각들)의 대부분은 히브리어로 쓰여 있다. 아람어로 된 그리고 소수는 그리스어로 되어있다. 이들의 연대는

---

[28] 구약 위경의 표준 영어판은 각 작품에 대한 해설이 포함된 Charlesworth 1983-85이다.

B.C. 3세기에서 A.D. 1세기 초다.[29]

사해 사본의 내용물을 분류하는 여러 가지 방법이 있지만 완전한 것은 없다. 결국에는 성경에 포함된 내용인지 아닌지에 따라 구별할 수 있다. 지금까지 발견된 9백여 개의 원고 중 2백여 개는 구약성경에 수록된 책의 사본이며 이들은 원래 언어로 쓰인 사본 중 가장 오래된 것이다. 사본은 또한 특정 "종파"의 것인지 아닌지에 따라 두 그룹으로 나눌 수 있었다. 대부분 학자는 사본들이 보통 에세네파(the Essenes)로 알려진 특정한 유대인 집단의 것이었다고 믿는다.

일부 사본들은 유대교의 사상을 전체적으로 나타내는 것이 아니라, 유대교 내에서 특이한 집단의 사상을 나타내기 위한 것으로 보인다. 그들은 그들이 마지막 날에 살고 있다고 믿었고, 그들이 신의 법칙에 충실하기 위해 어떻게 행동해야 하는지에 대해 독특한 생각을 하고 있었다. 사해 사본은 또한 문학 장르에 기초하여 구별할 수 있는데, 성경을 기초한 서술, 예배용 문서, 규칙서, 해설서, 지혜서 그리고 기타 많은 종류의 문학으로 구성되어 있다. 사해 사본은 시대가 전환하던 때에 구약 문헌의 상태와 더불어 구약에 대한 취급과 해석에 있어 매우 귀중한 정보를 제공하고 있다.[30]

5. 그리스어로 쓰인 유대교 문학

초기 유대교 작품의 일부는 이집트와 그리스어를 쓰는 다른 곳에서 사는 유대인들에 의해 작성되었다. 이런 문학은 B.C. 4세기 알렉산더 대왕의 정복 이후 유대인들 자신이 처했던 유대교와 그리스 문화 사이의 복잡한 관계를 보여 주고 있다. 이는 유대인들이 그리스 문화를 채용, 적용과 거부했다는 증언이 된다.

"헬레니즘"은 그리스 문화를 받아들이는 것으로서, 그리스어를 하는 디아스포라 유대인들에게 국한된 현상이 아니라 예루살렘에서 히브리어와 아람어를 쓰는 유대인들 사이에서도 나타났다. 실제로 알렉산더 시대 이후부터 A.D. 1세

---

[29] 사해 사본의 영어 번역은 Garcia Martinez 1996 및 Vermes 1997을 참조하라.
[30] 친절하게도 학생들을 위한 뛰어난 사해 두루마리 개요는 VanderKam 2010이다.

기까지 모든 유대 문학은 "헬레니즘"이라고 볼 수 있다. 외경과 위경처럼 "그리스어로 쓰인 유대교 문학"은 역사적으로 보았을 때 불완전한 표현이지만 그런데도 이런 중요한 초기 유대교 문헌을 언급하는 데 있어서 편리한 범주다.

광범위한 유대 문학은 그리스어로 여러 장르로 구성되었다(예를 들어 역사, 시, 지혜, 비극). 불행히도 이 자료의 대부분은 후기 기독교 작가들이 일용한 발췌문 형태로만 보존되어 있다. 두 명의 유대인 작가 필로와 요세푸스의 그리스어로 작성된 글 대부분이 보존되어 있다. 알렉산드리아의 필로는 A.D. 1세기 초반에 활동했으며 또한 유대교 성경에 대한 우화적 해설과 그의 생각에서 헬레니즘 철학이 두드러진 것으로 유명하다. 요세푸스는 A.D. 1세기 초와 2세기 말에 활동했는데 성경 시대부터 유대인 반란 초기까지 유대인들의 역사와 이 반란의 역사, 그리고 유대인을 위한 반론도 작성했다.

6. 70인 역(the Septuagint)

그리스어를 사용하는 유대문화가 낳은 가장 영향력 있는 문서집은 그리스 작품집이 아닌 주로 히브리어와 아람어로 쓰인 성경을 그리스어로 번역한 것을 모은 것이다. B.C. 2세 아리스테아스의 편지에는 70인 역의 기원이 있다.

아리스테아스에 따르면, 프톨레마이오스 2세(B.C. 285-247년)는 알렉산드리아 도서관을 위해 유대교의 법을 번역할 것을 의뢰한다. 대략 70명의 유대인 남성이 이 프로젝트를 위해 예루살렘으로부터 알렉산드리아까지 이동했고 그 때문에 이 (70인 역) 문헌을 "Septuagint"(라틴어로 70이란 뜻) 또는 "LXX"라고 부른다. 또한, 아리스테아스는 유대교 법에 대한 번역만을 이야기하지만 "70인 역"이라는 명칭은 그리스어로 번역한 모든 구약의 책에 적용하게 되었다. 아리스테아스의 편지의 설명은 매우 훌륭하지만, 유대교 성경의 그리스어 번역은 B.C. 3세기 알렉산드리아에서 시작됐을 가능성이 크다. 번역과정은 체계적이지 않았던 것으로 보인다. 오히려 다른 구약성경 책들(모세오경 자체에서도)에는 각기 다른 번역 철학을 가진 번역가가 있었다. 더욱이 이러한 번역이 주로 그리스인의 지적 추구를 위한 것이었을 가능성은 작다. 오히려 그리스어를 사용하는 유대인들이 그들의 성경을 읽을 수 있게 하려고 제작되었다.

오늘날 학자들에게 특히 관심사가 되는 것은 유대교의 표준 성경이 된 히브리어와 아람어의 문자적 전통의 구약성경인 마소라 본문과 70인 역 간에 다르게 읽히는 부분이다.

사해 사본 사이에서 발견된 히브리 성경 사본 중 일부는 마소라 본문과 반대하여 70인 역과 동의하고 있는데, 이는 칠십인 역과 마소라 본문 사이의 많은 차이점이 히브리 성경을 그리스어로 번역하기 이전부터 존재했던 히브리어로 된 성경 변형들의 결과임을 보여 준다. 어떤 경우에는 마소라 본문의 히브리어가 원본에 더 가까운 내용을 보존하고 있고 다른 경우에는 70인 역이 번역이기는 하지만 마소라 본문에 보존된 것보다 이전 시대의 히브리어 본문을 반영한다. 70인 역에는 또한 번역가의 걱정 때문에 마소라 본문의 내용에서 벗어나는 구절들이 있는데, 그들은 새로운 헬라 문화의 맥락에서 히브리 성경을 이해하려고 시도했다. 70인 역은 성경 본문의 기원과 발전뿐 아니라 이 본문을 전승하고 번역 한 사람들에 대해서도 많이 알려준다.

7. 초기 유대교 문학의 종류

앞부분에서는 B.C. 4세기부터 A.D. 1세기까지 유대인들에 의해 쓰인 문학의 다양한 장르나 유형을 몇 번에 걸쳐 언급했다. 여기서 이 모든 것들에 대해 논의하는 것은 불가능하지만 이 시기에 있었던 중요한 유대인 글들의 일부와 이런 글들이 구약의 해석에 어떻게 영향을 미쳤는지 조명하는 것이 도움이 될 것이다.

8. 역사

다양한 정도로 역사적이라고 생각할 수 있는 다수의 책이 2차 성전 시대에 유대인들을 통해 제작되었다. 우리는 위에서 이미 그리스어로 쓰인 유대교 문학을 다루면서 요세푸스의 업적을 살펴보았다. 또한, 초대 유대교의 역사학적인 글로는 다방 면에서 성경의 사무엘서, 열왕기서 및 역대기서를 닮은 마카베오상하가 있다. 마카베오상하는 그리스(셀레우코스 왕조의) 왕 안티오쿠스 4세(Antiochus IV Epiphanes) 통치 안에서 벌어진 유대인 박해와 유다 마카베오스와 그의 형제들이 이끄는 그리스로부터의 독립투쟁을 기록하고 있다. 다니엘서(7-12장)의 많은 부분이 관련된 역사적 상황이며, 이 책들은 다니엘의 예언을 이해하는 데 필요한 맥락을 제공한다.

9. 이야기

역사 문헌과 밀접한 관련이 있는 "이야기"는 과거를 배경으로 한 서술이다. 그러나 이야기의 목적은 역사적 사건을 이야기하는 것보다는 다양한 현실 가능성에도 독자의 특정 가치를 증진하는 매력적인 이야기를 하는 것과 더 관련이 있다. 이러한 이야기들은 일반적으로 생명을 위협하는 상황 앞에서 미덕을 보여주는 사람을 특징으로 한다. 이러한 영웅들이 절망의 상황에서 그들을 도우러 오는 천사 등을 통한 신의 도움을 받는 것은 드문 일이 아니다. 이러한 유형의 문학의 예로는 토빗기, 유딧기, 마카베오기 3권과 4권은 물론 다니엘과 그의 친구들(예로 단 3:6; 수잔나, 벨과 용)과 관련된 여러 가지 이야기가 있다.

10. 종말론 서적

종말을 뜻하는 "apocalypse"(그리스어로 apokalypsis)는 "계시"를 뜻한다. 그러나 문학의 종류로 apocalypse는 정의하기가 어렵다. 이런 명칭은 요한계시록 첫 구절(예수 그리스도의 계시라 이는 하나님이 그에게 주사)에서 유래한 것으로 학자들은 일반적으로 요한계시록과 비슷한 글에 이 명칭을 적용한다. 학자들이 이 문학 범주에 속한다고 동의하는 작품은 종종 천사 같은 중재인을 통해 신이 사람에게 내리는 계시에 관한 서술이다.

또한, 종말론 서적은 계시를 받는 사람과 저자로 여겨지는 사람이 이스라엘의 과거에 존경받던 인물이라는 점에서 보편적으로 위경이다. 종말론 서적은 환상을 보는 사람이 하늘로 올라가거나(예를 들어 아브라함의 묵시록), 에덴동산이나 타락한 천사의 감옥 같은(에녹 1서 85-90) 신화적인 장소로 여행한 것을 이야기할 수도 있다. 예를 들어 동물 묵시록(에녹 1서 85-90)은 다양한 동물 종이 지구의 다른 국가를 나타내는 우화 형식으로 이스라엘의 역사를 보여 준다.[31]

구약의 다니엘 7-12장은 이런 문학 범주에 속한다. 이는 정식으로 초기 유대교의 종말론 서적의 모습을 보여 준다. 여기에 나오는 계시적인 환상은 동물 묵시록과 비슷하게 다양한 역사를 보여 준다. 신학의 두 가지 면만 이야기하자면 다니엘의 이 부분의 신학은 천사학에 대한 관심과 사후 심판에 대한 가르침이 있는데 이는 또한 많은 초기 유대교 종말론 서적에서 발견되는 종류다. B.C. 2세기 중반의 마카베오스의 난국이란 주제는 초기 유대교 종말론 서적 가운데 이런 다니엘서의 다른 모습을 보여주었다. 초기 유대교 종말론 서적 다니엘을 연구하는 해석적인 가치는 엄청나다.[32]

11. 다시 쓰인 성경

다시 쓰인 성경은 저자가 이스라엘의 성경 책 중 하나를 출발점으로 삼고 그 책을 다시 쓰면서 저자의 목적에 맞게 이야기를 바꾸는 대단히 흥미로운 형태의 문학이다. 다시 쓰인 성경은 출처 텍스트에서 자료를 생략, 추가, 재정렬하거나 그 밖의 방법으로 이야기를 창조적으로 바꾸는데, 때로는 크게 변화시킬 수 있다. 이러한 종류의 문학은 희년서, 창세기 묵시록(the Genesis Apocalyphon), 재작업된 모세오경, 위서인 필로의 성경유물(pseudo Philo's Biblical Antiquities)과 같은 작

---

31 유대 종말론 서적이 표본적 개요는 J. Collins 2016이다.
32 비평학자들에게 다니엘의 연대는 B.C. 2세기이며 당연히 초기 유대교 종말론 서적에 포함되어야 한다. 그러나 일부 보수적인 학자들은 신학적 이유로 인해 B.C. 6세기의 전통적인 다니엘서 연대를 유지한다. 그 결과, 많은 보수 학자는 초기 유대인의 종말론의 맥락에서 다니엘을 해석하는 것을 꺼린다.

품들을 포함한다.[33] 이런 종류의 글들은 종종 성경의 이야기들을 다시 전하는 데 있어서 상당한 자유가 있다는 것은 초기 유대교 성경의 권위에 대한 매우 흥미로운 질문들을 제기한다.

이런 관습에 훌륭한 예로는 B.C. 2세기에 구성된 희년서가 있다. 이 책은 스스로 시나이에서 모세에게 내려진 율법 책이라고 하며 창세기와 출애굽기 처음 15장, 즉 창조부터 시나이반도까지 이야기를 다시 전하고 있다. 흥미롭게도 희년서는 명백하게 창세기와 출애굽기의 권위 있는 문서에 기초했지만, 스스로 이스라엘의 기원과 법을 다루는 동급의 권위가 있는 문서로 나타낸다.

희년서는 초기 유대교에서 유대 정경 최종판에 포함될 정도의 충분한 인기는 얻지 못했지만, 일부 사람들은 이 책을 신의 계시로 받아들인 것으로 보인다. 그것은 종파 사해 사본 중 하나에 의해 권위 있는 책으로 언급된다(Cairo Damascus 16.3-4). 기독교 전통 중에서도 에티오피아 정교회는 신성한 문학에 희년서를 포함한다.

12. 지혜

지혜 문학은 지식의 습득, 신중한 선택을 하는 능력, 인생의 성공 성취에 관한 것이다. 이것은 일반적인 사안에 대한 실질적인 가르침을 줄 뿐 아니라, 행하지 않으면 인생의 성공을 위태롭게 할 수 있는 하나님과의 관계 속에 올바른 생활을 다룬다. 성경 속 지혜 문학에는 잠언, 욥기, 전도서가 포함된다. 초기 유대교 지혜 문헌은 예수 벤 시라(Jesus ben Sira)의 집회서와 솔로몬의 지혜서가 포함되는데 둘 다 구약 외경/제2 경전의 일부다.

사해 사본 가운데서도 몇몇 단편적인 지혜의 글들이 발견되었다. 또한, 전도서의 연대를 B.C. 3세기 말이나 2세기 초까지 보는 많은 학자가 있다. 사후 인간의 운명은 초기 유대교에서 대중적이고 논쟁적인 주제였기에 사후 인간의 운명에 대한 논의는(3:18-21) 이 시대에 잘 맞는다. 그러나 이 책의 날짜를 밝히는

---

[33] "다시 쓰인 성경"에 관한 짧지만, 매우 유용한 작품으로 Crawford 2008을 참조할 수 있다.

것은 어렵고 학자들 사이에서도 합의가 이루어지지 않았다.³⁴

13. 시

찬가, 기도, 시편을 포함한 여러 시적 작품이 제2 성전 시대에 유대인들에 의해 쓰였다. 사해 사본 중에 감사와 찬가의 모음이 여러 권 있다. 이 찬가들은 성경의 시편을 모델로 했고 낮은 인간들을 자비롭게 대하는 신에게 감사하거나 축복한다. 솔로몬의 시편은 솔로몬이란 가명을 사용한 18개의 중요한 시편의 모음이다.

이 시편들은 B.C. 2세기 후반에 완성되었을 것으로 보이며, 이스라엘의 적들을 물리칠 메시야 같은 다윗의 아들에 대한 당시 유대인의 희망 대해 많은 점을 알려준다. 슬라브 교회 성경에 포함된 므낫세의 기도는 역대하 33:13에 언급된 유다 왕 므낫세가 올린 회개의 기도라고 주장하는 감동적인 문학작품이다. 이들은 보존된 많은 초기 유대교 시적 작품 중 몇 가지 예일 뿐이다.

---

34 이러한 초기 유대인 지혜 문헌과 관련된 문제에 대해서는 J. Collins 1997을 참조하라.

섹션 4

골격: 고대 근동 도해

제19장 | **고대 근동 도해 서론** 아이작 코넬리우스(Izak Cornelius)

제20장 | **이집트 도해법** 로라 라이트(Laura Wright)

제21장 | **메소포타미아와 아나톨리아 지역의 도해** 다니엘 보디(Daniel Bodi)

제22장 | **가나안/이스라엘의 도해** 브렌트 A. 스트론(Brent A. Strawn)

제19장

고대 근동 도해 서론

아이작 코넬리우스(Izak Cornelius)

1. 서론

구약성경/히브리 성경은 현대적 혹은 현재와 같은 시기의 텍스트가 아니라 고대 저서의 모음이다. 고대의 맥락이라는 분위기를 내쉬고 있다. 물리적 세계, 삶의 방식 그리고 고대 근동 지역의 세계관. 따라서 고대의 맥락(context) 속에서 가장 잘 읽을 수 있다.

그러한 맥락을 파악하기 위해 땅의 지리학(제1부 제1장 참조), 재료의 문화(예를 들면, 고고학 방식으로, 제1부 섹션2 참조) 그리고 고대 근동의 텍스트들(제1부 제3장 참조)을 연구해야 한다. 이들 정보에서 독특한 형태는 시각적 자료 혹은 도해(iconography), 시각적 이미지들이다(이 장에서 이미지[imagery]라고 사용할 때마다, 그 의미는 시각적 이미지[visual imagery]를 말한다 – 저자 주).

이 장에서는 고대 근동 도해(iconography)에 대해 논할 것이다.

(1) 그것이 무엇인가?(정의)
(2) 그것은 어디에서 발견할 수 있는가?(근원)
(3) 그것은 무엇을 포함하고 있는가?(유형)
(4) 이를 어떻게 연구할 수 있는가?(접근법들과 방법론)
(5) 이를 어떻게 구약 연구에서 사용할 수 있는가?(실습)

2. 고대 근동 도해는 무엇인가?

"고대 근동"은 레반트 지역(시리아, 요르단, 팔레스타인/이스라엘), 이집트와 쿠쉬(Kush), 아나톨리아(Anatolia), 메소포타미아(Mesopotamia) 그리고 페르시아(Persia) 지역을 포함한 근동 지역의 국가들을 말하고 있다(그림 2.1참조). 시대는 석기 시대-약 B.C. 12,000년에서 이슬람이 출현한 7세기로 걸쳐 있다.

"도해"(Iconography)는 '에이콘'(eikōn) + '그라페'(graphē)의 합성어로 문자 그대로 "이미지 설명"을 의미한다(Carile and Nagelsmit 2016). 때때로 '도해'(iconography)는 '도상학(iconology)'과 구별되는데, 도해는 시각적 이미지 연구에 더 치중하는 것이다. 도해는 기독교 예술의 성경 삽화들 혹은 특정한 교회의 아이콘들을 다루는 것이 아니라 오히려 고대 근동 지역의 시각적 자료들을 다루고 있다. 그런데 시각적 이미지와 의미 연구만을 언급하는 것이 아니라 이미지적, 시각적 문화를 언급하는데, 예를 들면, 문화 유물(artifacts)과 물질적 사물(the material objects)들을 말한다. 따라서 이 장은 이러한 사물들을 만드는 데 사용하고 있는 재료들과 문화 유물들의 유형에 대해 논할 것이다.

고대 세계에서 예술(art)과 문화 유물(artifacts) 사이 혹은 예술가(artist)와 장인(artisan) 사이 혹은 예술품(arts)과 수공예품(crafts) 사이의 차이점은 거의 없다(Boertien and Steiner 2009; Cornelius 2013). 이것은 일부 사물들이 매우 아름답게 만들어졌으며 특정한 미적 가치가 있다는 사실을 무시하는 것이 아니다. 이들 사물은 그러한 "예술품"이 아니며, 이 시각적 물건들은 사용기능을 지니고 있고, 제작은 결코 "예술을 위한 예술"에 해당하는 경우가 아니다. 동상들이 오늘날과 같이 예술 전시회 혹은 박물관에 놓이지 않았으며(맥락에서 벗어나서), 무덤에서 고인을 대체하는 것으로 역할 하거나 성전에서 숭배 대상 역할을 했다.

커다란 부조품(reliefs) 혹은 비석들은 공공 전시를 위해 기획된 것이었으며, 왕과 신에 대한 통치를 선전하는 역할을 하거나 특정한 신성한 질서를 전하는 역할을 했다. 고대 근동 지역의 사물들은 독특한 특징들을 지니고 있으며, 때로는 현대 관찰자들에게 익숙하지 않고 낯선 것들이 있다. 이것은 이집트의 사물들을 주의 깊게 살핌으로써 잘 설명될 수 있다. 이집트의 자료에서, 파라오는 적들보다 거인의 모습으로 나타나고 있다.

19.1 적을 죽이는 거인으로 나타난 파라오

만약 원근법이 있다고 하더라도, 이것은 다른 원근법이며, 비 원근법(non-perspective) 혹은 특성법(aspective: 대상의 특성을 중심으로 원근법 배치 - 역주)이라고 일컬어진다(Brunner-Traut 1986). 이 경우, 거인처럼 묘사된 파라오와 같이 특정한 상(aspect)에 주목하도록 하며, 이 거인의 모습은 그가 가장 위대한 존재임을 서술하고 있다. 고대 근동 지역에서 인식적인 이미지보다는 개념적인 이미지를 창출한다. 이는 보이는 것이 문제가 아니라 보는 사람들이 무엇을 보아야 하는지 혹은 인식해야 하는지에 대한 문제를 보여 주고 있으며, 개념 혹은 상징이 보는 사람에게 전해지거나 전해져야만 하는 것을 중심에 둔다. 이미지들은 현실을 재현하는 데 있어서, 항상 사실적 혹은 역사적이지 않다.

어떤 통치자 혹은 역사적 인물이 실제로 어떻게 보이는지 혹은 실제로 그 사건에서 무엇이 일어났는지에 대한 것이 아니라 오히려 예를 들면, 왕권의 "생각"을 전달하는 것을 문제시한다. 이점은 도해가 고대 근동의 생각/관념 세계에 관한 정보를 제공한다는 의미에서 이는 매우 중요하다.

3. 고대 근동의 도해는 어디에서 찾을 수 있는가?

이미지들에 관한 관심은 유대인의 동전(coins) 연구로 거슬러 올라간다. 그러나 나폴레옹의 이집트를 탐험한 이후(1798) 고대 근동 지역에 대한 재발견과 그에 따른 근동 지역의 체계적 발굴(레반트 남부 지역, 참조 1부 2장)은 이미지 원본의 자료집을 가져 왔다. 특히 레반트(Levant) 남부 지역에서 문헌들보다 이미지들이 더 많이 존재하며, 이 지역에서는 적은 수의 문헌들만 발견되었다.

출애굽기 20장에서 이미지, 즉 우상들에 대한 금지는 직접 신적 존재에 대한 예배 동상을 만드는 것에 대한 반대이지 이미지 자체에 대한 반대는 아니었다. 고대 이스라엘과 유다는 "예술" 혹은 이미지들이 없는 것이 아니었다(Schroer, 1987), 이는 페르시아의 예후드(Yehud)의 사례와 같다(Frevel, Pyschny, and Cornelius 2014).

이미지들은 다양한 매개물(유형들)에서 발견되며, 그 유물들을 만든 재료들은 값싼 진흙에서 돌뿐만 아니라 동물의 상아와 뼈, 귀한 보석들과 이보다 더 비싼 금과 같은 금속들로 범위가 넓다. 청금석과 같은 돌들은 아프카니스탄에서 수입했고, 금은 쿠쉬(Kush: 현재의 아프리카 수단 – 역주)에서 온 것이다. 이 점은 도해(iconography)가 국제 무역과 연결되어 있음을 나타낸다.

또한, 사회적 측면도 관련되는데, 이미지 제작을 의뢰한 왕과 성전의 관료들부터 그것을 제작하는 장인과 예술가 그리고 그것에 반응하고 바라보는 평민들에 이르기까지 사회적 측면을 다루고 있다. 이미지들의 서로 다른 유형 속에서, 그것이 만들어지는 방법(기술과 스타일) 그리고 어디에서 만들어지는지(제작 장소)가 또한 중요한 역할을 담당하고 있다(Uehlinger 2000; Suter and Uehlinger 2005).

4. 이미지들의 유형

고대 근동 지역의 이미지들은 여러 매개물로 만들어지며, 크기에서도 건축물을 포함하여 거대한 기념물에서 매우 작게 장식된 인장 부적들까지 다양하다(참조, de Hulster, Strawn, and Bonfiglio 2015b, 32–34).

1) 기념비적 이미지

아주 거대한 이집트의 피라미드(높이 대략 140미터)와 메소포타미안-이란지역의 지구르트(ziggurats, 높이 대략 50m)와 함께 벽화와 부조 양식(reliefs) 이미지들로 장식된 왕궁들, 신전들 그리고 무덤들이 있다. 부조 양식은 벽면에서도 발견된다. 이집트에서 잘 알려진 것은 신전의 부조 양식 문양으로, 카낙(Karnak), 룩소(Luxor) 그리고 메디넷 하부(Medinet Habu) 지역에 있다(Robins 1997).

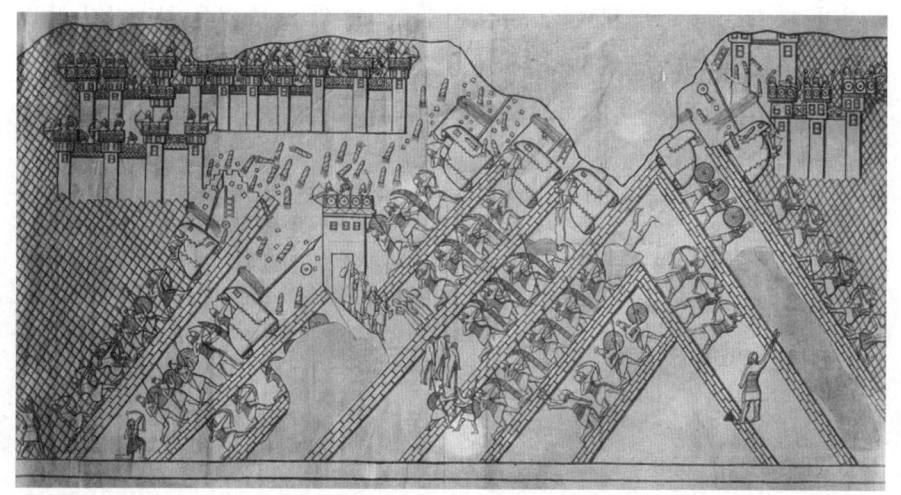

19.2 라기스(Lachish) 성의 포위

이 메소포타미아에서 가장 인상적인 것은 대략 B.C. 900~600년에 님루드(Nimrud), 초사바드(Chorsabad) 그리고 니네브(Nineveh) 지역에 있는 신-앗수르 왕조의 궁전들에서 부조 그림들이며, 그 많은 것 중에서 전쟁과 사자 사냥을 그린 것이다(P. Collins 2008). 한 부조 양식의 그림은 B.C. 701년에 유다 지역 라기스(Lachish) 성을 포위한 것이다(Usshishkin 1982; 이에 대한 해석은 다음을 참조 Uehlinger 2007, 그림 19.2). 힛타이트(Hittite) 제국(대략 B.C. 1400~1200년경), 수도 핫투사(Hattuša)에 가까운 야질카야(Yazilikaya) 지역의 성소에 있는 힛타히트의 신의 부조 양식이 있다(참조 her 2011a).

기념비 예술의 전통은 B.C. 1000년에 시로-힛타이트(Syro-Hittite) 국가에서도 존속되었으며, 진키르리(Zincirli)와 카쉬미쉬(Carchemish) 지역에서 돌 위에 부조 양식이 있다(Gilibert 2011). 몇 개의 부조 양식은 채색되어 있지만, 시간이 흘러 그 광택은 점차 사라졌다.

이집트의 무덤에서 가장 좋은 예가 있는 회화는 역사상 상당히 거슬러 올라간다(Tiradritti 2008). 회화들은 종종 파편적이며 유적들은 잔해에서 발견된다. 초기 레이라트 가술(Leilat Ghassul) 지역(B.C. 4200년 Drabsch 2015)의 그림과 시나이(Sinai) 지역(Meshel 2012)의 쿤틸레트 아주루드(Kuntillet 'Ajrud, B.C. 830-750년)의 조각이 있지만, 레반트(Levant) 남부에서 발견된 부조 양식만큼 큰 것은 알려지지 않았다. 람세스 2세 조각상(20m)과 마찬가지로, 이집트의 오벨리스크 (높이 30m)와 파라오의 거대 조각상이 알려져 있다. 가장 큰 피라미드 옆에 있는 스핑크스는 길이 73m다.

2) 큰 크기의 이미지

위 기념비적 이미지들은 비석(Stele), 직교석(수직으로 세워진 돌) 그리고 조각상(서 있는 모습이거나 앉아 있는 모습)을 포함하고 있다. 비석은 에사하돈(Esarhaddon)-높이 3.5m—과 같은 왕에 대한 거대한 이미지들이거나 겨우 높이 30cm의 약간 개인적인 이집트의 장례식용 비석일 수 있다. 비석은 우가리트(Yon 1991) 지역과 시로-힛타이트(Syro-Hittite) 지역에서 알려진 것들이지만, 후기 청동기 시대 이집트의 조각상과 비석을 제외하면 레반트(Levant) 남부에서 나온 자료들은 거의 없다.

히브리 성경에서는 마세보트(세워진 돌)를 묘사하고 있다. 신을 묘사한 베트사다 스텔라(Bethsaida Stela)를 언급해야 한다(Bernett and Keel 1998, 그림 19.3). 통치자와 신의 조각상들은 이집트(Russmann 1989)와 서부 아시아(Spycket 1981) 지역에서 잘 알려져 있다. 레반트(Levant) 지역에서는, 레반트 남부 지역의 암몬 왕국 통치자의 조각상과 이드리미(Idrimi)와 하에이티(Hadayithi) 왕들의 조각상들이 있지만, 이스라엘/유대 지역에서는 비교할 만한 것이 없다. 커다란 금속 동상은 상당히 드물지만 1.77 미터의 파라오 페피 1세(Pepy 1) 동상과 같은 사례들이 있다(Robins 1997, 그림 59).

3) 작은 크기의 이미지

양적인 측면에서, 이미지는 주로 작은 물건들에서 발견된다. 가장 일반적인 유형들은 진흙에 각인을 만들어서 문들이나 용기들뿐만 아니라 봉인 서류에 사용된 조각 인장들 (glyptic sources)이다.

두 가지 유형들이 있다. 점토를 말아서 만든 원통형 인장과 스탬프 형태의 인장이다(Collon 1988; Keel 1995; 1997; 2010a; 2010b; 2013; 2017). 가장 전형적인 이집트 형식은 풍뎅이 모양 혹은 신성한 투구벌레 모양이다. 일부는 이 인장들의 구멍을 내고 줄로 묶어 목에 걸어서 부적으로 가지고 다녔다. 이들 인장은 작지만(5-10cm)

19.3 엣텔/베트사이다 비석(the Et-Tel/Bethsaida Stela) 복제품

이들은 신들의 이미지들과 신화 같은 존재, 통치자나 관원의 모습, 동식물 등으로 장식되어 있으며, 그래서 매우 많은 정보를 준다(그림 19.4, 그림 19.5). 일부는 예배 과정과 큰 규모의 같은 장면을 담고 있지만, 신화적인 장면은 거의 없다.

이 인장들은 가장 중요한 시각적 매체이며, 특히 레반트 남부 지역에서 그러하며, 이곳에서는 커다란 시각적 자료들이 없다. 원통형 인장보다는 스탬프형 인장들이 더 많다.

부적들은 주로 행운을 가져오거나 보호하기 위해서 지녔으며, 상당히 일반적이다. 이들은 신적인 존재들 혹은 동물들 혹은 상징들의 형태이며, 이집트에서 상형 문자 표시(hieroglyphic signs) 형태로 부적들이 있다. 남부 레반트 지역에서 발견된 것이 수천 개가 있다(C. Herrmann et al. 2010; C. Herrmann 2016). 보석은 자체의 상징성 때문에 장식 그 이상의 것이다. 상아는 코끼리의 것으로 만들어졌으며, 대부분 하마의 이빨이다.

19.4 원통형 인장과 현대적 압인(impression): 왕좌에서 신 앞에 경배하는 왕족; 아래, 인간의 머리를 한 황소

중요한 발견품들은 앗수르 니므루드(Nimrud) 지역에서 나온 것들인데, 비에르쉐바의 초기 보기들이며, 후기 청동기 시대의 자료들은 메기도(Megiddo) 그리고 철기 시대의 상아 제품들은 사마리아(Samaria)에서 나왔다 (Barnett 1982).

묘사된 모티브들은 인물, 연회, 창가에 있는 여인 그리고 이집트의 신화와 이들의 신들이다. 조각된 동물의 뼈들을 이들 상아에 덧붙일 수 있다. 점토는 장식된 예배 받침대를 만드는 데 사용하며(예 타나크[Taanach]와 레호브[Rehov]에서 나온 것들), 여인의 인형상과 장식판들이 있다(이것들 모두 여신인지에 대해서는 논쟁거리다). 동물의 인형상과 말과 말을 타고 있는 사람의 모양의 인형상이 있는데, 이것들은 페르시아 시대의 전형적인 형태다. 독특한 유형은 B.C. 7~8세기 후반에서 유대인의 기둥형 인형상이며 대략 높이가 15cm이며, 기둥형 몸통을 보이며, 이 몸통에 큰 가슴을 가진 여성을

19.5 풍뎅이 형태의 인장과 현대적 압인: 수호신이 측면에 있는 오시리스(Osiris)

그려 넣었다. 약 천 개 정도가 알려져 있는데, 그중에서 절반은 예루살렘에서 출토된 것이다(그림 19.6).

19.6 유다 기둥 상

이들은 가끔 아세라 여신(Ashera)을 숭배하는 것과 관련되지만, 이들에 대한 해석은 복잡하다(Darby 2014). 금속 인형은 발견되었지만, 이들 모두 신적인 존재를 나타내는 것은 아니다(Negbi 1976).

동전(coins)은 모든 사람이 지급하는 방법으로 사용하여 지니고 있었기 때문에 최초의 대중 의사소통의 매개물이었다. 이들 동전은 B.C. 7세기 의 아나톨리아(Anatolia) 지역에서만 나타나고 있다. 페르시아의 다리우스 1세(Darius I)가 동전을 발행했으며, 후기 페르시아 시대에 예후드와 사마리아(Yehud and Samaria)에서 동전들을 사용했다(Wyssmann 2014). 이들 동전은 동전 면에 나타난 이미지들 때문에 지불수단 이상의 것이다(그림 19.7).

19.7 예훗 동전(Yehud coin)

5. 어떻게 고대 근동 도해를 연구할 수 있는가?

텍스트가 스스로 말하지 않고 해석되어야 하는 것처럼 이미지들을 이해에 이르는 것은 특정한 방법을 수반한다. 어떤 이미지들 혹은 예술에 관한 이론적 고찰은, 예를 들면, 그리스에서 생겨난 것에 대한 고찰은 고대 근동 지역 텍스트에서 전혀 볼 수 없다. 이집트의 비석은 예술가 자기 생각들을 담고 있으며(Barta 1970), 그 속에 사용된 일부 기술들이 설명되어 있다.

18세기 J. 윙클만(J. Winklemann)은 고전 예술 연구를 개척했지만, 그가 제한된 이집트의 자료를 가지고 있으며, 그것의 개념에 대해 이해하지 못했기 때문에, 이집트 예술 가치에 회의적이었다. H. 샤퍼(H. Shafer, 1986 [German original 1919])는 독특한 개념으로 이집트 예술을 이해하는 방법론을 발전하는데 선구자였다(Hartwig 2015).

I. 윈터(I. Winter)는 Z. 바흐라니(Z. Bahrani, 2003;2017) 그리고 M. 펠맨과 브라운(M. Feldman and Brown 2013)이 했던 것처럼 메소포타미아 자료 연구에 이바지했다(2010). P. 벡(P. Beck, 2002)은 남부 레반트 지역(이스라엘) 이해의 선구자다.

1930년대, E. 파노프스키(E. Panofsky, 1970)는 "도해의 방법론"(iconographical method)의 기반을 마련했는데 다음의 세 가지 기본 단계들을 설정했다.

(1) 이전 도해적 설명
(2) 도해적 분석
(3) 도상학적 (iconological) 해석

이 방법론은 근본적이며, 보나츠(Bonatz, 2000)와 올난(Ornan, 2010)이 행한 연구에서 사용되었지만, 그 이후, 텍스트를 지나치게 의존하여 이미지를 이해하지 못했기 때문에 수정되었다(Keel 1992a; Weissenrieder and Wendt 2005).

O. 키이일(O.Keel, 1992a)은 "보이는 이미지에 대한 표면"(the right of images to be seen)을 기술하고, 이미지가 해석되어야 하는 방식과 사례 연구를 제시하고 있다. 그는 도해적 해석체계와 모티브, 장면/주제 그리고 장식 분석과 나누고 어떤 모티브가 '삶의 자리'(the Sitz im Leben) 혹은 발견된 맥락에 따라서 다른 것을 의미

할 수 있다고 강조한다.

W 미첼(W. Mitchell)의 접근법처럼 현대적 접근방법들은 "이미지 텍스트"(1994, 89n9)에 대해 말하고 있는데, 이것은 이미지들과 텍스트 사이의 관계를 설명하고 있으며, 그림들은 텍스트와 "동등한 권리"(equal rights)가 있음을 강조하고 있다 (2005, 47). 더 새로운 접근법들은 학문적 원칙들에서 나온 방법들을 사용하는데, 예를 들면, 의미론(semiotics) (Weissenrieder and Wendt 2005)이 있고 R. 본피그리오(R. Bonfiglio, 2016)는 "시각적 해석학"(visual hermeneutics)을 연구했다.

시각적 기록은 텍스트의 원자료로 알려진 것에 보완적으로, 혹은 심지어 이 텍스트들과 구별되어 주요 정보를 제공할 수 있다(I. Winter 2010, 1:72). H. 그래스만(H. Gressmann, 1927, viii)이 이미 썼듯이, "'텍스트'와 '이미지,' 철학과 고고학이 역사학자에게는 동등하게 필수불가결한 것이며, 필연적으로 동반한다. 이들은 서로를 전제하고, 서로를 보완하고, 서로를 분석하고, 서로에게 상호 증거를 제공한다"라고 말한다(de Hulster and LeMon 2014b, xix에서 번역함).

한편, 여전히 텍스트 사용과 관련한 학자들과 유물(이미지를 포함해서)을 사용하는 학자 중에서 어느 정도의 구분이 존재하는 것으로 보이며, 문헌학자들 ("텍스트 사람들")과 고고학자("이미지 사람들") 사이에 여전히 분리가 있는 것으로 보인다.

고대 이스라엘과 관련해서 이미지들은 여신의 역할과 같이 텍스트에서 묘사하고 있는 것을 보완하며 보충한다. 그러나 텍스트와 이미지 사이의 일대일 관계 혹은 텍스트와 이미지 사이의 "평행법"(parallelism)은 존재하지 않는다. 정확한 일치를 찾아야 하는 것이 아니라 유사한 "정신적 배경"(mental background)을 찾아야 한다(Suter 2000, 8). 이에 대해 J. 르몬(J. LeMon, 2010)은 "도해와 텍스트의 조화"(congruent iconography and texts)와 같은 개념을 가지고 연구하며, I. 드허슬터, B. 스트론 그리고 R. 본필지오는 "조화, 상호 관련성 그리고 연속성"(congruence, correlation, and contiguity)이라는 용어를 사용하고 있다(2015b, 22-26).

텍스트와 이미지 사이의 피상적이고 지나치게 성급한 연결을 만들어내서는 안 된다. 텍스트를 가장 잘 설명하는 이미지 혹은 이미지를 "가장 합당하게" 묘사하는 텍스트를 찾아서는 안 된다. 텍스트와 이미지는 독립적으로 적절하게 연구해야만 한다. 우선, 시각적 자료들은 타당한 방식 속에서 묘사, 해석, 분석해야 한다. 이 같은 내용이 텍스트 자료에도 적용된다. 그래야만 이 두 가지가 비교, 상호연관 그리고 상호 작용을 할 수 있게 된다(Cornelius 2016; 2017). 양쪽 자료는 중요하며 "많은 것보다 더 나은 것은 없으므로" 서로 연결 지어 연구해야 한다(Berlejung 2010). 더 많은 자료가 고대 근동의 잃어버린 문화에서 나올수록, 더 좋게 그들의 세계를 이해할 수 있을 수 있다.

6. 구약 연구에서 고대 근동의 도해를 어떻게 사용할 수 있는가?

이전의 접근법들은 시각적 자료를 단지 설명하는 것으로 사용했다.

첫 번째 접근 방법은 J. 르몬(J. LeMon)이 보여 주고 있는데, 예를 들면 창세기 3장과 관련된 "아담과 이브"의 인장이다. 가끔 이미지들은 프리트차드(Pritchard, 1969 b)에서처럼 역사적 사건들 혹은 인물들을 조명하기 위해 사용하고 있다. 그 책에는 "역사에서의 장면들"(scenes from history)이라는 내용이 있다.

블랙 오벨리스크 위의 인물은 함께 나오는 본문에서 예후(Jehu)로 묘사되어 있지만, 이것은 "역사적 초상화"가 아니다. 이것은 단지 전형적인 통치적 정복자이며 오벨리스크의 다른 정복자와 매우 닮아있다. 라기스(Lachish) 포위에 대한 묘사 또한 전형적인 모습이며, 도시를 재구축하는 데 사용될 수 없다(Uehlinger 2007). 라마트 라헬 지역에서 발굴된 질그릇 위에 인물을 언급하면서, 가브리엘 바케이(Gabriel Barkay)는 "나는 이것이 히스기야 왕의 초상화일 것 같다고 생각하며, 이 왕은 라마트 라헬 지역과 왕궁을 건설했다고 생각한다"라고 썼다 (2006, 44). 그러나 고대 근동 도해에서 이해할 때, 역사적 개별 왕들을 초상화로 표현하지 않는다고 본다(Cornelius 2015).

두 번째 접근 방법은 도해(iconography)를 통해 의복 등과 같은 물질적 문화 그리고 관습을 설명한다(e.g., Borowski 2003, 7). 일반적으로 이들 이미지는 더 큰 배경에서 취해지며, 이 방식에서 이미지의 전체 관점은 사라지고, 좀 더 넓은 이데올로기적-사회적 맥락을 무시하게 된다(Keel 1992b, 369).

세 번째 접근 방법은, O. 키이일(O.Keel)과 그 추종자들이 발전시켰는데, 상징적 그리고 개념적 세계에 관련해서 이미지들의 사용을 강조했다. 유목민의 이미지에 관한 연구(Staubli 1991), 야훼의 전사와 기후와 관련된 이미지에 관한 연구(M. Klingbeil 1999), 신적 존재의 이미지와 그들의 상징에 관한 연구(Keel and Uehlinger 1998), 몸의 상징학(Schroer and Staubli 2001; Cornelius 2017), 사자의 이미지들에 관한 연구(Strawn 2005) 그리고 야훼의 날개에 관한 연구(LeMon 2010)들이 있다. 일부 성경주해도 또한 고대 근동의 이미지 연구를 구체화했다(Keel 1994; Walton 2009b).

성경 텍스트와 도해(iconography) 사이의 직접적인 연관이 있는 것 같이 "성경 도해"(biblical iconography)에 대해 말해서는 안 된다. "도해적 주해"(Iconographical exegesis) (de Hulster 2009)는 "고대 근동 지역의 시각적 유물들의 도움을 받아 히브리 성경의 여러 면을 설명하는 해석적 방법"으로 서술하고 있다(de Hulster, Strawn, and Bonfiglio 2015b, 20). 그러나 이것은 개념적 수준에서 어떤 관점에서 "주해"의 한 유형과 다름없다. 이미지들은 어떤 "도움"(help) 이상을 말하며, 그 이유는 이들 원자료가 고대 근동의 이해를 위해 독자적인 이바지를 할 수 있기 때문이다.

7. 결론

고대 근동 지역의 세계를 이해하기 위해서, 그리고 그 세계 안에 고대 이스라엘이 통합된 한 부분을 형성하고 있는 점을 이해하기 위해서, 고대 근동의 텍스트들뿐만 아니라 시각적 이미지도 연구해야만 한다. 그러나 이들은 두 가지 서로 다른 출처들이며 독립적으로 연구되어야 한다. 시각적 자료들의 광범위한 배열이 활용될 수 있으며, 구약성경의 개념적 세계에 대하여 현대 시기의 학생들에게 정보를 줄 수 있다.

제20장

이집트 도해법

로라 라이트(Laura Wright)

이집트는 더 넓은 남부 레반트 지역의 도해(iconography)에서 중요한 역할을 했다. 고대 지역의 한 부분으로 이스라엘에서 이집트의 역할은 논란의 여지가 없다. 남부 레반트 지역과 이집트의 지리학적 근접성은 이들이 공유하고 있는 역사에 걸쳐서 이 두 개 지역 사이 밀접한 경제적, 사회적 연대로 이어졌다.

남부 레반트 지역의 물질적 문화에 대한 도해(iconography)는 더 넓은 지중해와 무역이 쇠진해질 때에도 이집트와의 밀접한 관계를 반영하고 있다. 이집트의 생산과 무역의 형태가 유지되는 동안에, 이들 이집트의 도상들이 남부 레반트 주민의 소비 형태를 결정하지 않았으나, 이들 두 개의 지역은 서로 밀접하게 묶여있다.

이들 두 개의 지역들의 역사가 종종 불연속의 연속성(*l'histoire evenementielle*)으로 알려졌지만, 이 지역들의 역사적 사건들은 함께 그려질 수 있으며, 이 점은 청동기 시대 중반기부터 철기 시대를 걸쳐서 이들 두 개의 지역들은 함께 엮여왔던 수 세기 동안의 지속적인 힘을 설명한다.

1. 이집트의 도해와 남부 레반트 지역

1) 청동기 중반기

도시화의 증가와 새로운 기술로 인해서 청동기 중반기 동안 남부 레반트 지역에서 무역 네트워크가 확장했다. 이집트의 권력은 이 시기가 끝날 무렵에 쇠퇴했고, 힉소스(Hyksos)로 알려진 셈족의 정치체제가 2차 중간 시기(the Second Intermediate Period) 동안 남부 이집트 지역에서 권좌에 올랐다.

남부 레반트 지역에서 거대한 규모의 예술품은 이 시대에 매우 드물게 있지만, 작고 휴대하기 가벼운 물건들이 이집트의 도해를 담은 레반트 지역 주민들의 소비 모습을 말해주고 있다. 남부 레반트 지역은 풍뎅이 형태 이집트 부적의 주요 소비 지역 중 하나다.

이 곤충은 마귀를 쫓는 능력이 있다고 믿어졌는데, 이 곤충이 스스로 재생산 할 수 있다고 생각했기 때문이다(Keel 1997, 21-22). 중기 왕국 시대 동안에 이들 부적은 구매한 후, 남부 레반트 지역 예술가들은 자신들의 지역 목적에 맞게 자신들만의 풍뎅이 부적을 만들었다(D. BenTor 1997; 2007). 이들 예술가는 당대의 이집트 상징 전통을 도용했고 근본적으로 이집트의 전통을 바꾸어 나갔다. 때때로 이들은 심지어 유사 상형 문자 글(pseudo-hieroglyphic writing)을 만들었는데, 풍뎅이의 얼굴 위에 세로줄의 넓이를 확대하거나 좁힐 수 있도록 쓸 수 있어서 음각으로 채우도록 이 문자형태가 선택된 것으로 보인다(L. Wright 2016, 145-58).

2차 중간시기에서의 이들 부적은 천 년이 넘긴 기간 동안 남부 레반트 지역 주민의 무덤 안에 계속해서 배치되었다. 이 부적들의 이집트화한 도해(iconography)들은 계속해서 수정되었으며, 수 세기 동안 지속해서 지역에서 생산되었다.

2) 청동기 후기 시대

2차 중기 시대에 이집트화한 모티브의 레반트 지역 생산은 청동기 후기 시대에서도 계속했고, 베트 션(Beth Shean) 지역에서 발굴한 IX 그룹 내 풍뎅이 유물에서 이 특징을 찾아볼 수 있다(Ben-Tor and Keel 2012, 87-104; Keel 2010a; 158-59 [Beth Shean 136]; 2013,436-37 [Gezer 628], 562-63 [Tel Harasim 22]; cf. Tufnell 1958, plates 37/38.308, 311; S. Ben-Arieh, Ben-Tor, and Godovitz 1993, 82, 그림. 5; Sellin 1904, 28-29, 그림. 23).

이들 부적 위에 새겨진 모티브들은—예를 들면, 걸쳐 앉은 사자 혹은 사람의 모습을 닮은 형상이 피어난 연꽃을 들고 있는 모습들—비슷했지만, 재료에서 변화가 2차 중기 시대에서의 이미지들을 보다 체계적으로 변경하게 했다.

레반트 지역 생산 비율은 확실히 2차 중기 시대보다 청동기 후기(the late Bronze I)에 더 적어지며, 이집트 모티브들의 현지 수용과 선택이 지속되었으며, 이것이 그 지역의 도해적 전통 부분이 되었다. 수 세기 동안의 관행 후에, 이것들이 어느 정도 외국의 것으로 보아야 하는지는 불명확하다.

제18~19대 왕조 동안 이집트의 패권이 증가함에 따라, 수많은 레반트 남부 지역의 도시들이 더 강력해진 이집트의 영향력 아래에 있게 되며 몇몇 도시들은 직접적인 이집트의 통치권 안에 있게 된다(Weinstein 1981; E. Morris 2005). 남부 해변 평야 지역 내 도시의 물질문화는 이집트의 도해(iconography)를 상당히 많이 사용하였음을 입증하고 있으며, 이집트의 직접적인 통치를 받는 도시들은, 예를 베트 쉰(Beth Shean) 지역은 이집트에서 상당히 많은 수의 물건들을 수입했고, 이집트의 도해를 자신들만의 것으로 만들어서 생산했다(참조, Keel 1998, 49-97).

수입된 이집트 물건들과 이집트화한 도해를 가지고 지역적으로 생산한 부적 양쪽 모두는 후기 청동기(2B) 시대의 같은 무덤 안에서 발견되었다. 상아와 같은 다른 매개물을 사용하면서, 지역의 장인들은 가나안의 의복을 입고 있는 지역 통치자의 이미지를 만들었는데, 그 통치자는 전형적인 새로운 왕국의 정복 장면에 있었다(Giveon 1971, 201-2; Loud 1939, plates 4, 32; Liebowitz 1980; 1987). 두 지역의 도해들은 서로 간의 밀접한 관계가 있다.

3) 철기 1시대

철기 1시대의 초기에, 무역로가 바뀌고, 지중해로부터 도자기의 수입은 급격히 감소했다. 남부 해안 지역과 더 넓은 지중해 지역 사이의 연대는 쇠퇴했으며, 애쉬킬론(Ashkelon) 지역의 저장 단지의 석판 분석(petrographic analysis)에서 보는 것처럼 드러나고 있으며, 이 저장 단지는 이 운송로를 따라서 운반한 상품들이었다. 철기 1시대 후반에 그 무역로가 다시 등장했을 때, 이 무역로가 남부 레반트 지역 해안과 페니키아 해안을 연결했다. 무역로들이 철기 1시대 동안 이동함에 따라, 남부 해안 평야 지대에 도자기 기술에 대한 이집트의 영향력은 감소했다(Master 2011, 261).

또한, 내륙 지대도 이집트와 연결이 지속해서 드물게 이루어져, 지중해 지역과 무역에서 급격한 쇠퇴를 겪었다(Wolff 1998, 453; Zertal 2012, 364). 쇠퇴하고 있는 이집트의 정치적 패권과 무역에도 불구하고, 지역의 도해 전통은 청동기 후기 2B 시대처럼 이집트의 도해를 기반으로 이미지들을 계속해서 생산했다.

베트 쉰(Beth Shean) 지역의 IX 그룹에서처럼, 도해적 모티브들은 2차 중기 시대(the Second Intermediate Period) 동안 남부 레바탄 지역에서 한때 대중적이었고, 이 모티브들은 후기 청동기 2B 시대 동안 해안 부지에서 다시 등장했다(L. Wright 2016, 158-95). 예를 들면, 인간을 닮은 형상의 이미지가 피어있는 연꽃을 쥐고 있는 모습과 소위 'anra' 모티브는 후기 청동기 2B 시대와 철기 1시대 사이 이행기 때에 전면으로 대두되었다.

비록 이들 이집트화한 모티브들의 생산은 후기 청동기 2A 시대에 쇠퇴하였을 지라도, 2차 중기 시대(the Second Intermediate Period)에서 지역적으로 생산한 풍뎅이 유물은 몇 세기 동안 순환되고 있었으며, 모티브들은 반세기 후에 다시 등장했다. 이 모티브들이 지역 장인들로 인해서 수입품처럼 보이게 했을 가능성은 적다. "철기 1시대에서 지역적으로 생산한 풍뎅이에 대한 논의 속에서, 이집트화 하는 것(Egytianizing)"이라는 용어는 의문의 여지가 있다.

마지막으로, 아화트(Ahwat)와 같은 내륙 지대 내에 지역 장인들은 이집트 모티브를 지닌 지역 모조품을 계속해서 생산했다. 이 모조품들은 이집트의 모티브와 글귀를 동물의 뼈와 같은 재료에 새긴 것이며, 이러한 재료를 이집트 형식의 풍뎅이 모양으로 사용하는 것이 매우 드물다(e.g., Brandl 2012a, 255-57).

원뿔형과 피라미드 모양의 스탬프형 인장들도 남부 레반트 지역에서 지역적으로 활용할 수 있는 석회석으로 만들었다. 신 왕국 시대의 이집트의 풍뎅이 위에 나타난 장면은 지역의 가나안 모티브와 함께 나타나고 있는데, 이것은 지역의 스탬프형 인장 위에 새겨져 있다(e.g., Keel 2010b, 414-15 [Tell el-Fala South 924]; 2013, 142-43 [Tel Gerisa 7]).

역사가들은 철기 1시대 끝날 무렵 제20번째 왕조 동안에 이집트 제국 체계의 축소를 주목하지만 도해(iconography)는 이 두 지역 사이의 지속적인 관계성을 입증하고 있다. 단순히 이집트의 패권주의와 이집트적인 도해/상징을 가진 모방을 서로 관련짓는 것은 매우 단순할 수 있다.

4) 철기 2A 시대

3차 중간 시기(the Third Intermediate Period)가 진행되는 동안 이집트의 정치적 분열에도 불구하고, 지역의 도해(Local iconography)는 철기 2A 시대 때의 기원을 가진 모티브를 지속했다. 대규모로 생산된 소위 라미시드(Ramesside) 풍뎅이를 지닌 한 상형 문자 유물 그룹은 이 시기 동안에 점차 인기를 얻었는데(Münger 2005), 이것의 생산은 원래 철기 1시대에 시작된 것을 한 인장을 통해 입증했다. 이 인장은 카실(Qasile) 지역에 철기 1시대의 특정한 XII 지층에서 발견되었다(A. Mazar 1985, 18-20, 그림 6).

이 그룹은 이집트에서 온 풍뎅이의 모티브를 묘사하고 있는데, 이것은 "악어의 주인"(master of crocodile)이라는 모티브와 인접하고 있는 적과 전차 장면을 포함하고 있다(e.g., Petrie 1909, plate XXXIV no. 92). 사실상 "악어의 주인"이라는 모티브는 남부 레반트 지역의 도해 전통에 새롭게 더해진 것이었다. 이 시기에 생산한 다른 풍뎅이는 이집트의 신 '아문레'(AmunRe)를 언급하며, 이것은 레반트 남부 지역에서도 이 신을 숭배하였음을 표시하고 있다. '아문-레'(Amun-Re)의 숭배는 부적을 통해 발생했을 가능성이 있지만, 철기 2시대의 부적 중에서 발견된 이 신과 다른 이집트의 많은 신은 이 신들의 이름에 대한 고유명사 증거들을 찾을 수 없다(Tigay 1987a, 164).

게다가 이집트의 모티브들을 새롭게 전용하는 것과 더불어, 철기 2A 시대의 인장들은 흥미롭게도 이집트의 기원을 지닌 모티브를 변화했다. 레반트 남부 지역의 스탬프형 인장들은 이집트의 신이 한 쌍 그리고 세 쌍으로 있는 모습을 그렸으며, 이들은 뚜렷하게 이집트적인 머리 장식들과 손을 연결하는 모습을 지녔다(e.g., Keel 2010b, 41-15 [Tell elFala South 924]).

그 이미지는 철기 2A 시대에서는 타당한 것으로 보이지만, 연결된 손과 연결된 일반적인 막대기 모습은 그렇지 않다. 인간의 모습으로 한 한 형상이 더 이집트의 뚜렷한 머리 장식 혹은 복장으로 보이지 않는다(L. Wright 2016, 247-48).

철기 2A 시대에 이집트의 패권이 약화 됨에 따라, 키이일(Keel)은 주장하기를, 이집트 신들을 그린 초상화에서 이집트와 지역 전통들과 의도적인 거리 두기가 있었다(Keel 1998,138). 키이일(Keel)은 "전갈의 주인"(the master of scorpions)이라는 메소포타미안의 모티브와 "타조의 주인"(the master of ostriches)은 "악어의 주인"(the master of crocodiles)을 대체하였음을 인용했다. 메소포타미아 기반으로 한 이미지로 전환은 대체로 사실이지만, 그 전환은 점진적으로 일어났다.

세 개의 모티브는 모두 철기 2A 시대와 철기 2A-B 시대에 비슷한 시기를 나타내는 연대기적 배경에서 나오고 있다(e.g., Brandl in Keel 1997, 60-61 [Achsib 115]; Keel 2010a, 222-23, 232-33, 236-37 [Beth Shemesh 10, 36, 42]; Keel 2013, 120-21, 204-5 [Gath 55; Gezer 83]; Keel and Mazar 2009, no. 17).

5) 철기 2B 시대

이집트의 기원을 가진 도해적 요소들은 철기 2B 시대 동안 특히 북 왕국 이스라엘에 있는 시로-페니키아(Syro-Phoenician)의 도해적 전통들을 통해 점차로 매개되었다(Keel 1998, 195-98, 248-51). 그 자체로, 풍뎅이와 상아 위에 새겨진 시로-페니키아의 모티브는 레반트 남부 지역에서 생산한 물건으로 발견되었을 때, 이집트 혹은 이집트화한 것으로 엄격하게 인식할 수 없다. 풍뎅이에 덧붙여, 이집트의 신성한 존재를 그려 넣은 부적-예를 들면, 베스(Bes), 파타이코스(Pataikos) 그리고 아이시스(Isis)-들이 철기 2B 시대 동안에 있었다(C. Herrmann 2006, 35-38).

고유 명칭의 존재 여부로 증거를 삼는 것(Onomastic analysis)도 철기 2B 시대에 베스(Bes)와 호루스(Horus)의 숭배가 있었음을 확인해주고 있지만, 신적 이름을 지닌 이집트의 신들이 거의 없는 것은 이들 신에 대한 숭배가 그 지역 전통에서 결코 지배적이지 않았음을 보여 주고 있다(Tigay 1987a, 164-65). 남 왕국 유다도 또한 이집트의 도해들을 광범위하게 모방했다. 사실, 지방에서 뼈로 만든 단추 같은 모양들(scraboids) 중에서 한 표본그룹은 상형 문자가 있는 소용돌이 장식(cartouches)을 그려 넣었고, 투트모시스 3세(Thutmosis III)의 왕좌 이름 혹은 세시혼크(Sheshonq)의 발음상 철자가 그 소용돌이 모양 안에 새겨져 있다. 그런데 이 문자들은 실제 상형 문자가 아닌 상형 문자를 흉내 낸 것이다(e.g., Keel 1997, 588-89, 666-67 [Akko 124, Ashdod 11]; 2010a, 310-11, 394-95 [Beth Shemesh 215, Dan 30]; 2010b, 126-27 [Tell el-Fala South 231]).

6) 철기 2C 시대

철기 2C 시대에 앗수르 제국의 상승은 레반트 남부 지역의 도해 전통들에 더 강력한 메소포타미안의 영향력을 미쳤다. 이집트의 영향은 쇠퇴하고 있지만, 토트(Thoth), 아누비스(Anubis), 삭흐메트(Sakhmet), 호루스의 눈(the Horus-eye) 그리고 난장이 형상의 파타이코이(pataikoi) 등의 부적은 여전히 존재했다(C. Herrmann 2006, 15, 35-38).

레반트 남부 지역에 대한 이집트의 헤게모니가 물러나고 청동기 중반기에서 철기 시대로 진보해가는 동안이지만, 이집트 영향력은 지속됐다. 새로운 이집트 모티브들은 예전에 이집트의 기원을 지녔던 오랜 전통 주제에 지속해서 더해졌다.

이들 두 지역 사이의 사회적, 정치적 그리고 도해적 연결 관계는 레반트 남부 지역 그리고 고대 이스라엘의 오랜 역사 동안에 지속했다.

2. 이집트의 도해와 성경 본문

종종 성경 본문에 있는 이미지에 대한 이집트의 영향력은 비교연구방법의 한 측면을 사용함으로써 설명해왔다. 그러나 성경 텍스트들 안에서 이집트의 영향력을 확인하는 것은 한 세기 넘게, 방법론적으로 문제가 있는 시도이다.

20세기 초에, 앗수르 연구학자 프리드리히 델리츠쉬(Friedrich Delitzsch)는 초보적인 비교연구방법을 이용하여 고대 근동의 이미지들에서 사용하였던 성경 도해를 설명했다. 그는 고대 근동 물질문화와 문헌들을 "성경의 해석자이자 삽화"로 설명했다(Delitzsch 1903, 71). 당시 새롭게 발견된 고대 근동의 도해 그림들로 꽉 채운 출판물에서, 그는 메소포타미아의 이미지들을 성경 텍스트들에 단순하며, 아무런 중간 조정 없이 유사성을 지닌 것으로 주장하였던 이전 시대 성경학자들의 연구를 대중화했다(e.g., Delitzsch 1903, 11, 20-21, 48, 56, 64).

헐먼 궁켈(Hermann Gunkel)은 성경 연구업적에 대한 델리츠쉬의 전용이라고 그의 부정확성을 비판했다. 궁켈에 따르면, 델리츠쉬는 고대 바벨론과 이스라엘의 종교 사이에 매우 단순한 유사성들을 밝혔다. 궁켈은 성경 연구의 비교 연구 방법론을 발전시켰다. 비록 그가 진일보시킨 면은 한 세기 지난 후 레반트 남부 지역의 발굴로 인해 빈약해진 것 같다. 궁켈은 학자들이 반드시 평행적 현상(parallel phenomena) 사이의 유사성을 예술적인지 문학적인지 그리고 그 평행들(parallels)이 어느 곳에서 만들어졌는지에 대한 메커니즘을 검토해야 한다고 주장했다(Gunkel 2009 [German original 1903]). 비록 궁켈 자신은 도해적 증거를 연구한 적은 없지만, 궁켈의 방법론적 변화는 도해 연구의 바탕을 이루고 있다.

20세기 후반에, 비교 연구 방법론을 점차 고대 이스라엘 도해 연구에서 사용했고, 성경학자들은 이집트, 메소포타미아 그리고 레반트 지역에서의 도해의 평행선(parallel iconography)을 통해 희귀한 성경 이미지들을 이해하고자 했다. 비교연구방법론을 사용하는 학자들은 평행성이 지리적 그리고 연대기적 근접성을 축소함으로 성경 텍스트를 더 잘 설명할 수 있을 것으로 예상했다(e.g., Pardee 1985; S. Parker 2000).

우가리트(Ugarit) 문헌집의 발견으로, 히브리 성경과의 도해적 평행성들이 확대했다. 이미지들을 둘러싸고 있는 엄청난 수의 비교(comparanda)는 히브리 성경에 텍스트에서 한 번 혹은 드물게 사용되었지만, 그 평행성은 항상 성경 텍스트를 더 나은 독해로 만들어 내지는 않는다.

어떤 사례는 방법론적인 문제를 설명한다. 야훼의 "쭉 뻗은 팔"에 대한 이미지와 "강력한 손"의 이미지는 반복적으로 신명기 출처와 다른 곳에서도 사용되고 있다(e.g., 신 4:34; 왕상 8:42; 렘 32:21). 그 이미지는 이집트 관련 문구와 연결되어 왔으며(Hoffmeier 1986), 레반트 남부 지역에 대한 이집트의 영향력이 강했을 때 '아마르나 편지'(the Amarna Letter)처럼 서부 셈족 출처에서 입증된 한 그룹의 이미지(참조 Strawn 2015)와도 관련되어 있다.

레반트 남부 지역에서 발견된 세 통의 '아마르나 편지'(the Amarna Letter)에서 아카디안(Akkadian)의 어휘를 찾을 수 있었고, 이것은 히브리어 "팔"이라는 단어와 같은 기원을 가지고 있다(Hoffmeier 1986, 384-85). 이 아카디안 어휘(the Akkadian lexeme)는 명확하게 예루살렘에서 온 오직 '아마르나 편지'에서 입증되었으며, 그 모티브가 레반트 지역의 방언을 반영한 것을 보여 주고 있다. 그러나 이러한 증거에도, 성경의 이미지와 이집트 도상 사이의 발생적 연관성을 설정할 수 없다. 사실 그 이미지도 또한 메소포타미아의 유사한 이미지와도 연결되고 있다(J. Roberts 1971).

연대기적 그리고 지리학적 근접성을 지닌 이집트의 도해적 전통과의 일치함(congruence)이 있다고만 해서 필연적으로 영향력을 반영했다고 할 수 없다(de Hulster, Strawn, and Bonfiglio 2015b, 23-26). 이집트와 히브리 성경에서 나온 이미지들의 일치함은 또한, 더 넓은 셈족 세계에 대한 이집트의 간접적인 영향력을 반영한 것일 수 있으며, 이 당시에 고대 이스라엘 백성들이 정확하게 이집트인들로 더 인식되지 않았다.

위에서 지적한 것처럼, 예전에 이집트인 것으로 인식된 이미지들은 수 세기 동안 사용한 후, 레반트 남부 지역의 도해 전통의 한 부분이 되었을 가능성이 있다. 성경학자들은 때때로 이사야 6장의 날개 달린 천사-날개 달린 뱀의 모습처럼(참조, 이사야 14:29; 30:6; 신명기 8:15)—와 이집트의 도해에서 공통으로 나타나는 우레우스(the uraeus), 이 두 모습의 상이 일치함을 지적하고 있다. 그런데도 우레우스(the uraeus)는 이미 제2차 중간 시대(the Second Intermediate Period) 때 지역에서 생산한 풍뎅이 형상에서 이미 입증되었다(D. Ben-Tor 2007, 127-29, 161-62, plates 52, nos. 41-59, 53, nos. 1-22, 77, nos. 15-42). 날개 달린 다수의 우레우스들은 후기 청동기 2시대 때 레반트 남부 지역에서 만들어진 풍뎅이 위에 발견되고 있다(e.g., Keel 2010a, 278-79 [Beth Shemesh 145]; 2010b, 186-87, 370-71, 386-87 [Tell el-Fala South 368, 811, 852]).

과연 고대 이스라엘 백성들이 이집트인의 인물로서 이사야의 이미지를 생각했을까?

아마 아닐 것이다.

평행성들은 점차 증가함에 따라, "평행법 집착주의자"(parallelomania)에 대한 주의가 필요하므로 이 분야를 막고 있다(Sandmel 1962). 많은 성경 텍스트의 도해에 대한 이집트 혹은 메소포타미아의 영향력을 구별하는 것이 제한적이기 때문에 불가능하지는 않겠지만, 윌리엄 할로(William Hallo)와 같은 주의 깊은 학자들은 맥락적 접근(a contextual approach)을 주장하며, 이 맥락적 접근은 "보다 넓은 문헌적 그리고 문화적 환경에 대응하여 성경의 텍스트의 윤곽을 그리는 것"(to silhouette) (Hallo 1990, 3)을 모색하는 것이며, 성경의 어휘가 넓은 고대 근동 지역의 배경과 차이를 보이는지 그리고 반영하고 있는지를 발견하는 것을 목적으로 한다. 기원적 연관들(genetic connections)은 신중한 학자들에게 있어서 대부분 모호하기 때문에 실루엣(silhouettes: 윤곽을 잡는 것)을 해야만 한다.

이 실루엣 작업은 하나의 성경 이미지에 대해 이집트, 메소포타미아 그리고 레반트 지역 비교연구(comparanda) 조사를 수행함으로 이룰 수 있다. 소위 고대 근동 맥락(context)이 학자들의 상상력의 결과물이고, 절대로 고대 세계에서 정확하게 존재하지 않는다. 그런데도 고대 근동의 맥락을 설정하는 과정은 해석자의 주관성(subjectivity)을 훈련한다. 훈련된 주관성(Discipline subjectivity)은 해석자를 자아와 간격을 두게 만듦으로써 자아와의 관계를 성숙하게 한다. 이 목적은 해석자와 텍스트 혹은 사물의 수용 사이에 놓여 있는 간격(the distance)의 본질과 유형에 대한 인식을 만들어내는 것이다.

이 과정이 여전히 주관적임을 인정하지만 그런데도 해석자는 지리학적 그리고 연대기적 근접성을 상당히 높이 평가하며, 이 근접성에서 해석자와 해석된 것 사이에 놓여 있는 간격을 더 잘 이해할 수 있게 한다.

이 지식 창출의 과정은 필수불가결한 왜곡을 만들어내지만, 훈련, 명료성(transparency) 그리고 자기 인식은 이 왜곡을 제한한다. 해석자들은 사물 혹은 텍스트의 왜곡과 과거 수용 사이의 간격(the gap)을 완전히 건널 수 없지만, 그 간격이 좁아지기를 바란다.

제21장

메소포타미아와 아나톨리아 지역의 도해

다니엘 보디(Daniel Bodi)

1. 서론

21.1 날개 달린 복합 창조물.
이 삽화는 Gressmann를 따라서
Isablelle Dupart Lercher가 그린 삽화,
1909, 88~89, 그림. 163-64.

헬라어 어원에 따르면, "도상학"(iconography)은 *eikon*["이미지"]+*graphe* ["쓰기, 그리기"]의 어원을 가지고 있으며, 이는 고대 근동 지역의 조형물에서 나타나고 있는 가시적 재현의 모든 형태를 말하고 있다. 이것은 예술적인 회화적 그림, 삽화 등과 같은 자료적 수단을 말하며, 예를 들면 양각 조각판, 동상, 조각상, 부적, 회화, 그리고 인장과 각인품들도 포함하고 있다(Amiet 1972;1992; Beyer 2001).

2세기 동안 이집트와 메소포타미아 지역에 걸친 고고학적 발굴품들은 엄청난 규모의 도상학적 자료들을 제공하고 있으며, 일단 적절하게 분석했다면, 이들 발굴품은 성경 본문들에 다양한 측면을 새롭게 밝혀주었다.

히브리 성경 문헌과 같은 시대의 가시적 예술을 연구하는 것은 성경 본문의 역사적 배경을 재구축하는데 귀중한 통찰력을 제공하고 있으며 문화적 인식에 대해 더 나은 이해를 촉진하고, 어떻게 고대 저자와 독자들이 자신들의 세계

를 이해하며, 생각하고, 바라보았는지를 보여 주고 있다. 비교 연구의 시작지점에서, 도상학은 성서학자들의 관심을 끌었다. 이들 성서학자의 관심은 이 도상학을 보다 나은 이해와 의미 차이를 알 수 있는 또 다른 접근방법으로 생각하는 것이다.

성경은 서구 예술과 문학의 예술적 착상에서 유일하며 가장 중요한 영향력을 지니고 있다. 노드롭 프라이(Northrop Frye)가 설득력 있게 주장하듯이, 성경은 서구 예술의 가장 커다란 규칙(the "great code")을 표현하고 있다(Frye 1982). 성경은 고유한 특성상 세계의 창조에서 종말까지 걸쳐 있고, 역사에 대한 근거를 제시하고, 인간의 삶과 운명에 대한 다양한 예언적 전망과 풍부한 시적 관점을 제공하는 백과사전적인 모습을 지니고 있다. 서구 예술과 문명 발전에 미친 성경의 기념비적 영향을 이루는 한 가지 근거는 수 세기 동안 이어지는 문화들 속에 스며들어 있고, 근동 지역의 예술과 문학의 서사적 모티브들과 주제들 그리고 이미지들 속에 뿌리내리고 있기 때문이다.

고대 니느웨 지역(요나서의 배경이 되는 지역으로 알려진 티그리스 강 동쪽 지역 – 역주)이었던, 텔 큐윤직(Tell Kuyunjik) 지역의 발굴은 19세기 중반에 오스텐 레이야드(Austen Layard)가 했으며, 이 발굴로 인해 앗수르 왕조의 풍부하게 장식된 왕궁들과 기념비들을 발견했다. 이 발굴 이후, 레이야드(Layard)는 곧바로 에스겔서 1:10에 있는 체루빔에 대한 에스겔의 환상은 앗수르인들의 혼합적인 창조물에서 영감을 받았다고 제안했다.

이 혼합적인 창조물은 날개가 달린 사람의 머리를 한 사자와 소의 형상이며, 왕궁의 입구를 지키고 있다. "에스겔이 자신의 환상을 설명하기 위해 선택한 네 가지 형태들은-사람, 사자, 황소, 독수리- 앗수르 종교적 유형의 기념물들에서 계속해서 발견되는 것들과 정확하게 같다"(Layard 1849b, 2:464; 참조 Ackerman 2010, 124-42; 그림 21.1).

또 다른 메소포타미아 지역에서 이루어진 발굴 현장들은 고대 바벨론 지배자들의 기념비적 성취물들을 보여 주고 있으며, 성경을 읽는 이들은 성경에서 묘사된 일부 사건이 발생한 그 당시 세계를 더욱 잘 평가할 수 있다.

이러한 발굴들은 1909년 휴고 그레스만(Gursmann 1927)과 1954년 제임스 프리처드(Pritchard 1969b)가 고대 근동의 사진을 출판을 시작하게 했다. 이 편집물은 도상학에 다소 파편적인 접근을 보이며, 문헌과 이미지 사이의 일치를 구성하는 것에 대해 매우 발전하지 못한 한계를 지니고 있다. 엄격히 말한다면, 도상학은 예술 역사 내에 어떤 원칙이라고 할 수 있다(I. Winter 2010). 어떤 이미지들은 문자와 다르게 소통한다. 이미지는 자체의 표시들을 지니고 있으며, 언어는 독해하고, 적절하게 해석되어야 필요가 있다.

그런데 성경 연구에 있어 그 중요성을 인식하는 측면에서 볼 때, 성경 연구학자들은 점차 자신들의 저작들 속에 도상학을 활용하고 있으나, 이미지 해석에 대한 예술 역사적 논의를 무시한 채 예술 역사학자들의 이론적 도구를 인식하지 못하고 있다.

2. 도상학과 성경

구약 학자 오트마 키이일(Othmar Keel)은 이른바 '프리보그 성경 도상학 학파'(Friborg School of Biblical School Iconography)의 설립자로서 이들 학파에는 어스 윈터(Urs Winter, 1987), 실비아 쉬러러(Silvia Schroer, 1987), 크리스토프 웰링거(Christoph Uehlinger[Keel and Uehlinger], 1998), 토마스 스타우블리(Thomas Staubli, 1991)가 있다. 키이일(Keel)은 시편과 히브리 성경의 다른 책들을 명료하게 설명하기 위해 도상학적 데이터를 체계적으로 활용한 최초의 사람 중 하나다(Keel 1978b; 1998; 1995; 2010a; 2010b; 2013; 또한 제1부 제19장 참조).

성경주해에서 도상학과 이미지들의 사용은 다소 거추장스러운 점이 있는데, 부분적으로 전통적인 단어 중심적인 주해라는 지배적 경향과 크게는 타당한 방법론의 부재로 기인하고 있다. 이제 그 빈틈은 아이작 드 허슬터(Izaak de Hulster)가 출판한 '성경주해에서 도상학 자료에 관한 사용'에 대한 저작들로 인해 채워졌으며, 그의 출판물은 이전 연구들에 대한 많은 자료와 방법론적인 안내 지침을 제시하고 있으며, 70페이지나 되는 참고문헌으로 깊은 연구를 위한 자료들을 풍부히 제공하고 있다(de Hulster 2009; de Hulster 2009 참조, 그리고 Hulster and Schmitt 2009; de Hulster and LeMeon 2014a; de Hulster, Strawn 및 Bonfilgio 2015a).

본 지문의 한계적 범위 내에서, 적은 수의 사례들만 예증할 것이며 이들 사례는 성경 문헌의 여러 측면을 명료하게 설명하기 위해 고대 근동 지역의 도상학의 총체적 가치를 보여 주고자 한다. 성경 본문과 고대 근동 지역의 도상학은 서로 다른 두 개의 장르를 나타내기 때문에, 관련된 점을 비교하기 위해서, 연구자들은 삼각형 형태의 일치 관계(congruence triangle)를 이루도록 노력해야만 한다. 이 일치를 위한 삼각관계는 첫째 성경 본문, 둘째 이와 관련하고 있는 고대 근동 지역의 문헌들, 그리고 셋째 관련하고 있는 도상적 사례들을 연결함으로써 이루어진다.

또한, 연대기적 상관관계를 주의해야 하며, 예를 들면 B.C. 2세기 혹은 3세기의 수메리안 도상들을 B.C. 1세기 후반의 페르시아 혹은 헬레니즘 문헌과 연결하는 것을, 어떤 중간 매개 문헌 혹은 도상이 없다면, 피해야 한다.

3. 그물에 대한 모티브-성경적 그리고 고대 근동 지역의 문헌과 도상에 관한 증거

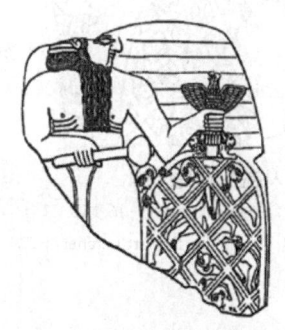

21.2 독수리의 돌비 이 삽화는 Parrot를 따라 Isabelle Dupart Lercher가 그린 삽화, 1957, 15, 그림 5

장 G. 하인츠(Jean Georges Heintz)의 저작에서 삼각형 형태의 일치 관계(congruence triangle)의 좋은 예를 찾을 수 있다. 그는 도상적 접근방식(iconographic)을 신성한 수단으로 삼아서 그물(net)에 대한 주제를 체계적으로 주제별 연구와 결합했다(Heintz 2015, 48; Bodi 2016).

그물(헤름 *hrm*)이라는 용어를 시작하는데, 이 단어는 에스겔서에서 몇 번 등장하며(에스겔에서 7번 등장한다: 12:13; 17:20; 19:8; 26:5; 26:14; 32:3; 47:10 – 역주) 이 단어는 언약 관계에 대한 파기를 책망하는 배경에서 등장하고 있다. 하인츠(Heitz)는 수메리안(Sumerian) 문헌과 아카디안(Akkadian) 문헌(창세기 10:10-12에서 등장하는데, 메소포타미아 지역에서 수메리안 왕국과 더불어 첫 번째 고대 왕국 – 역주) 그리고 마리(Mari) 문헌(지금의 시리아 텔 하리리(Tell Hariri) 지역이며, 고대 셈족의 도시다 – 역주)의 예언적 내용 속에서 이 모티브를 추적했고, 도상과 이 단어를 연결했다. 즉 예를 들면, 수메리안 문화의 도상에서 독수리의 비석과 셈족 영역의 아카디안 문화에 있는 사르곤의 전승 비석(Sargon's Victory Stele)이다.

아래의 그림 21.2와 21.3에서 재현된 것은 셈족들이 고대 수메르인들의 그물 모티브를 사용하고 있었음을 보여 준다(Parrot 1957, 15; Spycket 1945-46, 152). 이 "신성한 그물"은 신적인 존재가 언약을 깬 사람들을 심판하며 사로잡는 데 쓰인 무기다. 하인츠(Heitz)는 방법론적인 필수조건과 절차를 세웠으며, 이후의 연구자들이 이 조건과 절차들을 따라갔다.

셈족의 북서부 지역에서 나온 옛 바벨론 마리 문헌(Mari texts) (Durand 1988, 473-74 [no. 233, 37-38 행], ARM X 80 : 14-15]; 424 [no. 197; 14-15행, ARM XIII 23 : 9-10]; 438-39 [no. 209])은 히브리어에서의 사용에 앞서 이 모티브를 사용하였으며(Ezek. 12:13; 17:20; 19:8, 9; 32:3), 형식뿐만 아니라 내용에 있어서 수많은 유사성이 있음을 확증하고 있다(Bodi 1991, 162-82).

최근에 출판된 설형 문자 본문은(Veenhof 2003, 325) 언약 작성과 관련해서(영국 박물관 96998, 39, 49행), 어떤 서약을 할 때 신성한 형벌의 무기로서 그물이 실제로 존재함을 확인하고 있으며, 언약 파기 위험에 대해 그물이 물리적 가시적 인식을 만들어 갔다(그림 21.2 및 21.3 참조).

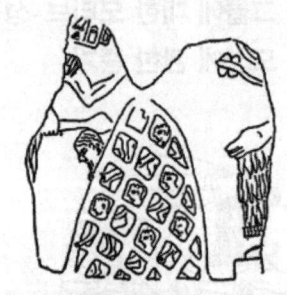

21.3 사르곤의 전승 비석.
이 삽화는 Spycket 1945-46, 152. 그림 1을 따라 Isabelle Dupart Lercher가 그린 삽화.

4. 에스겔 47:1-12에서 치료의 나무와 생명수 그리고 고대 근동 지역 문헌과 도상

이어지는 사례 연구도 삼각형 형태의 일치 관계(congruence triangle)를 고려하고 있으며, 위에 언급한 그 세 가지 요소들이 그 사례 속에서 제시되고 있다. 에스겔서 47:1-12에서 두 가지 주요 고대 근동 지역의 문학적, 도상적 그리고 종교적 모티브들이 사막이 비옥한 지역으로 바뀌는, 장엄한 회복에 대한 환상으로 잘 나타내고 있다.

(1) 생수의 강 혹은 예루살렘 성전에서 흘러나오는 두 개의 물줄기
(2) 강둑에 자라고 있는 치유의 나무들(Bodi 2015)

에스겔은 고대 근동 지역의 문헌과 이들 모티브를 성경적 전통에 넣게 한 것이 에스겔서라는 것을 의미하는 도상학을 연결했던 유일한 히브리 선지자다.

에스겔 47:2에서 성전의 단상 아래로부터 물이 나오는 모습에서 사용한 히브리 용어(mayim mepakkim)는 성경에서 단 한 번 기록된 어구다. 그 *mepakkim* 형태는 히브리어 동사인 파카(pakah)의 D-어간(피엘) 분사이며, 이 의미는 "단지에서 흐르다 혹은 콸콸 흐르다"(이 동사 원형의 'pak'는 꽃병 혹은 단지를 말한다)이다.

랍비들은 이 특별한 특징을 올바르게 이해하고 있다. *Tosefta Sukkah* 3:10에서 에스겔 47:1-12을 다음과 같이 해설하고 있다.

> 이것은 창조의 모든 물이 마치 병의 목에서 나온 것처럼 나옴을 가르치고 있다
> (Liebermann 1969, 269).

게다가 에스겔 47:9a에서 성전으로부터 흐르고 있는 두 개의 물줄기에 대해 두 개의 강(nahalayim) 사용은 아마 고대 근동 지역의 도상학에서 입증하고 있는 것처럼, 물이 넘치고 있는 단지에서 흐르는 두 개의 강들에 대한 관습적인 양식(reflex)이다.

5. 앗수르 중기 및 신시대의 치유주문

에스겔서 47:12에서 보이는 치유의 나무라는 모티브는 메소포타미안 문화 배경을 지닌 듯하며, 바빌로니안 문학 전통에서 기원한 것으로 보인다. 이것은 앗수르의 중기 및 새로운 시대의 용어로, 두 역사적 시기에 따라 두 가지 '치유 주

문'(incantation)을 보인다. 후자는 큐윤직(Kuyunjik) 지역에서 앗수르 왕인 아셔바니팔(Ashurbanipal)의 도서관에서 발견되었으며, 연대 상으로는 B.C. 7세기경이다(Campbell Thompson 1903, 1:200-202 [Part XVI, plates 46, 183-47, 198]). 고대 메소포타미아 사람들이 설형 문자 표시와 주술이 효과적인 마법적 힘에 기인한다고 한 점을 볼 때, 두 가지 용어의 사용 그리고 특히 후기 문헌에서 수메르 언어의 사용은 놀라운 일이 아니다(Glassner 1989, 1638-39).

이 특별한 세계관에서, 말은 어떤 것을 소환시켜 존재하게 할 수 있다.

> 어떤 이름이 그것이 표시하는 실재를 어느 정도 나타내고 있다는 신념은 수메르 사람들의 두드러진 점이며, 무엇보다도 특히 신화적 사고를 나타낸다(Jacobsen 1946, 149).

이와 같은 두 가지 언어의 수메르어와 아카디어의 주문 속에서 일련의 상징들이 나온다. 치유의 능력을 갖춘 특별한 나무, 짙은 색의 키스카수(kiškanū,) 나무, 창조적 능력과 회복의 능력을 지니고 있다고 믿는 압수(apsû,)라는 근원적인 물, 몇몇 신적인 인물들-예를 들면, 인간 창조에서 능동적인 남무(Nammu) 그리고 풍요와 다산, 회복을 주는 여러 신.

치유의 주문은 수메르 언어로 '기스킨 gis-kin' 그리고 아카디 언어로 '키스카누 kiskanu'라고 부르는 나무를 언급하고 있으며, 특별한 치유 특성이 있다. 여기서 아픈 사람을 위해 주문의 글귀가 인용되고 있으며, 키스카누kiskanu 나무는 그 병의 치유제다. 어떤 의학적 문장은 키스카누 나무껍질의 특별한 의료적 사용을 위한 약재 조제물로 묘사하고 있다.

앗시리안 문헌에서, 키스카누는 식물 혹은 나무이며, 흰색(pesu), 검은색(salmu) 그리고 빨갛거나 흙색(samu)을 띄고 있다. 따라서 에스겔 47:12에서 언급한 치유의 나무는 바빌로니안 문헌과 의료전통에서 특정한 나무들의 치유 기능을 구체화한 것이다. 에스겔서의 구문들은 복수형으로 나무를 언급하고 있다. 이것은 치유나무의 유용성을 증가시키며 강화하는 것이다.

게다가 그 주문 속에서, 두 개의 강어귀에 자라고 있는 키스카누(kiskanu) 나무가 모든 나무의 생명 역할을 하고 있다. 이것은 생명의 근원과 영원한 젊음을 제공하며, 그리고 근원적인 물, 압주(abzu)의 깊은 곳에서 이 키스카누나무의 수액이 흘러나오고 있다. 키스카누라는 치유나무와 생명수라고 하는 압주의 연결성은 B.C. 3000년 수메르의 구데아 원통(Gudea Cylinder) 위에 있는 글귀에서 발견되고 있다.

gis-gana-abzu-gin(압주[abzu]의 기스 가나[gis-gana]처럼, '생수의 나무처럼')

이 주문의 문맥에서 활력, 소생 및 치유력을 갖춘 키스카누나무는 아프고 고통에 있는 사람을 다시 일으키도록 하며, 병자의 재생력과 자가치유능력을 다시 활성화할 수 있도록 중심역할을 제공한다. 인류학적인 관점에서 볼 때, 주문은 "본질적으로 신체 구조적 재구성을 이루는 유기적 변형을 자극"하는 것을 목적으로 하는 말로 치료하는 어떤 형식이다(Lévi-Strauss 1963, 201; cf. 192). 이것은 또한 고대 바벨론의 의료적 관행에서 신화론적 그리고 종교적 기원을 드러내고 있다. 심지어 오늘날까지, 의사와 병원의 상징인 캐두시어스(caduceus, 그리스 신화에서 제우스의 메신저인 헤르메스의 지팡이로, 두 마리의 뱀이 감기고 꼭대기에 쌍 날개가 있는 지팡이-역주)는 나무 주변에 한 마리 혹은 두 마리의 뱀이 서로 꼬아져 있는 모습이다.

6. 우룩 지역 이쉬타르 여신 신전에서 "물이 흘러나오는 단지"의 도상학적 모티브

우룩(Uruk)이라는 도시에서, B.C. 14세기경의 카사이트 왕조(Kassite)의 카라인다스(Kara-indas) 왕이 신전을 건설했는데, 이 신전은 지금도 잘 보존되어 있다. 그 신전은 여신 이쉬타르(Ishtar)에 바쳐진 것으로, 다채로운 색깔의 벽돌로 이루어진, 놀라울 정도의 외부 장식을 지

21.4 우룩 지역 이쉬타르 여신 신전의 외부
이것은 카사이트 왕조 카라인다스가 B.C. 14세기경 세웠고, 일렬로 있는 신들이 단지를 잡고 있으며, 이 단지에서 물줄기가 나오는 모습이다. 이 도상은 연속적인 나선형 모양과 함께 전체 신전에 연결하고 있다. 이 삽화는 Andre 1939, plate 152.1을 따라 Isabelle Dupart Lercher가 그림.

니고 있다. 이 빛나는 벽돌들에 여러 신이 두 줄로 있는 모습이 음각으로 새겨져 있으며, 여신들은 자신의 가슴을 감싸고 있거나 두 개의 강줄기가 흐르는 단지를 가슴 앞에 쥐고 있다. 물이 흐르는 것은 하나의 신적인 존재들에서 다른 신으로 이어지는 나선형의 모습으로 표현되며, 어떤 이미지의 흐름 속에서 전체 신전의 외곽 부분을 둘러싸고 있다(Andrae 1939, plate 152, 그림 1; Bodi 2009, 497; see 그림 21.4).

여신 이쉬타르(Ishtar)와 연관된 물의 상징성은 이 여신이 전쟁 및 전장의 여신일 뿐 아니라 성과 풍요의 여신이며, 물이 없다면 어떤 비옥함이 있을 수 없다는 사실로 설명할 수 있다.

7. 마리 지역 왕 즉위식의 그림

이 채색화는 세로 2.5m, 높이 1.75m이며, B.C. 2세기 초에 만들어진 것으로 보이며, 마리(Mari) 왕궁에 있던 큰 저택의 벽을 장식하였던 것 중 하나다(그림 21.5). 이것의 원래 색상이 여전히 잘 보존되어 있다(Parrot 1937b, 335-46; Bodi 2009, 498; Charpin and Ziegler 2003, 19). 그 그림은 중앙 부분 한 면을 구성하고 있으며, 상층 하층 부분으로 나누어지며 양쪽에 세련된 나무 묘사 그림으로 틀을 가지고 있다. 그려진 모든 요소는 한 쌍씩 표현하고 있으며 대칭적으로 있다. 두 개의 종려나무, 어떤 나무인지 알기

21.5 마리 지역의 왕 즉위에 관한 그림
B.C. 18세기경으로 추정. 이 삽화는 Parrot 1937b,325-54(335-46) plate 39를 따라 Isabelle Dupart Lercher가 그린 삽화, 1909, 88~89, 그림 163-64

힘든 두 개의 나무, 네 개의 날개 달린 짐승, 아마 그리핀 종류와 같은 것이 나무로 들어가는 길을 호위하고 있으며, 두 명의 신이 있다. 전투 의상을 한 여신 이쉬타르(Ishtar)는 상층부에 있는 면에서 두드러지게 나타나고 있다. 지금 분석은 하층부에 집중하며, 그 하층부에는 두 명의 여신이 강으로 흐르는 물이 있는 단지를 들고 있다.

이 두 여신은 서로 마주하고 있으며, 가슴 높이 즈음에 각자의 손안에서 단지를 들고 있으며, 이 단지에서 시내로 흐르고 있으며, 여기서 세련되게 균형적으로 묘사된 잎을 지닌 식물들이 자라고 있다. 이것은 물의 생명력과 풍요로움의 특징이 조명되고 있다.

이 모습은 강 위아래로 헤엄치고 있는 수많은 물고기를 통해서 이 특징이 두드러지는데, 이것은 에스겔 47:9-10의 물고기를 연상하게 한다(이것의 물고기[즉 사해의]는 수많은 종류가 될 것이며, 이는 큰 바다(the Great Sea)[즉 지중해의] 물고기들처럼 많은 종류가 될 것이다). 몇몇 학자는 메소포타미아 지역에 식량과 번영의 주요 근원인 유프라테스와 티그리스강으로 흘러가는 강의 존재를 확인했으며 (Heuzey 1891-1915, 169), 이들 강은 상품의 수송과 풍부한 물고기를 제공한다. 각각의 단지에서 식물이 등장하는데, 아마 곡물의 알갱이들이며, 다시 한번 풍요와 번영을 표현하고 있다.

이와 같은 마리(Mari) 지역에서 나타난 그림 표현물에서, 지배적인 주제는 흐르는 강물들의 물줄기로 상징하고 있는 풍요다. 그림 전체는 흐르는 물을 끊기지 않는 나선형으로 둘러싸고 있다. 마리 테레즈 바렛(Marie Therese Barrelet)이 이 그림을 해석한 것에 따르면, 고대 메소포타미아의 전통을 따르고 있는 신전에 대한 물질적이고 그래픽적인 재현을 볼 수 있다고 말한다. 만약 그녀의 해석이 정확하다면, 그 신전의 모습은 에스겔서의 성전과 비교하는 것을 더욱 적절하게 만들고 있다.

8. 마리 지역 라가스와 시리아의 하티에서 발견한 흐르는 물의 단지를 지닌 여신상

마리(Mari)지역 왕궁에서 제3차 발굴 동안 앙드레 파롯(Andre Parrot, 1937a, 78-80, plate XII; van Buren 1933)은 64번째 방 안에 있는 단상 밑에서 물을 상징하고 있는 나선형 모양으로 치장된 단지를 든 여신상을 발굴했다(그림 21.6).

이 단지는 여신이 허리춤에서 두 손으로 쥐고 있으며, 그 단지는 속이 비어있고 이 여신상에 수직으로 향하여 있는 외쪽 관과 연결되어 있다. 이 물은 외부의 저장소에서 나오고 있는데, 이 저장소는 좀 더 위쪽에 있으며, 약간 경사진 단지로부터 물이 흘러나와 마리 왕궁 안에 있는 내부 저택에 와있는 사람에게 놀라운 광경을 보여 주고 있다. 이들 왕궁 안에 있는 왕의 방문객들은 "기적"을 목격하는데, 이들에게 인상 깊게 하려는 목적으로 계획된 기적의 모습은 그 여신이 숭배자들에게 상쾌하고 비옥한 물을 뿌려주는 장면이다.

이 도상학적 모티브는 매우 오래된 것이며, 이미 수메르 지역에서 발견되었다. 라가스(Lagas)라는 지역에서, 구데아 왕(King Gudea)(대략 B.C. 2200여 년 경)은 물이 흐르고 있는 단지를 지닌 자신의 조각상을 만들었다(그림 21.7).

수메르 라가스(Lagas) 지역 그리고 나중에 마리(Mari) 지역에서 발견된 물이 흐르고 있는 단지에 대한 도상적인 모티브는 또한 히타이트 민족이 만든 실린더 모양의 인장에서도 발견되고 있다. 이 내용을 안드레 파롯(Andre Parrot)은 1951년 저서에서 보고하고 있으며(1951, 182), 이것은 B.C. 2000년 중반 시기로 보고 있다.

21.6 B.C. 18세기경 마리 지역에서 발견한 흐르는 물단지를 지닌 여신상. 이 삽화는 Parrot 1937a 54-84(78-80) plate 12를 따라 Isabelle Dupart Lercher가 그린 삽화.

21.7 라가스의 구데아 왕의 조각상(약 B.C. 2200년경) 단지에서 흘러나오는 모습. 이 삽화는 파리 루브르박물관에 조각상을 따라 Isabelle Dupart Lercher가 그린 삽화.

그 적철광 광물로 이루어진 실린더 형태는 어떤 여신이 단지를 쥐고 있으며, 거기서 4개의 강줄기가 흐르고 있고, 한 강줄기가 받침이 달린 잔을 채우고 있는 모습을 그리고 있다. 또 다른 적철광으로 만든 실린더 형태는 시리아 북쪽 지역에서 발견되었는데, B.C. 1850~1720시기 정도로 추정되며, 물줄기가 자신의 어깨에서 흐르고 있는 단지를 물의 신이 쥐고 있다.[1]

9. 히타이트 원통형 인장과 신성한 공간

도상법(iconography) 분야에서 수많은 고대 근동 지역의 원통형 인장들은 종종 성경의 모티브들을 밝혀주곤 한다(Keel 1977, 그림s. 183-85; see 그림 21.8).

오트마 킬(Othmar Keel)은 원통형 인장 위에 있는 수호자의 존재를 성스러운 영역과 세속적인 영

21.8 구 바벨론의 원통형 인장에서 나온 인장 양식. 모습이 비슷한 두 존재가 중간에서 신성한 공간을 호위하고 있으며, 흐르는 물이 나오는 단지를 지닌 신을 보여줌. 이 삽화는 Porada 1948, plate 31, no. 202E. 를 따라서 Isabelle Dupart Lercher가 그린 삽화.

역 사이의 분리를 표시하는 역할을 지닌 존재로 해석하고 있으며, 더러움과 불결한 영역이 정결하고 거룩한 것과 분리된 채 있음을 확실하게 하고 있다. 에스겔 10:1에서, 선지자는 체루빔의 머리 위에 하늘 혹은 천상을 보고 있다. 거룩한 공간의 수호자들이 가지는 역할은 히타이트 족속의 원통형 인장에서 그림으로 보여 주고 있다(참조, 그림 21.9).

---

[1] 원통형 도장은 다음 인터넷 사이트에서 볼 수 있다: http://www.bible-orient-museum.ch/bodo/details.php?bomid=580 이것은 스위스 프리보그(Fribourg)지역에 "the Bibel+Orient Museum"에서 제공하고 있으며, 'Bibel+Orient Datenbank Online' 혹은 BODO라고 부르는 데이터 베이스를 제공하고 있다. 주소는 다음과 같다: (http://www.bible-orient-museum.ch/bodo/)

한 신성한 존재의 양쪽 옆에 수호자들의 표상들은 도상적인 표시(iconographic code)를 의미하는데, 이것은 잘 이해할 수 있도록 해석이 필요하다. 이 사례에서, 고대 근동 지역의 비교 도상법은 바벨론이라는 불결한 땅에서 야훼의 임재라는 혁명적인 측면을 언급하는 몇몇 논평가들의 열정을 진정시키고 바르게 바라보도록 한다.

이와 반대로 에스겔 1장과 10장에서 묘사하고 있는 것으로 바벨론의 땅에 야훼의 왕좌가 있는 환상 속에서 사자, 인간, 황소 그리고 독수리의 머리를 지닌 체루빔의 모습은 야훼의 거룩성과 음란함으로 더럽혀진 바벨론의 불순한 땅 사이의 근본적인 분리가 있음을 강조한다.

21.9 사자, 인간 그리고 독수리의 얼굴을 한 날개 달린 생명체에게서 호위를 받는 신의 모습을 그린 히타이트 민족의 원통형 인장. 이 삽화는 Keel 1977, 그림 183-85.를 따라 Isabllele Dupart Lercher가 그린 삽화.

고대 근동 지역의 도상학이 히브리 성경 너머에 문화적, 사회적, 종교적 그리고 정치적 세계에 창문을 제공하고 있다는 것을 깨닫는 새로운 세대의 학자들은 점차로 도상적인 주해를 하고 있으며, 이에 대한 방법론을 다듬고 있고, 정확한 해석적 규칙을 힘써서 만들어 가고 있다.

그런데 이러한 유형의 연구에서 한 가지 위험은 시장에 출처를 알 수 없는 가짜 고고학적 물건들이 점차 등장하고 있다는 점이며, 따라서 신중함과 경계가 필요하다.

제22장

가나안/이스라엘의 도해

브렌트 A. 스트론(Brent A. Strawn)

1. 서론

우상(Images) 만드는 것을 금지한 십계명(Decalogue)의 두 번째 계명에 비추어 볼 때(출20:4-6; 신5:8-10), 인간이 만든 가공물에 대한 기록에 익숙하지 않은 성경 독자들은 고대 이스라엘/팔레스타인 지역에 예술 유적들이 존재할 것이라는 생각에 의문을 가질 수 있다. 그러나 땅에 대한 고고학에 익숙한 사람들이 잘 알고 있는 것처럼 어떠한 것도 진실에서 멀어지게 하는 것은 없다.

실비아 슈러어(Silvia Schroer)의 이 주제에 대한 중요한 논문의 제목을 빌린다면 ― 'In Israel gab es Bilder (1987)' ― "이스라엘에 그림이 있었다." 슈러어가 주장하는 것처럼, 구약 자체는 상당한 정도의 표현 예술을 언급하고 있으며, 예를 들면, 솔로몬의 성전에서의 장식요소 혹은 동으로 만든 뱀의 모양 혹은 제사장들의 옷의 모양 등이 있다(참조, Schroer 1987, 각각 46-66, 104-15, 155-58).

이러한 물품들은 이 십계명의 두 번째 명령과 대립하지 않는다. 왜냐하면, 십계명의 그 명령은 모든 표현 예술품을 금지한 것이 아니라, 단지 신상을 언급하며, 그 신상에는 아마 이스라엘의 신-야훼의 표현도 포함하고 있다.[2] 이 십계명

---

[2] 금지가 사실상 인물 예술에 대해 강력하지 않고 신의 이미지와 이미지-형성(image-making)의 본질에 더 강력하게 했을 수 있다. 왜냐하면, 고대 세계에서 이미지들은 신적 존재가 실재한다고 생각하게 하는 주요 수단이었다(참조, e.g., Dick 1998; Walker and Dick 2001; Bahrani 2003). 따라서 그러한 이미지들과 이미지 형성을 금지하는 것은 경쟁하는 신들의 거부뿐만 아니라 이들의 능력을 보이는 것을 정지시키는 방법이다.

의 두 번째 명령은 신의 영역(하나님과 여러 신 양쪽 모두)에 관해 무 형상 경배(aniconism; 시각적 이미지가 거의 없는)뿐만 아니라 종교적인 경험의 많은 영역에서 무형상 경배주의를(aniconism) 포함하기 위해 천 년 동안 관대하게 해석됐다.

기독교, 유대교, 이슬람 등의 역사 속에서 다양한 우상 파괴적 순간들은 이 해석적 경향의 시사적 사례들이며(참조, Latour and Weibel 2002), 이와 더불어 개신교의 개혁주의 전통은 교인 예배에서 우상의 금지에 커다란 중요성을 부여하는 것으로 특히 주목할 만하다(참조, Dyness 2004).

우상(the image)에 대한 이러한 많은 논쟁으로 인해서, 고대 이스라엘 종교(그리고 다른 지역)의 무형상주의 경향이 종종 지나치게 말하여졌거나 과대 평가되었다는 것은 의심의 여지가 없다. 심지어 성경을 접하고 있는 사람들이거나 혹은 유대교 혹은 기독교를 삶으로 받아들이지 않는 사람들조차도 이 종교들이 지닌 무형상 경배주의에 대해 어느 정도 알고 있다.

그러나 데이비드 프리드버그(David Freedberg)에 따르면, 무형상주의(aniconism)는 폭넓게 퍼진 신화, 즉 사실이 아니며(Freedberg 1989, 54-81), 그리고 이러한 판단은 단지 가장 초기 이스라엘 시기에만 해당하지 않고 이스라엘 역사 내내 있었던 것으로 생각하고 있다(Mettinger 1995 참조).

이보다 훨씬 뒤에, 토라와 십계명과 같은 율법들이 이스라엘 사회 안에 세워진 후, 초기 유대교의 다양한 집단들이 예술적인 이미지들을 확대적으로 사용했고, 예를 들면 유대교 공회 집회 장소의 모자이크에서 점성학적 표현물(zodiacal representations)들이 사용되었다(Avi-Yonah 1981; L. I. Levine 2012; Goodenough 1953-68).

이에 덧붙일 수 있다면, 그중에서 특히 히브리 성경의 중세 사본들의 융단 위에 아름답게 장식된 히브리어 성구의 예술적 이용이며, 예를 들면 코덱스 레닌그라드(Codex Leningradensis, D. Freedman et al. 1998)이다.

더욱이, 두 번째 계명에 대한 가장 엄격한 해석조차도 성경의 각 저자에게 광범위한 범위 이미지들, 상징들 그리고 은유법에서 야훼를 형상화하는 것을 막지 않았다. 비록 이런 점들은 가시적인 형상 표현 예술이라기보다는 언어에 한정하였을 뿐이라도 이러한 점을 금지하지는 않았다(e.g., Korpel 1990; cf. LeMon 2010).

현재 이 장은 고대 시대에 초점을 맞추고 있으며, 이 장의 제목인 가나안 족속과 이스라엘 백성의 도해(iconography)는 몇 가지 설명이 필요하다. 우선, 도해(iconography)는 예술적 가시적 유물에 관한 연구로 정의하며, 또한 유물 자체에 대한 간략한 용어이기도 하다. 고대 이스라엘 역사와 종교뿐만 아니라 히브리서 성경의 주해와 관련하여 도해적 연구(iconographic study)와 방법의 경향은 앞서 19장에서 찾을 수 있다(심층연구는 de Hulster 2009; de Hulster, Strawn, and Bonfiglio 2015a).

"가나안 족속/이스라엘 백성"이라는 용어에 대해 말한다면, 이 사례에서 두 개의 용어가 결합한 것은 적절한 범주에 대한 혼란을 초래하는 문제가 아니라, 상당히 중요하다. 다시 말한다면, 이렇게 두 용어의 결합은 특정한 예술품이 가장 일반적인 "가나안 족속의 것"에 대응하는 것으로 "이스라엘 백성의 것"이라고 하는 것이라고 하는 점이 명확하지 않다.

시대 구분론(Periodization)은 도움이 될지라도 절대로 확실하지 않다. 분명히 청동기 중기 시대(B.C. 2000~1550년)의 것들은 "가나안 족속"의 것으로 특징짓는데, 이때 그 땅에 어떤 이스라엘 국가 혹은 집단이 아직 형성되지 않았기 때문이다. 그런데 그러한 전통적인 연대 설정 후의 시기에서조차도(즉 대략 B.C. 1200년, 후기 청동기 시대에서 철기 시대로 이행한 후에도) 다양한 발견품들이 이스라엘 민족적이지 않은 관행이나 생각들을 여전히 반영하고 있을 수 있다.

대안적으로, 다른 관점에서 본다면, 몇몇 학자들은 이스라엘 백성 자체가 가나안 족속이었다는 견해를 가지고 있으며(Finkelstein and Silverman 2001; Dever 2003), 따라서 "가나안 족속/이스라엘 백성"이라는 조합은 많은 정보를 준다고 말한다. 만약 이와 같은 의견이 좋은 의도를 가졌다 하더라도 신중하지 못하게 표현된 것이라면, 특히 조합된 용어 안에서 그러한 의미가 있는 것으로, 가장 초기 시대에 종교적 믿음과 관행들에서 (후기) 발전에 대해 너무 많은 추론을 중요하게 생각하지 않고 서술하려는 것이다.

설령 그 조합된 용어가 여러 방식으로 도움이 될지라도, 다른 면에서, 특히 잠재적으로(심지어 기하급수적으로) 이 주제에 대한 글에서 다루어야만 하고 다룰 수 있는 것의 범위가 확장되는 문제점을 지니고 있다. 지면의 제약을 고려한다면, 구체성(specificity)으로 흘러가며, 그래서 이어지는 내용 속에서 고대 이스라엘/

팔레스타인에서 온 다소 잘 알려진 그리고/혹은 잘 입증된 도해적 보기들을 탐구할 것이다. 이들 견본들은 가나안족속/이스라엘 백성들의 도해의 중요한 측면에 접근하도록 하며, 하나님과 여러 신에 대한 재현의 문제점을 볼 수 있도록 한다. 여기서 보여주는 것은 진정으로 극소수의 표본이며, 그래서 대표성을 지닌다고 말할 수 없다. 그런데도 바라는 것은 이 주제들에 대해 유익한 정보를 주고 더 심도 있는 생각을 만들어내기를 바란다.[3]

2. 황소 동상 … 그리고 엘/야훼(?)

가장 유명한 작은 황소 청동상(길이 17.5cm, 높이 12.4cm)으로 시작하며, 이 조형은 B.C. 12세기로 거슬러 올라가 노천 사당일 수 있는 도탄(Dothan) 동부 지역에서 발견되었다(그림 22.1). 이와 같은 작은 상은 이스라엘/팔레스타인 고고학에서 독특한 것이며, 레반트(the Levant) 지역(역사적으로 서아시아 쪽에서 동부 지중해 넓은 지역을 언급하는데, 현재의 시리아, 레바논, 요르단, 이스라엘과 팔레스타인 지역을 말한다 - 역주)에서 발견된 많은 청동상 중에서도 상당히 희귀하다(A. Mazar 1982a, 29). 그리고 이 청동상의 독특성으로 인해 분석하기가 쉽지 않다.

이 현장의 발굴자인 아미하이 마자르(Amihai Mazar)는 "청동기 중기 시대로부터 계속해서 시리아-팔레스타인 지역의 도상학에서 황소 모티브의 중요성은 많은 사례 속에서 나타나고 있다"라고 주장하면서, "황소상은 황소라는 동물 자체 속성을 또한 폭풍의 신인 하다드 바알(Hadad-Ba'al)의 속성을 양쪽 모두의 의미를 지닌 숭배의 대상으로 보인다"(1982a, 30).

사실, 마자르(Mazar)는 자신이 모은 여러 황소 표현물을 근거로 하여 "신성의 상징으로 황소 숭배"는 B.C. 2000년 동안 레반트(the Levant) 지역에서 잘 알려진 사실이라고 주장했다 (1982a, 32). 대부분 학자는 그러한 사실에 동의하는 것 같지만, 이 특별한 사례에서 중요한 질문은 다음과 같다.

---

[3] 고대 이스라엘 종교 그리고 히브리 성경 연구의 이미지들에 가장 중요한 해설서들은 Keel 1978b; 1995; 1997; 2010a; 2010b; 2013; Keel and Uehlinger 1998; Eggler and Keel 2006; Schroer and Keel 2005; Schroer 1987; 2008; 2011; U. Winter 1987.

(설령 있다면) 어느 신을 불러내는 것일까?

높은 질적 수준의 작은 상, 테라코타(흙)로 만든 것이 아니라 동으로 주조되었다는 사실과 함께 이것이 상당히 중요함을 암시하고 있으며, 이것은 경배하기 위한 용도로 계획된 것을 보여 주고 있다(Schroer 1987, 93-94).

그런데 다시 한번, 정확히 누구를 혹은 무엇을 숭배하기 위한 것인가?

그리고 정확히 어떻게 황소상을 사용해왔던 것일까?

그 현장에서 발견한 소량의 증거를 고려할 때, 불행히도 이 중요한 질문들을 간단히 답변할 수 없다(A. Mazar 1982a, 1983; Zevit 2001, 176-80). 학자들이 이 황소를 날씨의 신인 하다드-바알(Hadad-Ba'al)의 표현물로써(Mazar) 혹은 엘(El) 심지어 야훼(Coogan 1987; Keel and Uehlinger 1998, 118을 보라)의 표현물로 인식하는 것을 그만두게 하지 못했다.

사실 황소 이미지가 처음 두 신(하다드-바알), 특히 엘(특별히 우가리트(Ugarit) 지역)의 것으로 이용된 것은 흔치 않은 일은 아니지만(참조, Curtis 1990; Pope 1955), 야훼와 관련해서는 상당히 드문 일이다(참조, Korpel 1990, 532-38; Schroer 1987, 95-104). 야훼와 관련해서 가장 많이 등장하는 것은 사자다(참조, Strawn 2005).

22.1 청동 황소상(길이 17.5cm, 높이 12.4cm), 도탄(Dothan)의 동부 지역, 대략 B.C. 12세기. 참조 A. Mazar 1982a, 30-31, 그림 2-3; cf. Keel and Uehlinger 1998, 119, 그림 142; Schroer 1987, 524, 그림 43. © Baker Publishing Group and Dr. James C. Martin

따라서 이 청동상을 야훼로 동일시하는 것은 다소 가능성이 없어 보이지만, 요점은 이 황소를 어떤 특정한 신으로 연관시키는 것은, 이 주장을 확립할 아무런 확증이 없으므로, 동일하게 추측하는 것이다. 키이일과 우에린거(Keel and Uehlinger)가 기술한 것처럼 "다른 모든 중요한 자연적 실체처럼, 황소의 의미는 복잡하다."

그래서 "오직 배경이 그 특정한 문화에서 혹은 주어진 그 형상의 경우에서, 가장 중요한 의미가 어느 것인지를 보여줄 수 있다."

따라서 타당한 해석을 위해 부가적인 맥락(context)의 존재가 언어(문헌학)와 문학의 연구에서처럼 도해의 연구에서도 중요하다. 그러나 키이일과 우에린거가 계속해서 지적하듯이, 그러한 맥락은 "본질적으로 청동상만이 발견되었을 때 [앞서 황소상이 발견된 현장에서처럼] 이용할 수 없으며 … [이 경우에] 아주 단순한 2차원적인 그림이 일반적으로 더 많은 맥락적 요소들을 제공한다(1998, 118).

물론 어떤 학자는 황소의 다른 도해적 표현물을 보면서, 이러한 비교학적 분석은 동물의 힘이 전형적으로 다산과 반대되는 것으로서 강조되고 있음을 증명하고 있다(Keel and Uehlinger 1998, 118-20). 황소의 이미지들은 이 동물과 신성한 존재들을-특히 날씨의 신-적지 않게 연관시키며, 이 이미지들이 그러한 신성들의 산 혹은 자주 방문하는 장소 심지어 표상(emblem) 역할을 한다(참조, e.g., Pritchard 1969a, 170, 그림s. 500-501).[4]

그런데 그 황소 발굴 현장에서 비교할만한 다양한 조각들이 발견되지 않는 한, 이 유명한 작은 상의 타당한 해석을 위해 얻을 수 있을지 혹은 얼마나 얻을 수 있을지 아는 것은 어렵다. 그래서 결국 그 발굴 현장에서 청동 황소상은 여전히 흥미로운 수수께끼로 남아 있다.

이 황소상의 솜씨와 재질은 이것이 매우 중요한 것이며, 아마 경배할 때 사용한 것임을 암시하지만 이것을 넘어서 말할 수 있는 것은 거의 없다. 심지어 엘(EL)과의 연관성도 확실하지 않다. 왜냐하면, 초기 우가리트 문헌 밖에서 레반트 지역에서 엘(El) 같은 계열의 프로 파일을 증명할 어떤 텍스트도 없기 때문이다

---

4   상징으로 황소의 사용은 심지어 해당하는 신이 존재하지 않더라도 동물이 신성한 존재를 "대신할 수 있다"라는 것을 의미한다. 황소상이 발굴된 지점에서 황소상도 그러하며, 위에 언급한 종류의 사용은 황금 송아지(출 32:4) 그리고 베델과 단에서 여로보암의 송아지(왕상 12:28-29)와 같은 이야기에서도 취하고 있다. 성경에서 송아지들은 황소상이 발견된 황소와 같이 동물을 배경으로 두는 것으로 여겨질 수 있으며, 이 경우에 이들은 숭배 대상 자체를 표현하고 있는 것이 아니라 이들 소 등위에 신성한 존재를 운반하는 것으로 여겨진다. 심지어 그 신적인 "이미지"는 빈 곳이라는 방식으로 단지 상징적으로 표현한다. 다시 한번, 현재의 자료는 황소 인형상 혹은 구약성경에서 언급하고 있는 송아지들과 관련한 문제들에 대해 어떤 확고한 결론을 주지 못한다. 또한, 신성한 배경 그리고 상징들로써 사용되는 다른 동물들(실재적이거나 다른 방향으로)도 있다는 것에 주목해야 한다.

(Pope 1955).

마지막으로, 황소상 발굴 현장이 이스라엘 지역이라고 확신할 수 없으며, 몇몇 학자는 추정연대에 문제를 제기하며, 12세기보다도 더 빠른 시기임을 단정하고 있다(Hess 2007, 236).

3. 유대인의 기둥 인형 … 그리고 아세라(?)

유대인의 기둥형 인형(Pillar Figurine)은 고대 이스라엘의 종교를 논의하는 속에서 특히 잘 알려진 것이며(그림 22.2), 이것은 단지 예루살렘에서 매우 많은 수가 발견되었기 때문이다(Darby 2014, 98, 143). 그 인형들은 실제로 여러 가지의 유형이 있지만, 주로 "기둥 형태를 근간으로 가슴을 감싸거나 가슴 부위에 팔을 받치고 있는 작은 점토 인형이며, 또한 적은 수가 아이 혹은 원판을 가슴 쪽에 받치고 있는" 것으로 묘사할 수 있다(Darby 2014, 2). 아마 테라핌(teraphim: 가정용 신, NRSV; 가정용 우상, NJPS; 가정 내에서 쓰이는 신성한 상 CEB)과 관련한 것, 특히 창세기 31장에서(√gnb, 19절) 라헬이 자신의 집에서 훔쳐 나와 안장에 숨겨 그 위에 앉아 있을 만할 정도로 작은(34절) 것과는 별도로, 이 기둥형 인형들과 같은 물체를 무엇이라 불러야 하는지는 알 수 없다.

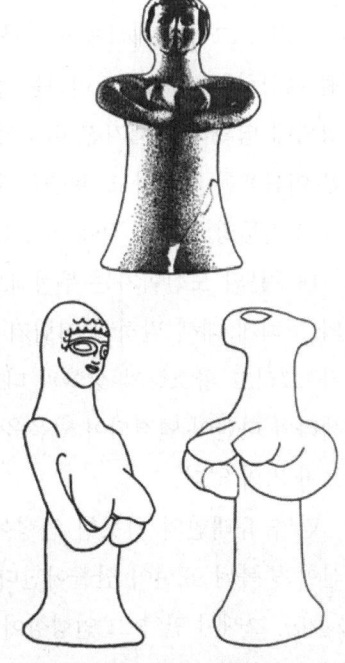

22.2 유대인의 기둥형 인형상 Keel and Uehlinger 1998, 326, 그림 321a-c(허락하에 인용함)

그런데 심지어 테라핌(teraphim)이라는 단어(혹은 우상들에 대한 여러 가지 단어)를 사용하고 있는 텍스트조차도 이 기둥형 인형상이 어떤 특정한 형태임을 생각하도록 반드시 그려주지 않고 있다. 그래서 그 기둥형 인형이 테라핌이라고 단순히 추정해서도 안 된다. 그래서 결정적으로 중요한 질문이 다음과 같이 일어난다.

과연 유대인의 기둥형 인형은 우상인가?

만약 그렇다면, 무엇의 우상이며 혹은 누구를 우상화하는 것인가?

많은 학자는 그 기둥형 인형들이 신성을 재현한다고 믿었으며, 특히 어머니 여신이라고 생각했는데, 그 인형에 종종 너무 커다란 가슴들이 다산을 암시하기 때문이다. 적지 않은 학자들이 이 문제시되고 있는 특별한 여신상을 아세라(Asherah)상이라고 단정하고 있다(참조, e.g., Dever 2005; 이 해석의 경향에 대한 검토는 Darby 2014, 34-60을 보라. 특히 34-46 참조).

그러나 그러한 해석을 둘러싸고 있는 문제점들이 여러 개 있다. 우선, 이들 어떤 여성상들이 (1) 여신이라는 점과 (2) 구체적으로 아세라 여신이라고 하는, 그 상위에 명확하게 새겨진 비문적인(epigraphic) 표시가 없다. 확인을 위해 붙여 놓은 이름표를 제외하고, 확증을 위해 다른 세밀한 부분을 살펴보아야만 한다.

그 기둥형 인형들 곁에 아세라로 식별할 수 있는 도상(icon)을 지니고 있는가?

대부분의 도상학자는 부정적으로 대답할 것이다. 왜냐하면, 뚜렷하게 아세라의 도해에 대해 말하기 어렵기 때문이다(Cornelius 2004a; 2009; Merlo 2010). 게다가-그리고 황소상의 상황과 다르지 않게-우가리트의 문헌을 제외하더라도 아세라와 다산이 연결되어 있음을 확증할 고대 이스라엘/팔레스타인의 문헌적 자료가 거의 없다.

만약 유대인의 기둥형 인형이 어떤 신을 표현하는 것이라면, 특히 여러 여신이 중복된 표현이 만들어진다면 어느 신인지를 말하기 매우 어렵다(Cornelius 2004a). 그래서 만약 그 인형상이 어떤 여신을 대표하고 있다면, 이것들은 아세라 여신만이 아니라 여러 여신을 표현하고 있을 가능성이 있다. 또한, 신적인 연결성이 있다면, 핵심적인 여신과 관계있는 것이라기보다는 이름을 알 수 없는 여신과 관련될 수 있다. 이는 부분적으로 만들어진 매개체가(진흙으로 만들어졌고, 이는 우상 제작에 자주 쓰이지 않는다) 가장 싼 품질에 기인하며 그리고 아주 조잡하게 만들어졌기 때문이다.

그래서, 어린 다비(Erin Darby)의 판단에 따르면, 인형상의 정체에 대한 확대 연구는 잘못 인도된 것(2014, 366)이며, 반면에 다른 이들은 기둥형 인형상이 숭배하고 있는 신에 대한 묘사가 아니라, 경배하고 있는 자신의 모습을 묘사한 것이 아닌가 하는 의문을 가지고 있다. 이 인형상들이 진흙으로 만들어진 기도하는 사람을 표현한 것으로 생각한다(Zevit 2001, 274; Cornelius 2009, 84).

또 다른 해석은 유대인의 기둥형 인형들은 어떤 성적인 기능을 지니고 있거나 이것이 인간의 번식을 촉진하기 위해 쓰였다고 단정한다(Byrne 2004). 이런 계열의 해석은 많은 문제점을 안고 있다. 특히 그 인형상 곁에 여성의 성기를 묘사하지 않았으며, 이와 반대로 인형상의 허리 아랫부분은 다소 정숙한 모습이다. 그러한 정숙한 모습은 고대 근동 지역에서 훨씬 뚜렷하게 나타난 여러 사례-그 목적이 무엇이든지-와 대조되고 있다(참조, Keel 1994; U. Winter 1987, 그림 340-66).

만들어진 재료에 대해 다비(Darby)가 포괄적인 검토한 후 그리고 고고학적인 분포(대부분의 인형상은 특별한 부식의 특징 없이 가옥 내부 구조에서 흩어진 부스러기로 발견되었다(2014, 31). 같은 기원을 가진 것들에 대한 증거, 도상법 표시, 기타 등등을 종합적으로 검토한 후에, 그녀는 유대인의 기둥형 인형상은 주요한 신들을 재현한 것이 아닐 뿐 아니라 "탄원을 하는 간구자"의 모습도 아니라고 결론지었다(2014, 399).

그 기둥형 인형상은 즉 경배의 대상이 아니다. 발견한 지점은 그 인형상이 지배계층의 경배 물건이라고 어떤 누구도 말할 수 없는 곳이다. 분명히 이것들은 공식적인 사당이라는 공간에서 사용한 것이 아니라 대신에 가구 내에서 발견한 것이며, 이점은 이들 인형상과 관련한 어떤 식의 제의적 행위도 "분명히 가택 근방이거나 혹은 가택 안에서 수행한 것"이 틀림없음을 암시하고 있다(2014, 400).

더욱이, 그 인형상의 연대기적 분포는 개혁 운동(또는 반개혁 운동)과 쉽사리 연관 지을 수 없다. 이들 인형상들은 "히스기야 왕의 개혁 이전에 발생했고 8세기 말까지 대중적으로 있었으며, 예루살렘이 멸망 시기까지 그리고 요시아의 개혁 때까지 계속적 생산했다. 따라서 이 인형상들은 야훼적 정통성(Yahwistic orthodoxy)과 관련한 개혁에 전적으로 영향을 받은 것 같지 않다"(2014, 400).

고대 근동 지역의 다른 장소에서 있었던 인형상의 제의를 기반에 둘 때―이 지역에서는 중재자로서 역할을 하는 낮은 차원의 미신적 존재들과 함께 병을 유발하거나 병을 치료하는 주요 신들이 있었다―다비(Darby)는 기둥형 인형상은 "야훼에 대한 믿음을 위협하지는 않았으며, 야훼가 여타의 다른 신들 가운데 가장 으뜸인 것으로 여겼거나 혹은 유일한 신으로 여겼다"(2014, 401).

마지막으로, 다비는 고고학적 증거가 기둥형 인형상과 특정하게 여성 간구자들 혹은 관심들과 어떤 특정한 연관성을 지지하지 않는다고 주장한다(2014, 402). 결국, 유대인의 기둥형 인형을 가장 잘 이해할 수 있는 것은 이들이 어떤 식으로 보호와 치유의 역할을 하는 듯하다. 따라서 이들은 어떤 귀신을 내어쫓는 기능을 특성으로 하고 있다.

다비는 이들의 기둥형 모양의 본체와 받침이 가택의 "입구 지역이나 개방공간"에 쉽게 놓일 수 있게 되었으며, 혹은 아마 "병든 사람 주변에 거치" 할 수 있으며, 심지어 이들을 어떤 제의적 행사 동안 손으로 쥐고 있을 수도" 있다고 지적한다(2014, 394). 이와 같은 결론들은 아세라 여신과 같은 인형상으로 확인하는 것보다 그렇게 흥미롭지 않지만 그런데도 이들 인형상들은 상당히 유의미함을 지니고 있다.

다비의 의견 속에서 "이교도적 혹은 원초적 본능으로 귀결시키는 것과 관계없이, 주술적 인형상으로 하는 제의적 모습은 아마 2차 철기 시대 제의적 복합성 측면에서 중요한 점"이다(2014, 404-5). 이것은 2차 철기 시대의 이스라엘 종교에 대한 의미 있는 통찰을 제시한다는 점에서 중요한 주장이다. 설령 그 인형상을 아세라라고 잘못 확인하는 해석 그리고 이들을 이교도적 숭배 여신들로 폭넓게 사용했다고 주장하는 것보다 덜 웅장하거나 논쟁적이지 않더라도, 중요한 통찰력을 제시한다.

4. 쿤틸레트 아주루드 ··· 야훼(?) 그리고 A/아세라(?)

쿤틸렛 아루드(Kuntillet 'Ajrud)에서 출토된 큰 항아리(Pithos A)보다 가나안/이스라엘의 도상학과 관련한 유명한 새김 글(inscription)과 이미지(images)들은 아마 없을 것이며, 이 큰 항아리는 8세기 초반으로 추정되고 있다(그림 22.3). 그 발굴을 발표하자마자 블록버스터급으로 유명해졌지만, 최종 발굴품의 보고가 드러나기까지 거의 40여 년이 흘렀다(Meshel 2012). 그 발굴에서 가장 흥미로운 점은 유대인의 기둥형 인형상 혹은 황소상의 발굴과 달리, 여기서는 새김들을 갖춘 이미지가 있다는 사실이다.

비록 큰 항아리(Pithos A)가 수많은 이미지를 담고 있지만, 가장 관심 있는 인물들은 두 마리 소와 같은 인물들이었으며, 하나는(S) 다른 것(T)보다 크고, 수금 연주자(U)가 있으며, 뚜렷하게 같은 도상학적 형식(iconographic constellation)에 속해있다. 그 꼭대기를 가로질러, 인물 S의 머리 장식에 맞닿는 부분에 읽을 수 있는 새김 글이 있다(Meshel 2012, 87).

22.3 큰 항아리A(Pithos A); 오른쪽 부분 면,; Kun-tillet ʻAjrud (L6); B.C. 8세기. 참조, LeMon and Strawn 2013, 97, 그림 3. Meshel 2012, 147, 그림 6.4a에 따라 그림(허락하에 인용함)

[원본]
1. ʼmr.ʼ[-]° ° [-]m[-]k.ʼmr.lyhly. wlyw° ʻšh.wl[ーーー] brkt.ʼtkm.
2. lyhwh.šmrn.wlʼšrth.

[영어]
1. Message of ʼ[-]° ° [-]M[-]K: "Speak to Yāhēlî, and to Yôʻāśāh, and to [...] I have blessed you
2. to Yhwh of Shōmrōn (Samaria) and to His asherah.[한글]

1. 메시지 … : 야훼에게 말하라 그리고 요아사 … 나는 너를 축복한다.
2. 숌론(사마리아)의 야훼에게 그리고 그의 아세라에게

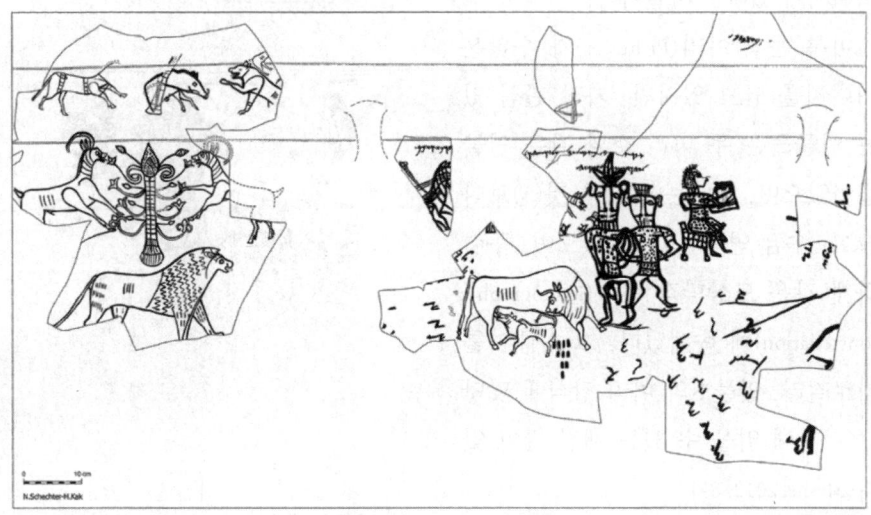

22.4 큰 항아리 A(Pithos A) 그림을 투영한 모습. 또한 Strawn and LeMon forthcoming, 그림 5를 보라.

몇몇 학자들은 이 이미지에 새겨진 글의 설명을 재빠르게 인식했다. 그 새김글은 야훼(Yhwh)와 아세라(Asherah, *lyhwh šmrn wl' šrth*) 같은 인물을 확인해야만 한다. 그러나 여기서도 증명할 수 있는 것이 그렇게 곧바로 될 수 없었다. 문제점들은 그 새김 글, 이미지들과 그들의 상호 관련성의 해석을 둘러싸고 있었다(참조, Strawn and LeMon 출판예정).

첫째, 새김 글과 관련해서, 대부분 학자에 따르면, 히브리어는 원래 명사의 접두어를 허용하지 않는다(참조, e.g., Emerton 1999; but contrast Xella 1995; 2001). 어떤 이가 "그의 집"이라고 쓸 수 있으나 "그의 다윗"(his David)이라고 쓰지 않는다. 만약 이 문법적 규칙이 올바르고 보편적이라면, ''šrth' 라는 단어는 "그의 아세라"(his Asherah)일 수 없다— 야훼의 배우자라고 어떤 학자들이 추정하는 여신의 본래 이름(왜냐하면 이것은 문법적 규칙을 깨뜨리기 때문이다)은 그 대신, 이 단어 '아세라'가 여기서 무엇을 의미하든지 간에 반드시 "그의 아세라"(his asherah)라는 것을 의미하며, 이때 가장 큰 가능성은 종교적 물체의 종류(아마 여신을 상징하고 있는 나무 막대기?) 혹은 어떤 장소를 지정하는 단어("그의 성소"(his sanctuary)일 수 있다.

제1부 섹션 4 제22장 가나안/이스라엘의 도해 307

둘째, 도해와 관련해서, 왜 두 개의 소와 비슷한 인물(two bovine-like figures)들이 있는가?

그리고 어느 쪽(혹은 둘 다!)이 야훼를 표현하고 있는가?

몇몇 학자들은 작은 인물이 여성이며, 아마 여신이라고 말하며(다시 아세라?), 다른 학자들은 이 앉아 있는 수금 연주자가 문제시되는 여신이라고 단정하고 있다. 대부분의 도상학자는 이제 소와 같은 인물이 이집트의 신 베스(Bes)를 표현한 것이라고 생각한다(Keel and Uehlinger 1998, 220-23; cf. Zevit 2001, 387-88). 피리히야(Pirhiya Beck, 1982)는 이 쿤틸렛 아지루드[5](Kuntillet Ajrud) 지역 도해에 관해 명확한 논문을 썼으며, 그 글에서 그녀는 큰 항아리 A(Pithos A) 위의 이미지들 모두는 같은 시간대에 그려진 것이 아니라고 주장했고 그래서 그 구성은 한 사람 이상의 예술가 작업이라고 주장한다.

22.5 큰 항아리 B 위의 투영; Kuntillet ʿAjrud (L19), eighth century BCE. 또한, Strawn and LeMon forth-coming, 그림 6을 보라.

---

5   P. Beck 2002, 94-170에서 재인쇄. 벡(Beck)의 에세이 또한 다시 출판되었지만, 몇 가지 차이점들이 있으며, Meshel 2012, 143-203에서 찾을 수 있다(이에 대한 논의는 LeMon and Strawn 2013, 85n7 참조). 벡은 Keel and Uehlinger 1998, 210-48을 엄밀하게 따라갔다. 참조, LeMon and Strawn 2013; Strawn and LeMon 출판예정.

베스 인물상 T와 수금을 타고 있는 연주자 U는 베스 인물상 S가 그려지기 전에 그려졌다. 계속된 질문은 그 큰 항아리(Pithos)에 몇 가지 그림 중에서, 이 두 개의 베스 인물들이 서로 다른 성별(gender)인지에 대한 것이다(e.g., Keel and Uehlinger 1998, 213, 그림 220). 두 베스 인물상의 다리 사이의 물체가 하나 그려져 있는데, 그것은 몇몇 학자들은 남근(phallus)으로 확인하고 있다. 만약 그것이 맞는다면, 한 인물을 남성으로, 다른 것은 여성으로 인식하는 것은 정말로 어렵다.

그러나 가장 최근에 제에브 메쉘(Ze'ev Meshel)은 인물상 T의 다리 사이의 어떠한 물건도 그려있지 않는다는 의견을 가진다. 메쉘(Meshel)은 시간이 지나감에 따라 희미해진 그을린 얼룩이라고 생각한다. 또 다른 학자들은 한쪽 혹은 양쪽 인물이 있는 문제시 되는 물체는 남근이 전혀 아니라 베스에 관련한 도해에서 공통으로 나타나는 고리 장식의 종류다(참조, Keel and Uehlinger 1998, 219n49).

셋째, 이미지들과 새김 글과의 관련성에 대해 피르히야 벡(Pirhiya Beck)의 통시적, 층위 분석(diachronic, stratigraphic analysis)에 따르면, 그 새김 글은 이 특별한 판의 구성에서 세 번째 그리고 마지막 단계 후에 첨가된 것이며, 인물상 S(2단계) 그리고 인물상 T와 U(1단계)를 그린 사람이 아닌 다른 손길로 그렸다. 만약 벡(Beck)이 맞는다면, 그 새김 글은 그 이미지 장면의 통합적인 부분이 아닐 수 있으며 후에 어떤 이들이 쓴 낙서에 지나지 않으며, 이미지와 어떤 식으로든 관련이 없을 수 있다.

큰 항아리 A는 상당한 수의 여러 가지 이미지를 담고 있는데, 이 상황은 큰 항아리 B에도 마찬가지다(그림 22.5). 그리고 이들을 하나의 일관된 장면으로 "읽기"가 매우 어렵다(참조, P. Beck 1982).

게다가 설령 그 새김 글이 야훼와 그의 배우자와 같은 두 명의 다양한 인물을 확인할지라도, 큰 항아리 A의 여러 가지 변수를 고려하는 것은 말할 것도 없고, 특히 세 번째 인물상(수금을 연주하는 자)을 고려할 때, 어느 이미지가 어떤 신인가?

키이일과 우에링거(Keel and Uehlinger, 1998, 241)에 따르면, "A/아세라"를 표현한 가장 적절한 대상은 수금 연주자도 아니고, 혹은 베스 인물이라고 추정하는 두 개의 상도 아니고, 오히려 사자의 등에 타고 있는 나무일 것이다(그림 22.6).

요약하자면, 어떤 이미지가 동반될 때라도—큰 항아리 A의 사례에서, 이것은 잘못된 단어일 수 있다. 새김 글로 해석하는 것은 쉬운 문제가 아니다. 초기 해석자들은 지나치게 흥분했는데, 벡의 신중한 처리는 이 모든 것을 잠재웠다. 그런데도, 벡이 맞다고 하더라도, 즉 나중에 새김 글이 이미지들과 관계성이 없다고 하지만 여전히 그 큰 항아리들은 같은 면 위에 야훼와 아세라를 언급한 새김 글과 더불어 많은 이미지 양쪽 모두 지닌 사례다.

현재까지의 저작들은 적어도 한 사람-아마 새김 글을 추가한 책임자—은 두 개의 베스 인물들과 수금 연주자의 이미지 속에서 야훼와 아세라의 표현(혹은 환기)을 보았을 것이다. 이와 같은 판단은 새김 글이 첨부된 후에 이를

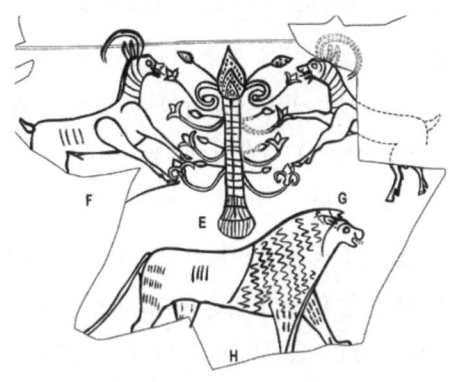

22.6 큰 항아리 A의 세밀 부분(Pithos A), 왼쪽 면 참조 LeMon and Strawn 2013, 100, 그림 6. Meshel 2012, 147, 그림 6.4에 따라 그림

지켜본 다른 사람들도 같을 것이며, 이들도 그 새김 글을 읽을 수 있다는 점을 추정할 수 있다.

그러나 설령 이들이 그 새김 글을 읽을 수 없더라도, 만약 이들이 어느 정도의 시각적 독해 및 작성 능력(visual literacy)이 있다면(읽고 쓰는 기술보다 고대 유물에서 훨씬 더 일반적으로 보이는), 후대에 바라보는 사람은 쿤틸레드 아주르드의 인물상들에서 한 쌍의 신성한 이미지를 보았을 것이며, 동시에 세 번째 신성한 인물 이미지(혹은 경배자)를 보았을 것이다. 이와 마찬가지로, 그 큰 항아리를 본 야훼 숭배자(Yahwists)들은 야훼를 하나 혹은 다수의 베스 인물상으로 인식할 수 있다(참조, LeMon and Strawn 2013, 102-12; Strawn and LeMon forthcoming; more fully Bonfiglio 2016, 227-310).

도해의 경우에, 문학, 저자의 의도 혹은 예술적 의도는 해석에 있어서 단 한 가지 요소일 뿐이며, 언제나 가장 중요한 부분은 아니다. 제작과 의도의 문제와 함께, 해석에서 동등하게 중요한 쟁점들은 청자/독자 편에 있는 것이며 그 예술 수용이 쉬워야 한다는 것이다.

5. 인장 … 그리고 넘쳐나는 야훼의 이미지들?

만약 보는 사람의 수용이 도상학의 해석에서 정말로 핵심적인 문제라고 한다면, 고고학적 기록에서 수많은 이미지가 야훼를 묘사한 것으로 "보일 수" 있었다. 그러한 이미지들 혹은 보이는 것이 십계명의 두 번째를 위반하였는지 여기서 답할 수 없는 질문이다. 상당히 많은 것이 그 명령의 시기, 이스라엘에서 그 명령의 공표 등에 의존한다. 언급되어야 할 다른 중요한 쟁점들은 그 계명에 따라 정확히 무엇이 금지되는지 그리고 만약 특정한 매개물(예를 들면, 진흙)이 제외되었는지에 관한 것이다.

어떤 사례이든지, 야훼가 야훼 숭배자들로 인해서 수많은 이미지 속에서—심지어 가나안 족속들의 것에서도—볼 수 있게 하였을 수도 있다. 이것은 현대 시대에서 다양한 이미지들 속

22.7 라임스토 스카라보이드 인장 (Limestone scaraboid) (길이15mm ×폭 12 mm×높이7 mm), 예루살렘, IA II. 참조, Strawn 2016, 97, 그림 6.11. Ornan et al., 2012, 5*, 그림 1에 따라 그림을 그린 이는 Dalit Weinblatt Krauz; figure by Benjamin Sass, used with permission, courtesy of the Israel Antiquities Authority.

에서 예수를 사람들이 볼 수 있게 하거나 다양한 물건들 위에 마리아의 이미지를 볼 수 있게 한 것과 다르지 않다(참조 Morgan 1998; 2005; 참조 Bonfiglio 2016).

만약 이것이 정확하다면, 아마 야훼의 이미지 혹은 다른 신들의 이미지들을 찾는 최적의 장소는 유명하지만 불확실한 물품—예를 들면 황소상, 유대인의 기둥형 인형상 혹은 쿤틸레드 아주르드에서 큰 항아리 A가 아니라 오히려 고대 이스라엘/팔레스타인 그리고 요르단 지역에서 발견하였던 수천 개의 인장들이다(참조, Keel 1995; 1997; 2010a; 2010b; 2013; Eggler and Keel 2006; cf. Avigad and Sass 1997). 이들 중 많은 수가 오직 신성한 인물이라고 할 수 있는 이미지를 묘사하고 있다.

모든 인장이 수입품이지는 않다. 분명히 많은 수가 이스라엘 왕국 시기 동안 그 영토의 지역 생산품이다. 아마 그러한 인장들은 이방 신들을 표현하며, 따라

서 이스라엘 백성의 특정한 부분에서 이교도적 혹은 혼합 종교적, 비-야훼주의적 경향들에 대한 증거일 수 있다.

그러나 다른 가능성은 몇 가지 사례에서 그러한 신적인 인물들이 야훼의 형태로 대체하는 것, 다시 말한다면 설령 그러한 형상화가 상당히 순박하고, 다양하며, 표준적이지 않더라도 야훼를 형상화하는 것이다. 신적인 모습의 재현에 있어서 그러한 유연성(flexibility)은 사실 구약성경에서 정확히 찾을 수 있으며, 야훼에 관한 문학적 내용에서 야훼를 시온산에서 으르렁거리는 사자처럼 그려질 수 있으며, 인간을 그물로 속박하는 모습(Amos 1:2; 3:12; cf. 그림 22.7 and 22.8; Strawn 2005; 2016도 볼 것), 혹은 동물 왕국의 주인으로 묘사하며, 일반적이지 않은 타조도 포함하고 있다(Job 39:13–18; cf. 그림 22.9 and 22.10; Keel 1978a, 64–68도 볼 것).

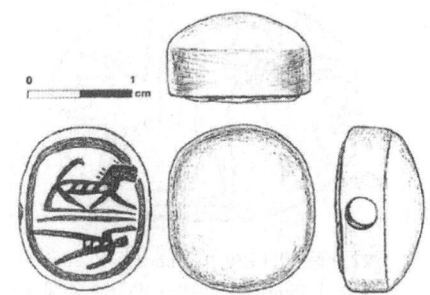

22.8 뼈로 만든 스카라보이드(길이 15.5mm × 폭 14mm × 높이 8.5mm), 다윗성, B.C. 8~9세기경 참조, Strawn 2016, 97 그림 6.12. Brandl 2012b, 384, 그림 13.7, used with permission, courtesy of the Institute of Archaeology, the Hebrew University of Jerusalem.

그러한 인장들이 제작 수준에서 그리고/혹은 이미지를 수용하는 수준에서 야훼를 한정적으로 그리는 것과는 상관없이, 이 인장들은 그런데도 많은 정보를 구성하고 있는데, 이 정보들은 히브리 성경에서 나온 다양한 문장들과 이미지들의 분석에서 평가되어야 한다 (참조 Strawn 2016).

이 인장들은 한편 매우 많고, 다른 한편 상당히 이동하기 쉽다. 이들은 현대 문명 이전 대규모 소통 매체와 같은 종류이며(Keel and Uehlinger 1996), 고대 이스라엘/팔레스타인에서 가장 광범위하게 증명된 이미지 전달 물체다.

그리고 만약 야훼의 모습이 그러한 이미지 속에서 정말로 볼 수 있거나 혹은 인식할 수 있다면(findable), 이 관점을 고려할 만한 수많은 물건들이 있다. 존 버거(John Berger) 자신의 유명한 책인 『어떻게 볼것인가』(Ways of Seeing)에서, 그는 과거의 문헌 혹은 유물 중 어떤 종류도(예술품만큼) 그 당시에 그 사람들을 둘러싸고 있는 세계에 대해 직접적인 증언을 제시하지 못한다.

이러한 점에서 이미지들은 문학보다 더 풍부하고 보다 정확하다(1990, 10). 만약 이 판단이 사실이라면, 가나안 족속/이스라엘 백성의 도해에 관한 연구는 본질적이고, 그리고 고대 이스라엘/팔레스타인의 고고학적 기록의 속성을 고려한다면, 이러한 연구는 인장으로 시작되어야만 한다.

22.9 풍뎅이 (길이 14.2mm×폭 10.2mm ×높이 5mm). 벧세메스, 철기 1A 시대 (980-940)

22.10 풍뎅이. Tell en-Nasbeh, 철기 1A 시대 (980-940)

제2부

드라마의 막과 장

섹션 5 막: 광범위한 역사적 맥락에 대한 통합적인 접근법들
섹션 6 장: 사건에 기초한 역사적 상황에 대한 통합적 접근

섹션 5

막: 광범위한 역사적 맥락에 대한 통합적인 접근법들

제23장 | **선조의 시대** 리차드 S. 히스(Richard S. Hess)
제24장 | **이집트 체류와 출애굽** 데이비드 A. 포크(David A. Falk)
제25장 | **정착 시기** 페카 피트케넨(Pekka Pitkänen)
제26장 | **통일 왕국** 스티븐 M. 오르티즈(Steven M. Ortiz)
제27장 | **분열 왕국: 이스라엘** 옌스 브룬 코포에드(Jens Bruun Kofoed)
제28장 | **분열 왕국: 유다** 에릭 L. 웰치(Eric L. Welch)
제29장 | **유배와 유배 공동체** 데일더 N. 풀턴(Deirdre N. Fulton)
제30장 | **서부 아케메니드 페르시아 제국과
　　　　　페르시아 시대의 예후드** 케넷 A. 리스타우(Kenneth A. Ristau)
제31장 | **마카비 혁명과 하스몬 왕국** 조엘 윌리츠(Joel Willitts)

제23장

선조의 시대

리차드 S. 히스(Richard S. Hess)

　이 장에서는 구약의 선조들과 그들의 문화와 역사에 대해 우리가 알고 있는 것을 살펴볼 것이다. 우리가 "선조"라고 대표할 만한 중요한 등장인물들은 창세기 12-50장에 출현한다(Meyers 2014c를 보라).

　두 번째 정의는 '시대'라는 용어와 관련이 있다. 오래전부터 관찰됐듯이, 히브리 성경에서 묘사된 연대기는 창세기 12-50장에 나타난 기간을 볼 때, 중기 청동기 시대의 상황을 암시한다.[1] 만약 역사적 출애굽이 B.C. 13세기에 일어났고 이스라엘의 이집트 정착이 4세기 전이라고 가정한다면(참고, 창 15:13, 그러나 이 기간보다 일반적으로 4대로 정의된 16절에 주목하라), 약 B.C. 1700년경에 이집트에 정착한 이스라엘 사람들은 아브라함, 사라, 이삭, 리브가와 야곱 같은 인물들을 2 또는 3세기 앞에 위치시킬 것이다. 이는 18세기 중반과 힉소스(Hyksos)의 상승까지의 이집트 중기 왕조와 일치할 것이다.

　연대기 측면에서 더 큰 문제는 창세기의 이 장들에서 묘사된 문화적 맥락에 관한 것이다. 이것은 계속 논쟁의 주제였다. 우리는 두드러지는 점 중 일부를 고려할 것이다. 전반적으로 이 장의 주제는 중기 청동기가 창세기 12-50장의 배후에 있는 전통의 기원에 대한 가장 합리적인 맥락으로 남아 있다고 논증할 것이다.

1　Kenneth A. Kitchen과의 사적인 교류(사적인 논문발표?) 2013년 4월 29일; 최근 시기 분류표의 일반적인 측면들은 Kitchen 2003b, 359를 보라.

1. 역사적 해석

이스라엘의 선조들은 B.C. 3세기와 2세기에 사람들이 사용했던 용어 아모리인(Amorites)에서 유래한 것으로 생각된다. 이것은 일반적으로 성경에서 언급된 내륙 팔레스타인에서 발견된 이스라엘의 적군인 아모리 사람들을 가리키는 것이 아니다(Liverani 1973; Ahlström 1993a, 152-54, 174-80). B.C. 2600년 초 메소포타미아 설형 문자에 나타나는 아모리인들은 바벨론의 북서쪽 산악지대로부터 등장한다(Gelb 1961). 이 사람들은 메소포타미아의 모든 수준의 사회에 점차 침투했다. B.C. 2세기 초까지 마리나 바벨론 같은 도시들은 후기 히브리어와 아람어와 비슷한 언어로 구성된 그들 시민의 아모리인의 개인 이름을(예를 들면, 함무라비) 보존한다. 아모리어는 서부 셈어다(혹은 복합적인 서부 셈어). 서부 셈어는 후에 이스라엘인과 가나안인을 포함했다.

윌리엄 올브라이트(William Albright, 1924a)는 B.C. 2000년경 중동 밖으로부터 아모리인들이 침략했다고 주장했다. 침략에 대한 증거는 불분명하지만(McCarter 2011, 12)[2], 외부 기원일 가능성이 크다[3](Rainey and Notley 2006, 46-47)[4]. 그들은 생태적이고 사회적인 상황에 의해 만들어진 목축인들이었다. 시리아에서는 아모리의 목축인들이 지역 전체에 퍼져서 도시의 주민들과 혼인 관계를 맺었다(Buccellati 1992).

1960년대까지 학자들은 이런 목축인들을 바깥세상과 접촉이 거의 없고 이형적이며(dimorphic), 이동 방목의 유목민이라고 확인했다(Rowton 1967; 1973). 그들은 번화가와 도시가 포함된 지역에 살았기 때문에 바깥세상과 접촉이 거의 없었다. 그들은 이런 정착된 사회에 참여했기 때문에 이형적이었다. 그들은 여름과 겨울에 목초지 사이를 돌아다녔기 때문에 이동 방목이었다. 유프라테스강의 구부러진 곳에 있는 마리는 현대 시리아에서 이라크까지 흘러 들어가서, 설명문자 보관소에 이에 대한 증거를 제공했다. 이런 유형의 유목민은 창세기의 아브라함과 비교되었다(Finkelstein 1988-89, 143).

---

2 톰슨 1992, 7-8은 가뭄에 의한 것이라고 설명했다.
3 Finkelstein 1988-89, 139, 144 (또한, Finkelstein 1993, 45를 보라).
4 A. Mazar 1990a, 176-91을 보라

1970년대 학자들은 마리의 창세기 적용에 도전했다(Thompson 1974; Van Seters 1975). 그들은 아브라함, 이삭, 그리고 야곱의 이야기가 유목 생활과 거의 관련 없다고 주장했다. 창세기 이야기는 유목민에 관한 후기 견해의 혼합물이었다.

한편, 새로운 마리 문서가 출판되었다. 다니엘 플레밍(Daniel Fleming, 1998b; 2004b; 2008; 참고, Arnold 2014)은 마리와 그것의 창세기 연구의 적용을 재활성화시켰다. 마리에서 대부분 편지는 하나는 마리의 도시를 위해, 다른 하나는 주변 지역의 부족 연합을 위한 별도의 행정 시스템을 가진 주권자 짐리-림(Zimri-Lim)이 통치한 국가를 입증했다. 유목민 그룹들은 도시에서 친족 관계였다. 그들은 마리의 인접 지역을 넘어 사방으로 장거리 여행을 했다. 플레밍(2008, 84-86)은 야곱의 아들들이 그들의 가축 무리를 위한 목초지를 구하기 위해 헤브론에서 육십 마일 이상을 여행한 창세기 37장과 비교했다. 그들은 오랫동안 부재했지만, 그들 가족의 다른 구성원들은 헤브론의 집에 남아있었다. 마리와 비교해보면 목자와 도시의 시민들은 대가족의 일부였다. 목자들은 집에서 먼 거리를 여행했으며 수백 마일에 이르는 가족 관계를 유지했고 초기의 도시-국가 경계를 넘었다. 이것은 창세기 37장의 야곱과 그의 아들들에 관한 사실일 뿐만 아니라, 야곱의 초기 생애에 관한 것을 묘사하는 것이기도 하다.

(1) 남부 팔레스타인에서 그의 아버지 이삭과의 관련성(연결)
(2) 북쪽으로 수백 마일에 이르는, 하란에 있는 그의 "외삼촌" 라반과의 관계.

이러한 가족의 분리는 마리에서 일반적인 것이다(Fleming 2008, 90-92). 한 편지에(Boyer, Parrott, and Dossin 1958, 11) 아윈(Awin)의 열세 아들이 묘사되어 있는데, 그중 8명은 가축 무리와 함께 움직이고 5명은 집에 머물렀다. 그들은 그들의 재산을 공동 소유했다. 야곱의 열두 아들들과 앞서 언급한 본문을 비교해보라.

마리 서판은 B.C. 18세기에 비누-야미나(the Binu-Yamina)와-"오른쪽의 아들들"이라는 의미이다(성경 이름은 베냐민)- "왼쪽의 아들들"이라는 의미의 비누-시알

(the Binu-Sim'al)이라는 두 개의 주요 부족 연맹이 있었다고 드러냈다.[5] 초기 학자들의 비평과는 대조적으로, 마리에서 발견된 도시 기록보관소를 이용해 유목 민족을 연구하는 것이 가능하다. 도시와 유목 민족들은 같은 혈통이었고, 그들의 왕은 그의 비누-시알 유목민 부족 연합과 그들의 부족 유대관계를 유지했다. 토마스의 견해와는 대조적으로(1974), "비누-야미나"는 "남부지방 사람"에 관한 언급이 아니라, 적절한 이름(있는 그대로 "베냐민")이다. 적절한 이름 이외의 것으로 읽기에는 비누-시알과 그것들에 대한 참조가 너무 많다.

동시대 이집트의 문서 기록에서 저주 문서(Execration Texts)가 나왔다. 이 세 그룹의 점토 문서들은(B.C. 약 1800년경) 가나안의 도시들을 지칭한다. 개인의 이름은 부족/씨족 그룹이 도시 지도자들과 함께 존재했음을 나타낸다. 시누헤(Sinuhe)의 이집트 이야기에서 우리는 남부 가나안을 방문하여 오랫동안 그곳에서 살았던 충성스러운 이집트인에 대하여 읽는다. 시누헤는 가축과 서부 셈족 목축인들 중의 하나로 살았다. 이것은 이집트 용어 "부족의 우두머리"에 해당하는 가축을 소유한 씨족의 우두머리인 아브라함과 이삭과 비슷했다.

케네스 키친(Kenneth Kitchen, 2003b, 334-35)이 언급한 바와 같이, 저주 문서와 시누헤 이야기 모두 중기 청동기 시대와 다른 팔레스타인을 묘사한다. 이 본문들은 팔레스타인과 시리아의 주민들을 서부 셈족 이름으로 구별하는데, 창세기 12-50장의 성경 본문에서 등장하는 모든 인물과 마리 본문과는 다르다.

전사들 또는 영웅들(nḫt)은 저주 문서에서 1위를 차지한다. 시누헤 이야기에서 "자신 가족의 수장으로 추종자를 가진 군사적인 인물"을 묘사하기 위해 사용된 것과 같은 단어이다(Rainey and Notley 2006, 53). 어떤 nḫt는 그들의 땅에서 자신들이 "단 하나의 영웅"이라고 자랑했다. 창세기 14장에서 아브라함의 모습을 전사로 비교해보라.

---

5 이에 관한 내용은 Fleming 2004b; 2016을 참조하라.

2. 중기 청동기 문화와 선조들 사이의 비교 기록

현대의 많은 접근법은 창세기 12-50장의 기술이 B.C. 천 년 중반의 연대를 수용하는 경향이 있으며, 이 이야기들은 다양한 상황에서, 특히 B.C. 587/586년 바벨론의 예루살렘 파괴로 인한 유배 기간 이스라엘인들이 하나님에 대한 충실함을 격려하고 교훈하기 위해 기록되었다고 주장하는 경향이 있다. 그러나 내러티브 배후의 설명과 초기 문화적 환경에 진정성을 부여하는 추가적인 문화적 특징들이 있다.

3. 개인, 장소, 신성 및 사람의 이름

개인 이름은 내러티브의 진정성을 시험하는 독특한 자료다. 이것은 이름의 빈도(고대에서 수천 명에 의해 입증된)와 시간에 따라 그것의 형태가 변한다는 사실 때문이다. 예를 들면, y-접두사 이름으로 알려진 형태는(예를 들면, "야곱"과 "이삭"), 이 형태가 자주 발생하는 B.C. 2천 년 초기에 가장 적합하다. y-접두사 이름은 2천 년 후반에는 점차 발생하지 않으며, 서부 셈 개인 이름의 B.C. 천년 세계에서 가끔 발생한다.[6]

앞서 언급한 바와 같이, 조상들의 다양한 이름이 이 시기에 서부 셈족 사이에서 비슷한 형태로 발견되었다. 이 기간이 지나면 드물게 발생한다. 또한, "야곱"은 B.C. 1750-1550년경, 이집트의 적어도 한 명의 "힉소스" 왕에게서 기인한 풍뎅이에(왕의 인장) 나타난다.

"아브라함"은 우가리트, 이집트, 키프로스와 마리에서 알려진 일반적인 이름이다(Ahlström 1993a, 181). 아브라함은 벳스안(Beth Shean)의 B.C. 13세기 비석에

---

6 Kitchen 1993b, 45-46은 아모리 개인 이름 중 B.C. 2천 년대 초기 16%를 y-접두사로, B.C. 2천 년대 후기 우가리트 이름 중의 2%, B.C. 천 년대의 페니키아 이름 중의 6%로 추정한다. B.C. 천 년대의 아카디아와 아람의 이름은 1% 미만이다. Contra Hendel 1995, 57, 통계는 여전히 중요하다.

서 rhm으로 언급된 사람들과 관련이 있었다.[7] 로날드 헨델(Ronald Hendel)은 B.C. 925년에 네게브에서 파라오 시삭(Pharaoh Shishak)이 정복한 "아브라함의 요새"는 다윗이나 솔로몬이 지었으며 창세기의 선조를 기리기 위해 지어진 요새라고 주장한다. 케네스 키친(1998, 49; 2003b, 313)도 동의한다.[8] "테라"(Terah), "스룩"(Serug)과 "나홀"(Nahor)은 하란 지역의 장소 이름과 유사하다. 하란과 나홀은 B.C. 18세기 마리 기록보관소에 언급되어 있다(Albright 1924a, 385-88; Hendel 1995, 59; Kitchen 1998, 49; 2003b, 317; Hess 2009b, 85-89).

"베냐민"이라는 이름은 마리의 비누-야미나 부족 연맹과 관련이 있을 수 있다. "비누-야미나"는 "오른손의 아들들"-즉 남쪽을 의미한다. 이 부족 그룹은 팔레스타인과 가까운 시리아 남서쪽에 도달했다. 베냐민 자체는 "라헬 부족"의 최남단으로 설명되었다.[9] 하란과 비누-야미나(Durand 1988, 24), 아브라함, 야곱, 그리고 그의 가족들 간의(베냐민을 포함한) 밀접한 연관은 "무의식적인 연결을 나타낸다"(Fleming 2004b, 219).[10]

"가나안"이라는 이름은 B.C. 2천 년대 초반에 마리에서 나타난다(Malamat 1989, 55).

장소-이름의 일부로, 민족으로 그리고 아브라함의 종과 야곱이 여행한 지방의 이름으로서 아람과 아람족의 빈번한 관련성은[11] B.C. 12세기의 아람족 이주 전의 마리와 시리아 내륙의 전통과 창세기를 연결한다. 이것은 히브리어가 페니키아와 우가리트의 해안 언어보다 모압과 암몬의 내륙언어와 친밀한 관계를 맺었다는 안손 레이니(Anson Rainey, 2007)의 관찰과 일치한다. 따라서 이 유산은 마리와 내륙 시리아 전통과 관련이 있었다. 실제로, 시리아 내륙의 아람족은 B.C. 14세기 초에 이집트 자료에서 언급된 것으로 보인다. 또한, 아라무(Ahlamu)

---

7 리브라니(Liverani) 1979b and Ahlström 1993a, 187n1 참고, 리브라니는 "rhm 민족의 아버지"인 아브라함은 후에 이스라엘에 병합된 씨족의 시조가 될 것이라고 주장한다. 그러나 rhm 자체가 초기 아브라함의 후손일 수 있다.
8 그는 "아브라함의 울타리"라는 번역이 더 정확할 것이라고 언급했다.
9 예를 들면, 라헬에게서는 므낫세, 에브라임, 베냐민이 태어났다.
10 참고, Fleming 2004b, 222 더욱 유사하다.
11 창 24:10; 25:20; 28:2, 5, 6, 7; 31:18, 20, 24; 33:18; 35:9, 26과 그것의 보존(유지 or 보호 or 지키기)인 신 26:5.

와 아람족의 상황은 부족 집단의 증거를 다시 마리 시대로 옮긴다(Younger 2007, 131–36; 2016).[12]

아람족은 보통 같은 지역의 후기 사람들 그룹과 연관되거나 다른 방법으로 그들과 연관된 이름으로 초기 사람들 그룹의 식별을 보여줄 수 있다. 우리는 이 현상에 대한 다른 설명을 창세기의 블레셋 사람들의 모습에서 볼 수 있다. 여기서 그 이름은 블레셋 사람들이 후에 정착할 지역에 사는 사람들에게 적용될 수 있다(Kitchen 2003b, 340–41).[13] 더 일반적으로, 창세기에서 "블레셋 사람"과 "갈대아"(Chaldees, 우르와 관련하여)와 같은, 분리된 "후기" 단어들을 기초로 본문의 원래 구성 연대를 추정할 수는 없다. 시누헤 이야기(B.C. 1900년경) 또한 B.C. 13세기의 카이로의 도편(ostracon)에도 부분적으로 나타난다.

갱신된 설명을 바탕으로, 초기 이집트 단어 "바다"인 nwy는 "현대" 셈어 차용어인 yam으로 대체된다. 또한, 케뎀(Qedem)의 이전 위치는 당시 레반트(Levant)와 대중적으로 연결된 카데쉬(Qadesh)로 대체되었다(Kitchen 2003b, 483). 창세기에서도, 갱신은 12세기에 친숙한 실체(단체)이자 초기 비-셈족과 같은 지역에 있는 실체인 사람들 그룹의 초기 이름을 블레셋 사람들의 이름으로 대체했을 수 있다.[14]

4. 다른 서부 셈족(과 관련된. 기록보관소의 관습

일부 누지(Nuzi, B.C. 15세기와 14세기)와 알라라크(Alalakh, B.C. 18세기)의 관습(C. Gordon 1940; Selman 1980; Walton 1989, 45–65)은 창세기 기록에서 볼 수 있다. 반

---

12 아마 아라무(Ahlamu)가 더 큰 아람족 그룹의 부족일 것이다.
13 또한, 게라에서 블레셋 사람들의 동떨어진 위치는 에게(Aegean)해와 관련된 초기 비-가나안 사람들을 암시할 수 있다. B.C. 2천 년 초기부터, 중기 미노스 문명 II기 도자기가(블레셋 사람들이 일반적으로 기원한 것으로 여겨지는 에게해 지역에서) Hazor에서 발견된다. 이스라엘의 텔 카 브리(Tel Kabri)에는 우리가 크레타(Cretan) 양식의 벽화가 있는 동시대의 궁전을 볼 수 있다. 이집트의 고센 지역에 있는, B.C. 16세기의 아바리스(Avaris)는 미노스 문명의 그림을 포함하고 있다(에게해 세계에서). 이 시기부터 이스라엘의 다른 곳에서, 므깃도는 텔 하로르(Tel Haror)와 텔 예메(Tell Jemmeh)처럼 키프로트(Cypriot) 도자기(또한, 에게해)를 소유(보유)했다.
14 참고, 게르의 블레셋인과 관련된 비-셈족 이름인 "Phicol"(창 21:22, 32; 26:26).

세터스(Van Seters, 1975), 톰슨(Thompson, 1974)과 다른 학자들은 창세기 12-50장과 B.C. 2천 년대 고대 근동 문화 사이의 비교를 반대해왔다. 그들은 관습이 2천 년대 초에 사는 사람들의 삶에 공통적이지만, 다른 시대에서도 발견된다는 점에 주목한다. 가족법의 본질은 그것이 전통적이고 보수적이며 따라서 연대를 추정하는 방법으로는 유용하지 않다는 것을 시사한다(Eichler 1989). 일부 경우에 해당한다(사실이다). 그러나 다른 경우 수와 유사성(닮음)이 B.C. 2천 년 후기가 아닌 초에만 발견되는 뚜렷하게 유사한 것들이 있다. 다음은 네 가지 예다.

첫째, 불임의 아내는 그녀의 남편에게 아이를 낳을 수 있는 하녀를 제공해야 한다(창 16:1-2; Chiera 1929, 67, lines 19-21).

키친(1993a)은 후기에 발생한다는 반 세터스의(1975) 증거에 이의를 제기한다. 반 세터스가 유사점으로 발견한 B.C. 12세기의 이집트 본문은 평범한 것이 아닌 색다른 선정 목록이다. B.C. 7세기의 앗수르 결혼 문서는 상속에 관해 아무것도 언급하지 않는다. 여성 노예는 마음대로 팔릴 수 있다. 톰슨의 경우(1974), 누지 유사점(Chiera 1929, 67, lines 19-21)[15]은 불임을 언급하지 않으며 창세기와는 다르게 법적 계약이다.

그러나 아내가 자녀를 출산할 수 없을 때 다른 여자를 통해 얻은 아이를 가진 남편과 유사하다. 또한, 후기 청동기 시대 알 아라크 문서(Alalakh text) no. 93은 불임이 다른 여자에 의해 임신할 법적 요건을 확립하는 상태를 보여 준다. 그런 법 뒤에는 가족과 상속권에 대한 중요성이 있다.

둘째, 상속인이 입양되고 입양인의 딸과 결혼하는 야곱의 에레부(Erebu) 결혼이 있다(창 29:13-19).

누지에서 그런 상황에서 신부 값이 지급되지 않았다는 주장, 야곱이 라반에 의해 선택된 것으로 기록된 적이 없다는 논쟁들은 제대로 평가된 것이 없다. 그러나 유사점은 신부 값에 의존하지 않으며, 라반은 야곱을 "나의 뼈와 나의 살"

15　T. J. Meek가 번역한 Pritchard 1969a, 220은 관련된 절들을 제공한다. "또한, 케림 니누(Kelimninu)는 셴니마(Shennima)와 결혼하여 주어졌다. 케림 니누가 자녀(어린이)를 낳는 경우 셴니마는 다른 아내를 취하지 않는다. 그러나 케림 니누가 출산하지 못하면 케림 니누는 셴니마의 아내로 룰루(Lullu) 땅의 여자를 얻어야 하고 케림 니누는 자손을 쫓아낼 수 없다."

이라고 묘사(창 29:14)하여 가족임을 암시하고 있다. 아마 이미 친족 관계였기 때문에 입양이 없었을 것이다.[16]

셋째, 딸이나 여동생은 그 여자가 결혼한다는 조건으로 "입양"으로 팔릴 수 있다.

아브라함과 이삭은 자신들의 아내를 자매로 부르는 "경향"이 있었다(창 12:13, 19; 20:2, 5, 12; 26:7, 9). 이것은 누지의 아하투투(ahatūtu) 제도(자매 입양)와 비교되었다. 그것은 자매-부인을 만들거나 높은 지위를 부여하지 않는다. 그것은 가족적인 보호가 필요한 여성을 위한 업무계약이었다. 그것은 자연적 형제(또는 여자 자신)에서 입양된 형제로 여자와의 결혼(그리고 또한 신부 값을 받기 위해)을 협상할 권리를 양도했다(Greengus 1975; Eichler 1989). 그러나 친족 관계로 "자매"가 아닌 사람이 "자매"로 지정된 것과 유사점이 있다.

넷째, 알 아라크에서 2천 년 초기 문서는 땅의 선물에 관한 맹세를 하는 동안 동물을 죽이는 행위에서 창세기 15장과 유사성을 갖는다(창 15:9-11, 17-18, Hess 1993b; 2007, 162). B.C. 2천 년대 초반 알 아라크(Wiseman 1958; Draffkorn 1959; COS 2:137)의 서부 셈족 문화에서 언약 성립 의식에 유리한 증거는 39b-42행이 포함된다.

> 아바 안(Abba-AN)
> 야림림(Yarimlim)에게 신들의 서약을 맹세했다.
> 그리고 어린 양의 목을 잘랐다.
> 말하기를,
> 만약 내가 당신에게 바친 것을 취한다면(내가 저주를 받을 수 있다) ...

희생적인 측면은 알 아라크 본문 54에서 설명되는데, 아카디아 사람은 아삭쿠(asakku)로서-즉 "구별된"(분리된)- 어린양에 대한 묘사를 포함한다(16-18행).

---

[16] 우리는 창세기 내러티브가 누지 및 다른 법률 문서와 같은 문구를 포함할 것이라고 기대해서는 안 된다. 조상의 계보에 있는 모든 "승인된" 결혼은 동족에 의한 것이며, 이는 조상인 데라 부족 안에서 이루어진다(Steinberg 1991). 이것은 가족 내에서 가족의 부를 보존할 것이다(Steinberg 1993). 이런 의미에서 아브람은 사라를 자신의 "자매"라고 언급할 수도 있다.

닉메파(Niqmepa)가 있는 데서 희생양의 목이 잘렸다.

반 세터스(1975)는 서약 본문이 단편적(부분적)이라고 주장했다. B.C. 1천 년에 예레미야와 앗수르와 아람 조약이 더 나은 비교가 된다. 그러나 1천 년의 비교는 모두 서약자가 조약을 어기면 동물에게 일어난 일이 서약자에게도 발생한다는 의미를 서약 일부로 가지고 있다. 이것은 창세기 15장에서 서약자가 하나님이기 때문에 명백하지 않고 의심스럽다. 이는 마리와 알 아라크 본문에서도 마찬가지다.[17] 알 아라크 본문은 이런 점에서 분명하고, 비교는 창세기 기록과 근접해있다(Hess 1993b). 원래는 B.C. 2천 년대라고 가정했던 많은 관습이 천 년에도 발견되는 것은 사실이지만, 그들은 B.C. 2천 년 중반과 초반의 창세기 조상(선조)과 누지의 시대와 다른 설형 문자 문화에 초점을 맞춘다(Kitchen 1993b, 46).[18]

5. 선조(조상)의 방랑과 창세기 14장의 세계

비옥한 초승달 지역을 방랑하는 아브라함-유형 유목민들에게 가장 좋은 시기는 비도시 시대인 중기 청동기 시대(Kitchen 1995, 56-57; 1998, 51-54; 2003b, 316)다. 다른 시기에 이집트, 하티, 바벨론과 앗수르와 같은 주요 세력에 의해 통제되지 않은 이런 지역은 없었다. 따라서 비누 야미나(Binu-Yamina)의 마리 부족 연합은 창세기의 조상(선조)들과 같은 지역을 전후로 움직였다(Malamat 1989, 44, 53). 초기에 길든 낙타가 존재하지 않았다는 견해(Finkelstein and Silberman 2001, 37)는 B.C. 2천 년 초기와 그 이전의 증거에 의해 모순된다(Kitchen 2003b, 338-39; Heide 2010).

창세기 14장의 국제적인 군대와 관련하여, 키친(1993b, 47; 2003b, 319-20)은 오직 B.C. 2000년에서 1700년 사이에서만, 메소포타미아가 이 장에서 표현된 일종의 동맹을 형성할 수 있는 경쟁자 왕들을 보유하고 있다고 주장한다. 또한, 그

---

17 이것은 최근에 출판된 마리 본문들을 포함한다(Malamat 1995).
18 McCarter 2011, 11-14는 이것이 독특하다는 사실은 다루지 않는다.

는 메소포타미아인(아므라벨 Amraphel and 아리옥 Arioch), 엘람인(그돌라오멜 Chedorlaomer)과 헷인(디달 Tidal) 개인의 이름과 왕의 이름이 어떻게 일치하는지 관찰한다.[19]

엘람(Elam)과 서부 셈족 그룹들 사이의 동맹은 이 시기에만 발생하며, 마리서신에서 증명된다.[20] 마리 본문들과 창세기 14:4-5에서 시리아-메소포타미아(Syro-Mesopotamian) 통치자들보다 엘람의 우월성을 주목하라.[21]

6. 요셉 이야기

창세기 37:39-50의 다양한 세부사항들은 독특한 방식으로 B.C. 2천 년 초중반의 이집트에 적용된다(Kitchen 1993a; 1993b; 1995, 52-53; Halpern 1992, 92-99).[22] B.C. 18세기 노예가격은 평균적으로 은 20 세겔이었다.[23] 요셉의 부상은 B.C. 1750-1550년 이집트 델타의 서부 셈족 통치자인 힉소스와의 관련성을 반영할 수 있다.[24] 동부 델타와 시나이에서 발견된 힉소스 문화는 동시대의 시리아-팔

---

19 비교를 위해 Kitchen 2003b, 320을 보라. 헨델(1995, 56-57)은 팔레스타인에 Elamite 통치에 대한 증거가 어느 시기든지 없었고 메소포타미아와 팔레스타인의 동맹 관계는 성경 시대 내내 일어났다고 주장한다. 그러나 치킨의 언급대로, 이것이 메소포타미아와 동쪽과의 동맹에는 해당하지 않는다. 또한, 제안된 기원의 장소들과 함께 창세기 14장의 왕의 이름 요소의 동의는 다루지 않았다. 마지막으로, 넷 혹은 그 이상 왕들의 동맹은 B.C. 18세기 마리서신에서 잘 입증되었다(Kitchen 2003b, 320-21).
20 Heimpel (2003, 609)과 엘람과 관련성을 논의한 마리 서신은 Durand 1988, 75, 228, 305, 306; Parrot and Dossin 1950, 71.을 보라.
21 Qatna에서 서쪽으로 멀리 떨어진 주(국가)들은 엘람의 속국이 되어, 비옥한 초승달 지역의 통행을 관리하는 것을 보여 준다(Fleming 2004b, 226).
22 한 학자가 창세기의 요셉 이야기에 관해 자신의 주장에 대한 어떤 증거를 인용하지 않고 여기에 제시되고 출판된 학술자료에서 발견된 증거를 설명하지 않고 "확실히 말할 수 있는 것은 요셉 사가에서 특정 요소가 페르시아 시대보다 오래된 것으로 입증될 수 없다는 것이다"(Lemche 1998b, 43)라고 쓴 것은 유감스럽다.
23 헨델(1995, 56)은 B.C. 천년 초에 같은 가격이 출현했다고 주장하여 이의 제기를 시도한다. 그러나 그가 유일하게 증거로 제시하는 본문은 레 27:5이다. 이것은 이 본문의 연대에 이의가 제기된 이래로 질문을 일으킨다. 키친의 관찰대로(1998, 49-50; 2003b, 344-45) B.C. 2천 년 초반의 전후 시기에 노예의 가격은 다르지만, 결코 20세겔은 아니라는 것을 증명한다.
24 B.C. 3세기의 이집트 제사장 Manetho는 "힉소스"라는 용어를 사용하며, 요셉의 등장을 연결하고 힉소스 왕 Apophis가 권세를 얻는다(Ahlström 1993a, 187-96).

레스타인(Syro-Palestinian) 도예 문화(Redmount 1995)와 성경에 야곱 가족이 정착했다고 알려준 델타 지역의 주요 이집트 힉소스 센터인 텔 엘 답아(Tell el-Dab'a)의 건축물과 문화적 관련성을 가진다.

7. 창세기 선조들의 종교

조상의 종교가 후기 이스라엘의 종교와 다른 다양한 방식을 제외하고, 우리는 중요하지만, 종종 간과하는 발견을 고려한다. 헤브론의 B.C. 2천 년 초중반 실용적인 설형 문자 본문은 양과 숫염소 제물 그리고 아마 헤브론의 왕으로 언급된 후르이인(Hurrian)과 아모리인(Amorite) 개인의 이름 포함된다. 그곳과 근처 부엘세바(Beersheba)에 사는 선조의 창세기 이야기가 중요하다.

(1) 창세기 14장과 같이 후르이인(Hurrian) 이름은 국제적인 세계를 나타내고
(2) 신성에 대한 희생은 가축 무리의 동물로 만들어지고
(3) 같은 시대의 이집트 저주 문서와 같이 왕들은 도시를 통치하고(아비멜렉과 멜기세덱)
(4) 헤브론에 있는 설형 문자로 훈련된 서기관들은 아브라함과 같은 사람이 이용할 수 있었다(Anbar and Naʾaman 1986-87).[25]

---

25 Hess 2017, 261, 271-73. 이 시기부터 적힌 관리상의 파편들과 다른 본문이 Hazor에서 발견되었다. 이것들은 글씨, 문법, 이름과 형태에 기초하여 북쪽의 Amorite 문화, 특히 마리와 연결된다. Malamat 1989; A. Ben-Tor 1992; Horowitz and Shaffer 1992a; 1992b; 1993; Horowitz and Oshima 2007; 2010; Horowitz, Oshima, and Winitzer 2010; Horowitz, Oshima, and Vukosavovic 2018을 보라.

8. 결론

풍부한 고고학적 및 본문의 증거를 바탕으로 여러 수준으로, 창세기 12-50장에 묘사된 선조의 세계는 B.C. 2200-1600년경 레반트 지역의 중기 청동기 시대의 세계와 같다. 이 세계를 잘 이해하면 중요한 본문의 해석에 대한 귀중한 통찰력을 얻을 수 있다.

제24장

이집트 체류와 출애굽

데이비드 A. 포크(David A. Falk)

1. 고고학적 배경

출애굽은 다른 어느 것보다 고대 이스라엘인에 대해 밝힐 수 있고 국가의 문헌과 국가적 정체성에서 대단히 중요한 주제가 된 사건이다. 그러나 현대의 학자들과 성경 독자들에게, 출애굽은 증거의 본질뿐 아니라 종종 고대 문서들의 서부 이해에 관한 도전을 준다. 과격한 최대주의 학자들은 초기 이스라엘의 정체성, 문화 및 역사에 새로운 빛을 비추는 증거에 맞서야 했지만 알스트룀(Ahlström 2002, 12-13), 톰슨(Thompson 1992, 403-4), 반 세터스(Van Seters 2003, 45-46), 그리고 필립 데이비스(Philip Davies 2006, 26)와 같은 성경적 최소주의 학자들은 출애굽에 묘사된 사건들이 역사적 자료로 사용하기에는 신화적 허구(소설)로 주장한다.[26]

이집트 체류 기록은 창세기에서 가나안 땅에 심한 기근이 있었고(창42:1-2) 야곱의 아들들이 아마도 현재는 끊어진 가장 동쪽 나일강의 펠루시악(Pelusiac)[27] 줄기를 따라 있는 지역으로 시나이에 위치한 강어귀에서 끝나는 고센 땅으로 이주했다고(창 45:10) 이야기하며 시작한다(Hoffmeier 1996, 165-66). 이스라엘인들이 나일강 삼각주(하이집트)에 살았을 가능성이 크다고 할 때 중요한 고려사항은 특정

---

[26] 출애굽에 대한 시각과 이론에 관한 세부적인 연구는 Geraty 2015, 55-63을 보라.
[27] 나일강 델타를 동쪽에서 서쪽으로 7개 지류로 나눈다. 펠루시악(Pelusiac), 타니틱(Tanitic), 멘데시안(Mendesian), 파트니틱(Phatnitic또는 Phatmetic 팻메틱), 세베닉틱(Sebennytic), 볼비틴(Bolbitine), 카노픽(Canopic)이다. 역주

지역에서 고고학적 기록을 보존하는 데 어려움이 있다는 것이다.

하이집트의 가혹한 환경에서 살아남은 고고학적 유적은 거의 없다. 고대에 하이집트는 습지로 유명했고, 오늘날에도 땅은 파피루스와 돌을 파괴할 수 있는 소금을 머금은 물로 가득 차 있다. 하이집트의 어떤 시기에 대해 존재하는 기록이 거의 없다. 예를 들어 아바리스(Tell el-Dabᶜa)의 기록실의 발굴지에서 470개의 인장이 발견되었지만, 모든 문서가 습한 환경 때문에 썩은 상태였다(Reali 2014, 67-68). 문제가 되는 시기로부터 살아남은 기대되는 문서들은 이 위치의 열악한 보존상태로 의심스럽게 주어졌다.

이스라엘인들을 명시적으로 언급한 최초의 이집트(또는 다른 종류) 문서는 승리 석비(이스라엘 석비라고 부름)로, 리비아 침략에 대한 메르넵타(B.C. 1213-1203년경)의 승리를 기록한 것이다. 이 비석은 추정하건대 전복시킨 국가들 목록에서 이스라엘의 씨-즉 후손-를(KRI IV 19.7) 파괴했다는 메르넵타의 말을 지나가듯 간결하게 언급한다. 메르넵타의 주장과 관계없이, 승리 돌비는 메르넵타의 승리 시점까지 이스라엘이 이미 이집트를 떠났고, 따라서 출애굽의 연대와 이스라엘의 국가적 정체성을 메르넵타의 다섯 번째 왕권을 넘지 않게 제한했다(B.C. 1208년경).

이스라엘의 역사를 확립하려는 시도에서 셈족의 다른 그룹은 고대 이스라엘인들과 동일시 된 적도 있었지만 더는 가능한 선택사항으로 보이지 않는다. 초반 한 가지 제안은 힉소스였는데, 그는 12왕조 초기부터 나일강 삼각주에 거주했고(O'Conner 1997, 48; Mourad 2015, 12) 이집트를 통치한 사람이 분명치 않을 때 권력의 진공상태를 채웠으며 당시 이집트에서 가장 큰 도시인 아바리스와 이집트의 부를 장악했다.

요세푸스는 이스라엘 사람들을 힉소스와 동일시 하지만(Apion 1.73-91), 대부분 현대 권위들이 이스라엘의 출애굽을 받아들이는 것보다 더 이르게, 힉소스가 이집트에서 18왕조 초에 쫓겨난 것 때문에(B.C. 1530년경) 그 발견을 더는 실용적으로 간주하지 않았다.

몇몇은 여전히 이집트에서 나온 힉소스가 문화적 기억의 유형이 되었고 동시에 힉소스와 후기 이스라엘인들 사이에 존재하는 직접적인 연관이 없다는 것을 수용하지만, 그런 이론들은 성경 본문의 후기 연대와 레반트 전역에 흩어져 있는 "출애굽" 전통과 희미하게 유사한 비 신화화에 크게 의존한다.²⁸ 게다가, 요세푸스의 아피온 반박문은 역사뿐만 아니라 고대의 미덕(덕목)으로 누구의 문화가 우월했는가 하는 헬레니즘 담론에서 발생한 이데올로기적 논쟁을 거쳐 주도되지 않았다(Barclay 2007, lxxi).

고대 이스라엘인과 관련된 또 다른 문제는 "히브리"('*ibri*)라는 민족 명칭의 변형으로 제안된 하피루/아피루/('*prw*)이다(Fritz 2012, 129). 하피루는 B.C. 1800년부터 B.C. 1100년까지의 다양한 고대자료에서 발생하며 이집트에서부터 메소포타미아에 이르는 지역에서 이집트 체루와 동시대적으로 나타난다. 그들의 활동은 체류자보다는 유목하는 침입자로 명성을 얻게 했다(Bryce 2005, 167-68). 헷 왕 하투실리 I (Hattušili I B.C. 1650년-1620년경)는 하피루 군단을 모집하여 시리아의 무역 중심지를 습격하도록 도왔고(Hoffner 2009, 76), 15세기에 아모리 왕 압디 아쉬르타(Abdi-Ashirta)와 그의 아들들이 비블로스를 정복하도록 도왔다(EA 82, 85, 103). 도날드 와이즈만(Donald Wiseman 1980, 143-44)은 "히브리"가 성경적 본문에서 사용되기 때문에(창 39:14; 출 1:15-19), "하피루"는 민족성의 용어라기보다 사회학적 명칭으로 보인다고 지적했다.²⁹

레반트 하비루(혹은 히브리)와 하비루 사이에 어떤 연관성도 공동 셈족의 족장에게 영 귀를 기울일 수 있지만, 두 그룹은 지리와 역사로 인해 고립된 것으로 보인다. 그런데도, 윌리암 데버(2003, 181-82)는 초기 이스라엘인들의 문화적 기억을 심어준 다양한 그룹들 가운데 하피루를 포함했다(Dever 2015, 399-405).

이스라엘인들은 에스겔 16:45에 의해 제안된 민족의 기원인 아모리 백성 집단에서 출현한 셈족의 체류 집단 중 하나로 기원한 것으로 보인다. 이스라엘인

---

28 D. Redford 1992a는 모든 지명 연구를 B.C. 5세기와 6세기로 정하고(410쪽) 13세기 후기 연대의 더욱 포괄적인 자료들은 무시한다. 그는 출애굽기 1-14장과 시 28:12, 43를 26대 왕조와 동시대로 묶었다(409쪽). 레드포드가 사용하는 논리는 시 78편이 출애굽의 자료 도시(영어로 city 임)를 Tanis와 동일시하기 때문에, 출애굽의 저자도 의도했던 것이고, 따라서 이 두 문서는 동시에 쓰인 것이 틀림없다는 것-즉 현재의 저자는 설득력 찾을 수 없다는 순환적인 주장으로 보인다.

29 Rainey(1987, 540-41)는 Amarna Letters 연구를 통해, "하피루"라는 용어가 민족성보다 "사회 계급"을 나타내며 "하피루"와 "히브리" 사이에 어원적인 관계가 없음을 증명했다는 Wiseman의 주장에 동의한다. 그런데도 레이니는 이스라엘인들이 Shasu에서 기원했다고 믿는다. 그러나 이 가설은 적절히 사용되기 전에 더 많은 증거가 필요할 것이다.

들이 사용한 아모리의 미완료적인 이름의 사용-신 이름에 뒤따르는 동사의 미완료적 형태-은 다른 문화적 유사성뿐만 아니라, 아모리 인들과 연관이 있을 수 있음을 시사한다(J. Sasson 2015, 19-20). 고대 이집트에 관한 한, 이스라엘인들은 그들의 땅에 살았던 셈족('mw)들 중 하나일 뿐이었다.

2. 증거의 성격

이 시점에서 고려하는 증거가 간접적이라는 점을 분명히 해둔다—즉 출애굽 기록이 고대 이집트와 후기 청동기 시대에 알려진 것과 일치하는가에 대한 고찰이다(Kitchen 2003b, 4). 직접적인 증거만큼 만족스럽지는 않지만, 간접적인 증거는 종종 고대 역사가에게 도움이 되고 적절히 구조화된 소개를 만들 때 유효하다.

다행히 이집트에서 온 많은 물질적 문화들은 우리가 이집트의 체류와 출애굽에 관해 결정적인 것을 말할 수 있게 해준다. 때때로 인용된 "부정적인 증거" 즉 출애굽이 일어나지 않았음을 입증하기 위해 채택한 증거의 부족은 논리적으로 틀릴 뿐 아니라 사람이나 사건의 역사성을 의심하기에 불충분하다(D. Fischer 1970, 47-48, 62-63).

일단, 출애굽 연대는 B.C. 1446년 전기나 B.C. 1260년 후기 중의 어느 날 이집트 신왕국(B.C. 1530-1069년경)에 놓인다.[30] 키친의 저연대기(Low Chronology)는 새 왕국 연대의 많은 부분을 차지하는 아멘호텝 3세, 아케나텐과 바벨론의 카다쉬만—엔릴 1세 (Kadashman-Enlil I; EA 1-5)과 부르나-부리아쉬 2세(EA 6, 9) 의 통치와 함께 한 투탕카멘과 앗수르의 앗수르-우발리트 1세(EA 15)의 통치와 관련이 있다.

15세기 이후의 메소포타미아의 연대기의 견고성을 감안할 때(Pruzsinszky 2009, 17),[31] 이집트의 왕들이 신왕국 역사의 어느 단계에서 통치하는지는 거의 존재하

---

30 출애굽 연대를 둘러싼 논쟁의 요약은 Walton 2003, 258-72을 보라
31 특히 신앗수르와 신바벨론 왕국에 있어서 그러한데, 그 해까지의 정확한 왕 목록을 가지고 있고 이는 이집트 18 왕조와 동기화시킬 수 있다. 고대 근동의 지역적 강대국에 대해 알려진 것과

지 않으며, 호렘헤브와 같은 몇 가지의 예외만 있을 뿐이다(Thomas Schneider 2010, 393). 비록 저연대기가 아직 많은 수의 북비 학자들의 관심을 받지 못하지만, 저연대기는 우리가 합리적인 확신을 하고 이집트 신왕국의 연대기를 정할 수 있게 해준다.

3. 피-람세스와 이집트 체류

출애굽기에서 사용된 지명들은 구체적일 뿐만 아니라 역사적 맥락에서도 고정되어 있다. 오경에서, 다섯 절이 람세스를 지명으로 언급한다(Bietak 2000, 186).

요셉과 그의 친족이 "바로가 지시한 대로 람세스의 땅"에 영토를 소유하게 되었다는 내용인 창세기 47:11이다. "라메스"(성경에는 람세스)라는 이름은 람세스 1세라는 고고학적 기록으로 처음 출현한다(B.C. 1295-1294년경). 파라오라는 호칭은 이집트의 pr-ꜥ3, "큰 집"에서 왔으며, 투트모세 3세의 통치기간의 고고학적 기록에서 처음 등장한다(B.C. 1479-1425년경). 모든 사람이 람세스가 요셉과 동시대가 아니라는 점에 동의하지만, 람세스와 파라오가 이 본문의 사건들에 대해 뒤로 역행하는 용어들이기 되기 때문에, 이 본문은 창세기가 언제 쓰였는지에 대한 강한 시사를 준다. 고대 이스라엘인들은 살아 있는 청중을 향해 글을 썼고, 만약 독자들이 낯선 사건과 장소를 연관짓는 데 도움을 준다면 역행하는 것을 편하게 소개할 수 있다.[32]

예를 들면, 아삽의 시편은 이집트에 포로로 잡혀있는 이스라엘인들의 위치를 시편 78:43에 소안(Tanis)이라고 소개한다. 아삽은 당시 가장 가까이 사용되는 도시를 선택했다. 람세스의 다른 네 개의 구절은 이스라엘과 출애굽 여정의 어려움에 대한 언급에 출현한다.

동기화 될 때, 산출된 연대는 5-10년 이내로 정확하다(Pruzsinszky 2009, 21).

[32] 현대의 작가들도 같은 관행을 따른다. 예를 들면, 역사가들이 1507년 Waldseemüller의 세계 지도가 출판되기 전 명명된 독립체의 미국이 아니었을 때, "미국"에 사는 구 마야인(Mayans, 250-900년경)에 대해 이야기 한다.

출애굽기 1:11은 이스라엘인이 비돔/에담(Pithom/Etham)과[33] 람세스의 "국고성"을 건설했다고 언급한다. 비돔은 "아툼(Atum)의 집"인 이집트 *pr-tm*에서 유래했다(G. Davies 2004, 28). 비돔은 와디 투밀라트(Wadi Tumilat)에 위치했고, 힉소스 시대에는 반-유목민 아시아인들(seminomadic Asiatics)에게 점령당했다. 텔 엘 레타바(Tell elRetabah)의 최근 발굴은 이 장소가 초기 신 왕조 시대에 대부분 비어 있었고 결국 사이트 시대에는 폐기에 이르렀다는 것을 보여주었다(D. Redford 1982, 1055). 이 지역은 이집트에서 일반적으로 ḫtm ṯkw로 알려져 있었으나, 람세스 2세(B.C. 1279-1213년경)에 의해 신전과 요새가 세워졌을 때 *prtm ṯkw*라는 별명을 얻었다(Rzepka et al. 2013, 273; Bertha Porter and Moss 1934, 53; Petrie 1906, 28).

이런 국고성의 목적은 신전과 왕실 제의에서 발생한 제물들을 위한 음식을 저장하는 것이었다. 음식의 대량 보관은 왕이 그가 죽은 후 제물의 영구화를 보장하기 위해 남겨두는 기부였고 영혼이 사후세계에서 유지되기 위해서 제물의 섭취가 필요하다는 믿음에 근거했다.

국고성들은 진흙 벽돌로 만들어진 창고의 연결 같았는데(출 5:7-8), 이스라엘인들은 그것을 만들도록 명령 받았다(출. 1:14). 이들 도시 중 몇몇은 오늘날에도 이집트의 신전들을 둘러싸고 있다[예를 들면, 람미세움(Ramesseum, 람세스 II 기념사원 주변). 진흙 벽돌은 낮의 더위에는 음식을 시원하게, 밤에는 따뜻하게 유지해 보존을 연장해주기 때문에, 보관 창고에 진흙을 사용하는 것이 일반적이었다.

진흙 벽돌의 제조는 신왕국 초기부터 외국 노예들이 했던 작업으로 기록되었고, 벽돌제조자들의 문제로서 짚의 부족(출 5:7)은 파피루스 아나스타시 IV에 기록되어 있다(Caminos 1954, 188).

마찬가지로, 파피루스 아나스타시 IV에 따르면 이집트인들은 벽돌제조자들에게 할당량을 정했다고 알려졌다(Caminos 1954, 106; 출 5:13-14). 레크미리(Rekhmire[34], 테베의 무덤 100)의 무덤은 아시아 노예들이 진흙 벽돌 만드는 모습을 보여 준다(N. Davies 1943, 54 and plate 58; Kemp 2000, 83). 일반적으로 이집트는 특별

---

[33] "에담"은 pi/pr(집/재산의) 접두사가 생략된 "비돔"과 동의어로, 출애굽기에서 언급된 "람세스"도 접두사가 떨어진 것과 유사하다.

[34] 투트모세 III 와 아멘호텝 II의 통치 기간 도시의 주지사(Thebes)와 Vizier로 봉사 한 18대 왕조의 고대 이집트 귀족이자 공무원이었다. https://en.m.wikipedia.org/wiki/Rekhmire

한 기술이 없는 소작농 농부들을 과잉으로 가졌기 때문에, 이집트에서 노예의 역할은 숙련된 노동을 수행하는 것이었다. 오경에서 지명 "람세스"의 다른 세 가지 성경적 사례는 출애굽 여정(출 12:37; 민. 33:3, 5)을 위한 첫 번째 기준점으로, 예외 없이 출애굽기 1:11에 언급된 같은 도시를 가리킨다. 이 이름으로 알려진 고대의 유일한 도시는 피-람세스, "람세스의 집"이었다. 피에르 몬테(Pierre Montet)는 자신이 타니스에서 피-람세스를 발견했다고 생각했지만(Montet 1936, 200), 원래 배열 면 외의 다른 방향으로 배열된 람세스 왕조(Ramesside) 벽돌은 벽돌이 현장의 것이 아니라 다른 지역에서 운반됐음을 나타냈다(Bietak 1987, 164).

아바리스/텔 엘 답아(Avaris/Tell el-Dab'a) 유적에서 동쪽으로 2km 떨어진 텔 칸티르(Tell Qantir)의 고고학적 유적지에서 하바치(Habachi, 2001, 23)에 의해 이 벽돌의 출처가 확인되었다. 나일강의 텔타 지류 가운데 있는 섬에 위치한(Bietak and Forstner-Müller 2011, 50, fig. 1) 피-람세스는 지리적으로 아바리스와 구별되었고, 19 왕조 초기와 세트 1세(ca. B.C. 1294-1279년) (Bietak, Marinatos, and Palivou 2007, 14)[35] 때 아바리스가 19왕조 후반에 폐위될 때까지(Bietak, Math, and Müller 2013, 45), 그리고 20왕조 말에 피-람세스의 포기가 있을 때까지 옛 힉소스의 수도와 동시대적으로 존재했다.

텔 칸티르는 세트 1세(19 왕조)의 왕족 거주지로 처음 점령되었고 이후에 람세스 2세 통치시절 이집트의 수도로 확장되었다. 1996년 2003년, 2008년에 실시된 세슘 자기측정 조사 결과 도시의 람세스 시대의 기초 아래는 유적이 없다는 것을 밝혀냈다(Forstner-Müller 외 2008, 97-99). 이것은 고대 독자가 읽었던 방법과 대조적으로 열왕기상 6:1의 현대적인 서구 해석은 15세기 출애굽 연대에 문제를 제기한다(Gray 1970, 3-4, 160; J. Robinson 1972, 70).[36]

---

[35] 램지 사이드 초기에는 Avaris의 제한된 점령에 대한 증거가 존재하지만, 점령 기간의 전체 범위는 그 장소에서 농업의 수준측량 단순화 때문에 알려지지 않을 것이다.
[36] 왕상 6:1에서 480년의 사용은 문자적 혹은 상징성 숫자일 가능성을 나타내지만, 동시에 문자 그대로 람세스를 언급하는 본문을 함께 읽는 것은 성립될 수 없다. 오늘날 대부분 학자는 고대 근동 문학에서 발견된 선례 때문에 왕상 6:1을 상징적인 것으로 간주한다; 예를 들면, 메사 돌비(COS 2:137)는 12년 이하를 통치한 오므리에게 40년이라고 묘사한다(Thiele 1965, 24-25). 또한, 480년에 관한 복잡한 논의는 Kitchen 2005, 181-83를 보라.

람세스 시대 조상들의 집과 수도가 나일강 펠루시악 지류에 있는 이스라엘인들이 소유한 토지 중간에 있었던 것을 생각하면, 이것은 출애굽 2:1-10에서 발견되는 사건을 설득력 있게 만든다. 고대 이집트 여성들이 아이를 입양할 권리가 있었고 종종 그렇게 했으므로, "파라오(바로)의 딸"[37]이 그녀 스스로 입양할 수도 있었을 것이라는 점도 설득력 있다(Watterson 1991, 27-28). 마찬가지로, 셈족 인구의 집중과는 거리가 먼 상부 이집트에 있는 18왕조의 테베 왕조 사람들과는 달리, 많은 셈족 인구가 피-람세스에 근접해있음을 고려할 때, 모세가 람세스 2세의 가문과 직접 접촉한 것은 설득력 있었을 것이다.

4. 출애굽 경로

고대도시인 피-람세스의 확인은 여정의 시작점이기 때문에 출애굽의 현대적 분석을 위해 중요하다(출. 12:37; 민 33:3). 이집트를 떠난 이스라엘인의 수는 여자와 아이들을 포함한 "60만 명의 남자"(출. 12:37)로, 총 2백 혹은 3백만 명으로 추산된다. 그러나 스무 살이 넘은 이스라엘의 남녀가 성막에 한 베가(은 반 세겔 무게)의 속전 요금을 냈을 때, 전체 무게가 기록되었고 개인의 수는 603,550으로 계산되었다(출 38:26).

이스라엘인들은 여정에 대한 준비를 거의 하지 않았지만, 그들은 이집트인들로부터 시내 산에 성막을 쌓는데 필요한 재료가 된 귀금속과 주요 직물들을 받았다. 또한, 요셉의 시체는 가나안 땅에 매장되었다(출 13:19). 이런 복원이 가능했다는 것은 제2 중간기 시대에 지하수면 위에 공동묘지가 존재했다는 것을 암시한다. 하부 이집트에서 발견된 제2 중간기 시대의 유일한 공동묘지는 아바리스를 둘러싸고 있는 것으로 알려졌고 소작농에서 군인들까지 포함하는 매장

---

[37] 이것 역시 역행적인 기술이라는 것은 그럴듯하다; 그녀는 입양 당시 왕의 딸이 아니었으나, 아마도 그녀의 아버지인 람세스I 혹은 Seti I가 왕위에 오르자 그렇게 된 것이다. 직함의 역행적인 사용은 이집트 코퍼스의 다른 곳에서도 일어난다. 예를 들면, Taharqo는 그가 아직 왕자였을 때, 그의 군사작전에 대한 자서전적 서술에서 자신을 "전하"라고 칭한다. 이 관습은 앗수르 문서에서도 유사하게 발생한다(Millard 1980, 53).

의 특이한 다양성을 가지고 있다(Bietak 1979, 240-45; 1996, 45).[38] 그러나 아바리스 묘지는 물로 흠뻑 젖은 땅은 요셉의 미라로 만들어진 몸(창 50:26)을 발굴하고 수송하는데 실용적이지 못하게 만들기 때문에 요셉의 원래의 매장지로 적합하지 않다.

이스라엘 자손이 이집트를 떠날 때, 백성들은 떡을 반죽 그릇에 담아 그의 옷에 싸서 어깨에 메었다(출. 12:34). 후기 이스라엘과 레반트의 반죽 그릇은 낮고 넓은 반구형이지만 이집트의 빵 그릇은 길고 좁은 원통형이었다. 그리고 의복에 싸인 두루마리 같은 커다란 원통형 물건들을 그들의 어깨로 나르는 것은 이집트 관습이었다(Oriental Institute, Epigraphic Survey 1932, plate 55).

출애굽은 첫째 달 15일 피-람세스에서 시작되었다(민 33:3). 이스라엘의 첫 번째 도착지는 숙곳 (출 12:37)이었고 그다음 그들은 비돔(출 13:20)으로 갔다. 그들은 바알스본과 마주 보고 있는, 이집트에 있는 *prḥwt-ḥrt*,[39] 비하히롯(Pi-Hahirot, 출 14:2)으로 돌아갔고, 거기서 믹돌(민 33:7)의 요새 앞에 진을 쳤다. 믹돌은 카르낙에서 세티 1세의 지도에 나타났으며(Gardiner 1920, plate 11), 메디넷 하부(Medinet Habu)에서 람세스 3세(B.C. 1184-1153년 경)에 의해 언급되었다(Cavillier 2004, 65-67). 이 지도에는 호루스의 길(Way of Horus) 위에 있는 요새들이 나열되어 있는데, 이 길은 시나이 북쪽 해안을 끼고 짜루(Tjaru)에서 블레셋의 다섯 연합도시

---

38 성직자의 결핍과 왕실 장례식은 힉소스가 "전사 귀족"이라는 추측을 낳았다(Karageorghis 1995, 74).

39 Pi-Hahiroth의 번역은 논쟁이 되고 있다. 초기 이집트 학자들은 그것이 "House of Hathor"의 집을 의미할지도 모른다고 제안했지만, Albright (1948, 16)는 아마도 이집트의 여신인 "Heret"의 이름에서 유래된 "운하의 입"을 의미할지도 모른다고 제안했다. D. Redford (1987, 142-43)는 ḥrt가 "Heret"로 알려진 셈족 여신의 이름이라고 제안했지만(D. Redford 1992b, 371), 결국 어원으로서 셈족 뿌리의 가능성을 인정하게 된 것은 어원이 그 주장을 뒷받침하지 않을 뿐 아니라 이집트나 레반트 신화에서 그 이름의 여신이 확인되지 않았다는 것이 명백하기 때문이다. Hoffmeier (1996, 170)는 Albright와 비슷한 견해를 지녔지만, 어원은 거부했다. 그러나 이집트 코퍼스에서 Pi-Hahiroth가 언급된 곳(예를 들면, Pap. Anastasi III, 3.3)에서는 맞춤법(??철자??)이 명확하다. 지명은 상형 문자 pr-ḥwt인, "신전의 운명"으로 시작하는 이집트 관습에 따라오고(F. Friedman 2015, 21-24), 여신의 결정으로 끝나며, 그 지명은 신의 이름을 받은 것을 보여 준다. ḥrt는 tp(Gardiner Sign D1)가 t(Gardiner Sign X1)로 축약된 "위에 있는 사람"이라는 뜻의 ḥry(t)-tp의 이형 철자일 수 있으며, Uraeus여신의 별칭 중 하나라고 제안하고 싶다. 이 철자를 Karnak Rhetorical Stela (KRI V 89.10)에서 발견된 맞춤법과 비교해보라; Buhen, Lesser Stela, Year 1 (KRI I 101.10); Serapeum Stele, Apis-Burial, Year 30 (KRI II 370.9); Battle of Qadesh (KRI II 89.7-9); and Pap. Harris I, 50.2.

(pentapolis)로 확장되었다. 그들은 비하히롯을 떠나, 홍해(yam suf)를 지나 마라에 진을 쳤다.

얌 수프(*yam suf*)를 "갈대 바다"로 번역한 것은 에리스라 탈라사(erythra thalassa (Ερυθρὰ Θάλασσα)의 헬라어 칠십인역(B.C. 250년경)을 통해 영어로 들어간 전통적인 읽기이다. 전통적인 번역의 문제는 헬레니즘 시대에 홍해라고 부르는 곳의 위치에 대해 고대 지리학자들 사이에 의견 차이가 있는 것으로 보인다는 것이다.

그런데도, 히브리어 얌 수프를 그대로 번역하면 "갈대 바다"인데, 이것은 거의 확실하게 아라비아 만(현재 홍해)이다. 사실 얌 수프는 아마 세미-이집트 어원인 *p3ṯwfy*, "갈대"에서 유래했을 것이다(Moshier and Hoffmeier 2015, 106-7). *p3ṯwfy*는 이집트인들에게 현재 수에즈 운하인 곳을 따라 늪지대 일부였던 호수 중 하나로 알려져 있으며, 파피루스 아나스타시 3세, 2.11-12에서 언급되고 있다(Gardiner 1937, 22). 파피루스 아나스타시 3세는 메르넵타(B.C. 1210경) 3년까지 거슬러 올라가며 그 시기의 지리적 이해를 반영한다.

이 문서는 근처에 비하히롯의 "나뭇잎과 녹색 나뭇잎"이 있다고 언급하고 있다(Pap. Anastasi III, 3.3 [Gardiner 1937, 23]). 또한, 이 글은 람세스 2세 (Ramesses Meriamun)의 출생 이름으로 쓰여진 피-람세스왕에 대한 언급도 하고 있는데(Pap. Anastasi III, 1.12 [Gardiner 1937, 21]), 후에 누가 피-람세스로 이름 지어졌는지 의심할 여지가 없다. 파피루스 아나스타시 3세에서 언급된 세 개의 지명이 출애굽기에서 발견되는 것과 유사한 지리적 순서에 놓였다는 사실은 정체성에 대해 거의 의심을 남기지 않는다.

5. 결론

이스라엘인들은 홍해를 건너서 사흘 동안 수르 광야와 마라로 갔다(출 15:22; 민 33:8). 그들은 엘림에 도착하여, 둘째 달 15일에 출발하여(출 16:1) 바란 광야 (Wadi Feiran)로 진전하여 시내 산으로 갔다. 시나이산에서 이스라엘인들은 산기슭에 야영했고, 성막과 제사 기구를 만들었는데, 기구에는 언약궤를 포함한 것이었다(출 25장).

증거는 출애굽 이야기가 개연성이 있음을 가리킨다. 문화 및 지리적 참고문헌은 나일강 삼각주 지역과 이집트 풍속에 대해 상세하게 잘 아는 후기 신왕국에 존재했던 고대 저자들을 가리키며, 출애굽 기사가 역사적 사건으로 신뢰할 수 있음을 강하게 시사한다.

제25장

정착 시기

페카 피트케넨(Pekka Pitkänen)

1. 들어가기: 시기와 자료

성경적 자료의 관점에서 보면, 정착 시기는 고대 이스라엘인들이 약속의 땅으로 부르는 곳에 들어갔을 때 시작되었다고 할 수 있다. 이것은 약속의 땅(참고, 민 32장)에서 일어나며 요단강 동편 사건은 민수기에 그 뒤의 요단 서편 사건은 여호수아에 기록되어 있다. 그 후 사사기에서는 여호수아가 죽은 후 이스라엘인들이 이 땅에서 어떻게 살아왔는지 서술되어 있고, 이스라엘인들이 왕을 요청하고, 사무엘, 사울, 다윗, 솔로몬의 시기에 왕정이 세워졌을 때(삼상-왕상 1장과 평행본문인 대상-대하 9장), 비로소 정착이 완료되었다고 분류할 수 있다(참고, 왕상 9:20-22와 아래 내용을 보라).

또한, 출애굽기-민수기와 신명기의 법적 자료는 이미 창세기에서 족장인 아브라함, 이삭과 야곱에게 이미 약속한 새로운 땅을 위한 명백한 암시가 포함되어 있다(참고, 창 12:1-3, 7; 26:2-5; 28:10-15; 신 1:8; 12:1; 레 18:1-5). 그렇다면 전체적으로 이스라엘인들의 정착을 고려하면서 창세기-열왕기상 10장(역대기 평행본문과 함께)의 성경 자료를 포함하는 것이 적절하다. 사실, 정착 과정을 이해하는데 있어 중요한 것은 이렇게 넓은 맥락이다. 실제 정복과 땅의 직접적인 사용(민 21; 27; 31-34; 36; 수; 삿 1-2장)을 기술하는 본문에 대한 좁은 초점은 그 기간에 대한 불완전한 평가로 귀결된다(아래를 보라).

성경 본문을 제외하고, 이 지역에서 나온 고고학적 증거는 해석과 역사 재건의 주요 자료를 제공한다. 그런 증거는 19세기 말부터 축적되어 왔다(예, Moorey

1991; Hawkins 2013; M. Steiner and Killebrew 2014를 보라). 여기서는 이 책의 다른 곳처럼 고고학적 증거를 조사하려는 의도는 없다. 하지만, 몇 가지 주목할 만한 발언들이 있다. 메르넵타 비문은 B.C. 1208년경에 이스라엘을 언급하고 있는데, 당시 그 땅에 그런 이름을 가진 민족 집단이 존재했음을 나타낸다.

반면에, 14세기의 아마르나 편지는 고대 이스라엘이 하나의 사회로서 아직 남부 레반트에 나타나지 않았다는 분명한 인상을 준다. 게다가 고고학적 자료들은 철기 1시대의 팔레스타인과 트랜스요르단 고원지대의 정착 패턴의 분명한 변화를 보여 주고 있다(예, Finkelstein 1988; Faust 2006b). 그러한 변화는 그 당시 새로운 독립체가 생겨났다고 의심할 만한 분명한 이유를 제시한다. 따라서 고고학적인 관점에서 보면, 정착 기간을 후기 청동기 시대와 그 지역의 초기 철기 시대 이행으로 연결하는 것은 매우 자연스러운 일이다. 비록 본문을 문자 그대로 읽을 때, B.C. 15세기 정복과 정착 연대를 의미한다고 할지라도(왕상 6:1; 삿 11:26),[40] 이것은 성경 연대기에 대체로 들어맞는다.

2. 이전의 주요 해석들

고고학적 증거에 대한 위의 언급은 이미 본문과 고고학적 자료 사이의 긴장을 보여 준다. 이 긴장감은 현실이기 때문에 무시해서는 안 되고, 그런 점에서 주요 이슈에 대한 생각을 하는 것이 중요하다. 게다가, 성경 본문 그 자체를 어떻게 읽어야 하는가 하는 문제도 있다. 연대기적 관점에서 보면, 계몽주의 시대와 성경 비평의 상승 때까지, 성경에 수록된 역사적 정보는 액면 그대로 받아들여졌다.

여기에는 모세오경의 기원과 이스라엘인의 정복과 정착에 대한 문자 그대로의 독서가 포함되어 있다. 18세기와 19세기의 오경에 대한 더욱 면밀한 연구는 J, E, D, P로 분류된 다양한 자료들로 구분되었고, J와 E의 자료 출처는 "여호와"

---

[40] 그러나 출 1:11은 13세기 연대를 제안하는 것으로 더 자연스럽게 읽힐 수 있다는 점에 유의해야 한다. 관련된 논의는 Hoffmeier 1996, 116-26을 보라. 이집트 체류와 출애굽에 대해서는 24장을 보라.

와 "엘로힘"이라는 신성한 이름을 사용했고, 각각 제사장적인 진술과 법률자료인 P와 신명기의 D로 구성되어 있다(예를 들어 Wenham 2002,160-70).

자료 구분에 따라, 19세기 초에 있었던 드 베테(W. M. L. de Wette)의 신명기 연구는 이 자료를 B.C. 7세기에 고정하는 결과를 낳았고(보라 Harvey and Halpern 2008), 율리우스 벨하우젠(Julius Wellhausen)의 후반부 작업은 P 자료를 이전의 초기 연대와는 대조적으로 바벨론 유수에서 바벨론 유수 이후로 고정시킨 것으로 볼 수 있다(Wellhausen 1927 [1878에 첫 출판]). H로 단축된, 별도의 성결 법전은 동시에 P 자료 내에서 구별되어 P보다 약간 이른 것으로 보였으나, 후에 벨하우젠에 의해 에스겔보다 후에 놓였다(Wellhausen 1927 [first published 1878], 378을 보라).

J와 E 자료는 B.C. 10세기에서 9세기까지 거슬러 올라간다(예, Wenham 2002, 176-83). 19세기에 여호수아와 오경과(as a Hexateuch) 함께 놓였으며 같은 연대로 책정되었다. 특별히 벨하우젠에 의한 자료의 늦은 연대는 역사적 가치에 대한 회의론이 수반되었다. 20세기 초 헤르만 궁켈과 관련된 양식비평 학문은 초기 시대로 거슬러 올라갈 수 있는 자료 뒤에 있는 구전 전통을 상정한다(예, Wenham 2002, 171-72).

이러한 자료들의 해석과 그리고 사사기-열왕기 또한 신명기적 역사에 관한 마르틴 노트의 이론을 발표한 것이었다(Noth 1991). 노트에 따르면, 신명기-열왕기는 바벨론 유배지에서 신명기적 역사가로 불리는 이가 이용할 수 있는 자료들을 바탕으로 통일된 역사로 구성되었다. 이것은 본질적으로 문제의 책들 구성에 대한 견해를 바꾸어 놓았으며, 예를 들면, 이스라엘인의 정복과 정착 기간을 직접 묘사한 여호수아와 사사기 모두 비록 자료가 이전 시대로 돌아갈 수 있다고 하더라도, 그들이 묘사된 사건보다 오백 년 정도 늦게 작성되었다. 신명기적 역사에 대한 생각은 20세기 후반부에 두드러졌지만, 학계는 육경의 개념으로 되돌아가고 있다(예, E. Otto 2012, 62-256를 보라).

대체로 후대의 학문은 자료와 서적의 범위와 연대에 도전했지만, B.C. 7세기까지의 신명기적 연대와 제사장 자료들의 늦은 연대는 여전히 본질적으로 주류 학문으로 유지되어 왔다(예를 들어 E. Otto 2012, esp. 62-185). 이 학문 외에도, 최대주의자로 불리는 이들은 모세 시기나 초기 연대에 기초하여 자료들을 해석하는 경향이 있다(예, Kitchen and Lawrence 2012). 특히 20세기 후반 이래로, 최소주의

자들은 대체로 문서와 그들의 바벨론 유수 전의 묘사를 바벨론 유수 이후 서기관의 것으로 보는 경향이 있다(예, Whitelam 1996; P. Davies 1992). 그러나 궁극적으로 이런 세 가지 기본적인 해석의 가닥들은 성경 비평의 등장 이후에 존재해왔다(E. Otto 2012, 62-185을 보라). 학자들 개인 사이에 세부적인 차이가 있다는 것도 명심해야 한다.

고고학에 관해서는, 성경 자료들의 맥락을 이해시키기 위한 시도로 19세기에 처음 생겨났다(예, Moorey 1991; 참고, 예, Levy 2010a). 그러나 자료가 축적되기 시작하면서 성경 자료와 함께 해석하는 것과 관련하여 여러 가지 문제가 확인되었다. 정복과 정착 기간은 특히 문제가 있는 것으로 드러났다. 당시 그 지역에 대해 알려진 것을 고려하면, 정복은 15세기까지 거슬러 올라갈 수 없다는 것이 명백해졌다(위 참조).

유일한 대안적 가능성은 13세기와 12세기 그리고 추기 청동기에서 초기 철기 시대로 전환하는 시기일 것이다. 하지만 주요한 문제가 남아 있었다. 특히, 고고학적 기록은 성경 서술에 가장 결정적인 장소에서 정복에 대한 긍정적인 증거를 제시하지 못했다는 것이 명백해졌다. 이 점에서 여리고와 아이는 가장 어려운 장소이다. 특히, 아이 장소는 이스라엘이 정복하기로 된 시점에 전혀 점령되지 않은 것 같다.

이에 따라(예를 들어 Pitkänen 2010, 31; Lenski 2005, 148-52; Hawkins 2013, 29-48), 20세기 초 윌리엄 올브라이트와 그의 제자들이 주장했던 것과 같은 대체 정복 모델이 제시되었는데, 이 모델은 여호수아의 지도력 아래의 통일된 정복과 13세기 가나안의 파괴와의 연결을 시도했다.

20세기 중반 알브레흐트 알트가 마르틴 노트와 함께 제안한 평화-침입 모델은 이스라엘인들이 평화롭게 그 땅에 이주한 유목민임을 제안했다. 20세기 후반 조지 멘덴홀과 노만 갓월드가 제안한 모델은 이스라엘이 가나안인들의 지배자들에게 반기를 든 가나안인들이라고 제안했다. 학문은 이 모든 모델들에 문제를 보여줬다. 그러나, 특히 주류 학문 내에서, 고대 이스라엘에게 토착 기원이 있거나 적어도 그것을 포함하고 있다는 견해를 계속 유지하고 있다(Hawkins 2013, 43-48을 보라).

3. 사회과학적 관점: 변방사회, 이주, 정착민 식민주의

위의 조사는 성경과 성경 외적 증거 모두 이스라엘의 초기 정착 기간을 재구축하려 할 때 고려해야 한다는 것을 보여 준다. 명백히, 아마르나 서신에서 증명된 가나안 소규모 정치적 부대 체계가 적어도 분열된 군주국 시대에 실체로 발견되기 때문에, 우리는 그 지역에서 어떤 종류의 변화가 일어났음을 알 수 있다. 그러나 그 세부적인 것에서 변화가 정확히 무엇이었는지 확실하지 않고, 그리고 이것은 이 책의 다른 곳에서 구체적으로 다뤄진 통일 왕조의 성격에 대한 질문을 포함한다(26장 이후를 보라). 다음 논의는 본 저자에 의해 최근에 제안된 설득력 있는 새로운 복원을 제시한다. 그것은 고대 이스라엘은 하나의 사회로 보고, 사회 과학의 틀 안에서 성경과 고고학적 자료 해석과 최근의 사회 과학의 진보를 바탕으로, 어떻게 사회가 생겨날 수 있었는지를 고찰한다(특히 Pitkänen 2016a을 보라).[41]

4. 억압하는 사회 구조 도피

사회 과학은 초기 이스라엘 사회의 흥미로운 배경을 제공할 수 있다. 전체적으로 고대 근동 지역은 사회 계층화와 연관된 농경사회의 맥락에서 볼 수 있다. 이것은 사람들이 과잉 개발할 수 없었고 사회 계층화가 제한된 수렵 채집 사회로부터의 발전이다(Nolan and Lenski 2015을 보라). 계층화된 농경사회에서, 작은 엘리트들이 대부분 사회자원을 통제했으며, 나머지 인구는 일반적으로 가난하게 살았다. 고대 이스라엘 법률, 특히 신명기는 비교적 평등주의적 사회를 의미하고, 평등주의에 대한 분명한 주제는 과거 이집트에서 이스라엘의 노예 경험이다(예, J. Berman 2008). 고고학적 증거는 비슷한 규모의 산악지대 철기 1기 거주지와 규모가 비슷하고, 평등주의 사상과 맞는다(Dever 2003, 169, 193을 보라).

---

41 사회과학은 일반적으로 시간과 공간을 초월하여 인간 사회를 비교하고, 공통적인 특징을 결정하고, 동시에 각 사회의 고유한 특징의 가능성을 인정하는 것을 포함한다. 그러면 이것은 논의가 되고 있는 사회/사회들에 대한 이해를 증진시키는 것으로 이끌 수 있다.

게하르트 렌스키가가 제시한 바와 같이, 역사를 통해 때때로 사람들은 표준 농업 사회 구조의 제약에서 벗어나 적어도 비교적 평등한 새로운 질서를 확립할 수 있었다. 그러나 이것은 일시적인 발전일 뿐이고, 어느 정도 시간이 지나면 오래된 질서가 다시 확립될 것이다(Lenski 2005, 159-63; Nolan and Lenski 2015, 199-200을 보라).

이런 재정립은 군주제의 시작부터 고대 이스라엘에서 일어난다고 고려될 수 있는데, 성경 본문(예, 삼상 8:10-18; 왕상 12:1-4)과 고고학적 증거 모두, 특히 주거지의 상대적 크기 측면에서 볼 때, 사회적 계층화가 증가했음을 시사한다(Dever 2003, 169, 193을 보라). 흥미롭게도, 새로운 평등주의 질서는 새로운 사회가 영토를 확장하고 새로운 자원을 획득할 수 있는 소위 개척 조건이 유지되는 한 가능한 경향이 있다(Lenski 2005, 159-60; Nolan and Lenski 2015, 199-200을 보라).

이것은 초기 이스라엘과 잘 맞는데, 그들을 위한 국경 폐쇄는 본질적으로 성경 본문에 따른 왕권의 확립과 일치하고, 이것은 또한 산악지대 물질문화의 확대 패턴과도 맞는다(아래 참조).

5. 이주와 정착민 식민주의

개척 사회에 대한 생각은 여러 면에서 농민 반란 모형과 양립할 수 있다. 그러나 렌스키가 지적한 바와 같이, 그런 반란은 적어도 사회 질서를 더욱 평등주의적인 것으로 바꾸는 의미에서 역사에서 성공하지 못했다(Lenski 2005, 153-54). 보통 엘리트들이 자발적으로 권력을 포기하지 않는다는 사실(Lenski 2005, 153을 보라)과 이를 결합할 때, 보기는 어려워 보인다. 14세기 이미르나 서신에서 증명된 거의 독립적인 소규모 독립체들 체제가, 심지어 단일체들(units)이 정치적 통합의 길을 찾았다고 하더라도, 어떻게 새로운 평등주의 질서가 바뀔 수 있었는지 알기에는 어려워 보인다. 그러나 외부적인 요소를 가정한 것은 변화를 위한 설득력 있는 원인과 메커니즘을 제공할 수 있다. 렌스키 자신은 이집트에서 도착하여 사회 전반을 위해 이집트로부터의 해방의 이야기를 확립할 수 있는 엘리트와 함께, 저지대에서 온 사람들의 자료를 제시했다(Lenski 2005, 163-66).

이것은 발생했을지도 모르는 일에 가까울 것이다. 이스라엘인들과 함께 이집트를 떠난 "수많은 잡족"('ereb rab [출 12:38])을 말하는 성경 본문들은 이 용어가 이집트 이외의 곳에서 온 이민자들을 나타낼 수 있을지라도, 특별히 새로운 사회가 초기 형성 단계에 있었기 때문에, 초기 이스라엘인들을 위한 기원의 다양성을 허용하는 것처럼 보일 것이다. 그러나 최근의 이주 연구는 새로운 지역으로 이주하는 사람들이 그들의 정착지역에서도 놀라울 정도로 증가할 수 있다는 것을 나타낸다(Bellwood 2013, 247을 보라). 따라서, 초기에는 작더라도, 이집트 구성요소는 숫자에서도 지배적으로 될 수 있었다.[42]

새로운 사회가 초기 지역에서 어떻게 설립되고 확장되며 그것이 유지되고 보수되는가에 대한 메커니즘은 정착민 식민주의의 사회과학적 모델이라는 관점에서 이해될 수 있다. 정착-식민 이론에서, 정착민들은 새로운 사회를 건설하기 위해 새로운 땅으로 이주하는 이주자들을 식민지로 만들고 있다(Veracini 2010, 3-8; cf. P. Manning 2013, 5-7).

그들은 자신들의 정착지에서 기존의 사회정치 질서에 적응할 준비가 되어있는 간청하는 교차 지역사회(cross- community) 이주자들과는 달리, 자신들이 주권을 주장한다는 점에서 일반적인 이주자들과는 다르다(Veracini 2010, 3을 보라). 정착지에 주권을 주장하는 충분한 수의 사람들이 있으면, 정착민들 집단이 형성되고, 이 집단은 재생산되고 확장할 수 있다. 팽창의 목적으로, 새로운 사회가 확산하는 이 지역에 존재하는 토착 민족은 살인, 추방과 흡수를 통해 제거된다(상세한 설명을 위해 Veracini 2010, 16-52를 보라). 새로운 사회는 전형적으로 다양한 방법으로 그 땅에 대한 영향력을 정당화하고, 또한 원래 사회의 그것 대신에 새로운 사회와 정치적 질서를 개념화하고 확립한다(D. Day 2008; Wolfe 2008을 보라). 대체로 정착민 식민주의는 초기 침략으로 토착민들을 제거하는 과정이 장기화하는 사건이라기보다 특정하게 복잡한 사회적 형성과 구조다(Wolfe 1999, 2, 163; 2006, 402).

---

42 내가 보기에 민수기의 큰 숫자는 의도적인 과장이라고 보아야 한다. 이 문제에 대한 다양한 입장은 Wenham 1981, 60-66; Achenbach 2003, 470-71을 보라.

고대 이스라엘에 관한 한, 초기 침략은 노예로 잡혀있었을 이집트로부터의 피난민 집단의 가나안 진출이기도 했는데, 이 또한 노예가 농경사회에서는 일반적인 제도였다는 것을 고려하면 힉소스의 축출과 그에 따른 이집트에서 아시아인의 지위 악화(24장 참고)의 여파와 일치한다. 초기 집단은 정착지에서 증가했고 고지대에서 확장하기 시작했으며, 새로운 이스라엘인 사회에 합류했을 수도 있는 이집트와 다른 곳으로부터 셈족의 추가 이주가 수반되었을지도 모른다(다시, 출 12:38의 "수많은 잡족"에 주목하라).[43]

사회의 팽창은 고고학적 증거에도 제시되었듯이 마침내 철기 1시기가 끝날 무렵 저지대에 도달했다. 새로운 사회는 그들의 족장인 아브라함, 이삭과 야곱에게 약속되었다는 믿음에 근거하여 그 땅에 대한 소유권을 정당화했다.[44]

그들은 기존의 고대 근동 법률과 조약 전통으로부터 비롯된 새로운 땅에서 삶의 토대 역할을 하기 위해서 성경에서 여호와의 것으로 여겨지는 법을 제정했다(Kitchen and Lawrence 2012를 보라). 자연스럽게, 출애굽 이야기는 법률 그 자체를 포함한 새로운 평등주의 질서에 대한 강력한 정당화의 역할을 할 것이다. 정착민들은 토착민을 제거하는 프로그램을 마련했다(출 23:27-33; 34:11-16; 레 18:24-30; 신 7장).[45]

실제로, 성경 본문 그 자체는 이미 원주민 중 일부가 동화되었고(예, 수 6:22-25; 9장), 또한 언덕 국가에서 이스라엘 민족 집단 형성은 적어도 부분적으로 영토의 이름을 호칭함으로써 동화의 넓은 프로그램을 포함했을 수도 있음을 나타낸다(Pitkänen 2016b을 보라).[46] 시내산에서 성막의 설계와 건축과(출 25-40장) 실로

---

[43] 정착자 집단으로 (보통 비교적 쉽게) 동화될 수 있는 외생적인 다른 사람들의 개념을 비교해보면(Veracini 2010, esp. 26-27), 정착자 식민지 상황을 정착자 집단, 외생적인 다른 사람들 그리고 토착민 사람들의 삼자 구분의 개념으로 이어진다(Veracini 2010, 16-32). 고대 이스라엘과 관련된 이 부분의 세부사항은 Pitkänen 2017a를 보라.
[44] 족장들의 역사성과 관련된 문제에 대해서는, 족장 시대에 관한 앞의 23장을 보라
[45] 그 본문들은 이런 제거가 여호와의 판단으로 이루어진 것으로 묘사한다(창 9:18-28을 참고하라).
[46] "Asher"라는 이름은 해당 지역에 대한 이스라엘 시대 이전의 성경 외 문서에서 증명된 것 같다는 점에 유의하라(예를 들어 ABD 1:482). 이 족장의 이름이 초기 이스라엘의 일부로 여겨졌던 영토 내의 정착지역에 기초하고 있음을 암시하는 것처럼 보인다(또한, Asher에 대한 전통의 상대적인 결여에 주목하라. 또한, 예를 들면 민수기 26:29; 27:1의 "Gilead"라는 이름). 그렇다고 하더라도, 모든 족장과 부족에게 반드시 그렇다는 것은 아니다.

에 세워진 것은 여호와가 다시 그의 이스라엘 백성과 함께 있었던(더 상세한 설명을 위해 Pitkänen 2014, 특히. 245를 보라) 새로운 땅에서 정착민 사회가 가질 수 있는 전원시(idylls)와도 어울리며, 심지어 그들의 정복이 완성되지 않았을 때도 창조 회복의 일종으로 여겨졌다(Veracini 2010, 88을 보라. 아래를 보라).

정착민-식민주의 해석은 이스라엘의 정착이 긴 과정이었다고 강조한다. 이것은 여호수아의 일부 읽기 제안대로 모든 것을 순식간에 넘겨받은 다음, 정복이 단순한 문제가 아님을 나타내는 사사기에 부딪히는, 책들 사이에 명백한 차이를 만들어낸 기습공격이 아니다.

여호수아가 정복을 묘사하고 있는 것은 맞지만, 자세히 읽으면 이스라엘인이 지배하고 있지 않은 땅의 황폐가 그 정도로 간단하지 않다는 것을 나타낸다(예, 수 13:1-7). 또한, 사회과학적 해석은 사회적 엘리트들이 이스라엘 사회 내부에서조차 그들의 프로그램을 성취하지 못했다는 것을 강조할 수 있다. 그들은 사사기가 반영하는 것처럼, 그들의 이상을 수행할 방법이 없었다(참고, Malešević 2010의 원심적 관념화 개념과 강제의 누적 관료화 개념). 또한, 분명한 정착민 식민적 해석은 다른 사회가 대체되고 있고 심지어 그것이 자연스럽게 된 측면이라고 할 때, 모든 해결이 폭력과 연관될 필요는 없다고 지적한다.[47]

여호수아에 묘사된 정복에 대해서는, 적어도 그중 일부는 전체로서 이스라엘을 위해 서 있는 여호수아와 함께, 연속적인 서술로 더 오랜 시간에 걸쳐 발생한 사건의 단축화로 보일 수 있다(참고, 수 12:7, 여호수아와 이스라엘 자손이라는 이름).

또한, 그 서술은 고대 근동의 정복 설명에 따라 과장된 형태로 보일 수 있다(더 상세한 설명을 위해 특히 Younger 1990을 보라). 심지어 성경 서술 자체에 따르면, 모든 정복된 장소들이 파괴된 것은 아니다(수 11:12-13). 그런 정복 행위가 고고학적 기록에서 반드시 입증되기를 기대해서는 안 된다. 하솔은 잠재적으로 성경 기록에 맞는 파괴를 증명한다(참고, 수 11:10-11). 여리고는 후기 청동기 유적을 포함하여 심하게 침식되었으며, 만약 정복에 관한 서술을 꾸며낸 것으로 읽으면, 그것에 반대하는 어떠한 이스라엘인들의 시도도 거부되지 않는다(Kitchen 2003b,

---

47 적어도 개념적으로 자연적 선택과 비교할 수 있는 사회간 선택(intersocietal selection) 개념과(보라 Nolan and Lenski 2015, esp. 63–66) Lenski의 개념을 비교해보라.

187-88; Pitkänen 2010, 162-69을 보라).

이렇게 되면 아이만이 현실적인 문제로 남겨졌지만, 제시될 수 있는 가능한 설명을 제외하고(예, Hawkins 2013, 105-8; Pitkänen 2010, 182-84), 모든 이론에는 변칙이 포함되어 있음을 명심해야 한다(예, Kuhn 1962를 보라). 그리고 어떤 이론 건설이든 가능한 대안의 장단점을 고려할 필요가 있으며, 이것은 모델이 제시할 수 있는 전체 그림을 바탕으로 하여 이루어져야 한다.

6. 결론: 고대 이스라엘 정착의 해석

이스라엘 정착의 재구성은 창세기-여호수아를 고대 이스라엘 정착 식민주의를 정당화하고, 심지어 꾸며낸 것이라도, 초기 이스라엘에 대한 정보를 폭넓게 제공하는 통일된 문서로 읽는다. 이런 통일된 읽기는 통시적인 자료 비평적 고려사항을 무시할 필요가 없다. 예를 들어 보통의 오경 자료는 본질적으로 존재한다고 인정될 수 있지만, 그것들의 순서와 모든 사회적 맥락과 의미는 재구성된다.

이 점에서, 최근에 자료와 편집 비평적 고려사항을 바탕으로 상세하게 주장했듯이, 신명기는 출애굽기의 언약 코드와 출애굽기-민수기에서 제사장적이고 거룩한 자료에 근거한 건축으로 보일 수 있다(Kilchör 2015을 보라). 문체의 변화와 민수기와 신명기 사이의 서술의 연속성을 설명하기 위해, 출애굽기-민수기와 신명기에서, 두 개의 언약에 따라, 두 명의 저자가 창세기-여호수아를 썼다고 상정할 수 있다(Pitkänen 2015; 참고, Kitchen and Lawrence 2012, 3:127-31을 보라). 이렇게 해서 성경과 고고학적 고려사항이 잘 어우러지는 정착기에 대한 새로운 해석에 도달할 수 있다.[48]

---

[48] 즉 민수기-여호수아에 있는 역사가 문자 그대로 받아들여지지 않고 심지어 그들의 현재와 미래의 관점에서 프로그램적이고 이상화된 특징을 포함한다고 하더라도 성경 본문은 실제 역사를 반영한다. 사사기에서는 이미 여호수아에 암시되어 있다고 하더라도 그것을 주의 깊게 읽는다면, 문제의 기간에 실제로 일어났던 일을 고려할 때, 민수기-여호수아의 이상주의가 어떻게 완화되어야 하는가를 보여 준다. 그리고 고고학적 증거는 궁극적으로 사건들과 변화가 발생하는 넓은 패턴을 보는데 이바지한다. 세부적인 것은 특히 Pitkänen 2010; 2017b를 보라.

이런 독서는 종교적이고 정치적인 결과가 있다. 결국, 이런 해석은, 더 강한 사회가 약한 사회에 대해 시행하는 폭력과 사회 대체의 문제를 고려하기 때문에, 이미 존재하는 많은 식민지로부터 독립 후의 독서와 연관성을 가지고 있다. 현대사회에서 비교 가능한 과정으로는 북아메리카 대륙에 대한 영국과 미국의 정복(예, Hixson 2013), 호주와 뉴질랜드의 탄생, 남아프리카공화국과 그에 따른 인종차별의 탄생, 그리고 현대 이스라엘이 팔레스타인 지역으로 계속 확장하는 것이 있는데, 이는 19세기 유럽의 민족주의와 식민주의와 시오니즘의 탄생으로 거슬러 올라간다(예, Pappe 2004; 참고, Pitkänen 2010, 89-99; 참고, Cavanagh and Veracini 2017).

제26장

통일 왕국

스티븐 M. 오르티즈(Steven M. Ortiz)

1. 들어가기

통일 왕국에 대한 성경 본문에는 전투의 위업에서부터 궁전 음모, 다윗의 위대한 지도력과 삶에서부터 솔로몬의 부와 지혜에 이르기까지 많은 이미지를 포함하고 있다. 성경 저자들이 고대 이스라엘의 체계적인 역사를 쓰는 데 집중한 것만은 아니다. "통일 왕국"이라는 용어는 성경 저자들에 의해서도 사용되지 않는다. 사실, 솔로몬 시대에는 대부분 본문이 성전 건축과 관련되어 있다. 따라서, 역사학자가 가진 문제 중 하나는 이 두 명의 왕과 관련된 전통의 층을 제거하는 것이다.

게다가, 통일 왕국에 대한 성경 외의 역사적 증거는 많지 않다. 역사학자들은 다윗과 솔로몬이 다른 역사적 자료에 발자국을 남길 것으로 추측하는 경향이 있다. 철기 시대 II 이전의 역사적이고 고고학적인 기록은 고대 이스라엘 왕들의 이름이나 비문이 거의 드러나지 않고 있으므로, 그들이 쉽게 이해할 수 없다는 것을 알 수 있다(이것은 블레셋, 에돔, 암몬, 모압, 아람 등에도 해당한다). 그 사건들 후에 문헌들이 쓰였다는 사실과 역사적 언급이 부족하다는 사실은 통일 왕국을 재건하기 위한 다양한 접근법을 촉발했다.[49] 어떤 학자들은 연합 군주국의 역사를 재건하려는 시도를 포기하기도 했고,[50] 다른 학자들은 우리가 역사적 사건과 이

---

[49] 이집트와 앗수르의 자료에서 다윗과 솔로몬에 대한 언급이 부족하다는 가벼운 (하찮은) 논쟁에 대한 보다 충분한 논의를 위해서는 Kitchen 2003b, 88–91을 보라.

[50] "minimalist"가 자연스럽게 가장 적절한 용어가 된 것 같은데, 아마도 여기서 기본적으로 사용

후의 전통을 구별할 수 있다고 제안하기도 한다.[51]

텔 단 돌비의 발견과 함께, 다윗의 역사성은 더 의심받지 않는다. 성서학자들과 고고학자들은 통일 왕국에 대한 성경의 서술이 얼마나 역사적이며 성경 저자들에 의해 얼마나 많은 편집을 받았는지 논쟁하고 있다. 이 장은 성경 본문과 고고학적 자료를 바탕으로 역사적 재건을 하는 데 초점을 맞추고 있다.[52]

2. 성경의 서술

다윗과 솔로몬에 대한 설명은 크게 세 자료로 나뉜다.

(1) 사무엘서
(2) 열왕기서
(3) 역대기서

사무엘과 열왕기의 서술은 신명기적 역사라고 불리는 더 큰 자료에 속한다. 학자들은 승계설화, 성전 건축의 서술, 법궤 설화, 사울의 등장과 실패, 다윗의 등장, 나단의 신탁, 그리고 다윗의 궁정 역사 등을 전하는 문헌에서 "자료들"을 밝혀냈다. 원자료 외에도, 통일 왕국은 메시아사상, 왕권, 하나님의 왕국, 시온, 예루살렘 성전의 중심적 역할 등의 다양한 신학적 모티브의 본보기가 되었다. 이런 모티프들은 자연스럽게 공동체의 생활을 통해 주요 개념으로 성장하여 이 기간에 실제 사건의 기록에도 영향을 끼쳤다.

다윗에 대한 성경의 설명은 다양한 군사적 업적과 사적인 상호 작용에 초점을 맞추는 경향이 있다(예, 골리앗과 싸움, 그의 아내와의 은밀한 대화, 왕실에서의 사건들). 이러한 유형의 설명은 여러 학자가 이 이야기들은 전설과 동일시하도록 만들었다. 자연스럽게, 이런 구체적인 이야기들은 자신들의 문학적 전통으로 발전하여

되는 용어가 될 것이다(예를 들어 P. Davies 1992; Thompson 1992; Lemche 1998a)
51 예를 들면, S. McKenzie 2000; Halpern 2001; Finkelstein and Silberman 2001.
52 게다가 Mesha Inscription은 다윗을 지칭할 수도 있다(36장 이후를 보라)

이스라엘이라는 국가 건설에 더 큰 이야기로 엮어졌을 것이다. 넓은 획을 긋는 것 외에 전통을 분리하거나 이런 설명에 대한 역사성을 확인할 방법이 없다.

솔로몬에 대한 성경의 설명(왕상 1-11장)은 군주국의 관리 대 왕의 개념 확립과 족장 연합으로부터의 사회 변혁에 초점을 맞추고 있다. 솔로몬에 대한 성경 기술의 요약은 그의 지혜, 부, 외국인과의 결혼, 그리고 건축 프로젝트- 가장 중요한 것은 성전-를 묘사한다. 성경 저자는 솔로몬의 통치를 요약한다.

> 솔로몬 왕의 재산과 지혜가 세상의 그 어느 왕보다 큰지라 세상 사람들이 다 하나님께서 솔로몬의 마음에 주신 지혜를 들으며 그의 얼굴을 보기 원하여(왕상 10:23-24).

3. 지정학적 상황

철기 1~2시대(B.C. 1100- 900년경)의 전환기에 레반트는 이차 국가들이 여럿 생겨났다. 비록 이런 발전이 단독적이거나 단일 변수에 의해 야기된 것은 아니라도, 역사가들은 다양한 정치권이 이차 국가로 성장하여 남과 북의 주도권을 놓고 다투면서 일어났던 정치적인 술수를 재구성할 수 있다. 통일 왕국은 지중해 동부와 특별히 남부 레반트의 이런 주요한 변화 중에 발생했다. 주요 국가들 (이집트, 미타니, 히타이트, 미케네 등)의 붕괴는 13세기(혹은 후기 청동기 시대) 붕괴라고 알려진 권력 공백을 만들어냈고 이는 심한 파괴와 이동을 만들어냈다. 사울의 상승과 예언자 사무엘의 축소에 대한 성경의 기술은 이 시기를 잘 보여 준다.

블레셋 사람들이 지배적인 실체가 되어가고 있었기 때문에, 지배하에 있는 이스라엘 사람들은 유사한 정치적 조직체로 부족들을 조직할 "왕"을 원했다. 비록, 사울은 국가로 발전시킬 수는 없었지만, 이스라엘 부족을 더욱 정치적 조직체로 조직할 수 있었다. 다윗 때가 되어서야 정치적 변화가 일어날 수 있었지만, 그때까지도 여전히 부족의 충성을 바탕으로 한 취약한 사회 조직이었다.

정치와 사회 조직의 변화와 더불어 남부 레반트의 지리적 위치가 통일 왕국의 발흥에 영향을 미쳤다. 남부 레반트는 전통적인 국제 해안 도로와 고대 근동의 주요 교통수단이었던 트랜스요르단 고원을 따라가는 도로라는 주요 북쪽 남방 노선으로 구성되어 있다. 또한, 두 개의 주요한 동-서 노선이 있었는데, 북쪽의 두 개의 북-남을 연결하는 넓은 이스르엘 평야와 가사와 에돔인의 영토를 잇는 네게브 광야이다. 이 네 개의 경로와 남부 레반트의 지형은 상호 작용의 영역을 만들어냈는데, 교차로들은 국가들이 소유하려는 권력 제어의 가치를 지닌 지점이 되었다.

팔레스타인은 주요 경로들의 통제를 자본화한 최초의 정치적 조직체로서, 특별히 주요 북-남 해안 경로의 중요한 부분을 이미 차지하고 있었기 때문에 더욱 그렇다. 사무엘서는 이스라엘 부족의 서쪽에 있는 블레셋의 팽창주의적 정책에 초점을 맞추고 있지만, 고고학은 이 시기에 대한 더 큰 창을 제공할 수 있다. B.C. 11세기까지 블레셋은 이미 남부 해안 평원에 주요 도시 중심지를 가지고 있었다(예, 아스돗, 가드, 에그론, 아스글론, 그리고 가사)(Dothan 1998). 성경에는 언급되어 있지 않지만, 그들은 몇몇 작은 점령지역을 확보하면서 서쪽 네게브 지역으로 확장되어, 아라비아에서 해안으로 가는 남쪽 무역 경로를 통제할 수 있었다(Singer 1994; Z. Herzog 1994).

에일랏에서 다메섹에 이르는 중요한 경로로서 "왕의 도로"(민 20:17, 21:22)에 대한 성경적 언급이 있기는 하지만, 국가 정치에 대한 언급은 이후 역사적 시기에 이르러서야 일어난다.

최근 에돔에 대한 고고학적 연구는 요르단의 와디 아라바(Wadi Arabah 동쪽에 있는 파이난 지역의 키르밧 엔 나하스에 주요한 구리 광산 산업이 있었다는 것을 보여주었다(57장 이하를 보라). 거대한 성채와 행정 건물은 발굴자들에 의해 B.C. 10세기까지 거슬러 올라간다. 토마스 레비는 에돔이 B.C. 10세기에 집중적인 무역 네트워크를 가진 중앙집권화 된 정치적 독립체라고 가정해왔다(Levy 외 2004).

4. 국가 형성

통일 왕국은 남부 레반트에서 형성된 이차 국가로 보는 것이 제일 좋다.[53] 이것은 철기 2시대의 전형적인 것으로, 이 기간에 다른 이차 국가들이 많이 형성되

---

[53] "제2국"은 "제1의/지배적인 국가"의 맥락 안에서 성장한 상태를 말한다. 그것은 보통 다양

었기 때문이다(예를 들면, 아람, 블레셋, 암몬, 모압, 에돔). 따라서, 후기 청동기 시대에 주요하고 큰 국가들이 붕괴되면서, 통일 왕국이었던 남부 레반트의 작은 국가들은 진공상태에서 형성되었다(예, 이집트의 신왕국, 미타니, 미케네, 히타이트).

고대 근동 역사에서 국가 형성의 촉매제가 되었던 것 중 하나는 여전히 이 지역 국가들을 지지하고 있는 근본적인 부족 조직이다. 많은 학자가 다윗의 국가 발흥이 많은 중동 문화에서 발견되는 패턴과 일치한다는 점에 주목했다.[54] 로렌스 스테이거는 세습 왕족의 친족 모델을 통합한 모델을 제시했다(Stager 2003a). 이것은 다윗과 솔로몬이 이미 확립된 초기 부족 구조를 바탕으로 왕국을 조직한 성경 본문에 의해 지지를 받고 있다(예를 들면, 솔로몬의 행정 구역[왕상 4:7-19]).

통일 왕국의 영토는 지리적으로 다양했다. 유다 남쪽 부족은 중앙의 산지에 국한되어 남쪽과 동쪽의 사막 지역에 접해있었다. 블레셋과 산지와 해안 사이의 비옥한 세펠라를 통제하기 위해 경쟁했다. 북부 부족들은 갈릴리와 사마리아 산지를 점령하면서 다양한 문화적 정치적 영향들(예, 페니키아인, 아람인)이 뒤섞여 있었다. 북부와 남부 지역을 하나의 정치적 독립체로 통합하는 것은 작은 일이 아니었다.

다윗은 먼저 남쪽에 있는 아말렉 족속으로부터 그들을 보호하여 남쪽의 부족들 사이에서 지지를 확립했다. 그는 또한 블레셋 영토의 시글락에서 교활하게 전사들의 기지를 구축하여 블레셋의 적개심을 가라앉혔다. 이 지역의 지지를 얻은 그가 헤브론에 첫 번째 수도를 세운 것은 자연스러운 단계였다. 그는 북부의 지지를 얻는데 더 힘든 시간을 보냈다. 그런 일은 북부 지도층이 뿔뿔이 흩어진 다윗의 집과 사울의 집 사이에 내전이 있고 난 뒤에야 일어났다(삼하 2:12-4:12). 그는 사울의 딸 미갈을 아내로 삼아 사울 가문의 므비보셋에게 친절을 베풀어 빠르게 지지를 얻었다(삼하 9장).

하게 복잡한 사회들 간의 상호 작용에서 선재 한 상태나 형식의 붕괴에서 출현한다(Master 2001; Joffe 2002; Kletter 2004). 남부 레반트의 국가 형성에 대해 반대 관점에 대해, 핑켈스타인 2010은 국가가 앗수르 제국의 서쪽 확장의 촉매제를 바탕으로 B.C. 9세기에 시작되었다고 제안한다.

54 Joffe 2002는 인류학적 이론을 결합한 가장 포괄적인 모델을 제시했다 Younker 1999 and B. W. Porter 2013을 보라.

다윗의 국내정책은 두 가지였다. 블레셋으로부터 부족들의 안전을 지키는 것과(삼하 5:17-25) 단결된 새로운 이미지를 만들어서 부족들을 통합시키는 것이었다. 다윗은 남부나 북부 부족에 속하지 않은 예루살렘이라는 나라의 중심부에 있는 중립적인 수도를 선택했다. 여부스 예루살렘을 점령한 후, 그는 그곳에 언약궤를 옮기고, 어떤 특정한 부족도 아닌 국가에 속하는 예배의 중심지로 성전을 짓고 싶다는 뜻을 공개적으로 밝혔다. 다윗의 외교정책도 두 가지였다. 주변 국들을 정복 혹은 제압하거나 중요한 의사소통과 교역로를 통제하는 것이다. 우리는 역대기에서 서쪽에서 동쪽으로 요약했다.

(1) 블레셋(대상 18:1)
(2) 아람소바와 모압(2-3절)
(3) 북쪽 트랜스요르단 고원
(4) 하맛(10절)
(5) 아람 다메섹(5-6절)
(6) 에돔(12-13절)
(7) 암몬(19:10-19)

통일 왕국은 공물을 바치는 왕국(에돔, 모압, 암몬, 아람 다메섹, 아람 소바; 몇 군데는 이스라엘 총독을 임명하였다[삼하 8:6, 14])을 정복했고, 종속국 왕들이 다윗의 패권을 수용하도록 만들었다.

5. 정치적이고 사회적인 조직

통일 왕국은 연대기적으로 이집트의 21왕조와 22왕조와 일치한다. 이 시기에 이집트가 약했던 동안, 21왕조의 시아문(Siamun)과 22왕조의 세송크 1세(Kitchen 1986; Mysliwiec 2000)는 원정을 나섰다. 이집트와 통일 왕국의 상호 작용에 대한 최고의 불가사의 같은 언급을 제공하는 본문은 솔로몬의 통치 기간 중에 나왔다. 일부는 바로의 게셀 정복, 지참금으로 솔로몬에게 주는 선물, 공주를 위한 그의 건축, 그녀가 "다윗의 도시"에서 그녀의 집으로의 이동을 염려한다(왕상 3:1; 7:8; 9:16, 24; 11:1; 대하 8:11).

다른 사람들은 솔로몬과 이집트의 무역 관계, 특히 이집트에서 온 말과 병거를 가리킨다(1 Kings 10:28; 대하. 1:16; 9:28). 표면적으로 이런 문서들은 이집트와 통일 왕국들 사이의 관계에 대해 모순되는 서술을 나타낸다.[55] 약해진 이집트는, 신왕국 시절 이집트가 가졌던 것처럼 남쪽 레반트를 여전히 지배하고 싶어 하면서도, 그들의 북쪽 국경이었던 곳에서 부상하는 이차 국가들의 현실에 적응해야 했던 외교정책을 가지고 있었던 것으로 보인다.[56]

6. 정치 조직

성경에는 다윗의 군대가 예루살렘을 수도로 삼아 지파를 통일시켰다는 언급 외에 다윗의 정치 조직에 대한 언급은 없다. 해안 도로와 트랜스요르단 고원의 주요 교역로는 확보하기 위한 합리적인 계획이 있었다. 솔로몬의 통치 기간에 대해 우리는 그 왕국에 대한 조직적 구조에 대한 생각을 갖게 된다. 우리는 계획된 행정과 관련하여 두 가지 언급을 갖는다.

첫 번째는 솔로몬의 구역이다(Hess 1997; Rainey 2006).

두 번째는 솔로몬의 건축 프로젝트에 관한 요약문에 적힌 작은 참고문헌이다. 열왕기상 9:15에 그가 예루살렘과 하솔, 므깃도, 게셀의 도시를 재건했다고 언급한다. 그가 왜 도시들을 재건했는지에 대해 설명은 없지만, 솔로몬이 주요 통신로를 지키기 위해 주요 도시들을 배치하고 있었다는 것을 알 수 있으며, 게셀은 키르벳 케이야파의 요새보다 훨씬 서쪽으로 떨어진 아얄론 골짜기에서 전방 경비대 역할을 했다.[57]

---

55 수정 및 편집을 반영하는 본문들의 해석 역사에 대한 논의는 Schniedewind 2010을 보라
56 Malamat 1982; Kitchen 2003a를 보라; 대안적인 관점은 Ash 1999를 보라.
57 키르벳 케이야파는 이스라엘과 블레셋 간에 발생한 전통적인 전투가 다윗과 골리앗의 군사 기록에서 이야기다. 유다 산지와 엘라 계곡이 내려다보이는 중심 요새지다. 이 장소는 10세기까지 거슬러 올라가면, 통일 왕국 시절에 전진기지가 된 것으로 보인다(Garfinkel and Ganor 2009; Garfinkel, Ganor, and Hasel 2014).

게다가 이 세 도시 외에도, 본문은(15-19절) 그의 병거를 위한 저장 도시와 마을에 더하여 몇몇 다른 도시들(예, 벳호른, 바알랏, 다드몰)을 언급한다(19절). 이런 본문들에도 불구하고, 어떤 정치적이고 사회적인 조직을 재구성할 어떤 증거도 고고학적 기록에서 나온 것이다. 이는 기본 뼈대의 재구성만 제공한다(이 기간의 고고학에 대한 보다 더 자세한 내용은 8장을 보라).

7. 정착지의 계층화

국가의 특징 중의 하나는 풍경에 배열된 분배 시스템을 부과하는 정착 계층이다. 성경 본문은 구역(왕상 4:7-19), 레위 성읍(민 35:1-8; 수 21; 대상 6:54-81), 혹은 요새화된 도시에 있든 그런 체계를 암시하고 있다(르호보암 같은 [대하 11:5-10]). 최근 연구는 10세기에 농촌의 정착지가 사라지고 도시가 생겨나면서 도시화의 급격한 변화가 있었다는 것을 보여 주었다(Faust 2015). 철기 시대의 도시에는 네 가지 유형이나 단계가 있다.

(1) 수도
(2) 주요 행정 중심지, 정착 계획의 대다수가 공공 단지에 할당된 도시들
(3) 제2의 행정 도시와 왕실 요새
(4) 공공 구조물이 없거나 거의 없는 지방 도시(Z. Herzog 1992)

자연스럽게, 우리가 다윗과 솔로몬 왕국을 논할 때, 예루살렘의 수도에 대해 말해야 한다. 예루살렘에서 출토된 고고학적 자료들이 통일 왕국과 연관될 수 있는 것이 많지 않다는 것에 주목하는 것이 정확하다. 철기 시대 예루살렘의 고고학은 몇 가지 어려움을 제시한다. 철기 시대(그리고 청동기 시대) 도시는 동쪽 언덕의 산마루에 세워졌는데(다윗의 도시), 도시가 층층이 쌓였다는 고전적인 이야기와는 달리, 예루살렘의 연속적인 시기마다 기반을 다지기 위해 초기 도시를 제거하여, 초기 점령의 층계를 없앴다. 남은 유일한 증거는 흙, 창고, 침식에서 발견되는 물질문화일 것이다. 발굴작업은 B.C. 10세기까지 거슬러 올라가는 도

자기와 공예품을 발견했다. 최근의 발굴작업은 아마도 다윗의 궁전을 대표하는 공공건물과 구조물의 면적이 있다는 것을 보여주었다.[58]

조 우시엘(Joe Uziel)과 이츠학 샤이(Itzhaq Shai)는 예루살렘의 발전을 재건하는 데 문제점 중 하나는 고대 예루살렘이 대도시가 되어야 한다는 현대의 패러다임 혹은 인식이라는 점에 주목했다. 그들은 중심지가 첫째로 나타나고(예, 성전과 왕궁) 그다음으로 도시 발전이 나타난다고 가정한다. 따라서 우리는 다른 방법 대신에 도시화의 중심에서부터의 지나온 경로를 봐야 하는데, 우리는 예루살렘이 B.C. 10세기 중앙집권화된 수도와 종교의 중심지에서 8세기에 큰 도회지의 도시로 성장함에 따라 이것을 볼 수 있다(Uziel and Shai 2007). 이는 10세기부터 8세기까지 예루살렘이 확장했다는 고고학적 기록과도 일치한다.

8. 군사

성경 기사는 전투, 특히 다윗의 전투에 대한 언급을 많이 포함하고 있다. 다윗은 상비군과 그의 "전능한 사람들"을 소유하고 있었다(NRSV: "warriors" [2 Sam. 20:7; 23:8-39; 1 Chron. 11:11, 19]). 솔로몬은 1,400대의 병거를 만들어 예루살렘 등 여러 "전차 병거 도시들"에 주둔시켰다(1 Kings 9:19; 10:26). 고고학자들은 므깃도, 라기스, 그리고 이스르엘에서 복원율이 높은 B.C. 10세기 유적들을 발견했다.

드보라 캔트렐(2011)의 논문에 따르면 고대 이스라엘이 군대와 국가에 강력한 군마 구성요소들을 가지고 있었다고 입증했다. 그녀는 철기 시대 도시에 걸쳐있는 다양한 화합물을 "말과 관련된 건축"으로 정의한다. 그녀는 "므깃도와 같은 훈련 시설은 450마리의 말을 위한 마구간, 거대한 울타리가 쳐진 이스르엘 요새, 그리고 안마당, 달구지 문, 마구간을 갖춘 라기스는 사실 수천 마리의 말을 처리하고 있었는데, 그중 일부는 어느 때라도 마구간 건물로 요구되었다"라고 지적한다(Cantrell 2011, 9).

---

[58] E. Mazar (2009)는 그녀가 다윗의 궁전과 동일시되는 기념비적인 건물을 발견했다고 확신하다. 다른 학자들은(e.g., Faust 2012b) 이 건물이 더 이른 시기까지 거슬러 올라가지만, 다윗이 이 도시를 Jebusites에게서 정복했을 때 다시 사용되었다고 지적한다.

게다가 요새화된 도시와 전차 도시 외에도, 철기 1시대부터 시작해서 철기 2시기에 완전히 발전한 요새가 연달아 개발되었다. 요새는 예루살렘 근교(A. Mazar 1981; 1982b; 1990b; Finkelstein 1990)와 네게브 지방(Faust 2006c; Hairman 2012)에서도 발견되었다. 아담 제르탈(Adam Zertal)은 에브라임과 므낫세의 영토를 조사했고, 주요 도시가 내륙지역에서(시골, 지방, 오지) 요새로 둘러싸인 패턴을 발견했다. 예를 들어 사마리아 도시는 14개의 요새로 지켜지고 있었다(Zertal 2001). 이것은 분단된 군주국 시절의 북쪽 왕국의 상황에 대한 증거를 제공하지만, 아마도 통일 왕국에 대한 유사한 패턴을 보여 주고 있을 것이다.

9. 도시화

도시화의 증거는 정착지의 크기와 그 안에서 발견되는 구조물이 포함한다. 통계학적 연구는 유다에 7천 명에서 2만 명이 살고 있었다고 보여주었다(Ofer 1994; Lehmann 2003). 아미하이 마자르(2003)는 북쪽과 트랜스요르단 영토 일부가 유다에 추가됨에 따라, 이것은 영토 국가를 위한 토대가 되기에는 충분하다고 지적한다. 이 인구통계학적 자료는 고대 문화와 함께 일하는 사회과학자들에게는 타당하지만, 영토 상태에 대한 현대적인 추정을 바탕으로 더 커야 한다고 추측하는 성서학자들에게는 너무 낮은 것으로 보인다(Jamison-Drake 1991).

대규모 공공사업은 국가 수준 사회의 특징들을 식별하기에 전형적인 것이었다. B.C. 10세기로 추정되는 기념비적인 건축에 대한 증거는 고대 팔레스타인 전역에서 큰 공공건물, 요새, 궁전, 수도 시스템, 기념비적인 장식품의 형태로 발견된다. 전형적인 이스라엘 도시는 공공과 국내 구역으로 구성되어 있다. 그것은 복합 성문과 연결된 도시 벽을 가진 요새 시스템을 포함할 것이다. 여러 개의 대형 다용도 건물이 있는데, 보관, 세금 징수, 막사, 심지어 마구간까지 일련의 긴 줄의 방들로 구성되어 있다.

10. 왕국의 영토

솔로몬이 유프라테스강에서 이집트의 국경까지 모든 왕국을 통치했다"라는 성경 기록은(왕상 4:21 NIV) 이 영토가 현재 이라크에서 이집트까지 확장되었음을 암시한다. 이것은 이집트와 메소포타미아 사이의 육교를 통제하는 것을 일컫는 관용어로서 반드시 완전한 영토 통제나 혹자에 대한 진술은 아니다. 이집트의 시냇가는 시나이와 해안 평원의 경계로 서부 네게브에 있는 나할 베솔에 있다. 또 다른 성경 관용어인, "단에서 브엘세바까지"(왕상 4:25)는 이스라엘 전역을 나타내며, 북쪽 훌레 유역에서 하솔과 텔 단(Tel Dan)이라는 정복된 가나안 도시와 함께 네게브까지(브엘세바) 통일 왕국의 영토 경계를 더 정확하게 묘사하고 있다.

11. 경제

성경 본문은 솔로몬의 재산, 특히 금으로 도금된 벽과 금으로 된 가구와 그릇을 갖춘 성전에 대한 묘사를 나타낸다(1 Kings 6:21; 7:48-51). 무역, 이동식 주택, 선물과 공물 항목에 대한 몇몇 설명이 있다(왕상 9:11, 28; 10:2, 10, 14). 후에 파라오 시삭도 "주군의 집의 보물과 왕의 집의 보물을 지웠다. 그는 모든 것을 가져갔다. 그는 솔로몬이 만든 금 방패도 모두 빼앗았다"(왕상 14:26). 알란 밀라드의 설명이 다른 설명과 비교될 수 있으며 고대 근동, 특히 이집트 신 왕국과(B.C. 15-13세기) 신앗수르 제국(B.C. 9-7세기)으로부터 발견된다고 언급했다(Millard 2007).[59] 남부 레반트의 작은 영토 국가는 앗수르와 이집트 같은 큰 제국과는 비교될 수 없다는 것을 인정하면서, 많은 학자는 이 서술이 작은 왕국의 과장된 사용이나 후에 작가들이 신앗수르와 바벨론 시대의 부에 대한 왕실 묘사를 모방하려는 시도라고 추측한다.

존 할러데이(John Holladay)는 고대 이스라엘, 특히 B.C. 8세기의 왕실경제를 다루었으며, 신앗수르 제국의 유형학과 공물 추축의 역사와 관련한 히스기야의

---

[59] 대중적인 설명의 경우, Millard 1989를 보라.

공물을 비교했다(Holladay 2006). 그는 유다가 다양한 무역 구역을 활용할 수 있는 특별한 위치에 있었다고 지적했다(예를 들면, 북부의 페니키아와 남부의 아라비아 카라반). 그는 메소포타미아의 왕실 문서보관소에서 나온 문서를 분석하여, 남부에서 온 9세기경 낙타 카라반에 부과된 통행료는 동부 아프리카, 아라비아, 인도양 경제의 주요 경제적 원천이라고 결론지었다.[60] 이 분석은 통일 왕국 이후의 시기였지만, 이런 무역 경로에 대한 통제를 바탕으로 경제의 궤적을 재구성하는 것은 쉽다.

12. 성전과 제의

예루살렘의 고고학과 관련된 어려움은 솔로몬의 성전이다. 일부 성서학자들은 재빨리 솔로몬 성전에 대한 고고학적 증거가 없다고 지적한다. 이것은 위증자의 주장이며, 고고학적 자료의 성격에 대한 순진한 가정이다. 우리는 헤롯 신전에 대한 고고학적 증거를 가지고 있지 않지만, 그 존재에 대해 심각한 의심을 가진 학자는 없다(Galil 2012).

레반트에 많은 성전이 발견되었고, 우리는 성전 디자인의 진화를 추적할 수 있다. 성경 본문에 묘사된 셋으로 나눠진 성전은 통일 왕국 시대에 맞다(John M. Monson 2004). 10세기 지형의 특징 중 하나는 주요 문화 유적지가 없다는 것이다. 제2 천년 기간에는 성전과 성스러운 건물들이 많은 곳에서 발견되었지만, 10세기에는 철기 1시대 성전과 제의 장소가 버려진 서쪽 고지대에 이러한 변화가 일어나, 예루살렘에 예배를 중앙집권화하는데 신빙성을 부여한다(Mierse 2012, 100; Faust 2010).

---

[60] Holladay 2006, 326-27. 업데이트된 시각에 대해서는 Master 2014를 보라.

13. 글쓰기, 서기관, 문해력(읽고 쓰는 능력)

성경 본문에 우리는 외교, 지역, 세금, 군사 목록 등의 경륜을 보는데, 이것은 국가를 위한 단단한 문서화 시스템에 대한 증거를 제공할 것이다. 철기 2시대 후반의 시기에 보면, 도편은 일반적으로 문서화를 위해 사용되었다는 것을 알 수 있다.

예루살렘에 있는 다윗의 도시 발굴작업으로 불새로 가득한 방이 발견되었는데, 문서 대다수가 부패하기 쉬운 재료에 쓰였고, 10세기로 추정되는 글쓰기를 발견할 가능성은 희박할 것임을 시사했다. 읽고 쓰는 능력에 관한 문제가 논의되었다. 알파벳은 학생들의 글쓰기 증거를 제공한다. 분단된 군주제 기간에 기능적인 서기관 학교가 있었다는 것은 분명하다. 문제는 고대 이스라엘에 이런 학교들이 얼마나 일찍 나타났는가 하는 것이다(Hess 2009a).

14. 결론

통일 왕국의 수명은 짧았다. 그 지역은 계속해서 남부 레반트에 지배권을 위해 동맹 형식을 지속하고 싸움을 벌인 지리적으로 중심적인 영토 국가 포함을 지속했다. 북부 정치적 조직체에 대한 다윗의 통치권은 단 두 세대 동안만 살아남았다. 미래 유다 왕들은 이 시대부터 계속 계수될 것이고, 시온, 예루살렘과 선택의 신학은 분단된 군주제를 통해 바벨론 유배와 귀환에 이르기까지 계속 발전할 것이다.

제27장

분열 왕국 - 이스라엘

옌스 브룬 코포에드(Jens Bruun Kofoed)

1. 자료들

 이스라엘 역사 재건을 위한 관련 자료들은 앗수르, 이집트, 아람과 모압에서 나온 기념비적인 비문들과 정경적인 구성에서 나온 다양한 비문서적 고고학적 유물과 문서 증거들이다. 팔레스타인의 별, 항아리, 조각에 쓰인 행정적이고 낙서 같은 메모들과 열왕기서와 역대하, 아모스, 호세아, 미가와 이사야 1-33장의 성경 본문들 등이다.

 기념비적인 비문은 앗수르와 성경의 정경적인 구성요소와 그들이 묘사하고자 하는 사건이나 주장들과 동시대적이어서 다르다. 이스라엘에 대한 성경 본문의 정보는 상당히 후기 작성에 포함되기 때문에, 많은 역사가는 성경의 자료를 배제하거나 그것들을 성경 외적 증거에 의해 확증되는 경우에게만 주요한 자료로 포함하는 경향이 있다.

 그러나, 우리가 그것을 확인할 수 있는 모든 경우, 저자(들)/편집자(들)는 언제 왕들이 썼거나 편집했는지에 개의치 않고, 믿을 만한 자료 기술에 근거해야 한다(Kofoed 2005).

 그러나 이것이 성경의 정보가 무 비판적으로 사용되어야 한다는 것을 의미하는 것은 아니다. 기념비적인 비문이 분명히 왕실의 관심으로 쓰였듯이, 성경 본문들도 같이 편향된 관점에서 쓰였다. 열왕기상과 열왕기하에서-그리고 역대하에서 더욱 그렇다- 최근 다니엘 플레밍이 우리가 가지고 있는 것은 "유다의 성경에서 나온 이스라엘의 유산"이라고 묘사한 것이며(Fleming 2012), 최종 구성을 책임지는 저자(들)나 편집자(들)는 이스라엘에 관해 신학적으로 비판적이었기 때문에, 우리는 그 서술들이 신학적으로 나쁜 평가를 받는 이스라엘 왕들에 대한 긍정적인 정보가 다소 박탈당했음을 예상해야 한다. 비 문서적 고고학적 유물도 역시 해석의 대상이 되는데, 적어도 층위학(stratigraphic) 연대기에 관한 한 그렇다. 이 논의는 이 장의 범위를 넘어서는 것이다. 나는 아미하이 마자르의 것 (2011)을 따른다.

2. 개관

이집트와 레반트의 넓은 역사적 상황에서, 10세기는 이집트와 앗수르 모두 약했던 시기여서, 이스라엘, 유다, 에돔, 모압, 암몬, 아람 다메섹과 같은 작은 영토 국가들이 나타나 앗수르와 이집트 사이의 지리적 완충지대에 완전히 발달한 영토 국가로 성장하도록 허용한다. 세송크 1세(B.C. 943-922년)에 따른 제한된 원정을 제외하고, 이집트는 7세기의 느고 2세(B.C. 610-595년)의 짧은 기간까지 레반트 연안에 대한 지배권을 다시 주장하지 않았다.

그리고 9세기 후반 살만에셀 3세(859-824)와 아닷니라리 3세(B.C. 811-783년)의 치하에서 앗수르 세력의 재기를 제외하고는, 앗수르가 앞서 언급한 영토적 정치권에 대한 제국주의적 지배권을 획득할 수 있었던 것은 티글랏빌레셋 3세(B.C. 745-727년)가 되어서였다. 그 사이에 아람 다메섹과 이스라엘은 이 지역에서 가장 강하고 번영하는 왕국이 되었다.

10세기 말에, 이스라엘이 지배한 지역은 8세기에 절정에 달한 도시화 과정의 시작을 보았다(A. Mazar 2007, 155). 아브라함 파우스트는 고고학적 자료를 종합적으로 분석한 결과, 9-8세기 유다가 두 개의 사회 계층을 가진 "단순 농업사회"인 반면, 적어도 8세기 이스라엘은 비교적 많은 사회 계층과 다양한 정착 계층을 가진 "발전한 농업사회"로 발전했음을 입증했다(Faust 2012a, 205-6). 파우스트의 비문서적 고고학적 자료에 대한 해석은 앗수르, 아람과 모압의 왕실 비문에서 완전히 발달한 국가로서의 이스라엘을 묘사하는 것으로 뒷받침된다.

3. 백성, 정치와 사건들

1) 이스라엘의 분열

군주국가 이스라엘의 초기 역사에 관한 유일한 문서적 자료는 우리에게 솔로몬의 죽음에 따른 통일 왕국의 붕괴라는 두 가지 설명을 제공한다.

첫째, 솔로몬의 배신(왕상 11:1-13)
둘째, 그의 계승자 르호보암이 솔로몬이 바친 힘든 봉사를 가볍게 해달라는 "이스라엘의 모든 회합"의 요청을 거절한 정치적으로 몹시 위험한 결정(왕상 12:1-15; 대하 10:1-15)

르호보암이 예루살렘에 있는 자신의 유다파 세력 기반을 떠나서, 세겜에 있는 옛 족장과 부족의 집결지로 가서 "이스라엘의 모든 회합"을 만나야 했다는 사실은 그의 권력이 흔들리고 있고, 공동의 의사결정 전략의 억압, 정치적 족벌주의, 조세 불평등과 다메섹의 고조되는 아람인 힘에 대항하는 방어의 부재와 같은 다른 요소들이 작용했을 수 있다는 인상을 더 한다.

2) 여로보암과 바사의 집

이스라엘 통일 왕국의 붕괴와 그 결과로 생긴 두 왕국 사이의 내전은 다메섹의 아람인들이 이집트 파라오 세송크 I세(B.C. 943-922)가-열왕기상 14:25-26에 언급된 시삭- 유다와 이스라엘 영토에서 B.C. 925년경의 원정을 할 기회를 찾은 것과 마찬가지로 그들의 권력을 확고히 할 수 있게 해주었다.

열왕기상 11:29-39에서 그려진 임관식 장면에서, 여로보암은 사무엘하 7장의 다윗의 선출에 대한 틀림없는 언급으로 예언자 아히야에 의해 선출되고 왕조로 보상되었다. 여로보암은 다윗을 본받아야 한다는 말을 들었으나 행하지 않았고, 처음에 복을 받기는 했지만, 두 번의 경고를 받은 후(왕상 13-14장), 같은 예언자 아히야는 여로보암의 집에서 끊어진다고 알린다(왕상 14:14). 그 이유는 열왕기상 12:26-33에 묘사된 제의적 개혁이었다: 유일한 제의적 중심지였던 예루살렘을 대체하기 위한 경쟁적인 성소를 단과 벧엘에 세워졌고, 언약궤를 대신할 금송아지들이 있었다. 레위인이 아닌 자를 성직자로 임명하였고, 새로운 제의적 일정이 시행되었다. 신학적으로, 우리는 제의를 융합적인 것이 아니라 비정통적인 여호와 신앙의 표현으로 이해해야 한다.

조나단 그리어는 "여로보암이 여호와를 믿는 신앙인의 순례축제를 명백히 유지한다는 사실은 이스라엘 내 종교적 전통에 대한 그의 헌신과 연속성의 지표로서 중요하다"라고 말한다(Greer 2013, 41). 텔 단의 단상과 커다란 네 개의 제단 뿔 증거뿐만 아니라 철제 삽, 작은 뿔 제단, 그리고 쇠 향꽂이 등 다양한 종교용품이 발견되었다.

여로보암의 아들 나답은, 겨우 2년 동안 다스렸으나[61], 잇사갈 가문의 아히야의 아들 바아사에 의해 암살되었다(1 Kings 15:27). 바아사는 수도를 디르사로 옮기고, 24년 동안 다스렸다(1 Kings 15:33). 그는 유다의 왕 아사와 끊임없이 전쟁을 벌였고, 바아사의 공격을 피하고자, 약한 아사 왕은 아람 왕 벤 하닷에게 뇌물을 주어 개입했다. 벤하닷은 이스라엘 북쪽의 영토를 공격했고, 두 편으로 공격을 받아, 바아사는 수도 디르사로 후퇴해야 했다(왕상 15:16-22).

바아사는 신명기적 저자의 나쁜 평가를 받고, 그의 통치 막바지에 다른 예언자인 하나니의 아들 예후가 바아사에게 그의 집이 멸망할 것이라고 발표한다(왕상 15:34-16:4, 13-14). 이것은 바아사의 아들 엘라가 불과 2년 동안 다스렸고, 그의 지휘관 시므리가 그를 죽이고 "바아사의 모든 집을 헐어 버렸다"라고 한 후에 이루어졌다(왕상 16:11). 그러나 다른 지휘관은 오므리가 시므리를 왕위에 앉힌 지 불과 7일 만에 자살하도록 강요했기 때문에 시므리 치세는 가장 짧은 것으로 밝혀졌다(왕상 16:15-20).

---

61 Kitchen 2003b의 연대기가 이어진다.

3) 오므리 왕조

시므리를 암살한 지휘관 오므리(왕상 16:21-22)는 이스라엘의 왕으로서 12년간 통치하기 전에, 또 다른 경쟁자였던 기낫의 아들 디브니를 제거해야 했다. 886년 즉위부터 841년 증손자 요람(J[eh]oram)[62]의 죽음까지 지속한 오므리의 왕조는 한 가지 이상의 점에서 주목할 만하다.

첫째, 우리는 마침내 성경 본문들이 다른 자료들에 의해 보충될 수 있는 시기에 이르렀다.
둘째, 오므리 왕조의 시기는 이스라엘 왕국의 황금 시대이다.

8세기 중반에, 이스라엘은 이 지역에서 큰 영향력을 행사했고, 남부 레반트 전체에는 안정과 팽창의 시기였지만, 그런데도 그것은 오므리의 전략적 정치적 재주를 증언한다. 수도를 디르사에서 사마리아로 옮기기로 한 오므리의 결정은 교묘한 전략적인 조치였다. 논리적으로나 경제적으로, 수도는 주요 북-남 무역로인 해변 길에 훨씬 더 가까운 곳에 있었고, 페니키아, 아나톨리아와 메소포타미아에 접근하기 위해 트랜스요르단 영토에서 해안 평야와 도르 항구에 이르는 주요 노선 중의 하나로 놓였다.

첫 번째 오므리 왕조의 상대적 강점은 853년 카르카르 전투에서 다시 성행한 앗수르 살만에셀 3세(858-824) 세력의 공격을 막아내는데 성공한 12개의 지방 자체적 연합에서 아합이 주도적 파트너였다는 사실에서도 분명하다. 그러나 쿠르크 모놀릿(Kurkh Monolith) 비문에서 살만에셀은 우리에게 아합이 2,000대의 병거와 1만 명의 군사를 거느렸다고 알려준다. 모압에 대해서는, 9세기 후반의 메사 석비가 우리에게 "오므리는 이스라엘의 왕이었다"라며 "여러 날 동안 모압을 반대"했으며, 그의 아들이나 후손은 여전히 오므리 왕조 기간 내내 메사 왕의 시대에 모압을 억압했다고 알려준다(COS 2:137). 모압뿐만 아니라 유다도 오므리 왕조 동안 이스라엘과 종속 국가와 같은 관계에 있었다는 것은 열왕기상 22:4에

---

62 성경 본문에는 "Joram"과 "Jehoram"의 철자가 모두 적혀있다.

서 암시되고 있는데, 유다 왕 여호사밧은 아람으로부터 길르앗 라못을 되찾기 위해서 아합과 합세를 강요받은 것으로 보인다.

사마리아, 이스르엘, 하솔과 므깃도의 기념비적인 건축물은 오므리와 주로 아합의 시대로 거슬러 올라갈 수 있다(A. Mazar 2007, 159-60).

오므리 시대의 또 다른 중요한 특징은 페니키안과의 연결이다. 물론 유명한 것은 아합과 이세벨과의 외교적 결혼이지만(왕상 16:31), 가장 극적인 영향은 바알과 그의 배우자인 아세라를 이스라엘 예배에 도입한 것이다. 여로보암의 비정통적인 여호와주의가 융합으로 발전하고 있었는데, 이것이 바로 아합(이세벨과 함께)이 더 가혹한 평가를 받고, 다른 어떤 이스라엘 왕보다도 더 많은 공간이 신명기 역사적 저자에 의해 주어지는 이유다(왕상 16:30, 33).

아합과 이세벨은 엘리야 내러티브에서 두드러지는 인물로, 나봇 사건에서 예시된 바와 같이(왕상 21:1-16), 왕실 부부가 여호와 신앙을 바알 신앙으로 대체한 결과에 대한 책임을 져야 하는데, 왕권 남용은 토지의 소유와 사용에 관한 신명기 역사적 법의 위반인 거짓 증언, 살인과 절도 등과 연결된다. 이와 같은 이유로, 엘리야는 예언자들이 여로보암과 바아사를 상대한 것과 같은 비난을 아합에게 선언한다(왕상 21:17-24). 아합은 다음 세대에 군대장 예후가 자식이 없는 동생 아하시야(853-852년) 뒤를 이어 그의 아들 요람(여호람; 852-841년)을 암살하면서 종료되었다.

아람족(Aramaeans)에 대해서는, 다메섹과 이스라엘의 관계는 회전문 정책(swinging-door policy)의 지배를 받은 것으로 보인다. 훨씬 더 강력한 앗수르에 의해 남부 레반트 작은 국가들에 대한 압박이 있을 때, 그들은 카르카르 전투에서 언급한 연합군처럼 연합하고 동맹을 맺었으나, 외부의 위협이 차단되자마자, 지역적 갈등이 불거졌다. 많은 분쟁은 이스라엘의 북부 영토의 일부가 자주 바뀌었다는 것을 의미하며, 아합이 열왕기상 20:34에 묘사된 영토를 되찾는 것에 이어, 길르앗 라못을 되찾기 위한(왕상 22장) 다른 캠페인을 시작했기 때문에, 우리는 그 도시가 열왕기상 20:34에 언급된 언약에도 불구하고 그동안에 벤하닷 2세에 의해 되찾아졌다고 가정해야 한다. 그러나 이 정벌은 성공하지 못했고, 아합은 전투에서 상처로 인해 죽었다(왕상 22:29-40).

아합의 아들 아하시야(853-852년)는 "아버지의 길을 걸으며"(왕상 22:52) 왕위에 오른 지 2년 만에 자식이 없이 죽었다(왕하 1:2). 그의 형인 요람(여호람; 852-841년)도 "여로보암의 죄에 매달렸다"고 하지만, 그는 그의 할아버지 아합이 만든(왕하 3:2-3) 바알의 기념비를 치우고 예언자 엘리야와 더 좋은 관계를 맺었기 때문에 조금 더 좋은 평가를 받는다(왕하 3:13-14). 열왕기하 3장에서 우리는 모압의 메사 왕이 반란을 일으켰다는 것과 여호람이 유다 왕 여호사밧과 이름을 밝히지 않은 에돔 왕과 연합하여 모압을 상대로 우유부단한 정벌 전쟁을 벌였다는 것을 알게 된다.

이 사건은 메사 비문에 서술된 것과 같은 것으로, 메사는 오므리와 그의 아들이 40년 동안 모압을 억압한 후 이스라엘을 상대로 성공적으로 저항했다고 진술하고 있다. 그런 경우, "그의 아들"은 오므리의 큰 친자식인 아합이 아니라, 대략 그의 손자 요람을 지칭하는 것으로 이해되어야 한다.[63]

열왕기하 5장에서는 아람인 지휘관 나아만이 지병을 치료하기 위해 이스라엘의 왕과 예언자 엘리야와 상의하는데, 아람과 이스라엘 간에 상당히 좋은 관계인 것으로 보인다. 그러나, 열왕기하 6-7장에서 우리는 아람 왕 벤하닷 2세가 다시 이스라엘과 싸우는 것을 발견하는데, 사마리아에 대한 그의 공격은 기적적으로 피했지만, 우리는 얼마나 자주 상황이 바뀌는지를 다시 상기한다. 열왕기하 8:28-29에서 요람은-유다의 왕 아하시야과 함께(그의 봉신?)- 최근 왕위를 빼앗은 아람왕 하사엘과 싸운다. 요람은 다치고 이스르엘로 퇴각해야 했기 때문에, 아마도 전쟁에서 패배했을 것이다.

이 전투는 길르앗 라못 주변에서 벌어진 것으로 보이지만(왕하 9:14-15), 이 과정에서 이스라엘은 단을 잃었을 가능성이 크고, 1993-94년에 거기서 발견된 승리 비석을 세운 것은 하사엘일 가능성이 높다(COS 2:161-62). 깨지고 단편적인 비문들은 이스라엘 왕과 다윗 왕에 대한 아람 왕의 승리를 기념하는 것으로, 그리고 이스라엘 왕 요람과 다윗의 집 왕인 아하시야로서 두 왕의 이름을 회복시켜야 한다는 일반적인 합의가 있다.[64]

---

[63] 왕하 2장과 Mesha Inscription의 관계에 대한 보다 최근의 자세한 논의는 Greenwood 2014를 보라.
[64] 가능한 재구성의 최근 논의는 Greenwood 2014, 296 및 여러 나열된 문헌들을 보라.

하사엘이 두 왕을 죽였다고 주장하는 비문에서, 표면적으로는 이에 의하면, 열왕기하 9:14-28에서 그들을 죽인 사람이 요람의 지휘관 예후라는 것은, 예후와 하사엘 둘 다 책임이 있었을 가능성이 크다. 여기서 핵심은 예언자 엘리사인데, 그는 자기 전임자인 벤하닷 2세 와(왕하 8:7-15) 예후를 이스라엘에서 똑같이 죽임으로써 하사엘이 다메섹의 왕좌를 빼앗도록 부추겼다(9:9-13).

예후가 요람의 왕좌를 빼앗기 위해, 요람의 적 다메섹의 왕에게 지지를 구했고, 그가 하사엘을 대신하여 왕들을 죽였다는 것은 정치적으로 완벽히 들어맞는다. 아무튼, 지휘관 예후는 왕이 되었을 뿐만 아니라 이세벨 여왕을 처형하고(9:30-37) 아합의 자손들을 학살함으로써(10:1-17) 오므리 왕조를 결정적으로 종식했다.

4) 예후 왕조

예후(B.C. 841-814년)가 처음에 바알의 예언자들을 쳐부수기는 했지만(왕하 10:11-28), 그와 그의 왕조 계승자인 여호아하스(B.C. 814-806년), 요아스(B.C. 806-791년), 여로보암 2세(B.C. 791-750년)와 스가랴(B.C. 750년)는 신명기적 역사가에게 부정적인 평가를 받는다. B.C. 9세기 후반과 8세기 초는 강력한 다메섹 왕들(하사엘과 벤하닷 3세)이 지배했고 앞서 언급한 것처럼 살만에셀 3세(B.C. 859-824년)와 아닷-니라리 3세(B.C. 811-783년) 치하의 앗수르 세력의 부활이었다. "그때에" 우리는 열왕기하 10:32에서 배우는데, "주께서 이스라엘 일부를 잘라 버리셨다. 하사엘은 이스라엘의 영토 전역에서 그들을 물리쳤다." 같은 시기에 이 지역은 전체적으로 앗수르 인들의 압력을 받고 있었다. 살만에셀 3세의 블랙 오벨리스크(Black Obelisk)에서 캠페인에 대한 묘사에 따르면, 예후는 B.C. 841년에 조공을 바쳐야 했다(COS 2:269-70).

B.C. 814년 예후가 죽은 후 하사엘은 이스라엘에 대한 공격을 재개하였고, 예후의 아들 여호아하스가 잠깐 동안 "여호와를 섬기고," "구원자"를 약속받았지만, 실제로 이스라엘은 하사엘의 봉신이 되었다(왕하 13:1-19, 22). 그 "구원자"는 아마도 다메섹을 공격함으로써 아람의 이스라엘인들을 안심시킨 앗수르 왕 아닷-니라리 3세 와 동일시되었을 것이다. 다메섹 위기 때, 여호아하스의 아들 요

아스(806-791) 치하 아래 이스라엘이 반란을 일으켜 앗수르인들에게 공물을 바치기로 결정했다.

칼라 오르토스타트 석판(Calah Orthostat Slab 혹은 님루드 석판으로 부름) 아닷-니라리 3세는 그가 이스라엘을 굴복시켰다고 말하고 있으며(COS 2:276-77), 텔 알 리마 비문에서 그가 "사마리아인 요아스"로부터 조공을 받았다고 전해진다(COS 2:275-76). B.C. 800년경 하사엘이 죽은 후, 요아스는 벤 하닷 3세부터 그의 아버지 하사엘이 여호아하스로부터 빼앗은 도시들을 탈환했다(왕하 13:24-25). B.C. 783년에 아닷-니라리 3세가 죽은 후, 서부의 앗수르 캠페인은 제한되었고, 이스라엘-요아스의 아들 여로보암 2세(791-750년)의 오랜 통치아래-은 경제 및 국가 회복의 두 번째이자 마지막 시기를 경험하게 되었다.

그는 "르보 하맛으로부터 아라바의 바다까지"(왕하 14:25) 이스라엘의 고대 국경을 회복했지만, 다메섹의 북쪽인 르보 하맛까지 통치를 했을 확률은 거의 없지만, 따라서 신명기 역사가가 전임자들과 똑같은 부정적인 신학적 평가를 받는 이스라엘의 왕을 자랑할 가능성은 더욱 낮다. 아모스, 호세아, 미가, 어느 정도 이사야도 이 시기에 속하며, 여로보암 2세 치하의 상대적인 평화와 번영이 부패, 사회적 부정과 빈민 압제로 "자금 조달"된 사치, 도덕적 부패, 우상숭배로 이어졌음을 보여 준다. 아모스의 선언은 아마 사마리아의 상아 집과 이스르엘의 왕가를 직접적으로 지칭하는 것일 것이다(암 3:15).

아라비아 반도와 지중해 사이에서 발견된 교역로에 있는 외딴 큰 여관인 쿤틸렛 아즈룻에서 발견된 8세기 중반 저장 항아리의 세 개의 비문은 오므리 시대의 특징인 바알 신앙과 여호와 신앙의 혼합이 이스라엘에서 공식적이고 대중적인 종교 모두를 계속해서 지배했음을 보여 준다(Lipiński 2006, 373-81). 비문은 "사마리아의 여호와와 그의 아세라"를 언급하고 있고 따라서 여호와가 가나안의 신 엘처럼 배우자를 가졌다는 믿음을 증명하고 있다. 여호와의 배우자에 대한 짧은 언급 말고도, "사마리아의 송아지"(호 8:5-6)에 대한 호세아의 비난은 다음세대의 예언자들이 그들의 전임자 엘리야와 엘리사의 혼합 바알리즘에 대항하는 투쟁을 계속해야 했음을 입증한다.

5) 사마리아의 함락

티글랏필레셀 3세(B.C. 745-727년)-성경의 불-가 앗수르 왕좌에 올라 새로운 제국주의 정책을 시작하고, 서부지역에 그의 캠페인에 집중하면서 평화와 번영은 끝났다. 이스라엘에서는 여로보암 2세의 아들 스가랴(B.C. 750)와 그의 암살자 살룸(B.C. 749)이 각각 6개월(왕하 15:8-12)과 1개월(15:13-16) 동안 통치한 매우 짧은 통치 기간으로 불안정이 두드러졌다. 그리고 그의 전임자까지 처형한, 므나헴(B.C. 749-739)이 10년간 통치했지만(왕하 15:17-22), 그것은 종말의 시작이었다. 열왕기하 15:19-21에 따르면, B.C. 738년 근처 티글랏필레셀 3세의 이란 돌비(Iran Stele)로부터 우리는 그가 "사마리아 사람 므나헴"(COS 2:287-88), "은 천 달란트"에 찬사를 표했다는 것을 알게 되었다. 므나헴의 아들이자 계승자인 브가히야(B.C. 739-737)는 브가히야를 암살하여 왕위를 빼앗은 베가(B.C. 737-732)에 이어 앗수르의 왕에게 계속해서 공물을 바쳤다.

그러나 다메섹의 왕 르신과 이스라엘의 왕 베가 사이에 맺은 동맹은 두 왕국 모두에게 재앙이 되었다. 열왕기하 15:37과 16:5-6에서 우리가 배운 "예루살렘에 전쟁을 일으키기 위해 생겨난" 연합군은 아마도 앗수르의 압력을 견딜 수 있는 연합군으로 유다를 몰아넣기 위해서일 것이다. 그리고 예언자 이사야가 아하스 왕을 설득하여 여호와를 믿게 하였으나(사 7-8장), 아하스는 결국 앗수르인들에게 값을 내고 그를 동맹에서 구출하는 방법을 선택했다.

732년 티글랏필레셀 3세는 다메섹을 정복하고 르신을 죽였다(왕하 16:9). 열왕기하 15:29에 따르면, 나중에 그는 이스라엘 북부 지역을 앗수르 제국에 합병했고, 앗수르에 포로로 데리고 갔다. 요약 비문이라고 불리는 것 중 하나인 티글랏필레셀 3세는 그가 베가를 없앴고 그 자리에 호세아를 취임시켰다고 보고한다(COS 2:288). 따라서 호세아의 베가 암살(왕하 15:30)은 그들의 꼭두각시 왕으로 취임시킨 앗수르인들이 조직했거나 최소한 지지한 것으로 보인다.

그러나 호세아(732-722)는 변절자로 밝혀졌고, "따라서" 신명기 역사가는 티글랏필레셀 3세의 계승자인 살만에셀 5세가 "그를 구속하고 감금했다"라고 말했다(왕하 17:3-4). 성경 본문에 따르면, 감옥은 다름 아닌 사마리아 그 자체였다. 살만에셀은 "모든 땅을" 침범하여, "호세아 9년에 앗수르의 왕이 3년간 사마리아를 포위했고, 그는 이스라엘인들을 앗수르로 데려갔다"(왕하 17:5-6). 앗수르의 전쟁 정책에 따라, 왕국 집단들이 타락한 왕국의 영토에 정착되었는데, 이 왕국은 앗수르의 직접 통치 아래 놓였다(17:24).

앗수르의 자료는 B.C. 722/721년에 누가 사마리아를 정복했는가에 대해 견해 차이가 있다. 바벨론 연대기는 살만에셀 5세의 통치를 묘사하고 있으며 "그가 사마리아를 산산조각냈다"라고 언급한다(COS 1:467). 살만에셀은 722년에 죽었고, 그의 후계자인 사르곤 2세(722-705)는 자신이 사마리아를 정복했다고 여러 차례 주장한다(COS 2:293).

한 가지 가능성은 살만에셀 5세가 실제로 도시를 정복했지만, 사르곤 2세는 국외 추방에 대한 책임이 있다는 것이다.[65] 아무튼, 이스라엘 왕국은 사라지고 새로워졌으며 앗수르 사마리아 지방의 직접적인 통치를 받았다. 이스라엘 엘리트들의 추방과 엘리트주의 외국인들과의 지역 유입은 훨씬 더 다양한 사람들을 만들어냈고, 추방되지 많은 이스라엘인이 아마도 남부 그들의 친척에게로 도망쳤기 때문에, 사마리아 함락은 유다에게도 중대한 결과를 가져왔다.

---

[65] 가능성에 대한 더욱 세부적인 논의는 Becking 1992, 21-56를 보라.

제28장

분열 왕국: 유다

에릭 L. 웰치(Eric L. Welch)

1. 들어가기

유다 왕국의 역사적 운명은 구약성경의 더 큰 서술의 중심 요소이다. 유다가 북이스라엘보다 136년 더 지속하는 동안, 구약은 유다를 약속된 땅에 사는 하나님이 선택한 유일한 표시로 묘사한다. 종교적, 정치적 수도인 예루살렘의 집으로서 유다는 구약을 형성하는 데 도움을 준 신학과 이념에 직접적인 공헌자였다. 후기 철기 시대의 역동적인 정치 지형에서 살아남을 수 있는 그것의 능력은 그것의 지위와 통치자의 지위를 이상화된 표준으로 끌어 올리는 데 도움이 되었다-이것은 북쪽의 어느 왕도 달성할 수 없는 기준이었다. 여러 면에서 유다는 구약성경의 상당 부분을 차지하고 있다.

종교적 중요성과는 별도로, 유다의 역사는 탐구와 연구를 위한 많은 길을 제공한다. 유다의 지역 지형적 위치는 경계마다 작은 2차 국가들을 배치했다. 북쪽에 있는 이스라엘 이외에 유다의 영토는 블레셋, 모압, 그리고 에돔과 경계에 있었다. 이런 끊임없는 접촉은 활발한 정치적 경험을 유발했다. 다른 지역과 같은 운명을 맞이하게 된 유다도 이 지역을 다니며 군사행동을 벌이는 산헤립의 신앗수르 제국의 맹위와 마주쳤다.

유다의 역사에 대한 논의는 증거의 양 덕분에 상당히 쉬워진다. 지금까지, 유다는 남부 레반트에서 가장 많이 발굴된 지역 중 하나이다. 그 결과, 고고학자들은 높은 해상도의 자료 분석으로 정착 패턴, 경제 동향, 심지어 일상 생활 방식까지 재구성할 수 있었다. 고고학적 증거에 더하여, 유다는 국경 밖에서, 특히 신앗수르 제국의 비문 기록에서 강력한 득을 얻고 있다. B.C. 701년 유다에 대한 신앗수르 군사행동과 같은 사건의 경우, 학자들은 성경 본문, 고고학적 자료, 신앗수르 왕실 기록, 니느웨에 있는 산헤립 궁전 부조와 같은 그래픽 표현을 사용하여 유다 역사에서 이 전환점을 생생하게 묘사한 것을 재구성할 수 있다. 이러한 많은 것들이 합쳐져서 성경적 역사에서 유다 특유의 사례를 연구하게 된다. 유다가 성경 이야기의 중심지를 대표할 수도 있지만, 여러 가지 면에서 정치적, 신학적 서술에 대한 유다의 독특한 공헌은 구약성경의 심장부를 제공한다.

1) 유다의 건국

유다가 항상 독립된 왕국으로 존재한 것은 아니다. 군주제도가 성립되면서 - 사울과 그 뒤의 후계자인 다윗과 솔로몬은 - 이스라엘 땅은 단에서 브엘세바까지 통일되어 한 명의 왕이 다스렸다(삼상 3:10; 왕상 4:25). 그러나 솔로몬이 죽은 뒤에, 그의 아들 르호보암이 모든 것을 받지 못했고, 이스라엘의 지파들은 유다로부터 분리되어 따로 왕국을 형성하였다. 베냐민 지파가 가세하면서, 유다가 독립 왕국으로 탄생하였다.

2) 지리적 범위

유다 지파는 유다 지파와 베냐민 지파의 몫으로 시작하였으므로, 유다 지파의 영토는 이스라엘의 중부에 있다. 유다는 언덕의 나라의 수도인 예루살렘과 서쪽의 세펠라 주변, 남쪽 국경인 네게브, 그리고 동쪽 사해 경계로 지형적으로 다양했다. 철기 2시기에 육지에 둘러싸인 국가로서, 유다는 정치조직체 이웃으로 둘러 싸여있었다. 서쪽으로 블레셋 사람들이 해안 평원을 장악하여, 아스돗, 아스글론, 그리고 가사 등 주요 도시를 장악하였다. 남쪽으로는 에돔이 이웃이고, 요단강을 건너면 모압의 영토였다. 구약성경의 주장에 따르면, 유다는 예루살렘에서 에일랏까지 최고로 그 범위를 확장했다.

그러나 블레셋 사람들과 서쪽의 경계선은 확고하여, 웃시야 왕의 예전 블레셋 도시 가드(Tell es-Safi)를 차지하게 되면서, 다메섹의 하사엘에게 패배한 지 수십 년이 지난 후(왕하 12:17; 대하 26:6) 가장 큰 진전을 이루게 되었다.

분할된 땅의 크기도, 유다에서 발견된 다양한 지형도 왕국의 약점으로 여겨서는 안 된다. 세펠라는 전체 국토에서 가장 비옥한 지역에 속했으며, 곡식, 올리브와 포도를 재배하기에 적합했다. 네게브의 넓은 영토는 특별히 양과 염소를 기르는 목축활동에 이익을 주었다. 유대의 황무지, 즉 언덕의 동쪽에 자리 잡은 덥고 건조한 지역은 대추야자 산업을 이루기에 완벽하게 적합했다. 게다가 소금과 역청의 매장층은 죽은 것처럼 보이는 땅을 귀중한 자원으로 만들었다. 예루살렘 근처의 지형적으로 고립된 계곡에 계절적으로 많은 비가 내리는 이 언덕 국가는 왕들이 왕실 소유 농장을 가질 기회들을 만들었다.

유다의 자원을 고려할 때 간과할 수 없는 것은 그 땅의 위치다. 농작물과 광물에 있는 물질적 자원이 유다의 소비를 공급할 수 있지만, 고대 근동 무역의 교차로로서 위치의 역할은 유다의 돈궤를 금으로 가득 채웠다. 사막을 가로지르는 아라비아 무역, 이집트에서 올라오는 이국적인 것들이 유다를 통과해야 했다(Holladay 2006). 이 모든 것을 고려해볼 때, "작은 유다"는 많은 자원을 가진 풍부한 땅이었다.

2. 유다의 초기 역사

유다의 정치 역사는 10세기에 이스라엘 왕국이 북쪽과 남쪽 왕국으로 분열되면서 시작된다. 르호보암의 치하에서, 유다는 북왕국과는 분리된 존재로서 궤도를 시작했다. 유다의 독립 초기에는 그것의 영토가 아마 산에 한정되어 있었을 것이다(J. M. Miller and Hayes 2006, 94-96). 독립된 유다 왕국의 초기 역사는 새롭게 분리된 왕국이 북쪽 이웃에 대한 지배권을 확립하기 위해 노력하면서 수많은 전쟁으로 특징지어졌다.

르호보암, 아비얌, 그리고 아사는 이스라엘을 전투에 끌어들이기 위해 끊임없이 자원과 에너지를 바친 것으로 특징지어졌다(왕상 14:21-15:24). 왕국은 또한 922년경 르호보암 치하 당시 5년간 예루살렘을 약탈했다고 전해지는 이집트의 파라오 시삭(세송크)의 손에 상당한 타격을 입었다(왕상 14:25-26:2; 대하 12장).

여호사밧이 다스리던 때의 내러티브는 행정 정책이 변했다고 기술한다. 유다 왕들은 이스라엘과 싸우기보다 동맹을 맺는 방법을 모색했다. 고대 근동에서 이런 동맹을 이루는 일반적인 방법은 외교적 결혼을 통하는 것이다. 여호사밧과 여호람은 전략적 결혼을 통해 이스라엘의 아합과 나란히 했다. 여호사밧 부인의 이름은 없지만(대하 18:1), 우리는 여호람이 아합의 딸인 아달랴와 결혼한 것을 알고 있다(대하 21:6).

결혼 외에, 유다는 또한 이스라엘과 국제 무역이나 군사 작전과 같은 더 큰 사업에서 이스라엘과 협력할 방법을 찾았다. 여호사밧은 이스라엘의 아하시야와 협력하여 배를 건축하고 오빌 해상 원정을 시작했는데, 결국 투자는 재앙으로 불행하게 끝이 났다(대하 20:35-37). 여호사밧은 모압 왕과 맞서 싸우기 위해 이스라엘과 나란히 서기도 했다. 이 설명에서, 열왕기서는 여호사밧을 엘리사라는 여호와의 예언자를 찾는 의로운 왕으로 정함으로써 이스라엘보다 유다에 대한 선호를 보여 준다.

3. B.C. 8세기

B.C. 8세기 초는 유다 왕국에 상대적인 평화가 있는 시기였으며, 세기 초반에 실질적인 군사 행사는 단 한 건뿐이었다. 고고학적 발굴은 이 시기에 군사적 파괴의 징후를 거의 보이지 않았다. 전반적으로 유다는 번영의 시기를 보내고 있었고, 지방의 플레이어로서 유다의 영향력이 성과를 낼 가능성이 매우 큰 시기였다. 부분적으로 이것은 유다 왕권의 안정 때문이다. 8세기 초 각 군주는 15-25년 사이를 통치한다.

이런 연속성을 지닌 유형은 앞선 세기에 볼 수 있었던 급속한 계승과 현저하게 다르다. 8세기 전반 동안 유다 왕들의 업적은 주로 왕국의 사회 기반 시설과 영적 범위의 향상에 있었다. 에돔 사람 만 명을 이긴 뒤에(왕하 14:7), 아마샤는 이스라엘의 여호아하스와 갈등을 빚게 된다. 8세기 초 유일하고 중요한 군사 행사인 벧세메스에서의 대결은 아마샤를 사로잡고, 예루살렘을 포위하고 신전의 금과 은을 약탈하는 결과를 낳았다(왕하 14:13-14).

그러나 웃시야의 통치는 이것을 해결해야 했다. 역대기는 웃시야의 통치 아래서 예루살렘이 개선되고 강화되었다고 알려준다(대하 26:9-15). 잃어버린 영토는 유다가 남쪽으로는 에일랏까지, 서쪽으로는 블레셋 영토의 깊숙한 곳까지 그 영향력을 확장함으로써 회복되었다(대하 26:2, 6). 웃시야의 통치는 경제적 번영과 정치적 안정의 시대로 요약된다.

열왕기서는 요담의 통치를 요약으로 기록하지만, 그의 아버지 웃시야의 통치와 일치하는 통치를 가리키면서 성전의 개혁을 기록한다(왕하 15:35). 8세기 전반의 안정은 영구적이지 않았다. 신앗수르 제국이 영토 영역을 넓히면서, 남쪽 레반트의 이차 국가들은 제국의 진전에 대항하기 위해 이웃한 국가들이 지역적 연합에 참여하는 역동적인 정치 세계로 빨려들어 갔다. 해마다 신앗수르의 왕들은 레반트로 군사캠페인을 벌였고, 패배한 이 국가들은 항복하고 공물을 바쳤다. 신앗수르 제국의 곧 닥칠 위협은 유다 왕국에 지속적인 영향을 미치며, 정치와 경제사와 특히 종교사를 형성하게 될 것이다.

4. 시리아-에브라임 위기

후기 철기 시대는 고대 근동의 작은 국가들에게 힘든 시기였다. 신앗수르 제국이 힘을 얻으면서, 레반트의 여러 왕국은 단결하여 앗수르와 싸우거나 앗수르의 지방이 될지에 대한 결단에 직면했다. 이 딜레마는 종종 시리아-에브라임 충돌이라고 불리는 사건의 배경을 형성한다. B.C. 734년 경 레반트의 왕국들은 임박한 자신들의 파멸을 인식하고 앗수르인들과 싸우기 위한 연합군을 조직하기 시작했다.

이스라엘은 아람, 블레셋, 모압과 함께하는 연합군이 이 지역에서 가장 이익이 된다는 데 동의했다. 그러나 유다는 연합군에 참여하기를 원하지 않았다. 연합군에 유다의 충성을 얻기 위한 처벌이자 잘못 이해한 시도로서, 다른 국가들은 유다의 여러 국경 지역에 대한 공격을 가했다.

마침내, 아하스 왕은 티글랏빌레셀 3세에게 은밀히 다가가 유다를 괴롭히는 이웃 영토들이 처리되는 조건으로 신앗수르 제국에 대한 충성을 맹세했다. 다음 해에, 북부 이스라엘 왕국은 앗수르의 공격을 받아 옛 영토의 파편으로 전락할 것이다. 마찬가지로, B.C. 722년 사마리아가 결국 몰락할 때까지 주변의 영토들은 괴롭힘을 당하고 연간 무거운 공물을 지급해야 했다.

5. 커지는 예루살렘

북부 왕국의 패배로 인한 여파로 예루살렘은 성장기를 겪었다. 예전에는 모리아 산에서 내려오던 한 언덕의 줄기에 제약을 받은 도시가, 시온 산을 포함하면서 예루살렘은 서쪽으로 확장되었다. 예루살렘의 인구가 증가함에 따라, 예루살렘의 보호에 대한 필요성도 증가했다. 오늘날 이 성벽은 예루살렘 옛 도시의 유대인 구역에서 볼 수 있다.

이 무렵 히스기야는 예루살렘의 전통적인 수자원인 기혼 샘을 성안으로 옮기려는 노력도 수행했다(왕하 20:20). 토목 기술자들의 놀라운 솜씨로, 히스기야의 작업자들은 기혼에서 실로암 저수지 쪽으로 물을 옮겨 저장하기 위해 예루살렘의 암반에 계획된 갱도를 파서 뚫었다. 이 성과 놀라운 모습이 공헌한 것은 작업자들이 두 방향에서 굴착을 시작하고 중간지점 터널에서 합류했다는 사실이다. 그리고 작업자들은 물이 두 개의 터널에 합류하여 근원지에서 저수지로 흐른다는 설명을 새겼다.

늘어나는 인구를 먹이기 위해, 예루살렘은 거주자들의 식량을 생산하기 위해 주변 계곡들을 둘러보았다. 국영 농장에서 농작물을 경작하고 수확했는데, 그 후 공식적으로 봉인된 항아리에 모아 유통되었다. 이들 항아리 손잡이에는 "왕의 소유"(라멜렉[lmlk])는 문구가 낙인되어 그 내용을 왕실 상품으로 지정했다. 이 대토지 경작 제도와 행정 우표제도는 예루살렘 주변의 계곡에서 오랜 전통을 시작했다(Gadot 2015).

이 대토지 경작 제도는 신앗수르 제국이 부과한 조공 수요를 충족시키기 위해 잉여 작물을 생산해야 할 필요성이 커지고 있다는 점에서 이해되었을 수도 있다. 이렇게 해서 예루살렘은 8세기 후반에 경제 중심지로서 점점 더 중요해졌다.

6. B.C. 701년

유다 역사에서 중요한 전환점 중 하나는 앗수르와 관계가 악화하고 앗수르가 유다 지형을 포위한 B.C. 701년이었다. 유배되기 전까지 어떤 역사적 사건도 경제, 종교, 심지어 가족구조와 같은 유대인 생활의 다양한 측면에서 지속적인 영향을 미치지는 않았을 것이다.

유다는 B.C. 730년대의 사건에서 벗어난 신앗수르 제국의 신하 국가로 남게되었다. 돈벌이가 되는 속국으로서 유다는 예루살렘에서 아하스와 히스기야의 통치 아래 평화를 누렸고, 티글랏빌레셀 3세와 사르곤 2세는 니느웨에서 왕위에 올랐다. 그러나 사르곤의 죽음으로 히스기야는 사르곤의 후계자인 산헤립에 반기를 들며 앗수르와의 계약을 끝낼 기회를 잡았다. 산헤립은 이 반란에 친절하게 대응하지 않았다.

B.C. 701년에 그는 군대를 유다 전역으로 진격시켰고 라기스와 예루살렘 같은 도시들은 포위하고, 수많은 다른 도시들을 파괴하였다. 산헤립은 모두 합쳐서 히스기야 성읍의 46개를 파괴하고 예루살렘에서 그를 "새장 속의 새처럼" 가두었다고 주장한다. 영토의 파괴를 넘어, 산헤립은 정복된 영토 일부를 유다의 서쪽에 있는 블레셋 왕들, 즉 파디(에그론 왕), 씰리벨(가사의 왕), 그리고 미틴티(아스돗의 왕)에게 재분배했다고 주장한다(COS 2:302-3, no. 119B).

B.C. 701년의 고고학적 기록은 일관되고 널리 퍼진 파괴 패턴을 보여 준다(Dagan 1992; Vaughn 1999). 세펠라의 광범위한 조사와 발굴은 B.C. 8세기 말에 일어난 충격적인 사건을 보여 준다. 깨지고 부서진 도자기, 불에 탄 기둥, 두꺼운 암재층은 모두 701년과 연관된 파괴의 흔적이다.

B.C. 701년 사건의 여파는 유다 전역에 퍼졌다. 유다 역사상 처음으로 그 땅을 외국의 적에게 빼앗겼다. 전투가 벌어졌고 주변 도시들이 점령됐지만, 블레셋 사람들에게 토지를 재배정하는 것은 유다 유산에 엄청난 타격이었다. 경제적으로, 701년의 영향은 올리브유 생산에서 가장 잘 나타난다. 701년에 이어 한때 유다 지방의 가내 산업은 유다의 관리에 이제는 존재하지 않게 되었다.

벧 세메스와 같은 올리브유를 생산하는 유대의 주요 유적지는 버려졌고, 다시는 올리브유 생산에 참여하지 않았다. 대신에 블레셋의 도시 에그론(Tel Miqne)은 처음으로 올리브유를 생산하기 시작했고, 산업 규모도 그렇게 됐다. 장소 주변에서 거의 200여 개의 압착기가 발견되었는데, 7주간의 수확기 동안 매년 가을 245,000ℓ의 올리브유를 생산할 수 있다(Eitam 1996). 이 모든 산업은 유대 중심지의 올리브로 공급되었을 가능성이 매우 크다: 그러나 701년의 결과로 유대의 영토가 정복되었기 때문에, 농산물은 유대의 이익이 아니라 에그론에 사는 블레셋 이웃들의 몫이었다.

B.C. 701년의 사건은 유다의 이념에서 예루살렘의 두각을 나타내는 데 크게 이바지했다. 앗수르의 위협이 대두되자 유다가 "고슴도치" 방어를 채택하면서 유대 시골의 상당 부분이 버려졌다(Halpern 1991). 앗수르의 진보에 위협을 느낀 유다의 자연스러운 반응은 습격 무리를 고려하여 자연 보호 피난처인 도시 중심부로 줄이는 것이었다.

도시 쪽의 이러한 새로운 움직임은 일상 생활, 특히 종교의 많은 관행을 간소화하는 데 도움이 된 것 같다. 히스기야는 예루살렘에서 종교개혁을 한 것으로 열왕기 저자에게 칭찬을 받는다. 그의 통치를 요약하며, 히스기야는 산당을 제거하고 성스러운 돌을 부수고, 아세라 기둥을 베었다고 전해진다(왕하 18:4).

게다가, 열왕기는 히스기야가 모세가 제작한 청동 뱀인 느후스단을 제거하는 데 책임이 있다는 세부 정보를 알려준다. 이 물건은 분명히 본문에서 분명하게 알 수 있듯이, 이스라엘인들이 그 이미지에 향을 피우곤 했던 이전 문화 관습의 남아 있는 요소였다. 이 제거 때문에 열왕기 저자는 히스기야를 유다 왕 중에서 가장 높이 세우고 있는데, 히스기야 앞이나 뒤에 이런 자가 없었다고 말한다(왕하 18:5).

역대기는 이런 생각을 강화하여, 히스기야의 개혁이 완전한 재앙으로 여겨지는 통치를 한 아하스의 관행에 대한 포장으로 보여 준다(대하 28:1-4, 22-25). 역대기의 기록에 따르면, 히스기야는 성전을 다시 열고(대하 29:3), 제사장들을 조직하고 재구성하고(4-18절), 희생제물을 회복시키고(18-36절), 유월절을 기념함으로써 아하스의 많은 죄악을 고친다(대하 30장).

시골 지역에 앗수르 군대가 주둔한다는 위협은 히스기야가 가져온 많은 개혁을 촉진했을 것이다(Halpern 1991; Bloch-Smith 2009). 701년 히스기야가 벌인 소위 고슴도치 방어는 시골의 유대를 끊는 것과 농업과 비옥함과 관련된 많은 전통적인 민속 종교적 관습에 부가적인 이득을 더했다. 유다의 농촌 인구들은 도시 중심지로 강제 유입되었기 때문에, 그들은 시민이 되었고 종교적 관습을 위한 왕실 기준에 따라 끌려왔을 가능성이 크다.

7. 7세기와 앗수르 제국의 평화

701년의 대대적인 파괴 이후, 유다는 스스로 다른 모습을 보여줄 수 있는 상태에 놓였다. 이 업적은 놀라울 정도로 잘 이루어졌다. 유다의 초기는 농업 경제로 묘사될 수 있지만, B.C. 7세기에는 유다가 산업 경제로 변화하는 것을 목격할 수 있다. 앗수르에서 요구한 공물을 지속해서 바친 실상을 생각할 때, 8세기에 시작된 대토지 경작모델은 7세기에 완성되었다. 예루살렘 외곽의 계곡에서 집중적인 사업은 포도주와 곡물 생산에 집중되어 있었다. 사해를 따라서 풍부한 광물 퇴적물이 활용되었고, 대추야자는 오늘날과 같이 자랐다.

이 시기에 유다 또한 농경지를 유다 사막까지 확장하였는데, 척박한 땅을 변형하여 유다의 곡창 지대로 변형하는 획기적인 관계기술의 사용을 만들었다(Stager 1976). 유다는 역사상 가장 심각한 타격을 받았음에도 불구하고 7세기를 경제를 재창조하기 위해 사용했고, 잉여중심의(surplus-oriented) 산업 농업으로 전환하였다.

B.C. 7세기 유다 번영의 상당 부분은 B.C 701년 유다의 파괴를 초래한 바로 그 세력 -바로 신앗수르 제국 때문이었다. B.C. 701년 앗수르가 이 지역을 지배한 이후로 질서가 회복되었다. 반란을 일으킨 왕들은 줄지어 돌아오게 되었고, 때로는 더욱 친-앗수르적 대안으로 대체되기도 했다. 안정성이 회복되고 앗수르의 지배가 이 지역에 확고하게 자리 잡으면서 남부 레반트의 상대적 평화 시대가 시작되었다.

이른바 팍스 앗수르카(Pax Assyriaca) 혹은 앗수르 평화는 앗수르의 지배가 가져온 안정 때문에 이 지역이 엄청나게 생산적으로 된 B.C. 7세기 동안의 시기를 나타낸다. 이런 항상성은 앗수르를 궁지에 몰아넣을 만한 경제적 수익 발생의 필요성과 결합하여 레반트에게 전례 없는 경제적 성장의 시대를 초래했다. 에그론에서 나온 올리브유는 항구도시인 아스글론에서 이베리아반도까지 운송되었다; 유대의 사막에서 나온 곡식은 아스글론의 시장에서 발견되었는데, 아마도 주로 지중해 주변으로 수출된 상품일 것이다(Faust and Weiss 2005).

초기에 얻은 대부분의 경제적 번영 아래서의 므낫세의 오랜 통치에 이어(왕하 21:1), 유다는 요시아 통치 아래서 더욱 활성화되는 것을 경험했다(왕하 22-23:30). 서부에서 앗수르 제국의 힘이 쇠퇴하기 시작하면서, 이전의 많은 속국은 새로 발견된 독립의 시기로 접어들었다. 요시아의 통치 시기에 유다는 이러한 정치적 역동성을 이용하여 옛 영토 일부를 되찾기 시작했다.

아마도 가장 중요한 것은, 예루살렘이 가장 거룩한 장소로 개조된 것이 요시야의 통치 아래서 있었던 일이라는 것이다. 요시야는 신명기에서 여호와로부터 주어진 지시로 유다의 국가 종교를 재정립하는 성전을 개혁하고 종교개혁을 도입한 정의로운 왕으로 묘사되고 있다(왕하 22장). 개혁의 목적으로, 요시야는 시골의 불법적인 산당들을 제거하고, 이교도 신앙의 모습을 훼손함으로 예루살렘을 신성화했으며, 여호와에 대한 바른 예배로 나라를 다시 봉헌했다.

8. 유다의 종말

철기 시대는 B.C. 587년에 바벨론 인들에 의해 유다 인구의 강제적인 재배치와 예루살렘 성전이 파괴됨으로써 막을 내렸다. 유배로 알려진 이 사건은 독립 왕국으로서 유다의 존재를 종식했다. 유다의 마지막 유배 생활은 복잡했다. 요시아의 통치에 이어, 유다는 이집트와 바벨론에 의해 각각 취임한 두 명의 왕과 국외로 추방된 두 명의 왕, 총 네 명의 다른 왕을 목격했다. 정치적 역사 자체가 역동적일 뿐만 아니라 시대적인 자료도 어렵다.

히브리 성경에는 열왕기하, 예레미야, 에스겔, 그리고 하박국이 서면 증거를 구성한다. 성경 외적 증거는 라기스와 아랏의 도편 수집품들과 같은 다수의 비문들(17장 참고)뿐만 아니라 이집트와 신바벨론 제국의 독립된 정치 기록도 포함된다(예, "느부갓네살의 연대기"[Wiseman 1956]). 이 역동적인 왕위 계승의 역사와 관련된 자료들에 대한 검토는 다음 장에서 볼 수 있다.

비록 유다는 더 큰 이스라엘 왕국 내의 작은 영토에 불과하지만, 구약성경의 서술에서 유다의 중심적 위치를 간과할 수 없다. 예루살렘의 고향이자 이스라엘의 조기 종말을 가져온 역동적인 정치적 지형에서 홀로 남은 유다와 그 주민들은 구약성경 형성에 도움이 되는 사건과 생각들의 주요한 행위자들이었다. 분열된 왕국에서 추방된 것으로부터 궁극적인 유배까지, 유다의 이야기는 구약성경의 이야기-불확실한 세계에 직면하여 그들의 하나님과 함께 올바르게 서고자 하는 왕과 백성의 이야기다.

제29장

유배와 유배 공동체

데일더 N. 풀턴(Deirdre N. Fulton)

1. 들어가기

바벨론 유배는 B.C. 597년에 바벨론에 의한 예루살렘의 첫 번째 포위와 그 후 B.C. 587년 정복과 파괴에서 많은 유다인들이 유다 왕국으로부터 강제 추방된 시기를 나타낸다. B.C. 582년에 세 번째 추방이 일어났을 수도 있다. 전통적인 유배의 날짜는 바벨론 제국의 멸망(B.C. 539년)에 대한 유다 왕국의 붕괴(B.C. 587년)와 일치한다.

바벨론 유배는 성경에 유배 사건에 관한 하나의 서술도 포함되어 있지 않고, 바벨론의 자료들은 제한되어 있어서 재구성하기 어렵다. 성경에서는 열왕기하(24-25장), 예레미야(39-43장), 역대하(36장)를 조사하여 유배가 어떻게 일어났는지, 그리고 어떻게 결말이 났는지 에스라를 합치도록 해야 한다. 라이너 알버츠가 간결하게 설명했듯이, "따라서 유배 시기는 히브리 성경의 역사적 서술에 큰 빈틈을 나타낸다. 그것은 고립된 빛의 광선에 의해 잠시만 비춰지는 여호와와 그의 백성의 역사에 어둡고 크게 갈라진 채로 서 있다"(Albertz 2003, 3-4). 비록 "어두운" 역사의 시대임에도 불구하고, 유다 사람들의 정치적, 신학적인 경계를 개혁하고 재편성하면서 유배 생활은 성경 역사의 가장 중요한 시기 중의 하나로 서 있다.

2. 유다의 멸망

유배는 유다 왕국의 궁극적인 멸망과 붕괴의 결과로 발생했다. 여호야김 시대(B.C. 608-597년), 유다는 바벨론에 대항하여 이집트와 동맹을 맺고 있었는데, 이는 특히 B.C. 7세기 후반이 해안도로에 집중되어 있었기 때문이다(Vanderhooft 1999, 69-72). 이집트의 지배는 B.C. 605년 갈그미스 전투에서 느부갓네살 2세가 바벨론인들의 힘 때문에 거의 제 기능을 하지 못했다. 아스글론(B.C. 604년으로 추정) 같은 장소의 파괴층들은 느부갓네살 2세가 즉위함에 따라 남부 레반트의 정치적 통제의 흐름이 바뀌는 것을 가리킨다(Stager 1996b; Vanderhooft 1999, 69-72).

사실, 느부갓네살 2세가 통치한 12년 동안, 그는 핫투, 이집트, 유다와 같은 강대국들에 대항하여 서부에서 9년간 군사 원정을 벌였다(Grayson 1975, 100-102). 이집트와 동맹을 맺기로 한 여호야김의 결정은 아마도 B.C. 601년 이집트의 국경에서 느부갓네살과 파라오 느보와의 지리멸렬한 전투에 대한 대응이었을 것이다. 바벨론 군대가 본국으로 돌아온 후, 여호야김은 이집트와 함께 바벨론과 맺은 속국 조약을 파기했다. 느부갓네살은 B.C. 598/97년 그의 군대를 다시 세우고, 여호야김의 반란에 대응하여 예루살렘으로 진격했다. 느부갓네살이 도착하기 전에 여호야김이 죽어서 그의 아들 여호야긴이 다스리게 되었다.

느부갓네살은 유다에 도착하여 B.C. 597년에 예루살렘을 포위하였고 그 기간은 오래 지속되지 않았는데 이는 여호야긴이 항복했기 때문이다(왕하 24:10-12). 유다와 이집트의 동맹에 대한 처벌로서, 여호야긴은 엘리트들, 종들, 그리고 다른 많은 유다인들과 함께 유배되었다(12절). 느부갓네살은 예루살렘에 있는 성전과 왕의 집에서 보물을 가져갔다(13절). 느부갓네살의 통치의 시기에 바벨론 연대기(British Museum no. 21946; Wiseman 1956) 또한 이 포위를 기록하고 있다. 느부갓네살이 "유다 도시에 대적하여 진을 치고 아달월 둘째 날에 땅을 함락시키(고) (그것의) 왕을 사로잡았다. 그가 선택한 왕이 도시에 임명되었(고) 그는 어마어마한 공물을 바벨론으로 가져갔다"(Grayson 1975, 102). 바이드너 식량 서판-여호야긴 가족의 배급량 목록을 기록한 설형 문자 서판 세트-에 따르면 여호야긴과 그의 아들들은 평생 식량 배급을 받았다(Weidner 1939).

또한, 열왕기하 25:27-30에 나오는 이야기는 바벨론의 에윌므로닥(마르둑의 종; 참고, 렘50:2; 아멜-마르둑)이 여호야긴을 감옥에서 풀어주고 바벨론에 유배된 다른 왕들 가운데 자리를 마련해 주었다는 것과 관계가 있다. 여호야긴을 제거한 후, 친바벨론 성향이 있는 그의 삼촌인 유대 엘리트 맛다니아가 시드기야로 개명하고, 왕이 되었다(왕하 24:17).

시드기야는 바벨론의 마지막 반란이 있을 때까지 바벨론의 충실한 신하로 남았다(겔 17:13-15). 예레미야 27-28장에 따르면, 반 바벨론 파가 예루살렘에서 발생했다. 시드기야는 바벨론에 반기를 들고, 이집트와 동맹을 맺었다. 이 반란은 B.C. 588년 포위와 587년 예루살렘의 패배로 시작된 유다 왕국의 멸망을 촉발했다. 바벨론의 가혹한 원정은 군주제의 종식, 예루살렘 성전과 성벽의 파괴, 그리고 많은 유대인의 유배를 가져왔다.

시드기야는 도망쳤지만, 예루살렘에서 150마일 떨어진 하맛에 있는 립나(왕하 25:20-21)로 끌려갔을 때, 그의 반역 때문에 붙잡혀 벌을 받았다. 시드기야의 아들들은 그가 그 사건의 증인으로 강요되는 동안 학살되었다. 그는 나중에 눈이 멀어 바벨론으로 묶여 끌려갔다. 대제사장과 부사령관도 립나에서 살해당했다. 세 번째 유배가 예레미야 52:30에 언급되어 있는데, B.C. 582년에 해당한다. 또 다른 반-바벨론 운동이 이 유배를 일으켰을지도 모르지만, 이 사건들에 대해서는 거의 알려지지 않았다(Albertz 2003, 56).

3. 바벨론 유배의 영향

학자들은 유배가 유다의 인구와 이후의 행정에 미치는 정확한 영향에 대해 논의해왔다. 원래, 많은 사람은 느부갓네살의 캠페인과 이후의 유다 정복의 결과로 유다인의 상당 부분이 억류되어 있었다고 주장했다(Albright 1949b을 보라). 열왕기하 24:12, 15-16은 기록한다. 여호야긴의 어머니, 아내들, 내시, 관료들, "그 땅의 엘리트," "장인들과 대장장이들" 그리고 "모든 용맹한 사람들…. 강하고 전

쟁에 적합한 사람들"도 그와 함께 유배에 동참했다고 기록한다.[66]

이 본문은 엘리트들에게 초점을 맞추는 경향이 있지만, "장인들과 대장장이들"에 대한 언급은 숙련된 노동자들 또한 유배자의 일부였다는 것을 보여 준다(Smith-Christopher 2002). 바벨론으로 유배 간 백성들의 정확한 숫자에 관한 추정은 1만 명에서 25만 명에 이른다(Albright 1949b).[67]

성경의 본문들은 분명하지 않지만 유배자들에게 결코 많은 숫자를 제공하지 않는다. 첫 번째 망명 이후 오직 "그 땅의 가난한 사람들"만이 남았다(왕하 24:14). B.C. 587년 유다 정복에서, 열왕기하 25:11-12은 근위대장인 느부사라단이 예루살렘에 와서 탈영병뿐만 아니라 예루살렘에 남아 있는 사람들을 바벨론으로 데려갔다고 기록한다. 오직 가난한 사람만이 "포도나무 재배자와 토양 경작자"로 남겨졌다. 이는 1차 유배자(B.C. 597년) 3,023명, 2차 유배자(B.C. 587년) 832명, 3차 유배자(B.C. 582년) 745명을 기록한 예레미야 52:28-30과 대조적이다.

이전의 앗수르의 이스라엘 유배(B.C. 722년)와 달리, 바벨론은 이스라엘 주민들의 상당 부분을 추방하고, 앗수르의 중심지 또는 이스라엘 영토에 다른 추방자들을 정착시켰지만, 유다에 있는 사람들을 재정착시키지 않았다. 사실 유다의 증거는 바벨론이 만든 소박한 활동을 가리키고 있다(Vanderhooft 1999; Betlyon 2003; Lipschits 2003; 2005).

일찍이 앗수르인들은 제국 전역에 국경 요새, 도로, 경유지를 설치했다. 앗수르인들은 또한 남부 레반트의 경제 발전과 성장을 장려했다. 이 정책은 바벨론 시대로 이어지지 않아 남부 레반트의 경제가 쇠퇴하게 되었다. 앗수르인들이 특별히 블레셋 해안을 따라 존재했다는 고고학적 증거가 있지만, 바벨론인들은 유다와 남부 레반트를 지배했던 시기에 대한 증거를 남기지 않았다.

많은 유대인의 추방과 관련된 존재의 부족과 많은 관련된 성경 본문들은 "빈 땅"이라는 개념을 낳았다.[68] 인구는 감소했지만, 땅은 결코 "빈" 땅이 아니라 경

---

66 유배의 목록과 관련된 본문-비평적 이슈에 대한 간략한 들어가기는 왕하 24:12, 15, 그리고 렘 29:2과 Lipschits 2005, 56-57을 보라.
67 Albright의 숫자는 최근의 인구통계학적 연구로 인해 방어될 수 없다.
68 빈 땅의 신화(???믿음)에 관한 논의는 Barstad 1996를 보라. 바벨론 정복이 유다에 미치는 영향

제적으로 침체 된 것이었다.

B.C. 597년과 B.C. 587년에 있었던 유다에 대한 바벨론인들의 침략은 예루살렘의 파괴와 파면으로 끝났다. 학문적인 논쟁의 영역 중 하나는 베냐민 영토의 유다 북부 지역에 바벨론이 끼친 피해가 얼마나 확대되었는가 하는 것이다(보라 Magen and Finkelstein 1993; Milviski 1997; C. Carter 1999; Lipschits 2005; Faust 2012c). 유다 지역에서는, 예루살렘 성이 파괴의 징후를 보인다는 것이 널리 동의하고 있다. 대다수 학자는 유다와 베냐민 정착 패턴이 몇몇 도시 중심지의 지속을 가리키는 데 동의하고 있는데, 이 도시들은 모두 인구감소를 겪고 있다.

4. 바벨론 시대의 유다 행정 구역

예루살렘이 파괴되고 시드기야가 유배된 뒤에 느부갓네살은 다른 왕을 임명하지 않았다. 그 대신 그는 아히감의 아들 그달리야를 유다 성읍과 백성을 다스리는 총독으로 임명했다(왕하 25:22). 그달리야의 행정중심지는 베냐민 지역에 있는 미스바 - 예루살렘 북쪽으로 12마일 떨어진 곳에 있는 텔 엔 나스베(Tell en-Nasbeh)로 추정되는 - 에 있었다(Zorn 1993; 2003). 느부갓네살의 군대가 예루살렘을 파괴했기 때문에, 행정부를 다른 곳으로 옮기는 것은 타당했다. 다른 중요한 사람들도 미스바에서 그달리야와 함께 있었는데, 예언자 예레미야(렘 40:5-6), 갈대아 병사(렘 41:3), 왕의 딸들, 환관, 다른 유대인들(렘 41:10)을 포함한다. 다윗 왕가의 일원인 이스마엘이 그달리야를 죽였기 때문에, 그의 임기는 단명했다.

그달리야의 이야기는 처음에 바벨론 사람들이 지역 주민들을 권력의 자리에 임명했다는 것을 나타낸다. 그러나 그달리야가 죽은 후, 다음에 누가 임명되었는지 윤곽을 나타내는 문서 자료가 없다. 이전의 앗수르의 남부 레반트 지배와는 달리, 유다가 바벨론 지방의 일부가 되었다는 명확한 증거도 없다(Vanderhooft 2003). 만약 바벨론의 목표가 유다를 하나의 지방으로 변화시키는 것이라 하더라도, 성경 자료나 문화 모두 이것이 사실이라고 밝히지 않는다. 반데르후프트

에 대한 다른 견해들은 Lipschits 2005; Faust 2012c를 보라.

(Vanderhooft)가 주장했듯이 "고고학적 자료는 바벨론 제국 관료주의의 최소주의 재건을 가리키고 있다"(Vanderhooft 1999, 110).

바벨론 관료주의의 주목할 만한 한 가지 예는 라맛 라헬에서 찾아볼 수 있는데, 라맛 라헬에서는 작은 규모일지라도 후기 철기 2시대부터 바벨론 시대까지 (Lipschits 외 2011) 계속된 활동이 두드러진다. 라맛 라헬은 바벨론 정부의 경제 중심지로 상품에 대한 지불금을 모으는 기능을 계속했다. 바벨론 시대에 그곳에 존재했다는 증거는 행정 도장 증거의 연속성(Lipschits and Vanderhooft 2011)과 점령의 연속성을 기반으로 한다(Lipschits et al. 2011). 그러나 라맛 라헬과 텔 엔 나스베(Tell en-Nasbeh)는 앗수르에서 신바벨론 시대에 이르는 경제 혼란의 더 큰 그림에서 예외가 되었다.

5. 유배 공동체들

성경 본문에는 강제 추방자들이 그들의 땅에서 추방당해서 유배자가 되었다는 내용이 적혀있다. 저항하는 왕국들의 추방은 바벨론의 창작이 아니었다. 또한, 초기의 앗수르 제국은 반역적인 봉신 왕국들의 추방을 일상적으로 행하였다. 그러나 앗수르인들과 바벨론인들의 추방 정책에는 몇 가지 주목할 만한 차이가 있었다. 이러한 정책 중에서 가장 주목할 만한 것은 앗수르인들은 양방향 추방을 한 반면, 바벨론인들은 한쪽에만 추방을 실행했다는 것이다.

B.C. 722/721년 앗수르의 살만에셀 5세가 이스라엘을 무력으로 합병했을 때, 그는 인구의 상당 부분을 앗수르의 중심지로 강제 추방했고, 이스라엘, 특히 사마리아 지역에 재정착하게 하려고 사람들을 불러왔다. 앗수르의 중심부로 유배된 인구는 여러 도시에 정착했다. 추방된 인구들을 앗수르 제국 전역에 분산시키는 전략은 "앗수르의 통치에 도전하는 누구라도 완전한 파멸과 소멸에 직면한다"라는 것을 나타낸다(Pearce and Wunsch 2014, 3). 바벨론인들은 강제추방을 했지만, 다시 사람들을 유다 땅에 정착시키지는 않았다. 또한, 추방당한 유대 인구들은 흩어지지 않고 오히려 바벨론의 특정 마을과 도시 내의 공동체로 남아 있었다. 성경 본문에 텔 아비브(겔 3:15), 텔 멜라(Tel-melah), 텔 하르사(Tel-harsha), 그

룹(Cherub), 앗단(Addan), 임멜(Immer 스 2:59), 카시피아(Casiphia, 스 8:17) 등의 몇몇 장소가 거론된다.[69] 이집트 내 특히 믹돌, 다바네스, 놉(Memphis) 그리고 바드로스(렘 44:1)에도 유대인들이 살고 있었다.

유배 공동체에 대한 우리의 지식은 지난 수십 년 동안 중요한 바벨론 시대 문서들을 분석하는데 기초하여 성장해 왔다. 이런 법적, 행정적 문서에서 알 수 있듯이, 바벨론인들은 추방된 인구를 다시 정착시켰고, 거기에 정착한 민족의 이름이나 지명을 따서 마을의 이름을 지었다(Zadok 1979; Vanderhooft 1999; Pearce 2011). 바벨론인들은 7세기 후반 앗수르인들과 바벨론인들 사이의 전쟁 시기, 황폐해진 농경 지역에 그들을 옮기면서 추방된 공동체를 함께 유지하기로 선택했다(Pearce and Wunsch 2014, 3). 토지에 대한 보답으로, 강제 추방자들은 군주제를 위한 세금과 군사 지원을 제공했다. 이 정책은 느부갓네살 2세가 바벨론 도시에서 인상 깊은 건축 프로그램을 시행할 수 있도록 했다.

이러한 바벨론 중앙 강화는 느부갓네살의 통치 모델에 필수적이었으며, 겉보기에는 제국의 주변부에 초점을 맞추지 않았다. 이는 중앙 경제를 만들기 위해 제국의 주변 지역의 경제 성장에 초점을 맞춘 앗수르의 정책과는 직접적인 대조를 이룬다(Beaulieu 1989). 그러나 B.C. 7세기 후반 전쟁으로 황폐해진 바벨론 근처의 지역들 때문에 바벨론이 그들 내부에 집중한 것은 현명한 행정적, 경제적 선택이었던 것으로 보인다.

알 야후두(āl-Yāḫūdu, "유대인의 마을") 본문은 유다에서 강제 추방된 사람들에 대한 정보를 제공한다. 알 야후두는 신바벨론 및 페르시아 시대의 설형 문자 본문에서 언급된 정착지였다. 불행히도, 이 본문들은 검증되지 않았지만, 로리 피어스(Laurie Pearce)는 문헌의 증거를 바탕으로 "알 야후두는 닢푸르 케스 카카라(Nippur-Keš-Kakara) 삼각지대에 있었다"라고 주장한다(Pearce 2011, 270). 피어스와 같은 학자들은 알 야후두 문헌이 (1) 그 도시의 이름이 정착민들의 기원을 따라 장소의 이름을 짓는 바벨론의 관행을 따르고 (2) 문서에서 여호와주의 이론적 요소가 있는 이름의 출현은(예를 들면, 유다의 유일한 하나님, 여호와의 이름을 줄인 형태)

---

69 에스겔에서, 예언자는 그발 강 근처의 Tel-abib("mound of the deluge")의 유배지들 가운데 있다. 그발 강의 위치는 Zadok 1996, 727; Vanderhooft 1999, 110.

유대인 주민의 존재를 나타내는 증거라는 점에서 유배된 유대의 활동을 보존한다고 주장한다(Zadok 1979; Pearce 2006; Pearce and Wunsch 2014).

피어스와 운쉬(Wunsch)가 지적한 바와 같이, "알 야후두와 인근 도시의 기록물들은 신바벨론과 메소포타미아의 도시와 시골에서 살았던 고위층 유대인들과 서부 셈어 유배지뿐만 아니라 서민들의 삶의 경험들을 보다 완벽하게 재구성할 수 있는 틀을 제공한다"(2014, 4). 이 문서들은 경제 문제에 초점을 맞추고 있으며 4대에 걸친 이름과 계보를 제공한다. 이 문서들은 몇 세대에 걸쳐 계속되어, 바벨론 유배지에서 특정한 가정이 점차 승격하고 성공했음을 나타낸다.

또 다른 유배 공동체는 이집트에 있었다. 예레미야에 따르면, 아히감의 아들 그달리야가 살해되자, 몇몇 사람들이 이집트로 도망하였다. 예레미야 43:7-44:30을 제외하고는 이 공동체에 관한 정보는 거의 없다. 예레미야 43:7은 바벨론의 처벌을 두려워한 유다인 무리가 이집트 하부의 다바네스로 이주했다는 이야기를 서술한다.

예레미야 44:1은 이집트 특히, 믹돌과 놉에 이미 유대인들이 살고 있었다는 것을 분명히 한다(예, 멤피스). 다니엘 스미스-크리스토퍼는 하나는 선택된 유배지이고 다른 하나는 "강제적인 재배치"이기 때문에 이집트 공동체는 바벨론의 공동체와 매우 다르다고 본다(1997).

6. 유배기의 끝

B.C. 562년 느부갓네살 2세가 죽은 후, 그의 아들 아멜 마르둑(Amel-Marduk; 왕하 25장의 에윌므로닥)이 왕위에 올랐으나, 불과 2년 통치로 끝났다. 느부갓네살 2세의 사위 네리글리사르(Neriglissar)는 아멜 마르둑을 살해하고 그 자리에 올라섰다. 네리글리사르는 짧은 기간 통치했으며(B.C. 560-556년) 계승 후 궁전 음모에 의해 살해된 그의 어린 아들 라바시-마르둑(Labashi-Marduk, B.C. 556년)에 의해 계승되었다.

나보니두스(B.C. 556-539년)는 신바벨론 제국의 마지막 왕이었다. 그는 왕가의 일원이 아니라 왕좌에 앉은 강탈자였다(Beaulieu 1989).

나보니두스는 바벨론의 왕들 특히 앗수르 왕국의 관행을 대체로 피한 느부갓네살의 초기 패턴을 따르지 않았다. 나보니두스는 앗수르 식의 선전을 사용하여 그의 통치와 초기 앗수르 통치의 연관성을 확립하였는데, 특별히 아수르바니팔(Ashurbanipal)이 그러했다(Vanderhooft 1999, 52). 그는 또한 마르둑에서-느부갓네살 I세 때부터 바벨론 만신전의 최고 신을 달의 신(Sin)으로 초점을 바꾸었다. 나보니두스는 바벨론 시의 관리를 그의 아들이자 섭정자인 벨사살에게 맡겼지만 그의 국경의 남쪽 지역을 더 잘 통제하려고 했다.[70] 나보니두스는 벨사살에 대한 통제권을 확보한 후, 그는 아라비아에 있는 데마의 오아시스로 이동했다(B.C. 553년).

나보니두스의 통치 동안, 고레스 대왕은 페르시아에서 권력을 잡았고(B.C. 559년) 곧이어 메대 제국을 정복했다(B.C. 550년). 고레스가 서부 소아시아의 리디아를 포함한 다른 영토를 정복한 후, 페르시아는 근동의 지배력이 되었다. 피에르 브리앙(Pierre Briant)의 주장대로 "신바벨론 왕국은 이제 근동에서 고레스의 가장 가공할만한 상대이자 경쟁자로 남았다"(2002, 40). 나보니두스의 연대기에 따르면(British Museum 35382, 3.12-13), 티그리스 강에서 벌어진 오피스 전투에서 페르시아인들과 "아카드 군대"(예, 바벨론인들)와 싸웠고 바벨론인들은 패배하고 후퇴했다(Grayson 1975, 109).

고레스는 승리를 거두었고 곧 오피스에서도 승리하며 인근 도시인 십파르도 점령했다. 오피스에서 패배 후에, 나보니두스의 연대기(3.14-15)는 나보니두스가 그의 수도 바벨론으로 도망쳤다고 기록하고 있다. 페르시아 군대는 뒤를 따랐고 곧 승리하여 바벨론에서 나보니두스를 사로잡았다.

나보니두스의 연대기는 어떻게 고레스가 바벨론 도시를 정복할 수 있었는지를 침묵하고 있다. 헤로도투스에 따르면, 고레스가 도시에 접근했을 때, 그는 대부분 군대를 도시에서 멀리 떨어져 있게 하고, 그의 군대 일부를 보내 도시 한 가운데를 흐르는 유프라테스강을 우회시킬 통로를 파게 했다.

헤로도투스는 "유프라테스가 사람의 허벅지 중간쯤이 될 정도로 가라앉을 때, 그들이 강바닥을 따라서 바벨론으로 들어갔다"라고 말한다(1.191). 작은 부대는

---

[70] 같은 벨사살(Belshazzar)에 대해서는 단 5장에서 언급되었다.

바벨론의 중심으로 걸어 들어가서 도시를 패배시킬 수 있었다.

실제로 페르시아 정복 당일에도, 헤로도투스는 바벨론인들이 도시의 중심에서 축제를 즐기고 있었고 "도시의 주변부에서 그들의 동포를 포로로 잡은 것을 알지 못했다"라고 전한다(1.191). 나중에 고레스가 바벨론에 들어갔을 때, "고레스가 바벨론의 모든 이들에게 인사를 하는 동안 그 도시에는 평화가 있었다"(나보니두스의 연대기 3.19-20 [Grayson 1975, 110]).

고레스가 포로로 잡힌 왕에게 한 일을 기록한 현존하는 자료가 없으므로 나보니두스의 정확한 운명은 알려지지 않았다. 나보니두스와 그의 아들 벨사살의 패배로 바벨론 제국은 막을 내리고, 고레스와 페르시아 제국이 즉위하면서, 유다의 바벨론 유배 또한 끝이 났다. 그 무렵, 유다와 이스라엘에서 온 디아스포라 공동체들은 메소포타미아와 이집트 전역에 위치해있었다.

7. 결론

바벨론 유배(B.C. 597/587-B.C. 539년)는 유다와 유다인들에게 중요한 변화의 시대였다. 특히 바벨론과 이집트에 있는 새로운 공동체는 유배 동안 출현하거나 그 수가 늘어났다. 분리된 역사적 시대로서 유배는 끝이 났지만, 유배의 기억은 구약과 신약성경의 내러티브와 시를 통해 계속되고 있다.[71] 다윗 왕조의 소멸과 유다인의 강제 이주는 성경 본문의 신학적 지형을 영원히 바꿔놓았다. 페르시아로 인한 바벨론의 패배가 유배의 종말을 가져왔지만, 이 새로운 시대는 유배된 공동체의 종말을 가져오지 않았다. 유다에서 온 유배자들은 이스라엘의 하나님을 섬기는 이들이 사는 곳을 바꾸어 놓았다.

---

71 고대 유대인의 유배 신학적 의미에 관한 논의를 위해서는 Smith-Christopher 1997; 2002를 보라.

제30장

서부 아케메니드 페르시아 제국과 페르시아 시대의 예후드

케넷 A. 리스타우(Kenneth A. Ristau)

   B.C. 587년 예루살렘의 파괴로 인한 혼란과 중단을 쉽게 과장하여 말하지 않는다. 예루살렘의 불가침이라는 전통적인 정치적, 종교적 주장을 훼손하는 심각한 이념적 동요를 촉발할 뿐만 아니라, 더불어 여호와의 영구적인 지지라는 다윗의 집, 그 도시와 그 주변 지역의 건축학적, 인구학적 퇴거, 그리고 수반된 유다 왕국의 붕괴는 부인할 수 없을 정도로 극적이었다. 파괴와 붕괴의 여파로, 유대인 사회는 분열되었다. 한편, B.C. 597년과 587년의 바벨론 캠페인은 유배자와 난민을 만들어냈는데, 이는 신앗수르 시대 이후에 성장하고 발전해 온 더 큰 근동 지역 전역에 디아스포라 공동체를 만들거나 추가시켰다(B.C. 약 732-604년).
   한편 그 땅에 남아 있는 사람들은 두 개의 뚜렷한 소수민족 거주지로 합쳐졌는데, 하나는 미스바를 중심으로 한 베냐민에 있고, 다른 하나는 예루살렘 남쪽의 고지대에 있었다. 이들 소수민족 거주지는 토지를 소유한 가족들, 빈곤한 대중들과 지역 지도자들로서 부족 지도자, 족장, 가족의 우두머리이지만 권리가 박탈된 난민들로 구성되어 있었다. 분산된 공동체와 소수민족 거주지들이 지역의 역사를 공유하고 대부분 이전 시대의 민족 전통의 환경을 반영하고 있지만, 느부갓네살은 유대인 국가와 부족 위의 군주제와 사회경제 체제와 더 큰 주민들을 함께 묶었던 예루살렘의 중심적 성역을 파괴했다.
   바벨론인들은 앗수르인들이 이전에 했던 것과 같은 효율성의 지방 체계를 발전시키지 않았다(Beaulieu 1989; Vanderhooft 1999). 바벨론 왕들은 앗수르 인들이 했던 것처럼 무역을 용이하게 하기 위해서 레반트 종주 지형에 있는 지방과 고객

왕국의 네트워크를 이용하기보다 주로 해안지역과의 양대 무역을 추구했고, 지방적이기보다 레반트의 직접적 통치세력을 주장하는 영토 체계를 유지했다.

그러나 아케메니드 페르시아의 출현은 동쪽을 더 큰 군사적 충돌, 경제적 상호의존성, 서방과의 대화에 끌어들임으로써 근동의 지정학을 변화시켰고, 이에 따라 문화적, 정치적, 경제적 상호 작용과 교환을 위한 주요 환승 통로로서 레반트의 역사적 중요성을 재개시켰다. 이러한 위대한 사건들 가운데, 예루살렘을 지역과 해외의 유대인들을 위한 정치적이고 정신적인 수도로 재건하기 위한 새로운 정치조직체가 등장했다.

1. 아케메니드 제국의 등장

동방과 서방에 재개된 전쟁으로 막 시작된 사건은 페르시아 왕 고레스에 의한 리디아의 정복이다. 할리스 강을 건너 아나톨리아 서부로 들어간 고레스는 사르디스를 사로잡았고, 따라서 페르시아 제국을 이오니아의 그리스 식민지와 지리적으로 가까운 곳에 두었다. 고레스 산하에 이미 새로운 제국의 모델 혹은 부활한 앗수르 제국 모델이 명백했다. 바벨론 정책과 대조적으로, 고레스는 집단들을 아나톨리아에서 강제 추방했을 뿐만 아니라 정복된 영토에서 식민지화와 이란화를 장려했다(Sekunda 1985; 1988; 1991). 일반적으로 귀족이나 군인이었던 페르시아 식민지 주민들은 새로 정복된 영토, 특별히 사르디스와 에베소와 같은 도시들에 정착했고, 리디안의 귀족들은 이란인의 이름과 제국의 문화와 종교의 다른 측면들을 도입했다(Sekunda 1985; Dusinberre 2003).

그리스인들이 메디즘(Medism)으로 특징지었던 아나톨리아의 식민지화와 이란화는 순식간에 카리아(Caria), 프라이기아(Phrygia) 그리고 리시아(Lycia) 지역에 이르렀다(Sekunda 1988; 1991).

B.C. 539년 고레스는 바벨론 제국에 대항하여 움직이며, 오피스에서 결정적인 승리를 거두었다. 한때 수도를 장악했던 고레스는 이 경우 이란화를 장려하기보다 바벨론의 정치적 종교적 수사법을 사용하면서 놀라운 통찰력을 보여주었다.

자신을 바벨론 신들의 대리인으로 캐스팅한 그는 메소포타미아 지역 북부와 동부에서 강제 추방된 유배자들에게 제한된 귀환의 권리를 부여하고, 이전에 몰수된 성스러운 우상들과 그릇들을 복원했다. 성경 본문에서 고레스 것으로 여겨지는 칙령은(대하 36:22-23; 스1:1-4;6:2-5) 이러한 방안과 일치한다.

마찬가지로 상당한 증거는 소그디아나(Sogdiana)와 박트리아나(Bactrian)의 동쪽과 페니키아, 키프러스와 길리기아의 서쪽 엘리트들의 회복을 가리키고 있다 (Briant 1982; Bianchi 1994; Lemaire 1996). 이러한 권리의 부여는 이타심의 행위라기보다는 거의 확실하게 고레스가 직접 원정에 나서지 않은 레반트를 포함한 제국의 주변 지역에 충성을 확립하기 위해 계산된 조치였다(Kuhrt 1983). 성상과 제의적 그릇의 반환뿐만 아니라 다른 재정적 원조와 같은 선물들은 송환자들이 그들의 지도력을 띠거나 재개하거나 유지하는데 필요한 이점을 갖도록 하는데 필수적이었다.

레반트에서 페르시아 세력의 통합은 고레스의 아들이자 후계자인 캄비세스 아래서 발생했는데, 그는 페니키아인, 사이프로스인과 그달 족속을 장려하여 이집트에 대항하는 원정을 도왔다(Briant 2002, 50-55). 특히 고고학적 증거는 캄비세스가 페니키아인에게 부여한 지방 자치제와 제국주의적 지원으로 인한 해안의 극적인 도시 확장 및 지방의 활성화를 가리키고 있다(Stern 2001, 379-412). 이 관계를 통해 캄비세스는 왕실 해군을 창설했는데-이것은 앗수르인이나 바벨론인과는 비교할 수 없는 업적이며 동서 간의 교전이 심화하고 그리스-페르시아 전쟁이 확대된 것으로 유명하다. 525년 캄비세스는 이집트를 정복하기 위해 이 해군의 힘을 써서 이란, 아나톨리아, 메소포타미아와 이집트를 하나의 제국주의 정권 아래서 하나로(처음으로) 모았다.

바벨론에서 고레스의 정책을 반영하면서 캄비세스는 파라오식 외교의례를 채택했고, 이집트의 원주민 제의 장소를 제공했는데, 엘레판틴에 있는 여호와 성전 건립을 지원했을지도 모른다(Briant 2002, 55-61).

B.C. 5세기 초반부 동안, 다리우스 1세는 행정 및 재정 개편과 개혁이라는 야심한 프로그램을 수행하면서 새로운 제국을 통합했다. 논란이 많은 다리우스의 위치, 그의 통치, 그리고 그의 정책은 베히스툰 비문, 고문서 증거와 헤로도투스의 작품을 통해서 잘 알려져 있다. 이런 본문 자료에서 제시된 바와 같이 제국의

조직, 행정, 조세에 대한 그의 관심은 더욱 효율적이고 생산적인 공물을 바치는 경제적 결과를 낳았을 것이다(Briant 2002, 388-471).

특히, 이집트에서 제국 전역에 있는 사원의 후원자로서 다리우스의 역할은 그의 후임자들에 의해 타의 추종을 불허하는 정도로 잘 증명되며 다리우스가 예루살렘에 있는 성전의 재건을 위해 명령했다고 주장하는 성경 본문의 지지에 관해 설명할 수도 있다(스 6:1-13, Edelman 2005에 반대).[72] 다리우스의 휘하 조직개편과 개혁은 비록 후속 왕들의 다른 변형, 수정과 개혁이 없는 것은 아니지만, 이후 150년 동안 제국 정권의 기초를 형성했다.

2. 트랜스 유프라테스의 창조

다리우스의 통치 후 행해진 중요한 조치 중 하나는 아마도 크세르크세스의 통치 기간 중 어느 한때와 거의 틀림없이 늦어도 420년까지 트랜스 유프라테스를 만들기 위한 바벨론 관할구의 분할이 있었다(Stolper 1989). 이에 앞서 바벨론 관할구는 새로운 페르시아 제국 내에서 그 정권의 단순한 흡수 및 전용이 반영되어 과거 신바벨론 제국 전체를 대략 포괄했다. 레반트의 속국들과 바벨론의 중앙당국 사이의 근본적인 행정 관계는 새로운 제국 주인의 이익에 맞게 제한된 수정과 개혁으로 계속되었다.

---

[72] 국가 재정 정책으로서 성전은 Schaper 1995; 1997; Trotter 2001을 보라. 이집트에서는 Darius I가 El Khargah, El Kab, Busiris와 Sais의 생명의 집에서 성전과 관련된 프로젝트에 권한을 부여했을 가능성이 높다. 에드푸(Edfu)에 있는 성전에 기증되었다. 아피스 제의와 관련하여 파라오의 직무를 맡았다. 관련된 해설에 관해서는 Bresciani 1985, 508-9; Blenkinsopp 1987; Dandamaev and Lukonin 1989, 141-46; Tuplin 1991, 264-79; Briant 2002, 472-84를 보라.

사마리아의 산발랏 가문같이[73], 시돈 왕조[74] 에쉬무나졸, 암몬의 토비아 가문[75], 그달 왕국의 게셈 왕조[76], 그리고 아마도 베냐민 지역의 사울 가문이나 유다의 고원지대에 있는 다윗 가문은[77] 분단된 지역 지형 안에서 권한을 행사했을 것이다. 바벨론의 이익을 위해 그 지역을 착취하는 것은(틀림없이 비효율적인) 사실상 정책으로 남아 있을 가능성이 크다.

이 조건이 아케메니드 왕들에게 완전히 이상적인 상황을 보여줄 수는 없었지만, 페르시아인들이 그리스에 대항하여 침략과 확장정책을 추구한 이상 그 지역의 재구성은 우선순위가 낮았을 것이다. 그 시점에서 레반트에 있는 페르시아인들의 주된 이익은 대단히 중요한 해양 자산을 제공했던 페니키아인들과의 동맹을 유지하는 것이다. 그들은 겉으로 보기에 반-자율적인 페니키아 왕국의 직접적인 제국 통제를 통해서가 아니라, 인정과 선물에 대한 대가로 페르시아 왕권을 도왔던 지역 왕족들과의 전통적인 후원-고객과의 관계를 통해 여러 지지를 확보했다.

이 정책에 대한 주요 증거는 에쉬무나졸의 석관(*KAI* 2:19-23; *COS* 2:182-83) 비문에 의해 제공되는데, 에쉬무나졸은 아케메니드 왕 크세르크세르 I세의 양보로 돌(Dor)에서 욥바에 이르는 샤론 평원의 상당 부분을 합병했다고 기술하고 있다. 그러나 그리스 전쟁에서 상당한 차질을 빚고 난 후, 아마도 페르시아인들은 그들의 손실의 힘 또는 적어도 영구적 성공의 결여에 의해, 분명하게 그리스인에 대한 군사적 자세를 바꾸기로 했고, 이는 레반트의 조직과 행정에서 주목할 만한 변화의 시작을 알렸다. 페르시아 인들은 그리스 도시 국가를 정복하려는 시

---

[73] Sanballat 가문에 대한 성경 외의 언급은 WDSP 11r3; WD 22; TAD A4.7-9. 비평적 논의는 Cross 1975a; 1975b; Gropp 2000; Mittmann 2000을 보라.
[74] Eshmunazor의 석관 글에 대하여는 *KAI* 2:19-23; COS 2:182-83. 그의 아버지 타브닛(Tabnit)에 관해서는 *KAI* 2:17-19; *COS* 2:181-82를 보라. 왕조의 연대기에 대해서는 Peckham 1968; Kelly 1987; Elayi 2007이 인용한 문헌과 다른 견해를 보라.
[75] 토비아드 왕조는 *Ant*. 12.160을 포함한 몇몇 성경 외의 자료에서 증명되었다; 제노 파피루스 (CPJ 1.118-130)와 'Araq el-Emir의 비문. 왕조의 비판적 논의를 위해서 B. Mazar 1957; McCown 1957; Mittmann 2000; Hengel 1974, 39-43을 보라.
[76] 게셈의 집에 대한 성경 외의 출처에 대해서는 Winnett 1937, 50-51; Albright 1953; Rabinowitz 1956; Dumbrell 1971을 보라.
[77] 사울 가문과 다윗 가문에 관한 논쟁적 사상에 관하여 Edelman 2001과 Sacchi 2000, 51-68을 보라.

도를 계속하기보다 소아시아, 레반트 그리고 지중해 동부에 대한 통제를 굳히고 지역과 지방 차원의 갈등을 억제하며 정치적 조작과 지역적 모의를 통해 그리스인들을 약화하는 편을 선택했다.

역사적인 무역 루트, 페니키아의 해양 자산들, 지중해의 전략적인 해안선 때문에 트랜스 유프라테스는 자연스럽게 제국주의적 정책의 변화를 지지하는 중요한 상업과 군사적 집결지 및 환승 통로의 역할을 했다. 이런 변화의 산물로서 5세기 초 대부분의 기간 지속하였던 그리스 전쟁에서 주요한 장면은 발칸과 소아시아에서 키프러스로 옮겨갔다. 키프러스는 아테네와 페르시아가 지배와 영향력을 위해 싸웠던 지중해 동부의 중요한 전진 배치의 지역이자 상업의 중심지였다.

사실, 고전적인 증거, 특별히 투키디데스와 디오도루스는 그리스에 대한 페르시아 정책의 이런 유형의 변화와 소아시아와 이집트의 위기에 대응하기 위한 트랜스 유프라테스의 총독과 지사의 중요한 역할을 정확하게 증언한다. 이런 변화를 위해 이 지역의 이점을 활용하려면 새로운 투자를 촉진하고, 경제 생산성을 활성화하고, 세금과 자원 수집의 효율성을 높이고, 지역의 군대들을 동원하여 지역 지방의 갈등을 억제하고, 페르시아의 이익과 영향력을 확대하기 위해 제한적인 갈등을 벌이기 위한 지역 행정의 필요성에는 의심의 여지가 없다. 게다가 이 행정부는 바벨론을 향해서가 아닌 지중해를 향한 군사적 경제적 지향을 가진 지역과 지방의 이해 관계에 의해 추진될 필요가 있었을 것이다.

3. 절정에서 바닥까지

B.C. 5세기 중반, 대략 B.C. 462년, 이집트의 족장인 아미르타이오스(Amyrtaeus)와 아테네 해군의 도움을 받은 리비아의 이나로스(Libyan Inaros)는 이집트의 페르시아 패권을 타도하기 위해 멤피스 요새를 포위하고 공격했다.[78] 아테네인들은 키프러스를 둘러싼 페르시아와의 전쟁에서 제2전선을 열기 위하여 반란을

---

78 이 반란에 대해서는 Hoglund 1992, 97-164를 보라.

지지했다. 주요하게 키프러스를 점령한 페르시아인들은 천천히 반응했다. 포위 공격은 거의 6년 동안 계속되었다가 B.C. 456년 트랜스 유프라테스의 총독인 메가비주스에 의해 해체되었다.

다행스럽게도 페르시아인들에게 그 반란은 평민이나 대부분의 이집트 엘리트 사이에서 대중의 지지를 얻지 못했다. 그렇지 않았다면, 궁극적인 목적을 달성했을지도 모른다. 연합군이 멤피스에 있는 성채조차 점령할 수 없었기 때문에, 페르시아 제국 통제는 절대 위협받지 않았다. 실제로 이집트에서 이나로스 반란을 진압한 직후 아르타크세르크세스 1세(아르타크세르세르 1세)는 그 반란을 지지하여 상당한 해군 손실을 입힌 아테네와 화해를 맺었다.[79]

아르타크세르크세스 1세는 페르시아 제국 역사에서 비교적 평화롭고 대체로 번영한 시기를 일구었다. 그리스 전쟁 후의 그 시대 주요 성경 외의 자료는 주로 경제 및 행정 문서들이다.

중요한 수집물은 페르세폴리스 방어시설과 재정 평판(Cameron 1948; Hallock 1969)[80], "저택"(Stolper 1988; 1990)과 무라슈 공문서(Stolper 1985; 1992)[81], 엘렌파틴 파피루스(Porten and Yardeni 1986; 1989; 1993; 1999; Porten 1996)와 아르삼(Arsham) 서신(Cowley 1923, AP 26; Driver 1965, AD 1–13)과 박트리아 서신(Naveh and Shaked 2012)의 서신이다. 이런 소식통들은 페르시아 제국이 앗수르와 바벨론 제국 전임자들로부터 많은 특징을 물려받았고 제국의 지역 경제변화를 허용했다는 것과 다리우스 1세의 제국 경제는 크세르크세르 1세, 아르타크세르세르 1세, 그리고 다리우스 2세 치하에서 새로운 팍스 페르시카(Pax Persica)의 혜택을 누리며 비할 데 없는 규모로 발전했다는 것을 보여 준다.[82]

---

79 Peace of Callias에 대해서는 Meiggs 1972, 129–51, 487–95; Briant 2002, 557, 579–80, 582, 591, 967–68, 971, 974–76, 1008을 보라.

80 "Persepolis Fortification Archive Project" at https://oi.uchicago.edu/research/projects/persepolis-fortification-archive의 다음 항목을 보라.

81 Borsippa에 있는 Ea-iluta-bani, 바벨론에 있는 Iddin-Nabu, 바벨론의 Egibi 가문의 기록물 또한 Darius I의 통치로 끝나기는 하지만 관련이 있다. 즉각적인 참조는 Joannès 1995, 1475–85를 보라.

82 이 시기는 Pericles의 리더십 아래의 아테네 제국의 정점 표시기이기도 하다. 페르시아와의 "평화"와 스파르타와의 평화는 아테네가 그리스와 지중해 세계로 문화, 경제, 정치적 영향력을 확대할 수 있도록 해주었다.

그래도 페르시아인들이 이나로스의 반란을 신속하게 진압하지 못한 것은 그들의 군사 배치와 전략에 분명한 약점을 드러냈다-이집트인들이 5세기 말에 독립을 달성하고, B.C. 343년에 아르타크세르크세르 3세에 의해 다시 예속될 때까지 4세기 내내 레반트나 소아시아에서 반란을 주도하거나 지원함으로써 더 많은 추가적인 착취를 시도하기 위해 사용할 수 있는 약점이다. 작고 대응력이 뛰어난 지역군을 강조하는 것과 노골적으로 공격적인 군사 태세를 거부하는 것은 페르시아 제국을 지중해 연합군의 공격에 더욱 취약하게 만들었다. 페르시아의 전략은 적들의 분열과 통제 하에 있는 지역의 충실도에 달려 있었다. 만약 너무 많은 장소에서 충돌이 일어났다면, 지역 군대는 너무 얇게 펼쳐져서 필요한 만큼 신속하거나 단호하게 대응할 수 없을 것이다. 게다가 더 큰 연합군이 공격해 분쟁이 진압될 수 없다면 페르시아인들은 황제의 군인을 일으켜야 했는데, 이 군대는 명백하게 바벨론에만 또는 심지어 이란 고원까지 멀리 배치되어 있었다. 황제의 군대를 소집하는 것은 시간이 걸렸고 잠정적으로 페르시아인들을 약하게 했는데, 이는 젊은 고레스의 군사행동에서 극적으로 드러났고 마침내 알렉산더 대왕에 의해 치명적으로 드러났다.

4. 회복기의 지역 풍경

그 시대의 제국주의적이고 심지어 지역적인 발전에 비례하여, 유대인의 이야기는 작다. 사마리아는 바벨론과 페르시아 시대를 거치면서 산간 지방에서 가장 두드러진 정치적 문화적 중심지였던 반면(Zertal 1990; 2003; Knoppers 2006a), 예루살렘과 그 주변 지역의 재건은 점진적이고 그 시대의 지정학에서는 중요하지 않았다(Ristau 2016).

그런데도 유다 산지에 대한 조사, 발굴과 물적인 증거는 예루살렘이 페르시아의 아케메니드 왕조의 패권으로부터 이익을 얻었고, 5세기에 행정 중심지로 다시 나타난 것은 당시 발생한 행정 통합에 대한 큰 흐름의 일부였음을 보여 준다(Lipschits 2006; Lipschits and Tal 2007; Lipschits and Vanderhooft 2007). 페르시아 베냐민의 도시 정착 패턴에 주목할 만한 변화가 있고, 유다 산지 중북부 농촌 지역에서도 비교적 중요한 회복을 보인다. 비문 증거는 이러한 발전이 예후드의 지방화와 예루살렘으로 지방의 수도로 재등장한 것과 관련 있으며, 미스바를 중심으로 한 바벨론 영토 행정부를 대체한다는 것을 시사한다.

1) 베냐민과 유다 산지 북중부의 정착 패턴

비록 베냐민 지역에서 정착의 연속성에 대한 중요한 증거가 존재하여 주목할 만하지만, 점차적으로 감소하고 있으며, 어떤 경우에는 기브온, 모사, 기브아와 같은 장소에서 정착을 중지하고 네비 사므일과 라맛 라헬 같은 장소에서 활동이 활발해질 수도 있다(Lipschits 2005, 248; Gadot 2015, 19). 이 장소들의 운명이 현저하게 대조되는 것은 예루살렘의 지위 상승과 미스바의 지위 약화와 관련된 경제, 포도 재배 중심지의 변화와 관련 있을 가능성이 큰, 소인 자국의 체계와 배포로 (다음 장을 보라) 더 설명된다(Lipschits 2005, 248).

유다 산지 북중부에서는 총 정착지역이 파괴 전 수준으로 돌아간 촌락 지역의 중요한 회복이 이루어지고 있었다. 그러나 페르시아 시대의 정착 활동은 초기보다 더욱 집중된 지역에서 발생하는데, 이것은 키르벳 움 엘-카라, 키르벳 아부 타윈, 키르벳 엘-카트, 키르벳 자위예, 그리고 벳술의 "요새들"의 근처에 해당한다.

이 정착 패턴은 세펠라 지방의 외곽인 키르벳 에르-람, 키르벳 라슴 슈리야 그리고 라기스를 모방한 것이다. 대부분의 발굴되지 않은 장소가 이들 군집에 자리 잡고 있었고 5개의 두남(약 1.24 에이커) 이하를 차지하고 있다는 점을 감안할 때, 정착 패턴은 아마도 *hatru*가 관리하는 땅들의 고고학적 흔적일 수 있다 (Edelman 2005; 2007).[83]

---

83 *hatru*는 제국군대를 위한 병사 자금을 위해 토지 할당을 받은 협동조합의 유형이었다. 세 가지 종류의 배분은 활의 토지(*bit qashti*), 말의 토지(*bit sisi*), 전차 토지(*bit narkabti*)로, 궁수, 기수, 마차를 모는 사람이 완전무장을 하고 유지하는데 드는 비용에 비례하여 잇따른 더 큰 대지였다. 원로회와 *saknu*(족장)에 의해 감독된 *hatru*는 그의 구성원들에게 땅의 작은 부분을 분배하고, 군대의 의무를 이행하도록 보장했다. *hatru*에 대한 가장 초기의 언급은 Cambyses가 계승한 해인 529년에 쓰인 바벨론어 문서에 나타난다(Dandamaev and Lukonin 1989, 149). 그때부터, *hatru*나 비슷한 기관에 대한 언급은 그것이 페르시아 제국에 필수적이고 특색 있는 조직적 단위를 구성한다는 것을 나타낸다(Stolper 1985, 71–72).

이러한 해석은 이 지역의 행정조직과 관련된 비문과 성경적 근거에 의해 더욱 힘을 얻게 되는데, 이중 가장 두드러지는 것은 *hatru*의 최고 관료인 *saknu* ("우두머리")라는 직함과 같은 어원을 가진 히브리어와 아람어 형태의 *segen*을 같은 시기에 유사하게 사용한 것이다 (각주 12번 참고). *segen*은 와디 에드 달리예(Wadi ed-Daliyeh)와 엘레파틴 파피루스와 성경에서는 오직 포로기와 포로 후기 문서인 이사야 40-66장, 예레미야, 에스겔, 다니엘, 에스라, 느헤미야에서만 증명된다 (Lemaire 2007, 55-56).

또한, 이두매 오스트라카는 *hatru*가 관리하는 공동지역의 과세 및 재분배 구조를 지적하고 있으며, 에스라 2장과 느헤미야 7장의 명부는 지명과 제의적 조합에 의해 양립 가능한 사회정치적인 조직을 증명하고 있고, 느헤미야 11장의 명부는 군인다운 색채를 분명히 나타내며, 그리고 부족 문화에서는 어디에나 있지만, 에스라-느헤미야의 서술은 혈통 집회를 두드러지게 언급하고 있는데, *hatru*-행정의 모든 예상된 반응이다.[84] 이 주민을 지원하기 위해 새로운, 탁월한 그리스에서 영감 받은 도예 기술들이 점점 내륙으로 옮겨갔고 지역의 전통들을 대체했다(Franken 2005, 200).

수입된 정치적 경제적 모델을 따라 기능하는 이 새로운 정착지는 긴장을 촉발시켰을 가능성이 있고, 바벨론과 초기 페르시아 시대 동안 미스바, 사마리아와 암몬에 그들 스스로 설립한 지방 왕조와 지도자들의 정치적이고 경제적 이익을 혼란시켰다(참고, 에스라-느헤미야).

2) 예후드의 형성과 행정

놀랍게도 예후드에서 나온 인장 자국과 동전, 엘레판틴의 문서와 같은 중요한 비문 증거들은 예후드의 정착 패턴 변화와 행정 발전을 상호보완적으로 알 수 있게 해 준다. 저장용 항아리 손잡이에서 발견된 예후드 인장 자국은 이 지역의 행정 변화를 추적하는 데 유용하다. "예후드"의 지명 증명은 그 이름의 행정단

---

84 윗 각주를 참고하라. 흥미롭게도, 이것은 에스라의 위원회를 이해하는 데 영향을 미칠 지도 모른다. 아마도 그는 예후드의 지방의 자리가 아닌 강 저편(Transeuphrates)의 유대인 협동조합에 대한 심의를 하도록 임명되었을 것이다.

위에 대한 증거로서, 동물 형태를 본뜬 라멜렉(lmlk)와 지형의 소인 자국과 gbn과 mwṣh의 도장 자국으로 나타난 이전의 관행과 현저하게 대조된다.

이전의 유형은 항아리를 식별하고 그 속에 있는 생산물을 부족이나 초민족 지도자나 그들의 재산으로 보지만, 예후드의 도장 자국이 항아리와 내용물을 지방의 재산으로 식별한다. 이러한 구별에 있어서 실질적인 의미는 아주 작지만-어느 경우에나 지도자는 영토를 관리했다-이데올로기적 대비는 특히 지방화의 증거로서 강력하다.

대략 시작 시기가 같은 3개의 체계에 대한 6세기의 증거가 있다. gbn 도장 자국은 기브온 중심이고 mwṣh 도장 자국은 미스바 중심이다. 도장 제도, 라맛 라헬과 예루살렘을 중심으로 한 사자 소인 인상제도. 예후드 소인 인상제도는 이것들을 대체하여, 사자 소인 인상제도를 계승하고 mwṣh와 기브온 시스템을 대체하였고, 아마도 심지어 후자 체계의 관리를 나비 사무일로 이전하였다.[85]

예후드 소인이 찍힌 손잡이의 지리적 분포는 라맛 라헬의 주요한 수집 및 행정 중심지인 르파임 계곡의 생산 센터를 가리키며, 다양한 부수적 장소 특히 예루살렘, 미스바, 네비 사무일, 여리고 그리고 엔게디에 분포하고 있다(Lipschits and Vanderhooft 2011, 31-59).[86]

페르시아 시대 예후드의 동전은 지방 관리의 성장과 발전을 유사하게 반영하고 있다. 이 동전들은 필리스토-아랍(Philisto-Arabian) 이슈에 기초하고 그리스, 페르시아, 페니키아의 디자인을 사용한 팔레스타인 동전 형태의 뚜렷한 하위군이다.[87] 그들은 예후드라는 지역 이름이나 고대 히브리어 문자로 쓰인 독점적인 개인 이름에 관한 전설이 있으며 거기에는 아람어 문자로 쓰인 지역 이름으로 현존하는 두 개의 예외가 있다. 이 동전들은 전통적으로 B.C. 4세기까지 거슬러 올라가면 주로 예루살렘이나 그 주변 지역에서 발견되었지만, 블레셋에서는 텔 젬메와 사마리아의 그리심 산에서는 두드러진 예외가 있다.

---

[85] 이러한 경제적 변화는 사울과 다윗에 대한 성경적 묘사와 그들의 유산 그리고 베냐민과 유다 사이의 관계에 있어서 격렬한 반사작용을 일으킬 수 있다. 이런 맥락에서 Edelman 2001; 2003; Amit 2003; 2006; Blenkinsopp 2006; Knoppers 2006b, 25-27을 보라.
[86] 라맛 라헬에 관한 중요성은 Lipschits, Gadot, and Langgut 2012; Gadot 2015를 보라.
[87] 이 발견에 대한 조사는 Mildenberg 1979; Meshorer 1982, 13-34; E. Stern 1982, 224-27; Betlyon 1986; Machinist 1994; C. Carter 1999, 259-85; E. Stern 2001, 562-69가 포함되어 있다.

도장 제도는 유다의 독특한 면인 반면, 예후드의 동전 문제는 사마리아, 세겜, 와디 에드 달리예 동굴 등의 성읍과 주변 지역에서 발견된 사마리아 동전 문제와 유사하다.[88] 사마리아 동전은 예후드 동전과 같은 무게와 비슷한 디자인을 공유한다. 이러한 유사점을 고려할 때, 페르시아 시대의 예후드와 같이 사마리아에 대해서도 비슷한 지위를 인정할 수 있는데, 적어도 이러한 동전들이 화폐를 주조할 권리를 입증하는 것처럼, 이와 관련하여 페르시안 제국의 다섯 번째 관구(행정단위) 내 지방 지위인 트랜스 유프라테스를 점할 수 있다.

한 편지(그중 두 개의 초안이 보존된)와 엘레판틴의 예다니야(Yedaniah) 기록보관소의 메모는 예루살렘의 활발한 제의 행정과 사마리아와 동등한 시민 행정임을 확인시켜 준다. B.C. 407년에 쓰인 것으로 추정되는 이 편지는 바가바히아(Bagavahya) 예후드 총독이 엘레판틴에 있는 여호와께 성전 재건을 지지해 달라고 탄원하고 있다. 그것은 "여호아난, 대제사장, 예루살렘에 있는 그의 동료 제사장들"과 총독, "아나니(Anani)의 형제 아바스타나(Avastana)와 유다의 귀족들"의 이전 서신과 "델라이어와 셀레미야, 산발라트의 아들, 사마리아 총독"과의 서신과 아주 유사한 것을 나타낸다(TAD A4.8; cf. A4.7 [Porten 1996, 139-47]). 딜라이어(Delaiah)와 바가바히아의 공동 권고로서 답신이 왔다(TAD A4.9 [Porten 1996, 148-49]).

따라서 5세기 말까지 예후드에서 민간과 제의 행정이 명백히 증명되고 있으며, 예루살렘에서 적어도 성직자 간부회가 운영되고 있었다. 엘레판틴의 지도부와 수비대는 이 행정부를 사마리아의 그것과 비교할만한 것으로 간주하고, 이 지역에서 충분한 영향력 혹은 권위를 소유한 것은 이집트에서 페르시아 행정부에 대해 호소하는 데 도움이 되거나, 혹은 이 사건에서 법적인 지위를 갖는 것으로 간주하고 있다.

---

[88] 사마리아 동전에 대한 조사는 Meshorer과 Qedar 1991을 보라.

5. 회복된 예루살렘의 영토와 신학적 의미

페르시아 시대를 나타내는 성경 본문은 복구와 재건에 대한 포부와 희망을 전달할 뿐만 아니라 회복 공동체의 결핍과 빈곤화의 인정도 나타낸다(예를 들면, 사 49; 학; 슥 1:8-17). 본문은 불평등과 폭력으로 나타난 유다 산지의 불안, 반복되는 지역적 갈등과 내부적인 불화를 지적하고 있다(예를 들면, 사 58:1-59:8, 슥 9-14; 말).

본문은 또한 근동 지역과 지중해 세계에 널리 퍼진 더 큰 여호와 신앙의 환경을 지적한다(스 2:59; 8:17; 겔 3:15).[89] 페르시아 시대 성경 본문에서 예루살렘을 장려하는 가운데, 방치는 끊임없고, 노골적이며 암묵적인 후렴으로 만연해 있다(Ristau 2016). 역사적이고 고고학적인 증거에 의해 알려진 그 문헌들을 주의 깊은 읽기는 매우 직관적이면서도 인간적인 이야기의 연속성을 암시한다-경솔함과 영감을 받는 사이, 무력과 불굴의 사이에서 자주 흔들리며 비록 회복력과 인내력에도 불구하고 투쟁과 고난 심지어 실패에 관한 이야기이다.

결국, 예루살렘의 재건이 이루어졌으나, 위대하고 특이한 중대한 사건은 나이였다. 그 대신, 유다 백성의(종종 그들 자신도 불구하고) 끈질긴 결단 에 기인하거나 혹은 여호와에 대한 믿음의 표현에 기인하는 잇따르는 시험과 고난을 회복하는 끈질긴 운동의 정점이었다.

그 성과는 한때 하찮고 사소하지만 심오하고 숙고할만하다. 작고 비좁은 예루살렘의 재건은 페르시아인이나 그 시대 대부분에게 의미가 없었지만, 여호와의 역사와 충실한 남은 자들의 확인과 회복으로 해석되어, 이 시대의 서사 이야기의 중심적인 성과로 예후드, 트랜스-유프라테스와 근동세계에 사는 유대인들을 위한 정치적이고 영적인 수도를 만드는 데 일조하였으며, 그것은 결국 문자적 전통과 종교적 해석에 권위를 부여했고 결국 주변의 많은 유대인의 세계를 통일시켰다(Ristau 2016).

대다수 유대인이 예루살렘과 예후드의 주변에 살고 있었기 때문에, 이것과 페르시아 시대의 역사적 특히 사회학적 영향은 보존되었고, 만약 위조하지 않았다면, 패배와 유배에서 벗어난 유대 민족은 과소평가 되거나 덜 인정을 받지 말아야 한다.

---

[89] 페르시아 시대 Yahwism/Judaism의 국제적인 관점에 대하여 esp. Knoppers 2009; 2011을 보라.

제31장

마카비 혁명과 하스몬 왕국

조엘 윌리츠(Joel Willitts)

종교적 박해, 살인, 속임, 그리고 배신, 영웅적 주인공과 광적인 악인들, 운명의 좌절과 낭만적인(시적인) 정의 가운데서 하나님에 대한 열렬한 충실함—이러한 주제들은 하스모니아인들의 이야기가 2000년 동안 많은 사람의 상상력을 사로잡은 이유 중의 일부일 뿐이다. B.C. 63년 로마제국에 의해 유대의 합병과 관련된 하스모니아 왕조의 이야기는 제2 성전 시대 후기를 가장 중요한 역사적 무대로 삼고 있다. 그 시대에 예수가 태어나고 기독교와 랍비 유대교가 생겨났다(Efron 1987). 초기 유대교는 하스모니안 시대의 사람들이 경험한 격변하는 정치, 문화, 사회, 종교적 변화의 결과로 주후 1세기 초에 성숙하게 되었다.

"마카비"라는 이름은 사실 유다의 맛다디아의 셋째 아들로, 아버지의 후계자로서 군사적으로나 행정적으로나 아버지를 능가했다(마카베오상 2:4). 그가 일으킨 종교적 혁명은 이스라엘 땅의 헬라화(Hellenization)에 대항하여 일으킨 반란이었고 그로 인해 "마카비 가문"으로 알려지게 되었다. 가장 유력한 설명은 "마카비"는 비록 확실하지는 않지만, 아람어인 마카비(maqāby)에 비추어 "망치"를 의미한다는 것이다.

다른 한편으로는 "하스몬"(Hasmonean)은 맛다디야가 수장인 제사장 가문의 이름이다. 맛다디야는 5명의 아들이 있었는데, 그중 3명은 반란의 지도자가 되었고 2명은 결국 대제사장이 되었다. 이 시기 "마카비"나 "하스모니안"을 가족으로 지칭하는 것은 흔한 일이므로, 이 명칭들은 서로 교환할 수 있는 것으로 여겨야 한다.

마카비 혁명과 하스모니안 왕국의 이야기는 쉽게 초기, 중기 그리고 말기로 나눌 수 있다. 종교에서 변한 정치 현상은 B.C. 167년부터 지속하였는데, 아스모나이오스(Asmonaios)의 제사장 가문의 맛다디야의 출현과 그의 다섯 아들이 유대 헬라인들과 셀류시드 왕국에 대한 반란을 이끌면서 B.C. 35년경 아리스토불루스 3세의 죽음으로 이어졌다. 후자는 헤롯 대왕의 명령에 따라 살해되었는데, 헤롯은 17살의 나이에 그를 대제사장으로 임명했다(『유대 고대사』 15.56).

더욱이 종교적 혁명가에서 제사장-왕들(priest-kings)로의 이야기로의 움직임은 명백한 승리의 행군은 아니었다. 미래는 절대 보장되지 않았다. 그리고 B.C. 63년 폼페이 대왕이 갑작스럽고 놀라운 유대의 합병을 하는 동시에, 하스모니안 왕국은 역사에서 사라졌다. 여러 차례 예상은 절망적으로 보였고 결과는 쉽게 다른 방향으로 갈 수 있었다. 이 이야기의 시작을 위한 주요 자료인 마카베오서 1장과 2장의 주장이(Harrington 1988; Sievers 1990, 1-15) 초기 하스모니안 가문의 사건 과정을 통해 신의 지지와 개입에 대해 지나치게 긍정적 의미를 보이지만, 더 일반적인 의미에서는 여전히 적절하다. 하스모니아 가문이 경험했던 대부분의 성공은 자신들이 거의 통제할 수 없었던 일의 결과였다.

1. 안티오쿠스 4세의 즉위부터 유다 마카비의 죽음까지(B.C. 175-160년)

B.C. 175년 안티오쿠스 4세 에피파네스는 정치적, 군사적 야망을 품고 셀류시드 왕조에 올랐다. 알렉산더 대왕의 죽음으로 만들어진 4개의 왕국 중 하나인 셀류시드 왕국은 시리아에 집중되어 있었다. 안티오쿠스 3세는 B.C. 198년 팔레스타인 북부의 바니야스(Panias)에서 프톨레미 왕조를 이긴 후 레반트의 지배권을 장악했다. 그가 즉위할 무렵, 헬레니즘의 씨앗이 이미 심겨져 있어서 유다 지방에 열매를 맺고 있었다. 알렉산더가 레반트에 도착한 이후 거의 두 세기 동안, 그리스 문화와 삶의 방식의 매력은 특히 예루살렘의 제사장 같은 귀족 사이에서 더 커졌다.

마카베오하 3-4장에 있는 예루살렘의 성전 제사장들 사이의 논쟁에 관한 이야기는 헬라화 뒤의 진정한 원동력이 유대인에게 억압적인 힘을 행사하는 외부의 힘이 아니라, 대신 헬레니즘적인 삶의 패턴을 적용하는 데 관심이 있었던 유대 귀족의 내부 요소들임을 암시한다(Regev 2013, 15; Sievers 1990, 16, 20-26; Vander-Kam 2004, 188-226). 사독 제사장 오니아스 3세(Onias III)는 야손(Jason)이 새로 취임한 셀류시드의 왕 안티오쿠스에게 뇌물을 주고 그를 그의 형제의 자리에 있는 대제사장으로 만들었을 때, 자신의 형제 야손 때문에 쫓겨났다.

재정적인 기여가 안티오쿠스에게는 매력적으로 보였을 뿐 아니라, 야손은 체육관 김나지움(gymnasium; 마카베오하 4:7-17; cf. 마카베오상 1:14; 『유대 전쟁사』 1.32; 『유대 고대사』 12:237-41)을 설립하고 예루살렘 사람들을 "안디옥"이라고 개명한 도시의 시민으로 등록시킴으로써 예루살렘을 그리스 도시로 만들겠다고 다짐했다. 그러다가 불과 3년 후, 야손은 비사독인이며 심지어 더욱 급진적이며 친헬레니즘적인 유대인인 메넬라우스가 보다 뛰어나, 안티오쿠스 4세에게서 야손 대신 대제사장직을 부여받았을 때, 자신의 경기에서 두들겨 맞았다.

한편, 안티오쿠스 4세 에피파네스는 자신의 왕국을 확장하고자 이집트를 목표로 삼았다. 이집트에 대한 첫 전쟁을 마치고 돌아오자, 그는 유대교 성전을 약탈했다. 요세푸스는 안티오쿠스가 "예루살렘의 주인"이 되었다고 말한다(『유대 고대사』 12.246). 후에 안티오쿠스가 전투에서 죽었다는 헛소문이 예루살렘에 퍼졌다. 자신의 권위를 다시 세울 수 있는 절호의 기회로 보이는 것을 붙잡은 채로 쫓겨난 야손은 메넬라우스로부터 다시 높은 제사장직을 움켜잡으려고 시도하고 반란을 일으켰다. 아직 살아 있던 안티오쿠스는 쿠데타 소식을 듣고, 예루살렘을 공격했다. 그는 다시 성전을 약탈하고 "아크라"(Akra)라고 불리는 성채를 지었다(마카베오상 1:29-33; 마카베오하 5장; 『유대 전쟁사』 1.32; 『유대 고대사』 12.248-52) (Sievers 1990, 17-20).

또한, B.C. 167년 안티오쿠스 4세는 토라의 낭독, 할례와 축제의 기념을 금지하면서 전통적인 유대교 관습의 중단을 명령했다. 더욱이 그는 성전을 모독하고, 그리스 신들 특히 제우스를 숭배하는 신전으로 만들라고 명령했다. 그는 유대의 모든 주민에게 우상에게 제사를 드리게 하고 토라에 금지된 음식을 먹게 했다. 안티오쿠스의 진짜 동기는 알 수 없지만, 마카베오상서의 저자는 "그의 왕국 전체를 … 하나의 백성"으로 만들고자 하는 욕망에 기인하는 것이라고 본다(마카베오하 1:41). 그 칙령은 죽음의 고통으로 집행될 예정이었다(마카베오상 1:50). 우리는 167년 기슬레브 월 25일에 성전에 새롭게 건립된 제단에서 우상숭배 제사가 시행되었다는 것을 들었다. 또한 율법책들은(books of the law) 찢어지고 불태워졌고, 여성들은 "자녀들이 할례를 받게 된 … 이들은 자신들 어머니의 목에 어린 아기를 매달고" 사형에 처했다(마카베오상 1:60-61).

안티오쿠스 4세의 칙령에 대한 유대인들의 반응은 이미 친 헬라주의적 경향으로 놀랄 것도 없이 이미 분열되었다. 마카베오상서의 저자는 "이스라엘에서 온 많은 사람이 그의[Antiochus IV's] 종교를 기꺼이 받아들였다. 그들은 안식일에 제물을 바치고 안식일을 모독했다"라고 우리에게 알려준다(마카베오상 1:43). 그러나 우리는 마카비인들의 이야기를 전조로, "이스라엘의 많은 사람이 굳건히 서서 부정한 음식을 먹지 않기로 다짐했다. 그들은 음식으로 더럽히거나 거룩한 언약을 더럽히기보다는 죽는 쪽을 선택했다; 그리고 그들은 죽었다"(마카베오상 1:62-63 [참고, 마카베오하 2: 6-7; 『유대 전쟁사』 1.34-35; 『유대 고대사』 12.253-56]). 마카베오서로 들어가 보자.

마카비의 이야기는 왕실의 관리들이 안티오쿠스 4세의 칙령을 시행하기 위해 이스라엘의 세펠라 작은 마을인 모데인(Modein)에 왔을 때 시작한다. 관리들은 맛다디야의 가장 높은 지위에 대해 알고, 그에게 제일 먼저 제단 위에 제물을 바쳐 우상에게 드리라고 명령했다. 그는 그렇게 하기를 거부했다. 동료 유대인이 첫 번째 희생제물을 바치기 위해 나서는 것을 보고, 그의 족장 비느하스의 열정으로 가득한 맛다디야는(민 25:7-13; 마카베오상 2:26) 유대인과 왕실 관리들에게 (마카베오상 2:19-30) 치명적인 행동으로 마카비 혁명을 일으켰다. 이 사건일 일어나던 해에, 맛다디야가 죽고 유다 마카비가 유대인 반란 지도자로 자리 잡았다(마카베오상 3:1; cf. 마카베오하 8:1; 『유대 전쟁사』 1.36-37; 『유대 고대사』 12.285).

게릴라 전술을 이용해서 여러 번의 초기 승리를 거둔 후, 마카비 반란은 힘을 키웠다(Sievers 1990, 42-46). 이러한 초기 승리는 B.C. 167년에 그 성전이 훼손된 다음 날까지 3년간 반란군들이 싸움을 계속할 수 있도록 대담하게 했고, 안티오쿠스 4세가 세운 성채를 차지할 수는 없었을지라도 유다가 예루살렘과 성전을 탈환했다. 164년 기슬레브 25일에 성전은 재 단장되었다. 하누카 축제에서 매년 기념하는 성전의 봉헌이다(마카베오상 4:36-59; 마카베오하 10:1-8; 『유대 전쟁사』 1.39; 『유대 고대사』 12.316-22, Regev 2013, 37-57).

그 반란은 성전이 재 헌정된 후에도 유다의 지도력 아래 계속되었다. 우리는 유다가 로마 원로원과 조약을 맺기 위해 사절을 보낸 것을 알고 있다(마카베오상 8장; 『유대 전쟁사』 1.38; 『유대 고대사』 12.414-19). B.C. 160년 그는 셀류시드 장군 바키데스(Bacchides)와 싸우다가 전사했고, 그의 동생 요나단은 지도자의 역할을 맡았다(마카베오상 9; 『유대 전쟁사』 1.47; 고대사 12.426-34) (Sievers 1990, 62-67).

2. 요나단의 즉위부터 로마의 유다 합병(B.C. 160-63년)

요나단과 그 후 맛다디야에게 마지막 남아 있는 동생 시몬의 등장으로 마카비의 이야기는 계속되었으나, 과도기에 이르러 반란의 결과는 암담해 보였다(Harrington 1988, 90). 유다에게 승리를 거둔 바키데스는 요나단과 하스모니안 일파를 추격했다. 마카비에게 충성하는 세력에게는 셀류시드 군대의 힘은 너무 벅찼다.

요나단과 그의 형제 시몬은 반란을 함께 하였던 나머지 지도자들과 예루살렘을 떠나 황무지로 도망쳤다. 이 망명 과정에서, 친 헬라주의자인 왕의 임명을 받은 대제사장 알키무스(Alcimus)의 죽음으로 말미암아 2년간의 평화로 이어졌다(마카베오상 9:56-57) (VanderKam 2004, 226-39). 그로 인해 대제사장은 7년 동안 공석이 되었다(B.C. 159-152) (VanderKam 2004, 244-50). 예루살렘에서 친 헬라주의 유대인들의 선동으로, 다시 격전이 벌어졌다. 하스모니아 파벌은 그사이에 군사적으로 충분히 강화되어 있었고, 이들의 승리는 셀류시드 장군 바키데스가 상호 적개심을 종결짓고 평화를 위한 소송을 걸도록 강요했다(『유대 고대사』 13.22).

이제 이야기의 중간 부분에서 중요한 전개 중 하나를 위한 무대가 마련되었다. B.C. 152년 셀류시드 왕조의 주장인 알렉산더 발라스에 의해 요나단은 대제사장으로 임명되었다(마카베오상 10:20). 정치인이자 전략가로서 요나단의 총명함은 셀류시드 왕국의 정치적 약점을 그의 이익에 활용하는 능력에서 분명했다(Harrington 1988, 80). 중대한 변화가 일어났다(Regev 2013, 18). 한때 셀류시드 왕의 적이었던 마카비는 이제 셀류시드 왕국에서 권력을 확보하기 위해 지원이 필요한 동맹자로 포함되었다.

더욱이 마카비는 셀류시드 권위 아래서 자유롭게 생활하던 것이 완전히 셀류시드 권위에서 해방된 것으로, 반란에서 "하스모니안 외교술"로 목표를 옮겼다. 요나단은 독립을 향한 발걸음을 내디뎠고, 이것은 그의 아버지 맛다디야와 형제인 유다가 추구한 종교적 자유의 초기 초점을 넘어선 발전이었다(Dabrowa 2010, 42-56; Sievers 1990, 73-103).

알렉산더 발라스는 제사장 외에 요나단을 "왕의 친구"로 명명하고 자주색 가운과 황금색 왕관을 수여하는 등 요나단에게 영예를 안겼다(마카베오상 10:20) (VanderKam 2004, 251-70). 요세푸스는 긍정적으로 보일지도 모르지만, 요나단이 "대제사장직으로 임명되어 유대인들을 마케도니아의 패권에서 해방했다고"라고 기록했다(『유대 전쟁사』 1.53). 비록 예루살렘의 한복판에서 성채는 셀류시드와 친 헬라주의 세력의 보루로 남아있었음에도, 요나단은 예루살렘에 다시 들어가서 성벽을 보수하고 요새화하였다(마카베오상 11:74; 고대 13.163, 181-83). 요나단 또한 스파르타에게 손을 내밀면서 로마인들과 동맹을 다시 맺었다(마카베오상 12:1-23; 『유대 고대사』 13.163-70).

이 시점에서 요세푸스가 처음으로 정치 종교 단체에 대해 언급한 것을 주목할 만하다. 지금 이 시기에 유대인들 사이에는 세 가지 사상의 학교가 있었다. 첫째는 바리새인, 둘째는 사두개파, 셋째는 에세네파이다. 에세네스(Essenes, 『유대 고대사』 13.171-72). 이런 단체들은 하스모니안 국정운영과 고위 성직자의 주장에 대한 사람들의 다양한 반응을 나타낸다. 초기 학자들은 쿰란 문학에서 정의의 스승에 반대하는 사악한 제사장(Wicked Priest), 거짓된 자(Man of Lies)라고 불리는 인물이 사실은 요나단이라고 믿었다. 이 이론은 비판을 받았으나, 사해의 해안에 쿰란 공동체가 출현한 것은 하스모니안 경륜에 해당한다(Dabrowa 2010, 50-51; Eshel 2008, 29-61; Magness 2002; Sievers 1990, 88-92; VanderKam 2004, 264-70).

B.C. 142년에 요나단은 트리폰(Tryphon) 사람과 맛다디야의 마지막 아들 시몬에 의해 이중으로 살해당했다. 시몬은 그의 자리를 차지했다(마카베오상 12:39-13:24; 『유대 전쟁사』 1.49; 『유대 고대사』 13.187-93). 비록 대부분 면에서 그는 요나단에 의해 시작된 국정 운영을 계속했을 뿐이지만, 시몬의 통치는 주목할 만하다. 셀류시드왕 데메트리우스 2세는 시몬과 유대인들에게 세금을 폐지하고, 이전의 모든 국가 범죄에 대한 황실 사면을 승인하고, 유대인들을 왕의 군대 영향력

에 합류되도록 함으로써 더 많은 독립을 수여했다. 이런 유대인들의 지위의 중요한 변화를 확인하면서, B.C. 141년 성채의 상징적인 포위는 셀류시드의 힘과 친 헬라주의 유대인의 존재를 예루살렘 중심에서 성공적으로 제거했다(마카베오상 13:49-51; 『유대 고대사』 13.214) (Harrington 1988, 91; Sievers 1990, 105-34; VanderKam 2004, 270-85). 마카베오 1서는 이러한 발전을 의미 있게 해석한다

> 이방 사람들의 굴레를 이스라엘에서 지우고, 백성들은 문서와 계약서에 '위대한 대제사장이자 지휘관이자 유대인의 지도자인 시몬 원년에'라고 표기하기 시작했다(13:41-42).

이 진술은 마카베오상서 14:41-45에 기록된 대총회(great assembly)의 인식과 선언에 대한 예상에 의한 요약을 구성한다.

> 시몬은 믿을만한 예언자가 나타날 때까지, 그들의 지도자와 대제사장이 되어야 하며 그리고 시몬은 그들 위에 통치자가 되어야 하고 그는 성소에 대한 책임을 져야 하고 … 그는 자주색 옷과 금을 입어야 한다.

시몬은 대 총회를 인정하여 시몬은 이스라엘의 종교적, 왕실의 권위가 되었다. 성경적이면서 성경 외적인 이스라엘의 이야기에서 처음으로, 그는 대제사장이자 통치자였다. 시몬이 셀류시드 왕국의 예속 평민으로 남아 있는 동안, 그는 정치적인 책략을 통해 유대인들을 독립으로 이끌었다. 그의 손자 아리스토불루스 1세(B.C. 104-103년)가 30년 후에 처음으로 "왕"이라는 칭호를 사용하게 되었다. 그러나 모든 면에서 시몬과 아리스토불루스 1세 사이의 권력 구조는 거의 차이가 없었다. B.C. 134년 시몬은 사위 프톨레미의 배반으로 인해 살해되었고, 아들 존 힐카누스 1세가 그 자리에 올랐다.

힐카누스 1세는 B.C. 134년에서 104년까지 30년을 지배한 하스모니안가 중에서 가장 오래되고 열매를 맺는 지배를 받았다(Sievers 1990, 135-56; VanderKam 2004, 285-312). 그의 주요 공헌은 하스모니안 왕국의 영토 확장이었다. 힐카누스 I세부터 알렉산더 얀네우스(B.C. 103-76년)에 이르는 하스모니안 지도자들은 42년

간의 통치 기간동안 다윗과 솔로몬의 성경 왕국의 영토를 탈환하려고 시도했다.

아마도 아이러니하게도 안티오쿠스 4세의 초기 개혁으로 영향을 받은 하스모니안의 지도자들은 정복된 영토들의 거주자들을 유대교로 개종하도록 압박했다. 힐카누스 1세는 이두메인과 사마리아인들에게 유대인이 되도록 강요하여 그 과정에서 라이벌인 사마리아의 성전을 멸망시켰다. 이두메인의 개종은 특히 중요한데, 이들 개종자 중 한 명이 안티파테르(Antipater)의 아버지였고 헤롯 대왕의 할아버지였던 안티파스(Antipas)였기 때문이다. 힐카누스는 다시 로마와의 동맹을 갱신했다(고대사 13.259-66).

그의 통치기간 내부의 반대, 특히 바리새인의 반대가 없는 것은 아니지만(고대 13.288-98), 힐카누스 1세는 평화롭게 자연사하여 요세푸스로부터 "세 가지 가장 큰 영광"을 소유한 사람으로 칭송받았다.

"국가의 통치, 대제사장의 관직 그리고 예언의 재능"(고대사 13.299-300).

에밀 쉬러(Emil Schürer)는 힐카누스 1세의 공헌을 "유대 국가를 창조한 것"이라고 정확하게 요약했다(Schürer 1973, 215).

힐카누스 I세는 그의 장남인 아리스토불루스 1세에 의해 계승되었는데, 그의 짧은 1년간의 통치는 중요했다(VanderKam 2004, 312-18). 앞서 언급했듯이, 그는 "왕"이라는 칭호를 가진 최초의 하스모니안의 통치자였다. 시몬이 직위를 맡은 이후 구조적으로 달라진 것은 없지만, "왕"이라고 불릴 그의 의지는 증조부 맛다디야가 주도한 첫 번째 반란 이후에 이야기가 어디까지 왔는지를 보여 준다.

요건을 다 갖춘 정치 국가는 종교 자유를 위한 반란으로부터 나타났다. 요세푸스는 아리스토불루스가 "통치체제를 왕정으로 바꾸었고, 가장 먼저 왕관을 맡았다"고 말한다(『유대 전쟁사』 1.70). 하스모니안을 "왕적 제사장 직제" 부르는 것이 더 정확한지 아니면 "제사장적 군주제"라고 부르는 것이 더 정확한지에 대한 논쟁은 계속될지 모르지만(Dabrowa 2010, 106), 대제사장과 왕실의 권위를 조합한 새로운 부류가 이전에 존재하지 않았던 유대인의 전통에 스며들었다는 것은 의심할 여지가 없다.

아리스토불루스 1세는 아버지의 영토 확장 정책을 계속하여, 북부 지역을 정복하고 거주자들의 개종을 강요했다. 그의 짧은 재임 기간은 결실을 보긴 했지만, 논란의 여지가 있었고, 그의 통치는 잔인했다. 그는 자기 어머니로부터 시민의 권리를 빼앗았고, 힐카누스 1세에 의해 남겨졌다. 그는 그녀를 그의 다섯 형제와 함께 투옥했고, 결국 살해된 안티고누스(Antigonus)라는 한 사람을 구했다(전쟁 1.77; 고대 13.304-10). 그의 어머니는 감옥에서 굶어 죽었다. 그가 병으로 갑작스럽게 사망하자, 미망인 알렉산드라 살로메는 형제들을 감옥에서 석방하고 그들 중 한 명인 알렉산더 얀네우스를 왕과 대제사장으로 임명했다.

알렉산더 얀네우스는 아리스토불루스 1세의 통치를 계속했을 뿐 아니라, 그의 27년 통치 동안 그것을 현저하게 강화했다(B.C. 103-76년) (VanderKam 2004, 318-36). 전임자들의 영토 확장 정책을 계속 이어가던 중, 그는 대내외로 갈등에 휘말린 자신을 발견했다(전쟁 1.91; 『유대 고대사』 13.376). 유사하게, 요세푸스는 한 성전 축제기간 동안 순례자들이 시트론으로 공격했다는 이유로 얀네우스가 6천 명의 순례자들을 죽였다고 보고한다(고대 13.372-73).

그러나 그에 대한 강력한 반대는 바리새파에서 나왔다. 어느 순간, 그들은 알렉산더 얀네우스에 대항하여 셀류시드와 데메트리오스의 지지를 구했다. 반란을 진압한 얀네우스는 팔백 명의 바리새파 사람들을 십자가에 못 박아 죽였고 궁전 옥상에서 연회를 열고 그들을 지켜보았다(『유대 전쟁사』 1.92-98; 『유대 고대사』 13.377-87; 4Q*Nahum* Pesher 3-4 1:3, 6-8).

알렉산더 얀네우스는 요세푸스가 과음으로 인한 병으로 죽었고, 그의 미망인인 알렉산드라 살로메는 성경의 법으로 여성의 성직 임무가 금지되어 있어서, 그의 왕위 자리를 차지하고 그의 맏아들인 힐카누스 2세에게 제사장직을 부여했다(VanderKam 2004, 337-39). 알렉산드리아는 죽을 때까지 9년간 통치했고(B.C. 76-67년), 요세푸스에 따르면 "나라를 평화롭게 하라"고 했다(『유대 고대사』 13.432). 가장 주목할 만한 점은, 그녀가 재위하는 동안 바리새파 사람들의 편을 들어준 것인데, 그들이 알렉산더 얀네우스에게 유배된 후 그들을 다시 정치 생활의 중심지로 끌어들였다.

그의 임종 당시, 알렉산더는 알렉산드라에게 그들과 화해하고 그들을 그녀의 정부에 포함하라고 충고했고, 그녀는 그렇게 했다(『유대 고대사』 13.401-4). 바리새파 사람들이 그녀의 정부에서 너무 강력해져서 요세푸스는 "그녀가 나라를 다스렸다면 바리새파 사람들은 그녀를 다스렸다"라고 조롱했다(『유대 전쟁사』 1.112). 바리새인들은 그들의 적에 대한 정치적 보복의 기회를 이용했다.

바리새파인들의 억제되지 않은 영향력은 분노를 일으켰고, 그녀의 어린 아들인 아리스토불루스 2세는 요세푸스에 의해 "뜨거운 머리"(『유대 전쟁사』 1.109), "행동하는 사람," 그리고 "정신이 높은 자"(『유대 고대사』 13.407)라고 불렸고, 그녀와 힐카누스 2세를 상대로 쿠데타를 일으켰는데, 그녀가 그때쯤 공동 통치자뿐 아니라 대제사장을 임명했다. 알렉산드라가 일흔아홉 살에 죽기 전에, 아리스토불루스는 정부와 고위 제사장들을 힐카누스 2세로부터 떼어놓았다(『유대 전쟁사』 1.118-19; 『유대 고대사』 13.422-29) (VanderKam 2004, 340-45).

요세푸스에 의해 기력이 부족하고 "통치하기에는 부적합한 것"으로 특징지어진 힐카누스 2세는 처음에는 아리스토불루스에게 양보하고 "조용한 삶"을 선호했다. 헤롯 대왕의 아버지인 안티파테르 때문에, 두 형제와 하스모니안 왕위 계승자들 사이의 평화는 오래 가지 못했다. 안티파테르는 자신이 학대당했고 그의 위치가 그의 형제에 의해 침해당했다고 힐카누스 2세에게 확신시켰다.

안티파테르에 의해 대담해지고 지원을 받은 힐카누스는 나바티아 왕 아레타스의 도움으로 아리스토불루스와 맞서서 일어나 예루살렘을 점령하고 왕과 대제사장으로 복직했다(전쟁 1.123-26).

한편, 로마 제국은 동쪽으로 팽창하고 있었고, 폼페이 대왕은 이 지역에 머물고 있었다. B.C. 63년 아리스토불루스 2세와 힐카누스 2세는 모두 다메섹의 폼페이 앞에 나타나 하스모니안 왕조에 대한 자신들의 주장을 지지했다. 그들과 함께 "유대인"이라는 제삼자가 등장했는데, 그들의 의도는 모두 하스모니안의 권위로부터의 자유였다(『유대 고대사』 15.37-45). 회의의 결과는 모든 사람에게 놀라웠고 어떤 면에서는 실망스러웠다. 먼지가 가라앉은 후, 폼페이는 힐카누스 2세의 편을 들어 자신의 대제사장직은 확인하였고, 아리스토불루스는 아들들과 함께 로마로 추방되었다(VanderKam 2004, 345-46).

그러나 폼페이는 힐카누스 2세의 왕권을 박탈하고, 그를 로마의 예속 평민으로 전락시켰다. 그는 하스모니안 군대에 의해 정복된 민족을 그들의 원래 민족 전통장소와 문화로 해방해주면서 영토 왕국을 해체했다. 그는 힐카누스 2세가 다스리는 영토를 갈릴리, 사마리아, 유대, 이두메 등 유대인 인구가 많은 지역으로 줄였다; 그는 데가볼리(Decapolis)를 만들었다. 그리고 그는 시리아라 불리는 새로운 로마 지방을 세웠고, 안디옥에서 그 지방을 다스릴 총독을 임명했다(『유대 전쟁사』 1.153-57).

폼페이의 지역 개편과 함께, 하스모니안 왕가의 손에 쥐어진 유대의 왕국 운영의 실험은 갑작스럽게 끝났다. 독립된 유대 국가는 다시는 존재하지 않았다. 그러나 그것의 영향은 물질적인 소멸을 넘어 계속된다. 하스모니안 가의 이야기는 헤롯 시대에도 계속되었다.

헤롯 대왕은 그의 사랑하는 아내인 알렉산드라 살로메의 딸, 하스모니안의 공주 마리암(Mariamme, B.C. 49년), 알렉산드라의 아들들인 아리스토불루스 3세(B.C. 35년)와 힐카누스 2세(B.C. 30년), 알렉산드리아 자신(B.C. 28년) 그리고 그의 두 아들이 마리암, 알렉산더와 아리스토불루스(B.C. 7년)에 의한 살인과 함께 하스모니안의 계보를 끊은 것에 대해 단독으로 책임이 있다. B.C. 4년 헤롯이 사망했을 때, 하스모니안의 계보는 헤로디안에 의해 공동 채택되었다.

섹션 6

장: 사건에 기초한
역사적 상황에 대한 통합적 접근

제32장 | **아케나텐과 아마르나 시대** 마크 D. 얀젠(Mark D. Janzen)
제33장 | **후기 청동기 시대의 붕괴와
　　　　해양 민족의 이주** 그레고리 D. 맘포드(Gregory D. Mumford)
제34장 | **세송크의 레반트 정복과 성경 역사** 이갈 레빈(Yigal Levin)
제35장 | **카르카르 전투와 앗수르의 염원** 마크 샤발라스(Mark Chavalas)
제36장 | **메사 비문 그리고 모압과
　　　　에돔과 맺은 관계** 후안 마누엘 테베스(Juan Manuel Tebes)
제37장 | **텔 단 비문과 이스라엘의 요람과
　　　　유다의 아하시야의 죽음** 로슨 영거 주니어(K. Lawson Younger Jr.)
제38장 | **산헤립의 유다 침공과
　　　　신앗수르 제국의 확장** 카일 H. 카이머(Kyle H. Keimer)
제39장 | **8세기 레반트 지진과 자연재해** 라이언 N. 로버츠(Ryan N. Roberts)
제40장 | **갈그미스 전투와 7세기/6세기 지역 정치** 사라 L. 호프만(Sara L. Hoffman)
제41장 | **알렉산더 대제와 헬레니즘** D. 브렌트 샌디(D. Brent Sandy)

제32장

아케나텐과 아마르나 시대

마크 D. 얀젠(Mark D. Janzen)

1. 들어가기: 아케나텐의 주목할 만한 "문화적 사후세계"

B.C. 1352/53년경[1] 왕위에 오른 지 5년 만에 아멘호텝 4세("아문은 만족한다")는 그의 이름을 아케나텐("아텐에게 효과적이다")으로 바꾸었다. 태양신을 상징하는 원반을 숭배하여 대대적인 종교적 변화를 일으켰다. 그리고 새로운 수도인 아케타텐(텔 엘 아마르나)을 건설하기 시작했다. 그의 계승자들—투탕카멘, 아이(Ay)와 호렘헤브—이 아톤 신앙과 아케나텐의 모든 흔적을 지우려고 시도했기 때문에 그의 종교 혁명은 수명이 짧았다.[2] 그러나 대략 150년 전, 아케나텐은 놀라운 "문화적 사후세계"를 가졌고(Montserrat, 2003, 1), 저명한 이집트 학자들이 쓴 아케나텐에 관한 훌륭한 논문과 책의 부피는 타의 추종을 불허한다.[3] 의심할 여지 없이, 그의 후계자들은 그의 기억과 이름을 지우려는 그들의 노력이 장엄하게 실패했다는 것을 알게 되면 불쾌할 것이다.

---

1 그의 통치가 시작된 시기와 아멘호테프 3세와의 공동섭정이 있었는지에 관해 상당한 논쟁이 있다. 증거와 논쟁의 유효한 검토를 위해 호기심 많은 독자는 Hoffmeier 2015, 68-69, 87-90; Dodson 2009; Shaw, 2000; Murnane 1995를 찾아보라.
2 모든 고대 역사에서 아마르나 시대보다 더 빈번하게 쓰인 시간은 없을 것이다. Geoffrey Martin의 표현대로 "아마르나 시대에는 출판을 하지 않고는 한 달이 지나가지 않는다"(G. Martin 1991, 1).
3 아케나텐과 Amarna 시대와 관련된 최근의 학문적 요약은 Williamson 2015, 1-4; Hoffmeier 2015; Kemp 2012; Montserrat 2003을 보라.

여러 면에서, 이집트 학자들은 사실에 기반을 둔 아케나텐을 회복하기 위해 애쓰는 데 있어 패배할 수밖에 없는 싸움을 해왔다. 비록 그의 통치를 통해 얻은 상당한 양의 자료가 있지만, 대부분은 단편적이거나, 결론이 나지 않거나, 혹은 심하게 편향되어 있다. 게다가 그의 후계자들은 그의 개혁에 당황하며, 후대의 이집트인들은 아마르나 시대를 너무 부끄러워해서 왕의 이름을 거론조차 할 수 없도록 부지런히 그의 이름과 기념물과 기억을 지우려고 했다(Hoffmeier 2015, 243-45). 그런데도, 그의 통치와 관련된 많은 사실은 문학적, 우상화적, 고고학적, 그리고 건축학적인 다양한 자료들로부터 나온다.

2. 초기: 테베의 도상, 건축, 아톤 신앙의 발흥

누비아와 레반트에서 많은 성공적인 원정을 마친 뒤, 18왕조의 파라오들은 큰 제국을 만들며, 그들의 승리에 대해 신 아문-레(Amun-Re)를 기리고, 그를 공경하는 수많은 기념물을 세웠다.[4] 아케나텐의 아버지 아멘호테프 3세보다 더 분명하게 평화와 번영의 축복을 누린 파라오는 없었다. 사실, 람세스 2세를 제외하고 "아멘호테프 3세보다 위대한 더 많은 기념물, 더 확실한 증거"를 남긴 왕은 없었다(L. Berman 2001, 1).

그러나 왕과 신들 사이의 관계에 있어 약간의 변화는 이미 그의 재위 동안 일어나고 있었다(H. Smith 1994, 80).[5] "눈부신 아텐"이라는 별칭의 사용은 이 시기에 발생하며, "아텐"이라는 용어와 관련된 태양 원반 도상의 사용도 상당히 증가하고 있었다(Hoffmeier 2015, 76-82). 왕은 38세로 죽고, 그저 아멘호테프 4세로 알려진 아케나텐이 그의 뒤를 계승했다.[6]

---

[4] 18대 왕조의 정복과 건축 활동은 Bryan 2000, 218-71; Hoffmeier 2015, 32-61을 보라.
[5] Amenhotep III에 대한 광범위한 논의는 Kozloff와 Bryan 1992를 보라.
[6] 이것은 Amenhotep IV가 최초의 계승자가 아니었음에도 일어났다. 왕위는 젊었을 때 죽은, 또 다른 아들 Thutmose에 계승하게 되어있었다. 더 많은 내용은 Dodson 1990, 88; Reeves 2001, 61; Hoffmeier 2015, 62-64를 보라. 공동섭정의 가능에 대해서는 1장을 보라.

1) 초기 건축 계획

젊은 왕은 이름을 바꾸고 수도를 아케타텐으로 옮기기 전에, 테베에서 적극적인 건축가로서, "태양 원반(Aten)인 빛의 이름으로 자신의 지평선에서 기뻐하는 레-호라크티(Re-Horakhty)"에게 성전과 예배당을 바쳤다.[7] 이것은 아케나텐의 통치 동안 두 번의 추가적인 변화를 겪었으며 아텐의 최초의 "교훈적인" 이름으로 불리며, 파라오 사상의 진화를 반영한다(아래의 자세한 설명을 보라). 이 이름은 이집트 신에게 대단히 제한적이며, 아텐을 물리적 징후에 연결하고(Laboury 2010, 126), 그것의 영역에 대해 정의된 한도를 설정한다. 재클린 윌리엄슨이 관찰한 바와 같이, "아케나텐은 이미 아텐을 다른 이집트의 신들과 다른 것으로 이해하고 있다"(Williamson 2015, 5).

그러나 이런 초기 기념물에 남아있는 묘사는 전통적인 이미지와 표준적인 예술적 규범을 사용하는데, 라-호라크티를 매의 머리로 묘사하는 것과 같이(D. Redford 1984, 64; Darnell and Manassa 2007, 26), 이것은 곧 태양 원반 자체를 완전히 새롭게 묘사하는데, 종종 생명을 주는 의인관에 따른 손으로 끝나는 광선으로 보인다(D. Redford 1976, 47-61; 2013, 28-29).[8] 아케나텐은 그의 재위 2년 동안 누비아의 솔렙과 카르낙의 세 번째 철탑에서 전통 예술 양식을 사용하여 아버지의 프로젝트를 마쳤다(Williamson 2015, 5; D. Redford 2013, 13-14).

아케나텐의 후계자들이 그의 기념물들을 해체했기 때문에, 이 새로운 신에게 바쳐진 신전은 그대로 남아있지 못했다. 후에 파라오는 그들 자신의 건축 프로젝트에 많은 블록을 재사용했다. 수 천 개의 새겨진 블록들이(52×26×24cm) 19세기 후반에 발견되었다.

탈라타트라고 불리는, 심하게 부서진 블록들은 테베에 있는 아케나텐의 사원에 남아 있는 것이 전부다. 대략 47,000개의 탈라타트가 목록화되고 사진으로

---

[7] 아케나텐은 그의 재위 초기에 Karnak 남쪽의 사암 채석장인 Gebel el-Silsila에서 온 비석 위에 이 새로운 신에게 위대한 Benben 신전을 지을 의도를 분명하게 했다(Williamson 2015, 5; Caminos 1992, 54-55n13; Sandman 1938, 143-44, plate cxxxviii).

[8] 이러한 묘사는 사실 Amarna에서 흔히 볼 수 있다. 예를 들면, N. Davies 1903-8, plates xxix-xxx; Hoffmeier 2015, 149, fig. 5.3, 150, fig. 5.4a-b를 보라.

찍혀져(보라 D. Redford 1973; 1975; 1988; Redford and Smith 1976; Lauffrey 1979), 카르낙의 "아텐의 소유지"에 적어도 4개의 이름이 있는 사원이 있다는 것을 밝혀냈는데, 이것은 처음에 아케나텐이 테베의 전통적인 신과 함께 그의 새로운 신을 공경하는 것에 만족했다는 것을 의미한다.[9]

그는 신들을 거의 싫어하지 않았다. 그와 다른 이들은 아문, 아툼, 오시리스와 다른 신들을 숭배하고 있는 것으로 보인다(D. Redford 2013, 13). 사실 그의 직함 중 두 가지는 카르낙과 남부 헬리오폴리스/테베(Heliopolis/Thebes)에게 경의를 표하기 때문에(Von Beckerath 1999, 143; D. Redford 2013, 13), 분명하게 젊은 왕은 아텐을 독특하게 보더라도 아문 영토에게 거주하는 것이 편했다.

앞서 언급한 "아텐의 소유지"을 건설하기 시작했을 때, 그는 기존의 신성한 공간을 침해하기보다 일부러 비어있는 땅을 선택했고, 그의 초기 건축 프로그램은 아문이나 다른 신들의 기념물을 훼손하거나 해치지 않았다(D. Redford 2013, 13-14).

2) 거대동상과 아케나텐의 기이한 모습

1920년대 배수관을 건설하는 시점에, 아케나텐의 특이한 조각상이 발견되어, 테베에 있는 아텐의 소유지 위치를 알 수 있는 최초의 단서가 되었다. 이 거대한 조각상들은 왕을 이집트 예술적 감각과는 완전히 다른 방식으로 묘사한다. 군국주의적이고, 넓은 어깨에, 근육질인 파라오는 사라졌다. 대신, 왕은 길고 좁은 얼굴, 뾰족한 턱, 가느다란 어깨, 그리고 가장 영문 모를 넓은 엉덩이를 가지고 있다. 이 조각상 중 하나는 심지어 신성해 보인다(Hoffmeier 2015, 95-96, fig. 4.4; Manniche 2010).

아마르나에서 아케나텐의 통치 후반의 도상도 그를 비슷한 방식으로 묘사하지만, 이 충격적인 스타일은 아마르나 시대와 완전히 다르다(Freed 1999, 112). 어떤 학자들은 이 조각상들이 네페르티티를 묘사할 수도 있고(Reeves 2001, 165-66), 다른 학자들은 이 조각상들이 아메호테프 3세를 위해 조각된 것이거나(Kozloff

---

9 Hoffmeier 2015, 107-17을 보라.

2012, 242), 그들 중 몇몇 양성을 가진 것 같은 본성은 아텐이 여성 배우자의 도움 없이 창조한다는 개념을 반영하기 위한 것이라고 믿고 있다(Robins 1993, 38).

또한, 학자들은 아케나텐의 이상한 외모(예, 사춘기 남성의 유방 이상 비대, 유전질환 증후군[Fragile X syndrome], 선천성 발육 이상 증후군[Marfan Syndrome])에 대한 광범위한 유전적 이유를 찾았고, 몇 가지는 단순히 왕의 이상한 외모의 이유로 설명될 수 있다고 믿는다.[10] 이집트 예술의 목적 중 하나는 종교적 이상을 시각적으로 표현하는 것이었기 때문에, 아케나텐의 독특한 표현은 그의 종교적 사상과 관련될 가능성이 높다(D. Redford 1984, 175; Robins 1993; Hoffmeier 2015, 133-34).

3) 주빌리 축제, 개명, 최초의 성상 파괴주의

아케나텐 개혁의 중요한 전환점은 젊은 왕이 여섯 번째 해 수도를 이전하기 전 4, 5년 동안 기념일인, 세드(Sed) 축제를 축하했을 때 일어났다. 전형적으로, 그러한 기념일들은 나이든 왕에게 새 활력을 주기 위해 왕의 30주년 기념일에 제정되었는데, 어린 통치자가 그것을 축하하는 것은 어리둥절하다.[11]

이 세드 축제는 아텐을 최고의 신으로, 아케나텐을 지구상의 유일한 대표자로 세우는 이중적 목적을 이루었을지도 모른다(Hornung 1999, 42; Hoffmeier 2015, 122-23). 아케나텐이 전통이 요구했던 것처럼, 제물을 여러 신이 아닌 아텐에게만 바쳤다는 것은 아텐의 높아진 지위를 나타낸다. 이 축제의 동기와 관계없이, 그 동기가 왕의 통치에 미치는 영향은 분명하다. 도널드 레드포드(Donald Redford)는 "모든 증거는 아케나텐의 프로그램이 그의 기념일이나 그것의 예상과 관련된 혁명적 변화의 변화무쌍한 상황에 찬성하는 영향을 미친다.

여기에는 새로운 예술 스타일, 새롭고 이상한 왕의 묘사, 공공연한 성상 파괴를 위한 첫 단계와 우상으로서의 원반(Aten)의 도입과 카르투슈(cartouche)의 교

---

10 이들 중 상당수는 유혹적이기는 하지만, 아케나텐 가문의 왕실 미라에 대한 광범위한 DNA 분석 후 지속할 수 없었다. 불행히도, 그들의 미라의 신원은 여전히 수수께끼로 남아 있다. 더 자세한 내용은 Hoffmeier 2015, 130-34; Hawass et al. 2010, 34-60; Burridge 1993, 63-74를 보라.

11 더 많은 내용은 Hoffmeier 2015, 117-25; Hodge 1981, 17-26; Reeves 2001, 96; Johnson 1998, 90-93; van Dijk 2004, 268; Hornung 1999, 42를 보라.

훈적 명칭이 포함된다"(D. Redford 2013, 19). 카르투슈(고대 이집트에서 파라오의 이름을 둘러싸는 마름모꼴의 테두리 - 역주)에 아텐의 교훈적 이름을 함께 넣는 것은 이집트 학자들이 아텐의 두 번째 형태의 교훈적 이름을 표시하고 "아텐은 이집트 왕의 특권을 가지고 있다"라고 부여한 것으로 간주한다(Williamson 2015, 5 [see also Laboury 2010, 129]).

학자들은 아케나텐이 네페르티티와 결혼했을 때로 정확히 확신하지 못하지만, 그것은 그의 세드 축제와 함께 결합하여 일어났을지도 모른다(Gabolde 2005, 34-35). 베를린에서 전시된 유명한 흉상 때문에, 오늘날 인기 있는 여왕은 아케나텐의 치세에 큰 영향을 끼쳤다. 그녀는 아마르나 미술에서 수없이 묘사되고 있으며, 아케나텐의 종교가 저주로 여겨졌던 하토르와 같은 여성 신들의 대리자로 사용되었다(Williamson 2015, 4-5). 그녀는 심지어 아텐과 아케나텐과 새로운 삼위일체의 일부로 여겨졌을지도 모른다.

아케나텐은 이 시점에(혹은 그보다 더 일찍) 그의 출생 이름인 "아메호테프 4세"를 탈락시켰을 가능성이 있다. 카르낙에 아텐사원이 세워졌을 때, "아멘호테프"라는 이름이 사용되었지만, 그 이름이 지워지고 "아케나텐"으로 대체되었다(D. Redford 1984, 140-41). 이 시기에 젊은 통치자는 그의 우상 파괴주의 정책을 시작했을 것으로 보이며, 그의 의도는 카르낙의 돌비에 대한 전례 없는 주장으로, 아텐 외에 신들은 "죽었다"라고 분명히 했다(Murnane 1995, 31; D. Redford 2013, 14-15).

그래서 5년째 해의 왕은 다른 신들 특히 테베태생 삼인조인 아문, 무트, 콘수의 이름과 이미지를 공격하기 시작했다(Williamson 2015, 6). 이 시도는 아마도 서두른다는 것을 나타내는 다소 졸렬한 노력이었다(Laboury 2010, 199-200). 레드포드는 아케타텐으로 이동과 함께 이 우상 파괴 현상이 일어났다고 이론화했는데, 이는 왕이 수도를 옮기기 전 마지막으로 보복하려는 행동이었다(D. Redford 2013, 23-26). 세드 페스티벌, 이름 바꾸기, 우상 파괴, 아케타텐 건설 사이의 연관성은 합리적으로 타당하며, 종합적으로 "카르낙에서 우상 파괴의 신호는 아마르나로 이동하기 전 마지막 해를 가리키고 있다"(Hoffmeier 2015, 194).

4) 아마르나 혁명의 절정: 무신론, 아케타텐, 일신론

아케타텐으로 이사는 페레트(Peret 홍수로부터 땅이 들어나는 시기. 역주) 제 5년 4월 13일로 알려졌다(Williamson 2015, 6). 현대 아마르나의 터에는 16개의 국경 비석이 설치되었고, 아케타텐("Aten의 지평선")이 세워졌다. 새로운 수도는 나일강과 원형 경기장에서 형성된 절벽 면에 의해 윤곽을 나타낸 사막 평원에 세워졌다(Williamson 2015, 6; Kemp 2012). 베리 캠프(Barry Kemp)는 아마도 2만 명의 이집트인들이 왕과 동행했을 것이고, 많은 테베의 엘리트들이 여행하고 아마르나에 그들의 무덤을 만들었다고 추정한다(Williamson 2015, 6-7; N. Davies 1903-8). 20년 이내에 그 도시는 버려졌고, 비록 "고대 이집트로부터 쉽게 접근할 수 있는 국내 점령의 가장 큰 지역"으로 남아 있지만, 그 돌덩어리는 다른 곳에서 재사용되었다(Kemp 2012, 17).

이때까지 아케나텐의 종교 혁명은 마지막이자 가장 신학적으로 진보된 형태에 도달하기 전에 몇 가지 단계를 거쳤다.

윌리엄 무르네인(William Murnane)은 진행 과정을 세 단계 발생으로 이해한다. 아텐은 무시당하고, 그 후에 버려지고, 궁극적으로 박해받는 전통적인 신들과 공존했다(Murnane 1999, 303-12). 테반(Theban) 기념물의 논의에 있어서 그런 진전은 분명하지만, 이것은 여전히 혁명의 자극제를 설명하지 못한다. 이론은 다시 풍성해졌고, 대부분은 어떤 식으로든 정치 권력이나 아문의 사제들과 연결되어 있다(예, Steindorff and Seele 1957, 80).

존 윌슨(John Wilson)은 왕의 평화주의 주장을 둘러싼 성직자들과 파라오 사이에 다툼이 일어났는데, 이것이 그가 제국을 등한시하게 만들었고, 결과적으로 성직자들의 부를 제한했다고 믿었다(J. Wilson 1951, 207). 더욱 일반적으로, 데이비드 실버맨은 아케나텐이 단순히 아문 성직자의 힘의 감소를 원했다고 믿는다(Silverman 1991, 4-75).

분명히, 아문 성직자의 힘이 어떤 방법으로든 감소하였다면,[12] 아케나텐의 종교 프로그램에 분명한 정치적 이득이 있었을 것이지만, 이것이 그의 개혁의 급

---

12 아케나텐 자신은 경계 비석인 K, M과 X에 대해서 "그의 왕권에 대한 엘리트 발생의 열망을 부

진성을 충분히 설명하지는 못한다. 존재에 의한 태양 면이 "세상과 인간에 대한 실질적인 영향"을 드러내기 때문에, 무신론 신학의 핵심적인 측면 중 하나는 자연을 통한 폭로이다(Tobin 1985, 265). 제임스 호프마이어(James Hoffmeier)는 언어학적 분석뿐만 아니라 종교 현상에 기초한 접근법을 사용하여, 아케나텐이 이집트 종교의 태양의 요소 유지하면서 왕 자신이 혁명을 필요로 하는 진정한 헌신이라고 믿는 것을 경험했다는 흥미로운 제안을 했다(Hoffmeier 2015, 139-49).

아마르나 종교에 대한 이런 이해는 아마르나에서 온 매우 단편적인 국경 비석에 대한 아케나텐의 개인적인 진술과 잘 들어맞는다. 그의 5년째 되는 때, 한 문서는 아텐의 "원래 사건의 장소"인 아케타텐의 발견에 대해 다시 서술하고 있다(Murnane 1995, 74; Murnane and Van Siclen 1993). 아케나텐에게 이곳은 아텐이 처음으로 자신을 드러내면서, 성지를 세운 곳이다(Hoffmeier 2015, 147-48). 아케나텐이 정치적 게임 술보다 왕에게 훨씬 더 중요한 자신의 종교로의 진정한 개종자였다는 데에는 의심의 여지가 없지만, 아케타텐으로 이동은 종교적, 정치적 목적을 모두 충족시킬 수 있었을 것이다.

5) 아텐 신앙과 유일신 신앙

이 새로운 종교는 의심할 여지 없이 아텐의 신체적 징후에 집중되었고, 따라서 이름이 "숨겨진 것"을 의미하는 난해한 '아문' 숭배보다 실제적이고 가시적인 것에 더 관심이 있었다(Williamson 2015, 7; D. Redford 2013, 27; Kemp 2012, 26-29; Gabolde 2005, 45). 무신론은 아케나텐이 아텐의 아들이자 유일한 예언자였으며 신과 인간 사이의 중재자 역할을 했다고 가르쳤다(D. Redford 2013, 26-29; Assmann 2012; Laboury 2010; Ikram 1989).

아케나텐의 혁명과 통치에 대해 "아케나텐은 유일신 신자였는가?" 더 많은 잉크를 흘렸다는 것은 의심의 여지가 없다.[13] 이집트 학자들 사이에 현재 일치된

정한다"고 인정하는 듯하다 (Williamson 2015, 6 [see also Murnane and Van Siclen 1993, 26-27, 41-42; Reeves 2001, 110-11]).

13 아케나텐의 일신교의 정도에 대한 다양한 견해를 가지고 있는 학자들의 유용한 최근 조사는, Yamauchi 2010, 1-15를 보라.

의견은 비록 만장일치와 거리가 멀지만, 그가 그랬다는 것이다. 지그프리드 모렌츠(Siegfried Morentz)는 아케나텐이 초기의 교훈적인 이름에서 레-호라크티와 슈(Shu)를 포함시킨 것을 볼 때 단순히 일신교 옹호자가 아니라, 삼위일체 신봉자였다. 아텐, 아케나텐과 네페르티티를 포함하는 삼위일체를 말한다(Hornung 1999, 57). 니콜라스 리브스(Nicholas Reeves)는 아케나텐의 기념을 받은 일신교는 그런 종류의 것이 아니며, 왕권을 기념하기 위해 고안된 특별히 고안된 족장 숭배의 한 형태라고 의견을 밝혔다(Reeves 2001, 118).[14]

게다가 아케나텐(신조)에 의해 행해진 공식적인 아테니즘과 그의 재위기간 동안 평민들의 관행을 구분하는데 큰 주의를 기울여야 한다. 많은 거주자가 타웨레트(Taweret)와 베스와 같은 전통적인 가신을 보유하고 있었고, 아케나텐의 독점적인 형태의 아테니즘이 왕실과 내부 순환을 넘어 확장된 정도를 결정하는 것은 불가능하다(Stevens 2012, 92-97; Williamson 2015, 7).

그의 유일신 신앙의 정도를 적절하게 결정하기 위해서는 아케나텐의 종교적 사상에서 발생한 변화를 이해하는 것이 주요하다. 아케나텐의 통치 초기, 아텐이 숭배를 받고 전통적인 신들이 참는 동안, 아케나텐은 일신론자(다른 것의 존재를 믿으며 한 신을 예배하는 것)처럼 보인다. 그러나, 테베의 마지막 해와 그곳의 우상 파괴는 유일신교를 향한 한 걸음을 보여 주고 있다(Assmann 2008, 29). 아케타텐의 이동이 있던 후, "살아 있는 리(Re), 지평선의 지배자, '레'의 이름으로 지평선에서 크게 기뻐하는, 태양 원반[아텐]으로 온 아버지"인 아텐의 교훈적인 이름을 최종적으로 바꾸었다(D. Redford 1984, 186).[15]

이 교훈적인 이름의 최종적 형태에서 가장 중요한 변화는 "아텐이 이 신들과 연결되어 있다는 의심을 없애기 위한 삭제"로 "호라크티" 와 "슈(Shu)"를 제거하는 것이다(Hoffmeier 2015, 206). 따라서 이전의 태양 신학과의 강한 연관성에도 불구하고 아텐만이 신으로 간주할 수 있다. 레드포드는 이러한 태양 신학의 제거는 레-호라크티의 매, 창조의 행위를 상징하는 풍뎅이 딱정벌레, 날개 달린 태양면, 태양 배 등이 없는 경우도 도상에서 볼 수 있다고 지적한다(D. Redford 2013,

---

14 이것은 Reeves (2001, 73-75)가 레이몬드 존슨의 공동 연구 이론에 대한 수정된 관점을 조정하도록 요구한다(참고 Johnson 1998, 91).
15 Aldred 1988, 278; Hornung 1999, 76에도 유사한 번역에 두 가지로 제공된다.

27). 이 시점에서 아케나텐의 개혁은 유일신교의 형태로 절정에 이른다고 주장하는 것이 타당하다. 또한, 철자법상의 고려사항은 아텐의 고유성을 가리키는데, 이는 신적인 결정요인들이 아텐의 사용도 아니고, 신이라고 불린 적도 없기 때문이다(Zabkar 1954, 87–101). 올리 골드와서(Orly Goldwasser)는 이러한 현상에 대한 탁월한 해석을 제시한다.

> 아텐의 글에 신-결정요인을 붙이는 것은 비록 선택된 신이지만, 아텐은 여전히 많은 신 중 하나에 불과하다는 것을 의미할 것이다(Goldwasser 006b, 267–79).

아케나텐이 일신주의자였다는 것이 합리적으로 확실하다면, 이어질 질문은 "그의 유일신론이 고대 이스라엘에 어떤 영향을 미쳤는가?"다.[16] 이 질문에 대한 대답을 시도하는 데는 엄청나게 복잡함이 있다.[17] 역사적 출애굽이 있었다고 주장하는 학자들은 이것을 15세기 중반이나 13세기 중반에 둔다.[18] 이른 날짜가 선호된다면, 아케나텐은 태어나지도 않은 상태였다. 만일 늦은 날짜를 택한다면, 출애굽은 아마르나 시대로부터 대략 100년하고도 25년 후였다. 아케나텐의 후계자들, 특히 호렘헤브는 이미 아텐 사원을 해체하고, 아케나텐의 기억을 지우기 위한 프로그램을 수행했으며, 이집트 종교를 복원했다. 따라서, 이 문제는 전달의 문제가 된다.

모세는 정확히 어떻게 아테니즘에 노출되었을까?

---

16 Sigmund Freud가 그의 마지막 저서인 Moses and Monotheism에서 답하고자 했던 것은 이 질문이었는데, 여기서 그는 모세가 아케나텐의 고관 또는 사제였으며, 그 역할에 있어 일신주의에 노출되었다는 공상적인 이론을 제시한다(Freud 1939, 33). 이집트 학자들과 성서학자들은 모두 이 제안을 완전히 무시했지만, 고대 이집트 문화나 이스라엘 문화에서 학문적 훈련을 받지 않은 우수한 작가로서 Amarna-mania의 상징이다.
17 이 간단한 논의는 그 문제를 소개하는 것에 지나지 않는데, 이는 오경의 구성, 이스라엘 종교의 본질, 여호와의 이름, 가나안에서 이스라엘인 출신과 같은 문제에 대해서는 아무 말도 하지 않는 것이다. 이 문제들에 대한 더욱 자세한 내용은 Kitchen 1979; Olyan 1988; M. S. Smith 1990; 2001a; Cook 2004; Dozeman and Schmidt 2006; Sherwin 2008; Hoffmeier 2015, 257–64를 보라. 쿡의 연구는 이스라엘인 유일신교의 기원을 설명하기 위해 진화 모델을 사용하는 것에 대한 유용한 비판이지만, 셔윈의 글은 이스라엘인 유일신교의 후기 발전의 개념에 대한 문제점을 잘 분석했다.
18 이집트에서 이스라엘인의 체류, 날짜 및 다른 역사적인 문제에 대한 논의는 Hoffmeier 1996; 2005; Rendsburg 1992; Kitchen 2003b, 299–312를 보라.

유일신교의 다른 창시자들과 달리, 아케나텐은 그 메시지를 전파할 제자가 없었다(Hoffmeier 2015, 264). 그 반대가 일어났다!

그리고 시편 104편을 아텐에 대한 위대한 찬송시(Great Hymn)와 연결하려는 시도에도 내용에 대한 간단한 문제가 있다.[19] 여호와는 순전히 태양신이 아니다; 또한 그는 묘사될 수 없다. 얀 아스만(Jan Assmann)은 "다른 신들의 거부는 두 유일신인 아케나텐과 모세(Moses)의 공통점을 가진 유일한 요소"라고 지적한다(Assmann 2014, 68).

아마도 이스라엘의 종교를 이해하는 데 있어 아테니즘의 가장 큰 기여는 간단한데, 단순히 종교가 애니미즘에서 유일신교에 이르기까지 일련의 추적이 가능한 단계로 진화하지 않는다는 윈프리드 코듀안(Winfred Corduan)의 정확한 관찰을 보여주는 것일 것이다(Corduan 2012, 29-46). 따라서 이스라엘의 유일신론을 늦게 발전된 것으로 반드시 볼 필요는 없다.

6) 아마르나 시대의 외교정책

아케나텐은 그의 종교개혁으로 정치적 문제에 집중하지 못한 것처럼 제국이 멸망하도록 내버려 두었다는 비난을 자주 받는다. 왕이 그의 전임자들만큼 군사적으로 활동하지는 않았지만, 텔 엘 헤부아(Tell el-Hebua)와 텔 엘 보르그(Tell el-Borg) 같은 국경 지역에서 최근 발견되는 것들은 아케나텐이 레반트에서 제국의 쇠퇴를 허용했다는 가정에 도전하고 있다(보라 Hoffmeier 2015, 177-92).

그는 또한 아마르나의 무덤에 기록되어 있는 바와 같이, 12년 동안 왕에게 풍성한 선물을 가져온 국제적인 대사들의 방문에도 불구하고, 외국인들이 그의 관심과 아텐의 보호를 받을 자격이 없다고 여겼기 때문에(Murnane 2000, 106-7), 그의 아버지가 그랬던 것처럼 외교에 능한 사람이 아니라는 비난을 받고 있다(N.

---

[19] 이 견해의 요약과 비평에 대해서는 Hoffmeier 2015, 247-51을 보라. 대찬송 시와 중요성이 덜한 찬송에 대한 훌륭한 번역과 부선이 가능하다: Breasted 1921, 371; Sandman 1938, 93-96; J. Wilson, 1951, 222-29; Roland Williams 1958, 145; W. Simpson 1973; Lichtheim 1976, 89; Tobin 1985; J. Foster 1995, 1754; Murnane 1995; Kitchen 1999; Hoffmeier 2015, 211-29. For transcriptions of the hieroglyphs, see Davies 1903-8, plate XXXVII; Sandman 1938, 93-96.

Davies 1905a, plate XXXVII; 1905b, plate XIV).

아마르나의 서신으로 불리는 텔 엘 아마르나(Tell el-Amarna)의 설형 문자 서판은 아케나텐과 동등한 사람으로 여겨지는 이들과—바벨론, 미타니, 하티, 아르자와, 알라시야의 통치자들—그의 신하들이 보낸 외교 서신의 보물같은 발견물이다(Williamson 2015, 7; Moran 1992). 이 편지들 중 많은 부분이 답장이 없는 것이거나, 기록보관소가 이집트에서 온 것이기 때문에, 아케나텐의 답변은 그들이 갔었던 여러 지역에서 분실될 수 있다. 아마르나 편지들은 역사적 재구성에 믿을 수 없을 정도로 유용하지만, 편견이 심하므로, 매우 신중하게 사용되어야 한다.

3. 결론

아마르나 시대의 복잡성을 감안할 때, 아케나텐과 그의 종교 혁명에 대한 해석이 시간이 흐르면서 바뀐 것은 놀랍지 않다. 제임스 헨리 브리스테드(James Henry Breasted)에게 있어, 아케나텐은 역사상 "첫 개인"이었으며, 그의 종교는 "아름다운 복음"이었다(Breasted 1933, 294). 시릴 알드레드(Cyril Aldred)에게, 아케나텐이 자신을 가정적인 남자로 표현한 것은 "인간적이고 동정적인" 화음을 일으킨다(Aldred 1988, 303-6). 그와는 정반대인 레드포드는 그를 "성가신 정권"을 다스린 "기형적인 사람"이고 "인습 타파적인 괴짜"라고 부른다(D. Redford 1984, 4, 158, 204). 사람들은 계속해서 다양한 집단들에 대한 아케나텐의 영향력을 끝도 없이 언급하거나, 인종, 종교, 심지어 성적인 이유도 그와 동일시하려고 시도할 수 있다(Montserrat 2003).

이 모든 것들은 파라오의 동시대 어떤 사람들보다 더 신비롭고 논란이 많은 그림을 그린다. 그의 긴 "문화적 사후세계"는 그가 통치할 수 있게 하는 광범위한 해석과 급진적인 종교개혁으로 설명된다. 어떤 파라오도 그렇게 거창한 것을 시도하지 않았고, 궁극적으로 태양이 그의 빛의 종교에 불을 붙이겠지만, 많은 학자는 아케나텐을 역사상 최초의 유일신교자 중 한 명으로 인정하는데, 그에 대한 복수심으로 가득 찬 계승자조차 그를 강탈할 수 없는 유산이다.

제33장

후기 청동기 시대의 붕괴와 해양 민족의 이주

그레고리 D. 맘포드(Gregory D. Mumford)

후기 청동기 시대의 붕괴와 바다 민족들의 이동에 관한 연구는 다양하고 종종 모순되는 증거와 해석에 대해 대단히 복잡하고 논쟁적이다. 그 범위는 지중해 동부와 이집트, 근동의 여러 지역에 걸쳐있다. 그것은 후기 청동기 시대부터(B.C. 1550-1200년) 철기 시대(B.C. 1200-586년)까지 걸쳐있는 몇 세기를 다루고 있다.

그것은 고고학, 예술, 언어, 에게해, 서부 아나톨리아, 헷족, 키프로스, 시리아-팔레스타인, 메소포타미아, 이집트, 리비아와 다른 곳들의 역사를 포함한 다양한 학문과 전문가들을 포함한다(제안된 지역별 기간의 역사적 틀은 33.1 "청동기 시대와 철기 1시대 연대기"를 참조하라).

이 주제는 또한 새로운 자료의 지속적인 유입과 재평가를 포함한다.[20] 메디넷 하부(Medinet Habu)에 있는 람세스 3세의 기념 성전에서 나온 문자-그림 설명은 B.C. 1200년경 단일한 "사건"에 대한 더욱 대중적이고 단순한 인식과 오해를 오랫동안 지배해왔다(다른 곳에서는 B.C. 1190-1177년).[21] 이 중요한 사건은 "붕괴"를 표시하기, 후기 청동기 시대 제국, 왕국, 도시 국가, 그리고 지중해 동부와 근

---

[20] Sandars 1985; Ward and Joukowsky 1992; Drews 1993; Stager 1995; Oren 2000; Leahy 2001; Bachhuber and Roberts 2009; Yassur-Landau 2010; Haider, Weinstein, Cline, and O'Connor 2012; Bachhuber 2013; Cline 2014; D'Amato and Salimbeti 2015을 보라.
[21] 확실한 날짜는 긴 연대기, 중간 연대기, 혹은 짧은 연대기 및 문화 간의 동시성에 따라 달라진다(Dodson 2013; Kotsonas 2013).

동 전역의 소속된 문화를 기념하기 위해 적용되며, 초기 철기 시대 동안 혼성 인구, 사회, 물질문화, 그리고 정치적 조직체의 통합 및/또는 부분적인 대체가 뒤따른다.

이와는 대조적으로, 현존하면서 최근에 만들어진 증거는 성경 팔레스타인, 이스라엘 및 그 이웃들의 새로운 지정학적, 사회문화적 풍경의 기초는 훨씬 더 복잡하고, 다면적이며 모호하며 장기적인 요소들을 반영함을 시사한다. 이런 자료는 가나안 사람들과 다양한 바다 민족들의 다른 토착문화, 이스라엘인, 그리고 다른 민족들과 영향력들의 연속성과 합병을 의미한다(Bachhuber 2013).

1. 자료들

비록 메디넷 하부 해석은 해양 민족들의 이주 및 후기 청동기 시대의 끝을 명확히 하는 데 중요한 역할을 하지만(Murnane 1980, 11–18), 다른 중요한 역사적 자료들은 람세스 3세 통치 시대부터 존재한다(Pap. Harris I and other texts) (Kitchen 2008). 이 외에도, 아마르나 편지(Moran 1992), 람세스 2세의 통치(Kitchen 1968–90, vols. 2, 3), 선형문자 B서판(Linear B)(Deger-Jalkotzy 2008, 387–92), 하투샤(Hattuša)의 히타이트 공문서(Hoffner 2009), 우가리트의 공문서(Yon 2006), 아메네모페 백과사전(The onomasticon of Amenemope) (Gardiner1947), 웨나문(Wenamon)의 여행(W. Simpson 2003, 116–24), 그리고 다른 많은 자료들(Wente and Meltzer 1990, 268 [Meshwesh], 269 [Sherden]; Peden 2001,182–237)을 포함한 많은 관련 본문이 앞서 있고, 이 사건 뒤에 일어난다.

예를 들어 아마르나 편지(B.C. 14세기 중반)와 카데시 전투(람세스 II세 5년)는 이집트 군대의 보조로써 세르덴(Sherden)/샤르다나(Shardana(나중에 해양 민족 연합에 나타난다)의 존재를 증명한다(Moran 1992; Kitchen 1982, 55, fig. 18). 메르넵타 통치 기간(B.C. 13세기 후반)에 이집트를 공격하는 리비아(Libu) 세력의 리스트에 셰르덴과 다른 (해양) 민족들(즉 Lukka, Shekelesh, Teresh, and Ekwesh)도 언급된다(Kitchen 2003b, 4).

표 33.1 후기 청동기 시대부터 철기 1시대의 연대기

레반트 연대기 (날짜 및 용어는 유동적임)		이집트 왕조	이집트 통치자	미케네의 토기
후기 청동기 1A (1550-1450)	전환 중기 청동기- 후기 청동기 혹은 중기 청동기 2C- 후기 청동기 IA (1550-1459+)	18왕조 초기 신왕국	아흐모세 (1550-1525)	후기 헬라딕 1
			아멘호텝 1세 (1525-1504)	후기 헬라딕 2A
			투트모세 1세 (1504~1492)	
			투트모세 2세 (1492-1479)	
			하트셉수트 (1473-1458)	
후기 청동기 1B (1450-1400)	후기 청동기 1B (1459-1390)	18왕조 제국의 통합	투트모세 3세 (1479-1425)	후기 헬라딕 2B
			아멘호텝 2세 (1427-1400)	
			투트모세 4세 (1400-1390)	
후기 청동기 2A (1400-1300)	후기 청동기 2A (1390-1295; 후기 청동기 1B-2A 전환기가 때에 따라 대략 1352년)	18왕조 아마르나 시기	아멘호텝 3세 (1390-1352)	후기 헬라딕 3A1 후기 헬라딕 3A2
			네페르네페루아텐 (스멘카라, 1338-1336)	
			투탕카멘 (1336-1327)	
			아이 (1327-1323)	
			호렘헤브 (1323-1295)	

후기 청동기 2B (1300-1200)	후기 청동기 2B (1295-1177)	19왕조 초기 람세스	람세스 1세 (1295-1186)	후기 헬라딕 3B
			세티 1세 (1294-1279)	
			람세스 2세 (1279-1213)	
			메르넵타 (1213~1203)	
			아멘메세스 (1203-1200?)	
			세티 2세 (1200-1194)	
			시프타 (1194-1188)	
			타우스레트 (1188-1186)	
후기 청동기 3 혹은 철기 1A (1200-1150)	초기 철기	20왕조 람세스 제국 가나안 보유	세트나흐트 (1186-1184)	후기 헬라딕 3C
			람세스 3세 (1184-1153)	
			람세스 4세 (1153-1147)	
			람세스 5세 (1147-1143)	
			람세스 6세 (1143-1136)	
철기 1B (1150-1000)	중기 철기	20왕조 후기 람세스 리비아 보유	람세스 7세 (1136-1129)	후기 헬라딕 3C
			람세스 8세 (1129-1126)	
			람세스 9세(1126-1108)	
			람세스 10세 (1108-1099)	
			람세스 11세 (1099-1069)	
		21왕조 제3 중간기	스멘데스 (1069-945)	서브미케네
			아메넴니수 (1043-1039)	
			프수센네스 1세 (1039-991)	

다음을 보라 A. Mazar 1990a, 238; Shaw 2000, 481; Shelmerdine 2008, 4-5, 그림 1.1-2; 이 것 역시 참고하라. Mumford 2001a, 361, table 1; A. Sherratt in Steiner and Killebrew 2014, 499, table 33.1.

게다가 고고학적 기록은 종종 모순적이기는 하지만 후기 청동기 시대의 붕괴로 이어지는 해양 민족과 다른 사건들에 관한 많은 보충자료를 제공한다. 여기에는 고-환경 자료(예를 들면, 기후변화), 정착지, 매몰지 및 난파선(예를 들면, Cape Gelidonya, Point Iria)과 관련 생태계가 포함된다(Broodbank 2013, 445-505; P. Walsh 2014, 170, 178, 286; Renfrew and Bahn 2016, 50).

2. 배경

후기 청동기 시대에, 신왕국 이집트는 시리아-팔레스타인의 많은 가나안 도시 국가들에 제국을 확장시켰다(M. Hasel 1998; Mumford 1998; E. Morris 2005; Spalinger 2005; Steiner and Killebrew 2014). 후기 청동기 1A(B.C. 1550-1450년) 시대, 이집트는 처음에는 주기적인 군사작전을 전개하고 보복 공격의 위협에 따라 연례 조공을 강요했다. 투트모세 3세는 므깃도 전투를 시작으로 북쪽에 대한 공격과 순회 점검을 계속하면서 이집트의 레반트(Levant) 지배를 강화했다(D. Redford 2003).

후기 청동기 시대 1B-2A(B.C. 1450-1300년)에 그의 후계자들은 새로운 제국주의적 기반시설을 구축하고(예를 들면, 지방 수도와 수비대), 국경을 공식화했으며(미타니와), 조약과 외교적 결혼을 통해 이웃 왕국들과의 교류를 확대했다.[22] 이집트와 히타이트 제국과의 관계는 B.C. 14세기 후반 히타이트의 팽창과(아마르 시대) 미타니의 출현으로 급격히 감소했다;

이집트 북부의 일부의 속국(Amurru)의 패배, 변절, 손실 그리고 이집트인 호위병이 이집트에 파견된 히타이트 왕자를 살해한 혐의를 받고 있다(Dodson 2009, 89-94; 2014, 76-81, 135-38; Stavi 2015). 람세스 II세(Late Bronze IIB, B.C. 1300-1200년) 치하에서 하티(Hatti)와 싸우며, 가나안 제국에 질서를 회복하고 결국 히타이트인들과 평화롭고 안정된 국경을 수립했다. 그러나 이 기간 이집트와 인접 지역은 자연재해(기후변화, 낮은 나일강, 가뭄, 기근), 가나안, 누비아, 주변 지역의 불안

---

22 Manuelian 1987; O'Connor and Cline 1998; Cohen and Westbrook 2000; Bryan 1991; Cline and O'Connor 2006; Dodson 2009를 보라.

(신하의 반란, Shasu Bedu 공격, 이스라엘의 동요), 리비아의 나일 계곡에 침입(람세스 II 세는 서쪽 삼각주를 요새화했다), 승계권을 위한 싸움(아메네스 대 세티 2세), 내분(왕후 타오레트[Tawosret], 시프타[Siptah], 19세기 말 챈슬러 베이), 누비아 광산의 금 고갈, 다른 경제적 문제(묘역 공에 대한 임금 지불 불능, 노동자의 파업), 그리고 이집트와 그 제국에 영향을 미치는 다른 요인에 직면했다(Dodson 2010; N. Spencer 2014; Goelet 2016).

철기 1A 시대-B(B.C. 1200-1000년)는 이집트와 그 제국 영토(Dodson 2012)에서 비교적 급속한 쇠퇴를 보였으며, 리비아의 침입이 증가하고 인구의 이동과 난민과 베두인 등의 정착이 증가하고 있다. 예를 들면, 블레셋 사람들의 연합은 가나안 남서부에서 발생했고, 테커(Tjeker, 또는 제커로 부름 - 역주), 세르덴(Sherden)과 다른 해양 민족들은 레반트 여러 지역에서 증명되었고(예를 들면, 페니키아, 요단 동편), 반면에 이스라엘 사람들은 남쪽 고원지대에서 출현했다(Kitchen 1995, 243-54; Killebrew 2005).

33.1 라메스 3세의 메디넷 하부로부터 포로로 잡힌 해양 민족 그림

3. 해양 민족의 이주

메디넷 하부는 해양 민족의 이주를 람세스 III세의 여덟째 해의 '단일 사건'으로 주장하면서 "외국인들이 그들의 섬에서 음모를 꾸몄다." 전투에서 제거되고 흩어진, 한때의 나라였다. 어떤 땅도 하티(Hatti; Anatolia)에서 시작해서, 그들의 팔에 대항할 수 있는 땅은 없다. 코데(Qode; Syria), 카르체미쉬(Carchemish; Syria), 아르자와(Arzawa; southern Anatolia), 그리고 알라시야(Alashiya; Cyprus), 단 한 번에 (모두) 그 땅을 끊었다(Kitchen 2008, 34). 이 적들은 펠레셋, 테커, 웨스웨쉬(Peleset, Tjeker, Weshwesh) 등 세 명의 새로운 적들과 친숙한 적들-세클레스, 덴옌/다니나 (일리아드의 다나오이)(Sheklesh, Denyen/Danuna(the Danaoi of the Iliad?)와 바다의 셔든 (Sherden)이라는 표기를 단 포획된 적이다(Bachhuber 2013, 6098).

이 그룹은 텔 엘보르그(Tell el-Borg)와 나일 삼각주의 펠루시아 분기(Pelusiac)까지 남하하며 히타이트 통제 지역인 아무루(Amurru)에 캠프를 차리고(southwest Syria), 이 지역을 파괴하며 남하하여 이집트 제국의 국경인 드자히(Djahi, 즉 팔레스타인 북부, 시리아 남부)로 이주하는 것으로 묘사되고 있다(Hoffmeier 2014a). 육지 전투 장면에서, 해양 민족들은 병거를 타고 전진하는 수염을 깨끗하게 면도한 얼굴을 한 화려한 깃털로 덮은 헬멧, 상체 갑옷, 술이 달린 킬트, 원형 방패, 창, 도끼와 장검을 한 모습을 보여 준다. 그들은 3명의 팀원을 활용하며(즉 아나톨리아 전차의 특성), 펠레셋, 덴옌, 테커로 식별된다.

이 병거들은 시리아와 아나톨리아에서 온 전형적인 "혹이 있는" 제부(Zebu)의 소들이 끄는 병거에는 여자와 아이들을 태운 마차를 운전하는 동일한 전사들이 뒤따른다(O'Connor 2000, 95-97).

또한, 람세스 III세는 강기슭을 따라 군함과 병력으로 이집트의 삼각주를 확보하는 것을 언급하고 있다(Wachsmann 2000). 해양 민족들의 함대는 끝에 새털이 달린 다섯 척의 배로 대표된다. 세 척의 배에는 화려한 헬멧을 쓴 전사가 있고(Peleset, Denyen과 Tjekel로 식별되는), 두 척의 배는 뿔 달린 헬멧을 쓴 선원이 있다(흔히 Sherden과 동일)(Haider et al. 2012, 198).

람세스 III세는 육지와 해상의 침략에 대해 모두 승리를 주장하고 있으며, 연계 본문은 쉐르덴(Sherden)과 테레쉬(Teresh)의 존재를 언급하고 있다. 그러나 테레시와 덴옌은 마르넵타 통치 기간에 몇십 년 적으로 증명됐지만, 덴옌과 쉐르덴은 B.C. 14세기에 골칫거리 민족으로 더 일찍 나타난다. 적대적인 해상침입자들의 빈도는 다른 후기 청동기 시대의 룩카(아나톨리아 남서부 Lycia)와 에크웨쉬(Ekwesh: 서부 아나톨리아)에 의한 해적 행위에 대한 설명 때문에 입증되고 있는데, 그들은 람세스 III 세의 적군에 포함되지 않는다.

4. 후기 청동기 시대의 붕괴

1) 에게해The Aegean

미케네과 에게해의 쇠퇴는 전반적으로 복잡하고, 여전히 불명확하고, 널리 논의되고 있다. 그것은 여러 가지 요인을 포함하고 있으며(예를 들면, 가뭄, 기근, 지진, 전쟁, 왕실 체계의 붕괴), 본질과 강도가 서로 다르며, 점진적인 발전에서 보다 빠른 발전까지 다양하다(Deger-Jalkotzy 2008, 387). 이전의 공격과 지진 파괴는 미케네, 티린스(Tiryns)와 테베스(Thebes)를 포함한 후기 할라딕(Helladic IIIB1(B.C. 1300-1250년), 일부 미케네 궁전 중심부에 나타나지만, B.C. 13세기의 나머지 부분은(후기 Helladic IIIB2, B.C. 1250-1190년) 불안정과 쇠퇴의 증대로 특징지어진다.

미케네 궁전 성채들과 에게 정착지들은 농업 용지, 토양, 기타 자원(여러 지역에서 뚜렷이 드러난), 자연재해(지진, 홍수, 가뭄 질병), 인구 감소(예를 들어 로드스[Rhodes] 북부), 약간의 잠재적인 인구 유입(외국인 이주자), 점진적인 빈곤화와 포기(Naxos에서 Grotta), 방어시설의 강화와 확장(미케네, 티린스, 미데아, 아테네, 시프노스의 아요스 안드레아스, 멜로스의 필라코피), 해안 감시 체계의 증가(예를 들어 필로스), 공격과 파괴(미케네, 티린스, 미데아, 테베, 오르코메노스, 디미니, 글라) 그리고 다른 상황들(사회적인 갈등)과 같은 다양한 문제들을 경험한다.

이러한 장기적인 발전에도, 선형문자 B 서판을 포함한 많은 미케네 궁전-성채들은 후기 헬라딕 3B2, B.C. 1200/1190년경에 거의 아무런 경고도 없이 "최종적 재난"의 징후들을 드러내며(예, 테베의 대형 화재에 젖은 선형문자 B 서판을 태웠다), 다른 기능을 하는 사회, 행정, 경제 및 생활 방식을 교란한다(Deger-Jalkotzy

2008, 390-92). 잠재적인 주범들은 매우 다양하다. 원주민 봉기, 전쟁 중인 이웃들(Linear B 주요 인물, 족장과 도시 국가들), 외부 침입자들(해양 민족? 북부 "도리안" 침약에 [논박했나]? "이방인들"?). 그러나 개별적인 장소와 상황들이 이러한 시나리오 중에 일부에 적합하지만 여러 가지 다양한 요인이 미케네와 에게 사회의 점진적이고 궁극적인 붕괴에 이바지한 것으로 보인다(Tartaron 2013, 17-20).

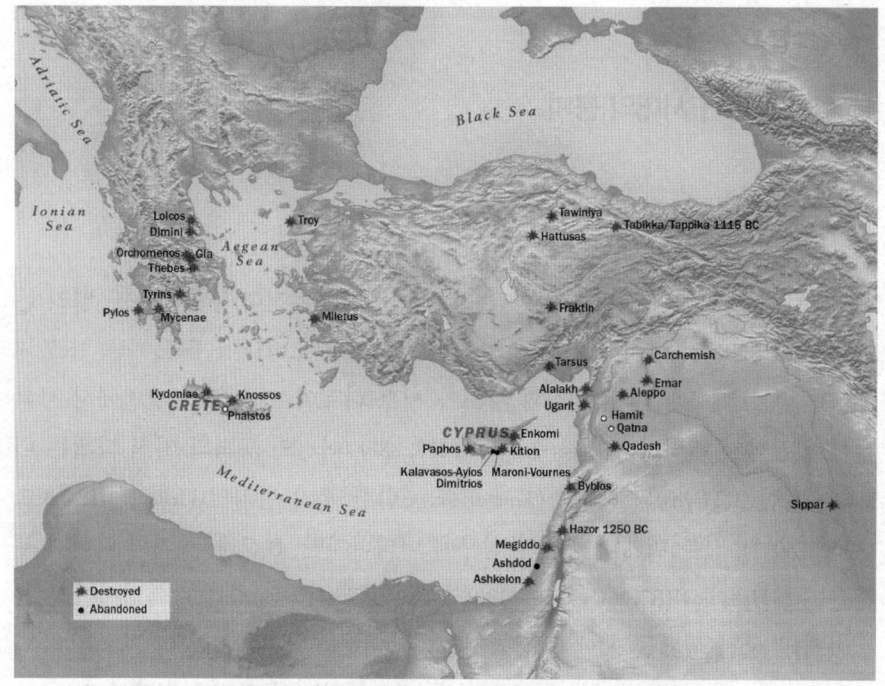

33.2 지중해 동부의 파괴당하거나, 침략당하거나, 버려진 거주지 지도

2) 아나톨리아

약 B.C. 1200년경에 하티, 아르자와, 기즈와드나, 윌루사(트로이?), 알라시야와 레반틴 주들의 붕괴의 주원인으로 "해양 민족"이 널리 열거되고 있음에도 불구하고, 근본적인 메커니즘과 요인은 복잡하고 분명하지 않으며, 논쟁의 대상이 된다(Bryce 2005, 327-51; Beckman, Bryce, and Cline 2011, 267-82). 표면적인 수준에서 아나톨리아를 가로지르는 복잡한 사회정치적 풍경은 후기 청동기 시대의 말에 격동의 소란, 파괴, 포기, 그리고 다른 사회경제, 정치, 문화적 변화에 직면했다.

히타이트 제국은 아나톨리아 서부와 남부 신하들의 반란, 아나톨리아 북부에서 온 카스카 부족의 습격, 앗수르 제국과 남동부로의 확대와 갈등 등 국경지대를 따라 증가하는 압력에 직면했다.

B.C. 13세기 후반에, 히타이트인들의 중심지는 왕위 계승, 농업 노동자 부족, 쇠퇴하는 경제, 그리고 장기간의 가뭄, 기근, 질병, 지진과 같은 광범위한 자연재해와 관련된 이슈들로 더 몸부림쳤다(예를 들면, 히사리크 Hisarlik/트로이) (보라, van den Hout 2013, 41-43; Bryce 2014, 86-94). 따라서, 많은 사람이 이 지역에서 몇 세기 동안 활동했던 몇 개의 집단을 포함하여 서부와 남부 아나톨리아에서 유래한 것으로 보이는 해양 민족은 아마도 후기 청동기 시대 아나톨리아의 몰락을 돕고 떠오르는 많은 요소 중 하나만을 반영할 것이다. B.C. 12세기 초까지, 하투샤의 히타이트 수도를 포함한 하티와 인접 지역에 많은 도시와 장소들이 파괴되어 버려지고 반면, 다른 지역들은 불법 거주지, 마을 공동체는 감소, 또는 근처 정착촌을 가진다(Sagona and Zimansky 2009, 287, 291-92; Gates 2011, 405; Seeher 2011b, 384).

3) 키프로스

키프로스는 B.C. 1200년경에 비슷한 유적지의 파괴(예, 키티온[Kition], 엔코미[Enkomi]), 버려짐(예, 마로니-보우르네스[Maroni-Vournes], 카라바소스-아이오스[Kalavasos-Ayios], 디미트리오스[Dimitrios]), 혼란을 겪었지만(A. Bernard Knapp 2013, 447-48), 섬은 해양 민족들과 관련된 활동과 더 가까운 관계를 맺고 있다(Tatton-Brown 1987, 15).

B.C. 14세기에서 13세기 동안 히타이트인들은 키프로스의 주요 부분을 지배하거나 통제했을지도 모른다. 수필룰리우마(Šuppiluliuma) 왕 1세는 이 지역의 해적에 대한 해군의 활동과 그 후의 알라시야(Alashiya) 전쟁을 나타낸다(키프로스). 우가리트의 히타이트 속국 통치자와 알라시야 왕 사이의 대응은 B.C. 1200년경 바로 전에 이 지역에서 적대적인 해양 민족의 함대, 해안 습격, 그리고 다른 바다 약탈자들을 보여 준다(Karageorghis 1982, 82-84; A. Bernard Knapp 2013, 448).

한 가지 가능성이 있는 해양 민족과 관련된 집단인 미케네 사람들은 키프로스와 밀접한 관계를 보이며, 특히 B.C. 13세기(Late Cypriot IIC) 및 그 이후를 나타낸다. 수입되고 가까이에 모방한 미케네(Late Helladic) 3B의 도자기와 디자인, 청동 장비 및 무기(Enkomi 무덤 18: 정강이뼈들과 나우에[Naue] II-형 검)와 정착과 매장의 다른 아이템들, 다른 키프로스 공예품들은 화려한 헬멧, 원형 방패와 술이 달린 킬트를 가진 전사들의 전형적인 해양 민족의 유형을 보여 준다(예를 들면, 엔코미 스탬프 도장과 상아 게임 박스, Mee 2008, 375-77; Karageorghis 1982, 84-85, 그림 68).

키프로스에는 키티온, 엔코미와 다른 곳에서 수입된 "트로이 도자기"("회색 도자기")도 포함되어 있어 북서쪽 아나톨리아 및 에게와 추가적인 연결을 제안하고 있다(Karageorghis 1982, 86). 그러나 고고학적이고 역사적인 자료는 간접적인 에게 무역, 미케네아 무역상, 임시적인 이주자들(사신, 용병, 침입자), 억류된/전리품과 지배적인 키프로스 인구 내에서 잠재적으로 제한적인 에게 정착(즉 식민지화)과 같은 에게와 서쪽 아나톨리아 수입품, 영향과 지역 사본의 중요성에 관한 광범위한 해석을 가능하게 한다.

4) 시리아-팔레스타인

가나안은 초기 철기 시대의 B.C. 13세기 동안 서로 다른 지역에서 다양한 파괴 수준, 빈곤과 유기를 보여 다른 시나리오라고 볼 수 있다. 지역 유목민 습격(예를 들면, 샤수[Shasu], 아피루[Apiru]), 해양 민족의 공격(예를 들면, 우가리트[Ugarit]), 이스라엘과 다른 사람들에 대한 이집트의 정복(메르넵타의 이스라엘 비석에서 증명된), 이스라엘 정복(후기 성경에서 증명된), 도시 국가들과 전쟁(특히 북부 레반트에서), 이집트인들이 종속 도시 국가들을 충돌하고 억압함(예, 아스글론), 잠재적인 시민 봉기(B.C. 1250년 하솔의 지층 XIII세 성채의 파괴), 지진(데이르 알라, 라기스), 그리고 더욱 불명확한 사회경제, 정치와 다른 요소들(예를 들면, 인구감소, 여리고는 후기 청동기 시대 대부분 동안 비어있었다)이다.

비록 북부 시리아는 후기 청동기 시대 2A-B(Bryce 2014)에 히타이트 지배하에 놓였지만, 이 지역에서 이집트, 미타니와 하티의 국경의 안정화는 변동이 있는 갈등을 겪었지만, 이집트와 하키(람세스 2세 21년에)의 국경의 안정은 후기 청동기 시대의 내분과 지역 전쟁을 끝내지 못했다(Spalinger 2005).

이스라엘인들의 출현, 그들의 유입 그리고 후기 청동기 시대에 그들의 정확한 역할 그리고 그것의 붕괴와 청동기 시대로의 이행은 똑같이 모호하고 논쟁적이다(Hoffmeier 1996; 2005). 비록 이스라엘이 메르넵타의 통치와 아마도 더 일찍 팔레스타인에서 증명되었음에도(람세스 2세? 베를린 비문 21687), 이집트 및 근동의 문자 및 고고학적 증거는 람세스 왕조 기간 체류와 출애굽의 후기 성경에 대한 설명을 뒷받침하지 않는다(Frerichs and Lesko 1997). 발굴로 인해 이스라엘 정복 서술과 관련된 점령지, 정착지, 소수민족 인구에 대한 모순되고 확정적인 자료가 뒤섞인 가나안의 고고학적 기록에 비추어 볼 때 성경 정복 서술은 문제가 있다(Levy, Schneider, and Propp 2015).

이와는 대조적으로, 현재까지 고고학적 증거는 초기 철기 시대 동안 산지 국가(hill country)에 소규모 농업 정착지가 점차로 출현하는 것을 지지하는데, 이것은 가나안 전통에 기초하고 반유목민 목축민들, 탈도시화된 가나안 사람들(난민들)과 그 외의 조합을 반영할 수 있다(Killebrew 2005; Faust 2006b).

5) 이집트

B.C. 1200년경의 실패한 해양 민족의 공격과는 별도로, 이집트는 또한 19, 20 왕조 동안 점점 더 큰 혼란을 겪었다(B.C. 1300-1069년). 기후 조건의 쇠퇴(가뭄,

33.3 람세스 3세 부조(浮彫) 메디넷 하부 입구로부터, 동부 삼각주 어귀에서 파괴된 해양 민족의 함대

낮은 나일강 수위, 기근), 가나안과 누비아에서의 봉기(세티 1세, 람세스 2세, 메르넵타, 람세스 3세와 4세), 해외 캠페인(하티로부터 아무루와 카데시를 되찾으려는 세티 1세와 람세스 2세의 시도), 베두인의 적대행위(리비안과 메쉬워쉬 서부 사막에서 급습하고, 샤아수는 시나이를 급습하고, 세일 베두(Seir Bedu, [네게브?]를 정복)이다.

이집트의 주요 국경 지역의 군국화와 제국의 영토(서부 삼각주, 북부 시나이, 가나안 요새화), 경제적 어려움(누비아 금광의 고갈, 인플레 심화, 왕실 노동자의 파업, 무덤 강탈의 증가), 분명하게 눈에 띄는 부패(성전 재산 도둑질, 테반[Theban] 무덤 강탈에 광범위하게 연루), 시민의 갈등(왕의 계승 싸움, 람세스 3세[목구멍? 목 베임]의 계승, 왕과 아문 숭배 사이의 권력 투쟁) 그리고 람세스 11세의 명목상의 지도 아래서 결국 이집트를 남부 테반 신정국가와 북부 타니트(Tanite) 왕국으로 해산시켰다(van Dijk 2000, 295–313; S. Redford 2002; Vernus 2003; D. Redford 2006, 157–204; Bietak 2007, 438–48).

5. 결과 여파

철기 시대에 1A–1B B.C. 1250–1200년에 이르는 해안과 내륙의 분쟁, 이주, 여행, 정착에 이어 새로운 민족은 지중해 동부의 토착민에 다양하게 통합되었다. 프리지아인(Phrygians), 아나톨리아에서 출현한 우가르투인(Urartu), 아나톨리아에서 다른 사람들의 출현(Sagona and Zimansky 2009, 291–370), 키프로스에서 몇몇 에게인이 나타남(A. Bernard Knapp 2013, 449), 시리아 북부에 신-시리아-히타이트인들이 새로운 국가를 건설함(Sader 2014, 618), 시리아 남동부로 이동하는 아람인들(아람-다메섹 형성), 언덕 국가에서 연합한 이스라엘인(및 다른 사람들)(Gilboa 2014), 람세스 III세-IV세는 철기 1A 시대에 가나안의 점점 줄어든 지역을 지배하였다(Mumford 2001b, 343; 2014, 78–81). 블레셋(Philistines)은 블레셋 남부 해안 평원에 있는 가나안 사람과 합병한다(Dothan and Dothan 1992).

다른 해양 민족들은 돌의 테커(Tjeker at Dor), 악고의 쉐르덴(Sherden at Akko), 포함한 레반트의 다른 곳에 정착했을 것이다(예, 요르단 계곡의 텔 에스 사이디예(Tell es-Saidiyeh)에 있는 쉐르덴[?]) (Tubb 2000, 189; Sader 2014). 철기 시대까지 그 기간 부족 사회는 트랜스요르단과 네게브의 암몬, 모압과 에돔의 우두머리와 그 뒤를 이은 왕국을 세웠다(Bienkowski 1992; Herr and Najjar 2008; Levy, Najjar, and Ben-Yosef 2014).

6. 철기 시대 시리아-팔레스타인

B.C. 1200/1177년경에 이어, 람세스 III세-IV세는 철기 1A 시대에 가나안에 대한 정치적 지배권을 유지했고, 해양 민족, 이주자, 그리고 다른 민족들과의 구체적인 관계는 여전히 명확하지 않았다. 붙잡힌 전사자들이(예, 펠레셋) 가나안 내 이집트 감옥에서 보조병으로 복무했는지 아니면 주로 이집트에서 복무했는지는 불확실하다. 줄무늬 머리 장식이 있는 철기 1시대 A의 도자기 유인원 관들이 이집트 수비대 묘지 데일 엘-바라(Deir el-Balah, 청동기 후기 II B 관 존재[Mumford 1998, 1604-1743]), 텔 엘-파라 남부, 벧산 그리고 아마도 다른 곳에 나타난다(예, 라기스에서 조각난 시신이 나옴).

이러한 예들은 종종 일부 해양 민족의 용병들이(예, 펠레셋, 테커, 덴옌) 즐겁게 노는 화려한 헬멧을 사용하는 것과 동일시 되어 왔지만, 이 동일시는 여전히 추측이고 논쟁의 여지가 있다(Killebrew 2005, 65-67, 218; T. Dothan 2008, 94-95). 언급 중, 데일 엘-바라 주거/요새와 관련된 도자기는 블레셋 사람들의 관습을 반영하는 것일 수 있다.[23]

개인의 영역과 상황과 관계없이, 철기 1시대는 레반트의 정치 문화적 지형에 큰 변화를 보여 (Mumford 2007), 블레셋, 테커, 쉐르덴, 이스라엘인들 그리고 다른 민족들이 옛 가나안인과 다른 민족들과 혼합되는 것을 목격한다(아피루, 샤수, 세일 베두[Apiru, Shasu, Seir Bedu]). 이것은 강력한 페니키아 도시 국가들의 북쪽(예, 비블로스, 두로, 시돈) 과 동쪽(아람 다메섹, 암몬, 모압, 에돔)의 새로운 국가들의 통합을 포함한다.

---

23 John S. Holladay Jr와 개인적인 의사소통; Dothan와 Nahmias-Lotan 2010, 111-13를 보라.

7. 레반트의 해양 민족과 가나안 사람들

고고학적 기록과 역사적 기록은 펠레셋(Peleset)과 다른 해양 민족들(테커, 쉐르덴)이 아마도 키프로스를 통해(미케네 3C 1b 토기를 많이 생산한) 가나안 사람들(Killebrew and Lehmann 2013) 사이에 정착했다는 것을 보여 준다. 펠레셋은 철기 1A 시대 초기에는 블레셋 평원에 있는 아스그론, 가사와 아스돗 성읍에 집중되었다. 새로 생겨난 혼혈 블레셋, 테커, 쉐르덴과 가나안 인구는 후기 청동기 2B 시대에 가나안 마을 일부를(예, 아스돗) 대체하고, 다른 장소들을 버리고(예, 우가리트; 철기 1B 시대의 라기스에 공백이 발생), 새로운 도시를 건설하며(철기 1B, 텔 카사일), 다른 도시들을 계속해서 점령한다(예, 텔 엘 파라(el-Far'a) 남부, 게젤(Gezer).

아메네모페 백과사전(The onomasticon of Amenemope)은 가나안에 쉐르덴, 테커와 블레셋의 존재와 더불어 아스글론(150 acres), 아스돗(20 acres) 그리고 가사(대부분 발굴되지 않은)의 중요성을 확인시켜 준다. 이러한 정착지는 성경의 블레셋과 연관되어있으며, 이 이주자들은 B.C. 1150-1100년까지 상당히 정착하였음을 암시한다(A. Mazar 1990a; Lipiński 2006, 49-57).

웨나몬의 여정(Journey of Wenamon 약 B.C. 1069년 [W. Simpson 2003])은 이집트 특사가 테커 항구도시 도르(샤론 평야)에 들린 것을 언급하고 있다. 웨나몬은 또한 테커가 레반트 해안을 따라 많은 배를 운영했다고 말한다. 비블로스의 왕자는 테커-바알이라 부른다, 또한 쉐르단은 텔 에스-사이디예(es-Saidiyeh)를 포함한 가나안 북쪽 계곡과 평원을 점령했을지도 모른다(Tubb 2000). 에게해와 관련하여 북부 블레셋, 레바논 해안과 시리아는 블레셋보다 훨씬 적은 양이지만 현지에서 만든 미케네 III C1b 시대 도자기(예, 악고, 벧산)를 생산해 왔다(Mee 2008, 378, 382).

성경의 블레셋과 가장 일치하는 펠레셋은 크레테에 뿌리를 내리고 있을 뿐 아니라(성경에서는 갑돌[암 9:7; 렘 47:4]) 일반적으로 이오니안 해안과(아나톨리아 서쪽) 에게와 강한 유대관계를 보인다. 블레셋의 평원은 미케네 토기 양식(헬라딕 후기 3C의 종 모양의 그릇과 크라테크, 등잔병, 여과기 주전자, 보석상자), 미케네 양식의 예술과 디자인(예를 들면, 새), 조각상(예, 앉아있거나 서있는 사람들의 형상), 직인으로 나타나는 조각예술(키프로스-미노안 문자와 비슷), 건축 그리고 다른 요소들을 보여 준다(T. Dothan 1982; A. Mazar 1990a).

후기 청동기 시대 크레테의 파이토스 원반(Phaistos Disk)에서 펠레셋과 관련된 스타일과 비슷한 치솟은 머리 장식(flaring headdress)이 발견되었다(Gardiner 1947, 203*: kftyw). 성경에는 일부 블레셋의 이름과 지명이 있으며, 비록 논쟁이 있지만, 서부 아나톨리아에서 온 루위안(Luwian) 언어와 연관되어 있다(Singer 1988, 243). 쉐르덴(Sherden?)과 테커(?)와 유사한 아나톨리아인은 텔 에스-사이디예(요르단 계곡에 있는)에 있는 많은 이중 매장 항아리(pithos)와 아조르(Azor)에 있는 이중 매장항아리 및 화장장의 도입이 반영되었다(tell Qasile 근처).

철기 1B 시대, 이집트가 가나안 지배권을 상실한 후, 특징적인 블레셋의 물질문화가 북쪽과 내륙으로 확장되는데, 에그론(텔 미크네)과 갓(텔 사피)의 정착지를 포함해서 성경(삿 16장)은 5개의 성읍이 블레셋 연방에 속한 것으로 나타낸다 (Younker 2003, 372; Yasur-Landau 2010, 282-97).

이 자치권은 블레셋인들이 성장하는 도시를 강화하게 했다(아스돗이 100에이커로 확장). 일부 엘리트 계층의 주택에는 미케네 양식의 건물로 중앙 난로와 네 개의 기둥이 있었다(미크네-에그론). 몇몇 주택들은 주로 철기 시대 이스라엘과 유대의 전형적인 "4개의 방 주택" 구조를 도입했다(Holladay 1997, 337). 텔 카사일에서 그 예를 보여 주고, 텔 에스-사피(es-Safi, 갓)에서 부분적으로 드러난 블레셋 신전은 에게 양식(Aegean-style)에 뿌리를 둔(예, Kition, Phylakopi) 직선 건물구조로, 두 개의 중심기둥, 봉헌물을 비치해두기 위한 내부 벤치, 제단, 보화 저장고, 바깥 뜰 등 여러 특징을 보여 준다.

그것들은 에게에서 유래한 아스도다 여성 조각상, 애도하는 여성 조각상(손과 머리를 맞댄 모양), 세운 토기, 뿔 모양의 술잔(rhyta)과 케르노이(공물을 담기 위해 여러 개의 작은 그릇에 붙어있는 도자기 또는 돌 쟁반), 큰 소라 고둥 껍질(아마도 의식의 알림을 위한 경적), 설화 석고 용기(alabaster vessels), 보석, 직인과 그리고 봉헌된 도구들을 포함하고 있다(A. Mazar 1980; 1985; 1990a).

블레셋 사람들이 철 생산과 우수한 무기의 독점권을 가졌다고 소개하는 한 가지 일반적인 오해(삼상 13:19-22)는 잘못된 것이다. 철로 만든 제품은 일찍이 레반트에 나타나며, 이스라엘 영토를 포함하여 철기 시대에 널리 제조되고 퍼졌었다(Dever 1990b, 80).

철기 1B 시대, 블레셋에서 전형적인 가나안식 도자기의 지속과 우세 외에도, 블레셋 도자기는 더욱더 양식화된 새 모양의 디자인이 있는 혼합비크롬 도자기로 옮겨가고, 나선형, 틀, 드물게 물고기, 때로는 이집트식 연꽃이 그려진다. 철기 1B 시대에서는 에게에서 유래된 다른 물품들이 지속해서 가나안인들의 물질문화와 합쳐지지만(예, 복합 "Orpheus" 주전자 므깃도 VIA층에서 출현), 비크롬 도자기는 블레셋 문화의 특징을 나타낸다.

또한, 그것은 블레셋의 국경을 따라 정착지로 전달되어 이스라엘 산지의 산기슭(쉐펠라)에 도달한다. 블레셋 심장부에는 공통의 토착적인 단순 구덩이 무덤, 직사각의 석관 무덤에서부터 외국으로부터 파생된 항아리(피토스) 매장지(Azor, Tell Zeror), 일부 에게(?)에서 유래된 암벽을 판 벤치 무덤(텔 엘파르 남부), 그리고 산발적인 화장장(예, Azor)의 다양한 매장 유형이 포함되어 있다(M. Dothan 1993, 128, 129; Kochavi 1993, 1525; Yisraeli 1993, 442–43).

8. 이스라엘인

외국 영향력이 해안에 집중된 것과는 대조적으로, 남부 산악 지역은 특히 초기 이스라엘인들의(그리고 다른 민족들) 출현 및 건설과 관련이 있으며, 이들은 토착적인 반유목인들 – 가나안인들과 다른 민족들로부터 뿌리를 보여 준다(Faust 2006b). 초기 이스라엘인들은 주로 나무를 개간하고, 계단식 농경을 조성하고, 물을 저주지에 저장하고, 작은 가축 떼를 유지하는 소규모 평등 공동체의(확장된 가정과 마을) 농업 인구로 발전한다(Gilboa 2014, 640–44).

대부분 장소는 타원형의 울타리 몇 채의 집을 포함하고 있는 반유목민 캠프를 반영하는 반면, 물질문화는 실용적이고 단순하여 가나안인의 도자기, 예술, 공예와 건축을 의지한다. 따라서, 초기 이스라엘은 여러 민족으로 형성되었을 것으로 보이며, 아마도 해안 도시에서 온 가나안 난민들, 다른 유목민 집단들(샤수, 아피루, 세이르 베두?), 그리고 어쩌면 이집트에서 돌아온 몇몇 레반트 사람(아마도 이집트에서 온 힉소스의 초기 여정을 반영하는 것이 아닌지? 아니면 다른 도망자?[Caminos 1954, 255: the "Exodus Papyrus"를 보라])을 포함한다(Dever 2003; J. M. Miller and Hayes

2006; Maeir 2013a; Levy, Schneider, and Propp 2015).

9. 결론

비록 해양 민족과 다른 민족들(특히 블레셋 사람들)이 철기 2A시대(B.C. 1000-925년)에 의해 정치적으로 문화적으로 이스라엘과 분리되어 있었지만, 그들의 전유물인 물질문화의 상당 부분이 덜 뚜렷해지거나 사라져 가나안에서 파생된 지배적인 문화권(페니키아 영향 포함)에 속하게 된다.

예를 들어 페니키아에서 인기 있었던 붉은 현탁액 용기(懸濁液, red-slipped)와 윤이 나는 도자기는 B.C. 11세기 블레셋 2색 도자기와 나란히 등장하며(Qasile strata XI-X), 일부 용기들은 붉은 현탁액 표면처리와 2색 장식을 공유하지만, 블레셋 2색 도자기(예를 들어 검은 칠을 한 나선형)는 B.C. 1000년에 사라진다(Ben-Shlomo 2014b, 723). 철기 2시대에 우리는 다양한 해양 민족의 후손들과(특히 블레셋) 레반트의 다른 민족 집단들의 성격을 명확히 하기 위해서 성경, 이집트, 시리아-메소포타미아 문자-그림 기록물들에 더욱 의존하게 되었다(Maeir 2013b, 241-42).

제34장

세송크의 레반트 정복과 성경 역사

이갈 레빈(Yigal Levin)

성경에서 시삭으로 알려진 세송크 1세가 이스라엘과 유다를 침공한 사건은 성경 역사를 연구할 때 가장 중요한 에피소드 가운데 하나다. 열왕기상의 내용과 세송크가 카르낙 신전 입구에 묘사한 내용이 상당한 차이가 있음에도 불구하고 두 기사는 분명히 같은 사건을 언급한다. 시삭은 당시의 자료에 언급된 최초의 성경적 인물이고 그의 원정은 성경 외 상황에서 분명히 연대가 있는 사건을 성경 이야기가 최초로 증언하는 사건이다. 고고학적 증거가 있는 이 사건은 세송크 원정을 성경 역사와 연대기 그리고 그 사건과 철기 1시대 A의 남부 레반트의 "실제" 역사, 고고학, 역사적 지리의 관계를 연구하는 중추적 요소로 만든다.

1. 성경 기사

열왕기상 14:25-26은 "르호보암 왕 제오 년에 애굽의 왕 시삭이 올라와서 예루살렘을 치고 여호와의 성전의 보물과 왕궁의 보물을 모두 빼앗고 또 솔로몬이 만든 금 방패를 다 빼앗은지라"라고 기록한다. 역대기하 12:2-9은 침략한 이유를 신학적으로 정당화하고 예언자의 예언, 방백들과 왕의 참회를 포함하여 여러 가지 상세한 내용을 추가한다. 시삭은 "병거가 천 이백 대요 마병이 육만 명이며 애굽에서 그와 함께 온 백성 곧 리비아와 숙과 구스 사람이 헤아릴 수 없이 많더라 시삭이 유다의 견고한 성읍들을 빼앗고 예루살렘에 이르"렀다. 시삭은 열왕기상 11:40에서 이미 한 번 언급된 적이 있다. 여로보암이 솔로몬에게 "반기를 든" 뒤 도망간 이집트의 왕이 시삭이었다. 성경에서 이 사건과 시삭의 이름은 다시는 언급되지 않는다.

성경 이야기의 문맥에서 보면 이 이야기 자체는 특별하지 않다. 열왕기 버전은 솔로몬 왕국의 몰락을 기술하는 신명기적 역사 기록과 잘 어울린다. 열왕기상 11장은 솔로몬의 죄에 대한 하나님의 대응으로서 왕국이 몰락한 "배경"이고 열왕기상 14장은 유다가 어리석고 거만한 르호보암 시절에 어떻게 몰락했는지를 보여주는 사건들 가운데 하나다.

역대기는 전형적으로 르호보암의 죄를 강조하면서 예언자 일화와 왕의 회개를 덧붙인다. 또 대규모 군대의 규모를 언급한다.[24] 여하튼 이것이 현재 사용할 수 있는 모든 정보라면 시삭 침공 이야기는 성경의 전쟁 이야기 중 하나다.

34.1 카르낙 신전 정문의 세송크 정복 목록. 벽의 왼쪽 아래에 156개의 "이름 고리들" 중 몇 개가 보인다. 그 안에 정복된 여러 민족의 이름이나 상징이 들어있다.

2. 세송크 1세 비문과 해석

1820년대 이집트 상형 문자를 해독한 장 샹폴리옹은 룩소르의 카르낙 신전 정문에 있는 기념비적인 비문이 "세송크"란 이름의 왕이 레반트를 원정한 사건을 묘사하며(그림 34.1) 이 세송크와 성경의 시삭이 같은 인물임이 분명함을 깨달았

---

24 시삭 군대의 구성과 유다의 방어시설을 갖춘 도성들에 관한 "실제적인" 정보가 역사적 가치가 있는지는 논란이 있다. 최근의 평가를 위해 Sagrillo 2012를 보라.

다.²⁵ 이집트 역사가 학자들에게 알려지면서 이 세송크 1세는 리비아 혈통을 지닌 22왕조를 창건하였고 B.C. 약 945년부터 925년까지 21년을 통치했으며 이집트 세 번째 중간기의 전성기였다.²⁶

비문 자체는 왕이 아문 신의 후원을 받아 아시아 족속을 치는 장면, 왕을 후원하는 아문 신의 연설, 고리 안에 포박한 죄수가 들어있는 150명이 넘는 "이름 고리"의 지역 목록²⁷ 등 세 가지 요소로 되어있다. 이 비문은 카르낙 신전의 이전 구역에 나타난 신왕국 비문을 모방하는 스타일로 제작되었다.

또 이 목록은 다수의 지명이 이스라엘 중앙과 북부 지역의 소도시들(아야론, 기브온, 벳산, 르홉, 수넴, 다아낙, 므깃도는 쉽게 확인되고 다른 것들은 논란이 있다)로 보이는 "명부 상단"과 "아랏"으로 부르는 두 개의 네겝 지명들로 읽을 수 있는 "명부 하단"으로 나뉘어 있는 것을 볼 수 있다. 많은 이름은 보존상태가 나빠서 읽을 수가 없다.

처음에 다수의 학자는 성경 기사의 중심인 예루살렘이 명부에 전혀 언급되지 않고 있으므로 이 지역 목록이 역사 자료로 갖는 가치에 대하여 미심쩍어했다. 또 비문에 수록된 많은 장소가 북왕국에 있다. 그런데 성경은 이것을 언급하지 않는다. 또 여로보암이 시삭의 부하 또는 동맹임을 보여주는 열왕기상 11:40과도 모순된 것처럼 보인다. 그래서 학자들은 세송크가 이전의 위대한 왕들처럼 보이려고 이전 목록에서 북쪽의 지명을 베낀 것으로 생각했다.²⁸

그러나 1925년 므깃도 발굴을 준비하던 미국 고고학자들은 이전에 발굴한 그곳의 흙더미에서 세송크 1세의 비문을 우연히 발견하였다(그림 34.2). 므깃도가 카르낙 목록에 등장하기 때문에 이러한 발견은 세송크의 사건 기사에 신뢰감을

---

25 왕의 이집트 이름 *ššnq*는 이집트 학자들이 "세송크"(Sheshonq) 또는 "쇼솅크"(Shoshenq)로 발음한다. 이 왕은 성경에서 여섯 번 언급된다. 왕상 11:40과 대하 12장의 네 번은 "시삭"(Shishak)으로 왕상 14:25은 실제 "소삭"(Shoshak)이지만 전통적으로 "시삭"(Shishak)으로 발음한다. 히브리어의 자음 눈(nun)은 약자 음으로, 이름에서는 종종 "빠진다." 이름의 끝의 q와 k의 차이는 영어 표기법 문제이고 성경의 "시삭"(Shishaq)으로 쓰는 것이 더 "정확하다."

26 세송크의 통치 배경을 위해 D. Redford 1973; Kitchen 1986, 287-302; Currid 1997, 174-80; K. Wilson 2005를 보라.

27 세 번째 중간기 이집트의 맥락에서 양각 전체의 의미 분석과 해석을 위해 Ben-Dor Evian 2011을 보라.

28 이를테면 Albright 1924b, 145가 그렇다. 하지만 그는 네겝 지명을 진짜라고 여겼다.

실어주었다.

1938년 독일 학자 마틴 노트는 목록에 포함된 많은 지명이 이전 비문에는 없고 있던 지명도 다르게 기록되었음을 보여주었다. 그가 보기에 그런 차이는 지명들이 옛 목록에서 베낀 것이 아니라 당대의 지식을 보여주는 것임을 보여주었다. 노트는 학자들이 사건보다 수 세기 후에 신학적 목적으로 기록한 성경 기사에 우선권을 두는 태도를 비판하기도 하였다.

노트의 논문은 이 원정을 연구하는 대다수 학자에게 길을 터주었다. 특히 그 지역 목록을 사건의 일차자료로 보게 했

34.2 1925년 시카고 탐험대가 발견한 세송크 1세의 카르투시가 있는 이집트 승전비 일부.

다. 수많은 학자가 노트의 기본 방법론을 따라 나름의 지명 읽기, 세송크 군대의 이동 경로, 비문에 나타난 사건의 해석, 성경 기사, 고고학적 증거에 대한 견해를 폈다(필자의 이동 경로는 그림 34.3을 보라).²⁹ 어떤 학자는 비문에 왜 예루살렘이 언급되지 않았는지를(예, 르호보암이 시삭이 예루살렘에 도착하기 전에 뇌물을 주고 물리쳤기 때문에[Aharoni 1979, 329; Na'aman 1992, 84]), 외국 수도를 인정하는 것은 "이집트 관행"에 어긋나기 때문에[Edelman 1995, 190], 또 성경 기사가 아무런 언급을 하지 않은 이유(예, 성경은 예루살렘과 성전이나 솔로몬의 금 방패에 초점이 있으므로 또는 저자의 정보는 르호보암이 바친 조공만을 언급하는 짧은 연대기에서 나온 것이므로)를 설명하여 비문과 성경 기사를 "조화"시키려고 했다. 성경 기사는 전적으로 신뢰할 수 없고 카르낙 비문만 실제 역사적 정보라고 생각하는 이들도 있다(예, Clancy 1999).

---

29 이중 가장 두각을 나타내는 학자는 B. Mazar 1986; S. Herrmann 1964, Aharoni 1979, 323-30; Kitchen 1986, 294-300, 432-47; Ahlström 1993b; Na'aman 1992; K. Wilson 2005 등이다.

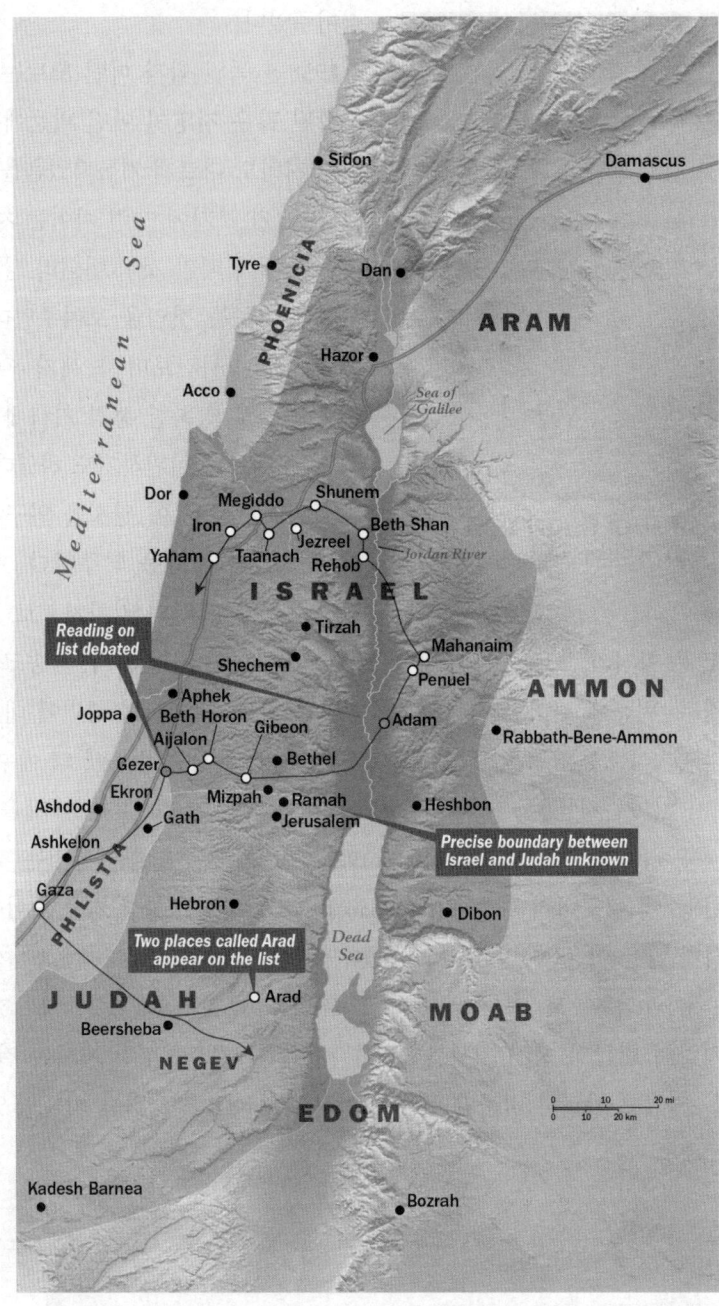

34.3 세송크 1세의 레반트 원정 경로. ([좌측 위] 논란이 되는 목록 읽기; [좌측 아래 목록에서 아랏이라고 부른 두 곳; [우측] 이스라엘과 유다의 정확한 국경선은 알 수 없음]

3. 연대기 논쟁

무엇보다 세송크 비문은 당대의 비문 자료에 성경의 사건을 최초로 언급한 자료로 널리 인정받고 있다. 세송크/시삭은 성경과 당시의 비문에 둘 다 등장하는 최초의 역사적 인물이다. 그의 원정은 이스라엘 군주 시대 초창기 연대 전체의 "고정점" 또는 "외적 통제지점"으로 본다. 만일 세송크가 B.C. 925년까지 통치하고 원정이 통치 말에 일어났다고 가정하면 르호보암 제오 년은 930년부터 925년 사이가 된다. 이렇게 하면 성경의 연대를 사용하여 다윗, 솔로몬과 분열 왕국 왕들의 통치 연대를 산정할 수 있다.[30]

고고학자들은 12세기 후반기에 므깃도와 게셀(왕상 9:15)의 소위 "솔로몬의" 요새들이 시삭에게 파괴되었다고(카르낙 신전 목록의 게셀은 확실한 읽기가 아니다) 생각하고 이것 역시 초기 군주 시대 고고학 지층의 "고정점"이 되었다.

하지만 그런데도 사태는 보기와 달리 전혀 명확하지가 않다. 세 번째 중간기에 관한 이집트 자료의 성격 때문에 통치자들의 내부 연대기는 전혀 확실하지 않다.[31] 적지 않은 학자들이 세송크 통치 시기와 "르호보암 제오년"을 동일시하는 것을 비판하고 이집트 학자들에게 영향을 준 것이 바로 성경 자료라고 주장하였다.

비주류 학자들은 세송크 1세와 시삭을 동일인물로 보기를 거부하고 연대기적 대안을 다양하게 제시하였다. 주류학자들 사이에서도 원정 연대는 수십 년씩 차이가 있다.[32] 세송크의 실제 레반트 원정이 한 차례 이상이고 카르낙 목록은 이동 경로가 아니라 요약이라고 주장하는 이들도 있다(Niemann 1997; Knauf 2001).

이집트의 원정과 언급한 장소 그리고 다른 곳에서 나온 고고학 증거를 상호 참조하는 일은 훨씬 어려운 것으로 드러났다. 위에서 언급한 대로 므깃도에서 확보한 비문이 원래 자리에 있었더라면 이 지역의 삼십 개 지층 가운데 어느 것

---

30 성경연대를 외부 연대기와 상호 참조하는 또 다른 사례는 두 세기 후에 B.C. 733년 앗수르의 티글랏빌레셀 3세의 침공이다.
31 이를테면 이 시기에 관한 Kitchen의 책은 절반가량을 연대기 문제를 다룬다. Kitchen 1986, 3-239를 보라.
32 전자는 Bimson 1986l 후자는 D. Redford 1973, 10; Currid 1997, 182; Dodson 2000.

이 세송크가 방문한 것인지를 알려주었을 것이다. 하지만 원래 장소에서 발굴한 것이 아니고 뒤늦게 흙더미에서 발견되었기 때문에 이 목적으로는 사용할 수가 없다. 명부 하단에 있고 확실한 지명이고 집중적으로 발굴한 유일한 지역인 아랏의 경우는 어느 지층이 세송크나 그의 군대가 방문한 것인지 여전히 논란 중이다(Z. Herzog 2002, 92-93).

이스라엘 핑켈스타인(Israel Finkelstein 1996a)이 처음으로 이스라엘 군주사회의 시작을 "저 연대기"(low chronology)로 주장하는 논쟁을 시작한 이래 연대기 문제는 훨씬 민감한 사안이 되었다. 일부 학자들이 아랏, 므깃도, 다아낙 등등의 철기 1시대 A의 솔로몬 지층을 이스라엘 국가의 시작점과 더불어 10세기에서 9세기로 "낮추었으므로" 세송크는 이전의 철기 시대 제1기 후반의 지층을 파괴한 것으로 본다.

핑켈스타인이 보기에 세송크는 유다 왕국을 공격한 것이 아니었다. 그런 나라가 아직 존재하지 않았기 때문이다. 그가 공격한 곳은 네겝 지방의 "족장 나라"와 이스르엘 계곡에 아직 건재하던 가나안의 도시 국가들이었다. 결과적으로 오므리의 이스라엘 나라가 등장하고 나중에 유다라는 영토 국가가 생기도록 길을 닦은 것은 세송크가 이 도시들을 파괴했기 때문이다(Finkelstein 2013, 41-44, 76-77).

초기 이스라엘의 "전통적인" 역사로부터 급격히 방향을 바꾸게 한 것이 "미니멀리스트와 맥시멀리시트" 논쟁이었고 상당 부분은 순수히 고고학 증거에 기초를 두고 있지 않다. 이 논쟁의 반대편에는 "저 연대기"를 수용하지 않고 약간 "수정"한 형태지만 모종의 "통일 왕국"이 있었다고 생각하는 많은 고고학자와 역사가들이 있다. 여기서도 세송크의 원정이 논쟁의 중심에 있다.

세송크는 므깃도와 게셀에 원래부터 있었던 "솔로몬이 지은" 도시들을 파괴했는가?

아니면 그가 파괴한 도시들은 가나안 도시들이고 다윗과 솔로몬의 통일 왕국은 역사가 아니라 신화였음을 "입증"하는가?

세송크가 자기 기록에 다른 국가의 존재를 인정하지 않으려는 교만함 때문에 이스라엘, 유다, 예루살렘, 르호보암과 여로보암을 언급하지 않은 것인가?

아니면 그들이 실제로 존재하지 않았기 때문에 그랬는가? (아니면 언급할 필요가 없을 만큼 시시했는가?)

이렇게 시삭은 초기 군주사회 역사를 위해 지속적인 논쟁의 중심에 놓여 있다. 실제로 최근에는 양측의 입장이 상당히 가까워지고 있지만, 어느 지층을 시삭의 것으로 보느냐가 논점이다(이것을 위해, Ussishkin 2008을 보라).

4. 시삭과 성경 역사연구

이 논쟁에도 불구하고 시삭의 원정은 초기 이스라엘 군주 시대 역사연구에 가장 중요한 에피소드이다. 결국, 이 사건은 성경과 동시대의 비문 자료에 모두 언급된 최초의 사건이고 시삭은 동시대의 비문에 언급된 최초의 "성경적" 인물이다. 사실 시삭은 성경이 일반적으로 사용하는 "바로" 칭호를 사용하지 않고 이름을 직접 언급한 최초의 이집트 왕이다. 하지만 시삭을 직접 언급한 사실과 그가 이스라엘 땅을 침공했다는 사실을 넘어서 비문과 성경의 "기록"은 이 시기의 역사 지식에 다음과 같은 방식으로 도움을 준다.

1) 역사성

이 사건 보다 몇 세기 뒤에 글을 쓴 열왕기 저자도 이 침공 사실을 알았으며 시삭의 이름을 거론한 사실 자체는 저자가 B.C. 10세기 후반으로 소급되는 기록을 입수한 것이 틀림없다. 이 시기를 기록한 성경 기사의 자료와 역사성을 논할 때 이 사실은 반드시 고려되어야 한다. 심지어 이보다 나중에 기록된 역대기의 추가 자료를 논할 때도 마찬가지다.

2) 역사편찬

거꾸로 이 원정을 성경 자료 두 군데와 카르낙 신전이 묘사하는 방식이 서로 다르다는 것은 고대 역사편찬의 교훈이 된다. 세 가지 기사 어느 것도 "역사"를 남기려는 목적으로 기록하지 않았다. 각각 신학적이고 정치적 목적을 가진 저자가 기록하였다(우리는 카르낙이 신전이고 아문 신이 세송크 비문에서 두드러진 역할을 한다는 것을 기억해야 한다). 우리는 성경의 역사 기록에 있는 다른 에피소드를 다룰 때도 마찬가지로 이 점을 염두에 두어야 한다.

3) 고고학

위에서 언급한 대로 세송크 원정은 철기 시대 제2A 기, 즉 이스라엘 군주시대 초기를 고고학적으로 재구성하는 작업에 아주 중요한 역할을 한다. 서로 다른 고고학자들은 아랏, 게셀, 벳산, 므깃도 같은 장소에서 각기 다른 지층들을 세송크가 파괴한 것으로 보고 그것을 기초로 이 시기를 재구성하였다.

4) 역사

이집트 역사에서 세송크 1세의 통치는 일시적인 사건으로서 세 번째 중간기의 짧은 기간 동안 통일과 영광을 거두었고 지속적인 영향을 주지 않았다. 이스라엘 역사에 남긴 영향은 논란의 여지가 있다. 그의 원정이 이스라엘 군주사회를 일으키는데 결정적인 요소라고 보는 이도 있고 솔로몬 왕국의 업적을 파괴하고 분열 왕국을 약화시킨 책임이 있다고 주장하는 이도 있다. 어떤 경우든 네겝, 중앙산지, 이스르엘 계곡에 이집트 군대가 출현한 사건은 지역주민에게 지속적인 인상을 남긴 것이 분명하다.

5) 역사적 지리

카르낙 신전에 B.C. 10세기의 것이 확실하고 이스라엘의 지형순서에 따라 기록해 놓은 땅 목록 150개가 있다는 사실은 성경의 역사적 지리 연구에 매우 중요한 자산이다. 많은 지명을 읽을 수가 없으나 읽을 수 있는 것들은 이스라엘 땅의 지명에 관한 중요한 자료이다. 다른 자료들에 희귀하게만 언급된 장소들은 이 목록의 정보를 사용하여 알 수 있다. 이것은 특히 "명부 하단"의 경우가 해당한다.

거기에는 네겝 지역 명칭이 십여 개가 등장하는데 실제로 "~의 네겝"이라고 부르기도 한다. 이것들은 유다 네겝, 여라므엘 사람의 네겝, 겐 사람의 네겝(삼상 27:10)과 그렛 사람의 네겝(남방)과 갈렙의 네겝(남방, 삼상 30:14) 그리고 아랏 네겝(남방, 삿 1:16)처럼 성경의 유사지명들과 비교된다.

아랏은 "큰 아랏"과 "벳 여로함의 아랏" 두 곳으로 기록된다. 지명 일곱은 "요새," "들," "울타리"로 이해되고 히브리어 "하체르"(마을이나 동네)나 "하차르"와 비교되는 명칭 p^3-ḥgr이 붙어 있다. 그것은 여호수아 15:20-32; 19:1-8, 느헤미야 11:25-28; 역대상 4:28-33에 나오는 네겝의 소도시 목록과 공통점이 많다.[33]

6) 언어학

이집트 상형 문자로 기록한 서부 셈어(가나안/히브리어) 명칭 목록이 있다는 것은 두 언어의 실제 발성 연구에 무한한 가치가 있다. 하나의 사례를 들면 성경 히브리어로 "므깃도"라는 도시는 B.C. 15세기 투트모세 3세의 정복 목록에는 ma-k-ta로 카르낙 신전의 다른 벽에는 ma-k-d-û로 기록되어 있다(Rainey and Notley 2006, 72, 186). 그런 차이는 두 목록이 550년의 세월 차이로 생긴 두 언어의 발음변화를 나타낸다.

세송크 1세—성경의 시삭—가 이스라엘 땅을 원정한 사건은 자료들의 차이나 학자들이 자료를 해독하는 차이점에도 고고학 자료와 지리 자료를 교차해서 참조해보면 성경 시대의 역사와 성경의 저자들이 그 역사를 어떻게 기록했는지 우리의 이해를 증진 시켜 주고 풍부하게 해 주는 완벽한 사례다.

---

[33] 이 명칭 분석을 위해 Levin 2010을 보라.

제35장

카르카르 전투와 앗수르의 염원

마크 샤발라스(Mark Chavalas)

1. 전망

B.C. 853년에 일어난 카르카르 전투는 성경에 언급되어 있지 않으나 B.C. 9세기 중반 이스라엘, 유다, 아람 다메섹의 왕들이 얽힌 사건이다(왕상 16장-왕하 10장)(Hallo 1960, 34-61; Astour 1971). 이 사건의 주역은 살만에셀 3세(B.C. 859-824년 통치)가 다스리면서 다시 부상하는 앗수르 제국과 시리아 팔레스타인의 소국들이 새로 만든 다메섹(또는 남부) 동맹이었다.

전투 자료가 순전히 앗수르 것이기 때문에 앗수르인들이 크게 승리했다고 말하는 것은 놀라운 일이 아니다. 하지만 이 전투에 관한 내용을 자세히 검토해보면 결과가 그리 뚜렷하지 않은 것을 알 수 있다.

2. 배경

앗수르가 서쪽으로 경제적 관심사를 가졌다는 증거는 아나톨리아의 카네쉬에서 나온 앗수르 상업 문서(B.C. 2천 년대 초)를 보고 알 수 있다. 게다가 중기 앗수르 제국의 많은 왕은 서쪽에 있는 미타니 제국이나 히타이트 제국과 전쟁을 벌였다. 티글랏필레셀 1세 때(B.C. 1114-1076년 통치) 앗수르 군대는 여러 번 유프라테스강을 건너 아람 족속들과 직접 접촉하였다. 하지만 한 세대 후 앗수르-벨-칼라(B.C. 1073-1056년 통치)는 서쪽의 페니키아와 남쪽의 이집트로 통하는 길목을 막아 아람 족속이 사용하지 못하도록 할 수가 없었다.

미타니 제국과 히타이트 제국이 몰락한 후 시리아 북부와 아나톨리아 남동부 지역은 루위안(Luwian) 또는 신 히타이트 계승 국가들이 다스렸다. 이것을 갈그미스, 텔 아흐마르, 친시클리, 하마 등에서 발견한 왕들의 기념비들이 증언한다. 더구나 페니키아 국가들은 지중해 연안을 따라 훨씬 남쪽에서 권력다툼을 벌이기 시작했고 내륙의 아람 지역에 시리아가 존재했고 이스라엘 왕국과 유다 왕국은 모습을 갖추는 중이었다.

이 작은 국가들 대다수는 사실 소위 "시리아-히타이트"라고 부르는 혼합 집단이었다. 열왕기상(10:29)의 저자는 솔로몬이 히타이트(즉 신 히타이트) 왕들과 아람 왕들과 교역을 했다고 말한다. 이것은 이 집단들이 B.C. 10세기 초에도 여전히 두각을 나타냈음을 보여주는 것 같다.

우리는 10세기 후반 아람 족속을 대대적으로 원정한 앗수르-단(B.C. 934-912년 통치), 아닷-니나리(B.C. 911-891년 통치), 투쿨티-닌우르타 2세(B.C. 890-884년 통치)가 이들을 훨씬 서쪽으로 밀어내면서 비로소 유프라테스강 서부에 강력하게 존재한 앗수르에 관한 이야기를 듣게 된다. 하지만 이 지역을 가장 강하게 압박한 때는 앗수르나시르팔 2세(B.C. 884-859년 통치)부터였다. 수많은 당대의 지역 비문들이 시리아와 아나톨리아 남부에서 발견되었으나 그 지역에 앗수르의 존재를 언급하는 경우는 드물다.

앗수르나시르팔 2세는 3세기에 걸쳐 지중해로 진출한 최초의 앗수르 왕이었다. 자신의 연대기에서 그는 세 번에 걸쳐 시리아의 정치체제들(예, 비트 아디니[성경의 벳 아덴 같다]와 유프라테스강 변의 갈그미스)을 공격했다고 주장한다. 하지만 연대기들은 다메섹의 아람 근거지를 언급하지 않는다.

이 앗수르 왕이 그렇게까지 남쪽으로 진출한 것 같지는 않다. 앗수르나시르팔 2세도 페니키아 도시들로부터 조공을 받았다고 주장한다. 서부 지역에서 거둔 성공은 급작스러운 습격의 결과로 해석할 수 있다. 작은 국가들이 동맹을 맺을 시간이 없었을 수도 있다. 여하간 한 세대 후 서부의 국가들은 이 앗수르 왕의 아들 살만에셀 3세(B.C. 859-824년 통치)의 침공을 막을 준비를 단단히 했다(W. Lambert 1974를 보라).

3. 카르카르 전투

1) 카르카르 전투 자료

우리가 가진 자료의 성격에 관해 몇마디 할 필요가 있다(앗수르 연대기에 관해 Grayson 1991; 1996을 보라). 살만에셀 3세의 연대기는 부친의 것과 비교할 때 보존 상태가 훨씬 좋다. 하지만 앗수르 연대기는 아주 신중하게 살펴보아야 한다. 연대기의 목적은 단순히 통치기에 벌어진 일련의 군사 사건을 편찬한 것이 아니었다. 그것들은 상당히 자화자찬하며 왕의 업적을 칭송하려는 데 목적이 있었다. 교전으로 성공을 거두지 못하면 지나쳐버리거나 크게 승리한 것으로 해석했다. 그래서 그것들은 액면 그대로 받아들일 수 없다.

카르카르 전투는 살만에셀 3세의 여섯 번째 원정에서 일어났다. 그때까지 그의 비문들은 이 여섯 번째 원정(B.C. 853년)을 최소한 여섯 번 언급한다. 현재 남아 있는 최초의 자료는 쿠르크 비석이다. 제칠 년째 원정 기간에 기록하여 아나톨리아 남동쪽 티그리스강 변에 세워두었던 것 같다(Na'aman 1976). 연대기의 각 판본은 이전 원정 사실을 반복하면서 종종 업데이트하거나 세부사항을 개정하였다.

역사가는 합성하였으나 모순된 정보를 의미 있게 설명할 책임이 있다. 예를 들어 판본들은 전쟁에 참여한 동맹국의 숫자가 다르며 열한 개 나라에서 열네 나라 사이라고 말한다. 추정컨대 과거의 적국이 동맹이 되었을 때 역사 기록은 나중 판본을 수정하여 이런 변화를 설명했을 것이다. 실례로 아합은 여섯 번째 원정의 이른 시기 판본에는 들어있으나 세 번째 판본에는 그의 이름(또는 그의 후계자의 이름)이 없다.

이 경우 이스라엘은 적국이 아니라 (예후의 지도를 받는) 조공을 바치는 동맹국이었다. 더구나 참수한 병사의 수는 판본에 따라 14,000명부터 29,000명까지 다르다. 이런 수치가 앗수르 전쟁기의 판본에 따라 다르지만 크게 과장되지는 않은 것 같다. 차이가 생긴 데는 문학적이고 산술적 이유가 있었을 것이지만 모두 앗수르 왕의 업적에 초점을 두고 선전하려는 목적을 지녔다. 다음은 쿠르크 비석에 기록된 앗수르어 기사 일부다.

나의 주 앗수르가 나에게 주신 초 강력한 힘과 나보다 먼저 나가고 나에게 주신 막강한 신의 무기로 나는 그들과 싸웠다. 나는 카르카르부터 길자우 도시까지 그들을 완파하였다. 나는 칼로 전사 14,000명을 쓰러뜨렸다. 나는 아닷처럼 비로 강림하여 그들은 파괴적인 홍수가 되었다. 나는 그들의 시신으로 평야를 가득 채웠다. 나는 칼로 대단히 많은 군사를 쓰러뜨렸다. 나는 그들의 피가 흘러 강이 되게 만들었다. 들판은 너무 작아서 그들의 시신을 널어놓을 수가 없을 정도였다. 넓은 변두리 땅은 그들을 매장하는 데 썼다. 나는 그들의 시신을 제방처럼 쌓아 오론테 강을 막았다. 전투 중에 나는 그들에게서 병거, 기병, 말들을 빼앗았다 (Grayson 1996, 23).

2) 북부 동맹

살만에셀 3세는 34년간 통치하면서 해마다 군사 원정을 나갔다. 그중 스무 번은 북쪽의 우라르투(성경의 아라랏)와 서쪽의 시리아-히타이트 국가와 싸웠다(Yamada 2000; Tammi Schneider 1993). 연대기를 보면 앗수르의 침공에 대항하는 동맹이 적어도 두 개가 존재했음을 확인할 수 있다. 하나는 북쪽에서 사말, 파티누, 갈그미스, 비트 아디니 같은 작은 나라들의 동맹이었다(내륙에 있는 시리아의 경우를 위해 Chavalas 1997을 보라).

사실 연대기의 최초 판본은 앗수르 왕이 아마누스 산맥에서 오론테강을 건너 현대의 터키 중앙 남부의 사말 근처 루티부에서 북부 동맹을 무찔렀다고 묘사한다(B.C. 약 857-56년)(Grayson 2001, 185-87을 보라). 비트 아디니의 자리 틸-바르십(현대 시리아의 유프라테스강 변을 따라 갈그미스 남쪽으로 20km 지점, 현재의 텔 아흐마르)은 앗수르에게 점령되어 합병되었고 카르-살만에셀(살만에셀의 요새 또는 교역 중심지)로 이름을 바꾸었다(Liverani 1988; Ikeda 1999). 더구나 앗수르 왕은 다른 도시 셋을 점령하고 역시 앗수르 이름으로 개명하고 그곳에 앗수르 인들을 정착시켰다. 하지만 이후로 앗수르인들이 얼마나 유프라테스강 서쪽으로 깊이 침투했는지는 불확실하다.

그러나 틸-바르십은 의심 없이 이 지역의 경제와 정치 중심지였고 아나톨리아로 가는 철과 은 교역을 통제하는 기지였다. 이 도시에 총독을 두고 봉건적 의

무를 이행하도록 조치하였다. 더구나 앗수르인들은 이 지역에서 강제부역을 동원하여 앗수르 제국의 중심지인 북부 이라크에 수많은 건축 사업에 사용하였다. 이 포로들 가운데 상당수는 앗수르 군대로 징발되었다.

살만에셀은 여섯 번째 원정 중에 개명한 도시들을 방문하였고 이전에 언급한 시리아 국가들(이제는 존재하지 않게 된 비트-아디니는 제외됨—암 1:5에 암시된 사건)은 물론이고 비트-아구시, 쿰무, 멜리드, 구르굼 같은 시리아-히타이트 국가들로부터 조공을 받았다고 주장한다. 이후에 앗수르 군대는 남으로 진군하여서 하마 왕국의 도시들을 점령하고 카르카르를 불태운 것으로 보인다. 살만에셀이 새로운 북부 동맹의 지원을 받았을 남부 동맹을 만난 때가 바로 이때이다.

3) 남부 동맹

종종 "다메섹 동맹"이라고 부르는 남부 동맹은 십여 개의 동맹국으로 이루어졌다(연구한 연대기의 판본에 따라 다름; Elat 1975; Dion 1995, 487-89를 보라). 중심역할을 한 국가는 셋이다. 그들은 아람 다메섹의 아닷-니나리(성경의 하닷에셀), 하맛의 이르훌레니, 그리고 이스라엘의 아합이다. 그 외에 이르카나투, 우사나투, 쉬아누의 아두누-바알, 아르밧의 마티누-바알로 구성된 페니키아 부대, 비블로스 그리고 이집트(아마 비블로스의 동맹 자격으로)도 있었다.

다른 동맹들은 아랍족 긴디부와 암몬 사람으로 묘사된 비트-루후비의 바아사 등이었다. 병사 1,000명이 이집트에서 왔고 낙타 1,000마리가 아라비아에서 왔다는 사실은 동맹군의 동기가 경제적 군사적 관심사였음을 보여 준다. 앗수르 연대기는 이 연합군이 어떻게 형성되었는지에 대하여 아무 말도 하지 않는다(비록 앗수르의 위협에 대항하려는 것이 확실하지만). 이스라엘의 아합은 아람 다메섹을 무찔렀고 이로 인해 이스라엘 왕이 교역의 특혜를 똑같이 나누는 동맹이 되었기 때문에(참고, 왕상 20:23-24) 분명 중요한 역할을 했다(Kelle 2002).

연대기를 작성한 서기관은 목록을 일관성 있게 작성하지 않았으며 가끔 국가명을 언급하지 않은 채 지도자의 이름을 적기도 하였다. 그는 처음 판본에서 적어도 열두 동맹국이 있었다고 말하면서 열한 개 나라만 적었다. 흥미롭게도 아합은 상당히 큰 병력(병거 2,000대와 병사 10,000명)을 동원하였다. 그것은 자신과 동맹을 맺은 군사력을 합한 숫자일 것이다. 여호사밧이 다스리던 유다는 최종적으로 이스라엘을 따랐다(왕상 22:4; 왕하 3:7). 어쩌면 다른 속국들(예, 모압과 에돔)도 병사들을 보냈을 것이다. 한 세대 후 이스라엘의 여호아하스가 아람 다메섹과 맞서 싸울 때는 겨우 병거 50대를 동원했다(왕하 13:7).

다메섹 동맹은 오론테 강가 카르카르에서 처음 모습을 드러냈다(카르카르에 관하여 Dornemann 2003을 보라). 오론테 강가 카르카르의 정확한 위치는 아직도 의문이다. 가장 개연성이 있는 장소는 알렙포와 라타키아 사이를 지나 오론테강을 건너는 길목 남쪽에 있는 텔 카르쿠르이다. 실제 카르카르를 발굴한 결과 청동기 시대와 철기 시대부터 오랫동안 정착한 역사를 보여주는 방대한 유적이 드러났다.

철기 시대 정착지는 그곳이 오론테 강 북부 지역에서 중요한 역할을 했음을 보여 준다. 결정적인 증거는 없지만 텔 카르쿠르는 분명 살만에셀의 비문에 "왕도"라고 부르는 고대 카르카르에 가장 적합한 후보지다.

살멘에셀은 자연스럽게 자신이 크게 승리했다고 자랑했다. 그는 자기 군대를 알레포에서 오론테를 거쳐 하맛 왕국의 북쪽 국경에 있는 카르카르까지 아무런 저항 없이 이끌었다. 하지만 그는 카르카르에서 동맹군을 만났다. (사건 직후에 기록된) 쿠르크 비석에 의하면 동맹군의 세력은 병거 4,000대, 기병 2,000명, 보병 40,000명 낙타 1,000마리였다.

이런 병거와 맞서 싸운 앗수르 군대는 수효가 훨씬 적었을 것이다. 카르카르 기사에는 언급이 없으나 후대의 연대기를 유추하면 앗수르 군대의 규모는 적군의 절반 정도였다. 예를 들어 살만에셀 통치 20년의 연대기들은 병거 약 2,000대와 "병마" 5,000마리로 추산한다. 카르카르 원정에 나선 앗수르 군대의 규모가 더 크다고 생각할 이유는 하나도 없다. 앗수르 군대는 남부 동맹의 세력에 못 미쳤을 것이다. 남부 동맹은 대략 앗수르 병거보다 두 배가량 많았다(거의 4,000대). 앗수르 기병대가 동맹군보다 더 많았으나 규모는 2,000기가 되지 못했다.

카르카르 전투에서 하맛 왕국과 이스라엘 왕국은 살만에셀과 맞서 동맹군 전체의 2/3 이상 되는 규모의 전투력을 제공하였다. 이스라엘의 병거 규모만 보더라도 앗수르 군대 규모와 대등했다. 살만에셀 3세의 비문에 있는 동맹군 규모와 앗수르 군대 규모와 관련된 수치가 보여주는 것은 살만에셀이 대단한 승리를 거두지 못했다는 주장으로 이어진다.

4. 카르카르 전투 이후

그러나 살만에셀은 남부 동맹군을 무찔렀고 살육전을 벌이며 약탈하였고 적들은 도망갔다고 주장한다(Yamada 1998). 이 앗수르의 주장은 분명 의심스럽다. 이 전투의 실제 결과는 논란거리이다. 앗수르의 자랑이 정당하다는 유일한 표시는 전투가 끝난 다음 앗수르 군대가 지중해로 진출했다는 것이다. 흥미롭게도 앗수르 군대는 동맹군 지역 어느 곳도 침략했다거나 그들에게서 조공을 받았다고 말하지 않는다.

더구나 살만에셀 통치 10년까지(B.C. 849년) 앗수르가 그 지역에서 활동했다는 기록도 없다. 그 해에 살만에셀은 북쪽의 갈그미스와 비트-아구시를 공격해야 했다. 아마도 그 지역에서 앗수르 세력이 무너졌음을 의미하는 것 같다. 만일 이스라엘의 아합과 동맹군이 패배했다면 열왕기 저자는 아합의 패배 보도를 주저 없이 기록했을 것이다. 그것이 저자의 교육목적에 합당했기 때문이다. 이 추론은 아합이 이 전쟁이 끝나자마자 곧장 아람 다메섹과 맺은 동맹을 깨고 길르앗 라못에서 그들과 싸우다가 죽음을 맞이했다는 사실로 강화된다(왕상 22장).

반면, 앗수르는 다메섹 동맹군과 세 번 더 격렬한 전투를 벌였다(B.C. 849, 848, 845년). B.C. 849년 전투의 세부사항은 언급이 없다. 연대기 편찬자는 제6년째 연대기의 상투적인 어투를 단순히 되풀이한다. 이것은 11년째에도 그대로 반복된다(B.C. 848년). 14년째 기록은 심지어 명확하지도 않다. 다만 12,000명의 전투병을 징집했다고 말한다. 그러므로 동맹군이 카르카르에서 좌절을 경험했더라도 결정적으로 패배한 것은 아니었을 것이다. 적어도 세 번 더 앗수르와 싸울 수 있었기 때문이다.

B.C. 845년 이후 연대기는 이 지역에서 일어난 대대적인 군사접촉을 묘사하지 않는다. 이때 유프라테스강 서쪽의 인접국들은 철저히 진압되었던 것 같다. 841년에 동맹군은 분명 사라졌다. 하지만 다메섹은 왕이 바뀌었다. 아닷-니나리 대신에 앗수르 연대기에 "보잘것없는 자식"(즉 왕위찬탈자)으로 알려진 하사엘이 보좌에 올랐다. 열왕기하 8:7-15의 저자도 그를 이런 식으로 본다. 동맹군은 아마 아닷-니나리가 죽으면서 해체되었을 것이다.

분명 앗수르 군대는 B.C. 845년 전투 이후 곧장 시리아까지 나아가지 못했다. B.C. 845년 앗수르가 승리했는지 패배했는지는 아무런 증거가 없다. 다메섹 동맹의 해체는 이와 상관없이 벌어진 일이었을 것이다. 이유가 어떻든 B.C. 841년에 동맹군은 다시는 존재하지 않았고 살만에셀이 시리아 남부로 확장하는 계획에 차질을 주는 주요 장애물은 사라졌다. B.C. 841년 다메섹의 하사엘은 앗수르의 전진을 막기 위해 레바논 산맥의 언덕 위에 진을 쳤다. 앗수르 군대는 수비 자세를 취했다. 그러나 하사엘은 도망하여 추격당했고 다메섹은 포위되었다.

살만에셀은 과수원 나무들을 잘라내고 변두리를 불태웠으나 연대기 자료는 하사엘이 항복했다고 기록하지 않는다. 그러므로 다메섹이 무너지지는 않았지만, 살만에셀은 하우란 산까지 전진하여 도시들을 노략질하고 지중해가 보이는 발리-라시 산(아마 갈멜산 같다)에 비석을 세웠다. 그는 두로, 시돈 그리고 이스라엘의 예후(야우아[Yaua])에게서 조공을 받았다.

성경은 또 한 번 앗수르의 개입에 관하여 말이 없다. 어쩌면 아람, 이스라엘(예후) 그리고 유다(아달랴)의 새로운 지도자들 사이의 협상 조건이 타결되지 않아서 그랬을 수 있다(왕하 8:7-15, 25-29). 예후는 실제로 오므리 왕조의 왕으로 불린다. 오므리는 연대기가 이스라엘 왕들을 부르는 관행적 이름이었다. 우리는 예후가 남부 동맹에서 탈퇴했을 때 앗수르가 "보호"해 준 일을 감사하게 생각했을 것으로 추정한다.

이스라엘은 B.C. 841년 자발적으로 살만에셀 3세에게 복종했음이 분명하다. 예후(야후아)는 잘 알려진 대로 본문에 언급되어 있고 블랙 오벨리스크에 왕 앞에 무릎을 꿇은 모습으로 묘사되어 있기 때문이다. 하지만 살만에셀이 어느 때든 사마리아는커녕 중앙 이스라엘에 들어갔다는 증거는 없다. 유다와 접촉했다는 증거도 없다(Lipiński 1973).

살만에셀은 그다음 B.C. 838년에 침공할 때 남부에서 가장 강력한 왕이 된 하사엘을 막지 못했다. 하사엘은 예후를 패배시켰다. 흥미롭게도 1988년에 출판된『아람어 비문』은 하사엘이 사모스섬에 있는 헤라 신전에 마구(馬具)를 예물로 바치면서 "우리 주께서 강을 건넌 해"(아마 유프라테스강 같다)라고 말한다. 아마 이것은 하닷 신에게 바친 전리품이었을 것이고 앗수르인을 모욕하려는 의도가 깃들어 있는 것 같다.

이스라엘 북쪽 국경에서 발견된 텔 단 비문 위에서 이스라엘의 여호람과 유다의 아하시아를 포함하여 70명의 왕을 죽였다고 자랑하는 자는 바로 하사엘일 것이다. B.C. 838-837년에 그는 한 번 더 시리아 남쪽에 관심을 두고 다메섹의 도시들을 약탈하고 두로, 시돈, 비블로스로부터 조공을 받았다.

5. 앗수르의 쇠퇴

이 시점에서 앗수르 내부 문제들은 국제 문제에 영향을 주었다. 아마도 서쪽에서 지속해서 이루어진 군사 원정이 앗수르를 쇠퇴하도록 만들었을 수도 있다. 살만에셀 3세의 통치 후반에 원정은 왕이 직접 이끌었을 뿐 아니라 고위 관리 즉 투르타누(turtanu, 성경의 다르단)가 이끌었다. 사실 여러 곳에 강력한 지방 행정부가 등장하였고 그 지도자들은 앗수르 제국에게는 충성을 고백하면서도 자기 지역에서는 사실상의 군주나 다름이 없이 활동했다.

소수의 귀족이 재물과 권력을 끌어모으면서 군주제도는 약해져서 결국 반란이 일어났고 왕권을 무너뜨렸다. 자기들만의 원정과 행적을 글로 기록한 앗수르 귀족들도 있었다. 이 문제는 살만에셀의 계승자 삼시-아닷 4세(B.C. 823-810년 통치)가 통치하는 중에도 이어졌고 계승자들은 4년 동안 서로 싸움을 벌였다.

6. 성경의 정치적 배경

열왕기에 언급된 사건은 앗수르가 지배하던 시절을 배경으로 한다(Na'aman 1999; H. Tadmor 1975). 카르카르 전투가 벌어지기 전에 벤 하닷은 이스라엘을 침공하여 "왕 삼십이 명"(혹은 동맹들)과 함께 사마리아를 포위하여 전리품을 취했고 아합을 "자기 종"으로 만들려고 했다(왕상 20:1-4). 그러나 아합은 아벡에서 벤 하닷을 거뜬히 물리치고(20:27-30) 이전에 아람 왕이 합병시킨 이스라엘 도시들을 되찾았다.

내 아버지께서 당신의 아버지에게서 빼앗은 모든 성읍을 내가 돌려보내리이다 (20:34).

다음에 아람 다메섹과 이스라엘은 삼 년간 평화롭게 지냈다고 한다(22:1). 이 진술은 B.C. 853년 앗수르의 침공 시기와 연대기를 잘 조화시킨다. 카르카르 전투 직후 아합(과 유다측 동맹 여호사밧)은 신하들에게 "길르앗 라못은 본래 우리의 것인 줄을 너희가 알지 못하느냐 우리가 어찌 아람 왕의 손에서 도로 찾지 아니하고 잠잠히 있으리요"(22:3)라고 지적하면서 아람 족속이 도시들을 돌려주지 않았다고 주장하고 길르앗 라못을 공격하였다. 하지만 길르앗 라못을 되찾으려는 시도는 실패했고 아합은 전투 중에 사망하였다(B.C. 약 825년).

다메섹을 다스리던 왕조가 몰락하자 아합의 아들 요람은 아버지가 되찾지 못했던 이스라엘 땅을 되찾으려고 시도하였다. 그도 길르앗 라못에서 하사엘 군대와 싸웠다(왕하 8:28-29; 대하 22:5-6). 시리아-이스라엘 동맹은 B.C. 842-841년에 일어난 예후의 반란으로 깨어졌다. 예후는 아람 다메섹과 맺은 동맹이 깨진 것으로 만족하지 못하고 동맹의 적인 앗수르의 살만에셀 왕에게 지원을 요청했다. 물론 예후가 다메섹의 하사엘과 손을 맞잡으면서 다른 한편으로 앗수르 왕에게 조공을 바쳤을 수도 있다. 하지만 확실치는 않다.

살만에셀은 자신의 조각상을 지중해변에 세웠다. 어쩌면 그가 실제로 군대를 끌고 이스라엘로 갔다는 의미일 것이다. 호세아서는 바로 이것을 암시하는 것 같다(호 10:14; 이 해석은 벳아벨의 위치에 달려 있다). 이렇게 보면 다메섹의 하사엘은 이스라엘의 요단 동편 지역을 정복하고(왕하 10:32-33) 유다로 나아가 가드를 함락시키고 예루살렘까지 진군하여 엄청난 조공을 받았다.

7. 요약

카르카르 전투는 분명 대단한 사건이었으나 성경에는 전혀 언급이 없다. 전에 말한 대로 이것은 놀라운 일이 아니다. 그 전투가 열왕기 저자의 교육적 목적에 부합하지 않기 때문이다. 이 전투로 결정적인 성과를 얻지 못했기 때문에 이스라엘 왕이나 유다 왕의 성공(이나 실패)을 설명하려는 신학적 목적에 쓸모가 없었다.

그러므로 국제적 사건들은 이스라엘 왕국이나 유다 왕국의 성격 또는 위상을 변화시킬 때만 열왕기서가 언급한다. 역대기서 저자는 성전 중심이라는 훨씬 더 정확한 목적이 있었다. 그래서 역대기서 기자는 열왕기서의 저자가 국제적 사건을 다룰 때보다 더 주저하였을 것이다.

제36장

메사 비문 그리고 모압과 에돔과 맺은 관계

후안 마누엘 테베스(Juan Manuel Tebes)

1. 메사 비문과 배경

　메사 비문 또는 모압 비석은 글이 새겨진 검은 현무암으로서 B.C. 9세기의 것이고 현재 파리 루브르박물관에 전시되어 있다(그림 36.1). 1868년 성경 시대의 모압 땅에 속한 사해 동편 트랜스요르단 중부의 작은 마을 디반(고대 디본)에서 발견되었다. 비석 일부는 원형 그대로이고 일부는 발견 당시에 시간을 내서 재구성한 것이다. 이 비석은 성경 히브리어와 유사하게 페니키아 알파벳을 사용한 모압어로 최소 34줄로 기록되어 있다. 비문에 의하면 비석은 모압 왕 메사(B.C. 약 850년)가 성전 건설, 도시 재건, 특히 모압 지방을 차지한 이스라엘 백성을 무찌른 통치업적을 기록할 목적으로 세운 것이었다.

　히브리 성경의 외적 증거인 메사 비문은 고대 이스라엘 왕국 역사와 그들이 트랜스요르단 국가들과 맺은 관계를 연구하는데 가장 중요한 문헌 자료 중 하나이다. 이것은 여호와가 이스라엘의 신이라는 것을 최초로 증명하며 이스라엘의 오므리 왕조와 유다의 다윗 왕조를 처음으로 언급한다. 또한, 비문에 나타난 지명 열일곱 개 중의 열두 개를 성경 본문이 언급하므로 성경 지리를 연구하는 데 유용하다.

　모압 왕국은 철기 시대 요단 동편에 존재했던 정치 국가 셋 중 하나였다. 나머지 둘은 북쪽에 현대의 암만 지역의 암몬과 남쪽의 에돔이다. 이 시기의 대다수 소규모 국가들처럼 모압은 국경이 정해져 있지 않았고 정치적 이권이나 혈족 관계에 따라 생긴 사건들에 따라 확장하기도 하고 줄어들기도 하였다. 모압이 자신들의 영토라고 주장한 땅은 남쪽의 와디 알-하시(성경의 세렛)와 북쪽의 와디 무집(성경의 아르논) 사이에 있는 사해 동쪽의 고원지대이다.

모압을 최초로 언급한 자료는 B.C. 13세기이다. 그때 고대 이집트는 이 지역에서 몇 차례 군사 원정을 하면서 그 땅(무아부[mu'a-bu]) 이름과 정착지 몇 곳의 이름을 기록해 놓았다. 그중 하나가 디본이었다. 고고학 증거에 따르면 B.C. 11세기와 10세기 거주지가 다수 발견되었다. 대부분이 사해로 흘러가는 와디(마른 하천)를 따라 모여 있었다. 이것은 새로운 주민이 이주해왔거나 지역의 유목민이 새롭게 정착한 결과로 보인다(Dearman 1989a, 155; Routlege 2004, 58-113; B. W. Porter 2013, 57-68).

이 사회가 어떻게 모압 "왕국"으로 변모하였는지 완전히 확신할 수 없지만 지난 수십여 년간 학자들은 모압과 철기 시대 요단 동편 지역 전체를 보는 관점이 달라졌다. 그래서 지파(부족) 정체성이나 "분절적" 정체성이 더욱 큰 정치세력으로 규합된 것으로 보게 되었다. 메사 비문은 이런 지역적 정체성을 파악하게 해 주는 중요한 자료이다. 그것은 모압에 위계적 분절사회로 된 여러 지역을 언급한다. 상부는 "아다롯의 땅"과 "마다바의 땅"처럼 "[지명]의 땅"과 같은 문구로 가리키는 땅들이 있고 하부는 예를 들어 "사론의 사람들"과 "마하롯의 사람들"처럼 "[지명]의 사람들"이란 문구가 나온다(Routledge 2004, 133-53을 보라).

36.1 파리 루브르 박물관의 메사 비문

얼마나 많은 위계가 존재했는가?

이 분절들은 혈통에 기반을 두는가 아니면 영토에 기반을 두고 있는가?

이 분절 사회와 히브리 성경의 이상적인 지파/족속/가족 사회 구조 사이의 정확한 관계는 무엇인가와 같은 질문에 대한 답변은 아직 확실하게 이루어지지 않았다.

이 사회의 지파적 성격은 고대 국가들이 가진 대형 도시 중심지, 삼 단계 정착 패턴, 기념비적 건축물과 같은 고전적 특성이 없고 주요 경제 활동으로 목축 유목에 집중하는 생활 방식으로 인해 이들을 "국가"라는 용어로 부르기를 꺼리는 학자들도 있다. 그 대신 "부족 국가" "분절 국가" "수장 국가"라는 용어를 선호한다(Routledge 2004; Bienkowski 2009' Tebes 2014).

2. 히브리 성경과 모압 전쟁

성경의 모압 전쟁 기사는 이스라엘 백성, 모압 백성, 그리고 출애굽 시기로 소급되는 요단 동편의 정치 국가들 사이에 일어난 일련의 갈등 가운데 유일하게 기록된 사건이다. 출애굽 이야기에서 모압은[288] 이미 완전히 모습을 갖춘 왕국으로 묘사되어 있다.

이스라엘 자손은 요단 동편 남쪽을 통과하여 에돔과 마주치지 않고 모압을 우회하여 통과하였다(민 21:11-24, 25; 참고, 신 2:8b-36). 모압의 북쪽 경계선을 아르논으로 말하는 것은 의심스러운 주장이다. 그곳의 북쪽은 아모리 왕 시혼의 영토였고 이스라엘 백성이 무력으로 정복한 곳이다. 이것은 이스라엘 백성이 아르논 북쪽의 땅을 소유했다는 주장과 어긋난다.

성경은 이곳을 갓과 르우벤 지파의 땅으로 본다. 메사 비문에는 아르논 강 북쪽 지역이 메사의 활동 중심지이다. 사사기는 모압 왕 에글론이 이스라엘을 십팔 년 동안 지배하다가 에훗에게 살해당했다고 기술한다(삿 3:12-30). 모압 족속을 최종적으로 무찌르고 조공을 받은 사람은 다윗이었다(삼하 8:2).

그러나 이 상황은 그리 오래 가지 않았다. 열왕기하 3:4-27은 모압이 북왕국 이스라엘에게 일으킨 반란을 기록한다.

> 모압 왕 메사는 양을 치는 자라 새끼 양 십만 마리와 숫양 십만 마리의 털을 이스라엘 왕에게 바치더니 아합이 죽은 후에 모압 왕이 이스라엘 왕을 배반한지라(왕하 3:4-5).

이스라엘 왕 여호람은 유다 왕 여호사밧과 이름을 언급하지 않은 에돔 왕과 동맹을 맺고 "에돔 광야 길로"(8절) 들어가 모압의 남쪽 측면을 공격하였다. 광야에서 일주일을 보낸 군대는 마실 물이 떨어졌을 때 여호사밧은 부근에 있는 예언자 엘리사에게 도움을 요청했다. 여호람은 멸시하고 유다 왕은 존경하는 이 예언자는 바람도 불지 않고 비도 내리지 않지만, 계곡은 물로 가득하므로 개천을 파라는 여호와의 명령을 전하고 여호와가 모압을 이스라엘 손에 붙이실 것이라고 예고했다.

다음 날 "물이 에돔 쪽에서부터 흘러와" 계곡은 물이 넘쳤다(16-20절). 모압 사람들은 물이 피처럼 붉은 것을 보고 왕들이 서로 싸운 줄로 믿고 진영을 급습하였으나 동맹군에게 대패하였다.

세 왕은 소도시들을 파괴하고 들을 태우며 모든 샘을 메우고 나무들을 벤 후 마지막으로 메사를 수도 길 하레셋에서 포위 공격하였다. 이야기는 다음 대목을 전하고 급히 끝난다. 낙심한 메사가 맏아들을 성벽에서 희생 제사(번제)를 드리자 "이스라엘에게 크게 격노함이 임하"게 되었고(27절) 그들은 포위 공격을 멈추고 고국으로 되돌아갔다.

열왕기하의 이 단락은 해석할 문제가 많다. 대부분 메사 비문에 기록된 사건과 연대기가 다르므로 생긴다(J. M. Miller 1989, 34-40; Dearman 1989a, 197-201; P. Stern 1993을 보라).

사건 경과: 성경 기사는 무적의 이스라엘-유다-에돔 군이 전진하다가 아무 손실 없이 후퇴했다는 식으로 묘사하지만 메사 비문은 이스라엘과 맞서 싸운 전쟁에서 모압이 계속 승리한다.

연대기: 열왕기하 3장에서 모압의 반란은 아합이 죽은 뒤에 벌어진다. 메사 비문은 메사가 오므리 아들(아합)이 다스리는 중에 반란을 일으킨다.

지리: 세 왕은 에돔을 경유하여 모압 남쪽으로부터 침공하는 반면에 비문에서 모압의 활동 중심지는 와디 무집의 북쪽이다. 또 다른 문제는 메사의 수도를 길 하레셋으로 보는 것이다. 전통적으로는 계략으로 생각한다. 모압 남부에 있고 이름도 비슷하여 열왕기하 3장 지리와 부합되기 때문이다. 하지만 메사 비문에서 메사의 수도는 모압 북부의 디본이다.

인물: 세 명의 동맹국 왕들이나 엘리사도 비문은 언급하지 않는다. 사실 모압에 대항하는 동맹의 세 번째 주자는 에돔의 익명의 왕이고 성경 기사에서 알려지지 않은 인물일 뿐만 아니라 그에 대한 언급도 열왕기상 22:47에서 여호사밧이 다스리던 "그때 에돔에는 왕이 없었고 섭정 왕이 있었더라"라는 내용과 모순된다.

에돔 땅은 철기 시대 요단 동편의 가장 건조한 남쪽 끝에 있었고 지역주민들의 주요 경제 활동은 목축 유목이었다. 후기 청동기 시절 그 지역은 당대의 이집트 문헌에 "샤수"(shasu)로 알려진 유목민 지파들이 정착했었다. B.C. 10세기와 9세기에 최초의 정착지들이 구리광산이 많은 와디 파이난의 저지대에 생겼고 B.C. 9세기 후반까지 단명한 수장제도 사회를 만들고 살았다(Tebes 2014, 7-10).

열왕기하 3장 이야기를 있는 그대로 받아들이면 에돔 왕은 이 사막 지대 정치 시스템의 우두머리이거나 이스라엘이 에돔에 앉힌 "섭정"이었을 것이다. 하지만 이것도 "고전적인" 에돔 왕국이 번창하던 후대의 삽입 구문이다. 예상대로 예언자 엘리사의 개입은 메사 비문에 언급되지 않는다. 하지만 그가 일으킨 기적과 (성취되지 않은?) 예언은 성경 이야기에 흔히 등장하는 왕과 예언자의 일상적인 관계를 따른다.

마지막으로 언급할 내용은 메사가 자기 아들을 번제로 바친 뒤에 예상치 못한 결론으로 끝나버린 일이다. 동맹군이 도망한 이유는 전혀 분명하지 않다. 하지만 저자(들)는 자녀 희생의 의미를 알고 있었던 것이 분명하다. 이것은 고대 근동의 종교적 세계에서는 흔한 일이지만 성경에서 다른 민족의 신들이 자기네 나라에서 힘을 행사한 사건을 인지한 경우는 아주 드물다.

3. 메사 기록: 이스라엘과의 전쟁 그리고 모압 사회

메사 비문은 메사 왕의 주요 업적을 축하하는 기념비이고 성전에 전시되었을 것으로 추정된다. 그래서 똑같은 장르로 표현된 당대의 비문들과 여러 가지 특징을 공유하고 있다. 왕이 일인칭을 사용하여 과시하고 업적을 요약하며 고국의 신이 한 역할, 과장된 어법 그리고 강력한 정체성 과시 등이다.

비문의 주제는 이스라엘 백성과 그들의 신 여호와와 싸운 "거룩한 전쟁"이고 그래서 고대 근동 왕들의 비문과 히브리 성경에 관행적으로 묘사하는 "거룩한 전쟁"과 관련하여 진노한 신과 그에 따른 처벌, 신의 명령, 간섭, 제의를 통해 신에게 봉헌(헤렘[*herem*]), 자기네 신이 상대방 신을 이기고 승리함, 그리고 성전 건축 등이 나온다.

비문이 열왕기하 3:4-27처럼 단 한 차례의 싸움만 말하는 것인지 아니면 몇 년에 걸쳐 싸운 군사 원정을 말하는지도 오랫동안 논의해왔다. 고대 근동의 왕들이 건축 활동을 기록하는 것은 흔한 일이었고 메사도 예외가 아니다. 그는 각별한 노력을 기울여 카르호(Qarhoh)에 성벽, 성문, 성탑, 궁전 그리고 저수지를 짓거나 재건하였다.

비문의 내용은 대략 다섯 부분으로 나눌 수 있다(Routledge 2004, 142를 따름).

(1) 서론: 메사와 모압(1-4행)

(2) 모압 북부 원정(5-21a행)

(3) 모압 북부에서 이루어진 왕의 건축(21b-31a행)

(4) 모압 남부 원정(31b-34행)

(5) 모압 남부에서 이루어진 왕의 건축(34행-깨진 부분)(사라짐)

나는 메사, 그모스[...]의 아들, 모압 왕, 디본 사람이다(1행).[34]

추모비와 흡사한 이 비문은 왕의 이름, 부친의 이름, 그리고 그의 출신지로 시작한다. 그의 부친은 전통적으로 그모쉬야트(Chemoshyat)로 확인되는데 메사가 케락(Kerak)에 세웠을 짧은 비문에도 나타나는 이름이다. 비문의 핵심인 디본은 그의(또는 그의 부친의) 왕국의 수도였을 것이다.

---

[34] 나는 Jackson 1989의 번역을 따른다. 다른 많은 번역은 Pritchard 1969a, 320-21; Routledge 2004, 135-3에 있는 비문으로 되어있다. 음역은 *KAI* 181을 보라. 가장 깊이 한 연구는 여전히 Dearman 1989b이다.

이것은 디본과 모압을 연결하는 성경 구절들(민 21:30; 사 15:2; 렘 48:12, 22)과 르우벤이나 갓 지파에게 나누어 준 땅을 묘사하는 구절들(민 32:3, 34; 33:45-46; 수 13:17)에서 확인할 수 있다. 고대 디본의 유적은 현대의 디반 마을에 있으며(Dearman 1989a, 171-74) 그곳은 1950-60년대와 2000년대에 고고학 발굴로 B.C. 9세기로 추정되는 왕궁, 담, 성문 등의 유적이 발견된 소도시다(Routledge 2004, 162-68).

비문은 성전, 즉 카르호(3행)에 있는 그모스 신의 "산당"(bmt)에 전시되었을 것이다. 언급한 카르호는 디본의 왕궁터 또는 비슷한 명칭에 근거하여 몇몇 학자들이 현대의 케락으로 보고 또 열왕기하 3:25의 길 하레셋으로 보기도 하지만 아직 확실치 않다.

메사의 활동반경은 분명 디본 지역이며 대부분의 군사 활동과 건축 사업을 벌인 와디 무집(성경의 아르논, 예, 민 21:13; 사 16:2; 비문 26행도 언급함)의 북쪽 지역까지다. 모압 안에 비슷한 지명들이 본문에 많지만 메사가 자신을 "모압" 사람이 아니라 "디본 사람"이라고 말하는 것은 주목할 만하다. 메사가 분명히 커다란 모압 정치체제를 염두에 두고 그런 지역들을 초월하려는 의도가 있지만, 지파 체제는 계속해서 요단 동편의 중앙을 중심으로 여긴다(Routledge 2004, 114-32).

메사 시절에 디본은 모압 연맹을 주도하는 메사 지파의 명칭이고 디본 지파의 "자리"는 현대의 디반 즉 카르호라고 주장한다. 메사가 죽은 뒤에 그 지파의 명칭은 카르호로 이전되어 모압의 수도는 디본으로 알려지기 시작했다. 이것이 옳다면 중요한 수수께끼가 풀린다. 메사 전쟁에 관한 성경 기사에서 모압의 수도는 디본이 아니라 길 하레셋이다. 길 하레셋은 디본의 옛 명칭인 카르호이고 이것이 언어학적 역사적 근거에서 보면 잘 어울린다(van der Steen and Smelik 2007).

5행은 "오므리가 이스라엘 왕이었고 수년간 모압을 압제했다. 그모스가 자기 땅에 진노하였기 때문이다"라고 적고 있다. 이것은 성경 밖에서 북 왕국 이스라엘을 정치 국가로 인식한 최초의 증거다. 수년간의 내전을 겪은 후에 이스라엘의 왕이 된 오므리(B.C. 885-874년)는 이 왕국의 창건자가 아니었고 그와 그의 왕조를 성경 저자들은 매우 부정적인 시각으로 보지만 네 세대에 걸쳐 승계한 왕조를 세우고 새로운 수도 사마리아를 세운 이스라엘에서 가장 중요한 왕 중의 한 명이었다(왕상 16:16-28).

실제로 다섯 개의 신앗수르 비문이 이스라엘 왕국을 "오므리의 땅"(*Māt Ḫumri*) 또는 "오므리의 집"(*Bit Ḫumri*)으로 언급할 정도이다.[35]

비문은 계속해서 오므리는 "그의 아들"이 계승했고 그도 '내가 모압을 압제할 것이다'라고 말했다"라고 설명한다(6행). 오므리의 아들은 아합(B.C. 874-853년)이었다(왕상 16:29-22:40). 그는 신앗수르 문헌에서 카르카르 전투(B.C. 853년)에서 살만에셀 3세와 싸운 레반틴 왕 중 한 명으로 알려진다(Pritchard 1969a, 278-79). 하지만 메사는 "그와 그의 가문을 이겼고 이스라엘을 영원히 멸망시켰다"(7행).

비문에 따르면 오므리는 마다바 땅(현대의 메데바)을 취하고 "그는 거기서 평생 그리고 자기 아들(들)의 사십 년의 절반을 거기서 살았으나 그모스 신이 그것을 내 시절에 되돌려주었다"(7-8행). 비문은 오므리의 익명의 계승자를 가리키고 있으나 여기에는 어려움이 있다. 왜냐하면, *bnh*는 "그의 아들" 또는 "그의 아들들"로 읽을 수 있어서 아합이나 그의 계승자들과 아들들인 아하시야(B.C. 853-852년)와 여호람(852-841년)을 가리킬 수 있기 때문이다(왕상 22:51-왕하 1:18; 왕하 3장; 9:14-24). "사십 년"이란 표현은 유용한 표현이지만 "여러 해"처럼 은유적인 수치일 수도 있다.

비석은 보존이 좋지 않은 상태지만 고대 이스라엘 역사를 위해 메사 비문이 지닌 중요한 역사적 함의는 네 번째 단락을 새롭게 읽음으로써 더욱 증대된다. 그것은 모압 남부의 호로넨(성경의 호로나임[사 15:5; 렘 48:3, 5, 34])에서 벌어진 사건을 인용한다. 1994년 비문 학자 안드레 르메르(André Lemaire)는 31행에서 *btdwd*란 단어를 복구하고 그 문구를 "그리고 [다윗 왕]조가 호로넨에 거주했다"로 읽기를 제안했다(Lemaire 1994). 이 읽기가 옳다면 확실치 않지만 그것은 성경 밖에서 유다 왕국을 최초로 언급한 사례가 되고 1993년에 아람어로 기록된 동시대의 텔 단 비석의 *bytdwd*란 표현을 대다수 학자가 "다윗 왕조"로 읽은 사례와 쌍벽을 이룬다.

하지만 이 읽기는 역사적 언어학적 문제가 있다. 유다의 어떤 왕도 예루살렘이 아닌 호로나임에서 "거주한" 적이 없다. 더욱이 그는 자기 이름이 아니라 집단 명사로 언급되어 있다. 추가로 우리가 기대하듯이 비문 첫 부분에서 오므리와 맞서

---

35 예를 들어 살만에셀 3세의 블랙 오벨리스크를 보라(*COS* 2:269-70).

싸운 전쟁처럼 모압 남부 정복으로 읽는 것이 정당하다(Na'aman 1997b, 89).

메사 비문은 성경과 같은 지명을 몇 개 언급한다. 대개 시문이거나 예언적 성격을 띤 본문들은 이 장소들을 모압 족속의 것으로 돌리는데 아모리 왕 시혼에게 뺏은 영토의 분배를 다루는 본문들은 그곳을 르우벤과 갓 지파의 것으로 본다. 합리적으로 확인된 장소는 마다바/메데바(민 21:30; 수 13:9, 16; 사 15:2), 아다롯(민 32:3, 34; 수 16:2, 7), 느보(민 32:38; 신 32:49; 34:1; 사 15:2; 렘 48:1, 22), 야하스(사 15:4; 렘 48:21, 34, 수 13:18) 등이다(Dearman 1989a, 170-96; B. MacDonald 2000, 101-55).

메사는 관심사를 "갓 족속이 영원히 살았고 이스라엘 왕이 직접 아다롯을 재건"(10-11행)한 아다롯 땅(현대의 키르밧 아타루즈)에 두었다. 갓 족속에 대한 언급은 명확히 이스라엘 열두 지파 중 하나인 갓 지파를 연상시킨다. 하지만 성경 본문은 이에 대한 언급이 너무 적다. 하지만 여기의 갓 족속은 이스라엘 백성과 먼 관계가 있는 것 같다. 사실 그들은 거기서 "영원히" 거주했다고 말한다.

이러한 언급이 성경 기사와 반드시 모순되는 것은 아니다. 왜냐하면, 우리가 알기로 고대 사회에서는 계보가 유동적이며 다양한 사회적, 정치적, 지리적 이유로 늘 변하기 때문이다. 이곳은 분명히 변방의 국경지대이고 정치적 동맹과 혈족의 성격은 항상 유동적이었다. 갓 족속은 이스라엘과 모압 사이에서 충성을 저울질했을 것이고 성경의 저자(들)는 그들을 자신들의 계보에 통합시켜서 요단 동편의 땅의 소유권을 재천명하였을 것이다.

12-13행은 비석에서 가장 곤혹스러운 부분이다. 아다롯 도시를 빼앗고 그곳 주민 전체를 죽인 뒤에 메사는 "거기서 'r'l dwdh*를 되찾고 그것을 키리앗의 그모스 신 앞으로 [끌]고 왔다." 여기서 모종의 제의 용품을 뜻하는 것이 분명하다. 왜냐하면, 17-18행에서 우리는 메사가 그모스 신 앞으로 끌고 온 "여호와의 [그] 릇들"을 똑같이 언급하기 때문이다.

*r'l dwdh*는 무슨 뜻일까?

일부 성경 구절을 따라 번역자들은 제의를 내포하는 문장들 안에서 *r'l*을 "제단 화로"로 번역한다(Jackson 1989, 112-13). *dwdh*는 "도드"(Dod)라는 신명으로 보거나 성경 히브리어의 의미("사랑스러운")를 따른다면 여호와의 별칭으로 사용되었을 수도 있다(Barstad 1995, 493-94).

또 31행처럼 "다윗"이란 이름일 수도 있으나 dwdh는 소유격 어미 h가 있다. 히브리 인명은 보통 소유격 어미를 사용하지 않으므로 dwd는 "다윗"이 아니라 다른 뜻이거나(Philip Davies 2008, 97) 소유격 h는 선행명사 'r'l를 가리키며 그래서 이 문구 전체는 "그 다윗의 제단화로"로 번역할 수 있다(Rainey 2001a, 300).

메사는 이스라엘에게서 소도시 두 곳, 느보(키르벳 알 무하이얏?)와 야하스를 빼앗았다 (14-21a). 17-18행은 메사가 느보를 취하고 그 주민을 그모스 신에게 바친 후 "거기서 여호와[의 그]릇들('[t k]ly yhwh')을 빼앗아 그것들을 그모스 신 앞으로 끌고 갔다." 이것은 히브리 성경 밖에서 "여호와"라는 신명을 처음으로 명확하게 언급한 곳이다.[36]

이 표현은 보통 모압 족속이 여호와를 "이스라엘 백성의 신"으로 인식한 것으로 볼 수 있고(van der Toorn 1995b, 1713) 비록 본문이 이스라엘 제의에 여호와가 높은 위상을 지녔다는 의미로 이해되지만 그렇다고 이것이 반드시 여호와가 이 당시 이스라엘이 섬긴 유일한 신이었다는 뜻은 아니다.

그모스 신은 어떤가?

그모스는 모압 국가의 신이거나 적어도 모압을 다스리는 왕조의 신이었고 그래서 "그모스얏"이란 명칭과 신앗수르 제국의 문헌에 나타나는 다른 모압 왕의 이름에 그모스란 신명이 포함되어 있다. 그모스와 그 신의 특징에 대해서는 알려진 것이 거의 없다. 그는 에블라와 우가리트에도 이미 알려져 있고 이방 신들을 비판하는 성경 구절에도 언급된다(Mattingly 1989; Müller 1995). 그가 분명히 모압의 신이지만(민 21:29; 렘 48:7, 13, 46; 삿 11:24는 암몬 족속의 신으로 잘못 표기한다), 솔로몬은 이스라엘에 "모압의 가증한 그모스" 제의를 소개했고(왕상 11:7) 요시야는 이것을 폐지하였다(왕하 23:13).

요약하면 메사 비문은 번역과 해석에 많은 문제가 있음에도 불구하고 여전히 이스라엘 역사와 요단 동편 국가들에 대한 귀중한 정보원이다. 인류학과 민속지학에서 끌어온 새로운 혁신적 접근법들은 이 비문을 철기 시대 모압이라는 지파의 틀 안에 놓고 이해하는 일에 도움을 주고 있다.

---

36 더 일찍 여호와를 언급한 곳은 B.C. 14세기와 13세기로 추정되는 이집트 비문이다(van der Toorn 1995b, 1714). 하지만 이것들은 에돔과 미디안의 지명이거나 지파 이름으로 보이며 아마도 신명과 연관되어 있기는 하지만 직접 언급한 것은 아닐 것이다.

제37장

텔 단 비문과 이스라엘의 요람과 유다의 아하시야의 죽음

로슨 영거 주니어(K. Lawson Younger Jr.)

    새로운 고대 본문을 발견하면 이스라엘과 유다의 역사를 재구성하는 지속적인 작업에 중요한 역할을 한다. 이 새로운 본문들은 성경 자료와 협력하여 어떤 사건을 밝혀주기도 하고 흐리게 만들기도 하며 또는 성경 본문의 내용을 반박하기도 한다(즉 과거사를 아주 다르게 설명한다).[37] 더구나 이 비문들이 대다수 서부 셈족 비문들처럼 단편적인 경우는 재구성하기 어려워서 그 자체가 도전적 과제다.

    텔 단 비문의 발견이 이런 경우를 보여주는 좋은 사례다. 비석은 텔 단 지역을 발굴하다가 발견했는데 이차적으로 사용되었고 세 개의 조각난 파편들로 되어 있다(Biran and Nav도 1993; 1995). 그것은 분명히 아람어로 기록된 왕의 비문이다. 그러나 본문의 서두가 소실되었기 때문에[38] 비문 저자의 이름은 보존되어 있지 않다. 게다가 비문에 언급된 다른 국가, 즉 이스라엘과 유다 왕들의 이름들은 온전히 보존되어 있지 않다.

    그런데도 이스라엘 왕의 이름은 자음 *rm*으로 끝나므로 이것은 아합의 아들 [*yw*]*rm* "[요]람"(즉 여호람)을 가리킨다. 이스라엘 왕 가운데 그의 이름만 유일하게 끝 글자가 –람이다.[39] 유다 왕(비문에 "*Bêt-David*"로 언급하므로) 중에 *yhw*로 끝나

---

37 이를테면 B.C. 701년 산헤립이 유다를 침공한 기사와 성경의 왕하 18-19장; 대하 32장의 기사는 주안점이 다르다. 각 기사는 자체 이념과 연결되어 있다. 이 논의를 위해, Younger 2003, 245-63을 보라.

38 조각들을 다르게 배열하자는 제안(Galil 2001; Athas 2003, 178-89)은 받아들여지지 않았다 (Hafporsson 2006, 49-65; Ghantous 2013, 43; Blum 2016, 37-38의 최근 해설을 보라).

39 Biran and Naveh 1995; Schniedewind 1996, 80.

는 이름을 지닌 왕은 [ḥz]yhw, "[아하시]야"가 틀림없다. 그러므로 이렇게 확정적으로 재구성한 이름들을 근거로 비문을 작성한 사람은 아람 다메섹의 왕 하사엘로 유추할 수 있다. 물론 이 세 명의 왕은 히브리 성경에서 나타난다.

논의를 위해 텔 단 비문의 번역을 아래와 같이 제시한다.[40]

[서두의 몇 줄은 소실되었다]

(1) [말]했다 [ ]

그리고 [ ] 잘랐다

(2) []'1 나의 아버지;

그는 아[벨?][41]에서 싸울 [때 그와 맞서기 위해] 올라갔다.

(3) 그리고 나의 아버지는 쓰러졌다. 그는 자기 [조]상들에게 갔다.

이제 이[스]라(4)엘 왕이 일찍이

나의 "아버지"의 땅을 침략했다.

[그러나] 하닷이 나를, (5) 나 자신을 (4) 왕으로 삼으셨다.

(5) 그리고 하닷이 나보다 앞서가셨다.

[그리고] 내가 (6) 나의 왕국의 일곱 [ ]을 출발했다.

내가 수[천 병]거와 수천 기(7)병을 대동한 [강]력한 왕[들]을 죽였다; 그리고 [내가] (8) 이스라엘 왕 [아합의] 아들 [요]람을 [죽였고] 그리고 [내가] [요람]의 아들 [아하시]야를 죽였다. [내가] 벳 다비드(유다)를 (9)[무너]뜨렸다.

그리고 나는 [ ]을 세웠다.

(10) 그들의 땅 [ ]

(11) 또 다른 그리고 [ ]

[그리고 님시의 아들 예후]가 (12) 이스[라엘]을 다스렸다.

---

40 본문과 해석에 관련된 수많은 문제를 전부 다룬 연구를 위해 Younger 2016, 593-613을 보라.

41 복원 논의를 위해 Younger 2016, 594n172를 보라. Erhard Blum(2016, 41-42)은 알렙 다음에 쉰과 레쉬를 복원하여 'šr = Aššur(앗수르)를 만든다. 그래서 그 문장을 "… 나의 아버지는 앗수르와 싸우다가 부상을 입었다"('by ysq[b …b']tlḥmh b'šr 또는 ysq[b 'by b']tlḥmh b'šr)로 복원할 것을 제안한다. 물론 그는 "나의 아버지가 앗수르와 싸우러 올라갔다"(by ysq[… l'] tlḥmh b'šr 또는 ysq['by l']tlḥmh b'šr)가 가능하다는 것도 인정한다. 하지만 사진에는 둘째 줄의 마지막에 남아 있는 글자의 꼬리 끝이 쉰(š)이 되려면 왼쪽 끝이 위로 올라간 모양이 되어야 하지만 그렇게 보이지 않는다.

[그리고 나는] (13) [ ]을 포위하였다.

본문에는 수많은 문제가 있다. 여기서는 그것들을 전부 말할 수 없다. 이 장의 목적을 위해 몇 가지만 선택하여 논의할 것이다.

1. 하사엘의 아버지는 누구인가?

가장 명확한 질문은 하사엘이 아버지('by)라고 부르는 사람의 정체다. 앗수르 본문과 성경 본문은 하사엘이 왕위찬탈자라고 선언한다.

그러나 하사엘이 다메섹 왕권찬탈자이고 텔 단 비문의 주인이라면 그는 왜 비문의 서두에서('by를 2, 3, 4행에 세 번 사용함) 자기 "아버지"에 대해 말하는가?

학자들은 이것이 하사엘이 왕권찬탈자라는 성경과 앗수르 본문의 주장에 의문을 던진다고 주장한다(Dion 1999, 153-54; 1997, 192-94).[42] 하지만 방법론상 그런 접근은 문제의 소지가 있다. 그것은 텔 단 비석의 단편적이고 난해한 구절을 사용하여 훨씬 더 명확한 두 개의 자료를 평가한다.

해석학적이고 역사편찬의 관점에서 보면 단편들로 이루어진 (정확성이 의심스러운) 비문 해석을 근거로 역사적 사건을 재구성하는 것보다 여러 곳에서 보존된 다른 자료들의 명확한 주장들을 근거로 역사적 사건을 재구성하는 것이 훨씬 더 건전하고 여러 자료가 그러한 재구성 작업에 적합하다.[43]

텔 단 비문에서 'by를 사용하는 의도는 여러 가지로 해석할 수 있다.[44]

---

[42] 왕하 8:7-15와 살만에셀 3세의 앗수르 현무암 석상을 보라. 후자에는 "하닷-에셀(아닷-이드리)이 죽었다. 하찮은(*DUMU la ma-ma-na*) 하사엘이 보좌에 올랐다. 그는 수많은 병사를 보았다. (그리고) 내 뜻을 거스르고 전쟁을 일으켰다. 나는 그와 싸웠다. 나는 결정적으로 그를 무찔렀다. 나는 그의 견고한 막사를 취했다. 그는 목숨을 부지하기 위해 도망갔다. 나는 왕도 다메섹까지 추격했다. 나는 그의 과수원들을 베어버렸다"라는 글이 쓰여있다(메소포타미아 왕들의 비문, 앗수르 시대 3:118, A.0.102.40, i.25-ii.5). "하찮은 자의 자식"(*mār lā mammāna*)이란 표현은 왕권찬탈자 또는 벼락출세한 사람을 가리킨다. 이것은 하사엘이 계승서열 일인자가 아니며 특이한 방식으로 보좌를 쟁취했음을 강하게 시사한다. Yamada 2000, 189; Younger 2005, 245-57; Stith 2008, 51-53; Niehr 2011, 340; Blum 2016, 45를 보라.

[43] Younger 2016, 598-99.

[44] 이어지는 논의는 Younger 2016, 601-6에 기초를 두고 있다.

비문은 이 단어를 비유적으로나 문자적으로 사용했을 것이다. 문자적으로 썼다면 세 가지 가능성이 있다. (2a) 하닷-에셀 자신을 가리킨다(즉 하사엘 직전의 아람 왕). (2b1) 왕가에 속한 다른 아버지를 가리킨다. (2b2) 왕가가 아니고 다른 지파의 지도자인 다른 아버지를 가리킨다. 이 주장들을 아래에서 더 상세히 논의할 것이다.

(1) 'by'가 비유라면 하사엘은 문자 그대로 "아버지"가 아니라 이전 통치자 (하닷-에셀이 가장 유력하다)를 가리킴으로써 자신의 합법성을 내세운다. 안드레 르메르(Andre Lemaire 1998, 6)는 하사엘이 하닷에셀(앗수르어 아닷-이드리)을 자기 "아버지"로 부름으로써 새로운 왕조의 왕들은 이전 왕들을 "아버지"로 부르는 고대 근동 역사편찬의 전통을 따른 것이라고 주장한다. 그러므로 르메르는 "아버지가 알려지지 않은 하사엘이 하닷-에셀을 '나의 아버지'로 부른 것은 이상한 일이 아니고 자신을 합법적인 계승자로 보이려고 하는 전통적 방식이었다"[45]라고 결론을 내린다.

(2a) 이 해석은 'by'("나의 아버지")를 문자적으로 본다, 하사엘은 직전 왕(하닷-에셀)의 생물학적 아들이었으나 계승서열 1위가 아니었거나 어린 동생이었거나 어쩌면 이복동생이었을 것이다. 합법적인 계승자는 몸이 허약하였을 것이고 그래서 열왕기하 8장 전승의 배경이 된다. 웨인 피타드(Wayne Pitard 1987, 133)는 열왕기하 8장의 벤하닷(바르-하닷)이 하사엘이 살해한 하닷-에셀의 아들이었을 것이라고 주장한다.[46] 하지만 이 주장은 텔 단 비문이 발견된 이래 처음 제안되었을 정도로 단순한 추측에 불과하다.[47] 그런데도 하사엘은 아버지를 암살하고 경쟁

---

[45] 세부 논의를 위해, Younger 2016, 600-601을 보라.
[46] 일찍이 Jepsen 1941-44, 158-59의 주장을 따른 것이다. 일부 학자는 "벤 하닷"이란 이름이 왕하 8:7-15의 이야기에 추가되었다고 주장하는데(예, Lipiński 2000, 373; 1969, 172-73; Noth 1960, 245n1), Pitard 1987, 134는 이름이 원래 이야기 속에 나타났을 것이고 나중에 이 문맥에 벤-하닷을 삽입한 것으로 혼동하게 만드는데 책임도 있으므로 이것이 반드시 옳지는 않다고 강조한다. 내 견해로는 두 견해 모두 방법론적인 약점이 있다. 그것은 이런 질문과 관계된 구절들 어디에도 실제적인 본문 증거가 없을 때 여러 개의 본문에서 "추가된 부분"을 분별해내고 추측하는 역사가의 직관에 의존해야 하기 때문이다.
[47] 앞의 각주 6번에 인용한 살만에셀 3세의 본문(앗수르의 현무암 석상)과 모순되기도 한다. 거기는 바르 하닷이 없고 하사엘이 하닷-에셀(아닷-이드리)을 계승한다.

하는 형제들을 제거한 하닷에셀의 아들로 이해할 수 있다.⁴⁸

(2b1) 이 견해는 'by를 문자 그대로 본다. 그것은 하사엘의 아버지로서 하닷에셀이 아니라 부수적인 왕가의 사람을 가리킨다(Yamada 2000, 312; Na'aman 2002, 207). 이 견해는 하사엘이 합법적 계승자를 암살한 자이다. 그러나 자신을 "넓은 의미에서" 진짜 아들이라고 말한다(Yamada 2000, 312).

(2b2) 'by는 문자 그대로 하사엘의 실제 아버지를 가리키는 말이다. 그는 아람 다메섹의 하닷에셀 왕조의 인물이 아니고 하닷에셀 당시에(Suriano 2007, 165) 아람 지파의 중요한 쉐이크(Sheik) 즉 지도자였다(Niehr 2011, 341). 간투스(H. Ghantous 2013, 51, 60, 111, 136)는 하사엘이 아버지를 계승하고 나라의 보좌를 물려받은 아람의 벳 레홉 왕국의 왕자였으며 두 나라를 통일하고 다메섹에 위대한 아람 나라를 일으킴으로써 아람 다메섹의 왕이 되었다고 주장한다.⁴⁹

확실히 이 견해들은 모두 가능하다. 이 시점에서 텔 단 돌비의 'by 용법을 이해하는데 필수적인 것은 비문이 해명서 장르로 사용되었다는 깨달음이다(Suriano 2007이 설득력 있게 주장함; Andrew Knapp 2012, 223; 2015, 277-300). 하사엘은 모든 면에서 기대했던 계승자가 아니었음이 분명하다. 그러므로 반복해서 사용한 "나의 아버지"란 표현은 청중에게 자신의 왕권이 합법적이라는 것을 설득할 필요 때문에 기록한 것이 분명하다.

물론 텔 단 비문이 'by를 르메르가 주장한 대로 비유적으로 사용했을 수도 있다. 동시에 하사엘의 실제 아버지는 아람 지파의 족장이었을 수도 있다. 실제로 알려진—그리고 열왕기하 8장의 정보이기도 하다—유일한 정보는 하사엘이 이전 왕(성경 이야기에 벤 하닷⁵⁰이라고 부르는)을 섬겼다는 점이다.

반면에 앗수르 비문에서 아람 다메섹을 하사엘이 죽은 뒤 그를 비트-하사일리(Bīt-Ḫaza'ili)로 표기했다는 사실은 그들이 다메섹을 지파 시스템으로 여겼음

---

48 달리 말해서 산헤립을 살해하였으나 에살핫돈에게 가로막힌 에살핫돈의 형제들이 가진 의도와 비슷하다. Andrew Knapp 2015, 301-35를 보라.
49 내가 볼 때 이것 역시 지나친 추측이다. 간투스는 이 견해를 Na'aman(1995, 386)이 살만에셀 3세의 투르크 돌비 ii.95를 읽은 내용에 근거하고 있다. 그 내용은 다음과 같다. mba-'a-sa DUMU ru-ḫu-bi KUR a-ma-na-a-a; "벳 르홉과 아마나 산(암몬 족속)의 바아사." 이 해석은 의심스럽다. 그러나 간투스는 하사엘이 이 바아사의 아들이라고 가정하면서 이렇게 해석을 내놓는데 실제적인 증거가 없다.
50 "벤 하닷"(아람어로 "바르 하닷")은 왕의 칭호이거나 별명일 것이다(Younger 2016, 583-91).

을 나타낸다.[51] 이것이 옳다면 수리아노의 다음 언급은 매우 적절하다. "세습사회 안에서 반유목적 지파들의 유동성은 하사엘의 진취적이고 기동성 있는 인물됨과 잘 부합된다. 그는 여러 지파들을 정복하고 최종적으로 아람 다메섹을 장악하였다"(Suriano 2007, 174). 이렇게 하사엘은 이전 왕을 섬겼으나 다메섹 지파구조 안에서 출신이 달랐던 그가 기회를 잡았다.

텔 단 비문이 해명서의 수사법을 보여 준다면(Suriano 2007) 'by란 말을 사용한 것은 계획적인 수사 전략임이 틀림없다(Andrew Knapp 2012, 223-33; 2015, 290-93). 그러므로 이 표현은 이런 각도에서 다루어야 한다. 그것은 비문에서 하사엘이 자신의 계승을 이상하게 언급하는 모습을 해명해준다.

(3) 그리고 나의 아버지가 쓰러졌다.
그는 자기 [조상]들에게 갔다.
이제 이[스](4)라엘의 왕은 일찍이 나의 아버지의 땅을 침략했다.
[그러나] 하닷이 나를, (5) 바로 나를 (4) 왕으로 삼으셨다.

하사엘이 합법적인 후계자라면 부친의 죽음을 기술한 다음에 곧장 자신의 즉위를 기술했을 것이다. 이를테면 메사 비문과 바르-라키브 비문이 그렇다.[52] 다르게 말한다면 여기는 자연스러운 계승을 말하지 않는다.[53] 그 대신 이스라엘 군대의 침공과 하닷 신이 하사엘을 왕으로 삼았다는 것을 강조한다. 왕위찬탈자 자쿠르가 바알샤마인(Baʻlšamayin) 신이 자신을 왕으로 삼았다고 똑같이 말하는 방식(whmlkny.bʻlšm[yn. ʼl/ b](4)[ḥ]z[r]k)[54]을 보면 하사엘의 말이 변증적이라는 것을 알 수 있다. 이런 경우 군사 위기가 있었고 그런 위기 가운데 국가의 주요 신

---

51 Postgate 1974, 234; Younger 2016, 43을 보라.
52 *KAI* 181, 2-3행; *KAI* 216, 4-7행을 보라.
53 3행 "그리고 나의 아버지가 누웠다. 그는 자기 [조상]들에게 갔다"는 문장을 근거로 그런 어법은 자동으로 자연스러운 사망을 의미한다고 생각하고 반대할지도 모르겠다. 하지만 그렇지 않다. 히브리 성경에서 "그 문구는 상속 특히 계승권과 관계가 있고 왕조의 순수성을 의미했다"(Suriano 2010, 42). Suriano 2010, 32-50, 71-72; 2007, 164-66을 보라.
54 *KAI* 202, 3b-4a행.

이 친히 하사엘을 보좌에 앉혔다는 것은 완벽하게 의미가 통한다.[55]

하사엘은 하닷 신이 자신을 왕으로 선택했음을 힘주어 주장한다.

그러므로 그렇게 신이 선택한 자를 누가 탓하겠는가?

더구나 하사엘은 전투에서 거둔 승리로 이 신의 후원이 증명되었다고 주장한다. 하사엘은 전투할 때 "하닷이 자기보다 먼저 갔다"(5행)라고 말하여 자신의 즉위와 요람과 아하시야의 죽음을 대조시켜 그의 대의가 정당함을 강조한다. 요약하면 하사엘은 비문에서 'by란 말을 사용하여 자신의 선임 왕을 가리키면서 자신을 아람 다메섹의 합법적인 왕이라고 주장한다.

2. 누가 요람과 아하시야를 죽였는가?

여기서 논하려고 하는 텔 단 비석의 마지막 문제는 하사엘이 "이스라엘 왕 [요]람"과 유다 왕 "[요람]의[56] 아들 [아하시]야"를 죽였다는 주장과 열왕기하 9:14-28에서 예후가 같은 날 두 왕을 죽였다는 주장이 모순된다는 점이다. 다시 한번 비문의 단편적 성격 때문에 신중할 필요가 있다. 비문의 보도가 열왕기하 9장의 친 예후적 기사보다 역사적으로 더 신뢰할만한 하다고 주장하는 학자들이 있다.[57]

그래서 단편적이고 해석하기가 어려운 본문이 성경 본문보다 더 역사적으로 신뢰할만하다고 선언한다.[58] 두 본문(텔 단 비문과 열왕기하 9장)은 이념적이므로

---

55 Dion 1999, 154. 만일 (아버지가 죽고 침공이 일어나는) 순서로 진행되었다면 다음과 같은 질문을 던져야 한다. 만일 "나의 전임자가 죽었고 이스라엘의 왕이 나의 전임자의 땅을 침공하였다…."라고 말하고 싶다면 어떤 식으로 말하겠는가? 특히 왕권찬탈자인 자신을 합법화하려고 시도한다면 어떤 식으로 말하겠는가?

56 텔 단 비문의 7~9행의 단편적 성격 때문에 본문은 한 번 더 복원해야 한다. 여기서는 다양한 제안을 반복해서 설명하지 않을 것이다. Younger 2016, 606-12를 보라.

57 예를 들어 Na'aman 1999, 10-11; Irvine 2001.

58 최근에 Blum은 증거를 이렇게 평가했다. "왕하 9-10장의 예후 이야기의 저자도 분명히 왕실 연대기를 사용했다(참고, 9:15a, 16b). 그는 하사엘의 주장과 반대로 예후가 아합의 아들 요람과 여호람의 아들 아하시야를 죽였다고 보도한다. 여러 가지 이유로 B.C. 8세기 상반기쯤 텔 단 비문보다 늦게 작성되었음에도 이런 점에서 더욱 신뢰할 수 있는 것은 바로 예후 이야기이다"(2016, 47). 예후의 반란에 관한 신명기 역사 이전 자료를 예후 왕조를 정당화하기 위해 여

면밀하게 정독할 필요가 있다. 한쪽 본문을 다른 것보다 역사적으로 더 신뢰가 간다고 예단할 이유는 없다.

고대 근동의 여러 왕들이 적국의 왕조 변화에 개입함으로써 생긴 주장들과 비슷한 점에 주목하여 이 문제를 설명하는 학자들도 있다.[59] 이 경우에 하사엘과 예후가 공모했을 수도 있다. 하사엘이 더 힘센 파트너이고 실제로 "살해"를 감행한 예후는 그의 대리인이었기 때문에 그가 두 명의 왕을 "죽였다"라고 주장할 수 있다.[60] 그러므로 이 주장은 하사엘 해명서의 다른 측면이 된다.

흥미롭게도 "누가 두 명의 왕을 죽였는가?"라는 질문에 대한 대답은 고대인들이 인식하듯이 하사엘 대 예후가 아니라 하닷 대 여호와이다. 하사엘은 의심의 여지 없이 하닷 신이 친히 두 명의 왕을 죽일 힘을 주었다고 주장하고 있다. 이것은 그의 다른 비문에서 볼 수 있는 신학이며 왕실 이데올로기와 완전히 합치한다.[61]

그래도 열왕기하 8:7-15의 성경 본문은 여호와가 하사엘의 즉위를 예고했다고 말한다. 그래서 하닷 신이 하사엘을 즉위시켰다는 주장을 일축한다. 더불어 나중에 역대기하 22:1-9의 본문은 아하시야의 죽음에 관하여 여호와의 또 다른 전승을 전한다. 거기서는 하나님이 특별히 그의 죽음에 관여했다고 말한다(특히 7a절을 보라).

여호와가 예후에게 기름을 부어 이스라엘의 요람을 죽게 했다고 말하듯이(우연의 일치로 아하시야를 죽임) 역대기 기자는 하나님이 아하시야의 "몰락"(왕하 9장과 일치하는 이야기를 전함)에 직접 관여한 것으로 본다.[62] 글의 상세한 부분과 작성연대의 역사성과 관계없이[63] 이 단락들은 "하사엘과 예후의 반란을 하나의 큰

로보암 2세 시절에 기록한 것으로 보는 견해에 관하여 S. Otto 2001, 97-104를 보라.
[59] 예를 들어 Lemaire 1998, 10-11; Schniedewind 1996; Younger 2016, 610-13을 보라.
[60] Schniedewind 1996, 84-85; Stith 2008, 90-99; Andrew Knapp 2015, 287n35.
[61] 하사엘의 전리품 비문을 보라(Younger 2005, 257-61).
[62] 대하 22:9a에서 예후가 아하시야를 대하는 모습은 왕상 20:30b-34에서 아합이 벤하닷을 대하는 장면과 대조적이다. 대하 22:7a의 테부사(히, *tebûsāh*)("몰락")란 단어(HALOT, 1680-81을 보라)는 성경에서 오직 한 번 등장하는 단어(*hapax legomennon*)이다. 흥미롭게도 페쉬타(시리아 역본)는 *hapīktā* "(아하시야의) 파괴/파멸/전복"이란 단어(어근 *hpk*의 명사형)를 쓴다.
[63] 신명기 이전이냐 이후냐를 놓고 서로 다른 견해들을 위해 Schniedewind 1996, 84; S. McKenzie 1991, 81-100을 각각 보라.

이야기 일부로 간주한 전승"을 보여 준다(Andrew Knapp 2015, 280). 그러므로 아람 다메섹, 이스라엘, 유다의 사건들은 다 함께 정치적으로 얽혀 있었던 것 같다.

3. 결론

이 짧은 장은 고대 근동의 왕의 비문들이 사건을 새롭게 재구성하는 일을 자극하는 자료를 어떻게 제시하는지를 보여주려고 했다. 고대 근동과 성경의 본문들은 종교적이고 이념적 지향성을 갖고 있다. 현대의 역사가들은 이 점을 반드시 고려해야 한다. 이 본문들이 종종 해석자들에게 도전적인 과제를 주지만 부지런히 탐구하고 해석한다면 그것들은 현대의 독자들에게 유익한 역사 기록을 만들어낼 것이다.

제38장

산헤립의 유다 침공과 신앗수르 제국의 확장

카일 H. 카이머(Kyle H. Keimer)

1. 들어가기

B.C. 701년 앗수르의 왕 산헤립(B.C. 704-681년)은 페니키아, 블레셋, 유다 등의 반역한 봉신국들을 상대로 정벌에 나섰다. 반역국가 중 가장 잘 조직되고 강력한 국가는 유다였다. 이 레반트 지역 정벌은 산헤립의 세 번째 원정이었다. 그는 이미 바벨론과 엘라(첫 번째 원정)와 자그로스산맥의 반란을 진압했다(두 번째 원정).

산헤립의 세 번째 원정에 관한 상세한 내용은 앗수르 자료와 성경 자료에 많이 보존되어 있으나 불행히도 이 자료들은 전체 모습을 알려주지 않는다. 고고학적 유적과 예술 자료들은 이 원정의 경로, 성과, 앗수르의 공격에 대한 유다 지역의 대비 등을 좀 더 상세히 이해하는 데 도움이 된다. 산헤립의 원정과 앗수르 제국주의는 성경 저자들에게 영향을 주었고 이스라엘 종교와 자기 이해에 지대한 영향을 끼쳤다.

2. 산헤립의 유다 침공

산헤립의 3차 원정 자료는 많은 논쟁을 일으켰다(Grabbe 2003의 논문과 요약을 보라). 성경 자료와 신앗수르 자료의 성격과 해석을 통해 원정 중에 벌어진 사건순서에 관한 질문이 많이 생겼고 학자들의 논의는 합의에 이르지 못했다. 다른 해석에도 산헤립 원정의 진행 과정은 대체로 다음과 같이 재구성할 수 있다.

앗수르 군대는 유프라테스강을 넘어 레반트 전역에서 페니키아 도시들을 조직적으로 (다시) 굴복시켰다. 아르왓, 비블로스, 삼시무루나 등과 같은 도시들은 앗수르 군대가 도착할 때 항복하고 조공을 바쳤으나 시돈(대 시돈과 소 시돈)과 그 영향권 안에 있는 빗-치티, 사렙다, 마할리바, 우슈, 악십, 악고 그리고 이름을 언급하지 않은 요새 도시와 성채들은 가혹한 보복을 당했다. 산헤립은 시돈 왕 룰리를 폐위시키고 그 대신 친앗수르적 인물인 투-발루를 앉혔다.

또 아스돗의 미틴티, 비트-암몬의 부디-일, 모압의 캄무수-나드비, 에돔의 아야-라무 등과 같은 지역 통치자들은 신속하게 항복하고 조공을 바쳤다. 아스글론 왕 치드카는 산헤립에 저항했고 앗수르는 아스글론과 아울러 그의 지시를 받는 비트-다간나, 욥바, 바나야바락, 아주루와 같은 도시들을 "포위하고 정복하고 약탈"했다(Grayson and Novotny 2012, 64). 치드카는 패했고 그와 왕가는 포로로 끌려갔으며 과거에 친앗수르적 왕의 아들이 보좌에 올랐다. 치드카의 도시들을 공격한 군사행동의 순서는 앗수르 비문의 형식적인 문구 때문에 불확실하다.

산헤립의 연대기는 다음으로 에그론의 귀족들과 백성들을 쳤다. 그들은 자신들의 왕 파디를 폐위하고 유다의 히스기야에게 보냈을 뿐 아니라 이집트 군대와 누비아 군대의 지원을 요청했다. 앗수르 원정군은 개활지인 엘테케 계곡에서 이집트와 누비아 동맹군과 싸워 이기고 엘테케 도시를 인근의 딤나와 함께 포위하고 정복하고 약탈했다. 에그론은 점령되었고 보복으로 지도자들을 나무에 매달아 도시 주변에 전시하였다. 산헤립은 파디를 복귀시켰다. 이 특정한 조치는 산헤립이 세펠라의 유다 영토를 정복한 뒤에 이루어졌을 것이다.

마지막 반란 지도자이며 산헤립의 비문에서 가장 길게 묘사한 사람은 유다의 히스기야이다. 산헤립의 연대기는 그가 히스기야의 요새화된 도시들과 작은 마을들 마흔 여섯 곳을 "다져 만든 경사로와 끌고 간 파성퇴와 함께 보병이 공격하고 참호를 파면서 뚫고 포위 공격"하여 정복했다고 기술한다(Grayson and Novotny 2012, 65). 예루살렘(또는 예루살렘으로 가는 길목만)을 봉쇄하고 방어진지를 세웠으며 마침내 히스기야가 조공을 바쳤고 산헤립은 니느웨로 돌아갔다.

성경 자료들이나 앗수르 자료들은 앗수르 군대가 예루살렘을 정복했다고 주장하지 않는다. 실제로 성경 자료들은 여호와가 도시를 구원한 것을 역설하였고 앗수르 자료들은 그저 산헤립이 히스기야를 "새 장 안에 갇힌 새처럼" 가두었다고만 말한다.

앗수르 군대가 포위한 마흔 여섯 곳의 도시들은 앗수르 자료에는 이름이 없으나 열왕기하 18:14과 19:8은 라기스와 립나를 각각 언급한다.[64] 고고학자들은 유다의 곳곳에서 파괴된 지층들을 산헤립의 원정 결과로 보려고 하였다. 현재 산헤립이 파괴한 지층으로 보는 곳은 열아홉 군데이다(특정 장소에 관한 논의와 참고문헌을 위해 Bloch-Smith 2009를 보라).[65] 대다수 장소가 세펠라와 네겝에 있다. 그러나 앗수르 군대가 유다 산지 깊숙이 이동하여 그곳을 정복했다는 뚜렷한 고고학적 증거는 없다. 앗수르 군대가 선봉대를 산지와 예루살렘으로 보냈다는 유일한 표시는 다르단, 랍사리스, 랍사게—앗수르 관리들—가 "대군"을 이끌고 라기스에서 예루살렘으로 올라갔다고 말하는 열왕기하 18:17이다.

산헤립의 3차 원정을 재구성하게 만드는 자료들은 앗수르 연대기(라삼 실린더[B.C. 700년], 실린더 C[B.C. 697년], 시카고 프리즘[B.C. 691-689년] 그리고 여러 개의 점토 실린더[Grayson and Novotny 2012; 2014를 보라]와 성경 본문(왕하 18:13-19:37; 대하 32:1-22; 사 36-37장), 고고학적 유적(Bloch-Smith 2009), 니느웨의 산헤립 궁전의 도상 자료(J. M. Russell 1991) 등이다. 후대에 기록된 버전들은 헤로도투스(2.141-42)와 요세푸스(Ant. 10.1-23)의 글에도 나온다.

앗수르 자료와 성경 자료는 흥미롭게도 비슷한 내용(예, 히스기야가 조공으로 바친 금의 양, 예루살렘이 정복되지 않음)이 있다. 그러나 자료들이 서로 차이가 있고 아울러 자료 내부—특히 성경 자료—에서도 차이가 있어서 산헤립의 원정을 재

---

64 앗수르 연대기 외에 라기스는 니느웨의 산헤립의 어전에서 발견된 양각에 이름이 언급되어 있고 아스가는 사르곤 2세나 산헤립 시절에 기록된 소위 신에게 드리는 편지에 언급되어 있다. 성경 자료에는 미 1장과/또는 사 10:28-32에 기록된 장소들이 산헤립이 파괴한 도시들이었을 것이다. 이 문제에 관한 합의는 이루어지지 않았다.

65 이 장소들은 라기스 지층 III, 텔 바이트 미르심 A2*, 브엘세바 II, 키르벳 라붓 B-II, 텔 할리프 VIIB, 아랏 VIII, 텔 에스-사피 임시거리 3, 텔 바타쉬 III, 벳세메스 IIC(Level 2), 텔 에라니 VI, 헤브론*, 텔 말하타 IV, 텔 에톤, 텔 주데이데, 라맛 라헬 VB*, 마레사*, 텔 미크네 II, 텔 엘-헤시 VIIIa*, 테르 세라 VI* 등이다. 별표(*)는 파괴지층의 성격이 불확실한 곳을 표시한다.

구성하는 데 결정적으로 문제가 된다.

열왕기하 18-19장에 있는 산헤립 원정 이야기는 일반적으로 두 개 혹은 세 개의 자료로 나누어 사건 묘사가 세부적으로 다르고 순서가 불확실한 이유를 이해한다. 열왕기하 18:13-16은 A 자료(연대기적 기사), 열왕기하 18:17-19:37은 B 자료(예언적 기사)로 부른다. 자료 B는 종종 다시 B1(왕하 18:17-19:9a)과 B2(왕하 19:9b-35)로 나눈다. 이 자료들이 어떻게 통합되었는지(최근 연구를 위해 Evans 2009, 3-15를 보라) 또는 그것들이 동일 사건의 다른 버전인 이사야 36-39장과 역대하 32장과 어떤 관계가 있는지에 대한 학자들의 합의는 없다.[66]

자료 A는 히스기야가 조공을 바치는 것으로 끝나고 자료 B는 여호와의 천사가 앗수르 군대를 전멸시키고 이어서 산헤립이 자기 아들들에게 살해당하는 내용(왕하 19:37의 단축에도 불구하고 B.C. 681년까지 벌어지지 않음)으로 끝난다. 앗수르의 원정 이야기는 큰 변동은 없으나 글이 주로 최근 활동에 치중하므로 시간이 지날수록 내용은 더 압축되었다(Grayson and Novotny 2012).

3. 앗수르 제국주의

B.C. 9세기부터 7세기까지 앗수르 제국의 확장은 획일적이지 않았다. 지역을 직접 통치하여 최고조에 이를 때는 지역의 자율성이 전혀 없는 지배, 다양한 수준으로 지역의 자율성을 허용하는 주도권 지배, 제국의 지배가 제한적이거나 아예 없는 완충지대 적용 등과 같이 여러 가지 지배전략을 사용하였다. 지역을 지배하는 수준은 지역의 정치, 경제, 군사적 혜택에 따라 달랐다(B. Parker 2013, 136). 앗수르 지배는 전략적 "섬" 네트워크나 "기름때" 같은 것으로 표현할 수 있다(Liverani 1988; S. Parpopla 2003).

전자의 경우 앗수르 지배는 전략적 요충지를 중심으로 차츰 확대하면서 통신 네크워크와 운송중심지 그리고 농경지들을 식민지로 삼고 정착하는 시스템을 만들었다(Liverani 1988, 88; B. Parker 2001; M. L. Smith 2005). 시간이 흐르면서 앗수르

---

[66] 이사야의 추가 단락들도 산헤립의 3차 원정을 재구성하는 데 인용되었다(Gallagher 1999).

지배는 이 섬들로부터 확장하면서 견고한 조직이 되었고 중간에 있는 지역들도 앗수르의 주도권에 종속되었다.

후자의 경우 앗수르 지배는 제국의 중심부에서 변두리로 계속해서 확대되었다(Liverani 1988, 84-86). 확정적이었던 국경선은 제국이 커지고 작아짐에 따라 늘기도 하고 줄어들기도 하였다. 어느 쪽이든 앗수르 지배는 직접 합병하거나 군대로 통제하였고 간접적으로는 지역 대리인들을 복종시키거나 협력을 구해 이루어졌다(Thareani 2016, 79-80; B. Parker 2001).

앗수르인들은 처음에 근동 지역 전체를 정복하려고 하지 않았다. 오히려 그것은 정치 전략과 경제적 포부와 관련된 기나긴 이념의 진화가 절정에 도달한 결과였다(아래를 보라). 신앗수르 이데올로기는 중기 앗수르 제국에 뿌리를 두고 있다.

중기 앗수르 제국은 앗수르 중심지역에서 서쪽으로 유프라테스강과 남쪽의 바벨론으로 확장하였다. 중기 앗수르 제국이 몰락한 이후 내부 투쟁기가 있었으나 B.C. 934년 앗수르-단으로 시작하여 앗수르 왕국은 중앙의 권위를 재확립하고 영토를 북쪽, 동쪽, 남쪽으로 확장하여 중기 앗수르 시대처럼 자국 영토로 주장하였다. 앗수르가 국경을 중기 앗수르 시대에 전통적으로 주장하던 영토를 넘어서 확장을 시작한 것은 B.C. 9세기 살만에셀 3세부터였다.

살만에셀 3세가 통치한 뒤에 잠시 벌어진 내부 조직의 소강상태는 티글랏필레셀 3세의 즉위로 끝났다. 그의 통치는 신앗수르 제국의 절정기를 열었고 진정한 의미의 제국이 되었다. 이후의 왕들—살만에셀 5세, 사르곤 2세, 산헤립, 에살핫돈, 앗수르바니팔—은 티글랏필레셀이 실시한 팽창정책을 이어갔고 결국은 국경선을 누비아까지 확장했다.

4. 왕실 이데올로기와 제국의 동기

앗수르 왕은 왕 중 왕이고 세상에서 아무도 경쟁할 자가 없는 왕으로 묘사되었다(K. Radner 2010, 28; Hollaway 2002; Perdue, Carter, and Baker 2015, 40-44). 종교적/왕실 이데올로기로서 수호신 아슈르(Assur)는 왕을 선택하여 지상을 다스리게 하고 그가 혼란이 있는 곳이라면 어디든지 질서를 확립하라는 임무를 주었다. 왕은 정복과 착취로 임무를 수행하였다.

주변 지역은 번영을 위해 앗수르 신의 질서가 필요했고 주민들은 계몽이 필요했다(Liverani 1979a). 이 왕실 이데올로기는 승전비, 양각벽화, 대중 노래, 찬양, 그림, 조각상 등과 같은 구두 선전과 시각적 선전술을 사용하여 자라났다(또는 유지되었다, 사용한 조각상과 성상들을 위해 S. Parpola 2010, 37-39를 보라). 또 학자들(서기관, 기술자, 조각가 등등)로 이루어진 제국 궁전, 성전과 신비 제의를 통해 선전하였다(S. Parpola 2010, 40-41).

종교적 이데올로기가 앗수르의 확장에 불을 붙인 것처럼 정치적 필요와 경제적 고려도 한몫하였다. B.C. 9세기와 8세기 외부의 아람 족속, 바벨론 족속, 우라르투 족속들이 가해온 압력은 앗수르의 반응을 일으켰다. 앗수르는 내부적으로 농경기술과 노동력이 부족했고, 교역로가 차단되어 자원들도 부족했다(B. Parker 2013, 129).

군사 원정은 외부의 압력을 처리하여 돈과 자원을 앗수르로 가져왔다. 적국의 의지를 꺾기 위해 합병한 나라를 여러 행정 구역으로 나누고 포로를 대량으로 이송하며(Oded 1979를 보라) 피정복국 백성을 재정착시켜 제국 전역의 농경지를 개척하고 확대하는 데 활용하였다.

적어도 앗수르바니팔 2세(B.C. 883-859년)와 함께 시작한 앗수르인들은 전 영역에 걸쳐 원정지역과 경제적 비용과 관련된 여러 가지 지배전략을 사용했다(Baudains et al. 2015; B. Parker 2013, 136; Thareani 2016). 더 가깝고 더 약한 주변 민족들에 대한 보복 조치들은 신앗수르 제국을 성장시켰다. 시간이 흐르면서 앗수르 경제는 강화되었고 행정조직은 다듬어졌다.

그래도 앗수르인들은 시간과 인력, 인건비 등의 원정 비용을 지급해야 했다. 경제적 고려사항은 앗수르 제국이 확장하고 국경지대를 따라 군대를 주둔시키는 방식을 결정하는 핵심요소였다. 가끔은 앗수르가 지배하지 않고 깊이 관여하지 않아도 되는 완충지대를 만들었다. 대표적인 증거가 블레셋과 아나톨리아 남동부였다(Ben-Shlomo 2014c, 82-85; Thareani 2016; B. Parker 2003).

블레셋 특히 가자 인근 지역, 네겝, 에돔 지역에 앗수르가 관심을 쏟는 까닭은 아라비아에서 들어오는 값비싼 향료 교역을 통제하려는 경제적 관심사가 있었음을 보여 준다(Ben-Shlomo 2014c, 83; Na'aman 2001, 263; 2004a; Cogan 1993, 407;

Thareani 2007; 2009).

5. 유다에 끼친 영향

1) 역사적 영향

B.C. 722년 앗수르가 북 왕국 이스라엘을 멸망시킨 일은 말할 것도 없고 B.C. 720년과 712년에 두 차례 앗수르에 반란을 일으켜 실패한 일을 경험한 뒤에 히스기야는 앗수르에 대한 반란에 성공하려면 실용적이고 대대적인 준비가 필요하다는 사실을 깨닫게 되었다. 고고학적 유적은 유다가 앗수르의 침략에 대비하여 8세기 말에 일관된 방어체계를 갖추었음을 보여 준다.

히스기야 왕은 특히 이 방어망 구축을 선동하고 유다의 지리를 유리하게 이용한 사람으로 보인다.[67] 도시에 만든 방어시설, 요새, 망루는 함께 세펠라, 네겝, 베냐민 중앙지대, 유다 광야 그리고 유다의 중앙산지에서 유다의 이권을 지켜주었다.

이와 함께 히스기야는 유다의 농산물을 수집하고 거두는 시스템을 개발하거나 이용하였다. 이 시스템의 흔적이 항아리 손잡이에 찍힌 라멜렉(lmlk)("왕의 소유") 인장으로 남아 있다. 이천 개가 넘는 라멜렉(lmlk) 인장 자국들이 분포된 곳과 요새지와 성채들이 있는 장소가 서로 일치하면서 탁월한 유다의 방어망을 선명하게 보여 준다.

지형적 변화는 지역 방어시스템으로 이어졌다. 탁 트인 곳이나 인구가 많은 곳에 있는 도시들은 요새로 만들었고(예, 세펠라) 지형적으로 고립되어 있거나 접근이 쉽지 않은 곳은 자연 지형을 그대로 활용하여 방어시설을 건축하는데 들어

---

[67] 성경 본문은 히스기야가 새로운 요새를 지었다(예루살렘은 제외하고)는 기록이 없지만, 사람들을 동원하여 그런 곳들을 가동했다는 것은 기록한다(참고, 왕하 20:13; 대하 32:6, 27-29). 대하 32:29은 "성읍들을 세웠으니"라고 쓴다. 이 구절에서 동사 아사('sh)("만들다")를 보면 요새를 건축했다는 의미일 수 있지만 명확하지가 않다. Bloch-Smith 2009, 35는 Borowski 1995를 인용하여 히스기야의 종교개혁과 예루살렘의 제의 중앙화가 앗수르에게 반란을 일으키려는 계획을 보여 준다는 사실을 주목한다. 제의 중앙화가 예루살렘으로 자원들을 집중시키고 성전 재정을 채워주기 때문이다.

가는 비용을 줄였다(예, 유다 산지의 서부와 유다 광야, Keimer 2011, 169-73).

실제로 건축한 것이 아니라면 이 방어망을 유지하기 위해 유다의 사회와 경제는 상당한 영향을 받았다. 유다가 세펠라와 특히 네겝에 새로운 농경지를 이용하거나 개척했을 때 경제는 부흥했으나 앗수르에 대항하는 기제 즉 해당 지역의 방어망과 비축물자를 조직하고 운영하는 데 필요한 개인과 관료를 중시하면서 유다의 전통적인 사회 구조는 약화하였다(Keimer 2011, 244-51).

산헤립의 원정 이후 유다의 국경은 축소되었고 일부는 버려두기도 하였다. 그러나 예루살렘 주변 지역은 번창했다(Gadot 2015). 히스기야가 죽은 뒤 친 앗수르 성향의 왕 므낫세 당시에는 경제가 다시 살아났을 것이다. 그 이상 말하기는 어렵고 7세기 초반의 고고학적 모습을 상술하려면 더 많은 증거와 더 적절한 고고학 근거가 필요하다.

고고학 기록은 가족구조의 붕괴—인장에 새겨진 개인 칭호와 이름들(조상의 이름을 딴 이름보다 "관직명"으로 바뀌는), 도기 형태의 표준화, 가족 사이의 유통(조리 그릇은 많고 사발과 항아리는 적음)에서 가족이 아닌 사람들 사이의 유통(사발, 저장용 항아리는 많고 조리 그릇은 적음)으로 양적 변화, 그리고 가옥 크기가 작아지고 획일적으로 되어가는 경향—가 고대 이스라엘 사회의 사고방식 속에 나타났음을 분명히 보여 준다(Halpern 1991).

가족이나 공동체와 반대되는 개념으로서 "개인"의 등장은 8세기 예언서 본문 여러 곳에 나타나며(Holladay 1970) 이스라엘의 하나님을 독특하게 참된 한 분의 하나님으로 믿는 생각으로 이끈 것 같다. 가족이 다시는 사회적 정체성을 정의하는 유일한 범주가 되지 못하고 책임소재가 가족에게서 개인으로 넘어갈 때 신들이 구성하는 가족 개념도 마찬가지로 모든 일에 책임지는 개별적인 신개념으로 바뀐다(M. S. Smith 2016, 287; 2001a, 164-65).

예언자들이 활동하는 방식도 변화가 생겼다. 8세기 중반 이전에 그들의 신탁은 왕에게 제공되었으나 8세기 중반부터는 이스라엘/유다 전체를 향하여 외쳐졌다. 존 할러데이(John Holladay 1970)는 이런 변천이 앗수르의 외교술이 직접 영향을 준 결과로 본다. 앗수르인들은 왕의 사자/전언자가 왕의 메시지(들)를 봉신국의 왕이 아니라 나라의 일반 백성에게 전하기 시작했다. 이러한 심리전을 이용한 전쟁은 앗수르의 군사행동이 어떤 결과를 가져올지를 백성이 직접 결정하도록 만들었다.

2) 사상적 영향

유다의 앗수르 접촉은 성경 저자/들과 구원사에 관한 그의 관심(즉 예루살렘의 보존[왕하 19:29-36])에 따라 왕국을 최고로 높여주었고 또 예레미야 시대에(렘 7:1-8:3) 유다에 대한 하나님의 진노에서 묘사되듯이 앗수르의 지배를 바벨론이 지배하는 근동으로 바꾸어 밑바닥으로 떨어뜨렸다.

앗수르와 좀 더 폭넓게 메소포타미아의 장르, 전통, 문학 작품들과 유사점과 차이점도 관찰할 수 있다. 문학적 의존 대 문화적 침투를 놓고 논쟁이 있긴 하지만 많은 학자는 앗수르의 이주 정책과 레반트 남부에서 벌인 원정으로 시작된 메소포타미아의 영향과 성경 문학의 여러 특징은 서로 연관성이 있다고 지적한다.

신앗수르 제국 왕의 비문들과 이사야서 사이의 유사성은 더욱 두드러진다. 이사야는 앗수르 군대가 "압도적인 전쟁 기계로서 진행하는 길에서 만난 모든 저항을 파괴하고 적들의 땅을 황폐하게 만들며 엄청난 전리품과 포로들을 수도와 여러 곳으로 운반하는 등등 이런 파괴와 이주 정책을 통해 지역 전체의 정치 지형을 재편하였다"라고 묘사하는 것 같다(Machinist 1983, 722).

앗수르 왕들의 비문들은 앗수르 왕과 그의 군대를 이런 이미지로 묘사한다. 그래도 이사야는 앗수르 표현과 용어를 변증법적으로 사용하여 앗수르 왕이 아닌 여호와가 전능하며 찬양받아 마땅하다는 사실을 보여 준다. 언어상으로 그렇게 두드러지지 않지만, 이사야 시대 직전에 비슷한 메시지를 선포한 사람은 예언자 호세아이다(Perdue, Carter, and Baker 2015, 49-63; 참고, Yee 1992).

유다가 앗수르의 선전적인 용어와 본문에 대해 이만큼 친숙하게 알고 있었으리라는 것은 이사야서의 내부 증거뿐 아니라 아스돗과 사마리아 가까운 곳에 앗수르의 승전비가 세워진 사실로도 분명히 알 수 있다(L. D. Levine 1972). 나중에 예언자 나훔도 이사야를 통해 걸러진 앗수르 용어를 채택했다(나 1:8, 13; 2:11-13). 흥미롭게도 예언자 호세아는 북 왕국 이스라엘에 선포한 신탁 여러 곳에서 앗수르를 인용한다. 심지어 살만에셀 5세를 언급한다(호 10:14).

3) 시온 신학과 하나님의 자리

예루살렘 불가침 사상은 산헤립의 원정에 도시가 살아남은 뒤에 만개하였다. 앗수르 기사를 받아들이든 산헤립을 유다에서 철수시킨 성경적 사건을 받아들이든 둘 다 예루살렘이 정복되거나 파괴되지 않았다고 본다. 예루살렘의 불가침을 주장하는 소위 시온 신학의 기원은 다윗 시대부터 B.C. 701년 사건 이후까지로 추정한다. 물론 통일 왕국 시대가 당연하게 보인다. 제임스 로버츠(J. Roberts 2003, 169)는 이사야가 이 신학을 전제하고 있음을 강조한다. 예루살렘은 이해하다시피 구원받을 것이다—이 경우 앗수르로부터—왜냐하면

첫째, 여호와는 모든 나라의 신들보다 위대한 왕이고,
둘째, 여호와는 다윗과 그 후손들이 영원히 다스릴 것이라는 언약을 맺었으며 (삼하 7장; 23:1-5; 왕하 8:19; 시 78:67-70; 89편; 132편),
셋째, 여호와는 시온을 자신의 거처로 삼고(시 2:6; 48:2; 사 8:18; 참고, 2:3) 다윗 왕조의 통치 장소로 삼았기(참고, 왕상 20:34; 시 78:68-69; 132:13-14) 때문이다.

유다 백성과 히스기야에게 필요한 것은 하나님의 약속을 믿는 믿음이었다. 그래도 신앙은 수동적인 것이 아니며 고고학적 기록이 보여주듯이 히스기야의 실용적인 전쟁 준비를 배제하지 않는다. 실제로 예언자 이사야가 수동적인 시온 신학의 주창자였다는 사상은 비판을 받아왔고 그 대신 외적의 침략을 두려워하지 말고 여호와를 믿으라는 이사야의 소명을 강조해왔다(참고, 이사야서의 믿음을 묘사한 여러 단락; P. Johnston 2009; Wong 2001). 산헤립이 예루살렘을 정복하지 못한 사건은 왕실 이데올로기와 성경 저자들의 신학에 부채질하였다. 예루살렘은 정녕 불가침이었다. 소위 신명기 역사가는 하나님이 이 도성(왕하 19:34; 20:6)과 성전(왕하 21:7)을 보존할 것이라고 쓰고 있다. 그래도 무조건적이라고 여겼던 언약의 약속들은 그다음 120년에 걸쳐 유다의 도덕적 부패가 심해지면서 의문시되었다(시 125편; 렘 7장). 예루살렘을 잃고 경험한 바벨론 포로 생활, 성전 파괴, 그리고 다윗 혈통의 폐위는 시온 신학을 종식했다.

제39장

8세기 레반트 지진과 자연재해

라이언 N. 로버츠(Ryan N. Roberts)

1. 들어가기

B.C. 8세기는 자연재해, 군사침략, 강제 이주, 난민 위기 등 아주 많은 사회적 변화를 겪었다. 이러한 역사적 사건들은 그 의미를 깊이 연구하기 위해 새로운 모델과 방법을 제시하는 간 학문적 접근을 더 많이 사용한다. 고대 레반트 지역에서 발생한 지진에 대한 이해가 다른 자연재해와 비교해 볼 때 상대적으로 발전하고 있으므로 이 장은 지진을 다룬다. 하지만 자연재해뿐 아니라 강제 이주, 난민 위기 등등처럼 사람이 일으킨 집단 재난과 밀접하게 관련된 사회과학적 재난 연구는 중복된다.

성경 시대의 지진연구는 지난 수십 년 동안 고대 지진연구의 괄목할만한 성장으로 아주 빠르게 발전하였다. 이 장은 먼저 히브리 성경에서 사용한 지진 언어의 기능을 요약할 것이다.

다음으로 고대 레반트의 지진을 확인하고 연구하는 과학적 고고학적 증거들을 추적한다. 그리고 지진이 고대 레반트 주민에게 얼마나 영향을 미쳤는지를 재구성하여 재난 현실을 강조할 것이다. 마지막으로 재난 연구의 빛에서 사회정의를 검토할 것이다.

2. 히브리 성경의 지진 언어

1) 지진 이미지의 문학적 기능

지진 이미지는 고대 이스라엘이 인간 역사에 하나님이 개입하는 모습을 묘사하는 언어에 종종 사용된다. 이 본문들은 "지진"을 표현하는 언어와 더불어 바람, 폭풍, 불과 같은 다른 현상도 기술하는데 좀 더 전문적으로 폭풍-신 현현 본문이라고 부르고 용사이신 하나님을 묘사한다(Cross 1973, 156-77). 이 언어 유형은 신의 지상 출현을 선언하는 데 사용하는 우가리트과 메소포타미아 본문과 공통된 배경을 갖고 있다(Loewenstamm 1984).

히브리 성경 안에는 이런 신 현현 본문(삿 5:4-5; 삼하 22:8=시 18:8-16; 시 68:7-10; 합 3:3-15)이 통상 이스라엘에 가장 오래된 찬양의 노래에 나타나는 것으로 이해한다. 나중에 예언서 본문은 지진 이미지를 미래에 닥칠 종말의 날의 선포와 연결한다(사 29:5-6; 욜 2:10; 나 1:5)(F. Spencer 2007). 이 종말론 주제는 신약으로 이어진다. 그것은 예수가 선포한 세 번의 종말론 전승에 나타나며(마 24:7; 막 13:8; 눅 21:11) 요한계시록의 묵시적 언어에도 나타난다(계 6:12; 8:5; 11:13; 16:18-19).

여호와가 전통적인 신 현현 본문이나 종말론 단락에 공통으로 등장한다는 모티프 너머에도 여러 본문이 지진을 표현하는 것으로 추정된다. 여기에 소돔과 고모라(창 19:24-29), 고라의 반란(민 16:31-33), 여리고 전투(수 6:20-21) 이야기들이 포함된다. 지진을 묘사하는 모든 본문 또는 일부가 하나님의 심판이라는 시각으로 해석했다고 생각하기는 어렵다. 하지만 아모스서의 표제가 지진을 언급할 때(1:1, "지진 전 이년")는 확실히 그렇다.

2) 아모스에 나오는 지진

학자들은 아모스가 지진을 언급한 것이 실제 사건이라고 생각한다. 게다가 이 지진은 고고학적 기록과 지질학적 기록으로 입증된다. 이 지진이 일어난 연대는 여러 가지로 주장되고 있으나 B.C. 760년과 750년 사이가 가장 합리적이다. 아모스의 표제는 다른 예언서의 것보다 길다. 먼저 제목("아모스의 말")이 등장하고 이어서 몇 개의 관계절을 추가하여 길게 설명한다(Tucker 1977, 60).

또 표제는 예언자와 두 개의 왕실 연대기를 나란히 기술한다. 하나는 남 왕국의 것("유다 왕 웃시야의 시대")이고 다른 하나는 북 왕국의 것("이스라엘 왕 요아스의 아들 여로보암의 시대")이다.[68] 표제들은 나중에 추가되어 예언자의 메시지가 신에게서 유래한 것임을 확증해준다. 아모스의 표제에 지진을 언급한 것은 아모스의 예언 활동을 신이 시킨 일로 보았음을 나타낸다(Mays 1969, 20; D. Freedman and Welch 1994). 아울러 그가 지진을 하나님이 자기 백성을 심판하는 징조로 보았음을 나타내기도 한다(암 2:13; 3:14-15; 6:11; 9:1).

아모스의 예언 활동이 끝난 수백 년 뒤 스가랴 14:5 "너희가 유다 왕 웃시야 때에 지진을 피하여 도망하던 것같이 하리라"는 같은 지진을 가리키는 것 같다. 이 말은 용사이신 하나님 여호와가 감람산에 서서 장차 예루살렘을 심판하는 모습 가운데 들어있다(슥 14:4). 이 구절을 북 왕국과 남 왕국 전역에 일어난 지진으로 생긴 파괴를 언급하는 것으로 해석하는 것이 상식이지만(Boda 2016, 759) 지진으로 생기는 붕괴의 위협 때문에 흙벽돌로 지은 집에서 도피하는 것으로 이해하는 것이 더 낫다(R. Roberts 2015, 194-95).[69]

"성서 고고학"은 고고학 발굴 자료를 무비평적으로 성경 본문과 연결하거나 8세기 지층의 지진 피해를 아모스가 언급한 지진으로 보는 이전의 경향을 전제로 상당수의 발굴지가 지진의 증거를 갖고 있다고 주장하였다. 아래에서 논의하는 새로운 방법론들은 증거라고 알려진 곳을 보다 적절한 통제기술을 사용하여 평가하기 시작했다. 그렇게 역사적 지진을 새로 탐사한 결과 8세기에는 한 번이 아니라 두 번 지진이 일어난 것으로 보고 있다(Agnon 2011; Kagen et al. 2011, 23-27).

---

68 학자들은 공통으로 유다 왕과 이스라엘 왕의 연대기를 이중으로 언급하는 것은 후대의 신명기 역사가의 첨가이며 신명기 역사 이전의 표제는 "지진 전 이년 드고아의 목자 아모스가 이스라엘에 관하여 이상으로 본 말씀"이었을 것으로 본다(W. Schmidt 1965, 168-70).

69 후자의 해석은 진동과 지진 파괴를 구분한다. 달리 말해서 진동은 그 땅 전체에서 감지되었지만 피해 장소는 주로 북 왕국에 국한되었을 것이다. 이와 상관없이 그 땅 전역의 백성들은 집으로 도망했을 것이다. 현대의 판구조론을 이해하지 못했기 때문이다.

3. 지진 과학

 이스라엘의 지질환경은 자연적으로 지진이 일어나기 쉽다. 사해변환단층은 길이가 1000km이고 세 구역으로 되어있다. 남쪽 구역은 아카바만에서 요단 계곡까지, 중앙 구역은 레바논 산맥과 안티레바논산맥을 포함하고, 북쪽 구역은 시리아 해변 산악들의 동쪽을 달리다가 터키 남부의 아나톨리아 동부단층과 연결된다(Masson et al. 2015, 161). 그것은 주향이동단층으로서 요단 서쪽으로 시나이 판과 동쪽의 아라비아 판 사이의 경계선을 따라 비스듬히 미끄러진다(Kottmeier et al. 2016, 1055).

 이 단층 유형의 긍정적 측면은—비교해서 말한다면—대규모 사건이 드물고 자그로스산맥에 있는 단층시스템의 경우보다 강도가 약하다(Masson et al. 2015, 167; Kottmeier et al. 2016, 1055). 실제로 이스라엘 전역에 영향을 준 가장 최근의 대지진은 1927년 7월 11일이었다. 변환은 남쪽 끝의 여러 갈라진 분지들로 이루어져 있으므로 이것이 지질학적으로 갈릴리와 사해가 저지대가 된 상황을 설명해 준다.

 고대 지진연구는 새로운 간 학문적 연구방식들의 발전으로 지난 삼십 년 동안 눈부시게 발전하였다. 가장 눈에 띄는 분야는 고대 지진학(도구 사용 이전 시기의 지진연구, 특히 장소, 기간, 크기), 역사 지진학(지진을 언급하는 문헌 연구), 지진 고고학(고고학 기록의 지진 피해 연구), 그리고 사회과학적/자연재해 연구 등이다.

 고대 지진학의 발전은 사해의 퇴적층 분석에 힘입었다. 이 지층들은 제일 먼저 사해의 바닥에 침전물이 쌓일 때 형성되었다. 지진이 일어나면 지층이 뒤틀린다. 연구자들은 중심부의 지층 숫자를 헤아리고 탄소동위원소 연대 측정법을 사용하여 중심부의 순서가 어긋난 것을 역사적 지진이 일어난 횟수와 연결한다(Ken-Tor et al. 2001; Migowski et al. 2014).

 중심부는 십만 년도 넘는 자료를 제공하며 그 지역의 기후변화도 알려준다. 여러 개의 중심부를 시추하여 지난 십여 년 동안 연구하였으므로 사해변환단층 안에서 일어난 다른 유형의 단층 활동을 구분하는 능력이 크게 향상되었으며 아울러 역사적 지진연구를 조정하는 데 도움을 받고 있다.

이 연구의 빛에서 철기 시대와 페르시아 시대에 일어난 지진들은 B.C. 11세기와 12세기, B.C. 8세기 중반에 일어난 두 번의 지진, 그리고 B.C. 525년과 331년의 지진과 연관되어 있다(Agnon 2011, 235).[70] 11세기 또는 12세기 지진의 진원지는 아카바만과 가까운 곳이고 B.C. 525년의 진원지는 현대의 하이파의 지중해 북서쪽으로 본다.

대다수 학자는 8세기 중반에 일어난 지진의 진원지 한 곳은 갈릴리 북쪽이나 시리아까지로 본다(왜 두 진원지 중의 한 곳만 개연성이 있는지에 대하여 아래를 보라; Migowski et al. 2014, 311). 비슷한 진원지에서 일어났고 좀 더 최근에 지진이 일어난 것을 느낄 정도의 패턴은 주후 1759년과 1837년에 일어났다. 이 흔들리는 패턴은 고대 이스라엘의 대다수 주민이 지진이 일어나는 동안 땅이 흔들리는 것을 느꼈을 테지만 구조적으로 피해를 본 지역은 넓게 말해서 북 왕국 지역에 국한되었을 것이다.

4. 지진 고고학

지진 피해를 적절하게 평가하려면 충분한 방법론적 통제가 필요한데 레반트의 철기 시대 제2기와 좀 더 이른 시기의 경우는 어렵다. 에게해 전문가들은 지진 고고학 방법론을 개척하였다. 그래서 이 후대의 시기들은 다른 자료와 기술을 갖고 다른 진단방법을 써서 지진 피해를 알아냈다. 예를 들어 석조작품의 피해에 집중하는 방법론은 철기 시대 제2기에는 상대적으로 제한적이다. 기둥이 무너졌다든가 아치형 입구와 복도의 돌이 빠져나왔다든가 하는 식의 지진 피해는 이 시기에 발견할 수가 없다.

또 다른 기준이 필요하지만, 아예 없을 것 같다. 여기에 벽 아래나 화재로 부서진 해골이나 복원 불가능한 시신들도 포함된다(Stiros 1996, 부록 2). 레반트 지진 고고학이 주는 진짜 도전은 고고학자들이 발굴하는 것들의 규모가 적다는 점이다. 예를 들어 겨우 몇 미터가량 기운 벽 하나가 고고학 발굴지에서 찾아낸 가

---

[70] 로마 시대와 비잔틴 시대는 비교해 본 결과 B.C. 31년, 주후 33년, 115년, 303/306년, 363년, 419년, 526년에 지진이 일어난 것으로 보고된다. Ambraseys 2009; Agnon 2011, 235를 보라.

장 좋고 유일한 증거일 수 있다. 하지만 공간 압력, 허술한 건축 기술, 또는 토대의 붕괴와 차등 정착과 같은 다른 요소들도 고려해야 한다.

아모스가 언급한 지진과 관련이 있는 지진 피해 유형은 이십여 군데의 레반트 발굴지에서 주장하며 지역 곳곳에 퍼져 있다. 한편으로 아주 최근의 고대지진 연구의 빛에서 보면 두 개의 8세기 중반 지진은 광범위한 지진 피해를 설명하는 데 도움이 된다(Agnon 2011, 236). 이렇게 볼 때 진원지는 단층대의 다른 지역들이었을 가능성이 있고 그렇게 할 때 광범위한 지진 피해를 설명할 수 있다. 그러나 고대 지진학이 발전하기 전에는 8세기 지층에서 지진 피해라고 추정하는 모든 경우를 비판 없이 수용했다(S. Austin, Franz, and Frost 2000).

반면에 레반트의 지형론과 특정한 유형의 단층은 단부터 에일랏까지 그리고 세펠라에서 요단 동부 고원지대까지 발굴지들을 훼손할 정도의 지진이 있었다는 견해와 반대된다. 니콜라스 암브레지스(Nichoals Ambraseys)가 주장하듯이 이렇게 큰 지진이라면 예루살렘을 사라지게 만들었을 테지만 그런 주장을 뒷받침해 줄 문헌이나 고고학 자료는 전혀 없다(Ambrasyes 2005).

요약하면 8세기 중반 지진 피해를 본 지역으로 주장하는 발굴지들은 한 번의 지진으로 그렇게 광범위한 피해를 일으키기에는 너무 멀리 퍼져 있다(Ambraseys 2009, 70). 과학적 연구의 빛에서 보면 차라리 북쪽의 발굴지들이 한 번의 지진으로 그렇게 큰 피해를 보게 만든 진원지와 훨씬 근접해있다. 그래서 아벨 벳 마아가, 단, 하솔, 텔 킨로트, 벳새다, 엔게브, 이스르엘, 벳산, 데일 알라와 르홉은 지진 피해를 보았을 강력한 후보지이다.

남쪽 발굴지들이 두 번째 닥친 지진의 영향을 받았다든지 아니면 인과관계를 잘못 상정한 결과로 피해를 본 장소—8세기 지층의 피해는 설명되지 않고 있고 우리는 지진이 8세기에 일어난 것으로 알고 있으므로 이 피해는 지진으로 생긴 것이라는 식—인지는 향후 분명히 밝혀야 할 연구과제이다.

5. 지진의 사회과학적 연구

1) 지진이 건강에 미치는 영향

지진 전염병학에서 나온 결과를 사용하여 우리는 지진이 건강에 미치는 영향을 다음과 같이 기술할 수 있다. 공통으로 다치는 곳은 머리와 등이고 골절상이 가장 일반적인 부상이다(Alexander 1996, 237). 이 시기의 인구수는 산정하기 어렵지만 십만 명 가까운 수가 8세기 중반 지진이 영향을 준 지역에 살았을 것이다 (R. Roberts 2012, 2; Broshi and Finkelstein 1992).

장년층이 다칠 가능성은 세 배 높고 여성은 남성보다 두 배 높다(Peek-Asa et al. 2003). 통계학적으로 어린이들이 다치기 쉬웠다. 왜냐하면, 아주 어린 아이들은 어머니 곁에 있지만, 나이가 든 아이들은 신체 발달상 더 건강하기 때문이다 (Glass et al. 1977). 사상자가 많이 생기고 다치는 경우는 가족 구성원들이 많이 집 안에 머무는 밤에 생긴다.

지진의 사후조치로 생존자를 찾으려는 노력은 공동체를 단합시키고 사회적 관계도 돈독해지며 인종이나 계층 차별도 무시한다(Clarke 2002; Kaniastry and Norris 2004). 생존자를 찾는 노력과 더불어 즉시 식수 공급에 관심을 기울인다. 영향을 받은 집 안의 저장 항아리들은 피해를 보고 지하수면, 샘, 우물의 물은 지진 뒤에 올라가기도 하고 내려가기도 한다(Nir and Eldar-Nir 1988). 금이 간 곳에 회를 바른 수조들도 영향을 받고 우물에는 잡석이 수직 통로로 떨어져 접근할 수 없게 된다. 가파른 경사면을 경작하려고 만든 농업용 테라스도 허물어지기 쉽다 (Keefer 2002). 밤이 되면 임시거처를 짓고 여진을 피하여 집 밖으로 나와 지낸다.

2) 지진이 구조물에 미친 영향

고대 레반트에서 가장 흔한 건축자재인 흙벽돌로 지은 집들은 구조적으로 지진에 무너지기 쉽다. 상하 진동이 이런 집들을 강타하면 벽돌끼리 그리고 초석에서 이탈하게 만들어 마찰도 없이 주저앉게 만든다. 아울러 땔나무로 된 지붕도 무너지기 쉽다. 지붕은 재료들을 보존하려고 회칠해서 무거우므로 부상이나 사망을 일으킬 수도 있다(Herr and Clark 2001).

과테말라 촌민을 비교 연구한 결과 모든 사망과 심각한 부상이 흙벽돌집에서 사는 사람들에게 닥쳤음을 알게 되었다(Glass et al. 1977, 640). 비교를 위해 2003년 이란의 밤(Bam)에 일어난 지진은 25,000명의 사망자를 만들었다. 고대 이스라엘과 마찬가지로 그들은 주로 흙벽돌집에서 살았다. 주요 사망원인 중 하나는 지진으로 생긴 먼지와 지붕이 내려앉아 질식당하는 일이었다.

3) 재난에 취약한 사회

연구는 재난을 일으킨 인간을 계속 강조한다. 이런 이유로 재난은 물리적 사건이면서 동시에 사회적 사건이다(Oliver-Smith 2002, 27). 그래서 영향을 받는 요인들을 제어하는 일 외에 취약성을 수동적 개념으로 보지 않고 사회적 취약성이 위험과 재난을 초래한다고 보아야 한다. 예를 들어 이런 시각으로 건축의 질이나 가정의 건축자재를 살펴야 하고 지진 이후에 깨끗한 물, 음식과 의료적 돌봄을 제공할 능력을 살펴야 한다(Macabuag 2010).

4) 종교적 부흥

재난이 닥친 뒤에 빈번하게 영향을 받는 영역은 종교적 부흥, 정치적 소요, 사회경제적 불의 등이다(Fretheim 2010; Robertson 2010). 1755년 리스본 지진은 종교적 부흥을 일으켰다. 만성절(핼러윈데이) 아침 9시 반에 일어난 지진으로 5만 명에서 6만 명 정도로 추산되는 사람들이 죽었다. 높은 천정을 보강하지 않고 회를 칠한 아치형 구조물과 둥근 천장을 가진 교회당과 성당이 무너졌다. 수많은 사람이 교회 안에서 죽었기 때문에 지진은 하나님의 심판이었다는 것이 당시의 공통된 견해였다.

또 지진은 만사가 선하게 움직인다고 보는 낙관주의 철학도 사실상 괴멸시켰다. 그 대신 볼테르 같은 지성인들은 공격적 자세를 취하여 지진을 온 세상을 사랑하는 하나님 사상을 시험하는 지적 지렛대로 사용하였다(Nur 2008, 248-59).

같은 방식으로 아모스의 메시지가 유지되는 힘을 가진 이유는 재난을 당한 주민들이 심하게 질책하는 메시지를 수용하려는 열린 마음 때문이었을 것이다. 지진 가운데 하나가 북쪽을 강타했다면 이는 더욱 사실일 것이다. 이렇게 그것은 북쪽에 대한 신학적 심판을 정당화해주었다. 반면 남쪽은 대다수가 보존되었다. 동시에 지진은 북쪽 주민들이 여호와 제의와 충성심을 재평가하도록 만들었다.

5) 사회정의

8세기 예언자들이 사회정의를 외쳤다는 것은 잘 알려져 있다(Houston 2008). 정의를 구하는 태도의 시발점은 도시에 사는 엘리트(제사장, 서사, 부유한 지주)가 점점 더 부유해지는 것과 반대로 변두리 시골에 사는 가난한 삶이라는 아주 대조적인 현상과 연관되어 있다(Nardoni 2004, 101).

하지만 다른 견해들은 도시와 시골로 나누는 방식을 축소하고 도시 환경을 차별점으로 강조한다. 그래도 정의 구현을 요구하는 장소에 상관없이 여인, 노인, 소수자는 종종 부당하게도 재난을 당한다(Kreps 2006, 64-66). 이것은 재난의 사회적 차원을 강조한다. 재난을 당하기 쉬운 사람들은 종종 잠재적 기근, 저소득, 만성 영양실조를 겪는다(Oliver-Smith 2002).

취약성과 재난 주제를 요약하면서 아모스서의 사회정의 본문들을 새롭게 읽어볼 수 있다. 재난과 상관없이 잘 살 때 생긴 빈부 격차의 빛에서 이 본문들을 읽어 왔지만, 또 다른 읽기는 재난이 빈부의 차이를 얼마나 강조하는지를 보여준다. 동시에 이 본문들은 양자택일의 시나리오가 필요치 않다. 그래서 아모스 2:6b-7은 재난의 빛에서 읽을 수 있는 본문이다.

여기서 부자는 재난이 발생하면 삶을 신속하게 움직일 수 있으나 가난한 자는 생계를 재건하기 위해 분투해야 한다.

> 그들이 은을 받고 의인을 팔며 신 한 켤레를 받고 가난한 자를 팔며 힘없는 자의 머리를 티끌 먼지 속에 발로 밟고 연약한 자의 길을 굽게 하며(암 2:6-7).

아모스 6:3-6의 말씀도 부자가 상아 침대에 누워 재난을 연기시키는 능력을 과장해서 말한다. 이 단락이 전통적으로 예상했던 "여호와의 날"--그들의 하나님이 잘못을 바로잡고 심판하기 위해 찾아오시는 날―의 의미를 뒤집어 이해할지라도 재난을 연기시킬 방편을 가진 자들의 능력은 아이러니하다. 재난의 빛에서 보면 이 선언은 부자들을 상아 침대에서 떨어질 정도로 더욱 심한 종교적 심판을 받지만, 그들은 늘 화려한 삶으로 아주 신속하게 돌아갈 능력이 있다.

6. 결론

고대 레반트의 지진연구는 흥미로운 탐구주제다.
B.C. 8세기에 경험한 재난의 유형과 범위를 보다 균형 잡힌 시각으로 보려면 여러 가지 연구 분야를 함께 살피는 것이 도움이 된다. 지진 고고학은 철기 시대 제2기 연구에 적절한 방법론을 계속 다듬고 있다. 이것은 지진이 일어난 것으로 추정하는 철기 시대 제2기 발굴 장소들을 면밀하게 조사하는 데 필요하다. 또한, 이것은 관찰된 피해를 지진으로 인해 생긴 것이라고 오판하지 않도록 개연성 있는 증거를 정리하는 데 도움이 된다.
레반트 고대 지진학에서 가진 중요한 질문들에 가장 긴급한 연구 가운데 두 가지는 이것이다.
두 개의 8세기 중반 지진이 일어난 장소나 크기에 무엇을 더 말할 수 있는가?
그리고 퇴적물로 확인된 네 번의 지진 외에 철기 시대와 페르시아 시대에는 지진이 몇 번이나 더 발생했는가?
지진 외에 화산, 쓰나미(지진해일), 홍수, 가뭄, 살인적인 기후 변동 등과 같은 자연재해도 있다. 시내 반도의 화산 활동은 여호와 신앙의 기원과 관련이 있다(Dunn 2014). 레반트의 화산 활동이 없다는 것은 성경이 그것을 언급하지 않는 모습으로 나타나기도 한다. 지중해 동부에서 최근에 발생한 쓰나미 목록은 1,200년마다 강력한 쓰나미가 일어났으나 소형 혹은 중형 쓰나미는 몇 년 주기로 생긴다는 것을 보여 준다(Fokaefs and Papadopoulos 2007).

이 쓰나미들은 사해변형단층에서 일어난 지진 활동과 연관이 있지만, 현재의 모델은 의미 있는 쓰나미 활동과 성경 시기를 연결하지 않는다. 고대 기후 변동에 관한 최근 연구들은 기근과 파괴적인 기후 패턴을 이해하는 데 유익한 전망을 보여 준다(Langut, Finkelstein, and Litt 2013; Langut et al. 2015).

더욱 많은 학자가 재난 연구에 동참하고 있으므로 우리의 사회정의 본문 읽기는 계속 확대될 것이다. 동시에 재난으로 악화한 기후변화나 수입 불평등과 같은 현대적 도전들은 예언적 목소리를 많이 내서 지속해서 성찰을 유도하고 도움이 필요한 분들이 목소리를 내도록 해야 한다.

제40장

갈그미스 전투와
7세기/6세기 지역 정치

사라 L. 호프만(Sara L. Hoffman)

B.C. 605년 이집트 군대와 바벨론 군대는 유프라테스강에 있는 갈그미스에서 충돌했다. 이 전투는 본문 기록과 고고학 기록에 잘 나타나 있다. 26왕조는 모든 면에 있어서 막대한 패배를 당하고 바벨론 제국이 남쪽의 이집트 국경까지 확장할 기회를 열어주었다. 신명기 역사가는 갈그미스에서 거둔 느브갓네살의 승리와 이어진 레반트 전역의 원정을 통해 이 지역의 권력이 완전히 바뀐 것으로 보았고(왕하 24:7) 예레미야의 이방 민족들에 대한 심판신탁에서 신학적인 언어로 이집트의 몰락을 명백히 언급한다(렘 46:10).

> 그날은 주 만군의 여호와께서
> 그의 대적에게 원수를 갚는 복수의 날이라
> 칼이 삼킬 것이나 배부르지 않을 것이며
> 그들의 피를 마시리니
> 주 만군의 여호와께서 북쪽 땅, 유브라데 강가에서
> 희생제물을 받으실 것임이로다.[71]

하지만 히브리 성경조차 이집트의 패배를 축하하고 있으므로 갈그미스에 관한 이러한 관점들은 레반트에서 이집트가 계속 역할을 하는 모습을 이해하기 어

---

[71] 이 장의 성경인용문은 전부 저자의 사역이다.

럽게 만든다. 26왕조는 권력과 영토가 줄어든 것이 사실이지만 이후로도 수년 동안 계속해서 유다의 정치적 계산법에 영향을 주었다.

1. 갈그미스 전투의 역사적 배경

앗수르 제국은 전성기에 레반트 전체를 장악했을 뿐 아니라 이집트까지 확장하였다. 앗수르 군대는 에살핫돈 때에 멤피스를 정복했고(Leichty 2011, 185-86, no. 98 이면, 37b-50a행; Grayson 1975, 85-86. Chronicle 1, iv, 23-28행) 앗수르바니팔 때는 테베를 정복했다(Borger 1996, 17-26, column ii, 28-48행). 하지만 이집트에서 앗수르 관리들이 지방 봉신들을 감독하고 반란을 진압하기 위해 군사 원정을 되풀이했음에도 불구하고 앗수르 중심부에서 먼 곳까지 권력을 유지하기는 힘들었다. B.C. 7세기 후반에 이집트의 위상은 두 가지가 완전히 달라졌다.

첫째, 프삼메티쿠스 1세의 지도력으로 통일하고 앗수르에게서 독립한 이집트는 바벨론 제국에 맞서 쓰러져 가는 앗수르 제국의 동맹이 되었다. B.C. 616년 26왕조는 앗수르 군대와 함께 레반트 북부에서 전쟁을 치렀다(Grayson 1975, 91-96, Chronicle 3, 10-11행, 61-69행). 결론적으로 이 동맹은 앗수르를 지키지 못했다. 앗수르 수도 니느웨는 B.C. 612년에 함락되었고 하란을 되찾으려는 앗수르-바니팔의 시도가 실패한 뒤 앗수르 군대는 바벨론 연대기에서 사라졌다.

그러나 26왕조는 시리아에서 원정을 이어갔다. 연대기는 갈그미스 전투가 일어나기 직전에 이집트가 공격 중이고 키무후의 바벨론 수비대를 성공적으로 포위하였으며 쿠라마투에서 진을 친 바벨론 군대를 압박하여 그 지역에서 후퇴하도록 만들었다고 보도한다(Grayson 1975, 97-98, Chronicle 4, 16-26행).

둘째, 앗수르 제국과 계약을 맺을 때 26왕조는 레반트에서 이집트의 정치적 경제적 이해를 다시 추구할 기회를 맞이하였다.[72] B.C. 7세기 후반에 26왕조는

---

72 이집트가 처음에 레반트로 확장하던 때는 불확실하다. 가장 이른 시점을 재구성한다면 앗수르가 변두리 지역을 장악하던 세력은 앗수르바니팔이 재임하는 기간에 서서히 느슨해지기 시작하고 그래서 B.C. 640년쯤에는 이집트가 확장할 기회가 열렸을 것으로 생각된다(Vanderhooft

페니키아에 행정조직을 설치하는 데 성공했다. B.C. 612년 아피스 황소 무덤에 새겨진 세라피움(Serapeum) 비석은 외국 왕들이 석관 앞에 나무를 바쳤으며 이 통치자들을 "궁전의 소작농들"(ndt ḥ)이라고 표시하고 이들이 이집트 관리의 감독을 받았으며 "이집트 땅처럼" 세금을 냈다고 말한다.[73]

사카라(Saqqarah) 파피루스도 본토와 가까운 의존국들과 블레셋에서 관계를 맺었다고 주장한다.[74] 이 편지에서 에그론의 왕 아돈(Porten 1981, 42-45)은 바벨론인들의 침입에서 자기 도시를 지켜달라고 이집트에 간청한다. 이 간청이 정당한 이유로 그는 "당신의 종이 좋은 관계를 유지해 왔다"라고 말한다. 이 아람어 표현은 아카드의 전문적인 조약 용어 타브타 나차르(ṭābta naṣār)와 비슷하다. 그래서 아돈의 간청은 공식적인 합의에 따른 의무와 기대감을 표명한 것이다(Porten 1981, 39; Fitzmyer 1979, 239-40).

또 이집트는 네겝을 통해 수익성 좋은 육상 교역로를 제공하는 유다 내륙지방을 쳐다보았다. 열왕기하 23장에서 요시야의 사망과 이어진 복잡한 계승 이야기는 유다가 B.C. 7세기 마지막 십여 년간 이집트의 봉신이었음을 보여 준다.[75] 요시야가 죽자 유다의 엘리트들이 여호아하스를 즉위시켰으나 이집트는 수개월 만에 간섭하여 느고는 이집트의 이익을 추구하기에 우호적인 인물로 앉히고 유다로부터 상당한 금액을 받았으며 폐위시킨 왕을 포박하여 하맛 땅 리블라에 가두었다.

1999, 64-81). 가장 최근의 재구성은 앗수르바니팔이 죽은 뒤 바벨론에서 반란이 일어난 때가 제국이 진정으로 위기를 맞이한 때이고 이집트는 B.C. 620년대 후반이 되어서야 비로소 레반트로 이동했을 것이라고 본다(Na'aman 1991, 35-40).
73 가장 최근의 편집본을 위해 Perdu 2002, 40-41을 보라.
74 사카라 파피루스와 함께 블레셋에서 사이트 왕조가 일으킨 군사행동에 대하여 산발적으로 언급하는 곳들이 있다. 렘 47:1은 블레셋에 대한 심판신탁의 표제로서 특별히 이집트가 가사를 정복한 사건을 언급하고 헤로도토스 2.157도 프삼메티쿠스 1세가 아스돗을 29년 동안 포위 공격했다는 혼란스러운 역사적 전통을 담고 있다. 느고 2세 시절에 세워진 어느 석상 비문에서 "아시아를 쳐부수려고" 26왕조의 장군 아마시스를 보냈다고 모호하게 언급한 내용도 보라(D. Redford 2000, 187-88).
75 유다가 요시야 사망 직전에 이미 이집트의 봉신이었다는 주장을 위해 Na'aman 1991, 51-54; Shipper 2010을 보라.

이집트 팽창과 대조적으로 앗수르와 바벨론 제국은 레반트 남부에 더욱 선명한 자취를 남겼다. B.C. 8세기 후반과 7세기 후반 그리고 6세기 초에 일으킨 파괴적인 원정으로 몇 지역에서 심각한 인구변화를 가져왔으나(Faust 2008, 172-73; Lipsichts 2005, 323-65)[76] 이집트 26왕조 초기의 주도권은 짧게 끝났고 물리적 기록은 대체로 볼 수가 없다.[77] 하지만 B.C. 7세기 말 이집트는 레반트 봉신국을 지배했고 국경에서 멀리 떨어진 지역을 원정하여 시리아를 침공한 바벨론 군대보다 우세했다.

2. 본문과 고고학으로 본 갈그미스 전투

터키와 시리아의 현재 국경선을 따라 유프라테스강, 제라블루스(Jerablus)에 위치한 갈그미스는 26왕조가 벌인 군사작전의 최북단에 있는 주요 기지였다. 바벨론 왕 나보폴라사르는 즉위 21년째에 고국에 머물렀고 왕자 느부갓네살이 이 소도시에서 바벨론 군대를 지휘했다. 바벨론연대기에 따르면(Grayson 1975, 99, Chronicle 5, 이면, 1-8행) 이집트군은 갈그미스 공격을 저지할 수 없어서 후퇴하려고 했으나 느부갓네살이 추격하여 전멸시켰다.

그 보도는 간결하면서도 전쟁이 한쪽으로 기운 것을 강조하고 결정적인 패배를 당한 이집트 병사는 단 한 명도 살아남지 못했다고 과장한다. 그 기사는 갈그미스가 더 넓은 지역을 지배하는 데 의미가 있다고 말하면서 결론을 맺는다.

그 당시 느부갓네살은 하맛 전 지역을 정복했다.

---

[76] 레반트 남부, 특히 텔 젬메의 앗수르 스타일 건축물을 위해 Van Beek 1993을, 아스돗 근처의 앗수르 궁전터에 관하여 Zehavi 2008을 보라.
[77] Schipper 2010은 이 시기 레반트에 남은 이집트의 문화유산을 대략 소개한다. 하지만 표본의 크기가 너무 작아서 고고학적 근거로 26왕조의 제국주의에 대하여 의미 있는 결론을 끌어낼 수가 없다.

바벨론 연대기와 더불어 예레미야의 열방 신탁 역시 신학적 해석과 함께 갈그미스 사건을 운문으로 보도한다(렘 46:2-12). 7-8절에서 이집트의 정치적 성공을 나일강의 불어남으로 묘사하는 것은 느고의 제국주의적 야심을 인정한다.

> 내가 일어나 땅을 덮어 성읍들과 그 주민을 멸할 것이라.[78]

하지만 이 이미지는 26왕조가 레반트에서 이룬 정치적 성취가 지닌 의미를 은연중 깎아내린다. 매년 범람주기로 인하여 나일강의 수위 상승은 불가피하게 낮아질 수밖에 없다. 나일강의 상승('lh)과 하강(sq')을 뚜렷이 언급하는 아모스 9:5의 평행본문과 대조적으로 예레미야 46장은 이 이미지를 교묘하게 변형하여 6절과 12절에서 이집트 병사의 엎드러짐(npl)으로 언급한다. 바벨론 연대기처럼 예레미야 46장도 이 전투를 이집트 군대의 결정적 패배로 묘사한다.

> 발이 빠른 자도 도망하지 못하며 용사도 피하지 못하고 그들이 다 북쪽에서 유브라데 강가에 넘어지며 엎드러지는도다(6절).

본문의 묘사는 20세기 초 레오나드 울리(Leonard Woolley)가 발굴한 갈그미스의 가옥 D에서 나온 고고학 증거로 보완된다. 두 개의 희귀한 상황은 유적지의 연대를 특별히 정확하게 추정하게 만든다.

첫째, 그 발굴지의 다른 구조물과 달리 가옥 D는 건축 지층이 단 하나뿐이다.
둘째, 건물을 다시는 사용하지 못하도록 만든 파괴지층에서 발굴자들이 찾아낸 마루에는 26왕조 초기의 파라오들인 프삼메티쿠스 1세와 느고 2세의 이름이 새겨진 물건들이 나와서 건물과 내용물을 B.C. 7세기 후반으로 보도록 만들었다.

---

78 이곳의 나일강 이미지와 여호와가 혼돈의 물을 정복하는 성경적 전통과 메소포타미아가 왕을 파괴적인 홍수로 표현하는 것의 미묘한 차이에 대한 논의를 위해 Huddlestun 1996, 236-47을 보라.

가옥 D는 전투증거뿐 아니라 그곳에 이집트인이 있었다는 표시도 갖고 있다. 가옥 D의 마루에서 발견한 불에 탄 잡석과 잿더미 아래로 두 개의 방에서 사람의 해골이 발견되었고 발굴자들은 건물 곳곳에서 금속으로 만든 수백 개의 화살촉과 창끝, 칼, 그리스 방패를 함께 찾아냈다. 더욱 놀랍게도 이집트 물질문화는 레반트의 철기 시대 제2 C기에 드물지만, 가옥 D에서는 곳곳에서 이집트 물건들이 발견되었다. 반지의 홈에 들어있는 프삼메티쿠스 1세의 카르투슈, 느고 2세의 풍뎅이 디자인, 상형 문자가 새겨진 석고 용기, 몇 개의 이집트 인형들도 있다.

그래서 갈그미스 전투는 B.C. 605년 사건을 재구성하는데 특이할 정도로 본문과 고고학이 일치한다. 사실 그 결과는 의심스럽지 않다. 하지만 이 전투가 후기 철기 시대의 지역 정치에 미친 영향은 좀 복잡하다.

3. 갈그미스 전투의 여파

1) 레반트 남부의 바벨론 원정

이집트 군대가 갈그미스에서 패배한 것은 곧 바벨론이 레반트 남부를 정복하는 길을 열어주었다(Grayson 1975, 100, Chronicle 5, 이면, 15-23행). 느부갓네살의 초기 하투 원정은 블레셋 남부 해안의 항구이며 지중해 교역 중심지였던 아스글론의 파괴로 가장 잘 증명된다(Master 2003; Faust and Weiss 2005). 바벨론 연대기는 느부갓네살과 그의 군대가 아스글론 왕을 붙잡고 도시를 약탈한 내용과 더불어 그 장소를 "무더기"(*ana tilli*)로 만들어버렸다고 기록한다(Grayson 1975, 100, Chronicle 5, 이면, 15-20행).[79]

아스글론에서 나온 고고학적 증거도 이런 정황을 지지한다. 이곳에서 나온 B.C. 7세기 후반 자료는 해안 시장과 도시 중앙에 있는 대형 포도주 양조장이다(Stager 2011, 5-8). 두 곳에서 유리화된 건물 자재와 깨진 도기 조각들로 가득한 파

---

[79] BM 21946의 18-20행에서 "아스글론"으로 읽는 독법의 확증을 위해 Fantalkin 2011, 87 n.1의 비석 조사에 관한 논의를 보라.

괴지층은 이 도시 최후의 날을 잠시나마 엿볼 수 있었고 시장의 406번 방바닥의 잡석에서 아스글론의 여성 주민의 유해도 발견되었는데 도시의 끔찍한 최후를 보여 준다(Stager 1996a, 69*).

시장이나 포도주 양조장에서 페르시아 시대까지 재정착한 흔적이 없었다는 사실은(Stager 2011, 11) 느부갓네살이 이 도시를 폐허로 만들었다는 바벨론 연대기의 주장을 더욱 분명하게 해 준다.

이집트 물질문명이 7세기 레반트 발굴지에서는 드물지만 두 곳의 주요 발굴 지역에서는 이집트 물품들이 집중되어 발견되었다.[80] 포도주 양조장의 방들은 청동제 모형 봉헌쟁반, 일곱 개의 바닥 깊은 청동 항아리, 청동 오시리스 조각품, 풍뎅이 장식과 부적들도 있다. 항구의 해안 시장에 난 남쪽 도로의 코너에서 발굴자들은 은의 무게를 재는 청동 저울과 이집트 풍뎅이와 부적을 함께 넣어 둔 상자와 같은 유물도 발견하였다. 아스글론 발굴자들(Stager and Master 2011, 740; Stager, Master, and Schloen 2011, 706-8)은 이 이집트 물건들은 이 도시에 상행위를 감독하는 이집트인이 있었음을 보여 준다고 주장한다.

이런 관점에서 볼 때 느부갓네살이 아스글론에 미친 이집트의 영향력을 근절하는 일은 바벨론 제국이 이 도시의 광범위한 지중해 교역망을 활용하려는 일보다 더 중요했다. 아스글론의 이웃 도시이며 블레셋의 주요 올리브 기름 생산 중심지(Gitin 1989)이고 B.C. 7세기 후반 이집트 봉신 국가 에그론도 이 시기에 파괴되고 버려졌다.[81] 이 두 도시 국가의 파괴는 느부갓네살이 제국의 남쪽 국경을 따라 완충지대를 유지하여 이집트가 블레셋 시장에 접근하는 것을 막으려고 했음을 보여 준다.

---

80 Fantalkin 2011은 아스글론에 그리스 도기가 상당량이 발견된 것도 그곳에 이집트가 후원하는 그리스 용병들이 있었다는 표시이고 그래서 바벨론 군대의 공격을 자극했다고 주장한다. 하지만 Waldbaum 2011은 아스글론에서 발견된 그리스 도기를 이런 식으로 해석하는 것을 설득력 있게 반박하고 이 자료들을 이 도시가 광범위한 상업에 참여한 증거로 본다.
81 에그론 발굴자들은 B.C. 640년 원정 중에 아스글론과 함께 파괴된 것으로 생각한다(Gitin 1998, 276n2). 하지만 이 도시가 파괴된 정확한 시기에 대해서는 구체적인 본문 증거가 없다는 점을 주목하라. 몰락 시기로 7세기 후반이나 6세기 초반으로 보는 견해에 대하여 Fantalkin 2011, 88n2를 보라.

유다의 충성심도 적어도 처음에는 갈그미스 전투 결과를 따라 바벨론으로 바뀌었다(왕하 24:1). 신명기 역사가는 여호야김이 통치하는 동안 이런 변화의 상황을 상세히 설명하지 않고 대신 유다가 지배당한 책임을 므낫세의 죄 때문이라는 신학적 설명에 초점을 두었다. 하지만 열왕기하 24:7의 요약은 그 지역의 현실이 완전히 바뀌었다고 말한다.

> 애굽 왕이 다시는 그 나라에서 나오지 못하였으니 이는 바벨론 왕이 애굽 강에서부터 유브라데 강까지 애굽 왕에게 속한 땅을 다 점령하였음이더라.

바벨론이 갈그미스에서 거둔 승리는 레반트 권력의 중심을 이동시킨 중대한 사건이었으나 그렇다고 해서 후기 철기 시대의 지역 정치에서 이집트의 역할을 끝장낸 것은 아니었다.

2) 바벨론의 이집트 원정 실패

바벨론인이 국외에서 26왕조와 싸워 이겼으나 이집트는 국경을 유지하였다. 예레미야 46장은 이집트가 갈그미스에서 패한다는 신탁과 함께 바벨론이 이집트 공략에 성공할 것이라고 예고하고 믹돌과 타파네스(데프네) 같은 나일 삼각주 동부의 국경 요새지를 침략하는 것으로 끝나지 않고 이집트 내륙 깊숙이 원정하여 멤피스의 몰락으로 이어지길 기대했다(렘 46:14, 19). 그 신탁들은 이집트의 지도자들이 붙잡히고 용병들은 이집트를 버릴 것이고(21절) 이집트 주민들이 포로로 이송될 것을 예고한다(19절).

이 신탁의 언어가 상투적이지만 예상한 사건들은 사이트 시대의 역사적 현실을 다룬다. 그리스 사병들에 대한 증거는 잘 알려졌지만, 레반트 군인들 역시 이집트 군대에 들어있었다.[82] 이 외국인 용병들은 26왕조에서 중요한 역할을 했고

---

82 프삼메티쿠스 2세가 구스를 정벌할 때 아부 심벨에 세운 가장 긴 그리스 비문은 군대를 토착 이집트 병사와 "외국어를 말하는 병사" 두 부대로 나뉘었다고 말한다. 하지만 이집트 군인들은 그리스 병사를 관리하는 자들(ḥ3w nbw), 리비아 병사(ṯmḥw와 ṯhnw), 아시아 병사('3mw) 그리고 조금 더 모호하게 부르는 외국인 병사(ḥ3styw)로 명칭을 세밀하게 구분한다. Chevereau 1985

(Kaplan 2010) 이집트 군대와 함께 원정에 동참했고(Bernand and Masson 1957; Schmitz 2010; Leahy 1988) 이집트 국경 요새들에 주둔하였다(Oren 1984; Breasted 1906-7, vol. 4, § 994).

더구나 바벨론 자료는 느부갓네살의 제국 전략을 결코 뚜렷이 언급하지 않지만, 블레셋과 유다에서 사용한 증거는 그가 초토화 전술을 써서 지역민 대다수를 포로로 이송하는 전술을 사용하였음을 보여 준다.[83] 철기 시대 제 2C기에 아스글론과 함께 에그론도 파괴되었고 바벨론 시대에 재정착하지 않았으며 느부갓네살은 유다에서 B.C. 597년, 586년, 582년, 세 차례에 걸쳐 주민을 이송시켰다.

하지만 신탁의 기대감은 적어도 이집트와 바벨론이 지정학적 투쟁을 벌이는 중에는 합당했으나 그 예언은 전혀 성취되지 않았다. 실제로 느부갓네살이 이집트를 정복하려는 시도는 실패했다. 연대기는 그가 B.C. 601/600년에 이집트를 처음 침략했고 양측에 많은 사상자가 생겼다고 기술하지만 느부갓네살의 군대가 결국은 고국으로 되돌아갔음을 시인한다(Grayson 1975, 101, Chronicle 5, 이면, 5-7행).

이후에 기록된 연대기 내용을 면밀하게 읽어보면 이 패배로 바벨론 군대가 상당한 피해를 보았음을 알려준다. 느부갓네살과 그의 군대가 그다음 해에 바벨론에 머물렀고 또 그다음 해에는 사소한 원정에만 참여했기 때문이다(Eph'al 2003, 180-83; Kahn 2008, 142-43). 제국이 이집트로 확장하려는 계획은 느부갓네살이 통치하는 동안 미궁에 빠졌다.[84]

를 보라.
[83] 바벨론 군대가 레반트 남부의 도시들을 파괴하고 주민을 이주시키는 정책을 쓴 증거와 나란히 유다에서는 특히 나스베와 라맛 라헬 주변에서 생활이 이어지고 있었으며 바벨론이 이 지역에서 생산되는 농산물에 계속 관심을 가졌다는 증거를 위해 Lipschits 2011도 보라.
[84] 아마시스가 다스리던 때 엘레판틴에서 나온 이집트 왕의 돌비는 "아시아인들"(Sttyw)이 육지와 바다 양쪽에서 공격했다고 말한다(Leahy 1988, 190-93). B.C. 568년의 단편적인 설형 문자 서판 BM 33041도 보라. 거기에는 군사 원정에 대한 언급이 들어있는데 "이집트 왕과 그의 부대 전체"를 언급한다(Spalinger 1977, 236-37).

3) B.C. 605년 이후 이집트의 레반트 개입

이집트가 레반트에서 우위를 차지하지는 못했지만, 26 왕조의 파라오들은 계속해서 바벨론 봉신국들의 일에 연루되어 바벨론 통치에 저항하는 분위기를 선동했다. 이렇게 영향력을 얻으려고 애쓰는 중에 바벨론에 대한 유다의 충성심은 옅어졌다. 원래 B.C. 609년 이집트의 느고 2세에 의하여 보좌에 앉은 여호야김은 일시적으로 바벨론 봉신이었다가 3년이 지난 후 그는 26왕조에게 충성을 바쳤다(왕하 24:1). 아마 느부갓네살이 최근에 이집트를 침략하다가 실패한 사건들이 유다가 바벨론 통치에 저항할 빌미를 주었을 것이다.

마찬가지로 B.C. 597년 여호야긴이 항복한 다음 느부갓네살이 직접 유다의 보좌에 앉힌 시드기야는 바벨론에 대한 충성심이 약해지면서 친이집트 정책을 추구했다. 주변 국가들과 반 바벨론 동맹을 만들려고 그는 암몬, 모압, 에돔, 두로, 시돈의 외교사절단을 예루살렘에 초대하였고(렘 27장) 자신도 유다의 사절단을 이집트로 보내어 반란을 일으킬 때 군대의 지원을 요청하였다(겔 17:11-15).[85]

심지어 열왕기하 24:7에서 "애굽 왕이 다시는 그 나라에서 나오지 못하였으니"라고 말하고 있음에도 불구하고 26왕조는 외교적인 노력과 아울러 레반트에서 추가적인 군사 원정을 실시하기도 하였다. B.C. 592년 프삼메티쿠스 2세는 지중해 해안까지 이집트 부대를 이끌었다(Pap. Rylands 9, 14.16-19). 주석가들은 이 사건을 완전한 원정으로 볼 것인지 확신하지 못하고 있으나 그 지역의 도시 국가들의 반 바벨론 정서를 조장하고 이집트와 맺은 동맹을 견고하게 만들려는 이집트의 지정학적 관심사를 보여 준다는데는 모두 동의한다(Kahn 2008, 148-53; Schipper 1999, 243-44).

프삼메티쿠스 2세의 후계자 아프리스(Apries, 성경의 호브라)는 예루살렘을 지원하기 위해 군대를 보내기도 했고 적어도 일시적이지만 바벨론의 예루살렘 포위망을 뚫어주기도 했다(렘 37:5, 11). 실패했기 때문에 이렇게 간섭하는 이유를 쉽

---

[85] 라기스 서신 3은 유다의 군대장관 엘나단의 아들 코니아가 이집트 국경을 건너 유다인 부대를 구하기 위해 파송되었다고 짧게 보고한다. 이 편지가 이집트의 지원을 얻으려는 외교적 사명의 증거인지 아니면 유다인 사병들이 탈영하여 이집트에 망명한 것인지 불명확하다. 상세한 논의와 참고문헌을 위해 Schipper 1999, 245-46을 보라.

게 놓칠 수 있다. 하지만 B.C. 6세기 초를 보면 유다의 관리들은 여전히 이집트와의 동맹을 바벨론에게 항복하지 않고도 살 수 있는 길로 여겼다. 결국, 이 확신은 처참한 결과를 초래하여 예루살렘과 유다의 주요 도시들은 초토화되었고 유다의 많은 엘리트가 유배되었다.

4) 후기 철기 시대 정치에 대한 성경적 관점

이렇게 느부갓네살이 갈그미스 전투에서 거둔 승리는 철기 시대 역사의 분수령이었으나 바벨론 동맹이나 이집트 동맹 어느 쪽이 유다의 이해를 진작시켜주었는지에 관한 질문은 B.C. 605년 이후 오래도록 미결과제로 남게 되었다. 그다음 이십 년 동안 유다의 왕들은 역동적으로 바뀌는 지정학적 상황에서 이 두 가지 길 중에서 오락가락하다가 생존의 길이라고 여겨지는 길을 선택했다. 특히 예레미야서는 유다의 엘리트들이 친바벨론파와 친이집트파로 분열되었음을 보여 준다.

예레미야의 산문에서 예언자는 일관되게 바벨론에게 항복하라고 주장한다.[86] 그는 이것을 여호와의 뜻이라고 주장한다(렘 27장). 예루살렘이 정복되기 전에 그는 바벨론의 승리를 불가피한 것으로 여기고(예, 21:1-10; 32:2-5; 37:17) 유일한 생존방법은 항복이라고 보았다(예, 21:8-10; 38:2, 17-23). 그는 이집트의 군사개입이 성공하여 바벨론이 예루살렘 원정을 포기할 것으로 믿고 거짓 희망을 품고 있는 왕의 고관들을 엄중하게 경고한다(37:6-10).

예레미야는 예루살렘이 무너진 뒤에도 바벨론이 미스바에 임명한 총독이며 아히감의 아들 그달리야처럼 유다의 남은 자들에게 같은 메시지를 반복한다. 그것은 공동체가 앞으로 나아갈 유일한 길은 느부갓네살을 두려워하지 말고 바벨론에게 항복하고 땅에 남는 일이다(42:10-12; 참고, 40:9-10).

본문에는 서로 모순된 목소리가 섞여 있다. 반 바벨론 입장도 하나냐와 같은 예언자가 대변한다. 그는 여호와가 "바벨론 왕의 멍에를 꺾었다"라고 선포하고

---

86 이런 특성은 예레미야와 서기관 바룩이 바벨론에게 동조한다고 반복해서 정죄하는 대목을 통해 강조된다(렘 37:13-14; 43:2-3).

(렘 28:2) B.C. 597년의 유배가 신속히 뒤바뀔 것을 희망한다. 예레미야의 반대편에 서서 시드기야의 반란을 찬성하는 왕의 고관들은 "이 사람이 백성의 평안을 구하지 아니하고 재난을 구하오니"(렘 38:4)라고 말하여 예레미야가 바벨론 포위망을 이겨내려는 백성의 결단력을 약화하고 유다를 해롭게 한다고 정죄한다. 하지만 편집자는 그들의 불법성에 초점을 맞추어 이 견해를 통합시키고 있다.

이집트를 반대하는 것은 자연히 예레미야의 친바벨론 입장과 같다. 예레미야 46장에서 이집트가 갈그미스에 패한 사건을 축하하는 것은 문학 장르, 편집단계 그리고 마소라 본문과 칠십인 역본의 경계를 뛰어넘어 반이집트 수사법의 경향과 잘 어울린다.[87]

전승이 발전하는 초기 단계에서 이집트를 조직적으로 부정할 필요가 있었다는 것은 26왕조를 바벨론의 위협에 대항하는 합당한 동맹으로 여기고 이집트에 도피처를 찾아 대안적 생존의 길을 모색했던 친이집트 파벌의 목소리가 강력했음을 은연중에 인정한다. 예레미야 전승은 진화하면서 친바벨론과 친이집트 관점은 타당한 것으로 남아 있으나 바벨론 골라(golah; 포로민)는 새로운 필요에 따라 활용하고 확장하였다. 그래서 여호와의 백성이 가진 배타적 입장을 주장하고 유다와 이집트 땅에 사는 유다인 포로 공동체는 무시되었다.[88]

---

[87] 이집트는 과거에 이스라엘의 조상을 종살이시킨 나라로 나타나고(렘 2:6; 7:21-26; 11:1-8; 16:14; 23:7; 31:31-32; 32:20-22; 34:13) 현재는 신뢰할 수 없는 정치동맹이라고 규정한다 (2:16-18, 36-37; 37:1-10). 예언자는 이집트를 합당한 도피 장소로 보는 것을 배격하고 거기로 이민하는 자들을 정죄하며 이 공동체의 미래를 위해 아무런 소망을 제시하지 않는다(24:8-10; 42:1-43:7; 44장). 많은 신탁이 여호와의 손에 이집트가 패망할 것을 기대한다(9:25-26; 25:15-26; 43:8-13; 46장).

[88] 예레미야서의 문학적 발달과 포로로 잡혀간 유다인 집단 사이의 갈등에 관하여 특히 Rom-Shiloni 2013, 198-252를 보라. 하지만 Rom-Shiloni는 예레미야 전승의 가장 빠른 단계에서 이 수사법이 가진 실용적 정치적 함의를 설명하지 않는다.

제41장

알렉산더 대제와 헬레니즘

D. 브렌트 샌디(D. Brent Sandy)

알렉산더 대제는 고대 세계의 복병이었고 누구도 상상하지 못했던 위업을 달성하였다. 수 세기 동안 메소포타미아와 지중해 동쪽 제국의 왕들이 동방의 챔피언이었다. 하지만 알렉산더와 그의 장군들은 서방의 불청객이었고 B.C. 4세기에 다리우스 3세와 페르시아 제국을 뜻밖에 정복하고 동방의 초강대국들의 권력 계승을 종식했다. 알렉산더와 그의 계승자들이 없었더라면 이후의 서방 제국(로마제국)이 세계적인 초강대국이 되지는 못했을 것이다.

그럴지라도 동방과 서방을 흑과 백으로 나누는 것은 지나치게 단순한 것이다. 그리스 문명은 상당히 발전했었고 페르시아인들은 좀 달라도 나름대로 진보하고 있었다. 둘 사이에는 뚜렷한 경계선이 없고 알렉산더가 나타나기 전에 양측 문화는 어느 정도 섞여 있었다. 그러나 알렉산더가 페르시아 제국을 정복하고 지역 전체를 빼앗은 뒤에는 이른 시기에 이루어졌던 문화교류의 수준과 범위는 전혀 똑같지 않았다. 특히 도심지와 상류층 사람들은—서방이든 동방이든—과거 고국에서 누렸던 안락함과 전통문화를 유지하기가 더는 가능하지 않았다. 새로운 세계질서는 사고방식과 삶의 방식을 혼합시키는 일을 수용하고 적응하도록 만들었다.[89] 이것은 다른 모든 사람과 마찬가지로 유대인에게도 해당하는 말이었다.

---

[89] 문화의 동종교배에 관하여 Peters 1970, 22를 보라. 헬레니즘 시대의 창의성에 관하여, Rostovzeff 1941, 1:v를 보라. "헬레니즘 시대에 그리스인이 되는 새로운 방식들"에 관하여 Burstein 2003도 보라.

1. 드라마[90]

알렉산더의 아버지 필립이 없었더라면 알렉산더라는 이름은 알려지지 못했을 것이다.[91] 필립은 형이 죽자 스물두 살의 나이에 고대 그리스의 발칸 반도의 작은 지역이었던 마케도니아의 섭정이 되었는데 그때가 B.C. 359년이었다.

필립은 8년 만에 나약한 지파들로 구성된 지역과 도시 국가들을 외교술로 그리스 북부 지역 거의 전부를 장악하였다. 필립이 전투기술의 대가였다는 것이 큰 도움을 주었다. 가장 중요한 요소는 혁신적인 밀집대형이었다. 비정상적으로 긴 창을 휘두르는 보병 진형은 특히 인상적이었고 과거에 중무장한 부대보다 더 효과적이었다.[92]

필립은 그다음 십 년 동안 남쪽에 있는 주변 족속들에게 관심을 기울였다. 그는 한 번에 하나씩 도시 국가들을 장악해나갔다. 결국, 아테네는 전쟁을 선포하게 되었고 그리스 중심부를 지키기 위해 동맹을 만들려고 했다. 그러나 동맹을 맺을 도시들은 거의 없었고 시기도 너무 늦었다. B.C. 338년 카이로네아(Chaeronea)에서 벌어진 결정적인 전투에서 필립과 그의 군대는 그리스인들이 모은 최강 부대를 무찔렀다.[93]

필립은 고린도에서 열린 회의에서 자기가 내건 조건에 따라 "온 땅의 평화"를 선포했다. 세 가지 사실이 분명했다.

- 이전에 별로 중요하지 않았던 북쪽의 이웃, 마케도니아는 이제 모든 그리스가 한데 뭉친 것보다 강력해졌다.

---

[90] 일차 고대 자료로 Diodorus Siculus(B.C. 1세기), Quintus Curtius Rufus(주후 1세기), Strabo(주후 1세기), Plutarch(주후 2세기), Arrian(주후 2세기), Justin(주후 3세기)이 보존한 Pompeius Torgus의 잃어버린 역사 개요를 보라. 짧막한 요약은 마카베오상 1:1-10에서 읽을 수 있다. 이 모든 것들—기록한 사건과 동시대는 아님—은 지금은 잃어버렸으나(간혹 단편적인 자료는 예외) 프톨레미와 아리스토블루스가 쓴 초기 자료에 의존하고 있다. 잃어버린 자료에 관한 상세한 논의를 위해 Bosworth 1988, 295-300; Bosworth and Baynham 2000; Bosworth 2002를 보라 (페르시아 자료가 없음에 관하여 아래의 각주 19를 보라).

[91] 마케도니아/그리스 왕국을 일으키고 페르시아인을 무찌를 군대를 양성한 사람이 필립인데 알렉산더에게 너무 많은 공을 돌리고 있다.

[92] 마케도니아의 전투기술에 관하여 Snodgrass 1999, 114-30을 보라.

[93] 이 중요한 전투에 관하여 Diodorus, *Library of History* 16.84.1-16.88.2를 보라.

· 그리스 도시 국가들이 자유롭게 행동하던 자유는 사라졌다.
· 페르시아가 필립의 다음 목표였다.

그러나 필립의 왕국은 여전히 지중해 동부 해안부터 인더스강 계곡까지 산과 계곡과 사막이 펼쳐져 있는 거대한 페르시아 제국에 비교하면 레이다에 잠시 깜박이고 사라지는 신호 정도에 불과했다.

2. 알렉산더[94]

18년 전 필립의 아내 중 정치적 동맹을 맺고 결혼했던 올림피아스가 자녀를 낳았다. 필립은 다른 아들들이 있었지만 새로 태어난 알렉산더 3세를 총애하여 자신을 계승할 자로 양육했다. 그는 철학자 아리스토텔레스를 마케도니아로 데리고 와서 알렉산더에게 당대 최고의 그리스 교육을 받게 하였다.

젊은 알렉산더의 잠재력과 용맹함은 십대에 불과한 나이였으나 케로네아 전투에서 명백히 드러났다. 알렉산더가 이끄는 기병 부대는 그리스의 저항을 격파하고 승리하는 전공을 세웠다. 필립과 알렉산더가 함께 하면서 마케도니아 군대는 어떤 일도 성취할 준비가 되어있었다. 하지만 아직은 아니었다.

18개월 후 필립은 예상치 못하게 암살을 당해 죽었다. 아마 알렉산더의 속상한 어머니가 사주했거나 설상가상으로 알렉산더가 죽였다고 생각하는 이도 있다.[95]

문제는 이제 막 스무 살 난 알렉산더가 성공적으로 아버지를 계승할 수 있었을까? 하는 것이었다.

---

[94] 알렉산더에 관해 고대와 현대 연구는 엄청나게 많다(아마 나사렛 예수 연구 다음으로 많을 것이다). 알렉산더 연구는 균형 잡힌 것도 있고 지나치게 영웅시하는 것도 있다. 시작하기 좋은 자료는 Bosworth 1988; P. Green 1992; O'Brien 1992이다. 그리고 Ernst Badian의 독창적인 논문들은 지금 Badian 2012에 수집되어 재출간되었다.
[95] 암살이 어떻게 시행되었는지 설명을 위해 Diodorus, *Library of History* 16.91.1-16.95.1을 보라.

놀랍게도 일 년도 채 안 되어 마케도니아 장군들의 지지를 받은 알렉산더는 군대와 그리스인들에게 그가 외교술과 전쟁 수행능력의 대가라는 것을 입증하였다. 그는 과감하게 다음 해에 페르시아와 전쟁을 시작할 것이라고 선언하고 즉시 준비작업에 들어갔다.

알렉산더가 페르시아를 공격하려는 이유는 150년 전 페르시아에 당한 것을 갚아주려는 것(Diodorus, Library of History 16.89.2)과 페르시아의 지배에서 아시아의 그리스 도시들을 벗어나게 해 주기 위함이었다. 그런데도 알렉산더는 꿈에서조차 장차 이룩할 위업과 성취를 예상하지 못했을 것이다(필립이 역사의 무대에서 사라졌으나 그가 이루어 놓은 것이 없었더라면 알렉산더의 성취는 결코 아버지를 따라가지도 못했을 것이라는 점을 강조할 필요가 있다.[96])

3. 침공

페르시아를 침공한 때는 B.C. 334년 봄이었다. 알렉산더가 헬레스폰트 해협을 건너 아시아로 데리고 간 군대 중에 마케도니아 사람은 놀랍게도 1/3도 되지 않았다. 나머지는 그리스와 다른 지역에서 뽑은 병사들이었다.[97] 그래도 부근에 트로이가 있고 오늘날 터키의 북서부를 흐르는 그라니쿠스강에서 첫 승리를 거두었다.[98] 페르시아에 고용된 그리스 용병은 거의 절반이 전투에서 죽었고 나머지는 알렉산더에게 잡혀 그리스에 노예로 보내졌다.

알렉산더의 결의와 그가 이끄는 군대의 자신감은 커졌고 그들은 빠르게 전진하여 남쪽과 동쪽을 공격하여 주요 도시들을 포위 공격하고 보물을 빼앗았고 잘 준비된 페르시아 군대와 불가피한 일전을 겨룰 만큼 가까이 이동하였다. 가는 동안 알렉산더는 여러 지방 총독을 폐위시키고 자신의 관리들을 앉혔다. 때로

---

[96] "군주국을 만들 자원이 가장 적은 것으로 알려진 이 왕[필립]은 실제로 그리스에 가장 위대한 군주국을 만들었다."(Diodorus, *Library of History* 16.95.2). Worthington 2014를 보라.
[97] Diodorus, *Library of History* 17.17.3-4; Arrian, *History of Alexander* 1.2.3. 을 보라.
[98] 그라니쿠스강 전투를 위해 Diodorus, *Library of History* 17.19.1-17.21.7; Arrian, *History of Alexander* 1.12.6-1.16.7을 보라.

이전에 페르시아가 다스리던 도시들에 민주적인 정부를 세운 적도 있었다.

한편 페르시아 왕 다리우스 3세는 알렉산더의 군대를 훨씬 압도할 만큼의 병력을 소집하여 바벨론에서 출정하였다. 전투는 처음 전투가 벌어진 곳에서 남동쪽으로 무려 오백 마일이나 떨어진 소도시 이수스에서 벌어졌다. 바벨론까지 가는 거리의 중간지점이었다.[99] 또다시 그리스 자료들은 신속하게 완승하였다고 보도한다. 다리우스는 도망갔고 알렉산더가 맹렬히 추격했다고 말한다. 놀랍게도 알렉산더는 페르시아 귀족들의 첩 여러 명과 함께 다리우스의 아내, 어머니, 자녀들을 붙잡았고 엄청난 전리품을 얻었다.[100] 그래도 다리우스는 빠져나갔다.

4. 방향전환

알렉산더는 겨우 18개월 여정으로(이제 B.C. 333년 가을이었다) 강력해져서 거의 아무런 저항도 받지 않고 페르시아의 중심지로 전진했을 것이다. 그러나 더 큰 매력이 있는 기회를 보았다. 그것은 지중해안으로 따라 이집트로 전진하는 일이었다. 그가 가는 길목에 있는 두 도시, 두로와 가사는 예외였다.

두로는 해안에서 떨어져 있는 요새지였다. 성벽은 바닷가를 끼고 세워져 있었다. 이전에 이 도시는 내륙에 있었지만, 느부갓네살이 이끄는 바벨론 군대가 옛 도시를 폐허로 만들었기 때문에 주민들은 섬에 도시를 다시 세웠다.[101] 알렉산더는 외관상 난공불락의 요새를 공략하기 위해 계책 하나를 세웠다. 그것은 옛 도시의 잔해를 이용하여 섬으로 가는 둑길을 만드는 것이었다. 넓이가 200m이고 길이는 900야드나 되는 둑길이 지중해로 뻗어있었다.

---

[99] 이수스 전투를 위해, Diodorus, *Library of History* 17.32.1-17.38.7; Arrian, *History of Alexander* 2.8.5-2.11.10을 보라.
[100] 그리스 자료가 일방적으로 치우친 견해를 보여주는 사례를 위해 Diodorus, *Library of History* 17.37.3-7; Arrian, *History of Alexander* 2.12.3-8을 보라.
[101] 두로는 성경에 50회 이상 언급된다. 대표적인 곳은 삼하 5:11; 왕상 5:1-2; 대하 2:3-16; 사 23:1-18; 겔 26-28장; 막 7:24 등이다.

공사는 7개월이 걸렸으나 계획은 먹혀들었고 두로는 파괴되었다.[102] 싸울 수 있는 남자는 십자가형에 처하고 살아남은 여인과 아이들은 무자비하게 노예로 팔았다(알렉산더의 둑길은 수 세기가 지나도 시간의 시련을 버티고 남았다. 그 섬은 다시는 섬이 되지 못했다.).

알렉산더는 또 한 번 긴 포위 공격을 편 끝에 가사를 함락시키고 군대를 이끌고 이집트로 갔다. 그러나 전투를 할 필요가 없었다. 마케도니아/그리스의 군사를 본 이집트는 순순히 항복했다.[103] 알렉산더는 이집트 해안에 "알렉산드리아"라는 이름의 도시를 세운 뒤 군대를 이끌고 북으로 다시 동으로 가서 다리우스와 다시 일전을 벌였다.[104]

5. 최후의 전투

B.C. 331년 봄 이수스 전투가 벌어진 지 2년 만에 다리우스는 알렉산더의 전진을 막기 위해 (적의 횡렬 대형 속으로 직접 몰고 가려고 만든) 병거를 끄는 말의 멍에와 차축에 긴 칼날을 설치한 특수 부대를 포함하여 가능한 모든 준비를 했다.[105] 다리우스는 자신의 전략에 가장 유리한 싸움터를 선정했다.[106]

그러나 모든 준비는 허사였다. 알렉산더의 병력은 다시 완승하고 바벨론의 위대한 도시에 아무런 저항 없이 입성하였다. 그는 거기서 "삼십 일 이상 머물렀

---

102 두로 함락에 관한 자세한 묘사를 위해 Diodorus, *Library of History* 17.40.2-17.46.6; Arrrian, *History of Alexander* 2.21.1-2.24.6을 보라.
103 알렉산더는 "군사력을 사용하지 않고 모든 도시를 점령했다"(Diodorus, *Library of History* 17.49.1). 설명하기로는 "이집트가 페르시아 제국에게 맛보았던 고통스러운 역사가 순순히 항복한 이유를 설명해 준다"라는 것이다(Kuhrt 2007, 1:421).
104 알렉산드리아는 고대 세계에 가장 큰 도시 중 하나가 되었고 유대 밖의 도시 중 유대인이 가장 많이 거주하는 곳이었다. 알렉산더가 예루살렘을 방문했다는 주장과 다른 곳에서 알렉산더와 유대인이 접촉했다는 주장의 평가를 위해 Noy 2010을 보라.
105 이 특별제작한 병거의 상세한 설명을 위해 Quintus Curtius, *History of Alexander the Great* 4.9.5; Diodorus, *Library of History* 17.53.1-2를 보라. 학자들의 평가를 위해 Heckel, Willekes, and Wrightson, 2010을 보라.
106 가우가멜라에서 벌어진 이 싸움에 대하여 Diodorus, *Library of History* 17.53.1-17.61.3; Arrian, *History of Alexander* 3.9.1-3.15.6을 보라.

다. 왜냐하면, 식량이 풍부하고 주민들이 모두 친절했기 때문이었다"(Diodorus, *Library of History* 17.64.4).[107]

이 흥미진진한 이야기는 많은 면수를 활용하여 알렉산더가 군대를 점점 더 페르시아 제국의 내륙 깊숙이 끌고 들어가 이룩한 업적을 끝없이 세밀하게 전한다. 마침내 알렉산더의 피곤해진 군대가 인도까지 터벅터벅 행군하기를―아시아를 건넌 지 2000마일 이상 걸음―거부하고 폭동을 일으키자 그는 고국으로 방향을 틀었다. 불행하게도(누군가는 다행스러운 일이라고 하지만)[108] 알렉산더의 모험은 바벨론으로 돌아오자마자 끝났다. 성대한 축하잔치가 베풀어지는 중에―또 다른 원정을 생각하는 동안(그가 마케도니아를 떠난 지 십 년이 넘었음에도 불구하고)―알렉산더는 갑자기 병이 생겼다. 그는 11일 만에 죽었고 당대의 사람은 그가 독약을 먹고 죽은 것이 아닌지 의심하였다.[109] 그때가 B.C. 323년이었다.

6. 속편

연못에 작은 돌멩이 하나를 던지면 파장은 크지 않다. 그러나 큰 바위를 던지면 효과가 엄청나다. 알렉산더가 그랬다. 그는 큰 바위였다. 그의 위업은 영웅적이지는 않았으나 거대했다.[110] 하지만 그는 금방 사라졌으나 잔물결을 일으키지는 않았다. 이 이야기의 나머지는 잔물결 효과에 관한 것이다. 그 결과들은 거대한 충격 대신에 일어났다.

---

107 다리우스가 알렉산더에게 패했다는 페르시아 기록이 거의 없다는 것은 당혹스럽다. Kuhrt 2017(10장)은 아케메니드 제국의 몰락을 기술하기 위해 온전히 그리스 자료만 의존해야 한다. 결과적으로 그리스 자료의 일방적인 진술로 생긴 왜곡은 평가하기가 어렵다. Briant 2002를 보라.
108 알렉산더는 이미 자신이 다스릴 수 있는 것보다 훨씬 많은 지역을 잔인하게 정복했고 그래서 똑같은 일이 어디까지 이어질지에 대하여 의구심이 생긴다.
109 학자들의 논의를 위해 Heckel 2007; Schep 2009를 보라.
110 최근의 학자들은 알렉산더를 평화와 번영의 영웅으로 이상화하지 않고 "잔인한" 형용사와 "파괴자"나 "도살자" 같은 명사를 사용하여 승리만큼이나 비극도 많았으며 "죽이는 일이 그가 가장 잘하는 일이었다"라고 말하기까지 한다(Bosworth 1996, v). 또한, O'Brien 1992; Burstein 1997을 보라.

속편은 다양한 측면들이 있고 대다수가 복합적이다. 알렉산더가 죽자 그의 군대, 장군들, 왕국은 어쩔 줄을 몰라 당황했다. 알렉산더는 죽을 준비가 안 되었으므로 아무도 그의 계승자를 자처할 처지가 아니었다. 최종적으로 정복된 땅들은 싸움터가 되어버렸다. 이전 장군들은 50년에 걸쳐 수없이 전쟁을 치르며 누구든 전체를 장악하지 못했고 다들 부분만을 차지하였다. 한때 마케도니아에서 인도까지 뻗어있던 알렉산더의 왕국은 조각났고 그것은 돌이킬 수 없었다.[111] 내전의 소용돌이가 그치자 세 명의 유력한 계승자가 좀 작은 것도 있으나 주요한 왕국과 왕조를 세웠다.[112]

- 안티고누스는 알렉산더가 정복한 개별지역들을 통합하고 다스리는데 가장 근접한 장군으로서 실제로 그랬다고 주장한다.[113] 그러나 그것이 그의 몰락을 가져왔다. 다른 장군들이 연합하여 그와 대항하였다. B.C. 168년 로마가 정복할 때까지 그의 자손들이 안티고니드 왕조를 이어갔고 마케도니아 대부분과 그리스를 다스렸다.
- 프톨레미는 재빨리 이집트를 차지하였다. 도전을 받았으나 자기의 주장을 지켜냈다. 알렉산더의 시신을 훔쳐 도망한 것이 그의 위상에 도움이 되었다. B.C. 305년 그는 "왕"의 직함으로 이집트에 이어 키프러스, 페니키아, 팔레스타인을 다스렸다.[114] 저 유명한 클레오파트라는 프톨레미 왕조의 마지막 여왕이었다. 이집트는 B.C. 30년에 로마의 지방으로 합병되었다.
- 셀류커스는 바벨론 지배를 주장하였다. 그는 성공적으로 영토를 동과 서로 확장하였다.[115] 이어지는 셀류시드 왕 안티오쿠스 3세는 프톨레미 왕조를 무찌르

---

111 "마케도니아의 진취성은 ⋯ 위대한 [페르시아] 왕들이 과거 두 세기 반 동안 세우고 지킨 정치적 통일의 무덤을 팠다"(Briant 2002, 876); Bosworth 1996; Heckel 2003을 보라.
112 더욱 작은 왕국들은 페르가뭄, 바티니아, 폰투스, 그리고 갈라티아 등이다. 알렉산더의 장군과 계승자들을 위해 Bosworth 2002; Anson 2014; Heckel 2016을 보라. 다니엘서의 네 왕국과 비교하여 왕국의 수에 관한 논의를 위해, Sandy 2002, 114-16을 보라.
113 고고학적 유적을 통합시킨 마케도니아 역사를 위해 Bozra 1990을 보라. 안티고누스의 이력을 위해 Billows 1997을 보라.
114 프톨레미 1세의 이력을 위해 W. Ellis 1994를 보라. 프톨레미의 이데올로기와 행정 그리고 그리스-마케도니아와 이집트인의 관계를 평가한 연구를 위해 Samuel 1989; Sandy 2000을 보라.
115 셀류시드 왕국의 시작을 논의한 연구를 위해 Grainger 1990을 보라.

고 페니키아와 팔레스타인을 셀류시드 왕국에 추가하였다. 안티오쿠스 4세(에피파네스)는 유대인 신앙을 억압하고 예루살렘 성전을 더럽혔다. 결국, 유대인들은 B.C. 166년에 유명한 마카비 반란을 일으키기 시작했다. 시리아는 B.C. 64년에 로마의 지방이 되었다.

7. 헬라화

알렉산더의 왕국이 조각난 것보다 더 중요한 것은 여러 민족과 문화가 하나로 섞인 일이었다. 혼합은 지역별로 달랐다. 그 과정에 수많은 요소가 작용했다.

(1) 알렉산더와 그 계승자들의 군대는—다리우스의 군대도 이에 못지않다—용광로였다. 알렉산더의 군대는 처음에 마케도니아, 발칸 반도의 부족, 그리고 여러 그리스 도시 국가 출신의 병사들로 구성되었다. 전쟁을 치르면서 그는 정복한 지역의 용사들을 군대에 포함했다.

(2) 알렉산더와 다리우스의 전투 그리고 계승자들 사이 벌어진 전쟁은 여러 지역민을 고향 마을과 고국 땅에서 몰아내고(유대인을 포함하여) 다른 민족과 문화 속으로 피난하게 했다. 알렉산더와 그 계승자들은 전략적 요지에 군사 식민지를 세웠다. 주로 반란과 소요를 진압할 목적이었다. 정착 기지는 작았지만, 보급품은 지역주민을 통해 확보했다.

(3) 알렉산더와 그 계승자들은 새로운 도시들을 세우고 다른 도시들은 재편성했다(예를 들어 셀류시드 왕조는 60개의 정착지를 새로 만든 공이 있다). 도시들은 상당한 자율성을 지녔으나 많은 경우 그들의 법과 행정은 그리스의 도시 국가들을 모델로 삼았다. 식민지 개척자들(계승자들의 초대를 받아 동방으로 온 자들이 많다)은 지역 주민과 함께 살면서 일했다.

(4) 계승자들은 정교한 행정조직을 만들어 새로운 인물들을 많이 기용하였다. 여러 가지 역할에 마케도니아와 그리스인들을 환영하였으나(낯선 외국인을 알지 못하는 백성을 다스리는 일에 집어넣을 때) 대부분 이전 행정부에서 검증받은 지역민이 계승자의 행정부 요직을 맡았다.

(5) 서방에서 온 사업가들은 마케도니아/그리스가 지배하는 지역으로 이동하여 경제적 기회를 찾았다.

인종들과 문화가 통합되는 현상을 헬라화라고 말하는 것이 일반적이다. 그것은 서방 사람들이 헬레니즘을 들고 전도하면서 가능한 한 먼 곳까지 "우월한" 메시지를 퍼뜨리는 것을 뜻한다.[116] 그것은 헬라화의 딱딱한 형태였고 가끔 나타나는 때도 있다. 그러나 동방에 영향을 주는 서방뿐 아니라 양방향으로 영향을 주고받는 문화의 공존을 뜻하는 부드러운 형태의 헬라화를 말하는 것이 더 정확하다.[117] 예를 들어 프톨레미 왕가는 이집트 신전에 파라오들로 그려져 있다. 이집트를 다스리는 그리스인들과 마케도니아인들은 그리스 모델을 따르지 않고 오랫동안 이집트 영토에 적용하였던 행정조직을 사용하였다.

부드러운 헬라화를 의도적이지 않고 자연스럽게 가장 뚜렷하게 보여주는 사례는 코이네(상용) 헬라어의 발전이었다. 그것은 그리스어가 모국어가 아닌 사람들이 그리스어를 배우려다 벌어진 일이었고 단순한 언어인 그리스어는 헬라 세계(그리고 이후 로마세계)의 공용어가 되었다.

언어 너머로 문화끼리 영향을 주고받는 현상은 경제, 교역, 종교, 철학, 문학, 예술, 수사학, 법, 건축 등등 삶의 다양한 측면에 영향을 주었다. 그리스 문화는 문화가 섞이는데 우위에 있었을지 모르지만 대부분 문화 융합은 직관적으로 일어난 것이지 의도적인 것이 아니었다.

---

[116] 그리스인은 자기네 땅을 헬라(Hellas), 자기네 문화를 헬레니즘이라고 말한다. 헬라화 과정은 "장밋빛 안경을 쓰고 문화라는 순수한 선물을 미개한 야만인에게 준다고 보는 데 익숙하다"(Price 1988, 321). 동일 선상에서 "최근 헬라 학자들의 지배적인 주제는 선배들이 그리스-마케도니아 침략자들과 고대 근동의 피지배국 백성들이 함께 조화롭게 살면서 뛰어난 새 혼합문명을 창조하는데 협력하는 모습을 낙관적으로 바라보는 태도에 대하여 의구심을 갖는 일이다"(Burstein 1997, 40).

[117] 헬라 시대는 알렉산더의 사망으로 시작해서 로마가 마지막 헬라 왕국을 합병할 때 클레오파트라가 죽는 시간까지로 보는 것이 제일 좋을 것이다. 이 기간이 가끔 고전 그리스나 로마 공화정 또는 로마제국에 관한 관심 때문에 간과되지만 "고대사의 획을 긋는 네 개의 위대한 영역" 중 하나로 볼 수 있다(Wells 1970, 3). 이 기간에 대한 통찰을 위해 특별히 Walbank 1993; Burstein 1997; Erskine 2005; M. Austin 2006; Bugh 2006을 보라.

8. 유대인

유대인의 헬라화 논의는 광범위하고 많다. 그리스 영향을 매우 중요하다고 보는 이도 있고 사소하다고 보는 이도 있다.[118] 유대 종교와 문화가 이 기간에 상당히 변했다는 것은 의심의 여지가 없다. 그리스 문화의 직접적인 영향을 받았는지는 다른 문제이다.[119]

유대인이 헬레니즘에 개방적이었음을 보여주는 사례는 유대인 도시들, 특히 예루살렘에 있는 그리스 제도들이었다. 체육관은 특히 분명한 그리스 사상을 표현한 것이었으나 일부 유대인들은 유대 문화에 역행한다고 저항하기보다 그런 관행을 환영했고 심지어 할례를 포기할 정도였다(마카베오상 1:11-15). 그런 사례는 규칙이라기보다 하나의 예외였으나 그 단락은 아마 그런 경향에 대한 보수적인 유대인들의 관심사를 대표하는 것이었을 것이다.

유대인이 그리스 문화를 수용한 사례로 논쟁할 수 없는 것이 언어이다. 지중해 전역에서 유대인들은 그리스어로 말하고 그리스어로 역사, 철학, 소설 등등을 작성했다. 가장 두드러진 것은 B.C. 3세기부터 유대인 성경을 코이네 헬라어로 번역한 것이다.[120] 많은 이들이 그것을 히브리 성경만큼 권위 있는 경전으로 받아들였다.

9. 다니엘서

다니엘서는 페르시아, 그리스, 그리고 그 후의 왕국들을 반복해서 언급하므로 독자들은 놀랄 것이다. 사실 그럴 만한 이유가 있었다. 앗수르인과 바벨론인이 사마리아와 예루살렘을 파괴한 사건을 돌이켜보면 그때는 이스라엘 역사의 암

---

118 L. I. Levine 1998; 유대인이 상당히 헬라화되었다고 보는 대표적 학자는 Hengel 1974(Hengel 1980도 보라)이고 반대하는 학자는 특히 L. Feldman 1993이다. 평가를 위해 J. Collins 2005; J. Collins and Sterling 2001; Hengel 1989를 보라.
119 Gruen 1998; 종교관습의 변화를 위해 Grabbe 2000을 보라.
120 칠십인역에 대한 일반적인 개론을 위해 Dines 2004; Fernández Marcos 2000; Jobes and Silva 2015를 보라. 심층적인 조사를 위해 Aitken 2015; Rajak 2009를 보라.

흑기였다. 하나님은 여러 이방 나라들을 사용하여 잔인한 심판의 칼을 휘둘렀다. 왜냐하면, 하나님의 선민이 하나님께 지은 우상숭배, 헛된 예배, 불의의 죄—예언자들이 수 세기 동안 지적한(예, 겔 21:1-32)—를 용서할 수 없었기 때문이다.

이방 군대는 주요 도시, 성전, 궁전, 보물창고를 파괴했을 뿐 아니라 주민 대부분을 죽이거나 포로로 끌고 갔고 오직 소수의 사람만 돌아왔다. 그것은 이스라엘 민족이 약속의 땅에 살기보다 절망감을 안고 먼 곳으로 흩어진 채 겨우 명맥을 유지하며 살았다는 뜻이다.[121]

이런 맥락에서 다니엘서는 사무치는 마음으로 말한다. 처음 여섯 장의 궁전 이야기는 선민에게 포로로 잡혀 살면서 이방 나라의 가치와 갈등을 겪으면서도 자신들의 종교에 성실하게 살라고 도전하였다. 두 번째 단락의 묵시적 환상들은 위기 속에서 희망의 메시지를 전한다. 핍박과 죽음의 위협에 직면할 때도 모든 것을 잃은 것은 아니다. 하나님은 궁극적으로 악한 세력을 무찌를 것이다.

왕국들에 대한 처음 언급은 느부갓네살이 큰 우상에 관한 느부갓네살의 꿈 이야기에 나온다. 그것은 네 개의 제국들을 나타낸다(단 2:27-45). 넷 중 하나는 페르시아이고 하나는 알렉산더이다.[122]

책의 두 번째 단락에서 다니엘이 본 네 마리의 무서운 짐승 환상은 다시 네 왕국을 묘사한다. 마지막 것은 이름이 없으나 쇠로 된 이빨과 열 뿔을 가진 무섭고 놀라운 짐승이었다(7:1-27). 네 번째 짐승은 알렉산더의 왕국을 상징하였다. 열 뿔 가운데 또 다른 뿔 하나가 나타나는데 그것은 성도들을 대항하여 전쟁을 일으켰다—셀류시드 왕 안티오쿠스 에피파네스를 가리키는 것이 거의 확실하다.

아직 다니엘이 본 다른 환상은 큰 뿔을 가진 숫염소가 두 뿔을 가진 염소를 공격하고 이기는 장면을 묘사한다(8:1-14). 숫염소의 뿔 하나가 꺾이고 그 대신 뿔 넷이 난다. 다니엘이 심란한 마음을 가누지 못할 때(8:27) 가브리엘 천사가 숫양과 숫염소를 메대와 페르시아 왕들 그리고 그리스의 왕이라고 알려 준다(8:20-21).[123]

---

121 흩어진 유대인 연구를 위해 Gruen 2002; 2010; Pucci Ben Zeev 2010을 보라. 팔레스타인 밖에 사는 유대인에 관한 고대 자료를 위해 Margaret Williams 1998을 보라.
122 꿈의 묵시적 이미지가 암시하는 내용은 석상의 어느 부분이 페르시아이고 어느 부분이 그리스인지를 두고 다양한 견해를 만든다. 이 논의를 위해 Walton 1986; Lucas 2012, 115-17l; Newsom 2014, 80-97을 보라.
123 환상의 상징이 정확한 역사적 실체가 없는 모습에 관한 논의를 위해 Sandy 2002, 111-20

왕국들에 관한 가장 길고 가장 상세한 설명은 프톨레미 왕조를 가리키는 "남방 왕"과 셀류시드 왕조를 가리키는 "북방 왕"에 초점을 둔다(단 11:2-45). 두 왕국 사이에 벌어진 수많은 전쟁은 팔레스타인에서 전개되었다. 그래서 많이 파괴되었고 수많은 살상이 일어났다. 세부적인 내용은 현저히 특정적이지만 때로 역사적 사건과 일치시키기가 어렵다. 그런데도 요점은 분명하다. 유대인은 이방 나라들이 맹렬하게 싸움을 할 때 이리저리 치이는 동네북이었다.

다행히도 다니엘서는 왕국들이 유대인을 압제하더라도 신실한 자에게 힘을 불어넣는 말씀으로 끝을 맺는다. 그들은 하늘의 밝은 별처럼 흠 없이 빛날 것이라고 약속한다(단 12:2-3, 10).

10. 결론

아테네 웅변가 아이스키네스—알렉산더가 페르시아가 모집한 최고의 군대를 격파했다는 소식을 받고—는 당대의 전무후무한 사건을 이렇게 평가하여 연설하였다.

> 예상치 못했던 놀라운 일이 우리 생애에 벌어지지 않았는가? 우리는 실로 평범한 인생을 살기 위해서가 아니라 장차 다가올 세대를 위한 하나의 현상이 되기 위해 태어났다. 자기 편지에 해가 뜨는 데부터 지는 데까지 모든 민족의 주인이라고 쓰던 페르시아 왕은 바로 이 순간에—다른 사람들을 지배하기 위해서가 아니라—자기 목숨을 부지하기 위해 싸우고 있지 않은가?(Against Ctesiphon 132).[124]

알려지지 않았던 마케도니아의 정복자가 어디선지 모르게 나타나—골리앗과 싸운 다윗처럼—예상치도 못하게 그리고 돌연 막강한 초강대국 페르시아를 괴

을 보라.
[124] 데메트리우스는 비슷한 평가를 하였다. 그는 이전에 알려지지 않았던 마케도니아인들이 페르시아인들을 이겼고 페르시아인의 이름을 아무도 알 수 없게 만들었다고 말한다. Polybius, *Histories* 29.21.1-6에서 재인용.

멸시킨 것이 분명하지만 질문은 이렇다.

이 드라마는 이후 세대에 얼마나 영향을 주었는가?
더욱 특정한 질문은 이렇다.
유대인들은 얼마나 영향을 받았는가?

알렉산더의 동시대인들은 그 결과가 상당할 것으로 예측했다. 오직 후속 역사가 된 사람들만이 그 효과를 포착할 수 있을 것이다.

제3부

드라마의 주제

섹션 7 하나님: 이스라엘 종교의 주제들에 대한 통합적 접근
섹션 8 가족: 가족 관계에 대한 통합적 접근
섹션 9 유지: 경제적 상황에 대한 통합적 접근
섹션 10 통치: 사회 조직에 대한 통합적 접근

섹션 7

하나님: 이스라엘 종교의 주제들에 대한 통합적 접근

제42장 | **고대의 인지 환경과 대처방식** 존 H. 월튼(John H. Walton)
제43장 | **고대 이스라엘의 유일신 신앙** 매튜 J. 린치(Matthew J. Lynch)
제44장 | **성전** 존 H. 월튼(John H. Walton)
제45장 | **고대 근동의 제사장** 제랄드 A. 클링바일(Gerald A. Clingbeil)
제46장 | **고대 근동의 예배, 제사, 축제** 로이 E. 게인(Roy E. Gane)
제47장 | **고대 근동의 예언, 점술, 마술** 존 W. 힐버(John W. Hilber)
제48장 | **고대 이스라엘의 가족 종교** 앤드루 R. 데이비스(Andrew R. Davies)
제49장 | **철기 시대 레반트의 죽음과 매장** 크리스토퍼 B. 헤이스(Christopher B. Hays)

제42장

고대의 인지 환경과 대처방식

존 H. 월튼(John H. Walton)

  구약과 문화적 배경의 상관관계를 논의하는 연구방식을 "인지 환경비평"이라고 부른다. 이 연구방식의 목표는 고대 청중이 이해한 본문 배후의 세계에서 문화적 단서를 찾아내는 일이다. 그것은 현대의 독자가 오랫동안 잊은 것들이다. 본문은 도상학과 함께 고대 세계의 인지 환경을 바라보는 창문 역할을 한다.
  이 연구방식의 주요 난관은 이스라엘 사람들이 이 방대한 문화를 어떻게 인지했으며 구약을 기록할 때 어떤 식으로 사용했는가를 정확하게 분별하는 일이다. 구약과 고대 근동 문헌의 상관관계를 이해하는 데 기초가 되는 몇 가지 모델이 있다.

1. 모델들

1) 차용

  차용은 이스라엘 서기관들이 자신들의 전통을 만들 때 고대 세계의 서기관 학교에서 쓰던 문서들을 입수하여 직접 개작했다고 생각한다. 이 모델을 지지하는 증거가 철기 시대 제1기 므깃도에서 발견된 길가메시 서사시 단편이다. 하지만 통상적으로 이 모델은 앗수르 제국이 9세기와 8세기에 서쪽으로 침략할 때 이스라엘 사람들이 이 문서를 접하기 시작했지만 가장 중요한 시기는 6세기 바벨론 포로기라고 생각한다. 이 모델이 가진 문제는 다른 문화권에서도 유래한 방대한 영역의 문서들 때문에 생긴다. 더러 2천 년대 중반의 것과 평행한 본문들도 있다.

문제는 구약의 글이 실제로 고대 근동 자료를 빌려 생긴 유사성을 설득력 있게 보여주는 경우가 그리 많지 않다는 점이다. 이 모델은 차용 의도를 확실하게 제시하는 과제를 떠안고 있기도 하다. 설득력 있는 증거가 되려면 이스라엘 사람들이 빌린 것으로 여겨지는 글을 접한 시간과 장소가 근접해야 한다.

2) 변증

변증은 구약과 고대 근동의 다른 글들이 유사할 경우 현대 학자들은 노골적으로 이스라엘 서기관들이 주변 민족들의 글과 견해에 대하여 변증의 태도를 보였다는 식으로 접근한다. 구약의 변증의 접근법은 고대 근동의 특정 본문(혹은 본문들)을 알고 있음을 보여주는 구절들을 뽑아 본문(혹은 본문들)이 긍정하는 내용을 반박하는 것을 보여주는데 초점을 맞춘다(Currid 2013, 26-32).

이사야 44장과 예레미야 10장에서 우상을 묘사하는 장면과 같은 편리한 사례들은 히브리 성경이 정말 종종 변증하고 있음을 보여 준다.

이 방식의 방법론적인 문제는 변증하려는 대상을 언급하지 않은 경우, 변증한다고 설명할 수 있을까?

어휘 선택("해"나 "달"과 같은 단어의 동족어가 태양신과 당신을 의미하는 것과 비교해서 창세기 1:16은 "큰 광명"이라고 말하는 경우)이나 대안적 견해를 고취하는 경우(여호와가 구름을 타고 있거나 여호와가 혼돈의 괴물을 다스리는 경우)를 변증이라고 해석할 수 있을까?

무엇인가를 진지하게 변증이라고 여기려면 아무 말도 없이 하지는 않을 것이다. (상상에 맡기기보다) 대상을 확인해야만 하고 그렇지 않으면 청중이 일반적으로 그렇다고 인식하는 것으로 잘 알려진 것으로 입증되어야 한다. 우리가 만일 직접 반대하거나 적어도 암시적으로 대안에 피해를 주기 위해 변증에 필요한 기준을 사용한다면 구약의 글들이 결코 고대 신화를 반대하거나 반박하고 있지 않음을 발견하고 놀랄 것이다. 구약은 다만 신들이 가진 힘을 풍자하거나 부정할 뿐이다.

3) 대항 문서

에카르트 프람(Eckart Frahm)은 앞선 시대의 글을 대항(예를 들어 에누마 엘리쉬의 대항문헌 에라와 이슘[Erra and Ishum])하기 위해 작성된 고대 근동의 글을 "대항 문서"(counter-texts)라고 말한다(Frahm 2011, 347-64). 그런 의미에서 그런 글들은 초기 작품의 수용역사로 기능한다. 이것과 변증의 차이는 의도에 있다.

저자가 상대방의 주장이 잘못되었다고 말하는가(변증) 아니면 자신의 견해를 밝히고 있는가(대항 문서)?

대항 문서에서는 한 가지 형태의 반응으로도 앞선 글의 구도를 뒤집을 수 있다. 확실치는 않지만 "사소하지만 의미심장하게 앞선 글을 통제하는 것은 후대의 필요에 따라 개정하고 새로운 의미를 만들어내는 또 다른 방식일 수 있다"(-Frahm 2011, 345). 한 걸음 더 나아가 프람은 P의 창조기사(창 1:1-2:3)와 바벨탑 이야기와 같은 히브리 성경의 단락들은 고대 근동의 글과 아주 유사하므로 다른 견해를 반박하기보다는 자신들의 견해로 대항하고 있다고 결론짓는다(Frahm 2011, 364-68). 그런 경우 두 가지 견해가 나란히 제시되어 의미심장한 해석을 도출할 수가 있다.

4) 반영

반영은 유사점을 양측 본문이 서로 낮은 수준에서 상호반영하는 경우라고 생각한다. 이 견해는 성경 전승자들이나 작성자가 고대 근동의 문헌을 폭넓게 알고 있어서 주제나 내용이 최소한 정도로 반영되어 나타나는 글을 썼다고 생각한다. 이와 달리 최대치를 말한다면 그들은 실제로 새로운 글을 쓸 때 특정 문헌의 비유나 소재들을 사용한다는 것이다. 후자의 경우 원래의 본문을 패러디하거나 논박하거나 대항할 의도가 전혀 없다. 그와 같은 사례는 에스겔이 에라와 이슘(Erra and Ishum)을 사용하는 방식에서 찾아볼 수 있다(Bodi 1991).[1]

---

[1] 또 다른 사례는 단 4장이나 겔 31장에서 온 세상의 나무 소재를 사용하는 방식에서 볼 수 있다.

5) 확산

확산은 나머지와 달리 특정 형태의 글을 이스라엘 서기관이 (실제로 그랬든 안 그랬든 상관없이) 알고 있다고 생각할 필요가 없다. 이 견해는 우리가 아는 문서 전승이 비공식적으로 그리고 구전 형태로 통용되고 있다고 생각한다. 확산모델은 이스라엘의 어느 시대 서기관 학교든 교재로 사용한 문헌들이 있었음을 부인하지 않는다. 하지만 문서 창고의 문헌들이 회자 될 정도로 아주 유명한 전승은 아니었을 수도 있다고 생각한다. 확산모델의 장점은 히브리 성경에 분명히 나타나 있지만 한두 가지 단편으로 드러나기는 해도 특정 문서전통에 얽매이지는 않는 고대 문화의 근본적인 측면들을 설명해 줄 수도 있다는 것이다.

6) 결론

이 접근법들은 서로 배제하지 않는다. 이론적으로 히브리 성경에는 각 접근법을 사용한 사례들이 많이 흩어져 있다. 그것들은 거의 모든 히브리 성경 저자들이 서로 관련된 문헌 지식을 갖고 있었다는 점을 공통분모로 삼는다. 고대 세계를 빌려 개정하거나 (변증법적으로) 반박하거나 반영하거나(대항 문서) 우연히 상호 인용하거나 단순히 일반적으로 생각을 전달하는 방식을 알고 있거나 저자가 대화의 주인공이다. 그러므로 현대 학자들은 각 접근법을 통해 히브리 성경의 저자가 어떤 특정 문서나 전통을 알고 있다는 증거를 개연성 있게 제시해야 한다.

이 모델들을 사용하는 고대 세계를 생각하려면 우리는 고대 근동의 민족들과 국가가 만든 사회와 사상을 흐르는 문화의 강으로 비유할 수 있다. 이스라엘은 그 문화의 강 속에 잠겨 그 사상과 세계 속에 젖어있었다. 때로 하나님이 나일강에 떠내려가는 갈대 상자의 아기 모세처럼 그들에게 구원의 계시를 주고 구별하기도 하지만 우리는 일반적으로 그들을 이 문화의 강 속에 있는 것으로 생각해야 한다.

그들은 때로 물살에 떠내려가기도 하고(반영이나 확산으로) 거기서 벗어나 물줄기와 맞서서 홀로서기도 하고(대항 문서를 만들어서) 물살을 거슬러 과감하게 헤엄치기도 하였다(변증처럼). 결과적으로 이스라엘과 흐르는 강물의 관계는 그때마다 달랐다.

하지만 중요한 것은 현대의 독자들처럼 우리는 그 강물에 대하여 전혀 아는 바가 없다는 사실이다. 우리의 문화의 흐름은 그들과 아주 다르다. 이스라엘이 떠내려가든 헤엄치든 우리는 그들이 우리와는 아주 다른 강물 가운데 있다는 점을 인정해야 한다. 구약을 잘 해석하려면 우리는 그 문화의 강물 속에 깊이 잠겨 보아야 한다.

2. 사례들

이제는 히브리 성경에서 종종 비교분석의 대상이 되는 핵심 본문들을 살펴보고 어떤 방법론이나 접근법이 적절한지를 알아보려고 한다.

1) 창세기 1장

창세기 1:1-2:4의 창조기사는 고대 근동의 우주론과 매우 유사하므로 심층 연구되었다(G. Hasel 1972; 1974). 메소포타미아 전통의 에누마 엘리쉬는 이와 관련 있는 문서로 가장 보편적으로 언급된다. 이집트 문서와 연관성을 주장하는 이들도 있다(Hoffmeier 1983). 하지만 에누마 엘리쉬와 접촉점은 거의 없고 동떨어져 있다.

종종 유사하다고 주장하는 내용은 시작하는 행의 구문(창 1장을 수정하여 읽을 경우만), 테홈(창 1:2의 "깊음")과 티아맛(에누마 엘리쉬에서 바다를 상징하는 적대자)의 동일어근, 에누마 엘리쉬의 뭄무(mummu)와 창세기 1:2의 하나님의 영처럼 창조적 영 사이의 관계이다. 창세기와 다른 고대 근동 전통의 연관성과 대조적인 사항은 아주 많다. 창세기에서 거대한 바다 괴물(창 1:21) 대신에 "해"와 "달"이란 단어를 쓰지 않거나 인간 창조 후에 하나님이 안식하는 일도 여기에 포함된다.

연관성을 지닌 것으로 추정되는 점들은 빌렸다는 증거가 전혀 없으며 실제로 여럿을 분석해보면 주장하는 것과 차이가 있다. 창세기의 서두가 에누마 엘리쉬의 서두와 연관된다고 보는 생각은 반드시 고쳐져야 한다. 창세기의 테홈이란 언급은 에누마 엘리쉬의 티아맛을 사용한 것도 아니고 반박하는 것도 아니다.

티아맛의 이름은 아카드어의 바다(탐투[tamtu])라는 단어를 변형시킨 것에 불과하며 히브리어 테홈과 어근이 같을 뿐이다. 에누마 엘리쉬를 연결할 필요가 없다. 심지어 뭄무(mummu)의 역할이나 그것을 영으로 보는 일도 의심스럽다. "해"와 "달"이란 단어를 사용하지 않고 "광명들"로 언급한 것을 변증이라고 말할 수 없다. 창세기는 그것들이 신이 아니라고 말하지 않는다.

사실 서부 셈어에서 해와 달과 연관된 신들의 명칭은 해와 달이란 단어를 변형시킨 것이지만 해와 달을 신이라고 생각한 것이 아니라 신들이 나타나는 모습일 뿐이다. 히브리어 본문은 그것들을 있는 그대로 말하고 있을 뿐이다. 변증하려고 했다면 좀 더 특정적이고 효과적인 다른 방식을 사용했을 것이다.

우리는 창세기 1장에서 빌린 경우가 존재하지 않거나 고안해낸 것이고 변증한다는 것은 지나친 주장이며 대항 본문은 어쩌다 볼 수 있어서 이런 주장을 단정할 증거는 모호하다. 특정한 고대 근동 본문과 교류한 흔적이 있다면 아주 희미하고 그래서 아주 유식한 고대의 독자조차 알아내기가 매우 어려울 정도이다.

대조적으로 고대 근동 세계는 우주 창조론에 대해 생각하는 방식이 우리가 생각하는 것보다 창세기에 훨씬 깊게 뿌리내리고 있어서 확산하였을 증거는 상당히 강하다. 이름을 짓고 나누며 우주의 기능을 확정하여 질서를 세우는 일과 성전과 같은 환경 속에 하나님이 거처를 두는 일은 모두 고대 이스라엘이 처해있는 세계와 우주론적인 대화를 한 증거다.

2) 시편 29편

이 시편은 우가리트의 찬양문서를 반영하는 시행이 있어서 일부 학자들은 그것을 이스라엘이 여호와 신앙을 위해 개정한 것으로 여길 정도이다(Abishur 1994, 39-110; Kloos 1986, 94-124; A. Green 2003, 261-64).[2] 6-8절은 이스라엘의 북부지방에서 여호와가 행한 행동을 언급한다. 히브리어에 없는 어휘와 개념은 히브리어

---

2 Cross 1973, 151-56, Ginsberg의 1936년에 저술한 주요 히브리어 저서에 근거하여 공식화한 고전적 주장이다.

보다 우가리트어에 정통한 것으로 보인다. 차용한 것으로 보이는 문서조각이 가설에 불과한 경우는 빌렸다고 주장하기가 어렵다. 바알 신을 명백히 반박하고 있지 않은데 변증을 위해 개정하거나 수정했다고 주장하기가 어렵다.

만일 저자가 의도적으로 바알 신의 전형적인 모습을 암시하고 이스라엘 청중이 바알 신을 찬양하는 언어와 소재를 인식했다고 믿는다면 우리는 이 경우를 대항 본문으로 볼 수 있다. 그러나 다시 말하지만 확산하였을 가능성이 가장 안전한 선택이고 이스라엘 사람들은 당대의 문화적 배경 속에서 상식적인 문체와 문구를 사용하여 여호와를 찬양하려고 했을 것이다. 여호와와 바알 신은 어느 정도 중복된 특징을 지녔을 것으로 여겨지기 때문이다.

3) 시편 74편(혼돈과 싸움)

이 주제를 다루는 문헌은 수많은 박사학위 논문을 포함해서 아주 많다(Balentine 2015; Batto 1992; J. Day 1985; Gunkel 2006; Kloos 1986; Scurlock and Beal 2013; Tsumura 2005; Wakeman 1973; Walton 2008; R. S. Watson 2005). 시편 74편은 일반적으로 투쟁을 통해 세상을 창조하는 내용으로서 성경에서 가장 뚜렷한 사례로 알려져 있다. 거기서 창조주 하나님은 혼돈이라는 원수를 무찌르고 질서와 안전을 세운다. 특별히 에누마 엘리쉬에서 마르둑이 티아맛을 무찌르는 이야기와 흡사하다.

일단 시편 78편이 그 전통을 주장하는 것으로 간주하고 나면 그 자체로는 이해하기가 어려워도 다른 본문 속에서 암시하는 것들은 이것을 확인하는 구절 목록에 추가할 수 있다. 하지만 데이비드 추무라(David Tsumura)는 최근의 분석을 통해 시편 74편에서 암시하는 혼돈이란 괴물의 패배는 창조가 아니라(시편에는 창조 주제가 온전히 빠져 있다) 역사 속에서 여호와가 이스라엘의 원수를 무찌르는 이야기를 담고 있다고 생각했다.

더욱이 추무라는 "고대 근동의 모든 우주생성 신화들 가운데 오직 에누마 엘리쉬에서만 투쟁과 창조라는 주제가 공존한다"라고 주장했다(Tsumura 2015, 554). 최근의 연구들은 혼돈과 싸움(혼돈과 싸우는 신)은 신들의 권력 투쟁—신들의 세계에서 일어난 전쟁—맥락에서 고찰해야 한다고 주장한다(Walton 2008). 신들의 전쟁 개념은 다양한 수사적 목적을 갖고 고대 근동 문서 전체에 퍼져 있다. 혼돈과 싸움은 거대한 우주의 무질서를 억제하려고 싸우는 이야기로 국한해야 한다. 그것은 혼돈의 괴물이 단 한 번 혹은 계절 따라 반복적으로 일으키는 위협을 처리하여 최초의 질서를 확립하는 일과 관련되어 있다.

4) 이사야 24-27장

이사야 27:1은 우가리트 본문(KTU 1.5 i. 1-3)을 고스란히 인용하고 있어서 성경 구절이 고대 근동 문서에 의존하는 명백한 사례로 오랫동안 간주했다. 중복 여부와 상관없이 8세기 유다의 이사야가 오백 년 전의 후기 청동기 시대 우가리트 문서를 알고 있을 가능성에 대한 질문은 남아 있다. 우가리트 바알 신화의 일부가 이사야서 안에서 역사적 실재를 위한 은유로 변형되었다는 사실은 주목할 가치가 있고 또 자주 설명하는 주제이기도 하다. 따라서 이 구절은 친숙한 이미지를 새로운 어조로 다시 작업하는 일로서 구약이 신화를 사용한 비교 사례로 언급된다.

윌리엄 바커(William Barker)의 획기적인 연구는 이 구절이 이사야 24-27장 전체에 나타나는 왕권 변증의 일부에 불과하다고 주장하였다(W. Barker 2014). 그가 이사야서와 우가리트 문서에서 추가로 확인한 가운데 가장 주목할 만한 것은 이사야 25:6-8의 마베트(mawet)와 바알 신화의 신 모트(Mot)(W. Barker 2014, 209-10) 그리고 이들과 연관되어 나타나는 잔치 주제가 평행하다는 사실이다(하지만 그는 이사야가 북서 셈족의 잔치를 가리키는 마르제악[marzeaḥ]을 변환시키고 있는 것으로 본다). 그는 우가리트의 리탄(Litan)(=이사야 27:1의 리워야단)이 모트 신을 섬기는 제의 종사자 중 하나라고 결론짓는다.

이 견해는 이사야 24-27장의 "모든 평행 구들이 모트 신에 대항하는 변증이며 여호와가 죽음(마베트[mawet])과 그 잔당을 포함하여 모든 원수를 이기고 확실하고 영원한 왕권을 차지하는 사실을 선포한다"라는 결론으로 이끈다(W. Barker 2014, 212).

이러한 결론은 이사야 24:17-25:8과 바알 신화(KTU 1.4 vii-1.5 ii.20)의 이야기 전개가 신의 왕권을 다룰 때 거의 똑같이 진행하는 모습에서도 확인할 수 있다. 그는 "이사야 24-27장에서 여호와의 주권에 관한 일반적인 메시지는 그의 왕권이 영원하고 불변하며 독점적이고 모든 도전을 용납하지 않는다는 것이다. 이사야 24-27장은 일차적으로 여호와의 통치에 모든 도전에 대한 변증이고 여호와가 왕권을 확실하고 영원히 확립하였음을 옹호하는 변증이다"라고 결론을 내린다(W. Barker 2014, 212).

이사야는 이런 사상을 표현한 독특한 우가리트의 본문 전통을 잘 알아야 할 필요는 없다. 그는 그저 레반트 지역에 널리 유통되는 "문화의 강"에서 그런 사상을 끌어왔을 수도 있다. 이 단락은 성경 본문 가운데 그런 변증을 한 가장 설득력 있는 사례이고 또한 확산 현상의 사례로서 본문들이 어떻게 연관성을 지니는지를 입증해준다.

5) 바벨탑

프람은 바벨탑 기사를 대항 본문의 대표적 사례로 본다(Frahm 2011, 364-68). 그는 이것을 에누마 엘리쉬 6.59-73과 비교한다. 아눈나(Anunna) 신들은 일 년 동안 벽돌을 만들어 바벨론의 성전 에사길(Esagil)과 지구라트 에테메난키의 "꼭대기를 높게 쌓는다." 완공한 뒤 그 이름을 바벨론이라고 선포한다. 그는 창세기 11장의 바벨탑 기사를 바벨론과 지구라트 건축 이야기를 부정적인 어조로 전하는 이념적 반전의 이야기로 본다.

"창세기에서 바벨론과 탑은 통일의 상징이 아니라 하나님이 인간의 교만을 심판하여 언어를 혼란스럽게 만들어서 사람들을 흩으신 사건의 원형적 의미를 담은 기념비적 건축물"로 묘사되어 있다(Frahm 2011, 367).

바벨탑 기사를 대항 본문으로 해석하면 포로기에 이스라엘이 정복자에 대한 적개심을 표명한 상황을 전제하기가 어려워진다. 그러나 이 본문의 작성 시기를 반드시 포로기라고 단정할 필요는 없다. 다르게 해석하면 본문과 상황이 다르게 작용한 것을 알 수 있다.

그런 대안적 해석의 열쇠는 고대 세계에서 지구라트의 기능을 이해하는 일에서 찾을 수 있다. 고대 본문을 해석해보면 건축 계획은 정치적 교만(프람의 해석)이나 신학적 교만(전통적인 기독교와 유대교의 해석)의 상징이 아니었다. 지구라트의 명칭은 신성한 공간으로서 우주의 출입구로 여겼음을 보여 준다. 그곳은 인간이 교만하여 하늘로 올라가려고 세운 것이 아니라 신성한 장소인 지구라트 곁에 세운 성전 거주지로 신들이 내려와 머물도록 초대하는 장소였다.³

성전은 신의 궁전처럼 백성들이 신들의 필요를 채워주는 중요한 장소였고 신들은 하늘에서 내려와 백성들이 드리는 제물을 받았다. 지구라트 건축은 사람들이 신의 축복을 받으려는 노력을 나타낸다. 그것은 교환을 통한 일종의 공생 조치였다.⁴ 사람들은 지상에 신의 임재를 거듭 확정하는 일에 성공한 자들로 기억될 것이므로 "스스로 이름을 낼 것이다."

또 신이 축복하므로 위대해질 것이다. 이렇게 해석하면 하나님이 에덴에 임재했다가 소위 타락으로 잃어버린 창세기 1-3장과 포괄구조(inclusio)를 이루는 기사가 되기 때문에 문맥과 잘 어울린다. 하지만 바벨탑 건축자들의 주도권은 신성한 공간을 만들려는 이상적인 목적으로서 하나님의 이름을 내기보다 자신들의 이름을 내려는 욕망이 앞섰기 때문에 거부되었다.

마찬가지로 사람들이 주도권을 잡은 이야기는 하나님이 주도해서 관계와 신성한 공간을 다시 세우는 아브람 언약(언약을 통한 관계 수립과 결국은 장막을 건축하므로 신성한 공간 확보)보다 앞서 있다는 연대기적 맥락도 소중하다.

이 해석은 생각의 확산을 보여주며 저자들이 본문을 알아야 하거나 특정한 문서를 반대할 필요가 없다. 이것은 오히려 고대 근동의 신성한 공간과 지구라트의 기능에 대한 보편적인 이해를 전제할 뿐이다. 다른 본문들도 이와 관계된 문화의 강 이론을 보여 준다.⁵

---

3   지구라트 꼭대기의 기구누(gigunu)도 성전의 보좌가 있는 방과 알현실과 떨어져 있는 거주공간이었다. 그곳 기구누(gigunu)는 현대판 "휴게실"이나 "객실" 혹은 백악관의 거주 구역과 같다.
4   다음의 44장 "성전의 상황"을 보라.
5   필자는 이스라엘이 이 문서들을 입수했다거나 바벨탑 기사와 관련이 있다고 주장하는 것이 아니다. 다만 이런 문서들은 우리에게 문화의 강물 가운데 있는 소재들이라는 것을 보여 준다. 바벨탑 기사는 같은 주제를 반영하고 있으나 아주 다른 맥락에서 그렇게 한다. 해석자들은 이것을 문서를 빌렸다거나 신바벨론 제국의 건축과 관계된 문서에 대응하는 글로 보지 않아도 된다. 하지만 우리는 고대 근동의 맥락을 고려하지 않은 채 해석해도 된다고 생각하는 것은 아니다.

(1) 수많은 글이 신의 노여움을 사서 성전 건축의 허락을 받지 못하는 경외심 없는 왕에 관한 주제를 다룬다.[6] 아마르-수엔 문헌에서 왕은 에리두(종종 바벨론과 교체되는 최초의 도시)에 성전과 지구라트를 짓고 싶어 한다.

(2) 네르갈과 에레쉬키갈에서 신들의 사자인 남타르(Namtar)는 우주의 영역들의 출입구 기능을 하는 계단인 심밀투(simmiltu)를 사용하여 하늘에서 내려간다. 지구라트에 붙인 명칭 가운데 하나는 "순수한 심밀투의 신성한 공간 [Sum. É]"이다(George 1993, 115).[7]

(3) 누딤무드(Nudimmud)의 주문으로 알려진 논쟁 단락 속에 있는 엔메르카르와 아라타의 주군에서 "잘 다스려진 백성들이 사는 온 세상은 엔릴에게 하나의 언어로 말하는" 상황이 새겨져 있다(Vanstiphout 2003, 64-64, 145-146행).[8] 이것을 어떻게 해석하든 그것은 여러 언어가 발생한 현상을 고대 세계가 화제로 삼았음을 증명한다.

(4) 아마르수엔(Amar-suen)의 망가진 줄이 혼란스러운 의사소통과 부족한 지혜를 말한다고 보는 해설도 있다.[9]

(5) 징조 시리즈 슘마 알루(šumma alu)는 높게 세운 도시를 부정적으로 해석한다 (S. Freedman 1998, 1:26-27, 1행).

공간의 제한 때문에 우리는 다른 흥미로운 사례들은 간략히 언급하고 지나가려고 한다. 신명기가 에살핫돈의 종주권 조약에 대한 변증서로 작성되었다는 주장에 대해서는 많은 논의가 이루어지고 있다. 최근의 연구를 통해 이 견해는 건전한 비판을 받았기 때문에 여기서는 다루지 않을 것이다(Crouch 2014).

---

6   이런 사례는 우르 제3 왕조의 나람-수엔과 아마르-수엔부터 신바벨론 제국의 나보니두스까지 있고 여기에 (성전 건축의 허락을 받지 못한) 다윗도 포함된다. 참고로 Michalowski 1977에서 이 주제를 다룬다.
7   #672 (simmiltu = 수메르어의 KUN4) (CAD S:273-75를 보라).
8   93-94쪽의 각주에서 Vanstiphout는 다른 해석자들이 이 주문이 과거의 태고 시대를 언급한다고 번역하는 것을 인정하며 문법이 그런 해석을 지지한다는 사실을 수용한다.
9   http://etcsl.orinst.ox.ac.uk/cgi-bin/etcsl.cgi?text=t.2.4.3.1#의 번역을 보라.

3. 결론

이 장의 서두에서 제기한 문제로 되돌아가 보자. 우리는 이스라엘 사람들이 넓은 고대 세계의 글들을 얼마나 많이 알고 있었는지 알아야 할 필요가 없다. 여기서 제안한 접근법은 그런 지식이 있거나 부족하다고 생각하지 않으며 그런 판단에 의존하지도 않는다.

그들은 그런 글들을 얼마나 또 어떻게 사용하였는가?

필자는 그들이 여러 가지 방식으로 그런 글들을 사용할 수 있었지만, 우리가 관찰한 유사성은 대부분 확산한 것으로 설명할 수 있다고 주장한다. 히브리 성경에 변증의 단락들이 있지만, 고대 근동 문서와 접촉점을 지닌 것을 전부 변증적이라고 여기지 않으며 대개는 다른 방식으로 이해될 수 있다.

제43장

고대 이스라엘의 유일신 신앙

매튜 J. 린치(Matthew J. Lynch)

1. 유일신 신앙의 틀

　유대교와 기독교가 히브리 성경과 구약에 근거하여 하나님에 관해 주장하는 핵심은 하나님은 오직 한 분이라는 것이다(신 4:35, 39). 구약에서 이 주장의 성격과 그것이 있는지 혹은 얼마나 많은지는 상당한 논란거리이다.
　고대 이스라엘을 연구하는 학자들은 유일신 신앙의 "기원"이나 등장 시기를 놓고 팔백 년 동안 의견이 달랐다. 이스라엘의 유일신론이 형성될 때 어느 문화가 영향을 주었는지 또 정말 그랬는지를 놓고도 의견이 다르다. "기원"에 관한 문제는 유일신론이 하나 혹은 몇 가지 원인으로부터 유래했다고 생각하는 데 초점을 두는 반면 이스라엘 역사는 이스라엘 종교 안에 여러 가지 반응을 일으키고 다채로운 유일신론적 표현을 하는데 이바지한 다양한 문화와 종교가 상호 작용했다고 증언한다.
　유일신론의 기원이 불투명하고 생각보다 복잡하지만, 여호와가 유일신이라는 사실은 이스라엘 종교의 핵심적인 차원으로 등장한 사실 자체에는 의문의 여지가 없다. 이 장에서 우리는 유일신론의 확산과 다양한 현상을 살펴볼 것이다.

2. 유일신론의 기원에 관하여 우리는 무엇을 알고 있으며 언제 그것을 아는가?

유일신론의 발생 시기를 찾는 일은 이스라엘의 유일신론을 연구하는 수많은 역사가가 우선 과제로 삼는 작업이다. 어떤 이는 모세 시대(14세기부터 13세기[이를테면 Kaufmann 1960, 137])로 보고 그 증거로 이집트의 아텐 신앙이 미친 영향력을 제시한다. 심지어 어떤 이는 수메르의 "언어의 바벨" 시를 언급하기도 한다. 그 시에서 시인은 모든 민족이 같은 (편리하게 수메르인의) 신 엔릴을 섬겼던 때를 추억한다(Kramer 1968, 109).[10] 다른 이들은 유일신론의 기원을 B.C. 7세기나 6세기(M. S. Smith 2001a) 그 이후라고 주장한다.

학자들이 기원을 강조하는 경향은 이스라엘의 유일신론에 관한 논의를 두 가지 중요한 방식으로 조성했다.

첫째, 그것은 이스라엘의 유일신론이라는 특수한 모습을 만든 문화적 영향에 관한 이론을 많이 생성시켰다.

둘째, 이스라엘의 유일신론 이전의 "단계"를 발견하려는 희망을 품고 소수의 초창기 시문(신 32:8-9; 시 82편)을 탐구하여 이스라엘의 광범위하고 다양한 유일신론의 현상을 이해하려는 관심사를 굴절시켰다.

이 장은 고대 이스라엘의 유일신론 기원과 풍부한 다양성을 언급하고 이스라엘의 유일신 신앙에 관한 주장을 위해 성경 바깥의 증거의 유용성과 한계를 밝히려고 한다. 이 작업이 만나는 도전은 수없이 많지만, 그것들은 "유일신론"의 의미를 명확하게 이해하지 못해서 생긴 것이다.

---

10 이 수메르 시는 "생생한" 유일신 문화에서 나온 것은 아니지만 적어도 하나의 신을 "하나의 언어"로 예배했던 시기가 있었음을 증언한다. 여기에 오직 하나의 신을 인식(유일신론)했을 가능성도 포함된다.

3. "유일신론"의 의미와 적절성

"유일신론"이란 용어는 17세기 케임브리지의 플라톤주의자들이 신앙체계에 따라 종교를 체계화하려는 목적으로 시도한 방식에서 생겨난 시대착오적 표현이다(N. McDonald 2012, 16). 하지만 시대착오의 문제는 고대 이스라엘 종교를 묘사하려는 시도를 괴롭히며 유일신론과 마찬가지로 일신 숭배, 단일 신론, 다신론이나 무신론을 언급할 때에도 나타나지 않는다. 제일 나은 방법은 이 용어의 유용성을 포기하지 말고 성경과 성경 외의 증거를 통해 그 말의 의미를 만들어 내고 다듬는 일이다.

"유일신론"은 이스라엘의 신 여호와가 최고의 신이라는 주장을 담고 있는 한 유용한 용어다(Lynch 2014a). 이 말은 신의 영역(보통 "하늘")에서 숫자상으로 한 분만 있다는 뜻으로 혹은 다른 신들의 "존재"를 명백히 부인하는 본문으로 제한시킬 때는 적합하지 않다.[11] 이를테면 어떤 성경 본문은 "위로 하늘이나 아래로 땅에 오직 여호와는 하나님이시오"(신 4:39)라고 주장한다. 이것은 유일신론의 절대적인 표현으로 보인다. 하지만 신명기보다 늦은 본문들은 이와 동시에 여호와를 경배하는 "하늘의 천군 천사"가 있다고 주장한다.

> 오직 주는 여호와시라 하늘과 하늘들의 하늘과 … 모든 천군[체바 하샤마임 tseba' hashamayim]이 주께 경배하나이다(느 9:6).

안식일 희생 제사의 노래(Songs of the Sabbath Sacrifice)처럼 아주 늦은 시대의 성경 외 본문들에서도 예배자는 천상의 모든 존재를 호출하여 여호와를 찬송한다 (예, 4QSongs of the Sabbath Sacrificed 1편, 1행, 30-37). 이 신적 존재들은 오직 여호와가 특출하며 예배받기에 합당하다고 소리를 높인다.

그래서 "이스라엘에는 얼마나 많은 신을 알고 있었는가?"

---

11 나는 여기서 이 말을 존재론적 의미로 사용하여 다른 신들의 형이상학적 존재를 가리킨다. 그 존재 자체를 말하는 것이 아니다.

이 질문은 "이스라엘은 어떤 말로 여호와를 구별했으며 현실과 여호와의 관계를 어떤 식으로 규정했는가"라는 질문보다 실효성이 없고 부정확하다. 후자의 질문이 고대 이스라엘의 본디 유일신론 개념에 가깝게 이끈다.

나는 초기 연구에서(Lynch 2014b, 31) 표 43.1에서 보여 준 것처럼 여호와가 최고의 신이라는 성경의 묘사들을 제시했다. 왼쪽에는 느헤미야 9:6과 신적 존재들이 등장하는 안식일 희생제사의 노래와 같은 성경 외 본문들을 놓을 수 있고 오른편에는 신명기 4:39과 다른 신들의 존재를 부인하는 제2 이사야의 구절들을 놓을 수 있다.

성경 저자들은 어느 쪽에서든 여호와가 최고의 신이며 유일한 분이라고 표현한다. 달리 말해서 구약에는 매우 다양한 유형의 유일신론적 수사법이 존재하고 그것들은 본질적으로 연관되어 있지 않다. 그런데도 "유일신론"은 대다수 성경 저자들이 여호와가 최고의 신이라는 것을 다양하게 주장하는 바를 설명하는데 유용한 분석적 범주가 된다. 물론 모든 본문이 자의식을 갖고 그 범주를 가리키지는 않는다

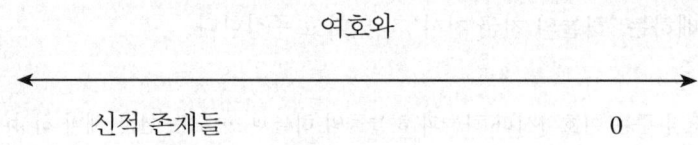

43.1 여호와가 최고의 신이라는 범주를 나타내는 성경 스펙트럼(Lynch 2014b, 31)

그러나 여호와의 존재를 다른 신들과 유사한 범주로 묘사하는 본문들이 있다. 이를테면 이스라엘 사사 [342] 입다는 여호와와 그모스가 각자 자기 땅의 소유권을 주장한다는 사실을 알고 있다.

> 네 신 그모스가 네게 주어 차지하게 한 것을 네가 차지하지 아니하겠느냐 우리 하나님 여호와께서 우리 앞에서 어떤 사람이든지 쫓아내시면 그것을 우리가 차지하리라(삿 11:24).

우리는 이스라엘 저자와 인물 일부가 그런 견해를 밝힌다고 해서 놀랄 필요가 없다. 누군가의 신은 하나가 아니며 다른 민족의 신들과 비슷하다는 생각은 이스라엘의 주변 민족에게 흔한 것이었고 초기 이스라엘 사람들처럼 신상이 없는 신앙을 보여 주었다(Mettinger 1995). 미가 4:5은 "만민이 각각 자기의 신의 이름을 의지하여 행하되 오직 우리는 우리 하나님 여호와의 이름을 의지하여 영원히 행하리로다"라고 말한다. 다른 곳에서는 다른 신들의 처지를 설명하지도 않고 그저 존재한다는 사실을 인정한다(예, 출 20:3).

요약하면 어떤 성경 본문은 한편으로 다른 신들과 다른 민족들의 관계, 다른 한편으로 여호와와 이스라엘의 관계를 동등하게 생각하지만 그렇다고 반드시 찬동하는 것은 아니다.[12] 또 다른 본문들은 신적 존재가 여럿 존재하는 것과 상관없이 여호와가 탁월함을 다양하게 주장한다. 출애굽기 20:3과 같은 다른 본문들은 판단하기가 충분치 않아서 단일신론 혹은 유일신론 체계로 보기도 한다.[13]

앞의 논의는 이스라엘의 유일신론 역사를 일직선으로 도표로 만드는 일을 문제 삼는다. 강력한 유일신론적 수사법에 근거하여 종교적 신앙의 변천을 추론할 수는 없다. 이스라엘이 "유일신 신앙을 가진 것"—여호와가 최고의 신이라는 주장(찬양이나 변증을 통해)으로 이해되는—은 역사의 여러 시점에서 벌어졌을 수 있거나 벌어진 일이었다. 그럴 때마다 나타난 여호와 유일신론은 다른 모습이었다. 아래에서 나는 이스라엘 사람들의 유일신론 사례를 요약하면서 그때마다 달라진 형태와 표현에 주목할 것이다. 이와 동시에 우리는 성경 외의 증거들이 이스라엘의 유일신론에 대해 말하고 있는 경우와 그렇지 않은 경우를 살펴볼 것이다.

---

12 우리는 성경 저자나 성경의 인물들이 여호와와 다른 신들을 얼마나 대등하게 묘사하는지 그런 짧은 본문으로 확인할 수가 없다. 그러나 우리가 가진 본문을 보면 어느 신이 다른 신보다 탁월하다는 것에 대하여 아무 설명도 없이 민족마다 자기네 신에게 충성하는 모습을 보여 준다고 말할 수 있다.
13 단일 신론은 다른 신들이 존재하지만, 그 가운데 오직 한 신만 섬긴다는 생각을 말한다.

4. 고대 이스라엘과 이집트의 아톤 숭배

B.C. 14세기 이집트의 파라오 아케나텐은 철저한 종교개혁을 단행하려고 수도를 테베에서 아마르나로 이전하고 훨씬 앞선 구 왕국 시대부터 태양신으로 알려진 아톤 신 이외의 다른 신 숭배를 금지하였다(32장 참조). 이스라엘의 유일신론을 이해하는데 아톤 숭배가 지니는 의미는 논쟁 중이다.

한편으로 아톤 숭배는 초창기 이스라엘 역사의 궤적 안에 짧게 존재했던 하나의 최고신 숭배사례이다. 아톤 숭배가 독특한 이유는 단순히 주장이나 신앙이 아니라 관습이었기 때문이다. 이스라엘이 이집트에 머문 시기를 아케나텐이 혁신을 하던 시절로 본다는 사실은 태양을 숭배하는 아톤 종교의 영향을 간접적으로 받았음을 암시한다.[14]

유일신 숭배가 이스라엘에 직접 영향을 주었다는 증거는 찾아보기 힘들다. 아톤 신에게 바치는 위대한 찬양이 시편 104편에 영향을 주었다고 주장하는 이가 있다. 그 시편은 태양의 이미지를 사용하여 창조자 여호와의 탁월함을 노래한다. 그렇지만 연관성은 자연 발생적이며 직접 영향을 준 증거는 희미한 정도이다(Hoffmeier 2015, 249; M. S. Smith 2008, 70).

그 찬양에 표현된 모티프 일부가 다른 서부 셈족 찬양 자료들과 함께 시편 104편의 저자에게 문화적인 영향을 주었을 수도 있다. 하지만 시편 104편은 분명히 창조자 하나님은 높이고 있으나 혹시나 다른 신들에 대한 언급을 생략했을 가능성을 제외한다면 유일신론적 읽기가 필요 없다.

최초의 유일신론적 표현을 8세기부터 6세기로 보는 학자들은 이집트가 초창기 이스라엘에 간접적으로 유일신론의 영향을 주었을 가능성을 배제한다(M. S. Smith 2001a). 다른 학자들은 아톤을 숭배하는 태양신 종교가 상당한 차이가 있으나 시편 104편이 이스라엘의 유일신론에 이바지한 하나의 흐름이라고 주장한다. 이를테면 이스라엘의 여호와 종교는 전형적으로 신상이 없는 반면 태양을 나타

---

14 시내 반도에 있는 아텐 신의 사원은 초기 여호와 신앙과 역사적인 접촉점이 있었음을 알려준다. 성경은 여호와가 남쪽의 세일, 데만, 시내 그리도 다른 지역에서 나왔다(예, 신 33:2; 합 3:3)고 주장하는데 이것을 확증해주는 외부 증거도 있다(Astour 1979). 이와 더불어 14세기경 에돔 지역 어딘가에 여호와 제의가 존재했다는 증거가 이 주장에 신빙성을 부여한다(Giveon 1978, 21).

내는 원반으로 하나의 최고신을 강조하는 아톤 숭배는 고대 이스라엘의 도상학(iconography)에 뚜렷한 흔적이 남아 있다(참고, 말 4:2) (Uehlinger 1993; Hess 2007, 165).[15]

이스라엘의 유일신론이 발전했다고 보면 아톤 숭배는 여기에 가장 두드러진 사례이다. 이스라엘이 유일신론으로 발전한 것은 복원 불가능하며 조금 늦게 일어났다고 생각하는 이들이 많다. 그래도 아톤 숭배는 유일신론의 발전 방향을 뒤집을 가능성을 보여 준다. 심지어 유일신론의 등장을 군주 시대 후반으로 보는 학자들도 이스라엘에 단일 신론과 다신론 신앙과 관습이 동시에 혼합적으로 존재했다는 사실을 고려해야 한다.

성경의 이야기들은 단일 신론과 다신론이 나선형처럼 존재했다고 증언하며 아래에 논의하듯이 성상을 숭배하는 성향은 이스라엘의 초기 그리고 후기에 등장한다.

초창기 이스라엘이 아톤 숭배의 영향을 받았는지에 대하여 어떤 의견을 갖든 신명기 4:35, 39과 32:39을 제외하고는 오경에서 명백히 유일신론적인 수사법을 표명한 구절이 거의 없다는 사실은 주목할 만하다. 제임스 호프마이어(James Hoffmeier)의 주장처럼 모세가 만일 아톤 숭배와 모종의 접촉을 했다면 여호와가 유일한 신(sole divinity)이라는 의미는 아니더라도 여호와의 독특함(uniqueness)을 오경 저자(들)가 받아들였다는 것은 놀라운 일이다.

이를 전제로 독특하다는 표현들은 비타협적이다. 여호와가 세상에서 가장 강력한 나라를 쓰러뜨리는 출애굽 이야기에는 여호와의 독특성을 온 세상에 알린다는 표현들이 있다(출 9:16-17, 29). 그런 주장이 유일신론을 의미한다고 생각할 수도 있으나 직접적인 주장은 아니다(신 4장과 32장에서 "부정 어구"처럼). 여하간 아톤 신에게 바치는 위대한 찬양에 표현된 것처럼 여호와가 유일한 신이라는 주장의 일관된 메시지는 역사적 맥시멀 리스트들(성경의 역사성을 최대한으로 수용하는 학자들)이 모세의 것으로 간주하는 성경 자료에는 나오지 않는다.

---

15 예를 들어 다니낙의 제대에는 성상이 없으며 그리고 이스라엘의 신을 태양 원반으로 표현한다고 주장하기도 한다.

5. 유일신론의 모체, 가나안: 엘, 바알, 아세라

이스라엘 종교사 연구가 직면한 주요한 질문은 이스라엘의 기원이 유일신론인가 하는 것이다.

이스라엘 종교의 중심은 초창기(14세기)부터 유일신론적이었는가?

예헤즈켈 카우프만은 그렇게 믿고 여덟 권으로 된 『이스라엘 종교』(1937-56)에 일관되게 이 요지를 주장했다. 카우프만의 이스라엘은 주변의 가나안 족속들의 다신론, 마술, 우상숭배를 전혀 몰랐다(Kaufmann 1960).

비슷하게 윌리암 올브라이트(William Albright)는 그의 기념비적인 저서 『여호와와 가나안의 신들』(Yahweh and the Gods of Canaan)(1968, 1994)에서 초기 이스라엘은 다른 신들의 개념에 영향을 받았지만, 핵심은 일신론적이었다(즉 오직 한 분 여호와를 신앙)고 주장하였다. 이스라엘은 "다른" 가나안의 다신 숭배와 극명하게 구별되었다.

카우프만과 올브라이트(그 외 다수) 이후 학자들의 견해는 초기 이스라엘의 유일신론 이론에서 크게 변천하였다. 지배적인 관점은 이스라엘이 다신론적 가나안 문화에서 유래했다는 것이다. 그것은 그냥 "빌려온 것"이 아니었다(Niehr 2010; Anderson 2015, 72). 이 견해를 가장 구체적으로 표명한 학자는 마크 스미스(Mark Smith)이다. 스미스는 『하나님의 초기 역사』(Early History of God)(2002)에서 내부와 외부의 종교적 영향을 구분하는 것이 문제임을 지적하고 바알, 엘, 아세라 같은 신들의 숭배가 이스라엘의 초창기 이야기를 이루고 있으며 우리는 이 흔적을 구약에서 볼 수 있다고 주장한다(M. S. Smith 2002, 3). "이스라-야"(Yisra-Yah)가 아니라 "이스라-엘"(Yisra-El)이란 명칭조차 이스라엘이 서부 셈족의 신명과 공통점을 지닌다(S. Sanders 2015b, 73; M. S. Smith 2001a, 142-43).

스미스의 대답은 도움을 주지만 일신론 신앙이나 유일신 신앙이 언제 얼마나 널리 퍼졌는지 또 그런 신앙들이 직선적으로 발전했는지 등의 까다로운 질문은 다루지 않는다. 성경적 증거와 관계없이 구약의 작성 시기에 대한 견해에 따라 자료는 불확실하다. 이를테면 쿤틸렛 아즈루드 비문이 "여호와와 그의 아세라"를 언급하는 것은 대다수 이스라엘 사람들이 무엇을 믿었는지에 대하여 별로 알려주는 바가 없다. 또 그것을 만든 자가 여호와의 배우자를 언급한 것인지 아니면 여호와의 제의 상징을 언급한 것인지 불명확하다.

대중이 여호와를 한 분 하나님으로 믿은 모습을 확실히 알기 위해 이름에 나타난 증거(즉 고대 자료의 개인 이름 연구)에 관심을 쏟는 이도 있다. 철기 시대 이름의 증거는 이스라엘이 가나안 땅에 나라를 세울 때 여호와에게 거의 전적으로 헌신하는 모습으로 바뀌었음을 보여 준다. 제프리 티게이(Jeffrey Tigay)는 성경 밖에서 발견되는 포로 전기 유다와 이스라엘 이름이 여호와를 사용하는 경우가 압도적으로 많고 다른 신명을 사용한 사례는 6%뿐이라고 주장한다(1987a).[16] 이것은 "바알"과 "아세라"(그리고 "엘")가 더 흔하게 등장하던 14세기 가나안 상황에 변화가 생겼음을 보여 준다(Hess 2007, 270-71).

다른 모습도 있다. 셋 샌더스(Seth Sanders)는 최근의 알버츠(Albertz)와 슈미트(Schmitt)의 연구(2012, 245-386)를 따라 티게이의 연구가 보여 준 몇 가지 방법론적 결함을 수정하여 "여호와"("야" 혹은 "요"처럼)에서 파생한 이름은 히브리 명칭에 67.7%뿐이라는 별 차이가 없는 수치를 내놓았다(참고, Golub 2014).[17]

샌더스에 따르면 암몬 사람들은 이와 대조적으로 최고신 엘(El)의 이름을 81.8% 사용한다. 그런데도 이스라엘 사람의 이름 사용법이 더 두드러진다. 이유는 이름에 하나의 신명을 사용하는 경향이 있어서가 아니라(그 지역의 다른 민족도 마찬가지다) 유독 "왕실이 섬기는 한 신"을 선호하기 때문이다(S. Sanders 2015b, 80). 대조적으로 암몬 사람의 경우 왕실의 신 밀곰은 대중의 신이 아니어서 겨우 1-2%만 이름에 나타난다. 아람 왕실의 신 바알샤마인(Ba'alshamayn)도 대중의 신이 아니었다.

---

16 리처드 히스(Richard Hess)는 사마리아를 예외로 본다. 거기서는 비록 소수의 이름이긴 하지만 "바알"이 더 빈번하게 등장한다고 지적한다(Hess 2007, 270). 성경 안에서는 놀랍게도 "여호와를 사용하는 명칭들이 엘(El)-명칭보다 조금 많을 뿐이고(130/120) (성경 밖에서는) 7/1 비율인 것과 반대이다."(Pardee 1988a, 129, Sanders 2015b, 77에 재인용).

17 티게이는 연구에 엘(El)이 들어있는 경우를 제외했다. 미트카 골럽(Mitka Golub)(2014, 630)은 yh(야), yw(요), ywh(야후)와 같은 신명들이 10세기부터 8세기까지의 자료에 53% 나타나고 7세기부터 6세기에는 68%라고 계산한다. 또 후자의 시기에는 bl(바알)이라는 신명의 등장이 감소한 것을 관찰한다.

달리 말해서 "만신전의 감소"가 그 지역에 보편적이었으나 왕실의 신과 대중의 신이 같은 경우는 예외적이다(S. Sanders 2015b, 67). 철기 제 2A기와 철기 제 2B-C기에는 대중은 물론이고 엘리트 다수가 여호와를 "최고" 혹은 "유일한" 신으로 본 것 같다.

이스라엘의 반성상주의 현상(성상을 만들지 않음)은 신명 사용과 관계가 있다. 어떤 학자들은 이스라엘의 반성상주의와 이스라엘의 초기 유일신론 사이에 밀접한 연관성이 있음을 찾아낸다. 반성상주의는 어떤 신의 모습을 만들지 않는 것이 아니라 곳곳에서 볼 수 있는 마체봇("입석")처럼 신의 형상이 아닌 물체로 신의 모습을 표현하는 것을 뜻한다(Bloch-Smith 2006; 2014).[18]

반성상주의는 이스라엘 주변의 민족들의 특징이기도 하다(Dorak 2015). 하지만 B.C. 8세기와 7세기에 "사실상"의 반형상주의에서 "실용적" 반형상주의로 바뀐 것은 괄목할 만하다(Mettinger 1997). 반형상주의의 정확한 성격과 범위를 놓고 논란이 있으나(예, 성전의 느후스탄[왕하 18:4])[19] 신상과 예배 장소의 파괴가 일부가 가정하듯이(Becking 2001, 163; 참고, M. S. Smith 2001a, 89) 신성에 대한 특별한 주장을 담고 있는 것인지는 물어볼 만한 가치가 있다.[20]

실용주의적 반성상주의의 근거가 신학적일 필요가 있을까?(N. McDonald 2007, 27)

거꾸로 유일신론이 형상이나 반성상주의적 표상을 용납하는 형태로 존재했었을까?

나는 페르시아 시대의 예후드를 논의할 때 이 문제를 다룰 것이다.

---

18 마체봇(Matsebot)은 돌로 신성을 표시한 것이며 "입석"(standing stone)이라고 부른다. 유사한 히타이트 후바쉬(huwashi)와 시카누(sikkanu)에 관하여 Fleming 2000을 참조하라.
19 나는 반 성상 주의적 요구가 고대 이스라엘에 얼마나 널리 퍼졌는지 그리고 반 성상 주의적 "규칙"에 대한 다양한 예외에 관한 복잡한 논의를 하지 않을 것이다.
20 Dorak 2015, 36-37은 종교는 "자연숭배에서 우상숭배로 그리고 더욱 고상한 형태로 (그리고 아마 반 성상 주의)"로 진보한다는 윌리엄 로버트슨 스미스(William Robertson Smith)의 견해를 인용한다. 그의 견해는 『셈족의 종교(Religion of the Semites)』(1894)에 들어있고 당시의 인류학자들이 공감하였다.

6. 바벨론 시대의 반응

포로 시대 이스라엘의 유일신론의 핵심은 바벨론 제국의 현실과 결부되어 있다. 이스라엘은 앗수르가 온 세상에서 최고라는 정치적 주장을 접한 바가 있다(Aster 2007). 그것은 단호하였고 유일신론적이었다(Lynch 2013). 이스라엘은 지금 더욱 직접 마르둑 제의에 초점을 둔 바벨론 제국의 주장을 대면하고 있다. 바벨론 시대의 유일신론은 결정적으로 정치적이었다(M. S. Smith 2004).

이사야 46:9과 다른 곳에서 여호와가 "나는 하나님이라 나 외에는 다른 이가 없느니라"라고 말할 때 그것은 "나뿐이라 나 외에 다른 이가 없다"(47:8, 10)는 주장은 경쟁하는 바벨론 제국(과 이와 연관된 제의)의 것과 대조된다. 스바냐 2:15에서 니느웨에 관하여 말할 때도 비슷한 수사법을 볼 수 있다.

따라서 이스라엘은 마르둑이 우주 최고의 신이라고 주장하는 바벨론의 정치 신학을 만났다(Halpern 2009, 404). 예언자들은 이것과 열정적으로 경쟁했다(M. S. Smith 2001a, 194; Halpern 2009, 404). 바벨론 신화 에누마 엘리쉬는 아톤 숭배의 태양 종교와 다른 방식으로 최고의 신을 묘사한다. 후자가 신들을 퇴치하고 아톤을 격상시킨 반면 바벨론 신화는 마르둑을 오십 개의 신명을 지닌 존재로 부각한다.

각 신은 숭배 대상이면서도 마르둑의 지방 명칭이다(6.119-20). 스미스는 이것을 이전에 만신전의 신들이 "최고 신의 기능이나 특성"이 된 신앙, 즉 "summodeism"(통합이신론?)이라고 부른다(M. S. Smith 2008, 169). 이 신화를 넓은 맥락에 놓고 보면 다른 신들을 신앙하고 숭배하는 일은 지속하였던 것이 분명하다. 그래도 에누마 엘리쉬의 어떤 부분은 나름 유일신론적 목소리를 낸다.

> 당신의 손이 창조한 모든 것을 [당신 외에 권한을] 누가 갖고 있습니까?
> 당신이 창조한 땅을 놓고 당신 [외에 권한을] 누가 갖고 있습니까?(5.133-36)

이스라엘이 바벨론 종교와 정치와 싸운 의미는 절제되지 않은 채 여러 가지 반응을 일으킨 것으로 보인다. 한편으로 이사야 40-55장에서 여호와가 유일한 신이라는 호전적 주장도 있다. 다른 한편으로 (잠정적으로) 포로기에 작성된 창세기 1장은 생략법(예, 창 1:2의 테홈-티아맛 연관성[Jacobsen 1968, 108])으로 마르둑이 최고의 신이라는 주장과 맞선 것으로 볼 수도 있다.[21]

에스겔은 다른 신들을 언급할 때 의도적으로 엘로힘이란 단어를 피하여 바벨론 종교에 대항한다. 에스겔은 노골적으로 불쾌감을 주는 어법으로 길루림(gil-lulim)이나 엘릴림('elilim)을 선호하였다(Kutsko 2000). 다른 신들은 엘로힘이란 고상한 표현조차 사용할 자격이 없다는 것이 분명하다. 그러므로 (둘 다 제사장적 문서인) 창세기 1장과 에스겔서는 생략법으로 사용하여 다양한 형태의 유일신론을 표현하였고 신명기와 이사야서는 유일신론을 주장하였다.

이스라엘이 바벨론의 정치와 종교와 싸운 모습을 통해 몇 가지를 성찰할 수 있다.

첫째, 제2 이사야가 변증적인 유일신론을 묘사하는 것을 단순하게 큰 맥락에서 유일신론으로 서서히 발전하는 양상으로(즉 종교적인 자기규정으로) 보면 안 된다. 대신 제2 이사야는 (사 43-47장에 한하여) 여호와가 바벨론 제국의 권력으로부터 이스라엘을 구원해줄 희망을 품고 이스라엘에 대한 정치적 주권을 유지하는 하나의 수사적 순간으로 존재한다(Hartmann 1960, 229-35).

나탄 맥도날드(Nathan McDonald)는 제2 이사야의 수사법을 "구원론적"이라고 적절히 이름 붙였는데(N. McDonald 2009, 51) 그 말은 구약의 "부정의 어법"을 사용하는 다른 사례(예, 삼하 7:22; 왕상 8:60; 시 18:31; 호 13:4)에도 적용된다. 이 본문들은 존재론적 실존이 아니라 구원의 능력에 관심을 두고 있다. 여호와는 이스라엘을 구원할 수 있는 유일한 분이다. 다른 이는 없다.

둘째, 이스라엘 저자들은 바벨론의 정치와 종교에 다양하게 반응했다. 그런 현실이 이스라엘의 종교적 삶의 초기나 후기에 비슷하게 폭넓게 반응하는 모습과 견줄 수 있다는 사실에 놀랄 필요가 없다. 이러한 다양한 반응을 통해 뚜렷한 종교적 발전을 추적하려는 우리의 능력은 이 다양성과 크게 타협한다.

셋째, 그런데도 이 시기에 두드러진 점은 여호와가 최고의 신임을 지속해서 일관되게 묘사한다는 사실이다(M. S. Smith 2001a, 167-68). 여호와의 포로기 묘사

---

21 J. Day 1985, 49-56은 창 1장에 에누마 엘리쉬가 직접 영향을 주었다는 견해와 논쟁한다. 그러나 M. S. Smith 2010, 69, 239를 보라.

들은 신앙적이거나 수사적 필요에 따라 변천하였다.

7. 페르시아 시대 예후드

바벨론에서 귀환한 사람들은 유다에서 살아가기가 어려웠다. 경제조건은 열악했다. 왕도 없고 상비군도 없었다. 땅과 성전은 화려했던 과거를 희미하게 기억할 정도였다. 그러나 증거들을 보면 유대인 귀환자들과 땅에 남아 있던 주민들은 여호와를 그들의 유일한 신으로 섬겼다. 유일신론이 "당시의 성과였다"라는 데 대다수 동의하지만, 신상을 척결하려는 욕구가 유일신 신앙과 어느 정도 융합되었는지에 대해서는 질문이 남는다.

유일신 신앙은 신상 척결을 뜻하는가?

다수의 학자는 페르시아 시대 예후드와 사마리아에서 신상이나 인형이 "발견되지 않는 것"이 유배를 통해 이스라엘의 과거 다신론 신앙을 정화해준 증거로 본다(E. Stern 2001, 488-513). 아디 에어리히(Adi Erlich)는 이런 상황이 헬라 시대로 이어졌다고 믿는다.

> 유다 산지에 사는 주민으로서 유일신론을 믿은 사람들은 유대인이든 사마리아인이든 이 [헬라] 시기에 신상제조를 단호히 반대했다고 말할 수 있다. 그들은 2세기 이전의 헬라 시대에 전혀 신상을 남기지 않았다…. 유일신 신앙을 가진 사람들이 다른 점은 손쉽게 발견할 수 있다(Erlich 2009, 112).

신상이 없다는 고고학적 증거는 유일신 신앙이 이겼다는 증거가 되는 것처럼 보인다.

그런데도 이런 견해는 몇 가지 문제를 안고 있다. 그것은 유일신 신앙과 물질문화의 관계를 말하는 방식의 재고를 요구한다. 페르시아 시대의 유일신 신앙과 신상이 함께 나타나는 증거는 일부 고고학자들이 인정하는 것보다 훨씬 복잡하다.

이를테면 사마리아의 베스(Bes), 프타(Ptah), 파타이코스(Pataikos) 인형들은 페르시아 시대의 것이다(E. Stern 1976, 183-87; 2001, 507-10). 에프라임 스턴(Ephraim Stern)은 이것들을 "민간" 숭배의 흔적이며 "공인" 종교가 아니라고 주장하지만 이런 구분법은 인위적이다. 비슷하게 같은 시기의 라기스에서는 분향단과 인형들이 출토되었다. 똑같은 제단과 인형들이 철기 시대 유다에서 사용되었으며 이것은 이것들을 귀환한 사람들이 사용했음을 보여 준다.[22]

게다가 다윗성의 지층 9번(페르시아)에서 나온 잡석과 yhd 인장들 가운데는 유다의 막대기 인형 잔해도 있다. 이삭 드 훌스터(Isaac de Hulster)는 그것들이 전형적인 철기 시대 인형과 다르지 않지만 계속 사용되었고 심지어 만들기도 한 증거라고 주장한다(de Hulster 2015, 132. 참고, Darby 2014).

더욱이 아테나 여신을 새긴 페르시아와 헬라 시대 동전과 여호와의 모습이 들어있는 "예후드 드라크마"는 유대인들이 적어도 신상을 만들지 않은 것은 아님을 보여 준다(Tal 2011, 548-49; de Hulster 2015). 페르시아 시대 유적지에서 발견한 유다의 막대기 인형과 함께 고려해보면 이런 사례들은 유일신 신앙과 모든 형태의 신상 금지가 연결된다는 주장을 신중하게 하도록 만든다(Lynch 2014b, 56; de Hulster 2015). 더구나 막대기 인형의 의미에 의지하여 어떤 비정통적인 신앙을 가졌을 가능성이 있다.

끝으로 페르시아와 헬라 시대의 유대교의 다양성은 초기 유대교의 물질문화와 제의 현실을 단일한 유일신 형태에 국한하기를 멈추게 만든다. 이를테면 이 시기에 적어도 유대교 성전이 넷이고 여기에 레온토폴리스(Tell el-Yahudiyeh)와 단 성전을 포함하면 여섯 군데나 된다.[23]

(1) 예루살렘 성전,
(2) 그리심 산의 "여호와의 집",
(3) 이집트 엘레판틴의 YHW(즉 여호와) 하나님의 성전,
(4) 이두메아의 "BYT YHW"(Lemaire 2004).

---

[22] Andrea Berlin과 개인적으로 나눈 의견, 2012.
[23] 질라스(Zilas) 비문에 "단에 있는 신"이란 표현이 나오는데 신명은 알 수 없다. 아마 여호와일 것이다(Biran 1994, 221-23).

이 성전들은 유대교 내의 다양성뿐 아니라 다양한 종교적 신념들이 나타났음을 증언한다. 이를테면 엘레판틴에서 일부 유대인은 고도로 혼합주의적인 형태의 여호와 신앙을 가진 것으로 보인다(Bright 2000, 376; Porten and Yardeni 1986).[24]

요약하면 페르시아와 초기 헬라 시대는 히브리 성경/구약의 유일신 신앙이 인상적으로 표현된 사례들이 있으나 물질문화는 신상파괴와 이 유일신 신앙이 불가분하게 연결되었는지에 대하여 의구심을 일으킨다. 여호와 한 분을 믿는 유일신 신앙의 문화적 물리적 표현들은 균일하지 않았고 페르시아와 헬라 시대 유대인의 관습 전체가 어느 정도로 유일신 신앙을 보여주었는지에 대하여 의구심을 남긴다.

8. 결론

이 장은 유일신론의 의미를 명확하게 밝힐 필요가 있음을 강조한다. "유일신론"이 고대 이스라엘의 여호와 신앙에서 파생한 세 가지 유일신 신앙을 묘사한다면 그것은 여호와가 실재하는 유일한 신이라는 것을 뜻하지 않는다. 나는 그 용어가 성경에서 여호와가 유일한 최고의 신이란 것을 다양한 수사법을 통하여 설명하는 데 유용하다고 주장했다.

또 이 장은 유일신론의 함의에 질문을 제기한다.

첫째, 유일신론은 반드시 다른 신들의 존재를 부인하는 것이 아니다. 어떤 유일신 신앙 본문은 다른 신들을 그저 무시한다(예, 창 1장). 유일신 신앙을 다양하게 표현한 것은 초기부터 페르시아와 헬라 시대를 거치면서 이스라엘의 유일신 신앙을 형성한 다양한 문화적 영향을 반영한다.

둘째, 수사적 표현의 다양성은 유일신론을 일으킨 요인을 단 하나로 집약하여 기술하려는 노력이 문제가 있다고 본다. 대신 유일신론은 외부의 정치적 종교적

---

24 남부 이집트, 사이엔에서 출토된 B.C. 4세기 아람 공동체의 기도문에는 "호루스-야호"(Horus-Yaho)란 언급을 보라. 파피루스 Amherst 63에 보존되어 있다(R. Steiner 1991; S. Russel 2009, 44).

세력에 다양하게 반응한 것이고 안으로는 이스라엘 자신이 하나님을 경험한 것들이었다. 유일신론적 수사법이 바벨론 시대에 여호와가 유일한 신이라는 것을 의도적으로 드러낼 때도(사 40-55장) 모든 전승이 전부 이것을 따르지는 않았다.

셋째, 신상으로 표현하는 일과 심지어 이스라엘이 과격하게 신상을 파괴하고 제의를 중앙화하는 운동을 벌인 것은 여호와가 유일신이라는 다양한 주장과 관계가 있다. 고고학적으로 말해서 신상이나 제단의 부재가 곧 유일신 신앙의 증거는 아니다. 그것들이 있다고 해도 유일신 신앙의 반대증거는 아니다. 한 분 하나님이 반드시 하나의 제의를 갖고 신상이 없어야 한다는 것은 고대 이스라엘의 복잡한 종교 생활과 정확히 일치하지 않는다.

넷째, 성경과 성경 밖의 증거는 다신론에서 유일신론으로 단순하게 발전하지 않았다. 또 자연숭배에서 우상숭배로 그리고 다시 우상을 파괴하는 유일신 신앙으로 변천했다고 생각할 수도 없다. 유대인은 최종적으로 유일신 신앙인들로 자처하게 되었지만 고대 이스라엘이 그런 정체성을 갖게 되는 여정은 서서히 그리고 꾸준히 발전한 것이 아니라 다양한 상황에서 적응하고 다시 출발한 결과물이었다.

제44장

성전

존 H. 월튼(John H. Walton)

1. 성전 사상

성전은 우주의 중심에 있는 근본 요소이며 공동체 기능과 정체성을 위해 중심 역할을 하며 인간과 신이 만나는 주요 메커니즘이었다. 신들이 성전의 보좌에 앉아있을 때 창조로 세워진 질서가 유지되었고 질서를 위협하는 세력을 막아주었으며 인간 공동체는 생존을 이어갔다.

성전은 신이 거주하는 장소였다. 단지 예배를 드리는 장소만이 아니었다. 예배란 신이 인간 공동체 가운데 자신의 거처를 두었다는 사상에 근거하여 이루어진다. 사람들은 다양한 예배 활동을 통하여 신에게 음식을 대접하고 자신의 삶과 공동체의 안전을 보장받으면서 우주가 운영되도록 하는 역할을 했다.

성전은 신성한 공간의 중심에서 영역을 나눈다. 성전이란 공간은 그곳에 머무는 신의 임재 때문에 거룩해진다. 때때로 신은 거주할 곳을 미리 선택하여 자신의 임재를 준비하도록 지시한다. 성전이 세워지면 신이 임재하는 중심에서 멀수록 신성성은 감소한다. 영역별로 요구되는 정결함과 신성한 활동이 있다.[25]

---

[25] 성전에 관한 연구는 방대하며 증가하고 있다. 더 읽을 핵심 자료는 Averbeck 2002; Beale 2004; Bloch-Smith 1994; 2002b; Boda and Novotny 2010; Davey 1980; J. Day 2005; Dietrich 2001; George 1993; Hundley 2011; 2013b; Hurowitz 1992; Jacobsen 1989; Janowski 2001; Kamlah 2012; Levenson 1984; Lundquist 1982; 1983; Mettinger 1995; Mierse 2012; Postgate 1972; Shafer 1997; Van Seters 1997; Walton 1995; Wenham 1986; Woods 2004.

2. 우주의 역할

신이 성전에 거주하기 때문에 성전은 우주 질서의 중심이었다. 성전을 우주와 연결하는 고리로 보는 방식은 문화마다 다르지만, 이 역할 때문에 성전을 유지하면서 신을 섬기지 못하면 우주는 위기에 처해 무너질 수 있었다(Hundley 2013b, 48). 이런 식으로 성전붕괴의 위협은 오늘날의 핵폭발, 급진적인 기후변화 혹은 최악의 공해 효과와 비슷한 충격을 주는 것(즉 묵시록)으로 여겨진다.

오늘날 "더 푸른 지구환경"을 만들자고 주장하는 자들은 많은 토론을 통해 각자가 폐품을 재활용하는 습관을 기르면 다른 이들과 함께 생존 가능한 지구를 만드는데 긍정적 효과가 있다고 강조한다. 고대 세계에서는 똑같은 논리를 적용하여 각 사람, 각 지파, 각 도시가 성전을 유지하는 데 적극적으로 참여하여 우주의 안정을 도모할 책임이 있다고 말했다. 각 사람은 우주의 지속적인 안정을 도모하는 역할을 했다.

3. 신-인간관계의 역할: 위대한 공생

성전은 우주적 역할 외에도 신-인간관계의 중심점 역할을 했다. 고대 세계에서 이 관계의 전제는 소위 "위대한 공생"이라는 틀 안에서 이해할 수 있다. 고대 세계인들은 신들이 사람을 창조한 것은 사후조치였다고 믿었다. 신들은 자신들을 위해 우주를 만들었다. 하지만 신들은 인간과 마찬가지로 필요한 일들이 있었다. 그들은 생존해야 했다.

가장 급하게 필요한 것은 음식이었다. 누구라도 음식을 충분히 먹으려면 정기적으로 공급해주어야 한다는 사실을 알고 있었다. 농사 외에 가축을 기르는 일 또한 지속해서 필요한 식량 공급원이었다. 신들은 깨끗한 물, 최고급 포도주, 거품 많은 맥주 같은 음료가 필요했다. 신들은 최고급 음식을 원했을 뿐만 아니라 훌륭한 음악가와 댄서가 있는 화려한 잔치에서 식사하기를 기대했다.

신들은 기본적으로 음식과 음료 외에 거처가 필요했고 가장 호화로운 곳에서만 기거했다. 성전에 금, 은, 보석과 고급 목재, 조각한 석조품, 근사한 양탄자가 많을수록 신은 더 큰 영광을 자랑할 수 있었다. 결국, 신들은 이 모든 것을 스스로 공급하기가 싫증이 났다. 인간 주인들처럼 신들은 모든 것이 갖추어져 있기를 원했다. 그래서 신들의 필요를 채워줄 인간을 창조한 것은 신들의 특권이었다.

그러므로 신들이 자신들을 섬기도록 창조한 인간에게 의존하므로 신들의 필요를 채워주는 인간은 분명히 계속해서 존재할 필요가 있었다. 결과적으로 사람들은 신들의 공급과 보호에 의존하고 반대로 신들은 사람의 봉사에 의존하였다. 이 상호의존은 결국 고대 세계의 위대한 공생을 만들어냈고 거기서 신들은 모든 직함을 갖고 자신들의 거처에 합당한 것을 받았다.

이 위대한 공생이 고대 세계의 종교체계와 관습을 만들었고 그것은 성전을 중심으로 형성되었다. 신의 필요를 제의를 통해 채워주는 일은 양심적으로 거행되었으므로 신은 계속 사람들 가운데 머물렀다. 사람들은 제의적 책무를 부지런히 수행했다. 그렇게 해야 신의 은총을 받을 수 있기 때문이다.[26]

신들이 노하면 (사소한 일이든 중대한 일이든 원인이 알려지든 알려지지 않든 심지어는 알 수조차 없는 이유로 이런 상황이 벌어진다) 공동체나 개인의 안녕은 위험해진다. 많은 경우 왕들은 공동체의 정의를 지켜 신들을 섬기고 그 대가로 신들이 백성에게 안녕, 평화, 번영을 가져다주는 것으로 기대하였다. 이것이 고대 근동의 종교 세계이다.

성전에서 신들은 극진히 섬김을 받았다. 신들이 노하거나 상처를 받아 사람들을 포기하고 악마적 힘으로 공격하거나 원수에게 내팽개쳐지는 일이 없도록 그리고 최악의 경우, 불만을 품고 백성을 버리고 떠나지 않도록 아낌없는 비용을 들여 섬겼다. 가장 절실한 것은 신의 임재였고 그래서 성전은 신-인 상호관계를 위한 중심지였다. 그 관계는 서로의 필요를 채워주고 의존하면서도 예측할 수 없는 부실한 관계였다.

---

26 Pongratz-Leisten 2012, 특히 앗수르 본문의 인용문을 보라. "이 잔치를 베풀고 빵과 물을 신들에게 바치는 자는 (그것들을) 오랫동안 넘치고 풍부하게 되받을 것이다."(298) 히타이트의 평행구는 J. L. Miller 2013에서 본문 20의 서론을 보라.

4. 후원 요소: 사람, 절차, 성상 그리고 지구라트

메소포타미아 문화는 성전이 성공적인 역할을 하도록 만드는 다양한 후원 요소들이 있었다. 제의는 예물을 드려 신들의 필요를 채워주고 신들의 위대함을 인정하는 방식으로 고안되었다. 예배는 제의 절차를 가졌으며 신의 위로와 은총을 확인하기 위해 성전에서 드렸다. 제사장들은 신성한 공간을 지키는 임무를 지닌 수호자들이고 이 시스템이 잘 작동하게 만드는 자들이었다. 지정한 제물을 지정한 시기에 가져와 지정한 방식으로 드렸다.

제물을 드리는 사람의 제의적 상태도 확인해야 했다. 매일 드리는 제사든 매년 드리는 축제든 신성한 절기는 모두가 지켜야 하고 이것이 제사장의 의무였다. 그것은 위험한 역할이었다. 그들이 신을 노엽게 한 일에 가장 먼저 책임을 지는 사람들이기 때문이다. 또 그것은 공동체에 매우 중요한 역할이었다. 이 전문가들이 신들의 필요가 채워져서 신들이 만족스러워하는지를 확인할 책임이 있기 때문이었다.

성전에서 거행되는 모든 제의는 신이 임재 앞에서 이루어졌고 그 임재를 나타내는 것은 성상이었다. 성상이 없으면 신이 임재한다는 것을 확신할 수 없고 그러면 성전은 전혀 중요하지 않았다. 제의는 시간이 흐를수록 발전하여 만들어놓은 성상을 통해 신의 축복을 받도록 고안되었다. 그러므로 성상은 신의 본질이 담겨있는 물체로 여겼다. 그래서 성상은 신에게 바치는 섬김의 초점이 되었다. 음식과 음료를 성상 앞에 두고 아름다운 의상을 입혔으며 신의 인도를 받기 위하여 점을 치고 지정한 제물을 그 앞에 바쳤다. 그리고 성상을 합당하게 모시고 주요 축제일에는 행진하였다.

성전의 안쪽 성소가 성전과 연관된 가장 신성한 공간이라면 지구라트는 이보다 조금 낮은 등급의 장소였다. 지구라트는 성전 옆에 있었고 신들이 예배를 받기 위해 성전으로 내려오기 편리한 구조물이었다. 그것은 백성 가운데 신이 거주하도록 유혹하는 방법 가운데 하나였다. 지구라트는 신성한 공간으로 간주하고 우주적 기능을 한다는 의미의 명칭을 지녔다(예, "천지를 연결하는 신성한 공간"과 "천지의 신성한 기초").

지구라트의 의미는 경사면이나 계단으로 볼 수 있고 그것이 가장 두드러진 겉모습이며 구조물의 꼭대기는 기구누(gigunu)라고 부르는 신당이 있다.[27] 기구누는 신들의 거주공간이다(성전 안의 보좌와 구별된다. 미국의 백악관에 대통령과 그 가족이 사는 사적인 거주공간이 있고 동시에 업무를 보는 사무실이 있는 것과 비교된다). 기구누에는 음식을 드리는 식탁 외에 침상과 목욕 도구와 신상에 관계하는 시설을 두었다. 아마 성전에서 "일하지" 않을 때는 그곳에 신상을 두었을 것이다. 거기서 신들은 "쉬면서" 목욕하고 휴식을 취했다.

이 모든 정보를 보면 지구라트는 일반적으로 대중에게 접근금지였음이 분명하다. 이곳은 신들의 소유지이고 특권을 가진 신들의 사생활이 이루어지는 곳이었다. 5) 이스라엘 성전의 차이점

이스라엘의 성전 이데올로기는 여러모로 주변 민족과 공통점이 많다. 그것은 신과 인간의 영역을 연결해주며 땅의 하늘로 여겨졌다(예, 시 78:69; 사 66:1). 성전은 여호와가 보좌에 앉아 우주와 땅의 질서를 항상 유지하는 곳이었다. 그곳은 그의 궁전이고 활동기지였다.

예루살렘 성전은 또 자기 백성 가운데 여호와의 임재를 나타내며 그래서 신성한 공간이었다. 성전은 이스라엘 백성에게 준 은혜였고 언약의 주요 목표 가운데 하나였다. 여호와가 백성 가운데 거주하기 때문에 그의 임재는 이스라엘에게 축복을 가져오고 여호와와 관계를 갖는 방편이 되었다.

성전 이데올로기의 일반적인 틀이 유사하지만 좀 더 세부적인 사항에 관심을 쏟으면 두드러지게 대조적인 점들이 있다. 그런 측면 여섯 가지가 있다.

1) 에덴과의 관계

이스라엘 사람들의 사고방식 속에서 최초의 신성한 공간은 에덴동산이었다. 거기서 하나님은 처음으로 창조한 사람들과 거주하였고 그들과 관계를 맺었다. 나머지 고대 근동 세계에서는 에덴동산과 같이 특별한 역할을 하는 곳이 없다. 이러한 연관성은 이스라엘이 신성한 공간을 이해하는 배경이 된다. 그곳은 처리

---

[27] Jacobsen 1990, 41*은 성전 건물의 (지구라트 꼭대기에 있는) 윗 성전으로 부른다.

할 죄도 없었고 거행할 제의도 없었던 곳이었기 때문이다. 하나님은 자기 사람들과 살면서 그들과 맺은 관계를 즐기셨다. 이것을 창세기 3장에서 잃어버렸다. 이후 진행되는 신성한 공간의 모든 이데올로기는 자기 백성 중에 하나님의 임재를 회복하는 일과 관련이 있다.

2) 위대한 공생/언약 공생

고대 근동과 이스라엘의 성전 이데올로기 사이의 차이는 위에서 "위대한 공생"으로 부르는 것과 관계가 있다. 이스라엘 사고방식에는 사람들의 창조가 신의 필요를 채워주는 사후조치가 아니었다. 여호와는 그럴 필요가 없다. 사람들은 관계를 맺기 위하여 지어졌다. 이러한 대조점은 혁신적인 이데올로기이며 고대 세계에서는 상상할 수 없는 일이다.

여호와가 사람들을 만날 필요가 없으므로 이스라엘의 제의는 아주 다른 기능을 했을 것이다. 그가 백성 가운데 거주하는 것은 백성들이 자신을 섬기기 때문이 아니었다. 그가 그들 속에 거주한 것은 그들과 관계를 맺기 원하기 때문이다.

언약은 여호와가 이 관계를 수립하는 방편이므로 우리는 이스라엘의 위대한 공생이 "언약 공생"으로 대체되었다고 말할 수 있다. 이 언약 공생은 위대한 공생이 다른 민족에게 준 것과 똑같은 혜택—보호와 공급과 같은 형태로 축복한다는 약속(언약의 축복과 저주)—을 이스라엘 백성에게 주었다. 차이점은 공생으로 신이 받는 것이 다르다는 것이다. 성전과 제의는 신의 물리적 필요를 채워주는 것이 아니라 이스라엘이 언약의 조항들을 위반하거나 실수하지 않고 잘 준수하여 신성한 공간의 거룩함을 확실히 유지하게 하는 역할을 했다.

이러한 변형으로 이스라엘 종교는 신들을 돌보고 음식을 드리는 일로 이루어져 있지 않고 언약에 충실한 생활 태도들을 담고 있다(시 50편, 특히 5, 12-16절을 보라). 이스라엘과 여호와의 관계는 성전에 초점을 두고 있지만, 필요에 근거한 관계가 아니었다. 여호와는 자기 백성을 사랑했고 그들은 여호와를 사랑하기를 기대했다. 사랑은 언약에 대한 충성과 이스라엘의 배타적인 여호와 예배를 수반했다. 그것은 "나는 너희의 하나님이 되고 너희는 나의 백성이 될 것이다"라는 후렴구에 들어있다. 고대 근동에서는 신과 인간이 자기충족적이었다. 이스라엘에서 하나님의 임재는 자기 백성에 대한 은혜의 행위였고 이스라엘의 반응(거의 나타나지 않음)은 전심으로 섬김받기에 합당한 하나님을 섬기는 일로 나타나야 했다.

3) 정결의 중요성

고대 근동의 정결은 엘리트 신들의 태도와 그들만이 누리는 특권과 결부되어 있다. 그들은 최고의 것을 받아야 마땅했으며 그들에게 제공된 것이 질이 떨어지거나 부주의하면 불쾌하게 여겼다.[28] 그들은 옹졸한 속물이었다. 신들의 까다로운 요구를 따라 정결하면 본질적으로 괴팍한 성질을 드러내지 않는다.

이스라엘의 여호와도 마찬가지로 까다롭다. 하지만 그러한 이해 배후에는 다른 근거가 있다. 신이 사소한 부분을 지적하거나 자격을 논하지 않고 이스라엘의 정결 요구는 거룩한 하나님의 임재가 일으키는 위험 요소로부터 보호하기 위함이다. 고대 근동에서는 이와 유사한 사례를 찾아볼 수 없다. 그런 정결함을 유지하면 여호와는 자기 백성 가운데 거주할 것이다.

4) 거룩

정결이 고대 근동에 잘 알려진 개념이고 종교 행위의 핵심이 되는 제의에 참여할 때 필수적이지만 구약신학의 단골 메뉴인 거룩은 어떤 의미 있는 평행사례를 전혀 찾을 수 없다. 거룩은 성취되어야 하는 특성(quality)이 아니라 이스라엘을 여호와 하나님과 하나로 통합하는 상태(status)이다.

하나님이 거룩하므로 이스라엘은 거룩해야 한다. 즉 하나님은 이스라엘을 자신의 거룩한 백성으로서 거룩하기를 명령하였다. 우가리트의 몇몇 희미한 언급은 제외하고 고대 근동에서 가장 근접한 평행사례는 아카드어가 사람이나 사물에 신을 가리키는 "표기"(dingir)를 사람이나 사물에 붙여 상태를 나타내는 경우

---

[28] 좋은 사례로 J. L. Miller 2013, 249의 제사장과 성전봉사자에 대한 지침을 보라.

를 볼 수 있다.²⁹ 이것은 사물이나 사람이 신의 영역에 존재하며 그러한 위상과 관련된 모든 특권과 책임이 있음을 나타낸다.

신들과 성전들은 그렇게 표시되었고 마찬가지로 천체, 가끔 왕들 그리고 성물 모음집에도 붙였다. 고대 근동에서 이런 분류는 특권을 나타낸다. 이스라엘의 거룩한 신분은 이스라엘이 하나님과 맺은 관계를 나타냈다.

5) 율법

이스라엘의 토라는 제의적 사회적 책임을 포함하여 모두 우주 질서를 정의하고 거룩한 모습을 갖추라고 요구한다. 그래서 토라는 하나님의 임재에 다가가는 방법과 하나님의 임재가 만드는 관계, 그리고 하나님의 은혜를 유지하는 방법을 가르쳐서 하나님의 실체가 백성 가운데 드러나기를 추구한다.

토라는 여호와의 임재의 기초이며 동시에 이스라엘이 거룩한 하나님 앞에서 살아가는 지침이다. 토라는 다른 방식이 아니라 성전에 의존한다. 토라는 이스라엘 사람이 각자 지켜야 한다. 이론적으로 한 사람이 토라를 소홀히 여겨 위반하면 하나님의 임재가 백성 가운데 떠나는 결과를 초래한다.³⁰

이런 의미에서 각 사람은 하나님의 임재를 유지하는 역할을 하며 하나님의 임재는 우주와 이스라엘에 질서를 가져온다. 속죄제와 속건제로 드리는 피 뿌리는 제의는 여호와를 떠나게 만드는 부정함을 신성한 공간에서 정화하는 기능을 한다. 이런 특별한 기능을 지닌 이 피의 제의는 고대 근동 어느 곳에서 찾아보기 힘들지만, 이스라엘 성전 이데올로기에서는 주요한 역할을 한다.³¹

---

29   B. N. Porter 2009, 153-94; Hundley 2013b.
30   이 원리가 수 7장에 예시되어 있다. 아간이 하나님의 명령에 불복종했기 때문에 모든 이스라엘은 하나님의 노여움으로 고통을 당한다.
31   피를 뿌리는 제의는 나머지 고대 근동에 존재하지만, 이스라엘처럼 신성한 공간을 정화할 목적으로 하지는 않는다. 히타이트의 피 뿌리는 제의, 특히 주르키(zurki) 제의는 성전의 상징을 정화하는 데 피를 사용한다. Feder 2011, 20-23을 보라. 일찍이 수메르 이야기에서 루갈반다(Lugalbanda)는 희생제사로 드린 황소의 피를 구덩이 뿌려 신이 흠향하도록 하지만 신성한 공간을 보존하는 일과는 상관이 없다(Vanstiphout 2003, 123, 358-59행 참조).

6) 신상

이스라엘은 신상이 없는 것으로 알려져 있다. 다시 말해서 제의용으로 만든 신상을 신의 본성이 담긴 물건이거나 신의 임재를 중개하는 물건으로 사용하지 않았다. 백성들은 여호와가 허용한 유일한 이미지였다. 고대 근동에서 성전 이데올로기의 중심을 차지하는 제의 조각상의 모든 기능은 이스라엘에서 다시 설정해야 한다는 뜻이다. 고대 근동에서 신상이 없는 성전은 의미가 없었다.

이스라엘에서 언약궤는 하나님의 보좌를 나타내는 신성한 공간의 중심이었으나 신의 본질을 담고 있는 물건은 아니었다.³² 그것은 하나님의 임재를 나타내지만, 그것을 중개하지는 않았다. 그러므로 제의 이미지와 비교되는 것이 이스라엘 신학에는 없다. 이스라엘의 반성상주의(aniconism)에 관하여 상당한 논의가 집중하고 있으나—언제 시작되어 어떻게 나타나는지—이스라엘 밖의 고대 근동에서 배타적인 반성상주의는 알려지지 않았다.³³ 이것이 시사하는 의미는 무척 크며 과장된 것이 아니다.

6. 결론

고대 세계에서 성전에 신의 임재를 유지하는 일보다 더 중요한 것은 아무것도 없다. 이 일에 다양하고 다른 전략이 사용되었던 것이 분명하다. 건축물과 기능부터 용도와 이데올로기까지 서로 다른 문화들은 신의 임재의 목적을 서로 다르게 이루어나갔다. 가장 중요한 일은 신의 은총을 얻는 일이었다. 그러므로 성전관습과 이데올로기는 고대 근동 사회들의 특징적인 신의 개념을 이해하는 핵심이다.

---

32 때로 신상을 안치한 이집트의 이동 성소는 법궤와 비교되지만, 성경 본문에 언급되지 않은 법궤의 특징을 결정하는 데는 사용될 수 없다.
33 카르타고의 사례는 시기가 늦어서 제외된다. 나는 "배타적 반성상주의"라고 말할 때 메팅거(Mettinger)가 "사실상의 반성상주의"와 "실용적 반성상주의"를 구분하는 방식을 민감하게 반영하면서 그런 방향으로 나타난 반성상주의 사례와 경향을 다양한 문화권에서 찾아볼 수 있다는 사실을 말없이 인정하고 있다. 논의를 위해 (특히 Mettinger의 논문을 포함하여) van der Toorn 1997과 Mettinger의 1995년 단행본 그리고 최근의 Dorak 2015의 소논문들을 보라.

제45장

고대 근동의 제사장

제랄드 A. 클링바일(Gerald A. Clingbeil)

　제사장과 다른 종교전문가는 고대 근동 문화권의 엘리트였다. 그들은 신 앞에서 왕, 백성, 땅을 대신하여 그들의 안녕을 보장해주는 사역을 감당했다. 구약과 달리 고대 근동의 제사장들은 대개 왕이나 지역의 지도자들과 밀접한 연관이 있었다. 물론 종교전통이나 지역, 시대, 사회정치적 현실에 따라 달랐다.

　이 장은 고대 근동의 제사장 직제의 성격을 이해하는데 유용한 다른 자료들을 소개하고 이어서 이집트, 메소포타미아, 시리아-팔레스타인, 히타이트의 제사장의 특징과 역할을 간략하게 묘사할 것이다. 마지막으로 고대 근동 제사장 직제의 독특한 기능을 자세히 살펴보려고 한다.

1. 자료들

　21세기 서구문화권에 앉아서 고대의 현실을 이해하는 일은 쉽지 않다. 고대 언어로 기록된 문서들은 번역이 필요하고 파악하기 어려운 전문 용어도 들어있다. 그림으로 남은 증거도 확정적이지 않다.

　도미닉 콜론(Dominique Collon 1999, 17-25, 특히 25)이 주지했듯이 묘사와 비문 사이의 정확한 상관관계나 뚜렷한 맥락이 부족하기 때문이다. 고고학 자료도 늘 잠정적이다(Klingbeil 2008, 134-41). 게다가 공개적인 활동과 사적 활동을 구별하는 일과 제의적 종교적 활동은 인식하기도 쉽지 않다(Y. Cohen 2007; van der Toorn

1995a).³⁴ 그러나 이러한 실제적인 제약성들은 고대 근동의 제사장 직제를 이해하려는 사람들을 좌절시키기보다 이 과제수행의 어려운 점을 겸손하게 인식하게 만든다.

2. 고대 이집트의 제사장 직제

이집트 종교는 바로라는 인물이 지배하였다. 그는 인간세계와 신이 사는 세계를 연결해줄 수 있는 (특히 초기에) 신-인으로 여겼다(te Velde 1995, 1731). 많은 이미지 가운데 유독 바로는 성전과 연관된 제의 활동을 거행하는 것으로 나타난다. 신왕국(B.C. 1550-1100년) 때까지 제사장 대부분은 비상근직으로 사역하면서 민간인으로서 행정직을 수행했다(Doxey 2001, 68).

제사장들은 바로가(또는 그가 위임한 사람이) 임명했다. 후기에는 세습되었던 것으로 보인다(Pernigotti 1997, 129). 이집트의 오랜 역사의 초창기에 제사장 직무는 지역 지도자와 행정가가 수행했고 특히 성전과 궁전(또는 현대의 종교와 국가)을 구별하지 않았다.

제사장 직무는 지역별로 그리고 제의에 따라 달랐다. 잘 알려진 제사장 부류에 ḥmw-nṯr, "신의 종", 낮은 서열에 wʿbw "순수한 (혹은 wab-) 제사장", ḫntiw-š, "성전과 연관된 세속적 관리" ḫry-ḥbt "강독 제사장" 그리고 이집트 신앙인이 생각하기에 고인을 영원한 세계로 이주시키는 중요한 장례예식과 연관된 "입을 여는" smw, 즉 "sem 제사장" 등이 있다(Doxey 2001, 69).

제사장들은 다양한 제의 활동에 참여하고 정결 예식을 엄격하게 지키면서 살아야 했다. 이 정결 규칙은 도덕적 차원도 포함된다. 에드푸 사원의 비문에 성전을 섬기는 제사장에게 교훈하는 대목이 기록되어 있다.

---

34 이스라엘의 종교관습과 메소포타미아의 종교관습 관계 가운데 개인 경건과 공인종교 개념은 Albertz 1978이 소개하였다.

네 얼굴을 그분의 영광이 너를 놓아둔 곳으로 돌려라. 그가 하늘로 운행할 때는 아래를 보신다. 그가 정한 법을 지키면 만족스러워하신다! 자신이 죄를 짓게 하지 마라. 더러운 상태로 들어가지 마라. 그의 집에서는 거짓말을 하지 마라. 그가 준 식량을 조금도 빼돌리지 마라. 힘센 자를 선호하여 힘없는 자를 다치게 하는 세금을 거두지 마라(Dunand and Zivie-Coche 2004, 101).

다른 책무도 있다. 행진하면서 신상을 운반하고(wab-제사장이 한다) 주문과 경문을 외운다(종종 강독 제사장이 한다). 모든 제사장 계층이 이집트 성전의 가장 신성한 내실에 들어가지 않았다. 오직 ḥmw-nṯr 제사장만 성소의 내실에 들어가 직접 신상을 섬길 수 있었다. 위계질서가 분명하다는 뜻이고 우두머리는 바로였다. 제물을 받아 행정적으로 처리하는 일은 wab-제사장이 했다.

이집트 제사장은 주로 흰 세마포를 걸치고 흰 샌들을 신고 종종 머리는 삭발한 것으로 보인다. 신 왕국 시대의 Sem-제사장은 종종 표범 무늬 옷을 입었다(te Velde 1995, 1733). 일반적으로 제사장은 자신의 "집"(혹은 성전)에서 신에게 옷을 입히고, 먹이고, 씻기고 기름을 붓고 신상을 지킴으로써 평안히 모셨다. 입을 여는 제의는 가장 중요한 예식 가운데 하나였다. 그것으로 조각한 신상을 통해 신이 활동할 수 있게 해 주기 때문이다(A. Roth 2001a, 575-80; 2001b, 605-9).

행정 지도력과 제사장 직분의 밀접한 관련성에서 볼 때 창세기 41:45에서 요셉이 온 제사장 보디 베라의 딸 아스낫과 결혼한 것은 의미가 있고 역사적 현실을 반영한 것으로 보인다.

이집트 고왕국 시대에는 여성이 "신의 종" 등과 같은 제사장 직함을 지녔는데 종종 여성, 춤, 과음, 성적으로 문란한 여신 하토르(Hathor)와 연관이 있었다. 제사장 직분이 신왕국 시기에 상근직무가 되었을 때 여성들은 주로 가수와 연주자로 섬겼다(Doxey 2001, 69-70).

3. 고대 메소포타미아의 제사장 직제

메소포타미아의 제사장 역사는 이집트 상황과 비슷하게 거의 3,000년 동안 지속하였고 매우 다양한 정치, 사회, 종교 현실에 나타난다. 달리 말해서 요한네스 렝거(Johannes Renger 1966, 111)가 말한 대로 종교 제도는 본질적으로 보수적이지만 개념의 발전과 지역적 변화는 쉽게 문헌 증거로 남아 있다.

이집트처럼 메소포타미아 제사장 직제는 초기 수메르 도시 국가 시대에 왕실과 밀접한 연관성을 지녔다. 제사장-왕(en)은 정치 지도자이면서 종교 지도자였다. 나중에 엔(en)은 제사장처럼 성전의 제반 업무를 돌보는 사람이 되었고 엔시(ensi)는 통치자를 가리키는 말이 되었다(Saggs 1962, 345). 통치자는 여러 절기에 참여하여(아키투[Ak*i*tu] 신년축제를 포함) 제의를 마무리 짓는 가장 중요한 역할을 하였다. 제의와 의식에 미친 왕의 영향력은 시간이 흐르면서 달라졌고 바벨론과 앗수르에서 독특하게 발전하였다.

이를테면 신바벨론 제국 시기에는 제사장과 왕을 뚜렷이 구별했고 왕은 공급자이며 보호자 역할을 제사장은 이와 아주 다르게 종의 역할을 하였다(Waerzeggers 2011, 733-37). 그러나 궁극적으로 왕, 제사장, 신들은 서로 긴밀하게 연결되어 있어서 셋 중 하나가 되어 다른 둘에게 정당성을 부여하기도 하였다(Waerzeggers 2011, 746).

렝거가 메소포타미아 제사장 직제를 분류한 유용한 세 가지 범주(1966; 1969)는 제의 제사장, 주문 제사장, 점술 제사장이고 각 범주는 여러 전문 용어가 들어있다. 그렇게 독특한 제사장 용어들이 많은 것을 보면 조직이 매우 복잡하고 엄격했음을 알 수 있다. 남성과 여성 제사장들은 메소포타미아 성전에서 봉사했다.

성전의 선임 제사장은 신의 배우자로 여겨졌고 섬기는 신의 성별에 따라 남성도 될 수 있고 여성도 될 수 있었다(Wiggermann 1995, 1864). 도시가 섬기는 주요 신의 성전(혹은 "집")은 종교, 행정, 사법 중심지였고 정상적인 가족의 혈통을 따라 조직되었다.

제사장은 안치소(혹은 안방)에 모신 신에게 매일 신상 앞에 놓은 식탁(혹은 제단) 위에 음식을 바쳤다. 제사장은 신을 공궤하는 일 외에 신상을 매일 씻기고 목욕시키며 향을 바르고 옷을 입혔다. 절기에 신상을 모시고 행진하거나 특별한 경우 바깥으로 외출하는 일들은 마을이나 지역 백성들에게 신에 대한 충성심을 불러일으키고 신앙심을 지속시켜 주었다. 이것들은 종종 농경사회 생활에서 주기적으로 벌어지는 중요한 행사와 결부되어 있다.

이 모든 것은 신 중심적인 메소포타미아 사회의 제의를 나타내며 그것들은 주로 신들의 번영에 관심을 두며 설형 문자 문헌에도 나타난다(Bottéro 1995a, 225-26). 후기에 성전 건물의 배치를 보면 신의 수면실, 신의 종들과 가족을 위한 측실, 방문객의 손을 씻는 대야 그리고 신이 타는 수레를 끄는 가축용 축사가 포함되어 있다(Wiggermann 1995, 1861; cf. Jursa 2011, 184-90). 이 성전 "가족"과 연관된 비품들은 메소포타미아 도시 생활의 중요한 사회경제적 요소들을 나타내며 제의 종사자 외에 기술자(예, 맷돌 가는 이, 천을 마무리하는 이, 기름 짜는 이, 이발사, 돗자리 제조자, 대장장이)와 하인(예, 컵 드는 자, 직물 짜는 자, 물 긷는 자, 물 운반자, 사환)이 있다.[35]

메소포타미아 성전 종사자 목록에 음악가와 애가를 부르는 제사장이 있다는 것은 메소포타미아 종교제의에 목소리와 악기가 중요했음을 강조한다. 메소포타미아 종교는 분명히 풍요제의(신성한 결혼예식을 포함하여)가 있다. 신성한 결혼예식의 정확한 성격에 대해서는 여전히 논의 중이다.[36] 과거에는 메소포타미아 예술작품 중 벗은 여성 인형은 풍요제의와 분명히 연관성이 있는 것 같은데 추가 증거는 없어도 여사제로 해석되었다(Collon 1999, 21).

구 바벨론 시대의 인장에 묘사된 제사장들은 모서리에 장식이 달린 짧은 천을 휘감듯이 감아 한쪽 어깨에 걸쳐 입었다. 이집트 제사장처럼 수염이 없고 삭발을 하고 앞머리는 장신구를 찼다(Collon, 22). 자르지 않은 머리를 묶은 것일 수도 있다. 피를 바치는 제사와 채소 제물 외에 메소포타미아 제사장들은 많은 독특한 관유 예식―종종 양동이와 물을 따르는 주둥이가 나팔꽃처럼 퍼져 있는 큰 잔을 들고―을 거행하는 모습으로 그려진다(Collon 1999, 22; W. Lambert 1993).

B.C. 천 년대의 앗수르에서 제사장들은 수염이 없고 끝이 뾰족하고 긴 모자를 쓴 사람으로 그려졌다(Collon 1999, 24). 본문에서 물고기 망토를 입은 사람들은

---

[35] (라가쉬의 닌우르타 성전의) 성전종사자 목록을 위해 Nemet-Nejat 1998, 190-91을 보라.
[36] Nissinen and Uro 2008의 유용한 연구목록을 보라.

종종 apkallu-제사장이나 현자라고 하며 보호 의식과 연관이 있다. 일본은 최근에 개인이 소장한 의술 본문을 출판했다. 아마 에마르(Emar)에서 유래한 것 같은데 "아비-카피의 아들, 서기관(이며) apkallu-제사장인 마디-다간(Madi-Dagan)의 손으로"라는 표현이 들어있다. 이는 메소포타미아 문화에서 제사장의 기능이 매우 다양했으며 마법과 의술이 겹친다는 사실을 보여 준다(Tsukimoto 1999).

4. 고대 시리아-팔레스타인의 제사장 직제

시리아 팔레스타인 지역에는 B.C. 3000년대부터 1000년대까지 수많은 주요 도시 국가가 만든 문헌 자료가 많다(에블라, 마리, 에마르, 우가리트 포함).[37] 텔 마르디크에서 출토한 B.C. 3천년대 비문들 대다수는 행정 문서 성격을 띠는데 학자들은 메소포타미아 수메르의 도시 국가와 크게 다른 점을 보고 놀랐다.

특히, 에블라에서는 왕권과 종교 권력이 예리하게 구분된 채로 나란히 독립적으로 힘을 사용하는 모습을 보여 준다(Pettinato 1991, 176-81). 중기청동기 제2기(B.C. 2000-1800년)의 고고학적 자료는 성전뿐 아니라 신이 된 왕가의 조상들을 위해 지은 성소와 계단식 석조제단을 보여주는데 여기에 에블라의 주요 신 가운데 하나인 이쉬타르(Ishtar) 신의 거룩한 사자상을 안치해두었다.

도시 전역에는 소규모 제의시설이 흩어져 있었다(Matthiae 2006). 이런 모습은 이집트와 메소포타미아에서 볼 수 있는 증거와 뚜렷이 구분되는 것 같다. 성전의 경제적 영향은 희생 제사와 제물로 바친 고기를 분배하는 일로 한정되었다(Milano 1995, 1224-26). 에블라의 만신전은 서부 셈족의 특징을 간직하고 있고 최고 신은 다간(Dagan)이었다. 제사장 직제에 관한 정보 대부분은 제사 목록이나 다른 행정 목록에 나타난다. 이 자료를 보면 고대 근동의 관습처럼 남성과 여성 제사장이 있고(Archi 1998) 성전 제사장의 지도력은 성전에서 섬기는 신의 성별에 따라 달랐다.

---

[37] Tell Mishrifeh(고대의 Qaṭna)에서 발견한 본문은 대개 행정 문서인 것 같다(Richter and Lange 2012).

우르시우올리(G. M. Urciuoli 1995)는 중간 제사장을 šeš-Il-ib kéšda와 šeš-Il-ib 제사장, 두 계층으로 구분하였다.

첫째 집단은 특히 특정한 에블라 축제와 장소를 섬길 수 있도록 선발한 것(kéšda는 계약 의무가 있는 자를 언급하는 것 같다)으로 보인다.

šeš-Il-ib kéšda 제사장은 국가의 자격시험을 통과하여 이 자격시험이 필요한 특정한 경우에 집례 하는 자를 말하는 것일까?

텔 하리리(Tell Hariri) 즉 고대도시 마리(Mari)에서 발견된 B.C. 2000년대 초반의 설형 문자로 기록된 문서들은 마리와 히브리 성경의 예언자 직무에 관심을 두고 비교 연구를 많이 했다.[38] 이를테면 마리와 에마르에서 볼 수 있는 nabû와 munabbiātu와 같은 독특한 칭호는 성전의 신을 위하여 메시지를 선포하는 성전 종사자와 관련이 있다(Fleming 1993; 2004a). 게다가 마리 문서는 성전이 아니라 점술과 연관된 bārû-제사장의 중요성을 강조하였다. bārû의 전문분야(예지자나 점술가)는 징조, 짐승의 내장으로 보는 점술, 물체가 떨어지는 소리를 이용한 점술을 포함한다(Koch 2011, 455).

그 직무는 메소포타미아에 잘 알려져 있으며 시리아-팔레스타인과 메소포타미아를 연결하는 장소의 특징을 보여 준다. (āpilu 혹은 āpiltu와 같은) 마리의 종교 전문가들은 점술과 연관이 있는 것이 분명하지만 성전종사자로 여기지는 않은 것 같다. 마리의 지파 조직과 이 조직 안에서 "장로"의 역할은 초기 이스라엘의 현실을 비춰주며 다른 도시 국가와 상당히 다르다(Fleming 2004a). 마리에서는 도시와 지파의 배후지에서 메소포타미아와 이집트에서 왕권에 초점을 두는 것과 구별되는 독특한 사회정치적 혼합체를 구성하였다.

이 독특한 시리아(혹은 서부 셈족)의 관점은 Tell Meskene 혹은 고대 에마르(Emar)에서 발견된 후기 청동기 시대(B.C. 1550-1200년) 설형 문자 문서에서 더 많이 나타난다. 유프라테스강에 있는 현대의 알레포 동쪽으로 90km(55마일) 떨어진 곳에 자리한 에마르는 방대한 고문서 자료실이 있고 거기에는 중요한 종교문서가 들어있었다. 여기에는 dIM의 NIN.DINGIR 혹은 바알 신의 최고 여사제

---

[38] 예를 들어 Malamat 1989와 최근의 Huffmon 1997; 2000; Stökl 2012에서 유용하게 종합한 연구들을 보라.

의 안수식을 상세히 묘사한 내용이 나온다(Fleming 1992a; G. Klingbeil 1998을 보라).

에마르 369 문서로 알려진 이 94행의 문서는 후기 청동기 시대 시리아-팔레스타인의 종교와 제의를 들여다보는 창구이며 레위기 8장의 안수 예식과 관련하여 상당히 많이 연구되었다(G. Klingbeil 1998).[39] 이 예식은 안수 예식과 연관된 여덟 명의 신을 언급한다. 최고 여사제는 폭풍의 신 바알과 아주 긴밀하게 연관되어 있다. 이 문서에 근거하여 entu(Dietrich 1989) 혹은 ittu(Fleming 1992a, 80-84)를 성스러운 제비뽑기로 선택하지만 "에마르 사람의 딸이라면 누구라도" 될 수 있다(3행).

하지만 그녀의 아버지 집이 바친 값비싼 예물 목록은 사회경제적 수준이 높아야 함을 알 수 있다. 이 예식과 연관된 가장 중요한 참석자는 luḪAL, "점술가", zamaru, "가수", 불가사의한 "qidašu의 남자들"(에마르 왕, 점술가, 가수를 포함한 전체 집단을 가리키는 말일 것이다), (애곡과 연관된) Ḥamša'u 남자들, bēl bīti (모든 식량과 제사를 관장하는) "집 주인", (새로운 최고 여사제에게 예물을 드리고 그녀의 선택을 인준하는) 에마르 장로들, nugagtu 여인, "울부짖는 여인", 그리고 최고 여사제의 온 가족 등이다. 이 참석자들 전부가 성전이나 제사장 직제와 관련이 있는 것은 아니다.

에마르에서 나온 독특한 문서들은 메소포타미아와 이집트에게 의존도가 낮은 시리아 지역의 종교전통과 제도를 증언한다(Fleming 1992b). 히브리 성경 연구에 에마르 제의가 공헌하는 사례 하나는 보다 큰 규모의 안수 예식이었던 기름을 붓는 의식에서 볼 수 있다(참고, 레 8:12[G. Klingbeil 1996]; Fleming 1998a). 그것은 에마르 문서가 발견되기 전에는 그리스 제의와 연결하여 생각했었다.

라스 샴라 또는 우가리트에서 나온 후기 청동기 문서에서 제사장 직제에 관한 자료는 아주 복잡하고 제의와 연관된 관리들을 상당히 많이 수록하지만, 의례 문서는 그들의 역할을 언급하지 않는다.[40] 우가리트 문서의 khn은 "제사장"을 뜻하는 히브리어 kohen의 동족어 같고 rb khn은 "대제사장" 혹은 "선임 제사

---

39 이 중요본문의 번역문은 COS 1:427-31에 실려 있다.
40 khn "제사장"이란 용어(del Olmo Lete and Sanmartín 1996, 1:212)는 라스 샴라 문서에 반복적으로 나타나지만 가장 최근에 출판된 우가리트 제의문서에는 색인되어 있지 않다(Pardee 2000, 2:898-935).

장"으로 이해할 수 있다. 불행히도 의례 문서에 khn이 없어서 의식을 거행하거나 종교 활동을 할 때 실제로 한 역할은 알 수 없다.

하지만 달마다 실시하는 조상 숭배를 포함한 왕실 의례에서는 왕이 중요한 역할을 했다(Tsumura 1999). 레스터 그라비(Lester Grabbe)가 이미 주목한 대로 "우가리트 자료는 해법을 주기보다 문제를 더 많이 일으키는 것 같다"(Grabbe 1995, 56).

5. 히타이트 종교의 제사장 직제

아나톨리아에 터를 둔 히타이트 제국은 후기 청동기 시대에 가장 큰 나라였다. 그 당시 제국은 소아시아(아나톨리아)는 물론이고 변두리의 (우가리트, 알레포, 갈그미스, 에마르를 포함하여) 수많은 봉신 국가를 지배했다. 히타이트 종교는 궁극적으로 왕실 가족이 지배했고 지역 제의를 통해 신의 축복을 유도했다.

만신전, 신, 왕권 사이의 밀접한 관계는 이집트와 메소포타미아에서 본 것과 비슷하게 진화하였다(V. Haas 1994, 33, 181-84). 히타이트 종교는 엄청나게 많이 남아 있는 제의 문서를 통해 알 수 있듯이 의례 활동이 중요한 역할을 했다(예, B. Collins 1995; Taggar-Cohen 2006; D. Wright 1993; Bawanypeck and Görke 2001; Feder 2011). 사람들은 희생 제사, 관유, 기도, 점술을 통해 신과 교통했고 이 중요한 예배 활동들은 제사장의 중재가 필요했다(B. Collins 2007).

히타이트의 만신전은 엄청나게 컸고—히타이트 문서에 따르면 신이 천 명이 넘었다—국가 신과 지역 신이 섞여 있었다(Hoffner 1997b, 87). 현재까지 히타이트 제국의 수도인 고대 하투샤 자리였던 보가즈칼레에서는 서른 곳이 넘는 성전이 발견되었다(B. Collins 2007, 840). 폭풍의 신 dIM(시리아의 하닷과 가나안의 바알과 같은 신)이 만신전의 최고 신이다(V. Haas 1994, 619; A. Green 2003, 134-52). 공식 제의는 일련의 주요 축제와 계절 제의가 포함되어 있으며 두 부류의 남성 제사장과 한 부류의 여성 제사장이 섬겼다(Hoffner 1997b). 왕가의 여성(그리고 나중에는 왕비)이 태양신 Arinna와 연관된 최고 여사제를 가리키는 tawananna라는 칭호를 가졌다(V. Haas 1994, 204).

B.C. 14세기 이후로 히타이트 제사장에 대한 묘사를 보면 가면을 쓴 제사장이 있다. 그들은 왕의 시종들로서 주전자와 음식을 들고 있다. Inandik 꽃병(B.C. 1600년경)은 가장 완벽하게 보존되어 대표적인 히타이트 양각 꽃병으로서 제의적으로 성교하는 제사장과 여사제를 묘사하며 앉아있는 여신 앞에 있는 제단에 기름을 붓고 제물을 드리는 모습을 보여 준다. 다른 장면에는 황소를 바치고 신성한 연회를 준비하는 모습 그리고 악기를 든 음악가를 볼 수 있다(Collon 1999, 23).

6. 고대 근동 제사장의 기능

제사장들은 신과 인간의 영역을 중재하는 사람이었고 일반적으로 신에게 수종을 드는 사람으로 여겨졌다. 조각상으로 표현된 신에게 바친 그들의 봉사(음식 바치기, 씻기기, 옷 입히기, 기름 붓기, 보호, 영광을 돌리기 그리고 다른 의식들)는 백성과 왕실을 위해 장래의 축복이나 저주를 결정지었다. 제한된 왕권을 지파의 장로들의 지도력으로 보완한 북부 시리아의 도시 국가를 제외하고 왕실은 일반적으로 제사장 직제와 긴밀한 관계가 있었고 왕이나 여왕은 종종 높은 제사장 역할을 하기도 하였다.

신과 도시, 국가, 백성의 관계가 껄끄러울 때 제사장들은 제사와 예물을 바쳐 연결고리를 견고하게 만들어주어야 했다. 고대 근동 제사장 직제의 또 다른 고도의 전문기능으로 점술이 있는데 이것은 마법 의식을 통해 장차 벌어질 사건을 기대하는 시도였다. 남아 있는 문헌 대부분은 기록보관소, 기념물, 혹은 경전에 있으므로 고대 근동에 대한 우리의 견해는 대부분 엘리트와 지도자들이 만든 것이고 촌락과 개인의 핵심적인 신앙이나 그들이 제사장과 가진 관계에 대한 지식은 부족하다.[41]

글쓰기는 성전과 연관이 있고 (적어도 일부) 제사장은 강력한 영향력을 행사했다. 글(과 이름의 보존)은 고대 근동 세계관 속에서 미래를 의미했기 때문이다(E. Radner 2005). 교사로서 그들의 기능은 쉽게 문서에 남아 있지 않으나 공식 업무 중에 수행했을 것이다.

---

41 히타이트의 촌락 종교에 관한 간략한 고찰을 위해 Macqueen 1986, 111-15를 보라.

제46장

고대 근동의 예배, 제사, 축제

로이 E. 게인(Roy E. Gane)

1. 정의하기

"예배"란 제사와 축제를 포함하여 신에게 영광을 돌리는 행위이다. 고대 근동의 예배는 사람의 모습을 지닌 이미지나 상징으로 표현된 신들에게 드린다. 성경의 이스라엘 예배는 외형적 모습이 없이 하늘에 계시거나(연기가 올라가는 모습[레 1:9]) 성소에 임재하신(레 16:12-16) 여호와에게 드린다.

"의식"은 물리적 영역에서 사람이 다가갈 수 없는 존재(신이나 악마)나 상태(예를 들어 죄나 제의적 부정)와 접촉하는 것으로 믿어지는 정해진 행동체계이다(R. Gane 2004, 61). 의식은 예배에 사용되나 마술 의식이나 제사가 없이 부정함을 제거하는 의식은 예배가 아니다.

"의전"은 보통 여러 종류의 의식을 함께 거행하는 것을 말하며 보다 고차원적 목적을 위해 드린다.

"(종교적) 의식체계"는 이스라엘과 같은 종교 공동체가 혹은 그들을 위하여 신과 우주의 신성이 있는 존재들과 맺는 관계에 영향을 주기 위해 거행하는 모든 의식이다.

"제의적"이란 단어는 기본적으로 "의식"과 동의어이다. "제의" 혹은 "제의체계"는 의식체계와 그와 관계있는 의식들로 이루어져 있다.

"제사"는 신에게 필요한 무엇인가를 바치는 의식이다. 짐승을 바치면 신이 먹을 수 있도록 도살한다. 그러나 소제처럼(레 2장) 곡식 같은 것을 제사로 바칠 때는 도살 자체가 없다.

"축제"는 연중 한 번 이상 축하하거나 특별한 의식이 필요한 신성한 행사이다. 노동을 쉬는 독특한 이스라엘의 안식일은 주기적으로 지키는 신성한 행사이지만(레 23:3) 축제라고 부르지는 않는다.

2. 예배

이스라엘을 포함해서 고대 근동의 예배는 희생제물이 있는 제사와 희생제물이 없는 제사, 매일 드리는 예배, 축제처럼 특별한 경우에 드리는 행사, 기도, 찬양/음악, 육체적으로 자기를 부인하는 의식 등 다양한 형태가 있다. 고대 근동 예배에 성상 연구를 많이 하지만 우리의 주된 정보 출처는 문헌이다.

매일 신을 "섬기고 제물을 바치기"에는 음식과 음료를 바치는 제사와 희생 제사가 없는 제사 둘 다 포함된다. 이를테면 이집트 성전의 규칙적인 아침 예전에는 "엎드려 주문을 외우고, 찬양하고 제물을 바친 뒤 신상을 옮겨 향유를 바르고 옷을 입히고 치장하고 화장을 하며… 예배당 바닥에 새 모래를 깔고 물과 음료로 신을 정결하게 한다"(COS 1:55).

마찬가지로 메소포타미아 신에게 바치는 매일 제사는 갖가지 음식(곡식, 과일, 고기)과 음료(맥주, 포도주, 우유)를 드리는 식사 때가 되면 향을 피우고 물로 정화하는 예식을 거행한다. 정기적이지만 매일 드리지 않는 예식에서는 성상을 깨끗이 씻기고 보석으로 화려하게 장식하여 전시한다(Hundley 2013a, 273-76).

이스라엘 제사장들은 매일 아침과 저녁에 여호와 성소에서 의식을 거행하는데 음식과 음료를 드리고(민 28:1-8) 향을 사르고 등불을 켜는 일을 한다(출 27:20-21; 30:7-8)(Haran 1985, 205-29). 하지만 고대 근동의 다른 신들에게 식사를 바치는 것과 달리 여호와의 음식은 성전 뜰의 제단에서 소각하여 연기 형태로 올린다. 그래서 여호와가 사람이 주는 음식에 의존한다는 인상을 피한다.

고대 근동 전역에서 사람들은 신에게 기도한다. 어떤 문헌은 의식을 거행할 때 외는 기도문을 규정한다(Pritchard 1969a, 331-34[메소포타미아]; COS 1:164[히타이트], 283-85[우가리트]). 그러나 성경의 기도는 반복적으로 사용하도록 정해진 것이 없다. 예외적으로 신명기 21:7-8은 풀리지 않은 살인 사건을 두고 공동체가 결백을 선언하고 사면을 간청하는 내용이 나온다.

모세 그린버그(Moshe Greenberg)는 탄원, 고백, 감사를 표현한 여러 종류의 성경적 기도문이 사람들의 대화 형태와 흡사하다는 것을 보여주었는데 여호와가 인격적 존재이므로 이스라엘 사람들이 여호와와 마치 사람들이 대화를 나누는 것처럼 소통할 수 있기 때문이다(Greenberg 1983, 20-37).

고대 근동의 음악은 노래를 부르면서 현악기, 관악기, 타악기를 다양하게 사용했다(Braun 2002; King and Stager 2001, 285-98). 예배에는 음악이 빠지지 않았다. 신앗수르 시대는 여신 나나야(Nanaya)에게 다음과 같이 찬양했다. "다양한 음악 전문가들이 그녀 앞에 앉아 수금, 하프시코드, 종, 플루트, 오보에, 퉁소를 연주했다"(COS 1:472). 약간 비슷하게 이스라엘 찬양인 시편 150편은 나팔, 비파, 수금, 소고, 소리 나는 제금(3-5절)으로 여호와를 찬양하였으며 하나님에게 노래하고 악기를 연주하여 찬양하고 감사를 드리는 일이 예루살렘 성전 예배의 중요한 일부였다(대상 16:4-7; 대하 5:12-13).

신을 찬미하는 일은 고대 근동 문헌 가운데 주로 이집트와 메소포타미아(COS 1:20-21, 37-46[이집트], 418-19, 470-74, 526-32[메소포타미아])와 히브리 성경, 특히 시편에 잘 보존되어 있다.

또 다른 예배 행위에는 신체로 자기부정을 표현하는 일이었다. 아닷-구피(신바벨론 제국 나보니두스 왕의 모친)는 이렇게 말한다.

> 나의 신과 여신을 기쁘시게 하려고 나는 화려한 모직, 은, 금으로 치장한 옷이나 새 옷을 입지 않았다. 나는 향수나 최고급 기름을 몸에 바르지 않았다. 나는 찢어진 옷을 입었다. 천은 세마포였다. 나는 그들을 찬양했다. 나의 신과 여신의 영광이 내 마음에 자리 잡았다. 나는 서서 그들을 보았다. 나는 음식을 바쳤다(COS 1:478).

이것은 그녀와 동시대 사람 다니엘의 자기부정과 닮았다(단 10:2-3, 12; 참고, 레 16:29; 시 35:13).

3. 제사

1) 제사 절차

규정된 의식문이나 서술문은 의식 거행자의 준수 사항과 의식 순서의 기능이나 의미와 같은 두 가지 정보를 준다. 여기서는 전자를 다루고 다음 단락에서 후자를 다룰 것이다.

고대 근동에서 제사를 지내는 방식은 다양했다. 메소포타미아, 이집트, 하티는 공통으로 신상이나 신의 상징물 앞에 식탁을 놓거나 기립한 상태로 음식을 드리고 신(또는 여신) 앞에 음료를 부었다. 신/신상은 인간이 공급하는 음식이 필요하다고 생각했고 보이지 않지만 먹고 마시는 것으로 여겼다(Hundley 2013a, 275; 참고, Oppenheim 1964, 191-92).

하티에서 떡을 떼는 일은 신이 그것을 먹는 일을 나타냈다(Hoffner 1974, 217). 하지만 히타이트의 "성전 제사장과 관리 교훈"은 신에게 바친 음식과 음료는 그대로 남아 있으므로 제사장이 두 번째로 섭취하고 때로는 그의 가족들이 먹었다 (COS 1:218).

이스라엘 의식체계 가운데 유일하게 바치는 제물은 "진설병"이고 안식일마다 전제와 함께 성소의 순금 상위에 두었다(출 25:29-30; 레 24:5-8; 참고, 민 28:7b). 떡과 함께 놓은 유향은 떡을 바꾸고 제사장이 먹을 때 불살랐다(레 24:7-9). 그러므로 여호와는 향만 이용했는데 이것은 그가 인간의 음식이 필요치 않기 때문에 떡을 먹지 않았음을 의미한다(예, 시 50:12-13)(R. Gane 1992; 참고, Hundley 2011, 113-15).

바치는 예물을 태워서 신이 그것을 연기로 받는 제사는 고대 근동에서 드물었다. 이집트에서는 제물로 바친 "고기는 신을 위해 불사르지 않고 의식이 끝난 다음 예배자가 먹었다"(Willem 2004, 326). 그러나 번제는 하티의 일부 지역(후기의 Hurro-Luwian [Beckman 2004, 339])과 레반트에서 흔했다. 우가리트 문헌은 히브리어 용례와 같은 번제와 화목제("친교제")를 포함하여 다른 제사를 나타내는 용어들이 나온다(Pardee 2002, 225; Selman 1995, 97-99).

이스라엘 번제의 식용 가능한 부분은 제단 불로 태우고 여호와께 향처럼 연기로 올려보냈다(레 1장). 그러나 화목제의 기름만 태울 뿐이고 바치는 자는 여호와의 "명령"대로 제사장의 몫을 떼어 준 다음 고기를 먹었다(레 3장; 7:11-36).

고대 근동 의식 문서는 이스라엘 제사와 비슷한 부분을 보여 준다. 이를테면 한 수메르 비문은 통치자 구데아(B.C. 2100년경)가 신 닌기르수에게 제사할 때 이스라엘 제사가 흠 없는 제물을 요구하는 것처럼(예, 레 1:3; 22:17-25) "온전한 황소와 온전한 숫염소"(COS 2:419)를 준비했다고 기록한다. 히타이트 제사에서는 개인이 제물 위에 손을 얹는다. 그/그녀가 소유자이며 그러므로 거행하는 의식으로 혜택을 받는 사람이라는 것을 나타냈다(레 1:4)(D. Wright 1986, 443).

대다수 고대 근동 제사는 제물의 피에 특정한 역할을 부여하지 않는다. 하지만 히타이트 사람들은 지하 세계의 신에게 피를 바치고 그것으로 물건들을 정결하게 하였다(Feder 2011, 209-15, 227-28; Beckman 2011, 100-101). 밤의 여신을 위해 아나톨리아의 새 성전 정화예식에 여신상과 성전 벽과 신이 사용하는 도구들 위에 피를 발랐다(COS 1:176). 유독 이스라엘의 제사 체계만이 조직적으로 피가 제물을 바치는 자의 목숨을 대속하는 것으로 나타나고(레 17:11) 짐승 제사의 중요한 절차로서 제단과 하늘의 신이 머무는 성소의 일부에 발랐다.

자녀 희생은 레반트의 일부 지역에서 시행되었으나(예. 페니키아[Dever 2005, 218]; 모압[왕하 3:27]) 이스라엘에서는 금지되었다(레 18:21; 20:1-5; 신 18:10).

4. 제사의 기능

프랭크 고만(Frank Gorman)은 의식을 구분하여 의식체계의 규범적 출발을 확립하는 시작 의식(예, 레 8-9장)과 한번 시작한 다음에 체계를 합당한 상태로 유지하려는 목적으로 주기적으로 거행하는 유지 의식(예, 민 28-29장), 그리고 체계를 정상적인 상태로 되돌려놓는 복구 의식(예, 레 16장)으로 나누었다(Gorman 1993). 여기에 자원하는 마음으로 경의를 표하거나(예, 레 2장) 찬양하여(레 7:12-16) 신과 개인의 관계를 증진하는 증진 의식을 덧붙일 수 있다. 아래에서 이 네 가지 항목으로 제사의 기능을 논할 것이다. 제사는 종종 의식을 거행하지 않고도 드릴 수 있다는 점도 유념해야 한다.

5. 시작

고대 근동에서 새 성전을 세우거나 고위급 제관이 임직할 때 신에게 영광을 돌리는 제사를 지낸다. 신 닌기르수와 아내 바바의 신상을 구데아가 지은 성전으로 운반해 올 때 정화예식과 점술, 부부 신에 예물을 바치고 연회를 열고 짐승을 제물로 바쳤다(COS 2:431-32). 에마르에서는 폭풍의 신을 섬기는 고위급 여사제를 세울 때 9일 동안 예식을 거행하였다. 거기서 머리에 기름 바르기, 제모, 금귀걸이를 달고 오른손에 금반지를 끼우고 머리는 붉은 모직 머리 두건으로 감싼 뒤 폭풍신과 다른 신들에게 제물을 바쳤다(COS 1:427-31; 참고, Fleming 1992a).

새로운 이스라엘 성소 봉헌과 제사장 위임식은 단 한 번 7일 동안 거행하였다(레 8장; 참고, 출 29장). 그러나 여기에는 신을 모시는 의식은 포함되지 않았다. 여호와는 신상으로 묘사하지는 않았으나 봉헌 예식을 거행하기 전에 그분의 임재를 성소로 이동시켰다(출 40:34-35).

6. 유지

고대 근동의 신들을 성전에 모시면 편안하게 머물면서 공동체에 은총을 베풀도록 신들을 먹이고 섬겨야 했다. 군주의 신하와 같은 역할을 하는 제사장들이 이 일의 책임자였다. 메소포타미아, 이집트, 하티의 문헌 다수가 사람이 하루에 두 번 먹듯이 제사장들이 신들에게 음식과 음료의 제물을 매일 아침과 저녁/오후 두 차례 바쳤음을 알려 준다(예, Pritchard 1969a, 334, 343-45). 이집트 제사장은 신상을 씻기고 옷을 입히며 화장을 해주었다(COS 1:55).

이스라엘 제사장들도 성소에서 하루 두 번 정기적으로 여호와를 위한 의식을 거행했다. 아침과 저녁으로 소제와 전제(민 28:1-8)와 함께 번제를 드려 온전한 음식을 대접하였고(참고, 민 15:1-16; 창 118:6-8), 대제사장은 규칙적으로 소제를 드리며(레 6:19-23[히, 12-16]) 외부 성소에서는 전제(민 28:7), 향을 사르기(출 30:7-8) 등불 손질하기와 같은 의식을 거행했다(출 30:7-8). 그러나 여호와는 짐승을 연기 형태의 음식으로 받고(민 28:2) 이스라엘 성소에서 음식을 매일 드리는 제사가 없다는 사실을 보면 신인동형론과는 거리가 있다. "진설병"을 드리는 일은 매주 거행하였다(위를 보라).

성전 예배 외에 고대 근동은 제사장이 아닌 사람들이 소규모로 유지 의식을 거행했다. 작고한 조상들이 정령이 되었기 때문에 노하여 해를 끼치지 않도록 정기적으로 음식과 마실 것을 바쳤다(Selman 1995, 91-92[메소포타미아]; Stevens 2011, 736-37[이집트]). 이스라엘 가정을 발굴한 결과는 모형 성소, 분향대와 제의용 그릇과 인형들처럼 여호와가 아닌 다른 신을 예배한 혼합적 신앙 양태를 보여주는 물건들이 출토되었다(Zevit 2001, 256, 267-343; King and Stager 2001, 345-50).

7. 복구

고대 근동의 개인이나 집단은 여러 가지 이유로 신의 은총을 잃고 부정적인 삶을 경험하였다. 지정한 방식으로 제의를 유지하지 못하거나 신이 정한 규율을 어길 때 그랬다. 사람들은 고통을 당할 때 까닭을 모르기 때문에 흔히 스트레스를 받는 것 같다(COS 1:488; van der Toorn 1985, 94-97[메소포타미아]; COS 1:47[이집트]). 그런데도 잘못을 저지른 사람은 신이 노여움을 풀고 긍휼을 베풀어 죄를 용서해주기를 염원한다(COS 1:490).

여호와는 이스라엘 백성이 관계를 맺어야 하는 유일한 존재이기 때문에 더 확실한 태도를 요구했다. 여호와는 죄를 계명을 어긴 것으로 규정하고 죄를 용서받기/제거하기(kipper) 위해 몇 가지 제사를 요구했다(R. Gane 2009, 294).

정화제(소위 속죄제)는 부지중에 지은 죄와 은밀한 죄(대개 잊어버림)를 제거하고 하나님의 용서를 받기 위해 드린다(레 4:1-5:13); 배상제(소위 속건제)는 성물을 오용했다든지 여호와의 이름으로 거짓 맹세를 했다든지 하여 신성을 침범한 죄를 용서받는데 드린다(레 5:14-6:7)(Milgrom 1976). 자발적으로 드리는 번제(레 1장)는 교만하게 행동한 죄를 제외한 다른 죄를 다루는 것 같다(민 15:30-31). 의무적으로 드려야 하는 정화제와 배상제와 비슷한 제사를 다른 고대 근동의 제의체계에서 찾아볼 수 없다.

이스라엘의 정화제가 가진 두 단계 사면체계는 고대 근동에 독특하다. 그것은 신이 인간에게 긍휼을 베푸는 방식이었다(R. Gane 2005, 331-33).

첫째, 정화제를 드리는 사람의 죄는 일 년 중 언제든 제거되었다. 그런 제사 규정의 공식이 레위기 4:26에 나타난다. "제사장이 그 범한 죄로부터[전치사 '-로부터'를 뜻하는 min] 그를 위하여 속죄한즉 그가 사함을 얻으리라(사역)"라고 말한다(R. Gane 2005, 106-62; R. Gane 2008b을 보라).

둘째, 매년 속죄일(레 16:16)에 하나님의 성소에서 같은 죄들을 사해주었다. 이것은 하나님에게 충성을 바치는 백성을 용서해주심으로써 여호와가 재판관임을 드러내고 그렇게 해서 최종적으로 도덕적 정화를 일으켜 신-인 관계에 방해되는 것을 완전히 제거하였다(레 16:29-31, R. Gane 2005, 273-84, 305-23을 보라).

또 정화제는 육체의 심각한 부정함을 제거할 때 개별적으로 드렸고(레 12:6-8; 14:19) 성소의 부정함을 제거할 때 속죄일에 드렸다(레 16:16, 19). 이러한 부정함은 출생부터 죽음에 이를 때까지 사람으로부터 생긴다(Milgrom 1991, 766-68, 1000-1004; Maccoby 1999, 31-32, 48-50, 207-8). 부정함은 신-인 관계에 영향을 주기 때문에 여호와의 거룩한 영역과 인간의 삶에서 제거해야 했다(예, 레 7:20-21; 15:31).

이스라엘 사람들은 죽음이 부정하다고 여겼지만(예, 민 19장), 이집트 사람들은 다른 형태의 삶을 이어간다고 생각했기 때문에 거룩하게 여겼다. 메소포타미아와 하티 사람들은 부정함이 인간에게서 유래하는 것이 아니라 지하 세계에서 나온 악이라고 생각했다. 히타이트 사람들은 그렇지 않지만, 메소포타미아 사람들은 부정함을 악마가 일으킨다고 믿었다(D. Wright 1987, 248-71). 두 지역민은 다양한 의식을 거행하여 그런 악마를 쫓아냈다(D. Wright 1987, 272). 하지만 제사를 지내지는 않았다. 왜냐하면, 부정함이 신과는 관계가 없기 때문이었다.

8. 관계 증진

고대 근동 사람들은 자발적으로 신을 찬양하고 감사를 드렸다. 앗수르 왕 살만에셀 3세는 비석에 "위대한 신들의 위대함"을 찬양하는 글을 기록했고(COS 2:262) 감사의 마음을 지닌 페니키아 왕 예하우밀크는 섬기는 여신에게 예술작품을 봉헌했다(COS 2:151). 그런 표현들은 신-인 관계를 증진해주었을 것이다.

어떤 이는 종종 은혜를 받는다는 조건을 걸고 찬양의 형식으로 신에게 예물을 바치겠다고 서원하기도 한다. 그런 경우 예물은 감사의 표시이다. 서원하는 일은 자발적이었으나 반드시 지켜야 했다. 서원예물은 귀금속이나 비석과 같은 가치 있는 물건도 되지만(COS 2:152-53; 3:66) 짐승 제사를 지내는 경우도 있었다(COS 2:248).

제사를 통해 신들에게 경의를 표명하거나 찬양하는 일은 다른 의식과 함께 특정한 상황에서 드릴 수 있었다. 폭풍신을 섬기는 새 여사제를 세우는 의식(COS 1:428-29)과 주크루(Zukru) 축제(COS 1:433-35, 437-38, 440-41)에 관한 에마르의 의식문서들은 주로 짐승을 드리는 제사로 경의를 표했다. 하티에서 밤의 여신을 위한 성전을 세울 때는 의식이나 찬양에 짐승 제사를 요구했다(COS 1:174, 176). 이 의식들은 "시작" 의식(새로운 선임 여사제와 성전)과 "유지" 의식(주크루 축제)에 해당한다.

이스라엘 사람은 여호와와의 관계를 증진하기 위해 자발적으로 여러 종류의 제사를 지냈다. 경의를 표하는 소제(레 2장; 6:19-23)와 감사(레 7:12-15), 봉헌(16절), "자원하는 예물"(16절)처럼 세 가지 종류의 화목제가 여기에 해당한다. 자원하여 나실인이 되기를 서원할 수도 있고 여러 종류의 제사를 지내야 할 의무가 있다(민 6:1-21). 고대 근동처럼 이스라엘 사람들은 성소에 가치 있는 물건을 봉헌하여 여호와께 헌신을 표현하기도 하였다(레 27장).

9. 축제

고대 근동 사람들은 월삭, 춘분이나 추분 또는 둘 다, 그리고 농사주기와 맞물려 있는 절기들처럼 연중 다양한 기회에 특별한 절기를 많이 지켰다(M. Cohen 2015; 참고, Fleming 2000). 축제들은 특정 신들에게 경의를 표했고 신화적 사건을 기념하며 풍요를 기원하고 추수를 축하하며 제단을 정화하는 등등 또는 이런 경우들을 결합하여 지켰다. 레반트의 가나안 지역에서는 신화와 풍요를 연결되었다. 바알 신이 가을에 죽고 봄에 부활하는 것은 농사짓는 계절이 끝나고 새로 시작하는 것으로 보았다.

고대 근동 사회에 축제의 중요성은 이를테면 히타이트 언어로 된 축제의 문서가 다른 어떤 장르보다 많은 것을 보고 알 수 있다. 심지어 어떤 축제는 아주 정교하며 길다. 어떤 히타이트 축제는 7주간 계속되었고 왕이 왕비와 함께 제국 전역의 제의 장소를 순례한 것으로 보인다(Ardzinba 1982, 16; Beckman 1989, 103). 매년 봄에 지키는 바벨론의 아키투(Akītu) 축제는 11일간 지속하였고 메소포타미아의 다른 지역의 아키투 축제와 비슷하게 주신(여기서는 마르둑)이 도성으로 처음 승리롭게 입성하는 예식과 함께 화려한 성상들이 행진하였다(M. Cohen 2015, 389-92, 400-42; 참고, 393-99, 403-8; van der Toorn 1991a, 3).

축제는 특히 통치자들이 참여할 때 종종 정치적 의미를 지녔다. 그것들은 공동의 종교적 유대감을 표현했고 지역과 국가 레벨로 사회의 지도자들을 신이 지지한다는 것을 보여주었다(예, Bidmead 2004).

축제가 벌어지면 신들은 정기적으로 받는 식사 외에 추가로 제물을 받았다. 하지만 축제 기간에 거행된 많은 행사를 포함하여 성전 종교 행사에는 대개 엘리트들이 참석했다(예, 이집트[Spalinger 1998, 241-60]). 그런데도 바벨론의 행진처럼 특정한 축제 행사들에는 감추어두었던 (우상들처럼) 성물을 보여주었다. 이런 경우들은 공동의 번영을 가져온다는 의미와 결합하여 흥겨운 술잔치를 하였으므로 축제는 대중들에게 인기가 있었을 것이다.

신년을 축하하는 축제를 포함하여 일부 축제는 성전에 의지하여 먹고 사는 사람들을 새해에 계약을 갱신할지 종료할지 평가하여 쇄신하였다(COS 1:528; R. Gane 2005, 355-62[메소포타미아]). 그리고 신성한 경내와 혹은 그 안에 비치한 성물들을 정결하게 만들었다(R. Gane 2004).

이스라엘의 축제(예, 출 12장; 레 23장; 민 28-29장)는 고대 근동의 축제들과 비슷했다. 그것들을 농사주기에 따라 지키고 하나님의 주권과 은혜 그리고 하나님이 허락한 추수를 경축하였다. 여기에 축제에는 특별한 예물을 바쳤다. 성전 정화로 제의를 갱신했고(레 16장) 여러 경우에 일반 백성들이 잔치에 참여하였다. 그러나 이스라엘의 축제는 고대 근동의 축제보다 간단했고 일부 절기(특히, 유월절과 무교절)는 그들의 하나님이 민족을 역사적 사건을 통해 구원하였다는 것을 경축하기 때문에 독특했다.

제47장

고대 근동의 예언, 점술, 마술

존 W. 힐버(John W. Hilber)

1. 정의

구약학 연구사는 "예언"과 "점술"을 뚜렷하게 분류하는 것이 전통이었다. 이것은 신명기 18:9-22의 구별법을 따른 것이다. 예언이 하나님을 대변하는 카리스마적 설교가의 선포를 말하는 것과 달리 점술은 자연 세계의 물체를 관찰하거나 조종하여 신들의 뜻을 알아내는 불법적인 관습을 시행하는 자를 가리키는 것으로 보았다. 광범위한 고대 근동 종교의 맥락에서 볼 때 최근 연구들은 이와 다르게 정의하는 모습을 보여 준다.

요즘 논의들은 "점술"을 신의 영역에서만 알 수 있는 은밀한 지식을 얻어내는 방법이라고 본다(Grabbe 1995, 136-41; Homori 2015, 4). 이 정의에 따르면 "예언"은 "점술"의 부차적 유형으로서 하나님이 천상회의의 비밀을 자기 예언자들에게 알려주는 의미로 사용한다(예, 렘 23:18, 22). 이 용법에서 "점술"은 중립적 용어로서 인간이 신의 계시를 받는 과정을 묘사한다. 여기에 예언이 포함된다.

이렇게 정의해도 "예언"과 "전문적인 점술"과 구분하는 것은 유용하다. "예언"은 인간이 직관을 이용하여 받는 하나님의 메시지이며 그것을 제삼자에게 전달해야 한다(Guinan 2002, 18; Nissinen 2004, 20; 2017, 20-21). 이 과정에서 그 사람의 인식 과정에 하나님이 직접 개입하여 신의 메시지를 받게 된다. 만일 신의 이 의사가 (예, 꿈을 통해) 직접 전달되면 계시가 되고 다른 사람에게 전달되어야 하는 메시지일 때는 "예언"이 된다.

"전문적인 점술"은 사람들이 의식을 거행하여 조종하거나 겉으로 드러난 물체를 관찰하여 신들이 주는 정보를 얻는 관행을 말한다. 예언의 경우 대리인은 메시지를 수동적으로 받고 그런 메시지를 받을 자격이 있어야 한다. 전문적인 점술의 경우 대리인은 습득한 기술을 사용하여 능동적으로 참여한다(Nissinen 2017, 14-19). 이 둘의 경계선은 종종 뚜렷하지 않다. 성전에서 꿈을 꾸도록 유도하거나 점술가가 해석하는 과정에서 간 검사를 더 소상하게 진행하는 때가 그렇다.

하지만 이럴 때도 계시 경험을 기계적으로 유도한 것인지 아니면 직관을 통해 관련 메시지를 받는지를 구분할 수 있다. 직관을 통한 예언이든 전문 기술을 사용하든 인간 대리자들은 소명이나 훈련을 통해 신에 관한 지식을 특별히 얻을 수 있었다(Hamori 2015, 6). 이는 "점술"로 얻은 계시를 고대인들이 비인간적 세계로부터 정보를 얻는 꿈과 같은 일상 경험과 구분시켜 준다.

"마술"은 전통적으로 종교적 논의에서 부정적 의미를 지녔다. 하나님이나 신들에 대한 참된 헌신이라는 특징을 지닌 "종교"와 대조적으로 "마술"은 보이지 않는 세계를 조종하는 원시적이고 열등한 기술이란 의미를 지녔다. 일반 종교학 관점에서 보면 마술을 종교적 표현(즉 초자연과 접촉하는)의 방식으로 생각하는 것이 훨씬 정확하다. 마술의 목적은 "(주문과 같은) 구술 형식과 같은 상징적 방식을 쓰고 이와 함께 물체나 천연소재 합성물을 사용하는 제의적 행동을 하여 기대효과를 얻는 것이었다"(Borghouts 1995, 1775).

말과 행동은 종종 인격적 힘을 강제로 움직이려는 의도를 가진 비인격적 힘과 강하게 연결되어 있다고 생각했다. 하지만 마술의 가치는 종교전통에 따라 부정적이기도 하고 긍정적이기도 하였다. 적절한 초자연적 대리자에게 의존할 수밖에 없는 종교체계에서는 비인격적 힘을 조종하는 신학이 불법적으로 여겨졌을 것이다.

2. 전문적 점술과 마술

1) 메소포타미아

메소포타미아 사람 가운데 신들의 뜻을 분별하거나 신의 세계로부터 정보를 얻는데 가장 중요한 방식은 기상 환경을 관찰하고(예, 하늘의 색깔, 일식, 별과 행성의 수렴) 제물로 바친 짐승의 내장을 살폈다("간 점"이라고 부름). 바벨론인과 앗수르인은 하늘 색깔이 신들의 생각을 "기록한" 서판과 같다고 믿었다(Rochberg 2004).

이 징조를 "읽는" 고대 학자들의 과제는 그 의미를 적절히 해석하는 일이었다. 사례를 보자.

> 14일에 달과 해가 동시에 보였다…. 만일 14일에 해와 달이 동시에 보이면 합당한 해석은 이렇다. 땅은 복될 것이다. 신들은 아카드를 은총으로 기억할 것이다.[42]

관찰결과는 하늘에 새겨진 메시지를 이해하기 위한 안내서로 기록해 놓은 징조집을 참고하여 해석되었다. 이 징조들은 관찰과 의미를 연결한 전문가의 작품이었다. 일부 관찰결과는 사실상 불가능한 것도 있었고(예, 밤중에 나타난 태양) 이것은 이 안내서가 얼마나 상상력을 발휘하여 고찰했는지를 보여 준다.

바벨론 학자들은 설형 문자 본문의 성격에 들어있는 끝없는 가능성 즉 설형 문자의 모호성, 동형이의어, 중복되는 의미의 영역, 기호 자체의 유사성 등을 갖고 작업을 시작했다(van de Mieroop 2016, 115-27, 188-90). 학자들은 경험을 이용하든 해석으로 추론하든 하늘의 징조를 미래의 예측을 위해 해석하였다.

천문학은 가장 권위 있는 점술 형태로서 국가의 관리와 왕실의 일에 합당한 것들로 여겼고 다른 부류의 학자들(barû 제사장)은 짐승 내장에 새겨진 신들의 "글"을 읽는 전문가였다. 이 일은 평민들도 가능했다. 의식의 목적으로 제사장은 신에게 두 가지 질문을 했다("예"와 "아니오"로 대답). 간의 여러 부위의 상태는 질문에 대한 대답으로 "우호적"이거나 "부정적"으로 간주하였다. 그런 질문을

---

[42] Hunger 1992, no. 110, 67-68쪽에서 요약한 내용.

던진 사례를 보자.

> 위대한 주 샤마쉬 신이시여!
> 제가 드리는 질문에 확실한 대답을 주소서!
> 앗수르의 왕 에살 핫돈은 이 파피루스에 이름을 기록한 [사]람을 임명하여 [이] 파피루스에 새긴 [자]리에 앉히고 위대한 신을 모셔도 됩니까? 이 양에 나타나시고 (거기에) 확실한 대답, 우호적인 표식, 유리한 징조를 보여주십시오.
> 그래서 답변에 대한 신탁을 주십시오.[43]

물에 기름을 떨어뜨리거나 비정상아의 출생을 알아내는 일처럼 적극적으로 징조를 구하거나 수동적으로 관찰하는 점술도 있다.

징조와 상관없이, 결과는 운명론적으로 미래를 예고하는 것이 아니었다. 오히려 징조들은 신들의 경고나 확증으로 보았다. 만일 징조가 해로운 것이면 전문가들(아쉬푸[ašipu], 마술 전문가와 아수[asû], 외과 의사)이 정교한 마술과 전통 약초 사용법으로 신의 노여움을 진정시키거나 악마의 공격을 물리치거나 마술사의 주문으로 운명을 뒤집거나 질병을 고쳤다(Farber 1995를 보라).

2) 하티

고대 아나톨리아의 히타이트인도 간 점술이나 양, 뱀, 특히 새들의 행동을 관찰하여 예와 아니오의 신탁을 구했다. 후자의 경우는 히타이트인에게 독특한 관행으로 보인다(Beal 2002).

3) 이집트

신을 나타내며 신의 권위로 말하는 바로의 선포 이외에 이집트에서 신들에게 묻는 가장 중요한 방법은 축제 기간에 신상을 성전에서 바깥 이동 성소에 안치

---

43 Starr, Aro, and Parpola 1990, no. 156, 167-68쪽에서 요약함.

하여 대중에게 보이는 일이었다. 각 사람은 이 이동 성소 앞에 나와 저마다 결정 과정의 안내를 받거나 법적 다툼을 해결하는 문제를 놓고 예와 아니오의 답변을 구할 수 있었다. 신이 예나 아니오로 대답하는 정확한 방식은 불투명하지만, 제사장이 운반하는 이동 성소의 움직임(아마도 떨어뜨리거나 뒤로 움직이는 방식으로)으로 증거를 삼았다(Kruchten 2001).

4) 레반트

레반트의 종교 관습도 신의 인도를 받기 위해 점술을 의지했다. 천체의 징조, 간을 읽는 방법, 그리고 비정상아의 출생 해석은 뱀에 물리지 않도록 축귀 예식으로서 주문 외우기, 성기능 장애, 마법을 기록한 문헌과 함께 우가리트에서 알려져 있다(Pardee 2002, 127-48, 157-66).

5) 결론

고대 근동 사람들은 다양한 방식을 동원하여 열심히 신들의 뜻을 찾았다. 구약에는 이와 달리 전문 점술과 예언자의 반응 사이의 관계가 복잡했다(Kuemmerlin-McLean 1992, 469-70). 어떤 문구는 이스라엘 지도자들의 삶 속에서 점술이 긍정적 역할을 했음을 암시한다. 이것은 우림과 둠밈(출 28:30; 삼상 28:6)에 분명히 나타난다.

"에봇"은 질문하기와 관계가 있는 것 같다(삼상 2:28; 14:3; 21:9; 23:6, 9; 30:7-8) (Grabbe 1995, 120-21). 하지만 다른 문구들은 점술과 마법을 탄핵한다(출 22:18; 레 19:26; 신 18:9-12). 구약을 통틀어 지배적인 예언자의 관점과 그 전승을 계승한 정통주의는 우림과 둠밈을 예언과 합치하는 것으로 이해하였고 그것들을 다른 점술 형태와 신학적으로 구별했기 때문에 그런 모순된 모습을 허용했을 것으로 보인다.[44]

---

[44] 점술에 대한 예언의 태도와 우림을 이용하여 신의 뜻을 알아내는 일에 관하여 Van Dam 2012, 160-62를 보라.

3. 예언

1933년 마리의 왕실 기록보관소의 발견과 잇따른 출판은 고대 근동 예언에 대한 우리의 이해를 크게 증진했다. 최근 수십 년 동안 새로운 발견이든 읽을 수 있는 형태로 된 출판물이든 고대 근동의 예언 문헌들이 많이 알려졌다.[45]

우르, 우룩, 키스, 마리, 바벨론, 에쉬눈나, 비블로스, 하티, 우가리트, 에마르, 앗수르, 암만, 하맛, 데일 알라, 이집트에서 나온 예언적 연설이나 예언 사상을 담고 있는 문헌이 약 150개 정도이다. 지리적으로 광범위하고 문서의 연대도 B.C. 3,000년 후반부터 3세기까지로 길다.

1) 메소포타미아

마리의 왕실 기록보관소에서 나온 B.C. 18세기의 서신과 행정 문서는 초기 메소포타미아의 예언에 관해 많은 것을 알려준다(Huffmon 2000; van der Toorn 2000b). 예언 종사자들은 때로 꿈을 꾸거나 황홀경 가운데서 때로는 제사를 지낸 후 그리고 어떤 때는 술 취한 상태에서 신에게 받은 감동을 선포했다.

이런 예언자 담화의 전형적 사례는 다음과 같다. 거기에는 성전에 가구를 놓거나 여종을 두는 일에 관하여 왕에게 전달한 명령을 담고 있다.

> "샤마쉬 신이 이렇게 말씀하신다. '[나는] 땅[의] 주인이다! 생명의 도시 시파르에 [내가] 즐겁게 거주하도록 멋진 보좌와 내가 원하는 네 딸을 속히 보내라!'"[46]

어느 문서는 예언신탁과 함께 상징적 행위를 묘사한다. 어느 예언자가 도시의 성문에서 양을 집어삼키듯 먹었다. 그것은 신이 도시를 위협하는 모습을 보여준 것이다. 그 서신을 보낸 관리가 이렇게 보고한다.

---

45 번역과 해설을 곁들인 모든 본문의 모음집을 위해 Nissinen, Seow, and Ritner 2003을 보라. 일반적 정보를 위해서 Nissinen 2017의 중요한 논의를 보라. 자료들은 57-114쪽을 보라.
46 Nissinen with Seow and Ritner 2003, no. 4, 24.

[내가] 그에게 양 한 마리를 주었더니 그가 성문 앞[에서] 날 것으로 집어삼켰습니다…. 그리고 '집어삼킴이 일어날 것이다' 라고 말했습니다.[47]

계시는 다양한 직책을 가진 남녀 종사자들에게 임했다.[48]

아필룸(āpilum; 아마도 질문에 "대답하는 자"),

캄마쿰(qammakum; 의미 불확실),

아신누(assinnu; 아마 환관)는 성전에 직업으로 소속된 자들이 있었다.

무훔(muḫḫûm: "황홀경에 빠진 자"; 명사는 "미치다"는 뜻을 가진 동사와 관계있어서 그들은 무아지경에 빠진 행동을 보여주었을 것이다)은 공식 제의를 거행하지 않는 사람도 있다.

명칭 가운데 나부(nabû: "부름을 받은 자")는 히브리어로 예언자를 뜻하는 나비(nabi')와 동족어이다. 무훔과 함께 락기무(raggimu: "외치다"를 뜻하는 동사와 관계가 있다)는 신앗수르 시대에 예언자와 여성 예언자를 부르는 또 다른 지배적 명칭이었다.[49]

예언은 종종 성전에서 나오지만, 예언의 말씀이 개인적인 상황뿐 아니라 공공연한 회의에서도 전달되었다는 기록이 있다. 예언자들은 거의 대개 왕의 제의적 의무와 그의 정치를 언급했다. 마리에서 나온 예언 기록들은 왕실 서신 가운데 예언적 신탁을 인용한 문장들로만 알려지지만 신앗수르의 수도 니느웨에서 발견된 앗수르바니팔의 도서관에서 나온 기록들은 예언신탁을 직접 기록했다.

신의 말씀 대부분이 에살핫돈이 보좌를 차지하려고 싸우던 내전 중에 격려하는 말이었다. 한 본문은 이렇게 말한다.

나는 위대한 여신이다, 나는 너의 원수를 네 발 앞에 던지는[sic] 아르벨라의 이쉬타르이다.

내가 믿지 못할 말을 한 적이 있느냐?

나는 아르벨라의 이쉬타르이다. 나는 네 원수들의 껍질을 벗겨 네게 그들을 넘길

---

[47] Nisssinen with Seow and Ritner 2003, no. 16, 38.
[48] 메소포타미아 예언자의 성과 역할을 확인하는 일은 복잡한 문제이다. Stökl 2012를 보라.
[49] 신앗수르 시대의 예언에 관한 개괄을 위해 Nissinen 2000을 보라.

것이다.

나는 아르벨라의 이쉬타르이다. 내가 네 앞과 뒤에서 갈 것이다. 두려워 말라!⁵⁰

메소포타미아의 예언자와 여성 예언자들이 보여 준 행동은 이스라엘 예언자들과 공통점이 많다. 양측 모두 괴상한 행동을 하였고 신의 회의에 참여했다고 주장하며 상징적인 행동을 하고 음악을 들으며 영감을 얻고 질문과 애가에 답변하고 제의 규정을 위반했다고 왕을 훈계하며 다른 예언자들과 대립하는 신탁을 전하기도 하였다.

메소포타미아 예언자와 히브리 성경에 보존된 예언자들 사이에 가장 큰 차이점은 하나님/신들 개념이다. 메소포타미아 예언자들은 다신론자로서 여러 신을 대변했으며 다른 신들을 반대한 적이 없다. 대조적으로 성경의 예언자들은 오직 한 분 하나님의 이름으로만 말했다.

메소포타미아 예언자들도 사회정의에 관심을 보이기는 하나 이 문제에 대한 성경적 예언자들이 강조하는 만큼은 아니었다. 이것은 내가 보기에 의미심장한 차이점이다. 비슷하게 메소포타미아 예언자들은 때로 왕을 권면했으나 주제는 항상 제의 규정 위반이었다. 오직 한 문서만 신이 왕을 심각하게 위협하는 내용을 보고하고 있는데 이것은 왕이 시야에서 동떨어진 곳에 사는 예언자의 말이었다. 하지만 성경은 이스라엘 예언자들이 왕과 제의 권력자들과 "얼굴을 맞대고" 대항했다.⁵¹

2) 하티

하티인 중에도 예언자들이 있었을 테지만 증거가 남아 있지 않다. 히타이트 문서의 "신의 사람"과 "나이든 여성"은 직관적으로 말하지 않고 모종의 점술을 한 것으로 보인다.⁵²

---

50 Nissinen with Seow and Ritner 2003, no. 68, 102에서 요약함.
51 전체적인 비교를 위해 Nissinen 2010; Hilber 2012, 221-23을 보라.
52 이것은 한나 마르쿠슨(참고, Marcuson 2016, 특히 401-5)이 나와 사적인 의사교환 중에 확증된 것이다.

3) 이집트

미래를 예지하는 내용의 이집트 문서는 지혜 장르라는 것이 일반 상식이다. 거기서 현자들은 과거의 전통을 성찰하거나 마술을 통해 미래에 관한 이야기를 전했다. 신의 사자가 하는 말은 없다(Shupark 1989-90). 하지만 이집트는 다른 방법을 통해(마술을 통한 예지와 위에서 강조한 이동 성소의 행진, 꿈, "지혜로운 여인"의 점괘) 신의 계시를 받아들였으므로 종교적인 예언의 필수요건을 간직하고 있다.

추가로 신의 말씀은 제사장들이 왕실 제의를 거행하는 동안 왕에게 전달되었고 왕들이 세운 수많은 비문은 이런 맥락에서 1인칭으로 전달된 신의 메시지를 소개하는 문구를 지니고 있다(Hilber 2011).

4) 레반트

이집트의 웬아문 이야기와 우가리트에서 발견된 "고난받는 의로운 자의 기도"는 2,000년대 레반트의 황홀경 예언을 증언한다.[53] 1,000년대에 나온 문서들은 이스라엘과 가까운 주변 민족들에게 이루어진 예언 신탁을 기록한다. 암몬 족속의 도성에서 건물 봉헌을 하는 중에 신의 말씀을 담고 있는 문서 그리고 하맛의 왕 자쿠르에게 전해진 구원 신탁을 기록한 문서도 있다.

> 바알샤마인이 [이르되] 두[려]워 말라 내가 [너를] 왕으로 삼았고 … 내가 포위 공격하는 모든 [이 왕들]로부터 너를 구원할 것이다.[54]

예루살렘 동쪽 50마일 떨어진 요단강 건너편 성소에서 발견된 석고 비문은 B.C. 800년경에 작성된 것으로 추정되는데 "브올의 아들 발람"(참고, 민 22:5)의 묵시 같은 신탁을 기록하고 있다. 또 느부갓네살이 유다를 정벌할 때 유다의 라기스에서 나온 세 개의 도기 조각은 그 당시 이스라엘 예언자의 활동을 기록하

---

53 본문을 위해 Nissinen with Seow and Ritner 2003, no. 142, 200과 no. 122, 184를 각각 보라.
54 Nissinen with Seow and Ritner 2003, no. 137, 206.

고 있다.⁵⁵

5) 예언과 기록하기

글로 보존된 수많은 예언 신탁은 성경 밖에서 활동한 예언자의 세계를 들여다보는 창문이다. 또 이 문서들은 예언과 글로 기록하기의 관계에 대해 알려준다. 최근에는 성경의 예언이 이스라엘 예언자의 실제 말을 기록해 둔 것인지를 놓고 상당한 논란이 일어났다.⁵⁶ 하지만 고대 근동의 예언과 서기관 문화는 더 희망적인 모델을 지지한다(Hilber 2012).

6) 편지글 속의 예언

마리와 니느웨 모두 예언자가 한 말들을 글로 옮겼음을 보여 준다. 편지글은 풀어쓴 것이고 그래서 예언자의 정확한 말(ipsissima verba)은 아닐 것이라고 기대할지도 모른다. 있는 그대로의 말을 글로 풀어써서 전달하는 과정은 연속성을 지닌다는 증거가 있다. 하지만 신의 메시지는 외교 서신처럼 예언자의 말을 정확히 옮긴 것은 아닐지라도 발화의 정확성을 중요하게 다루었다. 신의 말씀을 부당하게 변경하는 일은 종교적 정치적으로 배신하는 일과 다를 바 없었다. 더구나 예언자들의 신분은 책무를 유지하는 데 중요했다. 그들의 진실성은 종종 다른 점술로 검증받았다.

7) 신탁 보고와 모음집

니느웨 문서보관소의 문서들은 인용부호를 사용하여 서기관이 전달된 말을 기록하고 있음을 보여 준다. 그러나 신탁의 언어는 여성 제사장들의 방언인 순수한 신앗수르어이고 표준 바벨론어가 아니었다. 표준 바벨론어는 서기관들이

---

55 Nissinen with Seow and Ritner 2003, nos. 136-41, 201-18.
56 이 문제를 고전적으로 표명한 것이 R. Carroll 1983이다.

글을 쓰거나 베낄 때 쓰는 언어였다. 이것은 이 서판들이 예언자의 말에 가까이 접근했음을 알려준다. 마리의 서신 작성 관행과 비슷하게 서기관들은 여성 예언자들의 이름을 신중히 보존하였다. 그들은 신탁을 받은 도시와 신탁을 받은 날짜를 때때로 기록하기도 하였다. 달리 말해서 예언자의 신원과 기록된 말의 연결은 중요했다.

어떤 니느웨 서판은 신탁이 한 줄로 되어있다. 그러나 대부분의 신탁은 보관소의 서판에 일회성 신탁 보도문을 베껴서 신탁 모음집으로 간직하였다. 마치 성경의 예언서 속 소단위들처럼 그 신탁들은 연대기 순서와 주제별로 연결된 것으로 보인다. 하지만 나훔서의 길이보다 더 긴 앗수르 신탁 모음집은 하나도 없으므로 비교하기에 제한이 있다.

8) 신의 편지들

신과 왕 사이에 오고 간 서신들은 구 바벨론 시대와 신앗수르 시대부터 알려진다. 신들의 편지들은 대부분 왕이 신에게 정벌 결과를 보고하는 단순한 형식에 대한 답변이다. 하지만 신의 편지들 몇 편은 양식 비평적으로 구두로 전해진 예언과 구분되지 않는다. 이것은 예언이 글로 기록되었다는 사례이다. 이런 경우 서기관과 예언자를 둘로 나누는 일은 불필요하다. 이 문서들은 이집트의 제의 예언과 비슷하다. 그것들이 원래 글로 남겨졌기 때문이다.[57]

4. 결론

메소포타미아와 이스라엘 예언자들은 공통점이 많다. 모든 고대 근동 사회가 신의 말씀을 존중했고 예언자의 말을 다양한 장르로 신중하게 옮겨 적었다. 한

---

57 이 논문이 논하지 않은 것은 "문서-예고 본문"이다(소위 아카드 예언들과 묵시[M. Ellis1989를 보라]). 예언과 피상적으로만 비슷한(Nissinen 2003, 140; 2017, 111-15) 이것들은 역사편찬을 하려고 징조 해석을 적용한 것으로 보이므로 "신통한(mantic) 역사편찬"이다(Neujahr 2012). 이 것을 성경적 예언에 적용하는 일에 대한 비평을 위해 Hilber 2015, 165-69를 보라.

편으로 예언들이 고대 근동에서 기록되었다는 증거는 없다. 오히려 예언자들은 서기관과 합작하였다(Nissinen 2014).[58] 위의 신앗수르 관행에서 서기관의 후원처럼 이것은 어느 마리 예언자가 윗사람에게 "나에게 신중한 서기관을 보내주십시오!"라고 청원할 때 잘 나타난다. 결과적으로 그 신탁은 신이 왕에게 준 편지 형태로 보존되어 있다.

고대 근동의 증거는 예언서와 성경이라는 문학적 대작을 만든 개별 예언자의 신탁들 사이에 밀접한 연관이 있음을 보여 준다(Hilber 2015, 173). 이 책들은 고대 근동에서 작성된 어떤 예언 문서보다 훨씬 더 정교한 문학적 형태를 지니고 있다. 예언서들이 그런 모습을 지닌 것은 오랜 편집 과정의 산물이라고 결론을 내릴 수도 있다.

그러나 히브리 성경의 책들은 거시적으로 볼 때 일반적으로 비슷한 책들이 거의 없다. 논의는 어느 정도 포로전기 이스라엘의 문해력 범위와 예언자의 말을 기록하여 예언서를 만들려는 문화적 관심사에 달려 있다. 그러나 포로전기 이스라엘 사람들이 어떤 성격의 글을 만들 수 있었다면 문해력이 있는 예언자든 아니든 복잡하고 정교한 예언서를 만들지 못할 이유는 없다(Hilber 2015, 159).

---

[58] 니시넨(Nissinen)은 이런 추정의 증거를 낱낱이 열거한다. 그러나 그는 나의 추론에 반드시 동의하지는 않을 것이다. 니시넨의 측면에서 볼 때 글로 기록된 (서기관의) 예언은 역사적 현상을 들여다보는 불투명한 창문에 불과하다(Nissinen 2017, 332-33).

제48장

고대 이스라엘의 가족 종교

앤드루 R. 데이비스(Andrew R. Davies)

1. 들어가기

사울 벨로우(Saul Bellow)의 1953년 소설 『오기 마치의 모험』(*The Adventure of Augie March*)의 장면 가운데 저자와 이름이 같은 화자는 할머니 라우쉬(Lausch)가 작고한 할아버지를 추모하는 모습을 이렇게 기술한다.

> 할머니는 예전과 늘 똑같이 라우쉬 할아버지 추모일에 일종의 제사처럼 양초를 켜고 요리에 쓸 밀가루 반죽 한 덩이를 석탄 위에 던져 넣고 아기 같은 치아를 드러내며 주문을 외워 악령을 저지했다. 그것은 물을 거꾸로 흐르게 하고 고모라를 파괴한 위대한 창조주 하나님과는 아무 상관도 없는 부엌 종교였다. 그러나 그것이 종교의 한 단면이었다(Bellow 2003, 393).

오기가 나열하고 "부엌 종교"라 부른 예식은 21세기 유대인 할머니만의 것이 아니고 유대교에 오랜 역사를 갖고 있다. 실제로 그런 "부엌 종교" 혹은 "가족 종교"는 이스라엘의 시초부터 제의 전통의 핵심이었다.

오기가 가족 종교와 위대한 하나님 신앙을 구분했으나 고대 이스라엘은 그것을 정밀하게 나누지 않았을 것이다. 단언하지만 하나님의 위대한 구원행위가 성경 이야기의 중심을 차지하고 있고 가족 종교는 보통 이 드라마의 변두리에 나타난다. 종종 가족 종교는 변증적 구절에서 언급한다. 그래서 평가하기가 까다롭다. 한편으로 이런저런 제의 활동에 대한 변증은 그것이 팽배해있음을 가리킨다. 아무도 제의를 거행하고 있지 않다면 그것을 비난할 까닭이 없다. 다른 한편 해석자들은 성경 저자/편집자의 변증적 입장을 배경 삼아 이런 대중성을 검토해야 한다.

모든 이스라엘 사람들이 비난하고 있는 제의 관행을 범죄라고 보았을까 아니면 비평은 그것을 기술하고 있는 저자/편집자만의 유일한 주장일까?

구체적인 사례로 신명기 역사의 편집자는 미가의 드라빔을 인정하지 않지만(삿 17:5-6) 다른 성경 구절들은 아무런 정죄도 없이 이것을 언급한다(창 31:19; 삼상 19:13). 이 성구들은 똑같이 드라빔이 가족 종교의 일부였고 제의 물품에 대한 비난의 수위를 다양하게 묘사한다.

가족 종교에 대하여 성경적 증거가 가끔 불확실한 경우는 불가피하게 성경 밖의 자료에 의지하여 해석할 수밖에 없다. 구약의 "숨겨진" 가족 종교를 만나면 고대 이스라엘의 가족생활에 대한 견해가 증대되고 또 성경적 묘사에 새로운 빛을 던져준다.

그런 만남을 위해 최선의 자료는 성경의 인명과 가정과 제의 장소에서 나온 고고학 증거들이다. 이 증거들은 성경 전통은 물론이고 성경 저자들이 용납하지 않았을 관행과 접촉점 몇 가지를 보여 준다. 이 장은 비문 증거와 고고학 자료를 성경의 가족 종교와 대화시킴으로써 이들의 일치와 불일치를 탐구한다.

그러나 먼저 용어를 언급할 필요가 있다. 지난 수십여 년 동안 학자들은 지금 고찰하는 종교적 신념과 제의 관습에 대하여 관심사가 늘어났으나 이것을 이스라엘 종교 연구의 한 분야로 보아야 하는지를 놓고 의견이 같지 않았다. 내가 생각하기에는 "가족 종교"란 용어가 다른 명칭보다 더 좋다. 이를테면 "민간 종교"는 변질하거나 파생한 제의 관습을 가리키고(Albertz 2008, 91; Stavrakopoulou 2010b) "개인 종교"는 고대 문화 연구에 적합하지 않은 현대적 개념을 활용한다는 위험을 안고 있다(van der Toorn 1996, 3-4). "가족 종교"와 "가정 종교"가 집 안과 부근에서 거행하는 제의 관습을 가리키기에 좋지만, 지역과 지방 성소에서 가족이 드리는 예배는 설명할 수가 없다(A. Davis 2013, 95-107; Albertz and Schmitt 2012, 46).

"가족 종교" 자체는 이상적이지 않다. 어떤 경우에는 공인 종교가 가족 단위를 포함하기 때문이다(예, 레 16:6-14; 신 16:11). 하지만 이 용어가 가장 적합한 명칭이다. 그것이 표시하는 신앙관습 대다수가 적지 않게 애곡 의식, 치유, 풍요와 조상예배와 같은 가족의 생애주기와 관련이 있기 때문이다(Albertz 2008, 97-99).
이 장에서 "가족"은 히브리어로 벳 아브(bet 'ab) 혹은 "아버지 집"이란 표현이 나타내는 사회단위를 말한다. 여기에는 수 세대에 걸친 친족과 딸린 식구들이 포함된다. 여기서 나는 평균적인 핵가족은 다섯 명, 평균 대가족 벳 아브는 열 명, 그리고 평균 미쉬파하(즉 족속)는 백이십 명으로 계산하는 데이비드 슬로언(David Schloen 2001, 154-55)의 모델을 따른다.

2. 이름의 증거

셈족의 이름은 신명을 포함하고 있어서 고대 이스라엘의 종교를 재구성하는데 가치가 높은 자료이다. 히브리 인명 표본은 주로 두 가지 자료에서 얻는다.

첫째, 히브리 성경이다. 여기는 약 천 개의 인명이 있다.[59]
둘째, 깨진 도자기 조각, 항아리 손잡이, 인장, 인장 자국 같은 비문 자료에 새겨진 인명이다.

철기 제2시대 즉 B.C. 약 1000-586년에 이스라엘과 요단 동편 지역의 비문들에 남은 인명을 최근에 헤아려본 결과 총 799개로 집계되었다(Golub 2014). 성경과 비문 자료의 인명을 합치면 모두 2,000개이고 그것은 데이비드 클라인즈(David Clines 2016, 4)에 의하면 이스라엘 사람 6,761명이 가진 이름들이었다.[60]
고대 이스라엘의 가족 종교를 이해하는데 인명의 중요성은 라이너 알버츠(Reiner Albertz)의 연구로 주목받았다. 선행 연구서에서 그는 성경적 인명은 고대 이스라엘의 가족의 경건심과 관심사를 보여 준다고 주장하였고(Albertz 1978, 49-77) 최근에는 자신의 인명 및 가족 종교 연구에 비문 자료를 추가했다(Albertz and

---

59 Martin Noth(1928)의 인명편람은 1,426개이지만 Albertz and Schmitt(2012, 250)는 이 목록을 957개로 조정하였다.
60 클라인스는 이름 하나를 한 명으로 계산하여 이 수치를 얻었다. 그의 인명 계산방식은 이미 언급한 수치와 다르다는 것을 주시해야 한다. 클라인스의 계산은 히브리 성경의 이스라엘 인명이 1,465개이고 주후 200년까지 비문에 나타난 인명은 667개이다(Clines 2016, 2).

Schmitt 2012, 245-386, 534-609). 알버츠는 인명이 이스라엘의 민족사를 가르치지는 않으나 개인 탄식 시와 감사 시에서 볼 수 있는 용어를 사용한다는 것을 보여 주었다. 이런 용어의 공통점은 개별 시편처럼 개인의 이름이 그의 신앙과 경건심을 알 수 있게 해 주는 창문임을 보여 준다.

대부분의 히브리 인명은 주어는 신명으로 술어는 동사나 명사로 된 문장으로 이루어진다(예, 임마누['immanu, "우리와 함께"] + 엘' [el, "하나님"] = 임마누엘 ['immanuel, "하나님이 우리와 함께 계신다"]). 이 신명 요소와 술부에 주목하면 이름을 지을 때의 관심사와 신앙심을 볼 수 있다. 이를테면 성경과 비문에 있는 인명의 절반은 일종의 기도문으로서 하나님이 하신 일을 감사하거나(예, 이쉬마엘[yishma'el], "하나님이 들으신다"), 하나님의 속성을 나타내거나(예, 우리야후['uriyahu], "나의 빛은 여호와이다"), 하나님을 찬양하는(예, 미가야후-[mikayahu], "누가 여호와와 같을까?") 의미가 있다(Albertz and Schmitt 2012, 505).

이 이름들은 이름을 짓는 가족의 상황을 두 가지로 나타낸다.

첫째, 다수의 인명이 하나님을 친족 용어로 표기한다. 성경과 비문의 인명은 40% 이상이 형제(아흐['ah])와 아버지(아브['ab])와 같은 친족 용어가 들어있다. 그 단어가 종종 특정한 신—대개 여호와지만 상당수가 다른 신들을 가리키기도 한다—과 동등한 말이지만 친족 용어 자체가 바로 신명 요소인 경우도 있다(Albertz and Schmitt 2012, 508).

후자의 경우 친족 용어는 신을 가리킬 수 있다. 그것들을 신이 된 조상이나 개인이 섬기는 신들이라고 해석하는 이들도 있다. 여하튼 개인의 이름에 친족 용어를 흔하게 사용하여 신적 존재를 가리킨다는 것은 고대 이스라엘에서 가족 관계가 신학 사상을 어떻게 형성했는지를 보여 준다.

둘째, 두 가지 자료에 나타난 인명의 1/3이 출산과 관련이 있다(예, 마탄야후[mattanyahu], "여호와의 선물"). 이것을 흔하게 고찰한 일부 학자들은 출산 경험이 그런 기도가 담긴 이름 짓기의 기초였다고 주장한다(Albertz and Schmitt 2012, 253).

하지만 기도 형태의 이름은 보다 일반적인 신앙적 표현이라고 생각하는 학자들도 있다(J. Fowler 1988, 18, 89, 97, 101, 104). 우리가 이 이름 배후의 의도를 어떻게 이해하든지 그것들이 고대 이스라엘 가족들이 드린 기도 용어와 관습을 알려주는 단서가 된다는 데는 모두 동의한다. 성경의 이름들은 이 가족 종교의 일면을 보여주나 연대를 측정하기가 어렵고(왕실, 제사장 등등처럼) 이스라엘의 사회 계층 일부만을 나타낸다.

비문에 있는 인명 모음이 늘어나고 있어서 성경적 증거의 필수적인 보충자료가 되고 있다. 이 인명 모음은 선택된 집단을 가리키지만 이름 쓰기의 필요는 신분과 문해력을 함축하고 있으므로 성경적 인명에 숨어 있는 측면을 살피는데 엄청난 가치가 있다.

이 가족 경건은 성경 이야기에 지배적인 구원사와 거리가 있지만 어떤 연구들은 비문과 성경의 인명이 서로 신학적으로 일치함을 보여 준다. 고대 이스라엘의 비문을 검토한 학자들은 다른 신들과 비교하여 "여호와"라는 신명 요소의 빈도를 분석했다. 분석결과는 이름에 다양한 신명 요소를 지닌 다른 고대 근동 사회와 달리 고대 이스라엘에는 여호와란 신명 요소가 지배적임을 보여주었다(Tigay 1987b; J. Fowler 1988; Golub 2014). 바알과 엘처럼 다른 신의 이름을 지닌 이름들도 있으나 대부분 비문에 나타난 가족의 경건심은 히브리 성경 전체에서 명령하는 오직 여호와 한 분 신앙과 일치한다.

3. 고고학적 증거

가족 종교의 고고학 증거는 개별 가정 안에서 그리고 지역 성소와 지방 성소에서 제의 활동을 했음을 보여 준다. 전자의 증거는 주로 집 안에서 발견한 등잔, 인형, 향로, 장식용 그릇과 스탠드, 부적, 비실용적 도기들이다. 하지만 이 물건들로 가족 종교를 재구성하는 작업은 몇 가지 어려움이 있다.

하나는 물건들이 제의용인지가 늘 확실치 않다는 것이다. 위에서 언급한 물건들 다수는 비제의적 목적으로 사용할 수도 있다(등잔은 빛을 발하고 향은 냄새를 제거하며 도기와 그릇들은 물건을 담아두는데 쓸 수 있다). 더구나 이 물건들이 보통 크기가 작고 움직이기 때문에 발견지점이 (유일한) 사용 장소라고 확신할 수가 없다. 이런 경고를 염두에 두고 우리는 물건을 하나로 혹은 여러 개를 함께 사용한 경우와 어떤 가정 활동에 사용했는지 가정 종교의 사례 몇 가지를 살펴볼 것이다.

가정에서 발견된 많은 제의 용품들은 액땜하는 것으로 보인다. 부적은 종종 이집트 수호신들(예, 이시스[Isis], 베스[Bes], 우디엣[Udjet; C. Herrmann 1993])을 새기고 있고 소위 유다에서 B.C. 8세기와 7세기에 유행했던 막대 인형에 관한 최근 연구는 치료하고 보호하는 역할을 강조하였다(Darby 2014). 이 물건들이 출산의 위험으로부터 보호하는 데 사용되었다고 명시적으로 말할 정도이다.

결국, 부적들에는 이시스가 종종 아기 호루스(Horus)와 함께 그려져 있고 베스는 임신하거나 출산하는 여인을 보호하는 일과 연관이 있으며 막대 인형의 가슴을 강조한 모습은 자녀출산의 의미를 보여 준다(Meyers 2010, 127).[61] 이러한 동기는 이름의 증거와 연결된다. 그것들은 임신과 출산의 위험에 대한 가족의 염려를 반영하고 있다. 이러한 관심사가 액땜하는 용품에 깔려있지만 다양한 유물과 고고학적 상황은 이러한 일반화를 허용하지 않는다.

목적과 의미의 유동성은 제의 용품 여럿이 한꺼번에 발견된 경우도 이어진다. 보통 제의 용품이 한 가지 이상 있으면 "가정 제단"으로 간주한다. 그곳은 제의 행사를 위해 구별해놓은 집 안의 특정한 장소나 뜰이다(Zevit 2001, 123). 이 기준에 따르면 이스라엘의 가정 제단의 숫자는 전부 38곳이지만(Albertz and Schmitt 2012, 74-172) 가정 제단인지를 확인하려면 앞서 주지한 도전들을 통과해야 한다.

한꺼번에 발견된 제의 용품들이 크기가 작고 운반 가능해서 그것들을 제의가 아닌 상황에 사용할 수도 있는 것으로 재구성할 수도 있다. 사실 한꺼번에 제의 용품들이 비제의 용품과 함께 발견될 때 그곳이 가정 제단인지 제의를 거행할 때도 있고 다른 잡일을 하는 장소인지 확신할 수 없다.

이런 어려움에도 불구하고 가정 제단으로 사용했다는 뚜렷한 사례들이 발견되었다. 이를테면 텔 할리프(Tell Halif) 발굴자들은 여러 집에서 제의 용품을 발견했고 어느 집에서는 봉헌한 제의 장소로 사용되었음을 암시하는 제의 용품 일체가 발견되기도 하였다(Albertz and Schmitt 2012, 99-102; Zevit 2001, 313).

---

61 Carol Meyers(2013, 156)는 마지막 견해를 고쳤고 지금은 Darby 2014의 연구를 따라 막대 인형을 여성과 남성의 치유 의식과 연관시킨다.

방이 네 개인 "북쪽 집"의 한 곳(G8005)은 막대 인형의 머리, 작은 구멍이 뚫린 스탠드, 두 개의 석회 벽돌, 두 개의 항아리와 작은 주전자가 들어있었다. 제의 용품이 모여있고 그곳이 나머지 구조와 격리된 모습은 가정 제단임을 보여주지만 여기서도 흔히 사용하는 그릇이 발견되기 때문에 다목적으로 사용했음을 시사한다. "북쪽 집"의 이 방은 가정 제단으로 사용되었을 수도 있으나 다른 목적으로 사용하지 않은 것은 아닌 것 같다.

마찬가지로 브엘세바에는 여러 집에서 제의 행사를 거행한 증거가 있지만, 이 증거도 제의가 아닌 목적으로 사용하는 용기들이 함께 섞여 있다(Albertz and Schmitt 2012, 80-84; Zevit 2001, 175-76). 어느 집은 막대 인형, 모형 의자, 등잔이나 향로가 있지만, 일상 요리 그릇과 사발들도 함께 발견되기도(26) 하였다. 성문 곁에 있는 다른 집(430, 442, 443지점)도 비슷하게 제의 용품 일체—막대 인형의 머리, 모형 의자, 두 개의 입방 분향대—가 있었으나 여기는 딸린 요리 그릇들이 없었다. 만일 이 그릇들이 발견된 장소에서 사용되었다고 가정하면 비슷한 제의 용품 일체가 두 가지 다른 상황에서 사용된 흥미로운 정황을 접하게 된다.

이 제의 용품 일체는 브엘세바의 아주 다른 조합의 제의 용품과 나란히 고대 이스라엘의 가족 종교의 유동성을 보여 준다. 가정 종교의 명백한 증거를 가질 때도 그것들이 나타내는 제의 관행과 종교적 신념들과 집 안에서 발견된 이 물품들이 그것을 사용한 가족들의 삶과 관심사와 어떤 관계가 있는지를 결정하기가 어렵다.

그러므로 집 안에서 가족 종교가 이루어졌다는 증거는 그런 행사를 하려고 따로 마련해 두지 않은 장소에서 제의 행사가 이루어졌음을 보여 준다. 이 복합적 용도는 집 안에서 가족 종교를 시행한 것으로 묘사하는 여러 성경 구절의 의미를 밝혀준다. 가정 제의를 가장 잘 묘사한 곳은 미가와 가족의 가정 성소를 그린 사사기 17-18장이다. 이 이야기는 고고학 자료가 제시하는 그림과 일치하는 부분이 있다.

이를테면 성소는 미가의 집 안에 따로 봉헌한 장소이고 거기에 제의용 의복과 다양한 인형들을 두었다(17:4-5; 18:14, 18, 20). 처음에는 제의 집례자는 미가의 가족 가운데 한 사람이었다(17:5). 반면에 미가의 성소가 예외적임을 보여주는 표시들도 있다. 봉헌한 장소가 "구석"이 아니라 집 자체이고 제의 신상 하나는 귀금속으로 만들었고 최종적으로 제의 집례자는 종교전문가에게 맡겨졌다(Ackerman 2008b). 사사기 17-18장에서 그려진 가정 제의는 특이한 모습과 신명기 역사 편집자들의 비판에도 불구하고 성경적 가족 종교의 핵심사례이며 고고학적 증거를 보완해 준다.

제의 용품이 있다는 점 외에 음식 만들기와 옷감 생산과 같은 가정 활동은 종교적 의미를 지닌 것으로 여겨진다. 음식을 만들어 제물로 바치고 먹는 일은 성전과 성소에서 드리는 예배의 중요한 부분이었다. 학자들은 가정 제의도 똑같음을 보여주었다. 캐롤 마이어스(2007)는 고고학적, 성경적, 민속학 자료를 따라 가정에서 빵 생산의 중요성을 증명하였고 여인들의 삶이 지닌 의미에 특별한 관심을 쏟았다.

그것은 사회적 힘과 가족의 힘이 우러나오는 원천일 뿐만 아니라 제의적이기도 하다. 가정 제의에서 빵의 자리는 밀가루를 반죽하는 여인상과 제의 용품 가운데 빵을 굽는 오븐이 있는 구석에서도 그 증거를 찾아볼 수 있다(예, 북쪽의 Tell el-Far'a). 이 물리적 유적은 제의적 목적으로 빵을 만드는 여인에 관한 성경의 묘사로 보완된다. 이를테면 예언자 예레미야는 온 가족이 어머니의 역할을 강조하는 하늘의 여신에게 바칠 떡을 만드는 일에 몰두하는 모습을 그리며(렘 7:18) 다른 성구는 여인이 떡을 만드는 모습과 향을 사르고 기름을 붓는 제의 활동을 연결하기도 한다(렘 44:17-19).

옷감 만들기는 히브리 성경에서 성전 예배의 일부로 언급된 활동이고(왕하 23:7) 증거는 빈약하나 가정 제의에서도 비슷했을 것이다. 베틀 추와 나선형 물레가 집 안에서 발견되고(Meyers 2003b, 432-34) 옷감 생산의 종교적 의미를 탐구하고(Ackerman 2008a) 있기는 하지만 현재의 자료는 다만 가정 제의에서 그 역할을 추측만 할 정도이다.

집 안의 공간에서 나오면 대중 앞에서 벌어진 가족 종교의 사례를 볼 수도 있다. 가족 종교의 고고학에 관한 초기 연구들은 주로 집 안에서 이루어진 제의 활동에 초점을 맞추었으나 최근의 학자들은 가족 종교의 흔적을 공공 제의 장소에서 찾기 시작했다. 고대 근동의 성전들은 주요 성소 외에 소규모로 예식을 거행할 수 있는 부속 예배실이 있었다.

북부 이스라엘의 텔 단(Tell Dan) 성전은 기념비적인 제단과 연단 그리고 소규모 제의 행사를 위한 부속실을 갖추었는데 이스라엘 사람들은 이런 식으로 공간 배치를 했다는 사례를 보여 준다(A. Davis 2013, 95-107). 텔 단 성전을 이렇게 해석하는 것은 가족이 지역과 지방 성소에서 예배를 드리는 성경적 증거와 일치한다. 한나와 엘가나는 실로에서 제사를 지낸 사례가 있다(삼상 1-2장). 지역 성소이고 거기서 사역하는 종사자가 따로 있는 곳에서 제사를 지냈으나 그 제사는 한나가 아들을 낳으면 그 성소에 바치겠다고 한 서원이 이루어져서 부부가 직접 드린 제사이다(A. Davis 2013, 102-5).

이러한 성경적 증거와 성경 밖 증거는 가족 종교가 집 안에 국한되지 않았음을 보여 준다. 이스라엘 가정들은 최근까지도 오직 "공인 종교"와 연관된 성소들에서 가족끼리 예배를 드렸고 그럴 수 있었다(Olyan 2008, 114-15; Albertz and Schmitt 2012, 46; Stavrakopoulou 2010b, 41).

결론적으로 사람의 이름과 고고학적 증거는 고대 이스라엘의 가족 종교전통을 입증하며 그것은 적어도 라우쉬 할머니가 『오기 마치의 모험』에서 했던 의식처럼 다양했다. 이 전통이 히브리 성경에 들어왔으나 그런 증거는 단편적이고 성경 저자들의 신학적 렌즈에 비추어 걸러졌다.

성경 밖의 증거는 우리를 성경적 진술에 숨어 있는 모습으로 안내하여 집 안에서 그리고 집 밖의 공적 장소에서 다양하게 거행된 가족 종교의 모습을 보여 준다. 이런 자료들이 성경적 기준에 비추어 보면 비주류이지만 가족 종교는 라우쉬 할머니가 생각하듯이 성경적 전통과 모순되지 않음을 보여 준다.

제49장

철기 시대 레반트의 죽음과 매장

크리스토퍼 B. 헤이스(Christopher B. Hays)

1. 레반트 지역의 죽음과 매장

 죽음은 인류 문화의 산물로서 오랫동안 주요한 관심사였고 매장은 레반트의 고대 이스라엘과 유다 주변을 포함하여 고대 문화의 자료를 연구하는데 가장 중요한 연구 분야였다.
 철기 시대 이전 상황을 고찰하는 것이 유익하다. 특히 중요한 것은 현재 시리아 해안의 청동기 시대 우가리트 문서이다. 이것들은 죽은 자를 돌보는 장례예식을 증언한다. 그들은 작고하여 신이 된 왕실의 조상을 불러 축복을 구했다. 무덤은 등불, 안실, 제물과 문을 닫지 않았는데 이것은 사자 제의를 치를 목적으로 꾸민 것 같다.
 동시대의 하티 제국은 14일 동안 음식과 전제를 드리고 고인의 석상과 시신을 화장하는 등 이집트 외에 고대 근동에서 가장 정교한 왕실 매장 의식을 거행한 것으로 알려져 있다. 히타이트 제국의 장례예식은 왕족의 저승사자로서 태양신의 역할, 음식과 음료가 희귀한 사후생활에 대한 믿음, 잘 돌보지 않은 사자에 대한 두려움 그리고 강신술(necromancy)을 보여 주고 있어서 메소포타미아와 이집트와 공통점을 지녔다.
 신 히타이트 제국은 B.C. 9세기와 8세기부터 사후를 돌보고 누리는 것에 대한 기대감을 나타내는 비석이 많다. 진시를리(Zincirli)에서 나온 카투무와(Katumuwa) 비석에는 고인이 "이 비석에 있는 내 영혼을 위해" 초상 잔치를 하라고 요구한다(Pardee 2009, 53-54). 영혼은 몸에서 분리되어 생존할 뿐만 아니라—아나톨리아가 아주 고대부터 가진 믿음—비석에 거주한다고 믿었다.

카타무와 비석의 고고학적 배경은 장례용 채플로 해석되는데 시리아 히타이트 지역에 많이 있다. 이와 비슷한 제의 장소는 잠정적으로 모압 지역에서 확인되는데 사자 제의를 위해 잔치를 열었던 것으로 추정된다. 이 장례식 채플은 매장지는 아니었다. 신-히타이트 제국 비석에서는 유물이 발견되지 않았다. 대신 큰 규모의 화장한 묘지들이 갈그미스와 하맛과 같은 도시에서 발견되었다.

철기 시대의 레반트에는 사후생활에 대한 초자연적 믿음을 가졌다는 표시들이 많다. B.C. 8세기 아람국가 사말(Sam'al)의 왕인 파나무와(Panamuwa)의 비문은 보좌를 계승하는 아들은 누가 되든 제사를 지내고 하닷(Hadad) 신에게 "파나무와의 영혼이 당신과 함께 식사하시고 파나무의 영혼이 당신과 함께 마시게 하옵소서"라고 말하라고 훈계한다(COS 2:157). B.C. 10세기 초 비블로스의 아히람 왕의 석관은 죽은 왕이 보좌에 앉아 장례예물을 받는 모습이 새겨져 있고 비문은 B.C. 8세기와 7세기 아람어 비문들에서도 흔히 나타나듯이 매장지를 어지럽히지 말라고 경고한다.

B.C. 5세기 시돈의 타브닛(Tabnit)의 석관에 기록된 글도 신성한 고인들 가운데 자리를 차지하기를 희망하는 말을 한다.

> 만일 당신이 … 내 관 뚜껑을 열어 나의 쉼을 훼방하면 르바임과 함께 쉴 자리를 얻지 못하게 될 것이다(COS 2:182).

이와 똑같은 저주가 그의 아들 에쉬무나조르('Eshmun'azor)의 석관도 이와 똑같은 저주의 문구가 새겨져 있다.

> [유해를 훼손하는 자]가 무덤에 묻히지 못하기를 원하노라(COS 2:183).

이 왕들의 매장품은 예외적이다. 일반적으로 페니키아에서는 화장이 지배적인 매장방식이고 유해는 음식과 음료 예물과 함께 항아리에 묻었다. 다양한 매장방식과 지리적 고려, 그리고 종교가 매장 유형을 결정하였다. 엘리자벳 블록-스미스(Eliabeth Bloch-Smith)는 자신의 기초 연구에서 매장 유형과 문화집단 사이의 상관관계가 아주 높은 것을 발견했다. 이를테면 이집트인은 구덩이 매장, 석관, 인형관을, 앗수르인은 욕조형관을 사용했고 페니키아인은 죽은 자를 화장하거나 묻었고 산지 주민은 동굴을 무덤으로 사용했다(Bloch-Smith 1992a, 63).

최근에 발견한 아스글론의 대규모 블레셋 묘지는 레반트 매장 역사를 다시 써야 함을 알려주었다. 초기의 보고서들은 가장 흔한 매장 형태가 단순 구덩이 매장이라고 말한다. 물론 화장해서 항아리에 담아 매장하거나 엘리트의 돌무덤도 나타났다. 무덤 상당수에서 공통으로 매장용품이 나왔으나 유해들은 예외적으로 전부 알아볼 수 있을 정도였고 산지에 흔하게 나타나듯 완전분해된 것을 모아둔 경우와 달랐다(아래를 보라).

이와 같은 간단히 줄인 내용은 다양성을 고찰하는 데 유용하지만 너무 지나치게 단순화한 것이다. 모든 문화에서 다양한 선택권이 있었고 특히 후기로 갈수록 점차 변형된 형태의 매장도 생겨났다. 이를테면 앞에서 언급한 페니키아의 석관은 타브닛의 시신을 방부 처리한 사실로 알 수 있듯이 이집트 영향을 받았다. 다양성은 대도시에서 더 뚜렷이 나타났다(Bloch-Smith 1992a, 55).

이 논의의 나머지는 북 왕국 이스라엘보다 유다에게 초점을 맞출 것이다. 고고학과 성경 본문이 북쪽에 대해서는 충분한 정보를 제공하지 않기 때문이다.

2. 고대 이스라엘과 유다의 죽음의 고고학

유다에게 특징적인 엘리트 매장지는 벤치(긴 의자) 무덤이다. 보통 바위에 가로세로 5m 크기의 묘실을 인위적으로 파고 안쪽 벽에 낮게 튀어나온 벤치를 만든다. 추가로 내실을 더 만들 수 있지만, 보통은 유해가 완전히 부패한 뒤에 납골당에 모아 다음에 매장할 공간을 마련하였다. 성경 시대 초기에는 동굴 묘지가 더 대중적이었으나 철기 제2기에 이르러 점차 사라졌다.

벤치 무덤을 사용한 사람들은 인구의 5%도 되지 않았을 것이다. 평민은 고인을 가족이 소유한 밭에 구덩이를 파고 매장했다(왕하 23:6; 렘 26:23; 31:40). 구덩이 묘지는 발굴된 것도 있지만 고고학적으로 거의 "보이지 않는다."

가족무덤은 지속성과 영구성의 상징이었고 가족의 소유한 재산임을 표시하는 것이었다. 하지만 그것을 예술적으로 표현할 기회로 삼지는 않았다. 유다의 매장지는 상대적으로 부유하고 세련된 경우를 제외하고는 일반적으로 스타일이 똑같다.

무덤에 부장품을 넣는 유다 사람들의 관습은 천편일률적이었다. 대개는 고인에게 음식과 음료를 주기 위해 토기로 만든 항아리와 사발을 넣었다. 또 여행 장비, 음식, 보석과 부적, 가정생활 용품들도 넣었다. 유골들은 다양한 방식으로 마무리하였다. 시신에 속옷을 입히고 겉옷으로 감쌌다. 진흙으로 만든 여성 인형도 함께 묻었다.

무덤의 글귀는 무덤의 소유자가 누구인지를 알려주고 페니키아 사람들처럼 도둑을 쫓아내려는 의도를 지녔다. 이를테면 실완(Silwan) 묘지의 왕실 청지기 무덤의 글에는 도둑에게 "은도 없고 금도 없으며 그의 유골과 그의 노예-아내의 유골밖에 없다"라고 말하고 "이것을 여는 자에게 저주가 있을 것이다"라고 덧붙인다(J. Roberts et al. 2003, 508).

1) 연구사

고대 이스라엘과 유다가 죽은 자를 어떻게 처리하고 생각했는지를 이해하려면 자료를 비평적으로 접근해야 한다.

첫째, 우리가 가진 성경 본문은 통상적인 신앙과 대치되는 진술들(예, 죽음은 끝이고 죽은 자는 무력하다)을 하고 있다. 성경 본문은 히스기야와 요시야 때 시작된 개혁과 포로 후기까지 이어진 신학적 투쟁을 반영하고 있다.

둘째, 죽음이나 이와 관련된 다른 문제들 대다수에 관한 믿음이나 관습은 하나가 아니었을 것이다. 종교적 다양성은 다양한 축을 따라 존재했다.

물론 우리는 지역적 다양성, 국제적 영향 그리고 시간의 흐름에 따른 변화를 가리키지만, 경제적 여건, 성별, 그리고 다른 사회적 요인들도 포함된다. 앞서 언급한 저자들과 편집자들이 글을 통일시켰음에도 불구하고 이러한 다양성의 흔적은 성경 속에 남아 있다. 그 사회는 당연히 지하 세계의 신들을 섬겼고, 고인을 돌보았으며 강신술을 실시했고 (적어도 사회의 상류층은) 주변 민족의 종교와 신화들에 대해 잘 알고 있었고 특별히 여호와가 일반적인 방식에 응답하지 않을 때는 가끔 그런 관습들을 실행하려고도 했을 것이다.

자료의 도전 때문에 이스라엘과 유다의 사자 제의에 대한 논의는 오랫동안 이루어졌고 내가 다른 곳에서 소상히 고찰했다(Hays 2011, 133-92).

2) 히브리 성경의 매장

오경에서 매장에 관한 유일한 교훈은 처형당하여 나무에 달린 자는 같은 날 매장해야 한다는 것이다(신 21:22-23). 그런데도 성경 이야기들은 매장에 관심이 많다.

일반적으로 성경 저자들은 시간이 흐르면서 관습이 달라지고 문화적 차이가 있다는 것을 알고 있는 것으로 보인다. 이를테면 창세기 23장에서 아브라함이 막벨라 굴을 매장지로 산 것은 군주 시대 이전 레반트 관습과 부합되며 야곱과 요셉의 시신을 방부처리하고 애곡한 것은 이집트 관습이었다(창 50:2-3, 26). 라헬의 묘비를 세우는 일(창 35:20)과 같은 다른 세부사항은 고고학적으로 확증되지 않았다. 미리암, 아론, 여호수아, 기드온과 사사들처럼 이름 있는 인물들의 매장지는 기록되어 있다.

신명기 34:5-6이 "오늘까지 그의 묻힌 곳을 아는 자가 없느니라"라고 주장하는 것을 보면 호기심을 자아낸다. 사울과 요나단의 장례를 치른 후에 이스라엘에 하나님의 은총이 회복되었다는 이야기(삼하 21:14)를 보면 적절한 장례식을 치르는 일이 중요한 것을 알 수 있다.

이스라엘과 유다 왕들의 매장은 역사서에 관례처럼 기록되어 있다. 열왕기상 하에 반복해서 나타나는 "조상과 함께 잠들었다"는 표현은 평안한 죽음과 정상적으로 장례를 치렀음을 나타낸다. 대다수 왕은 도성에서 장사 되었다고 전한다(예, 다윗과 솔로몬은 다윗성[왕상 2:10; 11:43], 오므리는 사마리아[왕상 16:28]). 전쟁터에서 죽은 왕들도 예루살렘까지 병거로 싣고 돌아와 거기서 장사 되었다고 한다(예, 왕하 9:28에서 아하시야, 왕하 23:30에서 요시야).

예루살렘 왕들의 묘실은 완전히 확인되지 않았으며 채굴되거나 분실되었을 것이다. 에스겔 43장은 유다의 왕 몇은 예루살렘 성전 안 또는 인근에 장사되었다고 주장한다.

아하스까지 유다의 왕 대다수는 "다윗성에 장사되었다"라고 말하지만, 이 표현은 이후로 사라진다. 이 시기에 왕들의 묘실은 꽉 찼을 수도 있다. 이것은 요시야를 "자기 무덤에" 장사했다는 말과 일치한다(왕하 23:30; 다윗성을 언급하지 않는다).

나답 나아만(Nadav Na'aman)은 유다 왕들의 묘실 위치는 종교적 이유로 이전했을 것이라고 주장한다. 열왕기하 21:18, 26은 므낫세와 그의 아들 아몬은 "웃사의 동산"에 장사되었다고 기록한다. 나아만은 이곳이 열왕기하 25:4; 예레미야 39:4; 52:7; 느헤미야 3:15에서 말하는 "왕의 동산"이며 히스기야가 왕궁 근처에 이전의 왕의 묘실과 대조적으로 다윗성 밖에 다른 왕의 묘실로 만든 것이고 주장한다. 그는 이것이 왕의 묘실이 성전과 인접한 곳에 있는 것을 제사장들이 혐오하므로 히스기야가 개혁 프로그램 중에 추진한 것이라고 본다(왕하 18:4, 22).

역대기는 장례에 대한 자세한 정보를 선택적으로 제시하며 열왕기와 다르게 어떤 왕들의 경우 질병으로 부정해졌거나(예, 대하 21:20의 여호람; 26:23의 웃시야) 악행을 저질렀기(28:27의 아하스) 때문에 왕의 묘실에 장사 되지 못했다고 보도한다. 아사의 장례에 관한 기사는 "법대로 만든 각양 향 재료를 가득히 채운 상에 두고 또 그것을 위하여 많이 분향하였더라"라고 말하는데 아마도 왕을 화장한 것 같다.

유다 왕의 장례예식 일부는 신비로 남아 있다. 시해당한 왕들은 장례에 관한 정보가 없다(아마 시해당한 왕은 불행한 고인으로 여기고 다른 왕들과 함께 장사하지 않았을 수도 있다). 창세기 이야기에 기록된 여인과 달리 가족들이 이스라엘이나 유다 왕들과 함께 장사되었다고 기록하지 않는다. 이는 다른 곳에서 왕이 아닌 사람들의 장례를 기록한 것과 대조된다(삼하 3:32; 4:12; 17:23; 19:37; 왕상 2:34, Bloch-Smith 1992a, 116).

히브리 성경에 죽은 자의 장례법에 대한 가르침이 거의 없는 반면 합당한 묘실과 애곡이 없으면 끔찍한 운명으로 여긴다는 사실은 신명기 28:26의 저주("네 시체가 공중의 모든 새와 땅의 짐승들의 밥이 될 것이나 그것들을 쫓아줄 자가 없을 것이다")처럼 아주 뚜렷이 언급하고 있다(참고, 왕상 13:22; 14:11-13; 왕하 9:10; 시 79:3; 전 6:3; 사 14:19-20; 겔 29:5). 노출의 위협은 예레미야서에서 특별히 일관되게 등장하는 주제다(렘 9:22; 참고, 7:33; 8:1-2; 14:16; 16:4; 19:7; 22:18-19; 26:23; 36:30).

단지 장사되지 못한 경우 너머에는 "장례 훼방" 혹은 시신 훼손도 있었다. 예외적으로 왕들이나 보복으로 유해를 불에 태우는 일도 있다(암 2:1; 사 30:33). 사울과 요나단의 시신을 벽에 걸어두는 일이나(삼상 31:10) 이세벨의 시신을 개가 먹도록 한 일도 있었다(왕하 9:33-37).

나는 올리안(Olyan 2005)의 수정안처럼 장례 유형에 가장 선호하는 것과 가장 혐오하는 것까지 아래와 같이 순위를 제시한다.

(1) 개인 묘실에 개별 장례
(2) 가족 묘실에 영예로운 장례
(3) 가족 묘실을 대신하여 영예로운 화장
(4) 수치스러운 화장
(5) 장례를 치르지 않기
(6) 장례를 훼방하기

3) 애곡

이스라엘과 유다의 애곡 관습은 성경 본문에 보면 주변 민족과 아주 흡사한 것으로 보인다. 유명한 사람이 죽으면 온 가족(슥 12:12)이나 지파(민 20:29)가 모인다. 어떤 본문은 과장하기도 하고 전설 같은 특징을 받아들이면 온 나라가 모였다고도 말한다(창 50:7-12; 신 34:8; 삼상 25:1; 왕상 14:18). 실제로는 온 나라의 대표들이 참여했을 것이다. 애곡하는 자들이 많으면 성공적으로 살았다는 표시로 여겼고 수가 적으면 저주라고 생각했다(욥 27:15; 시 78:64; 렘 16:4; 25:33).

큰 소리로 울고 울부짖기(예, 렘 4:8)가 애곡의 중심이었다. 어떤 경우에는 애곡 전문가들을 부르기도 했다.

> 곡하는 부녀를 불러오며 또 사람을 보내 지혜로운 부녀를 불러오되 그들로 빨리 와서 우리를 위해 애곡하여 우리의 눈에서 눈물이 떨어지게 하라(렘 9:17-18[참고, 암 5:16]).

역대기하 35:25는 애가를 지었다고 언급하는데 그런 본문은 남아 있지 않다.

애곡은 겉으로 표현하였다. 절하는 자세(시 35:13), 머리를 깎거나 풀어헤치기(겔 27:31; 암 8:10), 옷 찢기(창 37:34; 삼하 1:11; 욜 2:13), 베 옷이나 다른 "애곡의 상" 입기(삼하 14:2; 렘 4:8; 6:26; 욜 1:8) 등이다. 하지만 살갗을 베는 일은 예레미야 49:3에서 이방 민족의 관습으로 묘사되며 특별히 금지했다(레 19:28; 신 14:1[이마 위의 머리 베기를 금지함]). 애곡은 금식을 병행하기도 했다(삼하 12:23; 시 35:13).

전통적인 애곡 기간은 알려지지 않았다. 여러 언급도 기간을 특정하지 않는다(창 27:41; 37:34; 삼하 13:37; 14:2; 대상 7:22; 사 60:20; 마카베오상 9:20; 13:26). 기간을 언급한 경우 하루나 이틀(시락 38:17), 칠 일(창 50:10; 시락 22:12), 또는 삼십 일(민 20:29; 신 34:8) 등이 있다.

공공연한 애곡 축제는 특정 기간에 요시야(대하 35:24-25)와 입다의 딸(삿 11:39-40)처럼 어떤 인물을 기리기 위해 열렸다. 스가랴 7:3-5는 다섯째 달과 일곱째 달에 열리는 애곡 관습을 언급하는데 다섯째 달 행사는 예루살렘 멸망과 관련된 것이 거의 확실하다.

자료들이 결정적이지는 않지만, 애곡을 위한 공간이 있었고 그 제의적 기능은 장례와 연관되어 있었다. 전도서 7:2, 4는 "초상집"을 언급하며 유다는 초상잔치를 여는 장소들이 있었던 것 같다(렘 16:5-8; 암 6:7). 성경의 증거들은 이것을 부정적으로 보기 때문에 어느 시점에서는 이교적으로 판단되었을 것이다.

4) 시신

시신은 성경 여러 곳에서 제의적으로 부정하게 여겼으나 초자연적 능력을 지닌 것으로 여겼다는 것을 암시하는 곳도 있다.

제사장 규정은 시체로 살아 있는 자가 더럽혀지는 일에 특별히 관심을 쏟는다. 사람의 사체와 접촉한 자는 7일 동안 부정하다(민 19:11-16; 31:19). 시신으로 부정해진 사람을 만지는 사람도 하루 동안 부정하다(민 19:22)! 그리고 부정은 인간 시체를 넘어서 짐승 사체까지로 확대된다. 죽은 도마뱀을 만진 자는 하루 동안 부정하다(레 11:31). 거룩함의 단계에 따라 제사장은 친척의 시신만은 접촉해도 되지만(레 21:1-2), 대제사장은 절대로 시신과 접촉해서는 안 된다(레 21:10-11).

에스겔과 학개도 시체로 더럽혀진다는 사실을 알고 있으나(겔 6:5; 44:25; 학 2:13-14) 언약 법전과 신명기 법전에는 이런 내용이 없다.

뼈가 가진 잠재적 능력은 엘리사의 뼈가 일으킨 부활의 기적 이야기(왕하 13:21)뿐 아니라 벧엘 예언자가 이름 없는 하나님 사람의 뼈와 함께 묻히기를 바라는 모습(왕상 13:31)에서 생생하게 볼 수 있다.

3. 죽은 자의 능력과 사자 제의

성경에는 죽은 자의 능력에 대항하는 변증적 내용을 담은 사례들이 많다. 말하기를 죽은 자는 찬양하지 않는다(예, 시 30:9; 88:10). 대신 "적막한 데로 내려간다"(시 115:17). 그들은 아무것도 모르며(전 9:5, 10) 어둠 속에 산다(애 3:6).

하지만 다른 구절들은 이런 묘사와 충돌한다. 르바임을 많이 언급하는 것은 이스라엘이 시리아 팔레스타인에서 초자연적인 사자들에 관한 공통된 믿음을 분명히 알고 있었음을 보여 준다. 성경의 르바임은 두 부류이다. 어떤 때는 신화 속에 나오는 거인(신 3:11) 족속(창 14:5; 15:20)으로 나오고 어떤 때는 왕이나(사 14:9) 불특정한(잠 2:18; 참고, 예, 욥 26:5; 시 88:10) 죽은 자의 모임을 말한다. 두 가지 용법은 서로 관계가 있는 것 같다. 어쨌든 르바임의 약함에 대한 성경적 주장에도 불구하고 히브리어 어원은 그들이 원래 초자연적 치유자 혹은 보호자로 여겼음을 암시한다(Hays 2011, 167-68).

죽은 자가 예지의 원천이라는 사상은 풍부하게 나타난다. 강신술은 여러 곳에서 금지하거나 정죄한다(레 19:31; 20:6, 27; 신 18:11; 왕하 21:6; 대하 10:13-14). 사무엘상 28장에 사울과 신접한 여인 이야기는 시금석이다.

사울이 강신술을 사용한 행위를 정죄하고 있으나 강신술이 "통했다"라는 것을 부인하지는 않는다. 사무엘은 호출되었고 그의 말은 옳았다. 히브리어 오브('ob)는 여성 점술가와 관련하여 등장하며 혼령이나 제의용 물건을 가리킨다. 이런 상황은 영혼과 묘비를 동시에 가리키는 서부 셈어 네페쉬/네베쉬(npsh/nbsh)와 유사하다. 히브리어 아쉐라('asherah)는 전형적으로 여신과 여신을 상징하는 막대기 둘 다로 본다.

이스라엘 사람들은 조상을 상징하는 인형들이 있었고 그것으로 점을 쳤다. 다른 맥락에서는 드라빔(겔 21:21; 슥 10:2)으로 부른다. 드라빔은 모종의 물체였다(창 31:19-35; 삿 17:5; 18:14-20; 삼상 19:11-17). 드라빔은 한때 이스라엘 가족 종교의 일부로 여겼다는 생각할 근거가 있다. 우선 법전들이 이를 정죄한 적이 없다. 다만 사무엘상 15:23에서 한 번 그리고 왕하 23:24에서 요시야가 이것을 제거했다는 보도뿐이다.

조상 제의는 여러 가지 이유로 금지되었다. 가장 기본적으로 강신술은 여호와 신앙으로 신탁을 얻는 방식 특히 예언과 충돌할 위험이 있었다. 가족 유형을 변화시키고 장로의 권위에 제약을 가하는 신앗수르 제국 시대의 사회적 상황 변화가 이 관습을 정죄하는 데 추진력이 되었을 것이다(Douglas 2004).

4. 지하 세계에 사는 신들

이스라엘의 사상에 지하 세계는 일차적으로 "스올"이란 이름으로 알려져 있다. 그 말은 독특한 히브리어로서 어원은 불확실하다. 스올은 깊다(신 32:22; 욥 11:7). 심지어 바다 깊은 곳의 구덩이라고도 말한다(겔 28:8). 그곳은 어둡고(욥 17:13; 38:17; 시 23:4; 88:6; 143:3; 애 3:6) 진토이다(시 22:15, 29; 30:9; 욥 17:16; 단 12:2). 무덤에서는 망각을 발견하고(전 9:10) 잊힌다(시 31:12; 88:5; 욥 24:19-20). 스올은 슬픔의 상징이다(창 42:38; 44:29-31). 그런데도 종종 모든 사람의 종말로 묘사된다(시 89:48; 참고, 전 8:8).

히브리 성경은 "아바돈"처럼 주로 시문에서 다른 용어를 종종 사용한다(욥 26:6[멸망]; 28:22[멸망]; 31:12[멸망]; 시 88:11[멸망]; 잠 15:11[아바돈]; 17:20[아바돈]). 더 자연스럽게는 지하 세계는 히브리어로 "구덩이"(예, 시 16:10; 28:1)와 "땅"(예, 시 22:29; 71:20; 렘 17:13; 욘 2:6)으로 알려진다. 이것은 지하 세계를 표현하는데 사용하는 수많은 이미지 가운데 소수의 사례일 뿐이다. 어떤 본문은 사후생활에 대한 "외래" 사상과 닮은 것도 있다. 특히 죽은 자를 심판할 때 심장의 무게를 달아본다는 이집트 이미지가 그렇다(욥 31:6; 잠 21:2).

성경에서 죽음은 아주 분명하게 인격화하는 때가 있다. 죽음(의 신)을 삼킨다는 제일 유명한 언급 중 하나가 이사야 5:14(욥 28:22; 시 49:14; 렘 9:21; 호 13:14; 합 2:5도 보라)이다. 하지만 모트(Mot, "죽음") 제의가 유다나 이스라엘에 있지도 않았고 보통 활동하는 신으로 여기지도 않았다.

지하의 신 말릭/몰렉(Malik/Molek)는 이스라엘 사람들에게 알려진 것이 분명하다(레 18:21; 20:2-5; 왕하 23:10; 렘 32:35; 사 57:9[수정 본문]). 몰렉은 자녀를 바치는 희생 제사를 받는 신으로 묘사된다(겔 16:20-21; 23:37-39)(Day 1989; Heider 1985를 보라). 자녀 희생 제사는 고대 세계 특히 위기의 때에 잘 나타난다. 모압 왕 메사가 자기의 장자를 희생시킨 뒤(왕하 3:27) 전쟁의 승기를 잡았다.

유사한 자녀 희생 제사가 카르타고, 시칠리아, 사르디니아, 키프로스[성경의 구브로] 같은 페니키아 도시들에서 나타난다. 자녀 희생 제사에 관한 성경 논쟁은 범위가 넓고 시간상으로 복잡하며 너무 많아서 논의할 수가 없다(Levenson 1993을 보라).

종교사학자들은 마치 포로전기 종교에서는 여호와가 죽음과 지하 세계를 운영하지 않은 것처럼 주장한다. 지하 세계에 대한 하나님의 능력은 신명기 32:39; 사무엘상 2:6; 잠언 15:11, 아모스 9:1-2에 다른 방식으로 표현되고 있다. 죽음이 최종적이며 지하 세계는 봉인된 것으로 보는 부정적 전통이 있고 죽음에서 되살아난다는 이스라엘 사상은 시간이 흐르면서 점점 정교해지고 핵심이 되어 간 것으로 여겨지지만 성경의 초창기에는 여호와가 항상 죽음에서 구원해 줄 능력이 있는 신이고 필요하다면 예외적이지만 지하 세계에 들어가 다스릴 수 있는 신으로 묘사되었다.

섹션 8

가족: 가족 관계에 대한 통합적 접근

제50장 | **철기 시대 레반트의 지파와 유목민** 토마스 D. 페터(Thomas D. Petter)
제51장 | **고대 이스라엘의 여성** 캐롤 마이어스(Carol Meyers)
제52장 | **성경 세계의 가족, 자녀, 상속** 빅터 H. 매튜스(Victor H. Matthews)

제50장

철기 시대 레반트의 지파와 유목민

토마스 D. 페터(Thomas D. Petter)

1. 정의

지파의 역학구조를 정의하는 일은 지파가 진화하는 상황이 본질상 유동적이기 때문에 어려운 일이다. 하지만 구약의 상황에 적용할 수 있는 몇 가지 특징은 분리할 수 있다. 핵심적인 특징은 실제 또는 조작된 혈족의 유대관계에 기반을 둔 충성심과 지파에 소속된 집단들이 경제여건을 위해 정착 생활의 생존전략에서 유연하게 유목 생활로 변화를 추구했다는 점이다.[1] 이런 변화는 지리적 이동으로 이어졌고 관례에 따라 동맹을 체결하기도 하고 깨기도 하여 유연한 상호관계를 형성하였다(van der Steen 2004, 3-5).

2. 변방: 정착과 전원화

변방의 변천(shifting frontier) 개념이 핵심적인 생태적 요소이며 그것을 모르면 성경의 드라마가 펼쳐지는 무대에서 지파들이 보여 준 역학관계를 충분히 파악할 수가 없다. 레온 마르포우(Leon Marfoe)가 레바논 바카 계곡에서 수행한 선구자적 연구(1979)의 발자취를 따라 남부 레반트를 연구하는 학자들은 그의 이론들을 요단 서편과 동편에 적용하였다(Stager 1985; La-Bianca and Younker 1995).

---

1 Gertrude Bell의 "사막"과 "농경지" 사이의 고전적 이분법(1907)을 주목하라.

기본전제는 변방의 변천이 상황에 따라 목축 유목민이[2] 정착민이 되고 (촌락과 소도시의) 영구정착민을 목축 유목민으로 바꾸는 환경을 창조한다는 생각에 기초를 두고 있다. 그 지역 역사의 특정 시기 특히 가나안에서 초기 이스라엘이 정착한 현상을 설명할 때 정착과 전원화라는 쌍방향 과정은 문서로 기록되었다(Finkelstein 1994; Stager 1998; 1985). 하지만 그 지역의 후기 청동기/초기 철기 시대를 전후로 영향을 준 요인들도 문서로 기록되었다(Harrison 1997).

물리적 관점에서 보면 이집트, 아나톨리아, 큰 메소포타미아의[3] 거대한 권력의 통로 또는 앤슨 레이니(Anson Rainey)가 "거룩한 가교"라 부르는 통로였던 그 지역에 살던 지파들은 주기적인 이주(아브라함[창 12:10-13:1]과 특히 요셉 이야기[창 37-50])를 경험했다. (나일 계곡이나 메소포타미아의 관개 시스템과 달리) 생태학적으로 취약한 그 지역은 생계가 연중 강우량에 달려 있었다.

그래서 와디(마른 시내), 샘과 우물과 같은 수원지의 생태적 가치를 귀중하게 여겼다(참고, 민 21:17). 네겝과 요단 동편 지역 변방에서[4] 농사를 지으려고 정기적인 강우에 지나치게 의존하였으므로 이 지역은 생계 유지전략을 쉽게 바꾸었다. 가뭄이 멈추지 않으면 식량 생산은 불가능하므로 경제는 파탄에 이르렀다(창 41:53-57). 이런 허약한 생태계 때문에 사람들은 비를 얻기 위해 항상 다른 힘들을 의지하였다(참고, 왕상 18장).

신학적 관점에서 보면 여호와와 맺은 언약을 순종할 때는 농사가 잘 되고 정착지에서 "복을 받는 삶"이 보장되었다(신 28:4, 11-12). 하지만 신명기의 가정 축복과 경제적 번영은 결코 자동으로 주어지지 않았다.

시온과 예루살렘에 하나님의 영원한 거처로 성전을 세운 신학 사상이 최고조에 이르렀던 때 솔로몬은 신성한 공간 건립이 영원할 것이라고 당연시하지 않았다(참고, 왕상 8:46). 예레미야는 후기 유다 왕조의 안일한 권력을 단호히 책망했다. 순수한 여호와 신앙으로 돌아오지 않으면 이 말을 인정하든 안 하든 포로로

---

2   남부 레반트의 상황에서 목축 유목민은 소규모 가축(양과 염소)을 치면서 가축을 먹일 초지가 있는 곳으로 정기적으로 이주하였다.
3   이를테면 유프라테스강물과 티그리스강물이 빠진 지역으로 서부 자그로스와 수시아나 평야가 여기에 해당한다.
4   건식 농업은 연간 강우량이 최소한 200mm가 되어야 한다.

끌려가(B.C. 586년) 은유적 의미의 광야 생활과 유목을 하는 일이 벌어질 것이다(렘 7:14-15).[5] 그래서 지파의 물리적인 변방 사정은 깊은 사회적, 신학적 영향을 주기도 하였다.

정착 생활 증감의 장기적인(longue durée) 집약 과정(LaBianca and Younker 1995)은 이스라엘 지파뿐만 아니라 그들과 연관된 모압[6] 암몬, 그리고 그 지역에 오랜 시간 정착했던 아모리 족속과 가나안 족속들까지도 이해하기 위한 체계를 제공해준다(van der Steen 2004, 3-5). 변방 생활의 변천과 변덕스런 기후는 레반트 남부 정착민이 모두 똑같이 겪는 일이었다. 그런데도 "적응 아니면 죽음"의 거친 사회 환경과 정치 생리 속에서 일부 지파는 아주 탄력적으로 적응한 것으로 드러났다. 그들은 역사의 현장에서 사라졌다(포로로 잡혀간 고대 이스라엘)가 나중에 다시 등장했다(포로 후기에 귀환). 변방 지역에서 그런 지파 역학은 로마 시대의 변방처럼 다른 배경에서도 문서로 기록되었다(Derks 2009).

3. 지파의 정체성, 충성이냐 배신이냐

창세기의 "내력"(generations, 톨레돗; 창 2:4와 여러 곳)부터 포로 후기 계보들(대상 1-9장; 스 2//느 7장)까지 이스라엘은 기록된 역사 내내 혈족에 기반을 둔 지파 언어로 표현되었다. 태고의 계보는 고대 이스라엘에 중요했고(예, 창 15:4) 이스라엘 사람이라는 표시로 가장 중요한 것은 보통 조상과 충성심에 기초를 두었다(Sparks 1998). 하지만 지파에 대한 이 충성심, 헤세드(hesed; Sakenfeld 2002)는 단순한 혈연관계를 뛰어넘어 제도적 방편을 통해 타협이 이뤄지기도 하였다.

지파의 "소속감"은 이스라엘에 대한 (그리고 궁극적으로 이스라엘 지파의 우두머리인 여호와에 대한) 충성을 근거로 라합(수 2:6), 야엘(삿 4-5장), 룻과 같은 가장 관계가 희박한 후보를 지파 연합의 구성원이 되도록 만들었다(아래를 보라). 이 조작된 혈연관계는 지파의 기원까지 소급된다. 이는 여호와가 과거가 있는 아모리

---

5 이스라엘 역사가 어떻게 전개되었는지 느 9장을 보라.
6 모압도 그모스 신에게 불순종한 결과로 땅을 빼앗겼다(민 21:27-30). 메사 비문에 "그모스가 자기 땅에 진노하였다"라는 문장을 주목하라.

족속 중 한 명(수 24:2)이었던 아브람을 "우르에서 데리고 나와" 언약을 맺은 사건을 상기시킨다(창 15:7). 그래서 처음부터 혈족과 언약관계는 지파의 혈연이라는 태곳적 실제와 지파 구성원이 아닌 사람을 언약공동체의 일원으로 만드는 기회를 결속시키는 강력한 접착제가 되었다(Petter 2014).

사회학자들은 정체성이 다른 집단과 구분하여 정의된다는 점을 인식하였다(S. Jones 1997). 하지만 특별히 지파 배경에서는 타자성은 엄격히 태곳적 언어(예, "가나안 족속")로 정의되었고 집단을 배신하고 생성될 수도 있었다. 현재와 과거에 요단의 하셈 왕국의 지파 역할을 연구한 민속학자 이블린 반 데어 스틴(Evelyn van der Steen)과 앤드루 쉬리욕(Andrew Shryok)은 다양한 지파들 내부에서 정기적으로 일어난 투쟁을 문서로 기록하였다(Shryok 1997).

"형제들" 사이의 배신과 충성 모티프는 성경 이야기에 잘 나타나고(내가 내 아우를 지키는 자니이까?[창 4:9]). 특히, 요셉 이야기에도 잘 나타난다. 그러나 이야기가 보여주듯이 혈족에 기반을 둔 충성과 배반은 본질적으로 동전의 양면과 같다(창 50:21). 이 원리는 이스라엘 역사 내내 나타난다. 사사 시대에 지파들의 싸움, 이스라엘 왕위를 놓고 사울 집과 다윗 집의 경쟁(삼하 3:1), 심지어 어느 날 왕권이 자기의 것이라는 것을 알게 된 다윗(삼상 16:13). 또 대규모로 이스라엘/에브라임과 유다 왕국이 분열하는 일(왕상 12장) 등등이다.

이스라엘 사람들은 형제들이지만 죽도록 싸운다(삿 20:14; 21:11). 하지만 지파 구성원끼리는 서로 아끼고 진실로 충성을 바친다(이스라엘 자손이 형제 베냐민을 위하여 뉘우쳤다[삿 21:6]). 다윗은 사울과 요나단의 죽음(오호라 두 용사가 엎드러졌도다[삼하 1:19])과 자기 아들의 죽음을 슬퍼했다(내 아들 압살롬아 내 아들 내 아들 압살롬아[삼하 18:33]).

예언자들은 남과 북이 하나로 연합하는 미래를 꿈꾼다(겔 37:19-22). 이사야는 이스라엘의 역사적 원수인 이집트와 앗수르를 포함하여 각 나라 "지파"들이 이스라엘과 형제가 되는 날을 희망한다(내 백성 애굽이여 내 손으로 지은 앗수르여 나의 기업 이스라엘이여 복이 있을지어다[사 19:25]). 지파에 대한 충성심(헤세드)은 깊숙한 곳에서 흐르고 있으며 궁극적인 승자다.

4. 영토에 대한 경쟁적 주장

지파들은 관례처럼 고대 상황이나 현대적 상황에서 모두 영토의 소유권을 놓고 경쟁한다(Shryock 1997).

"그 땅은 어떤 근거로 누구의 것인가?"

이는 지파들 사이에 항상 벌어지는 질문이다. 각 지파는 영토가 살아가는 데 가장 중요하기 때문에 성스럽다고 주장한다(특히 우물과 수원지[Glueck 1959b]). 그래서 지파들은 "태고 시절부터" 받은 영토에 대한 소유권을 주장하고(메샤 비문, 10행) 그들의 신이 그 땅을 주었다는 근거 위에서 그것을 필사적으로 옹호한다(Weippert 1997; Petter 2014, 13). 성경적 관점에서 보면 온 우주의 창조주 여호와는 온 땅을 소유한다(시 24:1). 그러므로 그모스 신의 땅 모압도 반대 주장에도 불구하고[7] 여호와의 지배에서 벗어난 것이 아니다(렘 48장).

여호와는 거룩하므로 영토의 경계선을 분부에 따라 지키는 일은 신성하게 맡기신 일이다. 그러나 거룩함과 상관없이 지파 구성원들이 땅의 소유권을 유지할 수 있다는 보장은 없다. 이런 현실에 대한 실마리가 여호수아 5:13-15에 나온다. 여호와는 누구든 거룩한 자의 편이 될 것이다.

아이 사건은 이 원리가 적용된 사례다(수 7:10). 가나안 기생 라합(헤렘이 되어야 하지만)은 여호와의 친구가 된다(수 6:25). 그러나 유다 지파에 속한 아간의 집은 여호와의 원수가 되어 여리고와 똑같이 헤렘을 당한다(수 7:25).[8] 땅은 이스라엘 역사(와 모압 역사) 속에서 바로 이와 똑같은 근거로 잃기도 하고 얻기도 한다. "큰 왕의 성"(시 48:2) 예루살렘은 헤렘이 된 가나안 성읍 여리고처럼 백성의 불신앙 때문에 신명기적 저주를 받아 불길 속에 무너진다(B.C. 586년; 렘 52장을 보

---

7   모압 이데올로기에 의하면 그모스는 땅을 소유하며 메사의 선한 청지기 역할은 그 땅에 거주할 권한을 보장해줄 것이다(메사 비문과 유대와 이스라엘 연합군이 보복하는 왕하 3:4-27을 보라).
8   헤렘은 "완전히 파괴함"을 뜻하는 것으로 이해되는 말인데 성경의 정복 이야기와 더불어 주변 문화에서도 나타난다(우가리트, 모압, 히타이트[Kang 1989; Walton and Walton 2017을 보라]). 문맥에 따라 이 말은 "따로 구별하여 두다"(명사는 "온전히 바친 물건"[참고, 수 7:11]과 "온전히 멸함"[참고, 수 7:12])을 뜻한다. 학자들은 "파멸"이 헤렘의 일차적 의미인지 그리고 만일 파멸이라면 완전한 파멸인지 부분 파멸인지를 놓고 의견이 분분하다(수 11:12-13을 보라 [Walton and Walton 2017, 170을 보라; 또 Milgrom 2001, 2418을 보라]).

라; 애가). 그래서 헤렘은 여기에 적용할 경우 이스라엘 지파의 정체성을 만드는 "양방향 길"로 볼 수 있다(Petter 2014; 다른 관점에 대해 Walton and Walton 2017, 184를 보라).

이러한 현실은 포로 후기에도 적용된다. 이스라엘이 레반트 남부에서 국가로 존속하기를 그친 뒤에도 정당성을 놓고 경쟁하는 기사는 페르시아 시대에 중요한 역할을 계속한다. 포로로 잡혀간 사람들은 땅이 강 건너 지방으로 알려진 페르시아 소유라는 것을 이해하지만(느 9:36; "우리가 종이 되었나이다"). 그러나 느헤미야는 이웃 족속들("암몬 사람"을 포함해서[느 2:19-20])이 접근하여 예루살렘 성벽 건설에 참여하고 예루살렘에서 예배할 권한을 거절한다. 시온은 여호와의 "거룩한 성"으로 남는다(느 11:18). 결과적으로 여호와의 족속(지파)과 태고 시절부터 문서로 유대관계가 기록되지 않은 자들은 거기서 예배할 수 없었다.

5. 지파의 왕권

그렇다면 지파는 어떻게 통치하였는가?

세습제도가 고대 이스라엘의 지파 사회 조직을 가장 잘 표현한다. 여호와는 세습 사회 구조 위에 존재한다(지파-족속-가족-집[수 7:16-19]). 지파의 우두머리인 그는 또한 "왕"(멜렉[melek])이고 아들 "이스라엘"의 아버지이다(호 11:1). 그래서 "아버지 집"(벳 아브[bet 'ab])은[9] 이스라엘 지파의 왕과 왕국을 지배하는 세습사회의 기초이다(Schloen 2001).

이는 여호와의 왕권이 인간 왕과 이스라엘을 다스린다는 사상에 기초를 두고 있기 때문이다. 하지만 이 왕권은 지파에 뿌리를 내리고 있다. 왕권의 핵심은 "목양"이다. 좋은 사례가 다윗이다. 하지만 모압의 "목자이며 왕"(노케드noqed) 메사도 있다. 그는 큰 양 떼를 치기 때문에 이스라엘 왕국의 주요 직물 공급자(또는 조공)였다(왕하 3:4).[10]

---

9 이스라엘의 분절 사회(segmented society) 구조에 대한 요약을 위해 수 7장을 보라.
10 B.C. 18세기 유프라테스강 중부의 도시 국가 마리의 상황에서 지므리-림(Zimri-lim)은 "이동하는 목축민"의 땅을 다스리는 유목민의 왕이었다(Fleming 2009, 230-31; Miglio 2014도 보라).

같은 방식으로 군주 시대와 국가적 특징(예, 기념비적 건축, 군대 징집, 경제 재분배, 중앙화 등[Holladay 1995])은 지파의 뿌리를 떠나서는 이해할 수 없다(Master 2001). 확실히 이스라엘 사람들은 영구적인 "성읍"(히브리어 이르 'ir/아림 'arim)에 정착해서 살았다.[11] 하지만 비록 은유이지만(이스라엘아 너희의 장막으로 돌아가라[왕상 12:16]) 정착하지 않고 사는 삶으로 되돌아가려는 결단이 마음에 없었던 것은 아니었다.

세습의 틀은 아버지가 아들에게 축복을 준다는 생각을 통해서도 나타난다. "상속"이란 자유로운 선물은 아버지의 선함과 신실함에 기초를 둔다. 그는 자녀에게 축복을 나누어 줄 유일한 제공자요, 보호자이며 공급자다.[12] 그래서 여호와의 왕권, 다윗의 왕권 그리고 (장자로서 이스라엘의) 상속의 관계는 성경 신학의 심포지엄에서 가장 활발한 주제다(예, Gentry and Wellum 2012). 신약에 모든 신자는 아버지의 충만한 축복을 받는 "맏아들"(남자와 여자를 포함)이다(갈 4:7).

6. 기록 보관

고대 이스라엘의 지파 사회가 가진 지속적 성격은 구전과 기록에 근거를 두고 있다(Niditch 1996). 이름과 아버지의 이름을 딴 이름들(족보의 구문론[Revell 1996])은 세습적 상황에서 명백히 지파의 정체성을 위해 만든 것들이다. 조상의 이름을 딴 이름 짓기는 지파의 역사적 기억의 실체를 성문화한 것이고 족보에 모아놓으면 그것은 기록된 증언이 된다.

고대 이스라엘의 흥망성쇠 속에서 페르시아 시대는 고대 이스라엘에 괄목할 만한 증언을 제공한다. 기록에 따르면 조상이라고 주장하는 레위인이 없으면 예배는 복구되지 않았을지도 모른다(느 7장과 특히 11장을 보라). 족보는 지파의 삶이

---

11 어휘소의 의미는 유동적이므로 "큰" 정착지(민 13:19)라는 뜻의 "산성"과 항상 연결하지 않아야 한다.
12 함무라비 법전의 서언은 왕의 기능을 백성의 보호자이며 공급자로 열거한다. 아이러니하게도 그 법전은 수사에 있는 엘람 족속의 수중에서 발견되었으므로 함무라비는 백성에게 약속을 지키지 못했다.

존재하는 틀이다(포로 후기에 나온). 역대기상의 족보들은 고대 이스라엘의 지파 역사를 증언하며 "이것은 계보(톨레돗[toledot])이다"라고 말하는 창세기의 족보들을 적절히 뒷받침한다. 여러 장에 걸쳐 기록된 이름들은 기본적으로 여호와의 신실하심(헤세드[hesed])이 영원히 지속한다는 것을 해설해 준다.

고대 상황에서 기억을 세습하는 일에 대한 헌신은 현대판 요단 부족에 대한 앤드루 쉬리옥의 연구(1997)처럼 현대판 부족(지파)의 역사 기록에도 나타난다. 세습된 역사는 지파에 중요하다(아프리카 배경에서 마찬가지다[Levy and Holl 2002]). 쉬리옥의 요단 지파 연구는 지파의 족장이 수세기 동안 조상의 자취가 남은 족보를 (전투 이야기와 함께) 믿을 수 없을 정도의 기억력으로 추적하는 내용을 기록으로 남기고 있다. 세습구조의 우두머리들인 장로들이 말하는 것은 구속력이 있고 권위가 있다.

제51장

고대 이스라엘의 여성

캐롤 마이어스(Carol Meyers)

1. 들어가기

고대 이스라엘의 대다수 여성은 대다수 남성처럼 소규모 농경지 안에서 살았다.[13] 사실상 일상 생활 대부분이 가장 작고 가장 많은 사회단위인 가정에서 이루어졌다. 가정은 단순히 가옥이나 가족이 아니었다. 그것은 둘 다이고 그 이상이었다. 구성원이 팔레스타인 산지의 험한 환경 속에서 살아남기 위해 벌인 활동 전부를 망라하기 때문이다.

가정은 대체로 자급자족하는 대가족으로[14] 구성되어 있다. 그들의 경제적 기능은 일상 생활의 리듬을 지배했다. 아울러 사회적, 정치적, 종교적 기능은 자녀 임신과 양육과 함께 가족 활동과 상호관계하면서 이루어졌다. 이스라엘 가정은 마치 식민지 시대 아메리카의 가정을 닮았다. 그것은 마치 "스위스 밀리터리 나이프처럼 여러 가지 제도들이 편리하게 하나로 묶여 있다"(Angier 2013). 여성은 이 모든 것을 포함한 사회단위 안에서 중요한 역할을 했다. 가정 바깥의 공동체 일을 돌보는 책임을 진 여성도 있었다.

철기 시대(B.C. 약 1200-587년) 이스라엘 여성의 삶을 가능한 대로 충분하고 균형 잡힌 시각으로 보려면 성경 본문과 고고학적 자료와 같은 자료를 복합적으

---

[13] "이스라엘"과 "이스라엘인"은 여기서 지리 표시나 정치적 표시가 아니라 일반적으로 포로 전기 시대의 문화적 의미로 사용한다. Eskenazi 2014를 보라.
[14] 가족은 성경의 벳 아브(bet 'ab) "아버지의 집"(예, Stager 1985, 20-23을 보라)과 덜 흔한 벳 엠(bet 'em) "어머니의 집"(Meyers 1991을 보라)에 해당된다.

로 사용해야 한다. 하지만 이런 자료들은 사용할 때 특별한 문제가 있다(Meyers 2011, 62-72).

한 가지 예를 들면 히브리 성경은 남성 중심적이다. 여성은 히브리 성경에 이름을 가진 사람 중 6%뿐이고 그들 대다수는 평범한 여성이 아니라 상대적으로 소수의 예외적인 여성이나 엘리트 여성이다. 결과적으로 히브리 성경은 대다수 여성의 일상 경험에 대한 정보가 거의 없다. 더구나 저자들은 주로 도시의 엘리트 남성이기 때문에 성경 본문은 종종 신뢰할 수 없거나 편견을 갖고 있다(Meyers 2016, 119). 다른 문제는 성경 본문 다수가 기록된 지 수세기가 지난 다음에 최종 형태를 갖추었다는 점이다.

대조적으로 가정의 고고학적 유물들은 수세기에 걸친 개정이나 편집작업을 거치지 않았다. 그러나 고고학자들은 사람이 아니라 물건을 발굴하기 때문에 마찬가지 문제를 안고 있다. 이스라엘 주거지에서 발견한 물건들은 여성의 활동을 알아내기 위해 종종 여러 단계에 걸쳐 해석되어야 한다.[15]

고대 물품은 성별을 가리키지 않기 때문에 여성이 사용한 물건을 확인하려면 고대 도상학(iconography), 관련 본문(성경과 고대 근동의 문서와 비문), 그리고 민속지학 자료의 도움이 필요하다. 더욱 중요한 것은 여성 활동의 사회적 맥락과 의미는 주로 민속 지학의 유비를 통해 확인될 수 있다는 사실이다. 요약하면 고고학 유적은 다중적인 접근법을 사용하여 해석 과정을 거쳐야 한다.

2. 가정의 기능

1) 일하는 여성: 경제 활동[16]

식량 생산은 가장 흔하고 가장 중요한 가사이며 성별을 가리지 않았다. 남성은 주로 기본 식량을 재배할 책임이 있고 그것을 추수하는 일은 가족 전체의 일

---

15 주거지에 관하여, Meyers 2014a를 보라.
16 이 주제에 관한 추가 정보와 참고문헌을 위해 Meyers 2013, 125-39를 보라.

이었으며 여성은 날로 먹을 수 없는 곡식을 먹기 좋게 만들었다. 여성의 음식 가공 작업은 포도를 몇 달 동안 햇볕에 널어 건조하여 건포도를 만드는 일처럼 여성의 음식 가공 작업은 계절별로 이루어졌다. 그러나 곡물은 개인이 하루에 섭취하는 열량의 3/4을 차지하기 때문에 곡식을 빵으로 만드는 작업은 식료품 가게가 없는 세상에서 매일 해야 했다.

빵을 만드는 일은 고고학 기록에 일부 나타나 있듯이 여러 단계를 거쳤다. 곡식은 빻아서 밀가루를 만들었다. 맷돌—윗돌과 아랫돌은 함께 성경의 쌍수형 단어 르하임(rehaim; 예, "맷돌"[사 47:2])으로 표기됨—은 철기 시대 주거지에서 흔하게 발견된다. 더구나 주거지의 주요 활동지역에서 복원한 여러 개의 맷돌은 여러 명의 여인이 동시에 곡식을 빻았음을 가리킨다(참고, 마 24:41).

이것은 특이한 일이 아니었다. 한 가족이 소비할 만큼의 밀가루를 얻으려면 빻는데 여러 시간이 걸리고 평균 여섯 명이 작업한다. 시간이 많이 소모되는 단조로운 일들은 여러 명이 나누어서 하면 더욱 즐겁다. 빵 굽기도 여성들이 함께 모여서 했다. 성경 시대에는 원형의 볼록한 지붕을 가진 흙으로 만든 화덕(전통적인 중동의 공동체들이 여전히 사용하는 화덕과 비슷함)이 여러 가옥이 사용하는 바깥 공터나 뜰에서 종종 발견된다.[17] 화덕을 함께 쓰는 것은 아직도 고립된 지중해 마을의 관습이며(B. Parker 2011, 611) 연료를 아끼는 데 도움이 된다. 또 여성은 함께 모여 빵을 굽고 채소와 콩 혹은 팥으로 국을 끓일 때 사회생활을 한다(Baadsgaard 2008).

다른 식량 가공 활동은 고고학 자료로 확인하기가 어렵다. 하지만 민속 지학 자료(Amiry and Tamari 1989)와 함께 성경을 읽어보면 이 활동들에 대한 정보와 사람의 성별을 알 수 있다. 이를테면 치즈 만들기는 계절 따라 과일과 콩을 말리는 일처럼 여성의 일이었다(삿 5:25을 보라).

여성은 채소를 거두어 말리고 절구와 절굿공이로 갈았다. 이것은 위에서 언급한 맷돌 부근에서 흔히 발견되었다. 말린 채소는 음식의 맛을 더해줄 뿐 아니라 의약품으로도 사용하였다(아래를 보라). 음료를 위해 포도원을 가꾸는 사람은 남성이었을 것이고(사 5:1-3을 보라) 여성은 포도주를 담갔을 것이다. 성경 시대의

---

17 바깥의 솥은 건조하고 햇살이 비추는 계절에 사용되었을 것이고 차갑고 비가 오는 계절에 사용하는 실내의 솥보다 크기가 더 컸다.

술 만드는 기술은 빵 생산과 연결되어 있었다(Ebeling and Homan 2008).

음식 가공은 가정 경제에서 여성의 주요한 할 일이지만 여성은 그 일만 하지 않았다. 여성은 옷, 그릇 그리고 다양한 종류의 덮개로 사용할 직물도 생산했다. 양털은 보통의 이스라엘 사람이 가장 많이 사용하는 옷감 재료였다(예, 창 31:19). 그것은 여성이 씻고 실을 뽑아(예, 잠 31:19) 천을 만들고(왕하 23:7) 옷을 만들거나 가정용품을 만들었다(참고, 잠 31:22, 24).[18] 이런 과정 대부분은 돌, 뼈, 도자기로 만든 굴대와 물레, 토기로 만든 베틀 추, 뼈로 만든 직조기, 그리고 상아 바늘, 뼈바늘, 쇠바늘과 같은 고고학 자료에 나타난다.

맷돌처럼 여러 단계로 작업하는 천 짜기는 많은 시간이 소모되었다. 그래서 (빵 만드는 도구 곁에) 여러 개의 물레나 베틀 추가 있다는 것은 여성이 가정용 옷감을 생산하였음을 암시한다. 추가로 민속 지학 증거는 모든 장소에서 발견되는 도자기 그릇을 포함해서 드물게 발견되는 광주리까지 음식을 만들고 천을 짜는 도구와 장비를 만든 사람이 주로 여성이었음을 보여 준다. 더구나 베틀 채나 화덕이나 큰 도자기 그릇은 여러 명이 협력해서 자주 하는 일이었다(솥을 위해, McQuitty 1993-94, 57을 보라).

여성의 경제 활동은 종류도 많고 다양했다. 몇 가지 특징은 강조할 필요가 있다. 한 가지는 일들이 같은 집 안에서 함께 일하기 때문에 성격상 사회적이다. 다른 하나는 화덕을 만들고 천 짜기와 같은 일들은 기술적으로 정교하다. 그 일에 필요한 기술은 경험 많은 여성이 딸들과 젊은 이웃 또는 둘 모두에게 전수해주어야 했다. 또 여성과 남성의 경제 활동은 가정의 생존을 위해 필수적이며 보완적이었다. 여성은 남성이 생산한 날 것을 식용 또는 입을 수 있는 형태로 변형시켰다.

2) 여성과 자녀: 출산 활동[19]

아이 낳기는 여성의 필수적인 역할이었다. 자녀는 필요한 가사노동에 상당한 도움을 주었다(예, 렘 7:18). 어른이 되면 노인이 된 부모를 돌보아드렸고(예, 출

---

18 고대 세계에서 여성의 직물 생산에 관한 개관을 위해 Barber 1994를 보라.
19 추가 정보와 이에 관한 참고문헌을 위해, Meyers 2013, 97-102, 136-39를 보라.

20:12a), [20] 아들들(아들이 없으면 딸들[신 27:1-8])은 가족의 재산을 물려받았다(예, 잠 19:14). 가정과 공동체가 생존하려면 생물학적 재생산을 해야 했다(Koepf-Taylor 2013을 보라). 그래도 전근대적이고 개발도상국 사회에서처럼 여러 가지 요인들 (부족한 태아 영양, 비위생적인 분만, 사춘기 때의 임신)이 어머니의 목숨을 위험하게 만들었다.

여성의 평균수명—20세나 25세 정도로 낮다—은 남성과 비교하면 아주 짧았다. 또 유아 사망률도 높았다(사 65:20). 흔하게 감염된 질병과 신생아가 겪는 위험은 다섯 살이 되기 전에 거의 절반은 죽는다는 의미이다. 따라서 이스라엘 사람들이 대가족이라는 생각은 잘못된 것이다. 왕과 야곱과 같은 인물의 자식들이 많은 것은 일부다처제의 결과였다. 야곱의 열두 아들은 네 명의 여성이 각각 세 명씩 출산하였다. 셋은 이스라엘 자녀의 평균 숫자(가정의 크기로 결정된다[Stager 1985, 18])였으나 세 명의 자녀가 남았다는 것은 여섯 자녀를 낳았다는 의미이다.

여성의 출산 활동은 양육도 포함된다. 부모의 역할은 문화적 생물학적 연속성을 위한 방편이었다. 학교와 정규 교육이 부족한 사회에서는(엘리트의 경우는 예외) 자녀들이 길러준 분들에게 기술과 사회생활을 배운다. 생활기술과 사회적 정체성은 부모의 가르침을 통해 자녀들에게 재생된다(예, 잠 1:8; 6:20). 어머니와 아버지는 상호보완적인 교사였다. 자녀들은 나이가 들면서 같은 성의 부모로부터 적절한 일감과 처세술을 배웠다. 하지만 아주 어린 자녀들은 어머니(또는 할머니)의 돌봄을 받기 때문에 여성이 자식을 가르치고 사회화하는데 지배적 역할을 하였다.

이 가르치는 역할은 여성의 일상적 활동 속에 들어있었다. 가사 일을 할 때 그들은 직관적으로 자녀들에게 기술과 행동하는 법을 나누어주었다. 심지어 평범한 식사를 마련하는 일도 다음 세대에게 기술을 가르쳐주는 기회였다(Sutton 2013, 305). 이것은 산업화된 우리 사회에서는 이해하기 어려울 수 있다.

우리는 시장에서 빵을 사고 자녀들을 (홈스쿨링을 하지 않는 한) 더 어린 나이에 돌봄 센터나 유치원에 맡기기 때문이다. 그래도 이스라엘 가정의 연속성은 자녀

---

[20] 5계명의 "공경하라"라는 노인을 공양하는 자식의 의무(효도)를 말한다. D. Lambert 2016, 330-31을 보라.

가 어머니로부터 집안일을 어떻게 하는지 다른 사람을 어떻게 대하는지를 배우느냐에 달려 있다. 사실, 자녀를 가르치고 사회화하는 역할의 중요성은 잠언서의 지혜 부인에게 잘 나타나 있다(Camp 2000을 보라).

실용적이고 사회적 지식을 얻는 일 외에도 자녀들은 부모로부터 혈통에 대하여 배우고(신 4:9-10; 수 4:21-22), 할아버지와 할머니가 오래 살아 있으면 그들로부터 배웠다. 더구나 현대의 전통적 사회의 할머니들은 특별히 이야기해 주는 분들이고 그래서 가족과 공동체의 전통을 자녀들의 자녀들에게 전해주었다(Connerton 1989, 39).

3) 여성과 공동체: 사회와 정치 활동

여성이 하는 많은 가정일은 같은 거주공간에 사는 여성들을 연결하는 비공식적인 사회관계의 네트워크를 형성하고 있음을 뜻했다. 공동 작업 시간이 주는 혜택은 동료의식이었다. 가정과 공동체 생활에 중요한 역할을 하는 정보 공유 기능은 그리 명확하지 않았다. 함께 여러 시간을 보내는 동안 여성들은 어려울 때 서로 돕는 유대감을 가졌다. 그래서 그들의 비공식적인 관계망은 상부상조하는 사회를 만들었다.

이웃의 도움은 식량이 떨어져서 음식이 부족하거나 피할 수 없는 질병이나 다쳐서 집안의 노동력이 모자란 때를 극복하는 유일한 방편이었다. 전근대적인 어느 지중해 공동체에 관한 민속지학자의 보고처럼 "여성들은 전형적인 사회적 소통의 통로이다. 그들은 밀가루 반죽을 만들어 빵을 구울 때 온 마을을 꿰뚫는 이야기를 나눈다"(Counihan 1999, 33).

여성들은 사회적 상호 작용을 통해 이웃의 문제를 알고 음식과 노동력을 제공하거나 사회봉사제도가 없는 세계에서 위로를 나누면서 문제를 풀어나간다. 아마도 룻이 아들을 낳는 것을 지켜보고 흐뭇하게 여기는 이웃 여성들(룻 4:14-17)은 이런 종류의 관계가 있었음을 보여 준다. 그것은 종종 가정이 생존하는데 아주 중요했다.

여성의 비공식적 관계의 네트워크에서 이루어지는 정보 공유는 가정과 공동체 생활의 다른 영역에서도 역할을 했다. 여성들은 가정의 기술을 이웃과 그리고 자기 집의 딸들과 공유하여 여러 가지 가사 일을 수행하는 능력을 발전시켰다. 특별히 여성 연장자는 집안 기술이나 "지혜"를 어떤 의미에서 제자와 같은 젊은 여성에게 이를테면 항아리 저장법이나 화덕 만드는 법을 전수하였다(B. Parker 2011).

여성들의 관계 안에서 이루어지는 의사소통을 통해 여성은 간접적이지만 공동체의 정치 역학에 영향을 주는 모종의 정보를 알고 있었다. 공동체의 장로나 지도자들은 주거지 안에서 일어난 갈등을 해결해야 했고 그들의 결정은 종종 당사자들의 다툼에 관련된 정보에 달려 있었다. 다른 여성들과 정기적으로 만나는 여성들은 종종 이와 관련된 정보를 알고 배우자들에게 전했으며 그것은 다시 지도자들에게 전달되었다.

또 다른 정보 나누기는 공동체의 농업시설(예, 기름 압착기, 타작마당)에서 일하는 것을 조직하는 데 도움을 주었다. 모든 가정이 이 시설을 동시에 사용할 수 없으므로 사용순서는 어느 가정이 기름을 다 짰는지, 또 밀 수확을 마쳤는지, 또 작황은 얼마나 되는지를 아는 대로 정해졌다. 이 지식은 함께 작업한 여성들이 손쉽게 얻었으므로 공동시설을 효과적으로 사용할 수 있었다.

아울러 여성은 결혼할 때 태어난 가정을 떠나 배우자의 가정으로 이동하기(아마 다른 마을로) 때문에 다른 공동체의 가정과 연결점이 되었다. 이런 연관성은 가족이 지역 축제에 모일 때(아래를 보라) 유지되어 공동체들 사이의 접촉점이 되었고 가까운 곳의 공동체에 어려움을 당하는 집들을 도와주는 일(Ortner 1996, 136을 보라)이나 분쟁에 휘말린 공동체 사이의 적대감을 방지할 때 유용했다.

4) 여성과 초자연적 존재: 종교적 기능[21]

히브리 성경이 국가 제의와 남성 제사장에게 관심을 쏟기 때문에 가정의 종교 활동은 거의 볼 수가 없고 여성들의 종교 활동도 마찬가지다. 식량 가공과 자녀 돌봄 못지않게 종교 활동은 여성이 하는 일상 생활에 속했다. 고고학 보고서에

---

21 여성의 종교에 관한 추가 정보와 참고문헌을 위해 Meyers 2005; 2012; 2013, 147-69를 보라. 또 Albertz and Schmitt 2012도 보라.

흔적을 남긴 가정의 종교 관습들은 대다수 사람이 하는 종교 생활의 일차적이고 가장 공통된 모습이었다.

이스라엘 가정에서 다양한 액땜용 물건들이 여성의 작업 공간에서 발견된 것을 보면 어떤 관습은 여성이 주로 하는 일이었다(Willet 2001). 임신과 출산에 문제(위를 보라)를 일으키는 존재는 악령이라고 여겼기 때문에 우리가 마법으로 생각하는 행동은 그런 세력들을 피하고자 사용되었다. 이를테면 이집트 난쟁이 신 베스(Bes) 형태를 지닌 부적은 임신한 여성이나 신생아의 보호자로서 철기 시대 주거지에서 자주 발견된다.[22]

여러 가지 모형도 발견되었는데 이것은 필요한 부적들을 지역별로 만들었음을 보여 준다. 심지어 평범한 기름 등잔도 종교적 의미가 있었다. 등불을 잠자는 아이 가까이 두면 어둠 속에 숨어 있는 악령으로부터 보호해준다고 생각했다(욥 29:2-3을 보라). 제사를 포함해서(Feder 2016) 또 다른 비슷한 액땜 관습은 오늘날이라면 의료진에게 치료를 받아야 할 여성의 출산문제를 대처하는 데 도움을 주었다.

그리고 여성은 약초에 익숙하므로 질병—출산문제처럼 악령이 일으킨다고 여기는—을 적당한 약효가 있는 재료와 주술로 치료하였다. 또 여성이 매일 빵을 만드는 일도 종교적 의미를 부여했다. 어떤 빵이나 반죽은 가족에게 축복이 되도록 하나님에게 바쳤다(민 15:19-21; 참고, 겔 44:30b).

다른 가정 종교 활동들은 모두 참여했다. 여기에 생일 축하와 결혼 축하와 같은 생애주기의 변화들과 힘든 일상에서 휴식을 주는 정기적인 축제도 포함된다. 후자는 세 가지 연중 농사 축제일을 포함하였다(유월절, 칠칠절, 초막절). 여기에는 국가 성전이나 지방 성소나 지역 성소에 모두가 참여하였다.[23]

매월 월삭 절기는 가정과 혈족의 잔치에서 유래했을 것이고(예, 삼상 20:5-29) 매주 안식일은 가정별로 지켰다(출 20:8-10). 비정기적이든 정기적이든 모든 축

---

22 베스(Bes) 부적을 사용하는 것—그리고 여성과 유아를 보호하는 이집트 신 호루스(Horus)의 눈 부적—은 이스라엘 여성이 이 신들을 섬겼다는 의미가 아니다. 영향력 있는 상징들은 관련된 신학 없이도 문화를 뛰어넘어 돌아다녔다.
23 성경 본문은 매년 축제를 예루살렘에서만 지켰다고 말하나 순례축제의 경우는 지방이나 가정에서 지키기도 하였다(예, 출 12:3-7을 보라).

제의 공통점—노동을 쉰다는 것과 친족과 이웃이 함께 모이는 즐거운 행사라는 것—은 종종 특별한 음식과 음료를 나누는 잔치라는 것이다. 여성이 음식 대부분을 준비했고 그래서 사회적 관계를 즐기면서 종교 행사의 핵심적 역할을 했다. 가정의 음식을 먹는 곳에서 발견된 제의 용품은 다른 셈족 사람들처럼 여성이 준비한 매일의 음식조차 신성하게 여기고 음식 일부를 조상들이나 신들에게 따로 떼어 놓았다.

3. 공동체 역할[24]

대다수 여성의 활동은 가정에 집중해 있으나 공동체를 섬긴 여성들도 있었다. 히브리 성경에는 그런 "전문" 지위를 가진 여성을 이십 명 가까이 언급한다. 일부는 순전히 여성이 해야 하는 일도 있으나 일부는 남녀를 가리지 않았다. 문화적 창의력이나 공동체의 권위와 관련된 일도 있고 단순한 육체노동인 경우도 있었다. 혼자서 하는 일도 있고 집단으로 하는 일도 있었다. 단 한 가지 성매매 여성은 부정적으로 보지만(예, 잠 23:27) 두 명의 여성(라합과 유다의 며느리 다말)은 영웅으로 여겼다.

종교적 역할에는 예언,[25] 예지, 점술(예, 강신술[삼상 28장])이 있다(Hamori 2015를 보라). "담무스를 위해 우는" 여인들은 성전에서 제의적 역할을 했고(Zevit 2001, 558-59) 회막 문에서 수종 드는 여인들(출 38:8; 삼상 2:22)은 잡일을 했다. 때로 "제의 창녀"로 번역하는 케데샤(qedeshah; 예, 신 23:17)는 신성한 성행위를 하는 여성이 아니라 제의 종사자를 말하는 것 같다.

여성들은 종교적 상황(예, 출 15:20-21; 시 68:24-25)과 세속적 상황(예, 삼하 19:35)의 음악가들—가수, 댄서, 악기연주자—이었다. 고대 근동의 다른 지역처럼 여성들은 전문적으로 애곡하는 자로서 경우에 합당한 애가를 부르고 그것을

---

24 추가 정보와 참고문헌을 위해, Meyers 2013, 171-79를 보라. 또 Brenner 1985와 Mayers, Craven, and Kraemer 2000의 관련 항목들을 보라.
25 네 명의 여성(미리암, 드보라, 훌다, 노아디아)과 무명의 여성들(예, 욜 2:8)이 예언자이고 예언자 무리(예, 삼상 10:5)는 여성이었을 것이다(Gafney 2008을 보라).

수습생들에게 가르쳤다(렘 9:17-20). 산파조차도(예, 창 35:17) 종교적인 전문가로서 산모와 신생아의 건강을 위해 기도하였고 건강전문가로서 활동했다. 유모처럼(예, 왕하 11:2) 산파는 주로 왕실과 부유한 가정이 고용하였다.

주로 가정사와 연관되어 상거래나 화려한 천을 만드는 기술자로 일하는 여성도 있었고(예, 출 35:25-26) 왕궁의 빵 굽는 자, 요리사, 약재 의사는 젊은 여성들을 뽑아서 맡겼다(삼상 8:13). 상업이나 계약서 작성할 때 쓰는 인장에 여성의 이름이 새겨진 것들이 발견되었는데 이것은 상업에 종사하는 이스라엘 여성들이 있었음을 가리킨다.

적어도 어떤 엘리트 여성들은 글을 쓸 수 있었고(예, 왕상 21:8-9) 서기관들이었을 수도 있다. 문해력이 있든 없든 여성 전달자(사 40:9)와 여성 전령(잠 9:3-4)은 공동체를 위해 일했다.

중요한 공동체 지도자 가운데 군사지도자이며 재판관(과 예언자)이었던 드보라가 있고 드고아(삼하 14:1-20)와 특히 벧마아가 아벨(삼하 20:16-20)에는 총명하고 눈치가 빠르며 전통적인 잠언들을 아는 여성 현사들이 있었다. 또 다른 여성 현사들은 언급이 없으나 존재했을 것이다. 국가적으로는 정치력을 발휘한 왕비(예, 이세벨과 아달랴)와 게비라(gebirah, 위대한 여인)는 직함을 지닌 모후도 몇 명 있다(예, 솔로몬의 모친 밧세바; 아사의 모친 마아가). 그리고 궁전에서 모종의 역할을 하는 여성들도 있다.

4. 토론

여성의 역할을 평가하는 일은 여성 활동에 대한 현대적 사상을 갖고 이스라엘의 과거에 대입하여 읽지 않는 일을 의미한다. 이를테면 현대 산업사회는 임금 없는 가사 일을 시시하게 생각하는 경향이 있다. 하지만 고대 이스라엘에서는 가정이 남녀 모두의 일터였고 생활필수품 대부분을 거기서 만들어냈다.

여성의 경제 활동은 가정이 생존을 위해 남성만큼이나 중요했다. 그런 활동은 여성 연장자에게 가정을 통솔할 권한을 주었을 것이다. 그들은 매일 하는 일을 조직하고 자녀를 감독하며 자원을 배당하고 공간사용을 결정하였다(D. Cassuto

2008, 77을 보라). 그들은 일하면서 자식들을 통솔했다. 여기에 나이든 아들과 며느리, 그리고 때로는 남편까지도 포함되었다. 엘리트 여성들에 관한 성경 이야기(예, 아비가일과 수넴 여인)는 그들이 가정을 관리하고 결정을 내리며 명령을 하고 외부인을 효과적으로 처리하는 모습을 보여 준다. 요컨대 나이든 여성들은 가정생활의 여러 가지 측면을 관리하여 일반적으로 여성이 종속적이었다는 고정관념에 의문을 던진다.[26]

마찬가지로 남성이 종교 생활을 주관했다는 생각은 가정의 종교 활동을 보면 의심스럽다. 여성이 가정의 활력과 연속성을 유지하는데 필수적인 가정 관습에 남성 못지않게 중요한 역할을 감당하였기 때문이다.

여성의 비공식적 사회관계망 또한 남성조직만큼 가시적이지는 않으나 가정과 공동체의 생존에 필수적이었다. 덧붙여 그것은 다른 가정을 돕는 일을 조직하거나 젊은 여성에게 기술을 가르칠 때 지도력을 발휘할 기회를 주었다. 전문 여성들 역시 신참자나 수습생을 지도하고 공동체를 만족스럽게 섬겼다. 여성의 이웃과의 비공식적인 위계질서와 여성 전문 집단은 이스라엘 사람들의 남성 주도적인 생활과 독자적으로 움직였다. 이런 모습 역시 전적으로 남성 주도적인 사회상에 도전한다.

종합하면 여성의 삶은 우리가 생각하는 것보다 더 복잡하고 어려웠다. 그래도 성인 여성은 많은 가사 활동을 하면서 가정과 공동체의 안녕을 위해 실질적으로 공헌하는 희열을 느꼈다. 여성과 남성의 가사 역할은 보완적이었다. 비록 고대 이스라엘이 남녀가 평등한 사회는 전혀 아니었으나 여성은 삶의 여러 부분에서 자기 몫을 다했다.

---

[26] 가부장 제도라는 사상은 논의의 여지가 있다. Meyers 2014c를 보라.

제52장

성경 세계의 가족, 자녀, 상속

빅터 H. 매튜스(Victor H. Matthews)

만일 우리가 고대 이스라엘 사람들의 일상사를 지배하는 가장 중요한 주제를 찾는다면 그것은 가족일 것이다. 그것은 고대인들의 관심사가 우리의 관심사와 똑같다는 표시다. 하지만 그들의 율법과 관습은 아주 다른 문화적 상황에서 우러나온 것이다. 이를테면 그들은 자신과 자녀들의 재정보장을 원했고 절기에 열리는 종교적 축제를 크게 즐겼다. 하지만 개인보다 공동체의 정체성을 강조하였고 엄격한 명예와 수치 개념 그리고 제의와 법률 관습은 현재 서구 문화의 사회적 상황과 상당히 달랐다.

촌락과 도시에서 영위하는 삶은 사회적 정체성, 소속, 결혼 관습, 상속 패턴에 초점을 두었다. 각자의 삶은 가장 작은 사회인 가정에 기초를 두고 있다. 그들은 아버지가 누구냐에 따라 정의되며 아버지가 사는 곳, 아버지가 일하는 곳, 아버지가 관여한 사회적 관계가 행동, 태도, 미래를 지배하였다(Block 2003, 41-43). 군주제도가 들어서자 상황은 달라지고 이전의 생활 양식이 왕과 신하들의 요구와 칙령에 따라 수정되기는 했으나 고대 이스라엘은 대부분 기본적으로 격리된 시골 공동체를 유지하였다.

고대 이스라엘 사회에서 대다수 사람은 작은 촌락에 100명에서 150명 정도가 모여 살았고 주로 친족과 가족 관계가 일상사의 중심이었다. 규모가 더 큰 촌락이나 도시가 배경인 경우에도 사회적 관계와 관습은 엘리트 가문을 제외하고는 대동소이했다. 하지만 지역의 장로회합은 도시에서 왕이 임명한 관료들로 대체되었고 지방 산당(바마[bamah])이나 가정 성소는 정교한 제의시설로 대체되었다. 여기서 레위 제사장들이 과거에 집안의 가장이 주재하던 제사와 의식을 주관하였다. 엘리트 가문 출신들만이 사회적으로 출세하고 사건들에 영향을 미칠 기회가 있었다. 이것을 염두에 두고 가족, 결혼, 상속법에 관한 정보 출처를 전제로 여기서는 엘리트들에게는 다르게 적용된다는 점을 가끔 언급하겠지만 주로 촌락에 초점을 맞추어 기술할 것이다.

1. 기본 가족 단위

가정 또는 벳 아브(bet 'ab)는 남성인 "아버지"가 이끌었다(Matthew and Benjamin 1993, 7). 그것은 어머니, 자녀, 연로한 부모 그리고 독립하여 가정을 꾸리지 못한 식구들로 이루어진 네다섯 세대가 어울려 살았다. 물론 형제, 삼촌 조카와 같은 다른 친척들이 공동체를 이루며 살았고 더욱 큰 관계망인 족속 또는 미쉬파하(mishpahah)를 구성하였다(민 1:18b)(Blenkinsopp 1997, 50-52).

촌락에는 같은 소속감을 지닌 가정들이 복층의 기둥이 있는 집을 짓고 두 개에서 네 개의 방을 붙여서 짓고 살면서 친족 집단의 힘을 모아 함께 밭을 갈고 가정을 지켰다(Herr 2009). 지파소속(맛테[matteh] 또는 쉐베트[shebet])은 시조 조상과 특별한 지리적 조건에 기반을 두었다(창 49:1-28; 수 13-19장). 군주제가 들어온 이후, 정치적 의미가 있는 특별한 지파에 대한 유대감은 더 작은 사회단위들의 필요와 개인적 소속감보다 이차적이었다(Block 2003, 35-36).

이렇게 밀착된 공동체에서 아버지는 농사, 축산, 건축과 연관된 가족 노동을 조율했다. 지혜로운 조언과 전문적인 가르침을 주었고 모든 사회적 관계에 대처하기 위해 전통을 의지했으며 가정의 명예와 경제적 재산을 지키려고 애썼다. 여성들 역시 밭농사에 참여하고 가정의 의무를 감당했으며 자녀를 양육하고 음식을 만들고 나누어주며 가정사 전체에 가치 있는 역할을 담당했다(Meyers 1997, 24-26).

하지만 성경 이야기와 율법들은 일반적으로 기본적으로 자급 자족적 가정이 정상적인 경제적 정치적 압박에 대처하는 활약을 다룬다는 것을 명심해야 한다(Blenskinsopp 1997, 54). 아버지가 딸을 채무 노예로 팔아넘기는 경우(출 21:7)처럼 실패한 가정의 권리와 관심사는 가끔 언급할 뿐이다.

가정의 명예나 관심사를 포함한 모든 문제를 다룰 때 가정을 대표하는 사람은 아버지였다. 아버지와 장로들(가장들)은 공동체 문제를 다루려고 만나기도 하고 (예, "완악한 아들"[신 21:18-21]) 결혼과 관련된 법적 소송의 공청회(신 22:13-19; 룻 4:1-6)를 하기도 했다. 가정 안에서 그는 모든 가정사를 중재하고 즉석 판결의 권한도 가졌다(창 38:24-26).

혼전 계약을 협상할 때 다른 가정의 대표를 만나 가장 만족스러운 언약을 체결하는 사람은 아버지였다(창 24:34-60). 이 이스라엘의 결혼 협의는 고대 근동의 협의처럼 사랑으로 맺어지기보다 사업 계약이었다. 배우자 선택은 신분과 관련된 일이며 경제적 처지에 기초를 두고 종종 양가의 동의뿐 아니라 수 세대에 걸친 결과를 초래하는 일이었다. 혼전에 신랑 가족이 지참금(모하르[mohar])을 신부의 아버지에게 보냈다(Lemos 2010, 36-41, 59-61).

문서로 기록되어 있지 않으나 신랑 가족이 지참금을 주는 것은 손자(이 예물의 궁극적 상속인)와 외가가 서로 교환한다는 의미로 그리고 경제적 유대감을 갖게 하려는 것이었다. 이런 행위는 미래를 향해 나아갈 두 가족의 교류를 공동체 앞에 알린다는 의미도 있다. 이런 식으로 전통은 유지되었고 가정의 명예가 지켜졌으며 경제적 안정성이 강화되었고 삶은 질서 정연하게 나아갈 수 있었다.

2. 자녀의 역할

자녀가 출생하면 찬양의 노래를 부르고 축하하였다(삼상 2:1-5; 시 127:3-5)(Colijn 2004, 74). 친밀한 가족 세계 안에서 자녀는 근본적인 역할을 했고 부모의 즐거움의 원천이었다(시 113:9). 하지만 사춘기까지 그들은 성인 세계와 격리된 경계선 집단(liminal group)이었다(Garroway 2014, 31). 그들은 교육받지 않았으므로 부모의 엄격한 규율이 필요하다고 여겼다(잠 22:15; 사 3:4-5; 지혜서 12:24-25).

어머니가 성숙해지는 단계를 거쳐 어른이 되고 책임을 질 줄 아는 나이가 될 때까지 그들을 가르치는 선생이었다(잠 1:8; 6:20)(Benjamin 2015, 57-58). 자녀들은 혼인 계약을 체결할 때 잠재적인 재산이었고 지도력을 순서대로 이어받고 상속받은 재산을 다음 세대로 순탄하게 물려줌으로써 가정의 미래를 섬겼다. 자녀에게 "네 부모를 공경하라"(출 20:12)라는 율법의 요구는 부모의 말을 순종하라는 뜻뿐 아니라 노후에 잘 공양하고(레 19:32) 적절한 장례를 치르는(창 49:29-33) 의무까지 포함한다(J. Carroll 2001, 122).[27]

지혜롭고 의무감 있는 아들은 부모를 만족스럽게 만들고 어리석고 이런 일에 무관심한 아들은 가정에 수치를 안겨주었다(잠 10:1). 성경 저자들은 가끔 이 원리를 이스라엘과 돌보시는 부모와 같은 여호와 사이의 관계를 설명하는 일에 적용되었다(신 1:30-31; 호 11:1).

자식을 낳지 못하는 것은 단순한 촌민이든 왕의 아내(삼하 6:23)든 어느 가정이라도 겪는 가장 심각한 재앙이었다. 아내들은 자식을 낳아야 가족과 공동체 안에서 명예를 얻었고 그렇지 못하면 수치를 당했다. 라헬이 임신하지 못하자 야곱에게 간청한 말이 이 점을 잘 나타낸다.

내게 자식을 낳게 하라 그렇지 아니하면 내가 죽겠노라(창 30:1).

더구나 자식이 없다는 것은 개인의 비극으로 끝나지 않았다. 그것은 신이 처벌한다는 표시이고 가정이 쇠퇴한다는 조짐으로 해석될 수 있었다. 긴급 처방으로 대리모를 찾거나(창 16:1-2) 상속자를 입양(창 15:2-3)하여 땅과 재산을 가정의 수중에서 관리하고 가정의 "이름"을 계승하기도 했다(Garroway 2014, 49-49). 둘째 부인을 얻는 일은 이스라엘 가정에서 특별한 일이 아니었다(삼상 1:2). 하지만 지파의 지도자나 왕들에게는 더욱 흔한 일이었다. 많은 아내를 두면 다른 지도자들과 정치적 연결고리를 갖게 되었고 상속할 아들을 확실히 얻을 수 있었다(삿 8:30; 삼하 5:13; 왕상 11:3).

가족의 경건한 의무는 자녀를 교육하는 일이었다(시 34:11-14; 잠 22:6). 그러므로 자녀들은 가축 치기, 여러 가지 농사 기술, 토기 제조, 집수리 등 가족의 존속과 연관된 기본 과제들을 교육받았다. 그들이 받은 교훈은 역사, 율법, 하나님과

---

[27] B.C. 1600년부터 1200년 사이에 작성된 우가리트의 아카트(Aqat) 서사시는 다닐(Danil) 왕의 기도문이 들어있다. 거기서 그는 "가정을 위해 성소를 짓고" "무덤 곁에서 조가를 부르며" "원수를 쫓아내고" "정신이 온전할 때 떠받들어주며" "다닐의 지붕을 고치고" "옷을 주기적으로 세탁하는" 아들을 달라고 간청한다(Matthews and Benjamin 2006, 71-72).

맺은 언약, 가정과 소속된 사회단위의 전통 등이 포함되었다. 이를테면 자녀를 교육해야 한다는 엄격한 훈계에는 하나님이 율법을 주셨다는 내용이 들어있다(신 4:9-10; 6:1-2; 11:19).

이 말은 잠언에도 등장하며 지혜 문학 곳곳에도 자녀들이 부모의 교훈을 듣고 따르라는 말이 들어있다(잠 5:7; 7:1)(J. Carroll 2001, 123). 그래서 의로운 행동은 "교훈을 사랑하기"로 정의되며 어리석음과 가정의 필요에 무관심한 태도는 부모가 재앙을 당할 수 있었다(잠 10:5; 19:13).

자녀 양육, 훈련, 결혼 계획은 미래가 걸려 있지만 이스라엘 가정의 일상은 바로 눈앞에 닥친 일들이 더 중요했다. 이를테면 B.C. 10세기 남학생이 석회암 벽면에 글쓰기를 연습한 게젤(Gezer) 달력은 소규모 농가가 하는 연중 농사철의 일상을 소상하게 기록하고 있다. 물론 밭은 잡초와 돌을 정리하고 쟁기질해서 작물을 경작하고 추수해야 했다. 그때도 그들은 식량 공급에 차질을 주는 날씨와 해충과 싸워야 했다(신 28:38-40). 결국, 이런 노동으로 가축이 늘고 추수할 곡식과 과일이 늘어나면 축하했다. 그것은 가정의 삶이 이어진다는 의미이고 하나님이 축복했다는 표시이기 때문이다(출 22:29).

때로는 고되지만 고대인의 삶은 늘 고된 일만 있는 것이 아니었다. 중앙산지에 사는 소규모 촌락의 가정들은 정기적으로 모여 잔치를 하고 춤을 추며 노래하고 고된 농사일과 하나님의 축복을 축하했다(삿 9:27; 전 10:19). 혈족의 영토 안에는 여러 촌락이 살았기 때문에 계절별 축제는 소속감과 혈족의 유대감을 새롭게 하고 물물을 교환하며 결혼 계약을 성사시키는 기회가 되었다.

3. 상속 패턴

자연재해와 군사침략은 정기적으로 일어났기 때문에 고대 메소포타미아와 고대 이스라엘의 문화는 사회의 장기적 유지를 장담할 수 없었다. 그래서 자녀를 낳아 분명한 상속 패턴을 확립하는 일은 세대를 연결하는 방법이었다. 가정의 경제 자산(땅과 재산)은 공동으로 소유하였고 하나님이 땅 언약은 소유권 개념을 강조했다. 언약과 땅의 관계를 나봇이 포도원을 팔라는 아합왕의 요구를 "내 조상의 유산을 왕에게 주라"는 의미라고 말하여 거절하는 데서 볼 수 있다(왕상 21:2-3). 왕은 정당한 법적 절차 없이 땅을 몰수할 권한이 없었다. 그 땅이 최종적으로 국가(즉 아합) 소유가 된 것은 이세벨 여왕이 나봇과 그 아들들의 죽음을 사주한 뒤이다(S. Russell 2014, 467-68).

이 토지보유권이 가족의 계보(톨레돗[toledot])가 이어지는 대로 유지되는 일은 지극히 중요했다. 메소포타미아와 성경의 율법에서 발견되는 가장 흔한 상속 패턴은 대부분 남성 상속자들에게 출생순서를 따지지 않고 동등하게 나누어 주었다(Greenspahn 1996, 75-79). 하지만 아내가 여럿일 경우 가정을 분열시키는 드라마가 펼쳐지는 것을 고려하면 신명기 21:15-17의 율법의 가르침은 사랑받는 아내(아버지와 "언약을 협상한")가 "가정의 상속자 지정"에 더 큰 영향력을 행사했음을 보여 준다(Benjamin 2015, 136).

물론 순서대로 계승하지 못하고 옛 전통을 재검토해야 하는 상황도 있다. 아버지를 상속할 아들이 없으면 슬로브핫의 다섯 딸이 보여 준 것과 같은 극적인 이야기가 생긴다. 이 경우 딸들은 자신들이 아버지의 몫을 상속받아야 그의 이름(즉 가정의 정체성)을 지속시키고 보존할 수가 있음을 성공적으로 주장한다(Sakenfeld 1988, 40-42).

하나님은 모세의 질문을 받고 그들의 주장과 상속 질서가 하나님의 명령에 따른 것임을 재확인한다(민 27:1-11). 흥미롭게도 이어지는 에피소드에서 슬로브핫의 "형제들"(친족들)은 이 판단의 수정을 요구하고 그녀들이 자기 친족과 결혼하여 그들의 상속이 "우리 조상의 기업에서 떨어지지" 않게 해 달라고 요청한다(민 36:1-12). 결과적으로 일시적인 "해법"으로 상속받은 땅에 대한 친족의 권리가 긍정된 이 이야기는 정상적인 상속 과정에 생긴 결점을 다룬 결정이었다.

수혼법(law of levirate marriage)도 곤란한 상황에 상속법을 적용하여 일시적 재난을 정상으로 복구시키려는 사례이다. 아버지 소유의 상당 부분을 상속받을 장자가 상속할 아들이 없이 죽었을 때 이런 상황이 벌어진다. 그런 경우 동생들에게 좋은 기회가 되겠지만 죽은 장자는 이름도 없고 가정도 사라질 수가 있다. 그리고 형수가 바깥 남성과 재혼하면 그녀의 지참금도 잃게 된다(신 25:5). 그 가족의 비극이 예상되므로 친족-속량자 또는 법적 보호자(고엘[go'el], 보통 죽은 사람의 형제나 가까운 친척)가 형수와 결혼하여 임신시켜 죽은 형을 대신하여 상속자를 낳게

할 의무가 있다(신 25:5-6).

하지만 그것은 가정의 명예와 필요에 부합하지 않는 인간 본성과 개인의 욕망이 결부되어 있으므로 그런 순조로운 과정이 늘 일어나지는 않는다. 이런 이유로 "회피 규정"이 율법에 기록되어 있다. 기업 무를 자는 성문에 모인 장로들 앞에서 공식적으로 형수에게 수치 당하기를 감수하면서 자기 의무를 거부할 수가 있다(신 25:7-10). 비슷하게 법적 절차가 중단된 사례가 또 있다.

유다의 장자 엘이 죽고 둘째 아들 오난이 형수 다말을 임신시키기를 거부하고 나니까(창 38:8-9) 유다에게는 남은 아들이 하나뿐이었다. 그를 이 불행한 여인에게 주기를 망설인 결과로 다말은 속임수를 사용하였고 유다는 부지중에 며느리 다말을 임신시키는 일이 벌어진다(창 38:12-19). 결국, 쌍둥이의 출생으로 가족의 필요가 채워졌으나 이 이야기는 어떤 사회적 관습은 일시적으로 필요한 결과를 가져오지 못할 수도 있음을 보여 준다(Matthews 2008, 48-64).

가족의 연속성과 상속 패턴은 심지어 민족적 재난 중에도 이스라엘 문화 속에 깊이 뿌리내리고 있으므로 법은 계속 필요했다. B.C. 588년 바벨론의 느부갓네살 군대가 예루살렘을 포위 공격하는 중에 예레미야는 친족과 계약을 맺고 자신의 "기업 무를 권리"(게울라[ge'ullah])를 수용하고 친족으로부터 땅을 샀다(렘 32:6-8).

상속 문제가 걸려 있는 다른 어려운 사건은 과부 나오미의 이야기를 통해 전해진다. 그녀는 너무 늙어서 남편의 상속자가 될 자식을 낳을 수 없었다. 나오미의 며느리 모압 여인 룻이 나서서 나오미의 남성 친척 보아스에게 법적 보호자가 되어달라고 부탁한다. 그는 더 가까운 친척이 있다고 지적하였고 결정권은 마을의 장로들에게 넘어간다. 그들은 성문에서 송사를 심사하면서 그 친족이 권한을 거부하겠다는 증언을 청취한다. 그의 거부는 그렇게 하지 않더라도 문제의 재산이 자기의 것이 될 것이라는 계산을 했던 것 같다.

송사를 해결하고 나오미와 룻에게 필요한 지원자가 되어 준 보아스는 앞에 나와 그 책임을 자신이 지겠다고 제안하여 룻의 신분은 베들레헴 공동체의 일원이 된다는 이야기로 마무리된다(Matthews 2006, 50). 보아스는 결국 룻과 나오미에게 죽은 남편의 가정이 존속하는데 필요한 자식을 낳아주었고 이렇게 해서 사회적 공백이 해소된다(룻 4:13-17, Dearman 1998, 121).

상속을 관리하는 일과 맞물린 것이 재산권의 (공간적이고 물리적인) 유지였다. 십계명은 간음, 도둑질, 거짓 증언은 물론이고 이런 범죄를 일으키는 감정적 욕구(탐욕)를 분명히 금지한다(출 20:14-17). 이를테면 이웃의 지계석을 옮겨 재산권을 침해하는 일을 금지한다(신 19:14; 27:17). 하나님을 사랑하고 그가 주신 모든 계명을 순종해야 한다는 언약의 요구를 위반하는 자와 대항하여 사람, 물건, 땅으로 된 가족의 재산은 존중받아야 하고 보호받아야 했다.

　율법에서 의로운 행동이란 표현은 공동체 가운데 약자(고아, 과부, 객[신 14:28-29])에게 십일조를 나누어 먹고 의도적으로 밭의 곡식과 과수원의 과일을 전부 추수하지 않고 남겨두어 그들이 거두어 먹고 살 수 있도록 긍휼을 베푸는 행동을 포함했다(신 24:19-21). 자비를 베푸는 이런 행동은 공동체 전체를 가족처럼 여긴다는 의미일 뿐만 아니라 타인을 가족처럼 여기는 사람들이 동료로부터 존경받고 명예롭다는 것을 알게 해 준다.

4. 결론

　고대 이스라엘의 삶의 리듬은 계절에 따라 농사를 짓고 가축을 기르는 일들이 지배적이었다. 엘리트들도 계절을 타지만 그들의 일차적 관심사는 전쟁하러 나가거나(삼하 11:1) 상업에 있었다. 촌락에 살든 도시에 살든 사람들을 함께 묶어주는 사회적 접착제는 친족과 가족의 유대관계였다. 그들의 정체성은 가족을 기초로 친족, 지파, 그리고 나라로 확대되는 관계의 피라미드를 형성하고 그렇게 규정되었다. 그들의 연결은 땅을 통해 그리고 수 세대에 걸쳐 전해지는 영원한 상속으로 형성되었다. 그들의 대인관계와 태도를 지배하는 사회 관습, 전통 그리고 율법은 부모와 장로들에 의해 자녀들에게 전해졌고 사회생활의 가늠자인 명예심과 수치심은 가정의 성공과 실패에 영향을 주었다.

섹션 9

유지: 경제적 상황에 대한 통합적 접근

제53장 | **성지의 계절, 작물, 물** 오뎃 보로우스키(Oded Borowski)
제54장 | **후기 청동기 시대와 철기 시대 레반트의 교역** 조수아 T. 월튼(Joshua T. Walton)
제55장 | **성경 시대의 노예** 리차드 아버벡(Richard Averbeck)
제56장 | **고대 이스라엘의 지역 경제** 피터 알트만(Peter Altman)
제57장 | **성경 세계의 야금술** 브래디 리스(Brady Liss), 토마스 E. 레비(Thomas E. Levy)
제58장 | **고대의 일상 생활에 사용한 기술** 글로리아 런던(Gloria London)
제59장 | **철기 시대 이스라엘의 음식 준비** 신티아 쉐이퍼엘리엇(Cynthia ShaferElliot)
제60장 | **성경 세계의 잔치** 잔링 푸(Janling Fu)
제61장 | **성경 세계의 음악과 춤** 애니 코벳(Annie Caubet)

제53장

성지의 계절, 작물, 물

오뎃 보로우스키(Oded Borowski)

성경은 특정 장소와 특정 시간에 살았던 사람들의 이야기이다. 하지만 본문을 이해하려면 상황이 필요하다. 상황은 땅과 땅을 조성한 세력으로 되어있다. 사람들은 생존하기 위해 사용 가능한 천연자원을 이해하고 이것에 적응하고 다룰 능력이 필요했다. 본문은 이런 활동을 언급한다. 고고학 발굴과 분석 덕분에 성경 시대에 존재했던 상황을 어느 정도 재구성할 수가 있다.

1. 땅

성경은 땅을 묘사할 때 농사짓기가 좋고 천연자원이 풍부하다고 강조한다.

네 하나님 여호와께서 너를 아름다운 땅에 이르게 하시나니 그곳은 골짜기든지 산지든지 시내와 분천과 샘이 흐르고 밀과 보리의 소산지요 포도와 무화과와 석류와 감람나무와 꿀의 소산지라 네가 먹을 것에 모자람이 없고 네게 아무 부족함이 없는 땅이며 그 땅의 돌은 철이요 산에서는 동을 캘 것이라(신 8:7-9[출 3:8 도 보라]).

이와 유사한 묘사가 이집트 제12왕조(B.C. 1800년경)의 문헌인 『시누헤(Sinuhe)의 이야기』에도 나타난다. 주인공은 그 땅을 "야(Yaa)라고 하는 좋은 땅, 무화과와 포도가 열리며 물보다 포도주가 많고 꿀이 넘치고 감람나무가 풍부하다. 각종 과일이 나무에 열리고 보리와 밀이 났다"(Pritchard 1969a, 19)[1]고 묘사한다. 특히 물의 근원(아래를 보라)과 광물에 대한 성경의 묘사는 좀 과장되고 있으나 기본적으로 성경 외 자료와 고고학 증거와 들어맞는다.

자연경관도 아주 다채롭다. 그 땅은 동쪽의 시리아사막을 끼고 지중해(대해)의 동부 해안을 따라 놓여 있다. 북에서 남으로 흐르는 요단 계곡이 서쪽 산지와 동쪽 산지를 나눈다. 서쪽 산지는 (북에서 남으로) 상부 갈릴리와 하부 갈릴리, 에브라임 산지, 유다 산지, 네겝 산지로 되어 있고 동쪽 산지는 (북에서 남으로) 바산, 길르앗, 모압 그리고 에돔 산지로 되어 있다(A. Curtis 2007, 13-28). 성경 본문은 이 지역을 하르([har]; 산지[수 11:2; 12:8]), 하르 에프라임([har ephraim]; 에브라임 산지 [수 17:15]), 하르 예후다([har yehudah]; 유다 산지[수 11:21]) 등으로 부른다.

갈릴리 산지와 중앙산지 사이에 이 지역에서 가장 큰 이스르엘 평야가 있고 이와 함께 작은 시내들이 대해나 요단강으로 흐르는 작은 평야들이 있다. 해안 평야는 북쪽(현재의 레바논)에서 시내 반도의 북쪽까지 뻗어있고 갈멜산(수 19:26)이 북쪽의 악고 평야를 중심부의 샤론 평야(사 33:9)와 남쪽에 있는 블레셋 평야를 나눈다. 유다 산지와 해안 평야 사이에 유다 왕국에 중요한 낮은 산지, 세펠라(Shepelah["평지," 수 9:1])가 있다.

지리적 지정학적 조건이 도로를 만들었고 주요 도로는 북에서 남으로 뻗어 있고 동서를 잇는 지엽적인 도로들이 있다.[2] 이런 조건이 정착할 장소를 결정하였다.

---

1 농사짓기에 좋은 모습에 관하여 더 알려면 Borowski 1987, 3-30을 보라.
2 Borowoski 2003, 1-14를 보라.

2. 기후

이 지역 기후는 지중해성 기후로 부른다. 그것은 뜨겁고 건조한 여름과 춥고 습기 많은 겨울, 두 가지 계절과 중간 계절인 가을과 봄이 있는 아열대성 기후를 말한다(A. Curtis 2007, 29-36). 계절이 바뀐다는 생각(전 3:1-8)은 이스라엘 사람들의 의식 가운데 잘 나타나 있고 언약을 준수하는 자가 받을 복 가운데도 나타난다.

> 여호와께서 너를 위하여 하늘의 아름다운 보고를 여시사 네 땅에 때를 따라 비를 내리시고 네 손으로 하는 모든 일에 복을 주시리라(신 28:12).

삶을 유지하는데 비의 중요성은 비의 명칭으로 추정할 수 있다. 이른 비는 보통 10월에 내리며 요레(yoreh)라고 하고 늦은 비는 4월에 내리며 말코쉬(malqosh)라고 부른다(신 11:14; 렘 5:24). 계절과 기후 조건은 성경 시대 땅의 거주민들이 토양 종류와 더불어 재배할 작물과 기를 짐승을 결정했다(아래를 보라).

하지만 비가 농사와 가축을 기르는데 사용할 중요한 물의 근원이지만 이슬(탈[tal]; 삼하 1:21)과 눈(쉘렉[sheleg]; 사 1:18)도 강수량에 이바지한다.[3]

강우는 여러 가지 방식으로 물의 사용처를 변화시킨다. 흐르는 물은 강과 시내를 만들고 연못과 저수지를 채우며 지하수가 되어 샘을 만들고 사람들이 판 우물물로 나오기도 한다.

3. 토지사용

물 사용처와 긴밀하게 연관된 것이 토지사용 문제다. 편평하고 비옥한 땅은 크고 작은 평야에 있고 밭작물을 재배할 수 있다. 경사지는 과일 재배에 쓴다. 하지만 지역의 상당 부분이 농사에 적합지 않은 경사면으로 되어있어서 계단식

---

[3] 식물에 미치는 강수량과 그 영향을 위해 A. Curtis 2007, 30, 33쪽의 지도를 보라.

농지를 만드는 것이 해법이었다. 그렇게 만든 경사면의 편평한 곳에는 과일나무와 밭작물을 재배할 수 있었다(Ron 1966; Borowski 1987, 15-18). 계단식 농지는 강우를 흡수하여 토양침식을 막았다.[4]

이스라엘 사람들은 산지에 계단식 농지를 만들기 위해 숲의 나무들을 제거해야 했다. 여호수아 17:17-18은 이런 모습을 반영한다.

> 여호수아가 다시 요셉의 족속 곧 에브라임과 므낫세에게 말하여 이르되 너희는 큰 민족이요 큰 권능이 있은즉 한 분깃만 가질 것이 아니라 그 산지도 네 것이 되리니 비록 삼림이라도 네가 개척하라 그 끝까지 네 것이 되리라(수 17:17-18).

베어낸 나무들은 집을 짓거나 다른 구조물을 만드는 데 사용하였다.

적대적인 환경 속에서 농사를 확장하는 또 다른 방법은 흐르는 빗물을 농사에 사용하는 것인데 주로 건조한 지역에서 사용한다. 주 원리는 흐르는 빗물의 방향을 조종하여 물이 없는 지역으로 보내는 방식이다. 물줄기를 우회시켜 댐을 만들어 저장한 다음 밭으로 흘려보낸다. 이런 접근법은 버린 땅을 농경지로 확대할 수 있게 해 주었다(Aharoni et al 1960; Evenari, Shanan, and Tadmor 1971; Borowski 1987, 18-20).

4. 수원지

강우가 자연현상이지만 내린 비는 잘 관리해야 한다. 비, 이슬, 눈은 땅에 스며들어 식물의 뿌리에 도달하여 야생식물과 재배작물의 성장에 직접 영향을 준다. 하지만 모든 수분이 흙으로 들어가 식물의 뿌리가 흡수하는 것은 아니다. 지면에 남은 물은 낮은 곳으로 흐르다가 시내와 강으로 흘러 들어간다. 물은 오목한 곳에 모여서 연못(게베[gebe]; 사 30:14)을 만들고[5] 식물과 짐승에게 물을 공급한다.

---

[4] 계단식 농지에 관하여, Edelstein and Gat 1980-81; Edelstein and Kislev 1981; Edelstein and Gibson 1982를 보라.

[5] Jewish Study Bible(2nd ed.)과 Revised English Bible은 이 단어를 "물웅덩이" 또는 "못"으로,

다른 천연 수원지에는 샘(아인 ['ayin]; 삼상 29:1)이 있다. 샘에서 솟구치는 물은 겨울 강우량에 달려 있다.

지면에 흐르는 물은 천연 수로에 이르기 전 또는 호수와 바다로 흘러 들어가기 전에 관리해야 한다(아래를 보라). 식물이 흡수하지 않은 물은 천천히 땅속으로 배수되다가 마침내 암반에 도착하여 지하수가 된다. 아주 깊지만 않다면 모여있는 지하수는 우물(브엘 [be'er]; 창 21:25)을 파서 활용할 수 있다. 대부분 축대 측면의 흙은 돌벽을 쌓아 지탱했다.

히브리 성경 시대의 우물은 아랏, 브엘세바, 라기스, 기타 여러 곳에서 발견되었다. 또 댐을 쌓거나 수로와 터널을 건설하여 물길을 막아 다른 곳으로 흐르게도 하였다. 이런 사례는 예루살렘의 저 유명한 히스기야 터널이 있다. 이 터널은 기혼 샘물을 도성의 요새 바깥에서 요새 안으로 흐르도록 만들었다. 어떤 터널은 주민이 성읍 안에서 바깥의 지하수를 먹을 수 있도록 판 것도 있다. 이런 수로체계는 하솔, 므깃도, 기브온, 이블라임, 게셀에서 발견되었다.[6]

어떤 도시들은 흐르는 물을 거대한 지하 용기에 모아두는 수로체계를 건설한 곳도 있다. 벳세메스가 그런 시설을 가졌는데 성문 주변에 빗물을 모아두었다. 최근에 비슷한 시설을 아랏 성전에서도 발견하였다. 브엘세바는 와디(마른 시내)에서 발생하는 돌발 홍수를 막아 회반죽으로 마감한 거대한 수조로 흐르게 하는 시설이 있었다. 물이 스며들어 사라지는 것을 막으려고 암반을 파서 회벽으로 마감한 수조들도 하나 이상이 주거지 안팎에서 발견되었다. 큰 돌로 입구를 막아 물이 증발하거나 허락하지 않은 용도로 사용하지 못하도록 했다(창 29:1-2). 이 수조들은 수로를 통해 흐르는 물을 저장하기도 하였다.

RSV, NRSV, NAB는 "수조"로 BDB는 사 30:14에서 "수조", 겔 47:11은 "못, 습지"로 번역한다.

[6] 최근, 게셀의 수로체계 발굴자들은 그것을 중기 청동기 시대의 것으로 평가한다. 수로체계에 관한 논의를 위해, Borowski 2005를 보라.

5. 농사

식물의 열매와 부산물을 얻으려고 식물을 재배하는 농사는 이스라엘 사람들의 주요 직업이었고 생계의 원천이었다. 그들은 밭작물, 과수나무, 채소 그리고 약초와 향신료를 재배하였다.[7] 여러 가지 농사일은 성경에 잘 알려져 있으나 일하는 순서는 게셀 달력에 새겨져 있다. 이 달력은 20세기 초 고대의 게셀에서 발견된 석회 평판으로서 일곱 줄의 글이 기록되어 있다. 그것은 여덟 가지 농사 절기의 순서와 기간을 언급한다(Albright 1943; M. Cassuto 1954). 네 가지 허드렛일은 두 달씩 해서 마치고 나머지 일은 한 달 동안 한다. 비문에 나타난 전체 개월 수는 열둘이다. 어떤 용어는 해석상 아직도 논의 중이지만 이 글이 중요한 것은 의심의 여지가 없다.

가장 흔한 밭작물은 곡식(다간[dagan]; 창 27:28)이고 밀, 보리, 수수가 있다. 이 작물로 생긴 곡식은 빵과 다른 음식 그리고 죽과 반찬을 만들 때 사용되었다. 두 번째로 중요한 것은 콩으로서 누에콩, 팥, 병아리콩, 완두콩이 있다. 이 작물은 보통 팥죽과 같은 요리에 사용되었다(창 25:29-34을 보라). 소회향, 대회향, 고수 같은 약초 재배(사 28:25, 27)는 이런 요리의 맛을 낼 때 사용하였다.[8] 다른 밭작물로 아마(Zohary 1971)와 참깨(Borowski 1987, 99)가 있었다.

다음으로 중요한 식물은 과일과 땅콩 생산이었다. 두 가지 가장 중요한 것이 포도와 올리브(아래를 보라)였고 무화과, 석류, 대추야자, 그리고 돌 무화과와 아몬드, 도토리, 호두 같은 다양한 콩류가 있었다. 채소는 아합과 나봇 이야기(왕상 21:1을 보라)에서 알 수 있듯이 집 근처의 뜰에서 길렀다.

성경 기록과 고고학 유적에는 이 시대에 재배한 채소가 거의 알려지지 않는다. 토종 채소는 오이, 참외, 부추, 양파, 마늘이었다(이집트를 언급하고 있지만 민 11:5을 보라). 채소는 계절 따라 나왔고 장기 사용을 위해 가공할 수가 없었다. 이런 특징 때문에 고고학 기록에는 대다수 채소가 남아 있지 않다.

---

[7] 히브리 성경 시대의 농사에 대한 자세한 논의를 위해 Borowski 1987을 보라.
[8] 야생식물은 약초로 사용하려고 채집되었다. 성경의 식물에 관한 자세한 설명을 위해 Zohary 1982a를 보라.

위에서 언급한 대로 포도와 올리브는 이스라엘 경제에 가장 중요한 과일이었다. 포도는 여러 가지 포도주로 만들어져(Walnut 2000) 생산자 가족이 소비하고 지역 물물교환이나 수출용으로 사용하였다. 포도의 부산물은 식초이다(룻 2:14). 올리브는 눌러 붙여 기름을 얻고 등불을 켜거나 요리 또는 의료용으로 사용하고 수출하기도 하였다. 그러나 포도와 달리 기름은 오직 올리브만 사용했다. 하지만 포도는 끓여서 시럽을 만들거나 말려서 건포도를 만들었다. 위에서 언급한 다른 과일은 말려서 계절이 지난 다음에 다양한 용도로 썼다.

농산물의 양과 질은 사용한 물은 물론이고 토질, 적절한 농사법, 그리고 해충과 질병의 유무에 좌우되었다.

6. 축산업

생계에 두 번째로 중요한 것은 축산업 특히 목축이었다.[9] 대표적인 목축 가축 두 가지는 양과 염소였다. 이 가축들은 축제와 같은 특별한 기회에 소비하는 고기뿐 아니라 계속 얻을 수 있는 부산물 때문에 가치가 높다.

첫 번째 부산물은 우유이다. 장기적으로 사용하기 위해 요구르트와 치즈 등을 만들 수 있다.

두 번째 부산물로 염소털과 양털같이 천을 짤 수 있는 털을 얻을 수 있다. 가축을 도살하면 고기는 물론이고 가죽, 뼈와 뿔을 얻었다. 이스라엘 가족의 마당에 모든 가축이 내놓은 다른 부산물은 배설물이며 토질을 비옥하게 만드는 비료로 사용하고 아궁이의 연료로 사용하였다.

이스라엘 사람들이 소규모로 기른 가축 가운데는 쟁기질과 운반하는데 사용하는 가축들이 있었다. 가장 흔한 가축이 나귀이고 말, 노새, 황소, 낙타인데 수효가 아주 적었다(Borowski 1999, 87-131). 이스라엘 사람들은 이종교배를 금지하였는데(레 19:19) 일을 시키거나(왕하 5:17) 귀한 사람을 태울 때(삼하 13:29; 왕상 1:33) 노새를 이용하였다. 이종교배 금지를 지켰으나 노새는 외부에서 들여온 가

---

[9] 히브리 성경 시대의 목축에 관한 자세한 설명을 위해 Borowski 1999, 39-85를 보라.

축이었을 것이다(왕상 10:25; 대하 9:24).

7. 결론

문헌 증거와 고고학 증거에 나타나듯이 히브리 성경 시대에 이스라엘 사람들과 그 땅의 주민들은 천연자원이 지닌 잠재력을 인식하였다. 가장 중요한 것은 그들이 이런 천연자원과 자연적 조건들을 활용하여 혜택을 보았다는 사실이다. 그래서 가뭄과 메뚜기의 습격과 같은 거친 생존조건에도 불구하고 그들은 생계를 유지하는 것은 물론이고 지역과 다른 나라들과 교역할 농산물을 생산하기도 하였다.

성경 외의 기록과 고고학 유물은 양모로 짠 천, 포도주, 올리브 기름과 같은 그 땅의 산물이 이스라엘 국경 바깥에서 가치가 높은 것으로 평가되었고 교역을 위한 수출품으로 그리고 공물로 사용되었다고 증언한다. 이스라엘 땅이 풍부한 농산물 때문에 외부의 정치 세력에게 매력 있는 땅으로 보였다는 것은 아이러니하게 보인다. 그것이 저 정치세력들이 그 땅을 수없이 침략하고 정복한 이유를 조금이나마 설명해 준다.

제54장

후기 청동기 시대와 철기 시대 레반트의 교역

조수아 T. 월튼(Joshua T. Walton)

1. 들어가기

    경제와 교역은 성경 본문의 주요 특징이 아니다. 그래도 고대 이스라엘의 경제구조는 성경 이야기의 배경으로서 중요한 부분을 차지한다. 교역은 크게 생각하면 "사람들 사이에 이루어진 재화의 적절한 이동"으로 정의할 수 있다(Polany 1957, 266; Renfrew 1975, 4; Eerle 1982, 2). 교역은 대부분 시장에서 물건을 사고파는 일과 연관되어 있고 그래서 그것은 본질상 물물교환을 통해 서로 다른 개인이나 집단을 연결하는 사회활동이다. 교역은 대규모 상단부터 소규모 시골의 시장까지 서로 다른 규모로 이루어진다. 참여자는 왕실이 후원하는 교역사절단, 개별 상인이나 상인 집단들이다. 이웃끼리 농산물을 교환하는 일도 포함한다.

    여기서는 일차적으로 생필품이 아닌 물건과 귀중품과 사치품의 장거리 교역에 관심을 둔다. 하지만 대다수 주민은 농촌에 살고 소규모 물물교환과 마을의 시장이 더 중요한 기능을 하는 것이 사실이다. 장거리 교역은 상류사회가 주도하여 궁전, 성전, 엘리트 주거지에 제공되었다. 멀리 떨어진 지방의 사치품을 갖는 일은 청동기와 철기 시대를 통틀어 부와 권력을 과시할 때 중요했다. 상세하고 복잡한 교역 네트워크는 늘 변화했다.

    그러나 지중해와 고대 근동 전역에서 상품 유통을 지배하는 패턴은 청동기 시대와 철기 시대에 크게 달라지지 않았다. 여기서는 거래(돈과 시장), 참여자(알려진 상인과 개별 상인) 그리고 유통 경로(해로와 육로까지)까지 장거리 교역의 주요한 측면들을 살필 것이다.

고대 근동에서 장거리 교역은 비싸고 위험한 물건 운송에 드는 비용을 지역별로 따져 매긴 가격 차이로 이익을 창출했다. 그러므로 장거리 교역은 정보의 흐름에 기반을 두고 이루어졌다. 상인들은 재료와 물자를 어디서 얻어야 제일 좋고 어디에 최고의 가격으로 팔 수 있는지를 알아야 했다(North 1990; Monroe 2009; Sommer 2007).

이런 의미로 교역은 본질적으로 사회활동이었고 이익을 창출하는 방대한 정보망과 관계의 네트워크가 필요했다. 더 잘 알아야 손해를 줄일 수 있고 이익과 효율성을 증대시킬 수 있기 때문이다.

2. 돈과 시장

고대 세계에서는 여러 가지 물건으로 상품(교환하고 싶은 물건)과 돈(지급 형태, 가치 기준 또는 저장용 재물) 역할을 하였고 주화를 발명하기 오래전부터 돈은 물건값을 대체하였다. 간단히 생각하면 화폐는 간접적인 교환 방식이다. 초기의 화폐는 물품 형태로 되어 있으며[10] 지급 형식, 다른 상품의 가치를 매기는 표준, 저장 가능한 액상 재산의 비축 방법 등과 같이 다양한 기능을 했다.

돈은 다른 물건을 평가하는 가치표준으로서 간접 교환을 촉진하고 교환가치를 체계화하며 교환할 때까지 가치를 비축했다가 거래하는 교역의 효율성을 증대시켰다(Earle 1985, 374-75). 초기의 돈 형태를 가진 물건은 곡식, 납, 구리, 주석, 청동, 은, 금 등이었다(Powell 1996, 227; Monroe 2009, 39-40). 하지만 고대 근동과 지중해에서 B.C. 7세기까지는 은이 가장 흔하고 널리 사용된 간접 지급의 표준 방식이 되었다(K. Radner 1999, 129; Fales 1996, 19-20; Gaspa 2014). 보리, 구리, 청동은 흔히 8세기에 돈 역할을 했고(K. Radner 1999, 128; Fales 1996, 17-19) 보리와 은은 가장 보편적인 가치 기준이 되었다(Powell 1996, 228).[11]

---

10 폭넓게 말하면 특정하게 정의하지 않는 한 상품은 거래를 통해 교환된 물건으로 이해된다. 자세한 논의를 위해 I. Morris 1986을 참고하라.

11 후기 청동기 시대에 잠깐 바벨론과 이집트에서 금을 표준화폐로 사용한 적이 있다. 이것은 아마

상품 화폐는 재화의 표준이며 쉽게 바꿀 수 있는 재산으로서 장거리 시장 교역을 더욱 쉽고 빠르게 거래하도록 하는 데 중요한 역할을 했다. 지역 시장의 물물 교환은 대다수 주민의 경제생활에 중요한 역할을 계속했다. 그러나 큰 시장에서 교환할 수 있고 운반이 쉬운 재물은 상업 중심지 사이의 장거리 교역을 할 때 필수적이었다.

"시장"이란 말은 장터 즉 사고파는 거래가 이루어지는 장소를 가리킨다. 시장은 장소로서 공급과 수요에 따라 자율적인 가격조정, 대부분의 비대면 거래, 이익 극대화 원리 같은 "시장원리"가 지배한다. 그것은 선물을 주거나 체결된 조약을 따라 왕실 교역을 진행하는 일처럼 시장원리를 따르지 않은 거래와는 반대된다. 시장 거래와 시장 아닌 곳의 거래는 서로 배타적이지 않으며 둘 다 청동기 시대와 철기 시대 고대 근동 전역에서 동시에 시행되었고 히브리 성경에도 나타난다(Nam 2012; Monroe 2009를 보라).

은은 철기 시대에 가장 보편적으로 등장하는 지급 형태이다. 은으로 물건값을 지급하는 일은 아카드 문헌에도 잘 나타난다(Fales 1996; Gaspa 2014). 덧붙여 아스글론 시장에서 발견된 도편은 곡식값을 낸 사례를 기록하고 있다(Cross 2008, 336). 성경은 땅(삼하 24:24; 왕상 16:24), 말과 병거(왕상 10:29), 노예(암 2:6), 농산물(왕하 6:25; 7:16)을 살 때 은을 사용했다고 기록한다.[12]

은이나 다른 귀금속을 주고 거래하는 일은 저울판에 얹은 추의 무게로 계산했다. 저울과 추는 아스글론(Stager, Master, and Schloen 2011, 74)에서 발굴한 B.C. 7세기 시장과 울루 부룬 난파선(Pulak 1998)을 포함하여 상업과 관련된 정황에 등장하는 물건들이다.

값을 무게로 달아주는 절차는 땅을 산 성경 이야기에 나타난다(잠 16:11; 렘 32:9-10). 이 거래 방법은 성경 저자들이 정직한 추와 저울을 사용하기를 바라는 구절들에도 나타난다(암 8:5; 미 6:11; 레 19:36; 신 25:13-15; 잠 11:1; 20:23).

르나 시대에 금속을 거래하는 시장으로 금이 엄청나게 유입되었기 때문이다(Brinkman 1972).
[12] 호세아는 여인을 위해 은과 보리를 지급한다(호 3:2).

3. 연해 교역

고대 세계에서는 물자를 장거리 운반할 때 육로와 해로, 두 가지 길을 사용했다. 수로는 지중해, 홍해 또는 페르시아만을 가로질러 가거나 나일강, 티그리스강, 유프라테스강과 같은 강을 따라 오르내리기도 했다. 학자들은 해운이 육지 운송보다 더 빠르고 싸고 효율적이라고 여긴다(Weber 1976; A. Jones 1964, 841-44; Heltzer 1977, 208).[13] 하지만 해운은 해안선이나 강변에 인접한 곳으로 제한되었다. 그래서 인구가 밀집한 중심지역으로 물건을 운송하려면 언제나 육지 운송이 필요했다.

메소포타미아와 이집트의 주요 수로 시스템이 이 지역의 경제에 필요한 교역로이지만 (이스라엘과 유다를 포함한) 남부 레반트의 청동기 시대와 철기 시대 정치권들은 지중해가 일차적으로 중요한 연해 교역로였다.

지중해의 연해 교역로는 역사 이전 시기부터 현대까지 근동 사회가 발전하는 데 변치 않는 요소였고(Braudel 1972; Horden and Purcell 2000; Broodbank 2013) 후기 청동기 시대와 철기 시대의 상업 네트워크에 필수적이었다. 후기 청동기 시대에 연해 교역을 하는 상인들은 이집트를 레반트 해안, 키프러스, 에게해와 연결하였다.

이 교역의 부유함과 비용은 터키의 해안 케이프 겔레도니야와 울루 부룬에 좌초한 난파선들의 발견을 통해 잘 드러나 있다. 이 배들은 후기 청동기 시대 교역의 정황들을 보존하고 있고 동시에 이 시기의 화물이 이동하는 뱃길처럼 커다란 움직임을 보여주는 사례이다.

B.C. 1300년경 울루 부룬의 난파선은 청동기 시대 연해 교역을 가장 풍부하게 보여주는 사례이다. 이 배의 화물은 다양한 모양의 구리 덩어리, 1t의 주석 덩어리, 시리아 팔레스타인 북부 지역과 연관이 있고 세 가지 크기로 만들어진 150개 정도의 가나안식 저장용 항아리(암포라) 등이다. 이 항아리들은 일차적으로 밤나무의 송진(약 1t)과 올리브 기름이 들어있었고 유리구슬이 들어있는 항아리도 있다.

---

13 이 주장은 물까지 거리, 강이나 연안 지역의 위험, 운송 방향(예, 순풍인가 역풍인가 강물 따라 내려가는 길인가 올라가는 길인가)과 같이 숱한 문제가 결부되어 있어서 복잡해질 수 있고 조건과 변수에 따라서는 수로보다 육로를 선호할 수 있게도 한다.

다른 곳에서는 코발트 빛깔의 푸른 색유리 주괴, 흑단, 상수리나무, 가공하지 않은 상아,[14] 상아 장식이 있는 화장 상자와 더불어 인형, 무기, 거북이 껍질. 타조 알껍데기, 금과 은으로 만든 보석, 이집트 인장, 저울추, 그리고 키프러스 스타일 토기가 들어있었다. 이 물건 일부는 선원들의 소유이었을 것이나 배 안의 물건 대다수는 이 선박의 행로에 있는 이집트, 키프러스, 시리아 팔레스타인과 같은 교역 장소를 보여 준다.

이와 비슷한 물품 목록이 테베의 시장 케나문의 무덤에서 발견한 14세기 이집트 벽화에 그려져 있다. 그것은 시리아 상선이 이집트 항구에 도착하여 물건을 하역하는 장면을 보여 준다(N. Davies and Faulkner 1947). 울루 부룬에서 나온 물건들은 이집트, 봉신들, 아마르나 서신에 나타난 외국의 왕들이 서로 보낸 조공과 선물 목록에 있는 품목들과 비슷하다.

하지만 12세기 말쯤에 청동기 시대 상업시스템을 운영하던 위대한 상업과 정치 중심지들은 붕괴하여(Cline 2014) 암흑 시대로 돌입하였고 연해 교역도 일시적으로 중지하였다. 계속된 연구들(E. Stern 1993b; Master 2009)은 이 교역이 중지되었다는 가설에 도전하고 교역이 계속 이루어졌다는 새로운 고고학적 증거를 내놓았다. 그래서 연해 교역이 철기 시대로 이어졌음을 암시하는 이집트의 『웬아문 이야기』(아래에서 심층적으로 다룸)와 같은 문헌 증거를 보완하였다.

후기 청동기의 붕괴가 지중해 전역의 교역에 광범위하게 영향을 미친 것이 분명하지만 새로운 증거는 이 교역 일부분이 철기 시대 제1기로 이어졌고 철기 시대 제2기에 페니키아가 주도하는 지중해 교역이 다시 활기를 띠게 했음을 보여 준다.

철기 시대 제2기에 연해 교역은 일차적으로 페니키아가 지중해를 가로질러 항해하여 식민지를 확장한 노력과 연관이 있다. 페니키아인들은 철기 시대 레반트 북부 해안에 두로, 시돈, 비블로스와 같은 주요 도시를 이루고 살던 가나안의 도시 국가 주민들이었다. 이 도시 국가들은 10세기부터 지중해를 가로질러 북아프리카에서 에게해까지 그리고 이탈리아, 스페인 심지어 포르투갈의 대서양 해안까지 대규모로 탐험하고 정착하는 계획을 실행했다(Neville 2007, 35). 페니키아인

---

[14] 하마의 이빨과 코끼리 엄니의 형태이다.

의 확장은 남부 레반트의 정치시스템들이 철이나 은과 같은 이 지역의 자원과 부에 더 쉽게 접근할 수 있도록 만들어주었다. 페니키아인들은 레반트와 메소포타미아에서 가져온 상품을 팔 새로운 시장을 발견하고 포도주와 올리브 기름을 이집트, 북아프리카, 스페인으로 운반했다. 아스글론(Stager 2003b), 터키(Greene, Leidwnger and Ozdas 2011), 스페인(Negueruela et al, 1995) 해안에서 발견된 B.C. 8세기부터 6세기까지 난파선들은 이 농산물을 운송하는 데 쓰는 암포라가 이 상인들의 중요한 화물이었음을 보여 준다.

페니키아인의 광범위한 교역 네트워크는 지중해 전역에 퍼진 페니키아의 해외 정착지 발굴을 통해 고고학적인 기록으로 남았다(Aubet 1993; Niemeyer 2000; 2006; Pappa 2013). 그중에 에스겔이 두로의 교역을 묘사한 것(겔 27장)은 가장 두드러진다. 거기서는 스페인. 키프러스, 아나톨리아, 에게해, 메소포타미아, 시리아, 유다, 아라비아 등과 같이 육로와 해로를 통한 두로의 교역상대자들을 묘사한다.

페니키아의 교역 물품은 철, 향료, 상아와 같은 값비싼 물건, 고급 천과 포도주와 기름과 같은 준 사치품 그리고 밀과 가축과 같은 부피가 큰 물건들이다. 7세기부터는 그리스 상인들이 등장하여 페니키아와 경쟁하고 자신들의 식민지와 상설무역 기지를 세웠다. 이것은 지중해 연안 곳곳에서 그리스 토기들의 발견이 증가하는 모습을 통해 알 수 있다(Tsetskhladze 2006; Waldbaum 1994; 1997).

4. 육상 교역

대상 형태의 육상 교역은 해운체계나 내륙을 오가며 물건을 운송할 때 필수적이었다. 많은 경우 천연자원의 위치와 생산 중심지와 소비 중심지의 위치 때문에 연해 교역이나 하천 시스템을 사용하는 것은 효율적이지 않았다. 이럴 때 물건은 짐을 지는 짐승을 이용하여 육로로 운송하였다.

2천년기와 3천년기의 나귀는 대상이 가장 흔하게 사용한 짐승이었다. 이것은 고대 앗수르와 아나톨리아의 카룸 카네쉬 사이를 오가는 구 앗수르 대상 교역 기록에 잘 나타난다(Barjamovic 2011; Larsen 1982; Veenhof 1972). 2천년기 말의 단봉낙타 사육(Uerpmann and Uerpmann 2012)은 이전에 접근이 어려웠던 지역에 새로운 길을 열어주었다.

나귀보다 악천후를 잘 이겨내고 많은 짐을 실을 수 있는 단봉낙타는 1 천년기에 특히 아라비아반도의 상단에게 인기가 많았다. 육상 교역의 물류에 관한 많은 정보는 구 앗수르 대상 문헌에 나온다. 하지만 철기 시대의 귀중품에 대한 장거리 교역에 가장 중요한 육상 운송로는 고대 남부 아라비아반도의 카라반 길이었고 그 길을 통해 아라비아반도의 향료를 지중해와 메소포타미아를 건너 시장으로 운반하였다(Eph'al 1982; Byrne 2003을 보라).

남부 아라비아반도 교역의 중요 생산품은 현대의 예멘에 있는 사바 왕국의 향료, 주로 유향과 몰약이었다(Groom 1981). 그러나 아라비아반도는 황금과 귀금속의 산지로도 잘 알려져 있었다. 남부 아라비아반도의 교역로가 정확히 언제 시작되었는지는 불명확하다. 아라비아 상단을 최초로 언급한 기록은 유프라테스강 중부에 있는 수후 지방의 설형 문자 문서에 나온다. 그 문서는 수후 총독이 데마와 사바에서 온 상단을 성공적으로 습격했다고 기록한다. 본문의 끝은 깨졌지만, 총독이 습격하여 철과 같은 비싼 물건, 귀금속, 해안에서 가져온 자주색 옷감과 같은 많은 물품을 얻은 것이 분명하다.

상단에서 발견한 물건들이 그들의 향신료를 메소포타미아와 북부 시리아/페니키아의 사치품과 거래한 뒤 아라비아반도로 되돌아가고 있었음을 보여 준다. 또 다른 초기의 증거는 솔로몬과 시바 여왕에 관한 성경 이야기에 나온다. 시바는 고대 사바로 잘 알려져 있고 여왕이 솔로몬에게 가져온 선물(낙타, 향신료, 황금과 귀금속[왕상 10:2])은 아라비아 사람들의 교역과 연관되어있다. 학자들은 이 만남을 사바가 솔로몬이 페니키아와 함께 에시온게벨에 함대를 창설하여(왕상 9장) 오빌로 가려고 시도한 뒤 홍해에서 이루어진 그들의 교역을 보호해준 답례라고 생각했다(Wiseman 1993, 129; Mulder 1998, 507).

존 할러데이(2006; 2009; 2014)는 아라비아 상인들로부터 받은 세금이 다윗과 이후의 통치자들이 궁전에 화려한 물건과 귀금속을 공급할 정도로 통일 왕국과 훗날 유다의 커다란 재원이 되었을 것이라고 주장했다. 통관 무역이 이 정도까지 소득을 올리게 해 주었다는 고고학적 증거나 문헌 증거는 하나도 없다(Tebes 2006; Faust and Weiss 2005).

그러나 성경 저자들은 이 수익성 좋은 교역의 존재를 분명히 알았다. 이사야는 "그들의 재물을 어린 나귀 등에 싣고 그들의 보물을 낙타 안장에 얹은"(사 30:6) 사람들에 대하여 말하고 "스바 사람들은 다 금과 유향을 가지고 오는"(사 60:6) 때를 예언한다. 에스겔은 남부 아라비아 교역에 대해 잘 알고 있었고 스바와 라아마의 상인들이 향료, 귀금속, 황금을 두로로 운송한다고 말한다(겔 27:20-22).

철기 시대 후반에 남부 아라비아 교역로의 상인들은 고대 근동과 지중해 상업에 두각을 나타냈고 신바벨론 제국이 나보니두스 시절에 아라비아로 확장정책을 펴도록 자극했던 것이 분명하다(Beaulieu 1989; Hausleiter 2006). 유다는 가사와 넓은 지중해로 가는 길목에서 유다 땅을 통과하는 상인들과 접촉하고 세금을 받아(할러데이가 제안한 정도는 아니지만) 어느 정도 이익을 얻었을 것이다.

5. 교역 참여

울루 부룬 난파선에서 발견한 풍부한 유물, 장거리 교역의 위험과 그런 사업투자에 필요한 자본을 전제로 학자들은 전통적으로 장거리 교역을 왕궁이 투자한 사업으로 보았다(Rainey 1963; Pulak 1997, 225; Heltzer 1996). 하지만 최근에는 이보다 복잡한 모습이었을 것이고 공식 상인과 개별 상인이 함께 포함되었을 것이라고 분석한다(Monroe 2009; 2010; Bongenaar 2000).

규모가 큰 교역은 왕실이 후원하고 직접 주도한 것이거나 왕실이 후원한 상인들의 활동으로 이루어졌다. 하지만 교역은 상인 조합이 개별적으로 하거나 부유한 엘리트의 후원으로 이루어지기도 했다(Monroe 2009, 181-89, 243-75; Manning and Hulin 2005, 273). 공식 상업과 개인 상업은 구별하기가 까다롭다. 왕실이 지명했을 수도 있고 개인의 상업적 이해 관계 때문에 사적으로 운영되었을 수도 있기 때문이다. 공식 교역과 개인 교역이 겹쳤을 상황은 특히 후기 청동기 시대 가나안의 도시 우가리트에 나온 문서에 뚜렷이 나타난다(McGeough 2015; Monroe 2009).

왕실 교역은 국제 외교 형식을 띤 왕궁 사이의 예물 교환, 왕들 사이의 조약이나 협의 사항 이행, 외국에 대한 장거리 교역 시도 등등 여러 가지 형태를 지닌다. 왕들 사이의 예물 교환은[15] 아마르나 문서에 잘 나타난다(Liverani 1979b; Chochavi-Rainey 1999). 이 문서는 후기 청동기 시대의 외교문서로서 의식절차를 따라 협상하는 언어를 사용한다(Zaccagnini 2000, 142-49; Avruch 2000).[16]

예물 교환은 미케네 왕실 경제의 일부이기도 하였다(Halstead 1992). 예물은 주는 일은 중요한 외교 관행이지만 예물 교환은 특정한 물건과 배경에 국한되어 있고 그래서 청동기 시대의 모든 거래를 설명해 주지는 않는다(Manning and Hulin 2005, 273).[17] 열왕기상 10장에서 스바 여왕이 솔로몬에게 인사치레로 준 선물은 솔로몬이 왕궁을 방문한 모든 사람에게 "해마다" 예물을 받았으므로(왕상 10:24-25) 국제 외교를 통한 교역 시도로 이해되어야 한다.

철기 시대 초기에 후원을 받아 이루어진 교역의 증거는 B.C. 11세기에 기록된 이집트의 『웬아문의 이야기』[18]에 나타난다. 웬아문은 비블로스 왕에게서 목재를 사려고 이집트에서 북부 레반트 해안으로 출발한다, 후원을 받은 교역은 솔로몬이 말을 사려고 이집트로 사람들을 보냈듯이(왕상 10:28) 왕실 신하나 왕실 상인이 시행했을 것이다. 왕실 교역의 다른 사례는 솔로몬이 두로 사람들과 연합하여 홍해에서 오빌까지 무역을 한 것(왕상 9장)과 유다 왕 여호사밧이 비슷한 방식으로 자신의 무역선을 지어 교역하려다가 실패한 것(왕상 22:48)도 포함된다. 이런 원정 무역의 사례들은 좀 더 이른 시대에 이집트 신 왕국 시대의 하트셉수트 왕비가 푼트 땅에 원정대를 보냈던 사례와 비슷하다. 이것은 그녀를 기념하여 지은 데일 엘 바흐리 사원 벽화에 그려져 있다.

왕실 사이의 거래가 성사된 사례는 솔로몬이 두로 왕과 체결한 조약에서 볼 수 있다(왕상 5:8-9). 히람은 솔로몬에게 왕궁과 성전 건축을 위해 목재, 금, 숙련된

---

15 이 예물은 친밀한 용어로 표현된다. 위대한 왕들은 서로를 친밀하게 언급하고("형제") 경제적 물건을 교환할 때 우정의 표시 또는 "안부"를 묻는 식의 은유를 사용한다(Zaccagnini 2000, 142-45).
16 계약을 체결할 때 예물을 줄 때 사용하는 언어는 창세기의 족장 이야기에 잘 나타난다. 특히 창 23장에서 아브라함이 막벨라 굴을 살 때 두드러지게 나타난다.
17 특히 성경에서 예물 교환의 언어는 봉사료 지급부터(왕상 15장; 삼상 9장) 조공 바치기(왕하 16:8; 시 72:10), 뇌물까지 수많은 거래를 담고 있다.
18 『웬아문의 이야기』는 왕실 기록을 소설처럼 다시 쓴 글로 믿어지며 그래서 여기에 포함된 대화는 저자의 작품이고 배경이 되는 사건들과 교역 책무는 일반적으로 역사적으로 적절한 것으로 여겨진다(Lichtheim 1976, 197; Egberts 2001, 495-96).

기술자들을 공급했고 대가로 갈릴리 땅과 해마다 밀과 기름을 받았다. 철기 시대 제2기에 앗수르의 에살핫돈 왕이 두로와 맺은 봉신 조약문은 왕궁과 왕이 세금과 규정을 통해 여전히 무역에 관심을 가졌음을 보여 준다.

대규모 왕실 상단 대신 다른 부유한 백성처럼 왕은 모종의 상업에 투자할 수 있었다. 앗수르 왕실의 신하들은 특별히 교역에 관심을 두고 페니키아의 상인들에게 투자한 적도 있다(Luukko and Van Buylaere 2002, nos. 127, 128, 113-15쪽). 상인들은 대부분 개별 상업조합의 일원이나 가족의 일원이었다. 상인의 상행위를 이해하기 위한 가장 좋은 기록은 구 앗수르 제국 시대의 것이며 앗수르와 카네쉬 사이의 육로 상단 교역에 대하여 방대한 문서를 갖고 있다.

이 상단은 외국 거주지나 식민지가 포함하고 있다. 교역집단은 흔하게 볼 수 있는 특징이며 철기 시대 제2기에 페니키아가 지중해 전역에 진출했을 때 그리고 나중에 그리스인들이 전략적 요충지에 식민지와 무역 전진기지를 세운 때에 다시 나타난다.

6. 결론

교역은 고대 근동의 삶 전체 영역에 스며있고 성경 세계도 예외가 아니었다. 성경은 장거리 교역에 초점을 두지 않지만, 교역은 솔로몬과 스바 여왕 이야기부터 에스겔의 두로에 대한 신탁까지 성경 본문의 중요한 배경이 되고 있다. 주요 육상 교역로와 항구를 장악하는 일은 고대 근동 국가들의 정치에서 중요한 동기 유발요소였고 열왕기서에 기록된 정치적 갈등의 배경이었다.

국가를 운영할 때 사치품 거래가 차지하는 역할을 이해하면 청동기 시대와 철기 시대에 고대 근동의 왕들이 계속해서 이국적인 물건을 얻으려고 하는 모습을 이해할 수 있는 틀이 된다.

제55장

성경 시대의 노예

리차드 아버벡(Richard Averbeck)

학자들은 (특히 멘델존 1949부터 시작하여) 고대 근동과 성경에서 노예라는 주제에 깊은 관심을 쏟아왔다. 노예는 고대 근동 세계와 고대 이스라엘의 중요한 제도였다. 노동력은 절실히 필요했고 연중 특별한 때가 되면 더욱 그랬다. 그런데도 신대륙 연구로 알려진 것처럼 고향 땅에서 사람들을 대량으로 포획하여 다른 나라(또는 다른 대륙)의 노동력으로 팔아넘기는 일은 성경을 포함하여 고대 근동에서는 일어나지 않았다.

외국인 노동력은 주로 전쟁 피난민이거나(Culbertson 2011c, 2-7, 11-12) 주요 채권자인 상인들이 노예무역을 통해 데리고 온 사람들이었다. 채권자들은 파산한 가족의 재산을 압류하여 채무를 갚는다는 명분으로 가족 중의 일부를 강제로 팔도록 만들었다(Neumann 2011, 25).

그러나 이스라엘이 이집트 노예 생활에서 구원받은 사건은 노예제도를 어떻게 보아야 하는지 그리고 어떻게 노예를 관리해야 하는지에 영향을 주었다. 여호와의 주요 관심은 이스라엘 사람들이 하나님의 소유이고 다른 어떤 신이나 인간의 소유가 아니라는 데 있었다. 그분은 이스라엘의 주님이고 주인이었다. 레위기 25:39-55의 노예 규정의 결론부에서 여호와는 이 점을 분명히 밝힌다.

> 이스라엘 자손은 나의 종들이 됨이라 그들은 내가 애굽 땅에서 인도하여 낸 내 종이요 나는 너희의 하나님 여호와이니라(레 25:55).

여기서 "종"이란 단어는 이전 문맥에서 보통 "노예"를 가리키는데 사용하는 말이다. 노예라는 용어는 백성과 지도자들이 하나님이나 그들의 신들과 맺은 관계 그리고 때로 영예로운 신분을 가진 사람들과 맺은 관계를 표현하는 은유였다.

1. 자료와 정의

이스라엘을 둘러싼 고대 근동의 노예에 관한 자료는 대부분 설형 문자로 기록되었고 그것은 다시 여러 가지 언어(이집트에서 나온 아람어 법률 문서)로 기록되었다. 특히, 법률집은 수메르어로 된 우르-남마 법(B.C. 21세기)과 리핏-이쉬타르 법(B.C. 20세기), 아카드어로 된 에쉬눈나 법(B.C. 18세기), 함무라비 법전(B.C. 18세기), 중기 앗수르 법(B.C. 13세기)과 신바벨론 법(B.C. 6세기), 그리고 히타이트어로 된 히타이트 법(B.C. 14세기) 등이 있다.

예외가 몇 개 있으나 노예에 적용하는 원리와 관습은 고대 근동 전역에서 공통으로 시행되었다. 하지만 문제점도 있다.

첫째, 용어가 때로 모호하고,

둘째, 노예가 된 사람들은 다양한 법적 규정으로 상이하게 취급되었다(Westbrook 2009b, 162-65; Allam 2001, 294; Larsen 2017; Magdalene 2014; 용어론에 대해 P. Williams 2011; 또 아래의 함무라비 법전에 관한 논의도 보라).

게다가 법전은 보통 노예의 "가정" 상황을 제시하지 않는다. 노동자들은 노예든 노예가 아니든 다양한 지위가 있었다. 이런 차이에 대해서는 경제와 행정 자료가 법전들보다 더 분명하다(Culbertson 2011b). 이를테면 고대 근동의 가정 상황에서 노예를 연구해보면 노예가 실제로 "고대 근동 사회의 노동 영역에서 무시해도 좋을 만큼의 역할"을 했음을 보여 준다(Culbertson 2011c, 1, 7; Neumann 2011, 21). 고대 메소포타미아에서 가정 개념은 성전을 신들의 가정, 궁전을 통치자의 가정으로 확대한다(Neumann 2011, 26-27; Kleber 2011; Tenney 2011). 더구나 가정은 거주하는 장소가 아니라 생산하는 장소로서 채무 노예나 단순 노예가 될 어린이들을 기르는 곳이기도 하였다(Garroway 2014, 113-55).

"가정"은 종종 같은 부모 아래 태어나 식구들이나 대가족 이외의 사람들이 포함되어 있었다. 가족 안에는 가족과 함께 가족을 위해 일하는 사람들이 있었다. 그러므로 노예를 가정의 맥락 안에서 다룰 때 그들의 신분을 가정 안에서 차지하는 능력과 할 일감과 상황에 따라 그리고 관계에 따라 생각하는 것이 본질적으로 중요하다(Culbertson 2001a, 35).

물론 그들은 학대받을 여지가 많았으나 채무 노예와 단순 노예를 인간적으로 대하는 문제를 두고 실질적인 관심사를 보이기도 하였다. 물론 후자보다 전자의 경우가 많은 것이 현실이었다. 일반적으로 채무 노예는 태어난 가족과 채무 노예 사이에 남아 있는 관계를 존중하였으므로 단순 노예와 차이가 있었다. 하지만 단순 노예의 경우는 집이나 성전이나 궁전에서 주인의 소유물이고 구성원이었다.

2. 채무 노예

이스라엘에는 두 종류의 노예가 있었다. 하나는 일시적인 채무 노예이고 다른 하나는 영구적인 단순 노예이다. 둘의 용어는 같으나 성경의 법전에서는 구별한다. 이를테면 이스라엘 사람을 단순 노예로 부리는 일은 허용되지 않았다(레 25:44-46). 그래서 바벨론 포로로 잡혀간 유다 사람들의 처지를 그런 식으로 이해했던 것 같다(Magdalene 2011). 그러나 채무 노예가 된 이스라엘 사람들은 특히 주인을 통해 가정을 꾸렸을 경우 주인을 사랑하고 사이가 좋아서 자발적으로 단순 노예가 되는 수도 있었다(신 15:16-17).

1) 고대 근동의 채무 노예

고대 근동의 특정 노예 법이 채무 노예를 다루는지 단순 노예를 다루는지 또는 소작농처럼 다른 제도적 상황을 다루고 있는지 불확실할 때가 종종 있다. 우리는 여기서 성경의 채무 노예 규정을 이해하기 위해 채무 노예를 언급하지 않은 경우라도 모든 노예 규정을 망라해서 다룰 것이다.

(1) 누가 얼마 동안 채무 노예로 팔렸는가?

우리는 법전이 아니라 다른 법률 문서를 통해 채무 노예가 B.C. 3천 년대까지 거슬러 올라가는 잘 알려진 관습이었음을 알고 있다. 채무자는 자신은 물론이고 자기 자녀와 노예를 채무변제를 위해 팔 수 있었다(Neumann 2011, 24).

먼저 함무라비 법전의 특정 규정을 살펴보자.

> 만일 이행할 의무가 상당히 큰 사람이 있어 자기 아내, 자기 아들이나 딸을 채무를 갚기 위해 판다면 그들을 산 사람이나 채권자의 집에서 3년을 봉사해야 한다. 4년째는 그들을 풀어주어야 한다(117조 항[M.Roth 1997, 103]).

여기서 3년간 봉사와 4년째 해방이 흥미롭다. 성경의 율법에는 채무 노예가 6년간 봉사하고 7년째 해방하라고 되어 있기 때문이다. 두 가지 경우, 법은 노동한 햇수로 채무와 이자까지 갚을 것을 염두에 둔 것 같다(Greengus 2011, 89-91).

이어지는 법은 관계가 있으나 똑같이 생각하지 않는다.

> 채무 때문에 남종이나 여종을 둔 상인은 기한을 연장하여(3년을 초과해서) 팔 수 있다. 재산으로 주장할 근거는 없다(함무라비 법전 118조 항).

이 경우 채무자는 남종이나 여종을 채권자에게 빚 대신 팔 수 있다. 빚을 3년 이내에 청산하지 못하면 채권자는 노예를 팔아 이익을 얻을 수 있다. 노예가 제공한 3년의 봉사로 채권자의 투자액이 완전히 갚아지는 것은 아니다.

하지만 여기에는 "노예"란 용어가 없고 마르타 로트(Martha Roth)가 "채무 봉사"로 번역한 키샤투(kiššātu)란 용어를 쓴다. 레이먼드 웨스트브룩(Raymond Westbrook)은 그것을 융자로 얻은 채무가 아니라 사소한 범죄를 갚는데 필요한 "배상금"으로 간주한다(Westbrook 2009a, 150; 2009b, 169의 논의를 보라; Neumann 2011, 23도 보라). 그러므로 이 법은 채무 노예와 상관이 없고 법을 어긴 이유로 다른 사람에게 배상하는 두 가지 방식과 상관이 있을 것이다. 이것은 고대 근동의 법과 상황 논리가 성경의 채무 노예와 얼마나 다른지를 보여주는 좋은 사례이다. 하지만 유용하게 비교할 수 있는 정보이다.

(2) 노예의 결혼

우르-남마 법의 4조는 노예의 결혼에 대한 다음 규정이 있다.

> 남종이 사랑하는 여종과 결혼한 뒤 (나중에) 자유롭게 되면 그/그녀는 집을 떠날 수(또는 집에서 쫓겨날 수) 없다(M. Roth 1997, 17).

마지막 문장의 수메르 동사는 "그" 또는 "그녀"로 번역할 수 있지만 "그녀는 (소유주의) 집을 떠나지 못한다"로 번역해야 한다(Greengus 2011, 90).

그렇다면 이 법은 출애굽기 21:4의 "만일 [채무 노예의] 상전이 그에게 아내를 주어 그의 아내가 아들이나 딸을 낳았으면 그의 아내와 그의 자식들은 상전에게 속할 것이요 그는 단신으로 나갈 것이로되"와 비슷하다. 채무 노예는 아내로 삼을 여인에게 지참금을 주지 않았고 더구나 그녀와 그녀가 낳은 자식들은 명백히 주인 소유이기 때문이다. 남종이 채무 노예에서 벗어나 자기 가정을 꾸리려면 노예 값을 변상해야 했다.

(3) 노예 신분의 표시

함무라비 법전 226-227조는 노예의 머리채를 다룬다.

> 이발사가 노예 주인의 허락을 받지 않고 자기 소유가 아닌 노예의 머리채를 자르면 그의 손을 잘라야 한다(226조[M. Roth 1997, 124]).

고대 근동 조약문은 보통 도망간 노예를 돌려주는 조항을 갖고 있다. 일반적으로 노예들은 노예라는 표시가 있으므로 붙잡혀 되돌아갈 수 있었다. 출애굽기 21:6과 신명기 15:16-17에 따르면 자원하여 영구적인 노예가 되기로 작정한 채무 노예의 주인은 "송곳으로 그의 귀를 뚫어야 한다"(출 21:6). 물론 이 경우 그것은 노예가 도망하지 못하게 하려는 것이 아니라 주인의 영원한 소유이며 영원히 노예 신분이라는 표시이다.

(4) 노예가 입히거나 입은 상처

함무라비 법전 199조, 205조, 213-14조, 217조, 219-20조, 223조(M. Roth 1997, 121-24)와 히타이트 법 8조, 12조, 14조, 16조, 18조(Hoffner 1997a, 218-9)는 노예가 자유인이나 다른 노예에게 입은 상처 또는 노예가 자유인에게 입힌 상처에 관한 조항들이다. 이 규정들은 출애굽기 21:20-21, 26-27, 32의 것을 연상시키지만 후자가 채무 노예인지 단순 노예인지는 논란이 된다(Greengus 2011, 122-28; Westbrook 1988b, 89-109). 둘 중 하나만 적용되는 것도 있고 둘에게 모두 적용되는 것도 있다.

이를테면 출애굽기 21:32의 규정은 소가 노예를 받으면 소 임자가 (노예의 주인에게) 은 삼십 세겔을 내고 죽음을 면하게 해주므로 단순 노예에게 해당하는 것 같다(참고, 함무라비 법전 229-31조, 251-52조). 반면 출애굽기 22:3b는 "도둑은 반드시 배상할 것이나 배상할 것이 없으면 그 몸을 팔아 그 도둑질한 것을 배상할 것이요"라고 말한다. 이것은 채무 노예의 기간이 도둑질한 것을 배상할 때까지라고 생각하는 것 같다(Westbrook 2009b, 177-78; Neumann 2011, 23; Allam 2001, 294는 범죄 때문에 노예가 된 경우를 다룬다).

(5) 노예 신분에 대한 다툼

리핏-이쉬타르 법 14조에 따르면 "노예가 주인과 노예 신분을 놓고 다투고 주인이 노예에게 갑절로 배상해주어야 한다면 그는 자유이다"(M. Roth 1997, 28-29). 이 경우 노예는 봉사를 통해 이자와 함께 채무를 다 갚으면 풀어주어야 하는 채무 노예이다. "갑절"을 준다는 말은 신명기 15:18a "그가 여섯 해 동안에 품꾼의 삯의 배나 받을 만큼 너를 섬겼은즉 너는 그를 놓아 자유하게 하기를 어렵게 여기지 말라"와 관계가 있다.

함무라비 법전의 마지막 규정은 "만일 노예가 주인에게 '당신은 나의 주인이 아니다'라고 선언하면 주인은 여전히 자기 노예라는 증거를 가져오면 주인은 노예의 귀를 잘라야 한다"라고 말한다(282조[M. Roth 1997, 132]). 마지막 직전의 두 개의 법은 자국인 노예와 외국인 노예를 구분한다.

> 외국에서 다른 사람의 남종이나 여종을 샀는데 자기 나라를 여행하는 중에 남종이나 여종의 주인이 자신의 나라 사람이라는 것을 알게 되면 그들은 돈을 내지 않고도 풀어주어야 한다(280조).

281조에 따르면 "그들이 다른 나라 사람이면" 구매자는 지급 금액을 알려서 그 소유자가 "자기 남종이나 여종의 값을 배상하고 되찾을 수 있다." 이렇게 이스라엘뿐 아니라 고대 근동에서는 자국인 노예와 외국인 노예를 구별하였다.

2) 고대 이스라엘의 채무 노예

앞 단락은 오경과 비교되는 설형 문자 법률들을 살펴보았다. 여기서는 성경의 법전들 사이에 나타나는 유사성과 차이점을 알아볼 것이다.[19] 채무 노예에 관한 법이 기록된 문단은 세 곳이고 각각 토라의 세 가지 법전에 들어있다. 그것은 언약 법전(출 21-23장)의 출애굽기 21:2-11, 성결 법전(레 17-27장)의 레위기 25:39-43, 그리고 신명기 법전(신 12-26장)의 신명기 15:12-18이다(Chirichigno 1993을 보라). 학자들은 이 규정들의 관계에 대하여 많은 논의를 해왔다. 출애굽기와 신명기의 법전들의 유사점들은 중요하다. 두 단락의 채무 노예는 히브리 사람이며 육 년 일하고 칠 년째 방면된다(출 21:2; 신 15:12).

두 경우 모두 채무 노예가 주인 가정의 형편이 좋아서 종신토록 주인집의 종이 되기를 선택할 수 있다는 점에서 비슷하다(출 21:5-6; 신 15:16-17). 출애굽기 21장에서 이것은 노예가 주인에게 좋은 대우를 받을 뿐만 아니라 아내를 맞이하여 자녀를 낳아주었기 때문이다. 후자의 가능성은 신명기 15장에 고려되지 않고 있으나 그런데도 채무 노예는 "너와 네 집을 사랑하므로 너와 동거하기를 좋게 여기기"(16절) 때문에 종신토록 주인의 종이 되기를 원한다.

---

19 고대 글쓰기 관행, 오늘날 적용하고 있는 자료비평에 대한 비판, 그리고 성경 법전들 사이의 관계에 관한 유용한 논의를 위해 Berman 2017, 148-98을 보라. 또 성경의 노예 법에 대한 자세한 논의를 위해 Averbeck(근간)을 보라.

또 다른 차이는 여성 채무 노예의 신분이다. 신명기 15장은 결혼을 언급하지 않는다. 그녀는 홀몸이다(12, 17b절). 하지만 출애굽기 21장 규정의 두 번째 부분은 여성 채무 노예에 관한 것이며 다른 가족의 딸로서 주인이 "상관하거나"(8절) "자기 아들에게 주려고"(9절) 한 여성 채무 노예에 관한 규정이다. 어떤 이는 이 딸이 결혼을 언급하지도 않으며 이혼은 아닌데 관계를 하지 않아서 속량된 딸이므로(8절) 첩일 것이라고 주장한다(Westbrook 2009a, 150-56).

다른 이는 합법적 결혼을 가리킨다고 주장한다(Averbeck 근간). 본문은 두 가지 점에서 이 견해를 지지한다.

첫째, 만일 그녀가 주인의 아들과 약혼한다면 "딸" 신분을 갖게 된다(9절).
둘째, 10절의 동사 "(다른 여인에게 장가)들다"라는 정상적인 결혼에 사용하는 동사이다.

여하간 이 규정은 딸과 그 가족을 보호하고 있다는 점을 분명히 한다. 주인이 이 보호 규정을 외면하면 여성 채무 노예는 남성 채무 노예처럼 자유를 얻는다(11b절; 참고, 2절).

레위기 25:39-43은 매우 다르고 고대 근동에서 이스라엘만 가진 독특한 규정이다(47-54절의 이스라엘 사람이 아닌 사람에게 채무 노예가 된 경우도 보라). 문맥은 안식년과 희년 규정이다. 채무 노예를 해방하는 때는 출애굽기 21:2과 신명기 15:12처럼 7년째 해가 아니라 제50년째 희년이다(40절). 이 규정과 출애굽기 21장과 신명기 15장의 관계를 다르게 보는 견해들이 있다(Averbeck 근간; Garroway 2014, 134-37과 거기서 인용한 문헌들을 보라). 역사비평적 견해와 다른 제안들을 들여다보지 않아도 가족의 토지(즉 상속받은 기업)를 채권자에게 잃어버린 가족이 있는 것(41b, 47절)을 알 수 있다.

그러므로 아버지가 아니라 온 가족이 채무 노예가 된 것이다(41a절에서 자녀를 언급함). 빚을 받아야 하는 주인이 일하는 동안 그들을 부양할 책임이 있으므로 이것은 가족의 부양수단이었다. 자신을 가족과 함께 판 사람은 동료 이스라엘 사람에게든 이스라엘 사람이 아닌 자에게든 고용노동자나 거주하는 이방인(객)으로 여기고 채무 노예가 아니므로 거칠게 다루지 않아야 했다(39-40a, 42b-43, 53).

제50년째 해에 해방되므로 그들은 이론상 49년 동안 고용된 일꾼이었고 그동안 아버지와 가족 중 누군가는 이미 죽었을 수도 있다. 그래도 그들의 부양수단(즉 상속받은 토지)은 희년이 되어야 복구되므로 더 일찍 해방된다 해도 별 의미가 없다. 가족은 그동안 노동을 통해 주인에게 진 빚을 갚았다.

요약하면 출애굽기 21:2-11과 신명기 15:12-18은 가족의 채무를 갚기 위해 채무 노예가 된 사람을 언급한다. 그들은 아마 6년간 봉사한 뒤에 가족의 품으로 돌아갔을 것이다. 달리 말해서 가족은 땅을 잃지는 않았으나 채무로 인해 재정적 궁핍을 겪었고 구제가 필요한 상태이다. 구제를 받는 방법은 가족 한두 명이 채무 노예가 되어 6년간 섬기는 일이었다. 이것이 사실상 빈곤을 피하기 위한 "안전장치" 역할을 했다. 레위기 25:39-43(47-54절과 함께)은 실제로 빈곤해져서 상속받은 토지를 잃어버린 가족을 다룬다. 이 경우는 매우 절박한 상황이라 온 가족이 채무 노예가 되었으나 가족들이 채무 노예가 아니라 고용된 일꾼으로 취급받는다.

3. 단순 노예

위에서 주시한 대로 고대 근동 자료를 보고 가정의 맥락에서 채무 노예인지 단순 노예인지 다른 신분을 지닌 사람인지를 말하기가 어렵다. 고대 이스라엘에서 단순 노예는 주변 민족들로부터 사거나 주변에 사는 객이나 전쟁포로 또는 전쟁 난민 가운데서 구했다. 이스라엘 가족은 그들을 세대를 물려가면서 소유했다(레 25:44-46; 신 21:10, 14 [다른 구절들은 아래를 보라]). 일찍이 유대 민족의 조상 아브라함에게 단순 노예가 있었다. 그중에는 자기 집에서 태어난 자도 있었고 외국인들에게서 산 자들도 있었다(창 12:16; 17:23, 27). 이삭도 그랬고(창 26:19) 야곱도 그랬다(창 30:43)(G. Haas 2003, 779-81). 이것은 고대 이스라엘이나 고대 근동의 정상적으로 예상했던 제도였다.

1) 고대 근동의 단순 노예

위에서 논의한 규정 다수는 실제로 단순 노예에 관한 것이지만 성경의 채무 노예 규정에 적용할 점이 있어서 다루었다. 에쉬눈나 법 40조에 나온 대로 단순 노예는 때가 되면 사서 재산으로 취급했다(참고, 함무라비 법전 7조; Seri 2011, 49-51).

> 남종이나 여종, 소나 다른 것을 샀는데 파는 자가 누군지를 모르는 사람은 도둑이다(에쉬눈나 법 40조[M. Roth 1997, 65]).

에쉬눈나 법 49-52조는 도둑맞거나 도망간 노예 문제를 다루는데 종이라는 표시를 하거나 다른 방도를 통해 막는 일을 언급한다(Westbrook 2009b, 209-14의 상세한 논의와 위의 함무라비 법전 226-27조에 대한 언급을 보라).

> 도둑맞은 남종이나 여종을 붙잡은 자는 남종은 남종으로 여종은 여종으로 삼아야 한다(에쉬눈나 법 49조[M. Roth 1997, 66]).

확실치 않으나 이 법의 두 번째 구절은 남종이나 여종을 훔친 자는 훔쳐 간 종을 돌려주고 다른 종과 똑같은 신분을 지니도록 해야 한다는 의미 같다(M. Roth 1997, 70n26).

에쉬눈나 법 50조는 도망간 종이나 길 잃은 소나 나귀를 붙잡은 "권세 있는 사람"은 돌려주어야 한다고 말한다. 그들을 자기 집에 한 달 이상 간직하면 도둑질한 것으로 고소당할 수 있다. 이어지는 두 가지 법(에쉬눈나 법 51-52조[M. Roth 1997, 67])은 "족쇄, 쇠고랑, 또는 종의 머리채"가 도둑질당하거나 도망 방지용으로 사용되었음을 가리킨다. 이를테면 도난 방지책이나 도망한 노예에 대한 더욱 심한 처벌을 보면 얼굴에 "도망자! 붙잡으라!"라는 표시를 새겼다(Westbrook 2009b, 210). 함무라비 법전 15-16조에 따르면 노예의 도망을 돕거나 도망 나온 노예가 머무른 사람은 사형을 당한다고 기록한다.

우르-남마 법 24조는 상해에 대한 변상을 위해 여종을 주었다. 신명기 23:15-16이 여기에 해당된다(아래에서 인용). 고대 이스라엘 사람들은 심한 대우를 받았기 때문에 도망 나온 종들을 돌려주려고 하지 않았다.

가끔 여종들은 부인이 자식을 낳지 못하거나 신분상 자식을 낳지 못하는 사람(예, 바벨론의 나디투[nadītu], "성전에 바쳐진 여성"[함무라비 법전 144-47조])에게 대리모가 되어 자식을 낳아주기도 하였다. 성경에는 하갈이 단순 노예이며 사라가 아브람에게 이 목적으로 준 여성이었다(창 16장)(Avebeck 2011에 이 관행에 논의를 보라).

함무라비 법전 146조는 창세기 16장과 비교적 유사한 사례를 언급한다. 거기서 하갈이 사라 앞에서 거만하게 굴었고 이에 사라가 하갈을 심하게 대하므로 하갈은 결국 집을 벗어나 도피하였다.

> 나디투(nadītu)와 결혼한 자의 아내가 여종을 남편에게 주고 여종이 아이를 배어 여주인과 똑같이 처신하면—아이를 낳았으므로 여주인은 그녀를 팔지 못할 것이요 머리채를 만들어 다른 여종들로 여겨야 한다(함무라비 법전 146조[M. Roth 1997, 109]).

함무라비 법전 170-71조는 여종 자식의 상속권을 다룬다(참고. 리핏-이쉬타르 법 25-26조[M. Roth 1997, 31]). 그것은 그들의 아버지가 "내 자녀"라고 선언하느냐에 따랐다. 아브람은 여호와가 상속자를 분명히 밝힐 때까지 하갈의 아들 이스마엘을 상속자로 여겼다(창 17:17-22).

2) 고대 이스라엘의 단순 노예

위에서 언급한 대로 레위기 25:39-43의 채무 노예 규정은 이스라엘 사람이 가난하고 궁핍하여 가족이 상속한 토지마저 잃게 되면 그와 그의 가족은 토지를 되돌려주는 희년까지 "채무 노예"가 될 수가 있다. 더구나 그들은 그와 그의 가족에게 "종처럼 섬기도록" 하면 안 된다.

그들은 "고용 노동자나 일꾼"으로 여겨야 한다. 심지어 어느 가족이 가족의 토지를 그 땅에 거주하는 비 이스라엘 사람에게 잃었으면 "주인은 그를 매년의 삯꾼과 같이 여기고 네 목전에서 엄히 부리지 말지니라"(레 25:53).

이 규정은 이스라엘 사람들이 채무 노예(이스라엘 교포)와 단순 노예(외국인)을 구별하였음을 보여 준다. 레위기 25:53의 마지막 구절은 채무 노예와 대조적으로 단순 노예는 엄하게 취급되었음을 보여 준다.

레위기 25:44-45은 잠시 단순 노예 문제를 다룬다. 고대 이스라엘에는 이스라엘 사람을 단순 노예로 부리는 일은 없어야 하지만 외국인 단순 노예를 소유하는 일은 허용되었다. 그러나 이스라엘 사람이 아닌 단순 노예도 보호받았다. 출애굽기 21:20-21, 26-27, 32의 상해규정으로 이것을 알 수 있다(위의 논의를 보라).

위에서 살펴본 대로 단순 노예는 때로 전쟁 난민이었다(참고, 이집트에 관하여 Al-lam 2001, 294-95). 신명기 21:10-14은 전쟁으로 부모를 잃은 여성 전쟁 난민을 다룬다. 그녀가 마음에 들어 아내로 삼고 싶은 이스라엘 남성은 자기 집으로 데리고 가서 전쟁의 후유증에서 회복시켜 주고 그녀의 부모를 위해 한 달 동안 애곡 하도록 할 수 있다. 이 법의 마지막은 "그 후로 네가 그를 기뻐하지 아니하거든 그의 마음대로 가게 하고 결코 돈을 받고 팔지 말지라 네가 그를 욕 보였은 즉 종으로 여기지 말지니라"라고 말한다.

게다가 신명기 23:15-16에 따르면 "종이 그의 주인을 피하여 네게로 도망하거든 너는 그의 주인에게 돌려주지 말고 그가 네 성읍 중에서 원하는 곳을 택하는 대로 너와 함께 네 가운데에 거주하게 하고 그를 압제하지 말지니라"라고 말한다. 도망한 종이라면 압제를 받았기 때문이고 똑같은 처지로 되돌려 보내지 말라는 의미였다.

4. 결론

위에서 살펴본 구절들을 전제로 성경과 고대 근동의 노예제도에 관하여 중요한 결론 몇 가지를 내릴 수 있다.

(1) 단순 노예와 채무 노예가 고대 세계에 있었으나 둘은 아주 다른 제도였다.
(2) 고대 근동에서는 동족 가운데 단순 노예로 삼은 자들이 얼마나 있었는지 모른다.
그러나 이스라엘에서는 허락되지 않았다.
(3) 단순 노예는 인간적 대우를 받지 못했다. 그들의 낮은 신분이 어느 정도인지 또 어떤 성격을 지녔는지는 논란이 있다.
(4) 성경의 노예 법은 고대 근동과 약간 다르나 제도적으로는 아주 비슷했다.
(5) 고대 노예제도는 신대륙의 제도처럼 운용되지 않았다. 둘 다 비인간적으로 취급했다는 사실은 같다.
(6) 성경의 규정들은 조금씩 차이가 있고 여러 가지 설명을 덧붙인다. 자료가 달라서, 사회상황이 달라서, 지혜의 관점이 달라서 등등으로 설명한다. 위에서 다룬 성경의 노예 법은 오경의 규정들은 안으로서 서로 일관성을 지니고 있음을 볼 수 있다.
(7) 성경의 규정들은 이상적 사회를 만들려고 한 것이 아니고 이스라엘이 자신들의 시대와 장소에서 여호와와 맺은 언약 속에서 지혜롭게 살아가는 삶을 위해 제시한 것이다. 구약의 법은 삶의 이상(예, 십계명, 예수가 압축한 두 가지 계명, 그리고 더 많은 가르침)을 간직하고 있지만 여기서 논의한 규정들과 기타의 규정들은 이 이상을 보다 현실적으로 고대 이스라엘 사회에 적용한 것들이다.

제56장

고대 이스라엘의 지역 경제

피터 알트만(Peter Altman)

1. 개관

경제의 고찰—어느 나라, 장소, 시기에 상품과 서비스를 생산하고 사고파는 과정이나 체계의 구조나 조건—은 특별히 성경학과 고대 근동학에서 최근에 대두되었다. 솔직히 성경과 고대 세계의 기록들은 현대 경제학자에게 중요한 표시로서 국민총생산, 통화팽창, 저축률을 정확하게 측정하기가 불가능하다. 이런 상황이 고대 이스라엘의 경제를 이해하기 어렵게 만든다.

여하간 현대사회처럼 경제에 대한 일반적 접근은 인간과 사회의 성격에 대한 철학적, 신학적, 정치적 질문이 경제가 내부에서 어떻게 작동하는지를 이해하려는 시도가 중요하기 때문에 논쟁을 일으킨다.

개인들은 이익을 추구하고 얻으려는 동기가 있는가?(자본주의[성경 연구에 대하여 Guillaume 2012를 보라])

경제적 갈등은 인간의 핵심적 본성인가?(마르크스주의[Boer 2015])

하지만 지역 경제를 조사하는 일은 고대 세계 전체와 특히 이스라엘에서 간단한 일이다. 일반적으로 말해서 제국과 개별 국가 무대에서 종교와 정치의 변화와 관계없이 고대 이스라엘의 대다수 사람은 일차적으로 지역 환경에 얽매인 세상에서 살았다. 제국과 왕이 변해도 이들이 식량을 생산하고 생존하기 위해 매일 하는 일은 크게 변하지 않았다.

현대사회에서 경제를 바라보는 지배적 방식은 고대 이스라엘을 보는 틀을 처음부터 몇 가지 조정한다.

첫째, "경제"가 사회와 구별된 별개의 영역이라는 생각은 성경 시대에 존재하지 않았다. 하지만 경제 영역이 개별적으로 다루어지지 않는다고 해서 경제적 질문과 관심사가 없다는 뜻은 아니다. 가족, 농업, 성전과 종교, 정치는 전부 현대 세계의 경제로 볼 수 있는 측면들을 갖고 있다.

둘째, 역사적 시기의 마지막 무렵에 나타난 중요한 소수의 본문을 제외하면 구약은 동전이 생기기 전의 시대를 나타낸다. 개인과 사회의 부는 셀 수 있는 화폐로 측정하지 않았다. 특별히 신분이 새겨진 독특한 선물들은 가족과 개인의 부를 증명해주었다.

셋째, 고대 이스라엘의 경제에 대하여 말할 수 있는 자료는 여러 가지 다른 자료가 있다.

(1) 고고학적 유물은 고대 이스라엘이 사용한 거주지와 소유물을 보여 준다.
(2) 성경 외의 문헌—특히 계약 문서나 경제 협약 기록—은 실제적인 경제 거래를 보여 준다.
(3) 성경 본문은 고대 이스라엘과 유다의 공동체 일원이 경제적 상황을 경험하거나 다루는 모습에 대한 특정한 관점을 보여 준다.

넷째, 신명기 8:7-10과 같은 본문은 이스라엘 땅을 농산물과 광물이 풍부한 목가적 장소이며 하나님의 계명을 순종하는 하는 동안 번성할 것이라고 묘사하는데 이것은 이스라엘 지리의 다양성을 가리킨다. 고대 이스라엘과 유다 사람은 대개 비교적 좁은 지리적 여건 속에서 살았기 때문에 지정학적인 환경과 기후 조건은 경제 현실에 큰 차이를 만들었다. 이스라엘 경제는 하나가 아니었고 다양한 지역 경제들이 있었다.

이런 배경 가운데 가장 두드러진 것은 이스라엘 산지에 자리한 작은 촌락이나 동네이다. 산간지대는 포도와 올리브 기름과 같은 주요작물을 재배하는 데 적합한 기후와 장소를 제공해주었다. 이런 배경 속에서 곡식을 충분히 생산하는 일은 매년 반복되는 과제였다. 반면 포도나무와 올리브 나무 재배는 적어도 몇 년 동안 열매를 따서 혜택을 볼 수 없으므로 장기간의 여유를 두어야 했다(올리브 나무는 더 길다).

결과적으로 이스라엘 가정은 매년 충분한 곡식 수확의 압력도 받았고 동시에 이전 세대와 후세대가 함께 계속 포도, 올리브, 그리고 다른 작물을 재배하였다. 이 마을들의 고고학적 유물들은 사회경제적 위상이 거의 차이가 없다는 것을 보여 준다. 가정들은 서로의 생존을 위해 크게 의지했고 작황 실패의 위기가 퍼지면 공동체에 큰 문제가 되었다(Houston 2008, 21을 보라).

또 다른 지역 경제는 남부 네겝의 건조지대에서 경험된다. 여기는 대체로 양과 염소를 기르기에 적합하다(소는 보통 쟁기를 끈다). 하지만 축산인과 정착 경작자는—보다 우호적인 환경에서—서로 상당히 의지하는 경향이 많다(종종 서로 연관되어있다). 특히 신앗수르 제국 시대부터(B.C. 8세기, 성경 이야기의 분열 왕국 시대) 아라비아 교역 상단이 이 지역을 가로질러 지중해로 갔다. 결과적으로 지역 정착지들은 외부 집단과 모종의 교역을 했다.

고대 이스라엘에서 "도시"라고 부를 만한 곳은 몇 군데 없다. 그래도 포로 전기의 예루살렘과 사마리아 그리고 아스글론, 도르, 가사 같은 해안지역은 주민이 많아서 도시 같은 모습을 지닐 정도로 발전했다. 이 지역들은 발전할 만한 특정 요소들이 있었다. 사마리아와 예루살렘은 수도였고(예루살렘은 매우 중요한 성소가 있었다) 블레셋 도시 아스글론, 도르와 가사는 주요 항구도시로서 대도시 같은 모습을 지녔다.

가사는 포로 후기에 아라비아의 향료와 이집트 상품(가사는 이집트로 가는 관문이었음)과 메소포타미아에서 온 물건을 교역하는 중심지로 성장했다. 그리스 역사가 헤로도토스는 가사의 크기를 대형 도시 사르디스(3.5)와 비교할 정도였다.

해안과 유다 산지와 에브라임 산지(즉 분열 왕국 시대의 북 "이스라엘") 사이에 세펠라라고 부르는 비옥한 구릉 지대와 북쪽의 이스르엘 계곡은 곡식과 다른 농작물의 주산지였다. 하지만 서쪽의 블레셋과 북쪽의 아람이 국경을 이루었다. 이런 배경은 정치적 유대관계가 달라짐에 따라 안정적인 농작물 수확을 위협했다. 그러나 바람직한 상황들은 그 지역을 번창하도록 만들었다. 이를테면 아스글론과 가까운 세펠라는 곡식이나 다른 농산물을 지중해의 다른 곳에서 들어온 상품과 교역하는 일에 참여하였다(Master 2003).

다섯째, 바벨론과 이집트의 유대인 포로 공동체는 제국과 외국인과 맺은 밀접한 관계로 인하여 다른 경제가 펼쳐졌다. B.C. 587/586년 예루살렘이 바벨론 제국에게 파괴된 후 유다의 도심지들은 상당히 쇠퇴했다. 유다의 변두리 시골 경제가 쇠퇴했는지에 대해서는 논란이 있으나 엘리트를 포함하여 상당수 유다 주민들은 포로가 되어 바벨론 도시와 시골의 농업 중심지로 끌려갔다. 그들의 바벨론 생활은 아주 다양했다. B.C. 6세기에는 왕실 상인이 되기도 하고(Astola 2017) 제국의 관료가 된 유대인 포로가 있었다(Y. Bloch 2014). 이러한 영향들은 최소한 포로로 잡혀간 유대인 공동체의 경제적 경험을 보여 준다.

다른 기록들(Pearce 2006, 400을 보라)은 바벨론에 "유대의 도시"란 뜻의 알 야후다(āl-Yāhūda)라고 부르는 마을을 언급하는데 그곳에 사는 주민의 출신을 나타낸다. 이 문서는 늦어도 유다의 정복과 예루살렘을 파괴한 지 수십 년이 지난 B.C. 572년에 기록된 것이다. 이 증거는 유대인 "민족"의 공동체를 강조한다(참고, 겔 8:17; 렘 29:1, 25).

바벨론에 가장 많은 수의 유대인 이름이 등장하는 것은 무라슈 "회사"의 문서보관소를 통해서 알려진다. 그곳은 B.C. 450년경 바그다드 남동쪽 100마일(160km) 떨어진 니푸르 지역에서 가족이 운영하는 회사였다. 신바벨론 제국과 특히 페르시아 제국은 인종 집단과 특정 직업군에게 토지를 수여하였다. 그 대가로 이 집단들은 군인과 노동력과 세금을 냈다. 이 기록에 나타난 유대인 농부들은 작은 농지를 갖고 있으며 곡식을 무라슈 회사와 주고 왕실 세금이나 군인 경비를 낼 은을 얻기로 계약을 맺었다. 다수의 농민은 큰 빚을 질 수밖에 없었다. 그러므로 포로기 유대인의 경험은 아주 다양했다. 번영하기도 하고 고생하기도 했다.[20]

2. 가족/가정

위에서 살펴본 대로 고대 이스라엘과 구약성경 시대 주변 민족들은 일생을 작은 시골 마을이나 동네에 살았다. 룻기에 묘사된 것과 비슷하다. 경제적 생산과

---

20 왕하 25:27-30에 나타난 대로 포로 중에 왕실 사람이나 엘리트들이 두각을 나타냈음을 주목해야 한다.

소비 면에서 마을과 동네는 대체로 자급자족했다. 또 농산물 일부는 지역과 나라의 지도자들 그리고 성소에 바쳤을 것이다.

이 시골에서는 경제적인 최우선 관심사가 땅과 자녀에 있었다. 안정되게 살려면 자기 땅을 소유해야 했고 그것은 구약 전체에 나타난다. 오경은 상속에 관한 규정(딸의 상속에 대해서도 언급한다[민 27장])과 가난해서 땅을 파는 일(레 25장)을 언급한다.[21] 예언자들은 대토지를 소유하여 이익을 추구하는 행위에 격노한다(사 5:8-10; 미 2:2). 그렇게 되면 가족들이 거대한 지주들을 은인처럼 여기고 기대며 살도록 만들기 때문이다.

신명기는 과부, 고아, 객에 대한 관심사를 거듭 표명하고 있는 데(특히 14:28-29; 26:1-11) 이런 사람들은 자기 땅이 없어서(땅이 없거나 자기 땅에서 일한 여건이 안 되기 때문에) 안정적이지 않기 때문이다.

덧붙여 어떤 가정들이 전문적으로 만드는 물건이나 사치품들(예, 렘 18장의 "토기장이의 집"과 대상 4:21-23의 세마포 짜는 자의 집과 토기장이 집을 언급하므로 토기와 세마포) 위주로 소규모 교역도 이루어졌다. 그리고 가정들은 대개 친척이나 이웃 사이에 특정한 물건이 필요하다거나 연중 절기에 일을 돕는다든가(예, 서로의 밭을 오가며 곡식 추수를 돕는 식으로) 하는 식으로 호혜적인 교환을 했을 것이다.[22] 아모스 2:6-8과 같이 공생하는 방식이 아니면 일어난 교환도 있다.

3. 결혼과 지참금

가족과 가정의 자급 자족적 성격을 전제로 결혼상대자를 선택하는 일은 중요한 경제적 측면을 지녔다. 성경 안에서 결혼의 경제학은 룻기 4:6에서 익명의 남성이 자기 기업이 손해를 입을까 두려워 룻과 결혼하기를 거절한 경우에서 찾아볼 수 있다. 심지어 창세기 24:30은 라반이 누이 리브가의 코걸이와 손목 고리 그리고 가족에 선사한 값비싼 패물(창 24:53)을 주시했다고 보도한다. 값비싼 물

---

21 레 25:29-30은 도시 주민들에 대해서 다른 식으로 접근한다.
22 M. Miller 2015, 6-7은 그런 경제 교환을 이원적 교환으로 부른다. 그것은 "대등한 사람끼리 직접 거래하며 사회적 위상의 차이가 아주 작을 때 일어난다."

건을 반복해서 언급하는 것은 결혼상대자를 찾을 때 재산을 과시하는 일이 중요함을 보여 준다.

더욱이 페르시아 시대(5-4세기) 이집트 남부 엘레판틴의 유대인 공동체에서 나온 결혼 계약 문서는 신부가 가져오는 재산에 따라 결혼을 조율하였고 이혼할 때는 신부가 자기 재산을 가질 법적 권리가 있음을 보여 준다(S. Adams 2014, 29-392). 이와 똑같은 관행이 포로 전기 이스라엘과 유다 그리고 포로 후기 예후드에 어느 정도 있었는지는 알려지지 않는다. 또 위의 유대인 공동체(고국과 어느 정도 교류하는) 자료는 이 문제에 대하여 시사성이 있다.

4. 품삯 노동

대다수 주민이 지역의 동네와 마을에서 살고 일하기 때문에 품삯을 주는 일은 거의 없었다. 하지만 신앗수르 제국(B.C. 8세기) 시대부터 메소포타미아에서는 보리, 대추, 은을 받고 일했다는 기록이 등장한다. 가장 두드러진 것은 선원과 대장장이 같은 전문직이다(K. Radner 2007, 189-91). 6세기 바벨론 시대는 아주 많은 노동자가 국가사업(예, 느부갓네살의 바벨론 궁전[Beaulieu 2005])이나 성전 사업에 일을 하고 임금을 받았다.[23] 일반적으로 말해서 땅은 많았고 노동력은 희귀했다. 그래서 임금을 상승시켰을 것이다.[24]

성경의 품삯 일꾼은 땅을 잃어버린 사람들을 나타낸다. 그러므로 그들은 노동의 대가를 받기 위해 타인에게 의존하므로 불안정한 처지였다. 그래서 신명기 24:14-15은 품꾼의 삯을 해가 지기 전에 주라고 명령한다.

---

23 훨씬 오래전에 함무라비 법전이 모종의 임금을 규정하기도 했다.
24 하지만 이런 "자유 시장" 논리를 추정하기 전에 신중해야 한다. 어쩌면 다른 관심사가 임금을 결정하는 데 더 중요했을 것이다.

5. 채무

 구약과 주변의 문헌은 고대 근동에는 다양한 종류의 채무가 있었음을 보여 준다. 바벨론에서 나온 증거는 곡식과 은을 우선하여 빌려주었고 이자율이 상당히 다양하나 은을 빌릴 때 "이상적인" 이자는 20%, 곡식에는 30%를 붙였다(Hudson 2000을 보라). 일반적으로 말해서 상인은 사업하려고 은으로 대출을 받았으나 곡식 추수에 실패한 농부들은 곡식으로 대출을 받아야 했다(Jursa 2010, 628-29).
 많은 성경 본문과 7세기 후반 아스돗 부근의 메사드 하샤브야후 비문은 노동으로 채무를 갚는 일을 증언한다. 신명기 24:10-13, 17(참고, 출 22:25-27)은 가난한 자의 어려운 처지를 고려하여 품삯을 매일 주고 외투와 같은 저당 잡은 물건은 밤에 덮을 수 있도록 돌려주라고 말한다.
 신명기 23:20은 "네 형제"와 "타국인"(노크리[nokri])의 차이를 거론하면서 소비를 위한 대출과 상업적 대출의 차이를 명백하게 밝힌다. 노크리(타국인)에게 꾸어주라고 말하는 것은 그들이 그 지역에 살지 않고 행상으로 잠시 머물기 때문이었을 것이다.
 타인을 위해 보증을 서지 말라고 경고하는 잠언 17:18; 20:16; 22:26; 27:13이 두드러진다. 이 구절들은 타인의 빚보증에 뒤따르는 위험을 강조한다. 이런 지혜의 말씀들은 불필요한 위험에 뛰어들지 말고 가정의 안정에 초점을 맞추기 때문에 고대 이스라엘의 상황과 잘 어울린다. 모험적인 사업을 하거나 지역의 동네와 마을 외부와 깊은 경제적 유대관계를 맺는 일은 염두에 두지 않았다.
 하지만 레위기 25장과 느헤미야 5장이 보여주듯이 가족이 채무와 채무 노예 생활에서 벗어나려면 상당한 기간이 걸렸다. 느헤미야 5:1-13의 이야기는 지역의 가족 관계가 재정적으로 지급 능력이 있다는 것을 확신시켜주지 못한 경우를 묘사한다. 이 본문은 포로 후기 예후드(바벨론과 페르시아 시대의 지방 명칭)의 시골에 사는 가족들의 경제생활의 가장 깊은 곳을 들여다보게 해 준다.
 이 가족들은 형편없는 추수로 많은 식구도 먹이고 왕실 세금도 내야 하는 압박 때문에 부유한 고향 사람에게 돈을 빌려야 했다. 그들은 빌린 돈을 갚을 길이 없어지자 자녀들을 채무 노예로 팔아야 했다. 주변 문화권에서 자녀를 채무 노예로 파는 일은 흔치 않았고 기근처럼 극단적 상황에서만 벌어지는 일이었다(느

5장처럼)(Oppenheim 1955를 보라).

6. 봉헌물, 십일조, 성소

고대 이스라엘과 유다의 종교적 영역이 발휘한 경제적 역할을 지나칠 수가 있다. 종교 관습은 지역이나 국가 성소(예, 예루살렘, 벧엘, 실로, 단)로 여행을 해야 했다. 이 순례 절기에는 공동체가 연중 대다수 가족이 참여하여 엄청난 양의 식사를 하는 잔치가 포함되어 있었다. 이런 경우 소요되는 상당한 경비는 성소의 재산에 초점을 두게 한다. 제사장과 레위인은 땅의 소산을 정기적으로 먹을 수 있었다(참. 삼상 2:13-16; 레 1-7장; 그러나 느 13:4-9에는 성전봉사자들의 어려운 상황도 묘사한다).

공동체 잔치를 할 때 식사에 쓸 재료 일부는 성소에 봉헌물과 십일조로 바쳤다. 예수 당시 제2 성전의 묘사(요 2:14)와 비교하는 것은 지나칠 수 있으나 잔치하려고 바칠 만한 가축, 포도주, 그리고 다른 물건들을 사는 때도 있었다(신 14:24-26).

7. 전쟁

고대 세계가 경제적으로 발전하는 주요한 방법의 하나는 적대국을 정복해서 전리품을 취하는 일이었다. 그런 일이 열왕기상 14:25-26에 나타난다. 바로 시삭(이집트 문헌의 쉐송크)은 르호보암과 유다를 공격하여 왕실 창고와 금 방패(소유자의 신분 때문에 매우 값비싼)를 노략질하였다. 전리품을 나누는 내용을 전하는 사사기 5:29-30은 정복 전쟁에 참여한 병사가 얼마나 이익을 얻는지를 보여 준다. 반면 사사기 6:6에서 이스라엘 백성은 미디안 족속의 노략질이 반복되므로 하소연한다. 침략군에게 재물을 줘서 물리치는 일은 흩어져 사는 마을과 동네까지 영향을 미쳤다. 열왕기하 5:19-20이 그런 경우를 기록하고 있다. 거기서 이스라엘의 므나헴 왕은 부자들에게 은 오십 세겔씩 세금을 거두어 앗수르 왕 티글랏빌레셀에게 주고 그의 군대를 퇴각시켰다.

8. 세금과 조공

전리품 외에도 왕에게 바치는 세금과 외국의 제국들에 바치는 조공은 이스라엘 백성 대부분의 삶의 일부였다. 때로 농산물을 십일조로 바쳤으나(참고, 삼상 8:15, 17) 외국의 제국들이 볼 때는 추수한 수확보다 노동력이 더욱 중요한 상품이었던 것 같다(삼상 8:12-13, 16-17)(Guillaume 2012, 42, 79를 보라). 이를테면 지도자들은 요새, 운하, 궁전을 건축하는 일꾼이 필요했다.

9. 돈과 주화

주화를 통상적인 지불 수단으로 사용한 것은 B.C. 6세기 그리스 국가들이었다. B.C. 333년 알렉산더가 정복하고 난 뒤부터 그리스가 그랬던 것과 똑같이 고대 이스라엘에서는 주화를 지배적으로 사용하지 않았다. 주화가 없다는 사실이 교역이 없었다거나 "돈"을 사용하지 않았다는 뜻은 아니다. 저울로 단 은과 다른 물건이 "돈" 기능을 했다. 게다가 바벨론에서는 품삯이나 물건값을 은(세겔 단위로 무게를 쟀음)이나 보리와 대추 같은 생산품으로 냈다. 하지만 메소포타미아에서는 신바벨론 제국과 초기 아케메니드 시기보다 늦지 않은 때부터 아주 작은 거래에 은을 사용하기 시작했다.

이스라엘에서는 구약 전체에서 은을 돈으로 보았으나("은"을 뜻하는 케세프[kesep]는 우리말 성경에 "돈"으로 번역되는데[예, 창 17:12-13; 왕상 21장] 시대착오적 개념이다) B.C. 5세기와 4세기에 주화가 천천히 등장하기 전에는 아주 소규모 은화만이 발견되었다.

국제 교역은 블레셋 도시들이 위치한 지중해 해안을 따라 활발했으나(포로 후기에는 페니키아가 장악했다) 포로 후기 예루살렘과 예후드에는 지역 상거래가 나타났다는 암시가 조금 있을 뿐이다. 느헤미야 13:15-22는 유다 주민이 농산물을 예루살렘에 가져와 안식일에 팔았고 두로 사람들도 생선을 팔았다고 말한다. 이 생선은 이 지역 외부에서 가져온 것이므로 맛있는 식탁 재료였을 것이다.

10. 결론

이스라엘 경제는 오직 하나의 형태로만 존재하지 않았다. 구약의 이스라엘 백성이 경제적 존재로 살아간 기준은 단연 소규모로 농사를 짓는 동네와 마을의 농산물이었다. 일반적으로 가정들은 자신들의 필요와 부족을 채워나갔고 간혹 이웃끼리 소규모 교역을 하였다. 앗수르와 바벨론의 침략 같은 정복 전쟁이 일어난 결과로 경제변화가 생겼고 이스라엘은 다수가 죽고 메소포타미아(와 다른 곳에서)는 포로 공동체가 생겨났다. 이런 발전과 블레셋 해안에 생긴 교역 중심지들을 통해 고대 이스라엘은 처음으로 간헐적으로 그리고 천천히 여러 제국의 광대한 경제와 연결되었고 그와 함께 주화와 같은 경제 개념과 기술 형태는 물론이고 세금과 조공 같은 추가 부담도 안겨주었다.

제57장

성경 세계의 야금술

브래디 리스(Brady Liss), 토마스 E. 레비(Thomas E. Levy)

1. 들어가기

야금술이 시작된 이래 금속들은 인간의 생존과 삶의 기본 요소로 신속하게 발전하였다(C. S. Smith 1974). 그리고 이것은 성경 시대에도 맞는 말이다. 금속은 어디에 쓰든 기초생계를 유지하기 위한 관습, 경제, 사회정치조직과 종교/제의를 포함한 인간의 문화체계 속에 통합되었다.

히브리 성경(구약)은 금속과 야금술을 자주 언급하여 이런 생각을 되풀이해서 말한다. 더구나 금속과 성경의 주요 사건의 연관성은 이것이 중요함을 확증해준다(아래를 보라). 하지만 여느 고대 본문처럼 깊은 역사적 이해를 얻으려면 본문과 고고학적 기록 사이의 관계를 평가해야 한다(Levy 2010a).

다른 말로 성경 세계의 고고학 기록은 본문에 나타난 대로 금속사용과 묘사를 반영하고 있는가?

이것을 가장 잘 검증하는 방식은 무엇인가?

이 장은 성지의 야금술에 관한 고고학적 기록을 남부 요르단의 철기 시대 구리 생산지 파이난(Faynan)에서 캘리포니아 샌디에이고대학교와 요르단 철기 시대 문화재청이 공동으로 수행한 고대 구리 생산의 관점으로 탐구한다(Levy, Ben-Yosef, and Najjir 2014; Levy, Najjir, and Ben-Yosef 2014).

이 목적을 위해 "성경의 세계"는 지리적으로 성지(즉 이스라엘, 팔레스타인 영토, 요르단, 남부 시리아와 레바논, 그리고 시나이반도)라고 언급하는 곳을 가리킨다. 연대는 후기 청동기와 철기 시대(B.C. 약 1550-586년)에 초점을 둔다. 실용적 렌즈와 사이버 고고학 방법론(고고학과 자연과학, 컴퓨터, 공학[Levy 2013을 보라]을 결합한 것)을 통해 남부 레반트의 철기 시대 최대 구리 제련 중심지, 키르밧 엔 나하스에서 이루어진 발굴(Levy et al. 2014)은 성경 세계의 금속에 대한 비할 데 없는 견해를 제공해 준다.

2. 성경 본문의 금속

히브리 성경은 다양한 형태와 문맥에서 금속을 많이 언급한다(구리/청동, 철, 금, 은, 주석, 납 등). 이 장의 초점인 구리는 번역상 문제가 있다. 히브리 단어 네호쉣(nehoshet)은 구리와 청동을 구분하지 않기 때문이다(Hummel 2000, 278). 하지만 두 금속은 모두 구리가 들어있다(청동은 구리와 주석의 합금이므로). 그래서 성경 이야기에서 구리와/또는 청동은 구리의 역할과 중요성을 조사할 때 함께 고려해야 한다. 여기서 유일하게 놓친 것은 사회가 청동 기술을 단순하게 본다는 점이다. 단순히 금속을 언급하는 것 너머로 이런 언급을 하는 본문의 문맥은 또한 금속에 대한 사회문화적 인식을 나타낸다. 이어서 성경 본문으로부터 구리/청동을 언급한 몇 줄을 뽑아 금속의 모습과 중요성을 강조할 것이다.

성경에서 구리/청동의 중요성은 장막 건축과 모세의 놋뱀 제조 이야기(출 26-26장; 민 21:9)에 분명히 나타난다. 두 이야기(전형적으로 후기 청동기 시대의 것으로 평가됨)에서 구리는 고대 이스라엘 백성의 상징적인 표식과 직접 연관성이 있다. 더구나 장막을 건축할 때 금속을 만들어내는 능력과 기술은 건축자 브살렐에게 "하나님의 영"이 임한 것으로 여긴다(출 31:2-3). 구리(와 다른 금속)를 얻는 일의 의미는 약속의 땅을 묘사할 때 거듭 나타난다.

신명기 저자는 "복된 땅"을 "그 땅의 돌은 철이요 산에서는 동을 캘 것이라"(신 8:7-9)라고 소상하게 묘사하면서 원자재를 무한히 이용할 수 있음을 역설한다. 성경 이야기에서 구리와 청동을 빈번하게 언급하고 있는 곳은 철기 시대 솔로몬의 성전 건축이다. 청동은 전문기술자가 특별히 관심을 두는 재료로써 건축 과정에 두드러진 역할을 한다.

> 솔로몬이 … 히람을 두로에서 데려오니 … 모든 놋 일에 지혜와 총명과 재능을 구비한 자이더니(왕상 7:13-14).

계속해서 기둥, 기둥머리, 바다, 받침을 포함하여 성전 장식물을 청동으로 만들었다고 묘사한다. "이 모든 그릇을 빛난 놋으로 만드니라"(왕상 7:45). 종합하면 구리에 대한 언급과 이것이 유명한 성경 지명/특징과 연관된 것을 보면 성경 세계에서 이 금속의 중요성과 유용성을 알 수 있다. 최근에 어떤 학자들은 철기 시대에 이스라엘 백성의 하나님 여호와는 화공기술과 야금술을 다루는 중에 진화한 신이며 그래서 금속들이 성경 이야기에 친숙하게 반복적으로 등장한다고 주장하였다(Amzallag 2018, 127).

히브리 성경은 특정한 절차와 지식을 담은 야금술도 언급한다. 욥기는 "보물"을 땅에서 추출하는 채광과 제련에 관한 통찰을 보여 준다.

> 동은 돌에서 녹여 얻느니라 … 그는 사람이 사는 곳에서 멀리 떠나 갱도를 깊이 뚫고 … 사람이 굳은 바위에 손을 대고 산을 뿌리까지 뒤엎으며 반석에 수로를 터서 각종 보물을 눈으로 발견하고(욥 28:2, 4, 9-10).

욥기 저자는 구리 생산의 초기 단계인 채광과 제련하여 금속을 추출하는 기술을 친숙하게 알고 있음을 보여 준다. 더불어 구리/청동으로 만든 물품 생산지는 솔로몬 성전 비품을 설명하는 중에 등장한다.

> 왕이 요단 평지에서 숙곳과 사르단 사이의 차진 흙에 그것들을 부어 내었더라(왕상 7:46).

진흙으로 된 주조 틀을 이용하는 주조술은 아론이 황금 송아지를 만드는 과정에서 언급되기도 한다(출 32:3-4). 종합하면 이 구절들은 채광, 제련, 그리고 주조를 거친 구리제품의 일반적인 생산과정을 보여 준다.

금속생산 기술과 설비도 종종 은유를 통해 말한다(Amzallag 2018과 심층 논의를 위해 인용한 연구들을 보라). 이 은유들은 항상 구리/청동을 언급하는 것은 아니지만 일부는 철기 시대 말이나 그보다 약간 후대로 본다. 하지만 그런 말을 한다는 것은 성경 세계에서 야금술이 얼마나 중요한 역할을 했는지를 거듭 보여 준다. 에스겔서의 한 사례를 보면 이스라엘은 불로 제련할 필요가 있는 금속으로 묘사된다.

> 이스라엘 족속이 내게 찌꺼기가[25] 되었나니 곧 풀무 불 가운데에 있는 놋이나 주석이나 쇠나 납이며 은의 찌꺼기로다 … 사람이 은이나 놋이나 쇠나 납이나 주석이나 모아서 풀무 불 속에 넣고 불을 불어 녹이는 것같이 내가 노여움과 분으로 너희를 모아 거기에 두고 녹이리라 내가 너희를 모으고 내 분노의 불을 너희에게 불면 너희가 그 가운데에서 녹되 은이 풀무 불 가운데에서 녹는 것 같이 너희가 그 가운데에서 녹으리니 나 여호와가 분노를 너희 위에 쏟은 줄을 너희가 알리라(겔 22:18-22).

이 본문은 은유의 성격을 지니고 있으나 금속을 녹이고/제련하고 화로에 공기를 불어 넣는 일(렘 6:28-29는 풀무를 언급한다)을 언급하므로 전문적인 야금술에 관한 지식을 보여 준다. 이사야도 이스라엘의 연단을 언급하면서 금속 제련술을 비유로 사용한다.

> 내가 또 내 손을 네게 돌려 네 찌꺼기를 잿물로 씻듯이 녹여 청결하게 하며 네 혼잡물을 다 제하여 버리고(사 1:25).

> 보라 내가 너를 연단하였으나 은처럼 하지 아니하고 너를 고난의 풀무 불에서 택하였노라(사 48:10).

후자의 경우 풀무 불은 은유이다. 용광로(풀무 불)는 이스라엘의 변형을 가리키는 대목에서 종종 등장한다(McNutt 1990, 265).[26] 이를테면 이집트는 이스라엘 백성이 출애굽을 통해 벗어난 용광로(풀무 불)와 비유된다(신 4:20; 왕상 8:51; 렘 11:4).

살펴본 바와 같이 금속과 제련 도구/기술은 성경 이야기에 자주 등장한다. 위의 개관을 보면 금속과 야금술은 히브리 성경 본문과 그 세계에서 아주 중요한

---

25 찌꺼기는 제련과정에서 부산물로 생기는 고형쓰레기다.
26 McNutt 1990은 히브리 성경의 철에 대해 철저히 논의한다.

역할을 한다. 불행히도 논의된 성경의 상징들은 고고학 기록에 더는 남아 있지 않다. 솔로몬 성전의 경우 고고학적 조사는 현재의 정치적 종교적 상황 때문에 제한되어 있다. 하지만 고고학자들은 성경의 구리 기원을 여전히 탐사하고 있다. 본문과 고고학 기록이 만나는 지점을 발견하려는 성서 고고학자들은 바로 이러한 출발점을 염두에 두고 있다.

3. 성서 고고학의 "황금 시대"와 넬슨 글뤽의 초창기 탐사

1차 세계대전 이후 성서 고고학의 "황금 시대"에 미국 동양연구소(현재 올브라이트 고고학 연구소) 소장이었던 넬슨 글뤽(1934a; 1934b; 1935; 1939)은 요단 동편 지역의 광범위하고 조직적인 탐사를 지휘하여 성경 이야기를 고고학적으로 확증하려고 했다("성서 고고학"의 비평을 위해 위의 5장을 보라). 와디 아라바(Wadi Araba; 사해의 남단에서 아카바만까지 뻗어있음)와 현대 이스라엘의 남부 네겝 광야를 탐사하던 중 글뤽(1935)은 파이난(Faynan)과 딤나(Timna) 두 지역에 풍부한 구리광산과 아주 가까운 곳에 중요한 고고학적 유적이 있는 것을 상세히 기록했다.[27]

두 곳에서 지상은 지역 광산을 개발하려고 세운 채굴과 제련 장소들(거대한 검은 구리 찌꺼기 더미로 보이는)이 있었다. 사해 남쪽으로 약 30km 떨어진 곳에 있는 파이난은 성경에서는 에돔 족속의 땅에 위치한다(신 2:8; 민 20:16; 34:3; 수 15:1). 글뤽(1935, 20-35)은 키르밧 엔 나하스(Khirbar en-Nahas), 키르밧 알 자리야(Khirbat al-Jariya), 키르밧 알 구와이바(Khirbat al-Ghuwayba) 같은 그 지역의 주요 구리 생산지를 조사했다.

토기 유형론에 근거하여 이곳들의 연대를 철기 시대 초기로 보았다. 글뤽(1940, 50-88; 1935, 28, 50)은 이 연대평가를 따라 솔로몬 왕(에돔 노동력을 가진)이 파이난에서 생산한 구리 수출의 최고 통솔자라는 의미로, "최초의 위대한 구리 왕"이라고 단정하였는데 이것이 학자들에게 관심과 논쟁을 일으켰다(참고, Muhly 1987).

---

27 이 장의 분량 때문에 딤나는 언급하지 않을 것이다. 그러나 이 지역에서 이루어진 최근 연구는 성경 시대의 구리 생산 논의에 크게 이바지하고 있다. Ben-Yosef et al. 2012; Ben-Yosef 2010을 보라.

글릭의 결론은 직접 파이난과 성경 세계의 풍부한 구리 제련의 역사에 자리를 잡았다. 발굴을 통해 마땅히 검증되어야 할 그의 연구결과는 60년이 지났으나 아직도 이루어지지 않고 있다.

4. 역사적인 성서 고고학

성경의 야금술에 대한 현대의 발굴과 그 통찰을 깊이 탐구하기 전에 우리는 그것들의 이론적 접근법과 관점을 분명히 알아두어야 한다. 2010년에 저자 중 한 명(Levy 2010a; 2010b, 9)은 성서 고고학에 역사적 본문과 고고학 기록을 조사할 때 객관성을 조성하여 실용적인 접근법을 요구했다(즉 성경적 최소주의자와 최대주의자의 "간격 메꾸기"를 돕기 위하여). 이 "신실용주의"는 구체적 문제를 풀 때 서로 다른 학문공동체들이 이념 부담 없이 실용적이고 실천 지향적인 탐구를 하도록 협력하는 혁신적 방법의 사용을 제안한다(Levy 2010b, 9).

이 목표를 성취하려면 현장의 일차적 목표는 확실한 자료를 얻고 그것으로 이론과 모델을 시험해보아야 한다(Levy 2010b, 10). 게다가 현대는 방법론과 기술이 발전하여(예, 방사선탄소연대 측정, 지정학 정보체계, 과학 기술 등등) 성경 본문의 역사적 상황 탐구에 박차를 가할 수 있다(Levy 2010b, 11). 신실용주의는 광범위한 자료를 수집하는 발전된 방법론을 활용할 때 새로운 이론과 접근법을 사용한다(예, 역사적 성서 고고학에 관한 새로운 이론/모델을 개발하기 위해 방사선탄소연대 측정을 사용하는 사례를 위해 Levy and Higham 2005를 보라)(Levy 2010b, 11).

요약하면 성서 고고학의 실용적 접근법은 혁신적인 방법을 동원하여 대규모 자료를 수집하고 그것으로 본문과 고고학 기록 사이의 관계에 관하여 이념적 부담이 없는 이론과 모델을 발전시키려고 한다. 이런 실용주의적 요청은 에돔 저지대 고고학 탐사계획(Edom Lowlands Regional Archaeology Project)에 받아들여졌고 선구자적인 사이버 고고학적 작업흐름도와 현장 디지털 고고학을 사용하여 파이난의 고대 구리 생산지를 탐사하였다.

5. 에돔 저지대 고고학 탐사단

성경에 대한 자기 생각을 밝힌 글륔의 가장 중요한 연구를 따라 파이난은 학자들의 관심사가 되었다. 하지만 고고학적 탐사의 초점은 파이난에서 동쪽에 있는 에돔 고원으로 변했다. 1960년대 크리스탈 베넷(1966; 1977; 1983)은 글륔이 에돔 산지에서 확인한 성경적 지명을 검토하기 시작했다. 움 엘 비야라(Um el-Biyara), 타윌란(Tawilan), 부세이라(Buseira)에 대한 발굴에 기초하여, 파이난과 구리 산업의 연대기는 넬슨이 내린 결론을 철기 시대 후기 즉 B.C. 8세기부터 6세기로 바꾸었고 또 앗수르 주도권(움 엘 비야라아에서 발견한 코스 가브르[Qos-Gabr] 인장과 앗수르 연대기의 상관성에 기초하여) 때문에 형성된 것으로 바뀌었다(Bienkowski 1995, 44).

하지만 파이난과 구리가 많이 나는 저지대는 고고학 조사를 하지 않았다. 파이난과 주변 지역의 조사는 글륔의 결론에 기초하여 1980년대 시작해서 여러 차례 탐사 대상이었다(B. MacDonald 1992; B. MacDonald et al. 2004; Hauptmann 2007; G. Barker, Gilbertson, and Mattingly 2007). 이 현대의 탐사들은 파이난의 풍경을 많이 조사했고 고고학 기록들은 야금술의 특징을 강조했으나 시간대를 알려주는 지층 발굴은 부족했다.

1997년 샌디에이고 캘리포니아 주립대학의 토마스 레비(Thomas E. Levy)는 요르단 문화재청의 모하맛 나자르(Mohamad Najjar)와 러셀 아담스(Russell Adams)와 함께 파이난을 고고학적으로 연구하기 위해 자발 하므랏 피단(Jabal Hamrat Fidan) 탐사계획을 착수하였다(Levy, Adams, and Shafiq 1999). 체계적 조사와 지층 발굴을 종합하여 이 탐사계획은 구리 야금술과 사회, 경제, 정치의 발전 사이의 관계를 탐구했다(Levy, Adams, and Najjar 2001, 442).

처음에는 토기를 만들기 이전의 신석기 시대와 초기 청동기에 초점을 둔 탐사계획은 에돔 저지대 고고학 탐사계획(ELRAP)처럼 철기 시대에 집중하였고 인류학적 고고학과 사이버 고고학적 방법론을 결합하여 기술(즉 산업단지 규모의 구리 제련)과 파이난의 사회정치적 진화 사이의 관계를 분별하였다. 계속되는 고고학 탐사는 그 지역 전체에서 주요 철기 시대 채굴지와 제련장소를 발굴/지목하였다(철저한 검토를 위해 Ben-Yosef, Najjar and Levy 2014를 보라).

이전의 발굴들은 고대 기술을 재구성하기 위해 발견 장소가 적시된 유물들 수천 개를 모아두었다(샌디에이고 캘리포니아 주립대학에서는 6ton 정도의 유물을 보관하고 있다—철기 시대 레반트의 야금술 자료로는 최대의 수집 양이다)(Ben-Yosef and Levy 2014, 887-92, 953). 이 자료로부터 ELRAP는 파이난의 구리 생산과 사회 변혁 사이의 심오한 관계를 가장 완벽하게 이해하도록 만들었다.

게다가 전체 발굴지에 절대 연대평가 방법(방사성탄소연대 측정과 지자기의 고고학적 집중을 포함) 집중적으로 적용한 ELRAP는 글뢱의 도자기 분석법과 같은 입장에 서서 구리 생산을 철기 시대 초기로 못 박음으로써 기존 연대기에 패러다임 전환을 촉구하였다(아래를 보라)(Levy et al. 2008).

지금은 구리 생산이 이전에 믿었던 대로 철기 시대 후반 앗수르 주도권의 결과가 아니라 철기 시대 초기 성경의 에돔 족속의 사회정치적 발전을 내부 요인으로 여긴다(Levy et al. 2004, 877). ELRAP이 철기 시대 초기 구리 생산의 의미를 새롭게 조명해주는 중심부는 키르밧 엔 나하스였다.

6. 키르밧 엔 나하스와 파이난 산업

위에서 말한 대로 키르밧 엔 나하스는 파이난 산업단지의 "핵"으로서(그림 57.1) 남부 레반트의 철기 시대 최대 규모(약 10헥타르 또는 25에이커)의 구리 제련 중심지이다(Levy, Ben-Yosef and Najjar 2012, 199). 백 개가 넘는 건물 유적지 가운데는 가로 73m 세로 73m 넓이의 요새가 있고 찌꺼기 더미가 지표면을 덮을 정도이다(찌꺼기는 50,000-60,000ton으로 추정된다)(Levy et al. 2014, 89; Hauptmann 2007, 127). 2002년부터 2009년 사이에 ERLAP는 키르밧 엔 나하스를 세 차례 발굴했다(Levy et al. 2014). 발굴지는 총 일곱 군데 시행하여 건축물과 야금술의 상황을 알려주었다(아래에서는 두 가지만 언급할 것이다; 모든 지역에 대한 전체적인 언급을 위해 Levy et al. 2014를 보라). 사이버 고고학 작업흐름도를 사용하여 키르밧 엔 나하스 발굴은 철기 시대 레반트의 고대 구리 생산의 연대기와 상황을 명확히 알려주는 시금석 역할을 한다.

제3부 섹션 9 제57장 성경 세계의 야금술 707

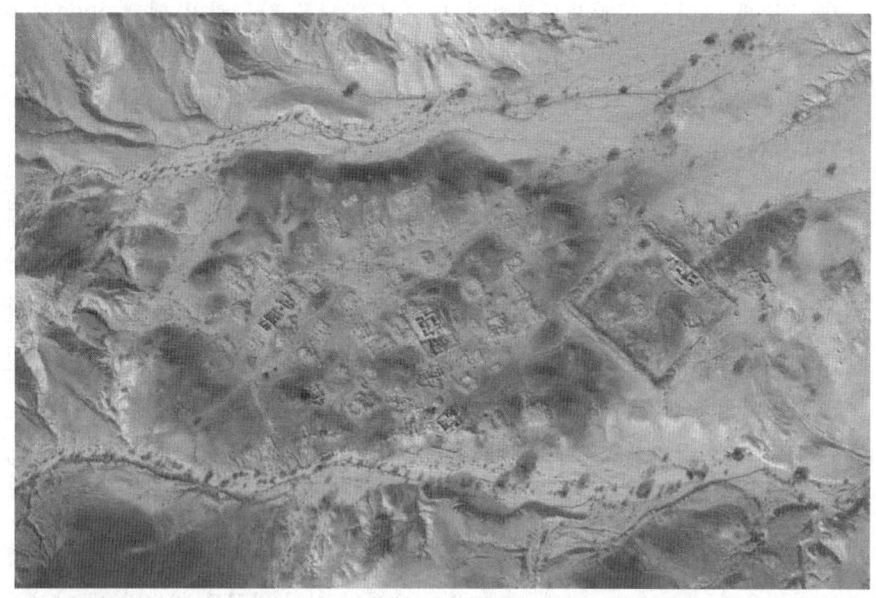

57.1. 키르밧 엔 나하스의 항공촬영 사진. 사진 우측의 73×73m 요새와 지역 전체에 퍼져 있는 검은 찌꺼기 더미를 보라.

2002년과 2006년 탐사 때에 키르밧 엔 나하스의 거대한 요새지에 붙은 네 개의 방이 딸린 성문 가옥(A 지역)은 발굴 중심지였다(Levy et al. 2014, 93-122). 성문 가옥의 주변은 처음에 네 곳의 성문 가옥과 그 사이에 난 좁은 길을 발굴하기 전에 분간할 수 있었다(Levy et al. 2014, 93-96). 발굴결과 다양한 기능을 가진 세 개의 주요 정착국면이 있음을 알게 되었다. 처음에는 군사 목적이었던 것이 가정용 거주용으로 구조가 바뀌었고 다시 구리 생산 국면이 뒤를 이었다(Levy et al. 2014, 119-20).

발굴에서 가장 중요한 요소는 지층별로 방사성 탄소연대를 측정한 결과물을 수집하는 일이었다. 총 28개의 방사성 탄소연대 모음이 성문 가옥의 건축을 연대기적으로 정리하게 해주었다. 요새는 베이즈의 통계적 방안을 통해 수정을 거친 뒤 B.C. 10세기에서 9세기로 연대가 확실해졌다(Levy et al. 2014, 113-20). 이 새로운 절대연대는 파이난의 사회정치적 발전에 관하여 재평가가 필요하다(위에서 언급한 대로). 하지만 요새지의 건물 상당수와 산업 구리 제련소 사이의 연관성은 더 조사할 필요가 있다.

키르밧 엔 나하스 구리생산시설의 통시적 발전을 탐구하기 위해 2002년과 2006년에 걸쳐 지표면의 거대한 찌꺼기 더미(M 지역) 중 한 곳을 발굴하였다(Levy et al. 2014, 131-51; 2008). 요르단에서는 처음으로 실시한 이 탐사는 지반 위의 찌꺼기 더미 다섯 군데를 발굴하였다(Levy et al. 2014, 147).

시기별로 결과물을 배열하기 위해 발굴은 까다로운 방사선탄소연대 측정과(연대 결정을 위한 잔류자기를 계측하는) 고지자기학(古地磁氣學) 표본으로 보완하였다(Levy et al. 2014, 147-50). 중요한 시설의 잔해(찌꺼기, 용광로 조각, 송풍관 등등)로 확인한 구리 생산의 주요시기는 B.C. 12세기와 11세기 그리고 10세기와 9세기인 것으로 정해졌다(Levy et al. 2014, 150-51; 2008). 지반에서 바닥까지 직접 음향을 측정한 결과(약 6.5m 깊이) 두 개의 시설과 부서진 잔해더미가 키르밧 엔 나하스에 가장 빠른 정착단계를 나타냈다(Levy et al. 2014, 151).

이 초기 지층의 방사성탄소연대 측정은 후기 청동기 시대인 B.C. 14세기와 13세기가 나온다(Levy et al. 2014, 151). 그래서 찌꺼기 더미 발굴은 키르밧 엔 나하스의 정착역사에 이루어진 완벽한 구리 생산 역사를 만들어주었다. 최초의 금속생산은 후기 청동기 시대의 마지막 정착단계와 연관이 있고 제련은 철기 시대 초반에 산업단지 수준에 도달했다.

57.2. 파이난의 와디 칼리드에 있는 수직 갱도. 이 갱도 둘의 연대는 철기 시대다. 그리고 세 번째 갱도―탐광 갱도는 로마 시대에 만들어졌다(Hauptmann 2007, 121).

파이난 지역의 채굴지는 철기 시대 산업의 중요한 측면을 이해하도록 돕는다 (Levy et al. 2003; Knabb et al. 2014; Hauptmann 2007; Weisgereber 2003). 채굴방식과 증거는 여러 가지 형태를 가질 수 있는데 철기 시대의 심층 채굴(이전 채굴로 닿지 못했던 수준까지 도달하기)은 종종 쌍둥이 갱도를 사용했다—하나는 광부가 사용하고 다른 하나는 광석을 지상으로 운반하는데 사용하였다(그림 57.2)(Weisgerber 2003, 84-85; Hauptmann 2007, 120-21).

파이난을 여러 차례 탐사한 결과, 키르밧 엔 나하스와 키르밧 알 자리야와 같은 주요 제련장소와 인접한 지역을 포함하여 그 지역 전체에서 수직 갱도가 발견되었다(채굴지는 철기 시대를 지지함)(Knabb et al. 2014; Hauptmann 2007, 112-21; Levy et al. 2003). 추가로 채굴 단지와 함께 연관된 캠프 장소들은 철기 시대에 채굴한 광석을 제련 중심지로 운반하는 광부들이 임시로 정착했음을 보여 준다(Knabb et al. 2014, 616). 이 발굴과 탐사에 기초하여 철기 시대 파이난은 구리를 생산하는 거대한 제련장소들이었고 원석을 깊은 곳에서 채굴하는 갱도체계가 이를 지지해 준다.

7. 토론—본문과 고고학 기록의 연결

파이난에서 거둔 ELRAP(와 이전 탐사)의 연구결과를 고려하면 문제를 적절하게 평가할 수 있다.

고고학적 기록은 히브리 성경의 구리에 관한 언급을 지지하는가?

본문을 다시 정리하면 이렇다. 성경 세계의 구리는 상당량을 얻을 수 있을 만큼 중요한 재료로 묘사되어 있다. 덧붙이자면 성경 본문의 저자들은 구리 생산 기술—채굴, 제련, 주조 과정 등—에 관한 지식을 잘 알고 있었다.

철기 시대 파이난과 주변의 구리 생산 산업은 히브리 성경의 묘사와 일치한다. 키르밧 엔 나하스 발굴은 철기 시대 초기에 대규모 구리 생산을 했음을 확실히 보여주었고 연대기적으로 성경의 군주 시대 초반에 묘사된 사건들과 일치한다. 그 지역에 널려 있는 엄청난 찌꺼기 더미들(M지역에서 발굴한 찌꺼기 더미는 높이가 약 6.5m 정도나 된다)은 지역소비량을 능가하여 산업적으로 제련한 증거다. 초과 생산된 구리는 파이난에서 서쪽에 있는 지중해 동부로 교역되었을 것이다(Yahalom-Mac et al. 2014; Martin and Finkelstein 2013; Martin et al. 2013).

이스라엘 백성은 이 당시 건축되었을 솔로몬의 성전처럼 구리/청동으로 만든 제품을 만드는데 사용했을 것이다(참고, Finkelstein and Silberman 2001). 생산 규모와 더불어 키르밧 엔 나하스의 요새는 이 금속의 가치와 중요성을 확증해준다. 요새와 성문 주거지의 크기와 초기의 군사 목적은 구리의 중요성을 시사하며 중앙에서 조직하고 통제했음을 보여 준다(그 지역에 사는 성경의 에돔 족속이었을 것이다) (Levy, Najjar, and Ben-Yosef 2014). 더구나 파이난의 제련소들은 풍부한 광석을 캐내기 위해 정교한 수직 갱도를 이용하는 채굴지들과 캠프들의 연결망을 갖추었다.

철기 시대에 이런 수직 갱도로 채굴하는 관행은 욥기에 정확히 묘사되어 있다 (Weisgerber 2003, 85). 요약하면 지리적으로 연대기적으로 철기 시대 성경 세계에 존재했던 파이난의 구리 생산에 관한 고고학 보고서는 구리가 매우 가치 있고 이용 가능한 금속이었음을 보여주며 성경 이야기에 묘사된 야금술을 확증해주었다. 그래서 철기 시대 파이난은 히브리 성경의 본문과 동시대의 세상에서 사용하고 언급한 구리를 생산했다고 볼 수 있다.

8. 결론

구리가 풍부한 파이난 지역의 ELRAP 탐사는 사이버 고고학 방법론에 근거한 실용적 접근법을 통해 현재까지 철기 시대 레반트의 구리 생산에 관한 가장 완벽한 이해를 도출했다. 그렇게 함으로써 이 발굴들은 성경 본문과 확실한 고대 금속학 자료에 근거를 둔 고고학 보고서 사이의 관계를 평가할 독특한 기회를 제공해주었다.

구리 제련 중심지인 키르밧 엔 나하스의 발굴은 연대가 철기 시대 초반으로 평가되는 산업 규모의 생산시설을 보여주었고(원래 글룩의 주장) 파이난 탐사는 광물을 운반하는 수직 갱도 시스템을 발견하였다. 이 고고학 자료는 히브리 성경에서 구리를 가치 있고 이용 가능한 금속으로 묘사하는 내용과 같다. 그래서 철기 시대 파이난은 성경 세계의 야금술을 이상적으로 바라볼 수 있는 관점을 제공한다.

제58장

고대의 일상 생활에 사용한 기술

글로리아 런던(Gloria London)

　일상 생활에 쓸 물건을 만드는데 필요한 고대의 기술은 남녀노소를 막론하고 온 가족의 도움이 필요했다. 일감은 시원한 우기의 겨울과 뜨거운 여름에 따라 달랐다. 건조한 여름에는 새로운 건축물을 짓고 기존 건물이나 담을 수리했고 도기, 청동, 철을 만들었다. 여름에는 젊은이들이 약초, 마른 나뭇가지, 짚들을 모으고 바깥 일이 적은 가을과 겨울에는 그것으로 깔개와 바구니를 만들었다. 건물과 도기를 청소하는 관습은 매일 그리고 계절별 필요에 따라 다양했다.

　소규모 고대 근동과 오늘날 지중해 사회에서 지속하는 전통적인 기술과 관습은 물건을 사들여서 사용하기 전의 삶이 어땠는지를 보여 준다. 여기서 말한 기술들은 일부 민속 고고학 연구—즉 고대인의 사는 방식에 대한 질문의 해답을 얻으려는 고고학자들이 실제로 살아 있는 사람들을 연구한 것에 따른 것이다. 사람들이 필요한 것을 지역의 원자재로 만들며 사는 최근의 시골 공동체들은 이와 비슷하게 산업사회 이전의 배경 속에서 고대인들이 사는 방식과 일하는 방식의 증거가 된다.

　고대에 진흙으로 토기를 만들어 사용하고 씻는 방식은 특히 그렇다. 모든 토기는 쉽게 금이 가기 때문에 대다수 고고학 발굴지에서 깨진 토기 조각들이 흔하게 발견된다. 수리할 수 없을 정도로 깨진 그릇은 새것으로 바꾸었다. 집에서 쓰는 그릇들은 전형적으로 몇 달 쓰면(3년에서 5년까지 쓰는 것도 있음) 깨지기 때문에 모양 변화와 표면처리 방식의 변화는 연대와 사회가 달라졌음을 알려주는 유용한 증거가 된다. 토기를 만들어 쓰는 전통은 사소하거나 주요한 변화가 생길 때까지 수십 년간 이어졌다.

1. 도자기

진흙 그릇은 음식을 요리하고 가공하고 저장할 때 제일 많이 사용하는 용기였다. 집 안의 뜰, 가게 그리고 공장에서 일하는 토기장이들(그림. 58.1)은 요리 그릇, 사발, 접시, 주전자, 항아리, 향로, 지지대, 장식품 등을 만들었다. 투습성 토기는 표면이 평이하거나 아로새겼거나 다양한 패턴의 무늬가 있었다. 유약을 바른 도자기는 중세 시대 초반까지는 사용되지 않았다.

그림. 58.1 전통적인 토기장이가 뜰에서 일하면서 공정단계가 다른 몇 개의 솥을 작업하고 있다. 솥의 몸통 아래는 젖은 진흙을 떠받치기 위해 천으로 띠를 만들어 감쌌다(왼쪽 후면). 솥 입구의 테두리를 덧붙인 다음 처음에 편평한 바닥은 둥근 모양을 낸다. 작업을 마친 솥은 말리기 위해 위아래를 뒤집어놓는다. 솥은 한쪽에 세워두고 사용할 벽돌과 황토를 넣어 둔다.(Agios Demetrios [Marathassa], 키프러스, 2000년 5월)

1) 진흙 조달과 준비

전통적인 토기장이가 토기를 만들고 점토를 손수 준비하는 방식은 고대 토기장이의 기술과 비교된다. 이를테면 지중해 동부의 섬, 키프러스의 전통 토기장이들은 주전자, 항아리, 조리 그릇, 염소젖을 받는 통 등등을 만들 때 제작, 형태, 유약을 바르지 않고 마무리하는 모습들은 고대 형태와 매우 흡사하다(London 2000; 2016, 53; 그림. 4.4, 4.41, 17.1.1-3, 17.2.1-2, 19.3.4-7; London, Egoumenidou, and Karageorghis 1989). 키프러스의 토기장이들은 우기가 지난 뒤 4월이나 5월부터 6개월 동안 일한다. 작업은 지역에 있는 점토를 괭이나 호미로 파내는 일로 시작한다.

바구니로 운반한 점토는 땅에 펴서 햇빛에 말리면서 큰 돌들을 가려낸다. 사람들은 나머지 점토를 빻아 가루로 만들기 전에 큰 자갈들을 가려낸다. 어린이들은 발로 밟고 남자와 여자들은 굽은 나무 막대기로 내리친다(그림. 58.2a, 58.2b). 1960년대까지 거리에는 점토를 쌓여 두고 지나가는 사람과 마차가 밟고 지나가도록 했다.

토기장이는 바구니나 구멍이 숭숭 뚫린 가죽 부대로 분말을 거른 다음에 물과 섞는다. 때로는 점토를 다른 점토와 섞어 각자의 좋은 성질을 섞기도 한다. 때때로 빻은 자갈이나 불에 구운 토기(그로그[grog])나 고운 왕겨, 지푸라기, 인분과 같은 유기물을 첨가하는 방법도 사용했다. 첨가물들("작은 자갈"이나 강화제)은 점토의 성질을 향상해 주었다. 유기물은 점토에 탄력을 주었다.

요리 그릇에 첨가한 방해석들은 반복적으로 가하는 열을 견딜 수 있게 해 주었다. 그로그는 그림을 그린 그릇에 선호하여 넣는 첨가제였다. 자갈 첨가제와 달리 그로그는 그림이 그릇 표면에 잘 접착되는 성질을 향상한다.

58.2 사람들은 끝이 굽어 있는 나무막대로 점토를 때린다. 그들은 그것을 머리까지 들어 올려 점토를 내리친다. (Agios Demetrios[Marathassa], 키프러스, 2000년 5월)

2) 제작기술

고대의 수제 토기들은 감기, 죄기, 형틀, 평판이나 회전판을 사용하여 만들었다. B.C. 7세기 이후에 토기들은 회전 틀에 걸어서 만들었다. 수제 도자기들은 회전판을 사용하는 중에도 20세기까지 계속 사용되었다. 조잡한 수제 단지, 요리 그릇, 큰 항아리와 대야는 회전판으로 만든 토기와는 다른 용도로 사용했다.

전통적인 토기장이들을 관찰한 결과 우리는 토기를 만드는 과정이 수일 이상이 걸리는 것을 보았다. 먼저 토기장이는 원통형 점토를 회전판이나 "배트"라고 부르는 작업대 위에 얹는다. "배트"는 돌, 나무껍질, 목재 또는 오래된 바구니나 깔개로 만든다. 엄지, 손 관절, 주먹을 사용하여 그녀는 원통 점토에 구멍을 만들고 그것을 점점 크게 만들어 사발 형태를 만든다. 그리고 그릇 벽면을 세우기 위해 고리들을 덧붙인다(그림. 58.3). 고리를 붙인 후에 토기장이는 그것을 얇고 부드럽게 해서 접착한 흔적이 남아 있지 않도록 한다. 그 후에 토기는 고리들과 손잡이의 무게와 몸체 하부를 가늘게 만드는 추가 작업등을 견딜 수 있도록 몇 분이나 몇 시간 또는 밤새도록 말린다.

손잡이들이 최소한으로 건조되었으면 바닥면 제조에 들어간다. 토기장이는 바닥을 둥글게 "만들거나" 긁어낸다. 벽면 각도가 큰 토기는 만들기가 더 어렵다. 그것은 바닥이 둥근 것보다 쉽게 금이 간다. 고정해 놓은 둥근 바닥의 대형 항아리는 수십 년에서 100년 넘게 사용할 수 있다.

넓은 접시와 바닥이 둥근 도기들은 종종 처음에 형틀을 사용하여 만들었다. 틀로 사용하는 낡은 그릇 안이나 위에 점토 고리들이나 반죽들을 얹는다. 손바닥 크기의 작은 접시들은 공 모양의 점토로 만든다. 점토에 난 구멍은 손가락으로 점토를 펴서 그릇 크기로 확대한다. 큰 항아리와 통과 저장 용기는 손의 크기 정도 되는 사각형 점토 반죽을 각 모서리에 쌓아 주둥이까지 올려서 만든다. 고대의 화덕, 또는 타분(tabun; 복수형 tawabin)은 점토 반죽들로 만든다(Ebeling 2014).

점토 고리로 만든 토기는 추진력 없이 천천히 움직이는 목재나 석재 회전판을 이용하여 만든다. 그것은 보통 손이나 발로 계속 힘을 가하지 않으면 회전하지 않고 멈춘다. 대조적으로 추진력이 있고 빠르고 무거운 바퀴를 가진 회전판은 손을 사용하지 않고 발로 차서 점토의 모양을 만든다. 작은 식기, 등잔, 컵, 주전자를 만들 때 토기장이는 회전 바퀴에 끝이 뾰족한 원형 점토를 설치하고 하나씩 차례로 토기를 만들어낸다. 토기장이는 뾰족한 도구나 줄을 사용하여 그릇을 하나씩 원통형 점토에서 잘라낸다. 고리 모양 점토, 거푸집이나 빨리 도는 바퀴로 작업하는 토기장이들은 일주일에 수백 개의 그릇을 만들 수 있다.

58.3 키프러스의 전통 토기장이인 엘레니는 공중에서 고리 모양 점토를 돌려 토기에 붙인다.
안툴라는 튀어나온 점토를 긁어내서 바닥이 둥근 형태의 토기를 만든다(1999년 9월).

3) 불 때기

깨지기 쉬운 토기들을 불로 굽는 일은—구덩이에 줄지어 넣고 인분으로 덮거나 별도의 연료 상자들과 함께 가마에 저장하거나—항상 위험하다. 특히 도기, 가마, 연료가 완전히 건조하지 않은 경우는 더욱 그렇다. 점토로 빚은 토기는 최소한 섭씨 600도로 구울 때 단단해진다.

키프러스에서는 연료를 태우는 연소실이 별도로 있는 가마에 수제 토기를 쌓아 올린다(그림 58.4). 가마의 지붕은 열거나 닫을 수가 있다. 가마의 지붕을 열고 쌓은 토기들은 깨진 토기나 큰 조각들, 천장 타일, 금속판, 나무 장작으로 덮고 함께 태운다.

아래 연소실에 넣은 목재 땔감에 추가로 지붕 위에 연료를 넣는다. 짙은 점들 또는 "불 구름"(fire cloud)은 토기들이 가장 뜨거운 가마 벽이나 바닥에 닿을 때 생긴다. 지붕을 폐쇄한 가마에서는 토기를 측면에 있는 문으로 집어넣고(그림 58.5, 58.6) 벽돌과 깨진 토기들로 문을 막는다(그림 58.7).

58.4 공동으로 사용하는 코르노스 토기 회사의 가마의 화구 밖. 아침 일찍 작은 불을 붙인 다음에 화목들을 태운다(1986년).

58.5 영구적인 지붕을 가진 전통 가마는 연소실에 토기들을 쌓기 전에 비워둔다. 연소실에 생긴 열은 화구의 바닥을 통해 올라온다(1999년 9월).

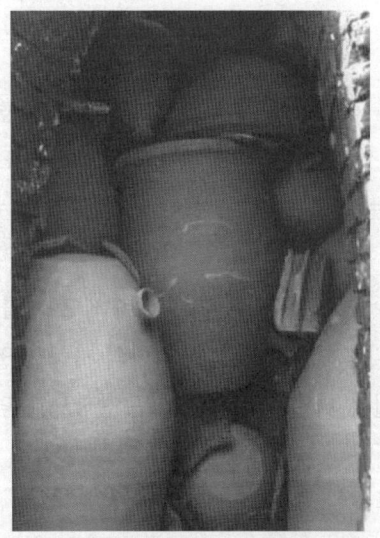

58.6 협동 가마에 쌓여 있는 오븐, 항아리, 요리 그릇, 꽃병들. 가마의 공간과 연료 효율을 극대화하기 위해 작은 토기들을 큰 토기들 사이에 채운다. 토기들은 서로 상하지 않게 기대어 놓는다(1986).

지붕이 열린 가마는 암만 남부의 산업단지, 지지아(Zizia)에서 만든 것처럼 회전축을 돌려서 만든 토기에 적합하다. 지지아 가마는 플라스틱병, 가방 그리고 온갖 플라스틱 쓰레기를 태운다.

키프러스의 굽는 가마는 아침 7시 이전에 작은 불을 붙이기 시작한다. 토기장이들은 말린 올리브 잎을 태우는 향로를 갖고 가마를 축복한다. 크기가 큰 포도주 항아리의 경우(피토이 또는 피토스) 가마에 집어넣기 전과 구운 다음에 각각 하나씩 축복하는 것이 관례이다. 큰 항아리 하나를 만드는 데 2개월이 걸리고 3일간 굽는다. 보통 땅에 아주 작은 불을 붙여서 시작한다. 그것은 가마 앞 바깥이다. 목적은 토기와 가마를 철저하게 말리기 위함이다.

가정용 토기를 만드는 데 가마는 10시간이나 11시간을 굽는다. 나뭇가지에 붙인 작은 불꽃은 연소실 밖에서 시작한다. 이른 오후에는 그 불을 가마로 가까이 옮긴다. 마지막으로 나뭇가지와 통나무를 연소실 안에 넣으면 오후 6시쯤 큰 불길이 만들어진다. 전통 토기장이들은 연료로 나무껍질, 솔방울, 낡은 깔개나 바구니, 짐승의 인분을 사용한다. 토기가 적당한 온도로 구워지면 타고 있는 화목들을 가마에서 꺼내고 물에 적셔서 나중에 숯으로 판다. 다음 날 일찍 아직도 뜨거운 가마에서 꺼낸 토기들은 곧장 나귀가 끄는 수레로 가거나 트럭에 실어 마을 밖 고객들에게 팔린다.

지중해 동부의 전통 토기장이들은 그릇들을 지역 시장이나 특히 가을 공휴일에 서는 시장에 팔거나 교환한다. 그들은 토기를 겨울을 나는데 필요한 곡식, 콩, 그리고 다른 식료품과 교환한다.

4) 유약을 바르지 않은 투습 토기

물을 운반하는 데 사용하는 점토 항아리는 원래 식수를 시원하게 하고 정화하는 기능이 있다. 유약을 바르지 않은 벽면은 사람 몸을 시원하게 유지해 주는 원리와 유사한 "땀 흘리기" 과정으로 물을 증발시켜 시원하게 유지해 주었다. 정상적인 방 온도와 기압에서 물은 평형이 깨져 증발하게 된다. 물은 투습하는 벽면을 통해 천천히 땀을 흘리고 토기의 벽 바깥으로 증발한다.

58.7 토기를 쌓은 뒤 키프러스의 전통 토기장이 안툴라는 공장에서 만든 벽돌로 임시 문을 만든다. 깨진 벽돌과 큰 도기 파편들은 불을 때는 동안 온도변화를 최소화해준다. (1986년)

이 과정은 물을 끓이는데 필요한 에너지의 다섯 배가 소모된다. 땀 흘리기 또는 물새기는 물의 열을 식힐 때 아주 효과적이다. 플라스틱이나 금속 용기에 들어있는 물은 신속하게 온도가 올라간다. 주변에서 흡수한 열이 증발로 사라질 수가 없기 때문이다. 그것은 플라스틱 용기나 금속 용기 안에 갇혀 물을 뜨겁게 만든다. 점토 토기에 부은 물은 흡수한 열 대부분을 효과적으로 증발시키는 역학 때문에 더 오래 시원함을 유지한다.

물이 토기 벽면을 통해 증발할 때 쓴맛이 나는 미네랄 성분은 토기의 내벽으로 움직인다. 그것들은 점차 내벽을 코팅하고 토기의 벽을 차단하는 희고 밀도 높은 침전물을 만든다. 몇 달 사용한 뒤에는 항아리들이 더는 땀 흘리기를 하지 못하므로 물을 시원하게 만들지 못한다. 항아리들은 물 대신에 식초나 기름 또는 기름기가 있는 치즈나 소금물을 저장하는 용도로 쓴다.

전통적인 식기에 유약을 바르지 않고 방수하는 방법이 몇 가지 있다. 토기들은 먼저 물을 채워 깨진 곳이 없나 확인하고 고기 기름을 채워 투습성 표면을 기름기로 완전히 메꾸어 물이 새어나가지 못하도록 하였다. 달걀 흰자 위와 설탕을 배합한 혼합물로 용기 내벽을 코팅하는 방식도 있다. 달걀과 재의 혼합물은 외벽에 발랐다. 사람들은 고기와 곡식과 채소를 요리할 때 물을 적게 사용하여 새어나감을 최소화하였을 것이다. 국이나 죽을 만들 때 나중에 끓는 물을 넣기도 한다.

포도주를 발효시키고 저장하는 항아리는 내벽을 알레포 소나무, 상수리나무, 도토리나무 또는 사해에서 가져온 송진과 역청을 발랐다. 송진은 포도주에 독특한 풍미를 남겼다. 고대 항아리들이 내벽을 처리해서 보존된 경우는 드물다. 포도의 산이 보통 송진을 소멸시키기 때문이다. 항아리들은 새는 것을 막기 위해 정기적으로 내벽 처리를 하였다(London 2016, 105-8).

2. 건축

1) 가정용 건물과 공공건물

고대의 가옥은 크기가 작았다. 제한된 내부 공간에 잠자리, 음식 저장, 의복, 침구, 그리고 가정 성소를 놓았다. 작은 창문들은 열기나 한기를 막아주었다. 지붕과 곁에 딸린 뜰은 잠자고 살림을 저장해 두는 실내보다 컸고 연중 대부분 시간에 요리, 청소, 식사, 놀이, 여름철 잠자리 기능을 했다. 뜰에서는 여름에 토기를 만들고 음식을 가공하거나 매일 식사 준비를 하였고 가을과 겨울에는 가축의 울타리가 되었다.

성전, 궁전 그리고 공공건물들은 사람들이 모일 수 있는 공터가 있었다. 그곳도 저장시설로 사용되었다. 건축 자재, 바닥, 벽면은 일반 가옥보다 더욱 정교하고 마감처리를 잘했다.

2) 건축자재

발굴한 건물들은 손으로 만들거나 거푸집으로 만들어 햇볕에 말린 벽돌, 통나무, 밭과 캐어낸 석재, 역청, 회반죽으로 만들었다. 이것들은 성경 본문에서 알려진 것(창 11:3)과 똑같은 재료들이다. 몇 가지 건축자재는 장소와 건축 유형에 따라 달랐다. 해안과 저지대의 부드러운 석회암은 건축에 좋지 않았다. 결과적으로 풍부한 점토 생산지에서 수제 벽돌을 만들었다. 이와 달리 고대 이스라엘 중앙산지의 단단한 석회암과 북부의 현무암은 개인 건축물이나 공공건물을 지을 때 사용하였다.

점토 벽돌은 가옥 2층에 사용하였고 집의 초석은 돌로 만들었다. 돌로 만든 초석은 지붕에서 물이 떨어지거나 겨울에 언덕에서 흘러들어온 물로 생긴 잠재적인 위험을 막아주었다.

일반 백성의 가옥을 짓는 데 들판의 돌을 다듬지 않고 사용하는 모습은 성전이나 궁전 벽에 깨끗하게 다듬은 마름돌을 연결하여 쌓은 벽과 대조적이었다. 정교한 마름돌로 벽을 쌓는 일은 내부를 자갈로 채운 외벽에만 쓴다. 건축과 도시의 성벽은 아주 넓었다. 탈 알 우마이리(Tall al-'Umayri)(그림 58.8)의 후기 청동기/철기 시대 2층 건물의 외벽 두께는 1.5m이다(Herr and Clark 2009, 77). 그 지역의 지진 활동 때문에 주민들이 지진의 강력한 진동과 후유증을 버틸 수 있도록 벽을 필요 이상으로 두껍게 만들도록 했을 것이다.

가옥의 바닥은 땅을 다지거나 자갈로 만들었는데 성전과 같은 공공건물에 돌을 깔거나 회반죽을 발라서 만든 것과 대조적이다. 석회암 채석장과 가마는 회반죽을 만드는 원자재를 공급하였다. 부드러운 석회암은 손으로 만져 부서질 정도이고 물과 섞어 회반죽을 만들었다. 단단한 석회암은 가마에서 구웠다. 현대 키프러스의 시골 주민의 말에 따르면 때가 되면 벽과 바닥을 회반죽으로 회칠을 해서 표면을 깨끗하게 만들고 또 해충 감염을 막았다. 짚과 나무로 올린 지붕은 점토 반죽으로 연결하여 집 안에 먼지가 들어오지 못하도록 하였다.

3. 옷감

1) 모직과 면직

옷은 대개 양털로 만들었다(레 13:47-48, 52, 59; 19:19; 사 51:8; 겔 34:3). 양과 염소 털은 모직으로 짜서 침구, 자루, 장막을 만들었다. 천막에 쓰는 무거운 천은 검은 염소 털로 만들며 비가 스며들지 않았다. 아마포(리넨)는 아마로 만든 고급 천이었다(신 22:11; 잠 31:13; 호 2:9). 양가죽은 바닥에 깔거나(삿 6:37) 겉옷으로 입었다. 크기가 큰 염색한 천이나 무색의 천은 몸을 따뜻하게 감싸주고 어린이뿐만 아니라 무엇이든 담고 다닐 수도 있었다.

모직 천을 만드는 과정은 여러 단계를 거쳤다. 겨울철 우기가 끝나면 남성이 짐승 털을 밀고 여성과 자식들은 털을 반복해서 씻어 흙과 기름기를 제거했다.

그런 다음 여인들과 소녀들은 잡아당겨(말리기 위해 펴는 작업) 털을 빗긴(펴기) 다음에 말아두었다. 물레 가락 또는 플라이휠은 작은 원뿔 모양의 돌로서 긴 뼈나 나무 조각으로 만든 막대 끝에 설치하였다. 실은 막대 주위를 돌면서 감겼다.

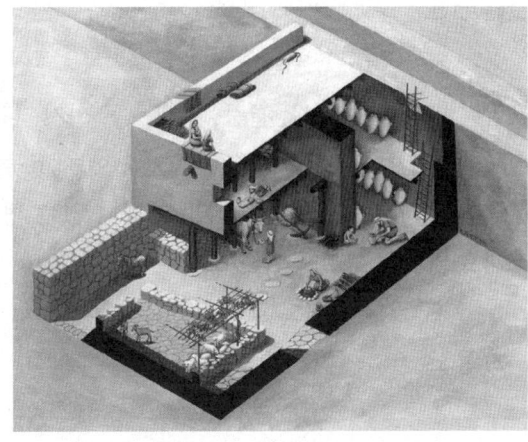

58.8 요르단의 탈 알 우마이리를 발굴한 결과에 기초하여 재구성한 13세기 후반의 2층집. 12×16m 넓이의 이 건물은 방이 다섯이고 작은 자갈과 점토 벽돌로 만들었다.

2) 채색

밀이나 보리를 가는 데 쓰는 맷돌을 발굴해보면 천을 염색할 때 사용한 으깬 유기물 흔적이 남아 있는 것을 볼 수 있다. 그것들은 소화되지 않고 독성이 있으므로 음식이 아니라 채색 기능을 한 것으로 보인다. 독성을 지닌 현삼과의 베르바스쿰(mullein)은 밝은 노란빛을 만든다. 보라색이나 푸른색은 해바라기 과로 알려진 등대 풀(Chrozophora tinctoria)과 뿔 소라 껍데기를 썼다. 붉은색과 갈색은 물에 적신 석류껍질을 썼다. 독성 물질로 만든 염료는 가죽 작업에도 사용하였다(Crabtree 1986, 89).

원사와 실을 만드는 나무, 뼈, 또는 석조 물레와 직기는 수직으로 세워져 있는 목조 베틀이나 지면에 수평으로 설치된 베틀을 이용하여 천을 짰다. 후자는 이집트 벽화와 모형으로 묘사되어 있다(Barber 1994, 80-81).

4. 바구니

천이나 바구니 같은 유기물질은 레반트의 습기에 취약하였고 토양 조건 때문에 고고학적으로 보존된 경우가 거의 없다. 간접적인 증거는 바구니와 깔개로 만든 채 위에서 만든 점토 토기 바닥에 남아 있는 흔적이다.

1) 재료

말린 대추야자 가지, 골풀, 갈대, 풀, 가지, 나무껍질, 그리고 색소를 늦봄과 여름에 수집했다. 바구니를 만들기 전에 재료들은 물에 담가놓았다. 이것들로 무색이든 채색이든 뚜껑이 있는 형태나 없는 형태로 엮기 전에 껍질을 벗기고 쪼개고 얇게 썰고 비틀거나 염색하였다.

2) 용도

바구니는 수집, 추수, 봉사, 요리, 또는 음식을 저장할 때 사용했다. 성경 본문은 빵 바구니(창 40:16; 출 29:3, 23; 레 8:2, 26, 31; 민 6:15, 17, 19), 포도 바구니(렘 6:9), 무화과 바구니(렘 24:1)를 말한다. 타르와 역청을 바른 바구니는 나일강에서 아기 모세를 안전하게 숨겨주었다(출 2:3). 사해의 역청이나 아스팔트를 발라 액체를 담을 수 있는 밀폐된 바구니를 만들었다. 역청을 바르고 물을 담은 바구니는 음식을 조리하기에 적합했다. 바구니 안에 뜨거운 돌을 넣어 물을 끓였고 음식을 조리했다.

바구니는 치즈를 만드는데 쓸모가 있었다. 키프러스 시골에서는 최근까지 응고된 우유에 소금을 넣어 촘촘하게 엮은 바구니에 쌓아두어 말렸다. 물기가 다 빠질 때까지 그것을 밖에 매달아 두었다. 다음에 바구니 안에 둔 채로 끓이고 다시 여러 날을 말린 다음에 음식으로 먹었다.

집마다 바구니 세공품을 만들었다. 작은 가축, 의복과 신발, 가구, 토기 진열대, 빗자루, 장식물 등이다. 20세기까지 전통 지중해 사회에서는 어린이, 땔감, 점토를 바구니에 담아 사람이 운반하거나 짐승에게 실었다. 여인들은 편평한 바구니로 곡식에서 왕겨를, 점토에서 씨앗이나 작은 돌들을 걸러냈다.

5. 청소와 소독

물이 부족한 지역에 사는 사람들은 집과 토기, 천 등등에 천연 비누와 소독제를 사용하였다. 성경은 소금과 잿물(보리트[borit])을 혼합한 네테르(neter)를 일반적으로 세정제로 언급한다(렘 2:22).

1) 건물

지중해의 전통사회에서 집 안을 깨끗하게 유지하는 방안은 지붕에 소금을 뿌리는 일이었다. 이것은 지붕의 들보와 초가지붕을 지지하는 점토 반죽과 흙에서 잡초가 자라지 못하도록 막아주었다. 해마다 바닥과 벽에 회반죽을 새로 바르는 일도 비슷한 기능을 했다. 본문은 질병으로 감염된 집에서 사방을 긁어내거나 돌과 회반죽과 흙을 제거하여 집을 정하게 하라고 말한다(레 14:40-44).

2) 소독과 살충제

지중해 전통사회에서 최근까지 널리 사용된 유기물은 고대에도 사용되었을 것이다. 세이지 잎을 태워서 건물과 다른 구조물 소독에 유용하다. 20세기 후반까지 중앙 요르단에서는 협죽도 나무(Nerium)와 미나리아재비(Delphinium)의 독즙으로 천연살충제를 만들었다. 단단한 흙 바닥의 냄새를 제거하기 위해 요르단 마다바 계곡 주민들은 식용 세이버리(Thymus)와 달콤한 클로버(Melilotus)를 모아 으깼다(Crabtree 1986, 91-93).

3) 토기

물이 귀해서 유약을 바르지 않은 토기를 씻는 일은 문제였다. 투습성을 지닌 면이 그릇에 담아두거나 조리한 음식을 흡수하였다. 로마 시대 조리법은 특히 점토 토기를 깨끗하게 씻을 필요가 있다고 말한다(Bober 1999, 158). 중세 시대 외과 의사 마르완 아브드 알 말리크 이븐 추르(1162년 사망)는 질병은 조리도구로 덮어놓은 음식에서 생긴다고 믿고 유약처리 하지 않은 그릇들은 한 번 사용한 다음에 버려야 한다는 글을 썼다! 그는 유약을 바른 그릇은 다섯 번 정도만 안전하다고 결론지었다(Zaouali 2007, 49).

모래와 물은 허브가 있거나 없거나 토기 안에 달라붙은 음식을 문질러 씻어내기에 적합했다. 문제는 그릇에 박힌 고기와 유제품의 단백질 성분은 이런 식으로 제거할 수 없다는 것이다. 침전물이 계속 쌓이면 신선한 음식을 부패시킬 수 있다. 유약처리 하지 않은 토기는 매일 그리고 계절별로 철저히 씻을 필요가 있다. 유약처리 하지 않는 조리 용기에 밤새 물로 희석한 식초를 담아놓으면 들러붙어 있는 음식 찌꺼기를 제거할 수 있다. 다음 날 아침에 액체를 버리고 물로 헹구면 깨끗한 그릇으로 사용할 수가 있다.

유약처리 하지 않은 투습성 토기들, 특히 요구르트, 우유, 버터, 치즈 같은 유제품을 조리한 그릇들은 정기적으로 씻어주어야 한다. 염소 우유를 짜는 계절 끝에 항아리와 주전자와 그릇을 저장하기 전에 이것들은 가마에 다시 넣고 구워 투습 벽에 박힌 잔류물을 제거했다. 가마가 없으면 더러운 식기들을 밤새 뜨거운 화로 안에 넣어 두면 지방과 단백질 성분을 전부 태울 수 있다.

박하향이 나는 몇 가지 식물은 건강하지 못한 피부병 치료에 효과적으로 알려져 있는데(레 14:4) 집에서 만든 그릇을 씻을 때 편리한 재료였다. 민트과에 속한 백리향(다임 또는 사향초)의 항균 성분은 구식 소독약, 방부제, 살균제였다. 다임은 알코올 같은 석탄산을 함유하고 있으나 산성이 아주 강하다. 20세기 중반까지 키프러스에서 염소를 기르는 사람들은 말린 다임이나 신선한 다임을 물에 약간 적셔서 매일 염소젖을 짜는 용기를 씻었다. 여름이 끝날 때면 완전한 세척을 위해 그릇들을 가마에 넣고 다시 구웠다.

성경의 코쉐르 음식법은 투습성 토기로 만든 식기를 씻는 문제를 암시한다. 그것은 "너는 염소 새끼를 그 어미의 젖으로 삶지 말라"(출 23:19; 34:26; 신 14:21)라고 말한다. 만일 이 구절이 우유를 넣은 그릇에 고기를 삶으면 안 된다는 뜻이라면 그릇에 스며든 유제품의 단백질 성분이 고기를 상하게 만들 수 있음을 시인한 것이다. 유약 처리한 그릇을 보편적으로 사용하기 전에는 우유를 담은 그릇에 고기를 조리하는 것은 위험한 일이었다. 대신 우유를 짜고 가열하고 발효시키고 유제품을 저장하는 용기들은 고기를 조리하는 용기와 달랐다(London 2016, 138-41).

제59장

철기 시대 이스라엘의 음식 준비

신티아 쉐이퍼엘리엇(Cynthia ShaferElliot)

1. 들어가기

음식은 대다수 사람이 중요하게 생각하는 주제다.
고대의 식사 때는 음식과 조리가 어땠을까?
사람들은 무엇을 먹었을까?
어떻게 준비했을까?
고대 세계의 식사법, 조리하고 먹는 관습을 검토해보면 일상 생활과 식사는 어떠했는지 그리고 그 문화 속에서 음식과 관련한 관습과 행동은 어떠했으며 무엇을 가치 있게 여겼는지 많은 것을 알 수 있다. 사회가 수용한 행동, 가치, 규범은 사회가 매일 그리고 특별한 경우에 음식을 준비해서 먹는 모습을 보면 알 수 있다. 이 장은 철기 시대 이스라엘(B.C. 1200-586년)에서 매일 먹는 식사의 준비 과정에 대한 이해를 소개한다.

고대 이스라엘이 식사를 준비하는 모습을 잘 알려면 많은 자료를 사용해야 한다(Altmann and Fu 2014). 가장 중요한 자료는 본문 특히 히브리 성경이다. 하지만 바벨론의 조리법과 같은 고대 근동 자료의 자료도 도움이 된다. 고대 문화의 물리적 현실에 관한 정보를 제공해주는 고고학 자료는 똑같이 중요하다. 조리와 관련된 특색(솥과 맷돌 시설)과 유물(조리용 그릇과 사발)과 같은 고고학적 증거도 있다.

고대 음식 준비에 필수적인 또 다른 자료는 현대의 전통사회에서 음식과 관련된 사항(조리하는 솥과 그릇들처럼)을 어떻게 준비하는지를 관찰하는 민족 고고학이다. 전통사회의 방법들이 고대 조상들이 사용한 조리 기술과 방법론에 대한 통찰을 제공하고 재구성할 수 있게 해 주기를 희망하는 것이다(Meyers 2003a, 185-97).

2. 식습관

철기 시대 이스라엘의 조리법을 탐구하기 전에 고대 이스라엘의 식습관을 요약해야 한다. 다른 많은 고대 사회처럼 이스라엘 백성은 기초생계를 유지하는 농부들이었다. 달리 말해서 그들은 자신과 가족을 먹일 만큼의 식량을 생산하는 데 힘을 썼다. 철기 시대 동안 고대 이스라엘의 일반 가정은 농가, 동네, 마을과 같은 시골에 살았다.

그들은 자연스레 농업과 목축업에 종사했고 적대적인 환경과 싸우며 근근이 먹고 살았다. 땅의 비옥도, 가축, 가족들이 생존에 필수요인들이었다. 가뭄, 기근이나 전쟁이 나면 가정은 초토화되었다. 군주제 사회에 이어 철기 시대 강대국들(주로 신앗수르 제국과 신바벨론 제국)은 이스라엘과 유다 백성에게 조공과 세금을 강요했다. 삶을 경감시키는 이런저런 요소들은 평균적인 이스라엘 백성의 일상 생존의 어려움을 증가시켰다(Shafer-Elliot 2014).

올리브, 포도, 곡물과 같은 소위 지중해 3대 농산물은 고대 이스라엘의 식습관을 지배했다. 더욱이 이 3대 농산물로 만든 식품, 즉 기름, 포도주, 빵은 다른 식품을 무색하게 만들었다(신 7:12-13; 11:13-14; 대하 31:5-10; 느 13:12). 비문들도 지중해 3대 농산물의 중요성을 강조한다. 이를테면 이스라엘 남부의 국경 요새지, 아랏에서 출토된 토기 파편에 새겨진 글은 마을의 사령관에게 곡식, 밀가루, 빵, 기름과 포도주를 분배하라고 지시한다(Pace 2014, 188; Pritchard 2011, 291). 고대 이스라엘의 음식은 포도, 무화과, 석류, 대추, 돌 무화과, 콩, 아마, 피스타치오, 아몬드, 호두, 잣, 오이, 부추, 양파, 마늘 등 계절 과일, 채소, 견과류로 풍부했다(Borowski 2004; 2002, 137-39; Altmann 2013, 288-91).

매일 먹는 식사는 곡물과 곡물로 만든 빵이었다. 이스라엘 백성의 식사는 빵에 크게 의존했으므로 히브리 단어 레헴(lehem)은 음식과 동의어이다(창 28:20; 출

2:20; 레 3:16; 민 15:19; 룻 1:6; 삼하 9:10; 욥 42:11; 시 132:15). 평균 이스라엘 백성이 하루 평균 섭취하는 열량의 절반과 3/4은 밀, 수수, 보리와 같은 몇 가지 곡물을 통해 섭취하였다(Altmann 2013, 288; Borowski 2002, 88-92).

이스라엘 식사에 다른 주요 식품은 낙농 제품이었다. 양과 염소는 흔한 가축이며 가정 경제의 중요한 부분을 차지하였다. 가정에서 기르는 가축은 여러 가지 부산물을 제공하였다. 양털은 의복으로 해 입을 수 있었고, 인분은 불 때는 땔감과 비료로 사용하였다. 또 버터, 치즈, 엉긴 젖과 같은 다양한 유제품을 만들 수 있었다(창 18:8; 신 32:14; 삿 4:19; 삼하 17:27-29; 욥 10:10).

이스라엘 가정은 야생짐승을 사냥해서 얻은 경우, 가축을 솎아내야 하는 경우, 급한 현금이 필요한 경우, 결혼이나 농사 및 종교적 축제일이나 손님을 환대해야 하는 경우를 제외하고 고기를 별로 먹지 않았다. 평균 고대 이스라엘 가정은 가축의 부산물을 무한히 의지하였고 그래서 가축은 가정 경제의 중요한 일부였다. 결과적으로 가축을 도살하거나 내다 파는 일은 식사하기 위해서가 아니라 경제적 결정 때문에 이루어졌다.

이스라엘 백성의 음식에 대한 논의에서 잘 포함되지 않는 고대 음식 가운데 하나가 콩이다. 콩은 씨 맺는 식물로서 긴 씨앗 주머니에서 자란 씨앗을 음식으로 먹는다. 고대 이스라엘이 먹은 콩은 팥, 완두콩, 병아리콩, 누에콩, 쓴 살갈퀴(bitter vetch) 등이다. 콩은 식물성 단백질원이며 고기를 거의 먹지 않는 사회는 필수적으로 섭취해야 했다(Borowski 2002, 93-97). 고대 이스라엘이 매일 먹는 음식은 포도주와 맥주 같은 발효시킨 음료(고인 물보다 안전한 음료였음), 조미료(소금, 고수 기름, 딜[회향], 쿠민[대회향]), 그리고 감미료(꿀이나 대추 시럽 같은)를 첨가했다(N. McDonald 2008b, 39-40).

매일의 허드렛일은 농사와 가축 치는 일이 대부분이었다. 연중 어떤 때(파종기와 추수기)는 온 가족들이 다 참여해야 했다. 조리한 식사는 일이 전부 끝난 다음에 먹었다. 아침과 점심은 간단히 빵, 치즈, 건과일, 볶은 곡식, 물, 계절 채소와 과일을 먹었다(룻 2:14)(Borowski 2003, 74).

3. 조리 기술

1) 화덕

평균 이스라엘 백성은 음식을 준비하기 위해 다양한 조리 기술을 사용했다. 가장 중요한 기술은 가열하기 혹은 소위 화덕이라고 부르는 것이다(Ebeling and Rogel 2015, 347). 고대 이스라엘이 사용한 화덕이 어떤 모습인지 말하기는 어렵다. 고고학 발굴결과로 나타난 것들이 완전하지 않기 때문이다. 중동지역의 민족 고고학은 몇 가지 유형의 화덕을 보여 준다. 그중에는 고대 이스라엘이 사용한 화덕을 현대까지 사용한 형태도 있을 것이다.

가장 기본적 형태의 화덕은 전혀 화덕으로 묘사되지 않았다. 음식은 숯불이나 뜨거운 바위 위에서 조리할 수 있었다(사 44:19). 또 다른 단순한 형태의 화덕은 사즈(saj), 불 위 또는 바위 위에 걸쳐 놓은 둥근 철판이다.

사즈를 사용할 때 굽는 자의 손바닥으로 밀가루 반죽을 여러 번 뒤집으면서 납작한 모양이 되면 사즈에 놓고 양면을 빨리 굽는다. 고대 이스라엘 백성은 둥근 철판 위에서 굽지 않았고 이런 식으로 굽는 것은 뜨거운 바위(왕상 19:6)나 숯불 위에서(사 44:19) 빵을 굽는 방식을 보여 준다(Shafer-Elliot 2013b, 119).

민족 고고학이 현대 중동지역에서 관찰한 세 번째 유형의 화덕은 타분(tabun) (복수형 tawabin)이다. 타분은 25cm부터 50cm 높이의 점토로 만든 낮고 끝을 자른 둥근 형태의 화덕이다. 꼭대기는 큰 입구가 있어서 반죽을 바닥에 놓고 구워 빵을 꺼낼 수 있다. 이 화덕은 땔감을 타분 바깥 주위에 놓고 가열할 수가 있다.

현대 중동지역에서 사용하는 타와빈은 굽기 전에 화덕 온도를 높이기 위해 연료를 오븐 안에 넣을 수 있고 재를 버릴 수 있도록 화덕 측면에 또 다른 구멍이 있다. 그러나 이스라엘의 고고학 발굴로 나타난 화덕을 묘사하는데 타분이란 말을 사용하는 것은 연대기적으로 일치하지 않는다. 이런 스타일의 화덕은 주후 17세기 이전에 고고학 발굴로 나온 적이 없기 때문이다. 더구나 타분이란 말은 히브리 성경이나 탈무드에 없다(Ebeling and Rogel 2015, 328-30).

고고학 발굴지에 나타난 화덕은 불완전하긴 해도 현대 중동에서 사용하는 탄누르(tannur; 복수형 tannaneer) 유형의 화덕과 더 비슷하다(그림. 59.1, 59.2).

현대의 탄누르는 1m(3.2ft) 높이의 점토로 만든 원뿔형 또는 벌집형의 화덕이다. 윗부분은 크게 열려 있어서 화덕 내부를 들여다볼 수 있고 열을 간직하기 위해 금속 뚜껑으로 덮는다. 타분처럼 현대의 탄나니어도 많은 경우 바닥에 연통이 연결되어 있다. 타분과 달리 탄누르는 바닥 안쪽에서 불을 붙이고 반죽은 내부 벽면에 붙여 굽는다.

탄누르란 말은 히브리 성경에 15회 등장하고 7회는 빵을 굽는 화덕을 가리킨다(출 8:3; 레 2:4; 7:9; 11:35; 26:26; 호 7:4, 6-7)(Shafer-Elliot 2013a, 219; Ebeling and Rogel 2015, 329). 뚜껑은 종종 타와빈과 탄나니어의 열려 있는 위를 덮어 열기를 유지하고 다른 물건을 덮개 윗부분이나 내부를 덮어서 요리한다 (Shafer-Elliot 2013b, 120-21; Ebeling and Rogel 2015, 330).

59.1 탄누르(tannur)에서 빵을 굽고 있는 이라크 여인

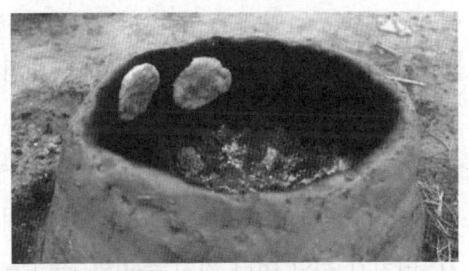

59.2 이스라엘 텔 하이파의 고고학적 실험, 탄누르를 만들어 유교병 굽기

이스라엘의 철기 시대 가옥을 발굴해보면 전형적으로 가옥 안팎의 중앙에 화덕을 놓은 흔적이 있다. 가옥 내부에 발견된 화덕은 대문 가까이에 있는데 이것은 가옥의 환기가 잘되지 않았음을 보여 준다. 외부 화덕은 통상 뜰에 있다. 보통은 화덕이 두 군데 전부 설치되어 있는데 우기의 겨울철에는 음식을 실내에서 그리고 더운 여름에는 실외에서 조리하였음을 보여 준다. 민족 고고학 연구는 여성들이 주로 가정의 식사 준비를 하는 것을 보여주는데 대체로 자녀출산 때문에 집 근처에서 일하기 때문이다. 화덕이 중앙에 있는 이유는 여성들이 음식을

준비하는 동안 다른 가사를 돌볼 수 있기 때문이다. 중앙에 화덕을 설치한 것은 다른 여성들과 화덕을 공유하여 집단의 사회적 관계와 응집력을 강하게 만들어 주었다(레 26:26)(B. Parker 2011, 603-27).

2) 냄비

음식은 청동기와 철기 시대에 발달한 간편하고 효과적인 냄비로 준비하였다(예, 그림 59.3을 보라). 히브리 성경에는 냄비에 해당하는 단어로 파루르(parur)(민 11:8; 삿 6:19; 삼상 2:14), 시르(sir)(출 16:3; 왕하 4:38-41; 렘 1:13; 겔 11:3, 7, 11; 미 3:3; 슥 14:20-21), 칼라핫(qallahat)(삼상 2:14; 미 3:3), 두드(dud)(삼상 2:14)가 있다(Shafer-Elliot 2013a, 220). 간단히 말해서 냄비는 청동기 시대 냄비나 사발, 블레셋 단지, 그리고 혼합형 냄비, 세 가지 형태로 나눌 수 있다.

청동기 시대와 훗날 이스라엘에서 발견된 냄비는 단순하고 흔한 사발 모양의 그릇에서 진화하였다. 전형적인 냄비는 크고 손잡이가 없으며 테두리가 돌출되어 있고 둥근 바닥에 몸통 중앙이 볼록해서 마치 큰 사발 같다. 냄비가 청동기 시대에 진화하면서 전통적인 모양은 유지하였으나 크기는 다양해졌고 볼록한 중심부는 커졌으며 테두리가 변했다.

냄비 입구의 지름은 평균 9.8인치부터 15.7인치(25-40cm)이고 높이는 평균 5.9인치부터 7.8인치(15-20cm)다. 상부는 열려 있고 넓적하며 찜하기, 튀기기, 끓이기, 데치기 등의 여러 가지 유형의 조리를 할 수 있도록 만든 특별한 조리 그릇이다. 냄비의 상부가 열려 있고 접시 모양은 고기 같은 큰 음식을 요리할 수가 있고 여러 명을 대접할 수가 있었다. 청동기 시대 냄비는 화덕 위에서 안으로 집어넣거나 화로의 돌 위에 두었고 손잡이가 있는 냄비는 불 위에서 지탱할 수 있게 해 주었다. 이런 유형의 냄비는 후기 청동기 시대 가나안과 이스라엘에 많았고 철기 시대 말까지 모양이 계속 달라졌다(Killebrew 1999, 84, 92-95, 106-9).

블레셋 족속들은 후기 청동기와 초기 철기 시대 1기에 나타났으며 새로운 유형의 조리 그릇을 갖고 왔다. 이 새로운 유형의 냄비는 키프러스 IIC 기와 IIIA 기, 후기 헬라 III C기의 키프러스와 에게해 단지의 모습과 비슷하다. 새로운 냄비 모양은 접시 같지 않고 항아리 모양에 가깝다. 그것은 주둥이가 닫혀 있고 타원형의 공 모양이며 테두리부터 어깨 부분에 한두 개의 고리 모양 손잡이가 달려 있다. 전형적인 조리용 항아리는 2-3 리터 부피에 최대 높이는 7.8인치(20cm) 이며 최대 지름은 3.5인치부터 4.7인치(9-12cm) 까지다(Ben-Shlomo 2011을 보라).

청동기 시대 냄비처럼 조리 항아리는 철기 시대에 진화했다. 조리 항아리는 "블레셋 항아리"라고 부른다. 남부 해안 평야에 블레셋 족속의 터에서 전통적인 냄비를 대체하였고 블레셋 밖에서는 발견되지 않기 때문이다. 전통적인 청동기 시대 냄비와 달리 조리 항아리의 크기와 모양은 다른 유형의 요리를 하지 못한다.

이 항아리로 요리할 수 있는 것은 끓이기였다. 항아리의 얇은 내벽은 천천히 낮은 온도로 액체 요리를 하는데 쓸모 있고 납작한 바닥 때문에 불 바로 위나 가까이 두어야 했다. 손잡이는 항아리를 쉽게 꺼내기 좋게 해 주었다. 바닥과 측면의 그을음은 불 위나 화로 곁에 두었음을 암시한다. 블레셋 항아리의 작은 크기는 조리하는 곡식이나 채소의 양을 맞추어야 했고 소수의 사람이 먹기에 좋을 정도였다(Ben-Shlomo et al. 2008, 225-46; Gur-Arieh, Maeir, and Shahack-Gross 2011, 349-55; Killebrew 1999, 93-95, 107).

철기 시대 1기 말과 철기 시대 2기에 청동기 시대 접시와 블레셋 항아리는 혼용되면서 소위 "혼합형 조리 냄비"가 되었다. 냄비와 항아리의 가장 기능적인 특징이 혼합되어 약간의 변형이 생겼다. 청동기 시대 냄비의 둥근 몸통과 열린 입구는 블레셋 항아리의 손잡이와 형태와 결합하였다. 조리 방식에 따라 혼합형 냄비는 낮은 온도에서 천천히 하는 조리뿐 아니라 높은 온도에서 빠르게 조리할 때도 사용할 수 있었다.

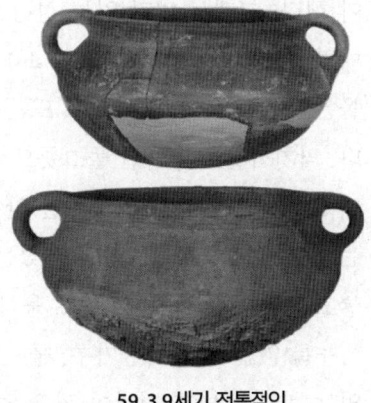

59.3 9세기 전통적인 스타일의 조리 냄비

냄비의 크기는 음식의 양과 크기를 결정했다. 혼합형 냄비는 이보다 전통적인 청동기 시대 냄비를 대체하지 않았는데 다양한 조리방식을 사용했다는 표시이다. 혼합형 냄비가 항아리보다 사용자에게 더 편리하지만 만일 음식의 양과 조리유형이 달라지면 크기가 달라졌다. 그래서 혼합형 냄비는 수프처럼 액체 요리

뿐 아니라 죽이나 걸쭉한 음식을 조리하는데 사용했을 것이다.

전통적인 청동기 시대 냄비나 더 큰 혼합형 항아리는 넣는 고기 크기와 식사할 인원수에 따라 고기를 넣어 끓이는 찌개에 적합했을 것이다. 크기가 좀 작은 혼합형 항아리와 냄비는 특히 시골에서 유제품을 만들 때 사용했을 것이다(London 2016, 17.8). 혼합형 냄비로 조리하려면 불을 집어넣는 구덩이 위나 화로 곁이나 위, 탄누르의 안쪽이나 위에 냄비를 놓거나 손잡이가 있으면 불 위에 걸어둘 수도 있다(Ben-Shlomo et al. 2008, 225-46; Killebrew 1999, 93-94, 107).

고대 이스라엘의 가정마다 발열 기구(즉 화덕)나 조리 냄비―다른 유형의 조리에 적합한 냄비들이 몇 가지씩―가 있었을 것이다. 매일 하는 조리는 단순하지만 여러 가지 조리 기술이 필요했다.

4. 식사

고대 근동의 사회들처럼 고대 이스라엘 백성은 생존하기 위해 매일 빵을 먹어야 했다. 그래서 인기 있는 성경 문구가 "일용할 양식"이다(잠 30:8). 빵은 거의 매일 누룩을 넣거나(마차[matsah]) 넣지 않고(하메츠[hamets]) 반죽하여 구웠다. 곡물은 막자사발과 절구 세트 또는 돌확 같은 기구에 넣고 갈아서 분말로 만들었다. 막자사발은 우묵한 돌그릇으로서 적은 양의 곡물을 넣을 수 있다. 절구는 막대 모양의 도구로서 막자사발 안에 들어있는 곡식을 간다. 돌확은 손으로 돌리는 돌이 있는 크고 고정되어 있는 구유처럼 생긴 돌이다. 곡식을 넓은 돌 판에 놓고 작은 손 돌을 곡식 위로 움직여 분말을 만든다(Ebeling and Rowan 2004).

누룩 없는 빵은 곡물가루, 물, 소금으로 섞어 반죽을 만든다. 한편으로 누룩이 없는 반죽은 발효 시간이 필요 없으므로 빨리 준비할 수 있다. 그래서 예고 없이 손님이 찾아올 때 만들었다(창 18:6; 삿 6:19; 삼상 28:24). 반면 누룩이 없는 무교병은 오래 저장할 수가 없다. 누룩을 넣은 빵도 똑같은 방식으로 만든다. 그러나 효모를 넣어 시큼한 맛이 나는 반죽(발효된 반죽)으로 만들거나 반죽에 (발효 맥주를 만드는데 사용하는) 맥주효모를 넣는다. 무교병과 달리 유교병이 더 맛있고 오래 간다.

반죽은 홈통이나 나무판을 의자에 걸치거나 화덕과 가까운 바닥 위에 놓고 그 위에서 갰다. 두 가지 빵은 뜨겁게 달군 돌 위에서 또는 사즈(saj)(레 7:9; 사 44:19)처럼 불 위에 번철을 놓거나 탄누르 형의 화덕(레 26:26) 안에서 구웠다. 고대 메소포타미아에서 발견된 조리법과 백과사전은 고대 근동의 빵 굽기가 아주 다양했음을 보여 준다. 이 문헌들은 사용한 가루의 유형, 특성, 색깔, 반죽하는 유형과 양, 첨가제와 향미, 굽는 방식, 모양, 지리와 용도에 따라 이삼백 가지의 빵을 수록하고 있다.

반죽에는 버터, 대추, 우유, 치즈, 과일, 참기름 같은 재료를 첨가한다. 구운 빵은 식사하면서 먹거나 주요 요리로 먹는다. 반죽은 나누어 접시에 정리하고 특별한 모양을 간직하여 고기나 죽과 함께 빵떡(창 18:6의 우곳['ugot])으로 또는 죽 속의 경단(삼하 13:6, 8, 10의 레비봇[lebibot])으로 먹었다(Bottéro 2001a, 47; 1995b, 3).

곡물로 만든 미음은 비교적 빠르고 쉽게 만들 수 있어서 이상적인 아침 식사였다(잠 31:15). 미음과 죽은 적은 양의 원재료를 사용하여 오래 지탱할 수 있으므로 아주 경제적이었다. 고대 이스라엘의 죽과 미음은 스펠트밀, 에머밀, 보리, 팥, 병아리콩으로 만들었다(Borowski 2003, 91-92, 95-96). 메소포타미아의 어느 조리법에 보면 요리사에게 가마솥에서 조리한 새를 꺼내 접시의 죽 위에 얹고 그 접시를 화덕의 위쪽 입구에 놓아 더 조리하라고 지시한다(Bottéro 1995b, 14; Shafer-Elliot 2013b, 134).

따끈한 주요 식사는 일과가 끝나면 먹는 죽이나 국이었다(창 25:29-34; 왕하 4:38-41). 메소포타미아 문헌을 보면 고대 근동에서 국을 좋아한 것이 분명하다. 어느 앗수르 문헌은 최소 백여 가지 국이나 죽을 언급한다. 바벨론의 국 조리법은 채소, 콩, 신선한 고기와 그리 신선하지 않은 고기와 같은 재료로 만든다(Bottéro 1995b, 48; Shafer-Elliot 2013b, 132). 고기는 평균 이스라엘 백성이 정기적으로 먹지 않았다. 그래서 대부분 국을 콩과 채소로 만들었다. 히브리어로 "국"은 나지드(nazid)이고 채소나 콩으로 만든다(창 25:29, 34; 왕하 4:38-40; 학 2:12). 이런 음식조차 기근, 전쟁, 가뭄 또는 경제적 궁핍으로 먹기 어려울 때면 주식을 죽으로 먹었다.

고기는 들짐승을 사냥하거나 가축을 도살하여 얻었다(창 18:7; 27:3-4; 삿 6:19; 삼상 28:24). 도살한 짐승은 남긴 부위가 없이 전부 사용했다(P. Watson 1979, 108-9). 뼈, 연골, 고기는 국으로 만들었는데 그것이 고기로 만들어 먹는 가장 경제적인 음식이었다. 고기는 굽거나 삶거나 씻어서 냄비에 넣었다. 고기를 씻는 이유는 여러 가지이다. 온수에 담그면 털을 뽑기가 좋고 날고기를 찬물에 씻어서 담가두면 육질을 단단하게 해 준다. 정결함 때문에도 씻지만, 그것은 조리방식과 관계가 있다.

고기를 훈제하면 육즙이 그릇으로 빠져나오고 해로운 찌꺼기나 기름 막이 제거된다. 바벨론 조리법을 보면 구운 곡식을 물에 불려 빵에 넣어두었다가 부셔서 국에 넣으면 걸쭉해지고 "태운" 맛이 났다(Bottéro 2004, 66-67; Shafer-Elliot 2013a, 223).

손님 접대, 혼인, 축제일 같은 특별한 때는 고기 잔치를 베풀었다. 그런 경우 짐승 한 마리를 통으로 준비했다(창 29:21-22; 신 14:22-27; 16:1-17; 출 12:3-9; 23:14-17; 레 23:4-25; 민 28:11-15; 삼상 20:5-6). 짐승(보통 양이나 염소)을 불을 피우거나 구덩이에 넣고 구웠다(사 44:16, 19). 짐승을 도축하면 적은 양의 고기 부위를 접시, 받침대, 꼬치, 금속이나 점토로 만든 판을 화덕(탄누르[tannur]) 위에 걸쳐 구웠다.

5. 히브리 성경의 음식 은유

음식은 히브리 성경에서 종종 은유로 사용된다. 빵(떡)은 고대 이스라엘의 주식이었으므로 히브리 성경에서 음식 은유가 가장 많이 사용되었다는 사실은 놀라운 일이 아니다. 빵(떡)은 자주 이스라엘 백성을 위해 하나님이 공급하신 식량을 상징한다. 장막, 훗날의 성전에 안식일마다 임재의 상 위에 차려놓는 열두 개의 진설병은 하나님의 식량 공급에 대한 감사의 표시이다(출 25:23-30; 35:13; 39:36; 레 24:5-9). 하나님이 식량을 공급하신 가장 분명한 사례는 "하늘의 떡" 또는 만나다.

이스라엘 백성은 광야에서 매일 먹을 만큼의 만나를 거두라는 명령을 받았고 그것으로 매일의 식량을 하나님에게 의지하기를 배우도록 하였다(출 16:4-5). 빵(떡) 은유는 "게을리 얻은 양식"이란 표현(잠 31:27)에도 사용되는데 방종하고 가정의 의무를 소홀히 여겼다는 의미로 해석된다. 빵(떡)은 근면함과 재정 투자를 상징하기도 한다(전 11:1).

히브리 성경에서 음식을 은유로 사용한 두 번째 사례는 "젖과 꿀이 흐르는 땅"이란 표현이다(출 3:8, 17; 13:5; 33:3; 레 20:24; 민 13:27; 14:8; 16:13-14; 신 6:3; 11:9; 26:9, 15; 27:3; 31:20; 수 5:6; 아 4:11; 5:1; 사 7:22; 렘 11:5; 32:22; 겔 20:6, 15). 이 표현은 소위 약속의 땅의 풍요를 강조하고 과장하려는 의도가 있다. 특별히 꿀벌을 통해 얻는 꿀은 히브리 성경에서 두 번만 언급하고(삿 14:8; 삼상 14:27) 양봉제조의 증거가 본문이나 고고학 기록에 없으므로 성경학자들과 고고학자들은 이 문구의 "꿀"은 대추나 무화과에서 추출한 시럽이라고 주장했다.

하지만 2005년과 2007년 텔 레홉의 철기 1A 시대 지층(B.C. 10-9세기)에서는 양봉장(또는 벌통)을 발견하였다. 이것은 양봉 산업이 있었으며 이스라엘은 실제로 젖과 꿀이 흐르는 땅이었음을 보여 준다(A. Mazar and Panitz-Cohen 2007).

6. 결론

고대 이스라엘 백성은 철 따라 밭, 과수원, 가축에게서 난 재료로 음식을 조리했다. 식사는 간단하지만 여러 가지 기능을 가진 화덕과 냄비에서 준비했다. 조리 기술에 관한 고고학적 유물, 고대 근동 문헌, 그리고 민족 고고학 연구는 히브리 성경에 숨겨진 일상 생활을 보여 준다.

제60장

성경 세계의 잔치

잔링 푸(Janling Fu)

"잔치"라는 말은 미국이나 캐나다의 전통적인 추수감사절에 풍부한 음식과 음료를 차려놓고 잔뜩 먹는 상황을 연상시킨다. 추수감사절은 매년 치르는 의식으로서 멀리 떨어져 지내는 가족이 함께 모여 식탁에 둘러앉아 칠면조 요리를 자르고 스포츠 경기를 보는 전통적인 축하 행사이다. 이때 격식을 차려 양념을 넣고 고기를 자르고 위시본을 잡아떼는 일에 순서를 정해놓고 하는 가정도 있다.

자연히 잔치를 준비하는 자들은 전통적인 음식과 절차에 따른 의식을 생각한다. 기억나는 것은 메뉴를 정하고 초대할 사람과 재료 구입장소 등등 특별한 식사를 계획하고 재료를 구해서 차리는 데 소요되는 단계들이다.[28] 정말, 현대는 정신없이 바쁜 준비단계를 밟으면서 칠면조에 소금 치기를 잊어먹거나 고기를 너무 굽거나 덜 굽는 실수를 저지르기도 한다.

추수감사절을 사례로 본 잔치 식탁은 가족의 본질을 상징적으로 보여주며 시간이 지날수록 거듭해서 서로를 묶어주는 이 계절의 리듬에 참여시켜준다. 그런 모임을 통하여 기억이 쌓이고 구현되며 가족이나 친족 관계를 넘어서서 서로의 정체성을 형성하는 데 도움이 된다. 이렇게 이해하면 잔치라는 행위는 개인과 집단의 정체성을 형성하는 데 중요한 요소가 된다.[29]

---

28 잔치를 준비하는 데 필요한 단계에 대하여 M. L. Smith 2015를 보라. 폴리네시아 상황에서 Kirch 2001을 보라. 파푸아 뉴기니의 최근 민속 사례를 위해 Maeir 2015를 보라.

29 "일상식"과 "특별식", 매일 식사와 잔치를 나누는 것은 시간을 이해하고, 사건과 삶을 제의처럼 질서 있게 구축하는 일과 관계가 있다는 주장을 할 수 있다. Appadurai 1981; Pace 2014를 보라. 현대의 상황에서는 협회, 여학생 클럽, 먹기 동호회를 포함하여 여러가지 기회가 생긴난다.

최근에 필자와 피터 알트만(Peter Altmann)은 잔치를 정의한 바 있다. 그들은 잔치가 "제의가 되어가는 경향이 있고 풍부한 음식을 과시하고 공동소비를 지향하는 핵심적인 사회적 사건"으로 간주한다고 주장하였다.

> 특정한 장소와 시간에 모여서 벌이는 잔치는 매일 먹는 음식과 식습관은 중첩되나 정도와 종류가 다르다. 추가로 잔치가 공동소비에 초점을 둔다는 점이 개인이 음식을 먹는 일과 구별된다(Fu and Altmann 2014, 16).

이 정의에서 잔치는 먹기와 마시기가 연속성을 지닌다. 한편에는 일상 음식, 다른 한편에는 특별 음식이 있다. 후자는 음식의 양이 다르다. 그 경우는 특별한 음식과 특별한 음료를 먹는다. 또 순서와 예식이 잔치 여부를 알게 해 준다. 예를 들어 크리스마스 캐럴을 부르거나 유월절 예식순서와 음식이 있는 특정한 공휴일을 생각할 수 있다. 혼자 먹는 평상시와 달리 특별한 축제의 시기는 함께 식사하기의 중요성이 추가로 강조되어야 한다.

성경 세계의 잔치는 이런 생각을 많이 내포하고 있다. 그때는 여러 집단이 모여 함께 먹고 마신다. 이를테면 히브리 성경에서 미쉬테(mishteh)란 말은 보통 연회나 잔치를 가리킬 때 쓴다. 이렇게 개인이 초대하는 잔치는 일회성으로 보인다. 생일(창 40:20), 젖떼기(창 21:8), 결혼(삿 14장), 장례(렘 16:5-8)와 같은 통과의례를 치를 때 잔치를 많이 한다. 가끔 접대할 때도 잔치를 베풀었다(창 19:3; 26:30; 삼하 3:20. 뒤의 두 곳은 전투 상황이다). 초대하여 잔치하는 경우 외에도 공동 잔치, 종교적 잔치(예, 출 10:9; 12:14; 신 16:1-8), 계절별 잔치, 히브리어로 학(hag)이라는 말을 사용하는 농사 절기의 잔치(신 16:9-17) 등이 있다. 친족끼리 모임을 강조하는 잔치도 있다(삼상 20장).

열왕기상 10장에 솔로몬이 스바 여왕과 만나는 장면에서 솔로몬의 지혜가 여왕을 감동하게 하는 극적 장면 묘사가 4-5절에 요약되어 있다. 문자 그대로 "크게 감동되었다." 솔로몬이 지혜롭다는 근거로 특별히 나열한 것은 "그 상의 식물과 그의 신하들의 좌석과 그의 시종들이 시립한 것과 그의 관복과 술 관원들"

이었다.[30] 이 가운데 많은 부분이 식탁 교제의 성격을 띠고 있음은 성경 세계에서 음식과 접대라는 표현이 알려준다. 정말 이 이상적인 묘사는 인류학자 마이클 디틀러(Michael Dietler)가 "일상 생활을 축소해 놓은 정치"라고 부르는 것을 가리킨다(Dietler 2001, 66).

정치적 관점에서 잔치의 유용성은 쉽게 상상할 수 있다. 개인이 초대한 잔치에서 손님에게 전달된 음식과 음료는 대접하는 맥락에서 선물로 여겨진다(Mauss 1967). 선물은 부담이 없어 보이나 자세히 들여다보면 선물은 문자 그대로 보상(quid pro quo)이 조금 늦어지는 한이 있어도 갚아야 한다(Appadurai 1986). 호혜성의 관점으로 보면 선물은 빌려주는 것으로 볼 수 있고 주는 사람을 우호적인 시각으로 바라보게 한다. 음식과 음료를 주고받는 것은 또 다른 변형을 동반한다. 그것은 (주는 자가 음식과 음료를 소유하지만 못 쓰고 버릴 수 있는) 경제적 자본을 다른 자본, 즉 사회적, 문화적, 정치적 자본으로 바꾸어 놓는 일이다(Bourdieu 1977; 1986). 이것은 우정이나 친밀한 사회적 유대감으로 표현된 다른 형태의 재산이다.

잔치를 둘러싸고 벌어지는 잠재적인 정치 역학의 힘은 이스라엘 사회 구조에 관한 기존모델 속에 통합되었다. 데이비드 슬로엔(J. David Shloen)은 막스 웨버(Max Weber)를 이용하여 "가부장 사회" 혹은 "아버지 집"에 초점을 맞춘 이스라엘 사회와 고대 근동 사회 모델을 강력히 제안했다(Shloen 2001; 또 Stager 1985; Master 2001). 개인은 가족, 친족, 족속, 지파 안에 있으면서 신을 집 안의 최고의 우두머리로 섬겼다. 슬로엔은 사실과 상징, 물질적 형태로 표현된 것과 개념적 사상 사이의 상호 작용이 이 은유의 효과를 강화해준다고 본다.

건축양식, 인구, 히브리 성경 본문을 포함하여 그가 논한 사례는 이 이분법을 표현하는 모체로써 음식에 대한 관심도가 나타나지 않는다. 그래서 식탁은 서로 다른 가족이 접촉할 수 있도록 해 주는 핵심적인 연결고리가 된다고 주장할 수 있다(Fu and Altmann 2014, 20).

시작할 때 언급한 사례는 잔치가 가족을 함께 모이게 함을 보여주었는데 슬로엔이 주장한 시각에서 볼 때 왕실 잔치는 특별히 흥미롭다. 정말로 왕 같은 잔치(삼상 25:36)는 잔치와 왕권의 연관성을 표현하여 왕의 식사가 평범하지 않고 풍

---

[30] 이 구절의 연대는 논란이 있다. 여하튼 이 구절이 친밀한 비유를 들고 있는 것은 분명하다.

부했음을 보여 준다(Meyers 2014b). 그러나 잔치가 제공하는 과시 효과도 생각하는 것이 유익하다. 보고, 듣고, 냄새 맡고, 맛보고, 만지는 감각들은 모두 음식을 준비하고 소비하는 중에 자연스럽게 작동한다(Sutton 2001).

한 걸음 나아가 잔치는 고도의 화려한 행사가 포함되어 있고 특히 음악, 시끄러운 소리, 많은 사람 등등이 출연하여 장관을 연출한다(예, Inomata and Coben 2006; T. Carter 2007; Mills 2007; I. Winter 2007을 보라). 이런 상황 속에서 잔치는 드마레스, 카스티요, 얼(DeMarrais, Castillo, and Earle 1996)이 "이데올로기의 물리화"라고 보는 것에 적합한 사례다. 즉 잔치는 기존의 권위 구조를 물리적 형태로 보여주면서 동시에 그것을 현실로 만든다.

문자 그대로 유명한 종을 치고 호루라기를 불며 잔치를 베풀고 행진을 하는 고대 사회에서는 이런 의미가 더 깊었다. 정말 돌에 기록한 수많은 사례는 이런 경우들을 기념비에 새겨두었다. 북부 시리아와 신 히타이트 제국에서는 잔치를 묘사하는 장면을 돌에 새겨둔 경우가 많고(Bonatz 2000) 때로는 연회에 행진하는 모습을 강조하는 장면을 입구에 집중적으로 표현하였다(Gilibert 2011).

그것들을 실제로 벌어진 사건으로 볼 필요는 없으나 구조물과 위치는 어떤 현실을 표현한 것이 분명하다. 이는 개별 군주의 통치기에 벌어진 아낌없고 풍부한 연회를 실제로 보는 것처럼 연상시키고 선포하는 메시지이다. 이렇게 가시적 상징 즉 실제를 표현해 놓은 잔치의 중요성은 왕이 풍요, 풍부, 자연 질서와 신성한 질서를 유지하는 역할에 관한 메시지를 후원하고 사주하며 주입하는 이념적 방법이며 도구로 사용되었음을 과소평가할 수 없다.

이 메시지는 고대 근동과 지중해 동부 세계에서 나온 비문들에서 마찬가지로 확증된다. 더글라스 그린(Douglas Green 2010)은 풍요와 비옥함이 서부 셈족 왕들의 주요 과제로서 중요했음을 보여주었다(예, I. Winter 2007; Altmann 2014a를 보라). 이를테면 오늘날 남부 터키의 진시를리(Zincirli)에서 발견된 킬라무와(Kilamuwa) 비문(KAI 24)은 B.C. 825년쯤 세워졌는데 왕이 다스릴 때 가축도 없던 가난한 자들이 부유하게 되는 등 번영을 누리게 되었다고 말한다(D.Green 2010, 152-54). 역시 진시를리에서 발견된 파나무와(Panamuwa) 비문도 빈곤에서 번영으로 변화했음을 강조한다(참고, 5-6행부터 9-10행까지). 그런 수사법은 히브리 성경의 언어에서도 나타난다(예, 왕상 4:20-25).

정말로 이 나라들은 잔치에 관한 관심이 컸기 때문에 신앗수르 제국이 서쪽으로 확장할 때 똑같은 주제를 받아들여 성상 소재의 일부로 삼은 것으로 추정된다. 신앗수르 제국의 왕 앗수르나시르팔 2세는 B.C. 9세기에 서부 변방에서 이 작은 서쪽 나라들의 왕들에게 환대를 받으며 시간을 보내고 귀국하여 수도 칼루/니므롯을 세웠는데 주요 소재가 왕이 입에 잔을 대고 있는 모습이었다.

비문에 나타난 증거는 비슷하게 연회에 심취해있는 모습을 보여 준다. 이 도시 건립을 기념하는 연회 비문은 거의 칠만 명 정도(Wiseman 1952)가 초대받아 기름지고 이국적인 음식을 먹는 큰 잔치를 서술한다(예, Wiseman 1952; Ermidoro 2015, 200-207을 보라). 이어서 왕이 된 살만에셀 3세의 블랙 오벨리스크는 사면에 조공 바치는 자들의 행렬을 묘사한다. 그림 옆의 비문은 왕과 다섯 번 만났다고 말하는 내용을 볼 수 있다(Marcus 1987). 윗부분의 두 줄은 두 명의 왕이 거의 같은 자세로 절하는 모습이 새겨 있다.

하나는 살만에셀이 절을 받고 다른 하나는 이스라엘 왕 예후라고 적혀있는데 살만에셀은 잔을 들고 마시는 모습으로 나타난다. 이 모습은 앗수르의 중심 상황을 묘사하는 것으로 보이는 전쟁과 그 결과로 개최한 연회의 두 가지 현실을 가리킨다.

마지막으로 잘 알려진 장면은 이 주제를 강조한다. 앗수르바니팔의 정원이 보이고 왕은 기대어 있고 여왕은 보좌에 앉아있다. 그들은 시종들과 나무들로 둘러싸인 채 사적인 연회를 열고 있다. 그래도 자세히 보면 나무에 잘린 머리가 달린 모습을 볼 수 있다. 그것은 최근 전쟁에 패한 엘람 왕 테우만의 것이다(Ziffer 2005).

전쟁과 평화, 승리와 승리 이후에 연 잔치 사이의 밀접한 관계를 이 사건들과 히브리 성경에서 거듭 볼 수 있다.[31] 심판 모티프는 잔을 들고 있는 왕의 모습에서 두드러지게 나타난다(일반적인 모티프는 I. Winter 1986을 보라; 시 23편의 경우 Adam 2014를 보라). 하나님의 진노 잔을 마신다는 예언자들의 말(예, 사 51:17; 렘 25:15를 보라)은 이 모티프를 사용하여 왕이신 하나님의 역할을 주장한다.

---

31 에스더서 전체는 이 연회들을 중심으로 구성되어 있다고 주장할 수 있다. 거기서 하만은 결국 심판을 받는다.

잔을 둘러싼 심판 사상은 앗수르의 사례에서 잘 보았듯이 장차 다가올 심판의 날을 은유하는 것으로 확대하기도 한다. 이사야 25장의 종말론적 연회는 죽음을 포함하여 신화론적 악 또는 인격화된 악에 대한 승리를 표명한다(Cho and Fu 2013).

풍요로운 세상에서 의로운 왕이 질서정연한 이상적인 세상에서 여는 잔치 모티프가 널리 퍼져 있는 현상은 잔치를 묵시적 상상력 안에서 쉽게 변형시킬 수 있도록 해 주었다. 신앗수르 제국이 등장하면서 제국과 신성을 점차 하나로 생각했고 특별히 궁핍한 절기에는 연회 개념 안에 신의 연회와 그러므로 최후의 심판이 있다는 주장이 등장하게 되었다(Altmann 2011; 2014a; Magness 2014).

묵시적 상상력은 완전히 차원이 다른 신성한 형식을 보여주는 잔치를 통하여 현재의 질서를 전복시켰다. 그래서 이사야의 후반부는 하나님의 잔치와 행진을 묘사하며 이사야 2장과 25장 그리고 미가 4장을 소급하여 나타낸다. 그런 행진은 불의한 현재의 물리적 세계를 뒤집는 것을 꿈꾸고 미래의 희망을 품고 기다리게 해주었다. 이 본문들은 물리적 형태에 근거하여 이데올로기를 정당화하는 대신 이상이 현실이 되는 미래, 오고 있으나 아직 구현되지 않은 미래의 전조가 되었다. 그런 비전은 유일신론적 열심의 씨앗이 되었고 소수에게는 불리한 세상에서 저항의 기틀을 마련해주었다(단 5장에 대하여 Fu and Cho 근간을 보라).

이렇게 잔치는 생산적이고 유용한 은유가 되었다. 성경 본문이 작성되는 최초의 단계에 이미 있었고 고대 근동의 세상에 뿌리를 둔 잔치는 청중의 필요에 따라 새로운 세대를 위해 적응하고 변화하였다.

제61장

성경 세계의 음악과 춤

애니 코벳(Annie Caubet)

음악과 춤은 인류의 보편적 현상이고 세계문화의 기본적이고 필수적인 일부이다. 시공을 초월하여 서로 다른 문명권들은 변치 않은 요소들을 많이 갖고 있으나 개인적 측면은 지역마다 사람마다 문화마다 다르게 변화했다. 요아킴 브라운(Joachim Braun 2002)과 바티아 베이어(Bathja Bayer 2014)처럼 여러 전문 학자가 성경과 유대교의 음악을 재구성하는데 기초로 삼은 구약의 음악 자료는 풍부하고 상세하다.

두 학자는 고대 이스라엘의 음악을 연구할 때 이스라엘 외의 음악 특히 메소포타미아의 음악을 검토하자는 상황적 접근법을 주장한 초기 학자들이다. 구약의 "숨겨진 이야기"를 연구하기 위해 이 장은 고대 근동과 레반트라는 넓은 시각을 갖고 불변의 요소 몇 가지에 초점을 둔다.

1. 음악

음악은 태고에 발명된 것으로 여겨진다. 유발은 "수금과 퉁소를 잡는 모든 자의 조상"(창 4:21)이었다. 동생 두발가인은 "구리와 쇠로 여러 가지 기구를 만드는 자"(창 4:22)로서 아버지 라멕을 위해 무기를 만들었다. 랍비 주석서들은 음악과 무기의 관계를 보충 설명했다. 유발은 두발가인이 모루에 망치질하는 소리를 듣고 영감을 얻어 리듬과 마디를 발명했다는 것이다(Rashi, 창세기 4장 주석).

고전 세계에서도 비슷한 전설이 전해진다. 피타고라스가 대장간 옆을 지나가다가 들리는 소리에 음악을 발명했다는 것이다(Boethius, De institutione musica 1.10

초기 플라톤의 자료에서 재인용). 성경과 그리스의 두 전설적 계보에 나타난 이야기에는 두 가지 의미가 들어있다. 하나는 평범한 수준에서 음악을 금속과 무기 소리와 연관시킨다(Caubet and Yon 2015). 다른 하나는 도덕적 측면이다. 신의 지혜가 가르치듯이 숫자, 자연, 음악에서 만나는 조화는 측정, 조절, 균형을 상징한다.

음악은 왕들―우르 왕 술기(Shulgi)나 이스라엘의 왕 다윗―이 모범적인 통치자가 되기 위해 습득할 필요가 있는 기량이었다. 그러므로 음악은 통치자들과 엘리트 교육의 일부였다. 그것은 기록된 해설의 도움을 받아가며 가르쳤다. 그 증거가 우가리트에서 발견된 (상당한 논란이 있고 알기 어려운) 바벨론 "가무트(전음계)"이다. 거기에는 B.C. 1200년경 우가리트 왕 암무라피(Ammurapi)가 서명한 찬양이 기록되어 있다(Vitale 1982; Bayer 2014의 참고문헌).

2. 성악

성악―노래, 애가, 성가, 기도, 전쟁구호 등등―은 장르나 연주상황은 달라도 과거나 현재에 보편적이다. 드보라의 노래(삿 5장)는 여성이 연주한 예외적인 경우이다. 여러 명의 가수가 함께 협연한 경우를 증언하는 문헌들이 많으나 참여자의 성별과 나이를 밝힌 경우는 거의 없다. 환관의 존재가 은연중 암시되지만(N. Ziegler 2007, 23-24) 어린이 가수가 있었다는 표시는 많지 않다. 여성 합창단원(편리한 시대착오적인 용어다)이 일반적인 원칙이었던 것 같다. 마리 궁전에서 연주하는 사람들은 연출에 따라 그에 상당한 대가를 받았다(N. Ziegler 2007, 24-26).

아모리 족속이나 수바레 족속처럼 족속 명칭이 기록된 사람들도 있다. 아마 출신이 외국이거나 노래의 장르가 외국이라서 또는 두 가지 경우가 모두 적용되므로 언급했을 것이다. 마리의 가수들은 둘째 부인들 가운데 모집하여 여왕이나 고위 관료인 "음악 선생"의 관리를 받았다. 메소포타미아 자료는 가수가 혼자든 합창이든 그리스의 호머 시대 음유시인들처럼 악기를 갖고 다녔는지 명시하는 경우가 거의 없다.

그림이나 고고학 증거에 나타난 가수들은 성격이 종종 모호하나 키프러스와 레반트에서 출토된 철기 시대 인형에는 수금을 든 가수 한 명을 볼 수 있다. 서서 악기를 들고 있는데 목청으로 높은 소리를 내기 위해서 얼굴을 하늘로 치켜들고 있다. 입을 열고 있는 모습을 하는 경우도 있다(Fourrier et al. 1999, no. 360). 그런 인물들은 춤추는 이들이 둥그렇게 에워싸고 있다.

3. 악기

유럽에서 사용된 악기 종류는 대개 긴 시간(longue durée)에 걸쳐 조금씩 개선되었으나 크게 달라지지 않은 것으로 보인다. 하프와 수금처럼 복잡한 악기는 내장, 금속, 목재 등 몇 가지 서로 다른 재료를 가지고 고도의 숙련된 기술자가 만들었다. 그것은 B.C. 4천 년기 말부터 광범위한 지역에서 사용된 것으로 관찰된다. 보 로어그렌(Bo Lawergren 1996)은 메소포타미아와 레반트(특히 철기 시대 이스라엘)부터 이집트, 이란, 중앙아시아, 중국의 서쪽 변방, 키클라데스 문명(B.C. 2500년경)까지 거슬러 올라간 고대의 지중해, 그리고 고전 시대까지 아주 광범위한 지역에서 악기의 변천을 추적한다.

그런 복잡한 악기의 기원을 정확하게 말하기는 어렵다. 우르(B.C. 약 2450년경)의 왕족 무덤에서 나온 잘 보존된 하프와 수금은 수메르 기원설을 선호하는 방향으로 전환했다. 하지만 B.C. 1750년경 마리에서 나온 문헌 증거(N. Ziegler 2007, 39-50)는 그런 악기가 (페르시아만의) 마간(Mgan)이나 (이란 동부 또는 중앙아시아의) 마라쉬(Marash)에서 온 것이라고 말한다. 그것들은 이국적인 목재와 금과 현대의 아프가니스탄에서 온 청금석으로 장식한 사치스러운 물건이었다.[32] 아주 많은 인원수가 모여 "합주"하였다. 마리 궁전은 평균 일곱 명에서 삼십 명이 연주하지만 특별한 의식을 위해 이백 명의 (여성) 수금 연주자들이 이 악기로 연주했다고 보도한다.

문헌에 수록된 악기의 명칭은 문화마다 다르다. 그것들을 "실제" 악기로 확인하는 작업은 문제가 뒤따른다. 이를테면 발락(balag), 킨나루(kinnaru), 또는 알루(alû)의 정확한 실체는 추정할 뿐이다. 그런 이유 한 가지는 고대 근동 백성이 오늘

---

32 청금석을 사용한 것은 마간과 마라쉬 악기가 실제로 이렇게 먼 곳에서 온 것이거나 그렇게 보이려고 제작했음을 나타낸다.

날처럼 현명악기, 막명악기 등의 기준으로 악기를 분류하지 않았기 때문이다. 킨나루(kinnaru)와 같은 현악기이며 에블라(Ebla) 문헌 창고에서 나온 수메르어 발락(BALAG)이(Gabay 2014, 132) 가끔은 북을 가리키지 않은 것 같은데 확실치가 않다(Mirelman 2014, 159). 하지만 구약의 대다수 악기 명칭은 후기 청동기 우가리트에 있다(Caubet 2014).

현대의 비파를 가리키는 단어 "우드"(oud)는 아카드어로 여겨지나 시간이 흐르면서 생긴 변형을 가리키려고 사용한 말이었을 것이다. 텔 단 테라코타의 목이 긴 수금, 쿤틸렛 아즈룻의 항아리(Ornan 2016)와 므깃도 화병에 그려진 수금 등 철기 시대 이스라엘에서 사용한 악기가 묘사된 그림들의 연대는 참고문헌에 수록되어 있다(즉 Braun 2002). 그들은 청동기 시대 메소포타미아와 레반트의 전통과 아주 비슷한 악기들이 있었다고 지적한다.

우가리트의 악기 사용은 문헌, 그림들, 그리고 실제 유물이 잘 보여 준다(Caubet 2014). 카미드 엘 로즈(Kamid el Loz)에서 나온 상아 수금 연주가와 같은 현대의 추가적 증거와 함께 후기 청동기 시대 레반트의 자료는 철기 시대 이스라엘 상황에 대한 배경 지식이 된다. 우가리트의 상아에 나타난 클래퍼스와 마술지팡이(매직 완다)는 레반트 악기들이 이집트와 공통점이 있음을 보여 준다.

신화 속 악령 모양을 새긴 것을 본떠 부르는 "마술지팡이"는 둥글게 휜 칼 모양을 한 하르페(harpē)같이 생겼고 춤추기와 연관이 있다. 우가리트의 이런 마술지팡이는 끝이 손 모양인데 짝으로 된 클래퍼스의 반쪽이었을 것이다(Gacher-Bizollon 2007, nos. 393-94).

4. 춤

구약은 춤을 여러 번 언급한다. 그중에는 다윗이 언약궤 앞에서 춤을 춘 이야기(삼하 6:14)와 미리암이 바다의 노래를 부르면서 춘 춤(출 15:20)이 있다. 대다수 고대 근동 문헌은 춤을 추는 자가 음악가를 구별했는지 불확실하다. 하지만 춤추는 이들은 주로 여성이고 전문가들이었던 것 같다. 춤은 성전이나 궁전에 고용되어 추는 행위였기 때문이다. 마리의 문서 창고는 의외로 풍부한 정보를 제공해주는데 여성 악사의 숫자, 훈련, 급여, 사회적 신분 등등을 언급한다. 그중 일부는 후궁의 춤추는 소녀들("작은 악사")이었을 것이다. 그들은 궁전의 음악 선생의 통제를 받았다.

도상학 자료들은 그렇게 웅변적이지 않다. 다른 움직임처럼 춤은 정지해있는 매체에 표현하기가 특히 어렵다. 예술가들은 시각장치들을 사용하여 관람자가 읽고 이해하도록 만들었다. 그런 장치가 사람들이 집단으로 팔을 수평으로 뻗거나 긴 머리칼이 머리 주변으로 흘러내린 모습이다(Garfinkel 1998). 뻗은 팔은 원을 만들어 추는 춤을 묘사한다. 키프러스 테라코타와 춤을 추는 이(여성)들이 수금을 가운데 놓고 원을 형성하고 서 있는 모습이 그려진 돌들이 잘 보여 준다(Fourrier et al. 1999, 153-54, no. 202).

춤 동작을 표현하는 데 사용하는 또 다른 시각장치는 구부린 무릎이다. 시리아 원통형 인장(Matoušova-Rajmova 1979)과 악기연주자들과 연관된 키프러스 화병에서 종종 볼 수 있다. 무릎을 구부린 자세는 그리스 예술가들이 메두사 같은 마법의 존재가 달리는 동작을 묘사할 때 사용하였다. 구부린 무릎 자세는 정면에서 볼 때 두 무릎을 바깥으로 구부리고 있고 성기는 돌출된 모습이다.

이 시작장치는 메소포타미아의 훔바바(Humbaba)나 이집트의 베스(Bes) 모습처럼 마법의 존재를 묘사할 때도 나타난다. 이 악령들은 공통으로 신체 절반이 짐승이고 눈살을 찌푸리며 으르렁대고 고함치면서 대드는 모습이다. 쿤틸렛 아즈룻 화병의 베스 같은 존재(Meshel 1978b, fig.8; Ornan 2016)는 정면을 바라보면서 춤추는 악령을 변형시켜 묘사한 것이다. 훔바바와 베스 이미지 같은 중요한 존재들은 부유하며 지하 세계에 힘을 행사하는데 때로 광산과 야금술과도 연관이 있다(Caubet and Yon 2015). 쿤틸렛 아즈룻이 네겝의 터키석과 구리광산과 가깝다는 것은 이런 신비스러운 모습을 이해하는 열쇠가 된다. 이와 유사하게 정면을 바라보고 춤을 추는 베스 이미지는 이집트와 레반트에 흔한 곡선형 하르파이([harpai]; 칼), 즉 상아로 된 마술지팡이에 새겨져 있다.

고대 메소포타미아는 칼과 춤을 그려놓은 증거가 있다. B.C. 1800-1700년경 바벨론의 테라코타 판은 두 명의 남성이 곡선형 칼이나 클래퍼스를 들고 서로를 향해 가는 장면을 묘사한다(Barrelet 1968, no. 289). 그들의 다이내믹한 자세는 쇠로 된 무기가 부딪쳐 나는 리듬감 있는 소리를 보여주는 것 같다. 그리스 문헌과 그림 자료들은 칼을 방패에 부딪쳐 리듬을 만들어 추는 전승기념의 춤을 많이 묘사한다(W. Childs 2003). 그런 상황에서 언약궤를 예루살렘으로 운반하면서 다윗이 춘 춤은 전승기념의 춤이다. 그것은 용사이신 하나님이 이스라엘 지파가 약속의 땅으로 승리하며 입성하도록 인도한 사건을 축하한다.

450명의 바알 선지자들이 엘리야와 겨룬 적이 있다(왕상 18:19-29). 그들이 춘 춤은 황홀경 상태에 도달하기 위한 방식이었다. 그래서 자신에게서 벗어나 그들이 섬기는 신들과 접촉할 수 있는 상태가 되어 미래를 예고한다. 예언자들은 고대 시리아에서 중요한 역할을 했다(Durand et al. 2011). 마리(B.C. 2011년경)와 에마르(B.C. 1200년경)의 문서 창고를 보면 그들은 도시가 생기고 왕권이 생기기 전에 예전 유목민 시절의 지파들의 생활 방식을 간직했고 왕권의 대항세력으로 남았음을 보여주었다. 그들은 예지자와 마술사로서 춤추고 연설하며 특정 도구를 사용하여 그들의 힘을 보여주었다.

우가리트에서 나온 클래퍼스와 마술지팡이는 점토로 빚은 짐승의 간 모형—간 점을 치는 데 사용하는 도구—과 우가리트의 설형 문자 언어로 기록된 의학-마법 문헌들도 함께 발견되었다(Pardee 1988b). 이것은 악기를 사용하여 점술과 마술을 시행한 증거다. 이렇게 복합적으로 관습을 시행한 또 다른 사례는 관현악단과 예언자들이 함께 작업한 여신 이쉬타르(Ishtar) 제의(Nissinen 2003, nos. 51, 52)와 성경의 엘리사와 수금을 타는 자의 이야기(왕하 3:15)가 있다.

5. 무대 설치

실제로 음악과 춤을 시연하는 무대를 묘사한 경우는 거의 없다. 제의는 성전이나 궁전의 안이나 밖에서 이루어졌다고 생각할 수 있다. 마리에서 위대한 이쉬타르 여신 축제가 벌어지면(N. Ziegler 2007, 56) 엄청난 규모의 야외 행렬이 조직되었다. 수백 명의 연주자—가수, 춤추는 자, 악기—가 수많은 "지지대," 제의 도구, 제단, 식탁, 향로, 식탁, 좌와 의자, 집기 등으로 장식한 무대에서 협연하였다. 참가자와 용품 묘사는 솔로몬 성전 봉헌에 묘사된 것과 좋은 비교가 된다. 정말로, 동원된 도구 대다수는 의례에 따라 음식을 소비하는 일, 즉 신들, 왕들, 영웅들을 기리는 연회에 쓰였다.

벨사살의 잔치(단 5장)처럼 고대 근동의 연회는 음악과 춤이 있었다. 씨름꾼, 곡예사, 어릿광대 같은 공연자들도 참가했다(Mirelman 2014, 160). 무대는 외부에 설치되기도 하였다. 대영박물관에 있는 니느웨에서 출토한 유명한 정원 부조는 앗수르바니팔(B.C. 669-631년)이 연회를 열어 엘람 왕과 싸워 얻은 승리를 축하하는 장면을 묘사한다.

그는 침상에 편히 쉬면서 하프 소리를 듣는다. 식탁, 침대, 의자, 그릇들이 준비되어 있다. 무대는 종려나무들로 에워싸여 있고 향로는 바깥 무대를 종교적 분위기로 연출한다. 철기 시대 키프러스에도 비슷한 모습이 있다. 연회를 베푸는 장면과 원형으로 춤을 추는 집단은 종려나무에 둘러싸여 있고 비둘기장의 꼭대기를 중심으로 항아리와 그릇들이 놓여 있고 연관된 음악과 춤, 불길한 신 앞에서 술을 마시는 장면 등이 비슷하다(Karageorghis and des Gagniers 1974, 516-17; Fourrier et al. 1999, no. 202).

음악은 본질적으로 도덕적으로 사회적으로 모호했다. 성별이나 환관의 존재가 불확실한 것처럼 음악가의 위상도 그랬다. 여성 음악가와 무희가 남성들과 똑같이 대우를 받았는지는 확실치 않다. 마리 문헌에 따르면 여성들의 훈련은 거의 비슷하게 고도의 실력을 갖추는 일에 목표를 두었으나 대우는 첩과 같은 수준이었을 것이다. 왕의 배우자들과 둘째 부인들은 의식을 거행하는 중에 곡을 연주할 책임이 있었다. 남녀 성을 구분하는 악기도 있었다. 마리의 수금, 파라시툼(parahsitum)은 주로 여성이 연주했고 협연하는 가수는 여성이 했다. 이 테라코타 판에 그려진 그림에서 목이 긴 수금은 주로 남성이, 탬버린은 여성이 연주했다.

음악은 인간의 본성을 초월하는 일이기 때문에 현실과 동떨어진 세계이고 정상적인 사람과 "다르게" 보이는 음악가와 춤추는 자의 시각에서 보면 "타자성"의 요소를 갖고 있다. 이 차이는 수많은 육체적 특성으로 표현된다. 음악가가 눈먼 자, 환관, 혼혈괴물, 짐승 등의 모습으로 묘사되는 것은 고대 문명의 유적에 빈번하게 나타나는 모습이다.

섹션 10

통치: 사회 조직에 대한 통합적 접근

제62장 | **고대 이스라엘의 왕권과 국가** 닐리 S. 폭스(Nili S. Fox)

제63장 | **철기 시대 레반트 사회의 성층(成層)** 아브라함 파우스트(Avraham Faust)

제64장 | **고대 이스라엘의 법과 법체계** 데이비드 W. 베이커(David W. Baker)

제65장 | **고대 이스라엘의 지혜 전통** 폴 오버랜드(Paul Overland)

제66장 | **성경 세계의 전쟁** 마크 슈와르츠(Mark Schwartz)

제62장

고대 이스라엘의 왕권과 국가

닐리 S. 폭스(Nili S. Fox)

고대 근동에서 왕권은 영토 국가의 규범적 통치 형태였다. 이집트와 메소포타미아의 위대한 왕국을 보면 왕권은 B.C. 3천 년기 초반과 그 이전까지 소급된다. 하지만 이스라엘은 비교적 늦은 B.C. 1000년대 후반에 국가가 등장하였다. 성경은 가나안의 이스라엘 역사를 추적하여 족장들이 이끄는 느슨하게 연결된 지파들이 독립 왕국을 만들었다고 말한다. 국가로 변모하면서 왕이 이끄는 중앙 정부가 생겼다. 성경 기록에 따르면 비효율적이고 속 좁은 지도자들에 대한 불만을 품은 이스라엘의 장로들이 선지자 사무엘에게 왕을 달라고 간청하였다.

모든 나라와 같이 우리에게 왕을 세워 우리를 다스리게 하소서(삼상 8:5).

사무엘은 하나님의 주권을 받아들이지 않고 대신 인간 왕을 달라는 제안이 불쾌했으나 백성들의 요구를 경청하고 하나님의 인도를 받아 사울을 이스라엘의 초대 왕으로 임명하였다. 이렇게 해서 고대 이스라엘에 군주사회가 탄생했다.

1. 고대 근동의 왕권 이데올로기

왕권이 이 지역 전체의 규범적 통치 형태였지만 왕의 인품과 능력을 둘러싼 왕실 이데올로기는 국가별로 달랐다. 이집트는 왕권을 신이 정한 제도이며 호루스 신의 지상 현현이었다. 신성을 가진 삶을 산 것으로 생각하지 않았으나 왕의 직함(다섯 가지)은 신들과 친밀함을 알려주는 "레(Re)의 아들"과 같은 별칭을 지녔다. 예외가 있다. 람세스 2세(13세기)는 실제로 살아 있는 신이라고 주장했다 (van de Mieroop 2011, 217). 왕 또는 바로는 신왕국(B.C. 1540년)을 시작할 때 절대적인 통치자였다.

그는 최고 행정가이고 대법관이고 대제사장이었다. 그는 통일 왕국(상부 이집트와 하부 이집트)을 유지할 의무가 있었다. 그는 목자로서 자기 백성을 보호해줘야 했다. 평화와 번영은 창조의 신이 세운 우주의 조화로운 질서인 마아트(ma'at)를 지키는데 달려 있었다. 마아트를 위협하는 혼돈은 국가의 원수로 간주하고 제압해야 했다. 왕이 죽으면 지하 세계의 신 오시리스와 합쳐지고 매장된 사원에서 제물과 기도를 받는 신이 되었다.

메소포타미아의 긴 왕권의 역사는 B.C. 3천 년기 수메르의 도시 국가와 함께 시작하여 B.C. 1천 년기의 앗수르와 바벨론 제국까지 이어졌다. 설형 문자 문헌을 보면 왕권은 신의 선물이므로 왕은 신과 인간 사이의 중재자로서 신의 권위로 다스린다고 말한다(Stiebing 2009, 53-55, 284-86). 이집트처럼 왕의 행정 책임은 종교적 영역을 망라하였다. 즉 그는 성전을 세우고 유지하며 자기 땅의 신들에게 음식과 제물을 바칠 의무가 있었다. 땅과 주민의 행복은 왕이 이 문제를 성공적으로 수행하느냐에 달렸다. 통치자들은 생전이나 사망 후에 신이 된다고 주장하지 않았다.

하지만 아가드(23세기)의 왕 나람-신(Naram-Sin)과 같은 예외들도 존재했다. 그는 신의 칭호를 갖고 자신을 신의 뿔로 묘사했다(Pritchard 1969a, no. 309). 국가의 신들이 왕실 혈통을 정당화한다는 믿음에 기초를 둔 기대감으로써 왕권에 대한 충성은 왕조의 수명에 필수적이었다.

"위대한 왕"을 가진 히타이트 제국은 이 지역의 또 다른 강력한 군주 국가였다(14세기와 13세기). 히타이트 왕들은 절대적인 통치자로서 군대 지휘관, 재판관, 행정가, 제사장이었다. 생전에 신으로 여겨지지는 않았으나 왕들은 신과의 친밀한 관계를 보여주는 칭호를 가졌다. "나의 태양"과 "(특정 신명)의 사랑받는 자"와 같은 칭호는 신의 대리자라는 것을 보여주었다(Stiebing 2009, 213). 그들은 강력한 군주로서 제국 안에 있는 봉신국과 다른 강대국 왕들과 조약을 체결했다.

후기 청동기 시대(B.C. 1540-1150년)와 철기 시대(B.C. 1150-1000년)의 레반트 지역의 작은 국가들의 왕들도 왕권을 주장하였다. 글로 기록된 자료는 대체로 제한되어 있으나 우가리트(대부분이 문헌)는 예외다. 비블로스와 두로와 같은 지중해 연안의 도시 국가 또는 내륙의 시리아-팔레스타인 소국들의 경우는 아마르나 서신(B.C. 14세기)이 우리의 주요 자료다. 그것은 이집트가 지방 영주들의 땅을 다스렸음을 증언한다(Moran 1992, xxii-xxxix).

이집트 통치자가 후원하는 레반트 지역 통치자들이 신의 권위를 표방하지 않은 것은 자연스러운 일이다. 그들은 바로의 종으로서 절대적인 복종을 맹세했다. 그래도 지역의 신들에게 소속되었다는 주장은 유지했다. 레반트의 이집트 주도권은 해양 민족이 오면서(B.C. 13세기 후반) 약해졌고 이집트는 마침내 이 지역에서 물러갔다. B.C. 11세기쯤 다양 지역들은 자치할 기회가 생겼다. 페니키아 도시 국가들은 완전히 독립했다. 가나안에서는 해양 민족들이 다섯 개의 도시 연맹체를 조직하였다. 산지의 이스라엘 백성들은 지역 지도자의 역량이 비효율적이고 동쪽과 서쪽에서 적들이 침입하므로 중앙집중적인 통치권을 추구했다.

2. 성경의 왕권 이데올로기

성경은 이스라엘에 왕권이 생긴 일을 말해주는 유일한 문헌 자료이므로 이스라엘 왕권에 대한 우리의 견해는 성경적 사상을 나타낸다. 사건이 벌어진 지 수세기 후 여러 가지 자료를 바탕으로 글을 썼을 성경의 저자들은 왕권을 하나님의 뜻에 부수적인 통치 시스템으로 제시하였다. 그래서 그들은 이 표준에 따라 규정된 여호와 신앙에서 벗어난 왕들을 비판할 수 있었다. 성경 이데올로기는 왕국이 번창하는 관건이 하나님의 율법에 순종하는 일이라고 주장했다.

반대로 정치적 실패는 종교적 정통에서 벗어났기 때문이라고 보았다. 신명기 사상은 왕의 특권 제한을 표방하였다(신 17:14-20의 왕의 법을 보라). 두드러진 것은 이스라엘 왕들의 통치를 평가할 때 왕조가 어디에 소속된 것인지를 기준으로 삼는다는 점이다. 성경 이데올로기는 다윗 왕조를 유일한 합법적 왕조로 기술한다. 그래서 북쪽의 왕은 단 한 명도 긍정적인 평가를 받지 못했다. 역대기의 기록도 이 왕들을 무시하였고 유다의 왕들을 기록할 때 필요한 때만 언급했다.

3. 통일 왕국

이스라엘의 왕권은—사사 시대 이후 사울에게 기름 부음—B.C. 11세기 말에 시작된 것으로 추정된다. 사울의 왕권은 제한적이었던 것으로 보인다. 제사장이며 동시에 예언자 역할을 했던 사무엘이 왕권통치를 막으려고 했기 때문이다(삼상 15장). 성경 저자들은 사울과 그의 아들들이 실패한 비극적 인물들로 그렸다. 대조적으로 다윗과 솔로몬(B.C. 1000-925년)은 여호와의 기름 부음을 받은 자이며 다윗 왕조는 하나님과 왕의 관계를 마치 아버지와 아들처럼 묘사하여 맺은 언약으로 보장된 것으로 묘사하였다(삼하 7장; 시 2장; 89장; 132장).

다윗은 온 이스라엘을 통일하여 큰 영토를 가진 국가를 세운 공로가 있고(텔 단의 아람어 비문에 벳 다윗[bet dawid]이란 명칭을 주목하라), 솔로몬은 아버지의 업적 위에서 이스라엘 나라의 하나님을 모신 성전 즉 예루살렘 성전을 건축한 공적이 있다. 사울과 달리 다윗과 솔로몬은 모든 행정부서를 장악하고 민간 행정관과 군대 장관을 임명했고 대법관으로 일했으며 제의적 기능을 가진 제사장을 임명하고 싶은 자들의 관직은 박탈하였다.

4. 분열 왕국

통일 왕국은 오래 가지 못했다. 지파 시절부터 생겼던 지역별 차이는 화합되기가 어려웠다. 정치적 경제적 이슈도 반란을 일으키는데 한몫했다. 성경 기사(왕상 11-12장)에 따르면 솔로몬의 과세 정책은 유다 사람들에게 유리하고 북부 주민들은 상당히 소외시켰다. 그의 아들 르호보암은 아버지의 압제적 정치를 이어받아 반란의 불을 지폈다. 왕실이 임명한 관리였던 여로보암이 북쪽의 혁명을 주도하였고 나중에 북 왕국 이스라엘의 초대 왕이 되었다. 북쪽의 분리는 절대적 왕권이 이스라엘 백성에게 익숙한 것이 아니었고 유다 왕에게 충성을 바치는 일도 구속력이 없다는 것을 보여 준다.

1) 이스라엘의 왕권

북왕국 이스라엘은 열두 지파 가운데 열 지파의 영토로 이루어졌다. 이보다 작은 베냐민과 유다 지파의 영토는 다윗 왕조의 통치를 받았다. 두 왕국이 존속하는 2세기 동안(B.C. 약 925-722년) 열 번의 왕조와 이십 명의 왕이 이스라엘의 보좌를 차지하였다. 안정적이지 못한 왕조로 다수의 궁전 음모가 일어났고 왕조가 바뀌었다. 특히, 시므리와 예후 같은 군대 장관들은 군대의 신임을 얻어 쿠데타를 일으켰고 왕권을 전복시켰다(왕상 16:9; 왕하 9장). 왕국의 수도도 (세겜에서 디르사로 다시 사마리아로) 바뀌었다.

성경 저자들은 이러한 반란은 하나님의 뜻 때문이라고 주장했다. 왕조의 빈번한 교체는 왕들이 죄를 범했기 때문이다. 이를테면 "바아사가 여호와 보시기에 악을 행하되 여로보암의 길로 행하며 그가 이스라엘에게 범하게 한 그 죄 중에 행하였더라"(왕상 15:34).

유다보다 지리적으로 좋은 조건에 있었으나(인접한 바다와 천연자원) 이스라엘은 아람이나 앗수르처럼 북쪽의 적대적인 국가와 인접하여 있어서 침략받기가 훨씬 쉬웠다. 남쪽의 유다는 동족 국가(북이스라엘)와 좀처럼 동맹을 맺지 않았다. B.C. 732년 앗수르 왕 티글랏필레셀 3세는 이스라엘 땅 대부분을 정복하고 앗수르 지방으로 편입시켰다. 앗수르 관행을 따라 그는 일부 주민을 포로로 끌고 가고 사마리아에 허수아비로 호세아 왕을 앉혔다. 그러나 자기 앞의 다른 왕들처럼 호세아는 앗수르에게 충성하지 않았다. 그가 일으킨 반란으로 B.C. 722년부터 720년까지 살만에셀 5세와 사르곤 2세에 의하여 왕국은 최후를 맞이하였다.

2) 유다의 왕권

유다 왕국은 이스라엘이 멸망한 때보다 100년쯤 더 존속하다가 B.C. 586년에 멸망했다. 왕권찬탈자 아달랴 한 명을 제외하고 나머지 열아홉 명은 다윗 왕조의 후손들로서 다윗이 세운 수도 예루살렘에서 다스렸다. 그러나 유다 왕들이 하나님이 택한 왕가임에도 불구하고 성경 저자들은 이 중 절반 이상이 왜곡된 종교 관행을 저질렀다고 비판하고 고발하였다.

게다가 긍정적 평가를 받은 왕들도 히스기야와 요시야를 빼놓고는 예루살렘 바깥에 있는 지방 산당을 내버려 둔 책임을 물어 질책했다. 이와 달리 종교개혁을 한 히스기야와 요시야는 모범적인 왕으로 그려졌다. 사실 두 왕은 모두 유다를 정치적 재난으로 몰고 갔다. 히스기야는 앗수르 왕 산헤립에 맞서 반란을 일으켰고(B.C. 701년) 요시야는 므깃도에서 바로 느고를 공격했다(B.C. 609년). 그러나 예루살렘을 멸망시킨 이유를 제공한 것으로 최종적으로 비난 받는 왕은 므낫세였다. 그는 협조적인 봉신이었지만 여호와 성전에 우상숭배 의식을 제정한 왕이었다.

이스라엘 왕들처럼 유다의 왕들은 다양한 영역에서 왕권을 행사하였다. 그러나 두드러진 것은 예루살렘의 제사장과 예언자들을 일반적으로 수용하고 존중하는 분위기였다는 사실이다. 요아스 때의 여호야다와 요시야 때의 힐기야 같은 제사장들은 영향력 있는 인물이었다. 히스기야 궁전의 이사야 같은 예언자는 군대 문제와 외국정치에 관한 문제를 결정할 때 관여하였다. 심판 예언을 했다는 이유로 옥에 갇힌 예레미야조차도 예루살렘 최후의 시기에 시드기야 왕에게 자문해주었다. 대조적으로 이스라엘의 왕들은 왕권에 대항하여 말한 예언자들을 거의 용납하지 않았다(예, 아합에 대한 엘리야).

5. 관리들[1]

땅의 소유자요 백성의 보호자이며 "가장(家長)"이었던 왕의 지위(King and Stager 2001, 4-5)는 관직을 가진 신하들과 종사자들의 충성과 효율성에 의존하였다. 그들은 중앙 행정조직인 궁전이나 수도 바깥의 지방 관리로 섬기는 민간인, 군인, 종교인이었다.

---

[1] 이 단락은 내가 쓴 논문의 내용에서 취한 것이다. "State Officials" in Dictionary of the Old Testament: Historical Books, edited by Bill T. Arnold and H. G. M. Williamson (Downers Grove, IL: InterVarsity, 2005). www.ivpress.com.

1) 이스라엘 관직의 재구성

이스라엘 나라의 관료에 관한 정보 출처는 히브리 성경의 역사서 즉 사무엘서, 열왕기서, 역대기(그리고 가끔 오경과 예언서)다. 성경 자료의 역사성을 일반적으로 의심하는 학자들은 역대기처럼 자료가 사건과 동떨어져 있을 때 특히 왕과 관료들과 관련된 자료를 의심한다(N. Fox 2000, 14-23). 하지만 성경 본문의 역사성을 무시하기 전에 장르를 먼저 고려해야 한다. 이를테면 관료 명단(삼하 8:16-18; 20:23-26; 왕상 4:1-19)은 문서 창고에 보존되었을 것이고 특정 이데올로기를 전하는 이야기보다 의도성이 낮다. 또 주변 국가들(예, 이집트, 앗수르, 바벨론, 암몬, 모압, 에돔)의 관료제에 관한 성경 이외의 자료들과 비교해보면 이스라엘 관직을 재구성하는 데 도움이 된다.

이스라엘과 유다는 군주제도로 조직되었으므로 관료조직이 규모는 작을지라도 주변 국가들과 유사하다는 것은 놀라운 일이 아니다. 글이 새겨진 많은 유물이 이스라엘과 요르단 발굴로 드러났는데 이것들은 이스라엘 군주 시대 관직 연구에 중요하다. 비문은 주로 인장, 인장 자국(봉인과 항아리 손잡이), 도편(글이 새겨진 토기 조각)과 표시가 있는 추 등에 나타난다. 이것들은 관료들이 명칭과 지위가 명시된 기록을 보존하고 인장이 찍힌 서신을 봉인해서 교환했음을 보여 준다. 그래서 이 짧은 글귀들도 이스라엘의 관료와 국가 제도를 재구성하는데 무한한 가치가 있다. 그래도 비문에 등장하는 이름들과 성경의 인물들과 동일시하거나 출처가 없는 모조품일지도 모르는 발굴품을 사용할 때는 신중해야 한다(N. Fox 2000, 23-32, 36-42).

고위관료를 포함하여 지위가 다양한 관리들은 이스라엘 나라를 운영할 때 필수적이었다. 성경 기록은 복잡한 관료조직이 성장했음을 보여 준다. 이를테면 관리가 거의 없었던 사울 왕은 가족들을 막강한 자리에 앉혔다(삼상 14:50-51). 다윗 왕도 통치 초에는 이 관행을 이어갔으나 예루살렘(다윗성)에서 통치가 안정되었을 때 좀 더 방대하고 복잡한 관료조직을 세웠다. 솔로몬은 이어서 새로운 지위를 가진 위계적 관료제를 만들었다(왕상 4장). 대다수 관리는 왕과 관계가 없었다. 그 대신 궁전에는 수 세대 동안 두각을 나타내는 관료의 가족들이 있었다. 이를테면 왕실 서기관과 제사장들은 사반, 네리야, 힐기야와 악볼 가문은 조상의 이름을 지녔다(왕하 22:3; 25:22; 렘 32:12; 36:11; 51:59).

2) 일반 관료와 대신들

대다수 고대 근동 왕들은 기본적으로 국가 운영에 필요한 행정가들이 똑같이 필요했으므로 종사자 다수의 명칭이 비슷했다. 게다가 셈어는 근동의 지배적인 언어였기 때문에 아카드, 우가리트, 히브리어 관직명에 사용하는 어휘는 현저히 비슷하다. 하지만 일부 학자들의 견해와 반대로 칭호나 관직을 어느 국가에서 다른 국가로 직접 빌려주었다는 확실한 증거는 없다(N. Fox 2000, 276-80).

최초의 관리는 군인과 제사장이었다. 다윗 왕은 여기에 많은 일반 관료들과 대신들을 추가했다.

(1) 전령 또는 외치는 자(마즈키르[mazkir], 삼하 8:16)[2]
(2) 서기관(소페르[soper], 8:17)
(3) 왕의 자문(요에츠 함멜렉[yoʿets hammelek], 15:12)
(4) 강제부역 감독관(알 함마스[ʿal hammas], 20:24)[3]
(5) 왕의 친구(레아 함멜렉[reʿa hammelek], 대상 27:33)
(6) 친위대

솔로몬의 관료 명단은 관직을 중앙 행정과 지방 행정으로 확대하였음을 보여 준다(왕상 4:2-19).

솔로몬은 부친의 서기관의 아들 두 명을 서기관으로 임명하고 왕실 관리인(알 합바이트[ʿal habbayit])을[4] 두고 궁전의 왕실 재산과 나라의 재산을 관리하도록 하였다. 솔로몬 시절에 일어난 행정 혁신은 열두 구역으로 나누어 구역마다 조세를 감독하는 지방 관장을 둔 일이었다. 지방 관장의 두령(알 한니차빔[ʿal hannitsa-

---

2   마즈키르(mazkir)를 "기록관"으로 정의하는 학자들도 있으나 그 역할은 서기관의 업무였을 것이다. 또 전령의 역할은 대다수 고대 근동 관직에 잘 나타난다.
3   고대의 노동의무는 일종의 조세였다.
4   어원적으로 관련된 칭호들이 메소포타미아, 우가리트, 이집트 관료들에게 나타난다.

bim])은 예루살렘에서 지방 관장들을 감독했다.

성경은 분열 왕국 시대 이스라엘과 유다의 관료 명단을 보존하고 있지 않으나 이야기 문맥 가운데 세 명이 등장한다. 예상대로 이 칭호 다수가 다윗과 솔로몬의 명단에 있다. 중요한 것은 이스라엘과 요르단에서 출토한 인장 자국, 봉인, 도편, 짤막한 비문 같은 고고학 증거는 이 시기(8세기부터 6세기까지)에 이런 칭호들을 사용했음을 확증해준다. 관료제는 군주제 초창기와 비슷하나 관리의 위계는 달라진 것으로 보인다. 성경 구절에서 서너 명의 관리를 언급할 때 왕실 대신은 항상 처음에 언급하는 데 이것은 그 관직이 가장 높은 직위라는 것을 보여 준다(왕하 10:5; 18:18, 37; 19:2).

그는 왕실 재산을 관리하고 감독하는 일 외에도 외교 사절에 참여했다(왕하 18-19장의 엘리아김). 두 번째 서열의 관리인 왕실 서기관은 왕실 행정에 가장 기본적인 서신교환, 기록 보관, 회계 업무를 맡았다. 서기관의 다른 기능은 성전 창고를 관리하고(왕하 12:11) 외교 사절단에 참여하는 일이었다(왕하 18-19장). 세 번째 고위 관리인 전령은 군사 사절단과 외교 사절단에 참여하고(왕하 18-19장) 재무관리도 보았다(대하 34:8-13). 이것은 그의 역할이 발전했음을 보여 준다.

역할 관련 칭호 외에 네 가지 칭호는 족보 때문에 또는 특정 파벌에 속하기 때문에 얻은 신분 관계를 표시한다. 성경과 비문에서 가장 널리 나타나는 칭호는 "왕의 아들"(벤 함멜렉[ben hammelek])과 "왕의 종"(에벳 멜렉['ebed melek])이다. "왕의 아들"은 왕자나 왕의 친척처럼 왕가에 속한 사람들에게 썼다.

이 칭호를 가진 인장은 이집트와 메소포타미아처럼 왕족이 국가 행정을 맡고 있음을 나타낸다. 대조적으로 "왕의 종"은 가족의 소속이나 직무와 상관없이 일반적으로 장관을 부르는 칭호였다. 그래서 모든 왕의 사람들은 고하를 막론하고 통치자의 종이라고 불렸다. 에벳 멜렉 또는 에벳 + 왕의 이름은 성경 기록과 인장과 봉인에서 볼 수 있다.

신분과 관련된 두 개의 칭호는 "장로"(제케님[zeqenim])와 "어린 사람들"(엘라딤[yeladim])이다. 후자는 전자의 반대말이다. 전통적인 장로를 표시하는 것 외에 제케님은 고위 관직을 가리켰다. 에벳 칭호처럼 제케님(항상 복수형)은 특정한 직무를 가리키지 않고 궁전 대신 가운데 나이 든 사람들을 말했다.

르호보암 왕은 보좌에 등극했을 때 그들에게 자문을 구했다(왕상 12장). 이 이야기 속의 옐라딤은 르호보암에게 위험한 조언을 했던 젊은 신하들을 가리키는 전문용어로 보인다. 성경은 르호보암이 궁전에서 "어린 사람들"과 함께 자랐다고 말한다(비교할만한 별칭을 바로의 궁전에서 볼 수 있다).

3) 군대 장관과 재판관

성경에서 군대 장관 칭호는 군주 시대 초기에 이미 나타났다. 모든 정치 조직은 분명히 아무리 단순하게 조직한다 해도 그것과 상관없이 국가의 안보를 책임지는 군대 지도자들이 필요했다.[5] 초대 왕 사울은 군대 장관들에게 크게 의지했다. 그의 삼촌이 군대 장관이었다(사르 차바[sar tsaba']; 삼상 14:50). 에돔 출신의 "목자장"(장사; 압비르 하로임['abbir haro'im], 삼상 21:7)도 있었다.

다윗은 "천부장"(사르 엘렙[sar 'elep], 삼상 18:13)이었다. 다윗은 보좌에 등극하고 조카를 군대 장관으로 임명하였다. 충성심이 가장 중요했고 친척들이 보통 남들보다 더 신뢰를 얻었다. 성경의 다윗과 솔로몬 시대는 다른 군대 관리들도 언급한다.

군 지휘관들은 분열 왕국 시대에 이스라엘과 유다 왕국에서 핵심 역할을 했다. 다양한 지위를 가진 관리들의 이름이 성경에 나온다.

(1) 군대 지휘관(사르 차바[sar tsaba']; 왕상 16:16)
(2) 병거 지휘관(사르 마하칫 하레켑[sar mahatsit harekeb], 왕상 16:9)
(3) 천부장과 백부장(대하 17:14-18; 23:1)
(4) 군대의 서기관(대하 26:11)
(5) 샬리쉬(shalish)(병거의 세 번째 군사로 무기를 짊어진 자)라는 칭호를 가진 사람 둘이 역사에 등장한다(왕하 9:25; 15:25)

---

[5] 드보라와 바락(삿 4장)처럼 군주 시대 이전의 사사들은 장군 역할을 했고 장군들과 함께 연합하여 다스렸다.

이스라엘의 군대 지휘관들은 왕권찬탈자로 악명이 높다. 시므리는 엘라 왕을 (왕상 16:9) 베가는 브가히야의 왕권을 전복시켰다(왕하 15:25). 군대 용어에도 등장하는 나아르(na'ar)란 말은 시종이나 무기든 자(삼상 26:22; 삼하 2:14)를 가리킨다.

이스라엘의 재판 제도는 전통적으로 지방의 장로들이 맡았다. 신명기에서 모세는 "재판관들"(쇼페팀 [shopetim])을 관리로 임명한다(신 1:15-16; 16:19-20). 언제 재판관들이 중앙 정부의 관리가 되었는지는 확실치 않으나 왕은 나라의 최고 법관이었다(삼하 15:3-4). 이스라엘 주변 국가의 재판 관행을 근거로 사법제도는 정부가 임명한 법관과 지방의 장로가 함께 주관하였다. 역대기하 19:5-11에 보면 여호사밧 왕은 나라의 각 성에 재판관과 제사장을 배정하여 곤란한 송사를 다루도록 조치하였다. 후자는 왕의 감독을 받았을 것이다.

4) 종교 종사자

제사장들은 군주 시대 이전부터 이스라엘 백성의 삶 속에 주요한 역할을 감당했다. 중앙화된 국가가 생기기 전에는 강력한 지도자 한 명이 제의 집행관을 겸하는 등 여러 가지 기능을 수행했다. 이를테면 사무엘은 군대 지휘관이고 재판관이며 예언자이고 제사장이었다. 왕이 생기면서 제사장 직제는 특정 가문의 특권이 되었다. 다윗 시대의 아비아달과 사독 가문은 서로 힘을 겨루었다(삼하 20:23-26).

솔로몬은 아비아달을 추방하고 그 제사장 가문을 제거하여 왕권이 제사장 권한 위에 있음을 과시하였다. 분명 왕자들도 제사장이 될 수 있었다(삼하 8:18). 제사장은 전쟁하기 좋은 때를 결정하는 일을 포함하여 제의와 관련된 모든 문제를 처리했다. 제사장은 예루살렘 성전과 왕국 전역에 있는 지방 산당에서 일했다. 제사장의 역할은 분열 왕국 시대에도 이어졌다.

가장 눈에 띄는 제사장은 여호야다와 힐기야였다. 여호야다는 다윗의 혈통을 이어받지 못한 아달랴를 제거할 때 결정적인 역할을 했다(왕하 11-12장). 요시야 왕과 협력한 힐기야는 대대적인 제의 개혁을 주도했고 요시야의 할아버지 므낫세가 세운 우상을 섬기는 제의를 제거했다(왕하 21-23장).

5) 지방 행정

지방 행정관은 국가 조직 일부였다. 도시의 최고 행정관은 성주(또는 시장)(사르 하이르[sar ha'ir] 또는 아쉐르 알 하이르[asher 'al ha'ir])였다. 관할구역은 도시 주변 지역까지 포함하였다. 사르 하이르란 칭호는 수도 사마리아와 예루살렘의 성주 또는 시장에게 붙여진다(왕상 22:26; 대하 34:8). 비교적 적은 도시나 요새도 이 계층의 관리들이 다스렸다. 역대기서는 여호사밧의 아들들인 왕자들을 도성 밖의 지방 관리로 임명하였다(대하 21:1-3). 인장과 도편에서 발견된 비문들은 이 관리들의 증거가 되는 주요 자료이다.

이를테면 어느 사르(성주)가 메사드 하샤브야후(Mesad Hashavyahu) 요새를 다스렸고 "엘리아십"이란 관리가 아랏(Arad)의 지휘관이었다. 메사드 하샤브야후에서 나온 도편은 사르를 재판관이라고 기록하는데 아랏의 도편은 엘리아십이 보급품 분배를 관리하였다고 말한다. 이 관리들이 민간인지 군인인지 불확실하나 거주지 규모가 작은 경우는 중복되었을 것이다. 군주 시대에는 지방 행정관이 중앙의 관리들과 긴밀하게 연결되어 있었다.

제63장

철기 시대 레반트 사회의 성층(成層)

아브라함 파우스트(Avraham Faust)

1. 들어가기

고대 이스라엘은 성층 사회였을까?
아니면 사회경제적 수준이 대체로 평등했을까?
이 두 관점은 다양한 의견과 중도적 입장을 지닌 학자들의 문헌에서 찾아볼 수 있다(Bendor 1996; Neufeld 1960; Lang 1985; Schloen 2001; Houston 2004). 대다수 논의는 주로 히브리 성경 본문의 증거를 일차자료로 삼지만, 고고학 자료는 보충하거나 예시 자료로 사용한다.

이 장은 철기 시대 레반트의 사회경제적 성층이란 주제를 고고학적 관점으로 진술하는 것이 목표이다.

첫 번째 단락은 특별히 고대 이스라엘의 경우 고고학 자료로 사회의 성층을 확인하는 방법과 접근법의 근거를 약술할 것이다.

두 번째 단락은 고대 이스라엘의 성층 문제를 고고학적으로 검토한 결과를 간단히 요약할 것이다.

세 번째 단락은 이 결과가 성경 본문 연구에 어떤 의미가 있는지를 간단히 제시할 것이다.

2. 방법

사회를 연구하는 데 본문은 굉장히 중요하나 과거를 일부만 말하거나 치우쳐서 언급하는 경향이 있다. 그래서 많은 본문이 도시에 거주하는 주로 상류층 남성의 관점을 보여 준다. 그런 본문은 정보가 치우쳐 있을 뿐 아니라 어떤 주제들은 아예 무시한다. 촌락 생활은 본문이 흔히 언급하지 않으며 성경도 예외가 아니다. 작은 시골, 동네와 농가들은 본문에 전혀 언급되지 않는다.

본문은 여러모로 중요하나 고대 사회의 전체 짜임새를 연구하기에는 종종 불충분하다. 하지만 고고학은 나름의 약점이 있으나 사회의 낮은 계층을 포함해서 여성, 어린이, 시골 주민까지 모든 계층에 대한 정보를 제공해준다. 발굴한 유적들은 언제나 직접적인 증거가 되지 못하고 해석해야 할 필요가 있지만 그래도 사회의 모든 계층에 대한 통찰을 제공한다.

그러므로 우리는 아래에서 사회경제적 성층을 고고학적으로 확인하는 방법을 살펴보려고 한다. 사회의 성층은 자연스럽게 여러 가지 역학들로 확인할 수 있다(Ames 2008; Faust 2012a; M. E. Smith 1987; Wason 1994). 이를테면 작은 발굴품은 경제적 또는 상징적 가치 특히 "스타일"이나 기능 평가를 통해 상류계층에 속한 사람들에게로 이끈다(예, Mann and Loren 2001). 물건이 비싸고 부유층만 살 수 있는 경우 또는 특정 계층만이 가진 취향이고 (비싸지 않더라도) 그것을 사용하지 않는 자에게는 없는 취향이라면 부유하다거나 신분을 추정할 수가 있다(Bourdieu 1984를 보라).

또 가끔은 특정 계층이나 집단이 고위층과 연관된 물건을 사용하지 못하게 하는 소비규제법도 있었다. 우리가 사는 사회의 계층을 알아보기 위해 그런 물건을 사용할 수 있으나(특히 처음 두 가지 역학이 적합하고 세 번째 역학은 상관이 적다) 이것은 고대 사회를 연구할 때 훨씬 어렵고 우리 사회에서 작은 물건들이 부와 신분을 알아보는 데 유용한 만큼이나 과거를 연구할 때의 유용성은 여러 가지 요인으로 인해 지장이 있다(예, Blanton 1994; Crocker 1985, 52; Kemp 1977, 137; 참고, M. E. Smith 1987, 302).

이 문제는 다른 곳에서 상세히 논의했다(Faust 1999; 2012a, 특히 41-45, 117-27). 그러나 한계나 문제점에 집이나 밭과 비교해서 상대적으로 저가의 작은 물건이 가진 성격 때문에 "추가 가치"(상표 같은)를 확인하기가 곤란한 점도 포함할 수 있다. 그런 물건은 움직이는 재산이고 기획이 달라지거나(예, Wason 1994, 111) 그 외의 다양한 역학들이 작용하여 정해진 장소 밖에서도 발견될 수 있다(예, Hall 1992; Girouard 1980, 280; 참고, Deetz 1996, 199). 수입한 토기를 포함하여 토기는 종종 레반트의 고고학 연구에서 부유하다고 추정하게 만드는 물건인데 고대에는 매우 저렴했을 것이고(예, Vickers and Gill 1994) 그래서 직접 부유함의 증거가 될 수 없다는 점을 기억해야 한다.

주로 부자가 사용하고 부유함의 증거로 사용되는 물건이 있으나 확인과정은 간단하지 않다. 그런 물건은 대개 부자만 사용하는 것이 아니고(비싼 물건이 아니라면) 용도가 특정하고 고위층 가정이라고 확인된 경우에게만 그것을 확인할 수 있다. 고위층 가정인지를 확인하고 그런 취향을 배우는 방법은 건물을 보고 알 수 있다. 작은 물건을 보고 부자의 것이라고 믿는 학자들조차 이 점에서 있어서 (어려움은 있으나 분명하게) 건물이 더욱 신뢰할 만하다는 데 동의한다(예, Crocker 1985; M. E. Smith 1987, 301, 327; 1994, 151; 2015).

건물을 보고 부유한 가정이라고 확인하면 다음 단계에서 이 가정과 연관된 물건들로 신분을 확인하는데 사용할 수가 있다.[6] 더구나 물건을 통해 철기 시대 이스라엘의 부유함을 주장하는 다양한 방법을 자세히 검토해보면 불충분하고 자료를 설명하지도 않는다는 점을 주시해야 한다(Faust 2012a, 117-27과 거기에 인용한 문헌).

다수의 학자는 건물이 경제적, 사회적 차이를 확인하는 가장 좋은 도구라고 생각한다(예, Blanton 1994; Crocker 1985, 52; Kemp 1977, 137; I. Morris 2005; M. E. Smith 1987, 301, 327; 2015; M. E. Smith et al. 1989; 2014). 하지만 그런 목적으로 건물을 연구하는 일은 복잡하고 어떤 경우는 문화적 특수성일 수도 있다. 이미 이루어진 자세한 상황 연구를 따라 우리는 철기 시대 레반트 건물의 네 가지 주요 요소를 부유함과 신분 연구에 사용할 것이다(Faust 2012a, 39-127과 거기에 인용한 문헌).

---

6 이런 물건 탐사는 고대 사회를 배우기 위한 대규모 시도의 일환으로 이루어져야 한다. 부유함 뿐 아니라 경제, 사회조직, 성별, 인종, 등등 그리고 다양한 종류의 물건들과 관계까지 배우려고 해야 한다. 그런 방식만이 검증하려는 사회 구성원이 사용한 다양한 물건들의 의미를 밝힐 수가 있다.

1) 거주용 건물이 있는 지역

이 요소는 거주자의 신분과 생활 수준은 물론이고 거주자의 숫자와 가족 유형을 표시한다. 많은 경우 이 두 요소 사이에 상관관계가 있다. 즉 부유한 가족은 규모가 큰 편이다.

2) 건물의 질

건물의 질은 사용한 재료의 양과 질을 나타낸다. 드러난 곳이 넓으면 열정적 투자 여부를 측정하는 것과 아울러 모퉁이를 이용하는 방식과 직선으로 된 벽이 어느 정도인지를 관찰하여 계획대로 건축했는지 여부를 평가할 수도 있다. 건축 계획을 따른 건축은 경제적 수준이 평균 이상임을 표시하고 지정학적 특징이나 지역주민의 필요를 무시하고 건축했다면 어느 정도 권력을 암시한다. 적어도 이 범주의 몇 가지 요소는 쉽게 확인된다(다른 경우는 많은 것을 측정해야 한다).

3) 담쌓기

담쌓기는 비용을 절감하는 방편이다. 담을 쌓으면 새로운 벽을 쌓을 필요가 없으므로 건축비용을 아낄 수 있고 이중으로 벽을 쌓으면 공간이 두 배나 필요하므로 공간을 아낄 수 있다. 하지만 건물 한 곳 이상이 담을 쌓으면 법적 권리 행사가 제한적이다. 철기 시대 제2기 이스라엘 땅에서 건축 계획을 검사해보면 담을 쌓지 않고 지은 건물들이 거의 없고 보통은 담이 없는 건물이 더 크고 잘 지어진 것으로 나타난다. 그래서 부자들만 담이 없는 집을 지었고 이 기준은 부유함을 추정하는 데 쓸 수 있을 것으로 보인다.

4) 위치

가능하다면 앞의 요소들은 다른 건물과 관련된 건물의 위치를 검사해보아야 한다. 성채나 공공건물에 가까운 집은 이 건물들과 관련된 사람들이 거기 살았다는 표시일 것이고 가끔 고고학적으로 확인되듯이 주변과 떨어진 곳에 있는 집은 사회의 성층을 뚜렷이 보여 준다. 지리적 위치, 공기, 햇빛, 시야, 그리고 그 외의 것들을 고려해야 한다.

3. 결과: 이스라엘과 유다 사회의 사회경제적 성층

이스라엘과 유다의 고고학 자료의 양은 세계 어느 곳과 비교할 수 없을 정도로 많다(예, Faust and Safari 2015). 수십 곳의 철기 시대 장소가 발굴되었고 아주 큰 규모로 발굴한 곳도 있다. 철기 시대 가옥 수백여 곳도 모습을 드러냈는데 학자들에게 독특하게 많은 자료를 제공하고 있다(예, Faust 2012a, 참고문헌도 함께). 현재의 공간은 부족해서 그 결과 전체를 제시할 수가 없으므로 중요한 결론만 요약할 것이다. 이스라엘과 유다 성읍 많은 곳의 지역, 건축의 질, 담, 거주가옥의 위치를 검사한 결과는 사회의 성층을 뚜렷이 증언한다. 몇 가지 구별되는 건축물/사회집단의 존재는 다음과 같다.

(1) 소수의 도시에서만 있는 궁전들(예, 예루살렘, 사마리아, 라기스),
(2) 제한된 수의 부유한 집은 주로 100˜250㎡ 크기로 잘 지어진 대형 네 칸 집,
(3) 중산층 집은 전형적으로 60˜100㎡ 크기의 중간 수준의 세 칸 또는 네 칸 집.
(4) 하층민 집은 보통 30˜70㎡ 크기의 질 낮은 세 칸 집 그리고 형태가 없는 집.

모든 발굴지에서 위의 네 그룹의 가옥이 항상 발견되는 것은 아니다. 보통 2-4번 유형과 2번과 4번 유형만 발굴되었다. 그래서 사회경제적 스펙트럼 전체가 존재하는 도시가 있고(하솔과 예루살렘) 두 가지 주요 계층만 존재하는 도시들도 있다(미스바[텔 엔 나스베]와 텔 바잇 미르심). 심지어 가옥 유형들은 균일하지 않으며 그 안에서도 차이가 있음을 우리는 강조해야 한다. 적어도 텔 엘 파라(북)(디르사)(그림 63.1)와 같은 정착지에서는 서로 다른 집단들이 인접해 있는 가옥들을 사용한 것을 볼 수 있다.

우리는 로렌조 곡선을 사용하여 성층을 보여줄 수 있다. 로렌조 곡선은 경제학에서 불평등을 측정하는데 사용하는 방법이다(복잡한 적용법에 대하여 M. E. Smith et al. 2014를 보라). 그래프는 주민이 소유한 재산이나 수입이 중앙에 집중된 정도를 보여 준다. 측정할 자료는 증가하는 순서로 배열하고 그래프는 축적되는 모습을 보여 준다(예, 수입 자료를 보여주려면 가장 적은 상태에서 시작한다). X축은 측정한 요소의 숫자를 Y축은 축적된 만큼의 자료를 보여 준다.

대각선 방향으로 직선으로 된 그래프는 자원이 평등하게 분배된 상태를 보여 준다. 각 계층의 주민이 똑같은 비율로 자원을 소유하고 있기 때문이다. 오목 곡선 그래프는 불평등을 나타낸다. 수준이 증가함에 따라 자원 소유

그림. 63.1 텔 엘 파라(Tell el-Far'a)(북)의 평면도. 규모가 크고 작은 네 칸 집들과 심지어 거의 대궐같이 아주 큰 네 칸 집이 한데 모여있는 것을 볼 수 있다. 다른 유형의 집들을 나누는 담도 볼 수 있다.

비율이 증가하기 때문이다. 네 가지 기준을 결합하기가 어렵지만 나는 로렌조 그래프를 자유롭게 사용하고 정확한 결과를 얻으려고 하지 않았다.

여기서 그래프를 사용하는 목적은 비교를 위해서이다(폭넓은 논의를 위해 Faust 2012a, 39-127과 인용 문헌을 보라. 이 그래프를 만드는 공식을 위해, 42-45쪽을 보라). 그림 63.2와 63.3는 텔 엘 파라(북)/디르사와 브엘세바를 측정한 결과이다. 둘 다 상당한 성층을 보여 준다. 그래프는 사회경제적 격차를 확인해줄 뿐 아니라 성층의 성격에 나타나는 차이점을 관찰할 수가 있게 해 준다(Faust 2012a).

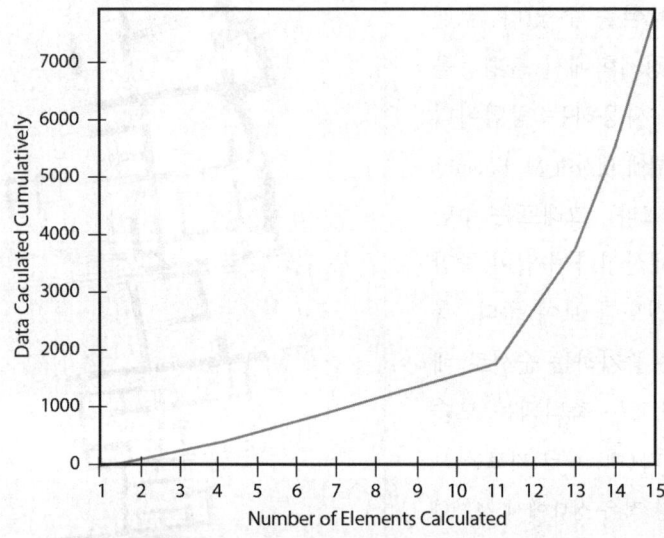

그림. 63.2 텔 엘 파라(북)/디르사의 불평등을 보여주는 그래프. 오목한 부분은 사회경제적 불평등이 심했고 성층을 보여 준다(참고, 63.3, 63.5, 63.6). X축: 측정 요소의 수 Y축: 축적된 측정자료

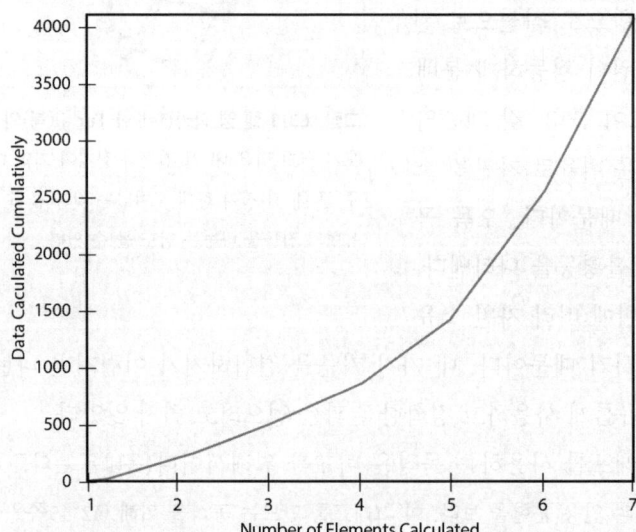

그림. 63.3 브엘세바 II의 불평등을 보여주는 그래프. 오목한 부분은 사회경제적 불평등이 심했고 성층을 보여 준다(참고, 63.2, 63.5, 63.6). X축: 측정 요소의 수 Y축: 축적된 측정자료

사회의 성층을 확실히 보여 준 위의 증거는 흥미롭게도 이스라엘과 유다의 도시만 해당한다는 점이다(두 왕국도 약간의 차이가 있다). 시골에서 나온 자료가 점점 더 많아지고 있어서 거기서는 사회의 성층을 찾아볼 수 없다는 점이 자명해졌다. 이를테면 키르벳 제메인(Khirbet Jemein, 그림 63.4와 63.5)과 베이트 아리예(Beit Aryeh, 그림 63.6)는 지역 전체를 거의 발굴하여 폭넓게 드러났고 같은 성층 확인 기준을 적용해보았으나 성층의 단서로 볼 만한 자료는 나오지 않았다.

거주 가옥의 크기가 비교적 균등한 모습은 격차를 조사하는 주요 방안으로 다른 지역들과 비교해 볼 수가 있다. 하지만 보통 지역 안에서만 비교한다. 이 시기의 전형적인 시골 가옥은 대형 네 칸 집(거의 항상 네 군데 분명한 공간을 가진 집)이었고 크기는 120-130m^2(100-160m^2보다 큰 곳은 드물다)다. 건축의 질과 수준은 모든 곳이 비슷하였다. 건물들의 유사성은 서로 아주 많이 멀리 떨어져 있으므로 시골 사회가 고도로 평등했음을 보여 준다. 해당 시기의 도시들을 똑같이 분석한 결과는 사회경제적 성층을 뚜렷이 보여주기 때문에 시골 사회에 존재했을 수도 있는 격차는 작았음이 분명하다.

더 중요한 것은 시골의 성층 증거 부재는 소도시와 대도시에서 볼 수 있는 성층에 신빙성을 더해주며 방법을 달리하면 차이를 확인할 수 있다는 점을 보여 준다. 그러므로 자료는 철기 시대 소도시와 대도시는 규모가 큰 촌락들이라는 견해(예, Holladay 1995, 392; 아래의 다수)는 근거가 없음을 보여 준다. 이 소도시에 국가가 개입하여 고용한 노동자가 증가했고 그래서 성층이 발전한 것으로 보인다(Faust 2012a, 169-70의 상세한 논의).

마지막으로 우리는 위의 규칙에 예외적인 경우를 주목해야 한다. 서부 사마리아의 데일 엘 미르(Deir el-mir)와 키르벳 바낫 바르(Khirbet Banat Barr)같은 큰 규모의 시골 지역과 예루살렘 부근의 농가들의 경우 여러 구조물 사이에 질과 크기가 차이가 있는 것 같다. 다른 시골 동네에서 드러난 곳보다 훨씬 광범위한 그런 차이점들은 큰 마을뿐 아니라 예루살렘 인근 지역에서는 크기가 크고 군주제 사회의 정치적 경제적 힘에 노출되어 사회가 변화하는 과정이 생겼을 수도 있음을 보여 준다. 건물 자료가 완전히 갖추어지지 않았으나 이것은 사회경제적 성층의 존재를 확인해주고 그 정도와 성격을 평가하도록 만든다.

철기 시대 사회를 대략 이해하는 이상의 논의가 보여주는 함의를 논하기 전에 나는 사회의 성층을 검사하는 다른 방안을 언급하려고 한다. 그것은 유다의 매장지를 분석하는 일이다. 매장지는 종종 사회 구조를 연구하는 데 가장 좋은 도구로 여겼다(Binford 1972). 그러나 많은 학자는 항상 그렇지만은 않다고 생각한다(예, P. Metcalf and Huntington 1991; Parker Pearson 1999). 철기 시대 레반트는 매장 자료를 사용하여 사회적 신분을 추정하는 작업이 안고 있는 복잡함을 보여주는 또 다른 좋은 사례다.

유다의 철기 1시대 B-C기 지층의 무덤 수백여 곳의 유형과 성격을 조사한 결과 통치계층의 웅장한 개인 무덤, 웅장한 가족무덤, 간단한 가족무덤, 허술하게 판 매장동굴, 개인의 참호형 무덤, 때로는 땅에 화장한 경우는 차이가 있음을 보여주었다(예, Barkay 1999). 그래서 유다의 8세기와 7세기 무덤들은 사회경제적 성층을 보여주는데 사용할 수 있다.

그래도 항상 그렇지 않을 수 있다는 점에 경각심을 가져야 한다. 무덤들은 신분을 알려주는 당연한 정보의 출처로 생각할 수 없다. 그런 목적으로 매장지를 사용할 때 내재한 문제를 상술하지 않아도 고고학자들이 항상 매장지를 찾을 수 없다는 사실을 주시하는 것으로 족하다. 이스라엘의 철기 시대 제1기와 제2A기 지층(특히 산지)에서는 어떤 매장지도 발견되지 않았다(Faust and Safari 2015, 304-24). 이러한 증거 부재가 의미하는 것은 아래와 같다.

첫째, 우리는 말할 수 있는 것이 심히 제한되어 있다는 사실이다.

둘째, 더 흥미롭다. 매장지의 상대적 부족이 사람들이 죽지 않았다는 뜻은 아니라는 데 동의하기 때문에 왜 매장지가 발견되지 않았는지를 물어보아야 한다.

명백한 답변은 사람들이 주거지 바깥에 화장시켜버렸고 그럴 경우라면 고고학자가 발견할 것이 없고 더구나 그곳이 발굴지 바깥이라는 것이다(Kletter 2002; Faust 2004; 2011b). 철기 시대 제1기와 제2A기에 이런 관습을 실행한 이유가 무엇이든 간에 매장은 추가적인 의미가 부여되었고 사회와 죽음에 대한 사상을 전달하기 때문에 늘 사회의 성층을 가르쳐주지 않는다는 의미로 이해된다(Parker Pearson 1999; 추가 자료와 함께 Faust 2004을 보라). 더구나 매장지를 찾았다고 해도 사회 전체를 볼 수 없고 위에서 언급한 유다의 무덤들처럼 가난한 자의 무덤은 여전히 단순 화장법으로 처리했을 가능성이 크다.

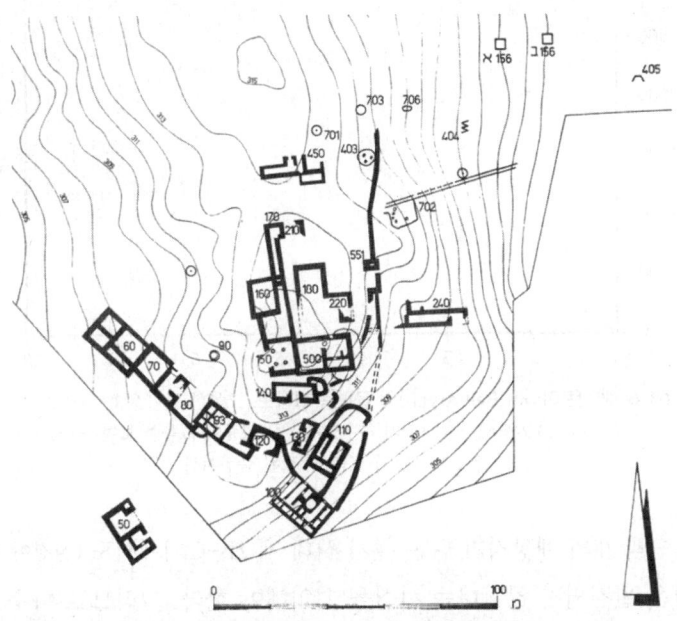

63.4 키르벳 제메인(Khirbet Jemein) 마을의 평면도.
마을에 세워진 곳 전체에 지배적으로 많은 대형 네 칸 집을 보라.

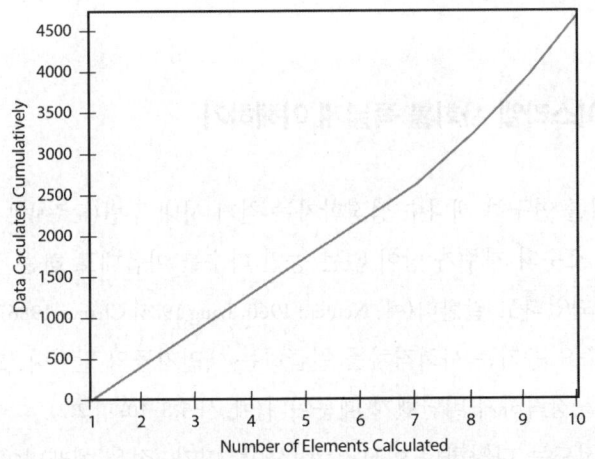

그림. 63.5 키르벳 제메인(Khirbet Jemein) 마을의 불평등 그래프. 오목한 곳이 없는 그래프(참고, 그림 63.2와 63.3)는 이 거주지에 뚜렷한 성층이 없음을 보여 준다.

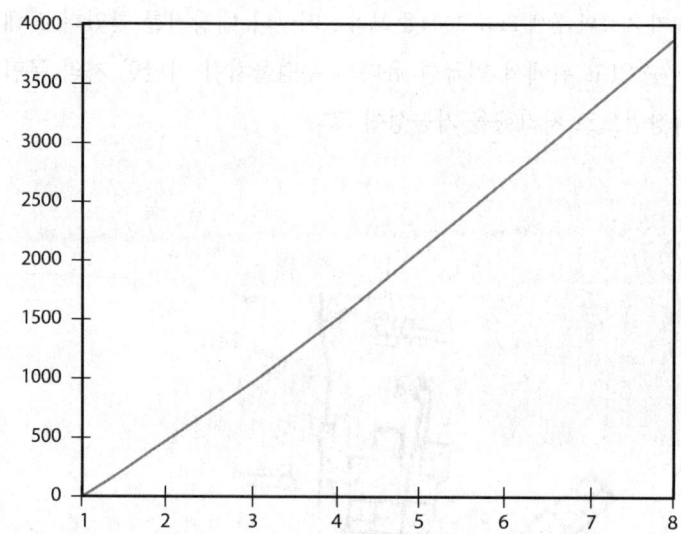

그림. 63.6 베이트 아리예(Beit Aryeh)의 불평등 그래프. 오목한 곳이 없는 그래프
(참고, 그림 63.2와 63.3)는 이 거주지에 뚜렷한 성층이 없음을 보여 준다.
X축: 측정 요소의 수 Y축: 축적된 측정자료

더욱이 수백 개의 매장지가 나온 철기 시대 제 2B-C기에서도 (성경이 보도하는) 왕실 무덤은 발견되지 않았다는 사실을 기억해야 한다. 그러므로 아주 많은 자료가 있는 이 시기조차도 피라미드 형태로 구성된 사회를 알려주는 근거와 흔적은 빠져 있다.

4. 철기 시대 이스라엘 사회를 폭넓게 이해하기

이스라엘 사회를 연구한 대다수 성경학자는 철기 시대 후반(군주시대 후반, B.C. 8세기와 7세기)에 소수의 지주가 땅이 없는 농민 다수를 마음대로 하는 성층이 아주 심한 사회가 되었다고 말한다(예, Neufeld 1960; Lang 1985; Chaney 1986). 이런 상황을 보여주는 주요 증거는 사회격차를 언급하는 예언자들의 말이다. 그들은 가난한 자의 압제를 강력하게 비난했기 때문이다(예, 사 5:8-10; 미 2:2).

이런 경향은 정도는 다양하나 아모스, 이사야, 미가, 젊은 예레미야(호세아는 예외일 것이다)의 예언에 드러난다. 이 상황의 심각성을 최소화해보려고 시도한 학자들도 있다. 그들은 예언자의 책망을 전통적인 혈통사회의 분열과 붕괴와 관련이 있는 것으로 해석했다(예, Bendor 1996). 텔 엘 파라(북)/디르사에서 발견한 유적과 같은 고고학적 증거는 성층 사회의 존재를 지지해주었다(예, De Vaux 1965, 72-73).

그러나 일부 학자들은 이런 증거를 무시하고 조사한 발굴지에서 관찰한 (그리고 관련 구절에 나타난) 차이가 아주 적고 실제로 사회경제적 차이를 보이지 않으며 전통 사회 구조가 비교적 잘 보존되었다고 주장하였다(예, De Geus 1982; Bendor 1996; Holladay 1995; Schloen 2001). 하지만 이들 중 아무도 고고학적으로 가용한 자료를 조직적으로 연구하지 않았고 실제 시골 상황은 무시했다.

그래서 도시에서 관찰한 차이는 다르게 해석될 수 있고 또 세 가지 주장의 차이는 실제로 성층을 의미하지 않으며 상당히 평등한 집단이라고 주장할 수도 있다(예, Holladay 1995, 391-92). 하지만 시골이 거의 평등한 증거는 세 가지 주장이 모두 틀렸다는 정황을 보여 준다. 시골에서 나온 결과는 사회경제적 차이가 없을 때는 고고학적으로 쉽게 확인되고(도시처럼) 차이가 확인되면 차이가 있다는 뜻임을 보여 준다.

우리가 보유한 모든 영역의 방대한 고고학 자료는 8세기와 7세기의 이스라엘과 유다 사회는 성층이 이루어진 사회였음을 나타낸다(Faust 2012a; Dever 2012도 보라). 사회가 균등하고 전통적 혈연에 기반을 둔 사회가 손상되지 않고 보존되었다는 견해는 가족 구조(예, Faust 2012a, 159-66과 참고문헌), 생산체계(Faust 2011a; 2011c), 그리고 전체 경제(예, Moyal and Faust 2015)에 관한 연구들과도 모순된다.

이것은 예언자의 비판에 대한 통상적인 해석이 옳았음을 보여주는 것 같다(Houston 2004). 그래도 성층이 모든 거주지에 존재하지 않았고 시골의 현실은 달랐음을 알게 되었다. 예언자들은 눈앞에서 벌어진 일들을 비판했다. 실제로 사회 불의가 있었지만, 그것은 도시에 훨씬 만연했다. 이런 모습을 우펜하이머(B. Uffenheimer)의 예레미야 연구(1968)가 뒷받침해준다. 우펜하이머에 따르면 예레미야가 아나돗에 살 때는 사회 문제를 전혀 언급하지 않았고 예루살렘으로 이사했을 때 그의 예언에는 그런 이슈가 나타나기 시작했다는 것이다(예, 렘 5:27; 22:3). 이런 관찰이 옳다면 적어도 7세기 유다에서는 이 문제가 시골이 아니라 주로 도시에 있었던 것으로 바꾸어야 한다. 우리는 이 결론을 철기 시대 후반의 일반적인 현실로 확대하여 적용한다.

  도시에서도 상황은 다르지 않았다. 사회경제적 격차가 모든 도시에 존재했을지라도 심각성은 장소마다 달랐다. 그래서 이를테면 산지의 도시와 평지의 도시 사이에는 사회적 격차가 존재했고 이스라엘과 유다도 격차가 있었다(Faust 2012a). 하지만 무엇보다 우리는 철기 시대 사회경제적 성층이 존재했다는 명확한 증거가 있다.

제64장

고대 이스라엘의 법과 법체계

데이비드 W. 베이커(David W. Baker)

인간관계가 복잡해지면서 그런 관계를 규제하여 인간을 번영하게 하고 상호 침해를 막는 규범들이 발전하였다. 형제 살인으로 깨어진 성경의 가족처럼(창 4:1-8) 가까운 가족 간에도 기대감이 있고 그것이 어긋나면 균열이 생긴다. 사회가 복잡해지면 상호 기대감을 공식화하고 성문화해서 그런 기대를 무시하면 제재를 가할 수 있는 권위가 필요해진다. 이것을 공식화한 것이 "법"이다. 그것은 "사회의 구성원이 다른 구성원과의 관계 속에서 하는 일상적인 행동을 규정하면서도 그들의 경제적, 사회적, 신체적 정신적 이해를 보호하는 법칙들이 들어있다"(Westbrook and Wells 2009, 1).

고대 근동 사회처럼 최고의 권위가 신에게 있는 신정 사회일 때는 더 복잡하다. 세속적인 기대감 외에도 종교적 준수 규정이 있고 그것은 가족과 국가가 삶을 영위하는 중요한 일부였다. 하지만 성속(聖俗)의 엄격한 분리는 현대인이 만들어낸 생각이고 고대인의 세계관이 아니다. 그들의 삶은 통합되어 있어서 이웃과 신(들)과 맺는 관계가 동시에 이루어지는 삶을 살았다. 이것을 한편에서는 하나의 법전 안에서 "성"과 "속"이 섞여 있고 다른 한편으로는 "세속" 법에 신이 관여하는 모습을 통해 볼 수 있다. 제의규정은 이 책의 다른 곳(앞의 46장)에서 다루고 있다.

1. 법의 유형

고대 이스라엘이나 주변 민족들은 법학이란 추상적 의미의 "법"이란 용어를 갖고 있지 않았다. "율법"(토라[torah]와 동일어근으로 만든 다른 단어들)으로 번역된 히브리어도 제정된 법에 국한하지 않고 지시 또는 충고를 표현하는 말로 훨씬 광범위하게 사용하였다(창 46:28, "인도하다"; 출 15:25, "가리키시니"; 욥 36:22, "교훈을 베풀겠느냐"; DCH 8:612-16). 고대 근동의 법전 가운데서는 두 가지 유형의 법이 있다(Alt 1966, 101-71).

첫째, 정언법 또는 무 조건적인 법은 적어도 세 가지 범주를 포함한다.

(1) 십계명 같은 무조건적인 명령
(2) 저주(신 27:15-26)
(3) 사형 선언(예, 출 21:17)(Selman 2003, 504[Frymer-Kensky 2003, 978도 보라])

둘째, 조건법이나 판례법은 조건문("만일 -")과 귀결문(그럴 경우는 -)으로 되어 있다(예, 레 20:10-21). 이 유형은 오늘날처럼 고대 근동에 아주 흔했고 새로운 판례가 생기면 기하급수적으로 증가한다.

2. 자료

법을 시행한 관습에 관한 자료는 구약의 중요한 부분이지만(예, 오경은 "율법"으로도 알려져 있다[시락서 서언 1장; 마 5:17; 7:12; 11:13; 22:40; 눅 16:16; 24:44; 요 1:45; 행 13:15]) 주로 메소포타미아에서 나온 고대 근동의 증거들이 보충해준다. 이 중 일부를 여기서 인용할 것이다.

법과 법률 제도에 관한 지식은 주요 법전부터 이차적으로 인용하거나 법적 관행을 언급하는 자료까지 일련의 문서들을 통해 얻을 수 있다. 현대사회에서는 국가의 법전을 사용한다.[7] 고대 근동에는 법 발전역사의 처음을 나타내는 왕의 칙령이나 법령에 관한 기록들이 있다. 구 바벨론 시대의 왕들은 미샤룸(mīsharum)이라고 부르는 "복귀 칙령"을 내려(CAD M2:117) 통치 초반에 접한 경제적 불의를 바로잡았다. 백성들은 노예를 포함하여 원래 신분을 회복했고 땅은 원래 주인에게 돌려주었다. 이것을 히브리어로 데로르(deror)(겔 46:17), 아카드어로 안두라룸(andrārum)(CAD A2:115-17)이라고 한다. 삼수일루나(Samsuiluna, B.C. 1749-1712년)와 암미사두카(Ammisaduqa, B.C. 약 1646-1626년)의 칙령도 발견되었다 (Pritchrd 1969a, 526-28; COS 2:362-64; Sparks 2005, 423-24를 보라).

이 유산들을 따라 개별적인 법들을 모아 놓은 메소포타미아 법률 선집이나 "법전"이 많이 있다.

수메르	우르의 우르남무 법전	B.C. 2112-2095년	M. Roth 1977, 13-22; Pritchard 1969a, 523-25; COS 2:408-10
	이신의 리핏-이쉬타르 법전	1934-1924년	M. Roth 1977, 23-35; Pritchard 1969a, 159-61; COS 2:410-14
아카드	바그다드 북동쪽 에쉬눈나 법전	약 1770년	M. Roth 1997, 57-70; Pritchard 1969a, 161-63; COS 2:332-35
	함무라비 왕의 법전	1972-1750년	M. Roth 1997, 70-142; Pritchard 1969a, 163-80; COS 2:335-53; M. Richardson 2000
	중기 앗수르 제국 법	14세기에서 유래한 11세기 사본	M. Roth 1997, 153-94; Pritchard 1969a, 180-88; COS 2:353-60
	신바벨론 제국 법	8세기 후반	M. Roth 1997, 71-142; Pritchard 1969a, 197-98; COS 2:360-61; Saprks 2005, 419-25를 보라

---

7 미국은 www.congress.gov., 영국은 www.parliament.uk/business/bills-and-legistlation/acts-of-parliament에 있다. 이 자료는 또한 "입법 이전" 정보를 제공하여 특정 법이 원래의 제안부터 수정과정을 거쳐 실제로 반포되기까지의 발전과정을 추적할 수가 있다. 미국 의회(www.congress.gov/congressional-record)와 영국 의회 의사록(www.parliament.uk/business/publications/hansard/)에는 법이 통과되기까지 의결기록을 볼 수도 있다.

소아시아에서는 B.C. 17세기부터 B.C. 12세기까지 작성된 히타이트 법전이 발견되었다(Pritchard 1969a, 188-97; COS 2:100-113; Sparks 2005, 426-27).
이스라엘의 법 모음집은 한술 더 떠서 이야기 가운데 이차적으로 삽입되어 있다. 십계명(출 20:1-21; 신 5:1-22), 언약법전(출 20:22-23:19), 레위기에서 민수기 11장까지 열거된 법 그리고 신명기 법전(신 12-26장) 등이 그렇다. 이 안에서 그리고 다른 곳에서는 역사적 배경을 보여주는 짤막한 이야기가 들어있다. 그래서 개별적인 법 조항이 생긴 상황을 설명한다(출 12:1-30; 27:20-21; 28:1-43; 레 10:1-11; 16장; 민 27:1-11; 36장; 삼상 30:22-25).
일련의 법들을 따라 법이나 법적 용어가 들어있는 서기관 문헌들이 있다. 이것들은 서기관 교육의 일부로서 실제 법을 사용한 것이 아니라 법과 법률용어를 배우는 교과서였다. 어느 수메르 법전은 그런 교과서라고 주장한다(Pritchard 1969a, 525-56; 또한 COS 3:307, 311-12). 법전이 서기관이 학문 활동을 사례로 여기는 학자들도 있다(Westbrook 1989). 그들은 법전이 실용적 목적보다는 선전목적이 강해서 섬기는 신들 앞에서 왕의 정의로움을 찬양하려는 목적이 있다고 주장한다.
이를 지지하는 증거가 실제로 (메소포타미아 법전 안에서) 선행사례로 사용한 특정한 법이 적다는 것이다. 구약의 저자들은 법을 일반적으로 또는 위반했을 때(예, 수 1:7; 왕하 17:34, 37; 23:25) 또한, 특별히 주로 제의적 맥락에서(예, 레 5:10은 1:14-17을 언급한다[다른 사례들은 Baker 1987, 194-97을 보라]; 스 3:4는 레 1:3-17; 23:33-43의 규정을 언급한다) 언급하나 항상 그런 것은 아니다(예, 스 10:3). 또 나중에는 언급하지 않을망정(레 24:10-23; 민 9:9-14; 27:1-11; 36장) 미래의 세대를 위해 법적 선례로 삼기도 한다(Westbrook and Wells 2009, 13-14).
케넷 키친(Kenneth Kitchen)과 폴 로렌스(Paul Lawrence)는 "법전"에 관하여 다음과 같이 주장한다. "그것들은 실제로 고대 법정에서 공식적으로 사용한 판결들로부터 나온 문집(선집)이고 왕이 사회 전체의 정의수립에 헌신한다는 사실을 예증하려고 뽑은 것들이다(2012, 24[또한 E. Otto 1993을 보라]). 마지막으로 그런 법률 모음집의 실용적 기능은 정의로운 행동을 고취시키는 모형인 "논문"으로 교육적 기능을 했다고 주장하는 이들이 있다(Bottéro 1995a, 167). 법률문집은 실제 소송들의 상황을 반영하므로 선전, 교육, 실용적 기능 등 다중기능을 하지 말란 법은 없다.

성경 밖에서는 7세기경의 히브리 편지에서 어느 일꾼이 압수당한 옷을 되돌려 달라고 간청한다(COS 3:77-78은 출 22:25-26; 신 24:12-15, 17과 비슷하다). 연대 미상의 출처가 없는 편지에서는 아들이 없는 과부가 작고한 남편의 재산을 상속받게 해달라고 청원한다(COS 3:86; 민 27:1-11; 36:1-12을 보라).

일련의 법들과 함께 실제적인 소송과 법적 계약 기록들은 법 자체의 언어를 사용하지 않으면서 법을 이행했음을 보여 준다. 민사법과 형사법에 관한 고대 근동의 기록은 수천 가지이다(예, COS 3:21-32[이집트], 57-60[히타이트], 77-78, 86, 137-98[서부 셈족], 249-72, 283[아카드], 299-312[수메르]). 고대 이스라엘에서는 이런 경우가 앞서 언급한 대로 이야기들 가운데 나타난다(아래의 "절차" 항목을 보라).

비법률적 상황에서 법을 인용하는 경우는 법률 문서의 스펙트럼 끝에 있다. 이를테면 정직하지 않은 측량 도구는 법으로 금지하며(레 19:35-36; 신 25:13-15) 예언자들이 정죄하고(호 12:7-8; 암 8:5; 미 6:11; 참고, 겔 45:10) 지혜 문학에서는 부정적으로 본다(잠 11:1; 20:23).[8] 또한, 예언자들은 관련법(레 19:13; 신 24:14)을 선례로 말하지 않은 채로 재정 착취를 정죄한다(예, 겔 18:18; 22:29; 암 4:1; 미 2:2; 슥 7:10; 말 3:5).

요약하면 구약에는 법과 관련된 자료가 많지만 대부분 일차자료가 아니라 이차 자료이다.

3. 법전의 상호관계

위에서 본 것처럼 구약의 법은 고대 근동 특히 메소포타미아 법이 배어있다. 논쟁점은 이스라엘의 법과 주변 민족의 것 사이의 상호관계이다. 이 관계에 대한 관점은 또 다른 스펙트럼을 형성한다. 전혀 일치하지 않는다는 태도부터 완전히 의존한다는 태도까지 있다. 또 공통된 주제는 닮았는데 주제만 비슷하고

---

8 이집트 지혜교훈도 그런 관행을 정죄하고(19왕조와 20왕조의 아메네모페[Amenemope]의 교훈, 16-17장[COS 1:119-20]) 메소포타미아 찬양 문서(샤마쉬[Shamash] 찬양, B.C. 1천 년대 [COS 1:418])도 마찬가지다.

상세한 부분은 다르다는 견해, 사소한 차이는 있지만 일치한다는 태도, 주제와 세부적인 내용까지 같다는 태도까지 있다(Wells 2006, 89-91). 일치한다면 해당 지역 전체가 법 전통을 공유하기 때문에 생긴 것인지 아니면 구전이나 문서 자료 때문에 생긴 것인지 또 언제 접촉해서 빌렸는가? 등의 문제를 논의한다(D. Wright 2009, 16-24).

18세기 함무라비 법전과 출애굽기 22:22-23:19의 언약 법전 사이의 어투와 배열순서까지 아주 유사하므로 후자의 저자가 전자를 신앗수르 시대(B.C. 740-640년)에 문서 자료로 직접 빌렸다는 주장이 나왔다(D. Wright 2003; 2009). 이러한 유사성에도 불구하고 중요한 차이점도 있다. 또 다른 개별적인 차이와 때로 아주 강한 유사성이 출애굽기와 메소포타미아와 소아시아의 법전 사이에 있다는 사실로 출애굽기가 함무라비의 것을 문서로 직접 빌렸다고 주장하는 것은 유사성에 대한 유일한 설명이지만 입증된 것은 없다(Wells 2006).

서로 다른 문화끼리 상호 작용한 시기를 잡는 일도 의문의 여지가 있다. 성경 기록은 메소포타미아와 가나안/이스라엘 사이에 아브라함 때부터 포로 생활에서 귀환하는 때까지 접촉한 내용이기 때문이다. 함무라비 법전을 서기관 훈련용으로 수세기 동안 사용했다면 신앗수르 시대에 영향을 준 것으로 볼 수도 있으나 더 이른 시기를 배제하지 않는다(Lemaire 2012, 403). 이스라엘 법전 작성과 이스라엘 주변 민족의 법 전통과 가진 관계는 중요하고 매력적인 주제나 결정된 것이 없고 여전히 새로운 연구를 기다리고 있다.

4. 판결자

1) 신들과 왕

이스라엘의 사고방식에서 법은 이스라엘의 하나님 여호와가 다른 사람 특히 모세를 통하여 주신 것이었다(예, 출 20:1, 22). 이것이 메소포타미아의 이해와 다른 점이다. 거기서는 태양신이요 정의의 신 샤마쉬(Shamash)가 불의를 판결한다. 함무라비는 샤마쉬가 왕에게 직접 의로운 법을 제정할 능력을 주었다고 말한다.

그의 법이 새겨진 비문 꼭대기는 샤마쉬가 함무라비에게 반지와 곧은 자를 하사하는 모습을 그려놓았다. 이것은 실제로 (출 24:12에서 여호와가 모세에게 준 것처럼) 기록된 법을 주는 모습이라기보다는 왕에게 전달된 신의 권위를 나타낸다(de Hulster 2009, 213).

판결이 "정의와 공의"(키툼 우 미샤룸[kittum u mīsharum])임을 보여주는 방식이다. 함무라비는 의로운 법을 선포한 지혜로운 법 제정자일 뿐 아니라 법을 시행하는 의로운 자로 비춰진다. 이것은 출애굽기 18:13-26에서 모세가 백성을 판결하는 모습으로 예시된다. 그는 새로운 법을 시행한 것이 아니라 기존의 법을 개별적인 송사에 적용하였다. 마찬가지로 슬로브핫의 딸들이 모세와 다른 이스라엘 지도자들 앞에 여성의 상속권과 재산권 문제를 제기했을 때 모세는 판결을 위해 그들을 여호와 앞에 데리고 나왔다(민 27:5; 36:2, 6).

법이 일반적으로 왕과 무관하다는 것은 여러 가지 방식으로 볼 수 있다. 이스라엘의 기초법은 군주제보다 선행하였고(출 20-24장) 왕은 법적 제재를 받았다(신 17:14-20). 후자의 경우는 예언자들이 왕이 법을 지켜야 하지만 오히려 그것을 어겼다고 거듭 상기시킨 사례를 통해 특별히 강조된다(예, 삼하 12:1-15; 대하 12:5; 21:12; 25:15)(Brueggemann 2001).

이를테면 왕은 전리품을 나누는 일 같은 경우에 새로운 선례를 세울 수 있었다(삼상 30:23-25). 그는 모세처럼 자기에게 가져온 송사를 판결할 수 있었다. 솔로몬이 합법적인 어머니를 가려내는 결정을 했던 경우와 같다(왕상 3:16-28). 그 경우 선례를 전혀 언급하지 않았다. 그것은 정의를 시행하는 솔로몬의 지혜를 보여주기 위해 기록한 사건이었다(5-9, 28절). 왕들은 모세 이상으로 모든 송사를 들을 수 없었으므로 이 역할을 대신하는 사람들이 필요했다. 물론 그들이 항상 진정성 있게 임무를 수행하지는 않았다(왕상 21:11-16).

2) 제사장

제사장들은 판결은 물론이고 제의를 지시하는 책임이 있었다(레 10:10-11). 이것은 이 책의 45장 주제다. 제사장은 재판보다는 제의를 거행하여 간음한 것으로 의심받는 여인의 경우에 불가사의한 방법을 시행하기도 한다(민 5:12-31). 제사장들은 "초인적 판결자"로 보통은 다른 사람들에게 맡겨지는 민사와 형사사건에 개입하기도 하였다(Levinson and Sherman 2016, 403).

3) 재판관[9]

여러 등급의 재판관이 나라의 지도자를 섬겼다. 모세는 "우두머리" 사림(sarim)을 임명하여 작은 송사를 맡겼다(출 18:25-26). "왕, 통치자"(삿 9:30; 왕상 22:26; 왕하 23:8; 대하 34:8; 성경 밖에서 7세기 히브리 비문에 언급되기도 함[Avigad 1976b; Barkay 1994])[10]로 번역된 사림은 군주 시대에 지속해서 재판관의 역할을 했다(사 32:1; 렘 26장).

"사사," 쇼페팀(shopetim)은 군주제 이전에 사법권을 포함하여 그 이상으로 통치자의 권세를 가졌다(HALOT 1622-27; 예, 삿 4:4). 군주제 이전의 이스라엘 백성은 그들에게 어려운 송사를 의뢰했고 그들의 판결은 사형을 선고했으나 무시당했다(신 17:8-13). 그들은 형 집행을 감독하기도 했다(신 25:1-3). 그들의 법적 권위는 9세기에 여호사밧("여호와가 재판하였다")이 유다의 성읍마다 재판관을 임명할 때까지 군주 시대에 지속했다(대하 19:4-7).

약간 난해한 범주의 "관원," 쇼테림(shoterim)은 재판하는 상황에서 앞의 두 재판관과 종종 공동으로 일하기도 하고 동일인물인 경우도 있다(신 1:15; 16:18; 수 8:33; 대상 23:4). 그들은 이 단어의 어근이 아카드어 "글을 쓰다"와 관계가 있으므로(HALOT 1475-76; CAD 17:221-42) 법의 "기록관"으로 일했을 것이다.

또 혈족이나 촌락에서 활동한 "장로들," 제카님(zeqanim)(민 11:16; 신 19:12; 21:2; 수 24:1[King and Stager 2001, 60-61])은 군주 시대에 많은 백성들("땅의"[왕상 20:7-8; 렘 26:17])을 섬겼지만, 재판하기도 했다. 그들과 "두령," 아봇(abot), 가장들은 상속, 금지된 성관계, 재산권 이전처럼 성문에서 종종 열리는(수 20:4; 잠 31:23) 지역 문제에 관여하였다(Knight 2011, 73-75). 지역에서 그들은 주로 사람을 들이받은 소를 처리하는 문제와 같은 판례법을 만들었다(출 21:28-32, 35-36; Knight 2011, 93).

---

9 특히 Frymer-Kensky 2003, 986-90을 보라.
10 위에서 언급한 일꾼은 그런 행정관에게 탄원했다(COS 3:78n6).

5. 절차

법을 이스라엘 백성의 삶에 실제로 적용하는 이야기들이 있다. 그것들은 비공식적이고 공식적인 두 가지 사법절차를 보여 준다.

1) 분쟁 rib[11]

사건은 A가 B를 고소하여 "법을 놓고 양측의 논쟁"(Bovati 1994, 30)으로 시작한다. 그런 분쟁은 두 사람(불특정 원인[신 19:17]; 모욕[삼상 25:39]), 개인과 집단(차별[삿 8:1]; 반역죄[렘 26장]) 또는 하나님과 이방인(렘 25:31)이나 자기 백성(호 4:1; 12:2; 미 6:2) 사이에 일어난다. 그것은 법정이나 재판관 없이 내부적으로 또는 비공식적으로 해결될 수 있다.

한쪽이 다른 쪽에게 잘못했다고 고발하거나(예, 삿 8:1; 삼하 12:7-12) 한쪽이 자책하거나(삼하 24:10) 고발당한 측이 논박하거나(삿 8:2-3a) 자백하고(삼하 12:13a) 용서를 구하면(삼상 15:25; 삼하 24:10) 사태가 해결된다. 결론은 원만하게 화해하거나(삿 8:2b) 벌금(삼하 24:11-17)이나 재판정을 찾아가거나(신 25:1) 전쟁을 하는 식으로 마무리된다.

2) 소송, 판단, 평결 미쉬파트 [mishpat]

분쟁을 해결하기 위해 외부 지원이 필요할 때 당사자들은 뇌물 같은 부당한 영향력에 흔들리지 않고 판결하는 공정한 재판관(출 23:8; 신 16:19)이 있는 공식 재판소를 찾아갔다(Bovati 1994, 167-387). 예레미야 26:1-6은 예레미야가 예루살렘과 성전을 비판하는 설교다. "제사장과 선지자들과 모든 백성"은 이 설교를 듣고 (7절) 반역죄라고 비난했다(8-10절). 유다의 "고관들"(사림 [sarim])은 성문에서 법정을 열었고(10절) 증인들은 고발하였다(11절). 예레미야는 해명을 통해(12-16절) 일부 고발인들을 이해시켰다(17절). 일부 장로가 예레미야의 메시지의 선례를 선지

---

11 Bovati 1994, 29-166을 보라.

자 미가의 말(미 3:12)로 제시하고 그의 메시지를 들은 왕이 처형하지 않았음을 지적하였다(17-19절).

화자는 여기에 선포한 메시지 때문에 죽은 선지자의 이야기를 삽입한다(20-23절). 그것은 아마도 예레미야의 처지와 반대되는 이야기였을 것이다. 궁전의 고위 관리였던 아히감(왕하 22:12; 렘 39:14)도 예레미야를 지지하는 발언을 한 결과 그는 목숨을 부지했다(렘 26:24). 성경은 이와 달리 경솔하게 처리한 때도 기록한다(왕상 21:11-16). 두 이야기 모두 신명기 25:1-3에서 명시한 절차를 따르고 있다.

공정한 증언은 재판절차에 중요한 부분이었고(출 23:2-3) 거짓 진술은 엄히 금지되었다(출 20:16; 신 5:20). 해로운 거짓 증언은 시험을 해보았고 원래 고발된 자가 받아야 하는 형벌을 받았다(신 19:16-21). 사형을 구형하려면 이런 일을 방지하기 위해 적어도 두 명의 증인이 필요했다(민 35:30; 신 17:6). 솔로몬은 외부 증언이나 증거 없이 사건을 판결한 적도 있다(왕상 3:16-18).

재판관은 증거를 듣고 판단하여 판결을 내려도 되는지를 결정했다. 고발된 자는 무죄가 될 수도 있고(렘 26:24) 유죄가 될 수도 있었다(신 25:1-3). 후자의 경우 재판관은 사형에 해당하는 경우가 아니라면 벌금을 내게 할 수 있었다(예, 출 21:22, 14, 16). 재판관이 된 왕은 사형에 해당하는 벌을 감해줄 수도 있었다(삼하 14:4-11). 재판관은 사형을 구형한 경우 증인처럼(신 17:7) 형 집행에 가담할 수도 있었다(신 25:2).

6. 적용 범위

이스라엘의 법은 백성의 삶과 깊은 상관이 있었다. 제의규정과 다른 "종교적" 교훈도 나타나 있고 지역과 국가 제의 장소에서 적용하였다(예, 레 1-7장; 22:16-23:44; 민 6:1-21; 15:1-31; 28-29장; 신 16:1-17, 21-17:7; 18:9-14). 거룩함이 중요했으므로 음식(레 11장; 17장; 신 14:1-21), 개인 상해(출 21:12-36), 서원하는 일(민 30장), 전쟁하기(신 20장), 성관계와 결혼(출 22:16-17, 19; 레 18장; 신 21:10-14) 등등 일상생활에서 그것을 유지하는 방법에 관한 가르침도 중요했다.

제의를 거행하는 당사자인 제사장들조차 면제되지 않고 신중하게 규정을 지켜야 했다(레 21장-22:16). 노예(출 21:1-11; 신 15:12-18), 재산권과 도둑(출 22:1-15), 상속(신 21:15-17), 자녀 양육(신 21:18-21), 농사(예, 레 25장)와 같은 경제와 사업 관습도 "종교적" 규정(예, 출 20:2-17; 신 5:6-21[십계명]; 레 19장)과 함께 법으로 규정되어 있는데 성속의 구분이 없었다.

과부, 고아, 객처럼 힘없는 자와 소외된 자를 돌보는 일은 법으로 의무화하였고(출 22:22-24; 23:6, 9; 신 14:28-29; 24:17-21; 27:19) 이를 소홀히 하면 예언자들로부터 잦은 질책을 받았고(사 1:23; 10:1-2; 겔 22:7; 슥 7:10; 말 3:5) 지혜 문학의 저자들도 용납하지 않았다(욥 22:9; 24:3, 21).

하나님이 그들의 아버지요 남편으로 자처할 만큼(시 68:5) 깊은 관심이 있으므로(신 10:17-18) 이스라엘 백성은 이 일을 마땅히 사려 깊게 처리해야 했다. 실제로 예언자들은 경제 범죄와 착취를 다른 어떤 범죄와 죄악보다 더욱 심하게 정죄했다. 그것이 이스라엘의 하나님이 관심을 두고 있다면 그의 백성도 마땅히 그래야 한다.

제65장

고대 이스라엘의 지혜 전통

폴 오버랜드(Paul Overland)

솔로몬의 지혜가 동쪽 모든 사람의 지혜와 애굽의 모든 사람의 지혜보다 뛰어난지라(왕상 4:30).

성경 저자는 이스라엘의 지혜를 국제적으로 비교하여 말한다. 히브리 성경의 지혜 전통[12]을 더 잘 알아보려면 현대의 독자는 수메르부터 바벨론과 나일강 계곡에 이르는 주변 민족의 지혜를 잘 알면 도움이 된다. "지혜"라고 부르는 내용은 문화에 따라 다를 수밖에 없으나 일반적인 관찰은 유용하다.[13]

고대 근동 현사(賢師)의 세계를 조명할 때 다음 여섯 가지 질문이 도움을 준다.

(1) 현사는 "지혜"를 어떻게 정의하는가?
(2) 현사는 누구인가?
(3) 현사의 세계의 특징은 무엇인가?
(4) 현사는 자기 일을 어떻게 하는가?
(5) 현사의 가르침에 반복적으로 나타나는 주제는 무엇인가?
(6) 현사는 어떻게 훈련받는가?

결론적 고찰은 이스라엘의 지혜와 주변 민족의 지혜를 연결할 것을 주장한다.

---

12 이스라엘의 지혜에 대한 가정이 과거에는 획일적이었다면 지금은 미묘한 차이가 있다는 접근 방법으로 대체되고 있다.
13 Wilfred Lambert(1960, 1)는 바벨론 지혜와 이스라엘 지혜의 범주를 동등하게 보는 태도를 경고한 최초의 학자였다(참고, Sneed 2015a, 52-53, 60-62).

1. 현사는 "지혜"를 어떻게 정의하는가?

지혜는 삶을 의미 있게 만드는 일이다. 현사의 글에 나타난 우선순위와 기술은 자연, 사회, 신의 영역의 질서를 관찰하여 최선의 삶을 효과적으로 살아가는 길을 선택하도록 이끄는 일로 정의할 수 있음을 보여 준다. 관찰하기 곤란한 질서를 만나면 혼란을 의미 있게 만들기도 한다(신정론).

2. 현사는 누구인가?

1) 현사와 왕

초기 메소포타미아 사람들은 네메쿠(nēmequ)(지혜)를 에아(Ea) 신, 엘(El) 신, 마르둑(Marduk) 신과 왕들이 가진 것으로 여겼다(Mack-Fisher 1990, 109; Hurowitz 2008, 65-66). 에아 여신의 능력을 받은 수메르 왕 슐기(Šulgi)는 궁전의 모든 자가 자기의 유창한 다국어 사용능력과 평화를 지향하는 조언을 구한다고 자랑했다(Kraemer 1990, 43; Sweet 1990a, 51-57; 페르시아 관점을 위해 J. R. Russell 1990, 82). 훗날 수메르의 아브갈(abgal)은 문화와 문명을 일으킨 것으로 유명한 현사들이었다(Kraemer 1990, 31).

우르 III 왕조와 구 바벨론 왕국 시대에 현사들은 군주를 섬겼고 때로 점술가, 바루스(bārûs)가 되어 의사결정을 도왔다(Sweet 1990b, 105). 문해력이 나타나면서(B.C. 약 3400년) 학자-현사는 수사력을 기르기 위해 금언부터 토론 같은 논쟁까지 다양한 지혜의 말들을 보존하기 시작했다(Alster 2008, 47). B.C. 700년쯤 현사 아히칼(Ahiqar)의 글은 그가 에살핫돈 왕을 섬겼다고 전한다(Kottsieper 2008, 111).

메소포타미아 현사들은 신들이 성공과 번영을 지배한다고 확신하고 구마술과 내장 점술(희생 제물로 바친 짐승의 내장을 조사하여 고객의 상황이나 미래를 해석하기)에 초점을 맞추어 개인과 그가 섬기는 신을 화해시켰다(Sweet 1990b, 105). B.C. 539년 바벨론 제국이 멸망할 무렵 왕의 자문관들은 신분이 상승했다. 우랏-굴라(Urad-Gula)가 앗수르바니팔 왕을 대면한 일이 증거다(Beaulieu 2007, 11, 15-18;

Hurowitz 2008, 76-78).

나일 계곡에서 최초로 지혜를 언급한 기록은 rḫ-(i)ḫt(현사)를 왕실을 배경으로 묘사한다(Ronald Williams 1990b, 27). 하르데데프(Hardjedef)는 자신을 "왕의 아들"이라고 부르는 데 아들 외브리(Auibre)에게 미래를 위해 투자하라고 조언한다. "번창할 때 가정을 세우라"(Lichtheim 1973-80, 1:58-59). 제5 왕조 시대(B.C. 약 2494-2345년)로 추정되는 『왕자 하르데데프의 교훈』(Instruction of Prince Hardjedef)은 최초의 이집트 세바잇([sebayit]; 교훈)이다. 교훈은 구 왕국 시대(B.C. 2650-2135년)에 바로가 숙련된 행정관들이 필요해서 생긴 형식이다(Clifford 1998, 35). 이집트 현사들은 조언자, 외교관, 외과 의사, 건축가 그리고 마술사, 주술사, 꿈 해석가로 일했다(Ronald Williams 1990a, 95-98).

2) 현사와 서기관

궁전과 성전이 서사시, 연대기, 찬양, 의례문, 세금 기록을 글로 남기려는 경향 때문에 현사와 서기관의 일은 상당히 중복되었다. 이를테면 수메르의 에둡바(edubba; 서판의 집)에서 훈련받은 서기관들은 학습을 독점하였다(W. Lambert 1960, 7). 바벨론의 현사들은 서열이 상급 서기관으로 올라갔고 사르곤과 같은 왕들에게 자문해주는 움마누스(ummánus; 전문 자문관, 학자) 신분이었다(Kramer 1990, 31-32; Beaulieu 2007, 15; Hurowitz 2008, 66-67). 메소포타미아 서기관들은 점술 문헌과 법전 외에 의약품, 말 관리, 식량 비축과 같은 다양한 주제에 대한 논문을 썼다(Sneed 2015b, 90).

시리아 팔레스타인의 서기관들은 엘리트 계층이었고 지배적인 바벨론 문화와 연결되어 신분이 높았다. 희귀한 설형 문자로 기록한 바벨론식 필명을 사용하는 사람도 있었다. 시리아 서기관들은 왕의 서신에 짧은 후기를 덧붙여 바벨론에 있는 동료 서기관에게 안부를 묻기도 했다. 그것은 국제적으로 특권적 서기관 길드가 있었다는 증거다(Y. Cohen 2013, 24).

이집트는 문해력이 널리 보급되지 않아서 존경을 불러일으키는 기술이었다. 저명한 사람들은 흔히 서기관들을 비서로 고용하였다. 이집트 영웅을 조사하면 늘 최고의 행정기술을 가진 서기관의 이름들이 등장한다(Wenter 1995, 2219).

다른 길드처럼 서기관의 역할은 부자간에 세습될 수 있었다. 「아트라-하시스 서사시」(Epic of Atra-hasis)를 필사한 우가리트(시리아 해안국가)의 누메-라샵(Nume-Rašap)의 아들 네 명은 서기관이 되었고 가미르-앗두(Gamir-Addu)는 선생 수준으로 성장하였다(Y. Cohen 2013, 32). 이집트의 왕의 계곡 근처의 기능공 마을 데이르 엘-메디나(Deir el-Medina)는 고도의 문해력으로 서기관 기술을 세습적으로 전수하였음을 보여 준다(Wenter 1995, 2219). 한편 "아들"은 문자대로 혈육이 아니라 학생을 가리킬 수도 있다.

메소포타미아 서기관 집단은 사르곤의 딸 엔헤두안나(Enheduanna; B.C. 약 2300년)와 우룩의 신-카쉬드(Sin-kashid)의 딸 닌샤타파다(Ninshatapada)와 같은 여성을 서기관으로 받아들인 적도 있다. 구 바벨론 시대(B.C. 1792-1595년) 십파르(Sippar)와 마리(Mari)의 서기관들 가운데는 여성이 여럿이었다(Alster 2008, 51).

이집트 지혜는 일반적으로 관리와 연관이 있으나 식자층에게만 국한되지 않았다(Shupak 2015, 274-75). 『웅변하는 농부』(Eloquent Peasant)(중왕국, B.C. 약 2055-1650년)로 알려진 이야기는 고위 청지기 렌시(Rensi) 앞에서 전한 재치 있는 9가지 이야기를 주저 없이 평민의 것(Salt-Field의 쿠나눕[Khunanup])이라고 말한다. 그의 아홉 번의 청원은 매우 영리해서 이 이야기의 왕(9왕조의 네브카우레[Nebkaure])은 오락거리로 삼으려고 복사본을 만들어달라고 요청했다(「웅변하는 농부」의 80행 [Lichtheim 1973-80, 1:173]).

3. 현사의 세계관의 특징은 무엇인가?

메소포타미아 현사가 가진 세계관은 세 가지 원리에 기초를 두고 있다.

첫째, 신들이 최고의 통치자다.

둘째, 신들의 통치는 인과응보로 나타나는 정의가 특징이었다. 앗수르 후반의 『왕자에게 준 충고』(Advice to a Prince)는 "만일 [왕]이 자기 땅의 정의를 지키지 않으면 운명의 왕 에아(Ea)가 그의 운명을 바꾸어 적의를 갖고 쫓아다니는 일을 멈추지 않을 것입니다"라고 당부한다(W. Lambert 1960, 113).

셋째, 인간의 불행은 신들에게 지은 죄 때문이었다.

지혜는 신에게 범죄를 짓지 않도록 하여 불행을 최소화하였다. 현사들은 신들에게 받은 지혜를 가지고 신과 인간 사이를 중재했다. 현사들이 구마자인 경우에는 더 효과적으로 중재를 할 수 있었다(W. Lambert 1960, 15; Beaulieu 2007, 17-18). 개인은 그런 지혜를 이용하여 자신의 미래를 지킬 수 있었다. 하지만 불행을 당하고 고난을 겪는 자는 맹신적으로 되어 신의 노여움이 가라앉을 때까지 신을 찬양하기로 결단하기도 하였다(Beaulieu 2007, 8-9)(참고, B.C. 2천 년기 후반 신정론을 담은 문헌의 제목, 루드룰 벨 네메키[Ludlul bēl nēmeqi]: "내가 지혜의 주님을 찬양하겠습니다!").

이집트 지혜도 마찬가지로 인과응보로 나타난 신적 질서에 대한 신앙에 기초하여 있으나 구제를 받기 위한 제의적 교훈을 주는 경우는 드물다. 신의 보복 위협은 과부의 밭을 빼앗으려는 시도에 대한 『아메네모페의 교훈』에 나타난다.

> 그는 달 신의 힘으로 올가미에 걸려 잡힐 것이다(『아메네모페의 교훈』 7단, 19행[B.C. 약 12세기]).

마아트(ma'at)란 단어는 질서와 질서로 구현된 신, 두 가지를 모두 가리킨다(Shupak 2015, 270). 레(Re)와 진리, 조화와 정의의 여신의 딸인 마아트는 이집트 현사들의 수호신이었고 이비스(ibis-god) 신 토트(Thot)는 지식을 간직하고 서기관들을 지원하였다(J. Ray 1995, 20; Thomas Schneider 2008, 43).

4. 현사는 자기 일을 어떻게 하는가?

현사는 자기 일을 하는데 세 가지 특징이 있다.

첫째, 그들은 반복되는 인과관계를 주시하여 질서를 관찰하는 자들이다.

이집트 프톨레미 시대(B.C. 332-30년)의 민중의 작품인 『옹크쉐송키(Onsheshonqy)의 교훈』은 "하늘에 침을 뱉는 자는 자기 얼굴에 떨어질 것이다"고 당부한다(Lichtheim 1973-80, 3:168).

둘째, 현사들은 오래된 지혜를 매우 존중했다.

"노인의 교훈은 귀중하다"(수메르의 『슈룹팍[Shuruppak]의 교훈』[Alster 2005, 58]).

바벨론 사람들은 수메르 문화를 따라잡은 뒤에 그 문화를 존중하여 수메르인의 지혜 문헌을 원어로 보존하고 같은 서판 위에 아카드어 번역을 나란히 배치하였다(W. Lambert의 서판 58-69를 보라). 신앗수르 제국의 왕 사르곤과 산헤립 궁전의 서기관이었던 나부-주쿱-케누(Nabu-zukup-kenu)는 때때로 유산으로 물려받은 지혜를 존중하는 자세로 앞으로 펴낼 문헌을 편집하거나 내용을 풍부하게 만들기 위해 여행을 다녔다(Pearce 1995, 2273).[14]

셋째, 현사들은 자신의 통찰을 다양한 형식과 고도의 세련된 문체로 표현하였다.

이집트 지혜 문학 형식은 냉소적인 불평(예, 『이푸웨르의 훈계』, 12왕조[B.C. 1991-1786년] 작품), 정치 선전(예, 「네페르티의 예언」, 12왕조의 작품)과 세바잇(교훈)(예, 『프타호텝의 금언』, 5왕조[B.C. 약 1150년] 작품)이 있다.

세바잇 작품은 전형적으로 "X가 Y에게 주는 교훈(세바잇)"이란 제목이 붙는다. 교훈은 아주 실용적인 것(『프타호텝의 금언』)부터 경건함이 혼합된 조언 문집(『아메넴오페의 교훈』)까지 있다. 중왕국 시대(11왕조부터 13왕조까지, B.C. 약 2040-1633년)에 이집트를 재통일하면서 "완성" 또는 "개요"라는 뜻의 케미트(kemyt)라는 새로운 장르가 생겼다(이집트 장르를 폭넓게 다룬 Thomas Schneider 2008을 보라).

메소포타미아 지혜 문학의 형식은 구리 같은 원자재가 은보다 뛰어나다는 것을 증명하는 수메르 논쟁이 들어있다. 구리로는 유용한 도구를 많이 만들 수 있으나 은은 궁전과 무덤을 장식하는 데에만 쓸모가 있다(『은과 강력한 구리의 논쟁』[Kramer 1990, 35]). 바벨론 문헌은 비슷하게 두 가지 원자재의 가치를 비교하는 글

---

14 지혜의 유산을 재사용하는 일은 윤리적 교훈을 인증하여 지혜 전통에 이바지한다. 그 전통은 단지 현대 학자들이 구축한 것 이상으로 이루어져 있다(Fox 2015, 81).

들이 포함되어 있다. 종종 원자재를 인격화하여 논쟁하는 형태이다(예, 『참나무와 종려나무』; 『황소와 말』[W. Lambert 1960, 175-85]). 말은 전쟁에 쓸 수 있으나 무기를 만드는데 가죽을 공급하는 것은 황소였다.

메소포타미아 문집은 아버지가 아들에게 교훈하는 형식의 『슈룹팍의 교훈』과 앗수르바니팔의 방대한 도서관에서 나온 "작년에 나는 마늘을 먹었다. 올해는 내 속이 탄다"와 같은 사례가 들어 있다(w. Lambert 1960, 249). 신정론 주제는 『루드룰 벨 네메키』("나는 지혜의 주님을 찬양할 것입니다")와 『바벨론 신정론』 같이 길이가 긴 바벨론 지혜 문헌을 만들어냈다.

지혜 문헌의 세련된 문체는 『바벨론 신정론』의 총 27연을 한데 엮은 아크로스틱에서 가장 두드러지게 나타난다. 연의 첫 글자는 다음 순서로 언급되고 충성을 표현한다. "나, 삭길-키남-움밥, 주문을 외는 제사장은 신과 왕을 흠모합니다"(Pearce 1995, 2275). 수메르 서기관은 『엔릴과 남지타라』(Enril and Namzitarra)에서 소리와 기호에 기초한 신소리를 작품에 사용하여 놓치면 글의 뜻을 이해하기 어려운 방식을 사용하는 등 아주 뛰어난 기교를 보여주었다(Y. Cohen 2013, 152). 단순한 수준에서 짧은 교훈들은 자극제로 동기를 부여하였다. "넓은 수로를 뛰어넘지 말라! 몸이 다치고 상처를 입을 것이다"(후기 청동기 시대 시리아의 우가리트과 에마르의 쉬마 밀카[Šimâ milka][Y. Cohen 2013, 89]).

5. 현사의 가르침에 반복적으로 나타나는 주제는 무엇인가?

현사의 가르침에 정기적으로 나타나는 주제는 세 가지다.

첫째, 신들이 인간사를 다스리는 초월적 존재라는 내용이다.
제임스 크렌쇼(James Crenshaw)는 "신에 대한 경외심은 잠재적 위협 앞에 느끼는 공포심과 아울러 순종적 사랑으로 복종한다는 생각이 들어 있다"고 설명한다(Crenshaw 1995, 2451).

둘째, 삶이 무의미하다는 생각과 혼합된 신정론의 딜레마가 자주 나타난다.

특히 메소포타미아가 그렇다(W. Lambert 1960, 10). 신을 경건하게 섬겼는데 건강과 번영의 축복을 보상으로 받지 못하는 것은 약속이 깨어짐을 연상시킨다. 그래서 구마술로 초자연적 존재를 조종하는 데 관심을 가진『루드룰 벨 네메키』("나는 지혜의 주님을 찬양하겠습니다! [B.C. 2천 년 기 후반])와 같은 글이 나왔다. 또 신에게 도움을 받기를 포기한 고난 겪는 자와 신에 대한 경외심을 끝까지 지켜야 한다고 격려하는—끝내 성공함—그의 친구들의 논쟁을 다룬『바벨론 신정론』도 있다.

삶이 무가치라는 생각은 수메르의 초기 통치자의 노래에도 나타난다.

> 모든 삶은 허망하다. 아무런 빛도 비치지 않는 삶은 죽음보다 얼마나 더 가치가 있는가?(Alster 2005, 303).

현재를 유지하려는 생각에 대한 비판은『슈피윌룸의 충고』(바벨론에서 유래하여 우가리트에만 남음)에 나타난다. 거기서 아들은 재산을 쌓아두라는 아버지의 격려를 반박한다(Perdue 2008, 22; Rowe 2008, 101).

셋째, 지혜 문헌은 대신들을 양육하는 데 사용하였다.

많은 문헌이 특히 군주를 섬길 때 적합한 태도로서 절제, 시의적절한 발언과 겸손과 같은 도덕적 성격을 함양하는 일에 치중하였다(Crenshaw 1995, 2435).

수메르의 현사들은 "우는 나귀를 사지 말라. 네가 지워준 멍에를 부술 것이다"라든지 "보증을 서지 말라. 그가 너를 붙잡을 것이다. 너는 담보물을 받지 말라. (그가 신용을 잃을 것이다)"라고 충고했다(Alster 2005, 58, 65). 이집트의『아메네모페의 교훈』(B.C. 약 1150년)은 30장을 할애하여 성격 개발에 집중한다. 마찬가지로 아람어『아히카르의 말씀』(B.C. 약 650년)은 예절과 도덕적 행동을 다룬다(Perdue 2008, 32-34).

6. 현사는 어떻게 훈련받는가?

수메르 문화에서 서기관—현사와 함께—은 집 안에 있는 에둡바(edubba)(서판의 학교)에서 훈련받았다(Michalowski 1995, 2283). 두 단계 교과 과정으로 된 이런 방식은 우르 3왕조와 구 바벨론 시대까지 이어졌다.

첫 단계에서 학생은 어휘목록을 보고 설형 문자 기호를 익히고 네 가지 찬양을 암송하였고 여러 가지 수메르 잠언과 짧은 지혜의 말씀들을 소개받았다.

두 번째 단계에서 고급 어휘목록, 열 개의 글, 그리고 학생의 필요를 채워줄 다양한 문집 등을 접했다(Y. Cohen 2013, 26-27, 57).

카사이트 시대가 열리면서 에둡바 대신 생긴 학교들은 도덕훈련에 더 집중했다. 고급 훈련을 통해 아쉬푸투(āšipūtu)("구마술"), 칼루투(kalûtu)("애곡 부르기")나 바루투(bārûtu)("점술")(Beaulieu 2007, 10-11; Hurowitz 2008, 69). 오십 개가 넘는 서판에는 교훈부터 받아쓰기나 소리 내어 읽기 등 특별한 교육 용도를 보여주는 부록들이 들어있다(Hurowitz 2008, 73). 마르둑-샤픽-제리(Marduk-šapik-zeri)라는 이름을 지닌 사람의 자기추천서는 그가 왕을 섬기려고 습득한 서기관 기술의 범위를 알려준다(Hurowitz 2008, 68-71).

북부 시리아의 유프라테스강 변에 있는 고대 에마르의 서기관 학교는 주-발라(Zu-Ba'la) 가족에 속한 학생들을 여러 세대 동안 가르쳤고 집안의 족장이 운영하였다. 주-발라 가족과 함께 살지 않으나 에마르의 상업 지구에 사는 외국인 키딘-굴라(Kidin-Gula)(바벨론 사람 같음)의 도움을 받아 지역의 서기관 강사들이 직원으로 일했다. 거기서 키딘-굴라는 여러 가지 서기관 업무를 통해 국외 거주자들을 지원했다(Y. Cohen 2013, 29-30; 우가리트에서 비슷한 유형의 학교운영에 대하여 Rowe 2008, 106-7을 보라).

기술과 역할의 세습은 우가리트에서도 볼 수 있다. 누메-라샵(Nuʻme-Rašap)(『아트라-하시스 서사시』의 필사자)의 아들 넷은 아버지가 하는 서기관 교역 일을 떠맡았다. 아들 하나(가미르-앗두)는 선생의 지위를 얻었다(Y. Cohen 2013, 31). 모든 서기관이 현사는 아니고 지혜가 수동적으로 상속되지 않으나 현사를 훈련하는 최초의 단계는 종종 서기관을 훈련하는 일로 시작했고 가족 중심이었다.

이집트 구 왕국 시대에는 학교를 독자적으로 운영했다는 사례는 발견되지 않았다. 그래서 아버지가 아들(또는 아들 같은 사람)을 학생으로 가르쳤다고 추정할 수 있다(Sneed 2015b, 92). 학교들은 1차 중간기에 나타난다. 중왕국 시기부터 이 티타위(현대의 멤피스 부근 알-리쉬트)에 왕실 주거지는 가장 중요한 학교를 운영했다. 행정관이 교육했다. 등록 학생 가운데는 노동자는 물론이고 관리의 자녀들이 포함되어 있었다. 미래의 외과 의사, 천문학자, 마술사, 꿈 해석자들이 왕실의 후원을 받는 성전의 필사실 즉 이집트 지성의 요람인 "생명의 집"에서 제사장들과 더불어 훈련을 받았다(Wente 1995, 2215-16). 거기서 학생들은 ("학생 교본"으로 알려진) 선행 교본을 거의 똑같이 베끼는 훈련을 통해 글쓰기와 보존하는 법을 배웠다(Ronald Williams 1990b, 22, 27; Clifford 1998, 37; Perdue 2007, 43-44).

이집트 신 왕국 시대는 서기관 훈련을 열 살에 시작하여 4년 동안 시켰다. 학생들은 세바잇(도덕 "교훈") 문헌과 케밋(서신의 인사 말과 상용구를 포함한 개요서)을 집중적으로 배웠다(Ronald Wiiliams 1990b, 21).

고대 시리아 전역에는 사실상 모든 지역에 학교교재가 있었고 설형 문자 서판들이 등장했다는 것을 주목하는 것이 유익하다. 가나안 도시 국가들에 어휘목록, 모형 간의 징조들, 수학 서판의 단편, 『길가메쉬 서사시』 단편이 보이는 것을 근거로 요람 코헨(Yoram Cohen)은 메소포타미아의 에둡바나 이집트의 "생명의 집"처럼 반박하기 어려운 증거가 부족하나 후기 청동기 시대(B.C. 1500-1200년) 가나안에도 서기관 학교가 있었음이 틀림없다고 결론짓는다(Y. Cohen 2013, 23).

7. 결론

고대 이스라엘의 지혜 전통을 주변 문화권과 함께 살펴보면 몇 가지 사항을 고찰할 수 있다.

첫째, 지혜가 신이 지배하는 질서의 관찰로 이루어진다는 정의는 이스라엘 안팎에서 찾아볼 수 있다. 하지만 구마술과 마법으로 신을 조종하는 방법은 이집트나 이스라엘보다 바벨론에서 더 큰 관심을 쏟았다.

둘째, 현사는 재능 있는 왕실의 조언자로서 서기관 서열까지 올라갔다. 메소포타미아와 이집트의 이런 모습은 이스라엘의 하카밈(hakamim)(현사)과 내용이 일치한다(Whybray 1990, 134-36; Kynes 2015, 19-23). 하지만 예외가 있다. 이집트의 "웅변하는 농부"(작품명이 같은 것으로 알려짐)처럼 이스라엘은 서기관 훈련을 받지 않고 궁전 관료도 아닌 사람들을 "지혜로운 사람"으로 부르기도 했다. 이 중에 드고아의 현명한 여인(삼하 14:2), 전도서에 수록한 대로 어느 성읍의 가난한 지혜자(전 9:13-16), 벳마아가 아벨의 여성 협상가(삼하 20:14-22) 등이 있다.

셋째, 이스라엘의 현사는 같은 문화권 출신의 동료들과 진리, 조화, 정의의 지속성에 근거한 세계관을 공유했다. 그것들은 신의 영역으로부터 나오는 질서 유지를 강조한다.[15] 지혜가 이스라엘 지혜 문학에서는 인격화되었으나 이 문학 장치는 (주변 민족의 신학과 대조적으로) 신전 존재로 확대되지 않았다(Hadley 1995). 주변 국가처럼 이스라엘의 주기적인 질서 붕괴와 신의 인과응보가 깨어진 경우는 불공평한 삶을 탄식하거나 부당하게 닥친 불행이라는 주제로 씨름하는 (종종 대화형식으로 된) 글들이 생겼다(욥기, 전도서, 몇몇 시편; 지혜 시에 관하여 Saur 2015; Forti 2015, 213을 보라).

넷째, 이스라엘의 현사는 주변 국가의 현사와 똑같이 일했다. 그들은 유산으로 내려오는 지혜를 아주 존중하면서도 관찰력을 사용하였다. 메소포타미아와 이집트에서 주목한 지혜 문학에 나타난 주제와 기술은 이스라엘에 똑같이 나타난다(Overland 2008). 성경적 지혜의 어휘와 문학 형식은 이집트 것과 아주 비슷하다(Shupak 2015, 284-90). 메소포타미아 지혜 문헌은 우화를 많이 쓰고(그러나 Cathcart 1995를 보라) 마술 문헌을 사용한다는 차이점이 있다.

다섯째, 이스라엘 지혜 문학의 주제는 지고한 신에 대한 고백, 신정론, 성격 개발에 관한 관심 등이다. 이런 주제는 동족어를 사용하는 국가들의 지혜 문학에서 공통된다. B.C. 약 1800-1600년 정도로 이른 『초기 통치자들의 노래』는

---

[15] 이스라엘 현사가 예언자와 제사장과 다른 세계관을 가졌는지를 묻는 학자들이 있다(Sneed 2011, 53-54). 예언자는 에스겔처럼 지혜 문학에 전형적으로 나타나는 어휘와 형식을 사용할 수도 있다(M. Hamilton 2015, 246-56). 반대로 현사는 아굴과 욥처럼 기도할 수 있다. 지혜를 예언에 적용하는 일과 경건한 신앙을 지혜에 적용하는 일을 구분하는 일은 하나의 작업이 아니다.

수메르 현사들이 관심을 가진 인생의 허무함을 언급한다(W. Lambert 1995, 37-41; 성경 이야기에 지혜가 끼친 영향 연구를 위해 Weinfeld 1972, 244-319; R. Gordis 1995; Lemaire 1995를 보라).

여섯째, 훈련에 대하여 상황 증거는 이스라엘 궁전 현사들이 지혜 문헌으로 된 교과 과정으로 학교 교육을 받았다는 결론으로 이끈다(Crenshaw 1990, 212; Shupak 2015, 296; Sneed 2011, 71; 그러나 M. Fox 2015, 70은 반대한다). 결론은 아래와 같다.

(1) 이집트와 메소포타미아의 학교와 교과 과정에 관한 외부 증거,
(2) 솔로몬 시대 이후 훈련된 서기관의 필요 급증(Dell 2008),
(3) 이스라엘 곳곳에서 발견된 학교 교육과 일치하는 비문들을 근거로 삼는다
(Lemaire 1990; G. Davies 1995).

지혜 문학의 초국가적 성격(예, 이집트 아메네모페의 교훈을 접한 증거를 가진 성경의 지혜[Overland 1996])와 요단 동편 마사의 왕 르무엘의 어머니의 것을 이용한 잠언)을 전제로 각국의 지혜가 상당히 유사하다고 발견한 것은 당연한 일이다(J. Day 1995; Sneed 2015a, 54-55).

지역이 달라서 지정학적으로 특별한 장소(메소포타미아 잠언의 수로), 동물(이집트 말씀의 물새) 또는 신학(예, 에아, 마르둑, 마아트, 여호와)을 관찰할 수 있으나 현사가 관찰한 자연 세계와 인간 사회는 삶을 의미 있게 하려는 통찰들이 아주 유사하다. 다른 점이 하나 있다.

그것은 이스라엘 현사들이 창조자 여호와를 경외하는 근본을 붙잡지 못한다면 의미 있는 것은 하나도 없다고 말한다는 사실이다(Clements 1995, 280-84).

제66장

성경 세계의 전쟁

마크 슈와르츠(Mark Schwartz)

1. 역사와 지리

구약에서 두 권을 제외한 모든 성경이 전쟁 이야기를 한다. 이것은 레반트의 지리적 위치 때문이고 또 아시아 서남부에서 아프리카로 가는 길목에 있기 때문이다. 이 "교량 지역"은 전략적 중요성 때문에 메소포타미아와 이집트 제국이 관심을 기울였다(King and Stager 2001). 지리 외에도 이 지역의 지정학은 전략사용 방식에 큰 영향을 주었고 침략군들이 통과하는 요충지이므로 거주지를 정할 때도 이런 점을 특별히 고려해야 했다(Clines 2000; Gabriel 2003; Ussishkin 1995).

B.C. 12세기에 이집트와 히타이트 제국이 몰락하고 앗수르, 바벨론, 페르시아 제국이 등장하기 전 권력의 공백기에 레반트에는 여러 다양한 민족들이 등장하여 나라를 일으켰다(Postgate 1992; Liverani 2014a). B.C. 10세기부터 6세기 초까지 남쪽의 고대 유다와 북쪽의 좀 더 강한 이스라엘은 근접해 있는 주변의 페니키아, 모압, 에돔, 암몬, 아람, 블레셋 족속들과 갈등을 겪으며 외교술을 폈다(Liverani 2014a; Park 2015; Rainey and Notley 2006).

이 시기는 이 모든 족속이 간헐적으로 영토를 확장하기도 하고 전쟁의 패배를 경험하기도 했다(Isserlin 1998). B.C. 9세기 초 북 왕국 이스라엘의 아합 왕은 가장 강한 권력을 행사했다(Finkelstein 2013). 고대 이스라엘 백성들은 메소포타미아의 영토 확장 시도(처음에는 앗수르, 그다음에는 바벨론)에 저항하여 몇 차례 성공하기도 하였다. 고대 앗수르와 바벨론 군대에 저항하기 위해 만든 동맹군들은 대부분 성공적이지 못했다. 특히 백성들은 끔찍한 결과를 맛보았다. 궁극적으로 이 사건들은 고대 이스라엘의 신학적 발전에 심오한 영향을 주었다(Liverani 2014a).

2. 증거의 성격

많은 학자가 고고학, 전쟁사, 신학의 관점으로 구약에 나타난 전쟁을 여러 측면에서 연구하였다. 히브리 성경은 전투, 대형 정벌 전쟁, 전술, 군대 조직에 관하여 몇 가지를 묘사하나 상세한 부분은 본문에 묘사된 특정 시기보다는 편집되는 시기를 나타낸다(Liverani 2014a). 라기스와 아랏 지역에서 나온 도편은 이스라엘 군대에 식량을 공급하는 국가 조직이 있었음을 알려준다(Aharoni and Naveh 1981).

또 요새에서 나온 고고학적 유물도 상당한 양의 정보를 제공한다(Rocca 2012). 고대 이스라엘의 군대나 값비싼 무기를 묘사해 놓은 작품들이 없으나 아람, 신히타이트, 앗수르 같은 다른 문화권의 고고학 유물에는 이런 종류의 자료가 존재한다(Yadin 1963).

3. 전쟁의 성격

후기 청동기와 철기 시대는 지배적이었던 병거가 줄고(Drews 1993; Fagan and Trundle 2010) 군대 규모는 증가하였고(Gabriel 2005) 청동 무기보다 철제무기를 더 많이 사용하는(Pleiner and Bjorkman 1974) 등 많은 군사적 발전이 있었다. 고대 근동의 전쟁은 부대시설과 농경지를 파괴하는 일 외에도 군인과 민간인에게 엄청난 인명손실을 입히고 트라우마를 남겼다(Isserlin 1998; Zorn 2014b). 구약은 정복군대가 주민들을 황폐하게 만든 일을 언급한다(왕하 6:25-30)(Cogan 1983).

하지만 전투에 승리하면 재물, 땅, 노동력을 제공해주는 포로들과 같은 이득이 생겼다. 그래서 지도자들은 전쟁을 일으키려고 하였다(Zorn 2014b). 왕이 전쟁에 승리하면 신들이 그에게 통치권을 준 일을 정당하게 여겼다(Liverani 1990; Melville 2016; J. Wright 2008).

군대는 보통 투석병, 궁수, 중무장 보병과 일반 보병, 그리고 병거 부대로 이루어졌다(Isserlin 1998). 병거의 효용성과 역량에 대해서는 의견이 분분하다. 어떤 학자들은 병거가 기동성 있는 발사대와 충격 무기로서 이점이 많다고 주장한다(Cantrell 2011; Scurlock 1997). 앗수르인이 묘사한 개활지 전투에서 병거와 기병은 중앙의 보병부대 양쪽에 두고 전투부대가 적을 에워싸도록 만들었다(Nadali 2010).

다른 학자들은 고대 문헌과 고고학 증거는 병거가 북 왕국 이스라엘의 주요 전투력이었다고 믿는다(Cantrell 2011). B.C. 9세기 아합왕은 앗수르 군대와 맞서 싸운 카르카르에서 아람 군대가 이끄는 동맹군 가운데 가장 많은 병거와 보병을 지원하였다(Pritchard 1969a, 278-79). 흥미롭게도 B.C. 8세기 사르곤 2세의 문헌은 사마리아를 정복한 뒤에 2000대의 이스라엘 병거를 앗수르 군에 편입하였고 앗수르 군대의 말 조련사는 사마리아 출신이었다고 말한다(Dalley 1985).

하지만 앗수르 제국은 새로운 영토로 확장할 때 병거 부대보다 기병을 강조했다(Scurlock 1997). 기마 부대는 처음에 유라시아의 초원 지역에서 발전하였다. 앗수르 군대에 기마 부대가 등장한 것은 B.C. 9세기였으나 당시 군인들은 말 위에서 자세를 잡고 말을 부리는 기술이 부족했다. 이후 수 세기에 걸쳐 앗수르 군대는 기마술이 극적으로 늘어서 병거 부대는 주로 예식을 거행할 때나 사용할 정도로 밀려났다. 기마 부대는 B.C. 6세기부터 4세기에 페르시아 제국 군대의 주요 전투력이 되었다(Drews 2004).

마찬가지로 레반트는 후기 청동기 시대부터 철기 시대 제2기까지 요새 시설이 달라졌음을 보여 준다. 어떤 면에서 도시나 소도시의 요새 시설은 그 지역을 국가가 정치적으로 통제하고 있음을 보여주는 척도였다. 일반적으로 후기 청동기 시대는 가나안에 인구가 줄고 이집트 제국의 주도권으로 인하여(Bunimovitz 1994; Z. Herzog 1992; Na'aman 2005) 새로운 방어벽을 건설하지 않고 앞선 시대의 요새를 재활용하였다(Gonen 1992b; Z. Herzog 1997b). 이스라엘과 유다 왕국이 철기 시대 제2기에 들어서면서 새로운 요새들을 건축하였다.

4. 무기

　병사와 전투, 군사용품을 그린 그림들은 고대 근동에서 B.C. 12세기부터 6세기까지 사용한 무기와 군비의 종류를 보여주며 이가엘 야딘(Yigael Yadin)이 편찬한『성지의 전쟁 기술』(1963; 고대 근동의 군대에 대한 전체 목록을 위해 Stillman and Tallis 1984를 보라)에 자세히 실려 있다.

　투트모세 4세의 병거 장식은 서부 아시아/가나안의 병거를 탄 용사들 또는 마리얀누(mariyannu)가 청동 갑옷을 입고 청동 투구를 썼음을 보여 준다(Yadin 1963). 해양 민족이 묘사된 메디넷 하부 성전 양각을 보면 블레셋 족속의 초창기 무기와 갑옷을 알 수 있다(Yadin 1963). 텔 할라프의 철기 시대 아람지역에서 출토된 둥근 성상 안치소를 덮는 상판들은 북 레반트의 보병, 기병, 궁수, 투석병들을 묘사하고 갈그미스 지역에서 출토된 신히타이트 시대 석각은 이 지역의 병거와 중무장한 보병을 아주 상세하게 묘사하고 있다(Yadin 1963).

　고대 이스라엘 군대를 그림으로 그린 유일한 사례는 B.C. 8세기 유다의 라기스를 성공적으로 포위 공격한 장면을 묘사한 산헤립 궁전의 양각이다(Ussishkin 2014b). 거기서 유다 병사는 앗수르 병사와 비슷하게 원뿔형 투구를 쓴 병사도 있고 유다 사람이라는 표시로 보이는 장식이 달린 두건을 쓴 병사도 있었다(Ussishkin 2014b).

　후기 청동기와 철기 시대의 대다수 군대는 창과 방패를 든 보병이었다. 무장을 더 잘한 군대는 투구와 갑옷까지 입은 보병이었을 것이다(Yadin 1963). 앗수르 군대는 특별히 무장을 잘 한 것으로 보인다(Dezső 2012; 2006). 그들은 철제나 청동제 비늘로 덮은 흉갑으로 몸통을 보호하는 갑옷을 입었다(Barron 2010; Cogan and Tadmor 1988; J. Curtis and Ponting 2012; De Baker 2013; Matney et al. 2007, 그림 21). 당시의 흔한 투구는 철이나 청동으로 만들었고 원뿔형이었다(J. Curtis and Ponting 2012; Dezső 2001). 철제 투구는 청동 투구보다 무겁고 컸으나 방어력이 좋아서 앗수르 군대가 선호했던 것으로 보인다(Cogan and Tadmor 1988).

5. 포위전

성경 시대에 가장 흔한 전투형태는 요새를 포위하여 공격하는 일이었다. 구약에서 여호수아와 사사들이 가나안 도시들을 성공적으로 공격한 기사 대다수는 속임수를 쓰거나 여호와가 개입한 것으로 말하지만 포위전 장비를 사용하지 않는다(Kern 1999). 군주 시대의 전쟁 기사는 이스라엘 군대가 경사로를 이용한 공격과 파성퇴(성벽이나 성문을 부수는 나무 기둥 같은 도구)를 사용했다고 말한다. 요압 장군이 아벨 벳 마아가를 포위 공격할 때(삼하 20:15)와 이스라엘과 유다의 연합군대가 모압 왕 메사를 포위 공격할 때(왕하 3:18-27) 그랬다.

이 시기에서 나온 성공적인 포위전 기사들을 볼 때 포위군이 상대보다 유리했을 것으로 보인다. 반면 고고학적 증거는 포위가 종종 좌절되었음을 보여 준다(Burke 2009). 포위전의 두 가지 주요 전략은 성을 굶주리게 만들어 항복하게 하거나 보루를 공격하는 일이었다. 포위의 성과는 양측의 물자, 공격부대의 규모, 도시 방어체계의 견고함에 달려 있었다(Kern 1999).

레반트 사람들이 시행한 포위전 다수는 전면전에 아주 많은 병사가 필요하므로 지구전 형태를 띠었다. B.C. 9세기 아람 다메섹의 하사엘이 가드를 포위 공격할 때 사용한 참호와 둔덕은 도시 주민의 도망을 막고 외부 지원을 저지하며 공격하는 병사들을 보호하려는 목적을 지닌 최초의 고고학 증거일 것이다(Zorn 2014b).

대규모 포위 병력은 군대가 성벽을 전면에서 공격할 때 발생하는 수많은 사상자를 보충하고 지구전을 벌이지 않아야 한다(Eph'al 1997; 2009). 이런 포위전에 고대 앗수르를 능가할 군대는 없었다. 그들은 제국에서 아주 멀리 떨어진 수많은 요새 도시들을 성공적으로 정복했다. 앗수르 군대가 싸운 많은 전투가 포위전이었다. 적들이 앗수르 군대를 평지에서 맞서 싸우기보다 성벽 뒤에서 싸우는 것이 더 안전하다고 생각했기 때문이다(Scurlock 1997).

앗수르 군대는 이런 형태의 전쟁을 제압할 수 있는 발전된 전략과 기술을 개발했다. 성경 시대 포위전의 아주 좋은 사례는 B.C. 701년 산헤립 왕이 히스기야를 징벌하려고 일으킨 전쟁에서 뛰어난 방어시설을 가진 도시 라기스를 포위 공격한 사건이었다. 증거들이다.

(1) 성경 기사
(2) 산헤립 프리즘과 같은 신앗수르 제국 연대기
(3) 니느웨 궁전에 인상적으로 남은 석조 양각
(4) 라기스의 대대적인 고고학적 발굴(Dever 2012; Ussishkin 1982) 등에 남아 있다.

이 성을 포위할 때 앗수르 군대는 성벽 모퉁이를 공격했다. 일단 그곳이 약하기 때문이고 그곳을 집중공격하면 앗수르와 직접 교전할 수비군 세력을 분산시킬 수 있기 때문이다(Ussishkin 2014a). 그들은 수비군의 교란전을 피하려고 야밤을 이용하여 수만 톤에 달하는 돌로 포위용 경사로를 쌓았다(Eph'al 2009). 흔히 도시의 수비군은 공격군의 전진을 계속 막으려고 하므로 포위전에서는 궁수와 투석병이 화염 공격을 하는 것이 필수적이다(Kern 1999; Nadali 2005a; Nossov 2005).

니느웨 궁전 양각은 앗수르 병사가 궁수와 투석병이 그들을 보호하는 동안 성벽에 사다리를 사용하여 오르는 모습을 그린다. 직경 6cm의 투석 15개 이상과 850개의 화살촉을 파괴된 잔해에서 복구하였다. 화살촉 다수는 철이고 그중 652개는 굽은 상태이고 성벽 정면 방향에서 발견되었다. 앗수르 궁수들이 정면에서 수비하는 병사를 제거하기 위해 짧은 거리에서 강한 화살을 집중적으로 쏜 결과였다(Ussishkin 2014b).

니느웨의 궁전 양각은 라기스 성문을 보호장치로 뒤덮은 파성퇴를 묘사한다. 주요 포위 경사면에는 이런 기동대가 다섯 이상이 있었다(De Baker 2006). 유다의 수비군은 앗수르 군에게 돌을 던지고 화살을 쏘며 불붙은 나무를 던졌고 엄폐하고 파성퇴를 든 병사들은 양동이 물로 화재를 진압했다. 경사로에서 활동하는 앗수르 병사들은 성벽을 부수려는 것이 아니고 성벽의 약한 곳을 탐색했다(Campbell 2006). 라기스 수비군은 이 파성퇴를 성벽 위에서 쇠줄을 걸어 부러뜨리려고 하였다(Ussishkin 2014a).

고고학적 증거는 앗수르의 파성퇴가 성벽을 뚫고 들어오는 것을 차단하기 위해 공격당하는 쪽 반대편 성안에서 대항 경사로를 만들었음을 보여 준다(Ussishkin 2014b). 하지만 성벽은 뚫렸고 고고학자들은 불에 타고 파괴된 증거를 발견했다. 고고학과 그림에 남은 증거는 라기스 주민 다수가 죽임을 당했음을 보여 준다. 주변의 동굴에서는 남자, 여자, 어린이의 유골 1300구가 발견되었다(Ussishkin

2014b). 니느웨의 양각은 굽은 칼, 병거, 큰 향로를 앗수르 군대가 운반하는 모습이 그려져 있다(Ussishkin 2014b). 성스런 물건을 없애거나 파괴하는 노략질은 고대 근동의 흔한 관행이었다(S. Richardson 2011).

유다의 남자, 여자, 어린이 집단이 병사들에게 끌려가는 모습도 보이고 참수되고 피부가 벗겨지고 찔린 포로도 있었다(Ussishkin 2014b). 이것은 앗수르 제국의 표준적인 방식이었다(Nadali 2005a; S. Richardson 2015). 대량 이주와 주민교체 관행은 앗수르 제국에 대한 저항을 차단하고 농사(Wilinson et al. 2005), 정벌 전쟁과 제조업(Nadali and Vidal 2014; Oates 2005; Oded 1979)에 필요한 인력을 확보하려는 목적이 있었다. 앗수르 군대는 여러 민족으로 구성되었고 정복된 백성들 상당수가 제국의 필요를 채워주는 사병이 되었다(Nadali 2005b; S. Richardson 2011).

앗수르 궁전 벽에 그려진 공개적 고문과 처형 장면은 외국인들에게 제국의 통치를 저항하지 말라는 메시지를 담고 있다(J. M. Russell 1991). 궁전 양각이 선전 성격을 띠고 외국 사절단의 시선을 겨냥한 것인지 왕실 요인을 겨냥한 것인지는 논의의 여지가 있으나(Reade 1979) 일반인에게 개방된 장소의 양각들은 앗수르의 힘을 과시하여 저항하면 당할 처참한 결과를 전달한다(J. M. Russell 1991).

6. 이스라엘의 방어시설

포위전이 고대 근동에서 점점 중요해지면서 이스라엘과 유다 왕국은 포위전에 대비하여 많은 공사를 했다. 이를 위해 방어벽을 쌓고 안정적인 식수 공급을 위한 시설을 만들고 물자를 조직하고 분배하였다(Dever 2012). 방어시설을 갖춘 이스라엘 도시들은 통일 왕국 시대까지 소급된다(Garfinkel et al. 2012; 다른 해석을 위해 Finkelstein and Fantalkin 2012을 보라). 하솔, 므깃도, 게셀에 방이 딸린 성문은 방어시설에 결정적인 시스템이었다. 성문 입구가 방어의 최고로 취약지점이기 때문이다(Kern 1999). 그러므로 성문은 보통 방을 여러 개 붙여서 지었고 도시에 접근하는 길들은 공격하기가 좀 더 어려운 각도로 만들었다(Yadin 1963).

도시를 에워싼 포갑 성벽은 안쪽으로 여러 개의 방이 있는 두 겹의 성벽으로 되어있다. 이 방들은 창고나 생활공간으로 사용하거나 여분의 방어 자재를 쌓아

두었다(Yadin 1963). 방어벽은 공격군을 여러 방향에서 공격할 수 있는 공간을 만들기 위해 각도를 틀어 만들거나 탑을 높이 세웠다(Bolin 2004; Rocca 2012).

시간이 흐르면서 이스라엘 백성의 방어벽은 앗수르의 위협이 증가함에 따라 포곽 성벽에서 오목하게 들어간 단단한 성벽으로 바꾼 것으로 보인다(Kern 1999). B.C. 8세기 유다 라기스의 성벽 두께가 3m인데 이것은 이 시대 레반트 지역에서 가장 큰 것이다(Ussishkin 1980).

분열 왕국 시대의 아사(대하 16:6), 웃시야(대하 26:9-15), 히스기야(대하 32:5) 같은 왕들은 방어 시설과 성벽 강화작업을 했다(Kern 1999). 히스기야는 견고한 "외성"을 쌓았고(대하 32:5) 실로암 수로(왕하 20:20; 대하 32:30)를 만들어 앗수르가 예루살렘을 포위 공격할 것을 대비하였다(Dever 2012; Hom 2016). 수로는 포위전을 지연시키기 위한 방어력에 가장 중요한 요소 중 하나였다(Kern 1999). 많은 이스라엘과 유다의 도시들은 철기 시대 제2기에 대형 수조를 갖추었다(Dever 2012). 또 히스기야는 도성 밖의 샘을 막아 앗수르 군대가 식수를 사용하는 일을 원천 봉쇄하였다(대하 32:4).

7. 정보와 관리

군사 원정은 수송문제가 복잡해서 넓은 영역에서 활동하는 요원이 많이 필요하였다. 앗수르의 정벌 전쟁은 예술가, 서기관, 점술가, 기술자, 공예가, 식량 생산자들이 주요 장군들의 수행원, 보병, 병거를 모는 병사, 기병, 포위전 전문가 등을 유지하기 위해 얼마만큼이나 필요한지를 보여주는 아주 뛰어난 사례이다(Nadali and Vidal 2014). 통신망과 전초부대는 정탐꾼과 정보원들이 적의 부대 이동이나 주요 정보를 앗수르의 수도에 신속하게 전달해주었다(Cogan and Tadmor 1988; Dubovský 2006).

적어도 8세기까지 유다 왕국은 장차 앗수르의 공격을 막을 조직을 미리 준비할 필요가 있었으나 당시에 전임 병사가 수천 명에 불과했으므로 높은 계급도 일반 병사들로 채워야 했을 것이다(Zorn 2014b). 아랏과 가데스바네아 같은 요새는 통신 라인, 교역로, 국경을 보호하는 전략요충지에 있었다(Dever 2012; Faust and

Ludlum 2012). 아랏과 라기스 도편들은 군사시설을 국가가 관리했음을 보여 준다(Dever 2012). 라기스와 같은 방어시설을 갖춘 도시에서 발견된 수백 개의 lmlk(라멜렉)("왕의 소유") 인장이 새겨진 항아리 손잡이는 물자를 중앙에서 관리하고 분배했음을 보여 준다(Ussishkin 2014b; Isserlin 1998). 고대 이스라엘 군대는 감시와 정찰을 하면서 적군의 숫자, 위치, 동태를 확인하였다(Dubovský 2006).

8. 성경의 군대와 전투기사

구약은 이스라엘의 군대 조직과 구조에 관한 정보가 아주 많다(Seevers 2013). 어떤 학자들은 구약의 전쟁 기사를 군대 역사의 렌즈로 재해석하고 원래 장군들이 내렸던 실용적 결정은 후대의 편집자들이 신학적으로 재구성하는 과정에서 사라졌다고 주장했다(Malamat 1978; Christoper Smith 2008). 다른 학자들은 전쟁 중에 벌어진 기적적 사건으로 본문을 재해석하는 경우와 본문의 내용을 정확한 역사적 사건이라고 보는 태도 모두를 예외로 취급한다(Sheldon 2005; Christopher Smith 2008).

특정한 갈등 묘사는 벌어진 전투를 그대로 묘사하지 않을 수도 있고 다른 시대에 사건을 묘사한 경우일 수가 있으나(Grabbe 2007) 간단히 기술한 전술들은 건전한 군사작전이며 고대 이스라엘 군대가 적어도 몇 가지 중요한 전술 지식을 가졌음을 보여 준다(C. Herzog and Gichon 1997).

이를테면 기드온이 미디안 족속을 공격한 사건은 소수의 병사로 야밤에 급습하여 충격을 주고 큰 병력으로 오인하게 만드는 속임수를 사용한 게릴라 전술로 볼 수 있다. 하지만 기드온이 "엘리트" 병사만을 선발하여 숫자를 줄였다는 생각(Gabriel 2003)은 본문에 지나치게 많은 생각을 집어넣은 것이다(Christopher Smith 2008). 성경의 여러 전투 일화에서 여호와는 적은 수의 병사들이 적과 싸우게 하고 승리는 하나님이 개입한 결과라는 것을 명확히 보여주려고 하였다(Christopher Smith 2008).

마찬가지로 여호수아가 아이 성을 공격한 사건은 거짓 후퇴작전을 써서 적을 방어진지로부터 나오게 하고 방어의 이점을 무력화하고 들에서 공격한 것으로 해석할 수 있다(Gabriel 2003; C. Herzog and Gichon 1997; Nossov 2005). 이 전술은 고대 근동에서 흔히 쓰는 계략이었음이 분명하다. 이 전술은 이스라엘 군대가 사용한 적이 있고(삿 20:29-48) 희생자가 될까 봐 두려워했던 적도 있기 때문이다(왕하 7:12)(S. Parker 1997). 새벽에 동이 트기 전 야밤에 기습 공격하는 전술(수 10:9)은 당시 문화에 사용한 것이고 B.C. 9세기 모압 왕 메사의 비문에도 나타난다(Smelik 1992).

9. 점술, 징조, 신의 전투 개입

점술은 고대 근동의 전쟁의 중요한 일부였다. 앗수르 제국이 정벌 전쟁을 할 때 강점을 크게 의지한 사례에서 볼 수 있다(Starr, Aro, and Parpola 1990[SAA 4]). 특정한 적군과 전쟁을 할 것인지(SAA 4, no. 287, 268-69쪽), 전쟁의 결과(SAA 4, no. 288, 269-70쪽), 다른 집단의 전쟁의향(SAA 4, no. 281, 264-65쪽과 no. 289, 270쪽)과 같은 문제들은 앗수르 점술가들이 기록으로 남긴 관심사들이다.

신들의 승낙을 받는 제의적 행위와 전투하기 전에 신탁을 구하는 일들은 고대 근동 문화권에서 흔히 사용하는 관행이었다(Capomacchia and Rivaroli 2014; Melville 2016). 구약에서 비슷한 경우를 찾아볼 수 있다. 전쟁 지도자들은 제사장과 에봇과 같은 점술 도구를 사용하여 여호와에게 적을 공격해도 좋은지 물었다(삿 20:27-28; 삼상 23장).

고대 이스라엘을 포함하여 이 사회들에서 전쟁은 신이 조율하였다. 그래서 각 문화의 주신들은 전투의 주요 참여자였다. 고대 근동의 민족 신들은 전사로 묘사되었다(R. Carroll 1993; Kang 1989). 여호와도 구약에서는 전쟁 용사(출 15:3), 이스라엘 군대의 하나님(삼상 17:45), 그들과 함께 싸우는 신(신 7:21; 9:3; 20:4; 31:3, 6, 8; 수 10:14, 42; 23:3)으로 묘사될 뿐만 아니라 죄를 범할 때는 적군을 사용하여 이스라엘 백성을 처벌하기도 하였다(대하 28:9; 렘 5:15)(Bolin 2004).

전쟁의 종교적 측면은 신명기 단락 안에 전쟁에 나간 군인들의 진영의 정결을 위한 제한규정을 포함하여 전쟁에 관한 법과 계명들을 담고 있는 것을 볼 수 있다(신 23:10-14). 전쟁이 끝난 다음의 정결 제의를 언급하는 곳도 있다(민 31:19-

24). 오늘날 구약과 연관되어있고 성경 시대 이후에 벌어진 전쟁을 정당화하는데 사용하는 "거룩한 전쟁" 개념(J. Collins 2003)은 히브리 성경을 시대착오적으로 해석한 것이라고 말하는 학자들도 있다(Achenbach 2012; Bolin 2004; Crouch 2009). 성과 속의 이분법은 고대 근동에는 존재하지 않았기 때문이다(Weippert 1972).

"거룩한 전쟁"이란 표현은 성경에 절대 등장하지 않으며 여호와가 군대와 함께 등장하는 특정한 유형의 전쟁을 학자들이 그렇게 묘사한 것이다(Von Rad 1952).

이런 성경 속의 전쟁들은 이슬람의 지하드 또는 고대 그리스의 "거룩한 전쟁"과 다르므로 이 용어 사용의 적절성에 의문을 표명하고 대신에 "신의 전쟁" 또는 "여호와의 전쟁"으로 사용하기를 제안하는 학자들도 있다(Rowlett 1996).

현대의 독자들을 특별히 당혹스럽게 만드는 구약의 전쟁 속 측면 하나는 헤렘, "전부 바침" 관습이다. 이 용어는 때로 "금지"를 가리키고 전형적인 사례가 고대 이스라엘 백성이 여리고의 모든 생명체를 살육한 일이다(수 6:21). 신명기 구절들(7:24; 13:15; 20:16-18)은 고대 이스라엘 백성에게 가나안 일곱 족속을 "금지"하여 "멸절"시키라고 당부한다. 헤렘은 구약의 다른 곳에서도 언급한다(레 27:29; 민 21:2[이스라엘 백성이 여호와께 서원함]; 삼상 15:8[사울이 아말렉 족속을 파멸시킴]).

헤렘의 신학적, 윤리적, 해석학적, 교차 문화적 분석과 그것을 사용하는 이스라엘 백성의 도덕적 함의에 관한 논문과 단행본은 아주 많다. 지금의 논문은 너무 짧아서 현재까지 학자들의 논의를 전부 제시할 수 없고 여기서는 앞으로 이루어질 연구의 토대를 제시할 것이다.

"금지" 관습은 이스라엘 백성보다 먼저 있었고 히타이트와 수메르 문헌에도 같은 표현이 등장한다(P. Stern 1991). 고대 근동에서는 이와 같은 특정 용어를 사용하지는 않았지만 여러 문화권에서 사용하였을 것이다(Crouch 2009). 구약의 헤렘과 가장 비슷한 사례가 이스라엘 백성이 살던 소도시 느보를 모압 왕 메사가 그모스 신의 지시를 받아 그 신에게 바친다는 명목으로 전멸시킨 일이다. 이 사건을 기록한 비문은 특별히 헤렘이란 용어를 사용한다.

고대 모압 사람과 이스라엘 사람들은 그들의 전투가 여호와와 그모스의 싸움이고 그 신들을 섬기는 종들의 싸움이라고 생각했다. 그래서 정복당한 신의 소유는 승리를 안겨 준 신의 것이었다(Kang 1989). 학자들은 구약에 두 종류의 헤렘이 있다고 생각한다. 하나는 여호와께 제물을 드리는 일이고 다른 하나는 여호와의 정의를 실행하는 일이다(Niditch 2007).

헤렘이 일어난 사건들은 히브리 성경에 드물고 일반적으로 이스라엘 왕들은 인자한 왕이라는 명성이 있었다(왕상 20:31). 많은 성경학자는 신명기과 여호수아서의 전쟁 수사법이 역사적 현실을 반영한 것이라기보다는 성경 저자들이 수백 년 후에 본문을 기록한 것이라고 주장한다(Bolin 2004; J. Collins 2003; Earl 2011; Hess 2008; Niditch 1995; 2007; Rofe 1985; Rowlett 1996; Trimm 2012). 어떤 학자는 본문의 헤렘 이야기는 도시나 집단을 완전히 전멸시킨 사실 기록이라기보다는 여호와에게 엄격히 순종하는 원리를 말하는데 강조점이 있는 비유라고 주장한다(Earl 2011).

다른 학자들은 본문이 역사적 사건을 정확히 반영한 것이며 헤렘은 죄에 대한 여호와의 대응으로서 특정한 족속을 겨냥해서 한 말이 아니라는 견해다(Copan 2011). 마찬가지로 "금지"는 이스라엘이 여호와에게서 떨어지도록 만드는 더욱 큰 악을 방지하는 필요악이었다(Martens 2008). 더불어 그 지역에 이스라엘 왕국을 세우는데 필요한 선결 조건이었다(Craigie 1978).

또 다른 학자들은 본문을 통전적으로 보는 견해로 히브리 성경을 전체적으로 검토하여 우리가 관용과 평화 그리고 다른 족속들과 공존을 강조하는 본문(출 22:21; 23:9; 레 19:33-34; 신 23:7-8)과 문제를 일으키는 본문의 균형을 맞추어 전반적 메시지를 살필 것을 강조한다(E. Davies 2005를 보라). 흥미롭게도 신명기의 다른 단락은 대적하기 전에 도시들과 평화를 제안하고 항복하는 도시는 관대하게 대하고(신 20:10) 포위전을 펼 때 생태계의 파괴를 금지하며(신 20:19-20[M. Hasel 2005]; J. Wright 2008),

여성 포로에게 성폭력을 행사하지 말 것(신 21:10-11)과 전쟁에 사로잡힌 여인들이 애곡 기간을 갖도록 하라고(신 21:12-14) 말한다. 아울러 이스라엘이 정복할 때 가나안 족속들을 멸절시키는 일은 분열 왕국 시대에 지속하지 않았으며 예언자들은 한 번도 이스라엘 백성에게 "거룩한 전쟁"을 일으키라고 하지 않았다(B. Childs 1985; E. Davies 2005).

히브리 성경의 다른 단락들은 가나안 족속들이 여호수아 이후의 시기에 그 땅에 여전히 살고 있다고 말함으로써 헤렘이 철저히 실행되지 않았다고 말한다

(Hoffman 1999). 히브리 성경은 헤렘을 가나안을 처음 정복하는 특정한 맥락에서 (신 7:1-5) 특정 족속들에게만 적용하였다고 말하므로 본문을 미래에 어떤 상황 속에서 "금지"를 정당화하는 보편적 지시사항으로 사용할 수 없다고 주장한다 (Greenberg 1995).

참고문헌

Abel, F.-M. 1933, 1938. *Géographie de la Palestine*. 2 vols. Paris: Librairie Lecoffre.

Achenbach, Reinhard. 2003. *Die Vollendung der Tora: Studien zur Redaktionsgeschichte des Numeribuches im Kontext von Hexateuch und Pentateuch*. Wiesbaden: Harrassowitz.

———. 2012. "Divine Warfare and Yhwh's Wars: Religious Ideologies of War in the Ancient Near East and in the Old Testament." Pp. 1–27 in *The Ancient Near East in the 12th–10th Centuries BCE; Culture and History: Proceedings of the International Conference Held at the University of Haifa, 2–5 May, 2010*, edited by Gershon Galil et al. AOAT 392. Münster: Ugarit-Verlag.

Ackerman, Susan. 2008a. "Asherah, The West Semitic Goddess of Spinning and Weaving?" *JNES* 67:1–29.

———. 2008b. "Household Religion, Family Religion, and Women's Religion in Ancient Israel." Pp. 127–58 in *Household and Family Religion in Antiquity*, edited by John Bodel and Saul M. Olyan. Malden, MA: Blackwell.

———. 2010. "Assyria and the Bible." Pp. 124–42 in *Assyrian Reliefs from the Palace of Ashurnasirpal II*, edited by Ada Cohen and Steven E. Kangas. Hanover, NH: Hood Museum of Art, Dartmouth College; University Press of New England.

Ackermann, Oren. 2007. "Reading the Field: Geo-archaeological Codes in the Israeli Landscape." *Israel Journal of Earth Science* 56:87–106.

Adam, Klaus-Peter. 2014. "Feasting and Foodways in Psalm 23 and the Contribution of Redaction Criticism to the Interpretation of Meals." Pp. 223–55 in *Feasting in the Archaeology and Texts of the Bible and the Ancient Near East*, edited by Peter Altmann and Janling Fu. Winona Lake, IN: Eisenbrauns.

Adams, Colin. 2007. *Land Transport in Roman Egypt: A Study of Economics and Administration in a Roman Province*. Oxford: Oxford University Press.

Adams, Samuel L. 2014. *Social and Economic Life in Second Temple Judea*. Louisville: Westminster John Knox.

Agnon, Amotz. 2011. "Pre-Instrumental Earthquakes along the Dead Sea Rift." Pp. 207–61 in *Dead Sea Transform Fault System: Reviews*, edited by Zvi Garfunkel, Avi Ben-Avraham, and Elisa Kagan. Modern Approaches in Solid Earth Sciences 6. Dordrecht: Springer.

Aharoni, Yohanan. 1957. *The Settlement of the Israelite Tribes in the Upper Galilee*. Jerusalem: Magnes. [In Hebrew.]

———. 1979. *The Land of the Bible*. Edited and translated by Anson F. Rainey. Rev. and enlarged ed. Philadelphia: Westminster.

Aharoni, Yohanan, et al. 1960. "The Ancient Desert Agriculture of the Negev, V: An Israelite Agricultural Settlement at Ramat Matred." *IEJ* 10:23–35, 97–111.

Aharoni, Yohanan, Michael Avi-Yonah, Anson F. Rainey, Ze'ev Safrai, and R. Steven Notley. 2011. *The Carta Bible Atlas*. 5th ed. Jerusalem: Carta.

Aharoni, Yohanan, and Joseph Naveh. 1981. *Arad Inscriptions*. Translated by Judith Ben-Or. Edited and revised by Anson F. Rainey. Jerusalem: Israel Exploration Society.

Ahituv, Shmuel. 2008. *Echoes from the Past: Hebrew and Cognate Inscriptions from the Biblical Period*. Translated by Anson F. Rainey. Jerusalem: Carta.

Ahlström, Gösta W. 1993a. *The History of Palestine from the Palaeolithic Period to Alexander's Conquest*. JSOTSup 146. Sheffield: Sheffield Academic Press.

———. 1993b. "Pharaoh Shoshenq's Campaign to Palestine." Pp. 1–16 in *History and Traditions of Early Israel: Studies Presented to Eduard Nielsen*, edited by André Lemaire and Benedikt Otzen. VTSup 50. Leiden: Brill.

———. 2002. *Ancient Palestine: A Historical Introduction*. Minneapolis: Fortress.

Aitken, James K., ed. 2015. *The T&T Clark Companion to the Septuagint*. London: Bloomsbury.

Albertz, Rainer. 1978. *Persönliche Frömmigkeit und offizielle Religion: Religionsinterner Pluralismus in Israel und Babylon*. Calwer Theologische Monographien, Reihe A: Bibelwissenschaft. Stuttgart: Calwer.

———. 2003. *Israel in Exile: The History and Literature of the Sixth Century B.C.E.* SBL 3. Atlanta: Society of Biblical Literature.

———. 2008. "Family Religion in Ancient Israel and Its Surroundings." Pp. 89–112 in *Household and Family Religion in Antiquity*, edited by John Bodel and Saul M. Olyan. Malden, MA: Blackwell.

Albertz, Rainer, and Rüdiger Schmitt. 2012. *Family and Household Religion in Ancient Israel and the Levant*. Winona Lake, IN: Eisenbrauns.

Albright, William F. 1924a. "Contributions to Biblical Archaeology and Philology." *JBL* 43:368–93.

———. 1924b. "Egypt and the Early History of the Negeb." *JPOS* 4:131–61.

———. 1932. *The Archaeology of Palestine and the Bible*. Cambridge, MA: American Schools of Oriental Research.

———. 1938. *The Excavations of Tell Beit Mirsim II: The Bronze Age*. AASOR 17. New Haven: American Schools of Oriental Research.

———. 1943. "The Gezer Calendar." *BASOR* 92:16–26.

———. 1948. "Exploring in Sinai with the University of California African Expedition." *BASOR* 109:5–20.

———. 1949a. *The Archaeology of Palestine*. Harmondsworth: Penguin.

———. 1949b. *The Biblical Period from Abraham to Ezra*. New York: Thomas Nelson.

———. 1953. "Dedan." Pp. 1–12 in *Geschichte und Altes Testament*, edited by Gerhard Ebeling and W. F. Albright. Beiträge zur historischen Theologie 16. Tübingen: Mohr Siebeck.

———. 1957. "The High Place in Ancient Palestine." Pp. 242–58 in *Volume du Congrès: Strasbourg 1956*, edited by G. W. Anderson. VTSup 4. Leiden: Brill.

———. 1968. *Yahweh and the Gods of Canaan: A Historical Analysis of Two Contrasting Faiths*. Garden City, NY: Doubleday.

———. 1969. The Impact of Archaeology on Biblical Research—1966. Pp. 1–14 in *New Directions in Biblical Archaeology*, edited by David Noel Freedman and Jonas C. Greenfield. Garden City, NY: Doubleday.

———. 1994. *Yahweh and the Gods of Canaan: A Historical Analysis of Two Contrasting Faiths*. Reprint, Winona Lake, IN: Eisenbrauns.

Aldred, Cyril. 1973. *Akhenaten and Nefertiti*. New York: Brooklyn Museum in association with the Viking Press.

———. 1976. "The Horizon of the Aten." *JEA* 62:184.

———. 1988. *Akhenaten: King of Egypt*. London: Thames & Hudson.

Alexander, David. 1996. "The Health Effects of Earthquakes in the Mid–1990s." *Disasters* 20:231–47.

Allam, S. 2001. "Slaves." *OEAE* 3:293–96.

Almogi-Labin, A., et al. 2009. "Climatic Variability during the Last ~ 90ka of the Southern and Northern Levantine Basin as Evident from Marine Records and Speleothems." *Quaternary Science Reviews* 28 (25): 2882–96.

Alster, Bendt. 2005. *Wisdom of Ancient Sumer*. Bethesda, MD: CDL Press.

———. 2008. "Scribes and Wisdom in Ancient Mesopotamia." Pp. 47–63 in *Scribes, Sages, and Seers: The Sage in the Eastern Mediterranean World*, edited by Leo G. Perdue. FRLANT 219. Göttingen: Vandenhoeck & Ruprecht.

Alt, Albrecht. 1925. *Die Landnahme der Israeliten in Palästina*. Leipzig: Reformations-programm der Universität Leipzig.

———. 1966. *Essays on Old Testament History and Religion*. Translated by R. A. Wilson. Oxford: Blackwell.

———. 1989. "The Settlement of the Israelites in Palestine." Pp. 133–69 in Albrecht Alt, *Essays on Old Testament History and Religion*. Translated by R. A. Wilson. Biblical Seminar. Sheffield: JSOT Press.

Altmann, Peter. 2011. *Festive Meals in Ancient Israel: Deuteronomy's Identity Politics in Their Ancient Near Eastern Context*. BZAW 424. Berlin: de Gruyter.

———. 2013. "Diet, Bronze and Iron Age." *OEBA* 1:286–96.

———. 2014a. "Feast and Famine: Theoretical and Comparative Perspectives on Lack as a Backdrop for Plenty in the Hebrew Bible." Pp. 149–78 in *Feasting in the Archaeology and Texts of the Bible and the Ancient Near East*, edited by Peter Altmann and Janling Fu. Winona Lake, IN: Eisenbrauns.

———. 2014b. "Tithes for the Clergy and Taxes for the King: State and Temple Contributions in Nehemiah." *CBQ* 76:215–29.

———. 2016. *Economics in the Persian-Period Biblical Texts: Their Interactions with Economic Developments in the Persian Period and Earlier Biblical Traditions*. FAT 2/109. Tübingen: Mohr Siebeck.

Altmann, Peter, and Janling Fu, eds. 2014. *Feasting in the Archaeology and Texts of the Hebrew Bible and Ancient Near East*. Winona Lake, IN: Eisenbrauns.

Ambraseys, Nicholas. 2005. "The Seismic Activity in Syria and Palestine during the Middle of the 8th Century; An Amalgamation of Historical Earthquakes." *Journal of Seismology* 9:115–25.

———. 2009. *Earthquakes in the Mediterranean and Middle East: A Multidisciplinary Study of Seismicity up to 1900*. Cambridge: Cambridge University Press.

Ames, K. M. 2008. "The Archaeology of Rank." Pp. 487–513 in *The Handbook of Archaeological Theories*, edited by R. A. Bentley et al. Walnut Creek, CA: AltaMira.

Amiet, Pierre. 1972. *Glyptique susienne des origines à l'époque des Perses achéménides: Cachets, sceaux-cylindres et empreintes antiques découverts à Suse de 1913 à 1967*. 2 vols. Mémoires de la délégation archéologique en Iran 43. Paris: Geuthner.

———. 1992. *Corpus des cylinders de Ras Shamra-Ougarit II: Sceaux-cylindres en hématite et pierre diverses*. Paris: Éditions Recherche sur les civilisations.

Amiran, R. 1969. *Ancient Pottery of the Holy Land*. Jerusalem: Bialik.

Amiry, Suad, and Vera Tamari. 1989. *The Palestinian Village Home*. London: British Museum.

Amit, Yairah. 2003. "Epoch and Genre: The Sixth Century and the Growth of Hidden Polemics." Pp. 135–51 in *Judah and the Judeans in the Neo-Babylonian Period*, edited by Oded Lipschits and Joseph Blenkinsopp. Winona Lake, IN: Eisenbrauns.

———. 2006. "The Saul Polemic in the Persian Period." Pp. 647–61 in *Judah and the Judeans in the Persian Period*, edited by Oded Lipschits and Manfred Oeming. Winona Lake, IN: Eisenbrauns.

Amzallag, Nissim. 2018. "Who Was the Diety Worshipped at the Tent-Sanctuary of Timna?" Pp. 127–36 in *Mining for Ancient Copper: Essays in Memory of Beno Rothenberg*, edited by E. Ben-Yosef. Sonia and Marco Nadler Institute of Archaeology Monograph. Tel Aviv: Tel Aviv University.

Anbar, Moshe, and Nadav Na'aman. 1986–87. "An Account Tablet of Sheep from Ancient Hebron." *Tel Aviv* 13–14:3–12.

Anderson, James S. 2015. *Monotheism and Yahweh's Appropriation of Baal*. LHB/OTS 617. London: Bloomsbury T&T Clark.

Andrae, E. Walter. 1939. *Handbuch der Archäologie*. Edited by Walter Otto. Abteilung 6. Munich: Beck.

Angier, Natalie. 2013. "The Changing American Family." *New York Times*, November 26, 2013. http://www.nytimes.com/2013/11/26/health/families.html.

Anson, Edward M. 2013. *Alexander the Great: Themes and Issues*. London: Bloomsbury Academic.

———. 2014. *Alexander's Heirs: The Age of the Successors*. Chichester: Wiley-Blackwell.

Appadurai, Arjun. 1981. "Gastro-Politics in Hindu South Asia." *American Ethnologist* 8:494–511.

———. 1986. "Commodities and the Politics of Value." Pp. 3–63 in *The Social Life of Things: Commodities in Cultural Perspective*, edited by Arjun Appadurai. Cambridge: Cambridge University Press.

Archi, Alfonso. 1995. "Hittite and Hurrian Literatures: An Overview." *CANE* 4:2367–77.

———. 1998. "The High Priestess, *dam ningir*, at Ebla." Pp. 43–53 in *"Und Mose schrieb dieses Lied auf": Studien zum Alten Testament und zum Alten Orient; Festschrift für Oswald Loretz zur Vollendung seines 70. Lebensjahres mit Beiträgen von Freunden, Schülern und Kollegen*, edited by Manfried Dietrich, Ingo Kottsieper, and Oswald Loretz. AOAT 250. Münster: Ugarit-Verlag.

———. 2007. "Transmission of Recitative Literature by the Hittites." *AoF* 34:185–203.

Ardzinba, Vladislav. 1982. "On the Structure and the Functions of Hittite Festivals." Pp. 11–16 in *Gesellschaft und Kultur im alten Vorderasien*, edited by Horst Klengel. Schriften zur Geschichte und Kultur des alten Orients 15. Berlin: Akademie.

Arnold, Bill T. 1994. "The Weidner Chronicle and the Idea of History in Israel and Mesopotamia." Pp. 129–48 in *Faith, Tradition, and History: Old Testament Historiography in Its Ancient Near Eastern Context*, edited by A. R. Millard, James K. Hoffmeier, and David W. Baker. Winona Lake, IN: Eisenbrauns.

———. 2014. "The Genesis Narratives." Pp. 23–45 in *Ancient Israel's History: An Introduction to Issues and Sources*, edited by Bill T. Arnold and Richard S. Hess. Grand Rapids: Baker Academic.

Ash, Paul S. 1999. *David, Solomon, and Egypt: A Reassessment*. JSOTSup 297. Sheffield: Sheffield Academic Press.

Ashton, David. 2013. "Radiocarbon, Wine Jars and New Kingdom Chronology." *ÄL* 22/23:289–319.

Assmann, Jan. 1975. *Ägyptische Hymnen und Gebete*. Zurich: Artemis.

———. 1992. "Egyptian Literature." *ABD* 2:378–90.

———. 2008. *Of God and Gods: Egypt, Israel, and the Rise of Monotheism*. Madison: University of Wisconsin Press.

———. 2012. "A New State Theology—The Religion of Light." Pp. 79–83 in *In the Light of Amarna: 100 Years of the Nefertiti Discovery*, edited by Friederike Seyfried. Berlin: Michael Imhof.

———. 2014. *From Akhenaten to Moses: Ancient Egypt and Religious Change*. Cairo: American University in Cairo Press.

Aster, Shawn Zelig. 2007. "The Image of Assyria in Isaiah 2:5–22: The Campaign Motif Reversed." *JAOS* 127:249–78.

Astola, Tero. 2017. "Judean Merchants in Babylonia and Their Participation in Long-Distance Trade." *WO* 47:25–51.

Astour, Michael C. 1971. "841 BC: The First Assyrian Invasion of Israel." *JAOS* 91:383–89.

———. 1979. "Yahweh in Egyptian Topographic Lists." Pp. 17–34 in *Festschrift Elmar Edel, 12 März*

1979, edited by Manfred Görg and Edgar Pusch. Ägypten und Altes Testament 1. Bamberg: Görg.

Athas, G. 2003. *The Tel Dan Inscription: A Reappraisal and a New Interpretation*. JSOTSup 360. Sheffield: Sheffield Academic Press.

Aubet, Maria. 1993. *The Phoenicians and the West: Politics, Colonies and Trade*. Cambridge: Cambridge University Press.

Austin, M. M. 2006. *The Hellenistic World from Alexander to the Roman Conquest: A Selection of Ancient Sources in Translation*. Cambridge: Cambridge University Press.

Austin, Steven A., Gordon W. Franz, and Eric G. Frost. 2000. "Amos's Earthquake: An Extraordinary Middle East Seismic Event of 750 B.C." *International Geology Review* 42:657–71.

Averbeck, Richard E. 2002. "Sumer, the Bible, and Comparative Method: Historiography and Temple Building." Pp. 88–125 in *Mesopotamia and the Bible*, edited by Mark W. Chavalas and K. Lawson Younger Jr. Grand Rapids: Baker Academic.

———. 2011. "Having a Baby the New-Fashioned Way: An Old Testament Perspective." Pp. 25–42 in *Why the Church Needs Bioethics: A Guide to Wise Engagement with Life's Challenges*, edited by John F. Kilner. Grand Rapids: Zondervan.

———. 2016. "The Egyptian Sojourn and Deliverance from Slavery in the Framing and Shaping of the Mosaic Law." Pp. 143–75 in *"Did I Not Bring Israel Out of Egypt?" Biblical, Archaeological, and Egyptological Perspectives on the Exodus Narratives*, edited by James Hoffmeier, Alan Millard, and Gary Rendsburg. Bulletin of Biblical Research Monograph Series. Winona Lake, IN: Eisenbrauns.

———. Forthcoming. "The Exodus, Debt Slavery, and the Composition of the Pentateuch." In *Exploring the Composition of the Pentateuch*, edited by L. S. Baker Jr. et al. Bulletin of Biblical Research Supplement. Winona Lake, IN: Eisenbrauns.

Aviam, Mordechai. 2013. "People, Land, Economy, and Belief in First-Century Galilee and Its Origins: A Comprehensive Archaeological Synthesis." Pp. 5–49 in *The Galilean Economy in the Time of Jesus*, edited by David A. Fiensy and Ralph K. Hawkins. Early Christianity and Its Literature 11. Atlanta: Society of Biblical Literature.

Avigad, Nahman. 1972. "Two Hebrew Inscriptions on Wine Jars." *IEJ* 22:1–9.

———. 1976a. "Bullae and Seals from a Post-Exilic Judean Archive." *Qedem* 4:1–36.

———. 1976b. "The Governor of the City." *IEJ* 26:178–82.

Avigad, Nahman, and Benjamin Sass. 1997. *Corpus of West Semitic Stamp Seals*. Jerusalem: Israel Academy of Sciences and Humanities, Israel Exploration Society, and Institute of Archaeology, the Hebrew University of Jerusalem.

Avishur, Yitzhak. 1994. *Studies in Hebrew and Ugaritic Psalms*. Jerusalem: Magnes.

Avi-Yonah, Michael. 1954. *The Madaba Mosaic Map*. Jerusalem: Israel Exploration Society.

———. 1966. *The Holy Land: A Historical Geography from the Persian to the Arab Conquest, 536 B.C. to A.D. 640*. Grand Rapids: Baker. Rev. ed., Jerusalem: Carta, 2002.

———. 1981. *Art in Ancient Palestine: Selected Studies*. Jerusalem: Magnes.

Avruch, Kevin. 2000. "Reciprocity, Equality, and Status-Anxiety in the Amarna Letters." Pp. 154–64 in *Amarna Diplomacy: The Beginning of International Relations*, edited by Raymond Cohen. Baltimore: Johns Hopkins University Press.

Baadsgaard, Aubrey. 2008. "A Taste of Women's Sociality: Cooking as Cooperative Labor in Iron Age Syro-Palestine." Pp. 13–44 in *The World of Women in the Ancient and Classical Near East*, edited by Beth Alpert Nakhai. Newcastle: Cambridge Scholars Publishing.

Bachhuber, Christoph. 2013. "Sea Peoples." Pp. 6098–99 in *The Encyclopedia of Ancient History*, vol. 11, *Ro-Te*, edited by Roger S. Bagnall et al. Oxford: Wiley-Blackwell.

Bachhuber, Christoph, and R. Gareth Roberts, eds. 2009. *Forces of Transformation: The End of the Bronze Age in the Mediterranean*. Banea Monograph Book 1. Oxford: Oxbow Books.

Badian, Ernst. 2012. *Collected Papers on Alexander the Great*. London: Routledge.

Badre, Leila. 1980. *Les figurines anthropomorphes en terre cuite à l'âge du Bronze en Syrie*. Paris: Geuthner.

Bagg, Ariel M. 2013. "Palestine under Assyrian Rule: A New Look at the Assyrian Imperial Policy in the West." *JAOS* 133:119–44.

Bahrani, Zainab. 2003. *The Graven Image: Representation in Babylonia and Assyria*. Philadelphia: University of Pennsylvania Press.

———. 2017. *Mesopotamia: Ancient Art and Architecture*. London: Thames & Hudson.

Baines, John. 2003. "Research on Egyptian Literature." Pp. 1–26 in *Egyptology at the Dawn of the Twenty-First Century*, edited by Zahi Hawass. Cairo: American University in Cairo Press.

Baker, David W. 1987. "Leviticus 1–7 and the Punic Tariffs: A Form-Critical Comparison." *ZAW* 99:188–97.

Balasse, M., and S. H. Ambrose. 2005. "Distinguishing Sheep and Goats Using Dental Morphology and Stable Carbon Isotopes in C4 Grassland Environments." *JAS* 32:691–702.

Ballentine, D. S. 2015. *The Conflict Myth and the Biblical Tradition*. Oxford: Oxford University Press.

Balter, M. 2000. "The Two Tels: Armageddon for Biblical Archaeology?" *Science* 287:31–32.

Baly, Denis. 1974. *The Geography of the Bible*. New and rev. ed. New York: Harper & Row.

———. 2005. "The Essentials of Biblical Geography: A Point of View." Pp. 11–16 in *Geography of the Holy Land: Perspectives*, edited by William A. Dando, Caroline Z. Dando, and Jonathan J. Lu. Kaohsiung, Taiwan: Holy Light Theological Seminary Press.

Baly, Denis, and A. D. Tushingham. 1971. *Atlas of the Biblical World*. New York: World.

Barber, Elizabeth Wayland. 1994. *Women's Work: The First 20,000 Years—Women, Cloth, and Society in Early Times*. New York: W. W. Norton.

Barclay, John M. G. 2007. *Against Apion*. Flavius Josephus: Translation and Commentary 10. Boston: Brill.

Barjamovic, Gojko. 2011. *A Historical Geography of Ancient Anatolia in the Assyrian Colony Period*. Copenhagen: Museum Tusculanum.

Barkay, Gabriel. 1990. "The Cemeteries of Jerusalem in the Days of the First Temple Period." Pp. 102–23 in *Jerusalem in the Days of the First Temple*, edited by D. Amit and R. Goren. Jerusalem: Yad Ben-Zvi. [In Hebrew.]

———. 1992. "The Iron Age I–II." Pp. 302–73 in *The Archaeology of Ancient Israel*, edited by Amnon Ben-Tor. New Haven: Yale University Press.

———. 1994. "A Second 'Governor of the City' Bulla." Pp. 141–44 in *Ancient Jerusalem Revealed*, ed. Hillel Geva. Jerusalem / Washington DC: Israel Exploration Society / Biblical Archaeological Society.

———. 1999. "Burial Caves and Dwellings in Judah during Iron Age II: Sociological Aspects." Pp. 96–102 in *Material Culture, Society and Ideology: New Directions in the Archaeology of the Land of Israel*, edited by Avraham Faust and Aharon Me'ir. Ramat-Gan: Bar-Ilan University. [In Hebrew.]

———. 2006. "Royal Palace, Royal Portrait? The Tantalizing Possibilities of Ramat Rahel." *BAR* 32 (5): 34–44.

Barkay, Gabriel, Marilyn J. Lundberg, Andrew G. Vaughn, Bruce Zuckerman, and Kenneth Zuckerman. 2003. "The Challenges of Ketef Hinnom: Using Advanced Technologies to Reclaim the Earliest Biblical Texts and Their Context." *NEA* 66:162–71.

Barker, Graeme, David Gilbertson, and David Mattingly. 2007. "The Wadi Faynan Landscape Survey: Research Themes and Project Development." Pp. 3–24 in *Archaeology and Desertification: The Wadi Faynan Landscape Survey, Southern Jordan*, edited by Graeme Barker, David Gilbertson, and David Mattingly. Oxford: Oxbow Books.

Barker, William D. 2014. *Isaiah's Kingship Polemic: An Exegetical Study in Isaiah 24–27*. FAT 2/70. Tübingen: Mohr Siebeck.

Bar-Matthews, M., and A. Ayalon. 2004. "Speleothems as Palaeoclimate Indicators: A Case Study from Soreq Cave Located in the Eastern Mediterranean Region, Israel." Pp. 363–91 in *Past Climate Variability through Europe and Africa*, edited by Richard W. Battarbee, Françoise Gasse, and Catherine E. Stickley. Dordrecht: Springer.

Bar-Matthews, M., A. Ayalon, A. Kaufman, and G. J. Wasserburg. 1999. "The Eastern Mediterranean Paleoclimate as a Reflection of Regional Events: Soreq Cave, Israel." *Earth and Planetary Science Letters* 166 (1): 85–95.

Barnett, Richard D. 1982. *Ancient Ivories in the Middle East*. Jerusalem: Hebrew University.

Barrelet, Marie-Thérèse. 1950. "Une peinture de la cour 106 du palais de Mari." Pp. 9–35 in *Studia Mariana*, edited by André Parrot. DMOA 4. Leiden: Brill.

———. 1968. *Figurines et reliefs de terre cuite de la Mésopotamie antique*. Vol. 1. Paris: Geuthner.

Barrick, W. Boyd. 1975. "The Funerary Character of 'High Places' in Ancient Palestine: A Reassessment." *VT* 25:265–95.

———. 2002. *The King and the Cemeteries: Toward a New Understanding of Josiah's Reform*. VTSup 88. Boston: Brill.

Barron, Amy E. 2010. "Late Assyrian Arms and Armour: Art versus Artifact." PhD dissertation, University of Toronto.

Barstad, Hans M. 1995. "Dod." Pp. 493–98 in *Dictionary of Deities and Demons in the Bible*, edited by Karel van der Toorn, Bob Becking, and Pieter W. van der Horst. Leiden: Brill.

———. 1996. *The Myth of the Empty Land: A Study in the History and Archaeology of Judah during the "Exilic" Period*. Oslo: Scandinavian University Press.

———. 2003. "After the 'Myth of the Empty Land': Major Challenges in the Study of Neo-Babylonian Judah." Pp. 3–20 in *Judah and the Judeans in the Neo-Babylonian Period*, edited by Oded Lipschits and Joseph Blenkinsopp. Winona Lake, IN: Eisenbrauns.

Barta, Winfried. 1970. *Das Selbstzeugnis eines altägyptischen Künstlers*. Berlin: Hessling.

Baruch, Yuval, Ronny Reich, and Débora Sandhaus. 2016. "The Temple Mount—Results of the Archaeological Research of the Past Decade." http://archaeology.tau.ac.il/?page_id=6160. [In Hebrew.]

Bar-Yosef, O. 1998. "The Natufian Culture in the Levant, Threshold to the Origins of Agriculture." *Evolutionary Anthropology: Issues, News, and Reviews* 6:159–77.

Batto, B. F. 1992. *Slaying the Dragon: Mythmaking in the Biblical Tradition*. Louisville: Westminster John Knox.

Bauckham, Richard, and Stefano De Luca. 2015. "Magdala as We Now Know It." *EC* 6:91–118.

Baudains, Peter, Silvie Zamazalová, Mark Altaweel, and Alan Wilson. 2015. "Modeling Strategic Decisions in the Formation of the Early Neo-Assyrian Empire." *Cliodynamics* 6:1–23.

Bawanypeck, Daliah, and Susanne Görke. 2001. "Das Festritual für den Wettergott der Wiese." Pp. 29–50 in *Kulturgeschichten: Altorientalische Studien für Volkert Haas zum 65. Geburtstag*, edited by Thomas Richter, Doris Prechel and Jörg Klinger. Saarbrücken: Saarbrücker Druckerei und Verlag.

Bayer, Bathja. 2014. "The Mesopotamian Theory of Music and the Ugarit Notation: A Reexamination." Pp. 15–91 in *Music in Antiquity: The Near East and the Mediterranean*, edited by Joan Goodnick Westenholz, Yossi Maurey, and Edwin Seroussi. Yuval 8. Berlin: de Gruyter; Jerusalem: Magnes.

Beal, Richard H. 2002. "Hittite Oracles." Pp. 57–81 in *Magic and Divination in the Ancient World*, edited by Leda Ciraolo and Jonathan Seidel. AMD 2. Leiden: Brill.

Beale, G. K. 2004. *The Temple and the Church's Mission*. Downers Grove, IL: InterVarsity.

Beaulieu, Paul-Alain. 1989. *The Reign of Nabonidus King of Babylon, 556–539 B.C.* YNER 10. New Haven: Yale University Press.

———. 2005. "Eanna's Contribution to the Construction of the North Palace at Babylon." Pp. 45–73 in *Approaching the Babylonian Economy: Proceedings of the START Project Symposium, Held in Vienna, 1–3 July 2004*, edited by Heather D. Baker and Michael Jursa. AOAT 330. Münster: Ugarit-Verlag.

———. 2007. "The Social and Intellectual Setting of Babylonian Wisdom Literature." Pp. 3–20 in *Wisdom Literature in Mesopotamia and Israel*, edited by Richard J. Clifford. SymS 36. Leiden: Brill.

Beck, John A. 2015. *Discovery House Bible Atlas*. Grand Rapids: Our Daily Bread Ministries.

Beck, Pirhiya. 1982. "The Drawings from Ḥorvat Teman (Kuntillet 'Ajrud)." *TA* 9:3–68.

———. 2002. *Imagery and Representation: Studies in the Art and Iconography of Ancient Palestine; Collected Articles*. Tel Aviv: Emery and Claire Yass Publications in Archaeology.

Becking, Bob. 1992. *The Fall of Samaria: An Historical and Archaeological Study*. SHANE 2. Leiden: Brill.

———. 2001. *Only One God? Monotheism in Ancient Israel and the Veneration of the Goddess Asherah*, edited by Bob Becking et al. Biblical Seminar 77. London / New York: Sheffield Academic Press.

Beckman, Gary. 1989. "The Religion of the Hittites." *BA* 52:98–108.

———. 2004. "Sacrifice, Offerings, and Votives: Anatolia." Pp. 336–39 in *Religions of the Ancient World: A Guide*, edited by Sarah Iles Johnston. Religions of the Ancient World. Cambridge, MA: Belknap Press of Harvard University Press.

———. 2009. "Hittite Literature." Pp. 215–54 in *From an Antique Land: An Introduction to Ancient Near Eastern Literature*, edited by Carl S. Ehrlich. Plymouth: Rowman & Littlefield.

———. 2011. "Blood in Hittite Ritual." *JCS* 63:95–102.

Beckman, Gary, T. R. Bryce, and E. H. Cline. 2011. *The Aḫḫiyawa Texts*. Society of Biblical Literature Writings from the Ancient World 28. Atlanta: Society of Biblical Literature.

Bedford, Peter R. 2007. "The Economic Role of the Jerusalem Temple in Achaemenid Judah: Comparative Perspectives." Pp. 3*–20* in *Shai le-Sara Japhet: Studies in the Bible, Its Exegesis, and Its Language*, edited by Mosheh Bar-Asher et al. Jerusalem: Bialik. [In Hebrew and English.]

Beitzel, Barry J. 2009. *The Moody Atlas of the Bible*. Chicago: Moody.

Bell, Gertrude Lowthian. 1907. *Syria: The Desert and the Sown*. London: Heinemann.

Bellow, Saul. 2003. *Novels 1944–1953: Dangling Man, The Victim, The Adventures of Augie March*. Library of America 141. New York: Literary Classics of the US.

Bellwood, Peter. 2013. *First Migrants: Ancient Migration in Global Perspective*. Chichester: Wiley-Blackwell.

Ben-Arieh, S., D. Ben-Tor, and S. Godovitz. 1993. "A Late Bronze Age Burial Cave at Qubeibeh, near Tel Lachish." *'Atiqot* 22:77–89.

Ben-Arieh, Yehoshua. 1983. *The Rediscovery of the Holy Land in the Nineteenth Century*. 2nd ed. Jerusalem: Magnes.

———. 1989. "Perceptions and Images of the Holy Land." Pp. 37–53 in *The Land That Became Israel: Studies in Historical Geography*, edited by Ruth Kark. New Haven: Yale University Press.

Bendor, S. 1996. *The Social Structure of Ancient Israel: The Institution of the Family (beit 'ab) from the Settlement to the End of the Monarchy*. Jerusalem: Simor.

Ben-Dor Evian, Shirly. 2011. "Shishak's Karnak Relief—More Than Just Name-Rings." Pp. 11–22 in *Egypt, Canaan and Israel: History, Imperialism, Ideology and Literature; Proceedings of a Conference at the University of Haifa, 3–7 May 2009*, edited by S. Bar, D. Kahn, and J. J. Shirley. CHANE 52. Leiden: Brill.

Benjamin, Don C. 2015. *The Social World of Deuteronomy: A New Feminist Commentary*. Eugene, OR: Cascade.

Bennett, Crystal M. 1966. "Fouilles d'Umm el-Biyara: Rapport préliminaire." *RB* 73:372–403.

———. 1977. "Excavations in Buseirah, Southern Jordan." *Levant* 9:1–10.

———. 1983. "Excavations at Buseirah (Biblical Bozrah)." Pp. 9–17 in *Midian, Moab and Edom: The*

History and Archaeology of Late Bronze and Iron Age Jordan and North-West Arabia, edited by John F. A. Sawyer and David J. A. Clines. JSOTSup 24. Sheffield: JSOT Press.

Ben-Shlomo, David. 2011. "Food Preparation Habits and Cultural Interaction during the Late Bronze and Iron Age in Southern Israel." Pp. 273–86 in *On Cooking Pots, Drinking Cups, Loomweights and Ethnicity in Bronze Age Cyprus and Neighbouring Regions: An International Archaeological Symposium Held in Nicosia, November 6th–7th 2010*, edited by Vassos Karageorghis and Ourania Kouka. Nicosia: A. G. Leventis Foundation.

———. 2014a. "Marked Jar Handles from Tel Miqne-Ekron." Pp. 17–32 in *Material Culture Matters: Essays on the Archaeology of the Southern Levant in Honor of Seymour Gitin*, edited by John R. Spencer, Robert A. Mullins, and Aaron J. Brody. Winona Lake, IN: Eisenbrauns.

———. 2014b. "Philistia during the Iron Age II Period." Pp. 717–42 in *The Oxford Handbook of the Archaeology of the Levant: C. 8000–332 BCE*, edited by Margreet L. Steiner and Ann E. Killebrew. Oxford: Oxford University Press.

———. 2014c. "Tell Jemmeh, Philistia and the Neo-Assyrian Empire during the Late Iron Age." *Levant* 46:58–88.

Ben-Shlomo, David, et al. 2008. "Cooking Identities: Aegean-Style Cooking Jugs and Cultural Interaction in Iron Age Philistia and Neighboring Regions." *AJA* 112:225–46.

Ben-Shlomo, David, J. Uziel, and A. M. Maeir. 2009. "Pottery Production at Tell es-Safi/Gath: A Longue Durée Perspective." *JAS* 36:2258–73.

Ben-Tor, Amnon. 1992. "The Hazor Tablet: Foreword." *IEJ* 42:17–20.

———. 2016. *Hazor: Canaanite Metropolis, Israelite City*. Jerusalem: Israel Exploration Society.

Ben-Tor, D. 1997. "The Relations between Egypt and Palestine in the Middle Kingdom as Reflected by Contemporary Canaanite Scarabs." *IEJ* 47:162–89.

———. 2007. *Scarabs, Chronology, and Interconnections: Egypt and Palestine in the Second Intermediate Period*. OBOSA 27. Göttingen: Vandenhoeck & Ruprecht.

Ben-Tor, D., and O. Keel. 2012. "The Beth-Shean Level IX Group: A Local Scarab Workshop of the Late Bronze Age I." Pp. 87–104 in *All the Wisdom of the East: Studies in Near Eastern Archaeology and History in Honor of Eliezer D. Oren*, edited by Mayer Gruber et al. OBO 255. Fribourg: Academic Press; Göttingen: Vandenhoeck & Ruprecht.

Ben-Yehoshua, Shimshon, Carole Borowitz, and Lumír Ondřej Hanuš. 2012. "Frankincense, Myrrh, and Balm of Gilead: Ancient Spices of Southern Arabia and Judea." Pp. 1–76 in *Horticultural Reviews*, vol. 39, edited by Jules Janick. Hoboken, NJ: Wiley-Blackwell.

Ben-Yosef, Erez. 2010. "Technology and Social Process: Oscillations in Iron Age Copper Production and Power in Southern Jordan." PhD dissertation, University of California, San Diego.

Ben-Yosef, Erez, et al. 2012. "A New Chronological Framework for Iron Age Copper Production at Timna (Israel)." *BASOR* 367:31–71.

Ben-Yosef, Erez, and Thomas E. Levy. 2014. "The Material Culture of Iron Age Copper Production in Faynan." Pp. 887–959 in *New Insights into the Iron Age Archaeology of Edom, Southern Jordan*, vol. 2, edited by Thomas E. Levy, Mohammad Najjar, and Erez Ben-Yosef. Los Angeles: UCLA Cotsen Institute of Archaeology Press.

Ben-Yosef, Erez, Mohammad Najjar, and Thomas E. Levy. 2014. "New Iron Age Excavations at Copper Production Sites, Mines, and Fortresses in Faynan." Pp. 767–886 in *New Insights into the Iron Age Archaeology of Edom, Southern Jordan*, vol. 2, edited by Thomas E. Levy, Mohammad Najjar, and Erez Ben-Yosef. Los Angeles: UCLA Cotsen Institute of Archaeology Press.

Ben Zion, Ilan. 2016. "Archaeologists Spotlight First Solomon's Temple-Era Artifacts Ever Found on Temple Mount." http://www.timesofisrael.com/archaeologists-reveal-first-solomons-temple-era-artifacts-ever-found-on-temple-mount/.

Berger, John. 1990. *Ways of Seeing*. Reprint, London: Penguin.

Berlejung, Angelika. 2010. "There Is Nothing Better Than More! Text and Images on Amulet 1 from Arslan Tash." *JNSL* 36:1–42.

Berlin, Andrea M. 1997. "Between Large Forces: Palestine in the Hellenistic Period." *BA* 60:3–51.

———. 1999. "The Archaeology of Ritual: The Sanctuary of Pan at Banias/Caesarea Philippi." *BASOR* 315:27–45.

———. 2002. "Power and Its Afterlife: Tombs in Hellenistic Palestine." *NEA* 65:138–48.

———. 2005. "Jewish Life before the Revolt: The Archaeological Evidence." *JSJ* 36:417–70.

Berman, Joshua. 2008. *Created Equal: How the Bible Broke with Ancient Political Thought*. New York: Oxford University Press.

———. 2017. *Inconsistency in the Torah: Ancient Literary Convention and the Limits of Source Criticism*. Oxford: Oxford University Press.

Berman, Lawrence. 2001. "Overview of Amenhotep III and His Reign." Pp. 1–26 in *Amenhotep III: Perspectives on His Reign*, edited by David O'Connor and Eric Cline. Ann Arbor: University of Michigan Press.

Bernand, A., and O. Masson. 1957. "Les inscriptions grecques d'Abou-Simbel." *REG* 70:3–20.

Bernett, Monika, and Othmar Keel. 1998. *Mond, Stier und Kult am Stadttor: Die Stele von Betsaida (et-Tell)*. OBO 161. Freiburg: Universitätsverlag; Göttingen: Vandenhoeck & Ruprecht.

Bernhardt, C. E., B. P. Horton, and J. D. Stanley. 2012. "Nile Delta Vegetation Response to Holocene Climate Variability." *Geology* 40 (7): 615–18.

Berquist, Jon L. 1995. *Judaism in Persia's Shadow: A Social and Historical Approach*. Minneapolis: Fortress.

Betlyon, John W. 1986. "The Provincial Government of Persian Period Judea and the Yehud Coins." *JBL* 105:633–42.

———. 2003. "Neo-Babylonian Military Operations Other Than War in Judah and Jerusalem." Pp. 263–83 in *Judah and the Judeans in the Neo-Babylonian Period*, edited by Oded Lipschits and Joseph Blenkinsopp. Winona Lake, IN: Eisenbrauns.

———. 2005. "A People Transformed: Palestine in the Persian Period." *NEA* 68:4–58.

Beyer, Dominique. 2001. *Emar IV: Les sceaux; Mission archéologique de Meskéné-Emar, recherches au pays d'Aštata*. OBOSA 20. Fribourg: Editions Universitaires; Göttingen: Vandenhoeck & Ruprecht.

Bianchi, Francesco. 1994. "Le rôle de Zorobabel et la dynastie davidique en Judée du VIe siècle au VIe siècle av. J.-C." *Transeuphratène* 7:153–65.

Bidmead, Julye. 2004. *The Akitū Festival: Religious Continuity and Royal Legitimation in Mesopotamia*. Gorgias Dissertations, Near East 2. Piscataway, NJ: Gorgias.

Bienkowski, Piotr, ed. 1992. *Early Edom and Moab: The Beginnings of the Iron Age in Southern Jordan*. Sheffield Archaeological Monographs 7. Oxford: Alden.

———. 1995. "The Edomites: The Archaeological Evidence from Transjordan." Pp. 41–92 in *You Shall Not Abhor an Edomite for He Is Your Brother: Edom and Seir in History and Tradition*, edited by Diana V. Edelman. ABS 3. Atlanta: Scholars Press.

———. 2009. "'Tribalism' and 'Segmentary Society' in Iron Age Transjordan." Pp. 7–26 in *Studies on Iron Age Moab and Neighbouring Areas in Honor of Michèle Daviau*, edited by Piotr Bienkowski. ANESSup 29. Leuven: Peeters.

———. 2014. "Edom during the Iron Age II Period." Pp. 782–94 in *The Oxford Handbook of the Archaeology of the Levant: C. 8000–332 BCE*, edited by Margreet L. Steiner and Ann E. Killebrew. Oxford: Oxford University Press.

Bietak, Manfred. 1975. *Tell el-Dabʿa*. Vienna: Österreichische Akademie der Wissenschaften.

———. 1979. "Avaris and Piramesse: Archaeological Exploration in the Eastern Nile Delta." *Proceedings of the British Academy* 65:225–90.

———. 1987. "Comments on the Exodus." Pp. 163–71 in *Egypt, Israel, Sinai: Archaeological and Historical Relationships in the Biblical Period*, edited by Anson F. Rainey. Tel Aviv: Tel Aviv University Press.

———. 1996. *Avaris: The Capital of the Hyksos*. London: The Trustees of the British Museum.

———. 2000. "Der Aufenthalt 'Israels' in Ägypten und der Zeitpunkt der 'Landname' aus heutiger archäologischer Sicht." *ÄL* 10:179–86.

———. 2007. "Egypt and the Levant." Pp. 417–48 in *The Egyptian World*, edited by Toby A. Wilkinson. The Routledge Worlds. Abingdon: Routledge.

Bietak, Manfred, and Irene Forstner-Müller. 2011. "The Topography of New Kingdom Avaris and Per-Ramesses." Pp. 23–50 in *Ramesside Studies in Honour of K. A. Kitchen*, edited by Mark Collier and Steven R. Snape. Bolton: Rutherford.

Bietak, Manfred, Nannó Marinatos, and Clairy Palivou. 2007. *Taureador Scenes in Tell el-Dabʿa (Avaris) and Knossos*. Vienna: Österreichische Akademie der Wissenschaften.

Bietak, Manfred, Nicola Math, and Vera Müller. 2013. "Report on the Excavations of a Hyksos Palace of Tell el Dabʿa/Avaris." *ÄL* 22:17–53.

Billows, Richard A. 1997. *Antigonos the One-Eyed and the Creation of the Hellenistic State*. Berkeley: University of California Press.

Bimson, J. J. 1986. "Shoshenq and Shishak: A Case of Mistaken Identity." *Chronology and Catastrophism Review* 8:36–46.

Binder, Donald D. 1999. *Into the Temple Courts: The Place of the Synagogues in the Second Temple Period*. Society of Biblical Literature Dissertation Series 169. Atlanta: Society of Biblical Literature.

Binford, L. R. 1972. *An Archaeological Perspective*. New York: Seminar.

Biran, Avraham. 1994. *Biblical Dan*. Jerusalem: Israel Exploration Society.

Biran, Avraham, and J. Naveh. 1993. "An Aramaic Stele Fragment from Tel Dan." *IEJ* 43:81–98.

———. 1995. "The Tel Dan Inscription: A New Fragment." *IEJ* 45:1–18.

Black, Jeremy. 2007. "Sumerian." Pp. 4–30 in *Languages of Iraq, Ancient and Modern*, edited by J. N. Postgate. Cambridge: Cambridge University Press.

Blanton, R. E. 1994. *Houses and Households: A Comparative Study*. New York: Plenum.

Blasius, Andreas, and Bernd U. Schipper, eds. 2002. *Apokalyptik und Ägypten: Eine kritische Analyse der relevanten Texte aus dem griechisch-römischen Ägypten*. OLA 107. Leuven: Peeters.

Blenkinsopp, Joseph. 1987. "The Mission of Udjahorresnet and Those of Ezra and Nehemiah." *JBL* 106:409–21.

———. 1995. "Deuteronomy and the Politics of Post-Mortem Existence." *VT* 45:1–16.

———. 1997. "The Family in First Temple Israel." Pp. 48–103 in *Families in Ancient Israel*, edited by Leo G. Perdue et al. Louisville: Westminster John Knox.

———. 2006. "Benjamin Traditions Read in the Early Persian Period." Pp. 629–45 in *Judah and the Judeans in the Persian Period*, edited by Oded Lipschits and Manfred Oeming. Winona Lake, IN: Eisenbrauns.

Bliss, F. J., and R. A. S. Macalister. 1902. *Excavations in Palestine during the Years 1898–1900*. London: Palestine Exploration Fund.

Bloch, M. 1981. "Tombs and States." Pp. 137–47 in *Mortality and Immortality: The Anthropology and Archaeology of Death*, edited by S. C. Humphreys and H. King. London: Academic Press.

Bloch, Yigal. 2014. "Judeans in Sippar and Susa during the First Century of the Babylonian Exile: Assimilation and Perseverance under Neo-Babylonian and Achaemenid Rule." *Journal of Ancient Near Eastern History* 1:119–72.

Bloch-Smith, Elizabeth M. 1992a. *Judahite Burial Practices and Beliefs about the Dead*. JSOTSup 123. Sheffield: JSOT Press.

———. 1992b. "The Cult of the Dead in Judah: Interpreting the Material Remains." *JBL* 111:213–24.

———. 1994. "'Who Is the King of Glory?' Solomon's Temple and Symbolism." Pp. 18–31 in *Scripture and Other Artifacts: Essays on the Bible and Archaeology in Honor of Philip J. King*, edited by Michael D. Coogan, J. Cheryl Exum, and Lawrence E. Stager. Louisville: Westminster John Knox.

———. 2002a. "Death in the Life of Israel." Pp. 139–44 in *Sacred Time, Sacred Place: Archaeology and the Religion of Israel*, edited by Barry M. Gittlen. Winona Lake, IN: Eisenbrauns.

———. 2002b. "Solomon's Temple: The Politics of Ritual Space." Pp. 83–94 in *Sacred Time, Sacred Place: Archaeology and the Religion of Israel*, edited by Barry M. Gittlen. Winona Lake, IN: Eisenbrauns.

———. 2003. "Bronze and Iron Age Burials and Funerary Customs in the Southern Levant." Pp. 105–15 in *Near Eastern Archaeology: A Reader*, edited by Suzanne Richard. Winona Lake, IN: Eisenbrauns.

———. 2006. "Will the Real Masseboth Please Stand Up?: Cases of Real and Mistakenly Identified Standing Stones in Ancient Israel." Pp. 64–79 in *Text, Artifact, and Image: Revealing Ancient Israelite Religion*, edited by Gary Beckman and Theodore J. Lewis. Providence: Brown Judaic Studies.

———. 2009. "Assyrians Abet Israelite Cultic Reforms: Sennacherib and the Centralization of the Israelite Cult." Pp. 35–44 in *Exploring the Longue Durée: Essays in Honor of Lawrence E. Stager*, edited by J. David Schloen. Winona Lake, IN: Eisenbrauns.

———. 2014. "Questions about Monotheism in Ancient Israel: Between Archaeology and Texts." *JISMOR* 9:20–28.

Block, Daniel I. 2003. "Marriage and Family in Ancient Israel." Pp. 33–102 in *Marriage and Family in the Biblical World*, edited by Ken M. Campbell. Downers Grove, IL: InterVarsity.

Blum, Erhard. 2016. "The Relations between Aram and Israel in the 9th and 8th Centuries BCE." Pp. 37–56 in *In Search for Aram and Israel: Politics, Culture, and Identity*, edited by Omer Sergi, Manfred Oeming, and Izaak J. de Hulster. Oriental Religions in Antiquity 20. Tübingen: Mohr Siebeck.

Bober, P. B. 1999. *Art, Culture, and Cuisine: Ancient and Medieval Gastronomy*. Chicago: University of Chicago Press.

Boda, Mark J. 2016. *The Book of Zechariah*. New International Commentary on the Old Testament. Grand Rapids: Eerdmans.

Boda, Mark J., and Jamie Novotny, eds. 2010. *From the Foundations to the Crenellations: Essays on Temple Building in the Ancient Near East and Hebrew Bible*. AOAT 366. Münster: Ugarit-Verlag.

Bodi, Daniel. 1991. *The Book of Ezekiel and the Poem of Erra*. OBO 104. Freiburg: Universitätsverlag; Göttingen: Vandenhoeck & Ruprecht.

———. 2009. "Ezekiel." Pp. 400–517 in *Zondervan Illustrated Bible Backgrounds Commentary*, vol. 4, edited by John H. Walton. Grand Rapids: Zondervan.

———. 2015. "The Double Current and the Tree of Healing in Ezekiel 47:1–12 in Light of Babylonian Iconography and Texts." *Welt des Orients* 45:22–37.

———. 2016. Review of *Prophétisme et alliance*, by Jean-Georges Heintz. *CBQ* 78:796–806.

Boecker, Hans J. 1980. *Law and the Administration of Justice in the Old Testament and Ancient Near East*. Minneapolis: Augsburg.

Boer, Roland. 2015. *The Sacred Economy of Ancient Israel*. LAI. Louisville: Westminster John Knox.

Boertien, Jeannette H., and Margreet Steiner. 2009. "Arts and Crafts." Pp. 858–66 in *Encyclopedia of the Bible and Its Reception*, vol. 2, edited by Dale C. Allison et al. Berlin: de Gruyter.

Bohmbach, Karla G. 2000. "Names and Naming in the Biblical World." Pp. 33–39 in *Women in Scripture: A Dictionary of Named and Unnamed Women in the Hebrew Bible, the Apocryphal/Deuterocanonical Books, and the New Testament*, edited by Carol Meyers, Toni Craven, and Ross S. Kraemer. Boston: Houghton Mifflin.

Bolin, Thomas M. 2004. "Warfare." Pp. 33–52 in *The Biblical World*, vol. 2, edited by J. Barton. Abingdon: Routledge.

Bonatz, Dominik. 2000. *Das syro-hethitische Grabdenkmal: Untersuchungen zur Entstehung einer neuen Bildgattung in der Eisenzeit im nordsyrisch-südostanatolischen Raum*. Mainz: Zabern.

Bonfiglio, Ryan P. 2016. *Reading Images, Seeing Texts: Towards a Visual Hermeneutics for Biblical Studies*. OBO 280. Fribourg: Academic Press; Gottingen: Vandenhoeck & Ruprecht.

Bongenaar, A. C. V. M., ed. 2000. *Interdependency of Institutions and Private Entrepreneurs: Proceedings of the Second MOS Suymposium (Leiden 1998)*. Leiden: Nederlands Historisch-Archeologisch Instituut te Istanbul.

Borger, Rykle. 1996. *Beiträge zum Inschriftenwerk Assurbanipals*. Wiesbaden: Harrassowitz.

Borghouts, J. F. 1995. "Witchcraft, Magic, and Divination in Ancient Egypt." *CANE* 3:1775–85.

Borowski, Oded. 1987. *Agriculture in Iron Age Israel*. Winona Lake, IN, Eisenbrauns.

———. 1995. "Hezekiah's Reforms and the Revolt against Assyria." *BA* 58:148–55.

———. 1999. *Every Living Thing: Daily Use of Animals in Ancient Israel*. Walnut Creek, CA: Altamira.

———. 2002. *Agriculture in Iron Age Israel*. Boston: American Schools of Oriental Research.

———. 2003. *Daily Life in Biblical Times*. ABS 5. Atlanta: Society of Biblical Literature.

———. 2004. "Eat, Drink, and Be Merry: The Mediterranean Diet." *NEA* 67:96–107.

———. 2005. "Water and Water Systems." Pp. 980–84 in *Dictionary of the Old Testament: Historical Books*, edited by Bill T. Arnold and H. G. M. Williamson. Downer Grove, IL: InterVarsity.

Borza, Eugene. 1990. *In the Shadow of Olympus: The Emergence of Macedon*. Princeton: Princeton University Press.

Bosworth, A. B. 1988. *Conquest and Empire: The Reign of Alexander the Great*. Cambridge: Cambridge University Press.

———. 1996. *Alexander and the East: The Tragedy of Triumph*. Oxford: Oxford University Press.

———. 2002. *The Legacy of Alexander: Politics, Warfare and Propaganda under the Successors*. Oxford: Oxford University Press.

Bosworth, A. B., and E. Baynham, eds. 2000. *Alexander the Great in Fact and Fiction*. Oxford: Oxford University Press.

Bottéro, Jean. 1995a. *Mesopotamia: Writing, Reasoning, and the Gods*. Translated by Zainab Bahrani and Marc van de Mieroop. Chicago: University of Chicago Press.

———. 1995b. *Textes culinaires mésopotamiens / Mesopotamian Culinary Texts*. MC 6. Winona Lake, IN: Eisenbrauns.

———. 2001a. "The Oldest Cuisine in the World." Pp. 43–64 in *Everyday Life in Ancient Mesopotamia*, edited by Jean Bottéro. Baltimore: Johns Hopkins University Press.

———. 2001b. "The Oldest Feast." Pp. 65–83 in *Everyday Life in Ancient Mesopotamia*, edited by Jean Bottéro. Baltimore: Johns Hopkins University Press.

———. 2004. *The Oldest Cuisine in the World: Cooking in Mesopotamia*. Translated by T. Lavender Fagan. Chicago: University of Chicago Press.

Bourdieu, Pierre. 1977. *Outline of a Theory of Practice*. Translated by Richard Nice. New York: Cambridge University Press.

———. 1984. *Distinction: A Social Critique of the Judgement of Taste*. London: Routledge & Kegan Paul.

———. 1986. "The Forms of Capital." Pp. 241–58 in *Handbook of Theory and Research for the Sociology of Education*, edited by John G. Richardson. New York: Greenwood.

Bovati, Pietro. 1994. *Re-establishing Justice: Legal Terms, Concepts and Procedures in the Hebrew Bible*. Tanslated by Michael J. Smith. Sheffield: Sheffield Academic Press.

Boyer, Georges, André Parrot, and Georges Dossin. 1958. *Textes juridiques*. Archives royales de Mari 8. Paris: Geuthner.

Braje, Todd J., and Jon M. Erlandson. 2013. "Human Acceleration of Animal and Plant Extinctions: A Late Pleistocene, Holocene, and Anthropocene Continuum." *Anthropocene* 4:14–23.

Brandl, Baruch. 2012a. "Nine Scarabs, a Scaraboid, a Cylinder Seal, and a Bifacial Plaque from El-Ahwat." Pp. 233–63 in *El-Ahwat: A Fortified Site from the Early Iron Age near Nahal 'Iron, Israel; Excavations 1993–2000*, edited by Adam Zertal. CHANE 24. Leiden: Brill.

———. 2012b. "Scarabs, Scaraboids, Other Stamp Seals, and Seal Impressions." Pp. 377–96 in *Excavations at the City of David 1978–1985*, vol. 7B, *Area E: The Finds*, ed. Alon De Groot and Hannah Bernick-Greenberg. Qedem 54. Jerusalem: Hebrew University.

Braudel, Fernand. 1958. "Histoire et sciences sociales: La longue durée." *Annales: Économies, Sociétés, Civilisations* 13 (4): 725–53.

———. 1972. *The Mediterranean and the Mediterranean World in the Age of Philip II*. 2nd ed. Berkeley: University of California Press.

Braun, Joachim. 2002. *Music in Ancient Israel/Palestine: Archaeological, Written, and Comparative Sources*. Translated by Douglas W. Stott. The Bible in Its World. Grand Rapids: Eerdmans.

Breasted, James Henry, ed. 1906–7. *Ancient Records of Egypt*. 5 vols. Chicago: University of Chicago Press.

———. 1921. *A History of Egypt from the Earliest Times to the Persian Conquest.* 2nd ed. London: Hodder & Stoughton.

———. 1933. *The Dawn of Conscience.* New York: Scribner.

Brenner, Athalya. 1985. *The Israelite Woman: Social Role and Literary Type in Biblical Narrative.* Biblical Seminar. Sheffield: JSOT Press.

Bresciani, Eddia. 1985. "The Persian Occupation of Egypt." Pp. 502–28 in *The Cambridge History of Iran*, vol. 2, *The Median and Achaemenian Periods*, edited by Ilya Gershevitch. Cambridge: Cambridge University Press.

Briant, Pierre. 1982. "Contrainte militaire, dépendance rurale et exploitation des territoires en Asie achéménide." Pp. 199–225 in Pierre Briant, *Rois, tributs et paysans: Études sur les formations tributaires du Moyen-Orient ancient.* Annales littéraires de l'Université de Besançon 269. Paris: Les Belles Lettres.

———. 2002. *From Cyrus to Alexander: A History of the Persian Empire.* Translated by Peter T. Daniels. Winona Lake, IN: Eisenbrauns.

Brichto, Herbert Chanan. 1963. *The Problem of "Curse" in the Hebrew Bible.* Journal of Biblical Literature Monograph Series 13. Philadelphia: Society of Biblical Literature.

———. 1973. "Kin, Cult, Land and Afterlife—A Biblical Complex." *HUCA* 44:1–54.

Bright, John. 2000. *A History of Israel.* 4th ed. Louisville: Westminster John Knox.

Brinkman, J. A. 1972. "Foreign Relations of Babylonia from 1600 to 625 B.C.: The Documentary Evidence." *AJA* 76:271–81.

Broodbank, Cyprian. 2013. *The Making of the Middle Sea: A History of the Mediterranean from the Beginning to the Emergence of the Classical World.* New York: Oxford University Press.

Broshi, Magen, and Israel Finkelstein. 1992. "The Population of Palestine in Iron Age II." *BASOR* 287:47–60.

Brosius, Maria. 2003. "Ancient Archives and the Concept of Record-Keeping: An Introduction." Pp. 1–16 in *Ancient Archives and Archival Traditions: Concepts of Record-Keeping in the Ancient World*, edited by Maria Brosius. Oxford: Oxford University Press.

Brueggemann, Walter. 2001. *The Prophetic Imagination.* 2nd ed. Minneapolis: Fortress.

Bruins, Hendrik J. 2007. "Runoff Terraces in the Negev Highlands during the Iron Age: Nomads Settling Down or Farmers Living in the Desert?" Pp. 37–43 in *On the Fringe of Society: Archaeological and Ethnoarchaeological Perspectives on Pastoral and Agricultural Societies*, edited by Eveline J. van der Steen and Benjamin A. Saidel. British Archaeological Reports International Series 1657. Oxford: Archaeopress.

Bruins, Hendrik J., and Johannes van der Plicht. 2014. "Desert Settlement through the Iron Age: Radiocarbon Dates from Sinai and the Negev Highlands." Pp. 349–66 in *The Bible and Radiocarbon Dating: Archaeology, Text and Science*, edited by Thomas E. Levy and Tom Higham. London: Equinox.

Brunner, Hellmut. 1966. *Grundzüge einer Geschichte der altägyptischen Literatur.* Darmstadt: Wissenschaftliche Buchgemeinschaft.

———. 1988. *Altägyptische Weisheit: Lehren für das Leben.* Zurich: Artemis.

Brunner-Traut, Emma. 1986. "Aspective." Pp. 421–48 in *Principles of Egyptian Art*, edited by Heinrich Schäfer. Oxford: Oxford University Press.

Bryan, Betsy M. 1991. *The Reign of Thutmose IV.* Baltimore: Johns Hopkins University Press.

———. 1996. "Art, Empire, and the End of the Late Bronze Age." Pp. 33–82 in *The Study of the Ancient Near East in the Twenty-First Century: The William Foxwell Albright Centennial Conference*, edited by Jerrold Cooper and Glenn Schwartz. Winona Lake, IN: Eisenbrauns.

———. 2000. "The Eighteenth Dynasty before the Amarna Period." Pp. 218–71 in *The Oxford History of Ancient Egypt*, edited by Ian Shaw. Oxford: Oxford University Press.

Bryce, Trevor. 2005. *The Kingdom of the Hittites.* New ed. New York: Oxford University Press.

———. 2014. *Ancient Syria: A Three Thousand Year History.* Oxford: Oxford University Press.

Buccellati, Georgio. 1992. "Ebla and the Amorites." *Eblaitica* 3:83–104.

Bugh, Glenn, ed. 2006. *The Cambridge Companion to the Hellenistic World.* Cambridge: Cambridge University Press.

Bunimovitz, Shlomo. 1994. "The Problem of Human Resources in Late Bronze Age Palestine and Its Socioeconomic Implications." *UF* 26:1–20.

———. 1995. "On the Edge of Empires—Late Bronze Age (1550–1200 BCE)." Pp. 320–31 in *The Archaeology of Society in the Holy Land*, edited by Thomas E. Levy. London: Leicester University Press.

Bunimovitz, Shlomo, and Z. Lederman. 2011. "Canaanite Resistance: The Philistines and Beth-Shemesh—A Case Study from the Iron Age I." *BASOR* 364:37–51.

Burkard, Günter, and Heinz J. Thissen. 2003. *Einführungen und Quellentexte zur Ägyptologie 1: Einführung in die altäyptische Literaturgeschichte I—Altes und Mittelreich.* Münster: Lit.

———. 2008. *Einführungen und Quellentexte zur Ägyptologie 6: Einführung in die altägyptische Literaturgeschichte II—Neues Reich.* Münster: Lit.

Burke, A. A. 2008. *"Walled Up To Heaven": The Evolution of Middle Bronze Age Fortification Strategies in the Levant*. Studies in the Archaeology and History of the Levant. Winona Lake, IN: Eisenbrauns.

———. 2009. "More Light on Old Reliefs: New Kingdom Egyptian Siege Tactics and Asiatic Resistance." Pp. 57–68 in *Exploring the Longue Durée: Essays in Honor of Lawrence E. Stager*, edited by J. David Schloen. Winona Lake, IN: Eisenbrauns.

Burridge, Alwyn. 1993. "Akhenaten: A New Perspective; Evidence of a Genetic Disorder in the Royal Family of the 18th Dynasty Egypt." *JSSEA* 23:63–74.

Burstein, Stanley M. 1997. "The Hellenistic Age." Pp. 37–54 in *Ancient History: Recent Work and New Directions*, edited by Carol G. Thomas. Publications of the Association of Ancient Historians 5. Claremont, CA: Regina.

———. 2003. "The Legacy of Alexander: New Ways of Being Greek in the Hellenistic Period." Pp. 217–42 in *Crossroads of History: The Age of Alexander*, edited by Waldemar Heckel and Lawrence A. Tritle. Claremont, CA: Regina.

Byrne, Ryan. 2003. "Early Assyrian Contacts with Arabs and the Impact on Levantine Vassal Tribute." *BASOR* 331:11–25.

———. 2004. "Lie Back and Think of Judah: The Reproductive Politics of Pillar Figurines." *NEA* 67:137–51.

Cameron, George G. 1948. *Persepolis Treasury Tablets*. OIP 65. Chicago: University of Chicago Press.

Caminos, Ricardo A. 1954. *Late-Egyptian Miscellanies*. Brown Egyptological Studies 1. London: Oxford University Press.

———. 1992. "Phantom Architects at Gebel el-Silsila." Pp. 52–56 in *Studies in Pharaonic Religion and Society in Honor of J. Gwyn Griffths*, edited by Alan Lloyd. London: Egypt Exploration Society.

Camp, Claudia. 2000. "Woman Wisdom in the Hebrew Bible (Job 28:1–28; Prov. 1:20–33; 3:13–18; 7:1–5; 8:1–36; 9:1–6; 14:1)." Pp. 548–50 in *Women in Scripture: A Dictionary of the Named and Unnamed Women in the Hebrew Bible, the Apocryphal/Deuterocanonical Books, and the New Testament*, edited by Carol Meyers, Toni Craven, and Ross S. Kraemer. Boston: Houghton Mifflin.

Campbell, Duncan B. 2006. *Besieged: Siege Warfare in the Ancient World*. New York: Osprey.

Campbell Thompson, Reginald. 1903. *The Devils and Evil Spirits of Babylonia*. 2 vols. London: Luzac.

Cantrell, Deborah O. 2011. *The Horsemen of Israel: Horses and Chariotry in Monarchic Israel (Ninth-Eighth Centuries BCE)*. Winona Lake, IN: Eisenbrauns.

Capomacchia, Anna Maria G., and Marta Rivaroli. 2014. "Peace and War: A Ritual Question." Pp. 171–87 in *Krieg und Frieden im Alten Vorderasien: 52e RAI*, edited by Hans Neumann. AOAT 401. Münster: Ugarit-Verlag.

Carile, Maria C., and Eelco Nagelsmit. 2016. "Iconography, Iconology I: General." Pp. 777–83 in *Encyclopedia of the Bible and Its Reception*, vol. 12, edited by Dale C. Allison et al. Berlin: de Gruyter.

Carpenter, R. 1966. *Discontinuity in Greek Civilization*. Cambridge: Cambridge University Press.

Carroll, John T. 2001. "Children in the Bible." *Interpretation* 55:121–34.

Carroll, Robert. 1983. "Poets Not Prophets: A Response to 'Prophets through the Looking-Glass.'" *JSOT* 27:25–31.

———. 1993. "War in the Hebrew Bible." Pp. 25–44 in *War and Society in the Greek World*, edited by John Rich and Graham Shipley. London: Routledge.

Carter, Charles E. 1999. *The Emergence of Yehud in the Persian Period: A Social and Demographic Study*. JSOTSup 294. Sheffield: Sheffield Academic Press.

———. 2003. "Syria-Palestine in the Persian Period." Pp. 398–412 in *Near Eastern Archaeology: A Reader*, edited by Suzanne Richard. Winona Lake, IN: Eisenbrauns.

———. 2016. "(Re)Defining 'Israel': The Legacy of the Neo-Babylonian and Persian Periods." Pp. 215–40 in *The Wiley Blackwell Companion to Ancient Israel*, edited by Susan Niditch. Malden, MA: Wiley-Blackwell.

Carter, Tristan. 2007. "The Theatrics of Technology: Consuming Obsidian in the Early Cycladic Burial Area." Pp. 88–107 in *Rethinking Craft Specialization in Complex Societies: Archaeological Analyses of the Social Meaning of Production*, edited by Zachary X. Hruby and Rowan K. Flad. Arlington, VA: American Anthropological Association.

Cassuto, Deborah. 2008. "Bringing Home the Artifacts: A Social Interpretation of Loom Weights in Context." Pp. 63–77 in *The World of Women in the Ancient and Classical Near East*, edited by Beth Alpert Nakhai. Newcastle: Cambridge Scholars Publishing.

Cassuto, M. D. 1954. "Gezer, the Gezer Calendar." Pp. 471–74 in *Encyclopedia Biblica*, vol. 2, edited by E. L. Sukenik et al. Jerusalem: Mosad Byalik.

Cassuto, Umberto. 1971. *The Goddess Anath*. Jerusalem: Magnes.

Cathcart, Kevin J. 1995. "The Trees, the Beasts and the Birds: Fables, Parables and Allegories in the Old Testament." Pp. 212–21 in *Wisdom in Ancient Israel*, edited by John Day, Robert P. Gordon, and H. G. M. Williamson. Cambridge: Cambridge University Press.

Catto, Stephen K. 2007. *Reconstructing the First-Century Synagogue: A Critical Analysis of Current Research*. LNTS 363; London: T&T Clark.

Caubet, A. 2014. "Musical Practices and Instruments in Late Bronze Age Ugarit (Syria)." Pp. 172–84 in *Music in Antiquity: The Near East and the Mediterranean*, edited by Joan Goodnick Westenholz, Yossi Maurey, and Edwin Seroussi. Yuval 8. Berlin: de Gruyter; Jerusalem: Magnes.

Caubet, A., and M. Yon. 2015. "Dieux métallurgistes: Kothar, Tubal Caïn et l'image de Bès." *Semitica et Classica* 8:135–41.

Cavanagh, Edward, and Lorenzo Veracini, eds. 2017. *The Routledge Handbook of the History of Settler Colonialism*. Routledge History Handbooks. London: Routledge.

Cavillier, Giacoma. 2004. "Il 'Migdol' di Ramesse III a Medinet Habu fra originalità ed influssi asiatici." *Syria* 81:57–79.

Chadwick, Christie Goulart. 2015. "Archaeology and the Reality of Ancient Israel: Convergences between Biblical and Extra-Biblical Sources for the Monarchic Period." PhD dissertation, Andrews University.

Chaney, M. L. 1986. "Systematic Study of the Israelite Monarchy." Pp. 53–76 in *Social Scientific Criticism of the Hebrew Bible and Its Social World: The Israelite Monarchy*, edited by Norman K. Gottwald. Semeia 37. Atlanta: Society of Biblical Literature.

Charlesworth, James H., ed. 1983–85. *The Old Testament Pseudepigrapha*. 2 vols. Garden City, NY: Doubleday.

Charpin, Dominique. 2010. *Writing, Law, and Kingship in Old Babylonian Mesopotamia*. Translated by Jane Marie Todd. Chicago: University of Chicago Press.

———. 2011. *Reading and Writing in Babylon*. Translated by Jane Marie Todd. Cambridge, MA: Harvard University Press.

Charpin, Dominique, and Nele Ziegler. 2003. *Mari et le Proche-Orient à l'époque amorite: Essai d'histoire politique*. Mémoires de NABU 6; Florilegium marianum 5. Paris: Société pour l'Étude du Proche-Orient Ancien.

Chavalas, Mark W. 1997. "Inland Syria and the East-of-Jordan Region in the First Millennium BCE before the Assyrian Intrusions." Pp. 167–79 in *The Age of Solomon: Scholarship at the Turn of the Millennium*, edited by Lowell K. Handy. SHANE 11. Leiden: Brill.

———. 2011. "The Comparative Use of Ancient Near Eastern Texts in the Study of the Hebrew Bible." *Religion Compass* 5 (5): 150–65.

Chevereau, Pierre-Marie. 1985. *Prosopographie des cadres militaires égyptiens de la Basse Époque: Carrières militaires et carrières sacerdotales en Égypte du XIe au IIe siècle avant J.-C.* Paris: Cybèle.

Chiera, E. 1929. *Excavations at Nuzi*, vol. 1: *Texts of Varied Contents*. Harvard Semitic Series 5. Cambridge, MA: Harvard University Press.

Childs, Brevard S. 1985. *Old Testament Theology in a Canonical Context*. Philadelphia: Fortress.

———. 1987. "Death and Dying in Old Testament Theology." Pp. 89–91 in *Love and Death in the Ancient Near East: Essays in Honor of Marvin H. Pope*, edited by John H. Marks and Robert M. Good. Guilford, CT: Four Quarters.

Childs, William A. P. 2003. "The Human Animal: The Near East and Greece." Pp. 49–70 in *The Centaur's Smile: The Human Animal in Early Greek Art*, edited by J. Michael Padgett. Princeton: Princeton University Art Museum.

Chirichigno, Gregory C. 1993. *Debt-Slavery in Israel and the Ancient Near East*. JSOTSup 141. Sheffield: JSOT Press.

Cho, Paul Kang-Kul, and Janling Fu. 2013. "Feasting with Death in the Isaianic Apocalypse (Isaiah 25:6–8)." Pp. 117–42 in *Intertextuality and Formation of Isaiah 24–27*, edited by Todd Hibbard and Paul Kim. AIL. Atlanta: Scholars Press.

Christiansen, Birgit. 2007. "Der Blick aus dem Fenster: Bemerkungen zu einem literarischen Motiv in einigen Texten des hethitischen Schrifttums und des Alten Testaments." Pp. 143–52 in *Tabularia Hethaeorum: Hethitologische Beiträge; Silvin Košak zum 65. Geburtstag*, edited by Detlev Groddek and Marina Zorman. Dresdner Beiträge zur Hethitologie 25. Wiesbaden: Harrassowitz.

Civil, M. 2011. "The Law Collection of Ur-Namma." Pp. 221–88 in *Cuneiform Royal Inscriptions and Related Texts in the Schøyen Collection*, edited by A. R. George. CUSAS 17. Bethesda, MD: CDL Press.

Clancy, Frank. 1999. "Shishak/Shoshenq's Travels." *JSOT* 86:3–23.

Clarke, Lee. 2002. "Panic: Myth or Reality?" *Contexts* 1:21–26.

Clements, R. E. 1995. "Wisdom and Old Testament Theology." Pp. 269–86 in *Wisdom in Ancient Israel*, edited by John Day, Robert P. Gordon, and H. G. M. Williamson. Cambridge: Cambridge University Press.

Clifford, Richard J. 1994. *Creation Accounts in the Ancient Near East and in the Bible*. CBQMS 26. Washington, DC: Catholic Biblical Association of America.

———. 1998. *The Wisdom Literature*. Nashville: Abingdon.

Cline, Eric H. 2000. *The Battles of Armageddon: Megiddo and the Jezreel Valley from the Bronze Age to the Nuclear Age*. Ann Arbor: University of Michigan Press.

———. 2014. *1177 B.C.: The Year Civilization Collapsed*. Turning Points in Ancient History. Princeton: Princeton University Press.

Cline, Eric H., and David O'Connor, eds. 2006. *Thutmose III: A New Biography*. Ann Arbor: University of Michigan Press.

Clines, David J. A. 2016. "How Many Israelites Do We Know by Name? With a Proposal for a Hebrew Prosopography." Paper presented at the Annual Meeting of the Society of Biblical Literature, San Antonio. http://www.academia.edu/29734969/How_Many_Israelites_Do_We_Know_by_Name_With_a_Proposal_for_a_Hebrew_Prosopography.

Cochavi-Rainey, Zippora. 1999. *Royal Gifts in the Late Bronze Age, Fourteenth to Thirteenth Centuries BCE*. Beer-Sheva: Ben-Gurion University of the Negev Press.

Cogan, Mordechai. 1983. "'Ripping Open Pregnant Women' in Light of an Assyrian Analogue." *JAOS* 103 (4): 755–57.

———. 1993. "Judah under Assyrian Hegemony." *JBL* 112:403–14.

Cogan, Mordechai, and Hayim Tadmor. 1988. *II Kings*. AB 11. Garden City, NY: Doubleday.

Cohen, Mark E. 2015. *Festivals and Calendars of the Ancient Near East*. Bethesda, MD: CDL Press.

Cohen, Raymond, and Raymond Westbrook. 2000. *Amarna Diplomacy: The Beginnings of International Relations*. Baltimore: Johns Hopkins University Press.

Cohen, Yoram. 2007. "Public Religious Sentiment and Personal Piety in the Ancient Near Eastern City of Emar during the Late Bronze Age." *RC* 1:329–40.

———. 2013. *Wisdom from the Bronze Age*. Edited by Andrew R. George. WAW 19. Atlanta: Society of Biblical Literature.

Colijn, Brenda B. 2004. "Family in the Bible: A Brief Survey." *Ashland Theological Journal* 36:73–84.

Collins, Billie Jean. 1995. "Ritual Meals in the Hittite Cult." Pp. 77–92 in *Ancient Magic and Ritual Power*, edited by Marvin Meyer and Paul Mirecki. RGRW 129. Leiden: Brill.

———. 2007. "Hittites." Pp. 838–43 in *The New Interpreter's Dictionary of the Bible*, vol. 2, edited by Katharine Doob Sakenfeld. Nashville: Abingdon.

Collins, John J. 1997. *Jewish Wisdom in the Hellenistic Age*. OTL. Louisville: Westminster John Knox.

———. 2003. "The Zeal of Phinehas: The Bible and the Legitimation of Violence." *JBL* 122:3–21.

———. 2005. *Jewish Cult and Hellenistic Culture: Essays on the Jewish Encounter with Hellenism and Roman Rule*. JSJSup 100. Leiden: Brill.

———. 2016. *The Apocalyptic Imagination: An Introduction to Jewish Apocalyptic Literature*. 3rd ed. Grand Rapids: Eerdmans.

Collins, John J., and Daniel C. Harlow, eds. 2010. *The Eerdmans Dictionary of Early Judaism*. Grand Rapids: Eerdmans.

Collins, John J., and Gregory E. Sterling, eds. 2001. *Hellenism in the Land of Israel*. Notre Dame, IN: University of Notre Dame Press.

Collins, Paul. 2008. *Assyrian Palace Sculptures*. London: British Museum.

Collon, Dominique. 1988. *First Impressions: Cylinder Seals in the Ancient Near East*. Chicago: University of Chicago Press.

———. 1994. "Bull Leaping in Syria." *ÄL* 4:81–85.

———. 1999. "Depictions of Priests and Priestesses in the Ancient Near East." Pp. 17–46 in *Priest and Officials in the Ancient Near East: Papers of the Second Colloquium on the Ancient Near East*, edited by Kazuko Watanabe. Heidelberg: Universitätsverlag C. Winter.

———. 2008. "Playing in Concert in the Ancient Near East." Pp. 47–65 in *Proceedings of the International Conference of Near Eastern Archaeomusicology, ICONEA 2008: Held at the British Museum December 4, 5 and 6, 2008*, edited by Richard Dumbrill and Irving Finkel. Piscataway, NJ: Gorgias.

Conder, C. R., and H. H. Kitchener. 1881–83. *The Survey of Western Palestine: Memoirs of the Topography, Orography, Hydrology and Archaeology*. 3 vols. London: Committee of the Palestine Exploration Fund.

Connerton, Paul. 1989. *How Societies Remember*. Cambridge: Cambridge University Press.

Coogan, Michael D. 1987. "Of Cults and Cultures: Reflections on the Interpretation of Archaeological Evidence." *PEQ* 119:1–8.

———. 2009. *A Brief Introduction to the Old Testament: The Hebrew Bible in Its Context*. Oxford: Oxford University Press.

Cook, Stephen L. 2004. *The Social Roots of Biblical Yahwism*. SBL 8. Atlanta: Society of Biblical Literature.

———. 2007. "Funerary Practices and Afterlife Expectations in Ancient Israel." *RC* 1:1–24.

Coombes, Paul, and Keith Barber. 2005. "Environmental Determinism in Holocene Research: Causality or Coincidence?" *Area* 37:303–11.

Copan, Paul. 2011. *Is God a Moral Monster? Making Sense of the Old Testament God*. Grand Rapids: Baker Books.

Corduan, Winfried. 2012. *Neighboring Faiths: A Christian Introduction to World Religions*. 2nd ed. Downers Grove, IL: InterVarsity.

Cornelius, Izak. 2004a. *The Many Faces of the Goddess: The Iconography of the Syro-Palestinian Goddesses Anat, Astarte, Qedeshet, and Asherah*

c. 1500–1000 BCE. OBO 204. Fribourg: Academic Press; Göttingen: Vandenhoeck & Ruprecht.

———. 2004b. "A Preliminary Typology for the Female Plaque Figurines and Their Value for the Religion of Ancient Palestine and Jordan." *JNSL* 30:21–39.

———. 2009. "In Search of the Goddess in Ancient Palestinian Iconography." Pp. 77–98 in *Israel zwischen den Mächten: Festschrift für Stefan Timm zum 65. Geburtstag*, edited by Michael Pietsch and Friedhelm Hartenstein. AOAT 364. Münster: Ugarit-Verlag.

———. 2013. "Art, Bronze and Iron Age." *OEBA* 1:49–57.

———. 2015. "Revisiting the Seated Figure from Ramat Rahel." *ZDPV* 131:29–43.

———. 2016. "Iconography, Iconology II: Hebrew Bible/Old Testament." Pp. 783–85 in *Encyclopedia of the Bible and Its Reception*, vol. 12, edited by Dale C. Allison et al. Berlin: de Gruyter.

———. 2017. "The Study of the Old Testament and the Material Imagery of the Ancient Near East, with a Focus on the Body Parts of the Deity." Pp. 195–227 in *IOSOT Congress Volume Stellenbosch 2016*, edited by Louis C. Jonker et al. Leiden: Brill.

Counihan, Carole. 1999. "Bread as World: Food Habits and Social Relations in Modernizing Sardinia." Pp. 25–42, 216–17 in *The Anthropology of Food, and the Body: Gender, Meaning, and Power*, edited by Carole Counihan. New York: Routledge.

Cowley, Arthur E. 1923. *Aramaic Papyri of the Fifth Century B.C.: Edited with Translation and Notes*. Oxford: Clarendon. Reprint, Osnabrück: Zeller, 1967.

Crabtree, P. 1986. "Flora of Tell Hesban and Area, Jordan." Pp. 75–98 in *Hesban 2: Environmental Foundations*, edited by Øystein S. LaBianca and L. Lacelle. Berrien Springs, MI: Andrews University Press.

Craigie, Peter C. 1978. *The Problem of War in the Old Testament*. Grand Rapids: Eerdmans.

———. 1983. *Ugarit and the Old Testament: The Story of a Remarkable Discovery and Its Impact on Old Testament Studies*. Grand Rapids: Eerdmans.

Crawford, Sidnie White. 2008. *Rewriting Scripture in Second Temple Times*. Grand Rapids: Eerdmans.

Crenshaw, James L. 1990. "The Sage in Proverbs." Pp. 205–16 in *The Sage in Israel and the Ancient Near East*, edited by John G. Gammie and Leo G. Perdue. Winona Lake, IN: Eisenbrauns.

———. 1995. "The Contemplative Life in the Ancient Near East." *CANE* 4:2445–57.

Cribb, Roger. 1991. *Nomads in Archaeology*. Cambridge: Cambridge University Press.

Crisostomo, C. Jay. 2015. "Writing Sumerian, Creating Texts: Reflections on Text-Building Practices in Old Babylonian Schools." *JANER* 15:121–42.

Crocker, P. T. 1985. "Status Symbols in the Architecture of El-'Amarna." *JEA* 71:52–65.

Cross, Frank Moore. 1973. *Canaanite Myth and Hebrew Epic*. Cambridge, MA: Harvard University Press.

———. 1975a. "A Reconstruction of the Judean Restoration." *JBL* 94:4–18.

———. 1975b. "Correction: A Reconstruction of the Judean Restoration." *JBL* 94:259.

———. 1989. "The Contributions of W. F. Albright to Semitic Epigraphy and Paleography." Pp. 17–31 in *The Scholarship of William Foxwell Albright: An Appraisal*, edited by Gus W. Van Beek. HSS 33. Atlanta: Scholars Press.

———. 2003. *Leaves from an Epigrapher's Notebook: Collected Papers in Hebrew and West Semitic Palaeography and Epigraphy*. Winona Lake, IN: Eisenbrauns.

———. 2008. "Inscriptions in Phoenician and Other Scripts." Pp. 333–72 in *Ashkelon 1: Introduction and Overview (1985–2006)*, edited by Lawrence E. Stager, J. David Schloen, and Daniel M. Master. Winona Lake, IN: Eisenbrauns.

Cross, Frank Moore, W. E. Lemke, and P. D. Miller, eds. 1976. *MAGNALIA DEI, the Mighty Acts of God: Essays on the Bible and Archaeology in Memory of G. Ernest Wright*. Garden City, NY: Doubleday.

Crouch, C. L. 2009. *War and Ethics in the Ancient Near East: Military Violence in Light of Cosmology and History*. BZAW 407. Berlin: de Gruyter.

———. 2014. *Israel and the Assyrians: Deuteronomy, the Succession Treaty of Esarhaddon, and the Nature of Subversion*. ANEM 8. Atlanta: Society of Biblical Literature.

Culbertson, Laura. 2011a. "A Life-Course Approach to Household Slaves in the Late Third Millennium B.C." Pp. 33–48 in *Slaves and Households in the Near East*, edited by Laura Culbertson. OIS 7. Chicago: University of Chicago Press.

———, ed. 2011b. *Slaves and Households in the Near East*. OIS 7. Chicago: University of Chicago Press.

———. 2011c. "Slaves and Households in the Near East." Pp. 1–17 in *Slaves and Households in the Near East*, edited by Laura Culbertson. OIS 7. Chicago: University of Chicago Press.

Currid, John D. 1997. *Ancient Egypt and the Old Testament*. Grand Rapids: Baker.

———. 2013. *Against the Gods: The Polemical Theology of the Old Testament*. Wheaton, IL: Crossway.

Curtis, Adrian. 1985. *Ugarit (Ras Shamra)*. Grand Rapids: Eerdmans.

———. 1990. "Some Observations on 'Bull' Terminology in the Ugaritic Texts and the Old Testament." Pp. 17–31 in *In Quest of the Past: Studies* on Israelite Religion, Literature and Prophetism; Papers Read at the Joint British-Dutch Old Testament Conference, Held at Elspeet, 1988, edited by A. S. van der Woude. Old Testament Studies 26. Leiden: Brill.

———. 2007. Oxford Bible Atlas. New York: Oxford University Press.

Curtis, John, and Matthew Ponting. 2012. An Examination of Late Assyrian Metalwork: With Special Reference to Nimrud. Oxford: Oxbow Books.

Dabrowa, E. 2010. The Hasmoneans and Their State: A Study in History, Ideology, and the Institutions. Krakow: Jagiellonian University Press.

Dagan, Yehudah. 1992. "The Shephelah during the Period of the Monarchy in Light of Archaeological Excavations and Surveys." MA thesis, Tel Aviv University. [In Hebrew.]

Dahood, Mitchell. 1965–70. Psalms: Introduction, Translation, and Notes. 3 vols. AB 16, 17, 17A. Garden City, NY: Doubleday.

Dalley, Stephanie. 1985. "Foreign Chariotry and Cavalry in the Armies of Tiglath-Pileser III and Sargon II." Iraq 47:31–48.

D'Amato, Raffaele, and Andrea Salimbeti. 2015. Sea Peoples of the Mediterranean c. 1400 BC–1000 BC. Osprey Elite Series 204. Oxford: Osprey.

Damrosch, D. 1987. The Narrative Covenant: Transformations of Genre in the Growth of Biblical Literature. San Francisco: Harper & Row.

Dandamaev, Muhammad A., and Vladimir Lukonin. 1989. The Culture and Social Institutions of Ancient Iran. Translated by Philip L. Kohl and D. J. Dadson. Cambridge: Cambridge University Press.

Danin, Avinoam. 1992. "Flora and Vegetation of Israel and Adjacent Areas." Bocconea 3:18–42.

———. 1998. "Man and the Natural Environment." Pp. 24–39 in The Bible and Radiocarbon Dating: Archaeology, Text and Science, edited by Thomas E. Levy and Tom Higham. London: Equinox.

Danin, Avinoam, and Gideon Orshan, eds. 1999. Vegetation of Israel. Leiden: Backhuys.

Danin, Avinoam, and Uzi Plitmann. 1987. "Revision of the Plant Geographical Territories of Israel and Sinai." Plant Systematics and Evolution 156:43–53.

Dansgaard, W. 1964. "Stable Isotopes in Precipitation." Tellus 16:436–68.

Darby, Erin D. 2014. Interpreting Judean Pillar Figurines: Gender and Empire in Judean Apotropaic Ritual. FAT 2/69. Tübingen: Mohr Siebeck.

Darnell, John, and Colleen Manassa. 2007. Tutankhamun's Armies: Battle and Conquest during Ancient Egypt's Late 18th Dynasty. Hoboken, NJ: John Wiley.

Davey, Christopher J. 1980. "Temples of the Levant and the Buildings of Solomon." Tyndale Bulletin 31:107–46.

Davies, Eryl W. 2005. "The Morally Dubious Passages of the Hebrew Bible: An Examination of Some Proposed Solutions." Currents in Research 3 (2): 197–228.

Davies, Graham I. 1991. Ancient Hebrew Inscriptions: Corpus and Concordance. Cambridge: Cambridge University Press.

———. 1995. "Were There Schools in Ancient Israel?" Pp. 199–211 in Wisdom in Ancient Israel, edited by John Day, Robert P. Gordon, and H. G. M. Williamson. Cambridge: Cambridge University Press.

———. 2004. "Was There an Exodus?" Pp. 23–40 in In Search of Pre-Exilic Israel: Proceedings of the Oxford Old Testament Seminar, edited by John Day. New York: T&T Clark.

Davies, Norman de Garis. 1903–8. The Rock Tombs of El-Amarna. 6 vols. London: Egypt Exploration Society.

———. 1905a. The Rock Tombs of El-Amarna II: The Tombs of Panehesy and Meryra II. London: Egypt Exploration Society.

———. 1905b. The Rock Tombs of El-Amarna III: The Tombs of Huya and Ahmes. London: Egypt Exploration Society.

———. 1943. The Tomb of Rekh-Mi-Rē' at Thebes. New York: Metropolitan Museum of Art.

Davies, Norman de Garis, and R. O. Faulkner. 1947. "A Syrian Trading Venture to Egypt." JEA 33:40–46.

Davies, Philip R. 1992. In Search of "Ancient Israel." JSOTSup 148. Sheffield: JSOT Press.

———. 2006. In Search of "Ancient Israel." 2nd ed. New York: Continuum.

———. 2008. Memories of Ancient Israel: An Introduction to Biblical History—Ancient and Modern. Louisville: Westminster John Knox.

Davis, Andrew R. 2013. Tel Dan in Its Northern Cultic Context. ABS 20. Atlanta: Society of Biblical Literature.

Davis, Simon J., and François Valla. 1978. "Evidence for Domestication of the Dog 12,000 Years Ago in the Natufian of Israel." Nature 276:608–10.

Day, David. 2008. Conquest: How Societies Overwhelm Others. Oxford: Oxford University Press.

Day, John. 1985. God's Conflict with the Dragon and the Sea: Echoes of a Canaanite Myth in the Old Testament. UCOP 35. Cambridge: Cambridge University Press.

———. 1989. Molech: A God of Human Sacrifice in the Old Testament. Cambridge: Cambridge University Press.

———. 1995. "Foreign Semitic Influence on the Wisdom of Israel and Its Appropriation in the Book of Proverbs." Pp. 55–70 in Wisdom in Ancient Israel: Essays in Honour of J. A. Emerton, edited by John

Day, Robert P. Gordon, and H. G. M. Williamson. Cambridge: Cambridge University Press.

———. 1996. "The Development of Belief in Life after Death in Ancient Israel." Pp. 231–57 in *After the Exile: Essays in Honor of Rex Mason*, edited by John Barton and David J. Reimer. Macon, GA: Mercer University Press.

———, ed. 2005. *Temple and Worship in Biblical Israel*. New York: Continuum.

Dearman, J. Andrew. 1989a. "Historical Reconstruction and the Mesha Inscription." Pp. 155–210 in *Studies in the Mesha Inscription and Moab*, edited by J. Andrew Dearman. ABS 2. Atlanta: Scholars Press.

———, ed. 1989b. *Studies in the Mesha Inscription and Moab*. ABS 2. Atlanta: Scholars Press.

———. 1996. "The Tophet in Jerusalem: Archaeology and Cultural Profile." *JNSL* 22:59–71.

———. 1998. "The Family in the Old Testament." *Interpretation* 52:117–29.

De Backer, Fabrice. 2006. "Notes sur les machines de siège néo-assyriennes." Pp. 69–86 in *Krieg und Frieden im Alten Vorderasien: 52e RAI*, edited by Hans Neumann. AOAT 401. Münster: Ugarit-Verlag.

———. 2013. *Scale-Armour in the Neo-Assyrian Period: Manufacture and Maintenance*. Saarbrücken: Lambert Academic.

Deetz, J. 1996. *In Small Things Forgotten: An Archaeology of Early American Life*. New York: Doubleday.

Deger-Jalkotzy, Sigrid. 2008. "Decline, Destruction, Aftermath." Pp. 387–416 in *The Cambridge Companion to the Aegean Bronze Age*, edited by Cynthia W. Shelmerdine. Cambridge: Cambridge University Press.

De Geus, V. J. K. 1982. "Die Gesellschaftskritik der Propheten und die Archäologie." *ZDPV* 98:50–57.

de Hulster, Izaak J. 2009. *Iconographic Exegesis and Third Isaiah*. FAT 2/36. Tübingen: Mohr Siebeck.

———. 2014. "Ethnicity and 'the Myth of the Reborn Nation': Investigations in Collective Identity, Monotheism and the Use of Figurines in Yehud during the Achaemenid Period." *Approaching Religion* 4 (2): 16–24. https://ojs.abo.fi/ojs/index.php/ar/article/view/823.

———. 2015. "The Myth of the Reborn Nation." Pp. 123–38 in *Open-Mindedness in the Bible and Beyond: A Volume of Studies in Honour of Bob Becking*, edited by Mario C. A. Korpel and Lester L. Grabbe. London: Bloomsbury T&T Clark.

de Hulster, Izaak J., and Joel M. LeMon, eds. 2014a. *Image, Text, Exegesis: Iconographic Interpretation and the Hebrew Bible*. London: Bloomsbury T&T Clark.

———. 2014b. "Introduction: The Interpretive Nexus of Image and Text." Pp. xix–xxiv in *Image, Text, Exegesis: Iconographic Interpretation and the Hebrew Bible*, edited by Izaak J. de Hulster and Joel M. LeMon. London: Bloomsbury T&T Clark.

de Hulster, Izaak J., and Rüdiger Schmitt, eds. 2009. *Iconography and Biblical Studies: Proceedings of the Iconography Sessions at the Joint EABS/SBL Conference, 22–26 July 2007, Vienna, Austria*. AOAT 361. Münster: Ugarit-Verlag.

de Hulster, Izaak J., Brent A. Strawn, and Ryan P. Bonfiglio, eds. 2015a. *Iconographic Exegesis of the Hebrew Bible/Old Testament: An Introduction to Its Method and Practice*. Göttingen: Vandenhoeck & Ruprecht.

———. 2015b. "Introduction: Iconographic Exegesis: Method and Practice." Pp. 19–42 in *Iconographic Exegesis of the Hebrew Bible/Old Testament: An Introduction to Its Method and Practice*, edited by Izaak J. de Hulster, Brent A. Strawn, and Ryan P. Bonfiglio. Göttingen: Vandenhoeck & Ruprecht.

Delitzsch, F. 1903. *Babel and Bible: Two Lectures on the Significance of Assyriological Research for Religion*. Translated by Thomas J. McCormack, W. H. Carruth, and Lydia G. Robinson. Chicago: Open Court.

Dell, Katharine. 2008. "Scribes, Sages, and Seers in the First Temple." Pp. 125–44 in *Scribes, Sages, and Seers: The Sage in the Eastern Mediterranean World*, edited by Leo G. Perdue. FRLANT 219. Göttingen: Vandenhoeck & Ruprecht.

del Olmo Lete, G., and J. Sanmartín. 1996. *Diccionario de la lengua ugarítica*. 2 vols. Aula Orientalis Supplementa. Barcelona: Editorial Ausa.

DeMarrais, Elizabeth, Luis J. Castillo, and Timothy K. Earle. 1996. "Ideology, Materialization and Power Strategies." *Current Anthropology* 37:15–32.

DeNiro, M. J. 1987. "Stable Isotopy and Archaeology." *American Scientist* 75:182–91.

DeNiro, M. J., and S. Epstein. 1978. "Influence of Diet on the Distribution of Carbon Isotopes in Animals." *Geochimica et cosmochimica acta* 4 (5): 495–506.

Derks, Ton. 2009. "Ethnic Identity in the Roman Frontier: The Epigraphy of Batavi and Other Lower Rhine Tribes." Pp. 239–82 in *Ethnic Constructs in Antiquity: The Role of Power and Tradition*, edited by Ton Derks and Nico Roymans. Amsterdam: Amsterdam University Press.

Der Manuelian, Peter. 1987. *Studies in the Reign of Amenophis II*. Hildesheimer Ägyptologische Beiträge. Hildesheim: Gerstenberg.

———. 1999. "Administering Akhenaten's Egypt." Pp. 145–50 in *Pharaohs of the Sun: Akhenaten, Nefertiti, Tutankhamen*, edited by Rita Freed, Yvonne Markowitz, and Sue D'Auria. Boston: Museum of Fine Arts.

de Roos, Johan. 2001. "Rhetoric in the S.C. Testament of Hattusilis I." Pp. 401–6 in *Veenhof Anniversary*

Volume: Studies Presented to Klaas R. Veenhof on the Occasion of His Sixty-fifth Birthday, edited by W. H. van Soldt. Publications de l'Institut Historique-Archéologique de Stamboul 89. Leiden: Nederlands Instituut voor het Nabije Oosten.

Deuel, David C. 2002. "Apprehending Kidnappers by Correspondence at Provincial Arrapḫa." Pp. 191–208 in *Mesopotamia and the Bible: Comparative Explorations*, edited by Mark W. Chavalas and K. Lawson Younger Jr. JSOTSup 341. Sheffield: Sheffield Academic Press.

———. 2015. "Mission at Arrapḫa." Pp. 355–68 in *Tradition and Innovation in the Ancient Near East: Proceedings of the 57th RAI at Rome 4–8 July 2011*, edited by Alfonso Archi in collaboration with Armando Bramanti. Winona Lake, IN: Eisenbrauns.

Deutsch, Robert, ed. 2003. *Shlomo: Studies in Epigraphy, Iconography, History and Archaeology in Honor of Shlomo Moussaieff*, edited by Robert Deutsch. Tel Aviv: Archaeological Center Publications.

De Vaux, R. 1965. *Ancient Israel, Its Life and Institutions*. New York: McGraw Hill.

Dever, William G. 1970. "Iron Age Epigraphic Material from the Area of Khirbet el-Kôm." *HUCA* 40:139–204.

———. 1977. "The Patriarchal Traditions." Pp. 70–119 in *Israelite and Judean History*, edited by John H. Hayes and J. Maxwell Miller. OTL. London: SCM.

———. 1984. "Asherah, Consort of Yahveh: New Evidence from Kuntillet Ajrud." *BASOR* 255:21–37.

———. 1987. "The Middle Bronze Age: The Zenith of the Urban Canaanite Era." *BA* 50:149–77.

———. 1990a. "Hyksos, Egyptian Destructions, and the End of the Palestinian Middle Bronze Age." *Levant* 22:75–81.

———. 1990b. *Recent Archaeological Discoveries and Biblical Research*. Seattle: University of Washington Press.

———. 1993. "What Remains of the House That Albright Built?" *BA* 56:25–35.

———. 1999. "Histories and Nonhistories of Ancient Israel." *BASOR* 316:89–106.

———. 2001. *What Did the Biblical Writers Know and When Did They Know It? What Archaeology Can Tell Us about the Reality of Ancient Israel*. Grand Rapids: Eerdmans.

———. 2002. "Syro-Palestinian and Biblical Archaeology: Into the Next Millennium." Pp. 513–28 in *Symbiosis, Symbolism, and the Power of the Past: Canaan, Ancient Israel and Their Neighbors from the Late Bronze Age through Roman Palaestina*, edited by William G. Dever and Seymour Gitin. Winona Lake, IN: Eisenbrauns.

———. 2003. *Who Were the Early Israelites and Where Did They Come From?* Grand Rapids: Eerdmans.

———. 2005. *Did God Have a Wife? Archaeology and Folk Religion in Ancient Israel*. Grand Rapids: Eerdmans.

———. 2012. *The Lives of Ordinary People in Ancient Israel*. Grand Rapids: Eerdmans.

———. 2015. "The Exodus and the Bible: What Was Known, What Was Remembered, What Was Forgotten?" Pp. 399–408 in *Israel's Exodus in Transdisciplinary Perspective: Text, Archaeology, Culture, and Geoscience*, edited by Thomas E. Levy, Thomas Schneider, and William H. C. Propp. New York: Springer.

Dezső, Tamás. 2001. *Near Eastern Helmets of the Iron Age*. British Archaeological Reports 992. Oxford: J. and E. Hedges.

———. 2006. "The Reconstruction of the Neo-Assyrian Army: As Depicted on the Assyrian Palace Reliefs, 745–612 BC." *Acta Archaeologica* 57:87–130.

———. 2012. *The Assyrian Army 1: The Structure of the Neo-Assyrian Army as Reconstructed from the Assyrian Palace Reliefs and Cuneiform Sources*. 2 vols. Budapest: Eötvös Loránd University Press.

Dick, Michael B., ed. 1998. *Born in Heaven, Made on Earth: The Creation of the Cult Image in the Ancient Near East*. Winona Lake, IN: Eisenbrauns.

Dietler, Michael. 2001. "Theorizing the Feast: Rituals of Consumption, Commensal Politics, and Power in African Contexts." Pp. 65–114 in *Feasts: Archaeological and Ethnographic Perspectives on Food, Politics, and Power*, edited by Michael Dietler and Brian Hayden. Washington, DC: Smithsonian Institution.

Dietrich, Manfred. 1989. "Das Einsetzungsritual der Entu' von Emar (Emar VI/3, 369)." *UF* 21:47–100.

———. 2001. "Das biblische Paradies und der babylonische Tempelgarten: Überlegungen zur Lage des Gartens Eden." Pp. 281–323 in *Das biblische Weltbild und seine altorientalischen Kontexte*, edited by Bernd Janowski and Beate Ego. FAT 32. Tübingen: Mohr Siebeck.

Dincauze, D. F. 2000. *Environmental Archaeology: Principles and Practice*. Cambridge: Cambridge University Press.

Dines, Jennifer M. 2004. *The Septuagint*. Understanding the Bible and Its World. London: T&T Clark.

Dion, P.-E. 1995. "Syro-Palestinian Resistance to Shalmaneser III in the Light of New Documents." *ZAW* 107:482–89.

———. 1997. *Les Araméens à l'âge du fer: Histoire politique et structures sociales*. Etudes bibliques 34. Paris: Gabalda.

———. 1999. "The Tel Dan Stele and Its Historical Significance." Pp. 145–56 in *Michael: Historical, Epigraphical and Biblical Studies in Honor of Prof. Michael Heltzer*, edited by Yitzhak Avishur and Robert Deutsch. Tel Aviv: Archaeological Center Publications.

Doak, Brian R. 2015. *Phoenician Aniconism in Its Mediterranean and Ancient Near Eastern Contexts*. ABS 21. Atlanta: Society of Biblical Literature.

Dobbs-Allsopp, F. W., J. J. M. Roberts, C. L. Seow, and R. E. Whitaker. 2005. *Hebrew Inscriptions: Texts from the Biblical Period of the Monarchy with Concordance*. New Haven: Yale University Press.

Dodson, Aidan. 1990. "Crown Prince Djhotmose and the Royal Sons of the Eighteenth Dynasty." *JEA* 76:87–96.

———. 2000. "Towards a Minimum Chronology of the New Kingdom and Third Intermediate Period." *Bulletin of the Egyptological Seminar* 14:7–18.

———. 2009. *Amarna Sunset: Nefertiti, Tutankhamun, Ay, Horemheb, and the Egyptian Counter-Reformation*. Cairo: American University in Cairo Press.

———. 2010. *Poisoned Legacy: The Fall of the Nineteenth Egyptian Dynasty*. Cairo: American University in Cairo Press.

———. 2012. *Afterglow of Empire: Egypt from the Fall of the New Kingdom to the Saite Renaissance*. Cairo: American University in Cairo Press.

———. 2013. "Chronology, Pharaonic Egypt." Pp. 1485–87 in *The Encyclopedia of Ancient History*, vol. 3, edited by Roger S. Bagnall, Kai Brodersen, Craige B. Champion, Andrew Erskine, and Sabine R. Huebner. Oxford: Wiley-Blackwell.

———. 2014. *Amarna Sunrise: Egypt from Golden Age to Age of Heresy*. Cairo: American University in Cairo Press.

Dorman, Peter. 2009. "The Coregency Revisited: Architectural and Iconographic Conundra in the Tomb of Kheruef." Pp. 65–82 in *Causing His Name to Live: Studies in Egyptian Epigraphy and History in Memory of William J. Murnane*, edited by Peter J. Brand and Louise Cooper. CHANE 37. Leiden: Brill.

Dornemann, Rudolph H. 2003. "General Discussion and Historical References concerning Excavated Archaeological Sites in the Region around Tell Qarqur." Pp. 1–6 in *Preliminary Excavation Reports and other Archaeological Investigations: Tell Qarqur, Iron 1 Sites in the North-Central Highland of Palestine*, edited by Nancy Lapp. Boston: American Schools of Oriental Research.

Dorsey, David A. 1989. *The Roads and Highways of Ancient Israel*. Baltimore: Johns Hopkins University Press.

Dossin, Georges, and André Finet. 1946. *Correspondance féminine: Transcription et traduction*. Archives royales de Mari 10. Paris: Geuthner.

Dothan, Moshe. 1993. "Azor." *NEAEHL* 1:125–29.

Dothan, Trude. 1982. *The Philistines and Their Material Culture*. Jerusalem: Israel Exploration Society.

———. 1998. "Initial Philistine Settlement: From Migration to Coexistence." Pp. 148–61 in *Mediterranean Peoples in Transition: Thirteenth to Early Tenth Centuries BCE*, edited by Seymour Gitin, Amihai Mazar, and Ephraim Stern. Jerusalem: Israel Exploration Society.

———. 2008. *Deir el-Balah: Uncovering an Egyptian Outpost in Canaan from the Time of the Exodus*. Jerusalem: The Israel Museum.

Dothan, Trude, and Moshe Dothan. 1992. *People of the Sea: The Search for the Philistines*. New York: Macmillan.

Dothan, Trude, and Tamar Nahmias-Lotan. 2010. "A Lamp and Bowl Deposit." Pp. 111–13 in *Deir el-Balah: Excavations in 1977–1982 in the Cemetery and Settlement*, vol. 2, *The Finds*, edited by Trude Dothan and Baruch Brandl. QEDEM Monographs of the Institute of Archaeology 50. Jerusalem: Ahva.

Douglas, Mary. 2004. "One God, No Ancestors, in a World Renewed." Pp. 176–95 in Mary Douglas, *Jacob's Tears: The Priestly Work of Reconciliation*. Oxford: Oxford University Press.

Doxey, Denise M. 2001. "Priesthood." *OEAE* 3:68–73.

Dozeman, Thomas B., and Konrad Schmidt, eds. 2006. *A Farewell to the Yahwist? The Composition of the Pentateuch in Recent European Interpretation*. SymS 34. Atlanta: Society of Biblical Literature.

Drabsch, Bernadette A. 2015. *The Mysterious Wall Paintings of Teleilat Ghassul, Jordan: In Context*. Oxford: Archaeopress.

Draffkorn, A. 1959. "Was King Abba-An of Yamḫad a Vizier for the King of Ḫattuša?" *JCS* 13:94–97.

Drake, B. L. 2012. "The Influence of Climatic Change on the Late Bronze Age Collapse and the Greek Dark Ages." *JAS* 39 (6): 1862–70.

Drews, R. 1993. *The End of the Bronze Age: Changes in Warfare and the Catastrophe ca.1200 B.C.* Princeton: Princeton University Press.

———. 2004. *Early Riders: The Beginnings of Mounted Warfare in Asia and Europe*. Oxford: Taylor & Francis.

Driver, Godfrey R. 1965. *Aramaic Documents of the Fifth Century B.C.* Abridged and rev. ed. Oxford: Clarendon. Reprint, Eugene, OR: Wipf & Stock, 2005.

Dubovský, Peter. 2006. *Hezekiah and the Assyrian Spies: Reconstruction of the Neo-Assyrian Intelligence Services and Its Significance for 2 Kings 18–19*. BibOr 49. Rome: Biblical Institute Press.

Dumbrell, William J. 1971. "The Tell el-Maskhuta Bowls and the 'Kingdom' of Qedar in the Persian Period." *BASOR* 203:33–44.

Dunand, Françoise, and Christiane Zivie-Coche. 2004. *Gods and Men in Egypt 3000 BCE to 395 BCE.* Translated by David Lorton. Ithaca, NY: Cornell University Press.

Dunn, Jacob E. 2014. "A God of Volcanoes: Did Yahwism Take Root in Volcanic Ashes?" *JSOT* 38:387–424.

Durand, Jean-Marie. 1988. *Archives Épistolaires de Mari I/1.* Archives royales de Mari 26. Paris: Éditions Recherche sur les civilisations.

Durand, Jean-Marie, et al. 2011. "La fête au palais, banquets, parures et musique en Orient." *Journal asiatique* 299 (2): 601–13.

Dusinberre, Elspeth R. M. 2003. *Aspects of Empire in Achaemenid Sardis.* Cambridge: Cambridge University Press.

Dyrness, William A. 2004. *Reformed Theology and Visual Culture: The Protestant Imagination from Calvin to Edwards.* Cambridge: Cambridge University Press.

Earl, Douglas S. 2011 *The Joshua Delusion? Rethinking Genocide in the Bible.* Eugene, OR: Cascade.

Earle, Timothy. 1982. "Prehistoric Economics and the Archaeology of Exchange." Pp. 1–12 in *Contexts for Prehistoric Exchange*, edited by Jonathan Ericson and Timothy Earle. New York: Academic Press.

———. 1985. "Commodity Exchange and Markets in the Inca State: Recent Archaeological Evidence." Pp. 369–98 in *Market and Marketing*, edited by Stuart Plattner. Monographs in Economic Anthropology 4. Lanham, MD: University Press of America.

Ebeling, Jennie R. 2014. "Traditional Bread Baking in Northern Jordan, Part 2." https:www.youtube.com/watch?v=TaVca6KkMZQ.

Ebeling, Jennie R., and Michael M. Homan. 2008. "Baking and Brewing Beer in the Israelite Household: A Study of Women's Cooking Technology." Pp. 45–62 in *The World of Women in the Ancient and Classical Near East*, edited by Beth Alpert Nakhai. Newcastle: Cambridge Scholars Publishing.

Ebeling, Jennie R., and M. Rogel. 2015. "The Tabun and Its Misidentification in the Archaeological Record." *Levant* 47:328–49.

Ebeling, Jennie R., and York Rowan. 2004. "The Archaeology of The Daily Grind: Ground Stone Tools and Food Production in the Southern Levant." *NEA* 67:108–17.

Edelman, Diana V. 1995. "Solomon's Adversaries Hadad, Rezon and Jeroboam: A Trio of 'Bad Guy' Characters Illustrating the Theology of Immediate Retribution." Pp. 166–91 in *The Pitcher Is Broken: Memorial Essays for Gösta W. Ahlström*, edited by Steven W. Holloway and Lowell K. Handy. JSOTSup 190. Sheffield: Sheffield Academic Press.

———. 2001. "Did Saulide-Davidic Rivalry Resurface in Early Persian Yehud?" Pp. 70–92 in *The Land That I Will Show You: Essays in the History and Archaeology of the Ancient Near East in Honor of J. Maxwell Miller*, edited by J. Andrew Dearman and M. Patrick Graham. JSOTSup 343. Sheffield: Sheffield Academic Press.

———. 2003. "Gibeon and the Gibeonites Revisited." Pp. 153–67 in *Judah and the Judeans in the Neo-Babylonian Period*, edited by Oded Lipschits and Jospeh Blenkinsopp. Winona Lake, IN: Eisenbrauns.

———. 2005. *The Origins of the "Second" Temple: Persian Imperial Policy and the Rebuilding of Jerusalem.* London: Equinox.

———. 2007. "Settlement Patterns in Persian-Era Yehud." Pp. 52–64 in *A Time of Change: Judah and Its Neighbours in the Persian and Early Hellenistic Periods*, edited by Yigal Levin. Library of Second Temple Studies 65. London: T&T Clark.

Edelstein, G., and Y. Gat. 1980–81. "Terraces around Jerusalem." *Israel—Land and Nature* 6 (2): 72–78.

Edelstein, G., and S. Gibson. 1982. "Ancient Jerusalem's Rural Food Basket." *BAR* 8:46–54.

Edelstein, G., and M. Kislev. 1981. "Mevaseret Yerushalayim: Ancient Terraces Farming." *BA* 44:53–56.

Efron, J. 1987. *Studies on the Hasmonean Period.* SJLA 39. Leiden: Brill.

Egberts, Arno. 2001. "Wenamun." *OEAE* 3:495–96.

Eggler, Jürg, and Othmar Keel. 2006. *Corpus der Siegel-Amulette aus Jordanien: Von Neolithikum bis zur Perserzeit.* OBOSA 25. Fribourg: Academic Press; Göttingen: Vandenhoeck & Ruprecht.

Eggler, Jürg, and Christoph Uehlinger, eds. Forthcoming. *Iconography of Deities and Demons in the Ancient Near East.* Leiden: Brill.

Eichler, B. L. 1989. "Nuzi and the Bible: A Retrospective." Pp. 107–19 in *DUMU-E_2-DUB-BA-A: Studies in Honor of Ake W. Sjöberg*, edited by Hermann Behrens, Darlene Loding, and Martha T. Roth. Occasional Publications of the Samuel Noah Kramer Fund 11. Philadelphia: University Museum.

Eitam, David. 1996. "The Olive Oil Industry at Tel Miqne-Erkon during the Late Iron Age." Pp. 167–96 in *Olive Oil in Antiquity: Israel and Neighbouring Countries from the Neolithic to the Early Arab Period*, edited by David Eitam and Michael Heltzer. Padova: Sargon.

Elat, M. 1975. "The Campaigns of Shalmaneser III against Aram and Israel." *IEJ* 25:25–34.

Elayi, Josette. 2007. "An Updated Chronology of the Reigns of Phoenician Kings during the Persian Period (539–333 BCE)." *Transeuphratène* 32:11–42.

Elitzur, Yoel. 2004. *Ancient Place Names in the Holy Land: Preservation and History.* Jerusalem: Magnes.

Ellis, Maria de Jong. 1989. "Observations on Mesopotamian Oracles and Prophetic Texts: Literary and Historiographical Considerations." *JCS* 41:127–86.

Ellis, Walter M. 1994. *Ptolemy of Egypt.* London: Routledge.

Emerit S., ed. 2013. *Le statut du musicien dans la Méditerranée ancienne: Égypte, Mésopotamie, Grèce, Rome.* Lyon: Institut français d'archéologie orientale.

Emerton, J. A. 1982. "New Light on Israelite Religion: The Implications of the Inscriptions from Kuntillet 'Ajrud." *ZAW* 94:2–20.

———. 1999. "'Yahweh and His Asherah': The Goddess or Her Symbol?" *VT* 49:315–37.

Eph'al, Israel. 1982. *The Ancient Arabs: Nomads on the Borders of the Fertile Crescent 9th–5th Centuries BC.* Jerusalem: Magnes.

———. 1997. "Ways and Means to Conquer a City, Based on Assyrian Queries to the Sungod." Pp. 49–53 in *Assyria 1995: Proceedings of the 10th Anniversary Symposium of the Neo-Assyrian Text Corpus Project, Helsinki, September 7–11, 1995,* edited by Simo Parpola and Robert McCray Whiting. Helsinki: Neo-Assyrian Text Corpus Project.

———. 2003. "Nebuchadnezzar the Warrior: Remarks on His Military Achievements." *IEJ* 53:178–91.

———. 2009. *The City Besieged: Siege and Its Manifestations in the Ancient Near East.* Leiden: Brill.

Epstein, C. 1966. *Palestinian Bichrome Ware.* DMOA 12. Leiden: Brill.

Erlich, Adi. 2009. *The Art of Hellenistic Palestine.* British Archaeological Reports International Series. Oxford: Archaeopress.

Ermidoro, Stefania. 2015. *Commensality and Ceremonial Meals in the Neo-Assyrian Period.* Antichistica 8. Studi Orientali 3. Venice: Edizioni Ca' Foscari—Digital Publishing.

Erskine, Andrew, ed. 2005. *A Companion to the Hellenistic World.* Chichester: Wiley-Blackwell.

Eshel, H. 2008. *The Dead Sea Scrolls and the Hasmonean State. Studies in Dead Sea Scrolls and Related Literature.* Grand Rapids: Eerdmans.

Eskenazi, Tamara. 2014. "The Lives of Women in the Postexilic Era." Pp. 11–31 in *The Bible and Women: An Encyclopaedia of Exegesis and Cultural History,* vol. 1.3, *The Writings and Later Wisdom Books,* edited by Christl M. Maier and Nuria Calduch-Benages. Atlanta: Society of Biblical Literature.

Espak, P. 2015. *The God Enki in Sumerian Royal Ideology and Mythology.* Wiesbaden: Harrassowitz.

Evans, Paul S. 2009. *The Invasion of Sennacherib in the Book of Kings: A Source-Critical and Rhetorical Study of 2 Kings 18–19.* VTSup 125. Leiden: Brill.

Evenari, Michael, Leslie Shanan, and Naphtali Tadmor. 1971, 1982. *The Negev: The Challenge of a Desert.* 1st and 2nd eds. Cambridge, MA: Harvard University Press.

Fagan, Garrett G., and Matthew Trundle, eds. 2010. *New Perspectives on Ancient Warfare.* History of Warfare 59. Leiden: Brill.

Fales, Frederick M. 1996. "Prices in Neo-Assyrian Sources." *SAAB* 10:11–53.

Fantalkin, Alexander. 2011. "Why Did Nebuchadnezzar II Destroy Ashkelon in 604 B.C.E.?" Pp. 87–100 in *The Fire Signals of Lachish: Studies in the Archaeology and History of Israel in the Late Bronze Age, Iron Age, and Persian Period in Honor of David Ussishkin,* edited by Israel Finkelstein and Nadav Na'aman. Winona Lake, IN: Eisenbrauns.

Farber, Walter. 1995. "Witchcraft, Magic, and Diviniation in Ancient Mesopotamia." *CANE* 3:1896–1909.

Faulkner, Raymond O. 1969. *The Ancient Egyptian Pyramid Texts.* Oxford: Clarendon.

———. 1977–78. *The Ancient Egyptian Coffin Texts.* 3 vols. Warminster: Aris & Philips.

———. 1985. *The Ancient Egyptian Book of the Dead.* London: British Museum.

Faust, Avraham. 1999. "Socioeconomic Stratification in an Israelite City: Hazor VI as a Test-Case." *Levant* 31:179–90.

———. 2003. "Judah in the Sixth Century B.C.E.: A Rural Perspective." *PEQ* 135:37–53.

———. 2004. "Mortuary Practices, Society and Ideology: The Lack of Iron Age I Burials in Highlands in Context." *IEJ* 54:174–90.

———. 2006a. "Farmsteads in Western Samaria's Foothills: A Reexamination." Pp. 477–504 in *"I Will Speak the Riddles of Ancient Times": Archaeological and Historical Studies in Honor of Amihai Mazar on the Occasion of His Sixtieth Birthday,* vol. 1, edited by Aren. M. Maeir and Pierre de Miroschedji. Winona Lake, IN: Eisenbrauns.

———. 2006b. *Israel's Ethnogenesis: Settlement, Interaction, Expansion and Resistance.* Approaches to Anthropological Archaeology. London: Equinox.

———. 2006c. "The Negev 'Fortresses' in Context: Reexamining the 'Fortress' Phenomenon in Light of General Settlement Processes of the Eleventh–Tenth Centuries B.C.E." *JAOS* 126:135–60.

———. 2007. "The Sharon and the Yarkon Basin in the Tenth Century BCE: Ecology, Settlement Patterns and Political Involvement." *IEJ* 57:65–82.

———. 2008. "Settlement and Demography in Seventh-Century Judah and the Extent and Intensity of Sennacherib's Campaign." *PEQ* 140:168–94.

———. 2010. "The Archaeology of the Israelite Cult: Questioning the Consensus." *BASOR* 360:23–35.

———. 2011a. "Household Economies in the Kingdoms of Israel and Judah." Pp. 255–73 in *Household Archaeology in Ancient Israel and Beyond*, edited by Assaf Yasur-Landau, Jennie R. Ebeling, and Laura B. Mazow. CHANE 50. Leiden: Brill.

———. 2011b. "How Were the Israelites Buried? The Lack of Iron Age I Burials in the Highlands in Context." Pp. 13–32 in *In the Highland's Depth: Ephraim Range and Binyamin Research Studies*, edited by A. Tavgar, Z. Amar, and M. Billig. Ariel-Talmon: Gofna Seminar. [In Hebrew.]

———. 2011c. "The Interests of the Assyrian Empire in the West: Olive Oil Production as a Test-Case." *JESHO* 54:62–86.

———. 2012a. *The Archaeology of Israelite Society in the Iron Age II*. Winona Lake, IN: Eisenbrauns.

———. 2012b. "Did Eilat Mazar Find David's Palace?" *BAR* 38 (5): 47–52, 70.

———. 2012c. *Judah in the Neo-Babylonian Period: The Archaeology of Desolation*. ABS 18. Atlanta: Society of Biblical Literature.

———. 2013. "The Shephelah in the Iron Age: A New Look on the Settlement of Judah." *PEQ* 145:203–19.

———. 2015. "Chronological and Spatial Changes in the Rural Settlement Sector of Ancient Israel during the Iron Age: An Overview." *RB* 122:247–67.

Faust, Avraham, and Shlomo Bunimovitz. 2008. "The Judahite Rock-Cut Tomb: Family Response at a Time of Change." *IEJ* 58:150–70.

Faust, Avraham, and Ruth Ludlum. 2012. *The Archaeology of Israelite Society in Iron Age II*. Winona Lake, IN: Eisenbrauns.

Faust, Avraham, and Zeev Safrai. 2015. *The Settlement History of Ancient Israel: A Quantitative Analysis*. Ramat Gan: The Ingeborg Renner Center for Jerusalem Studies, Bar-Ilan University. [In Hebrew.]

Faust, Avraham, and Ehud Weiss. 2005. "Judah, Philistia, and the Mediterranean World: Reconstructing the Economic System of the Seventh Century B.C.E." *BASOR* 338:71–92.

Feder, Yitzhaq. 2011. *Blood Expiation in Hittite and Biblical Ritual: Origins, Context, and Meaning*. WAW Supplement Series 2. Atlanta: Society of Biblical Literature.

———. 2016. "A Sin Offering for Birth Anxiety." http://thetorah.com/a-sin-offering-for-birth-anxiety/.

Feldman, Louis H. 1993. *Jew and Gentile in the Ancient World*. Princeton: Princeton University Press.

Feldman, Marian, and Brian B. Brown, eds. 2013. *Critical Approaches to Ancient Near Eastern Art*. Berlin: de Gruyter.

Fensham, F. Charles. 1963. "Clauses of Protection in Hittite Vassal-Treaties and the Old Testament." *VT* 13:133–43.

Fernández Marcos, Natalio. 2000. *The Septuagint in Context: Introduction to the Greek Version of the Bible*. Translated by Wilfred G. E. Watson. Leiden: Brill.

Finkelstein, Israel. 1988. *The Archaeology of the Israelite Settlement*. Jerusalem: Israel Exploration Society.

———. 1988–89. "The Land of Ephraim Survey 1980–1987: Preliminary Report." *TA* 15–16:117–83.

———. 1990. "Excavations at Khirbet ed-Dawwara: An Iron Age Site Northeast of Jerusalem." *TA* 17:163–209.

———. 1992. Middle Bronze Age 'Fortifications': A Reflection of Social Organization and Political Formations." *TA* 19:201–20.

———. 1993. "The Central Hill Country in the Intermediate Bronze Age." *IEJ* 41:19–45.

———. 1994. "The Emergence of Israel: A Phase in the Cyclic History of Canaan in the Third and Second Millennium BCE." Pp. 150–78 in *From Nomadism to Monarchy: Archaeological and Historical Aspects of Early Israel*, edited by Israel Finkelstein and Nadav Na'aman. Jerusalem: Yad Ben-Zvi and Israel Exploration Society; Washington, DC: Biblical Archaeology Society.

———. 1996a. "The Archaeology of the United Monarchy: An Alternative View." *Levant* 28:177–87.

———. 1996b. "Ethnicity and Origin of the Iron I Settlers in the Highlands of Canaan: Can the Real Israel Stand Up?" *BA* 59:198–212.

———. 1996c. "The Territorial-Political System of Canaan in the Late Bronze Age." *UF* 28:221–55.

———. 1998a. "Bible Archaeology or Archaeology of Palestine in the Iron Age? A Rejoinder." *Levant* 30:167–74.

———. 1998b. "Philistine Chronology: High, Middle or Low?" Pp. 140–47 in *Mediterranean Peoples in Transition: Thirteenth to Early Tenth Centuries BCE*, edited by Seymour Gitin, Amihai Mazar, and Ephraim Stern. Jerusalem: Israel Exploration Society.

———. 1999. "State Formation in Israel and Judah." *NEA* 62:35–52.

———. 2002. "The Campaign of Shoshenq I to Palestine: A Guide to the 10th Century BCE Polity." *ZDPV* 118:109–35.

———. 2010. "A Great United Monarchy? Archaeological and Historical Perspectives." Pp. 3–28 in *One God—One Cult—One Nation: Archaeological and Biblical Perspectives*, edited by Reinhard G. Kratz and Hermann Spieckermann. BZAW 405. Berlin: de Gruyter.

———. 2013. *The Forgotten Kingdom: The Archaeology and History of Northern Israel*. ANEM 5. Atlanta: Society of Biblical Literature.

Finkelstein, Israel, Shelomoh Bunimovits, and Zvi Lederman. 1993. *Shiloh: The Archaeology of a*

Biblical Site. Monograph Series of the Institute of Archaeology 10. Tel Aviv: Tel Aviv University.

Finkelstein, Israel, and Alexander Fantalkin. 2012. "Khirbet Qeiyafa: An Unsensational Archaeological and Historical Interpretation." TA 39:38–63.

Finkelstein, Israel, and Amihai Mazar. 2007. The Quest for the Historical Israel, edited by Brian B. Schmidt. ABS 17. Atlanta: Society of Biblical Literature.

Finkelstein, Israel, and Nadav Na'aman, eds. 1994. From Nomadism to Monarchy: Archaeological and Historical Aspects of Early Israel. Jerusalem: Yad Izhaq Ben-Zvi.

Finkelstein, Israel, and Eli Piasetzky. 2011. "The Iron Age Chronology Debate: Is the Gap Narrowing?" NEA 74:50–54.

Finkelstein, Israel, and Neil Asher Silberman. 2001. The Bible Unearthed: Archaeology's New Vision of Ancient Israel and the Origin of Its Sacred Texts. New York: Free Press.

Fischer, David Hackett. 1970. Historians' Fallacies: Toward a Logic of Historical Thought. New York: Harper Perennial.

Fischer, P. M., and T. Bürge. 2013. "Cultural Influences of the Sea Peoples in Transjordan: The Early Iron Age at Tell Abū Ḥaraz." ZDPV 129:132–70.

Fischer-Elfert, Hans-Werner. 1983. Die satirische Streitschrift des Papyrus Anastasi, vol. 1, Übersetzung und Kommentar. Wiesbaden: Harrassowitz.

Fitzmyer, Joseph A. 1967. The Aramaic Inscriptions of Sefire. BibOr 19. Rome: Pontifical Biblical Institute.

———. 1979. "The Aramaic Letter of King Adon to the Egyptian Pharaoh." Pp. 231–42 in Joseph A. Fitzmyer, A Wandering Aramean: Collected Aramaic Essays. Society of Biblical Literature Monograph Series 25. Missoula, MT: Scholars Press.

Fleming, Daniel E. 1992a. The Installation of Baal's High Priestess at Emar: A Window on Ancient Syrian Religion. HSS 42. Atlanta: Scholars Press.

———. 1992b. "The Rituals from Emar: Evolution of an Indigenous Tradition in Second-Millennium Syria." Pp. 51–61 in New Horizons in the Study of Ancient Syria, edited by Mark W. Chavalas and John L. Hayes. Bibliotheca Mesopotamica 25. Malibu, CA: Undena.

———. 1993. "Nābû and munabbiātu: Two New Syrian Religious Personnel." JAOS 113:175–83.

———. 1998a. "The Biblical Tradition of Anointing Priests." JBL 117:401–14.

———. 1998b. "Mari and the Possibilities of Biblical Memory." Revue d'assyriologie et d'archéologie orientale 92:41–78.

———. 2000. Time at Emar: The Cultic Calendar and the Rituals from the Diviner's Archive. Mesopotamian Civilizations 11. Winona Lake, IN: Eisenbrauns.

———. 2004a. Democracy's Ancient Ancestors: Mari and Early Collective Governance. Cambridge: Cambridge University Press.

———. 2004b. "Genesis in History and Tradition: The Syrian Background of Israel's Ancestors, Reprise." Pp. 193–232 in The Future of Biblical Archaeology: Reassessing Methodologies and Assumptions, edited by James K. Hoffmeier and Alan R. Millard. Grand Rapids: Eerdmans.

———. 2006. "Prophets and Temple Personnel in the Mari Archives." Pp. 44–63 in The Priests in the Prophets: The Portrayal of Priests, Prophets, and Other Religious Specialists in the Latter Prophets. LHB/OTS 408. London: Bloomsbury T&T Clark.

———. 2008. "From Joseph to David: Mari and Israelite Pastoral Traditions." Pp. 78–96 in Israel: Ancient Kingdom or Late Invention?, edited by Daniel I. Block. Nashville: B & H Academic.

———. 2009. "Kingship of City and Tribe Conjoined: Zimri-Lim at Mari." Pp. 227–40 in Nomads, Tribes, and the State in the Ancient Near East: Cross Disciplinary Perspectives, edited by Jeffrey Szuchman. OIS 5. Chicago: University of Chicago Press.

———. 2012. The Legacy of Israel in Judah's Bible: History, Politics, and the Reinscribing of Tradition. Cambridge: Cambridge University Press.

———. 2016. "The Amorites." Pp. 1–30 in The World around the Old Testament: The People and Places of the Ancient Near East, edited by Bill T. Arnold and Brent A. Strawn. Grand Rapids: Baker Academic.

Fokaefs, Anna, and Gerassimos A. Papadopoulos. 2007. "Tsunami Hazard in the Eastern Mediterranean: Strong Earthquakes and Tsunamis in Cyprus and the Levantine Sea." Natural Hazards 40:503–26.

Fontaine, Carole R. 1990. "The Sage in Family and Tribe." Pp. 155–64 in The Sage in Israel and the Ancient Near East, edited by John G. Gammie and Leo G. Perdue. Winona Lake, IN: Eisenbrauns.

Forstner-Müller, Irene, et al. 2008. "Preliminary Report on the Geophysical Survey at Tell el-Dabᶜa/Qantir in Spring 2008." ÄL 18:87–106.

Forti, Tova. 2015. "Gattung and Sitz im Leben: Methodological Vagueness in Defining Wisdom Psalms." Pp. 205–20 in Was There a Wisdom Tradition? New Prospects in Israelite Wisdom Studies, edited by Mark R. Sneed. AIL 23. Atlanta: Society of Biblical Literature.

Foster, Benjamin R. 2005. Before the Muses: An Anthology of Akkadian Literature. 3rd ed. Bethesda, MD: CDL Press.

Foster, John L. 1995. Hymns, Prayers, and Songs: An Anthology of Ancient Egyptian Lyric Poetry. Edited by Susan Tower Hollis. WAW 8. Atlanta: Scholars Press.

Fourrier, S., et al. 1999. L'art des modeleurs d'argile: Coroplastique de Chypre. Paris: Réunion des musées nationaux.

Fowler, Jeaneane D. 1988. *Theophoric Personal Names in Ancient Hebrew: A Comparative Study*. JSOTSup 49. Sheffield: JSOT Press.

Fowler, M. D. 1985. "Excavated Figures: A Case for Identifying a Site as Sacred." *ZAW* 97:333–43.

Fox, Michael V. 1985. *The Song of Songs and the Ancient Egyptian Love Songs*. Madison: University of Wisconsin Press.

———. 2015. "Three Theses on Wisdom." Pp. 69–86 in *Was There a Wisdom Tradition? New Prospects in Israelite Wisdom Studies*, edited by Mark R. Sneed. AIL 23. Atlanta: Society of Biblical Literature.

Fox, Nili Sacher. 2000. *In the Service of the King: Officialdom in Ancient Israel and Judah*. Cincinnati: Hebrew Union College Press.

———. 2003. "State Officials." Pp. 941–49 in *Dictionary of the Old Testament: Historical Books*, edited by Bill T. Arnold and H. G. M. Williamson. Downers Grove, IL: InterVarsity.

Frahm, Eckart. 2011. *Babylonian and Assyrian Text Commentaries: Origins of Interpretation*. Guides to the Mesopotamian Textual Record 5. Münster: Ugarit-Verlag.

Francfort, Henri-Paul. 2005. "Note on the 'Acrobat and Bull' Motive in Central Asia." Pp. 711–16 in *Центральная Азия: Источники, История, Культура*, edited by Е. А. Davidovich and B. A. Litvinsky. Moscow: Восточная литература. http://www.academia.edu/3322303/Note_on_the_acrobat_and_bull_motive_in_Central_Asia.

Francia, Rita. 2010. "The Poetic Style of the Direct Speeches in the Hittite 'Parables' of the 'Epos der Freilassung.'" Pp. 63–71 in *Investigationes Anatolicae: Gesdenkschrift für Erich Neu*, edited by Jörg Klinger, Elisabeth Rieken, and Christel Rüster. Studien zu den Boğazköy-Texten 52. Wiesbaden: Harrassowitz.

Franken, Hendricus J. 2005. *A History of Potters and Pottery in Ancient Jerusalem: Excavations by K. M. Kenyon in Jerusalem 1961–1967*. London: Equinox.

Franken, Hendricus J., and G. London. 1995. "Why Painted Pottery Disappeared at the End of the Second Millennium BCE." *BA* 58:214–22.

Freed, Rita. 1999. "Art in the Service of Religion and the State." Pp. 110–29 in *Pharaohs of the Sun: Akhenaten, Nefertiti, Tutankhamun*, edited by Rita Freed, Sue D'Auria, and Yvonne J. Markowitz. Boston: Museum of Fine Arts.

Freedberg, David. 1989. *The Power of Images: Studies in the History and Theory of Response*. Chicago: University of Chicago Press.

Freedman, David Noel. 1975. *The Published Works of William Foxwell Albright: A Comprehensive Bibliography*. Cambridge, MA: American Schools of Oriental Research.

———. 1989. "William F. Albright in Memoriam." Pp. 33–44 in *The Scholarship of William Foxwell Albright: An Appraisal*, edited by Gus W. Van Beek. HSS 33. Atlanta: Scholars Press.

Freedman, David Noel, et al., eds. 1998. *The Leningrad Codex: A Facsimile Edition*. Grand Rapids: Eerdmans; Leiden: Brill.

Freedman, David Noel, and Jonas C. Greenfield, eds. 1971. *New Directions in Biblical Archaeology*. New York: Doubleday.

Freedman, David Noel, and Andrew Welch. 1994. "Amos's Earthquake and Israelite Prophecy." Pp. 188–98 in *Scripture and Other Artifacts*, edited by Michael David Coogan, J. Cheryl Exum, and Lawrence E. Stager. Louisville: Westminster John Knox.

Freedman, S. M. 1998. *If a City Is Set on a Height: The Akkadian Omen Series Šumma Alu Ina Mēlê Šakin*. Occasional Publications of the Samuel Noah Kramer Fund 17. Philadelphia: University of Pennsylvania Press.

Freeman-Grenville, G. S. P., Rupert L. Chapman III, and Joan E. Taylor. 2003. *The Onomasticon by Eusebius of Caesarea*. Jerusalem: Carta.

Frerichs, Ernest S., and Leonard H. Lesko, eds. 1997. *Exodus: The Egyptian Evidence*. Winona Lake, IN: Eisenbrauns.

Fretheim, Terence E. 2010. *Creation Untamed: The Bible, God, and Natural Disasters*. Grand Rapids: Baker Academic.

Freud, Sigmund. 1939. *Moses and Monotheism*. New York: Knopf.

Frevel, Christian, Katharina Pyschny, and Izak Cornelius, eds. 2014. *A "Religious Revolution" in Yehûd? The Material Culture of the Persian Period as a Test Case*. OBO 267. Fribourg: Academic Press; Göttingen: Vandenhoeck & Ruprecht.

Fried, Lisbeth S. 2003. "The Land Lay Desolate: Conquest and Restoration in the Ancient Near East." Pp. 21–54 in *Judah and the Judeans in the Neo-Babylonian Period*, edited by Oded Lipschits and Joseph Blenkinsopp. Winona Lake, IN: Eisenbrauns.

Friedman, Florence Dunn. 2015. "Economic Implications of the Menkaure Triads." Pp. 18–59 in *Towards a New History for the Egyptian Old Kingdom: Perspectives on the Pyramid Age*, edited by Peter Der Manuelian and Thomas Schneider. Harvard Egyptological Studies 1. Boston: Brill.

Friedman, J., and M. J. Rowlands. 1978. "Notes toward an Epigenetic Model of the Evolution of 'Civilisation.'" Pp. 201–78 in *The Evolution of Social Systems*, edited by J. Friedman and M. J. Rowlands. London: Duckworth.

Fritz, Volkmar. 2012. *The Emergence of Israel in the Twelfth and Eleventh Centuries B.C.E*. Translated by James W. Barker. Biblische Enzyklopädie 2. Leiden: Brill.

Frumin, Suembikya, et al. 2015. "Studying Ancient Anthropogenic Impacts on Current Floral Biodiversity in the Southern Levant as Reflected by the Philistine Migration." *Scientific Reports* 5. http://www.nature.com/articles/srep13308.

Frye, Northrop. 1982. *The Great Code: The Bible and Literature*. New York: Harcourt Brace Jovanovich.

Frymer-Kensky, Tikva. 2003. "Israel." Pp. 975–1046 in *A History of Ancient Near Eastern Law*, edited by Raymond Westbrook. Handbook of Oriental Studies: Section One: The Near and Middle East. Leiden: Brill.

Fu, Janling, and Peter Altmann. 2014. "Feasting: Backgrounds, Theoretical Perspectives, and Introductions." Pp. 1–31 in *Feasting in the Archaeology and Texts of the Hebrew Bible and Ancient Near East*, edited by Peter Altmann and Janling Fu. Winona Lake, IN: Eisenbrauns.

Fu, Janling, and Paul Kang-Kul Cho. Forthcoming. "Resistance and a Trope of Feasting in Daniel 5."

Gabbay, U. 2014. "The Balâg Instrument and Its Role in the Cult of Ancient Mesopotamia." Pp. 129–47 in *Music in Antiquity: The Near East and the Mediterranean*, edited by Joan Goodnick Westenholz, Yossi Maurey, and Edwin Seroussi. Yuval 8. Berlin: de Gruyter; Jerusalem: Magnes.

Gabolde, Marc. 1998. *D'Akhénaton à Toutankhamon*. Lyon: Université Lumière-Lyon.

———. 2005. *Akhénaton: Du mystère à la lumière*. Paris: Gallimard.

Gabriel, Richard A. 2003. *The Military History of Ancient Israel*. Westport, CT: Praeger.

———. 2005. *Empires at War: A Chronological Encyclopedia*. Westport, CT: Greenwood.

———. 2010. *Philip II of Macedonia: Greater than Alexander*. Washington, DC: Potomac.

Gachet-Bizollon, J. 2007. *Les ivoires d'Ougarit et l'art des ivoiriers du Levant au Bronze Récent*. RasShamra-Ougarit 16. Paris: Éditions Recherche sur les civilisations.

Gadot, Yuval. 2015. "In the Valley of the King: Jerusalem's Rural Hinterland in the 8th–4th Centuries BCE." *TA* 42:3–26.

Gadot, Yuval, J. Uziel, and A. Yassur-Landau. 2012. "The Late Bronze Age Pottery." Pp. 241–64 in *Tell es-Safi/Gath I: Report on the 1996–2005 Seasons*, edited by A. Maeir. Ägypten und Alten Testament. Wiesbaden: Harrassowitz.

Gafney, Wilda C. 2008. *Daughters of Miriam: Women Prophets in Ancient Israel*. Minneapolis: Fortress.

Galil, Gershon. 2001. "A Re-Arrangement of the Fragments of the Tel Dan Inscription and the Relations between Israel and Aram." *PEQ* 133:16–21.

———. 2012. "Solomon's Temple: Fiction or Reality." Pp. 137–48 in *The Ancient Near East in the 12th–10th Centuries BCE: Culture and History*, edited by Gershon Galil, Ayelet Gilboa, Aren M. Maeir, and Dan'el Kahn. AOAT 392. Münster: Ugarit-Verlag.

Gallagher, William R. 1999. *Sennacherib's Campaign to Judah: New Studies*. CHANE 18. Boston: Brill.

Gane, Constance E., Randall W. Younker, and Paul Ray. 2010. "Madaba Plains Project: Tall Jalul 2009." *AUSS* 48:165–223.

Gane, Roy E. 1992. "'Bread of the Presence' and Creator-in-Residence." *VT* 42:179–203.

———. 2004. *Ritual Dynamic Structure*. Gorgias Dissertations 14, Religion 2. Piscataway, NJ: Gorgias.

———. 2005. *Cult and Character: Purification Offerings, Day of Atonement, and Theodicy*. Winona Lake, IN: Eisenbrauns.

———. 2008a. "Hurrian Ullikummi and Daniel's 'Little Horn.'" Pp. 485–98 in *Birkat Shalom: Studies in the Bible, Ancient Near Eastern Literature, and Postbiblical Judaism Presented to Shalom M. Paul on the Occasion of His Seventieth Birthday*, edited by Chaim Cohen. Winona Lake, IN: Eisenbrauns.

———. 2008b. "Privative Preposition *min* in Purification Offering Pericopes and the Changing Face of 'Dorian Gray.'" *JBL* 127:209–22.

———. 2009. "Leviticus." Pp. 284–337 in *Zondervan Illustrated Bible Backgrounds Commentary*, vol. 1, edited by John H. Walton. Grand Rapids: Zondervan.

García Martínez, Florentino. 1996. *The Dead Sea Scrolls Translated: The Qumran Texts in English*. 2nd ed. Leiden: Brill; Grand Rapids: Eerdmans.

Gardiner, Alan H. 1920. "The Ancient Military Road between Egypt and Palestine." *JEA* 6:99–116.

———. 1937. *Late Egyptian Miscellanies*. Brussels: La Fondation Égyptologique.

———. 1947. *Ancient Egyptian Onomastica Text*. 2 vols. Oxford: Oxford University Press. Reprint, 1968.

Garfinkel, Yosef, 1998. "Dancing and the Beginning of Art Scenes in the Early Village Communities of the Near East and Southeast Europe." *Cambridge Archaeological Journal* 8:207–37.

Garfinkel, Yosef, et al. 2012. "State Formation in Judah: Biblical Tradition, Modern Historical Theories, and Radiometric Dates at Khirbet Qeiyafa." *Radiocarbon* 54:359–69.

Garfinkel, Yosef, and Saar Ganor. 2009. *Khirbet Qeiyafa*, vol. 1, *Excavation Report 2007–2008*. Jerusalem: Institute of Archaeology, Hebrew University.

Garfinkel, Yosef, Saar Ganor, and Michael G. Hasel. 2014. *Khirbet Qeiyafa*, vol. 2, *Excavation Report 2009–2013, Stratigraphy and Architecture (Areas B, C, D, E)*, edited by Martin G. Klingbeil. Jerusalem: Institute of Archaeology, Hebrew University.

Garfinkel, Yosef, I. Kreimerman, and P. Zilberg. 2016. *Debating Khirbet Qeiyafa*. Jerusalem: Israel Exploration Society.

Garr, W. Randall. 1985. *Dialect Geography of Syria-Palestine, 1000–586 BCE*. Philadelphia: University of Pennsylvania. Reprint, Winona Lake, IN: Eisenbrauns, 2004.

Garroway, Kristine H. 2014. *Children in the Ancient Near Eastern Household*. Winona Lake, IN: Eisenbrauns.

Gaspa, Salvatore. 2014. "Silver Circulation and the Development of the Private Economy in the Assyrian Empire (9th–7th Centuries BCE): Considerations on Private Investments, Prices and Property Levels of the Imperial *élite*." Pp. 85–136 in *Studia Mesopotamica: Jahrbuch für altorientalische Geschichte und Kultur*, vol. 1, edited by M. Dietrich, K. A. Metzler, and H. Neumann. Münster: Ugarit-Verlag. (Also in *Dynamics of Production in the Ancient Near East*, edited by Juan Carlos Moreno Garcia. Oxford: Oxbow, 2014.)

Gass, E. 2009. *Die Moabiter: Geschichte und Kultur eines ostjordanischen Volkes im 1. Jahrtausend v. Chr.* Abhandlungen des Deutschen Palästina-Vereins 21. Wiesbaden: Harrassowitz.

Gates, Marie-Henriette. 2011. "Southern and Southeastern Anatolia in the Late Bronze Age." Pp. 393–412 in *The Oxford Handbook of Ancient Anatolia*, edited by Sharon R. Steadman and Gregory McMahon. Oxford: Oxford University Press.

Geisler, Hans, and Johann-Mattis List. 2013. "Do Languages Grow on Trees? The Tree Metaphor in the History of Linguistics." Pp. 111–24 in *Classification and Evolution in Biology, Linguistics and the History of Science*, edited by Heiner Fangerau et al. Stuttgart: Franz Steiner.

Gelb, Ignace J. 1961. "The Early History of the West Semitic Peoples." *JCS* 15:27–47.

Geller, J. Mark. 1980. "A Middle Assyrian Tablet of *utukkū lemnūtu*, Tablet 12." *Iraq* 42:23–51.

Gentry, Peter J., and Stephen J. Wellum. 2012. *Kingdom through Covenant: A Biblical-Theological Understanding of the Covenants*. Wheaton: Crossway.

George, Andrew. 1993. *House Most High: The Temples of Ancient Mesopotamia*. Winona Lake, IN: Eisenbrauns.

———. 2007. "Babylonian and Assyrian: A History of Akkadian." Pp. 31–71 in *Languages of Iraq, Ancient and Modern*, edited by J. N. Postgate. Cambridge: Cambridge University Press.

Geraty, Lawrence T. 2015. "Exodus Dates and Theories." Pp. 55–64 in *Israel's Exodus in Transdisciplinary Perspective: Text, Archaeology, Culture, and Geoscience*, edited by Thomas E. Levy, Thomas Schneider, and William H. C. Propp. New York: Springer.

Ghantous, H. 2013. *The Elisha-Hazael Paradigm and the Kingdom of Israel: The Politics of God in Ancient Syria-Palestine*. Durham: Acumen.

Gianto, A. 1999. "Amarna Akkadian as a Contact Language." Pp. 123–32 in *Languages and Cultures in Contact: At the Crossroads of Civilizations in the Syro-Mesopotamian Realm; Proceedings of the 42nd RAI, 1995*, edited by Karel van Lerberghe and G. Voet. OLA 96. Leuven: Peeters.

Gibson, John. 1971–82. *Textbook of Syrian Semitic Inscriptions*. 3 vols. Oxford: Clarendon.

Gilboa, Ayelet. 2014. "The Southern Levant (Cisjordan) during the Iron Age I Period." Pp. 624–59 in *The Oxford Handbook of the Archaeology of the Levant: C. 8000–332 BCE*, edited by Margreet L. Steiner and Ann E. Killebrew. Oxford: Oxford University Press.

Gilboa, Ayelet, and Y. Goren. 2015. "Early Iron Age Phoenician Networks: An Optical Mineralogy Study of Phoenician Bichrome and Related Wares in Cyprus." *Ancient West and East* 14:73–110. http://dor.huji.ac.il/Download/Article/AWE14004.pdf.

Gilders, William K. 2004. *Blood Ritual in the Hebrew Bible: Meaning and Power*. Baltimore: Johns Hopkins University Press.

Gilibert, Alessandra. 2011. *Syro-Hittite Monumental Art and the Archaeology of Performance: The Stone Reliefs at Carchemish and Zincirli in the Earlier First Millennium BCE*. Topoi Berlin Studies of the Ancient World 2. Berlin: de Gruyter.

Ginsberg, H. L. 1936. *Ugaritic Texts*. Jerusalem: Bialik Foundation. [In Hebrew.]

Girouard, M. 1980. *Life in the English Country House*. Aylesbury: Penguin.

Gitin, Seymour. 1989. "Tel Miqne–Ekron: A Type-Site for the Inner Coastal Plain in the Iron Age II Period." Pp. 23–58 in *Recent Excavations in Israel: Studies in Iron Age Archaeology*, edited by Seymour Gitin and William G. Dever. AASOR 49. Winona Lake, IN: Eisenbrauns.

———. 1990. *Gezer III: A Ceramic Typology of the Late Iron II, Persian and Hellenistic Periods at Tell Gezer, Text and Database and Plates*, vol. 3. Annual of the Nelson Glueck School of Biblical Archaeology. Jerusalem: Hebrew Union College.

———. 1995. "Tel Miqne Ekron in the 7th Century BCE: The Impact of Economic Innovation and Foreign Culture on a Neo-Assyrian Vassal City-State." Pp. 61–79 in *Recent Excavations in Israel: A View to the West; Reports on Kabri, Nami, Miqne-Ekron, Dor and Ashkelon*, edited by Seymour Gitin. Archaeological Institute of America: Colloquia and Conference Papers 1. Dubuque, IA: Kendall/Hunt.

———. 1997. "Albright Institute of Archaeological Research." *OEANE* 1:62–63.

———. 1998. "The Philistines in the Prophetic Texts: An Archaeological Perspective." Pp. 273–90 in *Hesed ve-Emet: Studies in Honor of Ernest S.*

Frerichs, edited by Jodi Magness and Seymour Gitin. BJS 320. Atlanta: Scholars Press.

———. 2012. "Temple Complex 650: The Impact of Multi-Cultural Influences on Philistine Cult in the Late Iron Age." Pp. 223–58 in *Temple Building and Temple Cult: Architecture and Cultic Paraphernalia of Temples in the Levant (2.–1. Mill. B.C.E.)*, edited by Jens Kamlah. Abhandlungen des Deutschen Palästina-Vereins 41. Wiesbaden: Harassowitz.

Gitin, Seymour, ed. 2015. *The Ancient Pottery of Israel and Its Neighbors: From the Iron Age through the Hellenistic Period*, vol. 1. Jerusalem: Israel Exploration Society.

Giveon, Raphael. 1971. *Les Bédouins Shosou des documents égyptiens*. DMOA 18. Leiden: Brill.

———. 1978. *The Impact of Egypt on Canaan: Iconographical and Related Studies*. OBO 20. Freiburg: Universitätsverlag; Göttingen: Vandenhoeck & Ruprecht.

———. 1981. "Some Egyptological Considerations concerning Ugarit." Pp. 55–88 in *Ugarit in Retrospect: Fifty Years of Ugarit and Ugaritic*, edited by G. Douglas Young. Winona Lake, IN: Eisenbrauns.

Glass, Roger I., Juan J. Urrutia, Simon Sibony, Harry Smith, Bertha Garcia, and Luis Rizzo. 1977. "Earthquake Injuries Related to Housing in a Guatemalan Village." *Science* 197:638–43.

Glassner, Jean-Jacques. 1989. "La philosophie mésopotamienne." Pp. 1637–42 in *Encyclopédie philosophique universelle*, vol. 1, edited by André Jacob. Paris: Presses Universitaires de France.

———. 2004. *Mesopotamian Chronicles*. WAW 19. Atlanta: Society of Biblical Literature.

Glueck, Nelson. 1934a. *Explorations in Eastern Palestine, I*. AASOR 14. New Haven: American Schools of Oriental Research.

———. 1934b. "Explorations in Eastern Palestine and the Negeb." *BASOR* 55:3–21.

———. 1935. *Explorations in Eastern Palestine, II*. AASOR 15. New Haven: American Schools of Oriental Research.

———. 1939. *Explorations in Eastern Palestine, III*. AASOR 18–19. New Haven: American Schools of Oriental Research.

———. 1940. *The Other Side of the Jordan*. New Haven: American Schools of Oriental Research.

———. 1951. *Explorations in Eastern Palestine, IV*. AASOR 25–28. New Haven: American Schools of Oriental Research.

———. 1959a. "The Negev." *BA* 22:82–100.

———. 1959b. *Rivers in the Desert: A History of the Negeb*. New York: Farrar, Straus and Cudahy.

———. 1965. *Deities and Dolphins: The Story of the Nabataeans*. New York: Farrar, Straus and Giroux.

———. 1969. *Rivers in the Desert*. New York: Grove.

———. 1970. *The Other Side of the Jordan*. Cambridge, MA: American Schools of Oriental Research.

Goelet, Ogden. 2016. "Tomb Robberies in the Valley of the Kings." Pp. 448–66 in *The Oxford Handbook of the Valley of the Kings*, edited by Richard H. Wilkinson and Kent R. Weeks. Oxford: Oxford University Press.

Goldwasser, Orly. 2006a. "Canaanites Reading Hieroglyphs: Horus Is Hathor?—The Invention of the Alphabet in Sinai." *ÄL* 16:121–60.

———. 2006b. "The Essence of Amarna Monotheism." Pp. 267–79 in *Jn.t Dr.w: Festschrift für Friedrich Junge*, edited by Gerald Moers et al. Göttingen: Lingua Aegyptia, Seminar für Ägyptologie und Koptologie.

Golub, Mitka. 2014. "The Distribution of Personal Names in the Land of Israel and Transjordan during the Iron II Period." *JAOS* 134:621–42.

Gonen, Rivka. 1984. "Urban Canaan in the Late Bronze Period." *BASOR* 253:61–73.

———. 1992a. *Burial Patterns and Cultural Diversity in Late Bronze Age Canaan*. American Schools of Oriental Research Dissertation Series 7. Winona Lake, IN: Eisenbrauns.

———. 1992b. "The Late Bronze Age." Pp. 211–57 in *The Archaeology of Ancient Israel*, edited by Amnon Ben-Tor. New Haven: Yale University Press.

González-Ruibal, Alfredo, and Maria Luisa Ruiz-Gálvez. 2016. "House Societies in the Ancient Mediterranean (2000–500 BC)." *Journal of World Prehistory* 29:383–437.

Goodenough, E. R. 1953–68. *Jewish Symbols in the Greco-Roman Period*. 13 vols. New York: Pantheon; Princeton: Princeton University Press.

Goodfriend, G. A. 1990. "Rainfall in the Negev Desert during the Middle Holocene, Based on 13 C of Organic Matter in Land Snail Shells." *Quaternary Research* 34:186–97.

Goodnick Westenholz, Joan, Yossi Maurey, and Edwin Seroussi, eds. 2014. *Music in Antiquity. The Near East and the Mediterranean*. Yuval 8. Berlin: de Gruyter; Jerusalem: Magnes.

Gordin, Shai. 2015. *Hittite Scribal Circles: Scholarly Tradition and Writing Habits*. Studien zu den Bogazköy-Texten 59. Wiesbaden: Harrassowitz.

Gordon, Cyrus H. 1940. "Biblical Customs and the Nuzu Tablets." *BA* 3:1–12.

———. 1965. *Ugaritic Textbook: Grammar, Texts in Transliteration, Cuneiform Selections, Glossary, Indices*. AO 38. Rome: Pontifical Biblical Institute.

Gordon, Robert P. 1995. "A House Divided: Wisdom in Old Testament Narrative Traditions." Pp. 94–105 in *Wisdom in Ancient Israel: Essays in Honour of J. A. Emerton*, edited by John Day, Robert P. Gordon, and H. G. M. Williamson. Cambridge: Cambridge University Press.

Goren, Yuval, Israel Finkelstein, and Nadav Na'aman. 2004. *Inscribed in Clay: Provenance Study of the Amarna Tablets and Other Ancient Near Eastern Texts*. Monograph Series of the Institute of Archaeology 23. Tel Aviv: Emery and Claire Yass Publications in Archaeology.

Gorman, Frank H. 1993. "Priestly Rituals of Founding: Time, Space, and Status." Pp. 47–64 in *History and Interpretation: Essays in Honour of John H. Hayes*, edited by M. Patrick Graham, William P. Brown, and Jeffrey K. Kuan. JSOTSup 173. Sheffield: JSOT Press.

Gottwald, Norman K. 1979. *The Tribes of Yahweh: A Sociology of the Religion of Liberated Israel, 1250–1050 B.C.* Maryknoll, NY: Orbis.

Grabbe, Lester L. 1995. *Priests, Prophets, Diviners, Sages: A Socio-Historical Study of Religious Specialists in Ancient Israel*. Valley Forge, PA: Trinity Press International.

———. 2000. *Judaic Religion in the Second Temple Period: Belief and Practice from the Exile to Yavneh*. London: Routledge.

———, ed. 2003. *"Like a Bird in a Cage": The Invasion of Sennacherib in 701 BCE*. JSOTSup 363. Sheffield: Sheffield Academic Press.

———, ed. 2004. *A History of the Jews and Judaism in the Second Temple Period*, vol. 1, *Yehud: A History of the Persian Province of Judah*. London: T&T Clark.

———. 2007. *Ancient Israel: What Do We Know and How Do We Know It?* London: A&C Black.

———, ed. 2014. *Religious and Cultural Boundaries from Neo-Babylonian to the Early Greek Period: A Context for Iconographic Interpretation*. OBO 267. Fribourg: Academic Press; Göttingen: Vandenhoeck & Ruprecht.

Grainger, John D. 1990. *Seleukos Nikator: Constructing a Hellenistic Kingdom*. London: Routledge.

Gray, John. 1970. *I and II Kings: A Commentary*. 2nd rev. ed. Philadelphia: Westminster.

Grayson, A. Kirk. 1975. *Assyrian and Babylonian Chronicles*. Locust Valley, NY: J. J. Augustin. Reprint, Winona Lake, IN: Eisenbrauns, 2000.

———. 1991. *Assyrian Rulers of the Early First Millennium BC*, vol. 1, *(1114–859 BC)*. Toronto: University of Toronto Press.

———. 1996. *Assyrian Rulers of the Early First Millennium BC*, vol. 2, *(859–745 BC)*. Toronto: University of Toronto Press.

———. 2001. "Assyria and the Orontes Valley." *Bulletin of the Canadian Society for Mesopotamian Studies* 36:185–87.

———. 2004. "Shalmaneser III and the Levantine States: The 'Damascus Coalition.'" *Journal of Hebrew Scriptures* 5. http://www.jhsonline.org/Articles/article_34.pdf.

Grayson, A. Kirk, and Jamie Novotny. 2012. *The Royal Inscriptions of Sennacherib, King of Assyria (704–681 BC), Part 1*. Winona Lake, IN: Eisenbrauns.

———. 2014. *The Royal Inscriptions of Sennacherib, King of Assyria (704–681 BC), Part 2*. Winona Lake, IN: Eisenbrauns.

Green, Alberto R. W. 2003. *The Storm-God in the Ancient Near East*. BJSUCSD 8. Winona Lake, IN: Eisenbrauns.

Green, Douglas J. 2010. *"I Undertook Great Works": The Ideology of Domestic Achievements in West Semitic Royal Inscriptions*. FAT 2/41. Tübingen: Mohr Siebeck.

Green, John D. M. 2006. "Ritual and Social Structure in the Late Bronze and Early Iron Age Southern Levant: The Cemetery at Tell es-Sa'idiyeh, Jordan." PhD dissertation, University College, London.

Green, Peter. 1992. *Alexander of Macedon, 356–323 B.C.: A Historical Biography*. Berkeley: University of California Press.

Greenberg, Moshe. 1983. *Biblical Prose Prayer: As a Window to the Popular Religion of Ancient Israel*. The Taubman Lectures in Jewish Studies, Sixth Series. Berkeley: University of California Press. Reprint, Eugene, OR: Wipf & Stock, 2008.

———. 1995. "On the Political Use of the Bible in Modern Israel: An Engaged Critique." Pp. 461–71 in *Pomegranates and Golden Bells: Studies in Biblical, Jewish, and Near Eastern Ritual, Law, and Literature in Honor of Jacob Milgrom*, edited by David P. Wright, David Noel Freedman, and Avi Hurvitz. Winona Lake, IN: Eisenbrauns.

Greene, Elizabeth, Justin Leidwanger, and Harun Ozdas. 2011. "Two Early Archaic Shipwrecks at Kekova Adasi and Kepce Burnu, Turkey." *International Journal of Nautical Archaeology* 40:60–68.

Greene, Jennifer. 2016. "Thoughts on the Jerusalem Conference." http://tmsifting.org/en/2016/10/28/thoughts-on-the-jerusalem-conference/.

Greenfield, Jonas, and Aaron Shaffer. 1983. "Notes on the Akkadian-Aramaic Bilingual Statue from Tell Fekherye." *Iraq* 45:109–16.

Greengus, Samuel. 1975. "Sisterhood Adoption at Nuzi and the 'Wife-Sister' in Genesis." *HUCA* 46:5–31.

———. 2011. *Laws in the Bible and in Early Rabbinic Collections: The Legal Legacy of the Ancient Near East*. Eugene, OR: Cascade.

Greenspahn, Frederick E. 1996. "Primogeniture in Ancient Israel." Pp. 69–79 in *Go to the Land I Will Show You: Studies in Honor of Dwight W. Young*, edited by Joseph Coleson and Victor H. Matthews. Winona Lake, IN: Eisenbrauns.

Greenstein, Edward L. 2010. "Texts from Ugarit Solve Biblical Puzzles." *BAR* 36 (6): 44–53, 70.

Greenwood, Kyle. 2014. "Late Tenth- and Ninth-Century Issues." Pp. 286–318 In *Ancient Israel's*

History, edited by Bill T. Arnold and Richard S. Hess. Grand Rapids: Baker Academic.

Greer, Jonathan S. 2013. *Dinner at Dan: Biblical and Archaeological Evidence for Sacred Feasts at Iron Age II Tel Dan and Their Significance.* CHANE 66. Leiden: Brill.

Gressmann, Hugo. 1909. *Altorientalische Texte und Bilder zum Alten Testament.* Tübingen: Mohr Siebeck.

Gressmann, Hugo, in collaboration with A. Ungand and H. Ranke. 1927. *Altorientalische Texte und Bilder zum Alten Testament.* Rev. ed. Berlin: de Gruyter.

Grimal, Nicolas. 1988. *A History of Ancient Egypt.* Translated by Ian Shaw. Malden, MA: Blackwell.

Groom, Nigel. 1981. *Frankincense and Myrrh: A Study of the Arabian Incense Trade.* New York: Longman.

Gropp, Douglas M. 2000. "Sanballat." Pp. 823–25 in *Encyclopedia of the Dead Scrolls,* vol. 2, edited by L. H. Schiffman and J. C. VanderKam. Oxford: Oxford University Press.

Gropp, Douglas M., and Theodore J. Lewis. 1985. "Notes on Some Problems in the Aramaic Text of the Hadd-Yith'i Bilingual." *BASOR* 259:45–61.

Gruen, Erich S. 1998. *Heritage and Hellenism: The Reinvention of Jewish Tradition.* Berkeley: University of California Press.

———. 2002. *Diaspora: Jews amidst Greeks and Romans.* Cambridge, MA: Harvard University Press.

———. 2010. "Judaism in the Diaspora." Pp. 77–96 in *The Eerdmans Dictionary of Early Judaism,* edited by John J. Collins and Daniel C. Harlow. Grand Rapids: Eerdmans.

Guillaume, Philippe. 2012. *Land, Credit and Crisis: Agrarian Finance in the Hebrew Bible.* BibleWorld. London: Equinox.

Guinan, Ann K. 2002. "A Severed Head Laughed: Stories of Divinatory Interpretation." Pp. 7–40 in *Magic and Divination in the Ancient World,* edited by Leda Ciraolo and Jonathan Seidel. AMD 2. Leiden: Brill.

Gunkel, Hermann. 2006. *Creation and Chaos in the Primeval Era and the Eschaton.* Grand Rapids: Eerdmans. Translation of 1895/1921 original.

———. 2009. *Israel and Babylon: The Babylonian Influence on Israelite Religion.* Edited by K. C. Hanson. Translated by E. S. B. Hanson and K. C. Hanson. Eugene, OR: Cascade.

Gur-Arieh, Shira, Aren M. Maeir, and Ruth Shahack-Gross. 2011. "Soot Patterns on Cooking Vessels: A Short Note." Pp. 349–55 in *On Cooking Pots, Drinking Cups, Loom Weights and Ethnicity in Bronze Age Cyprus and Neighboring Regions: An International Archaeological Symposium Held in Nicosia, November 6th–7th 2010,* edited by Vassos Karageorghis and Ourania Kouka. Nicosia: A. G. Leventis Foundation.

Güterbock, Hans Gustav. 1938. "Die historische Tradition und ihre literarische Gestaltung bei Babyloniern und Hethitern bis 1200 II." *Zeitschrift für Assyriologie* 44 (10): 45–149.

———. 1978. "Hethitische Literatur." Pp. 211–53 in *Altorientalische Literaturen,* edited by Wolfgang Röllig. Neues Handbuch der Literaturwissenschaft 1. Wiesbaden: Athenaion.

Haas, G. H. 2003. "Slave, Slavery." Pp. 778–83 in *Dictionary of the Old Testament: Pentateuch,* edited by T. Desmond Alexander and David W. Baker. Downers Grove, IL: InterVarsity.

Haas, Volkert. 1994. *Geschichte der hethitischen Religion.* HdO 15. Leiden: Brill.

———. 2006. *Die hethitische Literatur: Texte, Stilistik, Motif.* Berlin: de Gruyter.

Habichi, Labib. 2001. *Tell el-Dabᶜa I.* Vienna: Österreichische Akademie der Wissenschaften.

Hackett, Jo Ann. 1980. *The Balaam Text from Deir ʿAlla.* HSM 31. Chico, CA: Scholars Press.

Hadley, Judith M. 1995. "Wisdom and the Goddess." Pp. 234–43 in *Wisdom in Ancient Israel,* edited by John Day, Robert P. Gordon, and H. G. M. Williamson. Cambridge: Cambridge University Press.

———. 2000. *The Cult of Asherah in Ancient Israel and Judah: Evidence for a Hebrew Goddess.* UCOP 57. Cambridge: Cambridge University Press.

———. 2005. "Hebrew Inscriptions." Pp. 366–80 in *Dictionary of the Old Testament: Historical Books,* edited by Bill T. Arnold and H. G. M. Williamson. Downers Grove, IL: InterVarsity.

———. 2012. "2 Chronicles 32:30 and the Water Systems of Pre-Exilic Jerusalem." Pp. 273–84 in *Let Us Go Up to Zion: Essays in Honour of H. G. M. Williamson on the Occasion of His Sixty-Fifth Birthday,* edited by Iain W. Provan and Mark J. Boda. VTSup 153. Leiden: Brill.

Hafþórsson, S. 2006. *A Passing Power: An Examination of the Sources for the History of Aram-Damascus in the Second Half of the Ninth Century B.C.* Coniectanea Biblica: Old Testament Series 54. Stockholm: Almqvist & Wiksell.

Haider, Peter W., James M. Weinstein, Eric H. Cline, and David O'Connor. 2012. "Nomads of Sea and Desert: An Integrated Approach to Ramesses III's Foreign Policy." Pp. 151–208 in *Ramesses III: The Life and Times of Egypt's Last Hero,* edited by Eric H. Cline and David O'Connor. Ann Arbor: University of Michigan Press.

Hairman, Moti. 2012. "Geopolitical Aspects of the Negev Desert in the 11th–10th Centuries BCE." Pp. 199–206 in *The Ancient Near East in the 12th–10th Centuries BCE: Culture and History,* edited by Gerson Galil, Ayelet Gilboa, Aren M. Maeir, and Dan'l Kahn. AOAT 392. Münster: Ugarit-Verlag.

Hall, M. 1992. "Small Things and the Mobile: Conflictual Fusion of Power, Fear and Desire." Pp. 373–99 in *The Art and Mystery of Historical Archaeology: Essays in Honor of James Deetz*, edited by A. E. Yentsch and M. C. Beaudry. Boca Raton, FL: CRC Press.

Hallo, William W. 1960. "From Qarqar to Carchemish: Assyria and Israel in the Light of New Discoveries." *BA* 23:34–61.

———. 1990. "Compare and Contrast: The Contextual Approach to Biblical Literature." Pp. 1–30 in *The Bible in Light of Cuneiform Literature*, edited by W. W. Hallo, B. W. Jones, and G. L. Mattingly. Ancient Near Eastern Texts and Studies 8. Lewiston, NY: Edwin Mellen.

Hallock, Richard T. 1969. *Persepolis Fortification Tablets*. OIP 92. Chicago: University of Chicago Press.

Hallote, Rachel S. 2001. *Death, Burial, and Afterlife in the Biblical World: How the Israelites and Their Neighbors Treated the Dead*. Chicago: Ivan R. Dee.

Halpern, Baruch. 1987. "'Brisker Pipes Than Poetry': The Development of Israelite Monotheism." Pp. 77–115 in *Judaic Perspectives on Ancient Israel*, edited by Jacob Neusner, Baruch A. Levine, and Ernest S. Frerichs. Philadelphia: Fortress Press. Reprint, pp. 13–56 in *From Gods to God: The Dynamics of Iron Age Cosmologies*, edited by M. J. Adams. FAT 1/63. Tübingen: Mohr Siebeck, 2009.

———. 1991. "Jerusalem and the Lineages in the 7th Century BCE: Kinship and the Legacy of Individual Moral Liability." Pp. 11–107 in *Law and Ideology in Monarchic Israel*, edited by Baruch Halpern and Deborah W. Hobson. JSOTSup 124. Sheffield: Sheffield Academic Press. Reprint, pp. 339–424 in *From Gods to God: The Dynamics of Iron Age Cosmologies*, edited by M. J. Adams. FAT 1/63. Tübingen: Mohr Siebeck, 2009.

———. 1992. "The Exodus from Egypt: Myth or Reality?" Pp. 86–117 in *The Rise of Ancient Israel*, edited by Hershel Shanks et al. Washington, DC: Biblical Archaeology Society.

———. 1994. "The Stela from Dan: Epigraphic and Historical Considerations." *BASOR* 296:63–80.

———. 2001. *David's Secret Demons: Messiah, Murderer, Traitor, King*. Grand Rapids: Eerdmans.

———. 2009. "'Brisker Pipes Than Poetry': The Development of Israelite Monotheism." Pp. 77–115 in *Judaic Perspectives on Ancient Israel*, edited by J. Neusner, B. A. Levine, and E. S. Frerichs. Philadelphia: Fortress Press.

Halstead, Paul. 1992. "The Mycenaean Palatial Economy: Making the Most of the Gaps in the Evidence." *Proceedings of the Cambridge Philological Society* 38:57–86.

———. 1995. "Plough and Power: The Economic and Social Significance of Cultivation with the Ox-Drawn Ard in the Mediterranean." *Bulletin on Sumerian Agriculture* 8:11–22.

Hamilton, G. J. 2006. *The Origin of the West Semitic Alphabet in Egyptian Scripts*. Washington, DC: Catholic Biblical Association of America.

Hamilton, Mark W. 2015. "Riddles and Parables, Traditions and Texts: Ezekielian Perspectives on Israelite Wisdom Traditions." Pp. 241–64 in *Was There a Wisdom Tradition? New Prospects in Israelite Wisdom Studies*, edited by Mark R. Sneed. AIL 23. Atlanta: Society of Biblical Literature.

Hamori, Esther J. 2015. *Women's Divination in Biblical Literature: Prophecy, Necromancy, and Other Arts of Knowledge*. Anchor Yale Bible Reference Library. New Haven: Yale University Press.

Hancock, Jim F. 2006. *Plant Evolution and the Origin of Crop Species*. 2nd ed. Wallingford, UK: CABI Publishing.

Haran, Menahem. 1985. *Temples and Temple-Service in Ancient Israel: An Inquiry into Biblical Cult Phenomena and the Historical Setting of the Priestly School*. Winona Lake, IN: Eisenbrauns.

Har-El, M. 2005. *Understanding the Geography of the Bible: An Introductory Atlas*. Jerusalem: Carta.

Hari, Robert. 1985. *New Kingdom Amarna Period*. Iconography of Religions 16/6. Leiden: Brill.

Harrington, D. J. 1988. *The Maccabean Revolt: Anatomy of a Biblical Revolution*. Old Testament Studies. Wilmington, DE: Glazier.

Harris, David R. 1989. "An Evolutionary Continuum of People-Plant Interaction." Pp. 11–26 in *Foraging and Farming: The Evolution of Plant Exploitation*, edited by David R. Harris and Gordon C. Hillman. London: Unwin Hyman.

———. 1996. "Introduction: Themes and Concepts in the Study of Early Agriculture." Pp. 1–9 in *The Origins and Spread of Agriculture and Pastoralism in Eurasia*, edited by David R. Harris. London: UCL Press.

Harrison, Timothy P. 1997. "Shifting Patterns of Settlement in the Highlands of Central Jordan during the Early Bronze Age." *BASOR* 306:1–37.

Hartman, G., G. Bar-Oz, R. Bouchnick, and R. Reich. 2013. "The Pilgrimage Economy of Early Roman Jerusalem (1st century BCE–70 CE) Reconstructed from the δ 15 N and δ 13 C Values of Goat and Sheep Remains." *JAS* 40 (12): 4369–76.

Hartmann, Benedikt. 1960. "Es gibt keinen Gott außer Jahwe: Zur generellen Verneinung im Hebräischen." *Zeitschrift der deutschen morgenländischen Gesellschaft* 110:229–35.

Hartmann-Shenkman, Anat, Mordechai E. Kislev, Ehud Galili, Yoel Melamed, and Ehud Weiss. 2015. "Invading a New Niche: Obligatory Weeds at Neolithic Atlit-Yam, Israel." *Vegetation History and Archaeobotany* 24:9–18.

Hartwig, Melinda K., ed. 2015. *A Companion to Ancient Egyptian Art.* Chichester: Blackwell.

Harvey, Paul B., and Baruch Halpern. 2008. "W. M. L. de Wette's 'Dissertatio Critica . . .': Context and Translation." *Zeitschrift für alttestamentlische und biblische Rechtsgeschichte* 14:47–85.

Hasel, G. 1972. "The Significance of the Cosmology of Genesis 1 in Relation to Ancient Near Eastern Parallels." *AUSS* 10:1–20.

———. 1974. "The Polemic Nature of the Genesis Cosmology." *Evangelical Quarterly* 46:81–102.

Hasel, M. 1998. *Dominance and Resistance: Egyptian Military Activity in the Southern Levant, 1300–1185 BC.* PÄ 11. Leiden: Brill.

———. 2005. *Military Practice and Polemic: Israel's Laws of Warfare in Near Eastern Perspective.* Berrien Springs, MI: Andrews University Press.

Hauptmann, Andreas. 2007. *The Archaeometallurgy of Copper: Evidence from Faynan, Jordan.* Berlin: Springer.

Hausleiter, Arnulf. 2006. "Tayma, Northwest Arabia: The Context of Archaeological Research." Pp. 158–80 in *Collection of Papers on Ancient Civilizations of Western Asia, Asia Minor and North Africa,* edited by Yushu Gong and Yiyi Chen. Special Issue of *Oriental Studies.* Beijing: University of Beijing.

Hawass, Zahi, et al. 2010. "Ancestry and Pathology in King Tutankhamun's Family." *Journal of the American Medical Association* 303 (7): 638–47.

Hawkins, Ralph K. 2012. *The Iron Age I Structure on Mt. Ebal: Excavation and Interpretation.* BBRSup 6. Winona Lake, IN: Eisenbrauns.

———. 2013. *How Israel Became a People.* Nashville: Abingdon.

Hayden, Roy E. 1962. "Court Procedure at Nuzu." PhD dissertation, Brandeis University.

Hays, Christopher B. 2011. *Death in the Iron Age II and in First Isaiah.* FAT 79. Tübingen: Mohr Siebeck. Republished as *A Covenant With Death: Death in the Iron Age II and Its Rhetorical Uses in Proto-Isaiah.* Grand Rapids: Eerdmans, 2015.

Heckel, Waldemar. 2003. "Alexander the Great and the 'Limits of the Civilized World.'" Pp. 147–74 in *Crossroads of History: The Age of Alexander,* edited by Waldemar Heckel and Lawrence A. Tritle. Claremont, CA: Regina.

———. 2007. "The Earliest Evidence for the Plot to Poison Alexander." Pp. 265–75 in *Alexander's Empire: Formulation to Decay,* edited by Waldemar Heckel, Lawrence Tritle, and Pat Wheatley. Claremont, CA: Regina.

———. 2016. *Alexander's Marshals: A Study of the Makedonian Aristocracy and the Politics of Military Leadership.* 2nd ed. London: Routledge.

Heckel, Waldemar, Carolyn Willekes, and Graham Wrightson. 2010. "Scythed Chariots at Gaugamela: A Case Study." Pp. 103–12 in *Philip II and Alexander the Great: Father and Son, Lives and Afterlives,* edited by Elizabeth Carney and Daniel Ogden. Oxford: Oxford University Press.

Heide, Martin. 2010. "The Domestication of the Camel: Biological, Archaeological and Inscriptional Evidence from Mesopotamia, Israel and Arabia, and Literary Evidence from the Bible." *UF* 42:331–83.

Heider, George C. 1985. *The Cult of Molek: A Reassessment.* JSOTSup 43. Sheffield: JSOT Press.

Heimpel, Wolfgang. 2003. *Letters to the King of Mari: A New Translation, with Historical Introduction, Notes, and Commentary.* Mesopotamian Civilizations 12. Winona Lake, IN: Eisenbrauns.

Heintz, Jean-Georges. 2015. *Prophétisme et alliance: Des Archives royales de Mari à la Bible hébraïque.* OBO 271. Fribourg: Academic Press; Göttingen: Vandenhoeck & Ruprecht.

Heltzer, Michael. 1977. "The Metal Trade of Ugarit and the Problem of Transportation of Commercial Goods." *Iraq* 39:203–11.

———. 1996. "The Symbiosis of the Public and Private Sector in Ugarit, Phoenicia and Palestine." Pp. 177–207 in *Privatization in the Ancient Near East and Classical World,* edited by Michael Hudson and Baruch Levine. Cambridge, MA: Peabody Museum of Archaeology and Ethnology, Harvard University.

Hendel, Ronald S. 1995. "Finding Historical Memories in the Patriarchal Narratives." *BAR* 21 (4): 52–59, 70–71.

Hengel, Martin. 1974. *Judaism and Hellenism: Studies in Their Encounter in Palestine during the Early Hellenistic Period.* Translated by John Bowden. 2 vols. Philadelphia: Fortress.

———. 1980. *Jews, Greeks, and Barbarians: Aspects of the Hellenization of Judaism in the Pre-Christian Period.* Translated by John Bowden. Philadelphia: Fortress.

———. 1989. *The "Hellenization" of Judea in the First Century after Christ.* London: SCM.

———. 2003. *Judaism and Hellenism: Studies in Their Encounter in Palestine during the Early Hellenistic Period.* Translated by John Bowden. 2 vols. Rev. ed. Eugene, OR: Wipf & Stock.

Herodotus. 1998. *The Histories.* Translated by R. Waterfield. Oxford: Oxford University Press.

Herr, Larry G. 1997. "Archaeological Sources for the History of Palestine: The Iron Age II Period: Emerging Nations." *BA* 60:114–83.

———. 2009. "The House of the Father at Iron I Tall al-'Umayri, Jordan." Pp. 191–205 in *Exploring the Longue Dureé: Essays in Honor of Lawrence E. Stager,* edited by J. David Schloen. Winona Lake, IN: Eisenbrauns.

Herr, Larry G., and Douglas R. Clark. 2001. "Excavating the Tribe of Reuben." *BAR* 27:36–47, 64, 66.

———. 2009. "From the Stone Age to the Middle Ages in Jordan: Digging up Tall al-'Umayri." *NEA* 72:68–97.

———. 2014. "Tall al-'Umayri through the Ages." Pp. 121–28 in *Crossing Jordan: North American Contributions to the Archaeology of Jordan*, edited by Thomas E. Levy, P.M. Michèle Daviau, Randall W. Younker, and May Shaer. New York: Routledge.

Herr, Larry G., and Mohammed Najjar. 2008. "The Iron Age." Pp. 311–34 in *Jordan: An Archaeological Reader*, edited by Russell B. Adams. London: Equinox.

Herrmann, Christian. 1993. *Ägyptische Amulette aus Palästina/Israel mit einem Ausblick auf ihre Rezeption durch das Alte Testament*. OBO 138. Fribourg: Universitätsverlag.

———. 2006. *Ägyptische Amulette aus Palästina/Israel*. Vol 3. OBOSA 24. Göttingen: Vandenhoeck & Ruprecht.

———. 2016. *Ägyptische Amulette aus Palästina/Israel*, vol. 4, *Von der Spätbronzezeit IIB bis in römische Zeit*. OBOSA 38. Fribourg: Universitätsverlag; Göttingen: Vandenhoeck & Ruprecht.

Herrmann, Christian, et al. 2010. *1001 Amulett: Altägyptischer Zauber, monotheisierte Talismane, säkulare Magie*. Stuttgart: Katholisches Bibelwerk.

Herrmann, Siegfried. 1964. "Operationen Pharao Schoschenks I. im östlichen Ephraim." *ZDPV* 80:55–79.

Herzog, Chaim, and Mordechai Gichon. 1997. *Battles of the Bible*. 2nd ed. London: Greenhill.

Herzog, Ze'ev. 1992. "Settlement and Fortification Planning in the Iron Age." Pp. 231–74 in *The Architecture of Ancient Israel: From the Prehistoric to the Persian Periods*, edited by Aharon Kempinski and Ronny Reich. Jerusalem: Israel Exploration Society.

———. 1994. "The Beer-Sheba Valley: From Nomadism to Monarchy." Pp. 122–49 in *From Nomadism to Monarchy: Archaeological and Historical Aspects of Early Israel*, edited by Israel Finkelstein and Nadav Na'aman. Jerusalem: Israel Exploration Society.

———. 1997a. *Archaeology of the City: Urban Planning in Ancient Israel and Its Social Implications*. Monograph Series of the Sonia and Marco Nadler Institute of Archaeology 13. Tel Aviv: Tel Aviv University.

———. 1997b. "Fortifications: An Overview." *OEANE* 2:319–21.

———. 2002. "The Fortress Mound at Tel Arad: An Interim Report." *TA* 29:3–109.

Hess, Richard S. 1993a. *Amarna Personal Names*. American Schools of Oriental Research Dissertation Series 9. Winona Lake, IN: Eisenbrauns.

———. 1993b. "The Slaughter of the Animals in Genesis 15:18–21 and Its Ancient Near Eastern Context." Pp. 55–65 in *He Swore an Oath: Biblical Themes from Genesis 12–50*, edited by Richard S. Hess, Gordon J. Wenham, and Philip E. Satterthwaite. 2nd ed. Grand Rapids: Baker; Carlisle: Paternoster.

———. 1997. "The Form and Structure of the Solomonic District List in 1 Kings 4:7–19." Pp. 279–92 in *Crossing Boundaries and Linking Horizons: Studies in Honor of Michael C. Astour*, edited by Gordon D. Young, Mark W. Chavalas, and Richard E. Averbeck. Bethesda, MD: CDL Press.

———. 2002. "Literacy in Iron Age Israel." Pp. 82–102 in *Windows into Old Testament History: Evidence, Argument, and the Crisis of "Biblical Israel,"* edited by V. Philips Long, David W. Baker, and Gordon J. Wenham. Grand Rapids: Eerdmans.

———. 2007. *Israelite Religions: An Archaeological and Biblical Survey*. Grand Rapids: Baker Academic.

———. 2008. "War in the Hebrew Bible: An Overview." Pp. 19–32 in *War in the Bible and Terrorism in the Twenty-First Century*, edited by Richard S. Hess and Elmer A. Martens. BBRSup 2. Winona Lake, IN: Eisenbrauns.

———. 2009a. "Questions of Reading and Writing in Ancient Israel." *BBR* 19:1–9.

———. 2009b. *Studies in the Personal Names of Genesis 1–11*. Winona Lake, IN: Eisenbrauns.

———. 2017. "Texts from Ancient Canaan." Pp. 259–73 in *The Context of Scripture*, vol. 4. *Supplements*, edited by K. Lawson Younger Jr. Leiden: Brill.

Hesse, Brian. 1990. "Pig Lovers and Pig Haters: Patterns of Palestinian Pork Production." *Journal of Ethnobiology* 10:195–225.

Hesse, Brian, and Paula Wapnish. 1998. "Pig Use and Abuse in the Ancient Levant: Ethnoreligious Boundary-Building with Swine." Pp. 123–36 in *Ancestors for the Pigs: Pigs in Prehistory*, edited by Sarah M. Nelson. MASCA Research Papers in Science and Archaeology 15. Philadelphia: University of Pennsylvania Museum of Archaeology and Anthropology.

Hestrin, Ruth. 1983. "Hebrew Seals of Officials." Pp. 50–54 in *Ancient Seals and the Bible*, edited by Leonard Gorelick and Elizabeth Williams-Forte. Malibu, CA: Undena.

Hetzron, Robert. 1974. "La division des langues sémitiques." Pp. 181–94 in *Actes du premier Congres international de linguistique semitique et chamitosemitique, Paris 16–19 juillet 1969*, edited by Andre Caquot and David Cohen. The Hague: Mouton.

———. 1976. "Two Principles of Genetic Reconstruction." *Lingua* 38:89–108.

Heuzey, A. Léon. 1891–1915. "Le bassin sculpté et le symbole du vase jaillissant." Pp. 149–70 in *Les origines orientales de l'art: Recueil de mémoires archéologiques et de monuments figurés.* Paris: E. Leroux.

Higginbotham, Carolyn R. 2000. *Egyptianization and Elite Emulation in Ramesside Palestine: Governance and Accommodation on the Imperial Periphery.* CHANE 2. Leiden: Brill.

Hilber, John W. 2011. "Prophetic Speech in the Egyptian Royal Cult:" Pp. 39–53 in *On Stone and Scroll: Essays in Honour of Graham Ivor Davies*, edited by James K. Aitken, Katharine J. Dell, and Brian A. Mastin. BZAW 420. Berlin: de Gruyter.

———. 2012. "The Culture of Prophecy and Writing in the Ancient Near East." Pp. 219–41 in *Do Historical Matters Matter to Faith?*, edited by James K. Hoffmeier and Dennis Magary. Wheaton: Crossway.

———. 2015. "Isaiah as Prophet and Isaiah as Book in Their Ancient Near Eastern Context." Pp. 151–74 in *Bind Up the Testimony: Explorations in the Genesis of the Book of Isaiah*, edited by Daniel I. Block and Richard L. Schultz. Peabody, MA: Hendrickson.

Hincks, E. 1851. "Nimrud Obelisk." *Athenaeum* 1261:1384–85.

Hixson, Walter L. 2013. *American Settler Colonialism: A History.* New York: Palgrave Macmillan.

Hodge, Carleton. 1981. "Akhenaten: A Reject." *Scriptura Mediterranea* 2:17–26.

Hoffman, Yair. 1999. "The Deuteronomistic Concept of the Herem." *ZAW* 111:196–210.

Hoffmeier, James K. 1983. "Some Thoughts on Genesis 1 and 2 and Egyptian Cosmology." *JANES* 15:29–39.

———. 1986. "The Arm of God versus the Arm of Pharaoh in the Exodus Narratives." *Bib* 67:378–87.

———. 1989. "Reconsidering Egypt's Part in the Termination of the Middle Bronze Age in Palestine." *Levant* 21:181–93.

———. 1990. "Some Thoughts on William G. Dever's 'Hyksos, Egyptian Destructions, and the End of the Palestinian Middle Bronze Age.'" *Levant* 22:83–89.

———. 1991. "James Weinstein's 'Egypt and the Middle Bronze IIC/Late Bronze IA Transition': A Rejoinder." *Levant* 23:117–24.

———. 1996. *Israel in Egypt: The Evidence for the Authenticity of the Exodus Tradition.* New York: Oxford University Press.

———. 2005. *Ancient Israel in Sinai: The Evidence for the Authenticity of the Wilderness Tradition.* New York: Oxford University Press.

———, ed. 2014a. *Excavations in North Sinai: Tell el-Borg I: The "Dwelling of the Lion" on the Ways of Horus.* Winona Lake, IN: Eisenbrauns.

———. 2014b. "The Exodus and Wilderness Narratives." Pp. 46–90 in *Ancient Israel's History: An Introduction to Issues and Sources*, edited by Bill T. Arnold and Richard S. Hess. Grand Rapids: Baker Academic.

———. 2015. *Akhenaten and the Origins of Monotheism.* Oxford: Oxford University Press.

Hoffmeier, James K., Alan R. Millard, and Gary A. Rendsburg, eds. 2016. "Did I Not Bring Israel Out of Egypt?" *Biblical, Archaeological, and Egyptological Perspectives on the Exodus Narratives.* BBRSup 12. Winona Lake, IN: Eisenbrauns.

Hoffner, Harry A. 1968. "Birth and Name-Giving in Hittite Texts." *JNES* 27:198–203.

———. 1974. *Alimenta Hethaeorum: Food Production in Hittite Asia Minor.* AOS 55. New Haven: American Oriental Society.

———. 1997a. "Hittite Laws." Pp. 213–47 in *Law Collections from Mesopotamia and Asia Minor*, edited by Martha T. Roth. WAW 6. 2nd ed. Atlanta: Scholars Press.

———. 1997b. "Hittites." *OEANE* 3:84–88.

———. 1998. *Hittite Myths.* Edited by Gary M. Beckman. 2nd ed. WAW 2. Atlanta: Scholars Press.

———. 2009. *Letters from the Hittite Kingdom.* Edited by Gary M. Beckman. WAW 15. Atlanta: Society of Biblical Literature.

———. 2013. "'The King's Speech': Royal Rhetorical Language." Pp. 137–53 in *Beyond Hatti: A Tribute to Gary Beckman*, edited by Billie Jean Collins and Piotr Michalowski. Atlanta: Lockwood.

Hoftijzer, Jacob, and Karel Jongeling, eds. 1995. *Dictionary of the North-West Semitic Inscriptions.* HdO 1/21. Leiden: Brill.

Hoftijzer, Jacob, and G. van der Kooij. 1976. *Aramaic Texts from Deir 'Alla.* DMOA 19. Leiden: Brill.

Hoglund, Kenneth G. 1992. *Achaemenid Imperial Administration in Syria-Palestine and the Missions of Ezra and Nehemiah.* Society of Biblical Literature Dissertation Series 125. Atlanta: Scholars Press.

Holladay, John S. 1970. "Assyrian Statecraft and the Prophets of Israel." *Harvard Theological Review* 63:29–51.

———. 1995. "The Kingdoms of Israel and Judah: Political and Economic Centralization in the Iron IIA–B (CA. 1000–750 BCE). Pp. 368–98 in *The Archaeology of Society in the Holy Land*, edited by Thomas E. Levy. London: Leicester University Press.

———. 1997. "Four-Room House." *OEANE* 2:337–42.

———. 2006. "Hezekiah's Tribute, Long-Distance Trade, and the Wealth of Nations ca. 1000–600 BC: A New Perspective." Pp. 309–31 in *Confronting the Past: Archaeological and Historical Essays on Ancient Israel in Honor of William G. Dever*, edited by Seymour Gitin, J. Edward Wright, and J. P. Dessel. Winona Lake, IN: Eisenbrauns.

———. 2009. "How Much Is That in . . . ? Monetization, Money, and Royal States and Empires." Pp. 207–22 in *Exploring the Longue Durée: Essays in Honor of Lawrence E. Stager*, edited by J. David Schloen. Winona Lake, IN: Eisenbrauns.

———. 2014. "From Bandit to King: David's Time in the Negev and the Transformation of a Tribal Entity into a Nation State." Pp. 31–46 in *Unearthing the Wilderness: Studies on the History and Archaeology of the Negev and Edom in the Iron Age*, edited by Juan Manuel Tebes. ANESSup 45. Leuven: Peeters.

Holland, Gary, and Marina Zorman. 2007. *The Tale of Zalpa: Myth, Morality and Coherence in a Hittite Narrative*. Series Hethaea 6, Studia Mediterranea 19. Pavia: Italian University Press.

Holloway, S. W. 2002. *Aššur Is King! Aššur Is King! Religion in the Exercise of Power in the Neo-Assyrian Empire*. CHANE 10. Leiden: Brill.

Hom, Mary Katherine Yem Hing. 2016. "Where Art Thou, O Hezekiah's Tunnel? A Biblical Scholar Considers the Archaeological and Biblical Evidence concerning the Waterworks in 2 Chronicles 32:3–4, 30 and 2 Kings 20:20." *JBL* 135:493–503.

Hong, S., J. P. Candelone, C. C. Patterson, and C. F. Boutron. 1994. "Greenland Ice Evidence of Hemispheric Lead Pollution Two Millennia Ago by Greek and Roman Civilizations." *Science* 265 (5180): 1841–43.

Hopkins, D. C. 1985. *The Highlands of Canaan: Agriculture Life in the Early Iron Age*. Vol. 3. London: Burns & Oates.

Horden, Peregrine, and Nicholas Purcell. 2000. *The Corrupting Sea: A Study of Mediterranean History*. Malden, MA: Blackwell.

Hornung, Erik. 1992. "The Rediscovery of Akhenaten and His Place in Religion." *JARCE* 29:43–49.

———. 1999. *Akhenaten and the Religion of Light*. Translated by David Lorton. Ithaca, NY: Cornell University Press.

Horowitz, Wayne. 2011. *Mesopotamian Cosmic Geography*. MC 8. Winona Lake, IN: Eisenbrauns.

Horowitz, Wayne, and Takayoshi Oshima. 2007. "Hazor 15: A Letter Fragment from Hazor." *IEJ* 57:34–40.

———. 2010. "Hazor 16: Another Administrative Docket from Hazor." *IEJ* 60:129–32.

Horowitz, Wayne, Takayoshi Oshima, and Seth Sanders. 2006. *Cuneiform in Canaan: Cuneiform Sources from the Land of Israel in Ancient Times*. Jerusalem: Israel Exploration Society.

Horowitz, Wayne, Takayoshi Oshima, and A. Winitzer. 2010. "Hazor 17: Another Clay Liver Model." *IEJ* 60:133–45.

Horowitz, Wayne, Takayoshi Oshima, and Filip Yukosavovic. 2012. "Hazor 18: Fragments of a Cuneiform Law Collection from Hazor." *IEJ* 62:158–76.

Horowitz, Wayne, and Aaron Shaffer. 1992a. "An Administrative Tablet from Hazor: A Preliminary Edition." *IEJ* 42:21–33.

———. 1992b. "A Fragment of a Letter from Hazor." *IEJ* 42:165–66.

———. 1993. "Additions and Corrections to 'An Administrative Tablet from Hazor: A Preliminary Edition.'" *IEJ* 42:167.

Houston, Walter J. 2004. "Was There a Social Crisis in the Eighth Century?" Pp. 130–49 in *In Search of Pre-Exilic Israel*, edited by John Day. London: T&T Clark.

———. 2008. *Contending for Justice: Ideologies and Theologies of Social Justice in the Old Testament*. Rev. ed. London: T&T Clark.

Hübner, Ulrich. 2014. "The Development of Monetary Systems in Palestine during the Achaemenid and Hellenistic Era." Pp. 159–83 in *Money as God? The Monetization of the Market and the Impact on Religion, Politics, Law and Ethics*, edited by Jürgen von Hagen and Michael Welker. Cambridge: Cambridge University Press.

Huddlestun, John R. 1996. "'Who Is This That Rises Like the Nile?' A Comparative Study of the River Nile in Ancient Egypt and the Hebrew Bible." PhD dissertation, University of Michigan.

Hudson, Michael. 2000. "How Interest Rates Were Set, 2500 BC–1000 AD: Máš, Tokos and Fœnus as Metaphors for Interest Accruals." *JESHO* 43:132–61.

Huehnergard, John. 1989. "Remarks on the Classification of the Northwest Semitic Languages." Pp. 282–93 in *The Balaam Text from Deir 'Alla Reevaluated: Proceedings of the International Symposium Held at Leiden, 21–24 August 1989*, edited by J. Hoftijzer and G. van der Kooij. Leiden: Brill.

———. 2012. *An Introduction to Ugaritic*. Peabody, MA: Hendrickson.

Huffmon, Herbert B. 1997. "The Expansion of Prophecy in the Mari Archives: New Texts, New Readings, New Information." Pp. 7–22 in *Prophecy and Prophets: The Diversity of Contemporary Issues in Scholarship*, edited by Yehoshua Gitay. Semeia Studies 33. Atlanta: Scholars Press.

———. 2000. "A Company of Prophets: Mari, Assyria, Israel." Pp. 47–70 in *Prophecy in Its Ancient Near Eastern Context: Mesopotamian, Biblical, and Arabian Perspectives*, edited by Martti Nissinen. SymS 13. Atlanta: Society of Biblical Literature.

Hummel, Bradford S. 2000. "Copper." P. 278 in *Eerdmans Dictionary of the Bible*, edited by David Noel Freedman. Grand Rapids: Eerdmans.

Hundley, Michael B. 2011. *Keeping Heaven on Earth: Safeguarding the Divine Presence in the Priestly Tabernacle*. FAT 2/50. Tübingen: Mohr Siebeck.

———. 2013a. *God in Dwellings: Temples and Divine Presence in the Ancient Near East*. WAW Supplement Series 3. Atlanta: Society of Biblical Literature.

———. 2013b. "Here a God, There a God: An Examination of the Divine in Ancient Mesopotamia." *AoF* 40:68–107.

Hunger, Hermann. 1992. *Astrological Reports to Assyrian Kings.* SAA 8. Helsinki: Helsinki University Press.

Hunt, Chris O., David D. Gilbertson, and Hwedi A. El-Rishi. 2007. "An 8000-Year History of Landscape, Climate, and Copper Exploitation in the Middle East: The Wadi Faynan and the Wadi Dana National Reserve in Southern Jordan." *JAS* 34 (8): 1306–38.

Hurowitz, Victor. 1992. *I Have Built You an Exalted House: Temple Building in the Bible in Light of Mesopotamian and West Semitic Writings.* JSOTSup 115. Sheffield: JSOT Press.

———. 1994. "Inside Solomon's Temple." *Bible Review* 10:24–37, 50.

———. 2008. "Toward an Image of the 'Wise Man' in Akkadian Writings." Pp. 64–94 in *Scribes, Sages, and Seers: The Sage in the Eastern Mediterranean World,* edited by Leo G. Perdue. FRLANT 219. Göttingen: Vandenhoeck & Ruprecht.

Hutter, Manfred. 2011. "'Annalen,' 'Gebete,' 'Erzählungen,' 'Ritualtexte,' und anderes: Wie haben Hethiter ihre Literatur kategorisiert?" Pp. 111–34 in *Was sind Genres? Nicht-abendländische Kategorisierungen von Gattungen,* edited by Stephan Conermann and Amr El Hawary. Berlin: EB-Verlag.

Ikeda, Yutaka. 1999. "Looking from Til Barsip on the Euphrates: Assyria and the West in Ninth and Eighth Centuries B.C." Pp. 271–93 in *Priests and Officials in the Ancient Near East: Papers of the Second Colloquium on the Ancient Near East—the City and Its Life Held at the Middle Eastern Culture Center in Japan (Mitaka, Tokyo), March 22–24, 1996,* edited by Kazuko Watanabe. Heidelberg: Universitätsverlag C. Winter.

Ikram, Salima. 1989. "Domestic Shrines and the Cult of the Royal Family at el-'Amarna." *JEA* 75:89–101.

Ilan, D. 1995. "The Dawn of Internationalism: The Middle Bronze Age." Pp. 297–319 in *The Archaeology of Society in the Holy Land,* edited by Thomas E. Levy. London: Leicester University Press.

Inomata, Takeshi, and Lawrence S. Coben. 2006. "Overture: An Invitation to the Archaeological Theater." Pp. 11–44 in *Archaeology of Performance: Theaters of Power, Community, and Politics,* edited by Takeshi Inomata and Lawrence S. Coben. Lanham, MD: Altamira.

Irvine, S. A. 2001. "The Rise of the House of Jehu." Pp. 114–18 in *The Land That I Will Show You: Essays on the History and Archaeology of the Ancient Near East in Honor of J. Maxwell Miller,* edited by J. Andrew Dearman and M. Patrick Graham. JSOTSup 343. Sheffield: Sheffield Academic Press.

Israel Antiquities Authority. 2015. "Has the Acra from 2,000 Years Ago Been Found?" http://mfa.gov.il/MFA/IsraelExperience/History/Pages/Has-the-Acra-from-2000-years-ago-been-found-3-Nov-2015.aspx.

Issar, A., and M. Zohar. 2004. *Climate Change—Environment and Civilization in the Middle East.* Berlin: Springer.

Isserlin, B. S. J. 1998. *The Israelites.* New York: Thames & Hudson.

Jackson, Kent P. 1989. "The Language of the Mesha Inscription." Pp. 96–130 in *Studies in the Mesha Inscription and Moab,* edited by J. Andrew Dearman. ABS 2. Atlanta: Scholars Press.

Jacobsen, Thorkild. 1946. "Sumerian Mythology: A Review Article." *JNES* 5:128–52.

———. 1968. "The Battle between Marduk and Tiamat." *JAOS* 88 (1): 104–8.

———. 1989. "The Mesopotamian Temple Plan and the Kitîtum Temple." *ErIsr* 20:73*–91*.

———. 1990. "Notes on Ekur." *ErIsr* 21:40*–47*.

James, Frances W., and Patrick E. McGovern. 1993. *The Late Bronze Egyptian Garrison at Beth Shan: A Study of Levels VII and VIII.* Vol. 1. Philadelphia: The University Museum, University of Pennsylvania.

Jamison-Drake, David W. 1991. *Scribes and Schools in Monarchic Judah: A Socio-Archaeological Approach.* JSOTSup 109. Sheffield: Almond.

Janeway, Brian. 2017. *Sea Peoples of the Northern Levant? Aegean-Style Pottery from Early Iron Age Tell Tayinat.* Studies in the Archaeology and History of the Levant 7. Winona Lake, IN: Eisenbrauns.

Janowski, Bernd. 2001. "Der Himmel auf Erden: Zur kosmologischen Bedeutung des Tempels in der Umwelt Israels." Pp. 229–60 in *Das biblische Weltbild und seine altorientalischen Kontexte,* edited by Bernd Janowski and Beate Ego. FAT 32. Tübingen: Mohr Siebeck.

Janowski, Bernd, Klaus Koch, and Gernot Wilhelm, eds. 1993. *Religionsgeschichtliche Beziehungen zwischen Kleinasien, Nordsyrien und dem Alten Testament.* OBO 129. Freiburg: Universitätsverlag; Göttingen: Vandenhoeck & Ruprecht.

Janzen, Waldemar. 1972. *Mourning Cry and Woe-Oracle.* BZAW 125. Berlin: de Gruyter.

Jepsen, A. 1941–44. "Israel und Damaskus." *Archiv für Orientforschung* 14:153–72.

Joannès, Francis. 1995. "Private Commerce and Banking in Achaemenid Babylonia." *CANE* 3:1475–85.

Jobes, Karen H., and Moisés Silva. 2015. *Invitation to the Septuagint.* 2nd ed. Grand Rapids: Baker Academic.

Joffe, Alexander H. 1998. "Alcohol and Social Complexity in Ancient Western Asia." *Current Anthropology* 39:297–322.

———. 2002. "The Rise of Secondary States in the Iron Age Levant." *JESHO* 45:425–67.

Johnson, Raymond W. 1998. "Monuments and Monumental Art under Amenhotep III: Evolution and Meaning." Pp. 63–94 in *Amenhotep III: Perspectives on His Reign*, edited by David O'Connor and Eric Cline. Ann Arbor: University of Michigan Press.

Johnston, Philip S. 2002. *Shades of Sheol: Death and Afterlife in the Old Testament*. Downers Grove, IL: InterVarsity.

———. 2009. "Faith in Isaiah." Pp. 104–21 in *Interpreting Isaiah: Issues and Approaches*, edited by David G. Firth and H. G. M. Williamson. Downers Grove, IL: InterVarsity.

Johnston, Sarah. 2004. *Religions of the Ancient World: A Guide*. Cambridge, MA: Belknap Press of Harvard University Press.

Jones, A. H. M. 1964. *The Later Roman Empire 284–602*. 2 vols. Oxford: Oxford University Press.

Jones, Sian. 1997. *The Archaeology of Ethnicity*. London: Routledge.

Jursa, Michael. 2010. *Aspects of the Economic History of Babylonia in the First Millennium BC: Economic Geography, Economic Mentalities, Agriculture, the Use of Money and the Problem of Economic Growth*. AOAT 377. Münster: Ugarit-Verlag.

———. 2011. "Cuneiform Writing in Neo-Babylonian Temple Communities." Pp. 184–204 in *The Oxford Handbook of Cuneiform Culture*, edited by Karen Radner and Eleanor Robson. Oxford: Oxford University Press.

Kagen, Elisa, et al. 2011. "Intrabasin Paleoearthquake and Quiescence Correlation of the Late Holocene Dead Sea." *Journal of Geophysical Research* 116:1–27.

Kahn, Dan'el. 2008. "Some Remarks on the Foreign Policy of Psammetichus II in the Levant (595–589 BC)." *Journal of Egyptian History* 1:139–57.

Kamlah, Jens, ed. 2012. *Temple Building and Temple Cult: Architecture and Cultic Paraphernalia of Temples in the Levant (2.–1. Mill. B.C.E.)*. Wiesbaden: Harrassowitz.

Kang, Sa-Moon. 1989. *Divine War in the Old Testament and in the Ancient Near East*. BZAW 177. New York: de Gruyter.

Kaniastry, Krzysztof, and Fran H. Norris. 2004. "Social Support in the Aftermath of Disasters, Catastrophes, and Acts of Terrorism: Altruistic, Overwhelmed, Uncertain, Antagonistic, and Patriotic Communities." Pp. 200–229 in *Bioterrorism: Psychological and Public Health Interventions*, edited by Robert J. Ursano, Ann E. Norwood, and Carol S. Fullerton. Cambridge: Cambridge University Press.

Kaniewski, D., E. Paulissen, E. Van Campo, H. Weiss, T. Otto, J. Bretschneider, and K. Van Lerberghe. 2010. "Late Second–Early First Millennium BC Abrupt Climate Changes in Coastal Syria and Their Possible Significance for the History of the Eastern Mediterranean." *Quaternary Research* 74:207–15.

Kaniewski, D. E., E. Van Campo, J. Guiot, S. Le Burel, T. Otto, and C. Baeteman. 2013. "Environmental Roots of the Late Bronze Age Crisis." http://journals.plos.org/plosone/article?id=10.1371/journal.pone.0071004.

Kaplan, Philip. 2010. "Cross-Cultural Contacts among Mercenary Communities in Saite and Persian Egypt." *Mediterranean Historical Review* 18:1–31.

Karageorghis, Vassos. 1982. *Cyprus from the Stone Age to the Romans*. London: Thames & Hudson.

———. 1995. "Relations between Cyprus and Egypt, Second Intermediate Period and XVIIIth Dynasty." *ÄL* 5:73–79.

Karageorghis, Vassos, and Jean des Gagniers. 1974. *La céramique chypriote de style figuré: Age du fer (1050–500 a.v. J.-C.)*. Rome: Ateneo & Bizzarri.

Katz, J. 2009. *The Archaeology of Cult in Middle Bronze Age Canaan: The Sacred Area at Tel Haror, Israel*. Gorgias Dissertations, Near East 40. Piscataway, NJ: Gorgias.

Kaufmann, Yehezkel. 1953. *The Biblical Account of the Conquest of Canaan*. Jerusalem: Magnes.

———. 1960. *The Religion of Israel: From Its Beginnings to the Babylonian Exile*. Translated by Moshe Greenberg. Chicago: University of Chicago Press.

Keefer, Donald K. 2002. "Investigating Landslides Caused by Earthquakes: A Historical Review." *Surveys in Geophysics* 23:473–510.

Keel, Othmar. 1977. *Jahwe-Visionen und Siegelkunst*. Stuttgarter Bibelstudien 84. Stuttgart: Katholisches Bibelwerk.

———. 1978a. *Jahwes Entgegnung an Ijob: Eine Deutung von Ijob 38–41 vor dem Hintergrund der zeitgenössischen Bildkunst*. FRLANT 121. Göttingen: Vandenhoeck & Ruprecht.

———. 1978b. *The Symbolism of the Biblical World: Ancient Near Eastern Iconography and the Book of Psalms*. Translated by Timothy J. Hallett. New York: Seabury. Reprint, Winona Lake, IN: Eisenbrauns, 1997.

———. 1992a. *Das Recht der Bilder gesehen zu werden: Drei Fallstudien zur Methode der Interpretation altorientalischer Bilder*. OBO 122. Freiburg: Universitätsverlag; Göttingen: Vandenhoeck & Ruprecht.

———. 1992b. "Iconography and the Bible." *ABD* 3:358–74.

———. 1994. *Song of Songs: A Continental Commentary*. Translated by Frederick J. Gaiser. Minneapolis: Fortress.

1995. *Corpus der Stempelsiegel-Amulette aus Palästina/Israel: Von den Anfängen bis zur Perserzeit: Einleitung*. OBOSA 10. Göttingen: Vandenhoeck & Ruprecht.

———. 1997. *Corpus der Stempelsiegel-Amulette aus Palästina/Israel: Von den Anfängen bis zur Perserzeit: Katalog Band I: Von Tell Abu Farağ bis 'Atlit*. OBOSA 13. Göttingen: Vandenhoeck & Ruprecht.

———. 1998. *Goddesses and Trees, New Moon and Yahweh: Ancient Near Eastern Art and the Hebrew Bible*. JSOTSup 261. Sheffield: Sheffield Academic Press.

———. 2010a. *Corpus der Stempelsiegel-Amulette aus Palästina/Israel: Von den Anfängen bis zur Perserzeit: Katalog Band II: Von Bahan bis Tell Eton*. OBOSA 29. Göttingen: Vandenhoeck & Ruprecht.

———. 2010b. *Corpus der Stempelsiegel-Amulette aus Palästina/Israel: Von den Anfängen bis zur Perserzeit: Katalog Band III: Von Tell el-Far'a Nord bis Tell el-Fir*. OBOSA 31. Göttingen: Vandenhoeck & Ruprecht.

———. 2013. *Corpus der Stempelsiegel-Amulette aus Palästina/Israel: Von den Anfängen bis zur Perserzeit: Katalog Band IV: Von Tel Gamma bis Chirbet Husche*. OBOSA 33. Göttingen: Vandenhoeck & Ruprecht.

———. 2017. *Corpus der Stempelsiegel-Amulette aus Palästina/Israel: Von den Anfängen bis zur Perserzeit: Katalog Band IV: Von Tel el-'Idham bis Tel Kitan*. OBOSA 35. Göttingen: Vandenhoeck & Ruprecht.

Keel, Othmar, and Max Küchler. 1982. *Orte und Landschaften der Bibel: Ein Handbuch und Studien-Reiseführer zum Heiligen Land*, vol. 2, *Der Süden*. Zurich: Benziger; Göttingen: Vandenhoeck & Ruprecht.

Keel, Othmar, and A. Mazar. 2009. "Iron Age Seals and Seal Impressions from Tel Reḥov." *ErIsr* 29:57*–69*.

Keel, Othmar, and Christoph Uehlinger. 1996. *Altorientalische Miniaturkunst: Die ältesten visuellen Massenkommunikationsmittel; Ein Blick in die Sammlungen des Biblischen Instituts der Universität Freiburg Schweiz*. 2nd ed. Freiburg: Universitätsverlag; Gottingen: Vandenhoeck & Ruprecht.

———. 1998. *Gods, Goddesses, and Images of God in Ancient Israel*. Translated by Thomas H. Trapp. Minneapolis: Fortress.

———. 2010. *Göttinnen, Götter und Gottessymbole: Neue Erkenntnisse zur Religionsgeschichte Kanaans und Israels aufgrund bislang unerschlossener ikonographischer Quellen*. 7th ed. Fribourg: Universitätsverlag.

Keimer, Kyle H. 2011. "The Socioeconomic Impact of Hezekiah's Preparations for Rebellion." PhD dissertation, University of California, Los Angeles.

Kelle, Brad E. 2002. "What's in a Name? Neo-Assyrian Designations for the Northern Kingdom and Their Implications for Israelite History and Biblical Interpretation." *JBL* 121:639–66.

Kelly, Thomas. 1987. "Herodotus and the Chronology of the Kings of Sidon." *BASOR* 268:39–56.

Kemp, Barry J. 1977. "The City of El-Amarna as a Source for the Study of Urban Society in Ancient Egypt." *World Archaeology* 9 (2): 123–39.

———. 2000. "Soil (Including Mud-Brick Architecture)." Pp. 78–103 in *Ancient Egyptian Materials and Technology*, edited by Paul T. Nicholson and Ian Shaw. Cambridge: Cambridge University Press.

———. 2012. *The City of Akhenaten and Nefertiti: Amarna and Its People*. London: Thames & Hudson.

Kempinsky, Aharon, and Ronny Reich, eds. 1992. *The Architecture of Ancient Israel: From the Prehistoric to the Persian Periods*. Jerusalem: Israel Exploration Society.

Ken-Tor, Revital, et al. 2001. "High Resolution Geological Record of Historic Earthquakes in the Dead Sea Basin." *Journal of Geophysical Research* 106:2221–34.

Kern, Paul Bentley. 1999. *Ancient Siege Warfare*. Bloomington: Indiana University Press.

Kessler, Rainer. 2008. *The Social History of Ancient Israel: An Introduction*. Translated by Linda Maloney. Philadelphia: Fortress.

Khazanov, Anatoly. 1994. *Nomads and the Outside World*. 2nd ed. Translated by Julia Crookenden. Madison: University of Wisconsin Press.

Kilchör, Benjamin. 2015. *Mosetora und Jahwetora: Das Verhältnis von Deuteronomium 12–26 zu Exodus, Leviticus und Numeri*. Beihefte zur Zeitschrift für Altorientalische und Biblische Rechtsgeschichte 21. Wiesbaden: Harrassowitz.

Killebrew, Ann E. 1999. "Late Bronze and Iron I Cooking Pots in Canaan: A Typological, Technological, and Functional Study." Pp. 83–127 in *Archaeology, History and Culture in Palestine and the Near East: Essays in Memory of Albert E. Glock*, edited by Tomis Kapitan. ASOR Books 3. Atlanta: Scholars Press.

———. 2005. *Biblical Peoples and Ethnicity: An Archaeological Study of Egyptians, Canaanites, Philistines, and early Israel 1300–1100 B.C.E*. ABS 9. Atlanta: Society of Biblical Literature.

Killebrew, Ann E., and Gunnar Lehmann, eds. 2013. *The Philistines and Other "Sea Peoples" in Text and Archaeology*. ABS 15. Atlanta: Society of Biblical Literature.

King, Philip J. 1983. *American Archaeology in the Mideast: A History of the American Schools of Oriental Research*. Philadelphia: American Schools of Oriental Research.

King, Philip J., and Lawrence E. Stager. 2001. *Life in Biblical Israel*. Louisville: Westminster John Knox.

Kirch, Patrick V. 2001. "Polynesian Feasting in Ethnohistoric, Ethnographic, and Archaeological

Contexts: A Comparison of Three Societies." Pp. 168–84 in *Feasts: Archaeological and Ethnographic Perspectives on Food, Politics, and Power*, edited by Michael Dietler and Brian Hayden. Washington, DC: Smithsonian Institution Press.

Kislev, Mordechai E., Anat Hartmann, and Ofer Bar-Yosef. 2006a. "Early Domesticated Fig in the Jordan Valley." *Science* 312:1372–74.

———. 2006b. "Response to Comment on 'Early Domesticated Fig in the Jordan Valley.'" *Science* 314:1683b.

Kitchen, Kenneth A. 1968–90. *Ramesside Inscriptions: Historical and Biographical*. 8 vols. Malden, MA: Blackwell.

———. 1979. "Egypt, Ugarit, Qatna and Covenant." *UF* 11:453–64.

———. 1982. *Pharaoh Triumphant: The Life and Times of Ramesses II*. Monumenta Hannah Sheen Dedicata II. Mississauga, ON: Benben.

———. 1986. *The Third Intermediate Period in Egypt 1100–650 BC*. 2nd ed. Oxford: Aris & Phillips.

———. 1993a. "Genesis 12–50 in the Near Eastern World." Pp. 67–92 in *He Swore an Oath: Biblical Themes from Genesis 12–50*, edited by Richard S. Hess, Philip E. Satterthwaite, and Gordon J. Wenham. 2nd ed. Grand Rapids: Baker; Carlisle: Paternoster.

———. 1993b. "New Directions in Biblical Archaeology: Historical and Biblical Aspects." Pp. 34–52 in *Biblical Archaeology Today, 1990: Proceedings of the Second International Congress on Biblical Archaeology; Jerusalem, June–July 1990*, edited by Avraham Biran and Joseph Aviram. Jerusalem: Israel Exploration Society.

———. 1995. *The Third Intermediate Period (1100–650 B.C.)*. Reprint, Warminster: Aris & Phillips.

———. 1998. "The Patriarchs Revisited: A Reply to Dr. Ronald S. Hendel." *NEASB* 43:49–58.

———. 1999. *Poetry of Ancient Egypt*. Jorsered: Paul Åtröms Förlag.

———. 2003a. "Egyptian Interventions in the Levant in Iron Age II." Pp. 113–32 in *Symbiosis, Symbolism, and the Power of the Past: Canaan, Ancient Israel, and Their Neighbors from the Late Bronze Age through Roman Palaestina*, edited by William G. Dever and Seymour Gitin. Winona Lake, IN: Eisenbrauns.

———. 2003b. *On the Reliability of the Old Testament*. Grand Rapids: Eerdmans.

———. 2005. "Chronology." Pp. 181–88 in *Dictionary of the Old Testament: Historical Books*, edited by Bill T. Arnold and H. G. M. Williamson. Downers Grove, IL: InterVarsity.

———. 2008. *Ramesside Inscriptions: Translated and Annotated Translations*, vol. 5: *Setnakht, Ramesses III, and Contemporaries*. London: Blackwell.

Kitchen, Kenneth A., and Paul J. A. Lawrence. 2012. *Treaty, Law and Covenant in the Ancient Near East*. 3 vols. Wiesbaden: Harrassowitz.

Kleber, Kristin. 2011. "Neither Slave nor Truly Free: The Status of the Dependents of Babylonian Temple Households." Pp. 101–11 in *Slaves and Households in the Near East*, edited by Laura Culbertson. OIS 7. Chicago: University of Chicago Press.

Kleiman, S., Y. Gadot, and O. Lipschits. 2016. "A Snapshot of the Destruction Layer of Tell Zakarīye/Azekah Seen against the Backdrop of the Final Days of the Late Bronze Age." *ZDPV* 132:105–33.

Klein, Nancy L. 2016. "How Buildings Were Constructed." Pp. 105–20 in *A Companion to Greek Architecture*, edited by Margaret A. Miles. Chichester: Blackwell.

Klengel-Brandt, E., and N. Cholidis. 2006. *Die Terrakotten von Babylon im Vorderasiatischen Museum in Berlin. I. Die Anthropomorphen Figuren*. Wissenschaftliche Veröffentlichungen der deutschen Orient-Gesellschaft 115. Saarwellingen: Saarländische Druckerei.

Kletter, Raz. 1996. *The Judean Pillar-Figurines and the Archaeology of Asherah*. British Archaeological Reports International Series 636. Oxford: British Archaeological Reports.

———. 1998. *Economic Keystones: The Weight System of the Kingdom of Judah*. JSOTSup 276. Sheffield: Sheffield Academic Press.

———. 2002. "People without Burials? The Lack of Iron I Burials in the Central Highlands of Palestine." *IEJ* 52:28–48.

———. 2004. "Chronology and United Monarchy: A Methodological Review." *ZDPV* 120:13–54.

———. 2014. "In the Footsteps of Bagira: Ethnicity, Archaeology, and 'Iron Age I Ethnic Israel.'" *Approaching Religion* 4 (2): 2–15.

Klingbeil, Gerald A. 1996. "La unción de Aaron: Un estudio de Lev. 8:12 en su contexto veterotestamentario y antiguo cercano oriental." *Theologika* 11:64–83.

———. 1998. *A Comparative Study of the Ritual of Ordination as Found in Leviticus 8 and Emar 369*. Lewiston, NY: Edwin Mellen.

———. 2007. *Bridging the Gap: Ritual and Ritual Texts in the Bible*. BBRSup 1. Winona Lake, IN: Eisenbrauns.

———. 2008. "'Between North and South': The Archaeology of Religion in Late Bronze Age Palestine and the Period of the Settlement." Pp. 111–50 in *Critical Issues in Early Israelite History*, edited by Richard S. Hess, Gerald A. Klingbeil, and Paul J. Ray Jr. BBRSup 3. Winona Lake, IN: Eisenbrauns.

Klingbeil, Martin. 1999. *Yahweh Fighting from Heaven: God as Warrior and as God of Heaven in the Hebrew Psalter and Ancient Near Eastern*

Iconography. OBO 169. Fribourg: University Press; Göttingen: Vandenhoeck & Ruprecht.

Klinger, Jörg. 2012. "Literarische sumerische Texte aus den hethitischen Archiven aus überlieferungsgeschichtlicher Sicht I." Pp. 79–93 in *Palaeography and Scribal Practices in Syro-Palestine and Anatolia in the Late Bronze Age*, edited by Elena Devecchi. Publications de l'Institut Historique-Archéologique de Stamboul 119. Leiden: Nederlands Instituut voor het Nabije Oosten.

Kloner, Amos. 2004. "Iron Age Burial Caves in Jerusalem and Its Vicinity." *Bulletin of the Anglo-Israel Archeological Society* 19–20:95–118.

Kloos, Carola. 1986. *Yhwh's Combat with the Sea: A Canaanite Tradition in the Religion of Ancient Israel*. Amsterdam: van Oorschot; Leiden: Brill.

Knabb, Kyle, et al. 2014. "Patterns of Iron Age Mining and Settlement in Jordan's Faynan District: The Wadi al-Jariya Survey in Context." Pp. 577–625 in *New Insights into the Iron Age Archaeology of Edom, Southern Jordan*, vol. 2, edited by Thomas E. Levy, Mohammad Najjar, and Erez Ben-Yosef. Los Angeles: UCLA Cotsen Institute of Archaeology Press.

Knapp, A. Bernard. 2013. *The Archaeology of Cyprus: From Earliest Prehistory through the Bronze Age*. Cambridge World Archaeology. Cambridge: Cambridge University Press.

Knapp, Andrew. 2012. "Royal Apologetic in the Ancient Near East." PhD dissertation, Johns Hopkins University.

———. 2015. *Royal Apologetic in the Ancient Near East*. WAW Supplement Series 4. Atlanta: Society of Biblical Literature.

Knauf, Ernst Axel. 2001. "Shoshenq at Megiddo." *Biblische Notizen* 31:107–8.

Knight, Douglas A. 2011. *Law, Power, and Justice in Ancient Israel*. Library of Ancient Israel. Louisville: Westminster John Knox.

Knoppers, Gary N. 2006a. "Revisiting the Samarian Question in the Persian Period." Pp. 265–89 in *Judah and the Judeans in the Persian Period*, edited by Oded Lipschits and Manfred Oeming. Winona Lake, IN: Eisenbrauns.

———. 2006b. "The Demise of Jerusalem, the De-Urbanization of Judah, and the Ascent of Benjamin: Reflections on Oded Lipschits' *The Fall and Rise of Jerusalem*." Pp. 18–27 in "In Conversation with Oded Lipschits, *The Fall and Rise of Jerusalem*," edited by D. Vanderhooft. *Journal of Hebrew Scriptures* 7, article 2. http://www.jhsonline.org/Articles/article_63.pdf.

———. 2009. "Ethnicity, Genealogy, Geography, and Change: The Judean Communities of Babylon and Jerusalem in the Story of Ezra." Pp. 147–71 in *Community Identity in Judean Historiography: Biblical and Comparative Perspectives*, edited by Gary N. Knoppers and Kenneth A. Ristau. Winona Lake, IN: Eisenbrauns.

———. 2011. "Exile, Return and Diaspora: Expatriates and Repatriates in Late Biblical Literature." Pp. 29–61 in *Texts, Contexts and Readings in Postexilic Literature: Explorations into Historiography and Identity Negotiation in Hebrew Bible and Related Texts*, edited by Louis Jonker. FAT 2/53. Tübingen: Mohr Siebeck.

Koch, Ulla Susanne. 2011. "Sheep and Sky: Systems of Divinatory Interpretation." Pp. 447–69 in *The Oxford Handbook of Cuneiform Culture*, edited by Karen Radner and Eleanor Robson. Oxford: Oxford University Press.

Kochavi, Moshe. 1993. "Zeror, Tel." *NEAEHL* 4:1524–26.

Köckert, Matthias. 2010. "Yhwh in the Northern and Southern Kingdom." Pp. 357–97 in *One God—One Cult—One Nation: Archaeological and Biblical Perspectives*, edited by Reinhard G. Kratz and Hermann Spieckermann. BZAW 405. Berlin: de Gruyter.

Koepf-Taylor, Laurel W. 2013. *Give Me Children or I Shall Die: Children and Communal Survival in Biblical Literature*. Minneapolis: Fortress.

Kofoed, Jens Bruun. 2005. *Text and History: Historiography and the Study of the Biblical Text*. Winona Lake, IN: Eisenbrauns.

Kogan-Zehavi, Elena. 2008. "Ashdod." *NEAEHL* 5:1573–75.

Korpel, Marjo C. A. 1990. *A Rift in the Clouds: Ugaritic and Hebrew Descriptions of the Divine*. UBL 8. Münster: Ugarit-Verlag.

Kotsonas, Antonis. 2013. "Chronology, Bronze and Iron Age." P. 1485 in *The Encyclopedia of Ancient History*, vol. 3, *Be-Co*, edited by Roger S. Bagnall, Kai Brodersen, Craige B. Champion, Andrew Erskine, and Sabine R. Huebner. Oxford: Wiley-Blackwell.

Kottmeier, Christoph, et al. 2016. "New Perspectives on Interdisciplinary Earth Science at the Dead Sea: The DESERVE Project." *Science of the Total Environment* 544:1045–58.

Kottsieper, Ingo. 2008. "The Aramaic Tradition: Ahikar." Pp. 109–24 in *Scribes, Sages, and Seers: The Sage in the Eastern Mediterranean World*, edited by Leo G. Perdue. FRLANT 219. Göttingen: Vandenhoeck & Ruprecht.

Kozloff, Arielle P. 2012. *Amenhotep III: Egypt's Radiant Pharaoh*. Cambridge: Cambridge University Press.

Kozloff, Arielle P., and Betsy M. Bryan. 1992. *Egypt's Dazzling Sun: Amenhotep III and His World*. Cleveland: Cleveland Museum of Art.

Kramer, Samuel Noah. 1968. "The 'Babel of Tongues': A Sumerian Version." *JAOS* 88 (1): 108–11.

———. 1990. "The Sage in Sumerian Literature: A Composite Portrait." Pp. 31–44 in *The Sage in Israel and the Ancient Near East*, edited by John G. Gammie and Leo G. Perdue. Winona Lake, IN: Eisenbrauns.

Kreps, Gary A. 2006. *Facing Hazards and Disasters: Understanding Human Dimensions*. Washington DC: National Academies Press.

Kruchten, Jean-Marie. 2001. "Oracles." *OEAE* 2:609–12.

Kuemmerlin-McLean, Joanne K. 1992. "Magic (OT)." *ABD* 4:468–71.

Kuhn, Thomas S. 1962. *The Structure of Scientific Revolutions*. Chicago: University of Chicago Press. Rev. ed., 1970. 50th anniversary edition, 2012.

Kuhrt, Amélie. 1983. "The Cyrus Cylinder and Achaemenid Imperial Policy." *JSOT* 25:83–97.

———. 1995. *The Ancient Near East: c. 3000–330 BC*. Vol. 2. London: Routledge.

———. 2007. *The Persian Empire*. 2 vols. London: Routledge.

Kutsko, John F. 2000. *Between Heaven and Earth: Divine Presence and Absence in the Book of Ezekiel*. BJSUCSD 7. Winona Lake, IN: Eisenbrauns.

Kynes, Will. 2015. "The Modern Scholarly Wisdom Tradition and the Threat of Pan-Sapientialism: A Case Report." Pp. 11–38 in *Was There a Wisdom Tradition? New Prospects in Israelite Wisdom Studies*, edited by Mark R. Sneed. AIL 23. Atlanta: Society of Biblical Literature.

LaBianca, Øystein S., and Randall W. Younker. 1995. "The Kingdoms of Ammon, Moab and Edom: The Archaeology of Society in the Late Bronze/Iron Age Transjordan (ca. 1400–500 BCE)." Pp. 399–415 in *The Archaeology of Society in the Holy Land*, edited by Thomas E. Levy. New York: Facts on File.

Laboury, Dimitri. 2010. *Akhénaton. Les grands Pharaons*. Paris: Pygmalion.

Lambert, David. 2016. "Honor in the Hebrew Bible." Pp. 330–33 in *Encyclopedia of the Bible and Its Reception*, vol. 12, edited by Hans-Josef Klauck et al. New York: de Gruyter.

Lambert, Wilfried G. 1960. *Babylonian Wisdom Literature*. Oxford: Oxford University Press.

———. 1974. "The Reigns of Ashurnasirpal II and Shalmaneser III: An Interpretation." *Iraq* 36:103–9.

———. 1993. "Donations of Food and Drink to the Gods in Ancient Mesopotamia." Pp. 191–201 in *Ritual and Sacrifice in the Ancient Near East: Proceedings of the International Conference Organized by the Katholieke Universiteit Leuven from the 17th to the 20th April of 1991*, edited by J. Quaegebeur. OLA 55. Leuven: Peeters.

———. 1995. "Some New Babylonian Wisdom Literature." Pp. 30–43 in *Wisdom in Ancient Israel*, edited by John Day, Robert P. Gordon, and H. G. M. Williamson. Cambridge: Cambridge University Press.

———. 2003a. "Leviathan." Paper presented at the Senior Old Testament Seminar, Cambridge University, October 29.

———. 2003b. "Leviathan in Ancient Art." Pp. 147–54 in *Shlomo: Studies in Epigraphy, Iconography, History and Archaeology in Honor of Shlomo Moussaieff*, edited by Robert Deutsch. Tel Aviv: Archaeological Center Publications.

———. 2007. *Babylonian Oracle Questions*. MC 13. Winona Lake, IN: Eisenbrauns.

Lang, Bernhard. 1985. "The Social Organization of Peasant Poverty in Biblical Israel." Pp. 83–99 in *Anthropological Approaches to the Old Testament*, edited by Bernhard Lang. Philadelphia: Fortress.

Langgut, Dafna, Israel Finkelstein, and Thomas Litt. 2013. "Climate and the Late Bronze Collapse: New Evidence from the Southern Levant." *TA* 40:149–75.

Langgut, Dafna, F. H. Newmann, M. Stein, A. Wagner, E. J. Kagan, E. Boaretto, and I. Finkelstein. 2014. "Dead Sea Pollen Record and History of Human Activity in the Judean Highlands (Israel) from the Intermediate Bronze into the Iron Ages (~2500–500 BCE)." *Palynology* 38:280–302.

Langgut, Dafna, et al. 2015. "Vegetation and Climate Changes during the Bronze and Iron Ages (~3600–600 BCE) in the Southern Levant Based on Palynological Records." *Radiocarbon* 57:217–35.

Lapp, Paul W., and Nancy L. Lapp. 1993. "'Iraq el-Emir." *NEAEHL* 2:646–49.

Larsen, Mogens Trolle. 1982. "Caravans and Trade in Ancient Mesopotamia and Asia Minor." *Bulletin of the Society of Mesopotamian Studies* 4:33–45.

———. 1996. *The Conquest of Assyria: Excavations in an Antique Land, 1840–1860*. London: Routledge.

———. 2017. "Between Slavery and Freedom." Pp. 289–99 in *At the Dawn of History: Ancient Near Eastern Studies in Honour of J. N. Postgate*, edited by Yagmur Heffron, Adam Stone, and Martin Worthington. Winona Lake, IN: Eisenbrauns.

Latour, Bruno, and Peter Weibel, eds. 2002. *Iconoclash: Beyond the Image Wars in Science, Religion, and Art*. Cambridge, MA: MIT Press; Karlsruhe: ZKM Center for Art and Media.

Lauffrey, Jean. 1979. *Karnak d'Égypte: Domaine du divin*. Paris: Éditions du Centre Nationale de la Recherche Scientifique.

Lawergren, Bo, 1996. "Harfen." Pp. 39–62 in *Die Musik in Geschichte und Gegenwart*, vol. 4, edited by Laurenz Lütteken et al. 2nd ed. Kassel: Bärenreiter; Stuttgart: Metzler.

———. 1997. Mesopotamien (Musikinstrumente)." Pp. 143–71 in *Die Musik in Geschichte und*

Gegenwart, vol. 6, edited by Laurenz Lütteken et al. 2nd ed. Kassel: Bärenreiter; Stuttgart: Metzler.

———. 2003. Review of *Music in Ancient Israel and Palestine*, by Joachim Braun. *BASOR* 332:100–102.

Layard, Austen Henry. 1849a. *The Monuments of Nineveh*. London: John Murray.

———. 1849b. *Nineveh and Its Remains*. 2 vols. London: John Murray.

Leahy, Anthony. 1988. "The Earliest Dated Monument of Amasis and the End of the Reign of Apries." *JEA* 74:183–99.

———. 2001. "Sea Peoples." *OEAE* 3:257–60.

Lehmann, Gunnar. 2003. "The United Monarchy in the Countryside: Jerusalem, Judah and the Shephelah during the 10th century BCE." Pp. 117–64 in *Jerusalem in Bible and Archaeology: The First Temple Period*, edited by Andrew G. Vaughn and Ann E. Killebrew. SymS 18. Atlanta: Scholars Press.

———. 2007. *The Persian Empire: A Corpus of Sources from the Achaemenid Period*. London: Routledge.

———. 2014."The Levant during the Persian Period." Pp. 841–51 in *The Oxford Handbook of the Archaeology of the Levant: C. 8000–332 BCE*, edited by Margreet L. Steiner and Ann E. Killebrew. Oxford: Oxford University Press.

Leichty, Erle. 1970. *The Omen Series/umma Izbu*. Texts from Cuneiform Sources 4. Locust Valley, NY: Augustin.

———. 2011. *The Royal Inscriptions of Esarhaddon, King of Assyria (680–669 BC)*. Royal Inscriptions of the Neo-Assyrian Period 4. Winona Lake, IN: Eisenbrauns.

Lemaire, André. 1981. "Classification des Estampilles Royale Judéennes." *ErIsr* 15:54*–60*, plate VIII.

———. 1990. "The Sage in School and Temple." Pp. 165–81 in *The Sage in Israel and the Ancient Near East*, edited by John G. Gammie and Leo G. Perdue. Winona Lake, IN: Eisenbrauns.

———. 1994. "'House of David': Restored in Moabite Inscription." *BAR* 20 (3): 30–37.

———. 1995. "Wisdom in Solomonic Historiography." Pp. 106–18 in *Wisdom in Ancient Israel: Essays in Honour of J. A. Emerton*, edited by John Day, Robert P. Gordon, and H. G. M. Williamson. Cambridge: Cambridge University Press.

———. 1996. "Zorobabel et la Judée à la lumière de l'épigraphie (fin du VIᵉ s. av. J.-C.)." *RB* 103:48–57.

———. 1998. "The Tel Dan Stela as a Piece of Royal Historiography." *JSOT* 81:3–14.

———. 2004. "Nouveau Temple de Yahô (IVᵉ s. av. J.-C.)." Pp. 265–73 in *Basel und Bibel: Collected Communications to the XVIIth Congress of the International Organization for the Study of the Old Testament, Basel 2001*, edited by Matthias Augustin and Hermann Michael Niemann. Frankfurt am Main: Peter Lang.

———. 2007. "Administration in the 4th Century BCE Judah in Light of Epigraphy and Numismatics." Pp. 53–74 in *Judah and the Judeans in the Fourth Century B.C.E.*, edited by Oded Lipschits, Gary N. Knoppers, and Rainer Albertz. Winona Lake, IN: Eisenbrauns.

———. 2011. "New Aramaic Ostraca from Idumea and Their Historical Interpretation." Pp. 413–56 in *Judah and Judeans in the Achaemenid Period*, edited by Oded Lipschits, Gary N. Knoppers, and Manfred Oeming. Winona Lake, IN: Eisenbrauns.

———. 2012. "A Reference to the Covenant Code in 2 Kings 17:24–41?" Pp. 395–405 in *Let Us Go Up to Zion: Essays in Honour of H. G. M. Williamson on the Occasion of His Sixty-Fifth Birthday*. VTSup 153. Leiden: Brill.

Lemche, Niels Peter. 1998a. *Ancient Israel: A New History of Israelite History*. Biblical Seminar 5. Sheffield: JSOT Press.

———. 1998b. *Prelude to Israel's Past: Background and Beginnings of Israelite History and Identity*. Translated by E. F. Maniscalco. Peabody, MA: Hendrickson.

LeMon, Joel M. 2009. "Iconographic Approaches: The Iconic Structure of Psalm 17." Pp. 143–68 in *Method Matters: Essays on the Interpretation of the Hebrew Bible in Honor of David L. Petersen*, edited by Joel M. LeMon and Kent H. Richards. RBS 56. Atlanta: Society of Biblical Literature.

———. 2010. *Yahweh's Winged Form in the Psalms: Exploring Congruent Iconography and Texts*. OBO 242. Fribourg: Academic Press; Göttingen: Vandenhoeck & Ruprecht.

LeMon, Joel M., and Brent A. Strawn. 2013. "Once More, Yhwh and Company at Kuntillet 'Ajrud." *Maarav* 20:83–114, plates VI–VII.

Lemos, T. M. 2010. *Marriage Gifts and Social Change in Ancient Palestine, 1200 BCE to 200 CE*. Cambridge: Cambridge University Press.

Lenski, Gerhard. 2005. *Ecological-Evolutionary Theory: Principles and Applications*. London: Paradigm.

Levenson, Jon D. 1984. "The Temple and the World." *Journal of Religion* 64:275–98.

———. 1993. *The Death and Resurrection of the Beloved Son: The Transformation of Child Sacrifice in Judaism and Christianity*. New Haven: Yale University Press.

———. 2006. *Resurrection and the Restoration of Israel*. New Haven: Yale University Press.

Levin, Yigal. 2010. "Sheshonq I and the Negev Ḥaṣerim." *Maarav* 17:189–215.

Levine, Lee I. 1998. *Judaism and Hellenism in Antiquity: Conflict or Confluence?* Peabody, MA: Hendrickson.

———. 2005. *The Ancient Synagogue: The First Thousand Years*. 2nd ed. New Haven: Yale University Press.

———. 2012. *Visual Judaism in Late Antiquity: Historical Contexts of Jewish Art*. New Haven: Yale University Press.

Levine, Louis D. 1972. *Two Neo-Assyrian Stelae from Iran*. Toronto: Royal Ontario Museum.

Levinson, Bernard M., and Tina M. Sherman. 2016. Pp. 396–414 in *The Wiley Blackwell Companion to Ancient Israel*, edited by Susan Niditch. Malden, MA: John Wiley & Sons.

Lévi-Strauss, Claude. 1963. "The Effectiveness of Symbols." Pp. 186–206 in Claude Lévi-Strauss, *Structural Anthropology*. Translated by Claire Jacobson and Brooke Grundfest Schoepf. New York: Basic Books.

Lev-Tov, Justin. 2010. "A Plebeian Perspective on Empire Economies: Faunal Remains from Tel Miqne-Ekron, Israel." Pp. 90–104 in *Anthropological Approaches to Zooarchaeology: Colonialism, Complexity, and Animal Transformations*, edited by Douglas V. Campana, Pam J. Crabtree, Susan D. deFrance, Justin Lev-Tov, and Alice Choyke. Oxford: Oxbow Books.

Levy, Thomas E., ed. 2010a. *Historical Biblical Archaeology and the Future: The New Pragmatism*. London: Equinox.

———. 2010b. "The New Pragmatism: Integrating Anthropological, Digital, and Historical Biblical Archaeologies." Pp. 3–42 in *Historical Biblical Archaeology and the Future: The New Pragmatism*, edited by Thomas E. Levy. London: Equinox.

———. 2013. "Cyber-Archaeology and World Cultural Heritage: Insights from the Holy Land." *Bulletin of the American Academy of Arts and Sciences* 66:26–33.

Levy, Thomas E., et al. 2003. "An Iron Age Landscape in the Edomite Lowlands: Archaeological Surveys along Wadi al-Ghuwayb and Wadi al-Jariya, Jabal Hamrat Fidan, Jordan, 2002." *Annual of the Department of Antiquities of Jordan* 47:247–77.

———. 2004. "Reassessing the Chronology of Biblical Edom: New Excavations and 14C dates from Khirbat en-Nahas (Jordan)." *Antiquity* 78:865–79.

———. 2008. "High-Precision Radiocarbon Dating and Historical Biblical Archaeology in Southern Jordan." *Proceedings of the National Academy of Sciences* 105:16460–65.

———. 2014. "Excavations at Khirbat en-Nahas, 2002–2009: An Iron Age Copper Production Center in the Lowlands of Edom." Pp. 89–245 in *New Insights into the Iron Age Archaeology of Edom, Southern Jordan*, vol. 1, edited by Thomas E. Levy, Mohammed Najjar, and Erez Ben-Yosef. Los Angeles: UCLA Cotsen Institute of Archaeology Press.

Levy, Thomas E., Russell B. Adams, and Mohammad Najjar. 2001 "Jabal Hamrat Fidan." *AJA* 105:442–43.

Levy, Thomas E., Russell B. Adams, and Rula Shafiq. 1999. "The Jabal Hamrat Fidan Project: Excavations at the Wadi Fidan 40 Cemetery, Jordan." *Levant* 31:293–308.

Levy, Thomas E., Erez Ben-Yosef, and Mohammad Najjar. 2012. "New Perspectives on Iron Age Copper Production and Society in the Faynan Region, Jordan." Pp. 197–214 in *Eastern Mediterranean Metallurgy and Metal Work in the Second Millennium BC: A Conference in Honour of James D. Muhly*, edited by Vasiliki Kassianidou and George Papasavvas. Oxford: Oxbow.

———. 2014. "The Iron Age Edom Lowlands Regional Archaeology Project: Research, Design, and Methodology." Pp. 1–87 in *New Insights into the Iron Age Archaeology of Edom, Southern Jordan*, vol. 1, edited by Thomas E. Levy, Mohammad Najjar, and Erez Ben-Yosef. Los Angeles: UCLA Cotsen Institute of Archaeology Press.

Levy, Thomas E., and Thomas Higham, eds. 2005. *The Bible and Radiocarbon Dating: Archaeology, Text and Science*. London: Equinox.

Levy, Thomas E., and Augustin F. C. Holl. 2002. "Migrations, Ethnogenesis, and Settlement Dynamics: Israelites in Iron Age Canaan and Shuwa-Arabs in the Chad Basin." *Journal of Anthropological Archaeology* 21:83–118.

Levy, Thomas E., Mohammed Najjar, and Erez Ben-Yosef. 2014. *New Insights into the Iron Age Archaeology of Edom, Southern Jordan*, vols. 1–2, *Surveys, Excavations, and Research from the University of California, San Diego – Department of Antiquities of Jordan, Edom Lowlands Regional Archaeology Project (ELRAP)*. Monumenta Archaeologica 35. Los Angeles: UCLA Cotsen Institute of Archaeology Press.

Levy, Thomas E., T. Schneider, and W. H. C. Propp, eds. 2015. *Israel's Exodus in Transdisciplinary Perspective: Text, Archaeology, Culture, and Geoscience*. Quantitative Methods in the Humanities and Social Sciences. New York: Springer.

Lev-Yadun, Simcha, Gidi Ne'eman, Shahal Abbo, and Moshe A. Flaishman. 2006. "Comment on 'Early Domesticated Fig in the Jordan Valley.'" *Science* 314:1683a.

Lewis, Theodore J. 1989. *Cults of the Dead in Ancient Israel and Ugarit*. HSM 39. Atlanta: Scholars Press.

———. 2002. "How Far Can Texts Take Us? Evaluating Textual Sources for Reconstructing Ancient Israelite Beliefs about the Dead." Pp. 169–217 in *Sacred Time, Sacred Place: Archaeology and the Religion of Israel*, edited by Barry M. Gittlen. Winona Lake, IN: Eisenbrauns.

Lichtheim, Miriam. 1973–80. *Ancient Egyptian Literature: A Book of Readings*. 3 vols. Berkeley: University of California Press.

———. 1976. *Ancient Egyptian Literature.* Vol. 2. Berkeley: University of California Press.

———. 1988. *Ancient Egyptian Autobiographies Chiefly of the Middle Kingdom: A Study and Anthology.* OBO 84. Fribourg: Universitätsverlag; Göttingen: Vandenhoeck & Ruprecht.

Lieberman, Saul. 1969. *The Tosefta (the Order of Mo'ed).* New York: Jewish Theological Seminary of America.

Liebner, Uzi. 2009. *Settlement and History in Hellenistic, Roman, and Byzantine Galilee.* Texte und Studien zum antiken Judentum 127. Tübingen: Mohr Siebeck.

Liebowitz, H. 1980. "Military and Feast Scenes on Late Bronze Palestinian Ivories." *IEJ* 30:162–69.

———. 1987. "Late Bronze II Bronze Ivory Work in Palestine: Evidence of a Cultural Highpoint." *BASOR* 265:3–24.

Lipiński, Edward. 1969. "Le Ben-hadad II de la bible et l'histoire." Pp. 157–73 in *Proceedings of the Fifth World Congress of Jewish Studies,* vol. 1, edited by Pinchas Peli. Jerusalem: World Union of Jewish Studies.

———. 1973. "An Assyro-Israelite Alliance in 841/841 B.C.E.?" Pp. 273–78 in *Proceedings of the Sixth World Congress of Jewish Studies,* vol. 1, edited by Avigdor Shin'an. Jerusalem: World Union of Jewish Studies.

———. 2000. *The Aramaeans: Their Ancient History, Culture, Religion.* OLA 100. Leuven: Peeters.

———. 2006. *On the Skirts of Canaan in the Iron Age: Historical and Topographical Researches.* OLA 153. Leuven: Peeters.

Lipschits, Oded. 2003. "Demographic Changes in Judah between the Seventh and the Fifth Centuries B.C.E." Pp. 323–76 in *Judah and the Judeans in the Neo-Babylonian Period,* edited by Oded Lipschits and Joseph Blenkinsopp. Winona Lake, IN: Eisenbrauns.

———. 2005. *The Fall and Rise of Jerusalem: Judah under Babylonian Rule.* Winona Lake, IN: Eisenbrauns.

———. 2006. "Achaemenid Imperial Policy, Settlement Processes in Palestine, and the Status of Jerusalem in the Middle of the Fifth Century BCE." Pp. 19–52 in *Judah and the Judeans in the Persian Period,* edited by Oded Lipschits and Manfred Oeming. Winona Lake, IN: Eisenbrauns.

———. 2011. "Shedding New Light on the Dark Years of the 'Exilic Period': New Studies, Further Elucidation, and Some Questions regarding the Archaeology of Judah as an 'Empty Land.'" Pp. 57–90 in *Interpreting Exile: Displacements and Deportation in Biblical and Modern Contexts,* edited by Brad Kelle, Frank R. Ames, and Jacob L. Wright. AIL 10. Atlanta: Society of Biblical Literature.

———. 2015. "The Rural Economy of Judah during the Persian Period and the Settlement History of the District System." Pp. 237–64 in *The Economy of Ancient Judah in Its Historical Context,* edited by Marvin L. Miller, Ehud Ben Zvi, and Gary N. Knoppers. Winona Lake, IN: Eisenbrauns.

Lipschits, Oded, Yuval Gadot, Benjamin Arubas, and Manfred Oeming. 2011. "Palace and Village, Paradise and Oblivion: Unraveling the Riddles of Ramat Raḥel." *NEA* 74:2–49.

Lipschits, Oded, Yuval Gadot, and D. Langgut. 2012. "The Riddle of Ramat Raḥel: The Archaeology of a Royal Persian Period Edifice." *Transeuphratène* 41:57–79.

Lipschits, Oded, and Oren Tal. 2007. "The Settlement Archaeology of the Province of Judah: A Case Study." Pp. 33–52 in *Judah and the Judeans in the Fourth Century B.C.E.,* edited by Oded Lipschits, Gary N. Knoppers, and Rainer Albertz. Winona Lake, IN: Eisenbrauns.

Lipschits, Oded, and David S. Vanderhooft. 2007. "Yehud Stamp Impressions in the Fourth Century B.C.E.: A Time of Administrative Consolidation?" Pp. 75–94 in *Judah and the Judeans in the Fourth Century B.C.E.,* edited by Oded Lipschits, Gary N. Knoppers, and Rainer Albertz. Winona Lake, IN: Eisenbrauns.

———. 2011. *Yehud Stamp Impressions: A Corpus of Inscribed Stamp Impressions from the Persian and Hellenistic Periods in Judah.* Winona Lake, IN: Eisenbrauns.

Liverani, Mario. 1973. "The Amorites." Pp. 100–133 in *Peoples of Old Testament Times,* edited by Donald J. Wiseman. Oxford: Oxford University Press.

———. 1979a. "The Ideology of the Assyrian Empire." Pp. 297–317 in *Power and Propaganda: A Symposium on Ancient Empires,* edited by Mogens Trolle Larsen. Copenhagen: Akademisk Forlag.

———. 1979b. *Three Amarna Essays.* Malibu, CA: Undena.

———. 1979c. "Un ipotesi sul nome di Abramo." *Henoch* 1:9–18.

———. 1988. "The Growth of the Assyrian Empire in the Habur/Middle Euphrates." *SAAB* 2:81–98.

———. 1990. *Prestige and Interest: International Relations in the Near East ca. 1600–1100 BC.* Vol. 1. Padova: Sargon.

———. 2014a. *Israel's History and the History of Israel.* London: Routledge.

———. 2014b. "The King and His Audience." Pp. 373–86 in *From Source to History: Studies on Ancient Near Eastern Worlds and Beyond, Dedicated to Giovanni Battista Lafranchi on the Occasion of His 65th Birthday, June 23, 2014,* edited by Salvatore Gaspa et al. AOAT 412. Münster: Ugarit-Verlag.

Loewenstamm, Samuel E. 1984. "The Trembling of Nature during the Theophany." Pp. 173–89 in

Comparative Studies in Biblical and Ancient Oriental Literatures. AOAT 204. Kevelaer: Bercker & Butzon; Neukirchen-Vluyn: Neukirchener Verlag.

London, Gloria. 2000. "Women Potters of Cyprus." https://www.youtube.com/watch?v=AZZZnUBw2Xs. https://www.youtube.com/watch?v=fEphWV1x5bA.

———. 2016. *Ancient Cookware from the Levant: An Ethnoarchaeological Perspective.* Sheffield: Equinox.

London, Gloria, Frosse Egoumenidou, and Vassos Karageorghis. 1989. *Traditional Pottery in Cyprus.* Mainz: Zabern.

Long, B. O. 1997. *Planting and Reaping Albright: Politics, Ideology, and Interpreting the Bible.* University Park: Pennsylvania State University Press.

Loprieno, Antonio, ed. 1996. *Ancient Egyptian Literature: History and Forms.* PÄ 10. Leiden: Brill.

Loud, G. 1939. *The Megiddo Ivories.* OIP 52. Chicago: University of Chicago Press.

Lucas, E. C. 2012. "Daniel: Book of." Pp. 110–23 in *Dictionary of the Old Testament: Prophets*, edited by Mark J. Boda and J. Gordon McConville. Downers Grove, IL: InterVarsity.

Lundquist, John M. 1982. "The Legitimizing Role of the Temple in the Origin of the State." *Society of Biblical Literature Seminar Papers* 21:271–97.

———. 1983. "What Is a Temple?" Pp. 208–9 in *The Quest for the Kingdom of God: Studies in Honor of George E. Mendenhall*, edited by H. B. Huffmon, F. A. Spina, and A. R. W. Green. Winona Lake, IN: Eisenbrauns.

Luukko, Mikko, and Greta Van Buylaere. 2002. *The Political Correspondence of Esarhaddon.* SAA 16. Helsinki: Helsinki University Press.

Lynch, Matthew J. 2013. "First Isaiah and the Disappearance of the Gods." Paper presented at the Annual Meeting of the Society of Biblical Literature, Baltimore.

———. 2014a. "Mapping Monotheism: Modes of Monotheistic Rhetoric in the Hebrew Bible." *VT* 64:47–68.

———. 2014b. *Monotheism and Institutions in the Book of Chronicles: Temple, Priesthood, and Kingship in Post-Exilic Perspective.* FAT 2/64. Tübingen: Mohr Siebeck.

Macabuag, J. 2010. "Dissemination of Seismic Retrofitting Techniques to Rural Communities." Paper presented at the EWB–UK National Research Conference 2010, "From Small Steps to Giant Leaps ... Putting Research into Practice," hosted by The Royal Academy of Engineering, February 19.

Maccoby, Hyam. 1999. *Ritual and Morality: The Ritual Purity System and Its Place in Judaism.* Cambridge: Cambridge University Press.

MacDonald, Burton. 1992. *The Southern Ghors and Northeast 'Arabah Archaeological Survey.* Sheffield: J. R. Collis.

———. 2000. *"East of the Jordan": Territories and Sites of the Hebrew Scriptures.* ASOR Books 6. Boston: American Schools of Oriental Research.

MacDonald, Burton, et al. 2004. *The Tafila-Busayra Archaeological Survey 1999–2001, West-Central Jordan.* Boston: American Schools of Oriental Research.

MacDonald, Nathan. 2007. "Recasting the Golden Calf: The Imaginative Potential of the Old Testament's Portrayal of Idolatry." Pp. 22–39 in *Idolatry: False Worship in the Bible, Early Judaism, and Christianity*, edited by S. C. Barton. New York: T&T Clark International.

———. 2008a. *Not Bread Alone: The Uses of Food in the Old Testament.* New York: Oxford University Press.

———. 2008b. *What Did the Ancient Israelites Eat? Diet in Biblical Times.* Grand Rapids: Eerdmans.

———. 2009. "Monotheism and Isaiah." Pp. 43–61 in *Interpreting Isaiah: Issues and Approaches*, edited by David G. Firth and H. G. M. Williamson. Nottingham: Apollos; Downers Grove, IL: IVP Academic.

———. 2012. *Deuteronomy and the Meaning of "Monotheism."* 2nd ed. FAT 2/1. Tübingen: Mohr Siebeck.

Machinist, Peter. 1983. "Assyria and Its Image in the First Isaiah." *JAOS* 103:719–37.

———. 1994. "The First Coins of Judah and Samaria: Numismatics and History in the Achaemenid and Early Hellenistic Periods." Pp. 365–80 in *Continuity and Change: Proceedings of the Last Achaemenid History Workshop, April 6–8, 1990—Ann Arbor, Michigan*, edited by Heleen Sancisi-Weerdenburg, Amélie Kuhrt, and Margaret Cool Root. Achaemenid History 8. Leiden: Nederlands Instituut voor het Nabije Oosten.

———. 1996. "William Foxwell Albright: The Man and His Work." Pp. 385–403 in *The Study of the Ancient Near East in the Twenty-First Century*, edited by Jerrold S. Cooper and Glenn M. Schwartz. Winona Lake, IN: Eisenbrauns.

Mack-Fisher, Loren R. 1990. "The Scribe (and Sage) at the Royal Court at Ugarit." Pp. 109–15 in *The Sage in Israel and the Ancient Near East*, edited by John G. Gammie and Leo G. Perdue. Winona Lake, IN: Eisenbrauns.

Macqueen, J. G. 1986. *The Hittites and Their Contemporaries in Asia Minor.* Rev. and enlarged ed. New York: Thames & Hudson.

Maeir, Aren M. 2002. "The Relations between Egypt and the Southern Levant during the Late Iron Age: The Material Evidence from Egypt." *ÄL* 12:235–46.

———. 2003a. "Does Size Count? Urban and Cultic Perspectives on the Rural Landscape during the Middle Bronze Age II." Pp. 61–69 in *The Rural Landscape of Ancient Israel*, edited by Aren M. Maeir, Shimon Dar, and Ze'ev Safrai. British Archaeological Reports International Series 1121. Oxford: Archaeopress.

———. 2003b. "A Late Bronze Age, Syrian-Style Figurine from Tell es-Safi/Gath." Pp. 197–206 in *Shlomo: Studies in Epigraphy, Iconography, History and Archaeology in Honor of Shlomo Moussaieff*, edited by Robert Deutsch. Tel Aviv: Archaeological Center Publications.

———. 2011. Review of *Critical Issues in Early Israelite History*, edited by Richard S. Hess, Gerald A. Klingbeil, and Paul J. Ray Jr. *BASOR* 361:99–101.

———. 2013a. "Israel and Judah." Pp. 3523–27 in *The Encyclopedia of Ancient History*, vol. 7, Io-Li, edited by Roger S. Bagnall, Kai Brodersen, Craige B. Champion, Andrew Erskine, and Sabine R. Huebner. Oxford: Wiley-Blackwell.

———. 2013b. "Philistia Transforming: Fresh Evidence from Tell eṣ-Ṣafi/Gath on the Transformational Trajectory of the Philistine Culture." Pp. 191–242 in *The Philistines and Other "Sea Peoples" in Text and Archaeology*, edited by Ann E. Killebrew and Gunnar Lehmann. ABS 15. Atlanta: Society of Biblical Literature.

———. 2013c. Review of *The Archaeology of Israelite Society in Iron Age II*, by Avraham Faust. *Review of Biblical Literature*. www.bookreviews.org.

———. 2014. "Archaeology and the Hebrew Bible." Pp. 2124–36 in *The Jewish Study Bible*, edited by Adele Berlin and Marc Zvi Brettler. 2nd ed. Oxford: Oxford University Press.

———. 2015a. "A Feast in Papua New Guinea." *NEA* 78:36–34.

———. 2015b. "Many Voices Needed." Pp. 14–15 in *40 Futures: Experts Predict What's Next for Biblical Archaeology*. Washington, DC: Biblical Archaeology Society.

———. 2016. Review of *A Biblical History of Israel*, by Iain Provan, V. Philips Long, and Tremper Longman III. *Review of Biblical Literature*. www.bookreviews.org.

———. In press. "'The Philistines Be upon Thee, Samson' (Jud. 16:20): Reassessing the Martial Nature of the Philistines—Archaeological Evidence vs. Ideological Image." In *The Aegean and the Levant at the Turn of the Bronze Age and in the Early Iron Age*, edited by L. Niesiołowski-Spanò and M. Węcowski. Wiesbaden: Harrassowitz.

Maeir, Aren M., and Shira Gur-Arieh. 2011. "Comparative Aspects of the Aramean Siege System at Tell eṣ-Ṣāfi/Gath." Pp. 227–44 in *The Fire Signals of Lachish: Studies in the Archaeology and History of Israel in the Late Bronze Age, Iron Age, and Persian Period in Honor of David Ussishkin*. Winona Lake, IN: Eisenbrauns.

Maeir, Aren M., and L. A. Hitchcock. 2016. "'And the Canaanite Was Then in the Land'? A Critical View on the 'Canaanite Enclave' in Iron I Southern Canaan." Pp. 209–26 in *Alphabets, Texts and Artifacts in the Ancient Near East: Studies Presented to Benjamin Sass*, edited by Israel Finkelstein, Christian Robin, and Thomas Römer. Paris: Van Dieren.

———. 2017a. "The Appearance, Formation, and Transformation of Philistine Culture: New Perspectives and New Finds." Pp. 149–62 in *The Sea Peoples Up-To-Date: New Research on the Migration of Peoples in the 12th Century BCE*, edited by P. Fischer. Contributions to the Chronology of the Eastern Mediterranean. Vienna: Austrian Academy of Sciences.

———. 2017b. "Rethinking the Philistines: A 2017 Perspective." Pp. 249–67 in *Rethinking Israel: Studies in the History and Archaeology of Ancient Israel in Honor of Israel Finkelstein*, edited by O. Lipschits, Y. Gadot, and M. J. Adams. Winona Lake, IN: Eisenbrauns.

Magdalene, F. Rachel. 2011. "Slavery between Judah and Babylon: The Exilic Experience." Pp. 113–34 in *Slaves and Households in the Near East*, edited by Laura Culbertson. OIS 7. Chicago: University of Chicago Press.

———. 2014. "Freedom and Dependency: Neo-Babylonian Manusmission Documents with Oblation and Sevice Obligation." Pp. 337–46 in *Extraction and Control: Studies in Honor of Matthew W. Stolper*, edited by Michael Kozuh. SAOC 68. Chicago: Oriental Institute of the University of Chicago.

Magen, Yitzhak, and Israel Finkelstein. 1993. *Archaeological Survey of the Hill Country of Benjamin*. Jerusalem: Israel Antiquities Authority.

Magness, Jodi. 2002. *The Archaeology of Qumran and the Dead Sea Scrolls*. Studies in the Dead Sea Scrolls and Related Literature. Grand Rapids: Eerdmans.

———. 2012. *The Archaeology of the Holy Land: From the Destruction of Solomon's Temple to the Muslim Conquest*. Cambridge: Cambridge University Press.

———. 2014. "Conspicuous Consumption: Dining on Meat in the Ancient Mediterranean World and Near East." Pp. 33–59 in *Feasting in the Archaeology and Texts of the Bible and the Ancient Near East*, edited by Peter Altmann and Janling Fu. Winona Lake, IN: Eisenbrauns.

Mahler-Slasky, Yael, and Mordechai E. Kislev. 2010. "Lathyrus Consumption in Late Bronze and Iron Age Sites in Israel: An Aegean Affinity." *JAS* 37:2477–85.

Maidman, Maynard P. 1979. "A Nuzi Private Archive: Morphological Considerations." *Assur* 1 (9): 179–86.

Malamat, Abraham. 1978. *Early Israelite Warfare and the Conquest of Canaan: The Fourth Sacks Lecture Delivered on 21st June 1977.* Vol. 4. Oxford: Oxford Centre for Postgraduate Hebrew Studies.

———. 1982. "A Political Look at the Kingdom of David and Solomon and Its Relation with Egypt." Pp. 189–204 in *Studies in the Period of David and Solomon and Other Essays,* edited by Tomoo Ishida. Winona Lake, IN: Eisenbrauns.

———. 1989. *Mari and the Early Israelite Experience.* The Schweich Lectures of the British Academy 1984. Oxford: Oxford University Press.

———. 1995. "A Note on the Ritual of Treaty Making in Mari and the Bible." *IEJ* 45:226–29.

Malešević, Siniša. 2010. *The Sociology of War and Violence.* Cambridge: Cambridge University Press.

Mann, R., and D. D. Loren. 2001. "Keeping Up Appearances: Dress, Architecture, Furniture, and Status at French Azilum." *International Journal of Historical Archaeology* 5:281–307.

Manniche, Lisa. 2010. *The Akhenaten Colossi of Karnak.* Cairo: American University in Cairo Press.

Manning, Patrick. 2013. *Migration in World History.* 2nd ed. Themes in World History. Abingdon: Routledge.

Manning, Stuart W., and Linda Hulin. 2005. "Maritime Commerce and Geographies of Mobility in the Late Bronze Age of the Eastern Mediterranean: Problematizations." Pp. 270–302 in *The Archaeology of Mediterranean Prehistory,* edited by Emma Blake and A. Bernard Knapp. Malden, MA: Blackwell.

Marchetti, N., and L. Nigro. 1995. "Cultic Activities in the Sacred Area of Ishtar at Ebla during the Old Syrian Period: The 'Favissae' F.5327 and F.5238." *JCS* 49:1–44.

Marcus, Michelle I. 1987. "Geography as an Organizing Principle in the Imperial Art of Shalmaneser III." *Iraq* 49:77–90.

Marcuson, Hannah. 2016. "'Word of the Old Woman': Studies in Female Ritual Practice in Hittite Anatolia." PhD dissertation, Department of Near Eastern Languages and Civilizations, University of Chicago.

Marcuson, Hannah, and Theo van den Hout. 2015. "Memorization and Hittite Ritual: New Perspectives on the Transmission of Hittite Ritual Texts." *JANER* 15:143–68.

Marfoe, Leon. 1979. "The Integrative Transformation: Patterns of Sociopolitical Organization in Southern Syria." *BASOR* 234:1–42.

Markoe, G. E. 2006. *The Phoenicians.* London: Folio Society.

Marom, Nimrod, and Guy Bar-Oz. 2009. "'Man-Made Oases': Neolithic Patterns of Wild Ungulate Exploitation and Their Consequences for the Domestication of Pigs and Cattle." *Before Farming* 1. http://online.liverpooluniversitypress.co.uk/doi/pdf/10.3828/bfarm.2009.1.2.

———. 2013. "The Prey Pathway: A Regional History of Pig (Sus Scrofa) and Cattle (Bos Taurus) Domestication in the Northern Jordan Valley, Israel." *PLOS ONE* 8(2). http://dx.doi.org/10.1371/journal.pone.0055958.

Marquand, Allan. 1909. *Greek Architecture.* New York: MacMillan.

Martens, Elmer A. 2008. "Toward Shalom: Absorbing the Violence." Pp. 33–57 in *War in the Bible and Terrorism in the Twenty-First Century,* edited by Richard S. Hess and Elmer A. Martens. BBRSup 2. Winona Lake, IN: Eisenbrauns.

Martin, Geoffrey Thorndike. 1991. *A Bibliography of the Amarna Period and Its Aftermath.* London: Kegan Paul.

Martin, Mario A. S. 2004. "Egyptian and Egyptianized Pottery in the Late Bronze Age Canaan." *ÄL* 14:265–84.

Martin, Mario A. S., et al. 2013. "Iron IIA Slag-Tempered Pottery in the Negev Highlands, Israel." *JAS* 40:3777–92.

Martin, Mario A. S., and Israel Finkelstein. 2013. "Iron IIA Pottery from the Negev Highlands: Petrographic Investigation and Historical Implications." *TA* 40:6–45.

Marx, Emanuel. 1970. *Bedouin of the Negev.* Manchester: University of Manchester Press.

Masson, Frédéric, et al. 2015. "Variable Behavior of the Dead Sea Fault along the Southern Arava Segment from GPS Measurements." *Comptes Rendus Geoscience* 347:161–69.

Master, Daniel M. 2001. "State Formation Theory and the Kingdom of Ancient Israel." *JNES* 60:117–31.

———. 2003. "Trade and Politics: Ashkelon's Balancing Act in the Seventh Century B.C.E." *BASOR* 330:47–64.

———. 2009. "The Renewal of Trade at Iron Age I Ashkelon." *Erlsr* 29:111–22.

———. 2011. "Home Cooking at Ashkelon in the Bronze and Iron Ages." Pp. 257–72 in *On Cooking Pots, Drinking Cups, Loomweights and Ethnicity in Bronze Age Cyprus and Neighboring Regions: An International Archaeological Symposium Held in Nicosia, November 6th–7th 2010,* edited by Vassos Karageorghis and Ourania Kouka. Nicosia: A. G. Leventis Foundation.

———. 2014. "Economy and Exchange in the Iron Age Kingdoms of the Southern Levant." *BASOR* 372:81–97.

Master, Daniel M., Beth Alpert Nakhai, Avraham Faust. L. Michael White, and Jürgen K. Zangeberg, eds. 2013. *the Oxford Encyclopedia of Bible and Archaeology.* New York: Oxford University Press.

Master, Daniel M., and Lawrence E. Stager. 2014. "Buy Low, Sell High: The Marketplace at Ashkelon." *BAR* 40:36–47, 69.

Matney, Timothy, Lynn Rainville, Kemalettin Köroğlu, Azer Keskin, Tasha Vorderstrasse, Nursen Özkul Findik, and Ann Donkin. 2007. "Report on Excavations at Ziyaret Tepe, 2006 Season." *Anatolica* 33:23–74.

Matoušova-Rajmova, M. 1979. "La position à génuflexion inachevée: Activité et danse." *Archív orientální* 47:57–66.

Matthews, Victor H. 2006. "The Determination of Social Identity in the Story of Ruth." *Biblical Theology Bulletin* 36:49–54.

———. 2008. *More Than Meets the Ear: Understanding the Hidden Contexts of Old Testament Conversations*. Grand Rapids: Baker Academic.

Matthews, Victor H., and Don C. Benjamin. 1993. *The Social World of Ancient Israel, 1250–587 BCE*. Peabody, MA: Hendrickson.

———. 2006. *Old Testament Parallels: Laws and Stories from the Ancient Near East*. 3rd ed. Mahwah, NJ: Paulist Press.

Matthiae, Paolo. 2006. "Middle Bronze Age II Minor Cult Places at Ebla?" Pp. 217–33 in *"I Will Speak the Riddles of Ancient Times": Archaeological and Historical Studies in Honor of Amihai Mazar on the Occasion of His Sixtieth Birthday*, vol. 1, edited by Aren M. Maeir and Pierre de Miroschedji. Winona Lake, IN: Eisenbrauns.

Mattingly, Gerald L. 1989. "Moabite Religion and the Mesha' Inscription." Pp. 211–38 in *Studies in the Mesha Inscription and Moab*, edited by J. Andrew Dearman. ABS 2. Atlanta: Scholars Press.

Mauss, Marcel. 1967. *The Gift: Forms and Functions of Exchange in Archaic Societies*. Translated by Ian Cunnison. New York: W. W. Norton.

Mays, James Luther. 1969. *Amos: A Commentary*. OTL. Philadelphia: Westminster.

Mazar, Amihai. 1980. *Excavations at Tell Qasile, Part One: The Philistine Sanctuary: Architecture and Cult Objects*. QEDEM Monographs of the Institute of Archaeology 12. Jerusalem: Ahva.

———. 1981. "Giloh: An Early Israelite Settlement Site Near Jerusalem." *IEJ* 31:1–36.

———. 1982a. "The 'Bull Site'—An Iron Age I Open Cult Place." *BASOR* 247:27–42.

———. 1982b. "Iron Age Fortresses in the Judean Hills." *PEQ* 114:87–109.

———. 1983. "Bronze Bull Found in Israelite 'High Place' from the Time of the Judges." *BAR* 9 (5): 34–40.

———. 1985. *Excavations at Tell Qasile, Part Two: The Philistine Sanctuary; Various Finds, the Pottery, Conclusions, Appendixes*. QEDEM Monographs of the Institute of Archaeology 20. Jerusalem: Ahva.

———. 1990a. *Archaeology of the Land of the Bible: 10,000–586 B.C.E.* The Anchor Bible Reference Library. New York: Doubleday.

———. 1990b. "Iron Age I and II Towers at Giloh and the Israelite Settlement." *IEJ* 40:77–101.

———. 1992. "Temples of the Middle and Late Bronze Ages and the Iron Age." Pp. 161–87 in *The Architecture of Ancient Israel: From the Prehistoric to the Persian Periods*, edited by Aharon Kempinski and Ronny Reich. Jerusalem: Israel Exploration Society.

———. 2003. "Remarks on Biblical Traditions and Archaeological Evidence Concerning Early Israel." Pp. 85–98 in *Symbiosis, Symbolism and the Power of the Past: Canaan, Ancient Israel and Their Neighbors from the Late Bronze Age through Roman Palestine*, edited by W. G. Dever and S. Gitin. Winona Lake, IN: Eisenbrauns.

———. 2007. "The Spade and the Text: The Interaction between Archaeology and Israelite History Relating to the 10–9th Centuries BCE." Pp. 143–71 in *Understanding the History of Ancient Israel*, edited by H. G. M. Williamson. Proceedings of the British Academy 143. London: British Academy.

———. 2010. "Archaeology and the Biblical Narrative: The Case of the United Monarchy." Pp. 29–58 in *One God—One Cult—One Nation: Archaeological and Biblical Perspectives*, edited by Reinhard G. Kratz and Hermann Spieckermann in collaboration with Björn Corzilius and Tanja Pilger. BZAW 405. Berlin: de Gruyter.

———. 2011. "The Iron Age Chronology Debate: Is the Gap Narrowing? Another Viewpoint." *NEA* 74:105–10.

———. 2012. "Iron Age I: Northern Coastal Plain, Galilee, Samaria, Jezreel Valley, Judah, and Negev." Pp. 5–70 in *The Ancient Pottery of Israel and Its Neighbors from the Iron Age through the Hellenistic Period*, edited by S. Gitin. Jerusalem: Israel Exploration Society.

———. 2016. "Identity and Politics Relating to Tel Reḥov in the 10th–9th Centuries BCE." Pp. 89–120 in *In Search of Aram and Israel: Politics, Culture and Identity*, edited by Omer Sergi, Manfred Oeming, and Izaak J. de Hulster. Orientalische Religionen in der Antike. Tübingen: Mohr Siebeck.

Mazar, Amihai, and Nava Panitz-Cohen. 2007. "It Is the Land of Honey: Beekeeping at Tel Reḥov." *NEA* 70:202–19.

Mazar, Benjamin. 1957. "The Tobiads." *IEJ* 7:137–45, 229–38.

———. 1986. "Pharaoh Shishak's Campaign to the Land of Israel." Pp. 139–50 in *The Early Biblical Period: Historical Studies*, edited by Shmuel Aḥituv and Baruch A. Levine. Jerusalem: Israel Exploration Society. Originally published as "The Campaign of

Pharaoh Shishak to Palestine." Pp. 57–66 in *Volume du Congres: Strasbourg, 1956*, edited by Pieter Arie Hendrik de Boer. VTSup 4. Leiden: Brill, 1957.

Mazar, Eilat. 2009. *The Palace of King David: Excavations at the Summit of the City of David; Preliminary Report of Seasons 2005–2007*. Jerusalem: Shoham Academic Research and Publication.

———. 2015. *The Ophel Excavations to the South of the Temple Mount 2009–2013*. Jerusalem: Shoham Academic Research and Publication.

McCarter, P. Kyle, Jr. 1980. "The Balaam Texts from Deir ʿAllā: The First Combination." *BASOR* 239:49–60.

———. 2011. "The Patriarchal Age: Abraham, Isaac and Jacob." Pp. 1–34 in *Ancient Israel: From Abraham to the Roman Destruction of the Temple*, edited by Hershel Shanks. 3rd ed. Washington, DC: Biblical Archaeology Society.

McCown, C. C. 1957. "The ʿAraq el-Emir and the Tobiads." *BA* 20:63–76.

McGeough, Kevin. 2015. "'What Is Not in My House You Must Give Me.': Agents of Exchange according to the Textual Evidence from Ugarit." Pp. 85–96 in *Policies of Exchange: Political Systems and Modes of Interaction in the Aegean and the Near East in the 2nd Millennium BCE*, edited by Birgitta Eder and Regine Pruzsinszky. Vienna: Austrian Academy of Sciences.

McKenzie, J. S., J. A. Greene, A. T. Reyes, C. S. Alexander, and D. G. Barrett. 2013. *The Nabataean Temple at Khirbet et-Tannur*, edited by Judith McKenzie. 2 vols. Boston: American Schools of Oriental Research.

McKenzie, Steven L. 1991. *The Trouble with Kings: The Composition of the Book of Kings in the Deuteronomistic History*. VTSup 42. Leiden: Brill.

———. 2000. *King David: A Biography*. Oxford: Oxford University Press.

McLaughlin, John L. 2001. *The Marzēaḥ in the Prophetic Literature: References and Allusions in Light of the Extra-Biblical Evidence*. VTSup 86. Leiden: Brill.

McNutt, Paula M. 1990. *The Forging of Israel: Iron Technology, Symbolism, and Tradition in Ancient Society*. JSOTSup 108. Sheffield: Almond.

McQuitty, Alison. 1993–94. "Ovens in Town and Country." *Berytus Archaeological Studies* 41:53–76.

Mee, Christopher. 2008. "Mycenaean Greece, the Aegean, and Beyond." Pp. 362–86 in *The Cambridge Companion to the Aegean Bronze Age*, edited by Cynthia W. Shelmerdine. Cambridge: Cambridge University Press.

Meier, Samuel A. 1988. *The Messenger in the Ancient Semitic World*. HSM 45. Atlanta: Scholars Press.

Meiggs, Russell. 1972. *The Athenian Empire*. Oxford: Clarendon.

Meiri, Meirav, Dorothee Huchon, Guy Bar-Oz, Elisabetta Boaretto, Liora Kolska Horwitz, Aren Maeir, Lidar Sapir-Hen, Greger Larson, Steve Weiner, and Israel Finkelstein. 2013. "Ancient DNA and Population Turnover in Southern Levantine Pigs: Signature of the Sea Peoples Migration?" *Scientific Reports* 3, article no. 3035. doi:10.1038/srep03035.

Melville, Sarah C. 2016. "The Role of Rituals in Warfare during the Neo-Assyrian Period." *Religion Compass* 10 (9): 219–29.

Mendelsohn, Isaac. 1949. *Slavery in the Ancient Near East*. Westport, CT: Greenwoood.

Mendelssohn, Heinrich, and Yoram Yom-Tov. 1999. *Mammalia of Israel*. Jerusalem: Israel Academy of Sciences and Humanities.

Mendenhall, G. E. 1973. *The Tenth Generation: The Origins of the Biblical Tradition*. Baltimore: Johns Hopkins University Press.

Merlo, Paolo. 2010. "Ashera." In *Iconography of Deities and Demons in the Ancient Near East: An Iconographic Dictionary with Special Emphasis on First Millennium BCE Palestine/Israel*. http://www.religionswissenschaft.uzh.ch/idd/prepublications/e_idd_asherah.pdf and http://www.religionswissenschaft.uzh.ch/idd/prepublications/e_idd_illustrations_asherah.pdf.

Meshel, Zeʾev. 1978a. "Kuntillet ʿAjrud: An Israelite Religious Center in Northern Sinai." *Expedition* Summer 1978:50–84.

———. 1978b. *Kuntillet ʿAjrud: A Religious Centre from the Time of the Judaean Monarchy on the Border of Sinai*. Israel Museum Catalogue 175. Jerusalem: Israel Museum.

———, ed. 2012. *Kuntillet ʿAjrud (Horvat Teman): An Iron Age II Religious Site on the Judah-Sinai Border*. Jerusalem: Israel Exploration Society.

Meshorer, Yaʾakov. 1982. *Ancient Jewish Coinage*, vol. 1, *Persian Period through Hasmonaeans*. Dix Hills, NY: Amphora.

Meshorer, Yaʾakov, and Shraga Qedar. 1991. *The Coinage of Samaria in the Fourth Century BCE*. Jerusalem: Numismatic Fine Arts International.

Metcalf, Christopher. 2011. "New Parallels in Hittite and Sumerian Praise of the Sun." *Die Welt des Orients* 41:168–76.

Metcalf, Peter, and Richard Huntington. 1991. *Celebrations of Death: The Anthropology of Mortuary Ritual*. 2nd ed. Cambridge: Cambridge University Press.

Mettinger, Tryggve N. D. 1995. *No Graven Image? Israelite Aniconism in Its Ancient Near Eastern Context*. Coniectanea Biblica: Old Testament Series 42. Stockholm: Almqvist & Wiksell.

———. 1997. "Israelite Aniconism: Developments and Origins." Pp. 173–204 in *The Image and the Book: Iconic Cults, Aniconism, and the Rise of Book*

Religion in Israel and the Ancient Near East, edited by Karel van der Toorn. CBET 21. Leuven: Peeters.

Meyers, Carol. 1991. "'To Her Mother's House'— Considering a Counterpart to the Israelite *Bêt 'āb*." Pp. 39–52, 304–7 in *The Bible and the Politics of Exegesis: Essays in Honor of Norman K. Gottwald on His Sixty-Fifth Birthday*, edited by David Jobling, Peggy Day, and Gerald T. Sheppard. Cleveland: Pilgrim.

———. 1997. "The Family in Early Israel." Pp. 1–47 in *Families in Ancient Israel*, edited by Leo G. Perdue et al. Louisville: Westminster John Knox.

———. 2003a. "Engendering Syro-Palestinian Archaeology: Reasons and Resources." *NEA* 66:185–97.

———. 2003b. "Material Remains and Social Relations: Women's Culture in Agrarian Households of the Iron Age." Pp. 425–44 in *Symbiosis, Symbolism, and the Power of the Past: Canaan, Ancient Israel, and Their Neighbors from the Late Bronze Age through Roman Palaestina*, edited by William G. Dever and Seymour Gitin. Winona Lake, IN: Eisenbrauns.

———. 2005. *Households and Holiness: The Religious Culture of Israelite Women*. Facets Series. Minneapolis: Fortress.

———. 2007. "From Field Crops to Food: Attributing Gender and Meaning to Bread Production in Iron Age Israel." Pp. 67–84 in *The Archaeology of Difference: Gender, Ethnicity, Class and the "Other" in Antiquity, Studies in Honor of Eric M. Meyers*, edited by Douglas R. Edwards and C. Thomas McCollough. AASOR 60/61. Boston: American Schools of Oriental Research.

———. 2010. "Household Religion." Pp. 118–34 in *Religious Diversity in Ancient Israel and Judah*, edited by Francesca Stavrakopoulou and John Barton. London: T&T Clark.

———. 2011. "Archaeology—A Window to the Lives of Israelite Women." Pp. 61–108 in *The Bible and Women: An Encyclopaedia of Exegesis and Cultural History*, vol. 1.1, *Hebrew Bible / Old Testament: Torah*, edited by Irmtraud Fischer and Mercedes Navarro Puerto, with Andrea Taschl-Erbele. Atlanta: Society of Biblical Literature.

———. 2012. "Women's Religious Life in Ancient Israel." Pp. 354–61 in *Women's Bible Commentary*, edited by Carol A. Newsom, Sharon H. Ringe, and Jacqueline E. Lapsley. 3rd ed. Louisville: Westminster John Knox.

———. 2013. *Rediscovering Eve: Ancient Israelite Women in Context*. New York: Oxford University Press.

———. 2014a. "Domestic Architecture, Ancient Israel." *Oxford Bibliographies*, edited by Christopher R. Matthews et al. http://www.oxfordbibliographies.com/view/document/obo-9780195393361/obo-9780195393361-0096.xml.

———. 2014b. "Menu: Royal Repasts and Social Class in Biblical Israel." Pp. 129–46 in *Feasting in the Archaeology and Texts of the Bible and the Ancient Near East*, edited by Peter Altmann and Janling Fu. Winona Lake, IN: Eisenbrauns.

———. 2014c. "Was Ancient Israel a Patriarchal Society?" *JBL* 133:8–27.

———. 2016. "Double Vision: Textual and Archaeological Images of Women." *Hebrew Bible and Ancient Israel* 3:112–31.

———. 2017. "Disks and Deities: Images on Iron Age Terracotta Plaques." Pp. 116–33 in *Le-ma'an Ziony: Essays in Honor of Ziony Zevit*, edited by Frederick E. Greenspahn and Gary A. Rendsburg. Eugene, OR: Cascade.

Meyers, Carol, Toni Craven, and Ross S. Kraemer, eds. 2000. *Women in Scripture: A Dictionary of the Named and Unnamed Women in the Hebrew Bible, the Apocryphal/Deuterocanonical Books, and the New Testament*. Boston: Houghton Mifflin.

Michalowski, Piotr. 1977. "Amar-Su'ena and the Historical Tradition." Pp. 155–57 in *Essays on the Ancient Near East in Memory of Jacob Joel Finkelstein*, edited by Maria de Jong Ellis. Memoirs of the Connecticut Academy of Arts and Sciences 19. Hamden, CT: Archon.

———. 1995. "Sumerian Literature: An Overview." *CANE* 4:2279–91.

Mierse, William E. 2012. *Temples and Sanctuaries from the Early Iron Age Levant: Recovery after Collapse*. Winona Lake, IN: Eisenbrauns.

Miglio, Adam E. 2014. *Tribe and State: The Dynamics of International Politics and the Reign of Zimri-Lim*. Gorgias Studies in the Ancient Near East 8. Piscataway, NJ: Gorgias.

Migowski, Claudia, et al. 2014. "Recurrence Pattern of Holocene Earthquakes along the Dead Sea Transform Revealed by Varve-Counting and Radiocarbon Dating of Lacustrine Sediments." *Earth and Planetary Science Letters* 222:301–14.

Milano, Lucio. 1995. "Ebla: A Third-Millennium City-State in Ancient Syria." *CANE* 2:1219–30.

Mildenberg, Leo. 1979. "Yehud: A Preliminary Study of the Provincial Coinage of Judaea." Pp. 183–96 in *Greek Numismatics and Archaeology: Essays in Honor of Margaret Thompson*, edited by Otto Mørkholm and Nancy M. Waggoner. Wetteren: Editions NR.

Milgrom, Jacob. 1976. *Cult and Conscience: The Asham and the Priestly Doctrine of Repentance*. SJLA 18. Leiden: Brill.

———. 1991. *Leviticus 1–16: A New Translation with Introduction and Commentary*. AB 3. New York: Doubleday.

———. 2001. *Leviticus 23–27*. AB 3B. New York: Doubleday.
Millard, Alan R. 1980. "Methods of Studying the Patriarchal Narratives as Ancient Texts." Pp. 43–58 in *Essays on the Patriarchal Narratives*, edited by Alan R. Millard and D. J. Wiseman. Reprint, Eugene, OR: Wipf & Stock.
———. 1989. "Does the Bible Exaggerate King Solomon's Golden Wealth?" *BAR* 15:3:20–34.
———. 1999a. "The Knowledge of Writing in Late Bronze Age Palestine." Pp. 317–26 in *Languages and Cultures in Contact: At the Crossroads of Civilizations in the Syro-Mesopotamian Realm; Proceedings of the 42nd RAI, 1995*, edited by K. van Lerberghe and G. Voet. OLA 96. Leuven: Peeters.
———. 1999b. "Oral Proclamation and Written Record: Spreading and Preserving Information in Ancient Israel." Pp. 237–41 in *Michael: Historical, Epigraphical, and Biblical Studies in Honor of Prof. Michael Heltzer*, edited by Yitzhak Avishur and Robert Deutsch. Tel Aviv: Archaeological Center Publications.
———. 2005a. "Only Fragments from the Past: The Role of Accident in Our Knowledge of the Ancient Near East." Pp. 301–19 in *Writing and Ancient Near Eastern Society: Papers in Honour of Alan R. Millard*, edited by Piotr Bienkowski, Christopher Mee, and Elizabeth Slater. LHB/OTS 426. London: T&T Clark.
———. 2005b. "Writing, Writing Materials and Literacy in the Ancient Near East." Pp. 1003–11 in *Dictionary of the Old Testament: Historical Books*, edited by Bill T. Arnold and H. G. M. Williamson. Downers Grove, IL: InterVarsity.
———. 2007. "King Solomon in His Ancient Context." Pp. 30–35 in *The Age of Solomon: Scholarship at the Turn of the Millennium*, edited by Lowell K. Handy. SHANE 11. Leiden: Brill.
———. 2012. "From Woe to Weal: Completing A Pattern in the Bible and the Ancient Near East." Pp. 193–201 in *Let Us Go Up to Zion: Essays in Honour of H. G. M. Williamson on the Occasion of His Sixty-Fifth Birthday*, edited by Ian Provan and Mark J. Boda. VTSup 153. Leiden: Brill.
Miller, Jared L. 2013. *Royal Hittite Instructions and Related Administrative Texts*. WAW. Atlanta: Society of Biblical Literature.
Miller, J. Maxwell. 1989. "Moab and the Moabites." Pp. 1–40 in *Studies in the Mesha Inscription and Moab*, edited by J. Andrew Dearman. ABS 2. Atlanta: Scholars Press.
Miller, J. Maxwell, and John H. Hayes. 2006. *A History of Ancient Israel and Judah*. Louisville: Westminster John Knox.
Miller, Marvin Lloyd. 2010. "Nehemiah 5: A Response to Philippe Guillaume." *Journal of Hebrew Scriptures* 10, article 13. http://www.jhsonline.org/Articles/article_141.pdf.
———. 2015. "Cultivating Curiosity: Methods and Models for Understanding Ancient Economies." Pp. 3–23 in *The Economy of Ancient Judah in Its Historical Context*, edited by Marvin L. Miller, Ehud Ben Zvi, and Gary N. Knoppers. Winona Lake, IN: Eisenbrauns.
Mills, Barbara J. 2007. "Performing the Feast: Visual Display and Suprahousehold Commensalism in the Puebloan Southwest." *American Antiquity* 72 (2): 210–39.
Milviski, Chaim. 1997. "Notions of Exile, Subjugation and Return in Rabbinic Literature." Pp. 265–98 in *Exile: Old Testament, Jewish, and Christian Conceptions*, edited by James M. Scott. JSJSup 56. Leiden: Brill.
Mirelman, S. 2014. "The Ala-Instrument: Its Identification and Role." Pp. 148–71 in *Music in Antiquity: The Near East and the Mediterranean*, edited by Joan Goodnick Westenholz, Yossi Maurey, and Edwin Seroussi. Yuval 8. Berlin: de Gruyter; Jerusalem: Magnes.
Mitchell, William J. T. 1994. *Picture Theory: Essays on Verbal and Visual Representation*. Chicago: University of Chicago Press.
———. 2005. *What Do Pictures Want? The Lives and Loves of Images*. Chicago: University of Chicago Press.
Mittmann, Siegfried. 2000. "Tobia, Sanballat und die persische Provinz Juda." *JNSL* 26:1–50.
Moberly, R. Walter L. 1992. *Genesis 12–50*. Old Testament Guides. Sheffield: JSOT Press.
Monroe, Christopher M. 2009. *Scales of Fate: Trade, Tradition, and Transformation in the Eastern Mediterranean ca. 1350–1175 BCE*. AOAT 357. Münster: Ugarit-Verlag.
———. 2010. "Sunk Costs at Late Bronze Age Uluburun." *BASOR* 357:19–33.
Monson, James M. 2014. *Regional Study Maps (Set of 7)*. Marion, OH: Biblical Backgrounds.
Monson, James M., with Steven P. Lancaster. 2009. *Regions on the Run: Introductory Map Studies in the Land of the Bible*. Marion, OH: Biblical Backgrounds.
Monson, John M. 2004. "The Temple of Solomon: Heart of Jerusalem." Pp. 1–22 in *Zion: City of Our God*, edited by Richard Hess and Gordon Wenham. Grand Rapids: Eerdmans.
Montet, Pierre. 1936. "Avaris, Pi-Ramsès, Tanis." *Syria* 17:200–202.
Montserrat, Dominic. 2003. *Akhenaten: History, Fantasy, and Ancient Egypt*. London: Routledge; New York: Taylor & Francis.

Moore, Megan Bishop, and Brad E. Kelle. 2011. *Biblical History and Israel's Past: The Changing Study of the Bible and History*. Grand Rapids: Eerdmans.

Moorey, P. R. S. 1991. *A Century of Biblical Archaeology*. Cambridge: Lutterworth.

Moran, William L. 1992. *The Amarna Letters*. Baltimore: Johns Hopkins University Press.

Morentz, Siegfried. 1973. *Egyptian Religion*. Translated by Ann Keep. Ithaca, NY: Cornell University Press.

Morenz, Ludwig D., and Lutz Popko. 2010. "The Second Intermediate Period and the New Kingdom." Pp. 101–19 in *A Companion to Ancient Egypt*, edited by Alan B. Lloyd. Blackwell Companions to the Ancient World. Malden, MA: Wiley-Blackwell.

Morgan, David. 1998. *Visual Piety: A History and Theory of Popular Religious Images*. Berkeley: University of California Press.

———. 2005. *The Sacred Gaze: Religious Visual Culture in Theory and Practice*. Berkeley: University of California Press.

Morris, Ellen Fowles. 2005. *The Architecture of Imperialism: Military Bases and the Evolution of Foreign Policy in Egypt's New Kingdom*. PÄ 22. Leiden: Brill.

———. 2013. "Propaganda and Performance at the Dawn of the State." Pp. 33–64 in *Experiencing Power, Generating Authority: Cosmos, Politics, and the Ideology of Kingship in Ancient Egypt and Mesopotamia*, edited by Jane A. Hill, Philip Jones, and Antonio Morales. Penn Museum International Research Conferences 6. Philadelphia: University of Pennsylvania Museum of Archaeology and Anthropology.

Morris, Ian. 1986. "Gift and Commodity in Archaic Greece." *Man* 21:1–17.

———. 2005. "Archaeology, Standards of Living, and Greek Economic History." Pp. 91–126 in *The Ancient Economy: Evidence and Models*, edited by J. G. Manning and Ian Morris. Stanford, CA: Stanford University Press.

Moshier, Stephen O., and James K. Hoffmeier. 2015. "Which Way Out of Egypt? Physical Geography Related to the Exodus Itinerary." Pp. 101–8 in *Israel's Exodus in Transdisciplinary Perspective: Text, Archaeology, Culture, and Geoscience*, edited by Thomas E. Levy, Thomas Schneider, and William H. C. Propp. New York: Springer.

Mosser Carl. 2013. "Torah Instruction, Discussion, and Prophecy in First-Century Synagogues." Pp. 523–51 in *Christian Origins and Hellenistic Judaism: Social and Literary Contexts for the New Testament*, edited by Stanley E. Porter and Andrew W. Pitts. Texts and Editions for New Testament Study 10. Leiden: Brill.

Mourad, Anna-Latifa. 2015. *Rise of the Hyksos: Egypt and the Levant from the Middle Kingdom to the Early Second Intermediate Period*. Oxford: Archaeopress.

Moyal, Y., and A. Faust. 2015. "Jerusalem's Hinterland in the Eighth-Seventh Centuries BCE: Towns, Villages, Farmsteads and Royal Estates." *PEQ* 147:283–98.

Muhly, James D. 1987. "Solomon, the Copper King: A Twentieth Century Myth." *Expedition* 29:38–47.

Mulder, Martin J. 1998. *1 Kings*, vol. 1, *1 Kings 1–11*. Historical Commentary on the Old Testament. Leuven: Peeters.

Müller, Hans-Peter. 1995. "Chemosh." Pp. 356–62 in *Dictionary of Deities and Demons in the Bible*, edited by Karel van der Toorn, Bob Becking, and Pieter W. van der Horst. Leiden: Brill.

Mullins, R. 2002. "Beth Shean during the Eighteenth Dynasty: From Canaanite Settlement to Egyptian Garrison." PhD dissertation, Hebrew University.

Mumford, Gregory. 1998. "International Relations between Egypt, Sinai, and Syria-Palestine during the Late Bronze Age to Early Persian Period (Dynasties 18–26: c. 1550–525 B.C.)." PhD dissertation, University of Toronto. http://www.nlc-bnc.ca/obj/s4/f2/dsk1/tape10/PQDD_0020/NQ45825.pdf.

———. 2001a. "Mediterranean Area." *OEAE* 2:358–67.

———. 2001b. "Syria-Palestine." *OEAE* 3:335–43.

———. 2007. "Egypto-Levantine Relations during the Iron Age to Early Persian Periods (Dynasties Late 20 to 26)." Pp. 225–88 in *Egyptian Stories: A British Egyptological Tribute to Alan B. Lloyd on the Occasion of His Retirement*, edited by Thomas Schneider and Kasia M. Szpakowska. AOAT 347. Münster: Ugarit-Verlag.

———. 2014. "Egypt and the Levant." Pp. 69–89 in *The Oxford Handbook of the Archaeology of the Levant: C. 8000–332 BCE*, edited by Margreet L. Steiner and Ann E. Killebrew. Oxford: Oxford University Press.

Münger, S. 2005. "Stamp-Seal Amulets and Early Iron Age Chronology: An Update." Pp. 381–404 in *The Bible and Radiocarbon Dating: Archaeology, Text and Science*, edited by Thomas E. Levy and Thomas Higham. London: Equinox.

Munro, Natalie D. 2004. "Zooarchaeological Measures of Hunting Pressure and Occupation Intensity in the Natufian." *Current Anthropology* 45:S5–S34.

Murnane, William J. 1980. *United with Eternity: A Concise Guide to the Monuments of Medinet Habu*. Cairo: American University in Cairo Press.

———. 1995. *Texts from the Amarna Period in Egypt*. WAW. Atlanta: Scholars Press.

———. 1999. "Observations on Pre-Amarna Theology during the Earliest Reign of Amenhotep IV." Pp.

303–16 in *Gold of Praise: Studies on Ancient Egypt in Honor of Edward F. Wente*, edited by Emily Teeter and John A. Larson. SAOC 58. Chicago: Oriental Institute of the University of Chicago.

———. 2000. "Imperial Egypt and the Limits of Power." Pp. 101–11 in *Amarna Diplomacy: The Beginnings of International Relations*, edited by Raymond Cohen and Raymond Westbrook. Baltimore: Johns Hopkins University Press.

Murnane, William J., and Charles Van Siclen. 1993. *The Boundary Stelae of Akhenaten*. London: Kegan Paul.

Mysliwiec, Karol. 2000. *The Twilight of Ancient Egypt: First Millennium B.C.E.* Ithaca, NY: Cornell University Press.

Na'aman, Nadav. 1976. "Two Notes on the Monolith Inscription of Shalmaneser III from Kurkh." *TA* 3:89–106.

———. 1991. "The Kingdom of Judah under Josiah." *TA* 18:3–71.

———. 1992. "Israel, Edom and Egypt in the 10th Century B.C.E." *TA* 19:71–93.

———. 1994. "The Hurrians and the End of the Middle Bronze Age in Palestine." *Levant* 26:175–87.

———. 1995. "Hazael of 'Amqi and Hadadezer of Beth-Rehob." *UF* 27:381–94.

———. 1997a. "Historical and Literary Notes on the Excavations of Tel Jezreel." *TA* 24:122–28.

———. 1997b. "King Mesha and the Foundation of the Moabite Monarchy." *IEJ* 47:83–92.

———. 1999. "The Contribution of Royal Inscriptions for a Re-Evaluation of the Book of Kings as a Historical Source." *JSOT* 82:3–17.

———. 2001. "An Assyrian Residence at Ramat Rahel?" *TA* 28:260–80.

———. 2002. "In Search of Reality behind the Account of David's Wars with Israel's Neighbours." *IEJ* 52:200–224.

———. 2004a. "The Boundary System and Political Status of Gaza under the Assyrian Empire." *ZDPV* 120:55–72.

———. 2004b. "Death Formulae and the Burial Place of the Kings of the House of David." *Bib* 85:245–54.

———. 2005. *Canaan in the Second Millennium B.C.E.* Winona Lake, IN: Eisenbrauns.

Nadali, Davide. 2005a. "Assyrians to War: Positions, Patterns and Canons in the Tactics of the Assyrian Armies in the VII Century B.C." Pp. 167–207 in *Studi in onore di Paolo Matthiae presentati in occasione del suo sessantacinquesimo compleanno*, edited by Alessandro Di Ludovico and Davide Nadali. Contributi e materiali di archeologia orientale 10. Rome: Università degli studi di Roma "La Sapienza."

———. 2005b. "The Representation of Foreign Soldiers and Their Employment in the Assyrian Army." Pp. 222–44 in *Ethnicity in Ancient Mesopotamia: Papers read at the 48th RAI, Leiden, 1–4 July, 2002*, edited by W. H. van Soldt, R. Kalvelagen, and D. Katz. Leiden: Nederlands Instituut voor het Nabije Oosten.

———. 2010. "Assyrian Open Field Battles: An Attempt at Reconstruction and Analysis." Pp. 117–52 in *Studies on War in the Ancient Near East: Collected Essays on Military History*, edited by Jordi Vidal. AOAT 372. Münster: Ugarit-Verlag.

Nadali, Davide, and Jordi Vidal. 2014. *The Other Face of the Battle: The Impact of War on Civilians in the Ancient Near East*. AOAT 413. Münster: Ugarit-Verlag.

Nadel, Dani, Dolores R. Piperno, Irene Holst, Ainit Snir, and Ehud Weiss. 2012. "New Evidence for the Processing of Wild Cereal Grains at Ohalo II, a 23,000-Year Old Campsite on the Shore of the Sea of Galilee, Israel." *Antiquity* 86:990–1003.

Nadel, Dani, Alexander Tsatskin, Miriam Belmaker, Elisabetta Boaretto, Mordechai E. Kislev, Henk Mienis, Rivka Rabinovich, Orit Simchoni, Tal Simmons, Ehud Weiss, and Irit Zohar. 2004. "On the Shore of a Fluctuating Lake: Environmental Evidence from Ohalo II (19,500 B.P.)." *Israel Journal of Earth Sciences* 53:207–23.

Nakhai, Beth Alpert. 2015. "Where to Worship? Religion in Iron Age Israel and Judah." Pp. 90–101 in *Defining the Sacred: Approaches to the Archaeology of Religion and the Ancient Near East*, edited by Nicola Laneri. Oxford: Oxbow Books.

Nam, Roger. 2012. *Portrayals of Economic Exchange in the Book of Kings*. Biblical Interpretation Series 112. Leiden: Brill.

Nardoni, Enrique. 2004. *Rise Up, O Judge: A Study of Justice in the Biblical World*. Translated by Seán Charles Martin. Peabody, MA: Hendrickson.

Naveh, Joseph. 1982. *Early History of the Alphabet: An Introduction to West Semitic Epigraphy and Paleography*. Jerusalem: Magnes.

Naveh, Joseph, and Shaul Shaked. 2012. *Aramaic Documents from Ancient Bactria (Fourth Century B.C.E.) from the Khalili Collections*. Studies in the Khalili Collection. London: Khalili Family Trust.

Negbi, Ora. 1976. *Canaanite Gods in Metal: An Archaeological Study of Ancient Syro-Palestinian Figurines*. Tel Aviv: Tel Aviv University.

Negueruela, I., J. Pinedo, M. Gomez, A. Minano, I. Arellano, and J. S. Barba. 1995. "Seventh-Century BC Phoenician Vessel Discovered at Playa de La Isla, Mazarron, Spain." *International Journal of Nautical Archaeology* 24:189–97.

Nemet-Nejat, Karen Rhea. 1998. *Daily Life in Ancient Mesopotamia*. Daily Life through History Series. London: Greenwood.

Nestor, D. A. 2010. *Cognitive Perspectives on Israelite Identity*. LHB/OTS 519. London: T&T Clark.

Neu, Erich. 1996. *Das hurritische Epos der Freilassung: Untersuchungen zu einem hurritisch-hethitischen Textensemble aus Ḫattuša*. Studien zu den Boğazköy-Texten 32. Wiesbaden: Harrassowitz.

The Neubauer Expedition to Zincirli: Inscriptions. https://zincirli.uchicago.edu/page/inscriptions.

Neufeld, E. 1960. "The Emergence of a Royal Urban Society in Ancient Israel." *HUCA* 31:31–53.

Neujahr, Matthew. 2012. *Predicting the Past in the Ancient Near East: Mantic Historiography in Ancient Mesopotamia, Judah, and the Mediterranean World*. BJS 354. Providence: Brown University Press.

Neumann, Hans. 2011. "Slavery in Private Households toward the End of the Third Millennium B.C." Pp. 21–32 in *Slaves and Households in the Near East*, edited by Laura Culbertson. OIS 7. Chicago: University of Chicago Press.

Neville, Ann. 2007. *Mountains of Silver and Rivers of Gold: The Phoenicians in Iberia*. Oxford: Oxbow Books.

Newsom, Carol A., with Brennan W. Breed. 2014. *Daniel*. OTL. Louisville: Westminster John Knox.

Niditch, Susan. 1995. *War in the Hebrew Bible: A Study in the Ethics of Violence*. Oxford: Oxford University Press.

———. 1996. *Oral World and Written Word: Ancient Israelite Literature*. Louisville: Westminster John Knox.

———. 2007. "War and Reconciliation in the Traditions of Ancient Israel: Historical, Literary, and Ideological Considerations." Pp. 141–60 in *War and Peace in the Ancient World*, edited by Kurt A. Raaflaub. Malden, MA: Blackwell.

Niehr, Herbert. 2010. "'Israelite' Religion and 'Canaanite' Religion." Pp. 23–36 in *Religious Diversity in Ancient Israel and Judah*, edited by Francesca Stavrakopoulou and John Barton. London: T&T Clark.

———. 2011. "König Hazael von Damaskus im Licht neuer Funde und Interpretationen." Pp. 339–56 in *"Ich werde meinen Bund mit euch niemals brechen!" (Ri 2, 1): Festschrift für Walter Groß zum 70. Geburtstag*, edited by Erasmus Gass and Hermann-Josef Stipp. Herders Biblische Studien 62. Freiburg im Breisgau: Herder.

Niemann, Hermann Michael. 1997. "The Socio-Political Shadow Cast by the Biblical Solomon." Pp. 252–99 in *The Age of Solomon: Scholarship at the Turn of the Millennium*, edited by Lowell K. Handy. SHANE 11. Leiden: Brill.

Niemeyer, Hans Georg. 2000. "The Early Phoenician City-States on the Mediterranean: Archaeological Elements for Their Description." Pp. 89–116 in *A Comparative Study of Thirty City-State Cultures: An Investigation Conducted by the Copenhagen Polis Centre*, edited by Mogens Herman Hansen. Copenhagen: Royal Danish Academy of Sciences and Letters.

———. 2006. "The Phoenicians in the Mediterranean: Between Expansion and Colonisation; A Non-Greek Model of Oversees Settlement and Presence." Pp. 143–68 in *Greek Colonisation: An Account of Greek Colonies and Other Settlements Overseas*, vol. 1, edited by Gocha R. Tsetskhladze. Mnemosyne, bibliotheca classica Batava, Supplementum 193. Leiden: Brill.

Nir, Yaacov, and Iris Eldar-Nir. 1988. "Construction Techniques and Building Materials Used in Ancient Water Wells along the Coastal Plain of Israel." Pp. 1765–74 in *The Engineering Geology of Ancient Works, Monuments and Historical Sites: Preservation and Protection*, vol. 3, edited by Paul G. Marinos and George C. Koukis. Netherlands: Balkema.

Nissinen, Martti. 2000. "The Socioreligious Role of the Neo-Assyrian Prophets." Pp. 89–114 in *Prophecy in Its Ancient Near Eastern Context: Mesopotamian, Biblical, and Arabian Perspectives*, edited by Martti Nissinen. SymS 13. Atlanta: Society of Biblical Literature.

———. 2003. "Neither Prophecies nor Apocalypses: The Akkadian Literary Predictive Texts." Pp. 134–48 in *Knowing the End from the Beginning: The Prophetic, The Apocalyptic, and Their Relationship*, edited by Lester L. Grabbe and Robert D. Haak. Journal for the Study of the Pseudepigrapha Supplement Series 46. London: T&T Clark.

———. 2004. "What Is Prophecy? An Ancient Near Eastern Perspective." Pp. 17–37 in *Inspired Speech: Prophecy in the Ancient Near East; Essays in Honour of Herbert B. Huffmon*, edited by John Kaltner and Louis Stulman. JSOTSup 378. London: T&T Clark.

———. 2010. "Biblical Prophecy from a Near Eastern Perspective: The Cases of Kingship and Divine Possession." Pp. 441–68 in *Congress Volume, Ljubljana 2007*, edited by André Lemaire. VTSup 133. Leiden: Brill.

———. 2014. "Since When Do Prophets Write?" Pp. 585–606 in *In the Footsteps of Sherlock Holmes: Studies in the Biblical Text in Honour of Anneli Aejmelaeus*, edited by Kristin de Troyer, T. Michael Law, and Marketta Liljeström. CBET 72. Leuven: Peeters.

———. 2017. *Ancient Prophecy: Near Eastern, Biblical, and Greek Pespectives*. Oxford: Oxford University Press.

Nissinen, Martti, with contributions by C. L. Seow and Robert K. Ritner. 2003. *Prophets and Prophecy in the Ancient Near East*. WAW 12. Atlanta: Society of Biblical Literature.

Nissinen, Martti, and Risto Uro, eds. 2008. *Sacred Marriages: The Divine-Human Sexual Metaphor from Sumer to Early Christianity.* Winona Lake, IN: Eisenbrauns.

Nocquet, Dany. 2004. *Le "livret noir de Baal": La polémique contre le dieu Baal dans la Bible hébraïque et l'ancien Israël.* Actes et Recherches. Geneva: Labor et Fides.

Nolan, Patrick, and Gerhard Lenski. 2015. *Human Societies: An Introduction to Macrosociology.* 12th ed. Oxford: Oxford University Press.

Noonan, Benjamin J. 2011. "Did Nehemiah Own Tyrian Goods? Trade between Judea and Phoenicia during the Achaemenid Period." *JBL* 130:281–98.

North, Douglass. 1990. *Institutions, Institutional Change and Economic Performance.* Cambridge: Cambridge University Press.

Nossov, Konstantin. 2005. *Ancient and Medieval Siege Weapons: A Fully Illustrated Guide to Siege Weapons and Tactics.* Guilford, CT: Lyons.

Noth, Martin. 1928. *Die israelitischen Personennamen im Rahmen der gemeinsemitischen Namengebung.* BWANT 46. Stuttgart: Kolhammer.

———. 1938. "Die Wege der Pharaonenheere in Palästina und Syrien, IV: Die Schoschenkliste." *ZDPV* 61:277–304.

———. 1960. *The History of Israel.* 2nd rev. ed. Translated by P. R. Ackroyd. New York: Harper & Brothers.

———. 1991. *The Deuteronomistic History.* 2nd ed. JSOTSup 15. Sheffield: Sheffield Academic Press. German original: *Überlieferungsgeschichtliche Studien I.* Halle: M. Niemeyer, 1943.

Notley, R. Steven, and Ze'ev Safrai, trans. 2005. *Eusebius, Onomasticon: The Place Names of Divine Scripture.* Jewish and Christian Perspective Series 9. Leiden: Brill.

Noy, David. 2010. "Alexander the Great." Pp. 316–18 in *The Eerdmans Dictionary of Early Judaism*, edited by John J. Collins and Daniel C. Harlow. Grand Rapids: Eerdmans.

Nur, Amos. 2008. *Apocalypse: Earthquakes, Archaeology, and the Wrath of God.* Princeton: Princeton University Press.

Nutkowicz, Hélène. 2006. *L'Homme face à la mort au royaume de Juda: Rites, pratiques, et représentations.* Paris: Cerf.

Oates, David. 1968. *Studies in the Ancient History of Northern Iraq.* London: British Academy. Reprint, London: British School of Archaeology in Iraq, 2005.

———. 2005. *Studies in the Ancient History of Northern Iraq.* London: British School of Archaeology in Iraq.

O'Brien, John Maxwell. 1992. *Alexander the Great: The Invisible Enemy; A Biography.* London: Routledge.

O'Connor, David. 1997. "The Hyksos Period in Egypt." Pp. 45–67 in *The Hyksos: New Historical and Archaeological Perspectives*, edited by Eliezer D. Oren. UMM 96. Philadelphia: University Museum of the University of Pennsylvania.

———. 2000. "The Sea Peoples and the Egyptian Sources." Pp. 85–101 in *The Sea Peoples and Their World: A Reassessment*, edited by Eliezer D. Oren. UMM 108. Philadelphia: University Museum of the University of Pennsylvania.

O'Connor, David, and Eric H. Cline. 1998. *Amenhotep III: Perspectives on His Reign.* Ann Arbor: University of Michigan Press.

Oded, Bustenay. 1979. *Mass Deportation and Deportees in the Neo-Assyrian Empire.* Wiesbaden: Reichert.

Ofer, A. 1994. "All the Hill Country of Judah: From a Settlement to a Prosperous Monarchy." Pp. 92–122 in *From Nomadism to Monarchy*, edited by Israel Finkelstein and Nadav Na'aman. Jerusalem: Israel Exploration Society.

Oliver-Smith, Anthony. 2002. "Theorizing Disasters: Nature, Power, and Culture." Pp. 23–47 in *Catastrophe and Culture: The Anthropology of Disaster*, edited by Susanna M. Hoffman and Anthony Oliver-Smith. Santa Fe: School of American Research.

Olley, John W. 1999. "'Trust in the Lord': Hezekiah, Kings and Isaiah." *Tyndale Bulletin* 50:59–77.

Olsvig-Whittaker, Linda, Aren M. Maeir, Ehud Weiss, Suembikya Frumin, Oren Ackerman, and Liora Kolska-Horwitz. 2015. "Ecology of the Past: Late Bronze and Iron Age Landscapes, People and Climate Change in Philistia (the Southern Coastal Plain and Shephelah), Israel." *Journal of Mediterranean Ecology* 13:57–75.

Olyan, Saul M. 1988. *Asherah and the Cult of Yahweh in Israel.* Society of Biblical Literature Monograph Series 34. Atlanta: Scholars Press.

———. 2004. *Biblical Mourning: Ritual and Social Dimensions.* Oxford: Oxford University Press.

———. 2005. "Some Neglected Aspects of Israelite Interment Ideology." *JBL* 124:601–16.

———. 2008. "Family Religion in Israel and the Wider Levant of the First Millennium BCE." Pp. 113–26 in *Household and Family Religion in Antiquity*, edited by John Bodel and Saul M. Olyan. Malden, MA: Blackwell.

Oppenheim, A. Leo. 1955. "'Siege-Documents' from Nippur." *Iraq* 17:69–89.

———. 1964. *Ancient Mesopotamia: Portrait of a Dead Civiliztion.* Chicago: University of Chicago Press.

Oren, Eliezer D. 1984. "Migdol: A New Fortress on the Edge of the Eastern Nile Delta." *BASOR* 256:7–44.

———, ed. 2000. *The Sea Peoples and Their World: A Reassessment.* UMM 108. Philadelphia: University Museum of the University of Pennsylvania.

Oriental Institute, Epigraphic Survey. 1932. *Medinet Habu*, vol. 2, *Plates 55–130: Later Historical Records of Ramses III*. OIP. Chicago: University of Chicago Press.

———. 1986. *Reliefs and Inscriptions at Karnak*, vol. 4, *The Battle Reliefs of King Sety I*. OIP. Chicago: University of Chicago Press.

Ornan, Tallay. 2010. "Humbaba, the Bull of Heaven and the Contribution of Images to the Reconstruction of the Gilgameš Epic." Pp. 229–60, 411–24 in *Gilgamesch—Bilder eines Helden: Ikonographie und Überlieferung von Motiven im Gilgameš-Epos*, edited by Hans Ulrich Steymans. OBO 245. Fribourg: Academic Press; Göttingen: Vandenhoeck & Ruprecht.

———. 2016. "Sketches and Final Works of Art: The Drawings and Paintings of Kuntiller 'Ajrud revisited." *TA* 43:3–26.

Ornan, Tallay, et al. 2012. "'The Lord Will Roar from Zion' (Amos 1:2): The Lion as a Divine Attribute on a Jerusalem Seal and Other Hebrew Glyptic Finds from the Western Wall Plaza Excavations." *'Atiqot* 72:1–13.

Orthmann, Winfried. 1971. *Untersuchungen zur späthethitischen Kunst*. Bonn: Habelt.

Ortlund, E. N. 2010. *Theophany and Chaoskampf: The Interpretation of Theophanic Imagery in the Baal Epic, Isaiah and the Twelve*. Gorgias Ugaritic Studies 5. Piscataway, NJ: Gorgias.

Ortner, Sherry. 1996. *Making Gender: The Politics and Erotics of Culture*. Boston: Beacon.

Osborne, James F. 2011. "Secondary Mortuary Practice and the Bench Tomb: Structure and Practice in Iron Age Judah." *JNES* 70:35–53.

Otto, Eckart. 1993. "Town and Rural Countryside in Ancient Israelite Law: Reception and Redaction in Cuneiform and Israelite Law." *JSOT* 57:3–22.

———. 2012. *Deuteronomium 1, 1–4, 43*. Herders Theologischer Kommentar zum Alten Testament. Freiburg im Breisgau: Herder.

Otto, S. 2001. *Jehu, Elia und Elisa: Die Erzählung von der Jehu-Revolution und die Komposition der Elia-Elisa-Erzählungen*. BWANT 152. Stuttgart: Kohlhammer.

Overland, Paul. 1996. "Structure in the Wisdom of Amenemope and Proverbs." Pp. 279–95 in *"Go to the Land I Will Show You": Studies in Honor of Dwight W. Young*, edited by Joseph Coleson and Victor Matthews. Winona Lake, IN: Eisenbrauns.

———. 2008. "Chiasm." Pp. 54–57 in *Dictionary of the Old Testament: Wisdom, Poetry and Writings*, edited by Tremper Longman III and Peter Enns. Downers Grove, IL: InterVarsity.

Owen, David I. 1981. "Ugarit, Canaan and Egypt: Some New Epigraphic Evidence from Tel Aphek in Israel." Pp. 49–53 in *Ugarit in Retrospect: Fifty Years of Ugarit and Ugaritic*, edited by G. Douglas Young. Winona Lake, IN: Eisenbrauns.

Pace, Leann. 2014. "Feasting and Everyday Meals in the World of the Hebrew Bible: The Relationship Reexamined through Material Culture and Texts." Pp. 179–98 in *Feasting in the Archaeology and Texts of the Hebrew Bible and Ancient Near East*, edited by Peter Altmann and Janling Fu. Winona Lake, IN: Eisenbrauns.

Palestine Exploration Fund. 1923. "Notes and News: A New Chronological Classification of Palestinian Archaeology." *Palestine Exploration Fund Quarterly Statement* April:54–55.

Panitz-Cohen, N. 2006. "Processes of Ceramic Change and Continuity: Tel Batash in the Second Millennium BCE as a Test Case." PhD dissertation, Hebrew University.

Panofsky, Erwin. 1970. *Meaning in the Visual Arts*. Harmondsworth: Penguin.

Pappa, Eleftheria. 2013. *Early Iron Age Exchange in the West: Phoenicians in the Mediterranean and the Atlantic*. ANESSup 43. Leuven: Peeters.

Pappe, Ilan. 2004. *A History of Modern Palestine: One Land, Two Peoples*. Cambridge: Cambridge University Press.

Pardee, Dennis. 1985. Review of *Scripture in Context: Essays on the Comparative Method*, edited by Carl D. Evans, William W. Hallo, and John B. White. *JNES* 44:221–22.

———. 1988a. "An Evaluation of the Proper Names from Ebla from a West Semitic Perspective: Pantheon Distribution according to Genre." Pp. 119–51 in *Eblaite Personal Names and Semitic Name-Giving: Papers of a Symposium in Rome, July 15–17 1985*, edited by Alfonso Archi. Archivi reali di Ebla Studi 1. Rome: Missione archaeologica italiana in Siria.

———. 1988b. *Les textes paramythologiques de la 24ᵉ campagne (1961)*. Ras Shamra-Ougarit 4. Paris: Éditions Recherche sur les civilisations.

———. 2000. *Les Textes Rituels*. 2 vols. Ras Shamra-Ougarit 12. Paris: Éditions Recherche sur les civilisations.

———. 2002. *Ritual and Cult at Ugarit*. WAW 10. Atlanta: Society of Biblical Literature.

———. 2009. "A New Aramaic Inscription from Zincirli." *BASOR* 356:51–71.

———. 2013. "A Brief Case for the Language of the 'Gezer Calendar' as Phoenician." Pp. 226–46 in *Linguistic Studies in Phoenician in Memory of J. Brian Peckham*, edited by Robert D. Holmstedt and Aaron Schade. Winona Lake, IN: Eisenbrauns.

Park, Song-Mi Suzie. 2015. "Israel in Its Neighboring Context," Pp. 28–46 in *The Wiley Blackwell Companion to Ancient Israel*. Malden, MA: John Wiley & Sons.

Parker, Bradley J. 2001. *The Mechanics of Empire: The Northern Frontier of Assyria as a Case Study in*

Imperial Dynamics. Helsinki: The Neo-Assyrian Text Corpus Project.

———. 2003. "Archaeological Manifestations of Empire: Assyria's Imprint on Southeastern Anatolia." *AJA* 107:525–57.

———. 2011. "Bread Ovens, Social Networks and Gendered Space: An Ethnoarchaeological Study of *Tandir* Ovens in Southeastern Anatolia." *American Antiquity* 76:603–27.

———. 2013. "Geographies of Power: Territoriality and Empire during the Mesopotamian Iron Age." *Archaeological Papers of the American Anthropological Association* 22:126–44.

Parker, Simon B. 1989. *The Pre-Biblical Narrative Tradition: Essays on the Ugaritic Poems Keret and Aqhat*. RBS 24. Atlanta: Scholars Press.

———. 1997. *Stories in Scripture and Inscriptions: Comparative Studies on Narratives in Northwest Semitic Inscriptions and the Hebrew Bible*. Oxford: Oxford University Press.

———. 2000. "Ugaritic Literature and the Bible." *NEA* 63:228–31.

Parker Pearson, Michael. 1999. *The Archaeology of Death and Burial*. College Station: Texas A&M University Press.

Parkinson, Richard B. 1991a. "Teachings, Discourses and Tales from the Middle Kingdom." Pp. 91–122 in *Middle Kingdom Studies*, edited by Stephen Quirke. New Malden, Surrey: SIA.

———. 1991b. *Voices from Ancient Egypt: An Anthology of Middle Kingdom Writings*. Norman: University of Oklahoma Press.

———. 2002. *Poetry and Culture in Middle Kingdom Egypt: A Dark Side to Perfection*. London: Continuum.

Parpola, Asko. 1996. "A Sumerian Motif in Late Indus Seals?" Pp. 227–34 in *The Indian Ocean in Antiquity*, edited by Julian Reade. London: Kegan Paul International and the British Museum.

Parpola, Simo. 2003. "Assyria's Expansion in the 8th and 7th Centuries and Its Long-Term Repercussions in the West." Pp. 99–111 in *Symbiosis, Symbolism, and the Power of the Past: Canaan, Ancient Israel, and Their Neighbors from the Late Bronze Age through Roman Palaestina*, edited by William G. Dever and Seymour Gitin. Winona Lake, IN: Eisenbrauns.

———. 2010. "Neo-Assyrian Concepts of Kingship and Their Heritage in Mediterranean Antiquity." Pp. 35–44 in *Concepts of Kingship in Antiquity*, edited by Giovanni B. Lanfranchi and Robert Rollinger. Padova: S.A.R.G.O.N.

Parrot, André. 1937a. "Les fouilles de Mari, troisième campagne (hiver 1935–36)." *Syria* 18:54–84.

———. 1937b. "Les peintures du palais de Mari." *Syria* 18:325–54.

———. 1951. "Cylindre hittite nouvellement acquis (AO 20.138)." *Syria* 28:180–90.

———. 1957. *Le Musée du Louvre et la Bible*. Neuchâtel: Delachaux & Niestlé.

Parrot, André, and Georges Dossin. 1950. *Correspondance des gouverneurs de Qaṭṭunân*. Archives royales de Mari 27. Paris: Éditions Recherche de civilisations.

Payne, Sebastian. 1973. "Kill-Off Patterns in Sheep and Goats: The Mandibles from Asvan Kale." *Anatolian Studies* 23:281–303.

Pearce, Laurie E. 1995. "The Scribes and Scholars of Ancient Mesopotamia." *CANE* 4:2265–78.

———. 2006. "New Evidence for Judeans in Babylonia." Pp. 399–411 in *Judah and the Judeans in the Persian Period*, edited by Oded Lipschits and Manfred Oeming. Winona Lake, IN: Eisenbrauns.

———. 2011. "'Judean': A Special Status in Neo-Babylonian and Achemenid Babylonia?" Pp. 267–77 in *Judah and the Judeans in the Achaemenid Period: Negotiating Identity in an International Context*, edited by Oded Lipschits, Gary N. Knoppers, and Manfred Oeming. Winona Lake, IN: Eisenbrauns.

Pearce, Laurie E., and Cornelia Wunsch. 2014. *Documents of Judean Exiles and West Semites in Babylonia in the Collection of David Sofer*. CUSAS 28. Bethesda, MD: CDL Press.

Pearsall, Deborah M. 2000. *Paleoethnobotany: A Handbook of Procedures*. 2nd ed. San Diego: Academic Press.

Peckham, J. Brian. 1968. *The Development of Late Phoenician Scripts*. HSS 20. Cambridge, MA: Harvard University Press.

Peden, Alexander J. 2001. *The Graffiti of Pharaonic Egypt: Scope and Roles of Informal Writings (c. 3100–332 BC)*. PÄ 17. Leiden: Brill.

Peek-Asa, C., M. Ramirez, H. Seligson, and K. Shoaf. 2003. "Seismic, Structural, and Individual Factors Associated with Earthquake Related Injury." *Injury Prevention* 9:62–66.

Peleg-Barkat, Orit. 2013. "The Architectural Decoration from the Hasmonean and Herodian Palaces at Jericho and Cypros." Pp. 235–69 in *Hasmonean and Herodian Palaces at Jericho: Final Reports of the 1973–1987 Excavations*, vol. 5, *The Finds From Jericho and Cypros*, edited by Rachel Bar-Nathan and Judit Gärtner. Jerusalem: Israel Exploration Society.

Perdu, Olivier. 2002. *Recueil des inscriptions royales saïtes*. Paris: Cybèle.

Perdue, Leo G. 2007. *Wisdom Literature: A Theological History*. Louisville: Westminster John Knox.

———. 2008. "Scribes, Sages, and Seers: An Introduction." Pp. 1–34 in *Scribes, Sages, and Seers: The Sage in the Eastern Mediterranean World*, edited by

Leo G. Perdue. FRLANT 219. Göttingen: Vandenhoeck & Ruprecht.

Perdue, Leo G., Warren Carter, and Coleman A. Baker, eds. 2015. *Israel and Empire: A Postcolonial History of Israel and Early Judaism.* London: Bloomsbury.

Pernigotti, Sergio. 1997. "Priests." Pp. 121–50 in *The Egyptians*, edited by Sergio Donadoni. Translated by Robert Bianchi et al. Chicago: University of Chicago Press.

Perry-Gal, Lee, Adi Erlich, Ayelet Gilboa, and Guy Bar-Oz. 2015. "Earliest Economic Exploitation of Chicken outside East Asia: Evidence from the Hellenistic Southern Levant." *Proceedings of the National Academy of Sciences* 112 (32): 9849–54. http://www.pnas.org/content/112/32/9849.full.

Person, Raymond F., and Robert Rezetko. 2016. *Empirical Models Challenging Biblical Criticism.* AIL 25. Atlanta: Society of Biblical Literature.

Peters, F. E. 1970. *The Harvest of Hellenism: A History of the Near East from Alexander the Great to the Triumph of Christianity.* New York: Simon & Schuster.

Petrie, William M. Flinders. 1891. *Tell el Hesy.* London: Palestine Exploration Fund.

———. 1904. *Methods and Aims in Archaeology.* London: Macmillan.

———. 1906. *Hyksos and Israelite Cities.* London: Bernard Quaritch.

———. 1909. *Memphis I.* British School of Archaeology in Egypt 15. London: School of Archaeology in Egypt.

Petter, Thomas D. 2014. *The Land between the Two Rivers: Early Israelite Identities in Central Transjordan.* Winona Lake, IN: Eisenbrauns.

Pettinato, Giovanni. 1991. *Ebla: A New Look at History.* Translated by C. Faith Richardson. Baltimore: Johns Hopkins University Press.

Piccirillo, Michele, and Eugenio Alliata, eds. 1999. *The Madaba Map Centenary.* Jerusalem: Studium Biblicum Franciscanum.

Piperno, Dolores R., Ehud Weiss, Irene Holst, and Dani Nadel. 2004. "Processing of Wild Cereal Grains in the Upper Paleolithic Revealed by Starch Grain Analysis." *Nature* 430:670–73.

Pitard, Wayne T. 1987. *Ancient Damascus: A Historical Study of the Syrian City-State from Earliest Times until Its Fall to the Assyrians in 732 B.C.E.* Winona Lake, IN: Eisenbrauns.

———. 2002. "Tombs and Offerings: Archaeological Data and Comparative Methodology in the Study of Death in Israel." Pp. 145–68 in *Sacred Time, Sacred Place: Archaeology and the Religion of Israel*, edited by Barry M. Gittlen. Winona Lake, IN: Eisenbrauns.

Pitkänen, Pekka. 2010. *Joshua.* Apollos Old Testament Commentary 6. Leicester: Inter-Varsity.

———. 2014. "Pentateuch-Joshua: A Settler-Colonial Document of a Supplanting Society." *Settler Colonial Studies* 4 (3): 227–44.

———. 2015. "Reading Genesis–Joshua as a Unified Document from an Early Date: A Settler Colonial Perspective." *Biblical Theology Bulletin* 45:3–31.

———. 2016a. "The Ecological-Evolutionary Theory, Migration, Settler Colonialism, Sociology of Violence and the Origins of Ancient Israel." *Cogent Social Sciences* 2:1210717. https://doi.org/10.1080/23311886.2016.1210717.

———. 2016b. "P/H and D in Joshua 22:9–34." *Biblische Notizen* 171:27–35.

———. 2017a. "Ancient Israelite Population Economy: Ger, Toshav, Nakhri and Karat as Settler Colonial Categories." *JSOT* 42:139–53.

———. 2017b. *A Commentary on Numbers: Narrative, Ritual and Colonialism.* London: Routledge.

Pleiner, Radomir, and Judith K. Bjorkman. 1974. "The Assyrian Iron Age: The History of Iron in the Assyrian Civilization." *Proceedings of the American Philosophical Society* 118 (3):283–313.

Poché, Christian. 2002. "Les lyres de la péninsule arabique selon l'archéologie, les sources écrites et la transission orale." Pp. 23–29 in *Archéologie et musique: Actes du colloque des 9 et 10 fevrier 2001*, edited by Christine Laloue et al. Paris: Cité de la Musique.

Polak, Frank H. 2006. "Sociolinguistics and the Judean Speech Community in the Achaemenid Empire." Pp. 589–628 in *Judah and the Judeans in the Persian Period*, edited by Oded Lipschits and Manfred Oeming. Winona Lake, IN: Eisenbrauns.

Polanyi, Karl. 1957. "The Economy as Instituted Process." Pp. 243–69 in *Trade and Market in the Early Empires*, edited by Karl Polanyi, Conrad Arensberg, and Harry Pearson. Glencoe, IL: Free Press.

Pongratz-Leisten, Beate. 2012. "Sacrifice in the Ancient Near East: Offering and Ritual Killing." Pp. 291–304 in *Sacred Killing: The Archaeology of Sacrifice in the Ancient Near East*, edited by Anne M. Porter and Glenn M. Schwartz. Winona Lake, IN: Eisenbrauns.

———. 2013. "All the King's Men: Authority, Kingship and the Rise of the Elites in Assyria." Pp. 285–309 in *Experiencing Power, Generating Authority: Cosmos, Politics, and the Ideology of Kingship in Ancient Egypt and Mesopotamia*, edited by Jane A. Hill, Philip Jones, and Antonio Morales. Penn Museum International Research Conferences 6. Philadelphia: University of Pennsylvania Museum of Archaeology and Anthropology.

Pope, Marvin H. 1955. *El in the Ugaritic Texts.* VTSup 2. Leiden: Brill.

Porada, Edith. 1948. *Corpus of Ancient Near Eastern Seals in North American Collections I: The Collection of the Pierpont Morgan Library.* Bollingen Series 14; Washington DC: Bollingen Foundation.

Porten, Bezalel. 1968. *Archives from Elephantine: The Life of an Ancient Jewish Military Colony.* Berkeley: University of California Press.

———. 1981. "The Identity of King Adon." *BA* 44:36–52.

———. 1996. *The Elephantine Papyri in English: Three Millennia of Cross-Cultural Continuity and Change.* DMOA 22. Leiden: Brill.

Porten, Bezalel, and Ada Yardeni. 1986. *Textbook of Aramaic Documents from Ancient Egypt,* vol. 1, *Letters.* Jerusalem: Hebrew University.

———. 1989. *Textbook of Aramaic Documents from Ancient Egypt,* vol. 2, *Contracts.* Jerusalem: Hebrew University.

———. 1993. *Textbook of Aramaic Documents from Ancient Egypt,* vol. 3, *Literature, Accounts, Lists.* Jerusalem: Hebrew University.

———. 1999. *Textbook of Aramaic Documents from Ancient Egypt,* vol. 4, *Ostraca and Assorted Inscriptions.* Jerusalem: Hebrew University.

Porter, B. N. 2009. "Blessings from a Crown, Offerings to a Drum: Were There Non-Anthropomorphic Deities in Ancient Mesopotamia?" Pp. 153–94 in *What Is a God? Anthropomorphic and Non-Anthropomorphic Aspects of Deity in Ancient Mesopotamia,* edited by B. N. Porter. Winona Lake, IN: Eisenbrauns.

Porter, Benjamin W. 2013. *Complex Communities: The Archaeology of Early Iron Age West-Central Jordan.* Tucson: University of Arizona.

———. 2016. "Assembling the Iron Age Levant: The Archaeology of Communities, Polities, and Imperial Peripheries." *Journal of Archaeological Research* 24:373–420.

Porter, Bertha, and Rosalind L. B. Moss. 1934. *Topographical Bibliography of Ancient Egyptian Hieroglyphic Texts, Reliefs, and Paintings.* Vol. 4. Oxford: Clarendon.

Porter, N. Barbara. 2003. *Trees, Kings, and Politics: Studies in Assyrian Iconography.* OBO 197. Fribourg: Academic Press; Göttingen: Vandenhoeck & Ruprecht.

Posener, Georges. 1951. "Les richesses inconnues de la littérature égyptienne (Recherches littéraires I)." *Revue d'égyptologie* 6:27–48.

———. 1952. "Compléments aux 'Richesses inconnues.'" *Revue d'égyptologie* 9:117–20.

Postgate, John Nicholas. 1972. "The Role of the Temple in the Mesopotamian Secular Community." Pp. 811–25 in *Man, Settlement, and Urbanism,* edited by Peter J. Ucko, Ruth Tringham, and G. W. Dimbleby. Cambridge, MA: Schenkman.

———. 1974. "Some Remarks on Conditions in the Assyrian Countryside." *JESHO* 17:225–43.

———. 1992. "The Land of Assur and the Yoke of Assur." *World Archaeology* 23 (3): 247–63.

———. 2007. "Introduction." Pp. 1–3 in *Languages of Iraq, Ancient and Modern,* edited by J. N. Postgate. Cambridge: Cambridge University Press.

———. 2013. *Bronze Age Bureaucracy: Writing and the Practice of Government in Assyria.* Cambridge: Cambridge University Press.

Powell, Marvin. 1996. "Money in Mesopotamia." *JESHO* 39:224–42.

Preiser, Wolfgang. 1972. "Vergeltung und Sühne im altisraelitischen Strafrecht." Pp. 236–77 in *Um das Prinzip der Vergeltung in Religion und Recht des Alten Testaments,* edited by K. Koch. Wege der Forschung 125. Darmstadt: Wissenshaftliche Buchgesellschaft.

Price, Simon. 1988. "The History of the Hellenistic Period." Pp. 315–37 in *The Oxford History of Greece and the Hellenistic World,* edited by John Boardman, Jasper Griffin, and Oswyn Murray. Oxford: Oxford University Press.

Pritchard, James B. 1943. *Palestinian Figurines in Relation to Certain Goddesses Known through Literature.* AOS 24. New Haven: American Oriental Society.

———, ed. 1969a. *Ancient Near Eastern Texts Relating to the Old Testament.* 3rd ed. Princeton: Princeton University Press.

———. 1969b. *The Ancient Near East in Pictures Relating to the Old Testament.* 2nd ed. Princeton: Princeton University Press.

———. 1969c. *The Ancient Near East: Supplementary Texts and Pictures Relating to the Old Testament.* Princeton: Princeton University Press.

———, ed. 2011. *The Ancient Near East: An Anthology of Texts and Pictures.* Princeton: Princeton University Press.

Provan, Iain, V. Philips Long, and Tremper Longman III. 2015. *A Biblical History of Israel.* 2nd ed. Louisville: Westminster John Knox.

Pruzsinszky, Regine. 2009. *Mesopotamian Chronology of the 2nd Millennium B.C.: An Introduction to the Textual Evidence and Related Chronological Issues.* Contributions to the Chronology of the Eastern Mediterranean 22. Vienna: Österreichische Akademie der Wissenschaften.

———. 2016. "Musicians and Monkeys: Ancient Near Eastern Clay Plaques Displaying Musicians and their Socio-Cultural Role." Pp. 23–34 in *Musicians in the Coroplastic Art of the Ancient World: Iconography, Ritual Contexts and Functions,* edited by Angela Bellia and Clemente Marconi. Rome: Fabrizio Serra Editore.

Pucci Ben Zeev, Miriam. 2010. "Jews among Greeks and Romans." Pp. 237–55 in *The Eerdmans Dictionary of Early Judaism,* edited by John J. Collins and Daniel C. Harlow. Grand Rapids: Eerdmans.

Pulak, Cemal. 1997. "The Uluburun Shipwreck." Pp. 233–62 in *Res Maritimae: Cyprus and the Eastern Mediterranean from Prehistory to Late Antiquity*, edited by Stuart Swiny, Robert Hohlfelder, and Helena Wylde Swiny. American Schools of Oriental Research Archaeological Reports 4. Atlanta: Scholars Press.

———. 1998. "The Uluburun Shipwreck: An Overview." *International Journal of Nautical Archaeology* 27:188–224.

———. 2008. "The Uluburun Shipwreck and Late Bronze Age Trade." Pp. 289–310 in *Beyond Babylon: Art, Trade, and Diplomacy in the Second Millennium B.C.*, edited by Joan Aruz, Kim Benzel, and Jean M. Evans. New York: Metropolitan Museum of Art.

Quack, Joachim Friedrich. 2003. *Einführung in die altägyptische Literaturgeschichte III: Die demotische und gräko-ägyptische Literatur*. Einführungen und Quellentexte zur Ägyptologie 3. Münster: Lit.

Quirke, Stephen. 2004. *Egyptian Literature 1800 B.C.: Questions and Readings*. London: Golden House.

Rabinowitz, Isaac. 1956. "Aramaic Inscriptions of the Fifth Century B.C.E. from a North-Arab Shrine in Egypt." *JNES* 15:1–9.

Radner, Ellen. 2005. *Die Macht der Namen: Altorientalische Strategien zur Selbsterhaltung*. Arbeiten und Untersuchungen zur Keilschriftkunde 8. Wiesbaden: Harrassowitz.

Radner, Karen. 1999. "Money in the Neo-Assyrian Empire." Pp. 127–57 in *Trade and Finance in Ancient Mesopotamia*, edited by J. G. Dercksen. Mos Studies 1. Leiden: Nederlands Historisch-Archaeologisch Instituut te Istanbul.

———. 2007. "Hired Labour in the Neo-Assyrian Empire." *SAAB* 16:185–226.

———. 2010. "Assyrian and Non-Assyrian Kingship in the First Millennium BC." Pp. 25–34 in *Concepts of Kingship in Antiquity*, edited by Giovanni B. Lanfranchi and Robert Rollinger. Padova: S.A.R.G.O.N.

Rahmani, L. Y. 1981a. "Ancient Jerusalem's Funerary Customs and Tombs, Part One." *BA* 44:171–77.

———. 1981b. "Ancient Jerusalem's Funerary Customs and Tombs, Part Two." *BA* 44:229–35.

Rainey, Anson F. 1963. "Business Agents at Ugarit." *IEJ* 13:313–21.

———. 1978. "The Toponymics of Eretz-Israel." *BASOR* 231:1–17.

———. 1983. "The Biblical Shephelah of Judah." *BASOR* 251:1–10.

———. 1984. "The Early Historical Geography of the Negeb." Pp. 88–104 in *Beer-Sheba II: The Early Iron Age Settlements*, edited by Ze'ev Herzog. Tel Aviv: Institute of Archaeology.

———. 1987. Review of *Habiru-Hebräer: Eine sozio-linguistische Studie über die Herkunft des Gentiliziums ibrî zum Appellativum ḫabiru*, by Oswald Loretz. *JAOS* 107:539–41.

———. 2001a. "Mesha and Syntax." Pp. 287–307 *in The Land That I Will Show You: Essays on the History and Archaeology of the Ancient Near East in Honour of J. Maxwell Miller*, edited by J. Andrew Dearman and M. Patrick Graham. Sheffield: Sheffield Academic Press.

———. 2001b. "Stones for Bread: Archaeology versus History." *NEA* 64:140–49.

———. 2006. "Excursus 11.2: The Solomonic Districts." Pp. 174–78 in *The Sacred Bridge: Carta's Atlas of the Biblical World*, by Anson F. Rainey and Steven Notley. Jerusalem: Carta.

———. 2007. "Whence Came the Israelites and Their Language?" *IEJ* 57:41–64.

———. 2008. "Shasu or Habiru: Who Were the Israelites?" *BAR* 34:51–55.

Rainey, Anson F., and R. Steven Notley. 2006 and 2014. *The Sacred Bridge: Carta's Atlas of the Biblical World*. 1st and 2nd editions. Jerusalem: Carta.

Rajak, Tessa. 2009. *Translation and Survival: The Greek Bible of the Ancient Jewish Diaspora*. Oxford: Oxford University Press.

Ramos, Melissa. 2015. "Making the Cut: Covenant, Curse and Oath in Deuteronomy 27–29 and the Incantation Plaques of Arslan Tash." Paper presented at the Annual Meeting of the Society of Biblical Literature, Atlanta.

Random House Webster's College Dictionary. 1991. New York: Random House.

Rasmussen, Carl G. 2010. *Zondervan Atlas of the Bible*. Rev. ed. Grand Rapids: Zondervan.

Ratner, Robert, and Bruce Zuckerman. 1986. "'A Kid in Milk?' New Photographs of KTU 1.23, Line 14." *HUCA* 57:15–60.

Ray, J. D. 1995. "Egyptian Wisdom Literature." Pp. 17–29 in *Wisdom in Ancient Israel: Essays in Honour of J. A. Emerton*, edited by John Day, Robert P. Gordon, and H. G. M. Williamson. Cambridge: Cambridge University Press.

Ray, Paul. 2014. Review of *Judah in the Neo-Babylonian Period: The Archaeology of Desolation*, by Avraham Faust. *NEASB* 59:40–43.

Reade, Julian. 1979. "Ideology and Propaganda in Assyrian Art." Pp. 329–43 in *Power and Propaganda: A Symposium on Ancient Empires*, edited by Mogens Trolle Larsen. Mesopotamia 7. Copenhagen: Akademisk Forlag.

Reali, Chiara. 2014. "The Seal Impressions from ʿEzbet Rushdi, Area R/III of Tell el-Dabʿa: Preliminary Report." *ÄL* 22/23:67–73.

Redding, Richard W. 1984. "Theoretical Determinations of a Herder's Decisions: Modeling Variations in the Sheep/Goat Ratio." Pp. 223–41 in *Animals in Archaeology*, vol. 3, *Early Herders and Their Flocks*, edited by Juliet Clutton-Brock and Caroline Grigson. British Archaeological Reports International Series. Oxford: Archaeopress.

Redford, Donald B. 1967. *History and Chronology of the Eighteenth Dynasty of Egypt: Seven Studies*. Toronto: Toronto University Press.

———. 1973. "Studies of Akhenaten at Thebes 1: A Report of the Work of the Akhenaten Temple Project of the University Museum, The University of Pennsylvania." *JARCE* 10:77–94.

———. 1975. "Studies of Akhenaten at Thebes 2: A Report of the Work of the Akhenaten Temple Project of the University Museum, The University of Pennsylvania." *JARCE* 12:9–14.

———. 1976. "The Sun-Disc in Akhenaten's Program: Its Worship and Antecedents, Part 1." *JARCE* 13:47–61.

———. 1982. "Pithom." Pp. 1054–58 in *Lexikon der Ägyptologie*, vol. 4, edited by Wolfgang Helck and Eberhard Otto. Wiesbaden: Harrassowitz.

———. 1984. *Akhenaten: The Heretic King*. Princeton: Princeton University Press.

———. 1987. "An Egyptological Perspective on the Exodus Narrative." Pp. 137–61 in *Egypt, Israel, Sinai: Archaeological and Historical Relationships in the Biblical Period*, edited by Anson F. Rainey. Tel Aviv: Tel Aviv University Press.

———. 1988. *The Akhenaten Temple Project*. Vol. 2. Toronto: Akhenaten Temple Project/University of Toronto Press.

———. 1992a. *Egypt, Canaan, and Israel in Ancient Times*. Princeton: Princeton University Press.

———. 1992b. "Pi-Hahiroth." *ABD* 5:371.

———. 2000. "New Light on Egypt's Stance toward Asia, 610–586 BCE." Pp. 183–96 in *Rethinking the Foundations: Historiography in the Ancient World and in the Bible; Essays in Honour of John Van Seters*, edited by Steven L. McKenzie and Thomas Römer. New York: de Gruyter.

———. 2003. *The Wars in Syria and Palestine of Thutmose III*. CHANE 16. Leiden: Brill.

———. 2006. *A History of Ancient Egypt: Egyptian Civilization in Context*. Dubuque, IA: Kendall/Hunt.

———. 2013. "Akhenaten: New Theories and Old Facts." *BASOR* 369:9–34.

Redford, Donald B., and Ray W. Smith. 1976. *The Akhenaten Temple Project*. Vol 1. Warminster, UK: Aris & Phillips.

Redford, Susan. 2002. *The Harem Conspiracy: The Murder of Ramesses III*. Dekalb: Northern Illinois University Press.

Redmount, Carol. 1995. "Ethnicity, Pottery, and the Hyksos at Tell El-Maskhuta in the Egyptian Delta." *BA* 58:181–90.

Reeves, Nicholas. 2001. *Akhenaten: Egypt's False Prophet*. London: Thames & Hudson.

Regev, Eyal. 2013. *The Hasmoneans: Ideology, Archaeology, Identity*. Journal of Ancient Judaism Supplements 10. Göttingen: Vandenhoeck & Ruprecht.

Reifenberg, Adolf. 1955. *The Struggle between the Desert and the Sown: Rise and Fall of Agriculture in the Levant*. Jerusalem: Publishing Department of the Jewish Agency.

Reiner, Erica. 1960. "Plague Amulets and House Blessings." *JNES* 9:148–55.

Reisner, G. 1924. *Harvard Excavation at Samaria 1908–1910*. Cambridge, MA: Harvard University Press.

Reitz, E. J., and E. S. Wing. 1999. *Zooarchaeology*. Cambridge: Cambridge University Press.

Rendsburg, Gary. 1992. "The Date of the Exodus and Conquest/Settlement: The Case for the 1100s." *VT* 42:510–27.

Renfrew, Colin. 1975. "Trade as Action at a Distance: Questions of Integration and Communication." Pp. 3–59 in *Ancient Civilization and Trade*, edited by Jeremy Sabloff and C. C. Lamberg-Karlovsky. Albuquerque: University of New Mexico Press.

Renfrew, Colin, and Paul Bahn. 2016. *Archaeology: Theories, Methods and Practice*. 7th ed. London: Thames & Hudson.

Renger, Johannes. 1966. "Untersuchungen zum Priestertum in der altbabylonischen Zeit (1. Teil)." *Zeitschrift für Assyriologie* 58:110–88.

———. 1969. "Untersuchungen zum Priestertum in der altbabylonischen Zeit (2. Teil)." *Zeitschrift für Assyriologie* 59:104–230.

Revell, Ernest J. 1996. *The Designation of the Individual: Expressive Usage in Biblical Narrative*. CBET 14. Kampen: Kok Pharos.

Ribar, J. W. 1973. "Death Cult Practices in Ancient Palestine." PhD dissertation, University of Michigan.

Richardson, M. E. J. 2000. *Hammurabi's Laws: Text, Translation and Glossary*. Biblical Seminar 73; Semitic Texts and Studies 2. Sheffield: Sheffield Academic Press.

Richardson, Peter. 2003. "An Architectural Case for Synagogues as Associations." Pp. 90–117 in *The Ancient Synagogue from Its Origins until 200 C.E.: Papers Presented at an International Conference at Lund University, October 14–17, 2001*, edited by Birger Olsson and Magnus Zetterholm. Coniectanea Biblica: New Testament Series 39. Stockholm: Almqvist & Wiksell.

Richardson, Seth. 2010a. "Introduction: The Fields of Rebellion and Periphery." Pp. xvii–xxxii in *Rebellions and Peripheries in the Cuneiform World*, edited by Seth Richardson. AOS 91. New Haven: American Oriental Society.

———. 2010b. "Writing Rebellion Back into the Record: A Methodologies Toolkit." Pp. 1–27 in *Rebellions and Peripheries in the Cuneiform World*, edited by Seth Richardson. AOS 91. New Haven: American Oriental Society.

———. 2011. "Mesopotamia and the 'New'Military History." Pp. 11–51 in *Recent Directions in the Military History of the Ancient World*, edited by Lee L. Brice and Jennifer T. Roberts. Claremont, CA: Regina.

———. 2015. "Insurgency and Terror in Mesopotamia." P. 31 in *Brill's Companion to Insurgency and Terrorism in the Ancient Mediterranean*, edited by Timothy Howe and Lee L. Brice. Warfare in the Ancient Mediterranean World 1. Leiden: Brill.

Richter, Thomas, and Sarah Lange. 2012. *Das Archiv des Idadda: Die Keilschrifttexte aus den deutsch-syrischen Ausgrabungen 2001–2003 im Königspalast von Qaṭna*. Qaṭna Studien 3. Wiesbaden: Harrasowitz.

Ristau, Kenneth A. 2016. *Reconstructing Jerusalem: Persian-Period Prophetic Perspectives*. Winona Lake, IN: Eisenbrauns.

Ritmeyer, Leen. 2015. "Was One of Jerusalem's Greatest Archaeological Mysteries Solved?" http://www.ritmeyer.com/2015/11/03/was-one-of-jerusalems-greatest-archaeological-mysteries-solved/.

Roberts, J. J. M. 1971. "The Hand of Yahweh." *VT* 21:244–51.

———. 2003. "Solomon's Jerusalem and the Zion Tradition." Pp. 163–70 in *Jerusalem in Bible and Archaeology: The First Temple Period*, edited by Andrew G. Vaughan and Ann E. Killebrew. SymS 18. Atlanta: Society of Biblical Literature.

Roberts, J. J. M., et al. 2003. *Hebrew Inscriptions: Texts from the Period of the Monarchy*. New Haven: Yale University Press.

Roberts, N., W. J. Eastwood, C. Kuzucuoğlu, G. Fiorentino, and V. Caracuta. 2011. "Climatic, Vegetation and Cultural Change in the Eastern Mediterranean during the Mid-Holocene Environmental Transition. *The Holocene* 21:147–62.

Roberts, Ryan N. 2012. "Terra Terror: An Interdisciplinary Study of Earthquakes in Ancient Near Eastern Texts and the Hebrew Bible." PhD dissertation, University of California, Los Angeles.

———. 2015. "Is Anyone Home? Amos 6.8–11 in Light of Post-Earthquake Housing." Pp. 186–200 in *Methods, Theories, Imagination: Social Scientific Approaches in Biblical Studies*, edited by David J. Chalcraft, Frauke Uhlenbruch, and Rebecca S. Watson. The Bible and Social Science 1. Sheffield: Sheffield Phoenix Press.

Robertson, Warren C. 2010. *Drought, Famine, Plague, and Pestilence: Ancient Israel's Understandings of and Responses to Natural Catastrophes*. Gorgias Dissertations 45. Piscataway, NJ: Gorgias.

Robins, Gay. 1993. "The Representation of Sexual Characteristics in Amarna Art." *JSSEA* 23:29–41.

———. 1997. *The Art of Ancient Egypt*. Cambridge, MA: Harvard University Press.

Robinson, Edward, and Eli Smith. 1841. *Biblical Researches in Palestine, Mount Sinai and Arabia Petraea: A Journal of Travels in the Year 1838*. 2 vols. Boston: Crocker & Brewster.

———. 1856a. *Biblical Researches in Palestine and the Adjacent Regions: A Journal of Travels in the Years 1838 and 1852*. Boston: Crocker & Brewster.

———. 1856b. *Later Biblical Researches in Palestine and in the Adjacent Regions: A Journal of Travels in the Year 1852*. Boston: Crocker & Brewster.

Robinson, Joseph. 1972. *The First Book of Kings*. Cambridge Bible Commentary. Cambridge: Cambridge University Press.

Rocca, Samuel. 2012. *The Fortifications of Ancient Israel and Judah 1200–586 BC*. London: Bloomsbury.

Rochberg, Francesca. 1984. "Canonicity in Cuneiform Texts." *JCS* 36:127–44.

———. 2004. *The Heavenly Writing: Divination, Horoscopy, and Astronomy in Mesopotamian Culture*. Cambridge: Cambridge University Press.

Rofe, Alexander. 1985. "The Laws of Warfare in the Book of Deuteronomy: Their Origins, Intent and Positivity." *JSOT* 10:23–44.

Roisman, Joseph, ed. 2002. *Brill's Companion to Alexander the Great*. Leiden: Brill.

Rollston, Christopher A. 2006. "Epigraphic Essays: An Introduction." *BASOR* 344:1–3.

———. 2010. *Writing and Literacy in the World of Ancient Israel: Epigraphic Evidence from the Iron Age*. ABS 11. Atlanta: Society of Biblical Literature.

———. 2013. "The Ninth Century 'Moabite Pedestal Inscription' from King Mesha's Ataruz: Preliminary Synopsis of an Excavated Epigraphic Text and its Biblical Connections." http://www.rollstonepigraphy.com/?s=Ataruz.

———. 2016. "Intellectual Infrastructure and the Writing of the Pentateuch: Empirical Models from Iron Age Inscriptions." Pp. 15–45 in *Formation of the Pentateuch: Bridging the Academic Cultures of Europe, Israel, and North America*, edited by Jan C. Gertz, Bernard M. Levinson, Dalit Rom-Shiloni, and Konrad Schmid. FAT 111. Tübingen: Mohr Siebeck.

Rom-Shiloni, Dalit. 2013. *Exclusive Inclusivity: Identity Conflict between the Exiles and the People Who Remained (6th-5th Centuries BCE)*. LHB/OTS 543. London: T&T Clark.

Ron, Z. 1966. "Agricultural Terraces in the Judean Mountains." *IEJ* 16:33–49, 111–22.

Root, Bradley W. 2005. "Coinage, War, and Peace in Fourth-Century Yehud." *NEA* 68:131–34.

Rosen, Arlene M. 2007. *Civilizing Climate: Social Responses to Climate Change in the Ancient Near East*. Lanham, MD: Altamira.

Rosen, Arlene M., and Steven Rosen. 2001. "Determinist or Not Determinist? Climate, Environment, and Archaeological Explanation in the Levant." Pp. 535–54 in *Studies in the Archaeology of Israel and Neighboring Lands in Memory of Douglas L. Esse*, edited by Samuel R. Wolff. SAOC 59. Chicago: Oriental Institute of the University of Chicago.

Rosen, Steven. 2009. "History Does Not Repeat Itself: Cyclicity and Particularism in Nomad-Sedentary Relations in the Negev in the Long Term." Pp. 57–86 in *Nomads, Tribes, and the State in the Ancient Near East*, edited by Jeffrey Szuchman. OIS 5. Chicago: University of Chicago Press.

———. 2016. "Basic Instabilities? Climate and Culture in the Negev over the Long Term." *Geoarchaeology* 10:1–17. http://onlinelibrary.wiley.com/doi/10.1002/gea.21572/epdf.

Rostovtzeff, M. 1941. *The Social and Economic History of the Hellenistic World*. 3 vols. Oxford: Oxford University Press.

Roth, Ann Macy. 2001a. "Funerary Ritual." *OEAE* 1:575–80.

———. 2001b. "Opening of the Mouth." *OEAE* 2:605–9.

Roth, Martha T. 1997. *Law Collections from Mesopotamia and Asia Minor*. 2nd ed. WAW 6. Atlanta: Scholars Press.

Routledge, Bruce. 2004. *Moab in the Iron Age: Hegemony, Polity, Archaeology*. Philadelphia: University of Pennsylvania Press.

———. 2008. "Thinking 'Globally' and Analysing 'Locally': South-Central Jordan in the Early Iron Age." Pp. 144–76 in *Israel in Transition: From Late Bronze II to Iron IIa (c. 1250–850 B.C.E.)*, vol. 1, *The Archaeology*, edited by Lester L. Grabbe. LHB/OTS 491. London: T&T Clark.

Rowe, Ignacio Márquez. 2008. "Scribes, Sages, and Seers in Ugarit." Pp. 95–108 in *Scribes, Sages, and Seers: The Sage in the Eastern Mediterranean World*, edited by Leo G. Perdue. FRLANT 219. Göttingen: Vandenhoeck & Ruprecht.

Rowlett, Lori L. 1996. *Joshua and the Rhetoric of Violence: A New Historicist Analysis*. London: A&C Black.

Rowton, Michael B. 1967. "The Physical Environment and the Problem of Nomads." Pp. 109–21 in *Actes de la 15e RAI*, edited by A. Finet. Liège: Les Belles Lettres.

———. 1973. "Urban Autonomy in a Nomadic Environment." *JNES* 32:201–15.

———. 1974. "Enclosed Nomadism." *JESHO* 17:1–30.

Rubin, Aaron. 2008. "The Subgrouping of the Semitic Languages." *Language and Linguistics Compass* 2:61–84.

Runesson, Anders. 2001. *The Origins of the Synagogue: A Socio-Historical Study*. Coniectanea Biblica: New Testament Series 37. Stockholm: Almqvist & Wiksell.

———. 2003. "Persian Imperial Politics, the Beginnings of Public Torah Reading, and the Origins of the Synagogue." Pp. 63–89 in *The Ancient Synagogue from Its Origins until 200 C.E.: Papers Presented at an International Conference at Lund University October 14–17, 2001*, edited by Birger Olsson and Magnus Zetterholm. Stockholm: Almqvist & Wiksell.

Runesson, Anders, Donald D. Binder, and Birger Olsson. 2008. *The Ancient Synagogue from Its Origins to 200 C.E.: A Source Book*. Ancient Judaism and Early Christianity 72. Leiden: Brill.

Russell, James R. 1990. "The Sage in Ancient Iranian Literature." Pp. 81–92 in *The Sage in Israel and the Ancient Near East*, edited by John G. Gammie and Leo G. Perdue. Winona Lake, IN: Eisenbrauns.

Russell, John Malcolm. 1991. *Sennacherib's Palace without Rival at Nineveh*. Chicago: University of Chicago Press.

Russell, Stephen C. 2009. *Images of Egypt in Early Biblical Literature: Cisjordan-Israelite, Transjordan-Israelite, and Judahite Portrayals*. BZAW 403. Berlin: de Gruyter.

———. 2014. "The Hierarchy of Estates in Land and Naboth's Vineyard." *JSOT* 34:453–69.

Russmann, Edna R. 1989. *Egyptian Sculpture: Cairo and Luxor*. London: British Museum.

Ryan, Jordan J. 2017. "Jesus and Synagogue Disputes: Recovering the Institutional Context of Luke 13:10–17." *CBQ* 79:41–59.

Rzepka, Slawomir, Mustafa Nour el-Din, Anna Wodzińska, and Łukasz Jarmużek. 2013. "Egyptian Mission Rescue Excavations in Tell el-Retabah, Part I: New Kingdom Remains." *ÄL* 22/23:253–87.

Sacchi, Paolo. 2000. *The History of the Second Temple Period*. JSOTSup 285. Sheffield: Sheffield Academic Press.

Sader, Hélène. 2014. "The Northern Levant during the Iron Age I Period." Pp. 607–23 in *The Oxford Handbook of the Archaeology of the Levant: C. 8000–332 BCE*, edited by Margreet L. Steiner and Ann E. Killebrew. Oxford: Oxford University Press.

Sadman, Maj. 1938. *Texts from the Time of Akhenaton*. Bibliotheca Aegyptiaca 8. Brussels: Fondation Égyptologique Reine Élisabeth.

Saggs, H. W. F. 1962. *The Greatness That Was Babylon*. Great Civilization Series. London: Sidgwick & Jackson.

———. 1974. "'External Souls' in the Old Testament." *Journal of Semitic Studies* 19:1–12.

Sagona, Antonio, and Paul Zimansky. 2009. *Ancient Turkey*. Routledge World Archaeology. London: Routledge.

Sagrillo, Troy Leiland. 2012. "Šîšaq's Army: 2 Chronicles 12:2–3 from an Egyptological Perspective." Pp. 425–50 in *The Ancient Near East in the 12th–10th Centuries BCE: Culture and History; Proceedings of the International Conference Held at the University of Haifa, 2–5 May, 2010*, edited by Gershon Galil, Ayelet Gilboa, Aren M. Maeir, and Dan'el Kahn. AOAT 392. Münster: Ugarit-Verlag.

Sakenfeld, Katherine D. 1988. "Zelophehad's Daughters." *Perspectives in Religious Studies* 15:37–47.

———. 2002. *The Meaning of* Hesed *in the Hebrew Bible*. Eugene OR: Wipf & Stock.

Salzman, Carl P., ed. 1980. *When Nomads Settle: Processes of Sedentarization as Adaptation and Response*. New York: Praeger.

Samuel, Alan E. 1989. *The Shifting Sands of History: Interpretations of Ptolemaic Egypt*. Publications of the Association of Ancient Historians 2. Lanham, MD: University Press of America.

Sandars, N. K. 1985. *The Sea Peoples: Warriors of the Ancient Mediterranean*. London: Thames & Hudson.

Sanders, Paul. 2007. "*Argumenta ad deum* in the Plague Prayers of Mursili II and in the Book of Psalms." Pp. 181–217 in *Psalms and Prayers: Papers Read at the Joint Meeting of the Society of Old Testament Study and Het Oudtestamentische Werkgezelschap in Nederland en België, Apeldoorn August 2006*, edited by Bob Becking and Eric Peels. OtSt 55. Leiden: Brill.

Sanders, Seth L. 2004. "What Was the Alphabet for? The Rise of Written Vernaculars and the Making of Israelite National Literature." *Maarav* 11:25–56.

———. 2013. "The Appetites of the Dead: West Semitic Linguistic and Ritual Aspects of the Katumuwa Stele." *BASOR* 369:35–55.

———. 2015a. "Introduction: How to Build a Sacred Text in the Ancient Near East." *JANER* 15:113–20.

———. 2015b. "When the Personal Became Political: An Onomastic Perspective on the Rise of Yahwism." *Hebrew Bible and Ancient Israel* 4:59–86.

Sandman, Maj. 1938. *Texts from the Time of Akhenaten*. Brussels: Queen Elizabeth Foundation of Egyptology.

Sandmel, Samuel. 1962. "Parallelomania." *JBL* 81:1–13.

Sandy, D. Brent. 2000. "Hellenistic Egypt." Pp. 473–77 in *Dictionary of New Testament Background*, edited by Craig A. Evans and Stanley E. Porter. Downers Grove, IL: InterVarsity.

———. 2002. *Plowshares and Pruning Hooks: Rethinking the Language of Biblical Prophecy and Apocalyptic*. Downers Grove, IL: InterVarsity.

Sapir-Hen, Lidar, Guy Bar-Oz, Yuval Gadot, and Israel Finkelstein. 2013. "Pig Husbandry in Iron Age Israel and Judah: New Insights regarding the Origin of the 'Taboo.'" *ZDPV* 129:1–20.

Sapir-Hen, Lidar, Meirav Meiri, and Israel Finkelstein. 2015. "Iron Age Pigs: New Evidence on Their Origin and Role in Forming Identity Boundaries." *Radiocarbon* 57:307–15.

Sass, B. 1988. *The Genesis of the Alphabet and Its Development in the Second Millennium B.C.* Wiesbaden: Harrassowitz.

———. 2005. "The Genesis of the Alphabet and Its Development in the Second Millennium B.C.—Twenty Years Later." *De Kemi à Birit Nari* 2:137–56.

Sass, B., and I. Finkelstein. 2016. "The Swan-Song of Proto-Canaanite in the Ninth Century BCE in Light of an Alphabetic Inscription from Megiddo." *Semitica et Classica* 9:19–42.

Sasson, Jack M. 1993. "Albright as an Orientalist." *BA* 56:3–7.

———. 2015. *From the Mari Archives: An Anthology of Old Babylonian Letters*. Winona Lake, IN: Eisenbrauns.

Sasson, Victor. 1982. "The Siloam Tunnel Inscription." *PEQ* 114:111–17.

Sauer, Carl Ortwin. 1963a. "The Education of a Geographer." Pp. 389–404 in *Land and Life: A Selection from the Writings of Carl Ortwin Sauer*, edited by John Leighly. Berkeley: University of California Press.

———. 1963b. "Forward to Historical Geography." Pp. 351–79 in *Land and Life: A Selection from the Writings of Carl Ortwin Sauer*, edited by John Leighly. Berkeley: University of California Press.

Saur, Markus. 2015. "Where Can Wisdom Be Found? New Perspectives on the Wisdom Psalms." Pp. 181–204 in *Was There a Wisdom Tradition? New Prospects in Israelite Wisdom Studies*, edited by Mark R. Sneed. AIL 23. Atlanta: Society of Biblical Literature.

Schäfer, Heinrich. 1986. *Principles of Egyptian Art*. Oxford: Oxford University Press.

Schaper, Joachim. 1995. "The Jerusalem Temple as an Instrument of the Achaemenid Fiscal Administration." *VT* 45:528–39.

———. 1997. "The Temple Treasury Committee in the Times of Nehemiah and Ezra." *VT* 47:200–206.

Schep, Leo. 2009. "The Death of Alexander the Great: Reconsidering Poison." Pp. 227–36 in *Alexander and His Successors: Essays from the Antipodes*, edited by Pat Wheatley and Robert Hannah. Claremont, CA: Regina.

Schipper, Bernd U. 1999. *Israel und Ägypten in der Königszeit: Die kulturellen Kontakte von Salomo bis zum Fall Jerusalems*. OBO 170. Göttingen: Vandenhoeck & Ruprecht.

———. 2010. "Egypt and the Kingdom of Judah under Josiah and Jehoiakim." *TA* 37:200–226.

Schloen, J. David. 2001. *The House of the Father as Fact and Symbol: Patrimonialism in Ugarit and the Ancient Near East*. Studies in the Archaeology and History of the Levant 2. Winona Lake, IN: Eisenbrauns.

Schmidt, Brian B. 1994. *Israel's Beneficent Dead: Ancestor Cult and Necromancy in Ancient Israelite Religion and Tradition*. FAT 11. Tübingen: Mohr Siebeck.

———. 2002. "The Iron Age Pithoi Drawings from Horvat Teman or Kuntillet Ajrud: Some New Proposals." *JANER* 2:91–125.

Schmidt, Werner H. 1965. "Die Deuteronomistische Redaktion des Amosbuches." *ZAW* 77:168–93.

Schmitz, Philip C. 2010. "The Phoenician Contingent in the Campaign of Psammetichus II against Kush." *Journal of Egyptian History* 3:321–37.

Schneider, Tammi. 1993. *Form and Context in the Royal Inscriptions of Shalmaneser III*. Claremont, CA: Institute for Antiquity and Christianity.

Schneider, Thomas. 2008. "Knowledge and Knowledgeable Persons in Ancient Egypt: Queries and Arguments about an Unsettled Issue." Pp. 35–46 in *Scribes, Sages, and Seers: The Sage in the Eastern Mediteranean World*, edited by Leo G. Perdue. FRLANT 219. Göttingen: Vandenhoeck & Ruprecht.

———. 2010. "Contributions to the Chronology of the New Kingdom and the Third Intermediate Period." *ÄL* 20:373–403.

Schniedewind, William M. 1996. "Tel Dan Stela: New Light on Aramaic and Jehu's Revolt." *BASOR* 302:75–90.

———. 2004. *How the Bible Became a Book*. Cambridge: Cambridge University Press.

———. 2010. "Excavating the Text of 1 Kings 9: In Search of the Gates of Solomon." Pp. 241–49 in *Historical Biblical Archaeology and the Future: The New Pragmatism*, edited by Thomas E. Levy. London: Equinox.

———. 2013. *A Social History of Hebrew: Its Origins through the Rabbinic Period*. New Haven: Yale University Press.

Schroer, Silvia. 1987. *In Israel gab es Bilder: Nachrichten von darstellender Kunst im Alten Testament*. OBO 74. Fribourg: Universitätsverlag; Göttingen: Vandenhoeck & Ruprecht.

———. 2008, 2011. *Die Ikonographie Palästinas/Israels und der Alte Orient: Eine Religionsgeschichte in Bildern*. Vols. 2 and 3. Fribourg: Universitätsverlag.

Schroer, Silvia, and Othmar Keel. 2005. *Die Ikonographie Palästinas/Israels und der Alte Orient: Eine Religionsgeschichte in Bildern*. Vol. 1. Fribourg: Universitätsverlag.

Schroer, Silvia, and Thomas Staubli. 2001. *Body Symbolism in the Bible*. Collegeville, MN: Liturgical.

Schürer, E. 1973. *The History of the Jewish People in the Age of Jesus Christ (175 B.C.–A.D. 135)*. Vol. 1. Edinburgh: T&T Clark.

Schwarcz, Henry P. 1989. "Uranium Series Dating of Quaternary Deposits." *Quaternary International* 1:7–17.

Schwemer, Daniel. 1995. "Das alttestamentliche Doppelritual *lwt wšlmym* im Horizont der hurritischen Opfertermini *ambašši* und *keldi*." Pp. 81–116 in *Edith Porada Memorial Volume*, edited by David I. Owen and Wilhelm Gernot. Studies on the Civilization and Culture of Nuzi and the Hurrians 7. Bethesda, MD: CDL Press.

Scurlock, JoAnn. 1997. "Neo-Assyrian Battle Tactics." Pp. 491–517 in *Crossing Boundaries and Linking Horizons: Studies in Honor of Michael C. Astour on His 80th Birthday*, edited by Gordon Douglas Young, Mark William Chavalas, Richard E. Averbeck, and Kevin L. Danti. Bethesda, MD: CDL Press.

Scurlock, JoAnn, and Richard Beal, eds. 2013. *Creation and Chaos: A Reconsideration of Herman Gunkel's Chaoskampf Hypothesis*. Winona Lake, IN: Eisenbrauns.

Seeher, Jürgen. 2011a. *Gods Carved in Stone: The Hittite Rock Sanctuary of Yazilikaya*. Istanbul: Ege Yayinlari.

———. 2011b. "The Plateau: The Hittites." Pp. 376–92 in *The Oxford Handbook of Ancient Anatolia*, edited by Sharon R. Steadman and Gregory McMahon. Oxford: Oxford University Press.

Seevers, Boyd. 2013. *Warfare in the Old Testament: The Organization, Weapons, and Tactics of Ancient Near Eastern Armies*. Grand Rapids: Kregel Academic.

Segal, Arthur, and Michael Eisenberg. 2011. "Hercules in Galilee." *BAR* 37 (6): 50–51.

Seger, Karen, ed. 1981. *Portrait of a Palestinian Village: The Photographs of Hilma Granqvist*. London: The Third World Center for Research and Publishing.

Sekunda, Nicholas V. 1985. "Achaemenid Colonization in Lydia." *Revue des Études anciennes* 87:7–29.

———. 1988. "Persian Settlement in Hellespontine Phrygia." Pp. 175–95 in *Method and Theory: Proceedings of the London 1985 Achaemenid History Workshop*, edited by Heleen Sancisi-Weerdenburg and Amélie Kuhrt. Achaemenid History 3. Leiden: Nederlands Instituut voor het Nabije Oosten.

———. 1991. "Achaemenid Settlement in Caria, Lycia, and Greater Phrygia." Pp. 83–143 in *Asia Minor and Egypt: Old Cultures in a New Empire: Proceedings of the Groningen 1988 Achaemenid History Workshop*, edited by Heleen Sancisi-Weerdenburg and Amélie Kuhrt. Achaemenid History 6. Leiden: Nederlands Instituut voor het Nabije Oosten.

Sellin, E. 1904. *Tell Ta'annek*. Vol. 1. Vienna: Buchhändler der Kaiserlichen Akademie der Wissenschaften.

Selman, Martin J. 1980. "Comparative Customs and the Patriarchal Age." Pp. 91–139 in *Essays on the Patriarchal Narratives*, edited by Alan R. Millard and Donald J. Wiseman. Winona Lake, IN: Eisenbrauns.

———. 1995. "Sacrifice in the Ancient Near East." Pp. 88–104 in *Sacrifice in the Bible*, edited by Roger Beckwith and Martin Selman. Grand Rapids: Baker.

———. 2003. "Law." Pp. 497–515 in *Dictionary of the Old Testament: Pentateuch*, edited by T. Desmond Alexander and David W. Baker. Downers Grove, IL: InterVarsity.

Sergi, Omer, Manfred Oeming, and Izaak J. de Hulster, eds. 2016. *In Search for Aram and Israel: Politics, Culture, and Identity*. Orientalische Religionen in der Antike 20. Tübingen: Mohr Siebeck.

Seri, Andrea. 2011. "Domestic Female Slaves during the Old Babylonian Period." Pp. 49–67 in *Slaves and Households in the Near East*, edited by Laura Culbertson. OIS 7. Chicago: University of Chicago Press.

Serpico, M., J. Bourriau, L. Smith, Y. Goren, B. Stern, and C. Heron. 2003. "Commodities and Containers: A Project to Study Canaanite Amphorae Imported into Egypt during the New Kingdom." Pp. 365–75 in *The Synchronisation of Civilisations in the Eastern Mediterranean in the Second Millennium BC II: Proceedings of the SCIEM 2000 Euro-Conference, Haindorf, 2nd of May–7th of May 2001*, edited by Manfred Bietak. Contributions to the Chronology of the Eastern Mediterannean 4. Vienna: Österreichische Akademie der Wissenschaften.

Shafer, Byron E., ed. 1997. *Temples of Ancient Egypt*. Ithaca, NY: Cornell University Press.

Shafer-Elliott, Cynthia. 2013a. "Cooking." *OEBA* 1:218–24.

———. 2013b. *Food in Ancient Judah: Domestic Cooking in the Time of the Hebrew Bible*. Sheffield: Equinox.

———. 2014. "Economics—Hebrew Bible." Pp. 119–25 in *The Oxford Encyclopedia of the Bible and Gender Studies*, vol. 1, edited by Julia M. O'Brien. Oxford: Oxford University Press.

Shahack-Gross, Ruth, Elisabetta Boaretto, Dan Cabanes, Ofir Katz, and Israel Finkelstein. 2014. "Subsistence Economy in the Negev Highlands: The Iron Age and the Byzantine/Early Islamic Period." *Levant* 46:98–117. http://www.tandfonline.com/doi/full/10.1179/0075891413Z.00000000034.

Shahack-Gross, Ruth, and Israel Finkelstein. 2015. "Settlement Oscillations in the Negev Highlands Revisited: The Impact of Microarchaeological Methods." *Radiocarbon* 57:253–64. https://journals.uair.arizona.edu/index.php/radiocarbon/article/download/18561/18209.

Shai, I. 2011. "Philistia and the Philistines in the Iron Age IIA." *ZDPV* 127:119–34.

Shai, I., and J. Uziel. 2010. "The Whys and Why Nots of Writing: Literacy and Illiteracy in the Southern Levant during the Bronze Ages." *Kaskal* 7:67–84.

Shanks, H. 1990. "Celebrating at the Annual Meeting." *BAR* 16 (2): 26–31.

———. 1997. "Face to Face: Biblical Minimalists Meet Their Challengers." *BAR* 23 (4): 26–43, 66.

Sharon, D. 1965. "Variability of Rainfall in Israel: A Map of the Relative Standard Deviation of the Annual Amounts." *IEJ* 15:169–76.

Shaw, Ian, ed. 2000. *The Oxford History of Ancient Egypt*. Oxford: Oxford University Press.

Sheldon, Rose Mary. 2005. "The Military History of Ancient Israel." *Journal of Military History* 69:197–204.

Shelmerdine, Cynthia W., ed. 2008. *The Cambridge Companion to the Aegean Bronze Age*. Cambridge: Cambridge University Press.

Sherwin, Simon. 2008. "Did the Israelites Really Learn Their Monotheism in Babylon?" Pp. 257–81 in *Israel: Ancient Kingdom or Late Invention?*, edited by Daniel I. Block. Nashville: B&H Academic.

Shryock, Andrew. 1997. *Nationalism and the Genealogical Imagination: Oral History and Textual Authority in Tribal Jordan*. Berkeley: University of California Press.

Shupak, Nili. 1989–90. "Egyptian 'Prophecy' and Biblical Prophecy: Did the Phenomenon of Prophecy, in the Biblical Sense, Exist in Ancient Egypt?" *Jahrbericht van det Vooraziatisch-Egyptisch Gezelschap "Ex oriente lux"* 31:5–40.

———. 1993. *Where Can Wisdom Be Found? The Sage's Language in the Bible and in Ancient Egyptian Literature*. OBO 130. Fribourg: University Press; Göttingen: Vandenhoeck & Ruprecht.

———. 1999. "Animal Drawings in Ancient Egypt: The World's First 'Mickey Mouse.'" Pp. 19*–23*, 15–19 in *"Couched as a Lion . . . Who Shall Rouse Him Up?" (Genesis 49:9): Depictions of Animals from the Leo Mildenberg Collection*, edited by Ofra Rimon and Rachel Shchori. Haifa: Reuben and Edith Hecht Museum, University of Haifa [In Hebrew and English.]

———. 2001. "'Canon' and 'Canonization' in Ancient Egypt." *BO* 58:535–47.

———. 2006. "A Fresh Look at the Dreams of the Officials and of Pharaoh in the Story of Joseph (Genesis 40–41) in the Light of Egyptian Dreams." *JANES* 30:103–38.

———. 2006–7. "'He Hath Subdued the Water Monster Crocodile': God's Battle with the Sea in Egyptian Sources." *Jahrbericht van det Vooraziatisch-Egyptisch Gezelschap "Ex oriente lux"* 40:77–89.

———. 2011. "Ancient Egyptian Literature." Pp. 605–56 in *The Literature of the Hebrew Bible: Introductions and Studies*, edited by Zipora Talshir. 2 vols. Jerusalem: Yad Ben Zvi. [In Hebrew.]

———. 2014. "Straightening the Crooked Stick: The Boundaries of Education in the Ancient Egyptian Tradition." Pp. 251–70 in *"And Inscribe the Name of Aaron": Studies in Bible Epigraphy, Literacy and History Presented to Aaron Demsky*, edited by Yigal Levin and Ber Kotlerman. Rolling Hills Estates, CA: Western Academic Press.

———. 2015. "The Contribution of Egyptian Wisdom to the Study of the Biblical Wisdom Literature." Pp. 265–304 in *Was There a Wisdom Tradition? New Prospects in Israelite Wisdom Studies*, edited by Mark R. Sneed. AIL 23. Atlanta: Society of Biblical Literature.

———. 2016. *"No Man Is Born Wise": Ancient Egyptian Wisdom Literature and Its Contact with Biblical Literature*. Jerusalem: Bialik Institute. [In Hebrew.]

Sievers, J. 1990. *The Hasmoneans and Their Supporters: From Mattathias to the Death of John Hyrcanus I*. South Florida Studies in the History of Judaism 6. Atlanta: Scholars Press.

Silberman, Neil Asher. 1982. *Digging for God and Country: Exploration, Archaeology, and the Secret Struggle for the Holy Land, 1799–1917*. New York: Anchor Books.

Silverman, David P. 1991. "Divinity and Deities in Ancient Egypt." Pp. 4–75 in *Religion in Ancient Egypt: Gods, Myths, and Personal Practice*, edited by Byron E. Shafer. Ithaca, NY: Cornell University Press.

Silverman, David P., Josef W. Wegner, and Jennifer Houser Wegner, eds. 2006. *Akhenaten and Tutankhamun: Revolution and Restoration*. Philadelphia: University of Pennsylvania Museum of Archaeology and Anthropology.

Simpson, Beryl B., and Molly C. Ogorzaly. 2001. *Economic Botany: Plants in our World*. 3rd ed. New York: McGraw-Hill.

Simpson, William Kelly. 1973. "The Hymns to Aten." Pp. 289–95 in *The Literature of Ancient Egypt: An Anthology of Stories, Instructions, and Poetry*, edited by William Kelly Simpson, Raymond O. Faulkner, and Edward F. Wente. 2nd ed. New Haven: Yale University Press.

———, ed. 2003. *The Literature of Ancient Egypt: An Anthology of Stories, Instructions, Stelae, Autobiographies, and Poetry*. 3rd ed. New Haven: Yale University Press.

Singer, Itamar. 1988. "The Origin of the Sea Peoples and Their Settlement on the Coast of Canaan." Pp. 239–50 in *Society and Economy in the Eastern Mediterranean (c. 1500–1000 BC)*, edited by Michael Heltzer and Edward Lipinski. OLA 23. Leuven: Peeters.

———. 1994. "Egyptians, Canaanites, and Philistines in the Period of the Emergence of Israel." Pp. 282–338 in *From Nomadism to Monarchy: Archaeological and Historical Aspects of Early Israel*, edited by Israel Finkelstein and Nadav Na'aman. Jerusalem: Israel Exploration Society.

———. 1995. "Some Thoughts on Translated and Original Hittite Literature." Pp. 123–28 in *Language and Culture in the Near East*, edited by Shlomo Izre'el and Rina Drory. Israel Oriental Studies 15. Leiden: Brill.

———. 1999. "A Political History of Ugarit." Pp. 603–733 in *Handbook of Ugaritic Studies*, edited by W. G. E. Watson and Nicolas Wyatt. HdO 1/39. Leiden: Brill.

Skoglund, Pontus, et al. 2015. "Ancient Wolf Genome Reveals an Early Divergence of Domestic Dog Ancestors and Admixture into High-Latitude Breeds." *Current Biology* 25 (11): 1515–19.

Smelik, Klaas A. D. 1992. *Converting the Past: Studies in Ancient Israelite and Moabite Historiography*. OtSt 28. Leiden: Brill.

Smith, Bruce D. 2007. "Niche Construction and the Behavioral Context of Plant and Animal Domestication." *Evolutionary Anthropology: Issues, News, and Reviews* 16 (5): 188–99.

———. 2011a. "A Cultural Niche Construction Theory of Initial Domestication." *Biological Theory* 6 (3): 260–71.

———. 2011b. "General Patterns of Niche Construction and the Management of 'Wild' Plant and Animal Resources by Small-Scale Pre-Industrial Societies." *Philosophical Transactions of the Royal Society B: Biological Sciences* 366 (1566): 836–48.

———. 2016. "Neo-Darwinism, Niche Construction Theory, and the Initial Domestication of Plants and Animals." *Evolutionary Ecology* 30:307–24.

Smith, Christopher. 2008. "Gideon at Thermopylae: Mapping War in Biblical Narratives." Pp. 197–212 in *Writing and Reading War: Rhetoric, Gender, and Ethics in Biblical and Modern Contexts*, edited by Brad E. Kelle and Frank Ritchel Ames. SymS 42. Atlanta: Society of Biblical Literature.

Smith, Cyril S. 1974. "Metallurgy as a Human Experience." *Metallurgical Transactions A* 6 (4): 603–23.

Smith, George Adam. 1894. *The Historical Geography of the Holy Land*. London: Hodder & Stoughton.

Smith, Harry. 1994. "Ma'et and Isfet." *Bulletin of the Australian Centre for Egyptology* 5:67–88.

Smith, Mark S. 1990. *The Early History of God: Yahweh and the Other Deities in Ancient Israel*. San Francisco: Harper & Row.

———. 2001a. *The Origins of Biblical Monotheism: Israel's Polytheistic Background and the Ugaritic Texts*. Oxford: Oxford University Press.

———. 2001b. *Untold Stories: The Bible and Ugaritic Studies in the Twentieth Century*. Peabody, MA: Hendrickson.

———. 2002. *The Early History of God: Yahweh and the Other Deities in Ancient Israel*. 2nd ed. Grand Rapids: Eerdmans.

———. 2004. "The Polemic of Biblical Monotheism: Outsider Context and Insider Referentiality in Second Isaiah." Pp. 201–34 in *Religious Polemics in Context: Papers Presented to the Second International Conference of the Leider Institute for the Study of Religions (LISOR) Held at Leiden, 27–28 April 2000*, edited by T. L. Hettema and A. van der Kooij. Studies in Theology and Religion 11. Assen: Van Gorcum.

———. 2007. "Biblical Narrative between Ugaritic and Akkadian Literature, Part I: Ugarit and the Hebrew Bible: Consideration of Comparative Research." *RB* 114:5–29.

———. 2008. *God in Translation: Deities in Cross-Cultural Discourse in the Biblical World*. FAT 57. Tübingen: Mohr Siebeck.

———. 2010. *The Priestly Vision of Genesis 1*. Minneapolis: Fortress.

———. 2016. "Monotheism and the Redefinition of Divinity in Ancient Israel." Pp. 278–93 in *The Wiley Blackwell Companion to Ancient Israel*, edited by Susan Niditch. Chichester: Wiley.

Smith, Mark S., and Elizabeth Bloch-Smith. 1988. "Death and Afterlife in Ugarit and Israel." *JAOS* 108:277–84.

Smith, Michael E. 1987. "Household Possessions and Wealth in Agrarian States: Implications for Archaeology." *Journal of Anthropological Archaeology* 6:297–335.

———. 1994. "Social Complexity in the Aztec Countryside." Pp. 143–59 in *Archaeological Views from the Countryside*, edited by Glenn M. Schwartz and Steven E. Falconer. Washington: Smithsonian Institution Press.

———. 2015. "Quality of Life and Prosperity in Ancient Households and Communities." In *The Oxford Handbook of Historical Ecology and Applied Archaeology*, edited by Christian Isendahl and Daryl Stump. doi/10.1093/oxfordhb/9780199672691.013.4.

Smith, Michael E., Patricia Aguirre, Cynthia Heath-Smith, Kathryn Hirst, Scott O'Mack, and Jeffrey Price. 1989. "Architectural Patterns at Three Aztec-Period Sites in Morelos, Mexico." *Journal of Field Archaeology* 16:185–203.

Smith, Michael E., Timothy Dennehy, April Kamp-Whittaker, Emily Colon, and Rebecca Harkness. 2014. "Quantitative Measures of Wealth Inequality in Ancient Central Mexican Communities." *Advances in Archaeological Practice* 2:311–23.

Smith, Monica L. 2005. "Networks, Territories, and the Cartography of Ancient States." *Annals of the Association of American Geographers* 95:832–49.

———. 2015. "Feasts and Their Failures." *Journal of Archaeological Method and Theory* 22:1215–37.

Smith-Christopher, Daniel. 1997. "Reassessing the Historical and Sociological Impact of the Babylonian Exile (597/587–539 BCE)." Pp. 7–36 in *Exile: Old Testament, Jewish, and Christian Conceptions*, edited by James M. Scott. JSJSup 56. Leiden: Brill.

———. 2002. *A Biblical Theology of Exile*. Minneapolis: Fortress.

Smoak, Jeremy D. 2016. *The Priestly Blessing in Inscription and Scripture: The Early History of Numbers 6:24–26*. Oxford: Oxford University Press.

Sneed, Mark. 2011. "Is the 'Wisdom Tradition' a Tradition?" *CBQ* 73:50–71.

———. 2015a. "'Grasping after the Wind': The Elusive Attempt to Define and Delimit Wisdom." Pp. 39–68 in *Was There a Wisdom Tradition? New Prospects in Israelite Wisdom Studies*, edited by Mark R. Sneed. AIL 23. Atlanta: Society of Biblical Literature.

———. 2015b. *The Social World of the Sages: An Introduction to the Israelite and Jewish Wisdom Literature*. Minneapolis: Fortress.

Snir, Ainit, Dani Nadel, Iris Groman-Yaroslavski, Yoel Melamed, Marcelo Sternberg, Ofer Bar-Yosef, and Ehud Weiss. 2015. "The Origin of Cultivation and Proto-Weeds, Long before Neolithic Farming." *PLOS ONE* 10 (7). https://doi.org/10.1371/journal.pone.0131422.

Snir, Ainit, Dani Nadel, and Ehud Weiss. 2015. "Plant-Food Preparation on Two Consecutive Floors at Upper Paleolithic Ohalo II, Israel." *JAS* 53:61–67.

Snodgrass, A. M. 1999. *Arms and Armour of the Greeks*. Ithaca, NY: Cornell University Press.

Sommer, Michael. 2007. "Networks of Commerce and Knowledge in the Iron Age: The Case of the Phoenicians." *Mediterranean Historical Review* 22:97–111.

Spalinger, Anthony J. 1977. "Egypt and Babylonia: A Survey (c. 620 BCE–550 BC)." *Studien zur Altägyptischen Kultur* 5:221–44.

———. 1998. "The Limitations of Formal Ancient Egyptian Religion." *JNES* 57:241–60.

———. 2005. *War in Ancient Egypt*. Oxford: Blackwell.

Sparks, Kenton, L. 1998. *Ethnicity and Identity in Ancient Israel*. Winona Lake, IN: Eisenbrauns.

———. 2005. *Ancient Texts for the Study of the Hebrew Bible: A Guide to the Background Literature*. Peabody, MA: Hendrickson.

Spencer, F. Scott. 2007. "Earthquake." Pp. 174–75 in *The New Interpreter's Dictionary of the Bible*, vol. 2, edited by Katharine Doob Sakenfeld. Nashville: Abingdon.

Spencer, Neal. 2014. *Kom Firin II: The Urban Fabric and Landscape*. British Museum Reseach Publication 192. London: British Museum Press.

Spronk, Klaas. 1986. *Beatific Afterlife in Ancient Israel and in the Ancient Near East*. AOAT 219. Kevelaer: Butzon & Bercker; Neukirchen-Vluyn: Neukirchener Verlag.

Spycket, Agnès. 1945–46. "Illustration d'un texte hépatoscopique concernant Sargon d'Agade (?)." *Revue d'Assyriologie* 40:151–56.

———. 1981. *La statuaire du Proche-Orient ancien*. HdO 7/1. Leiden: Brill.

———. 2000. *The Human Form Divine: From the Collection of Elie Borowski*. Jerusalem: Bible Lands Museum.

Srebro, Haim, and Tamar Soffer. 2011. *The New Atlas of Israel: The National Atlas*. Jerusalem: Survey of Israel and Hebrew University.

Stager, Lawrence E. 1976. "Farming in the Judean Desert in the Iron Age." *BASOR* 121:145–58.

———. 1985. "The Archaeology of the Family in Ancient Israel." *BASOR* 260:1–35.

———. 1995. "The Impact of the Sea Peoples in Canaan (1185–1050 BCE)." Pp. 332–48 in *The Archaeology of Society in the Holy Land*, edited by Thomas E. Levy. New York: Facts on File.

———. 1996a. "Ashkelon and the Archaeology of Destruction: Kislev 604 B.C.E." *ErIsr* 25:61*–74*.

———. 1996b. "The Fury of Babylon: The Archaeology of Destruction." *BAR* 22:56–66, 76–77.

———. 1998. "Forging an Identity: The Emergence of Ancient Israel." Pp. 123–75 in *The Oxford History of the Biblical World*, edited by Michael D. Coogan. New York: Oxford University Press.

———. 2003a. "The Patrimonial Kingdom of Solomon." Pp. 63–74 in *Symbiosis, Symbolism, and the Power of the Past: Canaan, Ancient Israel, and Their Neighbors from the Late Bronze Age through Roman Palaestina*, edited by William G. Dever and Seymour Gitin. Winona Lake, IN: Eisenbrauns.

———. 2003b. "Phoenician Shipwrecks in the Deep Sea." Pp. 233–47 in *Sea Routes: Interconnections in the Mediterranean 16th–6th C. BC, Proceedings of the International Symposium Held at Rethymnon, Crete, September 29th–October 2nd 2002*, edited by Nicholas Stampolidis and Vassos Karageorghis. Athens: University of Crete and the A. G. Leventis Foundation.

———. 2006. "Biblical Philistines: A Hellenistic Literary Creation?" Pp. 375–84 in *"I Will Speak the Riddles of Ancient Times": Archaeological and Historical Studies in Honor of Amihai Mazar*, vol. 1, edited by Aren. M. Maeir and Pierre de Miroschedji. Winona Lake, IN: Eisenbrauns.

———. 2011. "Ashkelon on the Eve of Destruction in 604 B.C." Pp. 3–11 in *Ashkelon 3: The Seventh Century*, edited by Lawrence E. Stager, Daniel M. Master, and J. David Schloen. Winona Lake, IN: Eisenbrauns.

Stager, Lawrence E., and Daniel M. Master. 2011. "Conclusions." Pp. 737–40 in *Ashkelon 3: The Seventh Century*, edited by Lawrence E. Stager, Daniel M. Master, and J. David Schloen. Winona Lake, IN: Eisenbrauns.

Stager, Lawrence E., Daniel. M. Master, and J. David Schloen, eds. 2011. *Ashkelon 3: The Seventh Century*. Winona Lake, IN: Eisenbrauns.

Starr, Ivan, Jussi Aro, and Simo Parpola. 1990. *Queries to the Sungod: Divination and Politics in Sargonid Assyria*. SAA 4. Helsinki: Helsinki University Press.

Staubli, Thomas. 1991. *Das Image der Nomaden im Alten Israel und in der Ikonographie seiner sesshaften Nachbarn*. OBO 107. Freiburg: Universitätsverlag; Göttingen: Vandenhoeck & Ruprecht.

———. 2009. "Bull Leaping and Other Images and Rites of the Southern Levant in the Sign of Scorpius." *UF* 41:611–30.

Stavi, Boaz. 2015. *The Reign of Tudhaliya II and Šuppiluliuma I: The Contribution of the Hittite Documentation to a Reconstruction of the Amarna Age*. Texte der Hethiter, Philologische und Historische Studien zur Altanatolisk 31. Heidelberg: Universitätsverlag Winter.

Stavrakopoulou, Francesca. 2006. "Exploring the Garden of Uzza: Death, Burial and Ideologies of Kingship." *Bib* 87:1–21.

———. 2010a. *Land of Our Fathers: The Roles of Ancestor Veneration in Biblical Land Claims*. LHB/OTS 473. London: T&T Clark.

———. 2010b. "'Popular' Religion and 'Official' Religion: Practice, Perception, Portrayal." Pp. 37–58 in *Religious Diversity in Ancient Israel and Judah*, edited by Francesca Stavrakopoulou and John Barton. London: T&T Clark.

Steinberg, Naomi. 1991. "Alliance or Descent? The Function of Marriage in Genesis." *JSOT* 51:45–55.

———. 1993. *Kinship and Marriage in Genesis: A Household Economics Perspective*. Minneapolis: Fortress.

Steindorff, George, and Keith C. Seele. 1957. *When Egypt Ruled the East*. Chicago: University of Chicago Press.

Steiner, Margreet L. 2014. "Moab during the Iron Age II Period." Pp. 770–81 in *The Oxford Handbook of the Archaeology of the Levant: C. 8000–332 BCE*, edited by Margreet L. Steiner and Ann E. Killebrew. Oxford: Oxford University Press.

Steiner, Margreet L., and Ann E. Killebrew, eds. 2014. *The Oxford Handbook of the Archaeology of the Levant: C. 8000–332 BCE*. Oxford: Oxford University Press.

Steiner, Richard C. 1991. "The Aramaic Text in Demotic Script: The Liturgy of a New Year's Festival Imported from Bethel to Syene by Exiles from Rash." *JAOS* 111:362–63.

———. 2015. *Disembodied Souls: The Nefesh in Israel and Kindred Spirits in the Ancient Near East, with an Appendix on the Katumuwa Inscription*. ANEM 11. Atlanta: Society of Biblical Literature.

Stern, Ephraim. 1976. "Bes Vases from Palestine and Syria." *IEJ* 26:183–87.

———. 1982. *Material Culture of the Land of the Bible in the Persian Period, 538–332 B.C.* Warminster: Aris & Phillips; Jerusalem: Israel Exploration Society.

———, ed. 1993a. *The New Encyclopedia of Archaeological Excavations in the Holy Land*, vols. 1–4. Jerusalem: Israel Exploration Society and Carta.

———. 1993b. "The Renewal of Trade in the Eastern Mediterranean in Iron Age I." Pp. 325–34 in *Biblical Archaeology Today, 1990: Proceedings of the Second International Congress on Biblical Archaeology (Jerusalem)*, edited by Avraham Biran and Joseph Aviram. Jerusalem: Israel Exploration Society.

———. 2001. *Archaeology of the Land of the Bible*, vol. 2, *The Assyrian, Babylonian, and Persian Periods (732–332 BCE)*. Anchor Bible Reference Library. New York: Doubleday.

———, ed. 2008. *The New Encyclopedia of Archaeological Excavations in the Holy Land*, vol. 5. Jerusalem: Israel Exploration Society and Biblical Archaeological Society.

Stern, Philip D. 1991. *The Biblical Ḥerem: A Window on Israel's Religious Experience*. BJS 211. Missoula, MT: Scholars Press.

———. 1993. "Of Kings and Moabites: History and Theology in 2 Kings 3 and the Mesha Inscription." *HUCA* 64:1–14.

Stevens, Anna. 2011. "Egypt." Pp. 722–44 in *The Oxford Handbook of the Archaeology of Ritual and Religion*, edited by Timothy Insoll. Oxford: Oxford University Press.

———. 2012. "Private Religion in the Amarna Suburbs." Pp. 92–97 in *In the Light of Amarna: 100 years of the Nefertiti Discovery*, edited by Friederike Seyfried. Berlin: Michael Imhof.

Stewart, Andrew, and Rebecca S. Martin. 2003. "Hellenistic Discoveries at Tel Dor." *Hesperia* 72:121–45.

Stiebing, William H., Jr. 2009. *Ancient Near Eastern History and Culture*. New York: Pearson.

Stillman, Nigel, and Nigel Tallis. 1984. *Armies of the Ancient Near East, 3000 B.C. to 539 B.C.: Organisation, Tactics, Dress and Equipment*. Cambridge: Wargames Research Group.

Stiner, Mary C., Natalie D. Munro, and Todd A. Surovell. 2000. "The Tortoise and the Hare: Small Game Use, the Broad Spectrum Revolution, and Paleolithic Demography." *Current Anthropology* 41:39–73.

Stiros, Stathis C. 1996. "Identification of Earthquakes from Archaeological Data: Methodology, Criteria and Limitations." Pp. 129–52 in *Archaeoseismology*, edited by Stathis Stiros and R. E. Jones. Fitch Laboratory Occasional Papers 7. Athens: British School at Athens.

Stith, D. M. 2008. *The Coups of Hazael and Jehu: Building an Historical Narrative*. Gorgias Dissertations 37. Piscataway, NJ: Gorgias.

Stökl, Jonathan. 2012. *Prophecy in the Ancient Near East: A Philological and Sociological Comparison*. CHANE 56. Leiden: Brill.

Stolper, Matthew W. 1985. *Entrepreneurs and Empire: The Murašû Archive, the Murašû Firm, and Persian Rule in Babylonia*. Uitgaven van het Nederlands Historisch-Archaeologisch Instituut te Istanbul 54. Leiden: Nederlands Instituut voor het Nabije Oosten.

———. 1988. "The Kasr Archive." *AJA* 92:587–88.

———. 1989. "The Governor of Babylon and Across-the-River in 486 B.C." *JNES* 48:283–305.

———. 1990. "The Kasr Archive." Pp. 195–205 in *Centre and Periphery: Proceedings of the Groningen 1986 Achaemenid History Workshop*, edited by Heleen Sancisi-Weerdenburg and Amélie Kuhrt. Achaemenid History 4. Leiden: Nederlands Instituut voor het Nabije Oosten.

———. 1992. "Murashû, Archive of." *ABD* 4:927–28.

Strawn, Brent A. 2005. *What Is Stronger than a Lion? Leonine Image and Metaphor in the Hebrew Bible and the Ancient Near East*. OBO 212. Fribourg: Academic Press; Göttingen: Vandenhoeck & Ruprecht.

———. 2015. "'With a Strong Hand and an Outstretched Arm': On the Meaning(s) of the Exodus Tradition(s)." Pp. 19–42 in *Iconographic Exegesis of the Hebrew Bible/Old Testament: An Introduction to Its Method and Practice*, edited by Izaak J. de Hulster, Brent A. Strawn, and Ryan P. Bonfiglio. Göttingen: Vandenhoeck & Ruprecht.

———. 2016. "Material Culture, Iconography, and the Prophets." Pp. 87–116 in *The Oxford Handbook to the Prophets*, edited by Carolyn J. Sharp. Oxford: Oxford University Press.

Strawn, Brent A., and Joel M. LeMon. Forthcoming. "Religion in Eighth-Century Judah: The Case of Kuntillet ʻAjrud (and Beyond)." In *Oded Borowski Festschrift*, edited by Zev Farber and Jacob Wright. Atlanta: Society of Biblical Literature.

Struble, Eudora, and Virginia Herrmann. 2009. "An Eternal Feast at Samʼal: The New Iron Age Mortuary Stele from Zincirli in Context." *BASOR* 356:15–49.

Suriano, Matthew J. 2007. "The Apology of Hazael: A Literary and Historical Analysis of the Tel Dan Inscription." *JNES* 66:163–76.

———. 2010. *The Politics of Dead Kings: Dynastic Ancestors in the Book of Kings and Ancient Israel*. FAT 2/48. Tübingen: Mohr Siebeck.

———. 2014. "Breaking Bread with the Dead: Katumuwa's Stele, Hosea 9:4, and the Early History of the Soul." *JAOS* 134:385–405.

Suter, Claudia E. 2000. *Gudea's Temple Building: The Representation of an Early Mesopotamian Ruler in Text and Image*. Cuneiform Monographs 17. Leiden: Brill.

Suter, Claudia E., and Christoph Uehlinger, eds. 2005. *Crafts and Images in Contact: Studies on Eastern Mediterranean Art of the First Millennium BCE*. OBO 210. Freiburg: Universitätsverlag; Göttingen: Vandenhoeck & Ruprecht.

Sutton, David. 2001. *Remembrance of Repasts: An Anthropology of Food and Memory*. Oxford: Berg.

———. 2013. "Cooking Skills, the Senses, and Memory: The Fate of Practical Knowledge." Pp. 299–319 in *Food and Culture: A Reader*, edited by Carole Counihan and Penny Van Esterik. 3rd ed. New York: Routledge.

Sweet, Ronald F. G. 1990a. "The Sage in Akkadian Literature: A Philological Study." Pp. 45–65 in *The Sage in Israel and the Ancient Near East*, edited by John G. Gammie and Leo G. Perdue. Winona Lake, IN: Eisenbrauns.

———. 1990b. "The Sage in Mesopotamian Palaces and Royal Courts." Pp. 99–107 in *The Sage in Israel and the Ancient Near East*, edited by John G. Gammie and Leo G. Perdue. Winona Lake, IN: Eisenbrauns.

Tadmor, Hayim. 1975. "Assyria and the West: The Ninth Century and Its Aftermath." Pp. 36–48 in *Unity and Diversity: Essays in the History, Literature and Religion of the Ancient Near East*, edited by Hans Goedicke and J. J. M. Roberts. Baltimore: Johns Hopkins University Press.

Tadmor, M. 1982. "Female Cult Figurines in Late Canaan and Early Israel: Archaeological Evidence." Pp. 139–73 in *Studies in the Period of David and Solomon and Other Essays: Papers Read at the International Symposium for Biblical Studies, Tokyo, 5–7 December, 1979*, edited by Tomoo Ishida. Winona Lake, IN: Eisenbrauns.

Taggar-Cohen, Ada. 2006. "The NIN.DINGIR in the Hittite Kingdom: A Mesopotamian Priestly Office in Ḫatti?" *AoF* 33:313–27.

Tal, Oren. 2003. "On the Origin and Concept of the Loculi Tombs of Hellenistic Palestine." *Ancient West and East* 2:288–307.

———. 2005. "Some Remarks on the Coastal Plain of Palestine under Achaemenid Rule—An Archaeological Synopsis." Pp. 71–96 in *L'archéologie de l'empire achéménide: Nouvelles recherches*, edited by Pierre Briant and Rémy Boucharlat. Persika 6. Paris: Éditions de Boccard.

———. 2011. "Negotiating Identity in an International Context under Achaemenid Rule: The Indigenous Coinages of Persian-Period Palestine as an Allegory." Pp. 445–59 in *Judah and the Judeans in the Achaemenid Period: Negotiating Identity in an International Context*, edited by Oded Lipschits, Gary N. Knoppers, and Manfred Oeming. Winona Lake, IN: Eisenbrauns.

Tappy, Ron E., P. Kyle McCarter, Marilyn J. Lundberg, and Bruce Zuckerman. 2006. "An Abecedary of the Mid-Tenth Century B.C.E. from the Judaean Shephelah." *BASOR* 344:5–46.

Tartaron, Thomas F. 2013. *Maritime Networks in the Mycenaean World*. Cambridge: Cambridge University Press.

Tatton-Brown, Veronica. 1987. *Ancient Cyprus*. British Museum Publications for the Trustees of the British Museum. Cambridge, MA: Harvard University Press.

Tchernov, Eitan. 1991. "Biological Evidence for Human Sedentism in Southwest Asia during the Natufian." Pp. 315–40 in *The Natufian Culture in the Levant*, edited by Ofer Bar-Yosef and François R. Valla. Ann Arbor, MI: International Monographs in Prehistory.

Tebes, Juan Manuel. 2006. "Trade and Nomads: The Commercial Relations between the Negev, Edom, and the Mediterranean in the Late Iron Age." *Journal of the Serbian Archaeological Society* 22:45–62.

———. 2014. "Socio-Economic Fluctuations and Chiefdom Formation in Edom, the Negev and the Hejaz during the First Millennium BCE." Pp. 1–30 in *Unearthing the Wilderness: Studies on the History and Archaeology of the Negev and Edom in the Iron Age*, edited by Juan M. Tebes. ANESSup 45. Leuven: Peeters.

Teissier, Beatrice. 1990. "The Seal Impression Alalakh 194: A New Aspect of Egypto-Levantine Relations in the Middle Kingdom." *Levant* 22:65–73.

Tenney, Jonathan S. 2011. "Household Structure and Population Dynamics in the Middle Babylonian

Province 'Slave' Population." Pp. 135–46 in *Slaves and Households in the Near East*, edited by Laura Culbertson. OIS 7. Chicago: University of Chicago Press.

Tepper, Yotam. 2007. "Soil Improvement and Agricultural Pesticides in Antiquity: Examples from Archaeological Research in Israel." Pp. 41–52 in *Middle East Garden Traditions: Unity and Diversity; Colloquium on the History of Landscape Architecture XXXI*, edited by Michel Conan. Washington, DC: Dumbarton Oaks.

te Velde, Herman. 1995. "Theology, Priests, and Worship in Ancient Egypt." *CANE* 3:1731–49.

Thareani, Yifat. 2007. "The 'Archaeology of the Days of Manasseh' Reconsidered in the Light of Evidence from the Beersheba Valley." *PEQ* 139:69–77.

———. 2009. "In the Service of the Empire: Local Elites and 'Pax Assyriaca' in the Negev." *ErIsr* 29:184–91. [In Hebrew.]

———. 2016. "The Empire and the 'Upper Sea': Assyrian Control Strategies along the Southern Levantine Coast." *BASOR* 375:77–102.

Thiele, Edwin R. 1965. *The Mysterious Numbers of the Hebrew Kings: A Reconstruction of the Chronology of the Kingdoms of Israel and Judah*. 2nd ed. Grand Rapids: Eerdmans.

Thomas, David Hurst, and Robert L. Kelly. 2006. *Archaeology: Down to Earth*. 4th ed. Belmont, CA: Thomson/Wadsworth.

Thompson, Thomas L. 1974. *The Historicity of the Patriarchal Narratives: The Quest for the Historical Abraham*. BZAW 133. Berlin: de Gruyter.

———. 1992. *Early History of the Israelite People: From the Written and Archaeological Sources*. Leiden: Brill.

———. 1999. *The Mythic Past: Biblical Archaeology and the Myth of Israel*. London: Basic Books.

Tigay, Jeffrey H. 1982. *The Evolution of the Gilgamesh Epic*. Philadelphia: University of Pennsylvania Press.

———. 1985. *Empirical Models for Biblical Criticism*. Philadelphia: University of Pennsylvania Press.

———. 1987a. "Israelite Religion: The Onomastic and Epigraphic Evidence." Pp. 157–94 in *Ancient Israelite Religion: Essays in Honor of Frank Moore Cross*, edited by Patrick D. Miller, Paul Hanson, and Dean McBride. Philadelphia: Fortress.

———. 1987b. *You Shall Have No Other Gods: Israelite Religion in the Light of Hebrew Inscriptions*. HSS 31. Atlanta: Scholars Press.

Tiradritti, Francesco. 2008. *Egyptian Wall Painting*. New York: Abeville.

Tobin, Vincent A. 1985. "The Amarna Period and Biblical Religion." Pp. 231–77 in *Pharaonic Egypt, the Bible, and Christianity*, edited by Sarah Israelit Groll. Jerusalem: Magnes.

———. 2001. "Myths: Creation Myths." *OEAE* 2:469–72.

Traunecker, Claude. 1984. "Données nouvelles sur le début au règne d'Aménophis IV et son oeuvre à Karnak." *JSSEA* 14:60–69.

Trigger, B. G. 2004. "Writing Systems: A Case Study in Cultural Evolution." Pp. 39–68 in *The First Writing: Script Invention as History and Process*, edited by Stephen D. Houston. Cambridge: Cambridge University Press.

Trimm, Charles. 2012. "Recent Research on Warfare in the Old Testament." *Currents in Biblical Research* 10 (2): 171–216.

Tromp, Nicholas J. 1969. *Primitive Conceptions of Death and the Nether World in the Old Testament*. BibOr 21. Rome: Pontifical Biblical Institute.

Tropper, Josef. 1989. *Nekromantie: Totenbefragung im Alten Orient und im Alten Testament*. AOAT 223. Kevelaer: Butzon & Bercker; Neukirchen-Vluyn: Neukirchener Verlag.

Trotter, J. M. 2001. "Was the Second Jerusalem Temple Project a Primarily Persian Project?" *Scandinavian Journal of the Old Testament* 21:276–94.

Tsahar, Ella, Ido Izhaki, Simcha Lev-Yadun, and Guy Bar-Oz. 2009. "Distribution and Extinction of Ungulates during the Holocene of the Southern Levant." *PLOS ONE* 4. https://doi.org/10.1371/journal.pone.0005316.

Tsetskhladze, Gocha R. 2006. "Introduction: Revisiting Ancient Greek Colonisation." Pp. xxiii–lxiii in *Greek Colonisation: An Account of Greek Colonies and Other Settlements Overseas*, vol. 1, edited by Gocha R. Tsetskhladze. Mnemosyne, bibliotheca classica Batava, Supplementum 193. Leiden: Brill.

Tsukimoto, Akio. 1999. "'By the Hand of Madi-Dagan, the Scribe and *Apkallu*-Priest': A Medical Text from the Middle Euphrates Region." Pp. 187–200 in *Priest and Officials in the Ancient Near East: Papers of the Second Colloquium on the Ancient Near East*, edited by Kazuko Watanabe. Heidelberg: Universitätsverlag C. Winter.

Tsumura, David Toshio. 1999. "Kings and Cults in Ancient Ugarit." Pp. 215–38 in *Priest and Officials in the Ancient Near East: Papers of the Second Colloquium on the Ancient Near East*, edited by Kazuko Watanabe. Heidelberg: Universitätsverlag C. Winter.

———. 2005. *Creation and Destruction: A Reappraisal of Chaoskampf Theory in the Old Testament*. Winona Lake, IN: Eisenbrauns.

———. 2015. "The Creation Motif in Psalm 74:12–14? A Reappraisal of the Theory of the Dragon Myth." *JBL* 134:547–55.

Tubb, Jonathan N. 2000. "Sea Peoples in the Jordan Valley." Pp. 181–96 in *The Sea Peoples and Their*

World: A Reassessment, edited by Eliezer D. Oren. UMM 108. Philadelphia: University Museum of the University of Pennsylvania.

Tucker, Gene M. 1977. "Prophetic Inscriptions and the Growth of the Canon." Pp. 56–70 in *Canon and Authority: Essays in Old Testament Religion and Theology*, edited by George W. Coats and Burke O'Connor Long. Philadelphia: Fortress.

Tufnell, O. 1958. *Lachish*, vol. 4, *The Bronze Age*. Oxford: Oxford University Press.

Tuplin, C. 1991. "Darius' Suez Canal and Persian Imperialism." Pp. 237–83 in *Asia Minor and Egypt: Old Cultures in a New Empire; Proceedings of the Groningen 1988 Achaemenid History Workshop*, edited by Heleen Sancisi-Weerdenburg and Amélie Kuhrt. Achaemenid History 6. Leiden: Nederlands Instituut voor het Nabije Oosten.

Tyson, Craig W. 2014. *The Ammonites: Elites, Empires, and Sociopolitical Change (1000–500 BCE)*. LHB/OTS 585. London: T&T Clark.

Uehlinger, Christoph. 1993. "Northwest Semitic Inscribed Seals, Iconography, and Syro-Palestinian Religions of Iron Age II: Some Afterthoughts and Conclusions." Pp. 257–89 in *Studies in the Iconography of Northwest Semitic Inscribed Seals*, edited by Benjamin Sass and Christoph Uehlinger. OBO 125. Göttingen: Vandenhoeck & Ruprecht.

———, ed. 2000. *Images as Media: Sources for the Cultural History of the Near East and the Eastern Mediterranean, 1st Millennium BCE*. OBO 175. Freiburg: Universitätsverlag; Göttingen: Vandenhoeck & Ruprecht.

———. 2007. "Neither Eyewitnesses, Nor Windows to the Past, but Valuable Testimony in Its Own Right: Remarks on Iconography, Source Criticism and Ancient Data-Processing." Pp. 230–59 in *Understanding the History of Ancient Israel*, edited by H. G. M. Williamson. Oxford: Oxford University Press.

Uerpmann, Margarethe, and Hans-Peter Uerpmann. 2012. "Archeozoology of Camels in South-Eastern Arabia." Pp. 109–22 in *Camels in Asia and North Africa: Interdisciplinary Perspectives on Their Past and Present Significance*, edited by Eva-Maria Knoll and Pamela Burger. Österreichische Akademie Der Wissenschaft, Philosophisch-Historische Klasse Denkschriften 451. Vienna: Österreichische Akademie der Wissenschaften.

Uffenheimer, B. 1968. "Urbanization as a Religious and Social Problem for the Prophets." Pp. 207–26 in *Town and Community: Proceedings of the 12th Conference of the Israeli Historical Society*. Jerusalem: Israeli Historical Society. [In Hebrew.]

Urciuoli, G. M. 1995. "Šeš-Il-ib Priests at Ebla." *Aula Orientalis* 13:107–26.

Ussishkin, David. 1970. "The Necropolis from the Time of the Kingdom of Judah at Silwan, Jerusalem." *BA* 33:33–46.

———. 1980. "The 'Lachish Reliefs' and the City of Lachish." *IEJ* 30:174–95.

———. 1982. *The Conquest of Lachish by Sennacherib*. Tel Aviv: Tel Aviv University, Institute of Archaeology.

———. 1995. "The Destruction of Megiddo at the End of the Late Bronze Age and Its Historical Significance." *TA* 22:240–67.

———. 2008. "The Chronology of the Iron Age in Israel: The Current State of Research." *Ancient Near Eastern Studies* 45:218–34.

———. 2014a. *Biblical Lachish: A Tale of Construction, Destruction, Excavation and Restoration*. Jerusalem: Israel Exploration Society.

———. 2014b. "Sennacherib's Campaign to Judah: The Archaeological Perspective with an Emphasis on Lachish and Jerusalem." Pp. 75–103 in *Sennacherib at the Gates of Jerusalem: Story, History and Historiography*, edited by Isaac Kalimi and Seth Richardson. CHANE 71. Leiden: Brill.

Uziel, Joe. 2010. "Middle Bronze Age Ramparts: Functional and Symbolic Structures." *PEQ* 142:24–30.

———. 2011a. "Figurines and the Way in Which They Reflect Cultic Practice in the Middle and Late Bronze Age: A Comparative Study." *Erlsr* 30:352–56. [In Hebrew.]

———. 2011b. "Technology and Ideology in Middle Bronze Age Canaan." *Rosetta* 10:49–75.

Uziel, Joe, and Yuval Gadot. 2010. "The 'Cup-and-Saucer' Vessel: Function, Chronology, Distribution and Symbolism." *IEJ* 60:41–57.

Uziel, Joe, and A. M. Maeir. 2005. "Scratching the Surface at Gath: Implications of the Tell es-Safi/Gath Surface Survey." *TA* 32:50–75.

Uziel, Joe, and Itzhaq Shai. 2007. "Iron Age Jerusalem: Temple-Palace, Capital City." *JAOS* 127:161–70.

Van Beek, Gus W. 1989. "William Foxwell Albright: A Short Biography." Pp. 7–16 in *The Scholarship of William Foxwell Albright: An Appraisal*, edited by Gus W. Van Beek. HSS 33. Atlanta: Scholars Press.

———. 1993. "Tell Jemmeh." Pp. 667–74 in *The New Encyclopedia of Archaeological Excavations in the Holy Land*, edited by E. Stern, A. Lewinson-Gilboa, and J. Aviram. Jerusalem: Israel Exploration Society.

———. 2003. "Jemmeh, Tell." *NEAEHL* 2:667–74.

van Buren, Elizabeth Douglas. 1933. *The Flowing Vase and the God with Streams*. Berlin: H. Schoetz.

Van Dam, C. 2012. "Divination, Magic." Pp. 159–62 in *Dictionary of the Old Testament: Prophets*, edited by Mark J. Boda and J. G. McConville. Downers Grove, IL: InterVarsity.

van de Mieroop, Marc. 2011. *A History of Ancient Egypt*. Chichester: Wiley-Blackwell.
———. 2016. *Philosophy before the Greeks: The Pursuit of Truth in Ancient Babylonia*. Princeton: Princeton University Press.
van den Hout, Theo P. J. 2002. "Another View of Hittite Literature." Pp. 857–78 in *Anatolia antica: Studi in memoria di Fiorella Imparati*, edited by Stefano de Martino and Franca Pecchioli Daddi. Eothen 11. Florence: LoGisma.
———. 2013. "A Short History of the Hittite Kingdom and Empire." Pp. 22–45 in *Hititler: Bir Anadolu Imparatorlugu / Hittites: An Anatolian Empire*, edited by Meltem Dogan-Alparslan and Metin Alparslan, translated by Mary Işin and Gürkan Ergin. Istanbul: Yapi Kredi Yayinlari.
Vanderhooft, David S. 1999. *The Neo-Babylonian Empire and Babylon in the Latter Prophets*. HSM 59. Atlanta: Scholars Press.
———. 2003. "Babylonian Strategies of Imperial Control in the West: Royal Practice and Rhetoric." Pp. 235–62 in *Judah and the Judeans in the Neo-Babylonian Period*, edited by Oded Lipschits and Joseph Blenkinsopp. Winona Lake, IN: Eisenbrauns.
Vanderhooft, David S, and Wayne Horowitz. 2002. "The Cuneiform Inscription from Tell en-Nasbeh: The Demise of an Unknown King!" *TA* 29:318–27.
VanderKam, James C. 2004. *From Joshua to Caiaphas: High Priests after the Exile*. Minneapolis: Fortress; Assen: Van Gorcum.
———. 2010. *The Dead Sea Scrolls Today*. 2nd ed. Grand Rapids: Eerdmans.
Van der Merwe, N. J. 1982. "Carbon Isotopes, Photosynthesis, and Archaeology: Different Pathways of Photosynthesis Cause Characteristic Changes in Carbon Isotope Ratios That Make Possible the Study of Prehistoric Human Diets." *American Scientist* 70 (6): 596–606.
van der Steen, Eveline J. 2004. *Tribes and Territories in Transition: The Central East Jordan Valley in Late Bronze Age and Early Iron Ages; A Study of the Sources*. OLA 130. Leuven: Peeters.
van der Steen, Eveline J., and Klaas A. D. Smelik. 2007. "King Mesha and the Tribe of Dibon." *JSOT* 32:139–62.
van der Toorn, Karel. 1985. *Sin and Sanction in Israel and Mesopotamia*. Studia Semitica Neerlandica 22. Assen: Van Gorcum.
———. 1988. "Echoes of Judean Necromancy in Isaiah 28,7–22." *ZAW* 100:199–217.
———. 1991a. "Form and Function of the New Year Festival in Babylonia and Israel." Pp. 1–25 in *Congress Volume: Leuven 1989*, edited by John A. Emerton. VTSup 43. Leiden: Brill.
———. 1991b. "Funerary Rituals and Beatific Afterlife in Ugaritic Texts and the Bible." *BO* 48:40–66.

———. 1995a. "The Domestic Cult at Emar." *JCS* 47:35–49.
———. 1995b. "Yahweh." Pp. 1711–30 in *Dictionary of Deities and Demons in the Bible*, edited by Karel van der Toorn, Bob Becking, and Pieter W. van der Horst. Leiden: Brill.
———. 1996. *Family Religion in Babylonia, Syria, and Israel: Continuity and Changes in the Forms of Religious Life*. SHANE 7. Leiden: Brill.
———, ed. 1997. *The Image and the Book: Iconic Cults, Aniconism, and the Rise of Book Religion in Israel and the Ancient Near East*. CBET 21. Leuven: Peeters.
———. 2000a. "Israelite Figurines: A View from the Texts." Pp. 45–62 in *Sacred Time, Sacred Place: Archaeology and the Religion of Israel*, edited by Barry M. Gittlen. Winona Lake, IN: Eisenbrauns.
———. 2000b. "Mesopotamian Prophecy between Immanence and Transcendence: A Comparison of Old Babylonian and Neo-Assyrian Prophecy." Pp. 71–87 in *Prophecy in Its Ancient Near Eastern Context: Mesopotamian, Biblical, and Arabian Perspectives*, edited by Martti Nissinen. SymS 13. Atlanta: Society of Biblical Literature.
———. 2007. *Scribal Culture and the Making of the Hebrew Bible*. Cambridge, MA: Harvard University Press.
van Dijk, Jacobus. 2000. "The Amarna Period and the Later New Kingdom." Pp. 272–329 in *The Oxford History of Ancient Egypt*, edited by Ian Shaw. Oxford: Oxford University Press.
———. 2004. "The Amarna Period and the Later New Kingdom." Pp. 265–307 in *The Oxford History of Ancient Egypt*, edited by Ian Shaw. Oxford: Oxford University Press.
Van Seters, John. 1975. *Abraham in History and Tradition*. New Haven: Yale University Press.
———. 1997. "Solomon's Temple: Fact and Ideology in Biblical and Near Eastern Historiography." *CBQ* 59:45–57.
———. 2003. *A Law Book for the Diaspora: Revision in the Study of the Covenant Code*. New York: Oxford University Press.
Vanstiphout, Herman. 2003. *Epics of Sumerian Kings: The Matter of Aratta*. WAW. Atlanta: Society of Biblical Literature.
Vaughn, Andrew G. 1999. *Theology, History, and Archaeology in the Chronicler's Account of Hezekiah*. Atlanta: Scholars Press.
Veenhof, Klaas R. 1972. *Aspects of Old Assyrian Trade and Its Terminology*. Studia et documenta ad iura Orientis antiqui pertinentia 10. Leiden: Brill.
———. 2003. "Fatherhood Is a Matter of Opinion: An Old Babylonian Trial on Filiation and Service Duties." Pp. 313–25 in *Literature, Politik und Recht in*

Mesopotamien: Festschrift für C. Wilcke, edited by W. Sallaberger et al. Wiesbaden: Harrassowitz.

———. 2013. "New Mesopotamian Treaties from the Early Second Millennium BC from *Kārum* Kanesh and Tell Leilan (Šehna)" *Zeitschrift für Altorientalische und Biblische Rechtsgeschichte* 19:23–57.

Veracini, Lorenzo. 2010. *Settler Colonialism: A Theoretical Overview*. Basingstoke: Palgrave MacMillan.

Vermes, Geza. 1997. *The Complete Dead Sea Scrolls in English*. New York: Penguin.

Vernus, Pascal. 2003. *Affairs and Scandals in Ancient Egypt*. Translated by David Lorton. Ithaca, NY: Cornell University Press.

———. 2010. *Sagesses de l'Égypte pharaonique*. 2nd ed. Paris: Actes Sudes.

Vickers, M., and D. Gill. 1994. *Artful Crafts: Ancient Greek Silverware and Pottery*. Oxford: Clarendon.

Visicato, Guiseppe. 1995. *The Bureaucracy of Šuruppak: Administrative Centres, Central Offices, Intermediate Structures and Hierarchies in the Economic Documentation of Fara*. Münster: Ugarit-Verlag.

Vitale, R. 1982. "La Musique suméro-akkadienne: Gamme et notation musicale." *UF* 14:241–63.

Vogel, J. C. 1978. "Isotopic Assessment of the Dietary Habits of Ungulates." *South African Journal of Science* 74 (8): 298–301.

Von Beckerath, J. 1999. *Handbuch der ägyptischen Königsnamen*. 2nd ed. Münchner ägyptologische Studien 49. Mainz: Zabern.

Von Rad, Gerhard. 1952. "Typologische Auslegung des Alten Testaments." *Evangelische Theologie* 12:17–33.

Wachsmann, Shelly. 2000. "To the Sea of the Philistines." Pp. 103–43 in *The Sea Peoples and Their World: A Reassessment*, edited by Eliezer D. Oren. UMM 108. Philadelphia: University Museum of the University of Pennsylvania.

Waerzeggers, Caroline. 2011. "The Pious King: Royal Patronage of Temples." Pp. 725–51 in *The Oxford Handbook of Cuneiform Culture*, edited by Karen Radner and Eleanor Robson. Oxford: Oxford University Press.

Waiman-Barak, P., A. Gilboa, and Y. Goren. 2014. "A Stratified Sequence of Early Iron Age Egyptian Ceramics at Tel Dor, Israel." *ÄL* 24:317–41.

Wakeman, Mary K. 1973. *God's Battle with the Monster: A Study in Biblical Imagery*. Leiden: Brill.

Walbank, F. W. 1993. *The Hellenistic World*. Rev. ed. Cambridge, MA: Harvard University Press.

Waldbaum, Jane. 1994. "Early Greek Contacts with the Southern Levant, ca. 1000–600 B.C.: The Eastern Perspective." *BASOR* 293:53–66.

———. 1997. "Greeks in the East or Greeks and the East? Problems in the Definition and Recognition of Presence." *BASOR* 305:1–17.

———. 2011. "Greek Pottery." Pp. 701–36 in *Ashkelon 3: The Seventh Century*, edited by Lawrence E. Stager, Daniel M. Master, and J. David Schloen. Winona Lake, IN: Eisenbrauns.

Walker, Christopher, and Michael Dick. 2001. *The Induction of the Cult Image in Ancient Mesopotamia: The Mesopotamian Mis Pî Ritual*. SAA Literary Texts 1. Helsinki: Neo-Assyrian Text Corpus Project.

Walsh, C. E. 2000. *The Fruit of the Vine: Viticulture in Ancient Israel*. Winona Lake, IN: Eisenbrauns.

Walsh, Peter. 2014. *The Archaeology of Mediterranean Landscapes: Human-Environment Interaction from the Neolithic to the Roman Period*. Cambridge: Cambridge University Press.

Walton, John H. 1986. "The Four Kingdoms of Daniel." *Journal of the Evangelical Theological Society* 29:25–36.

———. 1989. *Ancient Israelite Literature in Its Cultural Context*. Grand Rapids: Zondervan.

———. 1995. "The Mesopotamian Background of the Tower of Babel Account and Its Implications." *BBR* 5:155–75.

———. 2003. "Exodus, Date of." Pp. 258–72 in *Dictionary of the Old Testament: Pentateuch*, edited by T. Desmond Alexander and David W. Baker. Downers Grove, IL: InterVarsity.

———. 2008. "Creation in Genesis 1:1–2:3 and the Ancient Near East: Order Out of Disorder after Chaoskampf." *Calvin Theological Journal* 43:48–63.

———. 2009a. *The Lost World of Genesis One: Ancient Cosmology and the Origins Debate*. Downers Grove, IL: InterVarsity.

———, ed. 2009b. *Zondervan Illustrated Bible Background Commentaries: Old Testament*. 5 vols. Grand Rapids: Zondervan.

Walton, John H., and J. Harvey Walton. 2017. *The Lost World of the Israelite Conquest: Covenant, Retribution, and the Fate of the Canaanites*. Downers Grove, IL: InterVarsity.

Ward, William A., and Martha S. Joukowsky, eds. 1992. *The Crisis Years: The 12th Century B.C. from beyond the Danube to the Tigris*. Dubuque, IA: Kendall/Hunt.

Wason, P. K. 1994. *The Archaeology of Rank*. Cambridge: Cambridge University Press.

Watson, Patty Jo. 1979. *Archaeological Ethnography in Western Iran*. Viking Fund Publications in Anthropology 57. Tucson: University of Arizona Press.

Watson, R. S. 2005. *Chaos Uncreated: The Reassessment of the Theme of "Chaos" in the Hebrew Bible*. BZAW 431. Berlin: de Gruyter.

Watson, W. G. E. 1984. *Classical Hebrew Poetry: A Guide to Its Techniques*. JSOTSup 26. Sheffield: JSOT Press.

Watterson, Barbara. 1991. *Women in Ancient Egypt*. New York: St. Martin's Press.

Watts, James W. 2013. "The Political and Legal Uses of Scripture." Pp. 345–64 in *The New Cambridge History of the Bible: From the Beginnings to 600*, edited by James Carleton Paget and Joachim Schaper. Cambridge: Cambridge University Press.

Weber, Max. 1976. *The Agrarian Sociology of Ancient Civilizations*. New York: Knopf.

Weidner, E. F. 1939. "Jojachin, König von Juda, in Babylonischen Keilschrifttexten." Pp. 923–35 in *Mélanges syriens offerts à Monsieur René Dussaud*. Academie des inscriptions et belles-lettres 2. Paris: Geuthner.

Weinfeld, Moshe. 1972. *Deuteronomy and the Deuteronomic School*. Oxford: Oxford University Press.

Weinstein, J. 1981. "The Egyptian Empire in Palestine: A Reassessment." *BASOR* 241:1–28.

———. 1991. "Egypt and the Middle Bronze IIC / Late Bronze IA Transition in Palestine." *Levant* 23:105–15.

Weippert, Manfred. 1972. "Heiliger Krieg in Israel und Assyrien: Kritische Anmerkungen zu Gerhard von Rads Konzept des Heiligen Krieges im alten Israel." *ZAW* 84:460–93.

———. 1997. *Israelites, Araméens et Assyriens dans la Transjordanie septentrionale*. Wiesbaden: Harrassowitz.

Weisgerber, G. 2003. "Spatial Organisation of Mining and Smelting at Feinan, Jordan: Mining Archaeology beyond the History of Technology." Pp. 76–89 in *Mining and Metal Production through the Ages*, edited by Paul Craddock and Janet Lang. London: British Museum Press.

Weiss, B. 1982. "The Decline of Late Bronze Age Civilization as a Possible Response to Climatic Change." *Climatic Change* 4:173–98.

Weiss, Ehud. 2015. "'Beginnings of Fruit Growing in the Old World'—Two Generations Later." *Israel Journal of Plant Sciences* 62:75–85. https://doi.org/10.1080/07929978.2015.1007718.

Weiss, Ehud, Mordechai E. Kislev, and Anat Hartmann. 2008. "Autonomous Cultivation before Domestication." *Science* 312:1608–10.

Weiss, Ehud, Mordechai E. Kislev, Orit Simhoni, and Hartmut Tschauner. 2008. "Plant-Food Preparation Area on an Upper Paleolithic Brush Hut Floor at Ohalo II, Israel." *JAS* 35 (8): 2400–14.

Weiss, Ehud, Wilma Wetterstrom, Dani Nadel, and Ofer Bar-Yosef. 2004. "The Broad Spectrum Revisited: Evidence from Plant Remains." *Proceedings of the National Academy of Sciences* 101 (26): 9551–55.

Weissbrod, Lior, Guy Bar-Oz, Reuven Yeshurun, and Mina Weinstein-Evron. 2012. "Beyond Fast and Slow: The Mole Rat *Spalax ehrenbergi* (Order Rodentia) as a Test Case for Subsistence Intensification of Complex Natufian Foragers in Southwest Asia." *Quaternary International* 264:4–16.

Weissenrieder, Annette, and Friederike Wendt. 2005. "Images as Communication: The Methods of Iconography." Pp. 1–49 in *Picturing the New Testament: Studies in Ancient Visual Images*, edited by Annette Weissenrieder, Friederike Wendt, and Petra von Gemünden. Wissenschaftliche Untersuchungen zum Neuen Testament 2/193. Tübingen: Mohr Siebeck.

Welles, C. Bradford. 1970. *Alexander and the Hellenistic World*. Toronto: Hakkert.

Wellhausen, Julius. 1927. *Prolegomena zur Geschichte Israels*. 6th ed. Berlin: de Gruyter.

Wells, Bruce. 2006. "The Covenant Code and Ancient Near Eastern Legal Traditions: A Response to David P. Wright." *Maarav* 13:85–118.

Wenham, Gordon J. 1981. *Numbers: An Introduction and Commentary*. Tyndale Old Testament Commentaries. Downers Grove, IL: InterVarsity.

———. 1986. "Sanctuary Symbolism in the Garden of Eden Story." Pp. 19–25 in *Proceedings of the Ninth World Congress of Jewish Studies, Jerusalem, August 4–12, 1985: Division A: The Period of the Bible*, edited by David Assaf. Jerusalem: World Union of Jewish Studies. Reprint, pp. 399–404 in *I Studied Inscriptions from before the Flood: Ancient Near Eastern, Literary, and Linguistic Approaches to Genesis 1–11*, edited by Richard S. Hess and David Toshio Tsumura. Sources for Biblical and Theological Study 4. Winona Lake, IN: Eisenbrauns.

———. 2002. *Exploring the Old Testament: The Pentateuch*. Downers Grove, IL: InterVarsity.

Wente, Edward F. 1995. "The Scribes of Ancient Egypt." *CANE* 4:2211–21.

Wente, Edward F., and Edmund S. Meltzer, eds. 1990. *Letters from Ancient Egypt*. WAW 1. Atlanta: Scholars Press.

Westbrook, Raymond. 1988a. *Old Babylonian Marriage Law*. Archiv für Orientforschung Beiheft 23. Horn: F. Berger.

———. 1988b. *Studies in Biblical and Cuneiform Law*. Cahiers de la Revue Biblique 26. Paris: Gabalda.

———. 1989. "Cuneiform Law Codes and the Origins of Legislation." *Zeitschrift für Assyriologie* 79:201–22.

———, ed. 2003a. *A History of Ancient Near Eastern Law*. 2 vols. Handbook of Oriental Studies: Section One: The Near and Middle East. Leiden: Brill.

———. 2003b. "Introduction: The Character of Ancient Near Eastern Law." Pp. 1–90 in *A History of Ancient Near Eastern Law*, edited by Raymond Westbrook. Handbook of Oriental Studies: Section One: The Near and Middle East. Leiden: Brill.

———. 2009a. "The Female Slave." Pp. 149–74 in *Law from the Tigris to the Tiber: The Writings* of *Raymond Westbrook; Cuneiform and Biblical Sources*, vol. 2, edited by Bruce Wells and Rachel Magdalene. Winona Lake, IN: Eisenbrauns. First published as pp. 214–38 in *Gender and Law in the Hebrew Bible and the Ancient Near East*, edited by Victor H. Matthews, Bernard M. Levinson, and Tikva Frymer-Kensky. JSOTSup 62. Sheffield: Sheffield Academic Press, 1998.

———. 2009b. "Slave and Master in Ancient Near Eastern Law." Pp. 161–216 in *Law from the Tigris to the Tiber: The Writings of Raymond Westbrook; Cuneiform and Biblical Sources* vol. 1, edited by Bruce Wells and Rachel Magdalene. Winona Lake, IN: Eisenbrauns. First published in *Chicago-Kent Law Review* 70 (1995): 1631–76.

———. 2009c. "Social Justice in the Ancient Near East." Pp. 144–60 in *Law from the Tigris to the Tiber: The Writings of Raymond Westbrook; Cuneiform and Biblical Sources*, vol. 1, edited by Bruce Wells and Rachel Magdalene. Winona Lake, IN: Eisenbrauns. First published as pp. 149–63 in *Social Justice in the Ancient World*, edited by K. D. Irani and Morris Silver. Westport, CT: Greenwood, 1995.

Westbrook, Raymond, and Bruce Wells. 2009. *Everyday Law in Biblical Israel: An Introduction*. Louisville: Westminster John Knox.

Westermann, W. L. 1928. "On Inland Transportation and Communication in Antiquity." *Political Science Quarterly* 43:375–76.

Whitelam, K. W. 1996. *The Invention of Ancient Israel: The Silencing of Palestinian History*. Abingdon: Routledge, 1996.

Whitt, W. D. 1995. "The Story of the Semitic Alphabet." *CANE* 4:2379–97.

Whybray, R. N. 1990. "The Sage in the Israelite Royal Court." Pp. 133–39 in *The Sage in Israel and the Ancient Near East*, edited by John G. Gammie and Leo G. Perdue. Winona Lake, IN: Eisenbrauns.

Widengren, Geo. 1951. *The King and the Tree of Life in Ancient Near Eastern Religion*. Acta Universitatis Upsaliensis 4. Uppsala: Lundequist; Wiesbaden: Harrassowitz.

Wiggermann, F. A. M. 1995. "Theologies, Priests, and Worship in Ancient Mesopotamia." *CANE* 3:1857–70.

Wikander, Ola. 2013. "Ungrateful Grazers: A Parallel to Deut 32:15 from the Hurrian/Hittite *Epic of Liberation*." *Svensk exegetisk årsbok* 78:137–46.

Wilcke, Claus. 2007. *Early Ancient Near Eastern Law: A History of Its Beginnings; The Early Dynastic and Sargonid Periods*. Winona Lake, IN: Eisenbrauns.

Wilcox, George. 2012. "Searching for the Origins of Arable Weeds in the Near East." *Vegetation History and Archaeobotany* 21:163–67.

Wilkin, Robert L. 1992. *The Land Called Holy: Palestine in Christian History and Thought*. New Haven: Yale University Press.

Wilkinson, Tony J., Jason Ur, Eleanor Barbanes Wilkinson, and Mark Altaweel. 2005. "Landscape and Settlement in the Neo-Assyrian Empire." *BASOR* 340:23–56.

Willems, Harco. 2004. "Sacrifice, Offerings, and Votives: Egypt." Pp. 326–30 in *Religions of the Ancient World: A Guide*, edited by Sarah Iles Johnston. Religions of the Ancient World, Harvard University Press Reference Library. Cambridge, MA: Belknap Press of Harvard University Press.

Willet, Elizabeth. 2001. "Women and House Religion." *The Bible and Interpretation*. http://www.bibleinterp.com/articles/HouseReligion.shtml.

Williams, Margaret H. 1998. *The Jews among Greeks and Romans: A Diasporan Sourcebook*. Baltimore: Johns Hopkins University Press.

Williams, Michael J. 2012. *Basics of Ancient Ugaritic: A Concise Grammar, Workbook, and Lexicon*. Grand Rapids: Zondervan.

Williams, Peter J. 2011. "'Slaves' in Biblical Narrative and in Translation." Pp. 441–52 in *On Stone and Scroll: Essays in Honour of Graham Ivor Davies*, edited by James K. Aitken, Katherine J. Dell, and Brian A. Mastin. BZAW 420. Berlin: de Gruyter.

Williams, Roland J. 1958. "The Hymn to Aton." Pp. 142–50 in *Documents from Old Testament Times*, edited by D. Winton Thomas. New York: Harper & Row.

Williams, Ronald J. 1990a. "The Functions of the Sage in the Egyptian Royal Court." Pp. 95–98 in *The Sage in Israel and the Ancient Near East*, edited by John G. Gammie and Leo G. Perdue. Winona Lake, IN: Eisenbrauns.

———. 1990b. "The Sage in Egyptian Literature." Pp. 19–30 in *The Sage in Israel and the Ancient Near East*, edited by John G. Gammie and Leo G. Perdue. Winona Lake, IN: Eisenbrauns.

Williamson, Jacquelyn. 2015. "Amarna Period." In *UCLA Encyclopedia of Egyptology*, edited by Wolfram Grajetzki and Willeke Wendric. http://digital2.library.ucla.edu/viewItem.do?ark=21198/zz002k2h3t.

Wilson, John. 1951. *The Culture of Ancient Egypt*. Chicago: University of Chicago Press.

Wilson, Kevin A. 2005. *The Campaign of Pharaoh Shoshenq I into Palestine*. FAT 2/9. Tübingen: Mohr Siebeck.

Winnett, Frederick V. 1937. *A Study of the Lihyanite and Thamudic Inscriptions*. Toronto: University of Toronto Press.

Winter, Irene J. 1986. "The King and the Cup: Iconography of the Royal Presentation Scene on Ur III Seals." Pp. 253–68 in *Insight through Images: Studies in Honor of Edith Porada*, edited by Marilyn Kelly-Buccellati, Paolo Matthiae, and Maurits Van Loon. Bibliotheca Mesopotamica 21. Malibu, CA: Undena.

———. 2007. "Representing Abundance: A Visual Dimension of the Agrarian State." Pp. 117–38 in *Settlement and Society: Essays Dedicated to Robert McCormick Adams*, edited by Elizabeth C. Stone. Los Angeles: Cotsen Institute of Archaeology, University of California; Chicago: Oriental Institute of the University of Chicago.

———. 2010. *On Art in the Ancient Near East*. 2 vols. CHANE 34/1–2. Leiden: Brill.

Winter, Urs. 1987. *Frau und Göttin: Exegetische und ikonographische Studien zum weiblichen Gottesbild im Alten Israel und in desen Umwelt*. 2nd ed. OBO 53. Fribourg: Universitätsverlag; Göttingen: Vandenhoeck & Ruprecht.

Wiseman, Donald J. 1952. "A New Stele of Assur-nasir-pal." *Iraq* 14:24–44.

———. 1956. *Chronicles of Chaldean Kings in the British Museum*. London: Trustees of the British Museum.

———. 1958. "Abban and Alalah." *JCS* 12:124–29.

———. 1980. "Abraham Reassessed." Pp. 139–56 in *Essays on the Patriarchal Narratives*, edited by A. R. Millard and D. J. Wiseman. Eugene, OR: Wipf & Stock.

———. 1993. *1 and 2 Kings: An Introduction and Commentary*. Tyndale Old Testament Commentaries. Downers Grove, IL: InterVarsity.

Wolfe, Patrick. 1999. *Settler Colonialism and the Transformation of Anthropology: The Politics and Poetics of an Ethnographic Event*. Writing Past Colonialism. London: Cassell.

———. 2006. "Settler Colonialism and the Elimination of the Native." *Journal of Genocide Research* 8:387–409.

———. 2008. "Structure and Event: Settler Colonialism, Time and the Question of Genocide." Pp. 102–32 in *Empire, Colony, Genocide: Conquest, Occupation and Subaltern Resistance in World History*, edited by A. Dirk Moses. New York: Berghahn Books.

Wolff, S. 1998. "An Iron Age I Site at 'En Haggit (northern Ramat Manashe)." Pp. 449–54 in *Mediterranean Peoples in Transition: Thirteenth to Early Tenth Centuries BCE*, edited by Seymour Gitin, Amihai Mazar, and Ephraim Stern. Jerusalem: Israel Exploration Society.

Wong, Gordon C. I. 2001. "Faith in the Present Form of Isaiah vii 1–17." *VT* 51:535–47.

Wood, B. G. 2009. "The Search for Joshua's Ai." Pp. 205–40 in *Critical Issues in Early Israelite History*, edited by Richard S. Hess, Gerald A. Klingbeil, and Paul J. Ray Jr. BBRSup 3. Winona Lake, IN: Eisebrauns.

Woods, Christopher E. 2004. "The Sun-God Tablet of Nabû-apla-iddina Revisited." *JCS* 56:23–103.

Woolley, C. Leonard. 1921. *Carchemish: Report on the Excavations at Djerabis on Behalf of the British Museum, Part 2: The Town Defenses*. London: British Museum.

Worthington, Ian. 2010. *Philip II of Macedonia*. New Haven: Yale University Press.

———. 2014. *By the Spear: Philip II, Alexander the Great, and the Rise and Fall of the Macedonian Empire*. Oxford: Oxford University Press.

Wright, David P. 1986. "The Gesture of Hand Placement in the Hebrew Bible and in Hittite Literature." *JAOS* 106:433–46.

———. 1987. *The Disposal of Impurity: Elimination Rites in the Bible and in Hittite and Mesopotamian Literature*. Society of Biblical Literature Dissertation Series 101. Atlanta: Scholars Press.

———. 1993. "Analogy in Biblical and Hittite Ritual." Pp. 473–506 in *Religionsgeschichtliche Beziehungen zwischen Kleinasien, Nordsyrien und dem Alten Testament*, edited by Bernd Janowski, Klaus Koch, and Wilhelm Gernot. OBO 129. Fribourg: Universitätsverlag.

———. 2003. "The Laws of Hammurabi as a Source for the Covenant Collection (Exodus 20:23–23:19)." *Maarav* 10:211–60.

———. 2009. *Inventing God's Law: How the Covenant Code of the Bible Used and Revised the Laws of Hammurabi*. Oxford: Oxford University Press.

Wright, G. E. 1959. "Is Glueck's Aim to Prove That the Bible Is True?" *BA* 22:101–8.

———. 1965. *Shechem: The Biography of a Biblical City*. New York: McGraw-Hill.

———. 1969. Archaeological Method in Palestine—An American Interpretation. *ErIsr* 9:120–33.

Wright, Jacob L. 2008. "Military Valor and Kingship: A Book-Oriented Approach to the Study of a Major War Theme." Pp. 33–56 in *Writing and Reading War: Rhetoric, Gender, and Ethics in Biblical and Modern Contexts*, edited by Brad E. Kelle and Frank Ritchel Ames. SymS 42. Atlanta: Society of Biblical Literature.

Wright, L. 2016. "Glyptic Art under and after Empire: Late Bronze IIB and Iron I Scarabs and Stamp Seals from the Southern Levant." PhD dissertation, Johns Hopkins University.

Wyssmann, Patrick. 2014. "The Coinage Imagery of Samaria and Judah in the Late Persian Period." Pp. 221–66 in *A "Religious Revolution" in Yehûd? The Material Culture of the Persian Period as a Test Case*, edited by Christian Frevel, Katharina Pyschny, and Izak Cornelius. OBO 267. Fribourg: Academic Press; Göttingen: Vandenhoeck & Ruprecht.

Xella, Paolo. 1995. "Le dieu et 'sa' déesse: l'utilization des suffixes pronominaux avec des théonymes d'Ebla à Ugarit et à Kuntillet 'Ajrud." *UF* 27:599–610.

———. 2001. "Yhwh e la sua *'šrh*: La dea o il suo simbolo? (Una riposta a J. A. Emerton)." *Studi epigrafici e linguistici sul Vicino Oriente antico* 18:71–81.

Yadin, Yigael. 1963. *The Art of Warfare in Biblical Lands: In the Light of Archaeological Study.* Vol. 2. Translated by M. Pearlman. New York: McGraw-Hill.

Yahalom-Mack, Naama, et al. 2014. "New Insights into Levantine Copper Trade: Analysis of Ingots from the Bronze and Iron Ages in Israel." *JAS* 45:159–77.

Yamada, Sigeo. 1995. "Aram-Israel Relations as Reflected in the Aramaic Inscription from Tel Dan." *UF* 27:611–25.

———. 1998. "The Manipulative Counting of the Euphrates Crossings in the Later Inscriptions of Shalmaneser III." *JCS* 50:87–94.

———. 2000. *The Construction of the Assyrian Empire: A Historical Study of the Inscriptions of Shalmaneser III (859–824 BC) Relating to His Campaigns to the West.* SHANE 3. Leiden: Brill.

Yamauchi, Edwin. 2010. "Akhenaten, Moses, and Monotheism." *Near East Archaeological Society Bulletin* 55:1–15.

Yasur-Landau, Assaf. 2010. *The Philistines and Aegean Migration at the End of the Late Bronze Age.* Cambridge: Cambridge University Press.

Yee, Gale A. 1992. *Composition and Tradition in the Book of Hosea: A Redaction Critical Investigation.* Society of Biblical Literature Dissertation Series 102. Atlanta: Scholars Press.

Yisraeli, Yael. 1993. "Far'ah, Tell El- (South)." *NEAEHL* 2:441–44.

Yom-Tov, Yoram. 2013. *Faunistics of Terrestrial Vertebrates: An Israeli View*, vol. 1, *Introduction.* Ra'anana: Open University of Israel Press.

Yon, Marguerite. 1991. *Arts et industries de la pierre: Ras Shamra-Ougarit VI.* Paris: Éditions Recherches sur les civilisations.

———. 2006. *The City of Ugarit at Tell Ras Shamra.* Winona Lake, IN: Eisenbrauns.

Young, Robb Andrew. 2012. *Hezekiah in History and Tradition.* VTSup 155. Leiden: Brill.

Younger, K. Lawson, Jr. 1990. *Ancient Conquest Accounts: A Study in Ancient Near Eastern and Biblical History Writing.* JSOTSup 98. Sheffield: JSOT Press.

———. 2003. "Assyrian Involvement in the Southern Levant at the End of the Eighth Century BCE." Pp. 235–63 in *Jerusalem in Bible and Archaeology: The First Temple Period*, edited by Andrew G. Vaughan and Ann E. Killebrew. SymS 18. Atlanta: Society of Biblical Literature.

———. 2005. "'Haza'el, Son of a Nobody': Some Reflections in Light of Recent Study." Pp. 245–70 in *Writing and Ancient Near Eastern Society: Papers in Honour of Alan R. Millard*, edited by Piotr Bienkowski, Christopher Mee, and Elizabeth Slater. LHB/OTS 426. London: T&T Clark.

———. 2007. "The Late Bronze Age/Iron Age Transition and the Origins of the Arameans." Pp. 131–74 in *Ugarit at Seventy-Five*, edited by K. Lawson Younger Jr. Winona Lake, IN: Eisenbrauns.

———. 2016. *A Political History of the Arameans: From Their Origins to the End of Their Polities.* ABS 13. Atlanta: Society of Biblical Literature.

Younker, Randall W. 1999. "The Emergence of the Ammonities." Pp. 189–218 in *Ancient Ammon*, edited by Burton MacDonald and Randall W. Younker. SHANE 17. Leiden: Brill.

———. 2003. "The Iron Age in the Southern Levant." Pp. 367–82 in *Near Eastern Archaeology: A Reader*, edited by Suzanne Richard. Winona Lake, IN: Eisenbrauns.

———. 2014. "Ammon during the Iron Age II Period." Pp. 757–69 in *The Oxford Handbook of the Archaeology of the Levant: C. 8000–332 BCE*, edited by Margreet L. Steiner and Ann E. Killebrew. Oxford: Oxford University Press.

Zabkar, Louis. 1954. "The Theocracy of Amarna and the Doctrine of the Ba." *JNES* 13:87–101.

Zaccagnini, C. 2000. "The Interdependence of the Great Powers." Pp. 141–53 in *Amarna Diplomacy: The Beginning of International Relations*, edited by Raymond Cohen. Baltimore: Johns Hopkins University Press.

Zadok, Ran. 1979. *The Jews in Babylonia during the Chaldean and Achaemenian Periods according to the Babylonian Sources.* Studies in the History of the Jewish People and the Land of Israel 3. Haifa: University of Haifa Press.

———. 1996. "Notes on Syro-Palestinian History, Toponymy and Anthroponymy." *UF* 28:721–49.

Zaouali, L. 2007. *Medieval Cuisine of the Islamic World: A Concise History with 174 Recipes.* Translated by M. B. DeBevoise. Berkeley: University of California Press.

Zayadine, Fawzi. 1991. "Sculpture in Ancient Jordan." Pp. 31–61 in *The Art of Jordan: Treasures from an Ancient Land*, edited by Piotr Bienkowski. Stroud: Sutton.

Zeder, Melinda A. 1998. "Pigs and Emergent Complexity in the Ancient Near East." Pp. 109–22 in *Ancestors for the Pigs: Pigs in Prehistory*, edited by Sarah M. Nelson. MASCA Research Papers in Science and Archaeology 15. Philadelphia: University of Pennsylvania Museum of Archaeology and Anthropology.

———. 2011. "The Origins of Agriculture in the Near East." *Current Anthropology* 52:S221–35.

———. 2016. "Domestication as a Model System for Niche Construction Theory." *Evolutionary Ecology* 30:325–48.

Zertal, Adam. 1986–87. "An Early Iron Age Cultic Site on Mount Ebal: Excavation Seasons 1982–1987; Preliminary Report." *TA* 13–14:105–65.

———. 1990. "The *Paḥwāh* of Samaria (Northern Israel) during the Persian Period: Types of Settlement, Economy, History and New Discoveries." *Transeuphratène* 3:9–30.

———. 2001. "The Heart of the Monarchy: Pattern of Settlement and Historical Considerations of the Israelite Kingdom of Samaria." Pp. 38–64 in *Studies in the Archaeology of the Iron Age in Israel and Jordan*, edited by Amihai Mazar. JSOTSup 331. Sheffield: Sheffield Academic Press.

———. 2003. "The Province of Samaria (Assyrian *Samerina*) in the Late Iron Age (Iron Age III)." Pp. 377–412 in *Judah and the Judeans in the Neo-Babylonian Period*, edited by Oded Lipschits and Joseph Blenkinsopp. Winona Lake, IN: Eisenbrauns.

———. 2004. *A People Is Born: The Mt. Ebal Altar and Israel's Beginnings*. Judaism Here and Now. Tel Aviv: Yediot Ahronot. [In Hebrew.]

———. 2012. *El-Ahwat: A Fortified Site from the Early Iron Age near Nahal 'Iron, Israel*. Leiden: Brill.

Zertal, Adam, and D. Ben-Yosef. 2009. "Bedhat Esh-Sha'ab: An Iron Age I Enclosure in the Jordan Valley." Pp. 517–29 in *Exploring the Longue Durée: Essays in Honor of Lawrence E. Stager*, edited by J. David Schloen. Winona Lake, IN: Eisenbrauns.

Zevit, Ziony. 1977. "A Phoenician Inscription and Biblical Covenant Theology." *IEJ* 27:110–18.

———. 2001. *The Religions of Ancient Israel: A Synthesis of Parallactic Approaches*. New York: Continuum.

Ziegler, C. 1979. *Les instruments de musique égyptiens*. Paris: Réunion des Musées Nationaux.

Ziegler, N. 1999. *La population féminine des Palais d'aprè les archives royales de Mari: Le Harem de Zimrî-Lîm*. Florilegium marianum 4. Mémoires de NABU 5. Paris: SEPOA.

———. 2007. *Les musiciens et la musique d'après les archives de Mari*. Florilegium marianum 9. Mémoires de NABU 10. Paris: SEPOA.

Ziffer, Irit. 2005. "From Acemhöyük to Megiddo: The Banquet Scene in the Art of the Levant in the Second Millennium BCE." *TA* 32:133–67.

Zohary, Daniel, Maria Hopf, and Ehud Weiss. 2012. *Domestication of Plants in the Old World*. 4th ed. Oxford: Oxford University Press.

Zohary, Daniel, and Pinhas Spiegel-Roy. 1975. "Beginnings of Fruit Growing in the Old World." *Science* 187:319–27.

Zohary, Michael. 1962. *Plant Life of Palestine (Israel and Jordan)*. New York: Ronald.

———. 1971. "Pista, Pistim." Pp. 635–36 in *Encyclopaedia Biblica*, edited by B. Mazar and H. Tadmor. Jerusalem: Bialik.

———. 1973. *Geobotanical Foundations of the Middle East*. Stuttgart: Fischer.

———. 1982a. *Plants of the Bible*. Cambridge: Cambridge University Press.

———. 1982b. *Vegetation of Israel and Adjacent Areas*. Wiesbaden: Reichert.

Zorn, Jeffrey R. 1993. "Tell en-Naṣbeh: A Re-evaluation of the Architecture and Stratigraphy of the Early Bronze Age, Iron Age and Later Periods." PhD dissertation, University of California, Berkeley.

———. 1994. "Estimating the Population Size of Ancient Settlements: Methods, Problems, Solutions and a Case Study." *BASOR* 295:31–48.

———. 2003. "Tell en-Naṣbeh and the Problem of the Material Culture of the Sixth Century." Pp. 413–47 in *Judah and the Judeans in the Neo-Babylonian Period*, edited by Oded Lipschits and Joseph Blenkinsopp. Winona Lake, IN: Eisenbrauns.

———. 2006. "The Burials of the Judean Kings: Sociohistorical Considerations and Suggestions." Pp. 801–20 in *"I Will Speak of the Riddles of Ancient Times": Archaeological and Historical Studies in Honor of Amihai Mazar on the Occasion of His Sixtieth Birthday*, vol. 1, edited by Aren. M. Maeir and Pierre de Miroschedji. Winona Lake, IN: Eisenbrauns.

———. 2014a. "The Levant during the Babylonian Period." Pp. 825–40 in *The Oxford Handbook of the Archaeology of the Levant: C. 8000–332 BCE*, edited by Margreet L. Steiner and Ann E. Killebrew. Oxford: Oxford University Press.

———. 2014b. "War and Its Effects on Civilians in Ancient Israel and Its Neighbors." Pp. 79–100 in *The Other Face of the Battle: The Impact of War on Civilians in the Ancient Near East*, edited by Davide Nadali and Jordi Vidal. AOAT 413. Münster: Ugarit-Verlag.